M.re CHARLES D'HOZIER, Con.er du Roi, Généalogiste de sa Maison, Juge général des Armes, et des Blazons de France, Ch.er de la Religion, et des Ordres Militaires de S.t Maurice, et de S.t Lazare de Savoïe. Fils de feu M.re PIERRE D'HOZIER &c.

LES ELOGES
ET LES VIES
DES REYNES, DES PRINCESSES,
ET DES DAMES ILLVSTRES EN PIETE,

en Courage & en Doctrine, qui ont fleury de nostre temps, & du temps de nos Peres.

Auec l'explication de leurs Deuises, Emblémes, Hieroglyphes, & Symboles.

DIVISEZ EN DEVX TOMES
ET DEDIEZ
A LA REYNE REGENTE.

Par F. HILARION DE COSTE, Religieux de l'Ordre des Minimes de Saint François de Paule.

A PARIS,

Chez { SEBASTIEN CRAMOISY, Imprimeur ordinaire du Roy, & de la Reyne Regente: ET GABRIEL CRAMOISY. } ruë S. Iacques, aux Cicognes.

M. DC. XLVII.
Auec Approbation & Priuilege du Roy.

A LA REYNE REGENTE.

ADAME,

 Il y a dix-sept ans que i'eus l'honneur de presenter ce liure à vostre Maiesté. Le fauorable accueil que vous fîtes en ce temps-là à tant de Princesses & à tant de Dames illustres, les obligent auiourd'huy de venir vous en donner de nouuelles reconnoissances. Elles vous saluerent alors comme la femme du plus grand des Rois de la terre ; Elles viennent maintenant vous saluer comme la Maistresse & la Victorieuse des Rois. MADAME, elles viennent en plus grand nombre qu'elles ne firent la premiere fois, parce qu'elles reconnoissent bien qu'elles sont plus considerables par la protection que leur donne vostre Maiesté, que par leurs plus belles qualitez. Ce ne sont pas seulement des Françoises, mais des Reynes & des Princesses de toutes les nations qui vous reconnoissent pour leur Reyne. Elles se viennent resiouyr auec V. M. de sa glorieuse Regence, qui apprend aux Rois à regner, & qui est le plus noble exemple que l'on puisse proposer à nostre ieune Monarque, pour deuenir luy-mesme vn exemple que se proposeront les plus grands Princes. Les Portugaises ayants le bon-heur d'auoir pour Roy vn Prince dont les Ancestres sont sortis de la Maison de France, se portent auec affection à s'embarquer pour venir en nos ports. Les Lys estants arborez au Roussillon, & en Catalongne, les Espagnoles sont obligées à venir en France rendre les deuoirs à vostre Maiesté. Les Angloises & les Escossoisses ayans sceu que l'Ocean estoit calme, & vuide d'ennemis, & que Graueline & Dunkerque estoient reduites à l'obeissance du Roy, n'ont point craint de se mettre sur la mer pour arriuer à Calais. Les Alemandes & les Hongroises, au bruit de tant d'heureuses victoires, ont quitté les bords du Rhin & du Danube ; & les Polonnoises ceux du Boristhene & de la Vistule, pour s'habituër sur les riues de la Seine. Les Italiennes, qui n'oſoient s'embarquer à Gennes pour venir à Marſeille, de crainte des pirates, qui font de continuelles courſes ſur la mer du Midy, ont paſſé les Alpes à Pignerol, que la prudence du feu Roy a rendu François. Elles viennent doncques ſe ietter entre les bras de voſtre Maieſté. Mais à qui pourroient-elles plus iuſtement aller? Les Princeſſes ne ſe peuuent mieux addreſſer qu'à la plus noble Princeſſe de la Chreſtienté; les Reynes qu'à vne grande Reyne leur parente; les Reynes de France, qu'à celle qui porte le Diadême qu'elles ont porté; les Sçauantes, qu'à celle qui a ſuccedé au ſceptre & aux vertus de tant de Reynes, & de Rois, qui ont eſté les Genies des bonnes Lettres; les Vaillantes, qu'à la compagne d'vn des plus genereux de tous les Rois, & à la mere d'vn Roy qui promet d'imiter la valeur & la Pieté de ſes Anceſtres; celles qui font profeſſion de la Sainteté, qu'à celle qui parmy les plus eminentes grandeurs de la terre, mene vne vie toute du Ciel. Or comme pluſieurs de ces Reynes, de ces Princeſſes, & de ces Dames, ont vécu fort ſaintement, nous pouuons croire qu'elles viuent pleines de gloire dans l'Eternité bien-heureuſe, où elles prient la Diuine Bonté de verſer abondamment ſes graces ſur le Roy voſtre Fils, & ſur V. M. afin que les faueurs du Ciel vous ſuiuent touſiours, & que cheris du Monarque des Monarques, & reuerez du monde, vous puissiez voir finir ce siecle, qui a commencé par voſtre heureuſe naiſſance. Ce ſont les prieres que ces ſaintes Dames font dans le Ciel, & les vœux que ie fais & feray tous les iours de ma vie, auec toute l'affection de mon cœur, & auec toutes les forces de mon ame. Ces Heroïnes demandent encore, que V. M. conſidere les merites des Princeſſes, qui auront l'honneur de les amener deuant vous. Iettez donc, MADAME, les yeux ſur elles, & ne les en deſtournez pas pour l'imperfection & l'incapacité de celuy qui vous preſente ce Liure. Il cedera touſiours quant aux qualitez de l'Eſprit, à tant de grands Hommes, qui par vne glorieuſe émulation preſentent leurs riches ouurages à vos Maieſtez; mais il ne cedera iamais à perſonne en affection & en zele pour le Roy, & pour V. M. dont ie ſuis,

MADAME,

De Voſtre Royal Conuent des Minimes de Paris le 1. iour de Ianuier 1647.

Le tres-humble, tres-obeïſſant, & tres-fidele ſuiet & ſeruiteur, F. HILARION DE COSTE.

AVERTISSEMENT
au Lecteur.

PLVSIEVRS ont écrit les vies des Hommes illustres: mais peu d'Autheurs ont fait les Eloges des Dames: Iean Boccace, Ioseph Betussi, François Serdonati, Pierre Paul de Ribera, François Augustin della Chiesa, Iacques Philippes de Bergame, Bernardin Scardeoni, Iules Cesar Capacio, & Charles Pinto, tous Italiens, ont pris cette peine; les cinq premiers ont écrit en Italien, & les autres en Latin. Ces Autheurs m'estans tombez entre les mains, comme ie trauaillois au II. Tome de l'Histoire Catholique (dans lequel ie publieray les vies & les faits heroïques des vaillants Princes, & des excellents Capitaines, qui par leurs armes ont defendu l'Eglise & seruy nos Rois en ces derniers siecles) i'y trouuay tant de beaux exemples de Vertu, que ie pris la resolution de mettre les Eloges de ces braues Heroïnes, parmy ceux des plus illustres Heros: mais la pluspart de ces Ecriuains n'ayants pas remarqué l'année de leur naissance, ny mesme celle de leur decez, i'ay destiné de faire vn volume à part en l'honneur de celles qui par leur pieté, leur courage, & leur doctrine, ou par tous les trois ensemble se sont renduës recommandables de nostre temps & du temps de nos Peres, sans parler autrement des Saintes & des Beates, & de celles qui ont passé leurs iours dans des Cloistres, ayant dés leurs premieres années fait profession de la vie Monastique

Av Lecteur.

& Religieuſe, à cauſe que i'ay appris que pluſieurs Religieux de diuers Ordres auoient entrepris ce ſuiet là: neantmoins pour ſatisfaire à quelques ames deuotes & pieuſes, ie parle en paſſant des plus illuſtres, & fais des Eloges des Dames qui ont eſtably & fondé des Congregations & des Compagnies en l'honneur de la Mere de Dieu, comme de ſainte Tereſe, de la Reyne Ieanne de France, d'Antoinette d'Orleans de la Maiſon de Longueuille, de Marie Victoire Fornere, de Beatrix de Silua, de Ieanne Françoiſe Fremiot, & d'autres.

C'eſt ce Liure dont maintenant ie te fais preſent (mon cher Lecteur) & pour t'obliger dauantage, i'ay inſeré les vies de quelques Dames & Princeſſes, qui ont vécu dans le xv. ſiecle, entre autres celles de Magdelaine de France Princeſſe de Viane, de Damigelle de S. Ange ou de Martinengue, de Ieanne Infante de Portugal, qui a eſté en ſon temps vn vray miroir de chaſteté, le temple des vertus & la Vertu meſme: des Nogaroles de Veronne, dignes de toutes loüanges pour leur ſçauoir: de la vaillante Bonne Lombarde Payſanne de la Valteline, qui viuoit enuiron le temps de noſtre Ieanne la Pucelle: comme ſi en ce ſiecle là les femmes euſſent deu combatre contre les hommes pour le prix de la Valeur & de la Magnanimité.

I'ay auſſi pour ton contentement mis à la fin des Vies & des Eloges, les Emblémes, les Hieroglyphes & les Symboles de celles qui ont pris, ou auſquelles on a donné des Deuiſes, que i'ay trouuées en diuerſes Medailles, ou que i'ay recherchées chez Claude Paradin,

Gabriel

Av Lectevr.

Gabriel Simeon, Paul Ioue, Hierosme Ruscelli, Iaques Tipot, Raphaël Sadeler, Octaue Strada, Iean Iaques Luckius, Pierre Dinet & autres Auteurs qui ont écrit de ces curiositez. Ie les ay expliquées n'ayant le plus souuent suiuy leur opinion, ny m'étant arresté à leur iugement, à cause que la pluspart se sont seulement contentez de mettre leurs deuises, auec leurs portraits sans s'arrester à nous enseigner pour quelle occasion elles les ont prises ou portées.

Pour satisfaire aux desirs de ceux qui ayment l'art Heraldique, ou la science Heroïque, i'ay mis en la marge les armes des Maisons de ces Heroïnes; & aussi celles de ceux dont ie parle en ce Liure.

I'ay en passant soit dans les vies, soit en l'explication des deuises, fait souuent des digressions contre l'oisiueté ou les autres vices, y estant obligé selon ma profession & pour la conscience, & pour la bienseance. I'ay mis les vies de ces Dames pieuses, vaillantes & sçauantes selon l'ordre de leurs noms pour les raisons que i'ay desia dites, & à cause que i'ay creu que cet ordre ne te seroit pas desagreable.

Si quelqu'vn dit qu'il eust esté plus seant qu'vn autre qu'vn Ecclesiastique eust fait ce traité des Vies ou des Eloges des Dames Illustres, ie luy répondray que Bernardin Scardeoni Chanoine de Padouë: François Augustin della Chiesa Docteur, à present Euesque de Salusses: Pierre Paul de Ribera Chanoine de S. Iean de Latran: Iaque Philippe Thomassin Euéque d'Emonie, & le Pere Iaque Philippe de Bergame Religieux de l'Ordre des Hermites de S. Augustin, duquel la memoire est en benedi-
é

Av Lectevr.

ction parmy les siens pour sa deuotion & sa pieté, ont écrit de cette matiere deuant moy. Que S. Hierôme & les autres Peres ces grandes lumieres de l'Eglise n'ont point dédaigné de remplir leurs Liures d'Eloges de plusieurs Dames. Que i'ay autant & plus de raison de faire les Vies de ces Heroïnes qui ont vécu & sont decedées en la creance de l'Eglise Catholique Apostolique & Romaine (au iugement de laquelle ie soûmets non seulement mes écrits, mais aussi mes volontez & mes pensées) que le docte Amiot, Precepteur de nos Rois, Euéque d'Auxerre, & Grand Aumosnier de France, à employer ses veilles à traduire les vies des Hommes Illustres Payens, écrites par Plutarque.

Ie vous supplie de me faire cette faueur auant que de lire ce Liure, que de voir les fautes de l'impression que i'ay remarquées à la fin de chacun de ces deux Tomes, qui sont suruenuës tant pour mon absence de cette ville, qu'à cause des maladies qui ne m'ont pas pû permettre de voir les épreuues. Ie croy que vostre courtoisie & vostre bonté suppleeront aux plus legeres. Adieu.

PREFACE
SVR
LES VIES OV LES ELOGES
DES REYNES, DES PRINCESSES,
des Dames & des Demoiselles, Illustres en Pieté, en Courage & en Doctrine, qui ont fleury de nostre temps & du temps de nos Peres.

E n'ay iamais approuué l'opinion de Thucidide, qui estimoit qu'entre les femmes celle-là est la plus vertueuse, de qui l'on parloit le moins, soit en bien soit en mal: pensant que le nom de la femme d'honneur doiue estre tenu enfermé, comme le corps, & ne passer iamais les portes de la maison. Gorgie me sembloit plus raisonnable, qui vouloit que la renommée, non pas le visage de la femme, fust cognuë de plusieurs, afin que l'exemple de sa vertu seruît aux autres de regle pour bien viure. C'est pour cela, sans doute, que les Romains n'ont point fait de difficulté de les loüer publiquement aprés leur mort, aussi bien que les Hommes illustres: & cette coustume prit naissance dés le temps de Camille, en faueur de celles, qui donnerent volontairement leurs bagues pour chasser hors de Rome les Gaulois, qui par surprise s'en estoient rendus les maistres. La quenoüille de la Reyne Tanaquil estoit aussi soigneusement gardée parmy eux, que l'espée de Romule premier Fondateur de leur ville. Ces Conquerans du monde vouloient par la garde du meu-

I.
Les Femmes doiuét estre loüées aussi bien que les Hommes.

ẽ ij

PREFACE.

ble de cette Princesse animer les femmes à la peine & au trauail, & les exciter à la vertu comme les hommes aux combats & à la guerre. Toutes les autres nations de la terre ont porté vn respect aux femmes sages & vertueuses, & ont estimé que la distinction du sexe ne distinguoit point la vertu, & que se trouuant ou semblable, ou quelquefois plus grande dans les femmes que dans les hommes, elle ne deuoit pas estre priuée de son principal loyer, qui est la loüange. Il n'y a point d'apparence d'enseuelir sous vn perpetuel silence les vertus & les actions heroïques de ces anciennes Dames tant Grecques que Romaines, tant Iuifues que Chrestiennes, qui ont par le lustre de leurs perfections & de leurs merites annobly des Prouinces & des Empires. Vouloir obscurcir leur honneur & leur gloire, c'est monstrer de l'ingratitude & de la malignité, & on ne peut couurir cette faute d'aucune excuse raisonnable.

On ne peut assez loüer les Princesses & les Dames, dont l'antiquité a fait estat: tant que le monde sera monde on parlera de la chasteté de Lucresse, de la prudence de Liuie, de la beauté de Faustine, de la bonne grace de Poppée, de la science de Cornelie, de l'accortise de Iulie, de la magnanimité de Porcie, du sçauoir de Leontia, de la force de Timoclia, du courage de Tomiris, de la conduite de Semiramis, de la sagesse de Tanaquil: mais sur tout de l'amitié de Cabadis Reine des Perses, laquelle ayant sceu la disgrace du Roy son époux qui estoit detenu en prison, le vint visiter, & n'estant pas cogneuë de ses gardes, luy donna ses vestemens de femme, & prit l'habit d'homme, & par cette ruse elle fit eschaper son mary: Dequoy ses ennemis irritez firent payer à cette courageuse Princesse par la perte de sa vie la faute de sa loüable pieté.

Le P. Simon Martin R. Minime a écrit l'Histoire des Dames illustres de l'ancien Testament.

Laissons là les Païennes: les Escritures sainctes nous recommandent les vertus de ces saintes Dames Sara, Rachel, Lia, Debora, Abigail, Susanne, Esther, Iudit, & la mere des Machabées. Quelques Peres loüent la chasteté des Sibylles, en faueur de laquelle ils croient qu'elles ont eu le don de Prophetie, & de predire l'Incarnation du Verbe diuin, & les autres mysteres de nostre salut. Nos Histoires Ec-

PREFACE.

clesiastiques celebrent à iuste titre la foy de Tecle, l'hospitalité de Thabite, l'amour de Magdelene, le soin de Marthe, l'esperance de Monique, la charité de Marcelle, la pieté de Paule, les sciences de Probe, la debonnaireté de Demetrias, la deuotion de Fauste, & le saint zele d'Eudoxie; & sur tout le courage & la constance de nos Agnes, de nos Ceciles, & de nos Caterines, de nos Agathes, & de nos Marguerites, de nos Claires, & de nos Luces, & de tāt d'autres ieunes Princesses & Demoiselles qui se sont renduës victorieuses, & de leur siecle, & de leur sexe : qui ont immolé à Dieu leurs corps par vne pudicité inuiolée, & ont merité des couronnes aussi proches de la dignité de celles des Martyrs, que les lys sont proches de l'excellence des roses : Car les guirlandes des Martyrs sont tissuës de roses à cause de la teinture de leur sang ; & celles des Vierges sont tissuës de lys, à cause de la blancheur & de la pureté de leur Virginité, que Tertulien appelle, la fleur des mœurs : & mesme elles ont merité des couronnes tissuës de lys & de roses, pour auoir exposé leurs corps tendres & delicats sur les rouës, & sur les cheualets, & enduré la mort pour l'amour de Iesus-Christ l'Epoux & le Roy des Vierges, & pour luy garder inuiolablement leur virginité malgré les desseins, & les attentes des Tyrans.

> *O filles vraiment glorieuses*
> *D'auoir tant d'ennemis domptez,*
> *Et triomphé victorieuses*
> *Des douleurs & des voluptez :*
> *Les trauaux estoient vos delices,*
> *Les feux vos rafraichissemens :*
> *Au glaiue, à la roue, aux supplices*
> *Vos cœurs se trouuoient diamans.*
> *Aussi, valeureuses guerrieres,*
> *Malgré tous efforts d'icy bas*
> *Vous auez fourni vos carrieres,*
> *Et gagné l'honneur des combats :*
> *IESVS, qui depart & qui donne*
> *Les prix aux fidelles esprits,*
> *Est luy mesme vostre couronne,*
> *Vostre conqueste & vostre pris.*

II.
La constance des premieres Vierges Chrestiennes.

Desportes.

PREFACE.

Heureuses guerrieres & Amazônes, qui ont pour Epoux, & pour couronne le Roy des Rois, qui venant au monde pour sauuer les hommes, a voulu naistre d'vne Mere Vierge, de laquelle on ne sçauroit parler assez dignement, d'autant qu'elle surpasse toutes les loüanges des Anges & des hommes. Qui peut assez loüer les Pelagies & les Sophronies que S. Ambroise defend auec tant de raisons & d'eloquence, pour auoir monstré tant de courage en la mort où elles se ietterent afin d'éuiter le hazard de tomber en des mains impures? Certes l'Eglise qui les reuere, nous est vn témoignage infaillible de leur saincteté. Et celle dont parle Nicephore, est sans doute memorable : qui trompa ce soldat en la prise de sa ville, luy faisant croire qu'elle auoit d'vne eau qui la rendroit inuulnerable aux coups d'espée : Ainsi feignant d'en faire l'essay sur soy-mesme, elle se fit enleuer la teste par le fer de ce barbare, qui vouloit rauir sa pudicité, selon la licence que donne aux soldats la prise & le saccagement des villes.

III.
Les Martyrs & le Roy des Martyrs enseuelis par les femmes.

CEVX qui ont pris la peine de feüilleter les bons liures, sçauent que la pluspart des belles, des genereuses & des sainctes actions ont esté faites par des femmes.

Plusieurs Apostres, plusieurs Martyrs, & plusieurs autres fideles seruiteurs de Dieu n'auroient pas receu les honneurs de la sepulture, ny leurs reliques n'auroient pas esté si soigneusement conseruées sans le zele & la charité de nos premieres Dames Chrestiennes. Les Prestres & les Diacres d'Achäie nous ont appris dans l'Histoire du martyre de S. André, que Maximile emporta le corps de cet Apostre, & le mit en vn lieu honorable auec des parfums & des odeurs aromatiques. Sainte Lucine Dame Romaine fit le semblable du corps du martyr S. Sebastien. Auec quelle charité Drusiane, mere pitoyable des pauures, receut-elle en Ephese S. Iean le disciple bien aimé du Sauueur, lors qu'il estoit persecuté? L'on tient que le Prince des Apostres ressuscita cette docte femme nommée Dorcas au port de Ioppe prés de Hierusalem, à cause de sa charitable pieté qui luy faisoit reuestir & caresser tous les pauures Chrestiens qu'elle rencontroit. Chacun sçait que la deuote & la vertueuse Impera-

PREFACE.

trice Helene, digne mere du grand Constantin, partit de Rome par inspiration du Ciel, aprés auoir donné la moitié de ses biens aux pauures, pour aller en Hierusalem chercher la vraye Croix, les clouds, & les autres marques de nostre redemption, qu'elle trouua miraculeusement. Il estoit raisonnable que le bois precieux auquel fut attaché & mourut l'Autheur de la Vie, fust trouué par vne femme, puis que les femmes auoient fait fidelle compagnie à IESVS-CHRIST sur le mont de Caluaire, où sa Mere la tres-sainte Vierge acquit la couronne du martyre d'amour par dessus tous les Anges & tous les hommes.

QVEL assez digne pinceau peut representer la constance & le zele des premieres Vierges Chrestiennes? Sainte Marthe la deuote Hostesse de IESVS-CHRIST, laquelle a esté la premiere qui a fait vœu de virginité apres la tres-sainte Vierge Mere du Sauueur du monde.

IV. Le zele & la pudicité des premieres Vierges Chrestiennes.

La magnanime Sainte Tecle, qui triompha si glorieusement des tourmens fit le mesme vœu, qu'elle garda auec vne resolution admirable, comme elle l'auoit promis au grand Apostre & Docteur des Gentils son maistre en la vie spirituelle.

Sainte Iphigenie fille du Roy d'Etiopie, qui refusa de se marier au Roy Hittache, lequel plein de rage pour auoir esté refusé en mariage par cette tres-belle & tres-vertueuse Infante, qui auoit voüé sa virginité à Dieu entre les mains de S. Mathieu, fit assassiner ce glorieux Apostre & Euangeliste de Iesus-Christ, lors qu'il estoit à l'Autel. C'est pour ce sujet qu'il a esté appellé par vn Pere Victime de Virginité.

La Princesse Flaue Domitille proche parente des Empereurs Vespasien, Tite & Domitien, qui a souffert auec tant de courage les peines & les trauerses que luy apporta l'exil, lors qu'elle fut releguée dans l'Isle de Ponza & dans Terracine à la sollicitation de son mary le cruel Aurelien. Elle endura le martyre auec ses Demoiselles suiuátes Theodore & Euphrasine, pour auoir perseueré constamment en la vraye Religion, & en la resolution de viure & de mourir Vierge, ayant receu le voile par le conseil & le ministere de S. Clement Pape & Martyr.

PREFACE.

Auant cette Princesse du sang des Cesars & des Flauiens, sainte Petronille auoit méprisé auec vn courage & vne constance nompareille les sales embrassemens d'vn infame, pour garder inuiolablement sa virginité à son diuin & celeste Epoux. Sainte Petronille, dis-ie, qui n'a pas esté la fille charnelle, mais spirituelle du Prince des Apostres, comme prouuent fort bien les doctes Antoine Galonio & Cesar Baronio, les deux chers nourrissons de S. Philippe Nery, Fondateur de la Congregation de l'Oratoire Romain.

Quelle eloquence peut raconter la magnanimité, les victoires, & les triomphes de S. Agnes & de S. Prisque, âgées seulement de treize ans; & des deux saintes Eulalies, dont l'vne fut crucifiée à quatorze ans dans Barcelone: l'autre à douze ans endura à Melito les flames & le bûcher; & de la tres-genereuse sainte Basilisse, qui n'estant âgée que de neuf ans surmonta ainsi que sainte Tecle les coups des verges, l'ardeur des flames, & la fureur des bestes cruelles, pour le soustien de la Foy?

V. Plusieurs Saintes & Vierges de France.

Les Annales de nostre Eglise Gallicane publient les eloges de ces tres-constantes Martyres ou Vierges, sçauoir, des Blandines de Lyon; des Foys d'Agen; des Coulombes de Sens; des Reynes d'Alize & de Bourgongne; des Valeres de Limoges; des Benoistes de Laon; des Godelenes de Bologne; des Geneuiéves de Paris & de Brabant; des Cilinies & des Fares de Meaux & de la Brie; des Angadresmes de Beauuais; des Austrebertes de Therouenne; des Gudules de Brusselle; des Clossines ou Clossindes de Mets; & d'vne infinité d'autres saintes Heroïnes dont les noms sont en benediction, entre autres ces trois illustres Fondatrices des Colleges de Chanoinesses de Niuelle, de Mons & de Maubeuge, sçauoir la Princesse S.te Gertrude, & les S.tes Valdrude & Aldegonde.

L'institut de ces Chanoinesses est de faire le diuin Office dans le Chœur à la façon des Chanoines; &alors elles portent vn habit Ecclesiastiq; fort graue. Au

reste elles viuent éparses en diuerses maisons dans les Villes où leurs Chapitres sont erigez, & là elles s'habillent à la seculiere, reçoiuent des visites de toutes façons, vont aux bals & aux festins, & alors elles n'ont rien de personnes Ecclesiastiques que le seul titre. C'est pourquoy on diroit que tout ce qui est sacré dans l'Eglise, deuient aprés tout à fait profane dehors. Toutes ces Chanoinesses là sont des principales Maisons des Prouinces du Pays bas & d'autres voisines. Elles se marient aprés si elles le desirent. Et celles qui ne se veulent point marier viuent en perpetuelle chasteté demeurant Chanoinesses, & dans la mesme liberté de vie qu'elles auoient auparauant; & de cette façon elles ne defendent pas moins leur chasteté auec les armes de leur bon naturel & pudicité, qu'elles feroiét si elles viuoiét entre des murailles d'vne rigoureuse&inaccessible closture.

Com-

PREFACE.

COMBIEN de Reynes & de Princesses ont-elles planté hardiment les estendars de la Croix sur les ruines du Paganisme & de l'Infidelité?

VI. Empires, Royaumes, & Prouinces qui ont receu la Religiõ Chrestienne par le saint zele des femmes.

L'Empire Romain reconnoist auoir receu la vraye Religion par l'adresse de sainte Helene Princesse Angloise, ou selon les autres, de nostre Bretagne Armorique & Gauloise, & en l'honneur de laquelle son fils nomma la ville de Drepane en Bithinie, & aussi la mer sur laquelle cette belle Cité est assize.

Les Pannoniens ou Hongrois auouënt qu'ils ont reçeu ce bon-heur par le moyen de Gisla ou Gisele, quand elle épousa leur Roy S. Estienne, selon le fidele rapport d'Antoine Bonfinius exact Ecriuain de l'Histoire de ce Royaume-là.

Les Perses receurent la méme faueur de Cesarée. Les Russes ou Moscouites de la Princesse Olga. Les Bohemiens, de Ludimilia. Et les Sarmates ou Polonnois, par l'entremise de Dambruca fille de Boleslas Duc de Boheme, laquelle (comme i'ay appris de Martin Cromer Euéque de Warmie, & Historiographe de Pologne) refusa d'auoir Miesca ou Miescillas Duc des Sarmates pour mary, s'il ne faisoit profession de la Religion Chrestienne. Aussi le Pape Iean XIII. à la sollicitation de cette Religieuse Princesse enuoya Gille Euéque de Tuscule ou Frescati, comme Legat en Pologne, pour instruire ces peuples là, aux plus importans points de nostre croyance.

Les Frizons, les Cattes ou Casses (qui sont ceux du Landgrauiat & Comté de Hesse) les Noriciens ou les habitans d'vne partie de la Bauiere, de l'Archeuéché de Salisbourg & du haut Palatinat, ont esté conuertis à la Foy du Sauueur, par les bons exemples & les saints discours de Walpurge, de Liobe, de Tecle, de Bergite, de Cunigilde & de Chunitrude Dames Angloises, que saint Boniface leur compatriote, Archeuéque de Mayence, dit l'Apostre des Alemagnes, fit venir en ces contrées-là pour trauailler à la conuersion de ces peuples. Car tandis que ce saint Prelat (que le Pape Gregoire II. enuoya en Alemagne où il receut bien de l'assistance de Charles Martel Prince des François) vacquoit à l'instruction des hommes, ces saintes Vierges s'em-

PREFACE.

ployoient de leur part à catechifer les femmes.

Ie ferois iniufte & criminel fi ie ne confeffois librement que noftre France, la plus noble Monarchie du monde, n'eft Chreftienne que par la feule pieté de la Reyne fainte Chrotilde ou Clotilde, fille puifnée de Chilperic Roy de Bourgongne, de laquelle Dieu fe feruit pour infpirer Clouis cinquiéme Roy des Francs ou François fon mary, de quitter l'abominable culte des idoles, & luy faire embraffer la Foy de Iesvs-Christ. Car les faintes inftructions & les charitables remonftrances de cette tres-belle & tres-vertueufe Princeffe eurent plus de pouuoir fur l'efprit guerrier de ce grand Monarque, ainfi que i'ay fait voir ailleurs, que la perte & la victoire de plufieurs batailles.

En la Vie & les Eloges des Rois de France.

Les nieces, ou pour mieux parler, les petites filles de Clouis dit le Grand & le Saint, premier Roy Chreftien des François, & de la fainte Reyne Clotilde, n'ont point degeneré de la vertu & de la pieté Tres-Chreftienne de ce Monarque & de cette Religieufe Reyne. Car Ingonde & Clodofinde Princeffes de leur fang fe monftrans vrayes filles de la Maifon de France, ont par leur zele conuerty les Efpagnes à la foy Catholique, ayans fait renoncer à l'herefie Arrienne les Princes S. Hermenegilde & le Roy Recarede, qu'elles époufrent.

Adilberge Reyne de Kent (que quelques-vns nomment Berthe) auffi Princeffe de la race Clodouingienne, fit le mefme en Angleterre, ayant fait quitter l'idolatrie au Roy Ethelbert fon mary, qui de Prince Payen, deuint vn tres-deuot & tres-vertueux Chreftien.

Ragintrude Princeffe de cette Augufte Maifon, eut auffi le même fuccés en Bauiere, ayant par fes vertus & par fa fageffe amené à la connoiffance du Sauueur du monde, le Duc Teudon fon mary; car ce Prince tres Religieux troifiéme du nom, a efté le premier des Ducs de Bauiere qui a profeffé le Chriftianifme.

Du fang de Ragintrude & de Teudon eft iffuë Theodolinde Princeffe Bauaroife, fille de Garibauld Roy de Bauiere, qui ayant quitté l'Alemagne pour paffer en Italie, où elle fut mariée à Agilulphe Roy des Lombars, auquel elle fit

PREFACE.

renoncer aux erreurs d'Arrius, & aussi à tous ses suiets & ses peuples. Sa fille Gondeberge tres-chaste Princesse, femme d'Arioalde & d'Harod Rois des Lombars, fut vn miroir de patience, ayant esté mise en prison par ses deux maris; mais Dieu fit voir tousiours son innocence, à la confusion & à la honte de ses calomniateurs, & mourut pleine d'honneur & de gloire à Pauie, où elle gist en l'Eglise de S. Iean Baptiste, qu'elle a enrichie & ornée de plusieurs precieux paremens & reliquaires.

Heduuige Reyne de Pologne, fille puisnée de Louis dit le Grand, Roy de Hongrie & de Pologne (Prince de la Maison de France, estant le petit fils de Charles de France Roy des deux Siciles, & Comte d'Aniou & de Prouence, fils de Louis VIII. & frere de S. Louis Rois de France) a conuerty à la Foy de IESVS-CHRIST les Lituaniens, épousant leur Duc Iagellon, auquel cette belle & charitable Princesse la mere des pauures & des sçauans (car elle a fondé vn College en l'Vniuersité de Cracouie) fit quitter l'idolatrie, receuoir le Baptesme, & prendre le nom d'Vladislas, au grand contentement des Polonnois, qui estans vnis par cette noble alliance auec les Lituaniens ont obey & receu les commandemens des Princes de Lituanie ou de la race de cet Vladislas Iagellon, qui a regné heureusement prés de deux siecles en Pologne & en Lituanie.

Ce n'est pas sans suiet que le deuot & docte Cardinal Annaliste le Cesar des Escriuains de ce siecle, loüé dans son neufiéme Tome plusieurs Dames, pour auoir augmenté la gloire du Christianisme.

IE ne puis finir ce discours sans dire quelque chose d'vne certaine Iustine; qui voyant l'Empereur Maxence en vne extréme colere contre les Chrestiens, parce qu'il luy en estoit eschapé vn entre les autres, qu'il faisoit poursuiure auec toutes sortes de rigueurs, luy dit: celuy que vostre Maiesté cherche est mon mary, que i'ay fait sauuer d'entre vos mains, par ce qu'il ne l'auoit point offencée : mais ie suis coulpable de vous auoir donné suiet de vous mettre en colere. C'est donc de moy que vostre Maiesté se doit vanger, & non pas de ce miserable qui fuit plustost son malheur que

VII.
Actions charitables faites par des femmes.

PREFACE.

voſtre preſence. Ce Prince, quoy qu'ennemy mortel de noſtre Religion, ayant admiré la bonté de cette Dame qui n'eſtoit pas la femme de cet homme qu'elle auoit fait ſauuer, relaſcha trois cens Chreſtiens qu'il vouloit faire mourir, & changea leur peine capitale à vn ſimple banniſſement. La fille de Pharaon eut plus de bonté, que tous les Egyptiens n'eurent enſemble de malice; elle eut plus de douceur & de clemence, que ſon pere ne fut rigoureux (afin que ie ne diſe cruel,) car elle tira du naufrage, & du goufre de la mort ce grand Legiſlateur & Capitaine Moyſe, l'auoüant ſi à propos pour ſon fils, qu'il faut croire que Dieu ſe ſeruit d'elle autant que de Moyſe méme pour la deliurance de ſon peuple. Tous nos François ſe perdirent ou furent perdus aux cruelles Veſpres Siciliennes, excepté ſaint Regnauld de Porcelets Euéque de Digne en Prouence, que les Arragonois & les Siciliens ne voulurent pas maſſacrer, à cauſe de ſa pieté & de ſa vertu. Et ceux qui ſe trouuerent dans Sperlinge, leſquels furent aduertis par vne nourrice qui ſeruoit vn Podeſtat de l'Iſle: Auſſi eſt-il écrit:

La ſeule Sperlinga eſt exempte
Du mal qu'y fit l'Iſle bruſlante.

Et ailleurs:

Vne pitoyable Nourrice
Sauua le reſte des François,
Qui l'eſpace de douze mois
Dans Sperlinga furent en lice.

Il y a pluſieurs années que l'illuſtre Maiſon des Farnezes ſeroit éteinte, & n'auroit pas donné vn grand Pape, & tant de tres Eminents Cardinaux à l'Egliſe Romaine, ny de ſi grands Capitaines à la Chreſtienté, & des Ducs à Parme, à Plaiſance, & à Caſtres, qui ont eſté alliez aux Royales Maiſons de France, de Portugal, & d'Auſtriche, ſans la charité d'vne ſimple Nourrice, laquelle ayant ſceu que tous les Seigneurs de cette noble race auoient eſté tuez en vn feſtin par ceux qui les y auoient conuiez, & n'eſtant reſté qu'vn petit enfant que l'on cherchoit pour luy oſter la vie, afin qu'il ne ſe trouuaſt perſonne qui vengeaſt vn iour ce forfait inhumain, elle alla en diligence le cacher, & prit le ſoin de le faire nourrir & eſleuer.

PREFACE.

IL faudroit composer plusieurs volumes, si on vouloit rapporter combien de femmes & de filles sont loüées par les premieres plumes du monde, non seulement pour auoir fait tant de belles actions pour l'auancement du Christianisme, ou pour la conseruation & le soulagement des peuples & des nations entieres, mais aussi pour auoir bien reüssi en l'estude des bonnes Lettres, & en la conduite des Etats & des Empires, non seulement durant la Paix, mais encore parmy les troubles & les guerres étrangeres & domestiques.

VIII. Les femmes ont enseigné aux hommes les arts & les sciences.

Si quelqu'vn en doute, ie luy diray en passant que souuent les femmes ont enseigné aux hommes les arts & les sciences, ou ont acquis bien de l'honneur & de la gloire pour auoir fait profession des bonnes Lettres.

Homere le Prince des Poëtes Grecs fut enseigné par Clorinde Samiene, en la ville d'Argos, à qui méme quelques-vns attribuent l'excellent Oeuure de l'Iliade : Et de fait, si vous le comparez auec l'Odissée, vous trouuerez qu'il y a bien de la difference.

Aristote recherchant les causes du flux & du reflux de la mer, en tira des resolutions de Sostrate Lesbienne, & ne fut pas si imprudent que de se noyer dans l'Eurippe (qui en est tout agité) comme s'imaginent plusieurs.

Hippocrate apprit la guerison des hemorroïdes par le moyen de Dorothée Abderite, comme il se trouuoit écrit en Ephese au Temple de Diane & en celuy d'Eleusine.

Anaxagore ignoroit aussi bien que le Prince des Philosophes les causes du flux & du reflux de la mer, & Dyoris femme d'vn Barquerot de Pyrée les luy enseigna. Il apprit la cause de la conionction des Planetes, & leur temps, d'vne Iardiniere de Smyrne, & les plus beaux secrets des Meteores.

Ie ne croiray pas faire tort à cette grande lumiere d'Afrique, & de toute l'Eglise, le grand S. Augustin, quand ie diray qu'il doit rapporter le fruit de sa doctrine & de sa conuersion, non seulement aux larmes, mais aussi aux salutaires conseils & aux bonnes instructions qu'il a tiré de sa vertueuse mere sainte Monique, puis que luy mesme l'auoüe dans ses Confessions; car ce fut cette deuote Dame qui prit vne

PREFACE.

peine nompareille de le faire souuent conferer auec l'eloquent S. Ambroise.

S. Gregoire Euéque de Nisse & frere de cet autre Phare de l'Eglise d'Orient le grand S. Basile, n'a point de honte de confesser qu'il a puisé toute la doctrine du traitté qu'il a composé *de l'Ame & de la Resurrection*, de la fecondité du bel esprit de sa sœur la bonne Religieuse Macrine, lors qu'il la visita au voyage qu'il fit en Arabie, comme Legat du Concile d'Antioche, assemblé sous Gratian, après la mort de Valens. De fait, il la qualifie souuent de ce bel eloge de *Docte* & de *Maistresse*. Et il apprit vne partie des rares secrets, qui se trouuent en ce beau liure, par les discours & les conferences qu'il eut auec cette bien-heureuse Vierge.

Saint Hierôme l'vn des plus sçauants des Peres de l'Eglise remarque que plusieurs faisoient profession des Lettres diuines & humaines, lesquels neantmoins estoient contraints d'auoir recours au bel esprit de certaines femmes, pour apprendre d'elles ce que puis après ils enseignoient aux autres, n'estans point honteux de communiquer la méme doctrine qu'ils auoient empruntée de ces vertueuses Dames Romaines Marcelle, Albine, & Paule mere de ces quatre pieuses filles Blesille, Eustochie, Pauline, Rufine : & ces autres illustres Heroïnes, Felicité, Aselle & Lete, qui ont cet excellent & eloquent Docteur pour panegyriste de leurs vertus & de leur doctrine.

Sinese Euéque de Ptolemaïde appelle Hypatia Vierge d'Alexandrie, sa Dame & Maistresse, dans toutes les Epistres qu'il adresse à cette tres-chaste fille, qui surpassoit en doctrine tous les Philosophes de son siecle.

Ceux qui ont leu les bons Liures tant sacrez que profanes, sçauent que souuent les Dames ont enseigné aux hommes la Theologie, la Philosophie, la Poësie, & les autres sciences, ausquelles plusieurs se sont renduës excellentes & admirables.

Argentaria Polla a grandement enrichy les Oeuures de ses maris les Poëtes Lucain & Stace.

Erinna Lesbia qui mourut âgée de dix-neuf ans, auoit approché de fort près la maiesté poëtique d'Homere, que

PREFACE.

est souuent repris par la belle Safo, tant sur le changement des armes de Glauque & Diomedes, où il fait naïfuement le gueux: qu'en la comparaison d'Aiax à vn asne, où il fait naïfuement le musnier. La mesme a corrigé les Oeuures de Pindare, au rapport de Plutarque. C'est cette fille natiue de l'Isle de Lesbos, dite auiourd'huy Metelin, qui a inuenté les vers sapphiques qui sont fort agreables quand ils sont chantez, ou pour le moins accordez aux instrumens, qui sont la vie & l'ame de la poësie: Aussi Safo chantant ces vers accommodez à son Cystre, ayant les cheueux épars & negligez, auec vn mouuement d'yeux languissans, leur donnoit plus de grace, que tous les fifres & les trompettes n'en donnoient aux vers masles & hardis d'Alcée son citoyen, & contemporain, faisant la guerre aux Tyrans.

Carmenta fut si docte en poësie, qu'elle surpassa en cet art tous les hommes de son temps, & en acquit la reputation & la gloire que nous lisons dans les Histoires. C'est elle qui enseigna Pythagore, Prince de la meilleure Philosophie des Payens, qui a aussi esté instruit aux sciences par sa sœur Theoclée.

Nicostrate fille d'vn Roy d'Arcadie, a mis en vers diuerses Propheties. Phennis Albanoise, fille du Roy des Chaoniens, a euë sa place entre les Poëtes, selon le rapport de Pausanias. La Reyne Timaris a fait vn Poëme fort elegant de la pierre precieuse, ainsi que Pline raconte.

Eudoxie fille de l'Empereur Theodose le ieune, a écrit des Poëmes en vers heroïques: On tient que les centons ou vers rapportez d'Homere, sont de sa façon. En quoy ont aussi heureusement reüssi Cornificia & Probe Falconie Dames Romaines, qui ont décrit les mysteres de nostre Religion par vers & centons tirez de Virgile.

Helene Flauie Auguste, fille de Celius Roy de la Grand' Bretagne, femme de l'Empereur Constance Chlore, & mere de Constantin le Grand, a composé plusieurs vers Grecs, & aussi des Liures excellens, *De la Prouidence: De l'immortalité de l'ame: Du moyen de bien viure: Et des auis de la Pieté.*

Tibulle louë dans ses Oeuures Amalthea & Marsepia, pour leur sçauoir.

PREFACE.

Veronique Gambara & Victoire Colomne toutes deux grandes Princesses, & plusieurs autres Heroïnes (dont les eloges sont dans ce Liure) ont composé plusieurs Volumes en vers Latins, François, Italiens, & Castillans.

C'est assez parlé de celles qui ont excellé en poësie. Voyons les autres qui se sont renduës recommandables par les autres sciences.

Hippo fille de Chiron le Centaure (qui a esté Precepteur d'Achille) a eu pour disciple Aole en l'estude de l'Astrologie: car c'est elle qui a premierement predit les choses diuines par les Oracles & par l'aspect des astres.

Theonos fille de Prothée Roy d'Egypte, estoit docte en la Theologie de ce temps-là, & aussi en la Philosophie, si nous croyons Euripide.

Arthyrtia fille de Sesoster Roy d'Egypte, estoit fort bien versée en l'Astrologie iudiciaire; de sorte qu'elle pronostiqua que son pere deuoit obtenir la Monarchie. Cassandre la renommée, fille de Priam Roy des Troyens, entendoit aussi l'Astrologie iudiciaire. Barse femme d'Alexandre le Grand, acquit les bonnes graces de ce Conquerant, pour la parfaite connoissance qu'elle auoit des bonnes Lettres. Alossa Reyne des Perses, fille de Cyrus, & femme de Darius, a enseigné la façon d'écrire les missiues.

Martia Proba Reyne des Anglois, fut tres-docte en tous les arts liberaux: & c'est elle qui a composé les Loix de ce Royaume-là: elle viuoit l'an 348. auant la Natiuité du Fils de Dieu. Eleonor Reyne d'Angleterre a écrit de doctes Epistres au Pape Celestin III. & au Roy Iean son fils. Vrsule Angloise, fille du Prince de Cornoüaille, a écrit vn Liure des *Visions occultes*, & vn autre des *Documens de la Foy*.

Lachis d'Athenes, fille de Megestée, ordonna des loix au peuple de l'Attique, si vtiles & venerables, que les Romains les receurent pour naturelles, & en dresserent leurs douze Tables, où il y a plus de iustice & de pieté que dans les Volumes de Papinian.

Cornelie mere des Gracches, fut si eloquente, que les Romains luy dresserent vn Autel & des sacrifices dans le Temple de Pitho, laquelle méme a surpassé les hommes

&

PREFACE.

& les Dieux en cette vertu.

* La Reyne de Saba en Ethiopie, de laquelle il est fait mention honorable au Liure des Rois & en celuy des Paralipomenes, estoit bien instruite dans les sciences. *Quelques Autheurs la nomment Nicaulis ou Maxeda: mais l'on n'est pas tenu de les croire, n'ayant pas ce me semble d'assez bons garends.

Zenobie Reyne des Palmireniens, sçauante en Grec, en Latin, & en Egyptien, a fait l'Epitome de l'Histoire d'Alexandrie, & a souuent prononcé des oraisons tres-elegantes deuant les soldats de son armée.

Amalasunte Reyne des Ostrogots, femme du Roy Theodoric, & mere d'Atalaric, entendoit fort bien les langues Grecque & Latine.

Les reuelations des Saintes Hildegarde & Brigitte, nous font voir comme ces Dames n'ont pas negligé en leur ieunesse l'estude des bonnes Lettres, outre qu'elles estoient bien versées en la science des Saints; ainsi que sainte Gertrude le miroir des Dames de bonne maison, & la premiere Abbesse du venerable College des tres-nobles Chanoinesses de Niuelle en Brabant. Ceux qui font profession de la vie deuote sçauent les profits qu'ils ont fait au chemin de perfection par la lecture des Oeuures de cette sainte Princesse. Les Conciles citent & approuuent les reuelatiōs de sainte Brigitte.

Dés les premiers siecles de l'Eglise, Caterine Princesse en Alexandrie (que les Sectaires de ces derniers temps appellent la Papistique Pallas, & la Romaine Calliope) estoit tres-docte en toutes sortes de sciences, puis qu'elle conuainquit les plus celebres Philosophes de son temps, ayant par de veritables argumens refuté les vaines illusions de ces sçauans hommes qu'elle conuertit à la Foy, & qui admirans les fondemens sur lesquels la Religion Chrestienne estoit fondée, cognerent IESVS-CHRIST, & pour luy endurerent le martyre: de maniere qu'ils pouuoient dire ce que le Martyr S. Cyprien dit à la Vierge sainte Iustine, *Nous sommes venus magiciens, & nous sommes retournez Chrestiens.*

L'Angleterre n'a-t'elle pas eu du temps de nos peres vne autre Caterine, premiere femme du Roy Henry VIII. laquelle a écrit des meditations & des commentaires sur les Pseaumes, comme i'ay remarqué dans l'eloge de cette Reyne? L'Italie auoit desia admiré vne Caterine natiue de Sien- D'autres attribuent ce liure à Caterine Parey sa 6. femme.

PREFACE.

ne, Religieuse de l'Ordre de S. Dominique, laquelle a aussi écrit tant de belles Lettres aux Papes, aux Cardinaux, aux Princes, & aux grands Seigneurs, par lesquelles l'on void que cette sainte Vierge qui a receu les honneurs de la Canonization par ce tres-sçauant Pape Pie II. son compatriote, estoit non moins eloquente que pieuse; aussi elle persuada à nostre Gregoire XI. vrayment nostre, puis qu'il estoit François & de l'illustre Maison des Comtes de Beaufort en Limousin, de quitter la ville d'Auignon (en laquelle quelques Papes de nostre nation auoient tenu leur siege par l'espace de soixante & onze ans) pour retourner à Rome, & appaiser par son seiour & sa demeure en Italie les troubles & les guerres plus que ciuiles, qui desoloient & ruinoient cette belle contrée fertile en toutes sortes de grands esprits.

Le Pape Gregoire & son successeur Vrbain VI. l'ont enuoyée diuerses fois en Ambassade.

Combien y a-t'on veu de Femmes illustres pour leur sçauoir & pour leur doctrine? Nous pourrions parler de Constance Sforse, des Triuulses, de Corone de Peruse, de Faunye, de Gilberte, de Cornelie de Veronne, d'Elizabet Malateste, & des Nogaroles. Nous y verrons en ces derniers siecles les Princesses de Ferrare, Isabelle de Vilemarine Princesse de Salerne, vne Comtesse de Nole, Violante Carlone, & Violante de saint Seuerin; ces trois Graces de l'illustre Maison de Gonzague ou de Mantouë, Isabelle Duchesse d'Vrbin Isabelle Marquise de Lusserte, & Iulie Comtesse de Fondi, Magdeleine & Laurence Strossy.

Si nous auions fait dessein de parler des viuans, nous aurions grand suiet de loüer Marie Clemence Ruoti Florentine, Religieuse au Monastere de S. George à Florence, qui a écrit en vers l'Histoire du Patriarche Iacob. Nous pourrions encore parler de cette ieune Dame Napolitaine, qui depuis deux ou trois ans a soustenu publiquement des Theses de Philosophie à Naples, comme fit à Lyon il y a quarante ans Iulienne Morell à l'aage de douze ans, qui est auiourd'huy Religieuse à sainte Praxede d'Auignon. Enfin nous serions iniurieux au merite de Mademoiselle Anne Marie de Schurman, si nous ne faisions au moins connoistre que son nom nous est precieux, & que ie ne puis plus rien luy souhaitter pour estre entierement parfaite, que la veritable Religion.

PREFACE.

QVE si quelqu'vn ne trouue pas bon que les filles & les femmes se meslent du gouuernement des Royaumes & des Monarchies, particulierement de la guerre: les Historiens & les Poëtes au contraire luy proposeront l'exemple de Camille Reyne de Volciens; de Semiramis & de Nitocris Reynes d'Assyrie; de Tomiris, de Scythie; d'Isis & de Cleopâtre d'Egypte; d'Artemise de Carie; d'Hypsicrate de Pont femme du Roy Mithridates; de Tenca d'Illyrie; d'Amalasunthe, du Royaume des Ostrogots en Italie; de Velasca, de Boheme; de Marguerite, de Dannemarc, de Suede, & de Noruerge; de Vaoda veuue d'Aruirage Roy de l'Isle de Bretagne, laquelle du temps des Vespasiens menoit à la guerre contre les Romains cinq mille filles, auec autant de gloire & de reputation que les Amazônes, les Lacedemoniennes, & les Alemandes.

X.
Les Femmes ont gouuerné sagemét des Royaumes, & fait la guerre contre les ennemis de leurs Etats.

Ceux qui ont leu l'Histoire Grecque n'ignorent pas que les femmes commandoient aux hommes parmy les Lacedemoniens, lesquels estans blasmez & méprisez par les autres Grecs, de ce qu'en leur Etat les femmes commandoient à leurs maris; l'vne des Dames de Lacedemone repartit brusquement, qu'il estoit raisonnable qu'elles commandassent aux hommes, puis qu'il n'y auoit qu'elles qui engendroient des hommes. Et le Prince des Philosophes les excuse au liure de ses Politiques, quand il dit que les hommes vaillans & belliqueux sont d'ordinaire adonnez aux femmes; à cause que le sang qui les échauffe à la guerre, est le méme qui les excite à l'amour; & que pour ce sujet là ce méme peuple adoroit vne Venus armée, pour la Deesse tutelaire de sa ville.

Les peuples de Leuant ont esté les premiers qui ont volontairement reconnu les gouuernemens des femmes: Et Claudian en fait la remarque en ces termes:

De toute antiquité les femmes sont les Rois
Des peuples Sabeens, & du regne Medois:
Là ce sexe commande, & braue il seigneurie
La plus puissante part de l'aspre Barbarie.

Mais les Histoires défaillent: Car ce qui reste ne commence qu'aux Assyriens, dit Tertulien. Leur Empire a duré jus-

PREFACE.

ques à la vaillante & fçauante Zenobie, qui eſtoit la plus excellente Princeſſe que les Romains eurent iamais pour ennemie, & à laquelle & à ſon fils l'Empereur Aurelien donna la vie, tant il eſtimoit la vertu de ſa priſonniere. Il écriuit au Senat en ces termes, pour répondre à ceux qui le blâmoient d'auoir tourné ſes armes contre cette Reyne des Palmireniens : *Ie ſçay que l'on me reproche d'auoir fait vne action peu digne d'vn homme, d'auoir triomphé de Zenobie ; mais ils me loüeroient s'ils ſçauoient quelle femme c'eſt, combien elle eſt prudente en ſes conſeils, combien conſtante en ſes reſolutions, combien prompte dans l'execution, combien liberale même dans ſa neceſſité, combien ferme dans toutes les choſes iuſtes & raiſonnables. Et certes ie ne luy euſſe pas laiſſé la vie, ſi ie n'euſſe ſceu combien elle importoit à mon Etat, luy permettant, auſſi bien qu'à ſes enfans, de commander par tout l'Orient.*

L'on ſçait que les Amazônes ont heureuſement commandé en Aſie, & y ont baſty les plus nobles & les plus belles villes, entre autres celle d'Epheſe ſi celebre & ſi renommée pour ſon Temple, qui a eſté l'vne des merueilles du monde.

Aux Indes tant Occidentales qu'Orientales, les Reynes ſont admiſes au gouuernement.

Les Iuifs ont chery le regne de Debora, qui leur rendoit la Iuſtice tout ainſi que la femme d'Alcinoüs au peuple des Phœaces. Ce fut auſſi vne merueille de voir cette Princeſſe Debora tenir le gouuernail de la Republique des Hebreux, & commander aux armées comme vne diuine Amazône, & que les hommes ſous les eſtendarts de cette ſage Dame emportoient les victoires ſur les chariots & les armes profanes des ennemis du peuple de Dieu. Merueille auſſi que la ſage & la vaillante Iudit ait formé par ſes conſeils les Preſtres & les Gouuerneurs du meſme peuple, & par deſſus la prudence des hommes, trouué l'expedient de faire leuer le ſiege de ſa ville affamée aux deſpens de l'ennemy qui l'auoit reduite à l'extremité. Heureuſe Femme qui mit la confuſion en la maiſon de Nabuchodonoſor, rompant pour ainſi dire les cornes de l'orgueil, & oſtant la teſte à Holoferne, l'ennemy de Betulie ſa patrie, qu'elle deliura d'vn ſiege épou-

PREFACE.

uentable, & en fit vn magazin de richesses : Ainsi par la mort d'vn superbe ennemy elle acquit vn triomphe de gloire immortelle.

Sainte Pulcherie eut en ses mains le gouuernement de l'Empire Romain, estant declarée Tutrice de Theodose le Ieune, lors qu'elle n'estoit âgée que de seize ans, selon Marcellin, ou de quatorze, selon Sosomene, dont elle s'acquitta dignement.

EN France (qui est vn fief masculin à l'exclusion des femmes par la loy Salique) il s'est veu souuent que les femmes ont eu le gouuernement du Royaume, soit que les Rois fussent mineurs & en bas âge, comme Clotaire II. ou le Grand, Philippe Auguste, S. Louis, Iean I. Charles VIII. Charles IX. Louis XIII. & XIV. soit qu'ils allassent en païs estrangers, comme le méme Auguste, Louis IX. Charles VIII. & aussi Louis XII. & François I. ou qu'ils fussent indisposez comme Charles VI. ou qu'ils fussent prisonniers comme Iean II. & François I. ou qu'ils fussent absens du Royaume comme Henry III. Car tous ceux qui ont leu nos Historiens, n'ignorent pas que douze de nos Reynes & deux Princesses ont gouuerné cet Etat en qualité de Regentes. Et ces quatre Reynes, Adele de Champagne, Blanche de Castille, Anne de Bretagne, & Caterine de Medicis, l'ont esté deux fois, & la quatriéme quatre fois.

XI.
Reynes & Princesses qui ont esté Regentes en France.

Durant la premiere race, Fredegonde aprés la mort de saint Gontran son beau-frere, gouuerna la Monarchie, & commanda méme aux armées pour son fils Clotaire II. qui depuis fut vn grand Prince.

En méme temps Brunehaud ou Brunechilde estoit Regente en la France Orientale, ou aux Royaumes d'Austrasie & de Bourgongne pour Theodebert & Theodoric ses petits fils.

Les Reynes Nantilde, & sainte Baudeur ou Batilde eurent le méme honneur. Celle-là aprés le decés du Roy Dagobert le Grand, celle-cy aprés la mort du Roy Clouis II. pour les Rois Clouis II. & Clotaire III. leurs enfans

Adele veuue de Louis le Ieune, a conduit l'Etat durant la minorité de Philippe II. selon la disposition testamentaire

PREFACE.

du méme Roy Louis VII. son mary, & pendant que nostre Auguste son fils estoit en la Terre sainte.

<small>M. le Baron d'Auteüil de l'anciéne & remarquable Maison de Côauld, n'a</small> Blanche de Castille fut Regente quand Louis IX. dit le Saint, estoit en bas âge, & quand il fut en son premier voyage de Leuant. Monsieur le Baron d'Auteüil a écrit en trois Liures la vie de cette sainte Heroïne.

<small>as seulement écrit l'Histoire de la Reyne Blanche Infante de Castille, femme du Roy Louis VIII. & mere de S. Louis, mais aussi celle des Ministres d'Etat. Il porte d'or, à trois merlettes de sable, au chef de gueules, qui est de Combauld, il a chargé le premier canton du chef de ses armes d'vn écusson d'or au lyon de gueules, à l'orle de huit coquilles d'azur, qui est de Bourbon l'ancien.</small>

La Reine Clemence de Hongrie a esté Regente huit iours ou'vn mois que véquit le petit Roy Iean I. son fils.

Elizabet de Bauiere (dite Isabeau par nos Ecriuains) fut destinée Regente auec beaucoup de ceremonies par le Roy Charles VI. dit le Bien-aimé son mary.

Charles VIII. allant à la conqueste de Naples, laissa la Reyne Anne de Bretagne sa femme Regente du Royaume, comme fit le Roy Louis XII. son successeur, lequel auoit aussi épousé cette Princesse, luy qui auparauant estant le premier Prince du Sang, & heritier presomptif de la Couronne, auoit fait de grandes plaintes contre les Etats tenus <small>Il faut voir les Eloges d'Anne de Bretagne, & d'Anne de France en la 1. Partie de ce liure.</small> à Tours l'an 1483. parce qu'ils auoient adiugé à son preiudice le gouuernement du Roy Charles VIII. & de l'Etat à Anne de France Dame de Beauieu, qui fut depuis Duchesse de Bourbon, sœur de ce ieune Monarque, & fille aisnée de Louis XI.

Louise de Sauoye Duchesse d'Aniou, de Valois & d'Angoulesme, fut laissée Regente par le grand Roy François son fils, quand il alla en Italie, comme nous verrons aussi en l'Eloge de cette Princesse.

La Reyne Caterine de Medicis fut Regente quand le Roy Henry II. son mary alla en Alemagne assister les Princes de l'Empire contre l'Empereur Charles V. durant le bas âge du Roy Charles IX. & le fut auec vne plus ample authorité après la mort de ce Prince, iusques à ce que le Roy Henry III. fust de retour de Pologne.

Nous auons veu de nos iours declarer Regente la Reyne

PREFACE.

Marie de Toscane mere du feu Roy Louis XIII. le 14. & le 15. de May de l'an 1610. aprés la mort deplorable du grand Henry IV. d'immortelle memoire, quand ce tres-bon Roy, la merueille des Monarques, l'Arbitre de la Chrestienté, l'amour & les delices du monde, nous fut malheureusement rauy par la main d'vn diable incarné, iusques à ce que nostre iuste & inuincible Roy Louis XIII. son fils, digne successeur de ce Prince incomparable, eust atteint l'âge de maiorité.

Ie ne diray point que le feu Roy ordonna en mourant que la Reyne son Epouse fust Regente, & que cette Regence fut confirmée par Arrest du Parlement du 18. de May de l'année 1643. Tout le monde en gouste les fruicts, & est consolé en quelque sorte de la mort d'vn si grand Prince par la douceur de cette Regence, & par les heureux commencemens du regne de nostre ieune Monarque Louis XIV.

Nous lisons aussi dans nos Annales que le Roy Philippe IV. dit le Bel, auoit nommé la Reyne Ieanne sa femme (qui estoit de son chef Reyne de Nauarre, & Comtesse Palatine de Champagne & de Brie) Tutrice de ses enfans, Gouuernante & Regente du Royaume iusques à leur maiorité : mais cette sage Princesse & Fondatrice du Royal College de Nauarre dans l'Vniuersité de Paris, mourut deuant luy le deuxiéme d'Auril de l'an 1304.

Le Roy Philippe V. ou le Long son fils puisné, fit l'honneur à sa belle-mere Mahaut veuue d'Othon Comte de Bourgongne, de la faire venir en son Parlement : car il voulut qu'elle assistast au iugement de Robert Comte d'Artois : Il permit aussi à Marguerite de France sa seconde fille Comtesse de Flandre, d'estre presente à l'Arrest qui fut donné contre Robert Comte de Clermont.

Le Roy Charles V. dit le Sage, auoit vne telle creance à la Reyne Ieanne de Bourbon sa femme, qu'il la menoit ordinairement au Parlement, & luy donnoit seance auprés de luy ; il faisoit vn tel état de la probité, de la sagesse, & de la bonté d'esprit de cette Princesse, qu'il la declara Regente de ce Royaume, son decés aduenant : mais elle passa de cette vie à l'autre dés le sixiéme de Feurier de l'an 1377.

PREFACE.

auant ce prudent & auisé Monarque, ainsi qu'il arriua à la Reyne Ieanne de Nauarre femme de Philippe le Bel.

XII.
Reynes de France loüées pour leurs vertus.

Tovs nos Historiens François celebrent à bon droit les vertus de nos Reynes & de nos Princesses: La Foy de Clotilde; la charité de Radegonde; le zele de Batilde; la constance d'Hildegarde de Sueue, deuxiéme femme de Charlemagne; l'affection maternelle d'Ogiue ou Ogine; la patience d'Engelberge, seconde femme de nostre Auguste; la sagesse de Blanche, mere de S. Louis; l'affection de Marguerite de Prouence enuers ce saint Monarque son mary; le zele pour les saintes Lettres des Ieannes de Nauarre & de Bourgongne; la beauté & la bonté de Ieanne de Bourbon; la modestie de Marie d'Aniou; l'esprit de Marguerite Stuart ou d'Escosse, femme du Roy Louis XI. estant Daufin; la douceur & la patience de Charlote de Sauoye sa seconde femme; & la masle generosité de Ieanne la Pucelle, qui a esté la Iudit de cet Etat.

XIII.
Generosité & valeur de quelques Françoises.

Tant que la France sera France, tant que la Loire coulera par les campagnes des Duchez d'Orleans & de Touraine, tant qu'il y aura des François sur la terre, le nom & la memoire de Ieanne d'Arc sera en benediction parmy les hômes, pour les bons & les signalez seruices qu'elle a rendus à cette Monarchie. Ie n'eusse pas manqué de consacrer vn Eloge en ce Liure à cette Heroïne, si ses faits n'estoient décrits par tous nos Historiens modernes, & si depuis quelques années le R. P. Nicolas Caussin ne l'eust inserée au second Tome de sa Cour Sainte, en la section II. de son Traité de la Dame; & Monsieur de Cerizi... en son Innocence persecutée: Ces deux Liures estans entre les mains de toutes les Dames qui font profession de la vertu & de la pieté, & qui se plaisent plus à la lecture des bons Liures que des Romás. Il me suffira de dire, que cette fille, dite *la Pucelle d'Orleans*, natiue de Dompré ou Dam-Remy prés de Vaucouleur, sur les frontieres de France & de Lorraine, ayant esté amenée par Monsieur de Baudricour à Charles VII. à Chinon en Touraine, fit leuer le siege aux Anglois deuant Orleans, & mena sacrer le Roy à Reims malgré les efforts des Anglois, qu'elle chassa des Prouinces de ce Royaume.

PREFACE.

Cela fut cause que l'ayant attrapée prés du pont de Compiegne, ils la firent cruellement mourir à Roüen, monstrans leur passion & leur rage contre cette genereuse fille. Au reste la pluspart de ses parens ont esté annoblis par nos Rois en sa consideration, leur ayant fait porter le nom de *Lys* & les armes de cette courageuse Amazône, qui estoient d'azur à deux fleurs de lys d'or, & vne espée d'argent la pointe en haut, fermée en vne couronne royale d'or.

Ieanne d'Arc n'a pas esté seule en nostre France renommée du temps de nos Peres pour sa valeur; mais aussi Caterine de Lire d'Amiens, & Ieanne Laisné dite Fourquet de Beauuais, qui ont esté la terreur des ennemis de cette Couronne. Celle-là sous le regne de Charles VIII. chassa de la ville capitale de Picardie les Bourguignons & les soldats de Maximilien Roy des Romains, qui estoient entrez dans Amiens faute de bonne garde; car cette genereuse Amazône s'estant éueillée les découurit, & auec vne force inuincible encouragea les habitans à les repousser: ce qu'ils firent auec tant de valeur, que les ayant iettez hors de leur ville, ils les poursuiuirent encore en leur retraite bien loin de leurs murailles. Celle-cy se monstra si courageuse au siege que Charles dernier Duc de Bourgongne mit deuant la ville de Beauuais du temps du Roy Louis XI. qu'elle arracha des mains d'vn Enseigne son Drapeau, qu'elle porta & presenta dans l'Eglise des Religieux de S. Dominique. Le Roy Louis XI. pour honorer cette action, & la valeur des femmes de cette ville, qui se signalerent durant le siege, ordonna que le iour de l'assaut & de la feste de sainte Angadresme Patronne de Beauuais, elles allassent les premieres à la procession. Il n'y a personne qui n'ait entendu parler de la generosité & du courage de Madame de Bary, & de Renée d'Amboise Dame de Balagny, dont l'vne monstra sa vertu durant le siege de Leucate, & l'autre à celuy de Cambray. Ie parlerois aussi de la force & de la valeur d'Alberte Barbe d'Ernecourt * Dame de S. Balmont, Dame qui n'est pas moins pieuse que vaillante, si ie n'auois fait profession de ne point loüer les viuantes. Ainsi il y a eu de tout temps des femmes genereuses; & il n'y a point de

* Cette pieuse & vaillante Heroine est issuë des anciennes & tres-nobles Maisons d'Ernecourt & des Armoises.

Ernecourt, d'or, au pal de trois pieces d'azur, au chef d'azur, chargé de 3. estoiles d'or.

Des Armoises, gironné de douze pieces d'or & d'azur.

PREFACE.

Païs qui n'en puisse produire quelques-vnes.

Ebba Abbesse du Monastere de Collinghan en Escosse, sera à iamais loüée auec ses Religieuses, qui aimerent mieux se couper le nez & se voir brûler toutes viues par les Danois, que de tomber entre les mains impures de ces barbares.

XIV. Dames genereuses en toutes les Prouinces & Royaumes.

LA memoire de la fille du Comte de Saluery a esté venerable parmy les Anglois, qui sous le regne d'Edoüard I. du nom Roy d'Angleterre, donna vn exemple de pudicité inuiolable qui attira sur sa teste la Couronne de ce Royaume-là: Ce Prince genereux la iugeant digne d'estre son Epouse, puis qu'elle auoit eu le courage de preferer la mort à ses illicites embrassemens.

Les Annales du méme Royaume loüent le courage & la valeur de leurs Princesses & de leurs Reynes, principalement d'Isabelle de France, fille de nostre Philippe IV. qui osta la couronne à Edoüard II. son mary, & la donna à Edoüard III. son fils, comme nous dirons en l'Eloge de la vaillante Marie d'Austriche Reyne de Hongrie.

Marguerite d'Aniou Princesse de mesme Maison qu'Izabelle, estant fille de René Roy de Hierusalem & de Sicile, Duc d'Aniou & Comte de Prouence, ne fut pas moins genereuse. Cette Reine auoit épousé Henry VI. Roy d'Angleterre, qui fut dans Paris couronné Roy de France par les mauuais François, estant âgé de deux ans, & puis fut honteusement chassé de France, & dépoüillé de son propre Royaume. Marguerite qui estoit doüée d'vn haut & magnanime courage, pleine de conseil & de fonctions viriles & releuées au dessus de son sexe, resista brauement au Duc de Glocestre, qui possedoit entierement le Roy son mary. Auec quel courage cette Princesse Angeuine s'opposa-t'elle à ses ennemis qui l'auoient chassé & mis en prison en la tour de Londres? Elle leua des troupes en France & en Flandre, où elle vint demander du secours à nostre Roy Louis XI. & au Duc de Bourgongne, auec lesquelles cette genereuse Heroïne défit le Comte de Varuic, deliura le Roy Henry, & le restablit en son thrône. L'histoire de la Grand' Bretagne dit, que cette masle Prin-

PREFACE.

cesse fuyant la fureur des ennemis de son mary, & trauersant vne forest tomba entre les mains des voleurs qui luy rauirent tout son équipage, & l'eussent tuée sans le debat qu'ils eurent entre eux pour le partage du butin.

Si ceux qui ont leu les Historiens de la Grand' Bretagne, admirent la valeur & le courage de ces deux Reynes, Ceux qui sçauent l'histoire de la Petite Bretagne & Armorique, ne sont pas moins estonnez quand ils ont leu les exploits & les actions belliqueuses de deux Princesses, qui pretendoient ce beau Duché, l'vne pour elle, & l'autre pour son mary. Celle-là estoit Ieanne de Bretagne, dite la *Boiteuse*, Comtesse de Pentheure, & Vicomtesse de Limoges, femme de saint Charles de Chastillon ou de Blois, fils de la sœur de nostre Roy Philippe VI. ou de Valois, dit *le vray Catholique*. Celle-cy estoit Ieanne de Flandre femme de Iean de Montfort, Duc de Bretagne, quatriéme du nom : Lesquelles durant la prison de leurs maris prindrent les armes, & conduisirent la guerre auec autant d'authorité & de succés, que si leurs maris y eussent esté en personne, & furent querir du secours en France & en Angleterre : l'vne d'elles (c'est Ieanne de Flandre, que Froissard appelle Cœur de lyon) estant hardie & courageuse, outre la condition de son sexe, au combat à pied & à cheual, par mer & par terre, ayant fait les actes & le deuoir d'vn vaillant chef d'armée, auec vn masle courage sous le visage & l'habit d'vne femme. Durant le siege de Hennebond, on veit cette Heroïne sous les armes, & dans vn assaut montée sur vn coursier, aller par les ruës encourager non seulement les soldats, mais méme les Capitaines, sortir de la ville accompagnée de trois cens hommes de cheual, & auec eux mettre le feu dans les tentes de ses ennemis, qu'elle contraignit par cet exploit de cesser l'assaut. N'ayant peu rentrer dans cette place elle fut à Brest auec bien de la peine, où apres auoir demeuré cinq iours elle retourna dans Hennebond auec cinq cens cheuaux, dont les assiegez furent grandement reconfortez, en sorte que le siege fut leué, & en suite vne Tréue accordée.

Blois-Chastillon de gueules à 3. pals de vair, au chef d'or.

ũ ij

PREFACE.

Cette courageuse Amazône ne fut pas moins vaillante sur la mer que sur la terre, car amenant vn renfort d'Angleterre elle rencontra l'armée nauale de Charles de Blois prés de l'Isle de Grenezey, où se donna vne sanglante & furieuse bataille, en laquelle cette Princesse, l'espée à la main, continua de combatre fort courageusement. Aprés la mort de Iean de Montfort son mary, elle assista de sa prudence & de son haut courage par l'espace de vingt ans son fils, qui demeura paisible possesseur du Duché de Bretagne, Charles de Blois ayant perdu la bataille, la vie, & l'Etat à la Iournée d'Auray, le vingt-neufiéme de Septembre 1364.

L'Alemagne honore la memoire des Dames, qui par leur magnanimité arresterent le courroux & l'indignation de l'Empereur Conrad troisiéme contre Guelphe Duc de Bauiere: qui n'ayant pas voulu se rendre à de plus douces conditions, quelques viles & lasches satisfactions qu'on luy offrît, que de permettre seulement aux femmes, qui estoient assiegées auec ce Prince, de sortir leur honneur sauue à pied, auec ce qu'elles pourroient emporter sur elles. Ces Dames s'auiserent de charger sur leurs espaules leurs maris, leurs enfans, & le Duc mesme. Ce qui toucha tellement l'Empereur, qu'il receut en grace le Duc de Bauiere. La gentillesse de courage de ces genereuses Demoiselles fut cause de la reconciliation de ces Princes qui auoient esté grands ennemis.

Il faudroit plusieurs volumes, si ie voulois décrire toutes les actions heroïques des Dames illustres en pieté, en courage, & en sçauoir, qui ont fleury aux siecles passez, & qui par leur vertu, par leur magnanimité, ou par leur science, ou par tous les trois ensemble ont surpassé plusieurs Hommes illustres. Ie me contenteray maintenant de publier les faits les plus memorables de quelques-vnes qui se sont renduës recommandables de nostre temps, & du temps de nos peres, selon l'ordre de leurs noms. Et i'estime que quelque rudesse qu'il y ait en mon style, les Dames qui font vne particuliere profession de la vertu solide, y trouueront dequoy

PREFACE.

se satisfaire: Ie leur diray sur ce suiet ce que disoit en son temps le Prince de nos Poëtes en sa Franciade.

N'esperons rien au monde de certain,
Ainsi que vent tout tombe de la main:
Tout naist, puis meurt, tout se change & rechange,
Le temps nous fait, le temps mesme nous mange.
Princes & Rois, & leurs races s'en vont,
De leur trespas les autres se refont :
Chose ne vit d'eternelle durée,
La vertu seule au monde est asseurée.

VIES
ov
ELOGES
DES REYNES,
DES PRINCESSES,
DES DAMES ET DES DEMOISELLES,
illuftres en pieté, en courage, & en doctrine, qui ont fleury de noftre temps, & de celuy de nos Peres.

TOME PREMIER.

TABLE DES VIES ET DES ELOGES
des Dames Illuſtres, qui ſont dans ce premier Tome.

*Les * monſtrent celles qui ſont adiouſtées en cette nouuelle Edition, & les † celles qui ſont augmentées.*

NNE Reyne de France, de Sicile & de Ieruſalem, Ducheſſe de Bretagne & de Milan, 1
Anne Iagellon ou de Hongrie & de Pologne, Reyne de Hongrie & de Boheme, 13
Anne d'Auſtriche Reyne d'Eſpagne, ayeule de la Reyne Regente, 17
* Anne Iagellon Reyne de Pologne, 21
Anne d'Auſtriche Reyne de Pologne & de Suede, 40
Anne de France Ducheſſe de Bourbonnois & d'Auuergne, 46
* Anne de Montaſier Comteſſe de Soiſſons, de Dreux & de Clermont, 57
Anne d'Eſt ou de Ferrare Ducheſſe de Guyſe & de Nemours, 69
Anne d'Alençon Marquiſe de Montferrat, 86
* Anne de Caumont Comteſſe de S. Paul, & Ducheſſe de Fronſac, 90
Anne Binſia ou de Bins Demoiſelle d'Anuers, 122
* Anne de Marquets Religieuſe de l'Ordre de S. Dominique, aux Additions.
Anne & Angelique Dames Grecques de l'iſle de Zerigo, 124

DES ELOGES.

Antoinette de Bourbon Duchesse de Guyse & d'Aumale, 136
† *Antoinette d'Orleans Marquise de Belle-Isle, Fondatrice de la Congregation des Benedictines de Nostre Dame du Caluaire,* 148
* *Antoinette de Daillon Comtesse de la Guiche,* 164
Argentine Pallauicin Dame Italienne, 171
Barbe Zapoly ou de Sepuse, Reyne de Pologne, 174
Beatrix de Portugal Duchesse de Sauoye, Princesse de Piémont, 178
† *Beatrix de Silua Demoiselle de Portugal, Fondatrice de l'Ordre de la Conception de la Vierge,* 181
Beatrix Pie Dame de Ferrare, 191
Blanche Borromée Demoiselle de Padouë, 194
* *Bonne Sforce Reyne de Pologne,* 196
Bonne Lombarde Paisane de la Valteline, 209
Camille Pallauicin Marquise de Pallauicin, 213
Camille Macedonia & Camille Pisciscella Dames Napolitaines, 218
Cassandre Fidelle Demoiselle de Venise, 221
† *Caterine de Medicis Reyne de France,* 224
Caterine d'Espagne ou d'Arragon Reyne d'Angleterre, 250
Caterine d'Austriche Reyne de Portugal, 259
Caterine d'Austriche Reyne de Pologne, 262
† *Caterine Iagellon ou de Pologne Reyne de Suede, de Gothie, & de Vvandalie,* 267
Caterine d'Austriche Duchesse de Sauoye, & Princesse de Piémont, 280
Caterine de Lorraine Duchesse de Neuers & de Rethelois, 286
* *Caterine de Cleues, Duchesse de Guyse & Comtesse d'Eu, Pair de France,* 292

TABLE

*Caterine de Gonzague, Duchesse de Longueuille & de Touteuille, 303

*Caterine d'Orleans, Princesse de Longueuille, Fondatrice de l'Ordre des Carmelites de S. Terese en France, 309

Caterine Cibo, Duchesse de Camerin, 322

Claude-Caterine de Clermont de Viuonne Duchesse de Raiz, 328

Caterine de Nogaret de la Valette Comtesse du Bouchage, 336

Caterine-Marie d'Escoubleau de Sourdis, Comtesse de Tonnerre & de Clermont, 341

*Caterine de Fiesque d'Adorne, Dame de Génes, 348

*Caterine Herman Païsanne de Hollande, 354

*Cecile-Renée d'Austriche Reyne de Pologne & de Suede, 358

*Charlote-Caterine de la Tremoille Princesse de Condé, 367

*Charlote de Montmorency Duchesse d'Angoulesme & Comtesse d'Auvergne, 381

Charlote de Bourbon Comtesse de Neuers, d'Eu, & de Rethel, Religieuse de l'Ordre de Font-Euraud, 395

Charlote d'Albret Duchesse de Valentinois, 401

† Christine ou Chrestienne de Dannemarc Duchesse de Lorraine & de Milan, 406

*Christine de Lorraine grande Duchesse de Toscane, 417

Claire Ceruente Demoiselle de Bruges, 433

Claude de France Reyne de France, 437

Claude de France Duchesse de Lorraine & de Bar, 448

*Claude Marquise de Moy Comtesse de Chaligny, Religieuse de l'Ordre du Saint Sepulchre, & Fondatrice du Monastere de cet Ordre à Charleuille, & nommée

ãã ij

TABLE

Sœur Marie de S. François, 455
Claude de la Tour Comtesse de Roussillon & de Tournon, 475
Constance de Caretto & Constance d'Aualos Dames Napolitaines, 486
Damigella Triuulsia Demoiselle Milanoise, 492
Damigella de S. Ange Dame de Bresse, 496
† Diane legitimée de France Duchesse d'Angoulesme, de Montmorency, & de Castres, 502
Dorothée Bucca, & deux autres Demoiselles Boulonnoises, 521
† Eleonor d'Austriche Reyne de France & de Portugal, 523
† Eleonor de Tolede Duchesse de Toscane, 534
Eleonor d'Austriche Duchesse de Mantouë & de Montferrat, 541
Eleonor de Gonzague Duchesse d'Vrbin, 544
† Elizabet d'Austriche Reyne de France, 547
† Elizabet de France, dite de la Paix, Reyne d'Espagne, 577
* Elizabet II. de France Reyne d'Espagne, 590
Elizabet de Portugal Imperatrice & Reyne d'Espagne, 613
† Elizabet de Castille Reyne d'Espagne, 617
† Elizabet Iagellon ou de Pologne Reyne de Hongrie & de Transyluanie, 622
† Elizabet d'Austriche Reyne de Dannemarc & de Suede, 660
* Elizabet-Claire-Eugenie Infante d'Espagne, Duchesse de Brabant & Comtesse de Flandre, 663
Elizabet de Gonzague Duchesse d'Vrbin, 696
Elizabet d'Est Marquise de Mantouë, 705
Elizabet Carraciol Dame Napolitaine, 717
Elizabet Rozeal Dame Angloise, 720

DES ELOGES.

† *Ester Leggues ieune fille de Bretagne,* 723
*Felice de S. Seuerin Duchesse de Grauine, & * Mandelle Caëtan Princesse de Bisignan,* 734
Françoise d'Alençon Duchesse de Vendosme, de Beaumont, & de Longueuille, grande ayeule du Roy, 741
Françoise de Bastarnay Vidame d'Amiens, 747
Gabrielle de Bourbon Vicomtesse de Thouars Princesse de Talmond, Dame de la Tremoille, 753
* *Gabrielle de Gadagne Comtesse d'Aniou & de Cheurieres,* 756
* *Galliote de Gordon Genoillac & Vaillac, dite de sainte Anne, Religieuse de S. Iean de Hierusalem, Prieure du Monastere de Beaulieu, & Reformatrice de son Ordre en France,* 775
Geneuiéue Malateste Dame Italienne, 788
Henriette de Cleues Duchesse de Niuernois & de Retelois, Princesse de Mantouë, 790
* *Henrye de Sauoye Duchesse de Mayenne,* 801

LES DAMES ILLVSTRES EN PIETE', dont les Vies & les Eloges sont en ce premier Tome.

ANNE *de Bretagne Reyne de France,* 1
Anne Iagellon Reyne de Hongrie, 13
Anne d'Austriche Reyne d'Espagne, 17
Anne d'Austriche Reyne de Pologne, 40
Anne de France Duchesse de Bourbon, 46
Anne d'Alençon Marquise de Montferrat, 86

ãã iij

TABLE

Anne de Caumont Comt. de S. Paul & Duchesse de Fronsac,	90
Anne de Bins Demoiselle d'Anuers,	122
Antoinette de Bourbon Duchesse de Guyse,	136
Antoinette d'Orleans Marquise de Belle-Isle,	148
Antoinette de Daillon Comtesse de la Guiche,	164
Barbe Zapoly Reyne de Pologne,	174
Beatrix de Silua Demoiselle Portugaise,	181
Camille Marquise de Pallauicin,	213
Camille Fifcifcella Dame Napolitaine,	218
Caterine d'Arragon Reyne d'Angleterre,	250
Caterine d'Auftriche Reyne de Pologne,	262
Caterine Iagellon Reyne de Suede,	267
Caterine de Lorraine Duchesse de Neuers,	286
Caterine d'Orleans Princesse de Longueuille,	303
Caterine de Sourdis Comtesse de Tonnerre,	341
Caterine de Fiefque Dame de Génes,	348
Cecile Renée d'Auftriche Reyne de Pologne,	358
Charlote de Montmorency Duchesse d'Angoulesme,	381
Charlote de Bourbon Comtesse de Neuers,	395
Charlote d'Albret Duchesse de Valentinois,	401
Christine de Dannemarc Duchesse de Lorraine,	406
Christine de Lorraine grande Duchesse de Toscane,	417
Claire Ceruente Demoiselle de Bruges,	433
Claude de France Reyne de France,	437
Claude de France Duchesse de Lorraine,	448
Claude de Moy Comtesse de Chaligny,	455
Constance de Caretto Princesse de Sulmone,	486
Damigelle Triuulfe Demoiselle Milanoise,	492
Damigelle de S. Ange Dame de Brefce,	496
Eleonor de Tolede Duchesse de Toscane,	534

DES ELOGES.

Eleonor d'Austriche Duchesse de Mantoüe,	541
Eleonor de Gonzague Duchesse d'Vrbin,	544
Elizabet d'Austriche Reyne de France,	547
Elizabet de France I. Reyne d'Espagne,	577
Elizabet de France II. Reyne d'Espagne,	590
Elizabet de Castille Reyne d'Espagne,	617
Elizabet-Claire Eugenie Infante d'Espagne,	663
Elizabet d'Est Marquise de Mantoüe,	705
Elizabet de Gonzague Duchesse d'Vrbin,	696
Elizabet Caracciol Dame de Naples,	717
Elizabet Rozeal Dame Angloise,	720
Ester Leggues ieune fille de Bretagne,	723
Françoise d'Alençon Duchesse de Vendosme,	741
Françoise de Bastarnay Vidame d'Amiens,	747
Gabrielle de Bourbon Princesse de Talmond,	753
Gabrielle de Gadagne Comtesse de Cheurieres,	756
Galliote de Gordon Religieuse de l'Ordre de Saint Iean de Hierusalem,	775
Henrye de Sauoye Duchesse de Mayenne,	801

LES DAMES ILLVSTRES EN COVRAGE & valeur.

Anne de Bretagne Reyne de France,	1
Anne Iagellon Reyne de Pologne,	21
Anne de France Duchesse de Bourbon,	46
Anne de Ferrare Duchesse de Guyse & de Nemours,	69
Anne d'Alençon Marquise de Montferrat,	86
Anne & Angelique Dames de Zerigo,	124
Argentine Pallauicin Dame Italienne,	171
Beatrix de Portugal Duchesse de Sauoye,	178

TABLE

Bonne Sforce Reyne de Pologne,	196
Bonne Lombarde Païsane de la Valteline,	209
Camille Macedonia Dame de Naples,	218
Caterine de Medicis Reyne de France,	224
Caterine d'Austriche Reyne de Portugal,	259
Caterine d'Austriche Duchesse de Sauoye,	280
Caterine Herman Hollandoise,	354
Christine de Dannemarc Duchesse de Lorraine,	406
Christine de Lorraine Duchesse de Toscane,	417
Claude de la Tour Comtesse de Tournon,	475
Constance d'Aualos Dame Napolitaine,	486
Diane L. de France Duchesse d'Angoulesme,	502
Eleonor d'Austriche Reyne de France,	523
Elizabet de Portugal Imperatrice,	613
Elizabet de Castille Reyne d'Espagne,	617
Elizabet Jagellon Reyne de Hongrie,	622
Elizabet d'Austriche Reyne de Dannemarc,	660
Elizabet Infante d'Espagne & Archiduchesse,	663
Elizabet de Gonzague Duchesse d'Vrbin,	696
Elizabet d'Este Marquise de Mantouë,	705
Françoise d'Alençon Duchesse de Vendosme,	741
Gabrielle de Bourbon Dame de la Tremoille,	753
Gabrielle de Gadagne Comtesse de Cheurieres,	756
Geneuiéue Malateste Dame Italienne,	788
Mandelle Caetan Princesse de Bisignan,	734

DAMES ILLVSTRES POVR LEVR sçauoir, ou pour auoir affectionné les bonnes Lettres.

Anne de Bretagne Reyne de France, 1
Anne Iagellon Reyne de Pologne, 21
Anne de Montafié Comtesse de Soissons, 57
Anne d'Alençon Marquise de Montferrat, 86
Anne de Bins Demoiselle d'Anuers, 122
Anne de Marquets Religieuse à Poissy, aux Additions.
Antoinette de Bourbon Duchesse de Guyse, 136
Argentine Pallauicin Dame Italienne, 171
Beatrix Pie Dame Ferraroise, 191
Blanche Borromée Demoiselle de Padoüe, 194
Cassandre Fidelle Demoiselle Venitienne, 221
Caterine de Medicis Reyne de France, 224
Caterine d'Arragon Reyne d'Angleterre, 250
Caterine de Cleues Duchesse de Guyse, 292
Caterine de Gonzague Duchesse de Longueuille, 303
Caterine Cibo Duchesse de Camerin, 322
Caterine de Clermont Duchesse de Raiz, 328
Caterine de Fiesque Dame de Génes, 348
Charlotte de la Tremoille Princesse de Condé, 367
Christine de Lorraine grande Duchesse de Toscane, 417
Damigelle Triuulse Dame de Milan, 492
Damigelle Martinengue Dame de Bresce, 496
Diane L. de France Duchesse d'Angoulesme, 502
Dorothée Bucca Dame de Bologne, 521

TABLE DES ELOGES.

Elizabet Infante d'Espagne, & Archiduchesse,	663
Elizabet de Gonzague Duchesse d'Vrbin,	696
Elizabet de Ferrare Marquise de Mantoüe,	705
Felice de S. Seuerin Duchesse de Grauine,	734
Gabrielle de Bourbon Vicomtesse de Thoüars,	753
Gabrielle de Gadagne Comtesse de Cheurieres,	756
Henriette de Cleues Duchesse de Neuers,	790

A
MADEMOISELLE.

ADEMOISELLE,

 Les Poëtes Payens ont dit que les Rois & les Reynes estoient seulement inferieurs à Iupiter; & les Peres éclairez d'vne plus grande lumiere les ont appellez les seconds aprés Dieu. Enfin le caractere de Roy ou de Reyne est si noble & si releué, que nous ne pouuons rien nous imaginer de plus grand ny plus digne de respect & de reuerence. Ainsi l'honneur que ie porte à la Reyne m'oste la hardiesse d'approcher de sa Maiesté, & m'a fait prendre la resolution de presenter ces Eloges & ces Vies des Dames Illustres de ces derniers siecles aux Princesses que la naissance & le merite en fait

εë ij

EPISTRE.

ordinairement approcher ; car les choses les plus basses ne peuuent pas arriuer aux plus hautes que par les moyennes, & il faut monter par les mesmes degrez pour aller aux Rois & aux Reynes de la terre, que l'on fait pour aller à Dieu. Il reçoit plus volontiers nos prieres par l'intercession des Ames saintes qui ioüissent de la gloire du Ciel, que si elles luy estoient immediatement offertes par nous-mesmes. I'ay donc creu, MADEMOISELLE, que la Reyne auroit plus agreable ce Liure s'il partoit des mains des Princesses, que s'il estoit presenté de la mienne. C'est pourquoy ayant ietté les yeux sur cette Cour la plus noble & la plus belle que le Soleil regarde, ie les arrestay particulierement sur vostre Altesse Royale, pour offrir à sa Maiesté la Premiere Partie de cet Oeuure, qui contient l'Eloge d'Anne de Bretagne (qui a esté deux fois Reyne de France) & les Vies des autres Annes illustres, des Antoinettes, des Argentines, des Barbes, des Beatrix, des Bonnes, des Camilles, des Cassandres, & des autres Heroïnes de ces derniers temps. Elles ne peuuent estre plus honorablement offertes à la premiere Reyne du monde, que par la premiere & la plus noble des Princesses, ANNE MARIE LOVISE D'ORLEANS, DAVFINE D'AVVERGNE, SOVVERAINE DE DOMBES, ET DVCHESSE

EPISTRE.

DE MONTPENSIER, *la fille aisnée de Monseigneur le* DVC D'ORLEANS, *le plus noble Prince de l'Vniuers, puis qu'il a l'honneur d'estre le Fils, le Frere, & l'Oncle de nos Rois. Je ne puis mieux adresser cette Premiere Partie qu'à vne Princesse qui a ce bon-heur de descendre par son pere & par sa mere du plus Saint de tous les Monarques, le grand Saint Louis. Princesse qui a pour Ancestres paternels & maternels tant de Rois & de Princes de la premiere & de la plus auguste race de la Chrestienté, qui a pour ayeul paternel le Grand Henry, la merueille des Rois, & pour ayeule paternelle la Reyne Marie de Toscane, la petite fille de tant d'Empereurs, & de tant de Rois de Hongrie, de Nauarre, de Pologne, & de Boheme; & pour ayeuls maternels les Princes de la Roche-sur-Yon, & les Ducs de Montpensier, entre autres Louis le Bon, le grand Zelateur de la Religion Catholique contre les nouueaux Sectaires, & tant d'autres Heros de la Maison de Bourbon, de Vendosme, & de Montpensier, dont les noms ne mourront iamais pour leur valeur & leur pieté, & ausquels l'Eglise est redeuable d'auoir fait tant de pieuses & de belles fondations, qui nous obligent à leuer continuellement les mains vers le Ciel pour la prosperité & la longue vie de*

EPISTRE.

vostre Alteſſe Royale, à qui i'oſe faire voir par ce petit trauail, que ie ſeray touſiours parfaitement,

MADEMOISELLE,

Du Connent des Minimes de Paris ce 25. d'Aouſt 1645. feſte du Roy Saint Louis grand Ayeul de V. A. R.

Voſtre tres-humble & tres-fidele ſeruiteur,
F. HILARION DE COSTE.

VIES OV ELOGES
DES REYNES, DES PRINCESSES, des Dames, & des Demoiselles, illustres en pieté, en courage, & en doctrine, qui ont fleury de nostre temps, & de celuy de nos peres.

PREMIERE PARTIE.

ANNE REYNE DE FRANCE,
DE SICILE ET DE HIERVSALEM,
Duchesse de Bretagne, & de Milan.

YANT à écrire les vies, & les actions dignes de remarque des Dames illustres en pieté, en courage, & en sçauoir, ou en tous les trois ensemble, qui ont vécu de nostre temps, & du temps de nos Peres, selon l'ordre de leurs noms, suiuant la promesse que i'ay faite en ma Preface; & de plus, ayant à expliquer pour le contentement des doctes & des curieux les deuises, les emblémes, les symboles, & les hierogliphiques de la pluspart des Princesses & des Heroïnes, ausquelles ie veux consacrer des Eloges en ce liure: Ie commenceray par Anne de Bretagne, qui a esté, selon le fidele témoignage des Historiens François & Italiens, la plus sage, la plus belle, la plus riche, la plus liberale, & la plus accomplie Princesse de son temps.

France, d'azur à trois fleurs de lys d'or, 2. & 1.

Hierusalem d'argent à la Croix potencée d'or, accópagnée de 4. croisettes de mésme.

A

Bretagne d'hermines.

Le Côte Baltazar de Chaſtillon, Quintiã Stoa, Ioſeph Betuſſi, Frãçois Guichardin & Frãçois Auguſtin della Chieſa Euéque de Saluſſes, tous Autheurs Italiens, l'ont loüée dãs leurs écrits, & luy ont dõné de beaux Eloges. De verité, c'eſtoit vne Princeſſe humaine, affable, obligeante, courtoiſe, liberale, facile en ſes mœurs, agreable en ſon maintien, rauiſſante en ſa conuerſation, & d'vne contenance ſi maieſtueuſe & ſi graue, que ſon viſage eſtoit digne de l'Empire & de la Royauté, le Ciel l'ayant couronnée Reyne des Vertus, auant qu'elle eût ſur ſon chef le premier Diadéme de la Chreſtienté. C'eſt pourquoy ie veux commencer ce Liure par ſon Eloge, que ie conſacre à la memoire des Dames honneſtes & vertueuſes, vaillantes & ſçauantes. Mais quelque obligation que luy ait l'Ordre dans lequel ie me ſuis dedié au ſeruice de Dieu, ie ſerois marry de luy donner de fauſſes loüanges, & à toutes les autres Dames dont ie veux loüer & honorer la memoire, ſoit pour leur pieté, ou leur ſçauoir & leur valeur. Ie proteſte donc dés le commencement de cet œuure, de dire la verité. Car les leures & les plumes des Preſtres & des Religieux ne doiuent pas admettre, ny la fraude, ny le menſonge, ny la duplicité : mais dire ou écrire auec ſimplicité & candeur leurs conceptions & leurs penſées.

*Albert le Grand Religieux de l'Ordre des Preſcheurs, remarque dãs le Catalogue Chronologique & Hiſtoriq; qu'il a fait des Euéques de la Bretagne Armorique, à la fin de la Vie des SS. de ce Duché-là, que cette vertueuſe Reyne eſtãt venuë à Noſtre Dame de Folcoat, l'an 1505 fut à l'Euenen S. Paul & à Morlaix, où

elle fut receuë auec de grãdes magnificences. On admira vn arbre de Ieſſé dreſſé dans le Cimetiere du Conuent de S. Dominique (où ſa Maieſté fut logée) qui repreſentoit ſa genealogie depuis Conan Meriadec, lequel y eſtoit repreſenté ſuiuy des autres Rois & des Ducs de Bretagne, & tout au haut eſtoit vne belle fille repreſentant ſa Maieſté, qui en paſſant luy fit vne belle harangue. La ville luy fit preſent d'vn petit nauire d'or, enrichy de pierreries, & d'vne Hermine appriuoiſée blanche comme neige, ayant au col vn collier de pierreries d'vn grand prix. Ce petit animal receu de la Reyne Anne ſauta de deſſus ſon bras ſur ſon ſein, dont elle eut peur ; mais le Seigneur de Rohan qui ſe trouua là, luy dit, *Madame, que craignez vous, ce ſont vos Armes.*

Cette grande Princeſſe, qui a eſté Ducheſſe & vnique heritiere de la Bretagne Françoiſe ou Armorique, Emperiere de Conſtantinople ; &, qui plus eſt, par deux fois Reyne de France, de Sicile & de Hieruſalem, nâquit le 25. de Ianuier de l'an 1476. Elle eut pour pere François II. du nom Duc de Bretagne, l'vn des plus genereux & magnanimes Princes du Chriſtianiſme : ſa mere fut Marguerite de Foix, iſſuë des Royales Maiſons d'Arragon & de Nauarre, qui mourut en reputation d'eſtre l'vne des belles Princeſſes du monde, & auſſi accomplie en vertus, & en bonnes œuures, qu'aucune autre.

Le

DES DAMES ILLVSTRES. 3

Le Duc son pere après le decés de sa mere, la fit nourrir & élever dés le berceau à la vertu & à la pieté; & pour l'amitié qu'il luy portoit, tenant les Etats dans sa ville de Rennes, il declara qu'elle & sa sœur puisnée Isabelle ses deux filles estoient ses heritieres au Duché de Bretagne, en cas qu'il decedât sans enfans masles procreez en loyal mariage; & à l'instant furent reconnuës pour telles par les Euéques, les Barons, & autres des Etats. Isabeau estant decedée quelque temps après le Duc son pere, nostre Anne demeura la seule & vnique heritiere de cette belle Prouince, que Charles huitiéme preferoit aux Païs-bas. *Argentré Histoire de Bretagne.*

Les Bretons voyans leur ieune Princesse courageuse comme son pere, & agreable comme sa mere, s'estimerent bienheureux & fortunez d'auoir vne Dame qui estoit recherchée par les plus grands Princes de l'Europe. Or elle fut premierement accordée à Edoüard Prince de Galles, fils aisné d'Edoüard IV. Roy d'Angleterre, puis à Maximilien Archiduc d'Austriche éleu Roy des Romains, & Empereur I. du nom: Elle epousa l'Archiduc, mais le mariage fut tenu pour nul faute du consentement du Roy son Seigneur. Le Ciel, où les mariages se font, la destina pour femme du premier Monarque du Christianisme Charles VIII. Roy de France, lequel auant que de triompher de la Sicile de deçà le Far, dite communément le Royaume de Naples, fut nommé dans Rome Empereur de Constantinople par le Pape Alexandre VI. Ce fut au chasteau de Langés sur Loire en Touraine, que les ceremonies de ce royal mariage furent celebrées le 16. de Decembre de l'an 1491. en presence des principaux Seigneurs de France & de Bretagne. Le contract fut passé du consentement de Iean de Chalon Prince d'Orange, d'Anne de France Duchesse de Bourbon, de Louis Duc d'Orleans, de Pierre Duc de Bourbon, de Charles Comte d'Angoulesme, de Iean Comte de Foix, de François Comte de Vendosme, de Guy de Rochefort Chancelier de France, de Louis d'Amboise Euéque d'Alby, de Iean de Rely Docteur en Theologie, Confesseur du Roy, éleu Euéque d'Angers, & de plusieurs autres de la part dudit Seigneur. Le Prince d'Orange, Philippe de Montauban Chancelier de Bretagne, le *Du Tillet Euéque de Meaux.*

Le contract de mariage.

A ij

Sire de Guémené, le sieur de Coatquen Grand Maistre de Bretagne, & plusieurs autres de la part de ladite Dame. La Messe fut celebrée par l'éleu Euéque d'Angers & les promesses faites entre les mains de l'Euéque d'Alby.

Peu de iours aprés cette Princesse fut sacrée & couronnée à Saint Denis, auec grande solemnité.

Durant le Traité de ce mariage & les réioüissances des noces, le Roy Charles renuoya honorablement la Princesse Marguerite d'Austriche, qu'il auoit épousée, à son pere Maximilien, laquelle auoit esté neuf ans en France au chasteau d'Amboise, (au rapport de tous les Historiens tant François que Flamans, & autres Etrangers) mais à cause de sa ieunesse le mariage n'auoit pas esté consommé. Depuis elle fut mariée à Iean Infant d'Espagne & à Philebert Duc de Sauoye, comme nous dirons en la vie de cette vertueuse Dame dans les Eloges des illustres Marguerites.

Le Roy Charles & nostre Reyne Anne véquirent ensemble en bonne paix & intelligence, & eurent quatre enfans, à sçauoir trois fils & vne fille: les fils furent Charles Orland de France Daufin de Viennois, Charles de France aussi appellé par quelques autheurs Louis (ils gisent tous deux au milieu du chœur de l'Eglise de S. Martin de Tours, comme i'ay rapporté en leurs vies dans le liure des Eloges des Daufins de France.) Le troisiéme fut nommé François, & la fille Anne, comme sa mere.

Claude du Rubis en l'histoire de Lion.

Durant le voyage que fit le Roy Charles son époux en Italie, quand il alla conquerir le Royaume de Naples sur les Princes de la Maison d'Arragon, qui l'auoiët vsurpé sur ceux de la Maison Royale d'Aniou, dõt il estoit heritier, cette bonne Reyne demeura à Lyon où elle fit continuellement prier Dieu pour la prosperité des affaires de ce Monarque; auec lequel (aprés qu'il fut de retour de ses voyages, & victorieux de tous les Potentats de l'Europe, dont il défit la puissante armée à Fornoüe:) elle fit son entrée dans cette belle & grande ville; & fut receuë des Lyonnois comme Reyne de Hierusalem & de Sicile.

Le Roy Charles estant decedé d'vne mort subite, quoy que non pas impreueuë, le septiéme Auril 1498. nostre Reyne Anne sa veuue suiuant les conuentions de son premier traité de mariage, comme marquent nos Historiens, épousa en secondes noces le Roy Louis douziéme, cousin de Charles & son successeur aux Royaumes de France, de Sicile, & de Hierusalem, lequel repudia Ieanne de France, pour les raisons que nous auons amplement déduites en la vie de cette pieuse Princesse, fille & sœur de nos Rois.

Sainte Marthe. Dupleix.

I'ay veu aussi le côtract de mariage du Roy Louis XII. auec Anne de Bretagne, qui fut fait à Nantes le 7. de Ianuier de l'an 1498. ou selon la supputatiõ moderne qui semble plus exacte de l'an 1499. en presence des Cardinaux* de S. Pierre aux Liés de la Maison de Rouere, (qui fut depuis Pape sous le nom de Iule II.) & d'Amboise, du sieur de Rauestein, du Prince d'Orange, du Marquis de Rotelin, des Côtes de Rohan, de Guyse, de Ligny, de Dunois, de Rieux; des Euéques d'Alby, de S. Brieu, de Luçon, de Saint Paul de Leon, de Septe, de Cornoüaille. & de Bayeux; des sieurs de Gyé & de Baudricour Mareschaux de France, du Souschancelier de Bretagne, de la Tremoille, de Chaumont, de Beaumont, d'Auaugout, & de Tournon; des Abbez de Redon Vicechancelier de Bretagne; de Monti-Ramé; de Iaques de Beaune General des Finances en Languedoc; de M. Charles de Hautbois President des Enquestes; de Philippe Baudot Gouuerneur de la Chancellerie de Bourgongne, & de Gabriel Miron Medecin ordinaire de leurs Maiestez.

Ce Cardinal estant refugié en France sous le Pontificat d'Alexãdre VI. receut biẽ de la faueur de nos Rois Charles VIII. & Louis XII. mais depuis estãt Pape il oublia tous ces biensfaits, & fut grand ennemy de la France.

Le Roy Louis XII. estant Duc d'Orleans l'auoit recherchée en mariage, & aussi Alain Sire d'Albret.

De cette secõde alliance la Reyne Anne eut quatre enfans, à sçauoir 2. fils qui decederent en ieunesse, & 2. filles, Claude l'aisnée fut Duchesse de Bretagne, & premiere femme du Roy François le Grand. L'autre fut Renée Duchesse de Ferrare. Si cette Heroïne fut cherie & aimée du Roy Charles son premier époux, elle ne receut pas moins d'honneur & d'affection du Roy Louis son 2. mary; lequel (au rapport d'vn Prelat qui a écrit les faits & les vertus de ce bõ Roy) depuis qu'il l'eut pour épouse, mit en elle tous ses plaisirs & ses delices, & n'a iamais esté soupçõné d'auoir violé la foy de sõ mariage, ny porté ses affectiõs ailleurs. Aussi ses excellentes perfectiõs meritoient biẽ d'auoir pour mary vn si doux, si bõ, & si affable Monarque, qui pour sa bõté & sa iustice a esté appellé le *Pere de son Peuple.*

Le sieur Aubert de Beauuais.

Claude de Seissel Euêque de Marseille.

A iij

Ie n'ignore pas que quelques-vns ont écrit que ce bon Roy voyant que cette Princesse auoit vne extréme passion de dominer, luy laissa gouuerner paisiblement son Duché de Bretagne; & qu'ayant sceu qu'elle tramoit quelque chose contre sa volonté & son seruice, neantmoins il ne s'en voulut iamais vanger, disant à ceux qui l'en pressoient: *Il faut donner quelque chose à la femme pudique.* Ainsi il monstra le grand état qu'il faisoit en vne femme mariée de sa pudicité, qui estant vne fois perduë, ne se peut iamais reparer.

<small>A. Ferron, & autres Hist.</small>

La pieté de cette grāde Reyne a paru au soin qu'elle a eu de dōner & d'enuoyer aux Eglises des Reliquaires d'vn grād prix pour conseruer les reliques des Saints, cōme l'on voit en plusieurs lieux de deuotion, particulieremēt en l'Eglise & Monastere des Religieux de l'Ordre de S. Dominique, à S. Maximin en Prouence, où cette deuote & liberale Princesse a fait voir sa deuotion enuers la fidele amante du Sauueur du Monde, & en la fondatiō de plusieurs Eglises & Monasteres. Durant son seiour à Lyon elle fit bastir le Cōuent des Cordeliers de l'Obseruance, hors la porte de Pierre-scize. Elle donna son ancien Hostel de Bretagne, qui estoit le vieil chāsteau de Nigeō prés Challiot, à vne lieuë de Paris, à nôtre Patriarche & nôtre grād oncle S. François de Paule, pour y establir vne Maison de son Ordre, dont l'Eglise fut cōmencée dés son viuāt sous le titre de *Nostre-Dame de toutes Graces*. Elle voulut, pour l'affection qu'elle portoit à ce Bon-homme (qui pour sa sainte vie & ses miracles a esté canonizé 11. ans aprés sa mort) qu'il nōmât au Baptéme sō fils aisné le Daufin Charles Orlād, & prit le cordō de son 3. Ordre auec le Roy Charles son 1. mary. Elle est encor recommandée pour sa charité enuers les paures, tant de ce Royaume que de son Duché de Bretagne; & pour auoir aimé & caressé les hōmes doctes & vaillās, & particulieremēt ceux qui estoient affectionnez à l'auancemēt de la gloire de Dieu.

<small>Du Breuil aux Antiq. de Paris.</small>

<small>Dattichy & Victon.</small>

Les curieux n'ignorent pas que cette tres-liberale Princesse auoit vn cabinet & vne galerie pleine de diamans, de perles, de rubis, d'emeraudes, & autres pierres precieuses, dont elle faisoit des presens aux femmes des Capitaines & des Heros, qui auoient acquis de l'honneur & de la gloire dans les armées, & fidelement seruy aux occasions le Roi Louis XII. son mari, lequel n'estoit pas beaucoup liberal, pour la crainte qu'il auoit de fouler son pauure peuple, dont il estoit le Pere. Elle n'a iamais esté blasmée par les ennemis de sa gloire (qui l'ont appellée dans leurs écrits femme imperieuse) sinon pour l'auersion qu'elle a eu de Pierre de Rohan Seigneur de Gié digne Mareschal de France, comme sçauent ceux qui ont leu nos Historiens.

Aprés le decés du Pape Iule II. pour l'honneur qu'elle portoit au saint Siege Apostolique, elle persuada au Roi Louis XII. qu'il renonçast au pretendu Concile de Pise, & rendit l'obeïssance filiale à Leon X. son successeur, & qu'il enuoiast ses Ambassadeurs au Concile de Latran. Le mesme Pape Leon aussi-tost qu'il receut les nouuelles de sa mort, écriuit des lettres de consolation au Roi Louis XII. par lesquelles il recōmandoit la memoire de cette genereuse Reine pour la reputation de ses vertus, entre autres pour son zele & sa deuotion, à l'honneur & au seruice du Roi des Rois: car elle fit donner le sacrement de Baptéme à plusieurs Iuifs en diuers lieux, & prit elle mesme le soin de les faire nourrir, ou de leur donner des pensions, & fit chasser tous ceux qui ne voulurent pas embrasser nostre sainte Religion. C'est la remarque que fit le Reuerend P. Guillaume Paruy Religieux de l'Ordre des Prescheurs, ou Iacobins (lequel a esté Confesseur & Predicateur de nos Rois Louis XII. & François I. puis Euéque de Troyes & de Senlis) en la seconde Oraison funebre qu'il prononça dans l'Eglise de Nostre-Dame de Paris és obseques de cette grande Princesse, deux fois Reine de France: car les deux autres furent prononcées, la premiere en l'Eglise de saint Sauueur de Blois, la troisiéme & derniere à saint Denys en France par cét eloquent homme, en l'honneur d'vne si chaste & si vertueuse Heroine, qui estoit, sans flaterie, la pudicité & la chasteté méme.

Sa Cour & sa maison estoit mieux reglée & policée que celles des Reines & des Princesses de son temps. Elle estoit vne échole de vertu, & d'honneur, & comme l'Academie de la gloire. L'on ne parloit par tous les autres

Roiaumes de la Chrestienté, que des merueilles de sa Cour & du bon ordre qui estoit en sa Maison. Ce qui fit que Ladislas Iagellon ou de Pologne, Roi de Hongrie & de Boheme enuoya vne celebre Ambassade en France, afin de demander pour femme vne des filles & Demoiselles de la Reine Anne. C'estoit Anne de Foix fille vnique de Iean & de Caterine de Foix Comte & Comtesse de Candale, & sœur de Gaston de Foix deuxiéme du nom Comte de Candale, de Iean de Foix Comte de Meille & de Gurson, de Iean Archeuéque de Bourdeaux, & de Pierre Seigneur du Pont, laquelle il épousa le vingt-neufiéme de Septembre l'an mil cinq cens deux, & dont il eut deux enfans, Louis dernier Roi de Hongrie de la Maison des Iagellons, & Elizabet, qui fut depuis nommée Anne, qui épousa Ferdinand d'Austriche Infant d'Espagne & Empereur premier du nom, de laquelle ie publieray les vertus & les merites en l'eloge suiuant.

Ferdinand V. Roi d'Espagne ou d'Arragon se voiant veuf de la vaillante & vertueuse Princesse Isabelle Reine de Castille, ne voulut point prendre de femme que de la main de cette tres sage Reine, laquelle luy fit épouser vne de ses Demoiselles, qui estoit aussi sa parente & la niéce de nostre bon Roi Louis XII. son mary, sçauoir Germaine de Foix, sœur du tres-genereux Gaston de Foix Duc de Nemours, & fille de Iean de Foix Comte d'Estampes & Vicomte de Narbonne, & de Marie d'Orleans ou de Valois. C'est pourquoy non seulement les premiers Seigneurs de France & de Bretagne, mais aussi des païs étrangers tenoient à grande faueur de mettre leurs filles auprés de cette grande Reine, qui comme vne autre Vesta, ou vne autre Diane, tenoit toutes ses Nimphes en vne discipline fort étroite, & neantmoins pleine de douceur & de courtoisie. Elle estoit l'azile des pauures, le miroir des riches, le refuge de toutes les filles vertueuses, tant elle estoit liberale & facile à receuoir celles qui se vouloient ranger dans son Loure. Si bien qu'autour de sa Maiesté & de ses deux filles Claude & Renée de France, il y auoit vn grand nombre de Demoiselles, tant suiuantes que seruantes. Elle s'occupoit
auec

auec toutes ses Dames & ses Demoiselles à trauailler en broderie & en tapisserie. On voit encor de ses ouurages qui sont gardez en des Eglises & maisons de Religion de ce Roiaume. Son plus grand soin estoit qu'elles fussent toutes occupées au trauail, sçachant que la faineantise & l'oisiueté est le vray seiour de la naissance, & de la nourriture du vice, qu'elle auoit plus en horreur que la mort, ainsi qu'elle le declaroit par ses actions, & ses deportemens loüables, & aussi sa belle deuise, & comme sage & prudente, elle sçauoit ce prouerbe veritable,

Ostez l'oisiueté, adieu de Cupidon
Les fleches, le carquois, & l'arc & le brandon.

Comme elle estoit tres-chaste & tres-vertueuse, aussi fit-elle tousiours estat des Dames d'honneur & de vertu; lesquelles pour honorer dauantage, & reconnoistre leur merite, elle institua l'Ordre de la Cordeliere (à l'imitation des Rois & des Princes Souuerains qui ont dressé des Ordres de Cheualerie) leur en faisant don, comme d'vne écharpe ou collier de Cheualerie: les admonestant de viure chastement & saintement, & auoir tousiours en memoire les cordes & les liens de Iesus-Christ: & elle mesme pour leur monstrer l'exemple, en couronna son escusson & ses armoiries qui estoient de France, parties de Bretagne, d'azur à trois fleurs de Lis d'or pour France, semé d'Hermines pour Bretagne, lesquelles armoiries on voit en plusieurs endroits auoir deux Hermines pour tenans & supports.

Cette auguste Princesse & Reine tres-Chrestienne & tres-Catholique ne pouuant voir ny souffrir les personnes de mauuaise vie & scandaleuses, honoroit grandement tous ceux qui faisoient profession de la vertu & de la deuotion solide. Estant à Rennes l'an 1489. elle choisit pour son Confesseur le R. P. Yue Mahyeuc Religieux de l'Ordre de saint Dominique ou des Predicateurs, lequel depuis fut éleu Euéque de Rennes contre son gré, ayant fait tous ses efforts pour n'accepter pas cette Prélature, & la conduite de ce Diocese; qu'il gouuerna si saintement par l'espace de trente-six ans, que sa

Mahieuc d'argent à trois Hermines de sable au chef d'or, chargé de trois couronnes d'épines de sinople.

memoire est en benediction non seulement parmy les Rennois, mais aussi parmy tous les Bretons, pour auoir esté le miroir des bons Prelats, le modele des parfaits Religieux, le pere & le support des pauures : Aussi Dieu a fait plusieurs signalez miracles par son intercession enuers ceux qui visitent deuotement son sepulcre, comme remarque le R. P. Albert le Grand Religieux du méme Ordre, en la vie & eloge de ce soixante quatorziéme Euéque de Rennes, en son liure des Vies des Saints de la Bretagne Armorique.

La Reine Anne ayant vécu tres-loüablement trente-sept ans, mourut fort chrestiennement en son roial Chasteau de Blois (qu'elle auoit fait bastir auec le Roi Louis XII. qui nâquit en ce lieu) aprés auoir receu auec deuotion & ferueur tous ses Sacremens, que luy donna le R. P. Paruy Confesseur du Roi son mary, (duquel i'ay parlé cy-deuant) cette tres-vertueuse, tres pieuse, & tres-Catholique Princesse les ayant tous demandez de son mouuement & auec instance, en l'absence de l'Euéque de Rennes son Confesseur ordinaire.

Ce fut sur les six heures du matin du neufiéme iour de Ianuier de l'an mil cinq cens treize, ou mil cinq cens quatorze selon la supputation des autres, que cette tres-noble & tres-illustre Princesse Anne, deux fois Reine de France, de Hierusalem, & de Sicile, Duchesse de Bretagne, Comtesse de Montfort, de Richemont, d'Estampes, & de Vertus, quitta cette premiere Couronne de la terre pour aller iouïr au Ciel, comme nous pouuons pieusement croire, de l'eternelle & bien heureuse, laissant vn extréme regret aux François & aux Bretons, particulierement au Roi son époux, qui demeura plusieurs iours sans pouuoir se côsoler, & bannit de la Cour tous ioüeurs d'instrumens, comediens, & bâteleurs : & contre la coûtume de nos Rois il prit le deüil noir, & ne permit que personne entrât en son cabinet qu'en habit de deüil. Cette Reine auoit bié merité que le Roi son second mary portast le deüil noir à sa mort, tant pour ses roiales vertus, que pour auoir esté la premiere de nos Rei-

Scipion du Pleix.
Ferron.

nes, qui prit le deüil de drap noir au decés de Charles VIII. son premier époux: car deuant elle les Reines veuues le portoient blanc: A raison dequoi elles estoient appellées, selon l'opinion de quelques Autheurs, Reines Blanches, ou suiuant le sentiment des autres, en memoire de Blanche de Castille mere de saint Louis. Le Roi Loüis XII. luy fit rendre les derniers deuoirs à Blois & à Paris, auec vne magnificence digne de la pieté d'vn Roi tres-Chrestien: son cœur fut porté en son Duché de Bretagne, & mis en l'Eglise des Peres Carmes de Nantes, & son corps gist à Saint Denys auec celuy du Roi Louis XII. sous le somptueux Mausolée que le Roi François leur a fait dresser.

Theodore Godefroy Auocat en la Cour de Parlement & Historiographe du Roi, qui depuis quelques années a donné au public *le Ceremonial de France*, n'a pas oublié d'y inserer les ceremonies qui furent faites au Conuoy & Enterrement de cette Reine, la plus noble des Princesses de son siecle; puis qu'elle a esté deux fois Reine de France, femme des Rois Charles le Courtois & Louis le Pere du Peuple: où les curieux pourront auoir recours & receuoir du contentement, lors qu'ils y liront les honneurs qui ont esté rendus au corps de cette tres-vertueuse & tres-Catholique Princesse à Blois, à Orleans, à Estampes, à Paris, & à S. Denis en Fráce; les Seruices & Messes qui furent celebrées pour le repos de son ame par le Cardinal de Luxembourg Euéque du Mans, & autres Prelats; les Princes & Princesses qui assisterent à ses pompes funebres ou luy rendirent les derniers deuoirs, sçauoir Monsieur d'Angoulesme, (qui a esté nostre Roi François I. lequel est dans ce Ceremonial appellé *Monsieur*, à cause qu'il estoit lors premier Prince du Sang, & l'heritier apparent de la Couronne) le Duc d'Alençon, le Comte de Vendosme, le Prince de la Roche-sur-Yon, & le Comte de Saint Paul; les Princesses Madame de Bourbon, Madame d'Angoulesme, Madame la Duchesse d'Alençon, Madame de Vendosme, & Madame la Comtesse de Vendosme. Madame de Bourbon precedoit Mesdames d'Angoulesme & d'Alençon, & auoit sa queuë plus longue que les autres, pource qu'elle estoit fille & sœur de Roi. La liste des Archeuéques, des Euéques, & des Abbez qui assisterent à ses obseques seroit trop longue & ennuyeuse au Lecteur, comme aussi celle des premiers Seigneurs de France & de Bretagne qui y assisterent, & autres belles particularitez, entre autres les ceremonies & les honneurs qui furent faits à Nantes quand son cœur fut porté depuis l'Eglise des Peres Chartreux iusques en celle des Peres Carmes, où il fut posé dans vn cofre d'acier fermant à clef, prés du corps de son pere François II. du nom Duc de Bretagne, qui gist en cette Eglise auec ses deux femmes Marguerite de Bretagne, fille aisnée de François I. du nom Duc de Bretagne & d'Isabelle d'Escosse, & Marguerite de Foix fille de Gaston IV. du nom, Comte de Foix & de Leonor d'Arragon Reine de Nauarre, dont il eut cette tres-noble Reine & tres-vertueuse Princesse Anne de Bretagne : qui durant sa vie auoit pris pour deuise vne Hermine auec le mot, A MA VIE, par lequel elle vouloit declarer, que comme ce petit animal qui est tout blanc par le corps, n'ayant que la petite extremité de la queuë toute noire, & qui se trouue és quartiers du Pont-Euxin, se laisse plûtost prendre par le veneur, & aime mieux mourir que de se souiller & se salir : de mesme elle eût plutost choisi la mort, que le Philosophe appelle le terrible des terribles, que d'admettre la moindre impureté, tant elle estoit sage, chaste, honneste & pudique.

ANNE IAGELLON
OV DE HONGRIE ET DE POLOGNE,
Reine de Hongrie & de Boheme.

LADISLAS ou Ladiflas, fils aifné du grand Cafimir Iagellon Roi de Pologne, & d'Ifabelle d'Auftriche fa femme, fille de l'Empereur Albert II. lequel fut par les Hongres & les Bohemiens efleu pour leur Roi & Prince fouuerain, aprés Mathias Coruin, époufa Anne de Foix, fille de Iean & de Caterine de Foix, Comte & Comteffe de Candale, de laquelle il eut vn fils vnique Lancelot ou Louis II. Roi de Hongrie & de Boheme, lequel fut noïé dans vn bourbier, aprés auoir efté défait par Soliman Empereur des Turcs; & vne fille nommée Elizabet au facrement de Baptéme, laquelle nâquit le vingt-troifiéme de Iuillet, fur les fept heures du foir, de l'an mil cinq cens trois. Le Roi fon pere luy fit quitter ce nom pour prendre celuy d'Anne comme fa mere, & fut heritiere des Roiaumes de Hongrie & de Boheme, aprés la mort deplorable de fon frere, qui ne laiffa point d'enfans de fa femme Marie d'Auftriche fille de Philippe I. Roi d'Efpagne.

Anne portoit au 1. & 4. faffé d'argent & de gueules de huit pieces, qui eft de Hongrie au 2. & 3. de gueules; au Lion d'argent à double queuë, couronné, lampaffé & armé d'or, qui eft de Boheme. Sur le tout de Pologne, que nous blafonnerons en l'eloge d'Anne Reine de Pologne. Harauain Annal. Brab.

Cette Princeffe Anne de Hongrie porta en mariage fes deux Roiaumes à Ferdinand Archiduc d'Auftriche & Infant d'Efpagne, frere vnique de l'Empereur Charles V. auquel elle fut fiancée dans l'Eglife de faint Eftiene de Vienne, l'an mil cinq cens quinze, à mefme temps que Louis fon frere fut promis dans ce mefme Temple à Marie d'Auftriche, deuant vn grand nombre de Princes & de Seigneurs fouuerains, entre autres de l'Empereur Maximilien I. & de Sigifmond le Grand Roi de Pologne & Duc de Lituanie : mais Anne & Ferdinand ne furent mariez que l'an mil cinq cens vingt-vn.

ANNE Iagellon ou de Pologne ou de Hongrie, quoy qu'heritiere de son frere Louis, ne demeura pas paisible en ses Roiaumes de Boheme & de Hongrie auec Ferdinand son mary, d'autant que quelques Hongres firent élection de Iean Zapoli Comte de Sepuse & Vaiuode de Transiluanie, lequel fut par ses partisans salué & reconnu pour Roi de Hongrie & de Transiluanie, qui ne cessa, estant supporté du Grand Seigneur Soliman, de faire vne forte & continuelle guerre à Anne & Ferdinand, & leur tailla bien de la besogne, comme ie vous feray voir en la vie d'Isabelle Iagellon ou de Pologne, Reine de Hongrie & de Transiluanie. Ferdinand d'Austriche ayant cét ennemi sur les bras, & estant encore obligé d'assister son frere l'Empereur Charles durant les reuoltes & les ligues des Princes Protestans d'Alemagne (qui auoient conspiré de secoüer le ioug de la domination de Charles, & empécher que Ferdinand ne fût éleu Roi des Romains, & son successeur à l'Empire) fut contraint de laisser souuent la Reine Anne sa femme toute seule à Prague ou à Vienne, laquelle eut assez de regret de ne pas suiure le Roi son mary (qu'elle aimoit auec passion) en toutes ses guerres & en ses voiages, neantmoins elle se conforma tousiours à la volonté de ce Prince, que le Ciel luy auoit donné pour superieur, qui l'ordonna ainsi: car les Rois sont contraints souuent de preferer le bien public à leurs contentemens particuliers. La Reine Anne montra en cela la grandeur de son courage. Iamais femme, qui ait aimé son mary, n'eut plus regret de le quitter, & d'autre part ne fut plus obeïssante tant en cela, qu'en tout ce qu'il commandoit.

Elle seruit en ces deux points d'vn rare exemple, que les femmes mariées doiuent retenir & pratiquer, dont la plus-part se trompe, de penser que se marier n'est autre chose que sortir de la maison de son pere, & aller en celle du mary, passer de seruitude en liberté, autorité & plaisir: Mais il s'en faut tout, car il y a plusieurs autres obligations dependantes de cét estat, dont la principale, aprés celle de Dieu, est au mary, comme à leur chef & seigneur. Aussi saint Paul

DES DAMES ILLVSTRES. 15

les aduertit de le reuerer comme tel, & de se sousmettre à leurs maris comme à leur chef. Cette genereuse Princesse heritiere des vertus des Dames des Maisons de Foix & de Iagellon, dont la memoire est en benediction aux Royaumes de Nauarre & de Pologne, accomplissoit merueilleusement bien cela: Elle portoit vn grand respect, obeissance & amour à son mary, on n'en vit iamais vne plus obeissante. De façon que tout ce qu'elle preuoyoit de bien loin, qui pourroit plaire au Roy Ferdinand, elle le faisoit de bon cœur, & eût donné sa vie & celle de tous ses enfans pour conseruer la santé de ce Prince.

Dieu qui ne se laisse iamais vaincre de bonté & de liberalité, mesme aux choses de ce monde, a voulu recompenser celle de cette grande Reyne des biens que les meres souhaitent le plus, c'est d'vne belle & heureuse lignée, de laquelle l'Alemagne, la Maison d'Austriche, & la pluspart des Royaumes & des Prouinces de la Chrestienté firent grand estat. Tandis que le Roy Ferdinand son mary qui fut Empereur après le decez de Charles son aisné, estoit occupé à la guerre contre les Turcs, ou contre les Protestans: elle employoit tout son temps (après auoir vaqué à la priere) à bien nourrir & instruire tous ses enfans, qui estoient en grand nombre, sçauoir quatre fils & onze filles. L'aisné de ses fils a esté le bon Empereur Maximilien II. du nom, qui ayant fait son profit des bonnes instructions de sa mere, a esté vn Prince fort pacifique & debonnaire: aussi a-t'il esté appellé les delices du monde, duquel sont yssus les Empereurs Rodolfe & Mathias, & autres grands Princes, entre autres les Archiducs Ernest, Albert, & Maximilien, qui ont gouuerné plusieurs grandes Prouinces. Le quatriéme a esté Charles, la bonté de son temps, Duc de Stirie & de Carinthie, pere de l'Empereur Ferdinand II. Roy de Hongrie & de Boheme, & de plusieurs sages Princesses, entre lesquelles s'est renduë recommandable pour sa pieté & sa vertu, Marguerite d'Austriche Reyne d'Espagne, mere d'Anne Infante d'Espagne, épouse du Roy tres-Chrestien de France & de Nauarre Lovis XIII. surnommé le Iuste, & mere du Roy Lovis XIV. Dieu-donné; Reyne

L'Empereur Ferdinãd I. eut de la R. Anne de Hongrie sa femme 15. enfans, 4. masles, sçauoir, Maximilien II. Empereur: Ferdinand Archiduc & Prince du Tirol: Iean mort en ieunesse: Charles Archiduc & Duc de Stirie & de Carinthie, dont ie parleray au II. Tome en l'Eloge de Marie de Bauiere sa femme: & onze filles sçauoir, Elizabet 1. femme de Sigismond Auguste Roy de Pologne: Anne épousa Albert V. Duc de Bauiere: Marie Guillaume Duc de Cleues: Magdelaine Religieuse à Hal: Caterine Duchesse de Mantouë, & puis Reyne de Pologne, dont l'Elo-

VIES OV ELOGES

ze se voit dãs les Vies des illustres Caterines: Eleonor Duchesse de Mantoüe, dont l'Eloge est parmy ceux des Eleonores: Marguerite Religieuse à Hal: Barbe féme d'Alfonse II. Duc de Ferrare: Vrsule morte ieune: Helene Religieu. à Hal: & Ieanne Duchesse de Toscane, mere de la Reyne Marie, mere du feu Roy Louis XIII.

accomplie de rares & insignes perfections & merites. Toutes ses filles ont esté renommées pour leur sagesse & probité; sur toutes ses deux belles Princesses Leonor Duchesse de Mantoüe, de laquelle nous décrirons l'Eloge en ce liure, & Ieanne Grande Duchesse de Toscane, qui a eu de François de Medicis son Mary, la tres-illustre, tres belle, & tres-vertueuse Princesse de Florence MARIE DE TOSCANE, femme du Roy tres-Chrestien HENRY le Grand; Reyne qui a porté autant de benedictions au Christianisme, qu'elle a donné d'enfans à la France.

La Reyne Anne de Hongrie n'est pas seulement loüée pour le soin qu'elle a eu de ses enfans, & pour auoir aymé vniquement le Roy Ferdinand son mary : mais aussi pour auoir esté l'vne des belles & des sages Princesses de son temps, enrichie de toutes les graces & perfections requises à l'embellissement du corps & de l'esprit, & grandement adonnée à la deuotion & pieté, & à tout ce qui estoit du seruice de la diuine Maiesté, menant dans sa Cour vne vie digne du Ciel. Elle estoit la mere des paunres & des Ecclesiastiques, ayant nourry de ses aumosnes & liberalitez plusieurs personnes reduites à la mendicité, & basti & fondé auec vne magnificence Royale vn bon nombre d'Eglises. Ses delices & ses plaisirs estoient de voir les Autels & les Palais sacrez bien ornez & bien parez. Le Roy Ferdinand & elle receurent en leurs terres le Pere Claude le Iay, natif de Geneue, l'vn des premiers Peres de la Compagnie de IESVS, & autres Religieux de cette sçauante Societé, qu'ils establirent dans la ville de Vienne, bouleuart de la Chrestienté, & en la grande ville de Prague, pour les opposer aux Hussites, & autres heretiques.

Cette bonne Reyne mourut en sa ville de Prague en couche de sa fille Ieanne d'Austriche, depuis Duchesse de Toscane, le 27. de Ianuier de l'an 1547. & fut enterrée dans l'Eglise Cathedrale de cette méme ville, qui est dediée à S. Vite, que la pieté de l'Empereur Charles IV. de la Maison de Luxembourg, a superbement bastie & richement dorée.

Elle prit pour deuise deux mains iointes en forme d'alliance, & tenantes vn bouquet de roses, auec ces mots de
desir

DES DAMES ILLVSTRES. 17

desir: SIC IN PERPETVVM, *Ainsi pour vniamais.* C'estoit la perpetuité de son mariage qu'elle desiroit en la fidelité des parties représentées par ces deux mains iointes, & la douceur de son bonheur auec la renommée de ce fleurissant Hymen que les roses figuroient, comme les plus odorantes & les plus belles fleurs que la nature produise. Desirs dignes d'vne telle ame & d'vne telle fin que celle qu'elle proiettoit, puis que c'estoit sans l'interest de la pieté Chrestienne qu'elle en formoit le dessein, & que l'immortalité à laquelle elle se portoit, n'est autre que celle que les vrais amans se proposent, & à laquelle ils passent par la mortalité presente, pour y iouïr de l'vnion parfaite des esprits, dans vne eternité bien-heureuse.

Tipotius.

ANNE D'AVSTRICHE
REINE D'ESPAGNE,
aieule de la Reine.

D'Austriche, de gueules à la face d'argent.

ANNE d'Austriche estoit la fille aisnée de l'Empereur Maximilian II. & de Marie d'Espagne ou d'Austriche sa femme. La ville de Cigale en Espagne, la vit naistre l'onziéme Nouembre de l'année 1549. Philippe Sire de Croy Marquis de Renty, (depuis Duc d'Arschot, Prince de Chimay & de Porcian) fut enuoyé en Espagne pour témoigner la ioie de la part des Prouinces du Pays-bas pour la naissance de cette Princesse. Elle receut les premieres empreintes, & pour les mœurs, & pour la pieté dignes d'vne Princesse Chrestienne, de sa mere l'Imperatrice Marie, Dame fort deuote & religieuse, comme on peut voir dans son Eloge que nous auons écrit en ce liure, parmi ceux des Illustres Heroines & Amazones Chrestiennes nommées Maries, qui ont fleury en ces derniers temps.

Scohier.

Octauius Strada.

Dés sa naissance la commune renommée, qui deuance

C

les éuenemens, l'auoit destinée pour porter l'vne des premieres Couronnes de la Chrestienté. Philippe II. Roi des Indes & des Espagnes, aprés le decés d'Isabelle de France ou de Valois, cette tres-belle & tres-chaste Princesse sa troisiéme femme, dont il n'auoit que deux filles, les Infantes Isabelle & Caterine, aiant oüi parler des perfections & des merites de cette sienne niéce, la desira pour sa quatriéme épouse, & fut marié auec elle, aprés auoir obtenu la dispense du saint Siege Apostolique.

Franciscus Haraus.

Ce fut l'an 1570. qu'elle partit de l'Austriche pour venir en Castille. Elle passa au mois d'Aoust par le Païs-bas, accompagnée de ses deux ieunes freres les Archiducs Albert & Vinceslas, le Grand Maistre de l'Ordre des Cheualiers de Prusse, & vn bon nombre de noblesse d'Alemagne, qui la mirent és mains de Ferdinád Aluarés de Tolede Duc d'Albe, les autres disent d'Alue, en la ville de Nimegue. Là elle fut saluée par les Deputez de Gueldres, d'Hollande, d'Vtrec, de Frise, de Trisulane, & de Groningue, lesquels aprés l'auoir congratulée de son heureux mariage, lui firent de beaux & riches presens. Le Duc d'Alue la mena de Nimegue à Anuers, où elle fit son entrée le 29. du méme mois, auec vne pompe & magnificence Roiale. Ce fut en cette belle Cité qu'elle receut les vœux, les acclamations, & les dons des Deputez des Prouinces situées au delà des riuieres de l'Escaut & de la Meuse. D'Anuers elle fut en Zelande, où elle s'embarqua à Flessingue le 25. de Septembre, ayant esté conduite à ce Port par Maximilian Comte de Bossu Amiral des Païs-bas. Le Duc d'Alue enuoia auec elle pour la mener en Espagne Ferdinand de Tolede son fils, Roderic de Tolede, & Christofle de Montdragon auec sa Compagnie qu'il fit venir de Deuenter. Elizabet Reine d'Angleterre la fit festoier en ses Ports par Charles de Hauard son Amiral, & de là auec vne heureuse nauigation elle arriua en Espagne, où se firent les pompes du mariage que Dieu benit d'vn bon nombre d'enfans, quatre fils & vne fille vnique nommée Marie, qui mourut peu de iours aprés sa naissance: trois fils sont morts en ieunesse, Ferdinand, Charles, & Iaques; de sorte qu'il ne resta qu'vn seul fils Phi-

Mariana.

lippe Hermenigilde, lequel a succedé à son pere, & a esté appellé par les Espagnols Philippe III. Prince d'vn tres-bon naturel, qui a eu de Marguerite d'Austriche sa femme quatre fils & quatre filles, dont l'aisnée est la Reine, Princesse de laquelle on peut dire sans vanité & auec verité,

Posseder tous les dons que l'on peut souhaiter,
Et rien à sa vertu ne se peut adiouster.

Anne d'Austriche Reine d'Espagne est loüable, de ce qu'estant encor fille, & depuis qu'elle a esté éleuée au thrône de la dignité Roiale, elle a fait paroistre qu'elle estoit heritiere des vertus de Marie d'Austriche sa mere, ayant retenu & mis en pratique les bonnes instructions qu'elle auoit apprises en sa ieunesse de cette sage Emperiere, de laquelle la memoire des bons & salutaires exemples qu'elle lui auoit donnez est demeurée grauée en sa memoire, & a esté burinée en son cœur. Sa vie ainsi que celle de sa sœur nostre Reine Elizabet veuue du Roi Charles IX. Princesse de rare vertu & pieté, aiant esté pleine d'edification pour leurs seruiteurs & suiets. Et comme nous lisons qu'au Temple de Salomon tous les vases y estoient de fin or, ou pour le moins dorez: ainsi en ces deux grandes Reines, vrais Temples du saint Esprit, tout y estoit parfait, ou pour le moins tendant à la perfection. Ie décriray & publieray dans les Eloges des Elizabets ou Izabelles, les vertus de nostre Reine, maintenant que ie suis sur les Eloges des Annes, ie doy parler des merites & des perfections de cette Anne Reine de Castille.

Sa premiere vertu estoit la crainte de Dieu, crainte filiale, crainte amoureuse, crainte soigneuse pour n'offenser point la diuine Maiesté. Le commencement de la sapience, c'est la sainte crainte, dit ce grand Salomon. Cette bonne Princesse s'est tousiours preualuë d'elle comme d'vn frein, en toutes ses passions. De là venoit qu'elle ne se laissoit point emporter à la colere, qu'on ne l'oioit dire des paroles oiseuses, médire de personne, ny se mocquer des imperfections ou actions d'autrui. De là procedoit aussi sa candeur si sincere, ne pouuant ny voulant iamais dissimuler, demeurant tousiours modeste & retenuë, iamais paresseuse, & marchant en la voie de Dieu tousiours en sa presence, craignant de l'offenser.

La seconde, c'estoit vne extréme patience par laquelle on possede son ame, comme dit Iesus-Christ. En cette vertu Anne d'Austriche de quelque biais que les maux l'aient attaquée, elle s'est renduë admirable, & n'a cedé à pas vne Dame de ces derniers siecles, sinon à sa sœur Elizabet Reine Doüairiere de France.

La troisiéme, sa deuotion & pieté. Comme la verge d'Aaron fleurit entre tous les bastons du peuple d'Israël, ainsi l'extraordinaire deuotion de cette Reine a fleuri sur tout le reste des Princesses & Dames d'Iberie.

Venons à la quatriéme, sa charité: car on ne sçauroit dire qu'elle ait rien obmis enuers les pauures, elle auoit vn soin particulier de toute sa famille, & faisoit visiter les Hospitaux, les prisons & pauures Monasteres. L'amour qu'elle porta au Roi son mary parut aux bons seruices qu'elle lui rendit durât la grande maladie qui lui suruint l'an 1580. durant laquelle les Medecins desespererent de sa santé. Peu de iours aprés que ce Prince fut gueri, Anne son épousé tomba malade, & mourut le 25. Octobre de la mesme année. Elle receut les honneurs de la sepulture à Grenade selon Octaue Strada.

Par sa deuise, elle témoigna l'affection qu'elle auoit pour son mary Philippe II. Roi d'Espagne. C'estoit vn chesne, à la teste des branches duquel estoit passé vn serpent aislé, lequel se reflechissant en rond venoit prendre sa queuë de ses dens; & du milieu de l'enceinte qu'il formoit, sortoit vn estoc de l'arbre, sur lequel vne colombe estoit assise, auec ses mots autour pour adresse du mystere que cette figure representoit; ÆTERNO CONIVGI, *A vn époux eternel*. Car tel estoit Philippe son mari, duquel la prudence signifiée par le serpent, estoit iointe à la promptitude pour l'execution, laquelle estoit designée par les aisles, & l'eternité qu'elle lui desiroit, par la rondeur du serpent: & pour elle, la simplicité estoit sa part, dont la colombe est le symbole, comme de plusieurs autres & rares qualitez qui excelloient en cette Princesse: mais sur toutes l'alliance de

Tipotius Strada.

ces deux. La prudence & la simplicité sont mysterieuses & auantageuses pour vne durée telle qu'elle desiroit à son mariage, & principalement quand elle est affermie sur vne constance inuiolable, telle que le chesne representoit par sa fermeté & solidité naturelle.

S. Charles Bortomée Cardinal & Archeuéque de Milan, prononça l'oraison funebre en l'honneur de cette Reine, aux pompes & derniers deuoirs qui lui furent rendus à Milan, le 6. de Septembre 1581. qui n'est pas vne petite loüange pour cette Princesse, d'auoir eu pour paranimphe de ses vertus le plus saint Prelat du seiziéme siecle.

ANNE IAGELLON REINE DE POLOGNE.

LA generosité de cette Reine de Pologne, nommée Anne, merite que ie décriue sa vie dans ce liure des illustres Heroïnes.

Cette Princesse estoit la troisiéme fille de Sigismond I. Roi de Pologne & Grand Duc de Lituanie, & de la Reine Bonne Sforce sa seconde femme; la sœur de Sigismond Auguste aussi Roi des Sarmates ou Polonnois, & la femme d'Estiene Battor ou Báthory Roi de Pologne & Prince de Transiluanie; par consequent elle a eu l'honneur d'estre la fille, la sœur, & l'épouse des Rois de Pologne. Deux des sœurs d'Anne, les Infantes Isabelle & Caterine, ont esté mariées aux Rois de Hongrie & de Suede: de maniere que par l'alliance de ses sœurs elle eut pour beaux freres Iean Zapoly Roi de Hongrie & de Transiluanie, Comte de Sepuse ou Zepsi; & Iean de Wasa Roi de Suede & Duc de Finland: & tante d'Estiene ou Iean Sigismond Roi de Transiluanie, fils de sa sœur aisnée, & de Sigismond III. Roi de Pologne & de Suede, fils de Caterine.

Les Princes & les Princesses de la Maison de Iagellon ou de Pologne écarteloient au 1. & 4. de gueules, à l'aigle esployé d'argent, couronné, becqué, & mébré d'or, aux ailerõs liez de mesme, qui sont les armes du Royaume de Pologne. Au 2. & 3. de gueules, à vn homme armé d'argent, tenãt vne épée nuë en la main droite, vn escu d'azur chargé d'vne double croix pendant à son

VIES OV ELOGES

col, l'homme séant sur vn cheual aussi d'argent, housé & bardé d'azur, & cloüé d'or: qui est au Duché de Lituanie.

Anne Iagellon ou de Pologne la petite fille de tant de Rois, & la fille, la sœur, la femme, la belle sœur & la tante de tant de Monarques & de Princes souuerains, fit la perte du Roi de Pologne son pere le grand & le sage Sigismond I. du nom, le 1. iour du mois d'Auril de l'an 1548. Elle fut nourrie auec ses sœurs Sofie (qui fut la seconde femme de Henry Duc de Brunsuic & de Lunebourg dit le Ieune) & Caterine (femme de Iean Duc de Finland, depuis Roi des Suedois, des Goths, & des Wandales) par la Reine Bonne Sforce sa mere, auec lesquelles Anne assista aux obseques du Roi Sigismond son pere, qui furent celebrées dans l'Eglise de Cracouie, comme i'ay appris de Martin Cromer Euéque de Warmie, le Polonois dit Warmelandt.

Durant le regne de son frere le Roi Sigismond Auguste, l'Infante Anne receut plusieurs déplaisirs. Elle vit premierement sa sœur aisnée Isabeau Reine de Hongrie, venir demander du secours & de l'assistance au Roi Sigismond & à la Reine Bonne Sforce contre Ferdinand Roi des Romains, frere de l'Empereur Charles V. qui l'auoit chassée de la Transiluanie, & Solyman Empereur des Turcs de la Hongrie, comme ie vous feray voir és Eloges ou Vies des Reines Bonne de Pologne & Isabelle de Hongrie. Et puis ses sœurs Sofie & Caterine furent mariées, celle-cy au frere du Roi de Suede, (qui depuis fut Roi de ce Roiaume du Nort aprés auoir mis prisonnier le Roi Erric son frere) celle-là à vn des plus nobles & des plus illustres Princes d'Alemagne, qui ne fut pas vne petite affliction à cette Princesse, de voir l'Infante Caterine, la plus ieune de ses sœurs, auoir esté mariée deuant elle. Le 3. que sa sœur Sofie estant mariée en Alemagne à Henry le Ieune Duc de Brunsuic (Prince fort catholique, auquel le Cardinal Stanislas Hosius, l'honneur de la Pologne, a écrit vne belle lettre qui se voit dans les œuures de ce deuot & docte Prelat) auoit quitté la vraie & ancienne Religion pour professer celle des Protestans, à laquelle elle s'estoit opiniastrément attachée. Le quatriéme fut, quand le Roi de Pologne Sigismond Auguste son frere épousa Barbe Radziuil veuve d'vn simple Gentilhomme; ce qui irrita tellement la pluspart des Seigneurs Polonnois & Lituaniens, qu'ils prirent la resolution de se reuolter contre ce Monarque : & qu'aprés la mort de la Reine Barbe il prit pour femme Caterine d'Auſtriche Ducheſſe doüairiere de Mantoüe, à laquelle il ne porta pas grande affection, quoy que cette Princeſſe, la cinquiéme fille de l'Empereur Ferdinand I. fût fort ſage & vertueuſe; ce qui fut cauſe qu'elle ſe retira dans l'Auſtriche, ne pouuant viure en paix & amitié auec le Roi Sigiſmond Auguſte, quelques-vns diſent qu'il la repudia. Mais le plus ſenſible déplaiſir que receut Anne Iagellon ou de Pologne fut quand la Reine Bonne ſa mere quitta, non ſeulement la Cour du Roi Sigiſmond Auguſte, mais auſſi la Pologne, pour aller faire ſa demeure en Italie, au Duché de Bary & és autres terres qui luy appartenoient dans la Poüille, vne des Prouinces de la Sicile de deçà le Far, comme eſtant la petite fille des Rois de Naples de la Maiſon d'Arragon, Bonne n'aiant pû s'accorder auec le Roi ſon fils, laquelle ayant reproché ſouuent à ce Monarque d'auoir épouſé la veuue d'vn ſien vaſſal, ſans conſiderer qu'elle eſtoit tombée en la méme faute, s'eſtant remariée ſecretement à vn de ſes domeſtiques nommé Pappacoda Gentilhomme Napolitain, pour ne perdre pas la tres-Auguſte qualité de Reine. C'eſt tant d'eſtre Roi ou Reine, qu'icy bas nous ne pouuons nous imaginer de plus grande grandeur, ny de qualité plus digne de reſpect & d'honneur.

Pappacoda blaſonné en l'eloge de Bonne Sforce.

Le Roi de Pologne Sigiſmond Auguſte eſtant decedé le 18. de Iuillet de l'an 1572. la pluſpart des Rois & des Princes de l'Europe & de l'Aſie briguerent la Couronne de Pologne, entre autres Henry de France Duc d'Aniou, ou le Roi Charles IX. ſon frere pour luy : Iean Roi de Suede, beaufrere du defunt Roi pour ſoy-méme, ou pour le Prince Sigiſmond ſon fils, qui n'auoit lors que huit ans : Erneſt d'Auſtriche fils de l'Empereur Maximilien II. lequel eſtoit âgé de douze à treize ans, ou l'Empereur ſon pere pour ce Prince : Iean Baſilides Grand Duc des Ruſſes ou Moſcouites : Auguſte Duc de Saxe Prince Electeur : George Federic Marquis de Brandebourg auſſi Electeur : Eſtiene Bathor ou Bathori Prince ou Vaiuode de Transiluanie, estant loisible à tous les Princes de la Chrestienté de pourchasser cét honneur & ce Diadéme. Tous les Rois & les Princes susnommez y dépécherent leurs Ambassadeurs : Charles Roi de France desirant l'emporter pour son frere le Duc d'Aniou, fit Chef de l'Ambassade Jean de Monluc Euéque de Valence, frere de Blaise de Monluc Mareschal de France, homme digne du maniement d'vne charge si importante: aussi a-t'il esté honoré de nos Rois de quatorze ou seize Ambassades durant sa vie. Le Roi lui donna pour assistans & collegues Gilles de Noailles (frere de François Euéque d'Acqs Ambassadeur en Constantinople, auquel il succeda depuis à cette Ambassade & à cette Prelature) & Guy de S. Gelais de Luzignan fils de Louis Seigneur de Lansac Cheualier d'hôneur de la Reine Caterine de Medicis, pour moderer la promptitude de Monluc qui se laissoit aisément emporter à sa passion & à sa colere. L'Empereur Maximilien II. auoit enuoyé pour ses Ambassadeurs en Pologne Guillaume Vrsin de Rosenberg le premier, les autres disent Souuerain Bourgraue de Boheme, & André Dudith, qui auoit esté Euéque de Tinna, puis de Cinq-Eglises en Hongrie, homme non moins vehement que Monluc, & aussi zelé pour le seruice de ses Maistres les Empereurs Ferdinand I. Maximilien & Rodolfe II. aussi M^r le President de Thou remarque en l'eloge d'André Dudith, sur la fin du 4. tome de son Histoire, au liure 96. auoir oüy souuent dire à l'Euéque de Valence qu'il n'auoit point eu de plus grand aduersaire en la brigue de la Couronne de Pologne que Dudith. J'ay aussi appris du méme President au liure 56. dans le 2. tome de la méme Histoire, que l'Empereur Maximilien n'auoit pas fait André Dudith Chef de l'Ambassade de Pologne, pour ne pas desobliger le Pape Gregoire XIII. à cause que ce Prelat auoit quitté la Religion Catholique : mais il l'auoit enuoyé vers les Polonnois pour seconder le Bourgraue de Boheme par son adresse, sa prudence, son eloquence, & son profond sçauoir.

Les Ambassadeurs du Duc de Saxe, du Marquis de Brandebourg, & du Roi de Suede, reconnurent dés la premiere iournée leurs pratiques estre trop foibles pour de si hauts desseins

Monluc, d'or au tourteau de gueules.

Noailles, de gueules à la bande d'or.
Luzignan porte de Cypre.
S. Gelais, d'azur à la croix d'argent.
Vrsin, blasonné en l'eloge de Jeanne d'Austriche Duchesse de Toscane.

desseins, & que le Sceptre & le Diadéme des Sarmates ou Polonnois estoit de trop haut prix, pour estre mis sur vne teste autre que Catholique; ce qui fit rebuter aussi les Ambassadeurs du grand Seigneur, & du Duc ou Zar de Moscouie. Plusieurs Polacs Catholiques fauorisoient Dudith, lequel briguoit leurs suffrages pour Ernest d'Austriche fils de l'Empereur Maximilien II. alleguant qu'il parloit fort bien les langues Esclauone & Bohemiene, ce que n'auoit pas le Duc d'Aniou. Les Polacs Trinitaires, Lutheriens & Caluinistes ne luy estoient pas contraires, à cause qu'il ne faisoit plus profession de la Religion Catholique, ayant quitté son Euéché de Cinq-Eglises quand il épousa vne Demoiselle Polonnoise belle en perfection, de laquelle il estoit passionnément amoureux. Florimond de Remond la nomme Zosie Goniselle, Iaques Auguste de Thou dit qu'elle estoit de la Maison de Strassen: Ce qu'il fit à son retour du Concile de Trente (où il auoit esté & paru en qualité d'Euéque de Tinna, & d'Ambassadeur des Prelats & du Clergé de Hongrie) fâché de ce que les Peres ne l'auoient pas voulu écouter lors qu'il leur voulut persuader par ses beaux discours & harangues (car il estoit, comme i'ay dit cy-dessus, vn des plus sçauans, diserts & eloquens Prelats de son âge) que les Euéques n'estoient pas obligez à garder les rudes loix du Celibat & de la Chasteté perpetuelle, comme les Moines, les Hermites, & les autres qui s'estoient voulu lier à ce vœu. S'estant donc veu rebuté des Peres, il fut contraint de franchir tout à fait le saut contre les loix de l'Eglise, pour iouïr de ses amours, puis que selon les saints Decrets il ne le pouuoit pas.

L'Infante Anne de Pologne fauorisoit & assistoit de credit & de la faueur qu'elle auoit parmy les Polonnois & les Lituaniens, comme Princesse de la Maison des Iagellons, qui a regné sur ces peuples, & la sœur de leur dernier Roy Sigismond Auguste, les Ambassadeurs de France contre ceux de l'Empereur, tant pour l'auersion qu'elle auoit de Dudith, le second, mais le plus zelé des Ambassadeurs Imperiaux (lequel comme i'ay remarqué cy-dessus, s'estoit marié à vne Demoiselle Polonnoise, & cette belle Demoi-

D

selle auoit esté vne des filles suiuantes de cette Infante, ce qui animoit dauantage cette vertueuse & Catholique Princesse contre ce Prelat Hongrois Apostat, qui auoit mieux aimé renoncer à l'Eglise, chaste Espouse de IESVS-CHRIST, qu'aux amours illicites & illegitimes de sa Nymphe) que pour le desir & la passion extreme qu'elle auoit d'estre mariée à Henry Alexandre de France Duc d'Aniou & de Valois, s'il estoit éleu Roy de Pologne & grand Duc de Lituanie. Ce Prince fils & frere de nos Rois, estant, selon l'auis de l'Infante Anne Iagellon, le plus digne de tous les Pretendans à la Couronne Polacque, tant pour estre Prince de la Maison de France (de laquelle estoit Louis Roy de Hongrie, surnommé le Grand, issu de Charles de France Roy des deux Siciles & Comte d'Aniou & de Prouence, frere de S. Louis, Prince genereux & magnanime, auquel ce méme Diadéme auoit esté deferé il y auoit plus de deux cens ans, & le pere d'Heduuige Reyne de Pologne, laquelle auoit conuerty à la foy du Sauueur du monde son mary Iagellon grand Duc de Lituanie, qui estoit le pere de tous les Rois de Pologne de la Maison des Iagellons ou de Lituanie, qui auoient tenu le Sceptre de Pologne par l'espace de cent quatre vingts six années) que pour les vertus & les merites de Henry Duc d'Aniou, qui estoit en grande estime par toute la Chrestienté, pour les victoires signalées qu'il auoit obtenuës és plaines de Iarnac & de Moncontour, sur les Protestans ou Huguenots François.

Ce fidele seruiteur de nos Rois Charles IX. Henry III. & IV. a esté depuis Comte de Nanteüil le Haudoüin: il est le pere & l'ayeul de ces deux Heros Hēry & Charles de Schōberg Ma-

Sofie Iagellon Duchesse doüairiere de Brunswick n'aida pas peu à faire, que l'Infante Anne Iagellon sa sœur brigua la Couronne de Pologne pour Henry Duc d'Aniou: car ayant esté visitée à Brunswick par Gaspar de Schomberg Ambassadeur de nostre Roy Charles IX. vers les Princes Protestans d'Alemagne, & receu les lettres de Guillaume Landgraue de Hesse par vn des Conseillers de ce Prince nommé Verner Crisping ou Crispingen, qui luy enuoya exprés ce Docteur, elle écriuit en faueur de ce fils de France de tres-bonne ancre, non seulement à l'Infante Anne Iagellon sa sœur, mais aussi à tous les Palatins & Seigneurs Polonnois, lesquels faisoient comme elle profession des nouuelles opinions, tant pour la haine qu'elle portoit aux Princes de la Maison d'Austriche, que pour l'esperance que son Altesse auoit qu'Henry de France estant éleu Roy des Polonnois épouseroit sa sœur; ce que i'ay appris du Presidēt de Thou au Liure LV. de son Histoire, & de la lettre que le Seigneur de Schomberg écriuit de Brunswick le 14. d'Auril de l'an 1573. au Roy Charles, dans laquelle il mande à ce Monarque la passion qu'auoit cette Duchesse doüairiere de Brunswick pour faire reüssir cette élection, & comme elle luy enuoya Henry Grotte chef de son Conseil à Wolfenbutel, où cet Ambassadeur de France salüa de la part du Roy son Maistre Iule Duc de Brunswick, auquel il ne voulut pas découurir son dessein, à cause qu'il estoit beaufrere du susnommé Electeur de Brandebourg, l'vn des Princes pretendans à la Couronne de Pologne, & plusieurs autres belles particularitez.

reschaux de France. Il portoit d'or au Lió coupé de gueules & & de sinople, qui est de Schomberg: quelques-vns disent le haut de gueules, & le bas de sinople; d'autres blazonent coupé de gueules sur sinople.

Le Duc d'Aniou ayant esté éleu Roy de Pologne le 9. de May de l'an 1573. par la diligence & l'adresse de l'Euéque de Valence & des autres Ambassadeurs Frãçois, & à la solicitation de l'Infante Anne, sur l'esperance qu'elle auoit de l'épouser, receut fort honorablement à Paris au mois d'Aoust de la méme année l'Euéque de Posna & les autres Ambassadeurs Polonnois, & partit de cette ville le 28. de Septembre pour aller en Pologne, où il fut sacré & couronné Roy dans l'Eglise de Cracouie par l'Archeuéque de Gnesne le 15. de Feurier de l'an 1574. au grand contentement des Polonnois, mais particulierement d'Anne Iagellon, sur la creance qu'elle auoit d'estre vn iour mariée à ce Monarque, suiuant le commun bruit, qui s'estoit répandu, non seulement dans la Pologne & la Lituanie, mais aussi dans l'Angleterre, que ce Prince auoit fait sous main la recherche de cette Infante Polonnoise, ou Charles IX. Roy de France son frere pour luy: ce qui auoit seruy de pretexte à Elizabet Reyne d'Angleterre de rompre le mariage qui auoit esté traité entre elle & le Duc d'Aniou, par l'entremise de François Duc de Montmorency Pair & Mareschal de France, & de Paul de Foix, qui fut depuis Archeuéque de Tolose. Ce qui donna dauantage d'esperance à l'Infante,

D ij

ce fut quand la Diete generale du Royaume de Pologne (qui dura trois mois après la solemnité du Couronnement) fut finie, le Roy Henry qui auoit paru fort triste & melancholique passa d'vne extremité à l'autre, du Cabinet à la Campagne, des plaisirs domestiques aux réioüissances publiques, ayant inuité à vne belle maison à trois lieuës de Cracouie tous les Palatins, & les plus apparens du Royaume : Ce n'estoient que tournois, danses, chasses, carousels, & festins. Le Roy fit vn festin solemnel à l'Infante & aux Dames, auquel sa Maiesté dança auec elle, & fit paroistre qu'il auoit de l'affection & de l'amour pour cette Princesse, quand elle luy donna de bonne grace vn mouchoir pour s'essuyer, comme il estoit en sueur. Ceux qui interpretent sinistrement les plus sinceres & les plus innocentes actions des Grands & des Princes, ont voulu faire croire que c'étoit vn philtre pour se faire aimer, que l'Infante donna à ce Monarque, d'autant que n'ayant ny ieunesse ny beauté, ce Prince fut picqué d'amour pour cette Princesse Anne. Mais il n'y a pas d'apparence que cette sage & vertueuse Dame ayt voulu se seruir de ce pernicieux artifice, le Roy Henry III. n'en ayant iamais esté si fort picqué qu'il ayt quitté pour cette Infante de Pologne, qui estoit âgée de cinquante ans, & peu agreable, les affections & les fortes inclinations qu'il auoit pour ces deux tres-belles & tres-sages Princesses Louise de Lorraine de la Maison de Vaudemont, & Marie de Cleues qui auoit épousé Henry de Bourbon Prince de Condé, de laquelle (s'il eust esté en son pouuoir) il eut fait rompre le mariage, pour la passion qu'il auoit lors d'auoir pour femme cette sœur puisnée des Duchesses de Niuernois & de Guise. Ioint que les plus iudicieux ont crû auec raison, que nostre Roy Henry III. estant en son Royaume de Pologne témoigna plus d'amour pour l'Infante Anne Iagellon qu'il n'en auoit pas, pour mieux couurir son dessein de quitter ce Royaume du Nort pour venir recueillir la Couronne de France son Royaume hereditaire : car lors qu'il faisoit le plus la cour à cette Infante Polonnoise, c'estoit aux mois de May & de Iuin de l'an 1574. durant lesquels il estoit en de continuel-

Mathieu.

les attentes quelle seroit l'issuë de la maladie du Roy Charles IX. son frere. L'Infante qui n'auoit point d'autre desir que d'estre Reyne de Pologne, se flatoit trop facilement de cette esperance: ce qui luy fit donner vne bague de grande valeur pour le prix de la course au Tournoy, qui fut assigné le Dimanche 15. de Iuin, tous les Palatins s'y preparans, lesquels n'oublierent rien de ce qu'ils auoient de plus riche & de plus superbe pour se parer. Le Roy Henry III. grand inuenteur de nouuelles ceremonies, pour mieux couurir son dessein en ce temps-là, auquel la dissimulation estoit si necessaire, proposa d'y adiouster diuerses gentillesses & braueries à la mode de France, & le Samedy 14. de ce méme mois il porta vn Balet au Palais de l'Infante, & n'en reuint expressément que bien tard, donnant le bon-soir aux Palatins & Seigneurs, il les pria de se tenir prests pour le lendemain.

Ce fut ce Dimanche 15. de Iuin qu'il receut la nouuelle de la mort du Roy Charles IX. premierement par l'Ambassadeur de l'Empereur Maximilien, puis par Meric de Barbesieres sieur de Chemerauld, & Magdelon de Fayoles *Thuanus.* sieur de Neuuy, que la Reyne Caterine sa mere luy auoit enuoyez par diuers chemins pour luy en donner des nouuelles asseurées. Là dessus le Comte de Tanchin grand Chambellan du Royaume de Pologne se presenta, pour sçauoir s'il plaisoit à sa Maiesté d'aller à la course de la bague. Le Roy luy repartit sans faire paroistre aucune émotion pour la perte sensible d'vn frere, & le gain de la plus belle Couronne du monde, *Qu'il se trouuoit fort mal, & qu'il enuoyeroit faire ses excuses à l'Infante*, & puis luy ayant fait part de la mauuaise nouuelle qu'il venoit de receuoir, il le pria de luy faire preparer son lict pour se coucher.

Les Polonnois ayant sceu par le Comte de Tanchin & par d'autres la nouuelle de la mort de Charles IX. Roy de France, s'attristerent grandement pour la crainte qu'ils eurent que nostre Henry III. les quitteroit, comme il fit, pour en retourner en France, surquoy ils prirent des diuerses resolutions dont la plus moderée fut suiuie, qui estoit de *Mathieu.* l'arrester par le mariage de l'Infante Anne Iagellon. Mais

Henry les preuints s'estant travesty & dérobé la nuict du 18. Iuin 1574. par la petite porte du chasteau de Cracouie, pour venir recueillir le Diadéme des Lys que son frere le Roy Charles IX. luy auoit laissé.

 Les Polonnois & les Lituaniens estans demeurez grandement estonnez par le depart & la retraite inopinée de Henry Roy de France & de Pologne, enuoyerent aprés luy le Comte de Tanchin pour l'attraper, ou le prier amiablement de retourner en Pologne: mais ayans attendu quelque temps son retour, ils procederent à vne nouuelle élection aux mois de Mars & d'Auril de l'an 1576. Et la Couronne Polaque estant desirée & briguée par plusieurs, les Princes pretendans d'estre éleus, estoient l'Empereur Maximilien II. les deux Archiducs d'Austriche, Ernest & Charles, ses enfans, Iean III. Roy de Suede, & Sigismond son fils Duc de Finland ou Finlandie, Alfonse II. Duc de Ferrare, Iean Basile grand Duc de Moscouie, & Estiene Bathory Prince ou Vaiuode de Transiluanie, tous grands & puissans Princes poursuiuans à perte d'haleine ce que nostre Henry auoit quitté à course de cheual. Iaques Vohan Archeuéque de Gnesne ayant recueilly les voix, vne partie des Palatins nomma l'Empereur Maximilien Roy des Polaques, & l'autre Estiene Vaiuode de Transiluanie, & l'Infante Anne Iagellon, le Transiluain ayant promis d'épouser cette Princesse la fille du Roy Sigismond I. & la sœur de Sigismond Auguste, & la petite fille des Rois de la Maison des Iagellons ou des Princes Lituaniens, qui ont regné en la Sarmatie 186. ans, laquelle auoit fait sa brigue contre ceux de la Maison d'Austriche, & le Nonce du Pape en Pologne Vincent Lauro Calabrois depuis Cardinal, qui s'estoit rendu partisan de l'Empereur; tant pour ne vouloir pas voir commander aux Polaques, ceux contre lesquels elle s'estoit declarée en faueur de nostre Roy Henry III. lors Duc d'Aniou, que pour l'asseurance qu'elle auoit d'estre Reine de Pologne si le Transiluain estoit éleu.

Bathory, de gueule, à vne machoire de

 Ce braue & courageux Prince Estiene de l'illustre Maison des Bathoris de Somlio (qui est vn chasteau és confins de Transiluanie & de Hongrie, qui a donné le nom à cette honorable famille fertile en Heros) sans crainte de la Maison d'Austriche & de l'Empereur Maximilien II. qui auoit attiré à son party les Rois de Dannemarc & de Suede, le Zar ou grand Duc des Russiens ou Moscouites, vint receuoir la Couronne de Pologne & épouser le premier iour de May de l'an 1576. l'Infante Anne Iagellon, au grand contentement de la pluspart des Lituaniens & des Polonnois, & à l'estonnement de Maximilien, qui desirant conseruer pour luy ou l'vn de ses enfans le Royaume de Pologne, se ligua auec Iean Basilides Zar ou grand Duc de Moscouie, contre Estiene éleu Roy de Pologne & la Reyne Anne sa femme, lesquels ne perdirent pas courage, pour se voir attaquez de deux si puissans ennemis.

loup posée en pal d'argent couronée d'or: *Chifflet dit à vne machoire de loup contournée d'argent.*

Il y a deux Maisons & familles de Bathoris: les Bathor de Bathory, & les Bathoris de Somlio. L'on tient celle des Bathors de Bathory encore plus ancienne & illustre, que celle de Bathory de Somlio.

Estiene Bathory qui auoit desia resisté à la puissance de l'Empereur Maximilien quand il fut éleu Roy ou Prince de la Transiluanie par les Barons de ce païs-là, après le decés du Roy Iean Sigismond (fils vnique de la Reyne Isabelle Iagellon sœur aisnée de cette Anne Reyne de Pologne qu'Estiene auoit épousée) fit paroistre qu'il ne se laisseroit pas gourmander ny abatre par l'Empereur Maximilien, qui estant irrité contre Estiene Roy de Pologne, pour auoir fait tuer les Ambassadeurs qu'il enuoyoit au Persan, pour entrer en ligue contre Amurat Empereur des Turcs, auoit depesché diuers Ambassadeurs à tous les Princes Chrestiens pour leur demander du secours, voyant que les Protestans d'Alemagne luy auoient dénié l'aide & l'assistance que meritoit le peril eminent, pour n'auoir sa Maiesté Imperiale voulu condescendre aux demandes qu'ils luy faisoient pour les affaires de la Religion à la Diete de Ratisbonne. Mais comme Maximilien fait ses apprests pour donner en Pologne, appuyé non seulement des Hongrois, des Silesiens & des Bohemiens ses suiets (qui luy offrirent dix mille hommes de pié & trois mille de cheual pour cette guerre) mais aussi du Moscouite, la mort arresta ses desseins le 12. d'Octobre de la méme année 1576. à Ratisbonne, peu de iours après que la Diete auoit esté commencée.

Le Roy Estiene & la Reyne Anne sa femme se voyans

paisibles possesseurs du Royaume de Pologne & du grand Duché de Lituanie par le decés de l'Empereur Maximilien, enuoyerent des Ambassadeurs à Rome pour prester l'obeïssance filiale au Pape Gregoire XIII. qui la receut sans les interests des droits de Henry III. à l'instance de l'Ambassadeur de France. Ils enuoyerent aussi vn Ambassadeur vers l'Empereur Rodolfe fils & successeur de Maximilien, pour luy témoigner qu'ils desiroient viure en paix & en bonne intelligence auec sa Maiesté Imperiale; ce qui leur accorda, Rodolfe n'ayant iamais eu de differend auec les Polaques sous le regne d'Estiene Bathory.

Anne Iagellon & le Roy Estiene son mary ayans fait leur accord auec l'Empereur Rodolfe, & en suite auec les Rois de Dannemarc & de Suede, qui faschez qu'Estiene auoit esté éleu Roy de Pologne, s'estoient rendus partisans de l'Empereur Maximilien : il n'y eut que Iean Basile Duc de Moscouie, lequel se confiant en sa valeur & au bonheur qui l'accompagnoit en tous ses desseins & entreprises, ne voulut point s'accōmoder & viure en paix auec Anne & Estiene : mais ce nouueau Roy de Pologne & Prince de Transiluanie arresta en deux ans le progrés des conquestes du Moscouite : car il reprit sur ce cruel Prince (dit le Tyran pour ses barbaries & inhumanitez) à petit bruit tout le païs de Liuonie qu'il auoit vsurpé, le combatit en pleine campagne, le mit en fuite & l'assaillit iusques aux enuirons de Smolensky : de maniere que Iean Basilides se voyant reduit à l'extremité fut contraint (quoy que schismatique) d'enuoyer vn Ambassadeur à Rome, pour prier Gregoire XIII. de depécher en diligence vne personne de qualité vers le Polonnois pour le diuertir de luy faire la guerre.

Tandis qu'Estiene Roy de Pologne emporte plusieurs victoires contre le Moscouite, reprend Plosco & les deux Nerues, met à la raison les habitans de Danzick, & auance son Etat iusques à Niuiogrot grande ville & l'abord du Septentrion, la Reine Anne sa femme s'adonne aux exercices dignes d'vne Reine & Princesse Chrestienne & Catholique, fondant en diuerses villes de son Royaume de Pologne des Oratoires ou Maisons de Religion & de Pieté.

té. Elle receut fort honorablement & charitablement le R. P. Antoine Possevin, natif de Mantoüe, de la Compagnie de IESVS, que le Pape Gregoire XIII. enuoya en Pologne pour pacifier les differens du Roy Estiene son mary, & de Iean Basile grand Duc de Moscouie, & prit le soin de le faire assister durant les voyages qu'il fit non seulement en Pologne, mais aussi en Moscouie & en Suede, pour tascher de ramener les Russiens ou Moscouites à la Communion de l'Eglise Romaine, & de persuader à Iean III. Roy de Suede de se declarer ouuertement Catholique, suiuant les prieres & les remonstrances que luy faisoit aussi souuent que tous les iours la Reine Caterine Iagellon sa femme, sœur d'Anne Reine de Pologne.

Possevinus.

Cette Reine Anne n'affectionna pas seulement Antoine Possevin, mais aussi plusieurs autres Peres de cette Compagnie, qu'elle enuoya en Suede & en Transiluanie, pour assister les pauures Catholiques qui estoient demeurez fermes & constans en l'ancienne & vraye creance de leurs ancestres dans ces deux Roiaumes. Nous verrons dans l'Eloge de Caterine Reine de Suede, comme elle receut les Peres Iesuites & quelques bons Prestres eminens en sçauoir & en pieté, que cette Heroine Anne Reine de Pologne sa sœur luy enuoya. Ie me contente de faire voir dans cette Vie, la charité auec laquelle la Reine Anne & le Roy de Pologne Estiene Bathory son mary fonderent non seulement en Pologne, mais aussi en Transiluanie des Colleges pour les Peres de cette Societé, ausquels ils donnerent des bons reuenus. Cette Reine & le Roy son mary voyās qu'ils ne pouuoient ramener par la force leurs suiets à la Religion Catholique, ils tenterent la voye de douceur. Pour cet effet Anne augmenta la fondation du College de Clausenbourg ou Colosuar en Transiluanie, que le Roy de Pologne Estiene Bathory auoit fondé lors qu'il estoit Prince ou Roy de Transiluanie, afin de pouuoir empécher le progrez de l'heresie en la Dace ou Transiluanie, que le Roy Iean Sigismond Zapoly ou de Sepuse auoit fomentée: car par l'exemple des autres Royaumes de la Chrestienté, il iugea que c'estoit le meilleur remede contre les nouuelles

E.

erreurs des Trinitaires, des Lutheriens & des Caluinistes, qui lors pulluloient grandement, comme elles ont fait encore depuis en la Transiluanie & és autres contrées voisines.

Anne Reine de Pologne n'auoit point de plus grande passion, que Sigismond de Wasa Prince de Suede & Duc de Finland son neueu (estant le fils vnique de sa sœur Caterine Reine de Suede, lequel depuis elle a fait élire Roy de Pologne) fust nourry & éleué en la Religion Catholique, Apostolique & Romaine, tant durant la vie de cette tres-Catholique Princesse Caterine Iagellon sa sœur, qu'aprés le decés de cette bonne & vertueuse Reine. Le Roy Estiene son mary auoit aussi vne pareille passion pour le braue & infortuné Sigismond Bathory son neueu, qui auoit succedé à la Principauté de Transiluanie à Christofle Bathory frere puisné du Roy Estiene, lequel ayant esté éleu Roy de Pologne & grand Duc de Lituanie auoit (quittant la Transiluanie pour venir prendre possession de la Couronne Polonnoise) donné cette Principauté au Prince Christofle son frere puisné, & le pere du courageux & magnanime Sigismond, la terreur des Turcs & des Infidelles.

F. de Remond.

Estiene Roy de Pologne donnant sa Principauté de Transiluanie à son frere, luy auoit commandé sur toutes choses d'auoir soin de defendre & proteger contre les Arriens, les Lutheriens, & les Caluinistes, les Peres de la Compagnie de IESVS, de laquelle il auoit ietté les premiers fondemens en Transiluanie, & de faire instruire par eux le ieune Sigismond. Ce braue Monarque ne se seruit pas seulement des Iesuites en Transiluanie, mais aussi en Pologne, ausquels il donna auec la Reine Anne Iagellon sa femme l'Eglise de S. Iaques à Rige en Liuonie, & eux se donnerent à tous deuoirs vtiles de leur profession, tant par la predication de la parole diuine, que par la reformation de quelques Eglises, & la reduction des heretiques: dequoy il est fort loüé par les Historiens Catholiques, & blasmé par ceux qui sont partisans de l'heresie, comme ie vous feray voir en l'Eloge de ce vaillant Prince, l'honneur

DES DAMES ILLVSTRES.

& la gloire des Bathoris, dans les Vies & les Eloges des Hommes illustres en valeur & en courage, lequel ayant regné dix ans en Pologne, mourut à Grodna en Lituanie le 12. de Decembre de l'an 1586. au grand regret de la Reine Anne Iagellon sa femme, de laquelle il n'eut point d'enfans, ce qui affligea doublement cette Princesse.

Elogia Regū Polonia.

Aprés la mort du Roy Estiene les Etats de Pologne & de Lituanie estans assemblez à Warsouw ou Varsouie, arresterent que l'élection se feroit au méme lieu le 30. Iuin de l'an 1587. où les Nobles se trouuerent tous en armes, & entre autres Iean Zamosky de Zamosczye, Palatin de Belz ou Belzki, grand Chancelier du Royaume, fidele seruiteur du feu Roy Estiene, qui auoit quelque querelle auec ceux de la Maison de Sboroski.

Les premiers competiteurs de cette Couronne estoient Ernest, Mathias & Maximilien Archiducs d'Austriche, freres de l'Empereur Rodolfe, qui estoient recommandez par le Pape Sixte V. l'Empereur Rodolfe, le Roy d'Espagne Philippe II. & plusieurs autres Princes, lesquels estoient portez par beaucoup de Seigneurs Polonnois, & notamment par ceux qui estoient de la Maison & de la faction de Sboroski.

Sigismond fils de Iean Roy de Suede, neueu d'Anne Reine de Pologne veuue d'Estiene Bathory, demandoit d'estre preferé aux Princes de la Maison d'Austriche, & à tous les autres competiteurs, estant le fils de Caterine Iagellon ou de Pologne Reine de Suede la fille du Roy Sigismond I. Anne Iagellon sa tante le recommandoit à tous les Electeurs, leur remonstrant que ce ieune Prince deuoit succeder à son ayeul maternel le grand Sigismond, duquel la memoire est en veneration parmy les Polonnois & les Lituaniens, & qu'il estoit issu par sa mere des Rois de Pologne de la Maison des Iagellons, qui auoient regné auec tant d'honneur & de gloire prés de deux cens ans ; que Caterine seule des filles du sage Sigismond auoit laissé des enfans, & ce seul fils vnique capable de succeder, tant pour son extraction tres-illustre, que pour sa vertu & son merite. Cette Reine veuue employa tout son credit & son esprit,

E ij

afin que Sigifmond Prince de Suede fut élen, tant pour l'affection qu'elle portoit à ce sien neueu, que pour l'apprehenfion qu'elle auoit des Princes de la Maifon d'Auftriche, n'eftant pas fatisfaite de Philippe II. Roy d'Efpagne, qui ne luy auoit pas donné les reuenus du Duché de Bary, & d'autres belles terres qui luy appartenoient en la Poüille au territoire d'Ottrante & au Royaume de Naples, comme heritiere de fa mere la Reine de Pologne Bonne Sforce, mais feulement vne penfion fur la ville de Foggia : c'eft pourquoy elle auoit vn grand procés, & le Prince Sigifmond de Suede fils de fa fœur auec l'Efpagnol.

Le troifiéme des competiteurs eftoit Theodore Duc de Mofcouie, qui pour emporter le Diadéme Polaque fur Sigifmond Infant de Suede, & les Archiducs d'Auftriche, promettoit de reduire fous la Couronne de Pologne tout le païs de Mofcouie iufques à la mer Cafpie, ce qui luy fit trouuer quelques partizans.

Vn certain Piafte & autres fuiets du Royaume furent auffi mis en auant, & Sigifmond Bathory Prince de Tranfiluanie neueu du Roy Eftiene, & ce grand Capitaine Alexandre Farnefe Duc de Parme.

Les brigues furent fort grandes, & la Nobleffe ayant oüy les raifons des vns & des autres, demeura fort diuifée iufques au mois d'Aouft, qu'vne partie des Electeurs partizans de la Reine Anne, auec lefquels Iean Zamosky & la plufpart des Euéques s'accorderent, éleurent fon neueu Sigifmond de Wafa Prince de Suede, & les autres éleurent Maximilien Archiduc d'Auftriche.

Anne enuoye querir au pluftoft Sigifmond de Suede, ieune Prince âgé de 21. an, qui vint en hafte par Danzick en Pologne. Maximilien de fon cofté affemble en diligence vne armée, & affiege la ville de Varfouie, dans laquelle eftoit le Chancelier Zamosky pour Sigifmond Prince de Suede, & la defendant comme Chef & Capitaine general de Pologne. Enfin Maximilien fut défait, & perdit beaucoup de gens & d'artillerie, tellement qu'il fut contraint de fe retirer vers les frontieres de Silefie pour fe fortifier. Cependant Sigifmond eftant appellé par le victorieux Zamosky, fut couronné Roy de Pologne dans l'Eglise de Cracouie le 27. de Decembre de l'an 1587. & fut nommé Sigismond I I I. au grand contentement de nostre Heroine la Reine Anne sa tante, & des Polonnois ses partizans, voyans que ce Prince Suedois nouueau Roy de Pologne parloit parfaitement bien Polonnois, comme ils reconneurent par la belle réponse qu'il fit à la harangue de Laurens Goslicky Euéque de Posna, Prelat tres-sçauant & tres-sage. Sigismond le lendemain de son couronnement fit prester le serment de fidelité aux Palatins & aux Nobles.

L'Archiduc Maximilien s'estant retiré en Silesie, aprés auoir esté batu & n'auoir peu assieger Cracouie, ville capitale de Pologne, où le Roy Sigismond I I I. auoit esté couronné, voulut retourner en Pologne pour y défaire le Chancelier Zamosky, & les autres seruiteurs de Sigismond, mais il ne fut pas plus heureux, car aprés auoir eu du bon en vn combat prés de la frontiere de Silesie, le Chancelier suruenant le défit derechef, & l'obligea de se retirer auec les siens dans Vitzen ou Bischingen, place trop foible pour soustenir vn siege, de sorte qu'il fut contraint de se rendre à la discretion du Chancelier de Pologne, lequel le receut fort honorablement, témoigna qu'il estoit marry de sa disgrace, & le fit mener en son logis & traiter en Prince.

Sigismond ayant appris cette nouuelle, se monstra aussi sage & retenu que son Chancelier, car il ne fit pas paroistre aucun signe de ioye, mais plustost de compassion, quand il sceut que cet Archiduc qui luy vouloit oster la Couronne de Pologne estoit prisonnier, il ne voulut pas que l'on en fit des feux de ioye dans Cracouie, mais seulement que l'on rendit des actions de graces au Roy des Rois, de luy auoir donné la victoire sur ses ennemis. La Reine Anne Iagellon tante de Sigismond & Anne de Suede sa sœur arriuerent dans Cracouie, pour se conioüir auec ce nouueau Monarque des Polonois de son couronnement & de ses heureux succés, à méme temps que l'on luy apporta la nouuelle de la prise de Maximilien : c'est pourquoy desirant

E iij

monftrer qu'il n'eftoit point refioüy du malheur & de l'efclandre arriué à fon aduerfaire, il témoigna que les ioyes publiques que l'on fit dans cette ville capitale de Pologne, eftoient pour l'arriuée de ces deux Princeffes Anne Iagellon fa tante, & Anne de Wafe ou Wafa Infante de Suede fa fœur, & non pas pour la captiuité de Maximilien : auffi il defendit au Chancelier de le mener comme en triomphe dans Cracouie, mais il luy commanda de le faire conduire dans le chafteau de Kranffuiftow dans la Ruffie proche de Lublin, vne des dernieres villes de la grande Pologne, pour y eftre bien gardé & bien traité, où fa Maiefté, la Reine veuue Anne Iagellon fa tante, & le Chancelier le furent vifiter en Carefme.

 Tandis que le Roy de Pologne Sigifmond III. & la Reine Anne fa tante tafchent à bien traiter cet Archiduc leur ennemy, tous les Princes de la Maifon d'Auftriche ne penfent ny ne meditent qu'à faire vne cruelle guerre en Pologne au nouueau Roy Sigifmond & à Anne fa tante la veuue du Roy Eftiene. Cette guerre euft efté de longue durée fi Sixte V. qui auoit fauorifé Maximilien d'Auftriche n'euft enuoyé le Cardinal Hypolite Aldobrandin fon Legat en Pologne, pour pacifier le different de Sigifmond & de la Reine Anne Iagellon auec l'Empereur Rodolfe, & les Princes de la Maifon d'Auftriche : ce que ce fage Legat, digne d'vne telle Legation & Ambaffade executa heureufement, ayant procuré la liberté de Maximilien & fait époufer à Sigifmond III. Roy de Pologne Anne d'Auftriche fille aifnée de l'Archiduc Charles, comme nous allons voir en l'Eloge fuiuant.

Aldobrandin, d'azur, à la bande breteffée à double d'or, accompagnée ou accoftée de 6. eftoiles à 8. pointes de méme, 3. en chef & 3. en pointe.

 L'on ne fçauroit exprimer auec des paroles le contentement & la ioye qu'Anne Iagellon Reine de Pologne receut quand elle vid ce different pacifié par ce Legat (qui a efté depuis le bon Pape Clement) lequel ne voulut point fortir de Pologne qu'il n'euft bien inftruit és myfteres de la foy Catholique le Roy Sigifmond, qui dés fes premieres années auoit efté éleué en la vraye creäce de l'Eglife par fa mere Caterine Iagellon Reine de Suede fœur d'Anne; ce qui combla de confolation cette bonne Princeffe, laquelle eut ce contentement deuant que mourir, de voir que Dieu auoit beny le mariage de son neueu Sigismond Roy de Pologne & de Suede, & qu'il estoit l'vn des plus zelez defenseurs & protecteurs de la Religion Catholique.

La Reine Anne ioüissant de ces contentemens & felicitez, mourut Chrestiennement à Varsouie l'an 1596. estant âgée de 70. ans, & la derniere des Princesses de la race des Iagellons, laissant de grâds tresors & richesses, qu'elle legua par son testament à Sigismond Roy de Pologne & de Suede, & à Anne de Wasa Infante de Suede, les enfans de sa sœur Caterine, auec tous les droits qu'elle auoit au Duché de Bary & autres terres du Royaume de Naples. Son decés arriua peu de temps auparauant que Sigismond Roy de Pologne alla en Suede pour reprimer l'insolence & la reuolte des Suedois rebelles. Le corps de la Reine Anne Iagellon fut porté de Varsouie à Cracouie au commencement du mois de Nouembre 1596. & là inhumé honorablement prés de celuy du Roy Estiene son mary, où le Roy Sigismond III. & la Reine Anne d'Austriche luy firent rendre les derniers deuoirs par de belles pompes funebres.

Thuanus.

Anne Iagellon Reine de Pologne meritoit que le Roy Sigismond III. son neueu luy rendist les derniers deuoirs auec des magnificences Royales, puis qu'elle estant encore Infante de Pologne, auoit pris le soin de rendre les mémes deuoirs au Roy Sigismond Auguste son frere, esquels elle assista en habit de deüil, aprés auoir esté conduite à l'Eglise de Cracouie par le Nonce du Pape & l'Ambassadeur de Venise, estant suiuie & accompagnée des Nobles, des Senateurs & des Dames, comme l'on peut voir au long au Liure LVII. de l'Histoire de Monsieur de Thou.

ANNE D'AVSTRICHE REINE DE POLOGNE, & de Suede.

Pologne blasoné en l'Eloge precedent. Suede, d'azur à trois couronnes d'or 2. 1.

Gusman, in vita Margu. Austriaca.

CHARLES d'Austriche Archiduc de Grats Duc de Carniole, de Stirie, & de Carinthie eu de Marie de Bauiere sa femme, plusieurs belles & sages Princesses qui ont esté mariées à des Rois & Princes souuerains, dont l'aisnée nommée Anne au baptesme nâquit à Grats le 15. d'Aoust feste de l'Assomption de la Vierge de l'an 1573. L'Archiduchesse Marie sa mere, laquelle comme nous ferons voir en sa Vie, a esté vne tres-deuote Dame, la nourrit & éleua comme toutes ses autres filles en la crainte du Roy des Rois : de sorte que tout le cours de sa vie elle a esté vn miroir & exemplaire de la perfection Chrestienne.

Ce ne fut pas vn petit bon-heur à Anne d'Austriche, fille aisnée de Marie de Bauiere & de Charles Archiduc de Grats, d'estre éleuée par vne mere qui estoit la Vertu & la Pieté méme, & dont la Cour & le Palais estoit plustost vn Monastere bien reglé & vne Maison de Religion tres-reformée, que non pas vn Hostel de Princes & de Princesses, où Anne viuoit auec ses autres sœurs comme des Anges sur la terre, ainsi que ie feray voir en l'Eloge ou Vie de l'Archiduchesse Marie sa mere, qui leur donna pour Gouuernante vne Dame tres-illustre & vertueuse, nommée Argicie Pelin, qui meritoit bien qu'on luy confiast de si riches perles & marguerites que la ieune Anne d'Austriche & ses sœurs, & leur mere l'Archiduchesse Marie de Bauiere y auoit vne grande fiance : & quand son Altesse estoit absente, elle s'en reposoit sur cette Dame deuote & prudente. Anne Reine de Pologne apprit à cette bonne école (la vraye Academie d'hon-

DES DAMES ILLVSTRES. 41

d'honneur & de la vraye & solide pieté) à donner à disner à neuf pauures, en reuerence des neuf Festes de la Vierge, & en seruir douze tous les Lundis, à iesuner, à prier, à visiter les malades, à consoler les affligez, à secourir les mandians & les pauures, ainsi que nos Rois Louis le Debonnaire, Robert & Louis IX. les Isabelles de Hongrie & de Portugal, & affina sa charité en cette boutique, comme les Polonnois, les Suedois & les Lituaniens l'ont veuë: car la Reine de Pologne & de Suede Anne d'Austriche estoit tres-affectionnée à toutes les choses diuines & spirituelles, & à communiquer & traiter auec Dieu, auquel elle mettoit son espoir & sa confiance à l'exemple de sa bonne mere. Suiuant les traces de cette pieuse Princesse elle oioit tous les iours deux Messes, se confessoit vne fois la semaine, honoroit les Religieux de diuers Ordres generalement, & particulierement les Meres Cordelieres Reformées & les Peres Iesuites, par lesquels elle auoit esté instruite aux exercices de deuotion & de pieté. Iamais pauure ne s'en alloit de sa presence sans receuoir quelque secours en sa necessité. Ses plus ordinaires visites estoient les Hospitaux, où premierement elle consoloit les malades par ses discours, puis leur donnoit l'aumosne; bref tout ce qu'on luy proposoit pour la plus grande gloire de Dieu, au profit spirituel ou corporel du prochain, elle l'écoutoit volontiers & l'executoit auec efficace, & pour ses Roiales vertus elle estoit cherie & aimée de Dieu & des hommes.

Le Cardinal Aldobrandin, lequel depuis estant éleué au souuerain Pontificat, prit le nom de Clement VIII. estant Legat de Sixte V. en Pologne, n'eut pas si tost appaisé le grand differend qui estoit entre Sigismond de Wasa Prince de Suede & Duc de Finland, & l'Archiduc Maximilien d'Austriche frere de l'Empereur Rodolfe II. qui auoient esté tous deux élus Rois de Pologne après le decés d'Estiene Bathori, qu'il proietta pour le bien du Christianisme, & pour establir vne paix ferme entre les Polonnois & la Maison d'Austriche, de faire épouser cette sage & vertueuse Archiduchesse Anne d'Austriche au Prince Sigismond Roy de Pologne & de Suede III. du nom, lequel

Wasa, tiercé en bande, d'azur, d'argent, & de gueules, à vne botte de Roseaux d'or en pal sur le tout, & non pas vne gerbe de

F

par sa prudence il auoit heureusement confirmé en la Religion Catholique Apostolique & Romaine, qu'il auoit embrassée dés ses plus iunes ans par le moyen de la Reine de Suede Caterine Iagellon sa mere, Princesse tres-vertueuse & tres-deuote.

bled & de seigle, selon l'opinió de plusieurs.
Finland, d'azur, à vn Lion d'or.
Gusman.

Cette ieune Archiduchesse Anne d'Austriche, ayant sceu qu'elle deuoit épouser le Roy de Pologne Sigismond III. elle se porta à ce mariage, plus pour obeïr à sa mere que par inclination qu'elle y eust pour le peu d'heur que deux de ses tantes, c'estoient les sœurs de l'Archiduc Charles son pere les Archiduchesses Elizabet & Caterine d'Austriche, auoient eu en ce Royaume là: y estans mariées au Roy Sigismond Auguste oncle maternel du Roy Sigismond III. Neantmoins cette prudente Princesse dissimula tellement son dégoust, qu'elle fit paroistre tout le contraire à ses noces, qui furent celebrées le dernier iour de May l'année 1592. Sa mere pour l'encourager & honorer l'accompagna en Pologne, la mit és mains de son mary, & demeura quelques mois auec eux: pendant lesquels elle gagna si bien la volonté de son gendre, qu'il ne faisoit plus rien en son Royaume, tant pour le gouuernement de Pologne que pour celuy de Lituanie sans son auis, & qu'il portoit vne affection vraiment sincere à la Reine son épouse, sa fille, de laquelle il eut trois filles & deux fils, le braue Vladislas-Sigismond, à present heureusemét regnant en Pologne, Prince dont la pieté celebrée par la docte & pieuse plume du grand & sçauant Cardinal Bellarmin, & la generosité par tous ceux qui sçauent ses hauts faits d'armes contre l'ennemy capital du nom Chrestien, & les vsurpateurs de la Couronne de Suede hereditaire à sa Maison, nous fait leuer les mains vers le Ciel pour sa prosperité, afin qu'il soit la terreur des Infideles. Ce sont ces vertus qui l'ont fait cherir & aimer des Polonois & des Lituaniens qui l'ont éleu & designé successeur du Roy Sigismond III. dés le viuant de ce Prince là.

E. Meteren.

Car bien que parmy la nation Polaque, aussi libre que fiere, & aussi courageuse que prompte, les Rois soient électifs, la succession n'ayant point de lieu en cette Couronne-

DES DAMES ILLVSTRES. 43

là; si est-ce neantmoins que quand le fils par ses vertueux deportemens & valeureuses actions se rend digne, par l'approbation des Ordres, de porter le Sceptre, ils l'élisent ordinairement pour monter au trosne de son pere, comme nous le voyons auiourd'huy en ce vaillant Monarque Vladislas-Sigismond, qui a succedé au Roy Sigismond III. dit le Pieux, mort le 15. d'Auril 1632.

Cette bonne Reine de Pologne Anne d'Austriche n'estât âgée que de 25. ans, deceda le 2. de Feurier Feste de la Purification de la Vierge, l'an 1598. és couches de son second fils, qui ne vêquit qu'vne heure, & fut nommé Christofle au Baptéme, comme remarque Iaques Auguste de Thou, President en la Cour de Parlement de Paris, au v. Tome de l'Histoire de son temps. Iaques de Gusman grand Aumosnier de la feuë Reine d'Espagne Marguerite d'Austriche, digne mere de nostre Reine tres-Chrestiéne Anne Marie Maurice d'Espagne (que Dieu conserue auec ses enfans, le Roy & Monsieur) nous apprend en la Vie de la susnommée Marguerite Reine des Espagnes & des Indes, que le iour qu'Anne d'Austriche Reine de Pologne, & sœur aisnée de Marguerite, quitta sa Couronne de la terre pour iouïr de l'eternelle dans le Ciel, elle auoit resolu d'assister au disner de ses douze pauures, qu'elle ne pouuoit pas seruir à cause de sa maladie, comme elle faisoit tous les Lundis à l'imitation de sa mere. Il dit aussi qu'elle estoit preste d'accoucher quand elle mourut, & que l'on tira son enfant vif qui fut baptizé, & ayant eu l'asseurance de son salut elle trépassa plus contente & satisfaite, laissant tous ceux qui furent presens à son heure derniere, grandement edifiez de sa constance, de sa pieté & de ses autres vertus qu'elle fit paroistre à son issuë de ce monde.

Ce grand Pape Clement VIII. auoit si bonne opinion de la sainteté de cette Princesse, qu'il dit à Ferrare en presence de quelques Cardinaux, à l'Archiduchesse sa mere (lors *Gusman.* qu'elle mena en Espagne sa fille Marguerite au Roy Philippe III.) qu'il pouuoit la canonizer.

Le R. P. Fabien Quadrantin Iesuite, a écrit la Vie de cette Reine de Pologne Anne d'Austriche, laquelle i'espe-

Conopaskij, d'argét, à vn mur crenelé de trois pieces & deux demies, de gueules, maſſonné d'or.

rois recouurer par le moyen de Iean Charles Comte de Conopaskij & Abbé de Tinez, qui m'auoit promis de me l'enuoyer de Pologne quand il eſtoit en cette ville, après le depart du Prince Cazimir; mais le decés de ce digne Prelat (car il eſtoit nommé Euéque de Warmie quand il eſt mort) m'a empéché d'en faire part au public.

Sigiſmond III. Roy de Pologne & de Suede Prince de la Maiſon de Waſa ou de Suede, eſtant veuf d'Anne d'Auſtriche ſa premiere femme, a porté la mort de cette pieuſe Princeſſe auec beaucoup d'affliction & de douleur, & n'a point voulu ſe remarier qu'auec vne de ſes ſœurs, ſçauoir Conſtance d'Auſtriche qu'il épouſa l'an 1605. dans la grande Egliſe de Cracouie, en preſence de Bernard Maczieiouuſki Cardinal Euéque de Cracouie, de Marie de Bauiere, de l'Archiduc Maximilien, de pluſieurs Seigneurs d'Alemagne & de Pologne, après la diſpenſe obtenuë du S. Siege. Il a eu cinq enfans d'Anne d'Auſtriche ſa premiere femme, deux fils & trois filles.

L'aiſné des fils Vladiſlas Sigiſmond à preſent Roy de Pologne, Prince magnanime, liberal & de grand cœur, nâquit à Cracouie l'an 1595. Il a eſté en la méme ville couronné Roy de Pologne le 6. Feurier 1633. & a épouſé l'an 1637. ſa couſine germaine Cecile Renée fille de l'Empereur Ferdinand II. & ſœur de l'Empereur Ferdinand Erneſt, de laquelle il a vn fils le Prince Sigiſmond Cazimir né le 1. d'Auril 1640. Cette Reine, de laquelle ie feray l'Eloge en ce Liure, eſt morte le 24. de Mars de cette année 1644. és couches de ſa ſeconde fille.

Chriſtofle le ſecond fils né l'an 1598. comme i'ay dit cy-deſſus, ne véquit qu'vne heure.

L'aiſnée des filles Anne Marie née à Warſau ou Varſauie l'an 1593. morte l'année 1600.

Caterine née à Stokolm ville capitale de Suede l'an 1594. decedée la méme année, & enterrée à Cracouie.

Et vne autre Caterine née à Varſouie le 2. de Septembre 1596. mourut l'an 1597.

Sigiſmond Roy de Pologne & de Suede a eu ſept enfans, cinq fils & deux filles de Conſtance d'Auſtriche ſa ſeconde femme, qu'il épousa aprés auoir obtenu la difpenfe de Paul V. & eft decedée peu aprés luy.

A fçauoir Iean Cazimir né à Cracouie l'an 1607. qui mourut l'année fuiuante.

Iean Cazimir Infant de Pologne né le 22. de Mars de l'an 1609. Prince pieux, fçauant & debonnaire, qui a voyagé par diuerfes Prouinces de l'Europe, ayant efté 21. mois prifonnier en France. Le Roy de Pologne fon frere enuoya Chriftofle Coruin Gofiewsky Palatin de Smolensko Ambaffadeur extraordinaire en ce Royaume, pour demander la liberté de ce Prince au feu Roy Louis le Iufte; ce qu'il obtint de fa Maiefté peu de iours aprés eftre arriué à Paris le 2. de Feurier 1640. Ce Prince Cazimir a quitté les honneurs & les plaifirs de la terre pour profeffer la vie Religieufe dans la Compagnie de Iesvs. Ce qui a obligé le Roy de Pologne d'écrire non feulement à ce Prince Cazimir, mais auffi au Pape Vrbain VIII. pour demander à fa Sainteté la difpenfe du vœu de Religion fait par ce Prince fon frere, qu'il defire marier à quelque grande Princeffe pour affermir fa Maifon par vne tres-illuftre alliance.

Iean Albert auffi Prince de Pologne & Adminiftrateur de l'Euéché de Warmie, depuis Cardinal Euéque de Cracouie Prince d'efprit, mais foible de corps, mourut à Padouë en fon voyage d'Italie. Il auoit efté promeu au Cardinalat le 20. Decembre 1632. par le Pape Vrbain VIII. qui luy enuoya fon Chapeau par le fieur Bentiuole neueu du Cardinal Bentiuole.

Ferdinand Charles né à Varfauie ou Warfouie l'an 1613. fait Euéque de Breflaw en Silefie dés l'an 1625. & de Plock ou Ploczko en Maffouie. Abraham Bzouius Polonois Theologien de l'Ordre de S. Dominique, & qui a continué les Annales du Cardinal Baronio, a dedié à ce Prince & à fon frere Iean Albert la vie du Pape Sylueftre II. le premier de nos François qui a efté éleu Vicaire de Dieu en terre, lequel eft loüé par les fçauans, & blâmé des feuls ignorans.

Alexandre Charles Prince bien-fait de corps, nâquit à Varfauie l'an 1614. & mourut en Pologne âgé d'enuiron 20. ans.

46 VIES OV ELOGES

Les filles furent ces deux Princesses Anne Constance née à Varsauie ou Varsouie l'an 1616. qui mourut la méme année: la seconde Anne Caterine qui vid la lumiere du iour le 7. d'Aoust de l'an 1619. à Varsauie: nos François qui ont voyagé en Pologne, & tous ceux qui ont eu l'honneur de voir cette Infante de Pologne, sçauent qu'elle est vne Princesse agreable, prudente, & qui parle outre la langue Polonoise, l'Alemande, l'Italienne, & la Latine. Elle a esté promise dés l'an 1637. au ieune Archiduc de Tirol fils aisné de Leopold defunt, bien qu'il n'ait que 14. ou 15. ans. L'Archiduchesse d'Inspruk, Claude de Medicis ou de Toscane, a pressé fort l'accomplissement de ce mariage: neantmoins cette Infante Polonnoise a épousé le Comte Palatin de Neubourg Prince de la Maison de Bauiere.

ANNE DE FRANCE
DVCHESSE DE BOVRBONNOIS & d'Auuergne.

Cette Princesse portoit de Bourbon, d'azur, à trois fleurs de Lis d'or 2. 1. à la bande de gueules brochant sur le tout: party de France, d'azur à trois fleurs de Lis d'or.

ANNE de France estoit la fille aisnée du Roy Louis XI. & de la Reine Charlote de Sauoye sa femme. Elle nâquit à Genepe au Païs-bas, lors que son pere estoit encore Daufin, & depuis qu'il fut paruenu à la Couronne elle fut nourrie & éleuée par la Reine sa mere, bonne & vertueuse Princesse, au chasteau d'Amboise. Estant grandelette le Roy son pere la fiança à Nicolas d'Aniou Duc de Calabre & de Lorraine, Marquis du Pont, fils de Iean d'Aniou Duc de Calabre & de Lorraine, Comte de Geronde & de Ceruieres, & de Marie de Bourbon sa femme, petit fils de René Roy de Hierusalem, de l'vne & de l'autre Sicile, & d'Aragon: mais ce mariage ne sortit pas son effet. Nicolas d'Aniou estant mort de peste, & ayant méme donné parole à Charles dernier Duc de Bourgongne d'épouser sa fille Marie, qui estoit le plus riche party de l'Europe, au grand mécontentemét de Louis, lequel indigné de cet affront, maria Anne sa fille à Pierre de Bourbon Seigneur de Beauieu l'an 1473. qui fut la méme année que mourut le Marquis du Pont à Mousson, auquel elle auoit esté promise.

La raison principale pour laquelle Louis Prince sage & auisé, maria Anne de France sa fille aisnée à Pierre de Bourbon, frere puisné de Iean II. Duc de Bourbonnois, Connestable & grand Chambrier de France, & de Charles Cardinal de Bourbon Archeuéque de Lyon, estoit que le Duc Iean de Bourbon son aisné qui estoit marié depuis 20. ans n'auoit point d'enfans, & estoit hors d'esperance d'en auoir, & que le second qui estoit Cardinal s'estant dedié au seruice des Autels, pourroit quitter les droits qu'il auoit sur les Duchez d'Auuergne & de Bourbonnois, & Comté de Forests, si le Duc Iean son aisné venoit à deceder; ce qui aduint, comme ie vous feray voir en cet Eloge de nostre illustre Heroine Anne de France, à laquelle le Roy son pere (pour luy montrer l'affection qu'il luy portoit) fit don du Comté de Gien, & de la Seigneurie & Vicomté de Chastelleraud, qui est maintenant Duché & Pairie.

Histoire de Louis XI.

Les freres sainte Martho.

Le Roy Louis XI. estant au lit de la mort, fit paroistre l'estime qu'il faisoit de cette prudente Princesse sa fille aisnée, à laquelle il donna la charge de la nourriture & du gouuernement de son Daufin & successeur le Roy Charles VIII. qui estoit en effet luy mettre en main la Regence & le gouuernement de l'Estat pendant la minorité de son fils, & il luy donna pour adioint le Seigneur de Beauieu son mary, preferant cette Princesse Anne à la Reine Charlote de Sauoye sa femme & mere d'Anne, & mesme fit expresse defense à Charlote d'approcher le Roy Charles son fils.

Comminée. Mathieu. Belcarius.

Louis decedé au chasteau du Plessis lés Tours le 30. Aoust 1483. Anne Dame de Beauieu, & Pierre de Bourbon son mary prennent le timon du gouuernement du Royaume, & font sacrer le petit Roy Charles à Reims, quoy que Louis Duc d'Orleans premier Prince du Sang, Iean Duc de

Bourbon, Charles Comte d'Angoulesme, René Duc d'Alençon, tous Princes de la Maison de France, liguez auec le Comte de Dunois & plusieurs Seigneurs du Royaume, ausquels se ioignit le Duc de Bretagne, leur fussent grandement contraires. Mais cette Princesse accorte & d'vn grand entendement, sceut dextrement dissiper toutes les entreprises des Princes & des Seigneurs qui s'opposerent à leur Regence. Car les Estats generaux du Royaume conuoquez à Tours ayans ordonné: *qu'il n'y auroit point de Regent en France: qu'Anne auroit le gouuernement de la personne de Charles, suiuant la volonté du Roy Louis XI. son pere: Que le Conseil d'Estat seroit composé de douze personnages signalez en extraction, vertu & capacité, par l'auis desquels sous le nom & l'authorité du Roy, les affaires du Royaume seroient conduites.* Anne prend le bon bout de son costé, rompt au commencement les desseins des mécontens par le Traité de Baugency: lesquels s'estás reünis & ralliez par les menées du Comte de Dunois, elle fit donner vn Arrest par la Cour de Parlement, contre les Ducs d'Orleans & de Bretagne, & leurs associez, ausquels le Roy Charles fit vne forte guerre qui fut la ruine des mécontens & liguez. Car ils furent souuent défaits: & l'armée Royale conduite par ce fidele seruiteur de nos Rois le Cheualier sans reproche, Louis de la Trimouille Vicomte de Thoüars, prit sur eux plusieurs places, & défit leur armée à la iournée de S. Aubin: en laquelle furent pris prisonniers le Duc d'Orleans & le Prince d'Orenge, ausquels depuis le Roy Charles qui estoit plein de generosité, donna la liberté à la priere de leurs femmes, Princesses de singuliere recommandation, tant pour leur extraction que pour leur vertu: celle du Duc d'Orleans estant sœur du Roy Charles & de nostre Anne de France; & celle du Prince d'Orenge sœur de Iean Duc de Bourbon & de Pierre Seigneur de Beauieu mary d'Anne.

Deuant que ces grands differens fussent assoupis & terminez, Iean Duc de Bourbonnois estant mort en son chasteau de Moulins le premier d'Auril de l'an 1487. ou selon l'autre supputation 1488. sans laisser des enfans legitimes, quoy qu'il eût esté marié trois fois: Charles Cardinal de Bour-

DES DAMES ILLVSTRES. 49

Bourbon estant l'aisné de la Maison aprés luy, à la persuasion de ses seruiteurs, pretendit que cette grande succession des Duchez de Bourbonnois, d'Auuergne, Comtez de Forests, de l'Isle Iourdain, & autres Seigneuries, luy appartenoit au moins pour la meilleure part. Mais Anne de France par sa prudence & accortise donna ordre, que cette belle & ample succession n'auint à autre qu'à Pierre de Bourbon son mary, combien que frere puisné de Charles, & se saisit des principales places: puis estant à Moulins elle enuoya vers le Cardinal son beau-frere pour faire accord auec luy, lequel estant doüé d'vne grande bonté (marque de tous les Princes de la Royale Maison de Bourbon) se contenta de la Seigneurie de Beauiolois sa vie durant.

Anne de France de Dame de Beauieu estant deuenuë Duchesse de Bourbon & d'Auuergne, & recueilly cette riche succession, elle reuint à la Cour du Roy Charles son frere, auprés duquel elle fut en credit & faueur. Ce grand Monarque faisant son voyage d'Italie l'an 1494. laissa son mary Pierre Duc de Bourbon son Lieutenant general, representant sa personne par tout son Royaume, auec vn fort ample pouuoir. Ce Prince qui a tousiours fidelement seruy nos Rois, deceda au chasteau de Moulins le 10. Octobre l'an 1503. au grand regret d'Anne de France sa femme, laquelle eut de ce Duc deux enfans, vn fils & vne fille. Le fils fut Charles de Bourbon Comte de Clermont qui mourut en ieunesse, & la fille Suzanne fut mariée à Charles de Bourbon Comte de Montpensier, qui fut Duc de Bourbonnois & d'Auuergne à cause d'elle. *Histoire de France.*

Pierre II. du nom Duc de Bourbonnois & d'Auuergne, Comte de Clermont, de Forests, de Gien, & de la Marche, Vicomte de Carlart & de Murat, Seigneur de Beauioulois, d'Annonay & de Bourbon Lanceys, Pair & Chambrier de France, Lieutenant general & Gouuerneur pour le Roy au Païs de Languedoc, estant allé reposer au tombeau, fut fort regreté par tous ses suiets, tant les Ecclesiastiques que les Nobles, & le peuple de ces Prouinces-là. Certes on pouuoit dire de la Cour de ce Duc Pierre de

G

Bourbon & d'Anne de France sa femme, que c'estoit vn Temple où l'on ne sacrifioit qu'à la Vertu & à l'Honesteté: iamais la Pieté n'y auoit veu tant d'autels chargez d'encens, & la Iustice qui regne par interualles dans les Prouinces, y estoit assise dans le méme throsne d'iuoire, qu'elle auoit lors qu'elle s'enuola dans le Ciel. Sans mentir durant leur gouuernement tousiours fleurissant, Moulins, Clermont & les autres villes des Païs & Prouinces susnommées, pouuoient estre appellées de nouueaux Paradis terrestres, puisque le vice en estoit le seul fruict defendu.

Ie ne veux point icy representer les perfections de Pierre II. Duc de Bourbonnois & d'Auuergne, sa bonté enuers ceux du tiers estat, ses caresses & ses courtoisies enuers sa Noblesse, son respect aux Ecclesiastiques, ses aumosnes vers les pauures, ses liberalitez aux Eglises, sa magnificence en ses chasteaux & en ses maisons, (comme l'on voit encore à Creil sur Oise & à Moulins, & aussi à la Royale Maison de Fontaine-bleau; sur tout sa grãde deuotion & sa foy viue vers le tres-saint & tres-auguste sacrement de l'Autel, ayant obtenu long-temps deuant son trepas ce beau & rare priuilege du Pape, d'auoir & tenir en repos en quelque lieu qu'il fit sa residence le corps de nostre Seigneur qu'il honoroit auec vne si grande humilité, deuotion & reuerence, qu'il n'a iamais passé iour sans l'auoir esté adorer par deux diuerses fois, s'il n'estoit incommodé de quelque grande maladie; puis que dans l'Eloge de Messieurs de sainte Marthe, au Liure xv. de l'Histoire Genealogique de la Maison de France; chez François de Belleforest; dans le Ceremonial de France; & en l'Histoire de la Vie de ce bon Prince, elles y sont depeintes au naturel, chacune dans son throsne. Il me suffit de vous ramenteuoir la qualité qu'il portoit d'Epoux de cette Anne de Valois tres-chaste fille de France, pour vous faire connoistre parfaitement la grandeur de son merite: car ayant eu l'honneur de posseder cette Princesse, il pouuoit voir sans vanité au dessous de luy tout ce qui l'estoit sous le Soleil.

Toutefois, quelque grãd que fut son bon-heur & son contentement, son ame qui ne respiroit que l'Eternité, n'ayant

DES DAMES ILLVSTRES. 51

esté creé que pour elle, prend enfin son dernier essor vers le Ciel, afin d'en posseder la gloire; les deuotions, les aumosnes & les prieres qu'il fit durant sa maladie, qui dura depuis le 10. d'Aoust 1503. qu'il tomba malade à Cluny, iusques au 10. d'Octobre de la méme année, qu'il mourut à Moulins, luy en firent ouurir la porte.

Mais comme sa vie auoit seruy d'exemple aux plus sages, sa mort seruit de méme d'instruction aux plus parfaits, faisant vne exacte confession & reueuë de toute sa vie auec larmes & soûpirs au Docteur Iean Copie Religieux Carme, son Confesseur & son Aumosnier; & les actes de contrition qu'il fit receuant le saint Viatique auec vne grande feruer & humilité. De sorte que de cet argument on peut tirer vne consequence necessaire de sa felicité eternelle dont il iouït.

Ce fut dans cette perte où nostre grande Princesse eut besoin de toute sa generosité pour la souffrir constamment, sans se laisser aller aux plaintes & aux murmures. Elle fit paroistre en sa perte l'honneur & le respect qu'elle portoit à ce bon Prince son mary. Ceux qui ont leu le Ceremonial de France publié par le sieur Godefroy, n'ignorent pas que cette fille & sœur de nos Rois s'est tres-dignement acquitée de tous les deuoirs de pieté & d'amour dont elle creut estre obligée, & pour le salut de son ame & les pompes des honneurs funebres: car Iaques de Bigue Escuyer & Valet de Chambre ordinaire des Rois Charles VIII. & Louis XII. qui a décrit exactement l'ordre observé à l'enterrement de Pierre II. Duc de Bourbon, n'a pas oublié de remarquer le grand nombre de Messes qu'Anne de France fit celebrer pour le repos de son ame à Moulins, à Bourbon, à Herisson, à Verneüil, à Monluçon, à Souuigny, & par toutes les Eglises, les Conuents & les Paroisses des Païs & Terres de ce Prince. L'aumosne generale par l'espace de quinze iours à tous les pauures venans au chasteau de Moulins, & les aumosnes secretes pour marier de pauures filles, & autres bonnes œuures, dont l'argent fut mis entre les mains des bons Bourgeois & Bourgeoises de Moulins, pour fidelement s'enquerir des pauuretez & des necessitez

G ij

les plus secretes & les plus cachées : l'aumosne faite à douze mille cinq cens pauures le iour des obseques, & à quatorze & quinze mille le iour du quarentin, outre de grandes aumosnes secretes ordonnées en faueur des pauures femmes, des filles, des Religieux, des Religieuses, & autres pour faire prier Dieu pour le repos de son ame. Les magnifiques honneurs & pompes funebres esquelles assisterent plusieurs Seigneurs de grande naissance & merite, & méme ces cinq Princes de la Maison de France, Charles Duc d'Alençon, Charles de Bourbon Comte de Montpensier, depuis Duc de Bourbonnois & Connestable de France, François de Bourbon son frere depuis Duc de Chastelleraud, Charles de Bourbon Comte depuis premier Duc de Vendosme, & Charles de Bourbon Seigneur de Carency & de Busquoy.

Anne ayant perdu son fils vnique nourrit fort soigneusement sa fille Suzanne, tant du viuant de son mary qu'aprés le decés de ce Prince. Elle la fiança au mois de Feurier l'an 1505. auec Charles de Valois dernier Duc d'Alençon : mais comme dit l'ancien prouerbe François, *tel fiance qui n'épouse pas*. Charles de Bourbon Comte de Montpensier, qui fut depuis Connestable de France, estant plus agreable que le Duc d'Alençon, les promesses de mariage faites auec luy furent rompuës, & aussi pour ne point transporter les biens de la Maison de Bourbon en vne autre famille, & faire cesser les pretensions & le droit qu'auoit le Comte Charles aprés le decés de Louis son aisné (mort à Pouzzol au Royaume de Naples sur le tombeau de Gilbert de Bourbon son pere, marque d'vne vraye pieté filiale recommandable à la posterité) lequel il estoit sur le poinct de poursuiure en Iustice. Suzanne & Charles de Bourbon furent épousez au Parc lés Moulins au mois de May l'an 1505. ayant esté auparauant fiancez à Paris par ce grand Prelat George d'Amboise, aprés la dispense obtenuë, à cause de la parenté qui estoit entre eux. Les solemnitez se firent au grand contentement de la Duchesse Anne, qui aimoit Charles de Bourbon à cause qu'elle estoit sa marraine.

Anne Duchesse Doüairiere de Bourbonnois & d'Auuer-

DES DAMES ILLVSTRES.

gne, ayant marié sa fille Suzanne à ce vaillant & genereux Prince Charles dernier Duc de Bourbon, receut de la ioye voyant sa fille mere de trois beaux ieunes Princes: mais cette ioye fut suiuie d'vne grande tristesse, ces Princes estans decedez dés leur tendre ieunesse, & leur mort fut suiuie de celle de Suzanne Duchesse de Bourbon leur mere sa chere fille vnique, qui mourut de regret & déplaisir, de ce qu'on auoit osté le Gouuernement du Duché de Milan au Duc Charles son mary, au lieu de reconnoistre sa fidelité & ses grands seruices. L'affliction d'Anne de France s'augmenta grandement après le decés de la Duchesse sa fille. Charles son gendre estant veuf de Suzanne, ayāt refusé imprudemment l'alliance de Louise de Sauoye Duchesse d'Angoulesme & d'Aniou, mere du Roy François I. laquelle portant impatiemment cet affront, cōuertit l'amour qu'elle portoit à ce beau & vaillant Prince en vne haine extreme, & par le conseil du Chancelier du Prat sa creature, pretendit (pour ruiner le Duc Charles) le Duché de Bourbonnois après la mort de la Duchesse Suzanne, comme representant sa mere Marguerite de Bourbon premiere femme de Philippe Comte de Baugé en Bresse & depuis Duc de Sauoye. Lors ce pauure Prince mal-auisé fonda sa reuolte sur l'Arrest qui fut donné en faueur de la Duchesse d'Angoulesme. Il n'y a rien qui ébranle tant le courage des Grands, que quand ils décheent des esperances qu'ils tiennent pour certaines.

Belleforest.
Belcarius.

Pasquier en ses recherches.

Toutes ces disgraces & aduersitez affligerent tellement cette grande Princesse Anne de France, qui en la fleur de ses ans auoit gouuerné toute la France, & auoit commandé absolument comme Regente & sœur bien-aimée d'vn grand Roy, & qui estoit la mesme generosité, estant de la liberale Maison de Valois, la branche directe de laquelle faillit à Charles VIII. son frere, qu'elle en conceut vn tel regret qu'il la mena au tombeau le 14. Nouembre 1522. estant au chasteau de Chantelle, & non pas à Chastelleraud en Poictou, comme aucuns écriuent. Anne par son testament laissa le Duc Charles son gendre, qu'elle appelloit son fils son heritier vniuersel, & éleut sa sepulture prés le Duc Pierre son mary au Prieuré de Souuigny en Bourbonnois, qui est vne des filles de l'Abbaye de Cluny, & où sont inhumez plusieurs Princes & Princesses de la Royale Maison de Bourbon, & son cœur à Nostre-Dame de Moulins.

Histoire du Prieuré de Soussigny.

Cette genereuse Princesse durant sa vie donna plusieurs marques de sa pieté & liberalité enuers diuerses Eglises & Monasteres. Celuy des filles de sainte Claire de sa ville & Comté de Gien fut basty & orné de ses aumosnes. Elle fonda aux fauxbourgs de la méme ville vn Conuent de nostre Ordre des Minimes en l'honneur de la tres-sainte Trinité, & en reconnoissance qu'elle auoit obtenu lignée par les prieres & oraisons de nostre Pere & grand oncle S. François Martotille dit de Paule, que cette vertueuse Dame, fille & sœur de nos Rois, cherit & honora grandement depuis qu'elle l'eut apperceu dans le Parc du chasteau du Plessis lés Tours éleué en terre plus haut d'vne picque, estant rauy en extase, & le montra au Roy Louis XI. son pere. Aprés le decés de ce bien-heureux homme elle écriuit pour sa canonization au Pape Leon X. comme fit aussi le Duc Charles son gendre. Elle fit encore durant sa vie plusieurs pieuses fondations és deuotes Maisons de S. Iulien & de S. Gilles à Moulins, & au Monastere de l'Annonciade de Bourges, que sa sœur la Reine Ieanne Duchesse de Berry, Dame de Chastillon sur Indre en Touraine, & de Chasteau-neuf sur Loire, auoit fondé, & où cette bonne Princesse quittant auec la Royauté toutes les vanitez du monde pour embrasser l'humilité Chrestienne, se consacra entierement à la deuotion & à la pieté, & choisit le meilleur party vacquant continuellement à la meditation, pour converser auec Dieu & auec ses Anges.

Villon & Chapot en la vie de saint François de Paule.

Datichy en l'histoire de l'Ordre des Minimes.

Ex process. Canonis.

Cette tres-vertueuse & tres-prudente Heroine n'est pas seulement loüée par nos Historiens pour sa liberalité enuers les Oratoires & Maisons de deuotion, & ses aumosnes enuers les necessiteux & les pauures; mais aussi pour sa pudicité & chasteté: voicy comme en parle en termes honorables vn Gentil-homme de bonne & ancienne race, Pierre de S. Iulien de la noble Maison de Baleurre, Doyen de Chalon, en son Liure des Antiquitez de Mascon. *La Reine Anne Duchesse de Bretagne, & Madame Anne de France Duchesse*

S. Iulien de gueules à 3. iumelles d'argent.

de Bourbonnois, (cette-là deux fois Reine de France, & cette-cy fille du Roy Louis XI. & Regente en France pendant la minorité du Roy Charles VIII. son frere) auoient si vertueusement extirpé l'impudicité, & planté l'honneur au cœur des Dames, Damoiselles, femmes de villes, & toutes autres sortes de femmes Françoises, que celles qu'on pouuoit sçauoir auoir offensé leur honneur, estoient si ahonties & mises hors des rangs, que les femmes de bien eussent pensé faire tort à leur reputation si elles les eussent souffertes en leur compagnie.

Cette tres-chaste Princesse Anne de France Duchesse de Bourbonnois, & la Reine Anne de Bretagne sont dignes de toute loüange, pour auoir durant leur vie par leur bon exemple, leur credit & authorité, banny & exterminé non seulement de la Cour, mais de toute la France la paillardise & la lubricité, qui est vn venin, lequel perd les hommes, les villes & les Etats, comme disoit fort bien Ieanne d'Arc, dite la Pucelle d'Orleans, au Roy Charles VII. On deuroit releguer d'vn exil perpetuel cette lasciue & infame Cypris en Paphos ou en Cypre auec les Turcs, pour iamais ne reuenir chez les Francs & les Chrestiens, où elle corrompt & gaste tout aux yeux d'vn chacun, tant la pluspart des hômes a peu de pudeur, de front & de vergongne. Anciennement ce vice estoit en telle horreur, & tellement fuy des Dames d'honneur, que s'il y en auoit quelqu'vne soupçonnée seulement, on eut plustost fait mourir vne honneste femme que de se trouuer en vne compagnie ou assemblée en laquelle vne Subrete ou Courtizane eut paru. Les Payennes auoient aussi ce sentiment : car comme nous apprend le Pere de l'eloquence Romaine, Verres Gouuerneur de la Sicile, ayant prié vne femme vertueuse à vn festin qu'il faisoit, si tost qu'elle fut entrée en la compagnie, & qu'elle eut veu l'vne de ses Drupes prés de luy, elle fit vne grande reuerence & s'en alla disner en sa maison. Aussi il n'y a point de connexité entre l'oliue & le lierre, le laurier & le myrthe, entre la pudicité & l'impudicité. La maison & le Palais de cette fille de France estoit l'Escole & l'Academie de la Vertu & de l'Honneur, pour le soin & la peine qu'elle prenoit à bien faire nourrir & éleuer les filles

& les Demoiselles qui eſtoient à ſa ſuite, auſquelles (comme a remarqué François Billon en ſon Liure intitulé le Fort inexpugnable du ſexe feminin) pas vn Gentil-homme n'eut oſé parler dans ſon Hoſtel que le genoüil à terre, pour le ſoin qu'auoit cette courageuſe & pudique Princeſſe, que l'ordre qu'elle auoit eſtably en ſa maiſon fuſt gardé, & cette ordonnance domeſtique bien obſeruée en faueur & en l'honneur de celles de ſon ſexe.

Anne de France Ducheſſe de Bourbon & d'Auuergne, Comteſſe de Gien & de Foreſts, auoit pour deuiſe comme le Duc Pierre ſon mary, qui fut vn des plus ſages & auiſez Princes de ſon temps, vne grande nuée d'azur de laquelle ſortoient des langues de feu & de gueules, & au milieu vn cerf volant d'or, & autour de ſon col, répandant ſur ſes épaules entre ſes aiſles, eſtoit vne ceinture d'azur où eſtoit écrite en lettres d'or l'ancienne deuiſe & le mot de la Royale Maiſon de Bourbon ESPERANCE. Par ce mot ces tres-genereux & tres-magnanimes Princes, vouloient dire qu'vn iour ils paruiendroient à la Couronne tres-Chreſtienne. Balde l'vn des premiers Iuriſconſultes d'Italie, & digne diſciple de Bartole, qui n'eſtoit pas moins reſolu que ſon Maiſtre, a écrit il y a plus de deux cens ans en ſon Traité des fiefs ; *Que ſi la Maiſon de Bourbon duroit iuſqu'à mille ans, elle auroit droit au Royaume de France :* connoiſſant dés lors que les Princes de cette Maiſon eſtoient capables de ſucceder au Sceptre des François, non ſeulement comme Princes du ſang de France ; mais auſſi pour leurs merites & leurs vertus. Le dire prophetique de ces Princes eſt arriué, nonobſtant toutes ſortes d'obſtacles & d'empeſchemens ſuſcitez par les ennemis de cette honorable Maiſon, dont les langues de feu ſont comme les ſymboles, & ces Princes genereux ainſi que leur cerf volant, ſont montez à cette Monarchie, de laquelle pour vn honneur & remarque ſinguliere, on a écrit qu'elle a eſté autrefois repreſentée au Ciel par vne nuée d'argent & d'azur, en laquelle fut veu vn Ange couronné portant le Sceptre en ſa main ſemé & orné de fleurs de Lis. Bon-heur qu'a eu cette Maiſon, que n'ont pas eu les Maiſons d'Aniou, de Bourgongne, d'Alençon,

&

& d'Eureux qui la precedoient, ayant esté éteintes & tombées par des femmes en d'autres maisons. Fasse le Ciel que le dernier Roy des François soit de la Maison de Bourbon, & que le dernier & souuerain Monarque de l'Vniuers soit vn Roy de France du sang adorable de Saint Louis, le plus saint Roy que vit iamais le Soleil, & sacré tige de cette Royale Maison la plus noble du monde.

Eureux semé de France d'azur aux fleurs de Lis d'or sans nombre, à la bande ou baston componé d'argent & de gueules.

ANNE DE MONTAFIÉ

COMTESSE DE SOISSONS,

de Dreux & de Clermont.

Bourbon Soissons d'azur à trois fleurs de Lis d'or, au baston de gueules pery en bande, l'escu brisé d'vne bordure aussi de gueules,

IEANNE de Coesme Dame de Lucé & de Bonnestable au païs du Maine, premiere femme de François de Bourbon, Marquis, puis Prince de Conty, & fille vnique de Louis de Coesme Seigneur de Lucé, & d'Anne de Pisseleu son épouse, eut deux filles Vrbaine & Anne de Montafié de Ludouic Comte souuerain de Montafié ou Montafier en Piémont son premier mary, qui estoit aussi Seigneur souuerain de Tilloles, & de deux autres terres en ce païs-là, & Seigneur & Prince de Carignan. Le Duc de Sauoye Charles Emanuel I. (ayeul de Charles Emanuel II. qui l'est auiourd'huy) acheta ces terres trois cens mille escus, quatre ans ou enuiron deuant la derniere paix entre le Roy Henry le Grand & luy, sur la procuration de Ieanne de Coesme Princesse de Conty, & de sa seconde fille Anne de Montafié, qui a esté depuis Comtesse de Soissons, dont fut porteur vn nommé Souard. L'Altesse du Duc de Sauoye ratifia encore le contract à son dernier voyage qu'elle fit à la Cour l'an 1599. & par le Traité de paix, le Roy Henry IV. l'obligea au payement de ce qui restoit à payer, ce qui n'est pas encores effectué tout à fait.

Montafié, d'argent, à vne étoile de gueules, chargée d'vn Croissant montant d'argent.
Coesme Lucé, d'or au Lyon d'azur, armé & lampassé de gueules.

Louis Comte de Montafié & Seigneur de tant de belles & riches terres en Piémont, fut assassiné en Prouence où il estoit Lieutenant du Roy Henry III. sous ce beau, vaillant & sçauant Prince Henry d'Angoulesme, fils naturel du Roy Henry II. & d'vne Dame d'Escosse de la Maison de Leuiston, grand Prieur de France, Amiral des Mers de Leuant, & Gouuerneur de cette Prouince-là. Cet Heros de la Maison de Montafié, illustre pour sa valeur & pour son adresse en toutes sortes d'exercices, fut fort regretté par Ieanne de Coesme sa veuue, qui n'auoit que cette consolation en sa perte, d'éleuer soigneusement ses deux filles Vrbaine & Anne de Montafié à la pieté & aux bonnes mœurs, comme n'ignorent pas ceux qui ont eu le bon-heur & l'honneur de connoistre cette Comtesse de Montafié de la Maison de Coesme & de Lucé, Dame si sage & si vertueuse, que François de Bourbon Prince de Conty & Prince du Sang, frere d'Henry Prince de Condé, de Charles Cardinal de Vandosme, depuis de Bourbon, & de Charles Comte de Soissons, en fit la recherche, & l'épousa au mois de Ianuier de l'an 1582.

Ieanne Princesse de Conty pour estre mariée à vn Prince de la Royale & auguste Maison de France, ne s'éleua pas dauantage qu'auparauant, & donna le démentir au Prouerbe qui dit, *que les honneurs changent les mœurs :* car elle n'affectionna pas moins ses deux filles que lors qu'elle estoit mariée & veuue de ce Seigneur Piémontois. Aprés l'honneur & le respect qu'elle portoit au Prince de Conty François de Bourbon son second mary (auquel elle rendit de bons offices, tant deuant que durant les guerres de la Ligue) elle n'auoit point de plus grande passion que de procurer l'auancement & le bon-heur de ses deux filles Vrbaine & Anne de Montafié par de grandes & de nobles alliances, lesquelles aussi estoient recherchées en mariage par plusieurs Seigneurs illustres en valeur & en noblesse, tant pour leur vertu que pour leur richesse.

Vrbaine de Montafié ou Montafier l'aisnée fut la premiere femme de Louis de la Chastre Baron de la Maisonfort, depuis Mareschal de France, fils vnique de Claude de la Chaſtre Mareſchal de France & Gouuerneur de Berry, & de Ieanne Chabot ſa femme. Ieanne de Coeſme Princeſſe de Conty traita ce mariage, & negotia par méme moyen fort prudemment la reduction de Claude Mareſchal de la Chaſtre pere de ſon gendre & des villes d'Orleans & de Bourges dont il eſtoit Gouuerneur au ſeruice du Roy Henry IV. mais ce mariage dura peu & n'eurent point de lignée : de ſorte qu'Anne qui eſtoit plus ieune de trois ans qu'Vrbaine ſa ſœur aiſnée, demeura ſeule & vnique heritiere des Maiſons de Montafié, de Coeſme & de Lucé, à laquelle ie dedie cet Eloge.

 Cette vertueuſe Princeſſe vid la lumiere du iour le 22. de Iuillet Feſte de ſainte Marie Magdelaine de l'an 1577. Elle eut le nom d'Anne au ſacrement de Bapteſme, & porta toûiours vne deuotion particuliere à cette Mere de la tres-ſainte Vierge, & auſſi à la deuote Amante du Sauueur du Monde, à l'honneur de laquelle elle a fait baſtir & orner richement vne belle Chapelle dans l'Egliſe de S. Euſtache ſa Paroiſſe. Elle fut ſoigneuſement nourrie par la Princeſſe de Conty ſa mere, comme i'ay rapporté cy-deſſus. Sa beauté, ſes vertus & ſes grands biens la firent deſirer par les premiers Seigneurs du Païs du Maine & des Prouinces voiſines, entre autres par Iean de Beaumanoir Seigneur de Lauerdin depuis Mareſchal de France, mais le Ciel où les mariages ſe font, la deſtina pour vne alliance beaucoup plus illuſtre : Anne de Montafié ayant merité pour ſes perfections d'auoir pour ſon mary vn Prince de la premiere & de la plus noble Maiſon de la Chreſtienté & de l'Vniuers, Charles de Bourbon Comte de Soiſſons, Pair & grand Maiſtre de France, Gouuerneur de Daufiné & de Normandie, fils de Louis de Bourbon Prince de Condé, & de Françoiſe d'Orleans Princeſſe de la Maiſon de Longueuille ſa ſeconde femme, qui a rendu de notables ſeruices aux Rois Henry III. & IV. & Louis XIII. comme l'on peut voir chez nos Hiſtoriens le Preſident de Thou, le Grain, Matthieu, Aubigné, Cayer & autres en grand nombre, particulierement les freres iumeaux de Sainte Marthe, au Liure XVI. de l'Hiſtoire Genealogique de la

Maison de France, Henry de Montagu sieur de la Coste en sa Genealogie des Bourbons, & que i'ay remarqué en la Vie de ce genereux Prince au Traité des Gouuerneurs de Daufiné, duquel Claude Expilly Seigneur de la Poëpe, Conseiller du Roy en son Conseil d'Estat, & President au Parlement de Grenoble, parle en ces termes honorables en son plaidoyé 20. *Prince capable & digne de regir toute la terre : Prince que le Ciel & la Nature ont accomply de toutes perfections : grand de sang, comme estant du plus illustre de l'Vniuers, grand de cœur comme issu de la race de Bourbon, en laquelle la valeur est vne habitude inseparable : grand de renom, comme celuy qui pour la conduite & exploits de la guerre & de la paix en sçait tous les ressorts, & en produit tant de merueilles : Prince nompareil, que la Fortune trouue tousiours debout, imployable à tous accidens, infatigable aux affaires plus hautes, tousiours frais & tendu, prudent, preuoyant, iudicieux, magnanime, amy des Loix, qui ne sçait fléchir que sous elles, plein de grace & de maiesté, qui sçait si bien dire & bien faire, qui sçait si bien gagner & meriter les cœurs : Prince en qui toutes les vertus sont assemblées, en qui nul defaut ne se trouue, ny nul excés qu'en sa valeur.*

Expilly, d'azur, au Coq d'or, au chef de méme, chargé de 3. mollettes de sable.

Charles Comte de Soissons deuant qu'épouser Anne de Montafié fille de Ieanne de Coesme Princesse de Conty sa belle-sœur, auroit fait la recherche de Caterine de Fráce & de Nauarre sœur vnique du Roy Henry le Grand (qui fut depuis Duchesse de Bar) mais la diuersité de Religion rompit ce dessein, quoy que la Princesse eut tousiours témoigné vne particuliere affection & inclination pour ce Prince, & quand on l'exhortoit à se faire instruire à la Religion Catholique, elle disoit aux Dames ses plus confidentes, *qu'auant toutes choses elle vouloit auoir son Comte.* Il auoit desiré aussi pour femme l'vne des filles de ce sage Prince Charles III. Duc de Lorraine, mais il s'y trouua encore quelque empéchement. C'est pourquoy François de Bourbon Prince de Conty & Gouuerneur de Daufiné voyant qu'il n'auoit point d'enfans de la Princesse sa femme Ieanne de Coesme, prit la resolution auec la permission & le consentement du Roy Henry IV. de marier Anne de Montafié

Elle est ainsi nommée dans vne lettre de Charles III. Duc de Lorraine.

fille vnique de la Princesse son épouse à son frere paternel Charles de Bourbon Comte de Soissons, Pair, & Grand-Maistre de France. Le contract de mariage fut fait & passé au chasteau du Louure à Paris l'an 1601. le Lundy aprés Midy 3. iour de Decembre en la presence, du vouloir, authorité, & sous le bon plaisir du Roy Henry le Grand, & de la Reine Marie sa femme, & aussi en la presence de plusieurs Princes & Princesses, Officiers de la Couronne, Seigneurs, Dames & Gentils-hommes qui assistoient leurs Maiestez, qui signerent le contract auec François de Bourbon Prince de Conty, Ieanne de Coesme Princesse de Conty, Charles de Bourbon Comte de Soissons, la Demoiselle de Lucé Anne de Montafié, en la presence de Nicolas de Neufuille Cheualier Seigneur de Villeroy, le premier des quatre Secretaires d'Estat, Germain des Marquets & Mathieu Bontemps Notaires du Roy en son Chastelet de Paris.

La solemnité des noces de Charles de Bourbon & d'Anne de Montafié se fit au chasteau de Lucé le Ieudy 27. du méme mois & de la méme année, au grand contentement des bons François, mais particulierement de leurs seruiteurs & amis. Ieanne de Coesme Princesse de Conty, laquelle desiroit auec passion assister au mariage de sa fille vnique Anne de Montafié & du Comte de Soissons, partit *Thuanus.* de Paris pour aller à Lucé au païs du Maine, nonobstant l'extreme rigueur de l'Hyuer, qui fut fort aspre & violent en cette saison-là; mais cette Princesse estant arriuée à S. Arnoul en Beausse prés de Chartres, elle tomba malade de la petite verole, dont elle mourut le 27. Decembre 1601. le méme iour qu'on celebroit les noces de sa fille, qui parmy la ioye & le contentement qu'elle receut d'estre la femme d'vn Prince du sang, & de l'vn des plus accomplis Heros de son siecle, eut ce tres-sensible déplaisir d'apprendre la mort d'vne si bonne mere, qui luy auoit procuré ce bon-heur & cet honneur. Dieu qui a tousiours meslé beaucoup d'amertume auec les douceurs qu'a eu cette chaste & vertueuse Princesse, détrempa cette allegresse par cette nouuelle bien fâcheuse & bien dure à vne bonne fille, qui reconnoissoit franchement & librement les obligations qu'elle auoit à la

H iij

Princesse de Conty sa mere. Ainsi l'on voit que pour l'ordinaire les plus grandes ioyes sont tousiours mélées de déplaisir & de tristesse, & qu'il n'y a rien de stable en cette vie, où tousiours les plaisirs & les réioüissances sont de peu de durée, & passent comme l'ombre d'vn songe. Comme si la Fortune eust esté ialouse de voir tant de bon-heur auec tant de vertu, elle vint troubler le contentement & la feste de ces nouueaux mariez, & méler les torches des funerailles auec les flambeaux de leur heureux hymenée. I'appelle ce mariage heureux : car Anne de Montafié Comtesse de Soissons véquit tousiours en bonne intelligence & amitié auec le Comte son mary, s'accommodant à son humeur. Elle sçauoit que la pluspart des femmes n'ont point d'autre but que de maistriser leurs maris, & non contentes d'en estre les chefs. Ce qui fut le malheur de la Republique dont parle Isaye, le desordre estoit si grand que les femmes leur cõmandoient. Iulie auoit plus de pouuoir sur son mari Pompée, que tous ses amis & le peuple Romain. Cette Princesse estoit bien au contraire de celle-là : car auant que vouloir quelque chose, elle s'informoit premierement de l'intention du Comte son mary. Et comme la Lune regarde toûiours le Soleil, duquel elle reçoit sa lumiere & sa splendeur, ainsi elle dependoit du visage de son mary, ne voulant point auoir d'autre lustre que celuy qui en prouenoit : & tout ainsi que la pleine Lune se réioüit és nuits serenes de la compagnie des étoiles, qui semblent allumer leurs clartez en elle ; de méme la Comtesse de Soissons en sa Maison & en son Hostel entourée des brillantes lumieres de ses beaux enfans, de ses Dames & Demoiselles suiuantes comme des étoiles, attiroit les yeux d'vn chacun sur soy, principalemẽt ceux du Comte son mary. Plutarque a raison d'accomparer la bonne femme mariée à vn miroir qui represente l'image de son mary telle qu'elle est, si triste, triste, si ioyeux, ioyeuse, s'accommodant en tout à sa volonté. Ainsi Anne de Montafié estoit le miroir de son mary, auquel il se miroit, & elle se conformoit à luy. Aussi ce Prince ayant épousé cette sage & vertueuse Dame mit en elle tous ses plaisirs, & n'a point mis depuis son mariage ses af-

Cette Comtesse de Soissons eut volontiers dans sa Maison fait garder l'Ordonnance de la Duchesse de Bourbon Anne de France, que les Gentils-hommes n'eussent pas ofé entretenir ses Demoiselles que par le maintien d'vn genoüil en terre.

fections ailleurs, ayant quitté les inclinations qu'il auoit pour quelques Dames qu'il aimoit, & dont il auoit eu des filles naturelles, qui ont esté Religieuses & Abbesses.

Dieu benit le mariage de Charles de Bourbon Comte de Soissons, & d'Anne de Montafié Dame de Coesme, de Lucé & de Bonnestable sa femme, de cinq enfans, vn fils & quatre filles, à sçauoir Louis de Bourbon Comte de Soissons, de Clermont & de Dreux, Pair & Grand-Maistre de France, & Gouuerneur pour le Roy en ses païs de Daufiné, de Champagne, & de Brie, dont elle accoucha heureusement à l'Hostel de Soissons à Paris l'onziéme de May de l'an 1604.

L'aisnée des filles a esté Louise de Bourbon, mariée à Henry d'Orleans Duc de Longueuille & de Touteuille, Comte souuerain de Neuf-Chastel en Suisse, Gouuerneur & Lieutenant general pour le Roy en Picardie, puis en Normandie. Cette Princesse a eu trois enfans de ce genereux & sage Prince de la Maison de Longueuille, deux fils & vne fille, comme ie vous feray voir en son Eloge.

La seconde des filles est Marie de Bourbon, laquelle fut accordée à Thomas de Sauoye Prince de Carignan quatriéme fils de Charles Emanuel I. Duc de Sauoye, & de Caterine d'Espagne sa femme, le 10. d'Octobre 1624. à saint Germain en Laye, où le contract de mariage fut passé en presence du Roy Louis XIII. de la Reine Anne femme, & de la Reine Marie mere de sa Maiesté, & d'Anne de Montafié Comtesse de Soissons mere de cette Princesse, de Louis de Bourbon Comte de Soissons d'vne part: & de l'autre d'Alexãdre Scaglia Abbé de Staffarde Ambassadeur de son Altesse Serenissime de Sauoye prés de sa Maiesté, & de François de Montfalcon Conseiller d'Estat & premier President de la Chambre des Comptes de Sauoye, fondez en procuration speciale de son Altesse de Sauoye, & du susnommé Prince Thomas de Sauoye son fils, Marquis de Buscé, de Carignan, de Chastellerard en Bauges, Comte de Raconis & Villefranche, Seigneur de Vigon, Cauallimonts, Barges, Cazelles, Rochemont, Rousche, lors Gouuerneur & Lieutenant general pour l'Altesse de Sauoye

Le contract de mariage.

son pere deça les Monts, & General de sa Caualerie, & leur procuration deuëment signée & seellée le premier iour d'Aoust de la méme année. Gaston fils France Duc d'Orleans (lors Duc d'Aniou & frere vnique du Roy Louis XIII.) Henriette Marie de France sœur de sa Maiesté (à present Reine de la grand Bretagne) Charlote de Montmorency Princesse de Condé, Louise de Lorraine Princesse de Conty, plusieurs autres Princes & Princesses, Ducs, Pairs, Officiers de la Couronne de France, & le Seigneur de Lomenie Secretaire d'Estat furent presens à ce contract de mariage de Marie de Bourbon & du Prince Thomas de Sauoye, qui furent épousez le 6. iour de Ianuier de l'an 1625. auec le consentement & le contentement de tous les Princes, & Seigneurs qui estoient lors à la Cour, où les Bals & les autres réiouïssances n'y furent pas oubliées.

Sainte Marthe. Charlote Anne de Bourbon la troisiéme fille mourut à Paris sur la fin de l'an 1623. sans auoir esté mariée, elle gist à Gaillon.

Elizabet de Bourbon la quatriéme est aussi decedée en ieunesse.

Anne de Montafié Comtesse de Soissons leur mere porta la mort de ces deux ieunes Princesses auec vne constance fort Chrestienne: mais elle a fait paroistre sa vertu & sa pieté en de plus grandes afflictions & disgraces qu'elle a receuës: car elle a veu mourir au chasteau de Blandy prés de Melun, Charles Comte de Soissons son mary, le premier iour de Nouembre 1612. qui n'estoit âgé que de 46. ans, lequel laissa vn regret extréme de soy au Roy Louis XIII. & à tous les Ordres du Royaume. Anne de Montafié sa veuue luy fit faire ses obseques & rendre les derniers deuoirs dans la belle & deuote Eglise de la Chartreuse de Nostre-Dame de bonne Esperance lés Gaillon, dite de Bourbon, en laquelle sont inhumez deux Cardinaux de la Maison de France, à sçauoir Charles de Bourbon Archeuéque de Roüen, Primat de Normandie & Legat d'Auignon, Fondateur de ce Monastere, de la Maison Professe de S. Louis des Peres Iesuites à Paris, & du Conuent de Nostre-Dame de bon Port des Minimes de Dieppe, oncle

du

du Roy Henry IV. & du Comte de Soiſſons mary d'Anne de Montafié. Charles de Bourbon II. du nom Archeuéque de Roüen & Primat de Normandie, Chef du Conſeil des Rois Henry III. & IV. le Protecteur des Muſes & de leurs plus chers nourriſſons, frere paternel de Charles Comte de Soiſſons, & de la Princeſſe Françoiſe d'Orleans doüairiére de Condé, ſeconde femme de Louis de Bourbon Prince de Condé, & mere de Charles Comte de Soiſſons ſon époux, auquel elle a fait dreſſer vn ſuperbe tombeau & mauzolée de marbre blanc & noir, artiſtement elabouré par cet excellent Sculpteur Cochet, enrichy & orné de quatre belles ſtatuës aux quatre coins, qui ſupportent les figures de ce Prince & de cette Princeſſe, & qui eſt l'vn des plus riches & magnifiques ſepulchres de la France, qui n'eſt pas moins beau que celuy du Roy Louis XII. & de la Reine Anne de Bretagne, que les Eſtrangers viennent voir par admiration à S. Denys en France. Elle fit celebrer ſa memoire par vn excellent Poeme Latin, compoſé par Iean de Bonnefons de Bar ſur Seine, digne fils de celuy du méme nom, qui a ioint la douceur de la Poëſie auec la profeſſion de la Iuſtice.

 Anne de Montafié a veu mourir deux fils de ſa fille aiſnée, & puis cette vertueuſe Princeſſe Louiſe de Bourbon, Marie ſa ſeconde fille eſtre conduite & arreſtée en Eſpagne, le Prince de Carignan ſon gendre porter quelque temps les armes contre la France en Picardie & en Piémont : mais le plus ſenſible déplaiſir qu'a receu cette conſtante Princeſſe, fut quãd on luy apporta nouuelle de la mort de ſon fils vnique Louis de Bourbon Comte de Soiſſons, tué en vn combat qui ſe donna prés de Sedan le 6. de Iuillet 1641. eſtant âgé de 36. ans, ſans auoir eſté marié, & n'auoir laiſſé qu'vn fils naturel, que cette Princeſſe fit baptiſer à Bagnolet lés Paris, & nommer Henry Louis. En ce Prince Louis de Bourbon Comte de Soiſſons & Grand-Maiſtre de France prit fin la branche des Comtes de Soiſſons de la Maiſon de Bourbon-Vandoſme dont il fut le ſecond, & puiſnée de celle des Princes de Condé.

 Cette vertueuſe Princeſſe tomba malade le premier iour

de Iuin de l'an 1644. dans son Hostel à Paris. Pendant sa maladie qui dura 17. iours, elle fut visitée de la part de la Reine, par le Prince & la Princesse de Condé, le Duc de Longueuille, & presque par toute la Cour: la Duchesse de Longueuille ne luy ayāt pû rendre ses derniers deuoirs en personne, pour estre elle mesme tombée malade auant ce temps-là en sa belle maison de Colommiers en Brie: & la Princesse de Carignan n'estant pas encore arriuée d'Espagne pour se conioüir de sa liberté auec vne si bonne mere. Durant tous ces 17. iours qu'Anne de Montafié Comtesse de Soissons fut malade, elle donna des exemples de patience, de pieté, d'humilité, de douceur, & des autres vertus Chrestiennes, particulierement d'vne entiere resignation à la volonté de Dieu. Elle fut tousiours assistée du R. P. Philippe Emanuel de Gondy Prestre de l'Oratoire de nostre Seigneur IESVS-CHRIST, qui a esté Comte de Ioigny, Marquis des Isles d'or, Cheualier des deux Ordres du Roy, & General des Galeres de France, (pere de Monsieur le Duc de Rets, & de l'Archeuéque de Corinthe Coadiuteur de Paris,) des Peres Iesuites, Feüillans & Capucins, iusques au 18. du méme mois, qu'elle passa de cette vie à l'autre sur les neuf heures du soir, estant en la 67. année reuoluë moins vn mois & cinq iours, après auoir receu fort deuotement tous ses sacremens, rendant doucement son esprit à Dieu entre les mains d'Estiene Tonnelier Docteur en Theologie de la Faculté de Paris, de la Royale Maison de Nauarre, & Curé de l'Eglise de S. Eustache, qui luy aida auec les Religieux susnommez à bien mourir comme elle auoit tousiours bien vécu. Le lendemain son testament fut ouuert en presence du Duc de Longueuille pere & tuteur de Mademoiselle de Longueuille son heritiere, auec la Princesse de Carignan representée par le sieur Marchisio Agent du Prince Thomas son mary: comme aussi en presence de Monsieur le President de Mesmes, & du susnommé Pere de Gondy ses executeurs testamentaires, & du sieur de Bernay Hennequin Conseiller en la grand' Chambre, commis du Parlement auec quelques Officiers d'iceluy pour assister à cette ouuerture, comme il se pratique en France aux testamens des Princes & Princesses du Sang.

Ce testament d'Anne de Montafié se trouua plein de legs pieux & de recompenses à ses domestiques pour les longs seruices qu'ils luy auoient rendus: cette Princesse n'ayant rien tant abhorré que le changement, ainsi que nous lisons de Marie de Luxembourg Comtesse, & de Françoise d'Alençon Duchesse de Vendosme. D'où vient que tel y est employé pour mille escus de rente: il contient entre autres choses vn don de cent mille escus au susnommé Cheualier de Soissons, fils naturel du defunt Comte de Soissons son fils, âgé seulement de quatre ans. Elle a destiné par ce testament son inhumation à la Chartreuse de Gaillon, où reposent les defunts Comtes de Soissons pere & fils, qu'elle a desiré estre faite sans ceremonie & sans pompe: ausquelles ayant tousiours preferé la charité & les prieres; elle a laissé à ses heritiers & executeurs testamentaires à conuertir ces dépenses en aumosnes & autres œuures pies.

Son corps a esté porté à Gaillon comme elle auoit ordonné, & ses entrailles inhumées en l'Eglise de S. Bernard ou des Fueillans de la ruë neuue S. Honoré, en laquelle on luy a fait vn seruice le 27. Iuin, où assista le Duc de Longueuille. Dés le 20. on luy en auoit fait vn fort solemnel à S. Eustache sa Paroisse, auquel se trouuerent le Prince de Condé, le Prince de Conty son fils, le Duc de Longueuille & le Mareschal de l'Hospital du Hallier frere du Mareschal de Vitry: au sortir de ce seruice ils furent à l'Hostel de Soissons donner de l'eau benite au corps: le Duc de Longueuille en qualité de gendre de cette Princesse ayant receu les autres à l'entrée de la sale. L'apresdisnée du même iour 20. Iuin 1644. la Princesse de Condé representant la Reine, & par son ordre, y vint suiuie des filles d'honneur de sa Maiesté, du Duc d'Vzez & du Comte d'Orual, celuy-cy Escuyer, & celuy-là Cheualier d'honneur, de ses Gardes du corps Françoises & Suisses, & de tous ses carosses: La Reine ayant nommé pour entrer dans celuy du corps la Chanceliere de France, la Dame de la Flotte sa Dame d'atours, la Comtesse de Mony la Mark aussi nommée par sa Maiesté pour porter la queüe de la robe de cette Princesse qui la representoit, la Presidente de Bailleul femme du Sur-in-

I ij

tendant des Finances, & la Comtesse de Brienne. La Princesse fut receuë au pié du grand escalier par le sieur de
Rodes grand Maistre des ceremonies de France, & du
sieur de Saintot Maistre des ceremonies, & cõduite par des
Princesses & Duchesses en la sale où reposoit le corps : au
deuant duquel estoit le prie-Dieu de la Reine couuert d'vn
drap de pied de velours noir, & de deux carreaux semblables. Alors le Pseaume *Deprofundis* fut chanté par la Musique de la Chapelle du Roy : & ce chant lugubre finy, ladite Princesse donna de l'eau benite au corps & se retira,
estant accompagnée des Princesses, Duchesses & Dames
& Officiers qui l'auoient conduite. En cette ceremonie
deux Herauts en robes de deüil, leurs cottes d'armes par
dessus, & leurs caducées en main : puis le sieur de Saintot
Aide des ceremonies auec vne robe de deüil & queuë trai-
nante, le chaperon en teste aualé, & le bonnet quarré.
Aprés luy les Maistre & Grand Maistre des ceremonies
precedoient Madame la Princesse representant la Reine, &
toutes les Princesses & Dames de sa suite.

Dés le iour precedent la Princesse de Condé, la Duchesse
d'Enguien, la Duchesse de Lorraine, les Princesses Marie
& Anne de Mantouë, les Duchesses d'Angoulesme, d'Elbeuf, de Roannés, d'Espernon, d'Vzez, de Sully, de Lesdiguieres, de la Rochefoucaut, les Ducs de Bellegarde &
de Luynes, les Mareschales de Vitry, de S. Geran, d'Estrée
& de la Mesleraye, les Ambassadeurs ordinaire & extraordinaire de Sauoye, le President de Bailleul Sur-intendant des Finances veillerent le corps ou luy vinrent donner de l'eau benite, & à leur exemple plusieurs autres Seigneurs & Dames, & vn nombre infiny de peuple de Paris,
comme l'on peut voir plus au long dans les relations qui
ont esté imprimées. Plusieurs Historiens s'amusent ordinairement à de longues descriptions de pompes, tant ioyeu-
ses que lugubres. C'est la chose en quoy ie les voudrois
moins imiter : il est force neantmoins que ie remarque en
passant dans ces Vies & Eloges des Dames Illustres les
honneurs que l'on rend à nos Reines & à nos Princesses,
non seulement durant leur vie, à leur sacre, & à leurs noces,

ANNE D'EST OV DE FERRARE, DVCHESSE DE Guyse & de Nemours.

Est ou Este d'azur à vn Aigle d'argent, couronné, becqué & mébré d'or. Ferrare d'azur, à trois fleurs de Lis d'or, à la bordure dentée d'or & de gueules, priuilege qu'ont eu de nos Rois les Princes de la Maison d'Est ou de Ferrare. Cette Princesse portoit écartelé au 1. & 4. party d'Est, & de Ferrare au 2. & 3. de France.

E genereux & magnanime Hercule II. du nom Duc de Ferrare, eut de sa femme Renée de France fille puisnée de nostre Roy Louis XII. six enfans, trois fils & trois filles. L'aisnée des filles est cette belle & vertueuse Princesse, laquelle fut nommé Anne au sacrement de Baptéme, en memoire de son ayeule maternelle Anne de Bretagne Reine de France. Elle fut soigneusement nourrie & éleuée en la crainte de Dieu, & aux bonnes mœurs par le Duc de Ferrare son pere, lequel comme Prince sage & auisé, voyant que la Duchesse sa femme s'estoit laissée tromper par vne fille de Ferrare, nómée Olympe Fuluie Morat, fort docte & sçauante, entachée de l'heresie de Caluin (qui fut luy méme voir la Duchesse Renée pour la persuader d'embrasser son opinion, & laisser l'ancienne & vraye creance de ses peres) prit vn soin particulier de l'instructiõ de ses enfans, dont les trois fils ont été tres-zelez defenseurs de la sainte foy, entre autres Louis Cardinal d'Est ou de Ferrare Archeuéque d'Auch & Protecteur de France en Cour de Rome, duquel le temps qui efface tout n'effacera iamais la memoire, mais elle demeurera à iamais glorieuse & florissante pour ses vertus, particulierement pour ses courtoisies & sa bonté, lequel méme des Ecriuains Espagnols ont appellé Prince TRES-LIBE-RAL: aussi on peut dire sans vanité, mais bien auec verité, qu'il a esté le plus liberal Prince & Cardinal de son temps,

Ciaconius in Cardinalibus.

Thuanus. qui a merité d'estre appellé ainsi que Tite les delices du genre humain, ayant esté le thresor des pauures, la splendeur du sacré College, & l'ornement de la Cour Romaine. Entre les filles il cherit & affectionna Anne son aisnée, laquelle il détourna de voir & de frequenter la susnommée Fuluie Olympe Morat, fille dont les mœurs estoient assez bonnes & la conuersation honeste; mais si fort zelée & attachée aux erreurs du Caluinisme, qu'elle quitta pour ce suiet l'Italie & l'agreable seiour de la Cour des Ducs de Ferrare auec vn sien frere nommé Emile plus ieune qu'elle, & se retira en Alemagne, où elle épousa André Gruntler Medecin, & mourut à Hildeberg ville capitale du Palatinat l'an 1555. estant âgée de 29. ans. Ceux qui ont leu les lettres Latines d'Olympe fille du sçauant Fuluie Peregrin Morat natif de Mantouë, qui ont esté imprimées à Basle par le soin de Celio Secundo Curione natif de S. Chirico prés de Thurin (lequel auoit aussi quitté l'Italie pour faire librement profession de l'heresie de Caluin) n'ignorent pas les artifices & les charmes dont cette Dame Ferraroise se seruoit pour faire embrasser les nouuelles erreurs, & renoncer la foy Catholique à Anne d'Est Duchesse de Guyse, sa lettre est datée d'Hildeberg le premier de Iuillet de l'an 1554. mais cette sçauante Princesse qui auoit appris fort facilement les langues Grecque & Latine auec Olympe, méprisa les douces paroles, & boucha ses oreilles aux charmes de cette Syrene, ayant vécu & rendu ses derniers soûpirs dans la vraye Eglise, hors de laquelle il n'y a point de salut, & y ayant soigneusement fait instruire tous ses enfans, comme la France sçait & l'a veu, & nous le rapporterons en cet Eloge.

Hercule Duc de Ferrare ne se contenta pas d'éleuer à la pieté Catholique & és bonnes mœurs la Princesse Anne d'Est ou de Ferrare sa fille aisnée: mais il voulut la marier hors d'Italie à quelque grand Prince. Son premier dessein fut de luy donner pour mary le Prince Sigismond Auguste Iagellon fils vnique de Sigismond I. Roy de Pologne (qui estoit lors veuf d'Anne d'Austriche Infante de Hongrie sa premiere femme) & de faire épouser au Prince Alfonse son fils aifné l'vne des filles du Roy de Pologne. Sur ces entrefaites noftre Roy Henry I I. enuoya vifiter Renée de France Ducheffe de Ferrare fa tante maternelle, & luy fit dire qu'il defiroit que la Princeffe Anne fa fille fuft mariée au Duc d'Aumale fils aifné de Claude I. Duc de Guyfe. Renée qui auoit toufiours le cœur tourné à la France d'où elle eftoit fortie, aima mieux ce mariage que celuy que le Duc fon mary auoit propofé auec le fils du Roy de Pologne, lequel ne faifoit que d'entrer en fon regne après la mort du grand Sigifmond fon pere, qui aduint la Fefte de Pafques de l'an 1548. Hercule Duc de Ferrare auffi ayant toufiours eu de l'inclination au party François (comme tous les autres Princes de cette tres-honorable Maifon) fe laiffa aller aifément au defir de la Ducheffe fa femme, & ce qui luy fit prendre la derniere refolution, fut que fa fille feroit toûiours en la compagnie d'Antoinette de Bourbon Ducheffe de Guyfe fa belle mere, qui auoit la reputation d'eftre & eftoit veritablement la plus vertueufe & la plus Catholique Princeffe de la France & de la Chreftienté, & qui ne permettroit iamais que pas vne des Dames & des Demoifelles de la Princeffe Anne fa fille fift profeffion & fauorifaft les nouuelles opinions de Luther & de Caluin. Ce Duc voulant obliger le Roy Tres-Chreftien, mena luy méme fa fille à la Cour de France, & accompagna le Roy Henry II. de Turin à Chambery, puis à Grenoble & à Lyon.

 Le Roy Henry II. eftant à Moulins l'an 1548. fit celebrer les fiançailles de fa coufine germaine Anne d'Eft ou de Ferrare auec le fils aifné du Duc de Guyfe, & la méme année eftant à S. Germain en Laye elle époufa ce vaillant Prince François de Lorraine Duc d'Aumale, & depuis II. Duc de Guyfe, l'honneur & la gloire de la tres-ancienne Maifon de Lorraine, de laquelle comme d'vne pepiniere font fortis de braues Princes qui ont planté en diuerfes contrées du monde les palmes & les lauriers de leur valeur & de leur pieté. Ce ne fut pas vn petit bon-heur à cette Princeffe d'auoir pour mary vn Prince, lequel a acquis la reputation d'eftre l'vn des plus vaillans & des plus heureux Capitaines de fon fiecle, qui a fait paroiftre fa valeur aux

Pap. Maffoneu in vita Francifci Lothareni ducis Guifiæ fecundi.

plaines de Renty & de Dreux, & aux assauts de Calais & de Thionuille, qu'il osta aux Anglois & aux Espagnols; & à la garde de Mets, où il arresta les conquestes de ce grand Empereur Charles V. & luy borna son *plus outre*, & pour parler auec vn grand homme d'Estat tres-fidele seruiteur de nos Rois. *C'est vn Prince auquel la France confesse par tout librement qu'elle luy doit son honneur & sa grandeur, & la Chrestienté sa conseruation.* Ce ne fut pas aussi vn petit honneur à ce Prince d'auoir pour femme vne Princesse petite fille, niece, & cousine de nos Rois, extraite du costé maternel des fleurs de Lis Royales, & du paternel de l'Aigle d'Est ou Este, & des Lis de Ferrare: Maison si ancienne & si illustre que les Historiens en font voir l'extraction de Caius Atius fils de Gaius, & Martia Decution & Prince d'Est l'an de nostre salut 402. Les curieux qui en desireront apprédre les particularitez, auront recours à Iean Baptiste Pigna, qui a écrit en Italien l'Histoire des Princes Atestins ou d'Est, laquelle a esté mise en Latin par Iean Barone Iurisconsulte, & dediée au Duc Alfonse II. Dame si honneste & si belle, qu'elle a emporté le prix de beauté accompagnée d'vne bien-seante grauité sur plusieurs Princesses & Dames de son temps, de laquelle le Prince de nos Poëtes chantoit fort bien.

Glossé: Guillaume du Vair Garde des Sceaux.

Ronsard.

Venus la sainte en ses graces habite,
Tous les amours logent en ses regards,
Pource à bon droit telle Dame merite
D'auoir esté femme de nostre Mars.

Elle eut de ce Prince Lorrain sept enfans, vne fille vnique nommée Caterine Marie, qui fut la seconde femme de ce tres-genereux & tres-Catholique Prince Louis de Bourbon Duc de Montpensier: lequel pour son grand zele à la vraye Religion, au seruice de nos Rois, & au bien de l'Estat, a merité ce beau titre & surnom de BON, & six fils, dont trois sont decedez en ieunesse, François âgé de 15. ou 16. ans en opinion de sainteté: & trois sont celebres & renommez dans l'Histoire, Louis Hypolite Cardinal & Archeuéque de Reims, premier Pair de France, & les deux autres ont esté Henry I. du nom & III. Duc de Guyse,

nay

né à Ioinuille l'an 1550. trois mois deuant la mort de son ayeul Claude I. Duc de Guyse, qui s'est fait signaler au siege de Ziget en Hongrie, & à celuy de Poitiers qu'il soûtint contre les Protestans ou Huguenots, auec pareil honneur que son pere celuy de Mets contre les Espagnols & Allemans, & aux défaites des Reistres. Charles Hercule né au chasteau de Meudon lés Paris le 25. de Mars 1554. I. Duc de Mayenne, qui a esté chercher des palmes en la Grece, & a seruy auec vne loüable fidelité le Roy Charles IX. à la Rochelle & à Broüage, le Roy Henry III. contre les Heretiques rebelles de Guyenne & de Daufiné, & le Roy Henry le Grand au siege d'Amiens, le Roy Louis le Iuste la premiere année de son regne, lequel par le malheur du temps ayant esté le Chef de la Ligue, il a empesché sagement durant cette saison miserable les sousleuemens populaires, & la dissipation de l'Estat, & rompu en cela les desseins des Estrangers & des mauuais François.

Anne d'Est Duchesse de Guyse porta vn grand amour & respect au Duc François son premier mary, auquel elle rendit de bons seruices après qu'il fut blessé au siege d'Orleans, l'assistant & seruant continuellement iusques à son heure derniere, à laquelle ce Prince vn peu deuant que mourir, dit ces paroles pour marque de l'affection qu'il luy portoit, & l'estime qu'il faisoit de sa vertu, de ses merites, & de sa sagesse, comme i'ay appris de Lancelot de Carles, Bourdelois, Euéque de Riez en Prouence, dans la lettre qu'il écriuit au Roy Charles IX. sur la mort de ce Duc de Guyse.

Nous auons ma chere & bien-aimée compagne longuement esté conioints ensemble par le sainct lien de foy & d'amitié auec vne entiere communion de toutes choses. Vous sçauez que ie vous ay tousiours aimée & estimée autant que femme peut estre, sans que nostre mutuelle amitié ait receu aucune diminution en tout le temps de nostre mariage, & ie me suis tousiours mis en deuoir de le vous aire connoistre, & vous à moy, nous donnans tous les contentemens que nous auons peu. C'est pourquoy ie vous prie maintenant que ie vais rendre mon esprit à Dieu, que pour son amour & pour l'affection que m'auez tousiours témoignée, vous preniez vn grand soin

K.

de nourrir nos enfans en l'amour & crainte de Dieu, pour obeïr à ses commandemens, & suiure le chemin de la vertu, de les entretenir en l'obeïssance du Roy, de la Reine, & de Messieurs ses enfans, sans reconnoistre que leurs Maiestez & mesdits Seigneurs. Estant asseuré de vostre fidelité & de vostre bonté, c'est la seule & vnique demande que ie vous fais à mon depart de ce monde.

Aprés que ce genereux Prince vray François de nom, de nation, & d'affection, fut passé de cette vie à l'autre, cette magnanime Duchesse porta la perte de ce grand Duc auec vne ferme constance : elle fut se ietter auec ses enfans & ses beaux freres par plusieurs fois aux pieds du Roy Charles IX. pour auoir iustice des autheurs de l'assassinat de son mary, dont elle soupçonnoit Gaspar de Colligny Seigneur de Chastillon sur Loin Admiral de France, qui se vouloit d'vn costé purger, & de l'autre se tenoit sur ses gardes, & donnoit ordre de se defendre par le moyen des Huguenots, qu'il auoit presque tous à sa deuotion. Ce que preuoyant le Roy Charles & la Reine sa Mere, commanderent à la Duchesse Doüairiere de Guyse & à ses enfans d'attendre le temps & l'occasion. Cependant leurs Maiestez donnerent au fils aisné d'Anne l'estat de Grand-Maistre de France, & les Gouuernemens de Champagne & de Brie, & au puisné la dignité de Grand Chambellan, dont le feu Duc de Guyse leur pere auoit esté honoré par nos Rois pour ses fideles seruices.

Vn iour entre autres cette Princesse (qui estoit la generosité méme) se ietta aux pieds de ce ieune Monarque portant son grand deüil, estant assistée d'Antoinette de Bourbon Duchesse Doüairiere de Guyse, de Louis de Lorraine Cardinal de Guyse Archeuéque de Sens, de Claude Duc d'Aumale, & de René Marquis d'Elbeuf, & presenta les trois fils du defunt, & demanda auec sa belle-mere, ses beaux-freres, & ses enfans, iustice de la mort du mary, du fils, du frere & du pere, auec des larmes & des plaintes qui donnoient aux vns de la commiseration & de la pitié, & allumoient aux cœurs des autres l'indignation & la vengeance contre ceux qui estoient soupçonnez d'auoir commandé ce coup-là. Elle ne voulut pas que l'on nommast

Le Cardinal de Lorraine estoit lors au Concile de Trente.

l'Admiral, mais elle & tous les parens du defunt vouloient bien que le Roy Charles sceust qu'autre que luy n'en estoit cause. Elle demanda auec eux vn Parlement pour en connoistre enuers tous & contre tous: la Cour de Parlement de Paris qui est la Cour des Pairs en eut la connoissance, & ordonna les Grand' Chambres du Conseil & de la Tournelle assemblées, que cette Princesse veuue de ce Lieutenant de Roy, & Pair de France, & tous les parens ioints à elle seroient oüis sur ce qu'ils entendoient remonstrer à la Cour: cette forme de demander iustice publiquement & en pleine Audience fut trouuée fort extraordinaire, mais la qualité des personnes qui se plaignoient & l'enormité du crime duquel on demandoit iustice en ostoit l'estonnement à ceux qui n'ignoroient pas que le Roy Charles VI. auoit commandé que l'excés commis sur Oliuier de Clisson son Connestable fust traité publiquement. Pierre Versoris Aduocat de cette Princesse, & l'vn des plus celebres du Parlement, plaida la requeste, & aprés auoir representé les seruices de Claude & de François Ducs de Guyse à la Couronne de France, les vertus & les merites de celuy qui auoit esté assassiné, ses exploits de guerre, la cruauté & l'inhumanité de ceux qui auoient porté l'assassin à commettre ce lasche & detestable forfait, il conclud à ce que la requeste & celle qui estoit presentée à la Cour fust enregistrée, & que faisant droict sur icelle, il pleust à la Cour de commettre deux Conseillers, tant pour informer que pour rapporter les informations & autres pieces seruans à la cause. L'Admiral qui craignoit le Parlement de Paris comme trop Catholique, faisoit tous ses efforts pour euoquer l'affaire au Grand Conseil, disant que la pluspart des Conseillers du Parlement s'estoient declarez ses ennemis, & de ses freres, le Cardinal de Colligny ou de Chastillon, & le Seigneur d'Andelot. Anne d'Est Duchesse de Guyse n'en demeura pas là, ne voulant point plaider deuant d'autres Iuges, alleguant que ce Grand Conseil ne connoissoit des causes criminelles. Les Huguenots partizans de l'Admiral ne vouloient pas paroistre qu'au Grand Conseil, & les Catholiques amis & seruiteurs de cette Duchesse auoient leur recours au Parlement.

Clisson, de gueules, au Lion d'argent, armé, lampassé & couronné.

Versoris, d'argent à la fasce de gueules, accompagnée de trois ancolies d'azur tigées de sinople, 2. en chef & vne en pointe.

Bacoüel en Picardie, d'or à trois ancolies d'azur 2. & 1.

Cette Princesse ne témoigna pas seulement l'affection qu'elle portoit à la memoire de son premier mary, par la peine qu'elle prit de demander iustice des autheurs de l'assassinat commis en sa personne, mais aussi par le soin qu'elle eut de luy faire rendre les derniers deuoirs par de magnifiques pompes funebres, comme i'ay remarqué en l'Éloge de ce genereux Prince & vaillant Capitaine dans le Traité des Gouuerneurs de Daufiné. Les curieux qui en voudront apprendre les particularitez auront recours à l'Histoire de Beaucaire Euéque de Mets, du President de Thou, de Myles Pyguerre, de Mathieu, aux Annales de Belleforest, aux Lettres de Pasquier, & à la Gaule Chrestienne de Robert.

L'assemblée des notables qui se tint à Moulins en Bourbonnois, où les Maisons de Guyse & de Chastillon se reconcilierent, sinon en effet au moins en apparence, estant finie, Anne d'Est Duchesse Doüairiere de Guyse se remaria auec ce beau & vaillant Prince Iaque de Sauoye Duc de Nemours & de Geneuois l'an 1566. au chasteau de saint Maur lés Fossez prés Paris, en presence du Roy Charles, de la Reine Caterine sa mere, & de toute la Cour.

Anne de Ferrare comme Dame sage & auisée, ne voulut point épouser le Duc de Nemours, qu'aprés que le Pape Pie V. eut declaré nulle la promesse que Françoise de Rohan, qui faisoit profession du Caluinisme disoit auoir de ce Prince de la Maison de Sauoye, dont elle auoit vn fils nommé Henry, qu'elle faisoit appeller le Prince de Geneuois, & que le grand procés commencé depuis plusieurs années entre ce Duc de Nemours & la susnommée Françoise fille de René Vicomte de Rohan, depuis appellée la Duchesse de Lodun, & la Dame de la Garnache, eust esté entierement finy & terminé.

Dieu benit le mariage de Iaque de Sauoye Duc de Nemours & de Geneuois, & d'Anne d'Est ou de Ferrare sa femme, qui eurent trois enfans, deux fils & vne fille nommée Marguerite, née à Paris au mois de Iuillet de l'an 1568. laquelle sa marraine Marguerite de France Duchesse de Sauoye fit venir en Piémont, où elle mourut à l'âge de trois

DES DAMES ILLVSTRES. 77

ans. Anne Duchesse de Nemours véquit en grande paix & amitié auec ce beau Prince son second mary, lequel a rendu de signalez seruices à cette Couronne, tant en France qu'en Italie, par ses armes & ses bons conseils, sous les regnes des Rois Henry II. François II. Charles IX. & Henry III. entre autres lors qu'il fut d'auis que le Roy Charles se retira en sa ville de Paris, quand on découurit l'entreprise de Meaux, & que les rebelles de la Religion pretenduë reformée voulurent surprendre sa Maiesté au chasteau de Monceaux.

Ce Prince illustre surgeon de la Maison de Sauoye (de laquelle la valeur & la generosité est connuë par l'Vniuers) estant fils de Philippe Duc de Nemours & Comte de Geneue, & de Charlote d'Orleans de la Maison de Longueuille, se voyant incommodé des gouttes qui le trauailloient grandement sur la fin de ses iours, luy qui auoit esté en sa ieunesse le plus dispos Prince de son temps, s'adonna pour se diuertir parmy ses douleurs aux belles & subtiles operations qui paroissent dans la fonte des metaux & dans la separation de leurs principes, comme aussi à la Poësie, à la lecture des bons Liures, (car il parloit fort aisément Latin, François, Espagnol & Italien) à la Peinture, à la Sculpture, à l'Agriculture, & à l'Architecture, faisant bâtir auec magnificence le beau chasteau de Verneüil, entre Senlis & Creil sur Oyse, estant assisté en ses estudes & exercices de la Duchesse Anne d'Est sa femme, qui n'ignoroit pas les belles lettres & les sciences, comme i'ay remarqué cy-dessus. *Thuanus. G. de Taix.*

Ceux qui par vne loüable curiosité alloient se promener à Verneüil, receuoient vn grand contentement & satisfaction de voir ce chasteau, que le Duc & la Duchesse de Nemours faisoient bastir en ce lieu là, qui est l'vne des belles maisons de France & de l'Europe, tant en assiete qu'en architecture, & en autres singulieres commoditez qui l'accompagnent: comme eaux viues, vn Parc de cinq cens arpens, embelly d'vne infinité de routes, d'allées, de cabinets ombrageux, de Iardins beaux & spacieux, & vne plaine d'vn costé s'estendant deux ou trois lieuës; le tout à la *Le Roy Henry le Grand l'a achetée de cette Princesse pour le donner à Henriette*

verité admirable: mais ils estoient encore plus rauis de voir le Duc de Nemours en ce qu'il sembloit n'ignorer rien des Sciences & des Langues, & qu'il prenoit vn singulier plaisir à composer plusieurs belles choses & rares (qui ne cedoient point aux ouurages de ce sçauant Prince Napolitain Mathieu d'Aquauiue Duc d'Atrie) & vaquer iour & nuit à l'estude dans sa vie sedentaire, à laquelle sa maladie l'obligeoit; sinon lors que le beau temps le conuioit d'aller à la chasse, où il se faisoit souuent mener en vne litiere découuerte, pour auoir le plaisir de voir courre vn cerf, vn cheureüil, vn lieure, vn renard, ou bien de voir voler vn heron, vn canard, vne perdrix, vne pie, fuyant suiuant les saisons toute oisiueté.

de Balsac Marquise de Verneüil, dont il a eu deux enfans, Monseigneur l'Euéque de Mets & Marquis de Verneüil, & feuë la Duchesse de la Valete premiere femme de Mr le Duc d'Espernon, & y a fait bâtir la belle Chapelle.

Tandis que Iaque Duc de Nemours employoit ainsi tout son temps, ou à donner des auis pour le bien de l'Estat, ou aux estudes des lettres, ou en ses bastimens & iardinages, ou aux exercices honnestes de la chasse, la Duchesse sa femme venoit souuent à la Cour du Roy Henry III. pour soliciter les affaires de leur maison, trouuer les moyens de fournir aux frais de la dépense que faisoit ce Prince magnifique, & se faire payer des debtes qui leur estoient deuës; estant bien venuë & honorée des grands & des petits, tant pour ses merites que pour estre la petite fille du Roy Louis le Pere du Peuple; entre autres des premiers Prelats de ce Royaume, comme ils firent voir luy ayans donné entrée en leur assemblée qui se tint à S. Germain des Prez lés Paris l'an 1580. comme i'ay appris de Guillaume de Taix Doyen de S. Pierre de Troye (qui fut aussi Abbé de Basse-Fontaine aprés ce grand homme d'Estat Sebastien de Laubespine Euéque de Limoges) en ses Memoires des affaires du Clergé de France.

Taix, d'argent, à deux fasces d'azur.

Durant ce temps Madame de Nemours, qui estoit en ladite Eglise de S. Germain, se disposoit de venir en nostre Assemblée, & par l'organe de l'Aduocat Versoris nous faire entendre comme iustement la somme de six vingts tant de mille liures qu'elle demandoit au Clergé luy estoit deuë, ledit Versoris en fit vne belle & longue Harangue, remonstrant la source & l'origine de ce debt, creé sur le Roy, premierement par loyal prest, & puis pour dot de mariage, pensions & recompenses de seruices, tant de Monsieur de Nemours, que de la posterité de ladite Dame, entendant & remarquant par cette posterité Messieurs ses enfans les Ducs de Guyse & de Mayenne, & depuis assigné sur le Clergé par bons contracts, desquels il faisoit apparoir, passez par les Sindics & tournez in rem Cleri, ayant deduit cela richement, comme il est grand Orateur. Monsieur de Lyon s'adressa à ladite Dame, qui comme petite fille d'vn Roy de France, estoit assize entre luy & Monsieur de Bourdeaux, lieu le plus eminent de la compagnie, & luy dit que la compagnie estoit marrie de ce qu'elle auoit pris la peine de venir là, & qu'il eust suffy que Monsieur Versoris y fust venu, & qu'incontinent que l'on auroit mis fin aux affaires que l'on auoit à traiter auec sa Maiesté, l'on luy feroit réponse, & toute raison & iustice.

Pierre d'Epinac Archeuêque de Lyon.

Ant. Prenost de Sansac A. de Bourdeaux.

Iacques de Sauoye Duc de Nemours, duquel Ronsard décrit la valeur & la beauté en l'vn de ses Sonnets, deceda à Annessy au Comté de Foucigny le 19. de Iuin 1583. estant plus accablé de maladies que d'années, laissant Anne de Ferrare veuue pour la seconde fois, non sans regret de suruiure à ce courageux Prince; mais elle eut cette consolation en sa perte, qu'elle le voyoit reuiure en deux beaux enfans, & genereux comme leur pere, Charles Emanuel Duc de Nemours né au Chasteau de Nanteüil le Haudoüin le 7. de Feurier 1567 lequel dés l'âge de quatre ans se fit admirer pour son adresse & sa hardiesse à la Cour d'Emanuel-Philibert Duc de Sauoye; & estant encore ieune durant nos guerres plus que ciuiles soustint le siege de Paris, non contre vn Prince foible d'experience, mais contre le plus grand Roy & le plus braue Capitaine de la terre. Ce Prince le plus suiuy & caressé des honnestes gens qui ait esté de son âge, & qui le meritoit aussi, digne d'vne plus longue & heureuse vie, estant decedé à l'âge de vingt-huit ans, au grand regret de la Duchesse de Nemours sa mere, eut pour successeur aux Duchez de Geneuois, & de Nemours son frere Henry de Sauoye Marquis de S. Sorlin, né à Paris à l'Hostel de Nemours, le trentiéme d'Octobre 1572. Prince vaillant & sçauant, duquel vn Prelat de nostre France, disoit de son viuant; que l'Europe nourrissoit peu de Princes qui luy

Thuanus.

Pingonus.

I. P. Camus Euêque de Belay.

fuſſent conferables pour l'intelligence de la delicateſſe de la Proſe & de la mignardiſe des Vers, les deux poles & les ſources de la parfaite eloquence. Ce Prince dernier fils d'Anne d'Eſt Ducheſſe de Nemours (qui eſt decedé au mois de Iuillet 1632) a eu d'Anne de Lorraine Ducheſſe d'Aumale ſa femme, (fille de Charles de Lorraine Duc d'Aumale, Comte de ſaint Valier, Seigneur d'Annet, & Grand Veneur de France, & de Marie de Lorraine d'Elbeuf ſon épouſe) decedée à Paris le dixiéme Feurier 1638. quatre enfans; à ſçauoir

François de Paule de Sauoye Prince de Geneuois, mort à l'âge de huit ans.

Louis de Sauoye Duc de Nemours, Prince de grande eſperance, fort courtois & affable, decedé Chreſtiennement à Paris dans ſon Hoſtel de Nemours, eſtant âgé de vingt ans, le 16. Septembre 1641. peu de iours après eſtre de retour du ſiege & priſe d'Arras, où il auoit bien ſeruy le Roy Louis XIII.

Charles Amedée de Sauoye, Prince bien né, premierement Duc d'Aumale, auiourd'huy Duc de Nemours par la mort de ſon frere, a épouſé le vingtiéme de Iuillet mil ſix cens quarante trois, Iſabelle de Vendoſme fille vnique de Ceſar Duc de Vendoſme, d'Eſtampes, & de Beaufort, & de Françoiſe de Lorraine Ducheſſe de Mercœur, Princeſſe de Martigues & d'Annet, & ſœur des Ducs de Mercœur & de Beaufort, de laquelle il a eu trois enfans, deux filles & vn fils. Ce Prince a ſeruy dignement noſtre ieune Monarque Louis Dieu donné, aux ſieges de Graueline, & du Fort de Mardick, ſous l'Alteſſe Royale de Monſeigneur le Duc d'Orleans oncle du Roy.

Ce genereux Prince a eſté bleſſé deuant ce Fort.

Henry de Sauoye Duc d'Aumale, & Marquis de ſaint Sorlin, ieune Prince qui nous fait eſperer qu'il ne degenerera pas de ſes anceſtres; mais qu'il ſuiura leurs traces & leurs inclinations, en ayant deſia donné de bonnes preuues dans le College de Clermont, ou des Ieſuites, où il a eſtudié, & ſouſtenu des Theſes en Philoſophie, & en Theologie auec l'admiration des aſſiſtans.

Anne d'Eſt Ducheſſe de Chartres, de Guyſe, de Geneuois,

uois & de Nemours, digne mere de tant de braues Princes des tres-illustres & tres-genereuses Maisons de Lorraine & de Sauoye, femme de deux grands Capitaines, fille & sœur des magnifiques Ducs de Ferrare, ausquels nul defaut ne se trouuoit sinon en leur bonté, leur generosité, & leur liberalité, passa le reste de ses iours par l'espace de 23. ans en viduité, pendant lesquels elle receut de grandes afflictions & déplaisirs, qu'elle porta auec vne grande constance. Elle vit mourir deux de ses fils, le Duc & le Cardinal de Guyse à Blois. Deux des autres, à sçauoir le Duc de Nemours Charles Emanuel, & le Duc de Mayenne ne viure pas en bonne paix & amitié, & méme durant leur meilleure intelligence vnir plutost leurs forces que leurs volontez à l'auancement de leur cause. Elle vit celuy-là arresté deux fois prisonnier à Blois & à Lyon, & celuy-cy auoir esté plus malheureux qu'heureux en ses desseins & entreprises. Elle supporta durant l'absence du Duc de Mayenne de Paris, l'insolence des Seize aprés la mort du President Brisson, auec vne grande patience accompagnée d'vne loüable discretion & prudence pour dissimuler sa douleur. Elle fut aussi quelques iours arrestée prisonniere à Blois & à Amboise. Deux Historiens modernes ont remarqué que cette Princesse estant embarquée sur la riuiere de Loire pour aller de Blois à Amboise, se retourna vers le chasteau de Blois où estoit la statuë du Roy Louis XII. son ayeul maternel, & s'écria la larme à l'œil & les mains au Ciel disant ces paroles : *Ah! grand Roy, auez vous fait bastir ce chasteau pour y faire mourir les enfans de vostre petite fille ?* Elle vid sa Maison & sa race la tres-illustre & tres-ancienne famille des Atestins ou d'Est, qui auoit duré plus de sept cens ans, & que les Ferrarois croyoient deuoir durer eternellement, prendre le chemin de ces illustres Maisons de Milan, de Montferrat, de Sanseuerin, de Malateste, de Saluces, de Seue & autres, iadis si celebres & si renommées dans l'Italie qui sont parmy les cendres, par la mort de son frere aisné Alfonse II. du nom V. & dernier Duc de Ferrare, decedé sans enfans au grand regret de ses suiets, particulierement des peuples du Ferrarois, & des habitans

Mathieu. Du Plessis.

L.

de la ville capitale, qui difoient que leurs Marquis & puis leurs Ducs qui portoient le nom d'Est, *Nel miſtero di quel nome, promettono l'eternità d'il gouuerno*, c'eſt à dire, dans le myſtére de ce nom ils ſe promettent l'eternité du gouuernement.

Si eſt-ce que les accidens nouueaux qui leur ſont ſuruenus depuis quelques années, les ont contraints d'adiouſter, *Quanto pero d'eternità puo dar' ne il mondo*, qui veut dire autant toutesfois d'eternité que le monde en peut donner. Veu qu'outre les tremblemens de la terre, particulierement celuy de l'an 1570. qui ont auttrefois ſecoüé bien rudement leur ville, & la riuiere du Pau qui gaſte tous les iours vne grande partie de leur territoire; le defaut de mâles (parce que Ferrare eſt vn fief de l'Egliſe) a donné occaſion au Pape Clement VIII. qui eſtoit lors Lieutenant de Dieu en terre, leur ayant oſté la ville & Eſtat de Ferrare, de leur faire auoüer qu'il n'y a que Dieu ſeul qui eſt au Ciel qui puiſſe porter en effet le nom d'Est: non pas que ce ne ſoit encore & autant que iamais vne tres-grande & illuſtre famille, & qui de tout temps, & même à preſent a eu de grands & notables perſonnages, les Cardinaux d'Eſt & les Ducs de Modene: mais c'eſt pour monſtrer que la vraye Maiſon d'Est eſt celle de Dieu, comme la ſeule qui ſe peut glorifier de ioüir de l'Eternité.

Par la mort d'Alfonſe d'Eſt Duc de Ferrare, qui n'auoit point eu d'enfans de ſes trois femmes, le Pape Clement VIII. (comme ie viens de remarquer) reünit ce beau Duché au domaine de l'Egliſe. La reuerence que cette grande Princeſſe fille d'vne fille de France portoit au S. Siege, fit qu'elle ny ſes enfans & petits enfans les Ducs de Guyſe, de Mayenne, & de Nemours, ne conteſterent pas ce Duché auec ſa Sainteté, comme fit Ceſar d'Eſt fils d'Alfonſe d'Eſt Marquis de Montecchio fils naturel d'Alfonſe I. Duc de Ferrare, qui fut contraint de quitter ce beau & riche Duché, & ſe contenter de ceux de Modene & de Rege, & de la Principauté de Carpy.

Ce Prince Ceſar d'Eſt (qui auoit eſté inſtitué heritier par ſon couſin Alfonſe deuxiéme Duc de Ferrare en vne partie de ses biens, auec Anne de Ferrare ou d'Est Duchesse de Nemours sœur du Ferrarois) voulut aussi prendre la qualité de Duc de Chartres, mais cette Princesse ne le voulut iamais permettre; pour raison dequoy il y eut vn grand procès & different entre Anne & Cesar d'Est, agité par quatre matinées en la Cour de Parlement de Paris, par Antoine & Isaac Arnauld Aduocats: car Anne de Ferrare Duchesse de Nemours pretendoit le Duché de Chartres & les villes de Montargis & de Gisors auec les engagemens sur les Vicomtez de Caen, de Bayeux & de Falaise luy appartenir par la loy d'Aubaine & en vertu du contract de mariage de Renée de France Duchesse de Ferrare sa mere. Cesar Duc de Modene au contraire soustenoit, que l'aubaine estant du droict positif & ciuil des François, il ne pouuoit pas obliger les Princes souuerains, mémement Etrangers, qui ne sont point astraints les vns aux autres que par le droit des gens, vniuersel par toute la terre, qui n'est reputée qu'vne grande Cité, de laquelle tous les peuples doiuent estre reputez Citoyens, & nul Forain & Etranger. Neantmoins la Duchesse de Nemours fondée en vn droict plus apparent & certain, obtint ce Duché & les autres biens par vn Arrest celebre donné au mois de May de l'an 1601. comme remarquent le President de Thou & les freres de sainte Marthe, & que l'on peut voir dans les Plaidoyez de Louis Seruin Aduocat general du Roy en la Cour de Parlement, qui donna ses conclusions en faueur de cette Princesse, qui est loüée pour sa douceur, sa bonté, sa liberalité, sa constance, sa generosité, & ses autres vertus par plusieurs de nos Historiens, entre autres par le President de Thou, qui n'en parle iamais sans Eloge dans tous les V. Tomes de l'Histoire de son temps, & souuent l'appelle HEROINE. Guillaume Cambden Anglois en fait aussi honorable mentiõ en son auis au Lecteur de son Histoire d'Elizabet Reine d'Angleterre, mortelle ennemie des enfans de cette Duchesse de Guyse & de Nemours, laquelle tant pour son extraction tres-illustre que pour ses perfections & merites a esté honorée par nos Rois Henry II. François II. Charles IX. & Henry IV. Ce dernier la pria d'aller à Mar-

Arnauld, d'azur, au cheuron d'or, accompagné en chef de deux rinceaux ou branches de palme, & d'vne montagne en pointe de méme.

Le Roy Henry II. auoit choisi pour Tenās auec sa Majesté au

Tournoy de la ruë de S. Antoine ou des Tournelles, trois Princes les plus adroits & vaillans, qui estoient le frere & les deux maris de cette Princesse Anne d'Est.

seille receuoir la Reine Marie sa femme, & assista aux entrées que fit sa Maiesté dans les villes de Marseille, d'Aix, d'Auignon, de Montlimart, de Valence, de Vienne & de Lyon.

En recompense de sa liberalité & de ses autres vertus, Dieu l'a fait viure plusieurs années, & a eu cette faueur du Ciel de paruenir à vne heureuse vieillesse, estant decedée à son Hostel de Nemours à Paris le 17. de May de l'an 1607. âgée de 76. ans, après auoir exhorté ses enfans & petits enfans de viure & suiure la vertu, la pieté & Religion de leurs peres, & leur auoir donné sa derniere benediction, & receu dignement & deuotement les saints Sacremens de l'Eglise, en presence de Charles Loppé Docteur en Theologie de la Faculté de Paris, Grand-Maistre du College de Nauarre, & Curé de S. André des Arcs, des Peres Alexandre George & Menage Iesuites, & de plusieurs Religieux Augustins qui l'ayderent à bien mourir. Son corps fut porté à l'Eglise de Nostre-Dame d'Annessy en Sauoye proche de celuy de Monsieur de Nemours son second mary, & son cœur à l'Eglise de S. Laurens au chasteau de Ioinuille en Champagne, où gist le Duc de Guyse son premier mary; ses entrailles inhumées en l'Eglise des Augustins de Paris.

On fit ses funerailles és Eglises des terres qui luy appartenoient, tant en France qu'en Sauoye, entre autres en celle de la Ferté-Bernard au païs du Maine, où Seuerin Bertrand Docteur és Droits en l'Vniuersité de Paris, & Curé de la Ferté, prononça l'oraison funebre qu'il a depuis publiée : lequel donne plusieurs beaux Eloges à cette Duchesse; entre autres qu'elle a esté l'vne des plus grandes & plus vertueuses Princesses de ce siecle, vne Iudit, vne Ester, vne Paule, vne seconde Blanche pour auoir éleué si noblement ses enfans; tres-sage en ses prosperitez, encore plus patiente en ses aduersitez; qui s'est renduë plus admirable & digne d'honneur & de respect par son humilité, sa pieté, sa modestie, sa magnanimité, & les autres diuines qualitez de son ame, que par la beauté de son corps, accompagnée d'vne grace singuliere, ses richesses, ses couronnes Ducales & toutes les grandeurs & les faueurs du monde.

Aprés l'oraison funebre de Seuerin Bertrand, l'on voit cet Epitaphe Latin composé par ce Docteur en Droict, ou par Denys Gaudin Lieutenant de la Ferté Bernard, lequel i'ay mis en François en faueur des Dames & des Lecteurs qui n'ont pas la connoissance de la langue Romaine.

A LA MEMOIRE DE LA PRINCESSE Anne de Ferrare Duchesse de Nemours.

ARRESTE toy Passant, approche & lis les loüanges de cette defunte. Tu apprendras son nom & les rencontres de sa vie. Louis XII. Roy de France estoit son ayeul, Hercule II. Duc de Ferrare estoit son pere, & tous deux ont esté la lumiere de leur siecle. Elle a esté mariée à deux Ducs, le premier fort de courage & genereux a chassé de la France ses ennemis auec l'honneur & la gloire des François, lequel enfin ayant esté malheureusement frappé par vn traistre assassin, mourut de ses blessures. Elle n'a point cessé d'honorer la memoire de ce defunt, & de regreter amerement sa mort. Aprés le Duc de Guyse elle épousa en secondes noces le Duc de Nemours, aussi grand par les exploits de ses armes, comme il estoit illustre par la Noblesse de sa Maison & sa vertu, lequel trépassa aprés auoir esté tourmenté de violentes & continuelles douleurs de la goutte, & a transferé à ses enfans ses merites, en telle sorte qu'il sembloit reuiure en eux. Les enfans de ses deux maris & par le nom de leur race & par les rencontres de leur vie ont succedé à la reputation de leurs peres, desquels la renommée a passé iusques à eux, puisque les peres & les enfans ont couru la méme fortune. Ceux qu'elle a eu pour maris en la vie, elle les a veus mar-

PIIS MANIBVS Principis Annæ à Ferraria Ducis Nemursiæ.

VIATOR siste viam, obuiam veni: hac huius defunctæ profero laudi. Audi nomen & omen. Auus Rex Galliæ Ludouicus XII. pater Hercules Secundus, FERRARIÆ Dux, & lux vterque sæculi: duobus nupta ducibus, quorum alter fortis animo & virtute, tutè Galliâ cum gloriâ Gallorum hostes vbicumque superauit, tandem proditore læsus obiit, defunctū amarè, & amarè obitum lugere non desiit. Post Guisium, Nemursium sponsum habuit, magnum armis, laudibus, & sanguine; qui podagra vexatus è vita decessit; & cessit filiis merita, itaut in illis renouaretur iuuentus. Vtriusque mariti sata est proles, nomine & omine digna parentum fama, cùm rumor paternus, liberis fuerit æternus; sorte cùm fortuna vna sit omnibus. Quos habuit maritos in morte vidit martyres: fœlix in puerorum partu, prudens in obi-

L iij

tu. Cùm ad hoc amborum plangeret funus, vnus iterum veneno mortem oppetiit, & petiit non vulgi clamorem, sed Dei amorem: semper in prosperis sapiens, in aduersis patiens, denota vota rogat; & sic casta castè vixit, vt digna bini Cæsaris mulier ætatis suæ LXXVI. Cor & corpus cordi & corpori virorũ reddi lubens ad Christum spiritum spirans, & volens euolauit Parisiis anno 1607. 16. Kalendas Iunij.

tyrs en leur mort. Heureuse en l'enfantemẽt de ses enfans, & prudente en leur decés: pendant qu'elle pleure la mort de deux de ses enfans, vn troisiéme fut empoizonné, lequel rechercha en mourant plûtost l'amour de Dieu que le secours des hommes. Elle a tousiours esté modeste en prosperité & patiente en aduersité. Passant ne refuse point l'assistance de tes prieres que te demande cette pieuse Dame, laquelle a tousiours vécu chastement, & qui a esté l'épouse de deux grands Capitaines. Elle a passé de cette vie à l'autre estant âgée de 76. ans, aprés, auoir commandé que l'on portast son cœur auec le corps de son premier mary, & son corps au tombeau de son second, & rendu son esprit à Iesus-Christ à Paris l'an 1607. le 17. de May.

ANNE D'ALENCON
MARQVISE
DE MONTFERRAT.

*Alençon, d'azur à trois fleurs de Lis d'or, à la bordure de gueules chargée de huit besans d'argent, 3. en chef, 2. en fasce, & 3. en pointe.
Ioseph Betussi.
Sainte Marthe.
Paleologue blazonné en l'Eloge de Marguerite Paleologue Duchesse*

ANNE d'Alençon ou de Valois estoit la fille puisnée de René Duc d'Alençon, & de Marguerite de Lorraine. Elle fut soigneusement éleuée auec son frere le Duc Charles & sa sœur Françoise par la Duchesse Marguerite sa mere, Princesse dont la memoire est venerable & sainte, laquelle la maria l'an 1493. ou selon la plus probable opinion l'an 1508. auec Guillaume Paleologue VIII. du nom, & 22. Marquis de Montferrat, issu d'Andronic Paleologue surnommé le Vieil, Empereur de Constantinople.

Ayant quitté la France pour demeurer en Italie auec le de Man-
Marquis son mary, elle donna dés son arriuée au Piémont toüe.
& au Montferrat l'esperance qu'elle seroit l'ornement & la d'argent au
gloire des Dames d'Italie, comme la Duchesse d'Alençon chef de
sa mere l'estoit de nos Princesses de France. Guillaume gueules.
Marquis de Montferrat s'estima bien-heureux & fortuné
d'auoir pour femme vne si sage & si vertueuse Princesse, issuë de si noble & illustre Maison que la Royale Maison de
France, digne fille d'vne si sainte mere, qui estoit le miroir
& le parangon des belles & des vertueuses de son temps.
Anne d'Alençon eut du Marquis Guillaume son mary trois
enfans, vn fils vnique & deux filles. Le fils fut Boniface
Paleologue VII. du nom, Marquis de Montferrat mort
sans enfans; la fille aisnée nommée Marguerite (de laquelle ie décriray l'Eloge en ce Liure) fut heritiere du Marquizat de Montferrat, & mariée à Federic de Gonzague I.
Duc de Mantoüe, duquel elle eut entre autres enfans ces
trois fils, François & Guillaume successiuement Ducs de
Mantoüe & Marquis de Montferrat; ainsi la Maison de
Montferrat & celle de Mantoüe ne firent plus qu'vn Estat:
& Louis qui estant venu en France pour iouïr des biens
qu'il auoit herité de nostre Anne d'Alençon son ayeule
maternelle, épousa Henriette de Cleues Duchesse de Niuernois, & donna des heritiers à la tres-illustre Maison de
Neuers, qui possede maintenant les Duchez de Mantoüe
& de Montferrat: la puisnée des filles d'Anne d'Alençon
& de Guillaume Marquis de Montferrat fut comme la
Marquize sa mere nommée Anne, & épousa Louis Marquis de Salucés.
Saluces,
Anne d'Alençon est digne d'estre loüée pour la noblesse d'argent, au
de sa Maison, & celle du Marquis son mary: elle est encore chef d'a-
plus loüable pour son courage & sa valeur, auec laquelle zur.
elle a conserué son credit & son authorité, & s'est maintenuë dans la modestie & la pieté. La liberalité est vne des
vertus qui l'a renduë plus recommandable, ayant esté tout
le cours de sa vie la mere & la protectrice de ceux qui a-
uoient quelque disgrace & necessité. Mais ce qui l'a fait plus
estimer, c'est qu'elle a sceu distribuer ses aumosnes auec

tant de discretion, & si bien regler toutes ses faueurs, ses graces & ses courtoisies, qu'elle n'a obligé que ceux qui le meritoient, ayant par son accortise, sa rare prudence & sa douceur de paroles contenté ceux qu'elle iugeoit indignes de ses liberalitez, croyant que c'estoit commettre vn crime que de prodiguer ses biens à des personnes inutiles & fai-neantes. Quand elle sçauoit que quelque homme de sçauoir estoit reduit à l'étroit faute de moiens, elle l'aidoit fort charitablement de ses deniers.

Aprés les exercices de pieté qu'elle auoit appris en la sainte école de sa mere, elle n'auoit point de plus grand contentement que d'occuper son esprit à la lecture de bons Liures, lesquels quand ils sont leus auec attention & bonne intention, seruent grandement aux Dames pour acquerir ces cinq principales vertus, la deuotion, la modestie, la chasteté, la discretion & la charité, qui les rendent sages & vertueuses : car la deuotion forme l'interieur, la modestie la fait voir dans l'exterieur auec la bien-seance requise, la chasteté perfectionne l'vne & l'autre, la discretion l'applique à la conduite des autres, & la charité couronne toutes ses actions. Cette Heroine pratiqua toutes ces vertus, comme elle a fait paroistre, tant lors qu'elle mena vne vie priuée auec ses Dames & Demoiselles, que depuis qu'elle eut pris la charge du gouuernement du Marquizat de Montferrat, duquel elle s'aquita auec vne telle dexterité, qu'elle sceut obliger tous ses amis & humilier ses ennemis, ie veux dire ses voisins qui regardoient d'vn mauuais œil sa bonne & sa sage conduite, & enuioient son bon-heur & sa prosperité. Elle viuoit auec ses suiets comme leur mere & leur sœur, aussi ils s'estimoient bien-heureux d'auoir vne si bonne maistresse, laquelle estoit la Dame non seulement de leurs biens, mais aussi de leurs cœurs & affections, lesquels n'auoient point de plus grande passion que de luy plaire, & témoigner par leur fidelité l'estime qu'ils faisoient de sa vertu & de son merite.

Durant les guerres de Piémont & de Sauoye, qui suruindrent pour les differens qu'eut nostre grand Roy François, auec Charles Duc de Sauoye & l'Empereur Charles V.

qui

qui supportoit le Sauoysien, & tous les autres ennemis de cette Couronne, elle conserua son Etat en son entier, ayant par sa prudence sceu se maintenir & conseruer en la bonne grace de ces deux puissans Monarques François & Charles, qui donnerent charge à leurs Capitaines que leurs soldats ne gastassent & incommodassent les terres de la Marquize de Montferrat, belle & sage Princesse qui s'est eternisée par son courage, sa valeur & sa pieté, mille fois plus honorablement que n'ont pas fait plusieurs Rois & Empereurs par leurs marbres, leurs Palais, & leurs obelisques.

Cette Marquize, comme sçauante & pieuse, auoit vne tres-belle deuise, sçauoir vn rameau d'oliue tout sec, qu'vne Colombe venant à arrester de son bec fait reuerdir par la branche qu'elle touche, & pour marque de son effet porte ces mots, FIDES MAIORA FACIT, *la foy fait de plus grandes choses.* Car la Colombe est vne figure du S. Esprit troisiéme personne de la Trinité: & la foy ou confiance que nous auons en luy a plus d'effet sur la creature pour indisposée qu'elle soit à ses graces, que n'est celuy qui paroist en cette deuise de rauiuer vne branche morte & à demy pourrie, ou plustost que cette confiance opere par la grace du S. Esprit, ce qui est impossible à la nature, iusques à rendre la vie aux choses qui en sont priuées: tant rien ne doit estre desesperé où la grace de Dieu se peut esperer.

Typotius in symbolis.

M

ANNE DE CAVMONT
COMTESSE DE S. PAVL,
& Duchesse de Fronsac.

Nompar de Caumont, d'azur, à trois Leopards d'or l'vn sur l'autre ou posez en fasce, couronnez, lampassez & armez de gueules: ainsi les portoit cette Princesse, & les portent aujourd'huy les Marquis & le Duc de la Force, Iaque Nompar de Caumont Mareschal de France, & sa fille Iaqueline de Caumont Comtesse d'Orual: les Comtes de Lauzun de cette Maison (dont il y a eu deux Chevaliers de l'Ordre du S. Esprit creez par les Rois Henry III. & Louis XIII.) portent le même nom, mais diverses armes, à sçavoir tiercé en bande d'or,

ETTE vertueuse & deuote Princesse Anne de Caumont, Comtesse Doüairiere de saint Paul, & Duchesse de Fronsac, de laquelle le nom & la memoire seront à iamais en benediction parmy les gens de bien, nâquit le 19. iour de Iuin de l'an 1574. vingt-vn iours après le decés du Roy Charles IX. à Castelnau en Agenois, l'vne des terres de la Maison de Caumont.

Ses pere & mere estoient Geofroy de Caumont & Marguerite de Lustrac, qui faisoient tous deux profession de la Religion pretenduë Reformée. Geofroy son pere estoit l'aisné & le chef du nom & des armes de l'illustre Maison de Caumont en Agenois, Seigneur de plusieurs grandes Terres & Seigneuries en ce païs-là, il mourut l'an 1574. au mois de Mars en sa terre de Castelnau. Marguerite de Lustrac estoit seule heritiere de la Maison de Lustrac, principale en noblesse & en richesse entre toutes celles du Dioceze de Sarlat en Perigord, où les Seigneurs de cette Maison-là sont renommez pour leur valeur, & pour auoir fait plusieurs notables fondations aux Eglises & aux Hospitaux, & aussi dans le Dioceze & Euéché de Perigueux. Cette tres-riche & belle Dame Marguerite de Lustrac (de laquelle la beauté & bonne grace est loüée par Ioachim de Bellay, & la douceur par François de Billon) auoit esté mariée en premieres noces auec Iaques d'Albon Marquis de Fronsac, Seigneur de S. André, Doches, S. Germain, Valery, Mareschal de France, Maistre de la Garderobe, & premier Gentil-homme de la Chambre, & Gouuerneur de Lyonnois, Forests, Auuergne, Bourbonnois, Beauiolois,

DES DAMES ILLVSTRES.

Dombes, la haute & basse Marche, & Combrailles; assez connu par tous ceux qui ont leu les Escriuains de nostre Histoire, qui fut tué à la bataille de Dreux l'an 1562. De ce mariage, il ne resta à Marguerite de Lustrac, qu'vne seule fille Caterine d'Albon, qui fut destinée femme à Henry de Bourbon Prince de Condé, pere de Monseigneur le Prince qui vit auiourd'huy. Cette Demoiselle qui auoit esté liurée à Louis de Bourbon grand pere de Monsieur le Prince, mourut à la Rochelle peu de iours auant la iournée, prise & arrestée pour celebrer ses noces auec Henry de Bourbon Marquis de Conty, fils aisné de Louis Prince de Condé. Caterine d'Albon estoit fort belle de corps, & auoit encore l'ame plus belle: car elle estoit fort sage, pieuse, & Catholique. Iamais sa mere qui quitta la vraye & ancienne Religion pour professer le Caluinisme aprés la mort du Mareschal de saint André, son premier mary, grand ennemy des nouueaux Sectaires, ne luy pût faire embrasser la Religion Huguenote ny par douceur, ny par rigueur. Elle mourut d'affliction, & de tristesse pour la crainte qu'elle eut que l'on luy fist quitter la Religion Catholique, estant pour ce suiet là, continuellement obsedée par des Ministres.

de gueules & d'azur. Cette Maison du surnom de Caumont, fort illustre & celebre en Guyenne & Gascongne, prend pour premier surnó celuy de NOMPAR, à cause d'vn duel & cóbat inégal, fait il y a fort long-temps, par cét Heros, Richard de Caumont, contre deux Geás Sarrazins Murgales & Golias qu'il tua de sa main, &

portoit (selon Fauin au liure 3. de son Theatre d'Honneur) de gueules, à deux Leopards d'or, l'vn sur l'autre, à la bordure d'argent. Le cry de la genereuse Race & Famille des Nompar de Caumont, (comme l'on voit aux titres & vieilles Tapisseries de la Maison) est FERM CAVMONT, c'est à dire, ferme, ou inébranlable.

Par la mort de Caterine d'Albon, Marguerite de Lustrac sa mere deuint heritiere d'vne grande partie des biens & meubles fort precieux du Mareschal de saint André, & acquit des heritiers de ce Seigneur (tant chery & honoré du Roy Henry II. son bon Maistre) la moitié de la Terre de Fronsac, qui leur estoit écheué, l'vnissant auec l'autre moitié qui luy appartenoit, comme vn acquest fait durant son premier mariage, & partant deuint Marquise de Fronsac.

*Lustrac, fascé d'argét & d'azur de 8. pieces, d'autres disent de 6.
Albon, de sable, à la Croix d'or, au lambel de gueules, quand ie dis lambel simplement, il faut entendre de trois pendans ou pieces.*

Le Prince de Condé, Louis de Bourbon, estant veuf de Leonor de Roye sa premiere femme, fut en traité de mariage auec la Mareschale de saint André, Marguerite de Lustrac, dont ce Prince fut quelque temps passionnément

M ij

amoureux, aprés auoir quitté l'affection qu'il auoit pour vne Demoiselle de fort bonne maison, qui estoit l'vne des filles suiuantes de la Reyne Caterine de Medicis, (comme remarque le President de Thou au Liure 15. de son Histoire) & il y eut des articles dressez & signez entre-eux, par l'vn desquels elle donnoit (& de fait liura) de fort riches tapisseries, & la Terre de Valery.

Monsieur le Prince s'estant marié, au preiudice de ce qu'il auoit promis à Marguerite de Lustrac, auec Françoise d'Orleans fille posthume de François d'Orleans Marquis de Rotelin & de Iaqueline de Rohan, & sœur de Leonor d'Orleans Duc de Longueuille, la Mareschale de saint André fut recherchée par Monsieur de Caumont, qui enfin l'espousa l'an 1572.

De ce mariage, qui ne dura pas deux ans, prouinrent deux enfans, Iean de Caumont, & Anne de Caumont fille posthume, née trois mois aprés le decés de son pere. Iean de Caumont ne suruéquit à son pere Geofroy Seigneur de Caumont, que cinq ans & quatre mois : car il mourut au Chasteau de Caumont le 5. de Iuillet de l'an 1577. Par le decés de ce ieune Seigneur, de cette genereuse & illustre Maison, Anne de Caumont sa sœur fut heritiere de tous les grands biens de la Maison de Caumont, qui luy estoient écheus, & consideré comme presomptiue heritiere de Marguerite de Lustrac sa mere, si grande & si riche Dame, & pour les biens de la Maison de Lustrac, & pour ceux qui luy estoient écheus par la mort de Caterine d'Albon sa fille, comme il a esté dit cy-dessus : en sorte qu'Anne de Caumont fut l'ambitieuse pretention de plusieurs Princes & grands Seigneurs qui la demanderent à Madame sa mere, quoy qu'elle ne fist alors que commencer la VI. année de son âge. La Doüairiere de Caumont Marguerite de Lustrac sa mere, ne voulut point entendre à vn d'entre tant de diuers Princes dont on luy parloit, se souuenant du peu de foy & d'estime que luy auoit témoigné le pere de ce Prince ; elle rèmit les autres (aprés les auoir tres-humblement remerciez de l'honneur qu'ils luy faisoient à elle & à sa fille) iusques à ce que sa fille fust plus auancée en aage. D'entre les Seigneurs dont il se parla deslors, le Vicomte de Turene Henry de la Tour, (qui depuis a esté Duc de Boüillon & Mareschal de France) le Prince de Carency aisné de la branche d'Escars la Vauguion, & le fils de Monsieur de Biron estoient des plus illustres & les plus considerables.

 Marguerite de Lustrac mere d'Anne de Caumont, ne persista pas long-temps en la resolution qu'elle auoit prise de surseoir à deliberer, lequel d'entre ceux qui recherchoient sa fille elle choisiroit: car ou vaincuë par les artifices de Iean d'Escars Vicomte de la Vauguion, qui estoit tuteur de sa fille vnique, ou comme elle disoit, desirant que les grands biens de son enfant, voire les siens après sa mort, demeurassent à quelqu'vn des parens de Geofroy Seigneur de Caumont son second mary (duquel elle honora singulierement la memoire tant qu'elle véquit) elle prit la resolution de prendre pour gendre le Prince de Carency Charles d'Escars, ainsi le nomme Monsieur de Thou en son Histoire, les sieurs de Sainte Marthe l'appellent Claude, fils vnique du susnommé Iean d'Escars Seigneur de la Vauguion, & d'Anne de Clermont sa femme, d'autant qu'il estoit proche parent du feu Seigneur de Caumont son mary, & allié à la Royale Maison de Bourbon: car Iean Seigneur ou Vicomte de la Vauguion, pere de Charles ou Claude d'Escars Prince de Carency, estoit fils de François d'Escars Seigneur de la Vauguion Mareschal & Seneschal de Bourbonnois, & d'Isabelle de Bourbon Princesse de Carency, Dame de Busquoy & Aubigny, fille de Charles de Bourbon Seigneur de Carency & de Busquoy, & de Caterine d'Alegre son épouse.

 Il y auoit vne difficulté qui n'estoit pas petite à surmonter, Iean Vicomte de la Vauguion estoit le tuteur d'Anne de Caumont fille vnique de Marguerite de Lustrac, & partant on ne pouuoit pas marier son fils auec la pupille de son pere. Pour leuer cet obstacle, auec vne procuration de Madame de Caumont pour requerir au Roy Henry III. qu'elle peust marier sa fille auec le Prince de Carency, le Seigneur de la Vauguion son pere obtint des Lettres du grand seau portant permission & dispense pour ce faire. En suite la

Escars la Vauguion au 1. & 4. de gueules, au pal de Vair, à la bordure engreslée d'argent: au 2. & 3. d'azur à trois fleurs de Lis d'or, au baston de gueules pery en bãde, chargé de trois lionceaux d'argent, à la bordure de gueules, qui est de Bourbon Carency.

Dame de Caumont & le Vicomte de la Vauguion passent vn contract de mariage entre le Prince de Carency & Demoiselle Anne de Caumont leurs enfans, par lequel entre autres choses Madame de Caumont sa mere la reconnoist pour sa seule & principale heritiere, & promet dés qu'Anne de Caumont sa fille aura l'âge de douze ans de paracheuer ce mariage.

Peu de temps aprés, Monsieur de la Vauguion creut qu'Armand de Gontaud Seigneur de Biron, Mareschal de France & Lieutenant general en Guyenne, qui depuis fut tué à Espernay durant les guerres de la Ligue, negotioit auec la Douairiere de Caumont pour rompre le contract de mariage qu'elle auoit passé auec luy, pour donner sa fille à Charles de Gontaud Baron de Biron, qui depuis a esté Admiral, Mareschal, Duc & Pair de France, & Gouuerneur de Bourgongne, si renommé, & pour ses exploits militaires, & pour sa fin desastreuse.

Gontaud écartelé d'or & de gueules en banniere.

Quoy qu'il en fut (car Madame de Caumont nioit absolument d'auoir eu encore cette pensée) le Seigneur de la Vauguion feignant de venir visiter la Dame de Caumont & sa belle fille pretenduë, se saisit de la maison où elles estoient, & accompagné de beaucoup de Gentils-hommes ses parens & amis, enleua la mere & la fille, & les amena à la Vauguion, où il les faisoit soigneusement garder. La Dame de Caumont peu de temps aprés obtint de ce Seigneur, de l'ancienne & noble Maison des Comtes d'Escars, de pouuoir aller en ses maisons en Agenois, & auant que partir ils firent fiancer leurs enfans.

Marguerite de Lustrac Dame de Caumont ne fut pas si tost en liberté, qu'elle prit la resolution de retirer sa fille des mains de Monsieur de la Vauguion, & aidée du Mareschal de Biron fit plusieurs entreprises à cette fin, dont pas vne ne reüssit, & ne seruit à autre chose qu'à rendre ennemies ces deux puissantes Maisons, & enfin, quoy que sous vn autre pretexte, estre cause du duel qui arriua cinq ans aprés entre les Seigneurs de Carency & de Biron, auquel prés de Vanues & d'Issy furent tuez sur la place le Prince de Carency, Charles Seigneur d'Estissac l'vnique heritier d'vne si an-

DES DAMES ILLVSTRES. 95

cienne & noble Maison, & le sieur de la Batie par Charles de Gontaud de Biron & ses seconds, Bertrand de Pierre Buffiere sieur de Ienissac & Monpesat Laugnac, comme l'on peut voir au liure 85. de l'Histoire du President de Thou, & plus amplement chez Daudiguier en son liure des Duels, & plusieurs autres Ecriuains qui en ont remarqué toutes les particularitez dans leurs Oeuures, ausquels les curieux pourront auoir recours: car il n'est pas seant à vn Prestre & Religieux de s'amuser à décrire ces detestables & damnables combats saintement condamnez par les Canons de l'Eglise, & iustement par les Edits de nos Rois.

Pierre Buffiere, de sable, au Lyon d'or.

Monsieur de la Vauguion pour sa plus grande seureté, dés qu'Anne de Caumont eut atteint la huitiéme année de son âge, la fit épouser au Prince de Carency son fils, & veillant soigneusement sur son thresor, faisoit garder sa belle fille dans le chasteau de la Vauguion bonne & forte maison, & ne sembla iamais penser à la faire instruire en la Religion Catholique, soit qu'il reseruast cela à quelque autre temps plus opportun, ou qu'il ne s'en souciast pas, tant y a que les mesmes femmes que sa mere luy auoit données, qui toutes estoient de la Religion pretenduë Reformée, furent tousiours auec Madame de Carency (car c'est ainsi qu'on la faisoit nommer) tant qu'elle fut à la Vauguion.

Aprés la mort du Prince de Carency, tué en duel l'an 1586. par le Baron de Biron, comme i'ay rapporté cy-dessus, Charles de Lorraine Duc de Mayenne, (qui estoit General de l'armée que le Roy Henry III. auoit enuoyée en Guyenne contre les Huguenots) & Marguerite de Lustrac Dame de Caumont, conuinrent par des entremetteurs par eux nommez du mariage d'Henry de Lorraine Comte d'Aiguillon fils aisné de Charles Duc de Mayenne, & d'Anne de Caumont fille vnique & heritiere de la Dame Doüairiere de Caumont, laquelle lors de la mort du Seigneur de Carency son premier mary n'auoit qu'onze ans huit ou neuf mois. Pour faire reüssir ce dessein le Duc de Mayenne fit enleuer Anne de Caumont du chasteau de la Vauguion, auec le consentement & à la priere de la Dame de Caumont (quoy que ses ennemis ayent publié lors le contraire,

Biron eut sa grace du Roy Henry III. par la faueur du Duc d'Espernon.

Ce Prince a esté depuis aussi Duc de Mayenne & d'Aiguillō, Pair & Grand Chambellan de France, & Gouuerneur de l'Isle de France & de Guyenne.

Thuanus.

& dit qu'il n'auoit fait le voyage de Guyenne que pour enleuer cette riche heritiere, comme rapporte fidelement le
President de Thou) & la mit auprés de la Duchesse de
Mayenne Henriette de Sauoye sa femme, auec les mesmes
Demoiselles qu'elle auoit à la Vauguion, & voulut que
iusques à tant que le Comte d'Aiguillon l'eust épousée,
qu'on l'appellast la Marquise de Fronsac.

Au retour du Duc & de la Duchesse de Mayenne du païs
de Guyenne, ils reuinrent à la Cour, menans auec eux la
petite Marquise de Fronsac leur belle fille, ainsi l'appelloient-ils, de là ils furent en Champagne, & puis en Bourgongne Gouuernement de ce Duc, alors il fit dire à sa belle fille qu'il vouloit qu'elle fist profession de la Religion Catholique, Apostolique & Romaine, & qu'elle allast à la
Messe. Et afin qu'on ne luy donnast point de contraires
impressions, il luy fit oster sa Gouuernante, & ses Demoiselles & filles de Chambre qui n'estoient pas Catholiques.
Quoy que la Marquise de Fronsac fust enfant, elle eut
beaucoup d'ennuy d'estre priuée de sa Gouuernante & de
ses autres domestiques qu'on éloigna d'auprés d'elle; & si
bien elle alloit à la Messe & aux Sermons auec la Duchesse
de Mayenne & sa fille aisnée Caterine de Lorraine depuis
Duchesse de Neuers, voire qu'vn Pere Iesuite luy eust donné instruction de la foy Catholique, elle disoit depuis franchement, qu'en son interieur elle n'auoit point changé de
croyance, iusques à ce qu'on la voulut faire communier;
alors ayant esté entretenuë par vn Prestre sçauant & pieux,
de la grandeur du mystere de la sainte Eucharistie, & auec
quelle amour & reuerence les Chrestiens deuoient receuoir cet auguste sacrement, elle pria qu'on luy baillast vne
Bible à lire, & que dans le Nouueau Testament on luy
marquast les passages où il estoit parlé de ce haut & diuin
mystere. La misericorde de Dieu fut si grande sur elle, que
lisant & relisant ces textes, & après en conferant auec vn
deuot Prestre, le S. Esprit fit vn si notable changement en
son cœur, qu'elle deuint Catholique, & plusieurs fois, comme elle l'a raconté à ses plus familiers, elle en pleuroit de
tendresse, & sortoit comme hors d'elle mesme, luy estant
auis

auis qu'elle ne remercioit pas assez cordialement la bonté Diuine pour vn si grand benefice, comme estoit celuy de l'auoir aggregée à sa sainte Eglise.

Sa veritable conuersion fut à Pasques l'an 1587. depuis elle eut tousiours vne fort particuliere deuotion au saint Sacrement de l'Autel, & communioit souuent, receuant le S. Sacrement tous les Dimanches & toutes les Festes que l'Eglise ordonne estre chomées, si ce n'est que par fois en celles de Pasques & de Pentecoste elle ne communioit pas tous les iours: outre cela elle receuoit la sainte Eucharistie tous les iours ausquels l'Eglise fait memoire des graces & des mysteres arriuez à la tres-sainte Mere de Dieu, tous les iours des Festes des saints Docteurs de l'Eglise, des Fondateurs & des Fondatrices des Ordres de Religieux & de Religieuses, & nommément à toutes les deuotions des PP. Iesuites, de S. François, de S. Dominique, & des Carmelites, les iours de sainte Monique, de sainte Claire, de sainte Agnés, le premier iour de Caresme, le iour de sa naissance, & de celle du Duc de Fronsac son fils, & le iour du trépas d'iceluy, & du Comte de saint Paul son mary, tous les premiers Ieudis du mois, le iour du decés de ses amis, pour lesquels elle communioit vne fois, & au trépas des Religieuses de S. Thomas, pour lesquelles elle faisoit celebrer la sainte Messe, & bien souuent trois fois pour ceux qui luy auoient esté plus familiers; mesme elle assistoit à leurs seruices & enterremens: ie luy ay veu rendre ces deuoirs à quelques-vns de nos Religieux, entre autres au P. Robert Regnault, decedé le 18. Ianuier de l'an 1642. Iamais pas vn de ses domestiques ne deceda, quelque petit & vil qu'il fust, qu'elle ne luy rendist ce charitable office.

Chacun sçait les malheurs qui arriuerent en France és années 1588. & 1589. durant les guerres de la Ligue, où le Duc & la Duchesse de Mayenne se virent éleuez en tant de grandeur, & conceurent de si hautes esperances, qu'ils penserent à vne alliance plus illustre & releuée pour le Comte d'Aiguillon leur fils aisné, que celle de la Marquise de Fronsac; & cela fut si vray que la Du-

N

Des Prez Mompe-zat, d'or, à trois báies de gueules, au chef d'a-zur chargé de trois molettes d'argent.

chesse de Mayenne luy fit proposer le mariage d'Emanuel des Prez, dit de Sauoye, Marquis de Villars, fils aisné du premier lit de cette Duchesse. Dequoy la Marquise de Fronsac estonnée, & faschée de cette nouuelle proposition en deuint malade d'ennuy, & demeura en langueur plus de deux ans, durant lesquels elle ne manqua pas de faire auertir la Dame de Caumont sa mere de ce changement, la priant & coniurant par ses lettres de la rappeller auprés d'elle. Cela estoit malaisé à faire pendant l'horrible embrazement & confusion des guerres ciuiles: neantmoins elle receut des lettres de sa mere, qui luy donnoit esperāce qu'elle seroit retirée bien tost des mains où elle estoit.

Les affaires de ceux de la Ligue estant en vn estat deplorable és années 1593. & 1594 la Marquise de Fronsac pria de viue voix & par lettres le Duc de Mayenne de la renuoyer à Madame sa mere, à quoy ce Prince Lorrain ne voulut iamais entendre, luy donnant & faisant donner diuerses esperances, que le pourparler & arresté fait entre ledit Seigneur Duc & Madame de Caumont sa mere s'executeroit, & qu'elle se donnast patience. La Marquise qui iugeoit que ce n'estoit que de vaines paroles pour l'amuser, pressoit tousiours plus instamment Madame de Caumont sa mere de la retirer prés d'elle: ladite Dame estant venuë à la Cour du Roy Henry IV. qui estoit lors à Mante, & ce fut vers la fin de l'an 1593. Henry d'Orleans I. du nom Duc de Longueuille fit proposer à la Dame de Caumont le mariage de François d'Orleans Comte de S. Paul son frere auec la Marquise de Fronsac sa fille; aprés quelques conferences sur ce suiet ils en demeurerent d'accord.

Monsieur le Comte de S. Paul portoit écartelé d'Orleans-Longueuille & de Bourbon, que nous blasonnerons en la vie de Madame la Marquise de Belle-isle sa sœur.

Et sur ce que le Duc de Mayenne (quelque instante priere que luy fit la Marquise de Fronsac de la renuoyer à sa mere) ne répondoit qu'ambiguement & auec des remises, la Marquise trouua bonne la proposition que Madame de Caumont sa mere luy fit faire de sortir de Soissons traueftie en pauure Demoiselle, & que dés aussi tost qu'elle seroit hors du fauxbourg elle trouueroit vne troupe de trois cens cheuaux, à la teste desquels seroit le Comte de saint Paul, qui la meneroit chez vne grande Dame assez proche de Soissons, où on la lairroit iusques à ce que la Dame de Caumont en compagnie du Duc de Longueuille & du Comte de S. Paul son frere, & de mes Demoiselles leurs sœurs la vinst prendre pour la mener à Paris, où les noces se feroient.

Le iour & l'heure ayant esté arrestez, à l'ouuerture de la porte de la ville de Soissons la Marquise de Fronsac sortit suiuie d'vne Demoiselle, & l'vne & l'autre vestuës fort simplement: & la Marquise ayant commandé à deux de ses domestiques de sortir à méme temps qu'elle par vne autre porte de la ville, afin de se rencontrer en vn lieu arresté entre elle & eux au fauxbourg; comme elle attendoit ses deux domestiques, il arriua qu'vn de ceux qui estoit enuoyé pour y receuoir la Marquise, & qu'on auoit débandé de la troupe pour retourner à toute bride auertir ceux qui estoient là pour l'enleuer, fit vne action sans pourtant parler, qu'elle interpreta à contre sens, & creut que quelque empéchement estoit suruenu. De sorte que la Marquise de Fronsac s'en retourna tout court dans la ville: mais l'vn de ses domestiques l'estant venu trouuer en vne Eglise dans la ville, & luy ayant asseuré que tout estoit prest, & en tel estat qu'elle pouuoit desirer, elle sortit derechef: mais quelqu'vn qui par fortune s'estoit rencontré à l'ouuerture de la porte de Soissons lors qu'elle estoit sortie la premiere fois, la voyant resortir alarma le corps de garde, leur disant que c'estoit quelque personne déguisée, qui auoit quelque entreprise sur la ville: on suit donc la Marquise & sa Demoiselle & on les fait demasquer enuiron le milieu du fauxbourg, là les soldats l'ayant reconnuë la ramenerent à la Duchesse de Mayenne; cela arriua lors du siege de Laon: on fit encores enuiron deux mois après vne autre entreprise, mais la Duchesse Doüairiere de Montpensier sœur du Duc de Mayenne en ayant donné auertissement à Soissons, on ne put pas l'executer.

En ce temps-là le Duc de Mayenne qui aimoit cherement & prisoit beaucoup la vertu & le merite de la Marquise de Fronsac, employa toute sorte de caresses, pour la diuertir de la resolution qu'elle auoit faite de retourner auec la Dame de Caumont sa mere, mais ne l'en pouuant pas détourner, pource que la Marquise luy disoit tres franchement que c'estoit vn dessein dont elle ne se départiroit iamais, & la Marquise ayant auec tout le respect dont elle se pût auiser, aussi refusé le Duc de Mayenne de luy accorder encore vn an qu'il luy auoit demandé par vne lettre qui luy fut renduë par vn Gentil-homme expressément enuoyé pour cela; ce Prince Lorrain par vne depesche qu'il fit à la Duchesse de Mayenne sa femme, luy commanda de dresser vn equipage de littiere, de carrosse & autre train conuenable à la Marquise de Fronsac, & la faire accompagner de quelques Dames & de Gentils-hommes qualifiez qui la suiuissent & accompagnassent iusques à ce qu'ils l'eussent remise és mains de la Dame de Caumont sa mere; ce qui fut enfin executé.

 Peu de iours aprés l'arriuée d'Anne de Caumont Marquise de Fronsac à Paris, où lors estoit la Cour, elle fut fiancée à ce Prince de la Maison d'Orleans-Longueuille nommé François, Comte de saint Paul, (& le iour arresté auquel ils se deuoient marier) Dieu, qui a tousiours meslé beaucoup d'amertume auec les contentemens qu'a eu cette vertueuse Dame, détrempa cette allegresse auec vne chose bien fascheuse. La Dame de Caumont sa mere fut si mécontente d'vne obmission de deuoir auquel le Comte de saint Paul auoit manqué enuers elle, qu'elle vouloit la veille des noces qu'on les differast, auec dessein formel de les rompre. Anne de Caumont sa fille luy remonstra que par son exprés commandement elle auoit donné sa foy & son affection à Monsieur le Comte de S. Paul, que Madame la Doüairiere de Longueuille Princesse de la Maison de Bourbon, le Duc de Longueuille, mes Demoiselles ses sœurs estant venuës à Paris pour assister au mariage du Comte de Saint Paul & d'elle, elle la supplioit tres-humblement qu'auec ses bonnes graces & sa permission elle accomplist ce qu'en presence du Roy & par son ordre & sa volonté elle auoit promis; & de fait ils furent épousez au iour prefix & arresté au mois de Feurier de l'an 1595. auec la commune satisfaction des mariez & de leurs parens.

La serenité de cette ioye fut bien-tost troublée par l'accident funeste de la blessure mortelle du Duc de Longueuille Henry I. qui arriua à Dourlens au commencement du mois d'Auril de cette mesme année 1595. Madame la Comtesse de Saint Paul (ainsi l'appellerons-nous au reste de cette Vie) sentit cette perte tres-amerement, pour la grande amitié & estime que ce Prince luy auoit témoignée.

François d'Orleans Comte de S. Paul fut pourueu par la mort du Duc de Longueuille son frere du Gouuernement de Picardie, & peu aprés son installation en cette charge il traita auec le frere de Gomeron, qui le receut dans le chasteau de Han, & en suitte il prit la ville, où il y auoit vne forte garnison Espagnole, laquelle aprés vn long & obstiné combat fut forcée.

Ce bon euenement fut suiuy d'vn grand desastre. Le Comte de S. Paul, le Mareschal de Boüillon & l'Admiral de Villars allerent pour rafraischir d'hommes & de munitions la ville de Dourlens, assiegée par Pierre Henriquez de Azebedo Comte de Fuentes: les François y furent battus, & le Comte de S. Paul faillit à y estre fait prisonnier, son cheual estant tombé comme il estoit dans la meslée, & demeuré sans haleine. La Comtesse de S. Paul ayant sceu cette défaite, en eut vn tres-grand ennuy, craignant que Monsieur son mary duquel elle n'auoit point de nouuelles y eust esté tué, ou qu'il fust prisonnier, il éuita ce peril, d'autant que Harzilemont son Escuyer dans le fort de la meslée descendit de cheual, & le bailla à son Maistre, qui par ce moyen se démesla des ennemis, & son Escuyer demeura prisonnier.

Le Comte de S. Paul perdit en cette iournée-là, funeste par la mort d'André de Brancas Marquis de Villars & Admiral de France, de l'élite de la Noblesse de Picardie & de Normandie, & de beaucoup de Seigneurs & de Gentilshõmes qu'il aimoit cherement, dont il eut tant de regret qu'il en deuint malade, & fut long-temps à languir, dont la Comtesse de S. Paul eut beaucoup d'ennuy & d'apprehension: car outre ce que ie viens de dire, dés aussi tost que le Com-

N iij

te de S. Paul put monter à cheual il retourna ioindre l'armée du Roy, dont Ludouic de Gonzague Duc de Neuers estoit General, & auec les troupes qu'il pouuoit rallier des garnisons de son Gouuernement, il faisoit diuerses entreprises & rauages au païs d'Artois.

Peu aprés les Espagnols ayans pris Calais & Ardres, places du Gouuernement de Picardie, outre les perils de la guerre ausquels par là son mary estoit exposé, il leur conuenoit faire vne dépense excessiue & par dessus leurs moyens.

Si les miseres & les desordres de la guerre auoient meslé beaucoup d'amertume parmy les douceurs des deux premieres années du mariage de la Comtesse de S. Paul, la troisiéme qui fut l'an 1597. fut encore plus remplie d'infortunes pour elle, qui estant à Amiens (où le Comte de S. Paul son mary s'estoit rendu, pour ménager vne entreprise qu'il auoit sur Arras) se trouua prisonniere des Espagnols, qui surprirent Amiens l'onziéme de Mars de cette méme année. Elle passa sept ou huit iours auec beaucoup d'affliction, pour ne sçauoir pas au vray qu'estoit deuenu le Comte son mary, qui n'ayant pû rallier quelques habitans d'Amiens sortit aprés auoir laissé les siens à la garde d'vne porte, pour aller querir à Bauue des troupes de Suisses, & les ramener au secours de cette ville capitale de Picardie : mais à grand peine estoit-il à vn demy quart de lieuë de la ville, que les Espagnols suruenans se rendirent maistres de cette porte là.

Cette calamité si funeste à la France, & qui apporta beaucoup de dõmage à la Comtesse de S. Paul, qui y perdit quantité de meubles de grand prix, fut supportée par cette excellente Princesse auec si grand courage & generosité, qu'elle fut iugée par les ennemis mémes digne d'être respectée : & de fait aprés le sac de la ville, & auant que la premiere iournée du pillage fut passée, le General Espagnol Hernand Tel de Puerto Carrero la visita, & la traita auec tant de courtoisie & de ciuilité, qu'il luy accorda tout ce qu'elle luy demanda, & mesme en faueur de ceux qui s'auoüerent à elle, & peu de iours aprés il traita auec la

Comtesse, & de sa rançon & de celle de ceux qu'elle disoit estre ses domestiques, dont plusieurs ne l'estoient point: ils conuinrent aussi du rachat des meubles qui n'auoient point esté deplacez & pillez par les premiers Espagnols qui sacagerent la maison; le prix desquels deuoit estre considerable, puis qu'ils venoient des liberalitez de Henry II. au Mareschal de S. André son fauory.

Au sortir d'Amiens Anne de Caumont Comtesse de S. Paul alla à Abbeuille, où la contagion estoit tres-cruelle, les grandes pertes qu'elle venoit de faire & ses incommoditez ne l'empescherent pas qu'auec vn amour & vn soin extreme pour le Comte de S. Paul son mary, elle n'épuisast son credit & n'empruntast de tous costez, afin qu'il parust & pust faire vne belle dépense durant le siege d'Amiens, & après à la suite du Roy Henry IV. elle se reduisant & pour sa personne & pour les siens à viure auec peu de dépense à Abbeuille, où tous ses diuertissemens estoient de prier Dieu, & assister auec beaucoup de charité vn grand nombre de personnes affligées, les vns par la misere des guerres, les autres par la contagion.

Il auint durant son seiour à Abbeuille vn matin comme elle reuenoit de l'Eglise, que deux pauures femmes tenant vne petite fille âgée de quatre ou cinq mois, luy demanderent dequoy auoir du laict pour cet enfant, le pere & la mere de laquelle estoient morts de peste, & n'auoient laissé aucuns biens. Cette charitable Princesse fut touchée de si grãde compassion, qu'à l'heure méme après l'auoir fait visiter par les Medecins pour voir si elle n'auoit aucun mal contagieux, elle la bailla à vne bonne nourrisse, & après qu'elle fut seurée la prit chez elle, la fit éleuer auec soin, & à sa suite bien instruire à la pieté, puis luy fit apprendre à faire diuers ouurages, & enfin la dota & la maria richement.

Le Comte de S. Paul qui estoit vn fort beau Prince, & excessiuement dépensier après les choses qui luy plaisoient, mais tres-chiche és autres, abusãt de la facilité & de l'amour que sa femme auoit pour luy, commença auec grande profusion à prodiguer son bien & celuy de cette Princesse, & la reduire à vn equipage peu sortable à sa naissance, à ses grands biens, & à la qualité où Dieu l'auoit éleuée par son mariage. Mais elle porta tous ces mauuais & indignes traitemens auec vne parfaite moderation, luy rendant tousiours vn extreme respect, & couurant auec beaucoup de prudence tous ses déplaisirs.

Cinq ans aprés son mariage, auquel elle auoit rencontré beaucoup d'épines & souffert de tres-fascheuses incommoditez, elle deuint grosse, dont elle eut la consolation qu'on peut penser : mais Dieu qui a mené cette vertueuse Princesse par vn chemin tres-rude, plein d'afflictions & de croix, voulut que cette ioye fust courte. Il aduint que deux Gentils-hommes domestiques du Comte son mary se querelerent, & oublierent tellement le respect qu'ils deuoient à la maison d'vn Prince, & de leur Maistre, qu'ils mirent la main à l'épée dans la cour de son logis, & leur Maistre estant dans sa chambre qui auoit veuë sur cette cour y accourut, & ayant l'épée à la main descendit pour les empescher de se battre ; quelques-vnes des femmes de Madame la Comtesse s'estans écriées, elle alla vers la fenestre pour voir que c'étoit, & croyant que c'estoit à Monsieur son mary qu'on en vouloit, elle s'éuanoüit tout à l'heure, & accoucha d'vn garçon qui estoit dans le neufiéme mois, mais qui n'eut qu'vn quart d'heure de vie aprés auoir receu le Baptéme ; cela auint l'an 1599.

Les affaires domestiques du Comte & de la Comtesse de S. Paul empiroient tous les iours, & les excessiues dépenses que ce Prince faisoit, & particulieremét celle qu'il fit au voyage de Sauoye auec le Roy Henry le Grand, incommoderent leur maison, dont la Comtesse seule souffroit le déplaisir. Le Comte de S. Paul dépensant sans mesure, & laissant cette Princesse sa femme dépourueuë presque de tout ce qui luy estoit necessaire, reduite à viure bien petitement à vne maison à la campagne, ou à Amiens, où il falloit emprunter la plus grande partie de ses necessitez, tandis que son mary viuoit auec des profusions & magnificences à la Cour ; ce qu'elle souffroit auec vne modestie & patience toute Chrestienne.

Ce luy fut encore vn grand ennuy, lors qu'il la força à

à accorder vn grand procés, auquel son conseil disoit qu'il n'y auoit rien à craindre, & que l'euenement n'en pouuoit estre que tres-fauorable pour elle : & neantmoins ce Prince luy fit quitter à sa partie quinze mille liures de rente, à quoy elle auoit longuement resisté, mais enfin elle se rendit, Monsieur son mary luy disant que son obstination estoit cause que le Roy l'en regardoit de mauuais œil.

L'année 1604. elle deuint grosse pour la seconde fois, & accoucha heureusement d'vn fils qui fut nommé Leonor au Baptéme, & depuis porta le titre de Duc de Fronsac : il nâquit à Amiens la nuit d'entre le 9. & 10. de Mars l'an 1605. duquel la naissance est loüée tant en Prose qu'en Vers par Adrien de la Morliere Chanoine de Nostre-Dame d'Amiens. Le Roy Henry le Grand erigea le Marquisat de Fronsac en Duché & Pairie en faueur de François d'Orleans Comte de S. Paul, & de son fils vnique Leonor d'Orleans âgé de quatre ans, au mois de Ianuier 1608. verifié en Parlement le 18. Feurier ensuiuant, pour ioüir de ce Duché & Pairie par le Comte de Saint Paul, & aprés luy par Leonor son fils, & leurs successeurs & ayans cause, tant masles que femelles, à la charge qu'en defaut de masles la dignité de Pairie sera éteinte, demeurant le Duché pour estre heritage aux enfans & heritiers du Comte de S. Paul & de son fils, encore que ce soient femelles ou ayans cause d'eux, & y a derogation à l'Edit d'vnion à la Couronne faute de masles.

A. de la Morliere en ses Antiquitez d'Amiens.

Le Cardinal de Richelieu a depuis acheté ce Duché.

Ce fils si ardemment demandé à Dieu, si longuement attendu, fut fort malaisé à éleuer, & fut suiet à de fort grandes maladies iusques à l'âge de sept ans : aprés il se porta mieux, & quoy qu'assez souuent malade, il ne le fut iamais dangereusement que lors qu'il eut la petite verole, de laquelle il ne luy resta aucune difformité au visage, ny incommodité en sa santé.

Ce ieune Prince beau, courageux & de fort riche taille, autant que pas vn de pareille naissance l'ayt esté de son temps, ne laissa pas d'estre cause de beaucoup de fascheries à la Comtesse de S. Paul sa mere, d'autant que le

Comte son pere ne voulant rien retrancher de ce qu'il employoit auec grande profusion pour ses plaisirs, ne fournissoit pas ce qui estoit necessaire pour éleuer ce braue Prince Eleonor d'Orleans Duc de Fronsac son fils selon sa qualité : tellement que c'estoit à la mere à y pouruoir, ce qu'elle fit (auec des fatigues incroyables tant que ce cher fils fust en vie) se priuant de plusieurs choses qui estoient necessaires à sa personne, suppleant à ce qui estoit plus necessaire au Duc de Fronsac son fils par emprunts & à gros interests.

 L'enfant reüssit heureusement, & aux exercices de l'esprit & du corps, iamais il ne se fit vn plus excellent meslange de maiesté & de douceur, que celle qui reluisoit en son visage, adroit à tout ce qu'il faisoit, soit à pied, soit à cheual, de fort bonne grace, courtois, genereux, & fort desireux de choses grandes : sa riche & forte taille faisoit qu'on le croyoit plus âgé qu'il n'estoit pas. Anne Comtesse de S. Paul ayant ietté les yeux de tous costez sur qui elle pourroit confier l'instruction de ce Prince son fils vnique, fit le choix du sieur Magne, personnage qui a toutes les perfections requises à la charge de Gouuerneur d'vn grand Prince : mais parce que la modestie est autant reseruée en la loüange des viuans, que la verité est liberale en celle des defunts, ie ne puis pas le loüer estant plein de vie, ny pour son sçauoir ny pour sa probité assez connuës en cette ville & par toute la France.

 Ce Prince de l'illustre Maison d'Orleans-Longueuille Eleonor Duc de Fronsac, ne cessoit de faire prier le Comte de S. Paul son pere & Anne de Caumont sa mere, de l'enuoyer à l'armée du Roy Louis XIII. durát le siege de Montauban. Ce Monarque estant reuenu l'hyuer d'aprés à Paris, & retournant à son armée au Printemps de l'an mil six cens vingt-deux, il luy fut accordé de suiure sa Maiesté aux Isles de Rié, où le Seigneur de Soubise fut défait. Aprés au siege de Royan, & puis à celuy de Montpellier où il fut tué, percé de trente-deux coups le 2. Septembre mil six cens vingt-deux, en la 18. année de son âge. Cet accident si funeste à sa Maison, laquelle en sa branche finit en luy, si ruineux à cette mere, laquelle aprés Dieu n'auoit point de consolation ny d'esperance qu'en ce cher & vnique fils, luy fut annoncé par vn Pere Iesuite en sa maison de Coutras, aprés vn entretien qu'elle venoit de luy faire de sa meditation de ce iour là, qui auoit esté sur ce point, que Dieu permettoit tres-iustement & misericordieusement pour déprendre nos ames de l'excessif amour qui les attache aux creatures, que de cette source coulassent tous leurs ennuis. Ie l'épreuue tous les iours en moy, dit-elle, car mon fils estant le seul obiet de mes pensées sur la terre, c'est de luy que procedent toutes mes fascheries, s'il est en santé i'apprehende qu'il la perde, s'il est malade l'euenement de son indisposition me trauaille mortellement, & de ce fils (à l'auanture trop aimé de moy) sort tout ce qui m'afflige. S'estant fort estenduë sur ce suiet, peu à peu le Pere Iesuite prit de là l'occasion de luy dire l'accident de son fils : à cette nouuelle elle demeura comme transie, & ses femmes l'ayant iettée sur son lit, où elle fut assez long-temps les yeux leuez au Ciel, & les mains iointes, les premieres paroles qu'elle profera furent ces mots du Pseaume 115. *Dirupisti Domine vincula mea, tibi sacrificabo hostiam laudis*: cela dit elle fut assez de temps sans parler, ny se plaindre, ny pleurer, puis elle demanda si pas vn des domestiques de Monsieur son fils n'estoit arriué, luy ayant esté répondu qu'oüy, elle commanda qu'on l'appellast promptement, estant venu en sa presence la premiere chose dont elle l'enquist aprés s'estre ainsi écriée (ha ! ie n'ay plus de fils,) ce fut s'il auoit esté confessé peu auant sa mort & depuis les blessures receuës. Vn Pere de la Compagnie de Iesus loüe cette pieuse Heroine pour sa moderation en ce triste accident.

Vous auez rompu les liens qui m'attachoient, ie vous dois vn sacrifice de loüanges.

Le R. P. Pierre le Moine au Liure V I I. de ses Peintures Morales.

Anne Comtesse de saint Paul suruéquit à ce desastre prés de vingt ans, qu'elle passa auec vn extreme ennuy, mais auec vne tres-grande resignation & conformité aux volontez de Dieu. Elle écriuit dés le lendemain qu'elle eut appris cette malheureuse nouuelle au Comte de Saint Paul son mary vne lettre pleine de graues & Chrestiennes remonstrances, l'exhortant à faire bon vsage de cette aduersité. Le Roy Louis X I I I. luy escriuit vne lettre de consolation, & vne au Comte de saint Paul, que l'on peut voir chez le sieur Baudier en l'Histoire de ce grand Heros Iean de S. Bonnet Seigneur de Toiras, la terreur des Anglois & des Espagnols, & tres-digne Mareschal de France.

Toiras, d'argent, à trois fers de cheual de gueules, troisiez d'or, 2. & 1.
S. Bonnet de gueules au Lyon d'or.
Cet Heros portoit escartelé de Toiras & de S. Bonnet, sa mere estoit de la Maison de Claret S. Felix, qui porte de gueules à 3. peiles d'argent posées en pal, le manche en bas, 2. & 1.

Depuis ce temps là elle se détacha du monde, & ne se mesla iamais d'affaires, qu'autant que les interests du Comte de Saint Paul l'y obligerent. Mais autant qu'elle s'esloignoit du siecle, & sur tout de la Cour, viuant fort retirée & petitement, autant le Comte de S. Paul son mary taschoit de viure auec splendeur & esclat, faisant vne profuse dépense qui ne s'accordoit point auec le bien qu'il possedoit, ne tenant compte de cette Comtesse sa femme, & ne luy baillant que fort petitement dequoy fournir à son entretien. Cette rigueur & mépris fit qu'aprés vne trop longue patience, elle fut reduite à demander d'estre separée de biens, ce qu'elle obtint de la Iustice, & aprés cela le reuenu de son bien luy pouuant fournir raisonnablemét pour sa dépense, elle la retranchoit assez souuent, se priuant de ce qui luy estoit necessaire, afin que son mary put paroistre selon sa cóndition, mesme emprunta souuent d'assez notables sommes pour l'en accommoder. Et qui plus est pour payer les debtes de ce Prince, qui auoit desia dissipé le bien de sa femme, (en ayant alienè plus de trente mille liures de reuenu en belles terres) par vne generosité & bonté singuliere, elle vendit encore vne terre de vingt-deux mille liures de rente, le prix de laquelle fut presque tout employé à acquiter les debtes de son mary le Comte de S. Paul, lequel suruesquit le Duc de Fronsac son fils prés de dix ans, & finit par vne mort soudaine, quoy que non impreueuë par la grace de Dieu & par les auertissemens de cette deuote & vertueuse Comtesse sa femme, qui ne cessoit de luy representer qu'il estoit menacé d'apoplexie, & qu'il deuoit frequenter les saints Sacremens de Penitence & d'Eucharistie, afin d'estre tousiours en bon estat : ses remonstrances furent de tel poids enuers ce bon Prince son mary, que le dernier mois de sa vie il auoit esté quatre ou cinq fois à confesse.

DES DAMES ILLVSTRES. 109

Madame sa femme qui estoit fort malade lors de la mort de son mary (arriuée à Malesherbes au mois d'Octobre de l'an 1631. comme il retournoit de Chasteauneuf sur Loire à Paris) aussi tost qu'elle sceut son decés, quelque malade & affligée qu'elle fust, pourueut auec pieté & magnificence à ce que les honneurs conuenables à la naissance de ce Prince de la Maison d'Orleans-Longueuille son mary fussent rendus à sa memoire & à son corps, qui fut inhumé auec ceux des Princes ses predecesseurs les Ducs de Longueuille, les Comtes de Dunois, & les Marquis de Rotelin à la sainte Chapelle de Chasteaudun. Elle fit aussi payer exactement tout ce qui estoit deu aux seruiteurs domestiques du Comte son mary, leur departit l'equipage de ce Prince, & continua depuis aux Gentils-hommes de Monsieur son mary l'estat qu'il leur donnoit, & retint prés d'elle ceux dont elle se put charger, & qui estoient les moins accommodez.

Il y en a quelques-vns qui ont receu les honneurs de la sepulture à Nostre-Dame de Clery.

Depuis que cette pieuse Princesse fut veuue, elle donnoit tous les ans aux pauures, soit à diuers Hospitaux, aux honteux & malades de sa Paroisse, & en secourant le besoin de plusieurs personnes & familles de bonne naissance, presque autant que montoit la dépense ordinaire de toute sa maison: car durant les onze années de sa viduité, il n'est presque iamais auenu qu'aucun pauure l'ayt requise de secours, que si elle a eu de l'argent sur soy ou dans sa cassette, ou si son Argentier en a eu, & qu'elle ait esté en cette rencontre à l'Hostel de cette charitable Comtesse, qu'il soit party de sa presence éconduit & sans estre assisté.

Quelques Dames & Demoiselles qui ont eu le bon-heur de demeurer ou seruir cette Princesse, & Monsieur Magne Gouuerneur de Monsieur le Duc de Fronsac, qui a eu l'honneur par trente années d'estre son domestique, m'ont asseuré luy auoir veu reglement garder cette façon de vie là. On l'éueilloit à sept heures du matin, puis on fermoit son rideau, & la laissoit-on vn bien petit quart d'heure prier Dieu, puis ses femmes l'ayant leuée elle s'enfermoit iusques enuiron les dix heures dans son prier-Dieu, sans qu'elle souffrist qu'on l'interrompist, si ce n'estoit pour

O iij

chose de tres-grande importance, & qui ne pût estre differée, ou pour parler à des personnes de si grand respect qu'on ne pouuoit pas les renuoyer sans inciuilité. Sur les dix heures elle sortoit de son cabinet pour s'habiller, puis elle oyoit la sainte Messe, à quoy mesme en voyage elle ne manquoit iamais : la Messe dite elle arrestoit deuant l'Autel iusques à ce qu'on eust apporté sa viande, aussi tost après le repas, elle entroit pour vn bien peu de temps dans son cabinet, & faisoit à genoux sa priere, puis resortoit & estoit iusques enuiron trois heures & demie dans sa chambre à s'entretenir, ou auec ses gens d'affaires, ou à trauailler à des ouurages à quoy elle se plaisoit beaucoup, ou à receuoir des visites ou à les aller rendre ; puis entre quatre & cinq si sa compagnie se retiroit elle rentroit seule dans son cabinet, où elle estoit en priere iusques à sept heures, & quelquefois vne petite demie heure dauantage, puis retournée en sa chambre elle continuoit ses ouurages, ou s'entretenoit auec ses domestiques iusques entre huit & neuf qu'on luy apportoit à manger, qui estoit tres-legerement le soir : car on ne luy seruoit que des œufs frais & quelques poires cuites, ou vn peu de cotignat ou autres confitures : après auoir deseruy, elle rentroit en son Oratoire pour prier Dieu, au sortir de là elle faisoit lire quelque liure d'Histoire ou de voyage iusques enuiron onze heures, lors elle commandoit qu'on se retirast, & personne ne demeuroit en sa chambre que ses femmes, aussi tost elle rentroit dans son prier-Dieu, où elle estoit plus d'vne grosse heure, & pas vne d'elles n'eust osé y entrer si cette deuote Princesse ne l'appelloit, à l'issuë on la deshabilloit, puis après elle se mettoit à genoux à la ruelle de son lit & faisoit son examen de conscience, & se couchoit enuiron demie heure après minuit. Si les compagnies ou les affaires auoient empesché ses deuotions de l'apresdisnée, elle ne mangeoit point du tout le soir, & entre huit & neuf heures entroit en son prier-Dieu, & n'en sortoit point qu'après minuit.

 Ceux aussi qui ont eu l'honneur de frequenter à l'Hostel de cette Princesse, sçauent que iamais elle n'a manqué à ieusner (si elle n'estoit incommodée de quelque grande maladie) tout le Caresme, les Quatre-Temps & Vigiles que l'Eglise commande de ieusner, ne faisant en Caresme qu'vne fort legere collation auec six ou huit pruneaux & vn peu de pain, és autres Vigiles le plus souuent elle ne mangeoit rien du tout.

Enuiron quatre ou cinq ans auant sa mort elle craignit de perdre la veuë, pour tascher à destourner ce mal, elle pratiqua plus d'vn an vn tres-exact regime de vie, se purgeant deux fois la semaine, selon l'auis de son Medecin, reserué la saison des grandes chaleurs de l'Esté; iamais iusques à cet accident elle n'auoit gueres songé à sa santé. Six ou sept mois aprés que la Comtesse de S. Paul n'eust plus tant d'apprehension de deuenir aueugle, il luy suruint vn mal exterieur aux oreilles, & en suite à la teste, que les Medecins disoient estre vn effort de nature qui se déchargeoit en dehors, elle les pria & obtint d'eux que pour faire cesser cette incommodité ils la purgeassent à bon escient, ce qu'elle obtint d'eux au grand preiudice de sa santé.

Parmy les grandes qualitez de cette Princesse, elle est digne de toute loüange pour auoir esté tres-chaste & trespudique, peu de personnes d'entre celles de son sexe l'ont deuancée en pureté d'esprit : elle estoit singulierement modeste, recueillie, graue, d'vne contenance maiestueuse, aimant la netteté & en son corps & en ses habits autant que les plus curieuses, sans affeterie pourtant.

Elle tomba malade l'onziéme iour de Iuin de l'année 1642. son mal commença par vn grand frisson qui la saisit sur les sept heures du matin, & fut suiuy d'vne grande ardeur & assoupissement qui termina sa vie le 17. du mesme mois aprés trois heures du matin, l'an 68. de son âge, qu'elle eût entierement accõply si elle eust vécu encore deux iours.

Durant sa maladie qui fut si courte elle communia deux fois, la premiere la nuit entre le douze & treize de Iuin peu aprés minuit, aprés que son Confesseur eust dit la Messe : la seconde communion qu'elle receut pour Viatique fut le xv. du mesme mois sur les neuf heures du matin, vn Dimanche auquel ce iour là écheut la Feste de la Tressainte Trinité ; & l'vne & l'autre fois elle receut le corps de nostre

Seigneur IESVS-CHRIST, estant à genoux sur la plateterre. Lors qu'on luy apporta de la paroisse de Saint Paul le Viatique, ayant entendu la clochete du Clerc qui va deuant le S. Sacrement, elle se leua & se fit mener iusques à la porte de sa chambre, & là estant à genoux adora le precieux Corps du Sauueur, puis suiuit Nicolas Mazure Docteur en Theologie de la Faculté de Paris de la Maison de Sorbonne, & Curé de S. Paul, qui mit le S. Ciboire sur vn petit Autel preparé pour cela, lors cette pieuse Princesse, se prosterna toute estenduë deuant le S. Sacrement, & ne se voulut point leuer qu'aprés que le Curé le luy eust commandé, à peine de desobeïssance, puis elle se confessa estant assise dans vne chaire, & aprés auoir fait sa profession de foy, & dit plusieurs actions de grace, & fait quelques actes de contrition, se tourna vers le S. Sacrement, & auec vne contenance fort humble elle dit, *Vous sçauez mon Dieu & mon Sauueur, que par vostre misericorde ie ne demande si ce n'est que vostre sainte volonté soit faite, en moy & par moy; que ie ne souhaite ny santé ny d'estre deliurée de douleurs, mais seulement que ce que vous voulez m'auienne.* Elle communia estant à genoux, & soustenuë par dessous les bras retourna à la porte de la chambre, & agenoüillée adora derechef le Corps de son Redempteur.

Le 16. de Iuin au matin sur les huit à neuf heures, elle receut tres-deuotement l'Extreme-Onction, & auant cela par la permission du Curé de S. Paul & du P. de S. Iure elle fit venir tous ses domestiques, leur demanda à tous pardon, les priant humblement de l'excuser si iamais elle les auoit faschez, & voulut donner à chacun vn chapelet afin qu'ils priassent Dieu pour elle : puis ayant esté ointe & fortifiée par la vertu de ce Sacrement, elle fit plusieurs remonstrances à quelques vns des siens, particulierement aux moindres & aux plus ieunes, & les ayant consolez elle leur donna à tous, & à leur tres-humble & instante priere sa benediction, aprés que le P. de S. Iure son Directeur luy eust leué le scrupule que par modestie elle en faisoit, & l'eust priée de donner cette consolation à ses domestiques.

La nuit qui fut la derniere de sa vie en la terre, elle se confessa

fessa entre neuf & dix heures, puis fit dire enuiron la minuit les Litanies des SS. & celles de la Vierge, demanda aprés cela qu'on leust la Passion de nostre Seigneur IESVS-CHRIST, sur les trois heures du matin on fit les recommandations & prieres pour l'heureux depart de son ame, ausquelles toutes les fois qu'il y escheoit elle respondoit, & auertit vne de ses femmes qui disoit *ora pro nobis* de dire *ora pro ea*, & adiousta *car c'est pour moy que vous priez*.

Enuiron vn quart d'heure aprés le R.P. de S. Iure luy ayāt fait produire diuers actes de foy, d'amour, & de confiance en Dieu, & en fin de contrition, & luy ayant faict inuoquer plusieurs fois le tres saint nom de IESVS & celuy de MARIE, & en suite donné l'absolution elle expira en moins de temps qu'on ne mettroit à dire vn verset d'vn pseaume, le 17. de Iuin 1642. entre trois & quatre heures du matin.

Ainsi a vécu, ainsi est morte cette incomparable Princesse Anne de Caumont Comtesse de S. Paul, & Duchesse de Fronsac, laquelle estoit tres vertueuse, charitable, pleine de discretion & de moderation, liberale, genereuse, de grand & haut courage, affable, aisée à seruir, patiente sans bassesse, eloquente, propre sans curiosité, son action sentant sa personne de haute naissance.

Iamais personne n'a commandé auec plus de douceur, & (si ce n'a esté peut estre à quelqu'vn des plus petits d'entre ses domestiques) tous ses commandemens estoient adoucis de cette parole, *Ie vous en prie*, ou *s'il vous plaist faites telle chose, allés là*: si par mesgarde ou oubliance on n'effectuoit point ses commandemens, si on luy auoüoit la verité, & qu'on ne luy alleguast point de mensonges, elle excusoit facilement celuy qui auoit manqué, & luy recommandoit auec vne grande debonnaireté de s'en resouuenir.

Sa genereuse liberalité enuers ses domestiques ou les autres à qui elle donnoit estoit accompagnée d'excuses & de termes pleins de courtoisie, pour loüer les seruices ou les merites de ceux à qui elle donnoit, & de prieres ou excuses afin qu'on fust satisfait de la petite reconnoissance auec laquelle elle s'enreuanchoit. Aux pauures & aux necessiteux qui venoiēt luy demander l'aumosne dans le logis, si c'estoit

P

en hyuer elle les faisoit entrer dans sa châbre, & approcher du feu, s'enqueroit de leur besoin le plus pressé, & leur faisoit en suite quelque remonstrance Chrestienne, & leur ayant faict quelque secours, les auertissoit de retourner à vn tel iour du mois, ou à vne telle feste, & ainsi leur departoit au iour prefix tous les mois ou à tel iour sa charité. Cette deuote & liberale Comtesse compatissoit singulierement aux miseres ou spirituelles ou corporelles des plus affligez, & on faisoit chose qui luy estoit fort agreable, de luy dire où estoient les plus delaissez & abandonnez qu'elle alloit soigneusement visiter, les assistant auec vne feruente Charité, pleine de compassion & de tendresse.

Il y auoit à Orleans vne pauure femme qui n'estoit point connuë de personne de la ville, & laquelle ne voulut iamais dire d'où elle estoit sortie. Cette creature estoit pleine d'vlceres, d'où sortoient infinité de vers, particulierement des playes de son sein, elle estoit si foible qu'à peine auoit-elle le mouuement des mains & de la langue, les escroüelles estoient le moindre de ses maux, tellement qu'il sortoit vne étrange puanteur de son corps. Cette deuote & charitable Princesse la visitoit vne fois la semaine lors qu'elle estoit à Orleans, où d'ordinaire elle passoit la pluspart de l'Automne. Cette pauure miserable étoit dás vne cahuette, sans autre iour que celuy qui venoit de la porte ouuerte, qu'vne pauure femme fermoit la nuit, (les Peres Capucins d'Orleans la secouroient auec tres grande Charité) quand la Comtesse de S. Paul l'alloit visiter, elle commandoit à ses Demoiselles & à son Escuyer de se tenir en quelque iardin proche de là, & donnoit ordre que ses valets de pied demeurassent prés de là sans entrer: ses Demoiselles & tous les autres n'auoient pas grande peine à luy obeir, à cause de l'horrible puanteur & du lieu & de la malade. Vn iour par curiosité elles se tinrent derriere vne treille qui espandoit ses feüilles sur cette cabane, où la Comtesse de S. Paul ne les eust pas sceu voir, pour entendre ce qu'elle luy disoit & ce qu'elle luy donnoit, elles oüirent que leur tres-pieuse & tres-charitable maistresse exhortoit cette pauure personne à endurer patiemment ses maux, & demander à IESVS-CHRIST la perseuerance, & à ne murmurer point pour tant de peines qu'elle enduroit, puis elle luy donna quelque piece d'or, & luy disant adieu, l'embraſſa & colla ſon viſage contre le ſien qui eſtoit plein d'vlceres & de bouë, & enfin la baiſa en la bouche. Sortie de là elle fit vne remonſtrance à ſes Demoiſelles & aux autres qui la ſuiuoient, pour leur faire voir combien elle & eux eſtoient redeuables à la miſericorde de Dieu, qui quoy que peut eſtre plus grands pecheurs que cette perſonne ſi accablée de douleurs, Dieu neantmoins leur donnoit vne ſanté non incommodée de pauureté. Ceux qui ſçauent combien cette Dame aimoit les exquiſes ſenteurs pourront mieux iuger quelle force elle ſe faiſoit: car peut-eſtre perſonne n'a iamais tant aimé les parfums & les bonnes odeurs que cette Princeſſe là.

Tous les ans ſur la fin du mois d'Octobre, & le plus ſouuent la veille de la Feſte de tous les Saints, elle faiſoit vne confeſſion generale de toute l'année, à ſon Directeur, & s'il eſtoit abſent elle l'enuoyoit querir quelquefois bien loin, comme elle fit l'année 1622. après la mort du Duc de Fronſac ſon fils. Cette Princeſſe enuoya prier le P. Barthelemy Iaquinot de venir de Toloſe iuſques à Coutras. Elle a eu pour Directeurs les trente dernieres années de ſa vie le Pere Iaquinot Diionois, qui a eſté Prouincial en diuerſes Prouinces de ſa Compagnie, & les RR. Peres Iean Arnoux & Iean Baptiſte de S. Iure (celuy-cy qui a écrit pluſieurs Liures ſpirituels, entre autres vn *de la connoiſſance & amour de Noſtre Seigneur*, & celuy là qui a eſté Confeſſeur & Predicateur du Roy Louis XIII.) s'ils étoient obligez à s'éloigner, elle prenoit ſelon leur auis le Confeſſeur qu'ils luy nommoient.

Par le conſeil du Pere de S. Iure (qui l'aſſiſta en ſa derniere maladie iuſques au dernier ſoûpir) enuiron deux ans deuant ſon decés, tous les mois elle faiſoit vn exercice de trois iours, & durant iceux pour eſtre en plus grande recollection elle ne voyoit pas meſme ſes domeſtiques qu'aux heures du repas; le ſecond iour de cette retraite elle faiſoit ſa confeſſion generale du mois, & aprés proſternée à terre elle renouueloit certains vœux, au troiſiéme elle communioit comme pour Viatique. Anne de Caumont Comtesse de S. Paul se preparoit à bien mourir par cette deuotion, qui est pratiquée par plusieurs bonnes ames, lesquelles ne desirent pas estre surprises en leur heure derniere, ainsi que ie feray voir en la Vie ou Eloge de Gabrielle de Gadagne Marquise de S. Chamont & Comtesse de Cheurieres.

Cette pieuse & charitable Princesse estoit des deuotions du grand Hostel-Dieu, des Enfans trouuez, de la Pitié, du S. Sacrement en sa paroisse, où elle communioit presque tous les Ieudis, mais sans iamais y manquer tous les premiers Ieudis du mois à la grand' Messe du S. Sacrement; elle alloit aussi reglément vn iour de la semaine l'apresdisnée passer vne grosse heure en priere à la Chapelle de la Communion, où est le tabernacle dans lequel est reserué le S. Sacrement. Elle alloit à son tour vne fois le mois seruir les pauures au grand Hostel-Dieu, y faisoit apporter quelque rafraichissement pour soulager les malades, qu'elle leur presentoit de sa main : cela fait elle passoit vne ou deux heures à l'appartement des femmes, (qu'on appelle la sale du Legat) à seruir & s'entretenir auec les plus malades & affligées; si elle n'y pouuoit aller quelquefois, elle y enuoyoit ses Demoiselles, mais tousiours sans y manquer son aumosne.

Ce que ie vais dire seruira à faire connoistre sa modeste surseance à n'approuuer ny ne condamner point temerairement les choses dont elle n'auoit pas vne parfaite connoissance. Vne femme en reputation d'auoir de grandes graces de Dieu, & particulierement de frequentes reuelations sur l'auenir, dont elle donnoit connoissance lors qu'elle reuenoit d'estre extasiée, ce qui luy arriuoit fort souuent; elle vint à Paris pour vn procés qu'elle auoit contre le Clergé du Diocese où elle demeuroit, chacun desiroit de la voir. Il auint que sans estre appellée de personne elle se trouua à l'Hostel de S. Paul, & se promena assez long-temps dans le iardin auec vn Prince, comme il l'eut quittée, ses Demoiselles la presserent auec instance qu'elle la fist monter en sa chambre, elle les en refusa constamment, & defendit à Madame la Marquise de Nesle (qui estoit nourrie auprés d'elle) de plus luy en parler, & commanda à vn de ses domestiques d'aller trouuer dans le iardin cette bonne femme, & luy dire que si elle estoit venuë pour demander son assistance au procés qu'elle auoit contre le Clergé de son Diocese, que pour rien du monde elle ne s'en mesleroit, & qu'elle prioit Dieu qu'il luy pleust departir sa lumiere à ses Iuges; que si elle estoit en necessité, tres-volontiers elle l'assisteroit. Le soir ses Demoiselles la prierent de leur dire pourquoy elle ne l'auoit pas voulu voir, *Voulez vous que ie vous die*, répondit-elle, *i'aime les personnes ordinaires.*

Cette sage & vertueuse Comtesse doit estre loüée pour cette action, & imitée par les Princesses, les Dames, & les Grands, qui portez d'vne curiosité dangereuse donnent souuent l'entrée dans leurs maisons à des charlatans, à des fourbes, & à des beates de case, qui sous pretexte d'vne deuotion extraordinaire, ou d'auoir le don de prophetie, abusent trop aisément de leur bonté & de leur facilité: de sorte qu'à la fin ils se voyent deceus & trompez par ces feintes & non pas saintes, dont quelquefois les plus grands seruiteurs de Dieu & les plus rompus en la science des Saints & en la vraye vie deuote & spirituelle, ont de la peine à découurir les fourberies & les impostures.

Quand cette deuote Princesse sçauoit qu'il y auoit des malades és Maisons Reformées & Religieuses de l'vn ou de l'autre sexe, & des pauures honteux & necessiteux atteints de maladie en sa paroisse, elle leur faisoit faire soigneusement de la gelée & des boüillons, s'ils n'aimoient mieux prendre de la viande, & la faire cuire en leurs maisons. Reglément vne fois la semaine elle faisoit donner du pain & du vin à tous les Religieux & les Religieuses de Paris qui questoient, & d'autres cõmoditez quand ils estoient en necessité. Souuent elle a enuoyé visiter & offrir des presens à plusieurs lieux de deuotion, mais principalement à ceux où nostre Seigneur fait des miracles par l'intercession de sa glorieuse Mere. Sur la fin de l'an 1613. le P. Pierre Guerin Predicateur de l'Ordre des Minimes assez connu par la France, fit le voyage de Lorette & de Rome, pour satisfaire aux defirs & aux vœux de cette deuote Dame, laquelle fit le choix de ce Religieux pour le zele qu'il auoit du falut des ames.

Cette Princeffe & le Comte de S. Paul fon mary ayans toufiours porté vne particuliere affection à l'Ordre des Minimes, prirent la refolution l'an 1614. de faire baftir, orner & fonder vne Chapelle dans l'Eglife de l'Annonciade & de S. François de Paule ou des Minimes de Paris prés de la Place Royale, & l'année fuiuante au lieu de cette Chapelle ils fe rendirent Fondateurs du Conuent de JESVS MARIE du mefme Ordre, eftably dés l'an 1606. à Chafteauthierry, auquel ils donnerent mille liures de rente; auffi en reconnoiffance de ce bien-fait ils furent receus pour Fondateurs de l'Ordre au Chapitre general tenu à Rome aux Feftes de la Pentecofte de l'an 1617. auquel prefidoit Frere Auguftin Galamin dit le Cardinal d'Araceli. Depuis elle a procuré auec ce Prince l'eftabliffement d'vn Conuent de Capucins en la mefme ville de Chafteauthierry, où ils ont fait baftir l'Eglife fous le titre du Seraphique S. François. Les armes de cette Princeffe & du Comte fon mary que l'on voit au Conuent du S. Efprit ou des Minimes d'Orleans, & en plufieurs autres Eglifes & Monafteres de cette belle ville font des marques de leur pieufe liberalité.

Lanouius in Chronico generali Minimorum.

Mais il ne faut point auoir vne loüable curiofité pour ne pas vifiter la tres-belle Chapelle de Noftre-Dame de Pitié, qu'Anne Nompar de Caumont Comteffe de S. Paul a fait orner & enrichir dans l'Eglife de fainte Croix d'Orleans, où paroift & éclate la pieufe magnificence & liberalité de cette Princeffe dans l'or, les ftatuës, les colomnes de marbre, & les exquifes peintures de ce deuot & riche Oratoire, où eft inhumé le cœur de fon cher & bien-aimé fils Leonor d'Orleans Duc de Fronfac.

Elle fit venir auec beaucoup de dépenfe de Tolofe des Religieufes reformées de l'Ordre de S. Dominique, qu'elle prit au Conuent de fainte Caterine de ladite ville; elle les dota comme Fondatrice quelque temps après de cinquante mille liures, par deffus les frais du voyage & l'agencement de la maifon où premierement elle les receut, & tout cela montoit à de tres-grandes sommes : car en effet c'estoit vn petit Conuent entierement meublé pour receuoir douze ou quinze Religeuses & toute leur suitte. Dieu est serui en cette sainte Maison par ses cheres filles, dont elle fut respectée auec vn honneur & reuerence fille, & qu'elle ayma cordialement tant qu'elle véquit comme ses propres enfans. Il faudroit des volumes entiers pour dire les bons exemples de vertu qu'elle a donné à ces Religieuses là.

Auant que faire cette fondation, elle procura dans Amiens l'establissement du Monastere des Carmelites. Elle receut fort charitablement la M. Isabelle des Anges, & mit la premiere pierre de leur Eglise. Elle assista de sa faueur & de son credit l'establissement des Religieuses Minimes de la seconde Regle de saint François de Paule à Abbeuille. *Voyez le chap. 13. de la Vie de Mademoiselle Acarie, écrite par M. du Val, où ce Docteur loüé cette Princesse pour sa pieté & ses vertus.*

La sainte ame de cette vertueuse Princesse brusloit d'vn desir d'auâcer la gloire de Dieu, & de procurer le salut des ames. Ses rentiers en Gascongne estoient pour la pluspart de la Religion pretenduë reformée, & particulierement ceux de sa Baronnie de Gauaudun; quoy que le reuenu de la Cure de cette Paroisse fut notable pour y entretenir des Prestres sçauans, elle donnoit du sien tous les ans cent écus à vn bon Prestre pour enseigner gratuitement les petits enfans, & apprendre & à eux & aux âgez la doctrine Chrestienne.

Elle fonda à Chasteauneuf sur Loire vne Mission pour y prescher vne ou deux fois l'année, & pour catechiser & administrer le sacrement de Penitence aux habitans de ce bourg là : & pour cét effet elle donna aux Peres de la Compagnie de IESVS du College d'Orleans deux mille écus. Elle donna aux Maisons Professes des mesmes Peres à Tolose & à Bordeaux six mil écus vne fois payables, par donation insinuée : mais la mort qui suruint la priua de cette consolation d'executer son dessein.

Comme elle se reconnoissoit infiniment redeuable à beaucoup de Peres Iesuites, elle procura que leur Compagnie eust vn College à Amiens, & vn autre à Orleans, & y seruit heureusement. Elle donna quatre ans auant sa mort à la Maison Professe de S. Louis de Paris des mesmes Peres cinquante mille liures : mais la modicité de ses reuenus l'obligerent à tirer le profit de cette somme sa vie durant, à raison du denier douze, dont elle fut ponctuellement payée durant quatre ans qu'elle suruéquit à cette donation.

Les Dimanches & les Festes, ou aux iours de ses particulieres deuotions, comme aux iours de S. Ioseph, de S. Benoist, des trois SS. François, de S Dominique, de S. Thomas, de S. Augustin, de S. Bernard, de S. Ignace, de S. Monique, de S. Claire, de S. Caterine de Siene, de S. Agnés, & de S. Terese, elle disoit le grand Office, les Vespres de la Vigile, puis le soir les Matines & Laudes, le lendemain le reste des heures Canoniales.

Elle auoit vne deuotion tres-particuliere au bon larron, qui seul defendit enuers & contre tous l'innocence de l'Agneau immaculé quand il mourut pour nos pechez en la Croix sur le Mont de Caluaire : car souuent ie luy ay oüy dire les larmes aux yeux ces paroles; *Si* IESVS CHRIST *pouuoit auoir obligation à quelqu'vn, ne l'auroit-il pas à ce pauure garçon, qui oyant ce bon Seigneur se plaindre que tout le monde le laissoit au besoin, ses Apostres, ses Disciples, les hommes & les Anges, voire son propre Pere, luy s'attendrit, & d'vn courage inuincible voulut luy seul faire l'office de tout le monde, & consoler celuy qui estoit en cette extreme desolation, le defendant, le confessant Roy, luy mettant deuant ses yeux son Royaume, luy faisant hommage. Qu'il falloit considerer que ce pauure patient estoit dans vn supplice insupportable, qu'il souffroit des peines incroyables, qu'il estoit sur le point de rendre son esprit par l'effort des tourmens : & que neantmoins il auoit oublié toutes ses souffrances, & ayant oüy que le mauuais larron outrageoit l'innocence de* IESVS-CHRIST, *il se mit en vne sainte colere, luy remonstrant son crime, l'exhortant à reconnoistre sa faute; bref qu'il auoit témoigné à bonnes enseignes que le deshonneur & l'ignominie que l'on faisoit à ce bon Seigneur luy faisoit plus de peine que les peines mortelles qu'il souffroit en son propre corps. Quelle plus grande charité que de s'oublier de soy mesme pour ne se pas oublier du Sauueur? quelle pureté de cœur, d'aymer mieux la gloire du Messie, que le soulagement de ses peines? Qu'eust-il fait en bonne santé, s'il eust eu le bien d'estre enseigné du Sauueur, puis qu'estant à l'agonie, & son esprit s'enfuyant,*

il

DES DAMES ILLVSTRES.

il le rappelloit pour defendre son innocence. Elle commanda pour la deuotion qu'elle auoit à ce S. canonisé par la bouche du Fils de Dieu au R. P. Estiene Binet Iesuite d'écrire ses eminentes vertus, dont il s'acquita dans le Liure qu'il mit en lumiere sous le titre, *De l'ineffable misericorde de Dieu à la conuersion du bon larron.*

Anne Nompar de Caumont Comtesse de S. Paul voulut estre inhumée sans pompe & magnificence dans le Chœur de la Chapelle du Conuent de ses filles Dominicaines prés de la porte de Montmartre, & defendit que son corps fust ouuert, ayant fait executeur de son testament & derniere volonté Monsieur le President de Bailleul Chancelier de la Reyne, lequel sa Maiesté estant Regente en cet Empire des Lis, a pour son eminent sçauoir & sa rare probité honoré de la charge de Sur-intendant des Finances.

<small>Bailleul party d'Hermines & de gueules.</small>

Henry d'Orleans Duc de Longueuille & Anne de Bourbon sa seconde femme sage & vertueuse Princesse, ont fait celebrer l'an 1643. l'Anniuersaire de cette Côtesse là dans l'Eglise des Religieuses de S. Thomas, auquel Monsieur le Prieur Oger prononça vn excellent Discours ou Oraison funebre : ie voudrois qu'elle fust imprimée, afin que les actions heroïques & pieuses de cette Princesse fussent décrites par ce grand Orateur, aussi eloquent en ses écrits qu'en ses Discours & ses Sermons.

ANNE BINSIA
OV DE BINS
DEMOISELLE D'ANVERS.

Anuers, de gueules, à vn chafteau d'argent fommé de deux mains apaumées, coupées de mefme: l'on y adioufte depuis qu'elle a efté faite ville Imperiale, vn chef d'or chargé d'vn Aigle de l'Empire, qui eft de fable, diademé, becqué & membré de gueules.

Aubertus Miræus in Elogiis Belgicis.

BALTASAR Comte de Chaftillon celebre dans fes écrits la belle Hyppolite Dame Italienne. Olimpia Morata de Ferrare femme fçauante, mais grande heretique, eft bien loüée par le Ferrarois. Lucain nous a vanté Polla Argentaria. Le grand Sceuole ou Gaucher de Sainte Marthe a donné place dans fes beaux Eloges des hommes illuftres de noftre France aux Dames des Roches de Poitiers mere & fille. Le Pere de l'eloquence Latine vante ces Dames Romaines les Lelies, les Muties, les Licinies, & Cornelie mere des Gracches. C'eft pourquoy il ne faut pas s'eftonner fi cette docte & chafte fille d'Anuers Anne de Bins ou Binfia, a receu cet honneur d'eftre rangée parmy les fçauans & illuftres Ecriuains de la Flandre ou des Païs-bas, par ces trois fçauans hommes, Aubert le Mire Doyen de l'Eglife de Noftre-Dame d'Anuers, & Maiftre de la Chapelle de l'Infante Elizabet Claire Eugenie d'Efpagne, Valere André de Deffels en Brabant, l'vn des premiers Iurifconfultes de l'Vriuerfité de Louuain, la premiere Academie des Païs-bas, & François Siuuert d'Anuers le compatriote d'Anne.

Ce n'eft pas fans fuiet qu'ils luy ont confacré vn Eloge dans leurs œuures: car elle le merite autant, & mefme à meilleur titre que plufieurs hommes illuftres, aufquels ils ont donné place & rang honorable dans leurs Eloges & Bibliotheques. Cette fille s'eft renduë d'autant plus admirable entre toutes les filles & les femmes de la belle ville d'Anuers, l'œil des dix-fept Prouinces, le feiour de Mercure, & les delices de ces contrées Septentrionales, que les

DES DAMES ILLVSTRES. 123

Dames de cette celebre & renommée Cité, excellent entre toutes celles des autres villes de ces Prouinces là: car elle estoit sçauante par dessus le commun & l'ordinaire des doctes de son sexe, doüée d'vn iugement admirable, & qu'on ne sçauroit assez loüer pour la candeur de ses mœurs, son affection à la defense de l'Eglise Catholique, Apostolique & Romaine, ferme non seulement en sa Religion, mais zelée en la vraye pieté; laquelle prit vn grand soin à enseigner les lettres, les bonnes mœurs, & la deuotion à plusieurs ieunes filles & Demoiselles.

Valerius Andreas in Biblioth. Belgica.

Cette honneste fille voyant que les heresies de Luther & de Caluin se répandoient dans le Duché de Brabant, le Comté de Flandre & par les autres Prouinces, au grand dommage des Païs-bas (car ces nouuelles heresies ont ruiné tous les Estats, les Royaumes & les Empires où elles se sont glissées) écriuit plusieurs Liures contre les erreurs naissantes en vers Teutoniques ou Flamans; par la lecture desquels vn grand nombre de Catholiques sont demeurez fermes & constans en l'ancienne & vraye Religion Catholique & orthodoxe, & vne partie de ceux qui auoient suiuy les nouuelles opinions des Sectaires sont rentrez en l'Eglise qu'ils auoient quittée. Gilles Eucharius homme docte natif de Gand, a mis & tourné en Latin les poësies de cette Sapho de nos iours, & seconde Eudoxia ou Proba Falconia, & les fit imprimer à Anuers l'an 1581. Et l'on voit ce distique dans les Athenes Belgiques de François Siuuert en l'honneur de cette sage & sçauante fille.

Arte pares Lesbis Sapho & mea Binsia, distant
    Hoc solo, vitia hæc dedocet, illa docet.

Le voicy mis en nostre langue.

Binse & Sapho d'vn pareil artifice
Par les vers se font admirer,
Vn seul point les fait differer,
Binse fait detester le vice,
Et Sapho le fait desirer.

Anne de Bins est encore loüable de ce qu'elle est demeurée fille, ayant choisi pour Epoux & donné sa foy à celuy qui est la fleur des champs, le lis des valées, la couronne

Q ij

des Vierges, le salut de ses Amans par sa grace, & l'amour des sauuez en la gloire.

ANNE ET ANGELIQVE,
DAMES GRECQVES
de l'Isle de Zerigo.

Venise, d'azur, à vn Lion aisté & assis d'or, tenant vn Liure ouuert d'argēt sous sa patte, dans lequel sont écrites en lettres de sable ou de gueules ces paroles Latines, PAX TIBI MARCE EUANGELISTA MEUS, c'est à dire, Paix à toy Marc mon Euangeliste. C'est la deuise de cette Republique là, qui a pour Patron l'Euangeliste S. Marc, lequel est representé par cet animal.

E croirois manquer à mon deuoir si en loüant les Dames illustres qui en ces derniers temps ont porté le nom d'Anne, ie ne décriuois l'histoire admirable d'vne Dame Grecque de l'Isle de Zerigo nommée Anne, & de sa mere Angele ou Angelique, qui ont fait paroistre leur courage estant captiues & prisonnieres des Mahometans, des mains desquels elles sont sorties miraculeusement par l'intercession de la sainte Vierge, à laquelle aprés Dieu elles auoient toute leur confiance. Ie l'ay pour le contentement des Lecteurs deuots à la Reyne du Ciel, tirée des écrits Italiens de François Serdonati, lequel dans ses Eloges des Dames illustres a décrit amplement la generosité de ces deux braues Grecques de Zerigo, Isle que les anciens ont appellée Porphiris, & plus communément Cithere : y ayant adiousté seulement quelques circonstances en faueur de ceux qui ont quelque connoissance de l'histoire de l'Empire des Ottomans.

L'an 1571. que Selim Empereur des Turcs fit la guerre à la Seigneurie de Venise, Ochiali Viceroy d'Alger & grand Bascha de la mer ou Chef des Corsaires de Barbarie (qui de miserable porcher Calabrois monta à ces grands honneurs, aprés auoir renié le Christianisme) allant auec ses vaisseaux en Leuant pour se ioindre à l'armée du Grand Seigneur. Cet Ochiali estant proche des riues de la Grece, fut pour se rafraischir à Zerigo, Isle qui appartient à la Republique de Venise, laquelle n'est pas fort peuplée, où vn grand nombre de ses gens & soldats estans descendus en terre volerent & pillerent quelques habitans. Parmy ces tumultes se trouua vne des premieres Dames de l'Isle nommée Angelique âgée de trente ans, femme fort sage & vertueuse, belle comme vn Ange, laquelle voyant qu'elle ne pouuoit pas éuiter de tomber entre les mains de ces barbares Mahometans, se prosterna deuant vne image de la tres-sainte Vierge Mere de Dieu, sous la protection & sauuegarde de laquelle elle se mit & toute sa famille, se recommandant tres-affectueusement & ses enfans à cette consolatrice des miserables & des affligez. Comme elle vit que les Turcs entroient dans sa maison pour la piller ainsi que celles des autres Insulaires, elle courut promptement à son Oratoire, afin que ces ennemis du nom de Chrestien ne dérobassent son image de Nostre-Dame, & l'enuelopa fort proprement dans sa robe, ayant ferme esperance qu'vn iour par le moyen & protection de la Vierge Marie elle seroit mise en liberté, & sortiroit de la miserable seruitude en laquelle les Sectaires de l'imposteur Mahomet l'alloient reduire. Elle ne fut pas seule menée captiue par ces Corsaires & Pirates, ils prirent encore auec elle ses enfans, trois fils âgez de dix à douze ans, & vne fille nommée Anne qui n'en auoit que cinq. Estans tous presentez à Okiali, il les fit mettre dans vn de ses vaisseaux, où cette bonne Dame fut traitée auec ses enfans fort doucement par le commandement de ce grand Capitaine, lequel quoy que renegat fauorisa neantmoins tousiours les Chrestiens, tandis que la fortune ou plûtost son courage & son ame liberale & genereuse, logée à sa naissance dans le corps d'vn porcher le maintindrent en sa grandeur.

Angelique de Zerigo estant auec sa famille dans les vaisseaux & nauires de l'Okiali, durant la Iournée & Bataille nauale de Lepante, où l'armée Turquesque fut défaite par la valeur des Chrestiens, auec vne perte incroyable pour les Turcs. Il n'y eut qu'vne partie des vaisseaux de ce vaillant guerrier qui furent conseruez en leur entier (car toutes les nauires des autres Capitaines Mahometans furent prises, brûlées ou noyées) ayant sauué auec son courage indomptable & son admirable prudence les restes & le debris de cette memorable bataille, & vaincu rapporta neantmoins l'estendart de la Religion qu'il enuoya au Grand Seigneur Selim II. (auprés duquel il auoit tout credit & authorité, & encore plus auprés d'Amurat III. son fils) & vn bon nombre de ieunes esclaues Chrestiens, entre lesquels estoient les trois fils d'Angelique, laquelle il donna auec sa fille Anne à son Comite pour les bons & fideles seruices qu'il luy auoit rendus à la Iournée de Lepante ou du Golphe Corinthiaque.

Ce Comite estant de retour à Alger, vendit Anne & Angelique sa mere à vn Marchand Iuif qui auoit quitté le Iudaïsme & auoit fait profession du Mahumetisme, lequel estoit appellé par les Turcs Caito Mahumet. Ce nom de Caito en leur langue veut dire Marchand. Ce Marchand Mahumet voyant qu'Anne estoit belle en perfection l'épousa quand elle fut âgée de douze ans, laquelle auec sa mere auoit renoncé de bouche à la Religion Chrestienne, mais elle en faisoit secretement profession, ne laissant point passer vn seul iour sans vacquer à l'oraison & faire les prieres deuant leur image de la sainte Vierge. Anne accoucha d'vne belle fille, laquelle elle fit baptiser en cachette par vn Prestre Grec qui estoit esclaue de Mahumet son mary, auquel par le pouuoir qu'elle s'estoit donnée sur son esprit, elle fit donner la liberté, & le fit renuoyer en son païs auec vne bonne aumosne qu'elle luy donna en faueur qu'il auoit nommé sa fille Marie, pour la deuotion qu'elle portoit à la glorieuse Vierge.

Caito Mahumet content de se voir pere d'vne belle fille, croyant obliger Anne son épouse, maria Angelique mere de sa femme à vn Chrestien renegat natif du Comté de Barcelonne en Espagne, lequel faisant profession de nostre sainte Religion s'appelloit Iean, & auoit quitté ce beau nom pour prendre celuy de Momi, embrassant les resueries de l'Alcoran. Quelque temps aprés Anne & Angelique sa mere s'attristerent grandement de ne pouuoir pas faire ouuertement profession de la vraye & Catholique Religion,

DES DAMES ILLVSTRES. 127

hors laquelle il n'y a que confusion & misere, & creurent pecher griefuement contre la confession de la foy Catholique, & commettre vn crime d'heresie. Quand elles estoient ensemble tout leur discours & tout leur entretien estoit des moyens pour appaiser l'ire de Dieu courroucé contre elles, & comme elles échapperoient de leur misere & calamité; elles faisoient l'oraison deuant l'image de la Vierge le plus secretement qu'elles pouuoient, & auoient le soin d'entretenir nuit & iour vne lampe ardente deuant cette image. Elles ne peurent faire si secretement cette deuotion, que le Caito Mahumet ne les découurit, lequel vn iour tout plein de colere & animé contre sa femme & sa belle mere, prit vn cousteau auec lequel il arracha les yeux de l'image, & puis leur reietta en disant auec beaucoup de mépris, Dites à vôtre image qu'elle voye sans yeux.

La petite Marie ayant esté nourrie & eleuée en la secte impie de Mahumet, eut cette fauorable discretion du Ciel par l'assistance de la sainte Vierge, de sçauoir dissimuler sa Religion, de façon que quand elle se trouuoit auec son pere elle parloit comme vne Musulmane, & pour ce suiet elle estoit fort cherie & aimée de luy: mais dés qu'elle estoit en la compagnie de sa mere elle detestoit de tout son cœur la loy Mahumetane, & ne parloit que de IESVS-CHRIST, & de la foy & Religion Chrestienne. Tous ses plaisirs & ses delices estoient de dire auec sa mere & son ayeule la salutation Angelique & l'oraison Dominicale, faire le signe de la Croix, & reciter le Catechisme ou l'institution Chrestienne qu'elle auoit apprise d'elles auec vne grande promptitude & facilité. Parmy les Maures par la coustume & les loix du païs les masles seuls heritent de leurs parens à l'exclusion des femmes: c'est pourquoy quand les Maures se voyent sans esperance d'auoir des enfans masles, ils cachent secretement dans terre tout leur or ou argent, tant monoyé que non monoyé, & toutes leurs bagues & pierreries, laissant à Dieu de découurir leurs tresors quand il voudra, & d'en disposer en faueur de telles personnes qu'il luy plaira, les conseruant cependant pour ceux à qui il les a reseruez.

Marie donc ayant atteint l'âge de dix ans, & le Caito son pere se voyant hors d'âge & d'esperance d'auoir d'autres enfans, par le moyen & assistance de deux esclaues qu'il auoit tres-fideles & secrets, il cacha tous ses biens dans terre en lieu inconnu; mais le malheureux redoutant l'infidelité des esclaues les employa à foüiller dans vne grotte ou carriere, où expressément il les fit foüiller si auant que la grotte venant à s'enfondrer les pauures gens furent écrasez dans les ruines, & demeurerent enseuelis dedans la terre: de façon que quelque diligence que put faire la femme & tout autre, soit durant la vie du Caito, soit aprés sa mort, iamais on ne put découurir le lieu où il auoit enterré son argent.

Mais pour retourner à Anne, il faut sçauoir que le Caito auoit entre ses autres esclaues vn nommé Cursio de Vellitre, & vn nommé Michel de Naples, lesquels il tenoit proches de soy & les employoit aux seruices ordinaires de son hostel. Ces Dames les iugeans fort accorts & capables de les tirer des mains de ces infideles, commencerent à se familiariser auec eux, & firent auec le Caito que l'on leur leua les fers, & eurent la licence de dormir hors des baignes, & parmy les autres officiers libres de sa maison.

Durant quoy l'an 1586. Anne deuint de nouueau enceinte, dont le Caito fut extremement content, esperant qu'elle luy feroit vn fils, qui estoit le plus grand de tous ses desirs. Cela fit qu'il luy fit plus de caresses que iamais, & encore pour l'amour d'elle aux deux esclaues. Anne & Angelique prenans leur temps ne manquerent point à sonder les esclaues, & les trouuans secrets & prompts à leur seruice, leur découurirent le dessein qu'elles auoient de se sauuer & de retourner en la Chrestienté, & commencerent dés lors à se disposer & preparer leur fuite; mais parce que le Caito estoit homme fin & clair-voyant, & qu'elles iugeoient impossible de le tromper, elles resolurent de le faire mourir. Cursio donc & Michel ayant acheté du poison d'vn esclaue de Ceruse le mirent dans de l'eau de vie, & le donnerent au Caito qui lors estoit en vne sienne maison des champs, & en prenoit tous les matins à la Turquesque; mais luy sen-

tant

tant le violent effet du poison, & se doutant aussi tost de l'affaire, prit de l'huile qu'il gardoit pour luy seruir de contrepoison, & aussi tost commença à se mieux porter, & se fit remmener à la ville, où estant & se faisant penser de sa maladie, ces Dames firent entrer secretement vne nuit les deux esclaues dedans sa chambre, qui l'étoufferent & accommoderent de telle façon qu'il paroissoit mort de sa mort naturelle: & puis ces mesmes Dames l'enseuelirent auec beaucoup de larmes & apparences de douleur. Peu de temps aprés Anne accoucha de sa seconde fille posthume.

La mesme année la compagnie du Gonfalon de Rome enuoya en Alger quatre Peres Capucins pour le rachat des esclaues: auec eux s'embarqua & fit le voyage Iean Sanna Gentil-homme de Sardaigne & Doyen d'Ales, lequel durant ce voyage fut nommé à l'Euesché d'Ampurias en Sardaigne par Philippe II. Roy d'Espagne. Si tost que cette compagnie eut debarqué en Alger, Anne & Angelique firent prier cet Euéque là de les voir, & lors le supplierent de vouloir donner le Baptéme à la petite fille nouuellement née, lequel au commencement en fit quelque refus, ne iugeant pas à propos de donner ce Sacrement à vne personne qui pour certain deuoit estre Mahumetane, si ce n'estoit à l'article de la mort: du depuis l'Euéque leur ayant parlé & sceu d'elles qu'elles pratiquoient secretement leur retour en terre Chrestienne, asseuré de leurs paroles & vaincu de leurs prieres, il baptisa cette petite, & la fit nommer Caterine.

Cela fait ces Dames donnerent auis à cet Euéque d'acheter trois esclaues, sçauoir Cursio & Michel, qu'elles connoissoient bons & fidelles & fauorables à leur dessein; & encore vn troisiéme, mais méchant & tres-auisé, & qu'elles iugeoient capable de donner auis de leur fuite s'il en eust eu quelque sorte de connoissance, & pour cet effet elles mirent entre les mains de l'Euéque les deniers suffisans pour leur rachat.

Deux iours aprés l'Euéque ne manqua point de prier le renegat Momi de faire tant auprés de sa femme Angeli-

R

que que de luy vendre les trois esclaues, ce qu'elle (faisant bonne mine & l'ignorante) agrea, & estant tombée d'accord auec l'Euéque receut le prix.

Curſio & Michel libres ſe tindrent auprés de l'Euéque, & luy découurirent la resolution priſe entre eux & les Dames de ſe ſauuer, ce que l'Euéque & les Capucins eurent pour agreable. Mais le diable qui ſe plaiſt à donner de l'empeſchement aux bonnes actions, fit entrer ces Dames en défiance des eſclaues rachetez, & leur fit craindre que lors qu'elles ſeroient embarquées ils ne les fiſſent mourir pour les voler: dont ayant conferé auec l'Euéque, & l'Euéque auec les eſclaues, il prit parole certaine d'eux, & pour aſſeurance du tout fit que Michel promit à Anne de l'épouſer, & elle luy; & ainſi ſous la creance de l'Euéque & des Capucins, Anne & Angelique bannirent toute ſorte de ſoupçon de leur eſprit.

Il y auoit lors en Alger deux ieunes eſclaues Napolitains, de belle façon & de bon lieu, nommez l'vn Iean Antoine, & l'autre Paul, leſquels il fut impoſſible de racheter & tirer des mains des Turcs à cauſe de leur nobleſſe. Michel & Curſio qui deſiroient de les deliurer de la miſere de leur eſclauage leur donnerent auis de ſe ſauuer, & ſi toſt que l'Euéque & les Capucins ſeroient partis d'Alger, de s'en aller ſecretement à vn village diſtant d'Alger de trois mil, où ils trouueroient Anne & Angelique, deſquelles ils receurent toute ſorte de ſecours & d'aſſiſtance.

Anne donc pour conclure & auancer ſon deſſein, demeura d'accord auec Michel qu'il s'en iroit en Italie auec l'Euéque, & que de là il acheteroit vne fregatte auec laquelle il retourneroit en Alger pour l'enleuer, & qu'il feroit toutes les autres prouiſions de marine neceſſaires pour le voyage, & que tout au plus tard il ſe rendroit dans la fin du mois d'Aouſt au village ſuſdit diſtant de trois mil d'Alger où elle l'attendroit, & luy mit entre ſes mains les deniers ſuffiſans pour ſes frais, & ainſi s'embarqua & fit voile auec l'Euéque d'Ampurias.

L'Euéque & les eſclaues partis, les Dames ne manquerent pas de ſe rendre au village à iour nommé, & les eſclaues Napolitains de les aller trouuer secrettement, lesquelles les receurent courtoisement, & les cacherent au fonds d'vn puits, où ils demeurerent tout le iour de peur d'estre reconnus.

Le village estoit sur la marine, & l'ordre qu'Anne auoit donné à Michel estoit, qu'il aborderoit de nuit à son retour, qu'elle tiendroit vne cordelette à son pied, laquelle elle feroit passer par la fenestre & descendroit iusques au pied du mur de sa maison, & qu'il n'auroit estant arriué qu'à la tirer, & qu'aussi tost elle luy parleroit & resoudroit auec luy de sa sortie. Le dessein estoit bien pris.

Mais l'ennemy de Dieu & des hommes, fit naistre de nouueau de toutes parts mille sortes d'empeschemens pour ruiner cette sainte entreprise : car premierement Michel & Cursio arriuez en Italie allerent à Naples, & ne manquerent point à equiper vne bonne fregatte; mais le Vice-roy de Naples craignāt que ce ne fussent des Corsaires qui voulussent aller en course, leur fit defense de l'armer : neantmoins ayant depuis esté certifié du contraire, il leur permit de s'equiper, & de s'armer à leur volonté.

Le bruit commun estoit en Alger qu'Anne auoit quantité de deniers, cela fut cause que le Cadi ou Iuge d'Alger la rechercha en mariage auec tant d'ardeur, que quelque delay, excuse ou refus qu'elle peut faire, il fit deliberer & ordonner au Conseil par le Vice-roy qu'elle l'espouseroit, & ainsi fut forcée de consentir à ce mariage : elle neantmoins ne perdant point courage, pensa que celuy seroit vn moyen d'enleuer le Cadi & le mener prisonnier auec elle en Italie. Elle luy dit qu'elle se trouuoit aucunement indisposée, & que pour le bien de sa santé il falloit qu'elle demeurast aux champs. Luy qui desiroit auec passion l'accomplissement de ce mariage, ne manqua point de se rendre au village pour iouïr de la compagnie d'Anne sa femme, laquelle de peur que le Cadi ne s'apperceust de la cordelette, mit Angelique sa mere dans sa chambre, & luy donna la charge de la corde, & s'en alla loger dans la chambre de sa mere, & coucher auec son mary, du fait duquel elle deuint grosse en peu de temps, contre la creance commune de ses amis,

R ij

parce qu'il eſtoit âgé de ſoixante & dix ans.

Anne alors auoit cinq mille eſcus d'argent contant, qu'elle faiſoit deſſein d'emporter auec elle: mais le Cadi ayant acheué le temps de ſa charge, & deſirant aller à Conſtantinople pour ſe faire continuer encore quelque temps en ſa charge, voulut auoir cet argent pour s'en ſeruir à faire les preſens neceſſaires aux Officiers de la porte du Grand Seigneur: elle n'oſa pas s'en plaindre, crainte que l'on ne l'obligeaſt de retourner en Alger, & qu'ainſi elle ne manquaſt à ſe ſauuer.

Cependant Curſio & Michel vont de Naples à Rome, où ils armerent leur barque, & ſe fournirent de bons hommes de Marine, & braues Matelots: de plus ils obtindrent vn Bref du Pape Sixte V. de la Maiſon de Perretti, imperatif à tous Chreſtiens, dans les terres deſquels ils prendroient terre, de leur faire toute ſorte d'aſſiſtance. Mais comme leur embarquement tira vn peu en longueur, cela fut cauſe qu'ils manquerent le Cadi; que s'ils ſe fuſſent auancez de quinze iours indubitablement ils l'euſſent trouué auec Anne ſa femme, & l'euſſent fait priſonnier.

Michel donc & Curſio auec toute leur troupe s'eſtans confeſſez & communiez, partirent de Rome au mois de Iuin, & ayans pris terre à l'Iſle de Maiorque, firent marché auec vn Pilote fort pratique des coſtes d'Alger & de Barbarie, puis ayant leué les ancres il fit voile ſelon leur deſir au village d'Anne, où eſtoit le rendez vous.

S'eſtans débarquez ils s'en allerent droit au puits où eſtoient cachez les deux pauures eſclaues Napolitains, & les ayans trouuez les menerent ſur la fregatte: & parce qu'ils ne pouuoient pas cette nuit là faire toute leur entrepriſe, ils ſe mirent en la barque, & crainte d'eſtre découuerts, le iour venu s'élargirent vn peu en mer. Le ſoir arriué, à deux heures de nuit ils ne manquerent point à donner fonde à la meſme plage: & parce qu'ils ne ſe tenoient pas tout à fait aſſeurez de leurs Mariniers, & qu'ils craignoient qu'ils ne priſſent l'épouuante & la fuite, ils donnerent la charge de la barque aux deux eſclaues Napolitains. Cela fait ils mirent pied à terre, vont à la maiſon d'Anne,

Perretti, d'azur, au Lyon d'or, tenant de la pate droite trois Lys de iardin d'argent feüillez de ſinople, à la bande de gueules, chargée vers la pointe d'enhaut d'vne étoile de ſix pointes, & en bas de trois collines ou tertres d'argent, la bande brochant ſur le tout.

tirent la corde, & l'éueillent: elle qui commençoit à entrer en des peines extrêmes, & dans des défiances d'estre trompée, se sentant tirer, court à la fenestre, & recognoissant Michel & Cursio descend à bas. Mais voyant que l'affaire par necessité deuoit estre remise à la nuit suiuante, elle se troubla, & fascha vn peu: neantmoins rentrant en soy-mesme, se consola dans les esperances de son bien, & rentra dans sa maison de peur d'estre découuerte & apperceuë de quelqu'vn.

Le iour venu Anne rapporta à sa mere ce qui s'estoit passé, laquelle bien contente, ayant pris quelque chose pour collationner, fit semblant d'aller auec sa fille prendre l'air, & se promener au port & au bord de la mer. Mais au lieu du port, Anne & Angele allerent où elles sçauoient qu'estoient cachez Michel, & Cursio, & là s'entretindrent de tout ce qui s'estoit passé depuis leur absence, puis retournées au logis disposerent tout ce qui estoit necessaire pour leur embarquement.

Elles auoient à leur seruice vne Mauresque blanche nommée Mamma Giuba, femme fascheuse, & craignoient que ceste miserable ne s'apperceust de leur dessein, & n'empeschast par ses criailleries leur fuite. Pour s'en défaire elles feignirent qu'il leur estoit suruenu quelque affaire pressée dans Alger, & pour la faire écarter enuoyerent la Mauresque à la ville, mais si tard qu'elle seroit obligée d'y demeurer la nuit.

Cependant à deux heures de nuit la fregatte reuient à bord, Michel & Cursio garnis d'espées se rendent à la maison, tirent la corde; aussi-tost Anne leur ouure la porte. Entrez qu'ils sont ils vont à vn quartier de la maison où il y auoit neuf esclaues Chrestiens appartenans à ces Dames, lesquels en apparence elles traittoient fort mal; mais c'estoit pour faire croire aux Turcs qu'elles n'auoient point d'affection pour les Chrestiens. Michel & Cursio leur baillent des armes à tous, de là ils furent à la chambre d'Angelique, la prirent, & la lierent, & son mary aussi. Ils lierent encor Anne & Marie, & prirent la petite Caterine entre leurs bras, & les ayans tous embarquez dans la fregatte les laisferent en la garde des deux Napolitains. Les Dames n'oublierent pas l'Image de la tres-sainte Vierge. Aprés cela Curſio & Michel emporterent tout ce que l'on auoit appreſté pour l'embarquement, & puis firent voile en grande diligence.

L'effroy & la preſſe leur firent oublier vne rame ſur terre, & vn ieune eſclaue Corſe, aagé ſeulement de 15. ans, lequel ne couchant pas auec les autres eſclaues, & ne ſçachant rien de l'entrepriſe, ayant oüy le bruit s'eſtoit caché, croiant que ce fuſſent voleurs : de façon que le matin ayant découuert la rame il la porta en Alger, & donna auis qu'Anne auoit eſté enleuée auec toute ſa famille.

Auſſi-toſt le Vice-Roy d'Alger fit partir deux galeres pour ſuiure & recourre la fregatte ; mais ceux de la barque vaquans chacun à leur tour, ſe releuans & ſe ſoulageans les vns les autres, firent telle diligence, que ſans diſcontinuer de ramer l'eſpace de 2. iours & de 2. nuits, ils arriuerent en l'Iſle de Maiorque heureuſement, ſuiuis de prés & fort preſſez des Turcs.

Ils donnerent à Maiorque, & furent bien-venus & receus par les Chreſtiens de l'Iſle, & s'eſtans reconnus & fait la reueuë du vaiſſeau, ils trouuerent que tant en hommes que femmes, enfans, Maures blancs & noirs, ils eſtoient 27. Là ils ſeiournerent quelque temps pour ſe rafraiſchir, pendant lequel Anne & Angelique abiurerent le Mahometiſme, & ſe reconcilierent à l'Egliſe : & parce qu'elles ne creurent pas de pouuoir paſſer en ſeureté ſur la fregatte, elles s'embarquerent ſur vn gros vaiſſeau qui faiſoit voile en Corſegue, d'où elles partirent pour aller à Rome, où en fin fauorablement elles arriuerent le 4. Octobre, au iour & feſte de S. François d'Aſſiſe.

L'Archiconfrerie du Gonfalon de Rome alla en proceſſion au deuant d'eux iuſques à Ripegrande, aſſiſté d'vne grande multitude de peuple, & là les receut honorablement. Depuis ils furent preſentez à ſa Sainteté, qui confirma leur abſolution, & leur donna ſa benediction, & commanda que l'on leur fourniſt vn logis meublé auec 40. écus par mois : car à peine tout ce qu'ils auoient apporté tant en meubles qu'en argent, pouuoit monter à la somme de sept cens écus.

Ces Dames auoient auec elles vne Maurefque blanche, laquelle obstinée dans ses mécreances ne vouloit point oüyr parler de se faire Chrestienne : mais nostre Seigneur par sa bonté l'ayant visitée d'vne assez grande & dangereuse infirmité, vne nuit durant sa maladie elle vid vne femme vétuë de blanc qui luy dit, que si elle auoit la resolution d'embrasser le Christianisme, elle recouureroit heureusement sa santé. Si tost donc que le iour fut venu, elle rapporta sa vision à ceux qui l'assistoient, & demanda le Sacrement de Baptéme qui luy fut donné aussi-tost, & commençant à se mieux porter elle prit vn tres-grand contentement à se faire entretenir & instruire des mysteres de nostre sainte Foy : & en fin ayant recouuré sa parfaite santé, elle se rendit Religieuse au Monastere de S. Marie Magdelene au mont Caualle, où elle véquit saintement le reste de sa vie, sa Sainteté luy ayant gracieusement donné pour sa dot, & en faueur de sa profession, la somme de cinq cens écus.

Anne estoit reuenuë enceinte : neantmoins aprés tant de fraieurs, de dangers & de disgraces, elle se deliura heureusement d'vn fils, lequel fut baptisé à S. Pierre au Vatican, & fut leué sur les fonts par le Cardinal de Ioyeuse, Protecteur de France, & par Camille Perretti sœur du Pape Sixte V. & fut nommé Felix ; mais le pauure enfant mourut peu de temps aprés, & Anne suiuant sa parole épousa Michel, sa Sainteté en faueur de son mariage luy ayant fait don de cinq cens écus.

Le Pape donna aussi à Caterine mil écus pour sa dot, en fonds, dont elle tira le reuenu deslors. Depuis la mort de Sixte V. le Pape Clement VIII. assigna à Marie pour sa dot en lieux de monts mil écus : laquelle a vécu en grande obseruance & regularité au Monastere de S. Marguerite au delà du Tibre, de l'Ordre de S. François, où elle porta l'Image de la tres-sainte & tres-heureuse Vierge, que son aieule Angelique auoit emportée des Serigues en Alger, & d'Alger à Rome, par l'intercession & assistance de laquelle

Il faut remarquer que i'ay traduit cet Eloge de l'Italien de François Serdonati, auquel ie n'ay voulu rien changer du recit de l'histoire, dans laquelle il y a vne chose non seulement à blasmer, mais mesme à detester : qui est qu'elles ont fait mourir le Caito;

car il ne faut point faire de mal afin qu'il en arriue vn bien.

elles toutes estoient sorties de si grands & extrémes dangers, & en fin fauorablement retournées dans les terres & la foy des Chrestiens; & cette sainte Image est gardée honorablement dans ce Monastere, & deuotieusement reueree du peuple Romain.

ANTOINETTE DE BOVRBON, DVCHESSE DE GVYSE, & d'Aumale.

Bourbon, blasonné en l'eloge d'Anne de France, Duchesse de Bourbonnois.

Lorraine Guyse, coupé de 8. pieces, de 4. Roiaumes en chef, & de 4. Duchez en pointe, sur le tout d'or à la bande de gueules, chargée de 3. alerions d'argent, qui est de Lorraine; le tout ou le grand escu brisé en chef d'vn lambel de gueules. Hist. MS. de la M. de Bourbon.

ANTOINETTE DE BOVRBON, illustre de vertu comme de sang, nâquit heureusement la veille de Noël l'année 1493. d'autres disent le iour mesme de la Natiuité de N. S. l'année suiuante 1494. à Ham en Picardie. François Comte de Vendosme Prince du sang, appellé par nos Historiens l'Escarboucle des Princes de son temps en beauté, en bonté, en sagesse, en douceur, & en benignité, épousa Marie de Luxembourg, grande Princesse, heritiere de plusieurs riches seigneuries, tant en France qu'au pays de Flandre, d'Artois, de Brabant & de Hainaut. De ce mariage sortit Charles I. Duc de Vendosme, Loüys Cardinal de Bourbon, François Duc d'Estouteuille, & Comte de S. Paul, & vn autre qui mourut ieune, & deux filles: Loüyse Abbesse de Font-Eraud, & Antoinette qui estoit l'aisnée, laquelle par le commandement du Roy Loüys XII. épousa à Paris Claude de Lorraine Comte & depuis I. Duc de Guyse, frere d'Antoine Duc de Lorraine, & fils du Duc René, que l'on qualifioit Roy de Sicile. Les curieux apprendront que le contract de mariage de Claude de Lorraine Comte d'Aumale & de Guyse auec Antoinette de Bourbon fut contracté à l'Hostel du Roy, appellé l'Hostel des Tournel-

DES DAMES ILLVSTRES. 137

nelles à Paris en presence de François Duc de Valois & Comte d'Angoulesme (qui depuis a esté le grand Roy François) de Charles Duc de Bourbon, d'Antoine de Luxembourg Comte de Brienne & de Roucy, de Iean Brinon Chancelier d'Alençon, le 9. de Iuin 1513. Claude Comte d'Aumale & de Guyse, estant assisté de sa mere Philippe de Gueldre Reyne de Sicile, Duchesse de Lorraine & de Bar d'vne part: & de l'autre, Antoinette de Bourbon estant assistée de sa mere Marie de Luxembourg Comtesse de Vendomois, de S. Paul, de Marle, de Soissons, & Vicomtesse de Meaux, & de ses freres Charles de Bourbon Comte de Vendosme, de Louis de Bourbon Euéque & Duc de Laon Pair de France, & de François de Bourbon Comte de saint Paul.

La Place Royale est bastie où estoit cét Hostel-là.

Ce Contract a esté passé deuant Pierre Pichon l'aisné, & Pierre Pichon le ieune, Notaires du Roy au Chastelet de Paris.

Antoinette de Bourbon Comtesse & depuis Duchesse de Guyse, que quelques Ecriuains appellent *Sainte*, & nos Historiens les vns *tres-sainte Dame*, les autres *tres-vertueuse Princesse*, & les autres, *Femme Extraordinaire d'vne vertu & d'vne pieté incomparable*, véquit en grande vnion & amitié auec le Duc Claude son mary, par l'espace de trente-huict ans, au bout desquels ce genereux Prince deceda en son Chasteau de Ioinuille, au mois d'Auril de l'an 1550. aprés auoir rendu de grands seruices à nos Rois Louis XII. François I. & Henry II.

Gonzaga. Gontery. Belcarius. Massonus. Du Pleix. Mauuisiere. Antonia Borbonia, femina lectissima, antiqui moris & probitatis & maiorum religionis retinentissima. apud Thuanum in Historia sui temporis.

Ce fut dans cette perte, où Antoinette de Bourbon eut besoin de toute sa constance, pour la souffrir sans murmurer : car comme la fortune ne pouuoit auoir prise sur elle, que de ce costé là, la cruelle attainte qu'elle en receut, la blessa iusques à la mort, puis qu'elle en mourut mille fois de douleur ; que si elle a passé XXXIII. ans en viduité, le Ciel en permit le miracle, pour faire admirer les nouuelles merueilles que sa vertu promettoit.

Il est vray, qu'à la fin sa Prudence essuya ses larmes, pour faire tarir celles de ses enfans, puisque le seul exemple de sa consolation pouuoit seruir de soulagement aux ames les plus affligées, & son amour charitable luy apprit ce pareil artifice de cacher son ennuy dans son cœur, & de porter la ioye sur le visage. Ce qu'elle fit de si bonne grace ; rendant

S

muette sa douleur pour donner cesse aux plaintes de ses enfans.

Mais comme elle preuint de bonne heure la tristesse qu'elle iugea que le trespas de son époux luy apportoit, qui dureroit autant qu'elle, elle se resolut d'en porter ses liurées iusques au tombeau, & de ne faire iamais quitter le deüil à son corps; puisque son ame en estoit toute pleine.

Aprés qu'elle se fut dignement acquittée de tous les deuoirs de pieté & d'honneur, dont elle se sentoit redeuable, & pour son salut & pour ses funerailles, ayant fait celebrer en diuerses Eglises & Monasteres, vn grand nombre de Messes, & employé de grands deniers à la pompe funebre de son enterrement qui fut quasi Royale, à laquelle assisterent plusieurs Princes, Seigneurs & Prelats, entre autres Claude Cardinal de Giury de la Maison de Longuy Euesque de Langres, Duc & Pair de France, qui celebra la grād Messe, (comme sçauent ceux qui ont leu le Liure intitulé, *Le tres-excellent Enterrement de tres-haut & tres-illustre Prince, Claude de Lorraine Duc de Guyse & d'Aumale, Pair de France, auquel sont toutes les ceremonies de la Chambre d'honneur, du transport du Corps, de l'assiete de l'Eglise, de l'ordre de l'offrande & grand deüil, auec les blasons de toutes les pieces d'honneur, & bannieres armoyées de ses lignes & alliances, Par Edmond du Boullay, Roy d'armes de Lorraine*, qui a esté imprimé diuerses fois) elle se mit en peine d'executer son testament; comme si elle eut voulu prendre sa memoire à témoin qu'elle luy obeïssoit aprés sa mort, auec le mesme respect qu'elle luy auoit rendu durant sa vie. Et luy fit dresser vn superbe Mauzolée, dans l'Eglise de saint Laurent du Chasteau de Ioinuille, où il auoit receu les honneurs de la sepulture, auec les Princes & les Princesses des Maisons d'Aniou, de Lorraine & de Vaudemont.

Voyez les Eloges des illustres Maries. Elle auoit eu de ce Prince plusieurs enfās, entre autres sept fils & quatre filles. L'aisnée des filles fut Marie de Lorraine premierement Duchesse de Longueuille, & depuis Reine d'Escosse, de laquelle nous écrirōs la vie dās ce Liure. Louyse la puisnée fut Princesse de Chimay, qu'Henry VIII. Roy d'Angleterre desira auoir pour femme aussi bien que la

Reyne d'Escosse son aisnée: les deux autres Renée & Antoinette ont méprisé les grandeurs du monde pour professer la vie Religieuse dans l'Ordre de saint Benoist, & sont decedées Abbesses de saint Pierre de Reims & de Farmontier. Deux des fils ont esté Ducs & Pairs de France, François Duc de Guyse & Claude Duc d'Aumale, celuy cy tué au siege de la Rochelle l'an 1573. celuy là au siege d'Orleans l'année 1563. pour le seruice de Dieu & du Roy Charles IX. lesquels ont merité durant leur vie & aprés leur trépas, pour leur courage & leur valeur iustement le titre & le nom de grands & excellens Capitaines: les deux autres ont esté Cardinaux, dont l'vn Charles Archeuéque & Duc de Reims premier Pair de France, Legat nay du S. Siege, a esté renommé par tout l'Vniuers, pour sa doctrine, sa constance, & son zele à la defense de l'Eglise; & l'autre Louis Euéque de Mets & d'Alby pour sa douceur. Philippe mourut en bas âge: François & René qui ont esté les deux derniers ont eu la qualité de Grand Prieur de France, & de Marquis d'Elbœuf: de ce Marquis sont yssus les Ducs d'Elbœuf & le Comte de Harcourt.

 Cette vertueuse Princesse les éleua tous fort soigneusement à la vertu & à la pieté: la pluspart aussi sont morts ou ont esté tuez pour la querele de Dieu & de la vraie Religion, n'aians eu autre but que de s'immoler pour la defense des Autels & le seruice de nos Rois. Aussi Henry II. les cherissoit grandement & les employoit volontiers en ses principales affaires soit pour la paix, soit pour la guerre, & estoient tous en haute consideration pour leur valeur & leur vertu, dans l'esprit de ce genereux Monarque des François, ce qui n'apportoit pas vn petit contentement à cette tres-vertueuse Princesse leur bonne mere, d'où Ronsard prit suiet de chanter en sa faueur,

 Pareil plaisir la Mere Phrygienne,
 Reçoit voyant ses fils auprés de soy,
 Que tu reçois, ô Mere Guysienne,
 Voiant tes fils tout à l'entour du Roy.

Elle a veu sacrer trois de nos Rois Henry & François II. & Charles IX. par son fils Charles Cardinal de Lorraine, &

S ij

le Roy Henry III. par son autre fils Louis Cardinal de Guyse Euéque de Mets, & Abbé de S. Victor lez Paris : elle a veu aussi sacrer & couronner la Reyne Elizabeth d'Austriche femme de Charles IX. par son fils le Cardinal de Lorraine, & deux Reynes Eleonor II. femme de François I. & Caterine femme d'Henry II. par son frere Louis Cardinal de Bourbon. Vn de nos Historiens dit d'elle qu'il n'y a point eu de nostre temps vne femme plus recommandable pour sa pudicité, plus seruiable à son mary & plus adonnée à la deuotion & à la pieté, que cette sage & belle Princesse digne du sang Roial & sacré de saint Louis.

Massonus.

La bonté vertu naturelle à la Roiale Maison de Bourbon, dont les Princes ont acquis par la voix & l'acclamation publique & vniuerselle des peuples & des nations, les excellens titres & surnoms de *Bons*, paroissoit en eminence en cette tres-vertueuse & tres deuote Duchesse de Guyse Antoinette de Bourbon. L'on ne parle encore à Ioinuille & aux villes voisines du Bassigny, du Barois, de la Champagne, & de la Bourgongne, que de la bonté de cette Princesse, que le peuple appelle communément *la bonne Dame*. Il y a des climats si temperez qui produisent des roses toute l'année, & où l'histoire conte pour vn prodige, qu'il fit froid, & qu'il neigea ; il se void de mesme de certains visages priuilegiez qui sont tousiours dans la serenité, le calme de dedans addoucit & éclaire le dehors ; celuy de cette Duchesse de Guyse & d'Aumale estoit de cette qualité, & des passions de son ame, qui luy estoient toutes obeïssantes, il ne s'éleuoit ny vent ny nuée, qui fust capable de ternir, ou d'alterer la pureté, & la gayeté de ses yeux. Iamais on ne l'a veuë en colere, sinon quand Dieu estoit offensé, ou que les nouueaux Heretiques sectaires de Ludder & Chauuin (plus connus sous les noms de Luther & de Caluin) auoient commis quelque irreuerence & sacrilege contre le tres-saint Sacrement, ou exercé quelque cruauté & barbarie enuers les Catholiques. Iamais on n'a veu cette bonne Princesse dépitée pour aucune indiscretion, iamais alterée en son esprit, quoy qu'il arriua contre son humeur, iamais aucun fiel contre personne du monde :

la pieuse Princesse prenoit d'vn visage gay & serain toutes les contrarietez, s'habituant à reconnoistre la Diuine Prouidence, iusques aux moindres choses, elle excusoit tout, & pardonnoit tout, & souffroit tout auec tant de douceur & de patience, qu'à moins de cette haute estime qu'elle s'étoit acquise par vn si long exercice de vertu, elle se fust mise au hazard par cet excez de bonté, d'en décheoir, & d'en perdre l'authorité & le respect qui estoit deu à sa condition & à son merite. Ce fut cette bonté qui luy mit en main la clef de tous les cœurs, & qui l'a rendu toute puissante dans la conuersation des hommes, car qu'est-ce qu'elle n'y fit point ? qu'est-ce qu'elle n'en obtint point ? elle fit mille accommodemens, où l'on desesperoit de pouuoir reüssir, elle assoupit de longs procez, elle adiusta de grands differends, elle démesla des affaires bien intriguées, comme elle fit voir à François de Cleues I. Duc de Neuers, & à Antoine de Croy Prince de Porcien, & à sa mere la Comtesse de Senigan, qui la choisirent pour iuge de leurs procez & differends. Elle reünit des esprits bien diuisez, elle ramena mille pauures creatures perduës, elle reforma auec douceur & sans violence des Monasteres, elle persuada ce qu'elle voulut, & à qui elle voulut, & quand c'est qu'elle auoit parlé il falloit se rendre, & adoüer que sa bonté auoit des charmes inuincibles, qui triomphoient des plus fortes passions, & rauissoient les cœurs de tout le monde.

La vanité n'a iamais erigé ses trophées dans le cœur d'Antoinette de Bourbō, aiant tout le cours de sa vie tant durant le temps de son mariage que de sa viduité, méprisé la pompe des habits, & la parure de son corps, comme on voit aux tableaux & images où elle est depeinte, & comme peuuent encore sçauoir ceux qui l'ont cogneuë & pratiquée. Elle viuoit en vn grand mépris de sa personne, bien éloignée de plusieurs de son sexe, qui tirent de la gloire des traits de leur visage, & où elles se défient de pouuoir paroistre belles, tâchent du moins de paroistre braues. Ses habits estoient de simple sarge soit qu'elle fût en Cour, soit en sa maison de Ioinuille, où elle faisoit sa plus ordinaire demeure après le decés de son mary. Encore qu'elle ait vécu du temps de nos peres, & que plusieurs sont encor pleins de vie qui l'ont peu voir & luy parler: elle seroit necessaire en nos iours que la bonté de Dieu veut amender; mais la vanité s'y oppose. Ce n'est pas maintenant vn deluge d'eau ou de feu, qui menace l'Vniuers de sa ruine prochaine, vn ver à soye (qui le croira) ronge & consomme les meilleures familles. Vne Princesse de la Royale Maison de Bourbon, Douairiere de Guyse, mere & aieule de grands Princes & de Cardinaux, & mesme de Reines & de Rois, qui possedoit pour elle & pour les siens, tant de mille liures de rente, s'interdit l'vsage de la soye, où maintenant de petites creatures qui n'en ont pas cinq cens, se voudroient couurir d'or.

La modestie & la bonté n'ont pas esté les seules vertus qui ont rendu cette sage Princesse recommandable, toutes les autres l'ont grandement fait estimer, particulierement la chasteté, aiant tousiours gardé au Duc son époux vne perpetuelle & loüable fidelité.

Sa liberalité a paru en la fondation de diuerses Eglises & Monasteres qu'elle a fait bastir en ses terres, & reedifier plusieurs autres Maisons de deuotion & pieté, qui auoient esté demolies & abatuës par la rage des Huguenots qui la haïssoient de mort, & l'appelloient en leurs presches *la Mere des Tyrans & des ennemis de l'Euangile*, à cause que le Roy Charles IX. & la Reine Caterine sa mere se seruoient du courage martial de ses enfans, pour la defense de la vraie & ancienne Religion, entre autres François Duc de Guyse son aisné, lequel fut la terreur de ces Infideles qui eussent inondé la France, si leurs Maiestez ne l'eussent (auec Antoine de Bourbon Roy de Nauarre & Duc de Vendosme, & Louis de Bourbon Duc de Montpensier) opposé comme vne forte digue à leurs mauuais desseins, qui n'ont cessé iusques à ce qu'ils en aient eu la dépoüille, mais par vn assassinat plein de trahison & de poltronnerie fait au siege d'Orleans.

Ce fut le saint zele de la Foy & Religion Catholique, qui anima cette digne petite fille du plus saint Monarque des François & de tous les autres Rois de la terre, de ne pouuoir pas souffrir les Ministres de Caluin à Vassy, & és autres lieux voisins de son Chasteau, de sa ville & principau-

Du Pleix.
Belcarius.

Belcarius.
Thuanus.

té de Ioinuille, car elle & sa sœur Louyse de Bourbon, Abbesse & Chef de l'Ordre de Fôteuraud, & leur cousin Louis de Bourbon Duc de Montpensier, auoient vne grande auersion de tous les nouueaux sectaires. Le P. Honorat Nicquet Iesuite, rapporte au chapitre 30. du liure 4. de l'Histoire de l'Ordre de Fonteuraud, vn traict du zele de Louyse de Bourbon, Abbesse de ce Royal Monastere & Chef de tout ce deuot Ordre contre les Heretiques. L'on peut dire sans flaterie de ces deux Princesses & de ce Prince de la Tres-Chrestienne Maison de France, qu'ils estoient si affectionnez vers la vraye Religion, & si passionnez contre ceux qui sentoient mal de la Foy, qu'ils ne les pouuoient pas voir ny méme souffrir en leur presence, disans veritablement les paroles d'vn saint Monarque en son Pseaume 138. *O Seigneur n'ay-ie pas hay ceux qui vous hayssoient.* Cette tres-Catholique Princesse donna mille bons exemples à ses enfans, à ses domestiques & à tous ceux qui hantoient en sa maison. Car on la voyoit tousiours la premiere à bien faire, à se leuer, à prier, à mediter, à oüyr la Messe, à faire assister les affligez, visiter les pauures, les Hospitaux & à faire mille autres œuures pieuses & charitables. Elle se leuoit de fort bon matin, elle éueilloit ses filles, & ses Demoiselles suiuant le conseil de Platon, qui ordonne en ses loix que la mere de famille éueille ses seruátes, & qu'elle ne se leue pas aprés elles, qu'elle fasse l'office du coq, qui est le réueil domestique.

Entre toutes les vertus d'Antoinette de Bourbon, celle qui brilloit dauantage en elle fut sa pieté & misericorde, telle que nous pouuons dire auec le Prophete Royal, que *sa misericorde excelloit toutes ses autres œuures*, ainsi que l'huile surmonte les autres liqueurs. A l'imitation de N. Seigneur, cette Duchesse de Guyse, encore qu'elle parust forte en toute sorte de vertu, elle se surpassoit en celle-là: elle aymoit les pauures, conuersoit parmy eux, les secouroit & pensoit quelque fois elle mesme, les cõsoloit de paroles & d'effets, les appellant ses *enfans*, & eux leur *mere*, dont tout le mõde estoit bien edifié: Et sur tout elle taschoit à vne chose dont elle vint à bout, qui fut de planter és cœurs de ses filles & petites filles l'affection de la misericorde. Et comme le Lyon instruit ses petits à la chasse, ou la Cicogne ses poussins à voler, ou l'Aigle ses aiglons à regarder fixement le Soleil: Ainsi cette Princesse apprenoit ses enfans & ses domestiques à regarder cette excellente vertu.

Souuent on a veu cette tres-vertueuse Princesse estant en son Chasteau de Ioinuille, durant le temps de la famine & de la guerre, distribuer aux pauures manœuures & artisans le pain, le vin, la viande, & le salaire de leur trauail. Faisant ces pieuses liberalitez elle vouloit tousiours que ses petites filles (entre lesquelles estoit Marie de Lorraine d'Aumale Abbesse de Chelles, de qui ie l'ay appris) fussent toutes presentes, afin qu'vn iour estans grandes elles fussent soigneuses d'aider & assister les pauures. Elle visitoit les malades aux Hospitaux, les seruoit durant leurs maladies & infirmitez, nourrissoit les pauures honteux & estropiez par ses aumosnes & charitez, faisoit apprendre quelque honneste mestier aux enfans orfelins qui estoient en ses terres, tant pour leur faire gagner leur vie qu'à fuir la paresse & l'oisiueté mere de tout vice. Iamais cette pieuse & liberale Princesse ne conserua aucuns deniers, sinon quand elle prit dessein de bastir ou d'orner quelque lieu de deuotion. Il est vray que les Dames de sa qualité recherchent auec beaucoup de soin pour les ornemens de leurs chambres, de leurs cabinets, & de leurs galleries, vne quantité de rares peintures, les marbres, & le porphyre, le cristal, & l'ambre, les diamants, les rubis, & autres telles choses qui sont les obiets de leurs plus ordinaires plaisirs. Mais cette bonne Duchesse n'auoit qu'vne sainte curiosité d'embellir les Eglises & les Oratoires, de fonder des Maisons Religieuses & des Hospitaux, & d'auancer la gloire & le seruice de Dieu: tellement que qui veut voir ses thresors, ses tapisseries, & ses plus riches meubles, il les doit chercher és fondemens, & és murailles des Eglises & Conuens qu'elle a bastis aux faux-bourgs & enuirons de Ioinuille: principalement au Monastere des Religieuses de Nostre Dame de Pitié, & aux Peres Cordeliers de saint Amé, (car ce sont ces saints lieux qui ont la dépoüille de sa chambre

&

& de son cabinet) & à la sainte Chapelle de Diion. I'ay
appris de Claude Robert en sa Gaule ou France Chre- *Dinio Cl.*
stienne, qu'elle a donné à cette saincte Chapelle le co- *Roberti.*
fre d'argent dans lequel repose l'Hostie miraculeuse, à laquelle le Roy Louis XII. tres-deuot au saint Sacrement,
a offert le Roial diadéme dont il fut couronné. Cette
Princesse quoy qu'elle fut liberale ne distribuoit pas ses aumosnes à toutes sortes de personnes, mais elle desiroit sçauoir si les seculiers qui s'adressoient à elle pour estre soula-
gez en leurs necessitez, estoient bons Chrestiens & Catholiques, & si les Reguliers qui auoient aussi recours à elle,
gardoient exactement l'obseruance & les constitutions de
leurs Ordres. C'est pourquoy son Confesseur a remarqué *Pierre Doré.*
que quelques Religieux luy ayans demandé vn iour l'aumosne pour leur Maison, elle leur fit cette réponse: *Edifiez*
vos mœurs, & ie ne manqueray pas d'edifier vos murs.

Elle passoit vne bonne partie du iour à prier Dieu dans
son Oratoire, ou en la lecture de la Vie des Saints, & autres
liures de deuotion & de pieté qu'elle faisoit composer par
le P. Pierre Doré, Religieux de l'Ordre de Sainct Dominique, duquel la memoire est venerable pour son sçauoir, ioint à vne insigne probité. Cette magnanime & pieuse Princesse a fait paroistre sa constance & son affection enuers la vraye Religion, comme i'ay desia remarqué cy-dessus. Car ayant vécu plusieurs années & suruécu à ses enfans & à la pluspart de ses petits enfans contre l'ordre commun de la nature & le vœu des meres; elle ne s'attristoit
point quand on luy apportoit ces mauuaises nouuelles, *P. Massoni*
mais elle loüoit Dieu, & luy rendoit des actions de graces *Claudij*
de ce qu'ils estoient morts pour sa querelle, le seruice de *Guisiæ*
nos Rois & de cet Estat. C'est pourquoy ie l'ay comparée *Ducis.*
ailleurs aux meres des SS. Simphorien & Meliton.

Telle qu'a esté nostre vie, tel est pour l'ordinaire nostre *Histoire*
depart de ce monde. Antoinette de Bourbon Duchesse de *Catholi-*
Guyse & d'Aumale, Marquise de Mayenne & d'Elbœuf, *que.*
ayant tousiours mené vne vie digne d'vne Princesse Chrestienne, issuë du sang adorable de S. Louis, finit ses iours
par vne mort heureuse, après auoir receu auec vne vraye

T

deuotion tous les Sacremens de l'Eglise, & exhorté ses petits enfans à se maintenir & conseruer dans la vraye Eglise, hors laquelle il n'y a que confusion & misere. Ce fut le XXII. de Ianuier de l'année 1583. qu'elle passa de cette vie à l'autre. Vn peu deuant que mourir ses petits enfans l'ayant priée de leur faire cette grace & faueur, qu'ils peussent luy baiser les mains deuant qu'elle rendist son ame à celuy qu'elle auoit si fidelement seruy tous les iours de sa vie: elle leur dit auec vne grande & profonde humilité: *Helas mes chers enfans, ne baisez point cette cendre & cette terre: car que suis-ie, sinon vne terre seche & aride?* Elle fut enterrée en l'Eglise de S. Laurens au Chasteau de Ioinuille au sepulchre de Claude de Lorraine Duc de Guyse son mary, qu'elle luy auoit fait superbement bastir, & à son fils aisné François Duc de Guyse.

Ie rapporteray en l'Eloge de Marguerite Duchesse de Sauoye, qu'Epictete disoit fort bien dans son Paganisme, que la mort surprend le laboureur en labourant, mais qu'il prioit Dieu qu'elle le surprist en trauaillant à embellir son ame, à l'orner des vertus & estre dans l'étude & le chemin d'vne bonne vie, & entierement resigné à la volonté de sa diuine Maiesté. Ce fut iustement le point auquel la mort surprit Antoinette de Bourbon, bien instruite en la philosophie Chrestienne, d'autant plus parfaite en ses mœurs, que ne fut iamais Epictete, que son entendement estoit illuminé d'vne verité plus certaine. Car outre que son principal exercice estoit la lecture des bons Liures spirituels, & la conference auec plusieurs grands seruiteurs de Dieu, entre autres de Pierre Doré natif de Sainct Paul en Artois (duquel i'ay parlé cy-dessus) de François le Picart Doyen de Sainct Germain de l'Auxerrois & Docteur en Theologie de la Faculté de Paris de la Maison de Nauarre, homme Apostolique, il y auoit plus de 33. ans qu'elle meditoit aussi souuent que tous les iours, son yssuë & sa sortie de cette vie: Tous les ans elle faisoit son testament, & le dernier mois de l'année elle le mettoit en execution. Elle voioit tous les iours sa bierre & les autres meubles destinez pour son conuoy & enterrement; & mesme l'on tient qu'elle visitoit tous les iours son tombeau & sa fosse, dont elle méme prenoit la peine d'en oster la terre auec vne pelle.

Durant sa vie elle prit pour deuise les trois vertus Theologales, auec ces mots, FOY MONTRE, ESPERANCE MONTE, CHARITÉ SVRMONTE, qui peuuent seruir d'vn excellent témoignage de la pieté de cette deuote Princesse. Car par là elle vouloit faire connoistre quelle estoit la conduite de sa vie, dont la *Foy* luy auoit fait l'entrée par la demonstration des choses necessaires à son salut: l'*Esperance* la faisoit auancer, s'éleuer & aspirer continuellement aux biens de son eternité, que la foy luy auoit découuert. La *Charité* luy en donnoit le sentiment dés cette vie, & luy en reseruoit la iouïssance pour la future en la consommation des Saints, comme parle le grand Apostre: Aussi cette Princesse ne vouloit point dauantage de iouïssance de sa Foy, ny de son Esperance, ny de sa Charité, que de pouuoir dire sincerement, quoy que sans goust & sans ressentiment, qu'elle mourroit plustost que de quitter sa Foy, son Esperance & sa Charité; adioustant que la Foy luy découuroit des veritez plus éleuées que les sens, que l'Esperance la faisoit aspirer à des biens inuisibles, & que sa Charité l'obligeoit d'aymer Dieu plus que soy-méme, d'vn amour non sensuel, non naturel, & non interessé; mais d'vn amour pur, solide & inuariable, qui a son fondement dans le Ciel.

P. Doré en ses collations Roiales.

ANTOINETTE D'ORLEANS,

MARQVISE DE BELLE-ISLE Fondatrice de la Congregation des Benedictines de Nostre Dame du Caluaire.

Cette Princesse portoit au 1. & 4. d'azur à 3. fleurs de Lys d'or, au lambel d'argent de 5. pieces, & au baston aussi d'argent pery en bāde, qui est d'Orleans Longueuille. Au 2. & 3. de Bourbō. Saincte Marthe.

 ETTE sage & vertueuse Princesse estoit la 2. fille de Leonor d'Orleans Duc de Longueuille & Marquis de Rothelin, Comte de Neuf-chastel en Suisse, & de Marie de Bourbon Duchesse d'Estouteuille, & Comtesse de S. Paul sa femme. Elle fut nourrie à la pieté & aux bonnes mœurs par sa mere auec ses freres Henry Duc de Longueuille, & François Comte de S. Paul & Duc de Fronsac, & ses autres sœurs, Caterine & Marguerite, lesquelles n'ont point voulu d'autre époux que IESVS-CHRIST, & par leur sainte vie ont edifié toute nostre France, & Leonor Comtesse de Thorigny & de Matignon.

Antoinette estant en âge d'estre mariée épousa Charles de Gondy Marquis de Besle-Isle, fils aisné d'Albert de Gondy Duc de Rais, Pair & Mareschal de France & de Claude Caterine de Clermont de Viuonne sa femme. Ce braue Marquis ayant en diuers occasions & rencontres donné de bonnes preuues de son courage & de sa valeur durant les guerres ciuiles, fut tué au Mont S. Michel en Normandie l'an 1596. delaissant Antoinette sa femme mere

Sepeaux, vairé contreuairé d'argent & de gueules de 8. pieces.

d'vn seul fils, Henry de Gondy Duc de Rais & de Beaupreau, qui a eu deux filles Caterine & Françoise de Gondy, de sa femme Ieanne de Sepeaux, fille & heritiere de Guy de Sepeaux Duc de Beaupreau & Comte de Chemillé & de Marie de Rieux. Caterine de Gondy a épousé auec dispense son cousin Pierre de Gondy Duc de Rais & Comte de Ioigny, fils aisné de Philippe Emanuel de Gondy Comte de Ioigny, Marquis des Isles d'or, & General des Galeres de France, & de Françoise Marguerite de Silly, & Françoise de Gondy mariée au fils aisné de Monsieur le Duc de Brissac. Cette deuote Marquize a mené vne vie vrayement Chrestienne tant durant le temps de son mariage, que celuy de sa viduité: car pour auoir passé plusieurs années à la Cour, elle n'a iamais pris les mœurs de la Cour, estant de celles qui vsent de ce monde, comme n'en vsans point: car elle s'est conseruée dans vne grande pieté parmy tous les honneurs & les delices de la Cour. C'estoit vne fontaine d'eau douce au milieu du sein de la mer, vn Pirauste & vne Salemandre dans les feux & dans les flames sans se brûler, vn Alcion nichant sur les flots de la mer orageuse du monde sans se submerger: car encore qu'elle fût dans vn Ocean d'honneurs, & de commoditez temporelles, neantmoins son cœur, ainsi qu'vne mere perle, ne se nourrissoit que de la rosée du Ciel, sans contracter la salure des affections de la terre.

Comme bien instruite en la vie spirituelle, sçachant que la figure du monde se dissipe & sa conuoitise se passe: trois ans après estre demeurée veuue estant inspirée d'enhaut, elle renonça aux Duchez, & fit profession de la vie Monastique, pour vaquer plus commodément à la contemplation, & quitta l'Auguste & Royal nom *d'Orleans,* pour prendre celuy de la sœur du Patriarche de la pluspart des Moines de l'Occident, estant nommée dans le Cloistre, *Antoinette de S^{te}. Scholastique.*

Ce fut dans le deuot Monastere des Filles de S. Bernard ou les Fueillantines de Tolose, qui auoit esté nouuellement institué, qu'elle prit le saint habit de Religion, où elle a mené vne vie toute du Ciel, pratiquant les austeritez de la Regle ou des constitutions du Pere S. Bernard, & de Dom Iean de la Barriere Abbé des Feüillans, comme ie vous feray voir en cette vie.

La fidele seruante de Dieu & tres-noble Princesse, laissa le monde entre 26. & 27. ans, en la fleur de ses

T iij

plus beaux iours, combatuë de l'amitié & du soin de son fils vnique, aymée cherement de ses parens qui tenoient rang entre les premiers du Royaume, estimée par toutes les personnes de merite, & en la vigueur de son iugement, pour ne se laisser pas emporter à vne deuotion volage. Aussi iamais vne resolution ne fut poursuiuie & executée auec plus de constance. Au desceu de tous, elle alla se rendre à Tolose auec les Meres Feüillantines (quasi à méme temps que le Duc de Ioyeuse dit adieu à la Cour du Grand Henry pour rentrer dans l'Ordre des Capucins) ce lieu fort separé de toutes ses habitudes, & celebre par la renommée d'vne grande aspreté & sainteté de vie, luy ayant agreé sur tous les autres.

Si la Cour de France fut fort estonnée qu'Henry Duc de Ioyeuse & Comte du Bouchage luy auoit faussé compagnie: elle s'estonna encore dauantage du mépris qu'Antoinette Marquise de Belle-Isle fit de sa vie, s'estant retirée à petit bruit & à petit train de Bretagne, pour se venir rendre dans vn Conuent. Genereuse resolution à vne Princesse issuë des Maisons si illustres que celles de Bourbon & de Longueuille.

Comme par la mort du Marquis de Belle-Isle son mary, elle se vid en la liberté d'vne triste viduité: elle fit voir qu'elle n'estoit plus pour les hommes, ny pour les grandeurs du monde, ny pour les vanitez de la Cour. Deslors l'Amour de Dieu (dont elle auoit esté saisie parmy les plus grands honneurs & les plus charmantes delices de la terre) s'empara de son cœur si absolument, qu'il ne luy en resta rien pour penser au monde, pour voir le monde, pour parler au monde, ny demeurer au monde. Elle se dépoüilla de toutes les affections mondaines, & n'en reserua qu'vn seul desir de voir son fils Henry Duc de Rais & de Beaupreau, éleué à la Vertu comme à la Pieté, & aux bonnes mœurs autant qu'aux bonnes lettres & aux armes. Pour executer ce dessein là, elle rompit courageusement toutes les racines qui la retenoient en terre, & l'empéchoient de s'éleuer au Ciel, elle passa sur les puissances du Monde, de la Chair & du Diable. Antoinette d'Orleans trauersa les mémes empeschemens qui se presenterent à sainte Paule, quand elle voulut changer le sejour de Rome à celuy de Bethleem, & quitter les lys, les œillets & les roses de la Cour, pour cueillir les ronces & les épines du Caluaire. Les difficultez furent grandes en sa maison, plus grandes au voyage, tres-grandes à l'arriuée. I'ay appris de Mathieu au liure second de l'Histoire d'Henry IV. qu'elle rencontra l'Euéque de Bayonne, lequel la méconnut, & creut, comme elle vouloit faire croire, qu'elle n'auoit autre dessein que de la poursuite de ses affaires au Parlement de Tolose. Mais quand à la 2. ou 3. iournée ce Prelat la reconnut, & qu'il la traicta en Princesse, elle demeura estonnée, comme celuy auquel le masque tombe sans y penser, & se plaignoit à toute heure qu'estant vne simple Demoiselle qui alloit à Tolose, pour des procez qu'elle auoit à ce second Parlement de France, il la traictoit pardessus sa qualité. Elle ne craignoit point de dissimuler pour tromper le monde, qui se fust efforcé de l'arrester en ses tromperies, & ne croyoit point que le mensonge fust mauuais, qui profitoit à la iustice de son dessein, & n'offensoit pas celuy qui l'écoutoit. Il reconnut non seulement ce qu'elle estoit, mais encore ce qu'elle vouloit deuenir, & le changement qu'elle proiettoit. Il en écriuit promptement au Premier President de Tolose pour l'empécher, & defendre aux Feüillantines de la receuoir : mais elle auoit si bien pris ses mesures, & si bien pourueu à ces accidens, que sa deuotion eut le deuant, & gagna tous les conseils qu'on prenoit pour la retenir. Le méme Mathieu remarque, comme aussi le President de Thou, Cayer & du Pleix, que son frere le Comte de S. Paul & ses beaux freres, coururent aprés pour l'en détourner, mais elle estoit desia dans le Conuent resoluë d'y finir ses iours : ils n'en rapporterent autre chose que l'estonnement d'vne si difficile resolution, parmy des austeritez incroiables : Elle estoit si constante & si contente en la vie Religieuse, qu'elle les pria de ne se soucier plus d'elle, parce qu'en vn contentement si parfait & vn bon-heur si accomply, elle n'auoit pas besoin de chose du monde.

Elle arriua au Conuent des Feüillantines de Tolose,

comme ces fideles seruantes de Dieu encores en petit nombre, iettoient les fondemens de l'exacte obseruance de la Regle de S. Benoist (duquel S. Bernard Religieux de l'Ordre de Cisteaux, & Patron de la Congregation de Nostre Dame des Feüillans estoit disciple) auec vne tres-profonde humilité, vne pauureté tres-estroite, & la pratique de toutes les autres vertus, capables de contenter vne ame, comme estoit la sienne, qui aspiroit à aymer Dieu parfaitement. Deslors la Diuine Maiesté voulut qu'Antoinette fit son apprentissage en cette bonne escole, & que contribuant à l'edifice temporel & spirituel de ce tres-deuot Monastere, elle apprit comme il faudroit tracer le plan de plusieurs autres, qu'elle deuoit fonder auec des trauaux d'autant plus grands, qu'ils auroient plus grande estenduë.

Aprés que cette Princesse eut passé 7. ans en ce desert delicieux, où reluisante en toutes les vertus Religieuses, elle exerçoit la charge de Prieure, auec vn contentement indicible de toutes ses sœurs : Dieu inspira le Pape Clement VIII. qui auoit appris de bonne part comme Antoinette de S. Scholastique auoit fait vn signalé progrez en la vie spirituelle dans cette Maison des Meres Feüillantines de Tolose : il luy commanda de quitter ce Monastere, afin de prendre l'Administration de la celebre Abbaye de Fonteuraud sur les limites de ces trois Prouinces, l'Aniou, le Poictou & la Touraine, aprés le decez de Leonor de Bourbon Abbesse, tante vnique du Roy Henry le Grand. A quoy elle eut beaucoup de peine à se resoudre, faisant de continuelles remonstrances à sa Sainteté, pour luy faire sçauoir qu'elle n'estoit pas capable de commander ; aussi nous verrons en cette vie, qu'elle ne voulut iamais prendre la qualité d'Abbesse ny de Coadiutrice, tous les sept années qu'elle y a demeuré, iusques au decez d'Eleonor qui mourut l'an 1611.

Cette deuote Princesse ayant donc esté tirée à toute force par le commandement du Vicaire de Dieu en terre, de son Monastere de Tolose, pour estre mise comme vne lampe ardente sur vn haut chandelier, & pour faire voir la lumiere de ses bons exemples, dans le grand Ordre de

Fon-

DES DAMES ILLVSTRES. 153

Fonte-Euraud peuplé maintenant de 53 Monasteres. Congregation sainte, qui dépend immediatement du S. Siege, & s'est iadis répanduë en Angleterre, en Espagne & au Leuant, & a esté gouuernée en ces derniers siecles par plusieurs Princesses de la Maison de France, à sçauoir Isabelle de Valois, Marie de Bretagne, Anne d'Orleans ou de Valois sœur du Roy Louis XII. Renée, Louise, & Eleonor de Bourbon, vne autre de Bourbon Lauedan, & Ieanne Baptiste legitimée de France, qui tient auiourd'huy la Crosse de cette Abbaye là & gouuerne cet Ordre sacré, lequel s'est maintenu dans l'obseruance reguliere durant les guerres ciuiles.

Antoinette de Ste Scholastique ou d'Orleans Longueuille, s'opposa premierement le plus fortement qu'elle pût, aux desseins du Pape Clement VIII. du Roy Henry IV. & d'Eleonor de Bourbon Abbesse de Font-Euraud, sur la resolution & le zele qu'elle auoit prise de ne se point départir de son premier institut. Ce qui fut cause que le bon Pape Clement ne luy enuoya qu'vn Bref, par lequel il luy commandoit expressément de sortir du Conuent des Feüillantines, pour aller à Fõt-Euraud assister & soulager l'Abbesse Eleonor en qualité de Vicaire pour vn an: luy permettant de viure en sa regle & en son habit, comme elle auoit supplié sa Sainteté auec instance. Antoinette n'eust pas si tost receu le commandement du Pape Clement, qu'elle sortit du Monastere des Feüillantines pour venir à Font-Euraud, où elle arriua le 25. d'Octobre de l'an 1604. estant accompagnée de son cousin Charles Comte de Soissons, & de sa sœur Mademoiselle de Longueuille, qui trauailloit en cette saison là à la fondation de l'Ordre des Carmelites en France. Le même iour le P. Raymond d'Estrictis Iesuite, qui par le commandement du Roy Henry IV. luy auoit tenu compagnie depuis Tolose, leut le Bref de Clement VIII. tout haut deuant la grande Grille, auant qu'elle entrast dans ce Monastere là.

Honorat Nicquet, au liure 4. de l'Hist. de l'Ordre de Font-Euraud.

Trois iours après estre arriuée elle commença à exercer sa charge, tousiours la premiere au chœur: & après les Matines (qui par tout l'Ordre de Font-Euraud se disent à mi-

V

nuict) elle passoit quasi le reste de la nuict en oraison: auoit vn soin particulier des malades, leur rendoit toutes sortes d'offices, & dans les sept ans qu'elle a esté au grand Monastere de Font-Euraud, il n'est point mort aucune Religieuse qu'elle n'ait enseuely.

Eleonor de Bourbon & toutes les Religieuses de cette Royale Abbaye, furent si edifiées de sa sainte vie & bonne conuersation, qu'ils supplierent Paul V. au commencement de son Pontificat, de commander à cette religieuse Princesse, de demeurer dans l'Abbaye de Font-Euraud, non pour vne année, mais tous les iours de sa vie.

Eleonor le fit demander à sa Sainteté par son neueu le Roy Henry le Grand: De sorte qu'elle obtint iusques à 3. Brefs du Pape Paul, pour obliger Antoinette à ne point quitter Font-Euraud; le dernier estoit le plus pressant; car il portoit inionction sur peine de desobeïssance, & menace d'excommunication; ce qui l'obligea à prendre la resolution d'obeïr aux volontez de ce successeur du Prince des Apostres, & de rompre la dureté & opiniastreté de son humilité, qui ne luy pouuoit pas persuader qu'elle fust propre pour commander dans l'Ordre de Font-Euraud: mais qu'elle deuoit viure dans l'obeïssance au Monastere des Feüillantines de Tolose, où elle auoit pris l'habit & fait profession de l'Ordre de Cisteaux. René Gautier sieur de Boumois, Conseiller du Roy en ses Conseils (lors Aduocat general au grand Conseil) lequel a fait honneur à son pays d'Aniou, & obligé toute la France, par tant de Liures de Deuotion & de Pieté, qu'il a traduits en nostre langue, fut sur la fin de l'an 1605. enuoyé à Rome en qualité de grand Procureur de l'Ordre de Font-Euraud, pour obtenir les Lettres de Coadiutorerie à future succession; & reuint au bout de 3. mois l'an 1606. Les Lettres qu'il apporta furent leuës le 29. Septembre, feste de Saint Michel de l'an 1607. dãs le Chapitre de Font-Euraud, en presence de plusieurs personnes de qualité. La lecture des Lettres de sa Sainteté ayant esté faite depuis à Antoinette, elle prit l'habit de l'Ordre de Font-Euraud, de la main de l'Abbesse Eleonor dãs le logis Abbatial; & puis elle fut conduite dans le Chapitre par la grand'Prieure & les Religieuses anciennes, où elle fit le serment qui est couché au long dans l'Histoire de l'Ordre de Fōt-Euraud, qu'a écrite le R.P. Honorat Nicquet de la Compagnie de IESVS. Antoinette d'Orleans ayant fait le serment fut mise en possession de l'Abbaye, aprés que le Cantique de S. Ambroise & de S. Augustin fut chanté. Estant conduite au siege Abbatial dans le chœur, son humilité se contenta de se mettre à genoux sur la seconde marche: elle fit le même aux autres endroits destinez au siege de l'Abbesse, cependant cette vertu d'humilité qui possedoit veritablement le cœur de la Religieuse Princesse, luy donnoit mille & mille regrets de viure en superiorité: comme vne condition opposée aux extremes abaissemens de celuy qui s'est humilié iusques à la mort, & à la mort de la Croix. C'est pourquoy elle fit tant enuers Paul V. par le moyen du Cardinal de Ioyeuse qui la fauorisa en son dessein, qu'elle obtint secretement de sa Sainteté sa demission l'an 1610. quelques mois deuant le decez d'Eleonor de Bourbon, qui mourut le 26. de Mars de l'année 1611. Elle ne fit point paroistre son Bref qu'elle auoit obtenu du Pape, par la faueur du Cardinal de Ioyeuse, qu'aprés auoir rendu les derniers deuoirs & les honneurs funebres à Eleonor de Bourbon. Ce fut le Dimanche octaue de Pasques, qu'ayant assemblé dans la Chapelle de S. Benoist, tout le Conuent & nombre de Religieux; elle supplia toute la compagnie d'auoir agreable sa deposition, *Qu'elle iugeoit necessaire pour son salut, tant elle estoit* (ce sont ses paroles) *dépourueuë des conditions requises en vne personne qui se doit charger du gouuernement des autres, sur tout d'vn si grand Ordre comme est celuy de Font-Euraud.* Ces discours d'Antoinette d'Orleans, donnerent vne indicible douleur au cœur de ces Religieuses, qui par leurs larmes témoignerent comme elles estoient saisies de tristesse en leurs ames, par vne nouuelle si triste & si inesperée que celle là. Mais la resolution de cette tres-vertueuse Princesse estoit à l'épreuue des plus rudes atteintes. Elle auoit écrit au Roy Louis XIII. & à la Reyne Marie de Toscane sa mere (lors Regente) pour supplier leurs Maiestez, de vouloir agreer qu'elle se retirast de Font-Euraud, & que l'Abbaye & tout l'Ordre fust pourueu d'vne personne capable. Armand Iean du Plessis Euéque de Luçon, (depuis Cardinal de Richelieu) receut les ordres de leurs Maiestez, pour aller faire sçauoir leurs volontez à Font-Euraud, où ce Prelat estant arriué, il fit assembler toutes les Religieuses au chœur, le soir aprés Complies, l'onziéme de May veille de l'Ascension. Il coniura cette Dame là de vouloir continuer en la charge qu'elle auoit si heureusement commencé d'exercer, qu'il y alloit de la conscience, que telle estoit la volonté du Roy & de la Reyne. Mais cét eloquent Prelat ne pût iamais luy persuader de demeurer à Fõt-Euraud pour y tenir la Crosse. Cette religieuse Princesse n'a qu'vne raison, qui est qu'elle ne peut plus viure dans le commandement, mais dans l'obeïssance : c'est pourquoy elle demande auec instance d'estre déchargée de ce pesant fardeau de l'Abbaye de Font-Euraud. L'Euéque de Luçon admirant la constance d'Antoinette entra en Chapitre, le lendemain de la Feste suiuant les ordres du Roy, pour faire lecture des Lettres de sa Maiesté, par lesquelles il leur permettoit de faire élection de deux Religieuses de l'Ordre, nommées dans sa Commission.

Antoinette de sainte Scholastique, se retira le iour de sainte Anne de l'an 1611. à l'Encloistre en Gironde Maison de l'Ordre de Font-Euraud, d'où elle sortit pour établir vn nouuel Ordre en l'Eglise, & viure dans vne plus estroitte solitude en la Congregation de Nostre Dame du Caluaire. C'est dans la Royale & sainte Abbaye de Font-Euraud, & dans cét Ordre là, où la feruente Congregation des Benedictines du Mont de Caluaire, s'est éleuée comme vne grande flame, qui se porte au loin, & dont la vigueur ne se peut borner dans le lieu où elle commence, le premier feu semblable au feu perpetuel du Sanctuaire, qui seruoit pour allumer les autres feux, y ayant esté apporté du Monastere des Feüillantines de Tolose.

Le sacré Ordre de Font-Euraud fut cõme le saint Temple, auguste pour son antiquité & sa pieté, dans lequel ce brazier fut assemblé, & où le souuerain Prestre qui parut à

Ezechiel vestu de lin tres-blanc, *Iesus* l'Epoux des Vierges, prit du milieu des rouës des Cherubins, ces vifs charbons enflammez par les inspirations & comme par le souffle des Anges, pour les épandre de sa main parmy les villes & les peuples, afin qu'ils bruslent & qu'ils fassent monter le parfum d'vne Oraison & Mortification continuelle, sur les Autels qu'il luy plaist bastir de nouueau, en la memoire & en l'vnion du dessein de celuy que luy méme dressa sur le Mont de Caluaire.

Ce que l'on peut approprier aux Religieuses de la Congregation de Nostre Dame du Caluaire, si elles répondent dignement à leur vocation : car il semble par plusieurs notables indices, que Dieu les ait appellées à cette fin excellente, qu'il daigna deslors inspirer à Antoinette d'Orleans leur Fondatrice, selon qu'il a de coustume de verser auec abondance dans les premiers autheurs des œuures de sa Grace, ainsi que dans la source, l'esprit qu'il veut faire couler dans les ruisseaux de la posterité.

L'ame de cette tres-deuote & tres-religieuse Princesse, fut tousiours viuement touchée de deux forts mouuemens, ordinaires en tous ceux que Dieu employe pour entremetteurs de sa gloire, & ausquels il veut confier ses secrets. Le zele de seruir à étendre le Royaume celeste luy transperçoit le cœur, le regret de voir l'honneur de Dieu tant delaissé, luy estoit pour ainsi dire ce glaiue de douleur, qui entama si auant l'esprit de la Vierge, languissante & demymorte au pied de la Croix de son Fils, non tant par le déplaisir de sa mort, comme pour voir l'ingratitude & la double condamnation de ceux pour lesquels il donnoit sa vie.

Mais aussi le desir de la solitude la tiroit si violemment, que ce luy estoit comme vne chaisne passée & noüée bien estroittement à l'entour de toutes ses affections : De sorte qu'il faut aduoüer, qu'elle estoit captiue en quelque lieu qu'elle fust hors de sa cellule, encore qu'elle fust occupée pour la gloire de Dieu.

Et combien que ce fust ce seul obiect, dans lequel il luy faisoit reluire sa volonté par les commandemens exprés du Pape Paul V. reiterez tant de fois, qui la tinst separée de sa premiere & plus douce retraitte entre les meres Feüillantines: si est-ce que iamais elle ne cessa iusques au dernier soûpir de sa vie, de tourner les yeux vers ce lieu, comme vers sa patrie & sa Ierusalem, se reputant par tout ailleurs estre en exil: comme assuiettie sous vne tres-dure seruitude, d'autant plus difficile à supporter, qu'elle se voyoit appellée dans l'Ordre de Font-Euraud pour y commander. Ce qui ne procedoit pas de quelque inclination naturelle & imparfaite, qu'elle eut de retourner aux Feüillantines de Tolose: mais pour ce qu'elle estimoit qu'elle y pourroit iouïr de la conuersation diuine, auec vn repos plus tranquille: desirant beaucoup plus s'il eust esté à son choix, d'estre nouice pour iamais, que Fondatrice & maistresse de tant de filles, qu'elle a instituée en la vie spirituelle.

Dieu seul autheur de ces deux mouuemens, connoist la grandeur des souffrances & des merites qu'ils ont apportez à ceste ame là: ce furent eux qui la guiderent comme deux Astres lumineux en la nuict obscure, dans laquelle il pleut à Dieu tenir long-temps cet œuure caché à tous les iugemens humains, ne luy en permettant la veuë à elle méme, que par quelques esclairs. Ce furent eux qui la persuaderent de fonder le dessein de cét Ordre naissant, sur deux rochers tres-fermes, l'vn desquels est le saint Mont de Caluaire, où le Sauueur nous ouurit le chemin du Ciel, l'autre, celuy où Saint Benoist trouua cette grotte si aspre & si sauuage, en laquelle il commença sa maniere de vie angelique.

Ce ferme bastiment est hautement loüé par l'Escriture, quand elle dit, *Que les Commandemens de Dieu dans le cœur d'vne sainte femme, sont comme des fondemens eternels sur la pierre solide.* Or quel obiect pouuoit mieux conuenir au zele de cette bonne ame pour la gloire de Dieu, que celuy d'imiter sa Mere sur le Mont de Caluaire? C'est là que cette grande Reyne acquist la couronne du martyre d'amour par dessus tous les Anges & tous les hommes: c'est là que nous presentant ce glaiue de douleur qui luy trauersa la poitrine, elle apprend aux chers seruiteurs de son fils, de ne se donner iamais repos qu'ils ne s'employent à l'aduancement de son regne au trauers de mil perils, & qu'ils doiuent ressentir les offenses que l'on commet contre son nom, comme si l'on enfonçoit dans leurs flancs autant de pointes de tranchantes espées.

Tels furent les ressentimens de cette fidelle seruante de Iesus-Christ crucifié, laquelle outre son souhait general de l'heureux estat de l'Eglise, eut tousiours en recommandation tres-particuliere, le recouurement de la terre Sainte, comme du pays natal du fils de Dieu, & de sa Mere, & le restablissement de l'Ordre de Saint Benoist, sur tout entre celles de son sexe, comme estant obligée, puis qu'elle estoit sa fille legitime, d'estre soigneuse de l'honneur de son pere.

La maniere qu'elle obserua, & qu'elle apprit à ses Sœurs, pour aduancer le progrez de toutes ces saintes affaires, fut tres-conforme à celle que pratiqua la Sainte Vierge le iour de la Passion, où dans vn profond silence, recueillant toutes ses forces au fonds de l'esprit, sans autre bruit que celuy que faisoit la pluye de ses modestes larmes, & l'air animé de ses doux souspirs, elle ioignit au dessein de nostre Seigneur pour le salut du genre humain, tous les actes les plus vigoureux de toutes les vertus les plus excellentes.

Tousiours cette ame ayma mieux agir que parler, tousiours elle eut beaucoup plus d'effet que d'éclat; & par tout le cours de sa vie dans la Religion, l'on remarqua en elle beaucoup plus d'attraits vers la retraite, la retenuë, & la fuite de se monstrer, que vers la recherche des occasions de faire paroistre son zele, lequel comme vn feu renfermé en augmentoit sa chaleur & sa violence.

Et quant à l'amour de la solitude & de l'éloignement de toutes les creatures pour s'vnir à Dieu plus immediatement, elle en estoit possedée si puissamment, que plusieurs fois elle delibera de se retirer de France pour chercher quelque desert, & lieu deuotieux, où elle peust viure inconnuë, pour euiter principalement l'honneur qui luy estoit vn faix insupportable; & si cela n'eust esté empesché par diuerses occurrences que la Prouidence Diuine luy opposa pour l'employer à l'œuure qu'elle en pretendoit, elle eust tenté tous les moyens licites de l'executer.

La grotte solitaire de Saint Benoist luy estoit tousiours empreinte en l'esprit, ce luy estoit vn contentement si doux d'y penser, qu'elle le soupçonnoit quelquefois d'amour propre. Nulle demeure en ce monde ne luy sembloit plus agreable, que d'habiter en ces aspres deserts, que de voir ces rochers sauuages, ces torrens emportez d'vne cheute rapide par le fonds des vallées, ces viues fontaines, ce lac d'eau claire, ces arbres touffus ombrageans le coupeau des hautes montagnes; non tant pour recreer sa veuë, qu'elle auoit de long-temps fermée à tous les vains plaisirs, que pource qu'il luy sembloit que dans ces lieux si écartez, elle seroit plus garantie de l'abord du monde, & verroit Dieu plus à loisir.

Ainsi qu'elle se défioit grandement de la fragilité humaine, laquelle aprés quelques foibles efforts pour se redresser à vne plus exacte pratique de la vertu, se panche bien tost par nostre naturelle decadence, du plus grand bien au moindre, & de l'amoindrissement du bien dans le commencement du mal, elle enseignoit les Religieuses de la Congregation, ou de l'Ordre de nostre Dame du Caluaire tres-prudemment, que puisque Dieu leur auoit inspiré le mouuement de la perfection, elles deuoient la puiser dans les sources d'ont l'vne estoit la montagne de Caluaire, toute ruisselante du sang de leur Epoux; & l'autre estoit la grotte de Saint Benoist leur Patriarche, toute arrousée de ses larmes. Qu'il ne falloit pas se contenter de se moüiller le bord des leures & le bout du pied dans le fleuue de la Penitence, mais qu'il falloit s'y plonger tout le corps, pour faire que l'esprit surnage dans les pures delices du diuin amour; qu'il falloit faire comme l'Aigle qui se baignant pour renouueller sa ieunesse, s'enfonce tout dans l'eau, hormis la teste, & le dessus des aisles, qui volent plus legerement, se seichant aux rais du Soleil, quand le bain luy a fait tomber la mousse des plumes inutiles. Et afin de leur mieux grauer en la memoire, qu'elles deuoient apprendre la vertu en ces deux saintes Escoles,

les, le Caluaire, & la grotte de Saint Benoist, elle voulut que la Congregation ou l'Ordre qu'elle a étably & fondé en l'Eglise de Dieu fust dedié à l'honneur, & qu'il portast le nom de *Nostre Dame du Caluaire* (comme i'ay desia remarqué cy-dessus) prenant aussi pour Patrone speciale sainte Scholastique (dont elle auoit pris le nom dés son nouitiat en l'Ordre des Feüillantines) qui demeuroit proche du rocher de son frere S. Benoist, grande maistresse d'oraison & d'austerité.

La zelée Antoinette d'Orleans ordonna, que tous les Monasteres de ses Religieuses Benedictines fussent nommez du titre de Caluaire, & que ses sœurs n'eussent rié plus à cœur que d'honorer & perpetuer entre elles le souuenir, qu'elles estoient appellées à cette haute dignité d'accompagner sur ce saint Mont la douloureuse & amoureuse Vierge, & de celebrer auec elle comme ses filles d'honneur, les obseques de son tres-cher fils, & la solemnité de sa glorieuse Resurrection, en mourant auec luy au monde, & renaissant auec luy en la vie celeste.

Elle voulut aussi qu'en tous les Monasteres de sa Congregation des Benedictines de Nostre Dame du Caluaire, il y eust vne Cellule faite exprés au lieu le plus tranquille & à l'écart, qui fust nommé la *grotte de saint Benoist*, & laquelle en portast la ressemblance, autant que cela se peut faire commodément, & où au moins cette histoire, & la description de cette solitude fust representée, auec tous les traits principaux des mes-aises & de la pauureté, que l'on peut croire que S. Benoist souffroit en vn lieu si peu assisté des cómoditez de la terre. Et c'est dans cette Cellule ou Hermitage, que les meres & les sœurs de la Congregation du Caluaire, passent souuent quelque temps de retraitte plus speciale les vnes aprés les autres, pour de nouueau renaistre & croistre en l'esprit de la perfection de leur Ordre, & afin de prier Dieu auec plus d'attention, pour les necessitez & pour l'accroissemét de son Eglise & aussi de l'Ordre sacré de Fót-Euraud, ayant par vne gratitude digne d'vne fille de cette Religion là établie en l'Eglise par le B. Robert d'Abruissel, institué des prieres parmy ses Religieuses de la Cógregation

X

du Caluaire pour l'Ordre de Font-Euraud, par le mouuement particulier qu'elle auoit de l'accroissement de la gloire de Dieu en cet Ordre là, en consideration que sa Congregation de nostre Dame du Caluaire en est issuë.

L'humilité de cette religieuse Princesse a esté telle, qu'elle a tousiours eu cette creance auec excez d'estre du tout incapable & inutile au monde : Mais aussi elle auoit vne confiance en Dieu & vn espoir contre son espoir, qui luy faisoit la victoire de toutes les difficultez en la force de son inuincible bonté. En quoy Antoinette d'Orleans ou de Ste Scholastique ne fut pas deceuë, & afin que le secours diuin fust plus apparent, au lieu de laisser long-temps cette Fondatrice parmy les ames qui l'auoient receuë de luy pour leur Mere, comme tous les Instituteurs sont demeurez pour l'ordinaire plusieurs années auec leurs disciples, & ont veu leurs œuures fort auancées auant que de les quitter de leur assistance & presence visible; il l'osta de ce monde après peu de temps, ainsi que Beatrix de Sylua Institutrice de l'Ordre de la Conception, comme nous verrons en l'Eloge de cette Demoiselle Portugaise. Et combien qu'Antoinette ayt employé 14. ans à fonder cet edifice spirituel, dans vn abysme de toutes sortes de trauaux, à peine estoit-il hors de terre, & elle n'auoit encore esté que six mois dans le Monastere de Poitiers, qui est le premier où la Congregation de Nostre Dame du Caluaire a commencé, que Dieu voulut la retirer de la terre le 25. du mois d'Auril Feste de l'Euangeliste saint Marc de l'an 1618. pour luy donner le Ciel. Aussi c'estoit là que les vrays fondemens de ce bon œuure estoient posez, sans que les accidens humains y puissent atteindre pour les renuerser, c'estoit là où se faisoit le fort de la besongne, où la principale ouuriere y deuoit porter la main vtilement. Elle a fait comme le Phœnix, qui en mourant ne laisse que des cendres, mais chaudes & animées d'vne feconde renaissance. Ce peu de Religieuses qui resterent aprés son trépas, deuoient estre plus mortes qu'Antoinette de sainte Scholastique leur Fondatrice, selon le iugement des hommes, tant elles estoient demeurées sans aucun ayde de la part des creatures, dans vn profond abysme de difficultez.

DES DAMES ILLVSTRES. 163

Le Soleil de la diuine Prouidence, lequel tira la mere à soy, & la consomma dans ses rayons comme le Phœnix, ayant fait connoistre à chacun, que l'extréme desir qu'elle auoit de témoigner à Dieu l'amour qu'elle luy portoit, par la rigueur qu'elle exerçoit enuers soy-mesme, auoit abregé ses iours, qui est vn blâme commun à tous les Saints. Ce méme Soleil dis-ie fit sortir ses Religieuses de son tombeau & où la douleur les auoit renfermées, & les remplir d'enhaut d'vne vigueur & generosité nouuelle, pour se fortifier au dessein de la perfection.

Son Ordre est multiplié depuis sa mort, duquel on voit dix neuf Conuents en France; deux à Paris, le premier au faux-bourg de saint Germain, fondé par la pieuse liberalité de la Reyne Mere du Roy Louis XIII. prés de son Palais & Hostel de Luxembourg, l'autre dans les marais du Temple; deux aussi à Poitiers (comptant l'Abbaye de la Trinité, qui est vnie & incorporée à cette Congregation) vn à Orleans, vn à Vendosme, vn à Loudun, vn à Angers, vn à Tours, vn à Chinon, vn en la ville de Mayenne dans le Diocese du Mans; sept en Bretagne, 4. en la haute, à Rennes, à Nantes, à Redon & à saint Malo, & 3. en la basse, à saint Brieu, à Morlaix & Quinpercorentin. Le Conuent des Benedictines de Baugé est aussi associé à cette deuote Congregation, où viuent plusieurs saintes Religieuses dignes filles spirituelles de cette Princesse de la Maison de Longueuille, de laquelle la vie a seruy de bon exemple à plusieurs Dames. Le P. Louis Richeome Theologien de la Compagnie de IESVS, écriuant contre les Ministres en son liure de l'Idolatrie Huguenote leur fait ce reproche, *Monstrez moy quelque saint Bernard, quelque saint Antoine, quelque sainte Agathe, quelque sainte Caterine: ou si n'en pouuez fournir du patron de ces anciens là, donnez en de plus modernes; quelque Henry de Ioyeuse, qui ayt quitté les richesses & pompes du monde, les Comtez, les Duchez, les Gouuernemens, les Mareschaussées, pour se vestir d'vn sac, se ceindre d'vne corde, afin de seruir Dieu de tout son cœur en rare austerité, démelé des soucis de toute chose mondaine: quelque* ANTOINETTE *de sainte Scholastique, qui ayt quitté les Marquisats, & se soit consacrée au mesme Seigneur, pour la mesme fin.*

Le P. Louis Iacob en fait mention honorable en la Bibliotheque des Femmes-illustres par leurs escrits

X ij

ANTOINETTE DE DAILLON,
COMTESSE DE LA GVICHE.

La Guiche, de sinople, au sautoir d'or.

Daillon, d'azur à la Croix engreslée: d'autres disent, dentelée d'argēt.

Illiers, d'or, à six annelets de gueules 3.2.1.

La Fayette, de gueules à la bande d'or, à la bordure vairée & cōtreuairée.

Vienne, de gueules, à l'Aigle éployé d'or.

De Bueil, d'azur, au croissant d'argent, accompagné de six croisettes recroisettées au pied fiché d'or.

Leuis, d'or, à 3. cheurōs de sable.

APRES auoir écrit les vies de deux Antoinettes Princesses de la Maison de France, ie croy estre obligé de faire l'Eloge de cette vertueuse Dame Antoinette de Daillon Comtesse de la Guiche, qui estoit la seconde fille de Guy de Daillon Comte du Lude & de Pontgibaut, Baron d'Illiers, Cheualier des Ordres du Roy & Gouuerneur de Poictou, & de sa femme Iaqueline de la Fayette, fille vnique & heritiere de Louis Seigneur de la Fayette & d'Anne de Vienne, toutes Maisons illustres, comme n'ignorent pas ceux qui sont sçauans en la genealogie, & en la connoissance des familles releuées.

Antoinette eut pour frere François de Daillon, Comte du Lude & de Pontgibaut, Marquis d'Illiers, Gouuerneur de Monseigneur Gaston fils de France Duc d'Orleans, Frere du Roy Louis XIII. & oncle de nostre ieune Monarque Louis XIV. qui a eu de sa femme Françoise de Schomberg, fille de Gaspar de Schomberg Comte de Nanteüil le Haudoüin, & de Ieanne Chastaigner de la Rochepozay, Timoleon de Daillon, à present Comte du Lude & Marquis d'Illiers; & pour sœur Anne de Daillon femme de Iean de Bueil Comte de Sancerre Baron de Chasteaux, Cheualier des deux Ordres du Roy, & Grand Eschançon de France. La vie de cette Dame là a esté toute sainte & digne du Ciel. Diane de Daillon épouse de Iean de Leuis Comte de Charlus, Vicomte de Lugny & de Sanceaux : & Helene de Daillon 2. femme de François de Chabanes Côte de Sagnes.

Antoinette fut nourrie à la pieté & aux bonnes mœurs auec ses sœurs par la Comtesse du Lude sa mere, Dame fort sage & vertueuse, issuë de ce grand Heros le Seigneur de la Fayette Mareschal de France.

A l'âge de 12. ans elle fut donnée à la Reyne Louise, Princesse de rare vertu (comme ie vous feray voir en sa vie) laquelle auoit vn soin particulier & vne affection de mere pour toute sa maison. Durant le mariage de la Reyne Louise auec Henry III. la famille de cette Princesse là estoit parfaitement bien reglée. Mais après le trépas de ce Monarque Louise de Lorraine fit vn Cloistre de sa Maison, de sorte qu'elle viuoit en Religieuse à Chenonceau, à Bourges, à Angers & à Moulins, où le seul exemple de sa vertu seruoit de loy pour y condamner le vice & y faire honorer la pieté.

Philibert Seigneur de la Guiche, Gouuerneur pour le Roy du Lyonnois, estant veuf d'Eleonor de Chabanes sa premiere femme, fille de Charles de Chabanes & de Caterine de la Rochefoucaud, ne voulut point penser à de secondes noces, ny prendre de femme que de la main de la Reyne Louise, dont le Palais estoit vne Cour toute sainte (comme i'ay dit cy-dessus) & ceux qui ont eu le bon-heur de voir cette deuote Princesse là, ou qui ont leu le 27. chapitre de sa vie escrite par Antoine Mallet Theologien de la Faculté de Paris, & Confesseur de Mesdames les Duchesses de Vendosme & de Mercueur, ne l'ignorent pas.

_{Chabanes, de gueules, au Lyon d'hermines, armé, lampassé & couronné d'or.}

La Reyne Louise fut fort contente de la recherche que fit Monsieur de la Guiche de Mademoiselle du Lude ; car il estoit l'vn des plus accomplis Seigneurs de ce Royaume, & fidele seruiteur des Rois Charles IX. Henry III. & IV. lequel deuant que d'estre Gouuerneur de Lyonnois, l'auoit esté aussi du Bourbonnois, & Grand Maistre de l'Artillerie, sous le regne d'Henry III. qui l'honora de ses Ordres dés la premiere creation qu'il en fit le 31. de Decembre de l'an 1578. & le 1. de Ianuier de l'an 1579. Ce Monarque si iudicieux & qui se connoissoit si parfaitement au choix des hommes, ayant confié la charge de l'Artillerie de France à ce Seigneur là, qui estoit issu de l'vne des plus anciénes Maisons de Bourgongne, fertile en Heros, recommandables pour leur valeur & leur probité, entre autres, les Guichards, les Guillaumes, les Gabriels, les Iean-François, & sur tous Pierre

Iean François de la Guiche, Comte de S. Geran Mareschal de France.

de la Guiche, tres-fidele seruiteur des Rois Louis XI. Charles VIII. Louis XII. & François I. Ambassadeur pour leurs Maiestez vers le Pape Leon X. l'Empereur Maximilian I. Henry VIII. Roy d'Angleterre, Ferdinand V. Roy d'Arragon ou d'Espagne, les Cantons des Suisses, & Charles Duc de Gueldre, Bailly d'Autun & de Mascon, qui acquit vn grand renom au siege de Milan, sous Charles Duc de Bourbon, au gouuernement de Masconnois & au traitté qu'il fit auec les Suisses pour le Roy François, après la iournée de Marignan. Les curieux qui voudront sçauoir toutes les particularitez & les actions heroïques des Seigneurs de cette Maison là, qui a donné vn Mareschal à la France, des Gouuerneurs au Masconois, au Bourbonnois, au Lyonnois & à la Bresse, pourront les apprendre de Pierre de saint Iulien de la Maison de Balleure, Doyen de Chalon, au liure 3. des antiquitez de Mascon.

Antoinette de Daillon ayant épousé le Seigneur de la Guiche, fut receuë à Lyon comme Gouuernante de cette ville du Lyonnois, estant accompagnée de la Comtesse du Lude sa mere, auec les applaudissemens, les ioyes, & les honneurs, que l'on peut voir dans le liure auquel est décrite l'entrée magnifique de cette Dame dans Lyon, où il y a plusieurs remarques en faueur des Maisons de la Guiche, de Daillon ou du Lude, & de la Fayette.

Cette Dame eut cinq enfans de ce sage Gouuerneur des Lyonnois, vn fils qui mourut en bas âge après auoir receu le baptéme, & quatre filles, dont deux sont decedées en ieunesse, & deux sont heritieres de ses biens & de ses vertus, particulierement de sa deuotion & pieté. L'aisnée nommée Henriette par le Roy Henry le Grand son parrain, a épousé en premieres noces auec dispense, son cousin Pierre de Mati-

Gouion Matignon, d'argent, au Lyon de gueules armé, lampassé & couronné d'or.

gnon, Comte de Thorigny & de Matignon, fils de Charles Gouion de Matignon, Comte de Thorigny & de Moyon, Seigneur de Matignon & Prince de Mortagne, & de Leonor d'Orleans, Princesse de la Maison de Longueuille. Charles de Matignon, pere de Pierre, estoit fils du Mareschal de Matignon, Gouuerneur de Bourdeaux & de la Guyenne, & de Françoise de Daillon sa femme; & en secondes, ce sage

DES DAMES ILLVSTRES. 167

Prince Louis Emanuël de Valois Comte d'Allais, Colonel general de la Caualerie legere de France, & Gouuerneur pour le Roy en ses pays & armées de Prouence. Anne de la Guiche sa 2. a épousé Henry de Schomberg Comte de Nantueil, non moins genereux que prudent Chef de guerre & Mareschal de France, & Gouuerneur pour le Roy de Limosin, de la haute & basse Marche, d'Angoumois, & de Languedoc, veuf de Françoise d'Espinay, Comtesse de Duretal sa 1. femme, qui est decedé à Bourdeaux, au mois de Nouembre de l'an 1632. peu de iours aprés auoir esté honoré par le Roy Louis XIII. du Gouuernement de Languedoc, pour les fideles & signalez seruices, rendus à sa Maiesté, duquel elle a eu vne seule fille posthume, Ieanne Armande de Schomberg.

Schoberg blasonné en la vie d'Anne Iagellon Reyne de Pologne.

Espinay de Bretagne, d'argent, au Lyon coupé de gueules & de sinople, comme celuy de Schoberg.

Antoinette du Lude vécquit en grande paix & amitié auec le Seigneur de la Guiche son mary, & aprés son decez elle prit vn soin particulier de bien éleuer à la vertu & aux bonnes mœurs ses deux filles, à liquider la maison & à la sortir de grands procez.

Les affaires qu'eut cette Dame là durant les premieres années de sa viduité, ne la détournerent point de ses exercices de pieté, & particulierement de l'estude de l'Oraison, qui est vne conuersation auec Dieu & vne éleuation de l'esprit au Ciel. Car pour l'ordinaire cette deuote Dame passoit les matinées 3. ou 4. heures en Oraison, auec l'edification de ceux qui la voyoient prier auec tant de ferueur & de zele. Aussi quelques-vns ont asseuré auoir esté excitez à bien seruir Dieu, & vacquer à l'Oraison, auec plus de recollection, par les bons exemples qu'ils auoient receu de la pieuse Antoinette de Daillon. Cette Dame ayant fait prouision de la deuotion solide en ces trois conditions de fille, de femme & de veuue: il ne faut pas s'estonner si elle a vécu si vertueusement & si Chrestiennement tous les iours de sa vie, & gardé exactement les ieusnes commandez par l'Eglise, & si elle a esté la mere des veuues & des orphelins, des pauures, & particulierement des plus chetifs & miserables, comme les borgnes, les boiteux, les manchots, les sourds & les muets qui n'auoient pas le moyen de pouuoir gagner leur vie, ou entrer

Antoninam Parisiis agentem & insolito pietatis ardore flagrantem sæpè mirati sumus. Lanouius in Chronico generali Minimorū.

en quelque condition; & s'est rendu admirable au mépris de sa personne & de sa beauté, beauté tant estimée des Dames, quoy qu'elle ne soit qu'vne tromperie du temps; vn bien qui fuit; vn esclair qui se precipite en Occident, vne possession tousiours penible, estant tousiours enuiée; conseruée auec trop de suiettion, & adorée auec trop d'idolatrie; des-honneste si elle est pitoyable, cruelle si elle resiste: enfin il faut qu'vne belle ame dise de la forme du corps, ce que disoit Lisandre de certains beaux habits qu'on luy enuoya pour ses filles: *Ie ne veux pas* (dit-il) *que la beauté de ces ornemens fasse paroistre mes filles moins belles.* Les plus sages ont creu que ce fameux peintre Timanthes auoit sacrifié à Consul le Dieu du Conseil, lors qu'ayant fait vne image de Vénus, excellemment belle en toutes les parties du corps, il luy couurit le visage d'vn voile: Non pas comme ont écrit les moins iudicieux, qu'il eust perdu l'esperance de pouuoir l'acheuer auec la même perfection qu'il l'auoit commencée: Mais ce fut que ce peintre prudent & auisé connut que cette beauté estoit tellement excessiué, qu'en luy donnant la derniere perfection, elle pouuoit causer autant de peril à l'ame, que de plaisir à la veuë.

Cette vertueuse Dame a laissé dans ses terres des marques de sa pieté, particulierement en la fondation du Conuent de *Iesus Marie*, où elle a estably des Minimes prés son Chasteau de la Guiche en Masconnois, ausquels elle a donné la belle Eglise bastie par Pierre Seigneur de la Guiche; fondation qui a esté augmentée par sa fille aisnée. Elle communioit tous les Dimanches & les Festes, & aussi aux iours de ses particulieres deuotions; comme és iours de nostre Dame du Mont Carmel, des deux saints Antoines, de saint Ioseph, de saint Dominique, de saint Ignace de Loyole, des trois saints François, de saint Henry & de saint Bonauenture, de saint Bernardin de Sienne, de saint Nicolas de Tolentin, de sainte Claire, de sainte Terese & de saint Charles: mais tousiours auec des respects tres-grands, & des sentimens tres-extraordinaires.

Quand elle estoit obligée de faire quelque visite pour les deuoirs de la charité, ou par les loix de la ciuilité, elle se recom-

DES DAMES ILLVSTRES. 169

commandoit à Dieu, & luy faisoit vne priere sortant de son Hostel, afin que rien ne se fist durant sa visite ny dans lo chemin qui pûst déplaire à sa diuine Maiesté, & dés qu'elle estoit de retour, elle faisoit vn exact examen de tout ce qui s'estoit passé en sa conuersation, pour en tirer des mesures & des connoissances qui luy peussent seruir pour vne autre visite.

Elle haïssoit les flateurs, les médisans, & les rapporteurs: comme les ruines des maisons & des familles ; c'est pourquoy on pouuoit dire de cette deuote & vertueuse Dame auec verité.

> *Les méchans & vicieux*
> *Ne plaisent point à vos yeux:*
> *Vous n'aymez la tyrannie,*
> *Vous n'écoutez le flateur,*
> *Ny le malin rapporteur,*
> *Qui s'arme de calomnie.*

Ioachim du Bellay.

Elle auoit vn soin particulier d'enuoyer à ses frais & dépens des Predicateurs de diuers Ordres de Religieux, dans les bourgs & les villages de ses terres en Masconnois, en Chalonois, en Charolois, & en Auuergne, pour annoncer la parole de Dieu, catechiser & confesser ses vassaux ; disant qu'il estoit bien raisonnable que receuant du bien temporel d'eux, elle s'estudia à procurer leur profit & leur bien spirituel : & lors qu'elle sçauoit les heureux succez qu'il plaisoit à nostre Seigneur de donner aux trauaux & aux peines des Predicateurs, par le notable changement de mœurs en ces bons villageois, & par les instructions qu'auoient receu leurs petits enfans, elle ne manquoit pas d'en rendre graces à Dieu.

Antoinette de Daillon Dame de la Guiche, a eu pour ses Directeurs spirituels, le R. P. Barthelmy Iacquinot Iesuite & le P. Nicolas Courtois Minime. Celuy-là qui a composé plusieurs liures de deuotion, entre autres vn intitulé, *L'adresse pour viure selon Dieu dans le monde*, lequel a esté imprimé plusieurs fois & mis en Latin par le R. P. Monod de la méme Compagnie, sous le titre d'*Hermes Chrestien*. Celui-cy duquel le nom est venerable parmy ceux de ma robbe,

Lanouius.

Y

Grosbois Maison de plaisance de Charles de Valois Duc d'Angoulesme.

pour sa douceur, sa franchise, sa pieté & ses autres vertus. Cette Dame ayant tousiours bien vécu, mourut fort Chrestiennement au Chasteau de Grosbois, le 20. de Septembre 1631. aprés auoir receu tous ses Sacremens en presence du Curé de Villecrene, d'vn Pere Iacobin, & de deux Mini-

L'autheur en parle comme y ayant esté present.

mes, dont l'vn estoit le R. Pere Courtois son Directeur & Confesseur, du Duc & de la Duchesse d'Angoulesme, du Comte d'Alais son gendre, & de la Comtesse d'Alais sa fille aisnée, de la Mareschale de Schomberg sa 2. fille, & de tous ses domestiques qui fondoient en larmes pour la perte d'vne si bonne maistresse.

Le lendemain son corps fut porté en depost à Paris, dans l'Eglise des Minimes de la Place Royale, en la Chapelle d'Angoulesme; d'où il a esté transporté par les soins du sieur des Ruisseaux, Aumosnier de Monseigneur le Comte d'Alais, & du sieur de la Forest Gentilhomme de Bourbonnois, en l'Eglise du Côuent de la Guiche, & inhumé dans la Chapelle du Rosaire, en laquelle plusieurs Seigneurs de la Maison de la Guiche ont receu les honneurs de la sepulture. Au conuoy de ceste Dame là, assisterent plusieurs Gentilshommes & Dames du Masconnois & du Charolois, & les paysans de ses terres, qui sont en ces deux Prouinces là, qui par leurs souspirs & leurs regrets, faisoient paroistre l'affection qu'ils luy auoient porté durant sa vie, & les obligations qu'ils auoient à sa memoire.

ARGENTINE PALLAVICIN,
DAME ITALIENNE.

PArmy le nombre des Dames de merite que i'ay deſſein d'honorer par ce mien petit trauail, i'ay creu eſtre obligé d'y mettre la tres-illuſtre Argentine Pallauicin, femme de l'inuincible & magnanime Guy de Rangon General de l'armée des François, le fidele ſeruiteur de nos Monarques, la lumiere des armes & de la milice, le parangon des Cheualiers de ſon âge ; de la grandeur & valeur duquel, & du genereux Baltazar ſon fils, ont écrit Iean Bocace, Turpin & Tomaſſin en leurs liures des Hommes Illuſtres, & qui pour ſes vertus & ſes merites, a eſté chery & honoré par François de Bourbon Comte de ſaint Paul, & le Seigneur de Humieres.

Argentine doncques entre toutes les Dames de qualité & de remarque, a eſté tenuë pour vn miroir de pudicité & de liberalité, & qui s'eſt touſiours renduë recommandable par toutes ſes rares actions, & digne d'entrer en parallele d'hôneur & de gloire auec quelque autre femme que ce ſoit.

Ie laiſſe à part la ſplendeur de ſon mary, lequel neantmoins dans le choix & la recherche qu'il a fait de ſa perſonne, & dans l'affection qu'il luy a témoignée a fait voir l'eſtat qu'il faiſoit de ſon merite. Ie laiſſe à part la nobleſſe & la grandeur ancienne des familles de Pallauicin & de Rangon, pour auoir eſté traittées par le méme Bocace amplement, & dont nous parlerons en l'Eloge de Camille Pallauicin. Mais pour ce qui eſt de ſes vertus & graces naturelles, certes on a touſiours remarqué en elle vne ame noble, & vn courage genereux autant comme il ſe peut imaginer, & touſiours attaché à quelque action digne d'vne Dame qui a eu touſiours Dieu pour obiet.

Pallauicin ou Pallauiſin, cinq points d'or equipolez de quatre d'azur, à vne Croix trois fois croiſée de ſable, ou biévneſaſce breteſſée & aliſée de ſable.

Rangon faſcé d'argent & d'azur de ſix pieces, au chef de gueules chargé d'vne coquille oreillée d'argent.

Ritrati & Elogij di Capitani illuſtri.

Humieres, d'argent, fretté de ſable, de ſix pieces.

Y ij

Elle estoit non seulement passionnément amoureuse des vertus, mais encore des vertueux, & faisoit vn grand estat des bons esprits & des hommes de iugement, rendant toute sorte deliberalité (& iusques à se dépoüiller de ses propres biens) pour fauoriser ceux qui auoient quelque sorte d'auantage & de merite par dessus le commun, & qui s'étoient mis en deuoir de l'honorer & obliger; chose qui luy a esté aussi glorieuse dans l'estat qu'elle tenoit, comme à Alexandre dans l'excez de ses grandeurs de donner à ses fauoris des villes & des Roiaumes.

Iamais Argentine n'abaissa son esprit à des choses de peu; mais le releua tousiours à des pensées aussi hautes que peut faire vne ame logée & attachée à vn corps mortel: la fidelité de son amour & la sincerité de ses affections suiuit si fort & si indiuisiblement aux desirs & volontez du grand Guy son mary, que rien ne l'en peut separer, non pas méme éloigner, tant qu'elle véquit auec luy; mais après sa mort elle en conserua les agreables idées deuant les yeux de son ame, & au milieu de son cœur si viuement exprimées, si expressément representées qu'il luy paroissoit sinon au dehors, au moins inuisiblement viuant dans le palais de sa memoire.

Betussi delle Donne illustre.

La grandeur de son courage parut encore aux superbes obseques qu'elle fit à son mary : & l'excez des dépenses qu'elle y fit, fut vn témoignage public de son amour & de ses douleurs. Il ne faut pas oublier la beauté de son iugement qu'elle fit paroistre en toutes ses actions. Car si bien (comme l'on dit) c'est l'ordinaire des femmes de trauailler plus mal en toutes leurs affaires lors que plus elles y ont pensé, à cause de l'imbecillité de leur iugement, & de l'extrauagance de leur ratiocination: elle démentit cette maxime iniurieuse aux Dames sages & fausse en sa personne, considerant auec prudence ses entreprises, & les executant auec courage & fermeté.

On reconnut encor la generosité de son cœur, laquelle s'opposa aux sousleuemens de ses suiets, lesquels prenans de l'auantage de la mort de son mary, la vouloient broüiller és terres de son Domaine & és lieux de sa iustice: elle rendit par tout des témoignages parfaits de la souuenance qu'elle auoit de son mary, & de l'honneur qu'elle portoit à sa memoire; sur tout quand on veid qu'elle se porta fort affectionnément au bien & à l'auantage de ceux qui l'auoient seruy, se souuenant continuellement d'eux, & ne manquant à pas vne occasion de les obliger. Cela parut encore dans la resolution de sa viduité, estat auquel elle demeura auec tout l'honneur & la reputation possible, bannissant de son esprit toute sorte de pensées, & de son cœur toute sorte d'affections déreglées : viuant auec autant de retenuë & de fidelité que le public pouuoit desirer d'vne sainte veuue, & les ombres de son mary de son amour coniugal.

Elle parloit pertinemment de toutes choses, & fut si prudente en ses discours qu'elle n'entreprit iamais de parler d'aucune affaire qu'elle n'entendist tres-bien. En fin encor que la mort de son mary semblât deuoir éclipser sa gloire & empécher les effets de sa generosité : neantmoins rien n'a peu changer ny raualer son esprit, ny s'opposer aux puissances de sa courtoisie & de sa liberalité.

Et parce qu'il est impossible de comprendre en si peu de discours l'infinité de ses merites, il suffira de dire que comme elle a esté le suiet de toutes les vertus durant sa vie, elle en sera le miroir aprés sa mort, & que la grandeur de sa reputation la rendra immortellement viuante dans la memoire des Dames de qualité & d'honneur, qui admirent ses vertus & celles de sa parente Camille, de laquelle nous ferons aussi l'Eloge en ce liure.

Argentine auoit pour deuise deux mains iointes ensemble desquelles sortoient trois sortes de fleurs, des marguerites, des violetes, & des roses, auec ce mot IN ÆTERNVM *A iamais* : par laquelle elle declaroit qu'elle garderoit eternellement la fidelité à Guy de Rangon son mary, par le moyen de ces trois vertus, la constance & résolution, la vraye amitié, & l'honneste gayeté. Car les marguerites sont le symbole de la resolution, comme ie vous feray voir en l'Eloge de Marguerite de France Duchesse de Sauoye. Les violetes, de charité & d'amour, d'où estoit sortie la coustume des anciens, qui voulans découurir leur amitié, faisoient present d'vn bouquet, où il n'entroit que des violettes. Et les roses, de la ioye, aussi la rose au dire de Sapho, est la *Reyne des fleurs, l'honneur des plantes, le ris de la terre, l'ornement des iardins & la gloire des palissades*, & les anciens se seruoient de cet adage, *parler Roses*, pour dire quelque chose gaye & plaisante, & marquoient pour la méme occasion, la ioyeuse arriuée du prin-temps, de la sortie & naissance de cette belle fleur. Par les roses cette Dame pouuoit aussi entendre sa bonne grace & sa beauté : car la rose comme dit saint Hierôme a esté parmy les anciens le symbole de la beauté. Cette fleur Royale estoit pour sa bonne grace consacrée aux Graces ou Charites, les Muses s'en couronoient, & l'Aurore qui à son arriuée colore ce monde d'vn beau teint de lumiere, estoit appellée Rosine, & aux doigts de Roses par Anacreon, duquel sont encor ces vers en la loüange de cette méme fleur, traduits du Grec en nostre langue de la sorte.

O Rose à la feüille vermeille,
O Rose en beauté sans pareille,
Premice du temps gracieux ,
Honneur de la terre où nous sommes :
Rose qui parfume les dieux ,
Rose qui contente les hommes.

Belleau.

BARBE ZAPOLY OV DE SEPVSE, REYNE DE POLOGNE.

Pologne, de gueules, à l'Aigle d'argent, couronné becqué & membré d'or, aux aisterons liez de méme : quelques Autheurs blazonent à l'Aigle éployé d'argent, mais les autres disent simplement à vn Aigle

ETTE sage & chaste Princesse, premiere femme du Grand Sigismond Iagellon, Roy de Pologne & Grand Duc de Lituanie, estoit fille d'Estiene Zapoly Comte de Sepuse, Vaiuode & Palatin de Transyluanie, braue & courageux Capitaine, renommé dans l'histoire de Hongrie (auſſi ſouuent ſous ſa conduite & ſous ſes enſeignes, les Hongres remporterent pluſieurs ſignalées victoires ſur les Turcs) & ſœur de Iean Zapoly, Vaiuode de Tranſyluanie, & Comte de Sepuſe ou Sepſy ou Zepſy en Hongrie, qui fut éleu Roy de Pannonie ou de Hongrie, aprés la mort funeſte du vaillant & genereux Roy Louis II. qui fut vaincu par Soliman, & de George Zapoly, qui fut tué à la Iournée de Mohacs que perdit ce ieune Monarque là. La renommée vite couriere des choſes de ce monde, publia non ſeulement par la Tranſyluanie, mais auſſi par le Royaume de Pologne, les vertus & les merites de cette Dame, ſur laquelle le Ciel verſa d'vne liberale & prodigue main ſes meilleures influences: de ſorte que Sigiſmond ayant ſuccedé à ſon frere Alexandre à la Couronne des Polacques ou Sarmates, la deſira auoir pour femme, & l'ayant épouſée la fit couronner Reyne de Pologne & grande Ducheſſe de Lituanie.

Cette Dame de laquelle la memoire eſt & ſera à iamais en benediction parmy les Polonnois & les Lituaniens, eſtant Reyne de Pologne, donna le démentir au prouerbe (qui ſe trouue le plus ſouuent trop veritable aux autres) lequel dit que *les honneurs changent les mœurs*. Car pour eſtre éleuée à la dignité Royale, qualité la plus haute & la plus eminente qui ſoit entre les humains: (C'eſt tant d'eſtre Roy ou Reyne, que cela comprend tout, qu'il n'y a ſur la terre de plus grande grandeur, ny de ſang plus digne de reſpect, & que les Rois ſont de petits Dieux en terre.) Neantmoins Barbe demeura touſiours en ſa premiere vertu, & conſerua dans la Cour & parmy les grandeurs & les honneurs, la pieté & la ſainteté qu'elle auoit touſiours cherie & pratiquée dans la maiſon d'Eſtiene Comte de Sepuſe ſon pere. On ne parloit dans la Pologne que de la deuotion, des merites, & des perfections de cette bonne Reyne, & les plus grands ennemis de la vertu, & les plus amoureux de la vanité eſtoient contraints d'auoüer & confeſſer hautement que c'eſtoit vne ſainte.

Durant que cette deuote & religieuſe Princeſſe eſtoit contrainte pour ſatisfaire aux deuoirs de ſa charge, & dignité Royale, de viure & conuerser auec les Palatins & les Palatines de ses Estats; elle ne laissoit pas de mener vne vie angelique & toute du Ciel. Pendant que son corps se trouuoit parmy les Princes & les Seigneurs, les Princesses & les Dames de la terre, son ame soûpiroit sans cesse aprés les paruis & les tabernacles desirables du Roy des Rois & du Seigneur des Seigneurs, la demeure & le seiour heureux des ames saintes. Elle ne perdit pas aucune occasion de bien faire, ayant souuent assisté de ses aumosnes & largesses les pauures honteux, les filles qui n'auoiët pas assez de bien pour se marier, & les Religieux & les Religieuses de diuers Ordres & Congregations, qui sont establies dans les Duchez de Lituanie, de Massouie, de Samogitie, de Prusse ou Prussie, de la Russie Blanche, & des autres terres suietes à la Couronne Polacque. De plus elle maceroit son corps tendre & delicat par ieusnes & autres austeritez, menant vne vie plutost de Religieuse que de Reyne.

Elle véquit seulement l'espace de 3. ans auec le Roy Sigismond son mary, & ce auec vne telle paix, amour & concorde, qu'au iugement des plus sages & auisez, c'estoit le mariage le plus parfait & accomply, qu'on ayt veu dans la Pologne, auquel Dieu donna ses faueurs & ses graces. Car la Reyne Barbe accoucha d'vne tres-belle fille nommée Heduige, laquelle estant en âge, le Roy Sigismond la maria à Ioachim II. Marquis de Brandeboug, Prince Electeur du saint Empire. L'amour que ce Monarque portoit à la Reyne Barbe sa premiere femme, fut si grand, que long-temps aprés son decez, ce Prince auoit son visage surbaigné de larmes, pour la perte de cette Princesse incomparable.

Ce ne fut pas sans suiet que Sigismond I. pleura la mort de Barbe: car on tient que par les prieres de cette tres-pieu-
Martinus Cromerus. se & tres-sainte Reyne, il défit ses ennemis. Le fidele Historiographe de Pologne, remarque que Sigismond emporta vne signalée victoire sur les Moscouites à Orso, par les faueurs que cette Dame auoit enuers la Diuine Maiesté. Aussi on dit qu'elle passoit les iours & les nuits entieres en oraison, estoit grandement charitable aux pauures & necessiteux, ieusnoit & mal-traittoit sa chair, par haires, cili-
ces,

ces, & autres mortifications, tandis que le Roy son mary combatoit contre ces Schifmatiques & Infideles, qui ne fut pas vn petit bon-heur pour ce Monarque, que tous les autres Rois & Princes de la Chrestienté, voire mesme Solyman Empereur des Turcs appelloient leur Pere, pour sa sagesse & ses autres vertus, d'auoir vne femme si pieuse & si deuote: car comme nous apprenons aux sacrées pages, *les maisons & les richesses sont données des parens; mais la femme prudente est proprement donnée du Seigneur.* Vne femme sage est vn signalé don de Dieu.

La Reyne Barbe auoit vne teste de mort pour symbole ainsi que le Roy son mary. Par ce triste embléme elle consideroit les miseres & les calamitez de cette vie, en laquelle il n'y a rien de stable & d'asseuré. L'Eternité n'est qu'au Ciel. En cette terre tout change & tout s'altere, non d'année en année, de mois en mois, ny de semaine en semaine; mais de iour en iour, d'heure en heure, & de moment en moment. Heureuses les Princesses, les Grandes Dames & aussi toutes les bonnes ames, qui suiuant l'exemple de cette vertueuse & deuote Reyne de Pologne Barbe Zapoly ou de Sepuse, meditent souuent & pensent continuellement aux derniers temps de nostre humanité, & aux extrémes issuës de nostre vie. *La maison de douleur*, dit le Sage, *vaut mieux, que celle de resiouïssance. Car l'vne nous retient en deuoir, & l'autre nous fait l'oublier.* C'est vne parfaite science, c'est vne regle de la Mathematique Chrestienne, d'auoir souuent l'œil sur cette derniere ligne. C'est en cet angle que doiuent aboutir les lignes de la separation de nostre corps & de nostre ame. Car ces extremitez bien preueuës & premeditées, & diligemment pourueuës de choses necessaires, la mort ne nous épouuante point, nostre fin ne nous trouble pas, non plus que fait la batterie d'vn ennemy, vn braue Chef de guerre, quand il a bien preueu & pourueu à la place où il commáde. Le plus sage des hómes, bien qu'il fust Roy, & eust beaucoup à perdre & à laisser à la mort, si est-ce qu'il meditoit souuent à ces dernieres issuës; & le faisoit afin que venant aux prises il en eust moins d'apprehension: comme il nous l'apprend dans le 12. Chapitre de l'Ecclesiaste: *Il te*

Z

faut souuenir de ton Createur aux iours florissans de ta ieunesse & deuant qu'arriue le temps de l'affliction.

BEATRIX DE PORTVGAL, DVCHESSE DE SAVOYE, Princesse de Piémont.

Portugal blasonné en l'Eloge d'Isabelle de Portugal sœur aisnée de Beatrix.

Sauoye en celuy de Louise Duchesse d'Angoulesme.

CETTE genereuse, constante & vertueuse Princesse Beatrix de Portugal, Duchesse de Sauoye & Princesse de Piémont, estoit la 2. fille de ce grand Monarque Emanuël Roy de Portugal & des Algarbes, & de la Reyne Marie de Castille sa 2. femme, sœur d'Isabelle de Portugal Imperatrice & Reyne d'Espagne, & de Iean III. Roy de Portugal. La ville de Lisbonne la void naistre le dernier iour du mois de Decembre de l'an 1504. Ayant esté bien nourrie & instruite à la vertu & aux bonnes mœurs en la Cour du Roy son pere Prince fort sage, pieux & magnanime: elle fut mariée au mois de Mars 1521. auec Charles III. Duc de Sauoye & Prince de Piémont, fils de Philippe Duc de Sauoye & de Claude de Bretagne, ou de Brosse sa 2. femme, Princesse de vie sainte & exemplaire.

Godefroy. Sainte Marthe. Du Chesne. Thuanus. Vascöcellos. Sandoual. Monod. Miraus.

Beatrix l'honneur de la Maison de Portugal, issuë de la Royale Maison de nos Roys (comme reconnoissent la pluspart des plus doctes & des plus fideles Historiés de ce siecle) digne fille du Roy Emanuël, fit paroistre par ses vertus heroïques qu'elle estoit vn vray surgeon de si noble tige, que les Maisons de France, de Bourgongne & de Portugal. Car lors que nostre grand Roy François ne peut pas passer par la Sauoye pour aller en Italie arrester le cours du bonheur de l'Empereur Charles V. qui se rendoit maistre des meilleures terres de cette belle Prouince là, le iardin de l'Vniuers, iadis la mere & le chef de tout le monde, en estant empéché par le Duc Charles partizan & beau-frere de l'Empereur: il fit marcher ses armées contre ce Prince là, & se portant heritier de Louise de Sauoye Duchesse d'Angoulesme sa mere, osta en peu de temps le Piémont & la Sauoye à Charles & à Beatrix, & se rendit maistre de toutes leurs terres, sur lesquelles sa Maiesté auoit des droits & des pretensions legitimes, ainsi que l'on peut voir chez les Historiens qui ont écrit l'histoire de ce temps là, lesquelles du Pleix a inserées dans son 3. tome de l'Histoire de France.

P. Iouius G. du Bellay Belsarius Paradin. Vanderbuch.

Cette genereuse & courageuse Princesse parut auec tant de resolution & de constance, que la fortune eut honte de se voir méprisée & vaincuë par vne femme. Elle supporta dis-ie cette défaueur & disgrace, & toutes les afflictions qui luy suruindrent en suite de ce mal-heur, auec vn courage plus masle que feminin, demeurant aussi ferme & constante au milieu de ses desastres & de ses aduersitez, que les rochers plantez au milieu de la mer, qui ne se meuuent ny ne bougent: si vn Zephir leur donne ils le laissent passer, si vn Aquilon les heurte ils le laissent ronfler : ils sont tous vns en beau serein qu'en temps de pluie, en calme qu'en tempeste. De mesme cette magnanime Duchesse parut aussi contente & constante durant le fort & les tempestes de ses afflictions, de ses disgraces & de ses aduersitez, comme durant le calme & la bonace de ses ioyes, de ses contentemens & de ses prosperitez. La Duchesse Beatrix se monstra par sa constance & sa resolution digne fille & heritiere du courage & des vertus des Rois de Portugal, particulierement du Roy Alfonse III. Prince tres-genereux, lequel auoit pour deuise vn arbre planté sur le riuage des eaux, & battu des vents, qui ne craignoit ny les ondes, ny les Bises & les Autans, auec ces mots Espagnols, *Ni vndas ni vientos:* par laquelle ce grand Monarque vouloit declarer que toutes les défaueurs ne le pourroient iamais diuertir de ses hauts & genereux desseins & proiets, & que malgré l'enuie & les afflictions il seroit tousiours vn mesme homme. Ce qu'a pratiqué non par deuise seulement, mais par effet cette sienne niece ou petite fille, laquelle durāt ses malheurs ne se laissa pas vaincre aux afflictions & loüa le nom de Dieu, disant veritablement auec le Roy Prophete : *Ie beniray le Seigneur en tout temps : sa loüange sera tousiours en ma bouche.*

Cette inuincible constance & magnanimité la fit admirer de plusieurs grands Princes particulierement de l'Empereur Charles V. son beau-frere, lequel se promit de grandes choses de son fils le Prince Emanuël Philibert: aussi estant Gouuerneur du Païs-bas, il fit voir à toute l'Europe que si la mere auoit bien sçeu patir, le fils sçauoit encore mieux faire. Beatrix de Portugal aprés auoir monstré sa constance par plusieurs années deceda à Nice l'an 1537. estant âgée seulement de 33. ans.

<small>Saincte Marthe.</small>

Le Duc Charles son mary la regretta fort, comme elle le meritoit, aussi c'estoit vne Princesse qui n'auoit rien de la femme que le sexe, estant au reste toute generosité. Ce bon Prince priué de sa chere compagne, passa en tristesses & déplaisirs le reste de ses iours, & ne mourut que le 17. d'Aoust de l'an 1553. à Verceil, ayant atteint l'an 67. de son âge. Le Prince Emanuël Philibert leur fils vnique, lequel fut estably & remis en la possession de ses Estats épousant Marguerite de France, fille du Roy François & sœur du Roy Henry II. aprés le decez de Henry Roy de Portugal fut (à cause de Beatrix sa mere) l'vn des Princes pretendans à la Couronne de Portugal. Mais sa pretension ne reüssit point, estant decedé au grand regret de ses suiets bien tost aprés en auoir fait l'ouuerture.

<small>Sadeler. Iacob. Typosius in symbolis.</small>

Beatrix Duchesse de Sauoye auoit pour deuise vne couronne posée en chef d'vne medaille, à droite vn Lyon acculé & pantelant de fraieur pour trois flambeaux qui luy estoient affrontez, & qui paroissoient à gauche portez d'vne main virginale comme issante du Ciel, le tout chargé de ces deux mots Espagnols, CON ESTAS, *auec ceux-cy*. Oüy auec ces trois flambeaux, figures des trois vertus Theologales, Foy, Esperance, & Charité, portez en main, c'est à dire mis en œuure, elle se promettoit, & la victoire de Satan representé par ce Lyon, & non ià plus rugissant ou cherchant proie, mais effraié à l'aspect de son courage & de ses vertus fauorisées du Ciel ; & la gloire du Royaume de Dieu, qu'vne couronne d'attente & posée au dessous de nous, comme vn prix de victoire ne nous fait que trop aisément conceuoir. Si ce n'est que nous en voulions rapporter le dessein au ressentiment de la perte de l'Estat de Sauoye, dont la Couronne Ducale est le symbole, & duquel elle attendoit le recouurement par le secours du Ciel, son courage & la manifestation de son droit, puis que ceux qui en auoient fait la conqueste n'estoient pas moins sensibles aux effets de la Iustice & de l'innocence, (bien que leur courage, leurs iustes pretensions & leur valeur les eussent fait naistre des Lions) que ce genereux animal l'est au feu & à la lumiere.

BEATRIX DE SYLVA,
DEMOISELLE DE PORTVGAL,
FONDATRICE DE L'ORDRE de la Conception de la Vierge.

Sylua, d'or, au Lyon de gueules couronné de mesme.

LE Royaume de Portugal n'a pas donné au Christianisme vne seule Beatrix Duchesse de Sauoye, illustre & renommée par l'Vniuers pour ses vertus heroïques; mais aussi cette genereuse fille Beatrix de Sylua sœur du B. Amedée de Sylua, & de Iaque de Sylua, premier Comte de Portalegre, laquelle au rapport de François de Gonzague General de l'Ordre de S. François, & depuis Euéque de Mantouë, en son origine des sœurs de l'Ordre de la Conception, dans sa premiere partie de la Chronique de la Religion Seraphique, & d'Antoine de Vasconcel de la Compagnie de IESVS, (qui a écrit d'vn stile tres-elegant les faits des Rois de Portugal, les merueilles & les raretez de ce beau Royaume conquis sur les Sarrazins, par Henry de Besançon ou de Bourgongne, Prince de la Maison de France) vint demeurer au Royaume de Castille, auec la Princesse Izabelle de Portugal qui fut mariée à Iean second Roy de Castille.

Beatrix de Sylua fut aymée & cherie d'Elizabet de Portugal Reyne de Castille & de Leon, pour ses vertus & ses perfections. Elle paroissoit entre les autres Demoiselles de la Reyne, comme vn beau lys qui éleue sa teste ensatinée au milieu des broussailles & des halliers, vn Pin ou vn Chesne par dessus les arbres d'vn verger, & la Lune entre les astres moindres ou les feux follets. C'estoit la gloire & l'ornement de la Cour de Castille, Beatrix estant non seulement la plus belle d'entre les autres filles & Demoiselles de la Reyne; mais la premiere beauté qui fut en toute l'Espagne & peut-estre en l'Europe : elle eut autant d'Amans que de spectateurs. Plusieurs Seigneurs Castillans quoy qu'ennemis naturellement de la nation Portugaise, furent tellement charmez de sa bonne grace, qu'ils quitterent & deposerent leur ancienne haine & auersion, & se laisserent transporter à l'aimer, si bien que leurs ames estoient plus en ce visage illegitimement aimé, que dans les corps qu'elles animoient. Plusieurs inconsiderez attaquerent ce rocher, comme les flots & les vagues les écueils; mais ils n'en remporterent que de la confusion & de la honte. Car ayant l'ame plus belle encor que le corps, elle eût mieux aimé endurer mille & mille morts que d'offenser Dieu. Sainte & genereuse resolution pour vne ieune fille nourrie dans les delices & les mignardises de la Cour, qui n'a iamais esté estimée vne bonne échole pour apprendre à viure selon les loix diuines, & dont l'air a esté selon l'opinion des plus sages & des plus auisez tousiours fort contagieux à la vertu & à la sainteté. La pluspart de ces inconsiderez non contens & satisfaits d'auoir receu plusieurs refus de cette tres-chaste & tres-pudique Demoiselle, tâcherent sous promesses de mariage de la mugueter, de la caioler, voire méme de la seduire & de la tromper; mais aueuglez en leur passion ils ne consideroient pas, que comme fille prudente & bien instruite elle n'ignoroit pas que les soûpirs & les larmes que répandent les Courtisans, ne sont que des rets pour prendre les filles simples & innocentes, qui auec trop de facilité se fient aux belles paroles & aux sermens des Amans volages. Mais

mesme elle estoit si honneste, qu'elle auoit promis de se maintenir & conseruer en integrité tous les iours de sa vie, & choisi pour Espoux celuy qui est l'Espoux, le Roy, & la Couronne des Vierges. Tous les plus braues & les plus genereux, admirans ses merites, sa bonne grace, ses perfections & sa noblesse, tascherent d'acquerir ce riche thresor, qui estoit l'obiet & la ialousie de mille poursuiuans. Chacun croyoit emporter ce prix. Innocente beauté, qui comme le Soleil donne ce qu'elle n'a pas : toute de glace pour ces gens là, elle leur iette des feux & des flames dans le sein.

Ses regards son pressans,
Quoy qu'ils soient innocens.

Les premiers Seigneurs des Royaumes de Leon & de Castille estiment à vne grande faueur, d'en auoir seulement esté regardez, & veulent marquer de lettre d'or, le iour qu'ils se sont imaginez auoir eu vne œillade de cette chaste & innocente Demoiselle. Pour ce suiet là, ils entrent en ialousie les vns des autres ; des ialousies, ils viennent aux querelles, des querelles aux combats. Tous les iours on apporte les nouuelles à la Cour de Iean II. Roy de Castille, & de sa femme la Reyne Izabelle, qu'il y a quelque Grand mort sur le pré, pour le suiet de Beatrix de Sylua.

Le Roy fasché de perdre ses braues, dignes d'vne meilleure fin, & dont il esperoit se seruir vn iour, soit contre l'Aragonois ou le Portugais, prend la resolution de chasser de sa Cour, celle qu'il croit estre cause de tous ces morts & de ces maux. La Reyne sa femme, Princesse fort chaste, non seulement ne la voulut plus voir ; mais méme la fit arrester prisonniere comme vne impudique & vne criminelle. Elle est mise sous bonne garde, & enfermée dans vn cachot, condamnée au pain & à l'eau comme vne miserable prostituée. D'autres disent, que Beatrix fut trois iours entiers enfermée dans vne cellule, ou cage de bois, sans boire ny manger.

Ce n'est pas vn petit bon-heur à vne fille, quand dés sa tendre ieunesse elle a negligé la lecture des liures prophanes, & nommément ceux qui traittent les amours, quoy que d'vne façon qui semble fort gentille & agreable de prime face ; mais qui à la fin n'apporte que mal-heurs, confusions, &

misères. Beatrix de Sylua auoit touſiours mépriſé ces liures là, comme dangereux amuſemens des ieunes Demoiſelles de Maiſon & de qualité. La vie de IESVS-CHRIST, l'amour & les delices du Ciel & de la terre, de la Vierge ſa ſainte Mere, des Saints & des Saintes, particulierement celles des premieres Amazones Chreſtiennes, nos Vierges & nos Martyres, les Tecles, les Iphigenies, les Domitilles, les Agnes, les Agathes, les Marguerites, les Irenes & les Vlalies auoient eſté ſon entretien. La lecture des faits & des genereuſes actions de ces fidelles ſeruantes & amies de noſtre Seigneur, & des liures de deuotion & de pieté qu'elle auoit fait en ſes ieunes ans, luy ſeruit grandement durant ſa priſon, pour ſupporter auec patience cét affront, qui luy eſtoit plus ſenſible & plus rude que la mort meſme, quoy que la mort, ſelon le Philoſophe, ſoit le terrible des terribles.

Les ſoûpirs & les larmes eſtoient ſon pain ordinaire: Vn iour entre autres ſe voyant reduite à cette miſere aprés auoir leué les yeux mille & mille fois vers le Ciel, elle ſe mit ſous la protection & la ſauue-garde de la Mere de Dieu, laquelle la nuit ſuiuante luy apparut reueſtuë d'vn ſcapulaire, & d'vne robe plus blanche que la nege des Alpes & des Pirenées, & d'vn manteau de bleu celeſte, comme ſont veſtuës les filles de l'Ordre de la Conception. Trois iours aprés elle fut deliurée de captiuité, contre toute ſorte d'apparences humaines, & fut ſe retirer au Royal Monaſtere de ſaint Dominique de la ville de Tolede, où elle paſſa quarante années entieres, ſans que iamais elle permiſt à homme ny à femme de voir ſon viſage, qu'à la Reyne Elizabet, & à ſa fille Elizabet de Caſtille, depuis Reyne d'Eſpagne, & cela vne fois ſeulement.

Beatrix allant demeurer à cette ſainte Maiſon, receut vne ſeconde conſolation, ayant oüy vne voix qui l'appelloit en langue Portugaiſe par ſon nom; la deuote Demoiſelle s'eſtant retournée veid deux Religieux de l'Ordre de ſaint François ſur le chemin qui l'encouragerent à pourſuiure ſon ſaint deſſein, & luy predirent qu'elle ſeroit vn iour la Mere de pluſieurs filles & vierges. Leur prediction & prophetie n'a pas eſté vaine: car Dieu ſe ſeruit d'elle pour eſtre l'Inſtitutrice de l'Or-

Les Religieuſes de la Conception, portét vn voile noir, vne robe blanche, vn ſcapulaire auſſi blāc, & vn manteau bleu, ſur lequel il y a vne image de la Vierge, tenant ſō Fils entre les bras qui eſt couronné d'eſtoiles, & enuironnée du Soleil. Il y a vn Conuent à Dunxerque de cét Ordre là.

l'Ordre de l'immaculée Conception de la Vierge, qu'elle fonda à Tolede, & receut la maison Royale de sainte Foy, de la Reyne Izabelle de Castille auec vne liberalité digne de cette grande Princesse, laquelle a chassé les Mores de Malaga & de Grenade, & qui a enuoié Colomb à la conqueste des Indes.

Beatrix de Sylua entra dans ce Monastere de sainte Foy l'an 1484. ou plustost 1489. comme disent les autres, auec 12. filles qui embrasserent son institut. Izabelle de Castille Reyne d'Espagne, prit la charge d'impetrer la confirmation de sa regle, l'vnissant à l'Ordre de Cisteaux, à quoy elle emploia la faueur de l'Euéque de Guadix. Or il arriua vne chose tres remarquable: car la Bulle du Pape Innocent VIII. aiant esté perduë dans la mer, Beatrix la trouua dans son cabinet, les autres asseurent dans le coffre du Monastere, parmy ses autres papiers, aprés auoir fait son oraison. L'Euéque de Guadix aiant esté auerty de cette merueille, fit transporter cette Bulle dans la nouuelle maison de Beatrix, du consentement de l'Archeuéque de Tolede, laquelle s'en alla au Ciel la veille du iour qu'elle deuoit faire le vœu solemnel de profession auec les autres sœurs; aiant premierement esté auertie de son decez par la Vierge, & aprés auoir receu auec vne grande deuotion & ferueur tous ses Sacremens, & fait auec vne exacte recherche sa confession generale à vn Pere Cordelier. Aprés que Beatrix de Sylua, eut rendu son ame à Dieu le 16. les autres disent le 17. d'Aoust 1490. estant âgée de 66. ans, on veid paroistre vne Estoile d'or sur son front, auec vn éclat admirable, & son corps fut porté aux Cordeliers, afin qu'on l'honorast en vne maison de cet Ordre là, tres-deuot à la Conception immaculée de la Mere du Sauueur, quoy que les Peres Predicateurs, & les Religieuses du Conuent de saint Dominique, où Beatrix auoit passé saintement 40. ans en habit seculier, eussent demandé d'auoir son corps: Mais Pierre de Gonçales, Cardinal de Mendoçe & Archeuéque de Tolede, aprés auoir oüy exactement les raisons des vns & des autres, le donna aux Cordeliers Obseruantins, qui l'inhumerent en l'Eglise de sain-

Gonzaga.

Vascöcellose

te Foy en grande pompe & folemnité, à laquelle fe trouua vn nombre infiny de peuple.

Les Religieufes de faint Dominique qui auoient affifté la mere Beatrix de Sylua à fon heure derniere, n'eftans pas contentes d'eftre priuées de cette precieufe relique, tâcherent de deftourner fes 12. filles de faire profeffion en cette nouuelle Congregation, & leur voulurent perfuader d'entrer dans leur Ordre. Mais le P. Iean de Tolofe les confirma en leur faint deffein, fuiuant la vifion qu'il auoit euë de leur bonne Mere, lefquelles encouragées en leur refolution, firent profeffion & garderent les Conftitutions que leur auoit données cette fidelle feruante de *Iefus* & de *Marie*, & leur Monaftere quitta le titre de fainte Foy, pour prendre celuy de la *Conception de la Vierge*, auec la permiffion & l'authorité du Pape Innocent VIII.

Il y auoit vn Monaftere de faint Pierre, où viuoient des Benedictines Conuentuelles, qui eftoit voifin de celuy des filles de la Conception, la Reyne d'Efpagne Izabelle de Caftille vnit ces deux Monafteres là par le confeil de fon Confeffeur, le P. François Ximenés Vicaire Prouincial de la Prouince de Caftille, & Reformateur general de tous les Ordres Religieux en Efpagne, par authorité Apoftolique, qui depuis a efté ce grand & renommé Cardinal Ximenés Archeuéque de Tolede, Viceroy d'Efpagne, & Fondateur de l'Vniuerfité d'Alcala de Henarés : en forte que ces Benedictines prirent la regle de fainte Claire, & l'habit des Religieufes de la Conception (qui eft blanc, le fcapulaire de la méme couleur, le voile noir, & le manteau de bleu celefte, ou felon les autres violet) par le commandement du Pape Alexandre VI. l'année 1494. quatre ans après que les filles de Beatrix auoient fait leur profeffion en l'Ordre de la Conception.

Elles véquirent en grande paix, vnion & concorde, iufques en l'an 1501. que la diuifion fe mit parmy elles, les vnes defirans garder exactement les Conftitutions qu'elles auoient receuës du Pape Innocent VIII. les autres ne voulans point fe departir de la regle de faint Benoift, comme la plus ancienne. L'affaire vint à tel point, que l'on fut sur les termes d'abolir la nouuelle Congregation de la Conception de la Vierge, suiuant le commandement & les ordres qu'en donna le R. P. François Ximenés, lequel voiant les persecutions que souffroit cette Compagnie de Vierges & de Religieuses, & les troubles & les broüilleries que cette diuision apportoit entre les amis & les ennemis de ce nouuel Ordre, prit resolution de l'abolir, & de faire entrer les Religieuses du Monastere de la Conception en d'autres maisons Monastiques. Mais Dieu qui auoit assisté la Mere estant prisonniere chez Elizabet de Portugal Reyne de Castille, par l'intercession de la Vierge des Vierges, prit aussi la protection des filles, lors que l'on estimoit que leurs affaires estoiēt desesperées: Car les Religieuses qui estoiēt sorties & retirées dans d'autres Ordres & Conuents, retournerent en méme temps demeurer au Monastere de la Conception, où estans bien vnies ensemble, & viuans en bonne intelligence & obseruance, cet Ordre là qui sembloit esteint, fit paroistre sa lumiere en vn instant ainsi qu'vne lampe (selon la vision qu'auoit euë durant sa vie Beatrix de Sylua) & donna vn si grand éclat de sa ferueur & de sa sainteté, que plusieurs filles des premieres Maisons de Castille & de l'Espagne, deuotes à la Conception de la tres-sainte Vierge, receurent l'habit, & y rendirent leurs vœux, aprés auoir esté assistées & secouruës par les bien-faits de leurs plus grands ennemis & aduersaires. L'an 1525. la tres-deuote Marine de Cardenas, niece ou petite fille d'Alfonse de Cardenas, grand Maistre du noble Ordre militaire de S. Iaques, pour l'affectiō qu'elle auoit à cette nouuelle Congregation, fit bastir & fonda de ses biens vn Monastere à Rome, au pied du Mont du Capitole, sous le titre, *de sainte Marie deliurez nous des peines d'Enfer*; & y entra auec 10. Dames qui estoient renfermées dans des petites loges, prés de l'Eglise de S. Iean de Latran, y receut l'habit & le voile des mains du R. P. François des Anges, en fut la premiere Abbesse, & se mit auec ses sœurs sous la direction & la conduite des FF. Mineurs.

Les sœurs du Monastere de la Conception à Tolede, desiràs auoir vne exemptiō des Ordres de Cisteaux & de S. Claire, & garder vne regle particuliere, le Pape Iule II. l'an 1511.

Gonzaga 1. parte Orig. Seraphicæ Religionis in Institutione Conceptionistarum sororū.

Gonzaga eodem loco.
Henriquez in fasciculo SS. Cisterciens.

A a ij

& le 8. de ſon Pontificat loüa leur bon deſſein, approuua & confirma leurs ſtatuts, & conſtitutions, leur donna pour Directeurs & Confeſſeurs les Religieux de ſaint François de l'étroite Obſeruance. La regle qu'elles ont touſiours depuis gardée, fut dreſſée l'an 1516. par le P. François des Anges (lors Vicaire Prouincial de la Prouince de Caſtille, & depuis General de tout l'Ordre de S. François) & derechef approuuée & confirmée par le Pape Leon X. & afin qu'elles fuſſent touſiours occupées aux loüanges de la tres-pure & tres-ſainte Conception de la Vierge Marie, on leur fit vn Breuiaire qui contenoit ſeulement l'Office de la Conception pour châque iour de la ſemaine, afin que tous les iours elles diſent cet Office là, horſmis les Dimanches & les feſtes ſolemnelles, eſtant lors obligées de le dire & reciter ſelon l'vſage de l'Egliſe Romaine.

Depuis ce temps là l'Ordre des Religieuſes de la Conception de la Vierge, s'eſt grandement multiplié dans l'Eſpagne, où pluſieurs Dames & filles de bonne Maiſon ſe ſont conſacrées au ſeruice de Dieu, & ont mené vne vie digne du Ciel. Pluſieurs bons Autheurs font mention honorable dans leurs écrits de Beatrix de Sylue ou de ſon Ordre; outre François de Gonzague & Antoine de Vaſconcel entre autres Marc [a] de Liſbonne Euéque de Porto en Portugal Religieux Obſeruantin, [b] François Poiré Ieſuite, [c] Artus du Mouſtier Recolect, [d] Martin Becan Ieſuite, [e] Chryſoſtome Henriquez Hiſtoriographe de l'Ordre de Ciſteaux, & [f] Ange Manrique du même Ordre : Ce premier rapporte que le P. François de Biuar Moine de Nucale a écrit ſa vie: [g] Guillaume Gibieuf Docteur en Theologie de la ſacrée Faculté de Paris, de la Maiſon de Sorbone, & Preſtre de l'Oratoire de noſtre Seigneur Ieſus-Chriſt, Louis Iacob de ſaint Charles Carme.

Corneille Tielmans Cordelier à la fin du 2. tome des vies de ſaints & ſaintes de l'Ordre de ſaint François, qu'il a écrit en langue Flamande, met 28. diſtiques Latins en l'honneur de cette deuote Vierge Beatrix de la noble & illuſtre Maiſon de Sylua ou de Sylue en Portugal & en Caſtille (de laquelle ſont les Ducs de Paſtrane) que quelques Eſcriuains

[a] M. ab Olyſippone cap. 11. lib. 8. Chronici Ord. Minor.
[b] Poiré au chap. 12. du Traitté 1. de la Triple Couronne de la Vierge.
[c] Arturus à Monaſterio in martyrol. Franciſcan. & in annotationibus 1ª. Auguſti.
[d] M. Becan. cap. 9. 2. tract. de peccato orig.
[e] Henriquez in Menolog. Ciſterc.enſi, & in faſcic. SS. Ordiais Ciſtercienſis.
[f] Manrique in Annal. Ciſtero.
[g] Gibieuf au chap. 6. de la vie & grandeurs de la Vierge.
[h] Lud. Iacob à S. Carolo in Biblioth. illuſtrium fœminarum quæ libris aditis claruerunt.

DES DAMES ILLVSTRES.

François appellent Beatrix du Bois & de la Forest. I'en ay extraict ces 4. distiques que i'ay tournez en nostre langue, en faueur des Dames chastes & vertueuses, & des Lecteurs deuots à la mere de Dieu.

Pulchra nimis rosa de Sylua sta clausa Beatrix,
   Ne capias alios vela sacrata cape.

Beatrix trop belle rose ornement des forests,
Demeurez enfermée, & ne sortez iamais.
Les plaisirs des mortels ne sçauroient estre vostres,
Prenez le voile saint & ne vous monstrez pas
Afin que vos attraits ny vos charmans appas
   Ne prennent point les autres.

Forma placet: mens casta timet, claudare Beatrix,
   Vt placeas nulli, vela beata tene.

Le beau visage plaist, & l'esprit chaste craint
Le flateur qui de prés nuit & iour le talonne,
Enfermez vous Beatrix pour ne plaire à personne
Et cachez vos beautez dessous le voile saint.

Princeps pulchra nimis, vulpi ne fide Beatrix,
   A Sylua refuge, vela Maria dabit.

O Beatrix trop belle Princesse
Du renard craignant la finesse
Retirez vous de la forest,
Et la Mere de Dieu cette brillante estoile
Vous donnera le voile
Qui vous peut empêcher de tomber dans ses rets.

Le dernier monstre que l'arc du Cupidon & de l'amour lascif, doit frapper les belles qui n'ont point de vertu & d'esprit, mais non pas la chaste & la sage Beatrix de Sylue.

I pete formosas sine mente, Cupidinis arcus,
   Sylua Beatricis, non alit villa pecus.

Allez ailleurs mortels à qui le vice est ioint
Exercer de l'Amour les impudiques flames,
Beatrix dans ses forests chaste ne nourrit point
   De brutes ny d'infames.

Si cette tres-chaste & tres-innocente Demoiselle a mené vne vie si austere & penitéte dans vn Cloistre, & s'est priuée volontairement de voir ny d'estre veuë par l'espace de 40.

ans entiers de celles mesme de son sexe, à cause qu'elle auoit esté, quoy qu'innocemment, pour l'excellente beauté, dont l'auoit doüée celuy qui du rien & du neant a creé les plus rares beautez de ce grand Vniuers, la cause du desastre, & de la mort de quelques inconsiderez : Quelle penitence ne deuroient faire tant de Dames & de Demoiselles, tant de femmes & de filles criminelles, & qui se pensent fort innocentes, qui sans front & sans honte font de si prodigieuses montres de leurs seins, & qui par les deshonnestes étalemens de leurs gorges monstrent qu'elles ont pour l'ordinaire de mauuais desseins en leurs ames ?

Mes Dames, qui par vos appas, vos attraits, vos douceurs, vos charmes, & vos mignardises, monstrez n'auoir que les delices & les plaisirs de la terre, & la vanité pour obiet, iusques à quand plus effrontées que la premiere pecheresse du monde, qui se couurit deuant Dieu, abhorrant sa nudité, vous irez vous artificieusement manifestant aux hommes, auec aussi peu de necessité que de vergongne ? Ces seins enflez par la benignité de la nature, & remplis d'vn lait doux & suaue, sont donnez de Dieu aux meres pour nourrir leurs enfans, non pour repaistre par la blancheur de leur neige, les regards indiscrets de ceux qui ont les yeux pleins d'adulteres. Vous direz que c'est la mode : mauuaise mode, qui mene & qui conduit si aisément à la damnation. Vous adiousterez que vous n'y pensez point de mal : ie le veux croire, & reçois facilement vostre excuse mensongere pour vne verité; mais les sages vous répondront que le Diable, & les pecheurs qui sont ses supposts, & s'il faut ainsi dire, ses enfans & ses creatures, y en pensent assez pour vous & sur vous : car si mesme les enfans de Dieu, c'est à dire, les plus saints personnages de l'innocente antiquité, ou comme enseignent temerairement quelques Rabbins, les Anges ont esté surpris voiant les filles des hommes estre si belles ; que feront ceux qui ont Satan pour pere, & dont les œuures sont si mauuaises, qu'ils en sont appellez ouuriers d'iniquité?

BEATRIX PIE,
DAME DE FERRARE.

Es plus rares esprits de l'Italie, au rapport de Ioseph Betussi, se sont pleus à loüer cette illustre Dame, digne fille du Seigneur Loüis Pio, frere d'Enée, cousin de Leonel Pio, & d'Albert Prince de Carpi (qui suiuit le party de nostre Roy François I.) & oncle de Rodolfe Pio Cardinal de Carpi, decedé Doyen du sacré College qui a receu les honneurs de la sepulture en l'Eglise de la Trinité du Mont ou des Minimes François à Rome, où le Pape Pie V. luy fit dresser son epitaphe & son eloge. Maison illustre issuë de la noble famille des Pics de Sauoie, & qui a répandu ses branches par l'Italie, de laquelle la Cour de Rome a veu encore vn Prince de l'Eglise le Cardinal Charles Pio, qui est aussi mort en la charge de Doyen des Cardinaux.

Cette Dame Beatrix vraye heritiere des vertus, comme des biens, des Seigneurs de cette Maison là, qui a aussi possedé la principauté de Modene, comme celle de Carpi, fut mariée à Gaspar des Obizzes, braue Caualier, la gloire & l'honneur de la noble maison des Obizzes, selon d'autres des Albisses, dont les ancestres ont esté Seigneurs de la ville de Lucques en Toscane (qui maintenant est vne Republique) lesquels se sont habituez és villes de Ferrare & de Padoüe (où ce Seigneur ioüissoit de grands biens) & aussi à Florence, & à Lyon. De cette Maison là estoit Robert Albissi ou Albisse Gentilhomme Florentin, qui épousa Leonarde Rousselet de la Maison de la Pardieu en Daufiné de laquelle il eut Helene Albissi mariée l'an 1530. à Nicolas de Chaponay, Seigneur de Feysin en Daufiné & de l'Isle Mean, ayeul d'Humbert de Chaponay Seigneur de l'Isle

Pio, écartelé au 1. de gueules à la croix d'or: les autres disent d'argent. Au 4. d'argent au Lyon de sinople. Au 2. & 3. de gueules à deux fasces d'argent: au chef de gueules, à vn aigle éploié d'or, couronné de mesme. D'autres disent, au chef de l'Empire, & de Gonfalonier de l'Eglise Romaine, qui est de gueules, au Gonfalon Papal d'or, chargée sur la lance de deux clefs passées en sautoir, l'vne d'or, l'autre d'argent, liées de mesme.

Albissi, de sable, à deux vires ou ronds d'or l'vn dans l'autre, que quelques blasonneurs appellent vn œil de faulcon.

Mean, de Beauregard & de la Chartonniere, Conseiller du Roy en ses Conseils, Maistre des Requestes ordinaire de son Hostel, & Intendant de la Iustice en Lyonnois, en Berry, & en Bourbonnois.

Rousselet, d'argent, à l'arbre de sinople, à la bande de gueules, brochant sur le tout.

Chaponay, noble & ancienne Maison en Daufiné, d'azur à trois cochets d'or, crestez, becquez, barbez, & membrez de gueules, 2. & 1. La deuise de cette Maison là est, *Gallo canente spes redit*, c'est à dire, au chant du coq renaist l'esperance.

Ce braue Seigneur Gaspar d'Albissi, ou des Obizzes n'a pas receu vne petite faueur du Ciel, d'auoir pour épouse vne si sage & vertueuse Dame que Beatrix Pie, laquelle estoit encor plus noble & plus recommandable pour ses perfections & ses merites, que pour la noblesse de ses Ancestres, estant enrichie & doüée de toutes les graces qu'on peut receuoir de la bonté & de la benignité du Ciel, & de la liberalité de la nature. Dés qu'elle eut épousé ce Seigneur là, elle seruit de modelle & d'exemplaire à toutes les autres Dames de Ferrare & de Padoüe : car on n'a veu ny cogneu en ces quartiers là de femme plus obeïssante à son mary, que Beatrix, laquelle vraiement Pie de nom & d'effet, n'eut iamais d'autre volonté que celle de son cher époux, tout son soin estoit de luy plaire, suiuant les preceptes & commandemens de Dieu.

La modestie, la chasteté, la candeur des mœurs, & la bonté, ont esté les vertus qui ont plus orné son ame. Sa maison estoit la mieux reglée & policée de toutes les maisons de Padoüe & de Ferrare, l'entrée de laquelle estoit defenduë non seulement aux indiscrets & aux inconsiderez; mais aussi à tous ceux qui ne faisoient pas ouuertement profession des bonnes mœurs, & des vertus Chrestiennes. Elle haïssoit sur-tout les flatteurs, comme les ruines des familles & des maisons particulieres, des Estats, & des Empires : car elle aimoit mieux estre reprise par ses amis, & par ceux qui auoient authorité sur elle, quand ils luy parloient auec verité, que loüée de qui que ce fust auec flaterie. Toutes les loüanges qu'on luy donnoit pour sa vertu, son sçauoir, & sa generosité luy estoient suspectes. Comme elle estoit visitée de plusieurs personnes de qualité, illustres & recommandables ou pour leur doctrine, ou pour leur probité, qui venoient à son Palais pour la voir & admirer comme vn prodige & vn miracle de vertu, ils ne parloient que de choses hautes & releuées en la presence de cette vertueuse Dame, deuant

uant laquelle les médisans, les flateurs, les menteurs, & les boufons n'auoient pas l'asseurance de paroistre. Sa maison estoit aussi appellée l'école & l'Academie des hommes d'honneur & de sçauoir, de laquelle les suppostss du vice, & les amateurs de la vanité estoient bannis & chassez, d'autant que Beatrix ne permit iamais que le vice & la delicatesse tirassent tribut de tant d'ornemens que Dieu luy auoit liberalement conferez.

Toutes les Dames de Ferrare & de Padouë, & des autres villes voisines, qui faisoient profession de la vertu, l'honoroient comme si elle eût esté vne Reine, ils la cherissoient & honoroient comme leur mere: tous les doctes qui ont eu ce bon-heur d'auoir accés chez elle, l'ont respectée & estimée pour son iugement admirable, sa rare prudence, & son courage.

Elle estoit sçauante en perfection, & n'ignoroit rien, de sorte qu'elle parloit pertinemment de toutes choses, ce qui faisoit qu'on l'écoutoit comme l'oracle de l'Italie.

Encore que pour l'ordinaire les sçauans ou ceux qui croient sçauoir quelque chose, soient orgueilleux & superbes: car comme dit l'Escriture, *La science enfle*: neantmoins cette Dame se maintint tousiours dans les bornes de la modestie & de l'humilité, & estant tres-humble elle honoroit & respectoit vn chacun selon son merite, & iamais ne méprisoit personne, encore que la vanité luy eût peu éleuer le cœur, se voiant honorée des Princes & des Princesses, cherie & aimée des plus sages & auisez; bref respectée de tous ceux qui auoient la vertu pour obiet.

Il y auoit plaisir à voir l'honneste contention qui estoit entre les villes de Padouë & de Ferrare, lesquelles se battoient ensemble pour estre honorées de la demeure & de la presence de Beatrix Pie. Quand elle venoit demeurer dans l'vne de ces villes là, on voyoit tous les habitans saisis de ioye & d'allegresse; mais quand elle en sortoit, il sembloit à les voir, que toute la consolation, l'honneur & l'ornement de leurs Citez s'en fût allé auec elle: particulierement elle estoit desirée à Ferrare à la Cour de ces braues Ducs de la Maison d'Est, si affectionnée à la tres-Chrestienne Maison de France, que ces tres-illustres Princes ont toûiours esté cheris de nos Monarques, à cause que leur Genie a esté si étroitement lié au seruice de cette Couronne, qu'on ne sçauroit assez loüer leur valeur, leur prudence, & leur fidelité.

BLANCHE BORROMEE, DEMOISELLE DE PADOVE.

Borromée, d'azur, à vne bride d'or posée en falce.

Scardeonius.

'ILLVSTRE Maison des Borromées n'est pas seulement celebre dans la ville de Milan, & par le Duché de Milanés ; mais aussi par plusieurs autres villes d'Italie, entre autres en la belle & ancienne Cité & Vniuersité de Padoüe, en laquelle on a veu paroistre en ce dernier siecle la chaste & la sage Blanche Borromée, entre les autres Dames de cette docte ville, l'Helicon & le Parnasse des Muses Italiennes, ainsi qu'on apperçoit dás vn parterre vn œillet par dessus la mariolaine, le Cedre entre les autres arbres, le Soleil entre les planetes & les astres moindres. C'estoit la gloire & l'ornement de Padoüe pour sa beauté, sa bonté, sa modestie, & son sçauoir. Elle estoit doüée de tant de perfections, qu'on ne sçauoit à qui donner la preéminence, ou à la beauté de son visage, ou à la douceur de ses mœurs, ou à la suauité de sa grace, ou à la maiesté de son port, à laquelle le beau nom de Blanche & de Candide conuenoit fort bien, puis que la candeur de sa vie, de ses mœurs, & de ses actions, conforme à celle de son teint, & la sincerité & bonté de son ame luy auoient acquis & fait meriter le titre & le surnom de Candide & de Blanche.

Sa bonne nourriture & son eleuation la rendoient non seulement redoutable, mais inaccessible au vice, & vn vray temple d'honneur, où ne s'immoloient que des hosties, que la seule honnesteté rendoit receuables. Non seulement ses

DES DAMES ILLVSTRES.

Citoiens l'estimoient pour sa vertu, ses perfections, & ses merites; mais aussi les étrangers qui venoient de tous costez à cette belle Academie, pour voir & admirer cette sage & sçauante Demoiselle, comme iadis on venoit des Gaules & de l'Espagne à Rome visiter ce renommé Escriuain de l'Histoire Romaine Tite Liue, qui a aussi par sa naissance rendu celebre la ville de Padoüe. Mais ces grands personnages furent bien tost priuez de ce contentement là: car le Ciel enuiant ce bon-heur à la terre, osta de ce monde en la fleur de son âge cette Heroine, de qui la vertu meritoit vne plus longue suite de iours.

Les Habitans de Padoüe & tous ceux qui auoient oüi parler des merites de la vertueuse Blanche, pleurerent sa mort, quand ils sceurent son decés, qui auint l'an 1557. Les Gentils-hommes & les Dames de Padoüe, & les sçauans de l'Vniuersité assisterent à ses pompes funebres, qui furent celebrées auec magnificence en l'Eglise de S. Benoist, où elle auoit éleu sa sepulture. Durant son conuoy on n'entendit que soûpirs & sanglots, chacun aiant le visage baigné de larmes pour la mort de celle qui durant sa vie auoit esté l'exemplaire de la perfection & le vray miroir de vertu. Les premiers Poëtes du monde ont fait des regrets sur la mort de cette docte Demoiselle, entre autres le fameux & renommé Laurens Gambara, & Achilles Statius, Portugais, ont dressé de beaux epitaphes en son honneur, lesquels si ie voulois apporter icy, ie remplirois ce liure de vers Latins, quoy que tres-excellens; mais cela pourroit ennuyer ceux qui ne se plaisent pas à la poësie: neantmoins pour le contentement de ceux qui sont amateurs de ce bel art, & pour confirmation de mon dire, ie placeray l'Epigramme de ce Poëte Paduan Alexandre Leonard, lequel on fit courir lors par toute l'Italie, & par les autres Prouinces de l'Europe.

Bernardinus Scardeonius de Claris mulieribus Pataninis.

Candida honor Pataui immatura morte perempta,
  Vt rosa vix florens vngue recisa cadit,
Tecum omnis virtus, tecum omnis forma recessit,
  Æterni merito te voluere Dij.

Le voicy mis en nostre langue.

  Blanche le seul honneur, la gloire & l'ornement

d'vne tres-humble feruante : car la Reyne Bonne mefme le tenoit, le couchoit, le veilloit, luy accommodoit fon boire & fon manger, & faifoit les medecines. Quand le Roy Sigifmond la prioit de prendre fon repos, & de ne fe point tant tourmenter, pour la crainte qu'il auoit qu'elle ne tombaſt malade, luy remonſtrant (au commencement de fa maladie & qu'il fut fi indifpofé) non vne mais plufieurs fois, qu'il n'eſtoit pas content de cette affiduité, qu'il voyoit bien qu'elle vouloit par fon amour & fes feruices mettre fin à leurs deux vies en vne mefme faifon, qu'elle deuoit confiderer fon âge, auoir foin de fa fanté, fe conferuer pour affifter leur fils le Prince Sigifmond Augufte, & leurs filles les Infantes Polonnoifes, Sofie, Anne & Caterine, qui n'eſtoient pas encore mariées (comme eſtoit leur aifnée Ifabelle) qui toutes auoient bon befoin de fon confeil : qu'elle ne deuoit point auoir peur qu'il eût opinion qu'elle fuſt feparée de luy lors qu'elle fe repoferoit; au contraire que fon repos luy eſtoit plus agreable que tous les trauaux & les peines qu'elle vouloit prendre & qu'elle prenoit en effet. Mais cette vertueufe Princeffe qui aimoit grandement le Roy fon mary, luy fit cette belle réponfe, digne d'vne Reyne Chreſtienne & d'vne Princeffe genereufe : *Monfieur mon mary, mon vnique confolation eſt de rendre à voſtre Maieſté toute forte de deuoirs, mes forces & ma fanté augmentent par mes obeiſſances & par mes feruices, ie ne puis demeurer en repos tandis que voſtre Maieſté eſt malade & incommodée, i'aime autant que voſtre Maieſté me commande de mourir, que de la quitter & ne luy pas rendre l'affiſtance & le feruice auquel ie croy eſtre obligée.*

Martin Cromer Euéque de Warmie, qui a écrit en trente liures l'Hiſtoire de Pologne, louë grandement pour cette action la Reyne Bonne en l'oraifon funebre qu'il prononça aux obfeques du Roy Sigifmond I. comme auffi Iean Herbort de Fulſtin, Caſtellan de Sanock & Senateur du Royaume de Pologne, en fa Chronique ou Hiſtoire abregée de Pologne, & Blaife de Vigenere Bourbonnois, Secretaire des Ducs de Niuernois, en fes Chroniques & Annales de Pologne; lefquels remarquent tous trois que cette Reyne de Pologne fut pour fes feruices fort cherie & honorée par le Roy son mary, qui l'aima tousiours & la respecta grandement; aussi elle le meritoit, ayant par ses deuoirs & ses assistances allegé de tout son pouuoir les déplaisirs & les tristesses que receut le Roy Sigismond durant sa maladie, n'ayant rien obmis de ce qu'vne femme obeïssante, diligente & affectionnée pouuoit faire, iusques à ce qu'il pleust à Dieu l'appeller (comme nous pouuons pieusement croire) d'vn Royaume terrestre & temporel au celeste & eternel le 1. d'Auril de l'an 1548. auquel en cette année là on celebroit la feste de la triomphante Resurrection du Sauueur du monde: il mourut enfin au grand déplaisir de la Reyne Bonne, qui eust bien desiré de rendre encore ses affectionnez deuoirs & ses seruices à ce sage Monarque son mary, quoy qu'il fust âgé de 81. an quand il deceda.

Si la Reyne des Sarmates ou Polonnois, Bonne Sforce, rendit ces assistances au Roy Sigismond I. son époux durant sa longue maladie, elle voulut aussi luy rendre les derniers deuoirs aprés son trépas, assistant auec ses trois filles les Infantes, Sofie, Anne & Caterine, aux pompes funebres qui furent celebrées dans la grande Eglise de Cracouie, où l'Orateur & l'Historien Cromer dit dans son Discours ou Oraison funebre, qu'il ne pouuoit pas loüer la Reyne Bonne pour ses vertus, d'autant qu'elle estoit encore en vie & presente à ces obseques, mais qu'il ne pouuoit pas taire les bons offices & les fideles seruices qu'elle auoit rendus à ce sage & vertueux Prince son mary durāt sa maladie.

Le Roy Sigismond I. estant decedé, eut pour successeur son fils vnique le Roy Sigismond II. dit Auguste, lequel ayant fait celebrer les obseques à son pere (auec la magnificence & la pompe qui estoit deuë à la memoire d'vn si bon & d'vn si grand Roy, qui estoit pour ses vertus tant regreté de ses peuples) entra au gouuernement & administration du Royaume de Pologne & des autres terres suietes à la Couronne Polaque sans autre ceremonie, d'autant que le Roy son pere (que tous les Princes Chrestiens, mesme Solymam Empereur des Turcs appelloient leur pere pour sa sagesse & sa vieillesse) l'auoit fait élire, qu'il n'auoit pas encore dix ans accomplis, ne pensant pas viure si longuement, & le fit depuis couronner estant âgé de 18. ans, & peu après au mois de May de l'an 1543. l'auoit marié à vne tres-belle & tres-vertueuse Princesse Elizabet d'Austriche fille aisnée de Ferdinand Roy des Romains (depuis Empereur) & d'Anne de Hongrie, laquelle mourut dés le 15. iour de Iuin de l'an 1545. au grand regret de tous les Polonnois & de tous les Lituaniens. Car cette Princesse (digne fille de la vertueuse Reyne de Hongrie & de Boheme Anne Iagellon) estoit doüée d'vn si grand nombre de perfections, au fidele rapport de l'Historien de Pologne, que l'on ne sçauoit à laquelle donner la palme: *Car son illustre extraction sembloit entrer en lice auec sa beauté, sa beauté auec son maintien & sa douceur, sa clemence auec sa probité, & sa probité auec sa pieté (qui luy estoit naturelle) laquelle si elle eust vescu dauantage, elle eust peu donner des Princes à la Pologne, heritiers des vertus de leur ayeul le grand Sigismond, & apporté toute sorte de bonheurs & de benedictions aux Sarmates.*

Le Roy Sigismond Auguste fils vnique du grand Sigismond & de Bonne Sforce sa seconde femme, n'a pas esté si vertueux & si sage que le Roy son pere, ayant esté repris pour s'estre monstré trop froid & trop lâche à faire garder les Loix du Royaume, s'estant trop addonné à son plaisir, c'est à dire au repos, ou pour mieux dire à l'oisiueté, vice indigne d'vn Monarque & d'vn grand Prince, vsant en toutes choses de remises, c'est pourquoy on l'appelloit le Roy Giotron, c'est à dire le Roy de demain. Il est pourtant loüable d'auoir sceu maintenir son Royaume en paix. Il fit vne faute notable au commencement de son regne d'épouser en secondes noces Barbe Ratziwil veuue d'vn Seigneur Lituanien nommé Gastold, côtre le sage auis de la Reyne Bonne sa mere, qui luy auoit conseillé de prendre pour femme l'vne des filles du Roy des Romains, ou la fille aisnée d'Hercule Duc de Ferrare & de Renée de France, laquelle depuis fut mariée à deux vaillans Princes des Maisons de Lorraine & de Sauoye, François Duc de Guyse & Iaque Duc de Nemours, comme ie vous ay fait voir en l'Eloge de cette Princesse de l'ancienne Maison d'Est. Barbe à la verité étoit doüée d'vne beauté exquise & d'vne grace nompareille.

La

La maison de Radziuil ou Ratziwil est assez connuë dans la Lituanie, où les Ducs de Radziuil, d'Olika & de Nieuiski sont en estime pour leur valeur, & ont la qualité de Chanceliers de ce grand Duché-là, & de Palatins de Vilne. L'Eglise Romaine a admiré la pieté du Cardinal George Radziuil grand Protecteur de la Religion Catholique, chery & aymé pour ses vertus des Papes Gregoire XIII. & Clement VIII. & des Rois de Pologne, Henry, Estiene, & Sigismond III. Mais tous les Polonois & les Lituaniés, & les autres peuples suiets de Sigismond II. furent fort mécontens de ce mariage, iusques là qu'ils eurent quelque temps la volonté de se reuolter contre luy, tant ils estoient indignez que ce Monarque leur Souuerain eût épousé la veuue d'vn simple Gentil-homme son vassal. Les Polonnois ne furent pas seuls qui firent paroistre leur maltalent cõtre le Roy Sigismond Auguste & la Reyne Barbe sa seconde femme, mais aussi tous les parens de ce Prince, sur tous la Reyne Bonne sa mere, laquelle soit par prudence pour appaiser les esprits irritez des Polonnois, soit par l'auersion qu'elle auoit du Roy son fils pour auoir preferé Barbe Radziuil aux Princesses des Maisons d'Austriche & d'Est ou de Ferrare (ayant méme refusé vne fille du Roy des Romains, pour prendre contre sa volonté la veuue de Gastold) se rendit partizane des Seigneurs & des Palatins de Pologne qui n'auoiét pas approué ce mariage là, ne voulant pas voir ny le Roy son fils, ny sa femme, qui ne porta pas long temps la Couronne Polonoise, estant morte assez soudainement à Cracouie non sans soupçon de poison, au grand regret de Sigismond Auguste, qui fut conduire luy méme son corps depuis Cracouie iusques à Vilne, ville capitale de Lituanie, & l'inhumer en l'Eglise de sainct Stanislas dans le Chasteau de Vilne. Par la mort de la Reyne Barbe les dissensions & les troubles du Royaume de Pologne furent appaisez, & le Roy & la Reyne Bonne sa mere se reconcilierent. Sigismond II. épousant en 3. noces Caterine d'Austriche la 5. fille de Ferdinand Roy des Romains, qui estoit veuue de François de Gonzague Duc de Mantoüe & de Mont-Ferrat, frere de Guillaume Duc de Mantoüe, & de Louis Duc de Niuernois.

Radziuil, d'or à l'aigle de sable, armé & langué d'or, au canton d'azur chargé de 3. cors d'or, enguichez de gueules.

Voyez son Eloge dans les Vies des illustres Caterines.

Durant les 8. années que la Reyne Bonne seiourna en Pologne aprés le decez du grand Sigismond son mary, elle fit son possible pour assister la Reyne de Hongrie Isabelle sa fille aisnée, & le Roy Iean-Sigismond son petit fils, que Solyman Empereur des Turcs auoit par vne fourbe detestable chassez de la Hongrie, & Ferdinand Roy des Romains auoit par vne autre ruse spoliez de la Transyluanie, comme nous dirons amplement en la vie de cette genereuse, mais infortunée Heroine, laquelle ayant quitté la Transyluanie aprés la Diete de Colosuar, se retira en Pologne vers le Roy Sigismond Auguste son frere, & la Reine Bonne sa mere, qui eut le cœur saisi quand sa fille aisnée luy raconta comme elle auoit esté premierement despoüillée d'vne partie de ses Estats par les Ottomans, & puis de l'autre par Ferdinand d'Austriche, qui ne l'a pas mieux sceu garder que cette Princesse, à laquelle il a manqué de parole, ne luy donnant pas les reuenus & les terres que son Lieutenant Iean-Baptiste Castalde Marquis de Cassano luy auoit promis par l'accord faict Clausembourg ou Colosuar.

Thuanus.

Fumée.

La Reyne Bonne & son fils le Roy Sigismond Auguste, ayant pitié de la pauure Isabelle Reyne de Hongrie, enuoyerent en Ambassade Mathias Loboski vers Ferdinand Roy de Romains, pour le prier de bailler à cette Princesse la libre possession des Duchez d'Oppelen, de Monsterberg, & de Ratibor, auec vingt mille escus de reuenu par an, comme on luy auoit promis, sans luy compter pour faire cette somme quelques reuenus casuels, lesquels consistoient en bois, en oyseaux, & en la pesche de quelques estangs, lesquels elle estimoit incertains & suiets au hazard du temps. Cét Ambassadeur se plaignit aussi de la part du Roy de Pologne son Maistre & de la Reyne Bone sa mere, que Ferdinād n'auoit pas payé à Isabelle les cent cinquante mille escus pour ses conuentions de mariage, & pour ses debtes, pour lesquelles Cassouie luy estoit engagée. Le Roy des Romains dit à Loboski, qu'il auoit eû tousiours la volonté de cōtenter Isabelle Iagellō suiuant ce qui luy auoit esté promis, & de luy donner & à son fils plus qu'il n'estoit pas conuenu dans leurs accords, & que si on ne luy bailloit point le Duché de Ratibor

& les autres terres, il n'auoit pas tenu à luy, mais la faute prouenoit du Marquis Iean de Brandebourg, lequel estoit sous la tutele des Electeurs de Saxe, & de Brandebourg, du Marquis Albert, & du Duc de Prusse, sans le consentement desquels l'on ne pouuoit rien faire, & aussi pour la longue distance de leurs demeures ; outre que le Duc Maurice qui estoit appuyé de Henry II. Roy de France auoit troublé l'Alemagne, demandant la liberté de Iean Federic Duc de Saxe, & de Philippe Landgraue de Hesse son beau-pere, que l'Empereur Charles V. detenoit prisonniers depuis la Iournée d'Elbe ; ce qui auoit apporté vn notable retardement à cette affaire là : c'est pourquoy il prioit le Roy de Pologne & la Reyne Bonne sa mere de persuader à Isabelle d'attendre que ce trouble d'Alemagne fust appaisé, & que si elle ne vouloit pas auoir cette patience il luy bailleroit d'autres domaines & d'autres Duchez à son choix, auec tel reuenu qu'il estoit porté par leur accord, & qu'elle verroit qu'il ne manqueroit pas à luy payer son dot, & la traiteroit comme sa propre sœur, & son fils comme le sien propre.

Laboski auec cette réponse pleine de belles paroles, retourna en Pologne plus riche d'esperance que d'effect. Cependant le Roy Sigismond Auguste & la Reyne Bonne sa mere, ne cessoient de faire leurs efforts, à ce qu'Isabelle Reyne de Hongrie receust la satisfaction qu'elle desiroit, & trauaillerent secretement pour la remetre & restablir dans son Royaume de Transyluanie. Castalde Lieutenant de Ferdinand Roy des Romains dans la Hongrie, & la Transyluanie ayant eu le vent des pratiques que les Reynes Bonne & Isabelle auoient à la Porte du Grand Seigneur, & comme les Transyluains estoient lassez à l'induction de Petrowits & de François Chendy, de fournir de viures aux Alemans & aux Espagnols, qui portoient les armes pour Ferdinand dans ces prouinces là, il luy enuoya demander vn secours de cinquante mille hommes, pour se defendre contre l'armée de l'Ottoman qui vouloit luy faire la guerre en faueur d'Isabelle, & pour resister à douze mille Polacques bien armez sur les frontieres qui separent la Pologne d'auec la Transyluanie, lesquels n'auoient point d'autre dessein, que de se

Thuanus.

venger des pertes qu'auoient faites les partizans d'Elizabet fille & sœur des Rois de Pologne, ayans esté battus par André Bathori Vaiuode de Transyluanie & Comte de Zalmar & de Zalboc, & les autres partisans de Ferdinand, lequel dés qu'il eût receu l'auis de Castalde Marquis de Cassano, son Lieutenant, il enuoya en Pologne Alfonse neueu de ce Marquis là, vers la Reyne Bonne mere d'Isabelle (que l'on croioit animer le Roy Sigismond Auguste à faire la guerre à la Maison d'Austriche en faueur de cette Princesse là) pour l'asseurer qu'il ne vouloit pas manquer de s'aquitter au pluftoft des promesses qu'il auoit faites à la Reyne Isabelle sa fille, croyant par cette Ambassade diuertir la Reyne Bonne mere du Polonnois de donner le conseil à ce Monarque de secourir sa sœur & son fils Iean Sigismond son neueu contre luy & ses seruiteurs qui les auoient chassez de la Transyluanie.

Ferdinand estant à Vienne écriuit à Isabelle Reyne de Hongrie, pour luy offrir par vne troisiéme promesse de garder tout ce qui auoit esté accordé entre eux, & méme de nouueaux articles & demandes qu'elle auoit faites & qu'il n'auoit pas voulu accorder auparauant. Nous verrons en la Vie de cette courageuse mais infortunée Heroine comme elle rentra les armes en la main dans la Transyluanie, aprés auoir quitté la Pologne l'an 1556. (les autres asseurent que ce fut dés l'année precedente) auec ce regret d'auoir veu en la Cour de Pologne la mauuaise intelligence qui estoit entre son frere le Roy Sigismond Auguste & sa mere la Reyne Bonne. Laquelle aprés leur premiere reconciliation ayant souuent reproché au Roy son fils, qu'il auoit épousé en secondes noces vne Demoiselle veuue d'vn simple Gentilhomme, qui n'estoit pas de si bonne Maison, que celle de Radziuil dont cette Dame estoit issuë: Sigismond Auguste repartit trop brusquement à la Reyne sa mere, qu'il n'auoit pas fait tant de deshonneur à la Royale Maison des Iagellós & à la Couronne de Pologne, épousant publiquement & en la face de l'Eglise cette tres-belle veuue en laquelle les graces du corps & de l'esprit recompensoient auantageusement ce qui manquoit à sa naissance, ou pluftoft à celle de

son premier mary Gastold, que non pas elle qui s'estoit mariée secretement aprés la mort du feu Roy Sigismond le
Grand, de sainte & de loüable memoire, à vn homme de
basse condition nommé Pappacoda.

L'Empereur Charles V. Prince accort & rusé, & son frere
Ferdinand Roy des Romains ayant apris de bonne part par
leurs Ambassadeurs ou Agens, qui residoient en la Cour de
Pologne, ou par les auis de la Reyne Caterine d'Austriche la troisiéme femme de Sigismond Auguste (qui croioit
n'estre pas assez aymée & honorée par ce Monarque) la
mauuaise intelligence qui estoit entre le fils & la mere, ils
furent bien aises de fomenter cette diuision pour la crainte
qu'ils auoient, que si le Polonnois & sa mere se reconcilioiét
vne seconde fois, ils n'assistassent puissamment contre eux
Isabeau Reyne de Hongrie, qui n'auoit point d'autre passion, que de chasser les Italiens, les Alemans, & les Espagnols, qui portoient les armes pour ces deux Princes dans
les Royaumes de Hongrie & de Transyluanie, & de restablir son fils non seulement dans Weysenbourg ou Albe Iule, mais aussi dans les autres villes de la Transyluanie, que
Ferdinand luy auoit enleuées subtilement par l'accortise,
ou pour mieux dire, par la fourbe de Castalde son Lieutenant, comme ie vous feray voir en la Vie d'Isabelle Iagelló.

Bonne Sforce estant depitée contre le Roy de Pologne
son fils, n'eut pas si tost receu des lettres fauorables de Charles V. & de Ferdinand (ces deux Monarques estans fils d'v-
ne Princesse de la Royale Maison d'Aragon, aussi bien que
Bonne Reyne doüairiere de Pologne) qu'elle prit la resolution de dire adieu à la Pologne, & au Roy son fils, duquel
ayant obtenu congé d'aller demeurer és terres qu'elle auoit
dans la Poüille, qui est l'extremité de l'Italie, elle se mit incontinent en chemin pour partir. Charles & Ferdinand la
coniuroient par leurs lettres comme leur bonne parente & amie, de passer par leurs terres & seigneuries (où ils
la feroient receuoir fort honorablement, tant pour ses merites que pour sa qualité Royale & son extraction tres illustre) quand elle se retireroit au Duché de Bary, & aux autres terres & Comtez, qui luy appartenoient dans le Royau-

me de Naples, & qui luy valoient deux cens mille escus de rente, Philippe II. Roy d'Espagne payoit vne grande pension tous les ans à Anne Iagellon Reyne de Pologne, fille de la Reyne Bonne, sur la ville de Foggia, comme remarque en son voyage de Hierusalem le Prince Radziuil, & nous en auons desia parlé en la Vie de cette Reyne de Pologne la derniere Princesse de la race des Iagellons, & i'en diray vn mot à la fin de cette Vie.

Les honneurs & les caresses que Bonne Reyne de Pologne receut par l'Austriche, la Morauie, la Stirie, & les autres terres de l'Empereur, & des Princes de la Maisõ d'Austriche, ne sont pas comparables à celles que sa Maiesté receut arriuant à Venise. Cette noble & ancienne Republique a tousiours fait paroistre sa magnificence quand les Princes ou les Princesses soueraines ont esté visiter leur ville capitale, qui est estimée l'vne des merueilles du monde. Il y a encore plusieurs personnes en vie, qui ont esté témoins oculaires de la pompe & de la magnificence, auec laquelle ces Seigneurs Venitiens receurent nostre Roy Henry III. quand il passa par cette riche Cité, quittant la Pologne pour venir recueillir le Diadéme des Lys, que le Roy Charles IX. son frere luy auoit laissé. Ces Seigneurs ont esté loüez pour le bon accueil qu'ils ont fait iadis au Pape Alexandre III. à l'Empereur Federic II. à Iean Lascaris Empereur de Constantinople, à Caterine Cornare Reyne de Cypre, & à cette Reyne de Pologne Bonne Sforce, par le soin de cette honorable Republique, & du Duc qui estoit pour lors le Prince François Donato.

Thuanni.
M. Fumée.

Dés que Bonne fut arriuée proche de Venize le Senat la fut receuoir auec des honneurs & des pompes magnifiques, suiuy de cent Dames les plus nobles & les plus belles de la ville, bien parées & couuertes de pierreries, qui ayans fait entrer la Reyne de Pologne dans le Bucentaure, accompagnée de ces deux grands Cardinaux Hipolyte d'Est ou de Ferrare, & Othõ Truchez ou d'Ausbourg (celuy-cy Protecteur d'Alemagne, & celuy-là de France en Cour de Rome) qui estoient à ses costez. Elle fut conduite en ce Royal appareil, & suiuie de ces Dames, (qui pour leurs beautez &

Truschez, d'or, à trois chiens couans de

DES DAMES ILLVSTRES.   207

leurs équipages paroissoient des deesses) iusques au superbe Palais de Ferrare, les Venitiens luy ayāt fait preparer cét hostel pour la loger. Durant le seiour que la Reyne de Pologne Bône Sforce fit à Venise, toutes les Dames & les Demoiselles Venitiennes n'épargnerent rien pour diuertir cette Princesse là, vsās enuers elle des courtoisies les plus grādes qu'elles pouuoient imaginer; elles inuenterent châque iour quelque diuertissement honneste pour luy donner du plaisir. Quand elle voulut partir de Venise, la Republique fit équiper quelques galeres pour la conduire seurement, à cause que Saala Rays renommé Corsaire couroit en cette année 1555. la mer Adriatique; & Bonne arriua fort heureusement au port de Bary & en ses terres & seigneuries, où trois ans aprés elle passa de cette vie à l'autre, vers l'an 1558.

gueules, au chef party: la premiere moitié partie d'or & de gueules, & l'autre d'argent à vne mitre d'Euéque auec ses pendans de gueules.

Bonne Sforce Reyne de Pologne a esté blasmée par plusieurs Historiens d'auoir quitté la Sarmatie Europeane, ou la Pologne & la Lituanie, pour venir finir ses iours à Bary en la Poüille, de n'auoir pas laissé ses biens & ses richesses au Roy de Pologne son fils, & à ses filles, qui estoient de sages & de vertueuses Princesses, mais fait son heritier vn nommé Pappacoda, lequel mourut peu de temps aprés pauure & miserable, ayant dissipé tous les grands biens que cette Reyne luy auoit leguez: de sorte que son nom n'est pas en bonne odeur ny sa memoire en benediction dans cette prouince d'Italie, ou du Royaume de Naples. Ie leur répons, que Bonne estoit mariée à ce Seigneur Napolitain de la noble Maison de Pappacoda, qu'elle n'a iamais institué son heritier, mais selon les Historiens partisans de la Maison d'Austriche, Philippe II. Roy d'Espagne fils de l'Empereur Charles V. ce qui a donné suiet au grand procez qu'ont le Roy & les Princes de Pologne, les vrais heritiers de cette Reyne là, contre les Rois d'Espagne; & Philippe II. payoit vne pension à Anne Iagellon Reyne de Pologne, fille de Bonne, & femme d'Estiene Bathory Roy de Pologne. Ce procez est encore indecis: Car l'on tient ce testament faux & supposé, & que cette Reyne n'a iamais institué ny l'Espagnol ny Pappacoda, mais ses filles & le Roy de Pologne Sigismond Auguste, auec lequel elle s'estoit reconciliée

Pappacoda, de sable au Lyon d'or, qui se mord le bout de la queuë qui luy passe par dessus la teste.

Mazzella.

quelques mois deuant que mourir, & auoit dessein de quitter l'Italie pour retourner en Pologne auprés de son fils, & auoit enuoyé prier les Venitiens de luy prester leurs galeres pour la conduire.

Ceux qui ont voyagé au Royaume de Naples (qui est la Sicile de deçà le Phare) & en la Pouïlle l'vne des prouinces de ce Royaume là, sçauent que la memoire de cette Reyne de Pologne petite fille des Rois de Naples de la Maison d'Aragon, est en honneur dans cette contrée là. Le Prince Nicolas Christofle Radziuil Duc d'Olika & de Nieuiski, Palatin de Vilne, & Cheualier de Hierusalem, rapporte en son voyage de la Terre sainte, qu'il passa à son retour par Bary en la Pouïlle, où apres auoir visité le sepulchre de S. Nicolas Euesque de Myre, il dit que l'on luy monstra en la sacristie de l'Eglise Cathedrale, le corps de la Reyne Bonne, dans vn tombeau ou biere couuerte de panne, lequel n'estoit pas enterré, & estoit tout entier, excepté que la leure d'enhaut estoit vn peu gastée. Ce Seigneur remarque aussi, que passant par Ostuni (ville de la méme contrée & qui appartenoit à la Reyne Bonne) il vit & leut ces inscriptions sur les deux portes de cette ville là. Sur la premiere, au dessus des armes de la Reyne de Pologne:

Ierosolymitana Peregrinatio illustrissimi Principis Nicolai Christophori Radziuilli Ducis Olica & Niesuisij, Palatini Vilnensis, Militis Ierosolymitani, à Thoma Tretero Custode Varmiensi ex Polonico sermone in Latinum transf.

Bonæ Sfortiæ Aragoniæ, Reginæ, Ioannis Galeacij Ducis Insubrum filiæ, ob Regnū Sarmatiæ & imperium in Scythas ad Tanaim & Borysthenem multis annis recto ordine ex Repub. & Religione gestū Astunen. publicè: c'est à dire. *A Bonne Sforce d'Aragon, Reyne, fille de Iean Galeas Duc de Milan, pour auoir bien gouuerné par plusieurs années & auec grand ordre, tant pour ce qui est de la police que pour la Religion, le Royaume de Pologne & l'Empire des Scythes de deçà le Tanais, les Habitans d'Ostuni luy ont en public donné cét Eloge.*

A l'autre porte à l'entrée de la ville il y a cette inscription, sur les armes de cette Princesse là:

Bona Sfortia Sarmatar. Scytharúmq. cis Tanaim Regina ab vltimo Septentrione post annos triginta octo reduci, ob iura & iustitiam in vrbem reuocatam Astunenses publicè.

& ce distique sous les armoiries.

Aurea Saturni redierunt secula firma
Sceptra tenente manu nomine réq. Bonæ.

que nous auons traduit en nostre langue.

A Bonne Sforce Reyne des Sarmates & des Scythes de deçà le Tanaïs, estant de retour des extremitez du Septentrion, aprés y auoir demeuré trente huit ans, pour auoir amené auec elle les droits & la iustice, les Habitans d'Ostuni luy ont en public donnné cet Eloge.

Le siecle de Saturne âge d'or âge humain
Est reuenu combler de biens châque personne.
   Cette Princesse Bonne,
Et de nom & d'effect tenant le sceptre en main.

Ces belles inscriptions font voir en quelle estime estoit Bonne Sforce Reyne de Pologne, non seulement à Ostuni, mais aussi à Bary, à Foggia, à Otrrante, à Manfredonia, à Leche, à Monopoli, & par toutes les villes & les terres du Royaume de Naples qui luy appartenoient, & doiuent fermer la bouche à tous les calomniateurs & écriuains medisans ; & le fidele rapport & témoignage de ce Seigneur de la noble Maison de Ratziwil (qui n'auoit point d'obligation ny ceux de sa race, à la memoire de cette Princesse là) nous monstre que c'est vne pure calomnie, que cette Reyne des Polonnois ait esté en petite consideration, & méprisée dans ces Prouinces de la Sicile de deçà le Far : & que le dire du Pape Pie V. est veritable : *Que la calomnie est tousiours boiteuse, & faict plus de tort à ses autheurs, qu'elle ne fait de mal à ceux contre lesquels elle est dressée.*

BONNE LOMBARDE,
PAYSANE DE LA VALTELINE.

BONNE LOMBARDE fut natiue de la Valteline du territoire de la ville de Come, située auprés du lac Lano, qui est de la Lōbardie de la iurisdiction de l'Estat de Milan. Elle fut de tres-vile & tres basse extraction, appartenant à des parens tres-pauures, mais elle ne laissa pas pour cela de s'acquerir vn renom eternel, & a merité pour les proües-

Iacobus Bergomas de claris mulieribus.

I. Betuffi delle Donne illustre.

Pierre Meffie en ses diuerses leçons.

Lodouico Domenichi.

ses & pour la noblesse de son courage estre nombrée parmy les femmes Illustres par quatre excellens Ecriuains. Elle fut premierement concubine & puis femme legitime de Pierre Brunoro, Parmesan, tres-braue Caualier & homme fort sçauant au fait de la guerre, lequel l'aiant vn iour apperceuë, pendant qu'il menoit vne armée dans la Valteline, appellée des anciens *Retica*, qui paissoit les brebis par la campagne estant encore ieune, qui auoit les yeux roux, laide & d'vn teint noir, de basse taille, mais grandement forte, qui iouoit auec ses autres compagnes qui conduisoient d'autres troupeaux, & montroit en elle vne certaine viuacité & fierté, la fit prendre & la mena auec soy, la faisant souuent par plaisir habiller en homme, la menant à la chasse, la faisant mōter à cheual & autres semblables exercices, ausquels elle se montroit fort propre: & quoy qu'il semblast qu'il ne la tenoit auprés de sa personne que par plaisir, neantmoins elle se mit à le seruir auec vne grāde diligence & affection, de sorte qu'elle supportoit tous les trauaux de corps & d'esprit, qui suiuent la profession du maistre qu'elle seruoit, qu'elle ne quitta iamais en quelque voiage qu'il fit, le suiuant à pied, à cheual, par mer & par terre, sans que iamais elle s'ennuiât, auec lequel encore elle alla contre Alfonse Roy de Naples: car alors Pierre Brunoro seruoit le Comte François Sforce, qui auoit guerre auec Alfonse Roy de Naples. Mais le Roy Alfonse fit en sorte auec Pierre Brunoro de l'attirer à soy, & depuis il prit resolution de retourner seruir son premier maistre. Bonne demeurant tousiours auec luy & luy faisant fidelle escorte en tous ces changemens de partis: au dernier desquels se preparāt pour retourner à François Sforce, & deliberant des moyens de s'enfuïr, il ne pût pas les executer si secretement, que la chose ne vinst à la connoissance du Roy de Naples, lequel fit prendre en cachete Pierre Brunoro prisonnier, où il le tint long-temps sans esperance de liberté.

Ce que voiant Bōne esmeuë de compassion de celuy qu'elle aimoit d'vn amour coniugal, & honoroit comme son Maistre, se mit en teste en quelque façon que ce fût de le deliurer de prison: & pour venir à bout de son dessein s'en alla vers tous les Potentats d'Italie, au Roy de France, à Philippes Duc de Bourgongne, & aux Venitiens, desquels tous elle obtint des lettres, prieres & recommendations en faueur de la liberté de Pierre Brunoro, par lesquelles le Roy de Naples Alfonse fut ciuilement contraint de l'élargir & le rendre à cette ieune & vaillante fille: laquelle aprés l'auoir eu auec tant de difficulté, pour rendre encore l'office plus accomply, fit en sorte auec le Senat de Venise, que Pierre Brunoro eut charge de conduire les troupes de cette puissante Republique, auec vingt mille ducats d'apointement. Pour lesquels bien-faits receus ne luy semblant plus à propos de tenir Bonne pour sa concubine & en faire peu d'estat, comme d'vne seruante, il la prit pour sa femme legitime, faisant grand estat d'elle, & se seruant de son conseil és choses de plus grande importance, par le moyen duquel ses entreprises luy reüssirent fort heureusement.

Bonne fut tousiours veuë és occasions fort bien armée & combatre vaillamment, & quand il estoit temps de conduire des gens de pied ou de cheual, on la voioit tousiours la premiere en teste: Ce qui donnoit courage & faisoit de la honte tout ensemble aux soldats: s'il estoit question d'aller à la breche, elle s'y presentoit la premiere, & generalement parlant donnoit toutes les preuues d'vn courage masle & martial. Elle estoit fort versée & sçauante en l'art de la guerre, dont elle montra des effets en diuerses occasions, & principalement en la guerre des Venitiens contre François Sforce Duc de Milan au Chasteau de Pauono au territoire de Bresce, où elle fit tant qu'elle força les ennemis de le rendre, y faisant donner vn assaut, où elle parut les armes à la main encourageant tous les autres par sa parole & son exemple. Elle mit à chef vne infinité d'autres tres-dignes & tres-importantes entreprises.

Elle fut tres-chaste, & tient-on pour asseuré qu'elle garda la fidelité inuiolable à son mari, chose fort loüable & remarquable, veu le desordre des gens de guerre, & la conuersation indifferente qu'elle auoit auec les soldats & Capitaines, qui est vn autre effet de son courage & de sa vertu. En fin le Senat de Venise ayant grande creance à Pierre Brunoro & à la valeur & prudence de cette femme, l'enuoya à

Dd ij

la defense de Negrepont contre les Turcs, où non seulement ils firent de belles fortifications; mais encore defendirent si bien la place, que tant de temps qu'ils y furent le Turc n'osa iamais rien entreprendre.

Depuis Pierre Brunoro venant à mourir en Calcide, où mesme il fut enterré fort honorablement, Bonne s'en reuint à Venise, pour faire confirmer à deux enfans, qu'elle auoit eu de son mariage, les pensions & appointemens de leur pere: mais elle mourut en chemin en vne ville de la Morée, où elle fit faire vne sepulture de peu de prix qu'elle voulut voir auant que de mourir, qui fut l'an 1466. aprés auoir donné ordre à ses affaires & recommandé son ame à Dieu. Ayant finy fort heureusement sa vie, & donné des preuues & des marques de son zele enuers la vraye Religion, tant par les dernieres actions de sa vie, que par ses exploits genereux contre les ennemis du nom Chrestien.

Il y a quelque chose en la vie de cette femme qui sent plûtost le paganisme que le Christianisme; mais ie l'ay voulu rapporter pour la quantité des choses qui y sont à imiter, & pour faire voir que la bassesse de l'extraction n'empéche point l'ame de se porter à des desseins nobles & genereux & en produire des actions. Ceux qui ont écrit l'histoire de ces dernieres années ont loüé dans leurs liures vne fille de Trâsyluanie, laquelle a porté les armes pour son Prince le magnanime Sigismond Bathori contre les Mahometans: sur lesquels aprés auoir obtenu vne signalée victoire, cette ieune fille habillée en homme, & creuë telle par les Transyluains, ayant esté prise par les Turcs fut presentée au Grand Seigneur, qui la fit mener honorablement par les ruës de Constantinople.

Chappuis.

Le Roy Charles IX. Prince tres-zelé à la Religion Catholique, ayant sceu que la Dame de Neuuy sur l'Allier en Bourbōnois, auoit defendu courageusement son Chasteau de Benegon contre Montaré Lieutenant de sa Maiesté en ce païs là, & qu'aprés que le canon eut mis les tours & les murs en poudre, elle méme s'estoit presentée à la breche vne demi-picque à la main, & s'estoit fait promettre la vie, tant pour elle que pour tous les siens, à la charge de payer sa

Histoire de France.

Thuanus.

rançon, fit defendre à Montaré & aux autres Capitaines de receuoir la rançon de cette Dame magnanime, & la fit renuoyer auec honneur en sa maison en pleine liberté, & décharger de toutes ses promesses.

Cette Dame s'appelloit Marie de Barbançon, elle estoit veuue de Iean des Barres Seigneur de Neüuy sur l'Allier, & fille de Michel de Barbáçon Seigneur de Cany, Lieutenant pour le Roy en Picardie sous Antoine de Bourbon Roy de Nauarre, & sœur de Fraçois Seigneur de Cany, qui mourut à la bataille de S. Denys: de laquelle parle auec éloge Monsieur de Thou au liure 46. de l'Histoire de son temps ; aussi estoit elle la tante & la marraine de sa premiere femme Marie de Barbançon de Cany illustre Maison en Picardie, originaire de Hainaut, & alliée à celle de Ligne ou d'Aremberghe.

Barbançon d'argent, à trois lyõs de gueules, couronnez, & armez d'or.

Ligne, d'or, à la bande de gueules.

CAMILLE PALLAVICINE
MARQVISE DE PALLAVICIN.

Es Ecriuains Italiens ont loüé dans leurs liures cette admirable Camille, la perle des Dames de l'illustre & de la Roiale Maison des Pallauicins, laquelle depuis plusieurs siecles est celebre dans l'Italie, & qui s'est faict cognoistre par le Prince Adalbert Capitaine general de l'armée de l'Empereur Othon. Lequel conquit auec ses enfans vne bonne partie de l'Italie, particulierement la grasse & fertile Prouince de Lombardie. Camille eut pour pere le vaillant Octauian Marquis Pallauisin, Prince de grand courage. Estant fille d'vn si braue Seigneur elle ne degenera pas de la valeur, de la constance, & des merites de ses ancestres ; mesme elle a voulu par vne loüable ialousie les surpasser en vertus, ayant esté la plus courtoise & la plus liberale Dame de toute sa Maison.

Pallauicin blazonné en l'eloge d'Argentine de Pallauicin.

A onze ans la genereuse & magnanime Camille fut mariée à Cesar Pallauisin, auec lequel elle véquit dix-huict ans. Elle acquit par ses loüables deportemens la reputation d'estre tres-chaste & tres-pudique. Cesar son premier mary estant decedé, elle épousa en secondes noces le Seigneur Hierôme (que d'autres nomment Robert) Marquis de Pallauisin, Prince hardi & guerrier, le vray parangon de la courtoisie & de la liberalité.

Quand Camille fut iointe par le Sacrement de mariage au Marquis Hierôme, tous les gens de bien & les amateurs de la vertu admirerent cét heureux rencontre de deux personnes de la noble & ancienne Maison des Pallauicins, de mesmes mœurs & humeurs, & semblables en perfections & en merites, qui estoient appellez par tous ceux qui ont passé par leurs terres, ou ont esté receus dans leur Palais, les deux prodiges de la liberalité. Tous ceux qui se sont resentis des faueurs & des courtoisies du Marquis Pallauisin, & de la Marquise sa femme la bonne & genereuse Camille, le miroir des sages & des belles Dames de l'Italie de son temps, leuoient leurs yeux vers le Ciel, afin qu'il versast largement ses meilleures & plus fauorables influences sur ces deux chastes Amans, desquels les feux n'étoient pas de ceux qui se noient dans les delices, les plaisirs & les voluptez. O que c'est vne belle chose qu'vne alliance chaste, qu'elle est illustre, qu'elle est honorable! sa memoire est immortelle, parce qu'elle est en estime & en honneur deuant Dieu & deuant les hommes. Le saint lien de mariage fait que deux sont vne mesme chair : mais cette vnion est bien plus parfaite quand elle passe dans la communion ou plustost dans l'vnité des esprits beaucoup plus vnissables que le corps. Aussi les doctes reconnoissent que ce n'est pas tant l'vsage des sens, que le consentement de volonté, qui fait le nœud principal de cette mysterieuse liaison, qui est entre les mariez, dont la mutuelle fidelité les oblige, comme les premiers croians à n'auoir qu'vn cœur & qu'vne ame.

Tels estoient le Marquis Hierôme, & la vertueuse Camille son épouse : leur correspondáce, dis-ie, estoit telle, qu'vn méme oüy, vn méme non, sortoit en pareil instant de leurs bouches, semblables à deux luths & à deux harpes de méme accord, le toucher de l'vne estoit le resônement de l'autre, & la Marquise Camille digne femme du Marquis, ainsi que l'Echo, ne parloit qu'aprés son mary, & selon son mary. C'estoit sa collaterale, sa compagne tirée de son costé, comme vne autre Eue, égale au trauail; mais inferieure en l'obeïssance.

En leur concorde il n'y auoit que ce contraste à qui aimeroit le plus, parce que les grands courages ne se peuuent laisser vaincre és deuoirs de l'amitié. C'estoit vne chose belle à voir ces deux bons esprits également conspirans au bien, comme deux vaisseaux qui frettent à voiles enflées à méme port sur la mer du monde, où la pluspart des autres font leurs operations parmy les ondes de beaucoup d'amertumes. Cette sacrée association rendoit les prosperitez plus douces, & les aduersitez moins dures. *Si vne conuersation agreable*, dit le Prouerbe, *enleue l'ennui & la lassitude du chemin*, qui peut mieux charmer nos trauaux qu'vn autre nous méme? C'étoient là les contentemens de Hierôme Marquis de Pallauicin, qui auoit trouué en sa belle & chaste Camille, *la femme forte*, que le Sage tient *de si difficile rencontre*. Elle auoit la crainte de Dieu, parce qu'elle auoit esté éleuée par vn pere qui estoit la méme bôté & la generosité méme. De plus elle sçauoit l'art d'vne bonne & sage mere de famille, c'est à dire aimer son mary, garder sa maison & viure irreprehensible, toutes grandeurs & eminentes qualitez en vne femme, ainsi que sa parente Argentine femme de Guy de Rangon, ce grand Partizan de nos Roys dans l'Italie.

Elle rendoit auec beaucoup de discretion & de prudence l'honneur à tous ceux à qui elle deuoit du respect, surtous au Marquis son mary, sçachant que la reuerence est l'aliment du vray Amour: cê respect estoit accompagné d'vne crainte chaste, que Dauid dit demeurer dans les bien-heureux en l'Eternité. Cette humble crainte n'est pas contraire à l'amour, & elle naist de l'amour; car elle est bien differente de celle des mauuaises femmes, qui font passer entre elles cét abominable prouerbe;

 Sers ton mary comme ton maistre,
 Et t'en garde comme d'vn traistre.

La mauuaise femme craint d'estre surprise par son mary en

ses impudiques deportemens ; la bonne craint aussi, mais c'est de n'estre pas assez aimée de son époux, épluchant toutes ses actions, comme vne Colombe qui essuie ses plumes au Soleil, de peur que quelqu'vne plûtost indiscrete que malicieuse ne ralentisse enuers elle cette affection qui luy est si chere, que sans cela elle pense que le Soleil ne l'éclaire. La femme prudente ne veut point estre priée ny criée : car en l'vn elle preuient son mary par ses seruices & ses deuoirs ; & en l'autre, elle ne donne aucune matiere de plainte.

Telle estoit la sage Camille Pallauicin, laquelle outre ces obligations de bien-seance & de ciuilité, sçauoit parfaitement bien regler sa famille, & occupant ses Dames, ses Demoiselles & ses seruantes, ne laisser personne dans l'oisiueté, comme nous auons remarqué dans les Eloges de plusieurs grandes Reines & Princesses, entre autres d'Anne de Bretagne, de Claude de France, d'Isabelle d'Austriche, & de Louyse de Lorraine, de l'Imperatrice Isabelle femme de Charles V. de Marie sa fille femme de l'Empereur Maximilian II. de Marguerite de Lorraine Duchesse d'Alençon, iv. ayeule du Roy, & de Marie de Bauiere Archiduchesse de Graz, ayeule de la Reine Regente.

Quelqu'vn s'étonnera peut-estre comment la sage & vertueuse Camille s'est mariée à deux Seigneurs de son Sang & & de sa Maison. Les Ecriuains Italiens, entre autres Ioseph Betussi répondra pour moy. Car il dit dans l'Eloge de cette Marquise, qu'elle auoit épousé ces deux Seigneurs de la Maison de Pallauicin ses parens, pour leurs merites, & pour le desir qu'elle auoit que ses biens, ses terres & ses seigneuries ne fussent pas transportées en d'autres familles, & que sa Maison se maintinst en honneur & en authorité.

N'ayant donc point eu d'enfans de son premier mary, elle vouloit voir si le Ciel ne fauoriseroit pas sa Maison d'vne noble lignée masculine, dont elle auoit esté priuée par l'espace de quarante ans ; son esperance ne fut pas vaine. Dieu luy donna vn beau fils ; mais pour éprouuer sa patience il le retira aussi tost de ce monde, ayant fait paroistre comme elle estoit aussi excellente en cette admirable vertu, comme aux autres, pour lesquelles elle estoit honorée d'vn chacun.

On

DES DAMES ILLVSTRES. 217

On ne sçauroit assez loüer sa bonté, sa foy, & sa pieté enuers Dieu & son prochain : pieté qu'elle a exercée enuers les pauures filles, sages, bien nées, bien instruites & de bonne maison, lesquelles elle retira fort charitablement dans son Palais ; & estans depuis paruenuës en âge, les ayant fait apprendre les bonnes mœurs, nourrir & éleuer en la vraye deuotion & pieté Chrestienne, elle auoit soin de les marier fort honorablement.

Ie ne sçaurois pas passer sous silence, qu'aprés estre demeurée veuue de Cesar Pallauicin son premier mary, elle auoit deliberé de iamais ne se remarier, & de se renfermer dans son Palais auec ses Demoiselles, pour mieux vaquer à l'étude, à la contemplation & au seruice de la Diuine Maiesté. Mais ayant esté priée & repriée par vne innombrable multitude de pauures filles, qui ne viuoient que de ses aumosnes & de ses largesses, de vouloir entendre à de secondes noces ; touchée de compassion de les voir en vn miserable estat, qui les eût peu contraindre à se perdre, elle prit la resolution contre son naturel & son inclination à penser à vn second hymen, pour auoir plus de moyens & de commoditez de continuer sa charité.

Dieu seconda ses bons desseins & ses saines & saintes intentions, ayant rencontré vn mary selon son humeur, qui n'auoit point de plus grande passion, que d'assister les personnes d'honneur & de merite qui estoient en necessité. Le plus grand contentement de ce Seigneur estoit de voir sa chere épouse la magnanime & liberale Camille, donner ses biens à tous ceux qui auoient recours à sa liberalité, laquelle acquit la reputation d'estre la Dame la plus liberale & la plus aumosniere de l'Italie, laquelle pour toutes sortes de respects humains, n'a cessé d'assister tous ceux qui en auoient besoin, n'ayant d'autre obiet que Dieu, l'honneur & la gloire de son saint nom.

Comme la Marquise estoit fort hôneste & vertueuse, aussi auoit-elle choisi vne fort belle deuise, sçauoir vn œillet, la plus excellente de toutes les fleurs en beauté & en bonne odeur, qu'vne tortuë rongeoit au pied auec ces trois mots Italiens par forme d'auis ; OGNI BELLEZZA HA FINE, *Toute*

E e

beauté prend fin. Aussi estoit-ce la pensée qui la touchoit le plus, que la crainte de conseruer les rares qualitez dont elle estoit doüée, & la reputation qu'elle auoit acquise par leur moyen. Ce qu'elle faisoit par la consideration des accidens ausquels les choses humaines sont exposées, & sur tout la beauté qui est le plus glorieux auantage des femmes, & n'est cependant auec le temps que la dépoüille d'vn hâle, d'vn chagrin, d'vne nuict & encore de moindres accidens, dont elle voulut se rendre la memoire tousiours presente par cette deuise, & transmettre ce sentiment à la posterité, pour marque de sa vertu, & pour vn auis de consequence aux Dames de sa condition.

CAMILLE MACEDONIA, ET CAMILLE PISCICELLA, Dames Napolitaines.

Macedonia, vairé d'argent & d'azur, à vn lyon d'or brochant sur le tout.

Piscicella, de gueules à la bande endentée d'or & d'azur, brisé d'vn lambel de trois pieces en chef.

Camilla Macedonia.

Iulius Cæsar Capacius in Elogiis Illustrium mulierum.

LE Royaume de Naples a donné deux braues & genereuses Camilles en ces derniers temps, Camille Piscicella & Camille Macedonia.

Celle-cy est vne des courageuses Dames de la Sicile au deçà le Far, laquelle a surpassé plusieurs hommes en valeur & en courage, estant la generosité méme. Ayant sçeu vn iour que les ennemis de son frere auoient dressé des embusches à ce ieune homme pour le tuer, estant dépourueu d'armes & de secours, elle prit vne demy-pique & les attaqua genereusement, ayant soûtenu long-temps leurs efforts, & arresté leur violence : de sorte que son frere eut le moyen de reprendre ses esprits, & ranimé par cette bonne & chere sœur, il les mit en fuite, à laquelle aprés cét acte genereux il rendit mille & mille actions de graces, reconnoissant librement qu'il luy estoit entierement redeuable, & qu'aprés Dieu il tenoit la vie d'elle.

DES DAMES ILLVSTRES.

Vne autre fois voyant vn ieune homme defarmé eftre attaqué par vn foldat en prefence d'hommes bien armez: cette genereufe Amazone leur fit ce reproche, s'ils n'auoient pas honte de laiffer battre ce ieune homme, qui n'auoit ny épée ny bafton, par vn foldat qui pour eftre armé faifoit le rodomont, leur remontrant que s'ils ne le vouloient faire, elle ofteroit à leur confufion & vergogne cét agneau des mains de ce tygre; tant eft vray le prouerbe, qui dit que le bon fang ne peut mentir.

> L'Aigle deffous fon aile
> N'écloft la colombelle.
> Les animaux peureux
> Des fiers Lions ne naiffent,
> Et les coüards ne laiffent
> Des enfans genereux.

I. du Bellay.

Auffi cette genereufe guerriere eftoit de bonne race, ceux de la famille de Macedonia n'ont iamais efté foupçonnez de poltronnerie ; mais loüez pour leur courage & leur fidelité enuers leurs Princes. Elle eut pour freres Iean François, Iean Iaques, & Iean Vincent, defquels les valeurs & les exploits font fçeus par tous ceux qui font profeffion de l'art militaire, & Hannibal fils de fon frere, qui n'a point degeneré de la vertu de fes anceftres, comme il a fait preuue en plufieurs batailles où il s'eft trouué, tant auec les François, qu'auec les Italiens & les Efpagnols.

Celle là par vne vie bien contraire a fait paroiftre fon courage & fa generofité, laquelle ayant époufé le Seigneur Cefar Serfale, Gentil-homme grandement zelé à la deuotion, elle fe conforma entierement aux mœurs de fon mary tres-chafte & tres-pieux: car peu aprés la celebration de fes noces, ces deux pudiques Amans eurent à dédain tous les plaifirs & les delices de la terre, iettans toute leur affection vers le Ciel, où eftoit leur efperance & leur amour. Camille quitta les atifets qui ne font pour l'ordinaire que pour les afferées; & tous les ornemens fi paffionnément defirez par les femmes efclaues de la vanité, eftoient (auffi bien qu'à Efter) en horreur à Camille.

Camilla Pifcicella.

Capucius.

Plufieurs Dames ont en dédain les grandeurs, les plaifirs

Ee ij

& les voluptez, d'autant qu'estans reduites en vn estat miserable elles ne peuuent pas iouïr des delices & des honneurs qu'elles desireroient, soit par la disgrace de leurs parens, ou de leurs marys, ou par le mauuais traitement qu'ils en reçoiuent ; & que ceux qui ont pouuoir & authorité sur elles ne leur en donnent pas la permission ny moins la commodité ; de sorte qu'elles sont contraintes le plus souuent de faire de necessité vertu.

Mais Camille Piscicella estoit dans vn Ocean d'honnestes plaisirs, de biens & de richesses, estant cherie & aymée de son mary, qui l'honoroit & aymoit vniquement pour ses perfections & ses merites. Elle estoit les delices & le seul contentement de César Piscicelli son pere, lequel estoit l'vn des premiers Cheualiers de la ville de Naples, estimé non seulement dans cette ville la plus gentille de l'Italie ; mais aussi par tout ce Royaume là, pour sa prudence, sa bonté & sa conduite au maniment des affaires tant publiques que priuées : lequel se reposoit entierement de sa maison sur Camille sa chere fille, heritiere de tous ses biens & de toutes ses affections. Elle quitta neantmoins pour l'amour de Dieu la maison de son pere, ses biens & ses richesses & la compagnie de son mary, choisissant *Iesus-Christ* pour Epoux, ayant obtenu la permission & la licence du Saint Pere de prendre le voile de Religieuse au deuot Monastere de la tres-saincte Trinité, auec le consentement & le contentement de son mary, qui en méme temps s'enrolla en la Congregation des Prestres Reguliers, surnommez Theatins, qui viuent dans l'Italie auec vne grande edification, tant pour leur rare doctrine, que pour leur singuliere pieté. Son pere sçachant son dessein & sa sainte resolution ne la diuertit ny dissuada, desirant entierement luy complaire en reconnoissance des bons seruices qu'il auoit receus d'elle, mourut content de la voir mener vne vie non humaine, mais Angelique dans vn Cloistre, où pleine de merites & de bonnes œuures elle est morte aux baisers du Seigneur, ayant la Croix de son cher, & diuin Epoux pour symbole auec ces mots : IN HOC SIGNO VINCES, *Tu vaincras en ce signe* : en quoy elle donnoit à connoistre à la posterité, que la foy & la pieté possedoient également son cœur: la foy qui a pour fondement sur lequel elle a esté establie, la Croix du Redempteur, laquelle à la mesure de son ignominie releue le merite de la foy qui est propre aux Chrestiens, & leur est d'autant plus chere & precieuse, que ce glorieux instrument de nostre salut est méprisé par les Iuifs, & tenu à scandale par les Payés. La pieté qui se propose pour obiet des plus doux & deuots actes de la Religion cette méme croix, & constituë en elle l'esperance qu'elle a de l'Eternité, comme au moyen que la diuine prouidence a destiné à cét effet, tant par la victoire des ennemis qui nous combatent en ce monde, que par l'acquisition de la gloire eternelle, dont elle est la cause meritoire, & l'instrumét adorable qui nous en a fait l'ouuerture.

CASSANDRE FIDELLE
DEMOISELLE DE VENISE.

Venise blazonné en la page 124.

LA celebre ville de Venise l'vn des prodiges & des miracles de l'Europe, quoy qu'admirable en soy pour vne infinité de raisons, a receu beaucoup de nouuelle gloire & honneur par la naissance de cette sçauante Demoiselle, puis que par vn exemple tres-rare à son sexe elle a esté de son temps vne lumiere tres-claire & vn flambeau du sçauoir, & l'ornement des Muses: car elle eut non seulement la connoissance des lettres humaines, & des langues Grecque & Latine qu'elle apprit en perfection; mais encore elle se rendit fort profonde en l'estude de la Philosophie & de la Theologie, dont elle donna plusieurs fois des preuues & demonstrations par où elle acquit vn renom des gens doctes qui la saluërent par vers & par lettres, luy donnans les loüanges qu'elle meritoit, ayant heureusement ioint & marié l'étude de la pieté, & la profession de la chasteté à l'eminence de son sçauoir & des bonnes lettres.

Bettussi.

Ee iiij

Estant encore fort ieune, Augustin Barbarigo Duc de Venise ayant accoustumé le second iour d'aprés Noël de traiter tous les Ambassadeurs des Princes, qui estoient dans Venise, & y conuier méme tout le Senat, y appella encore cette Demoiselle par grandeur, & pour faire paroistre les merueilles de son bel esprit. Estant donc venuë auec son pere qui l'y amena, quand on fut leué de table cette ieune, mais tres-sage & tres-sçauante fille, parut en public accompagnée de sa bône grace & modestie ordinaire, & la pudicité dont son ame estoit doüée, ayant teint & coloré ses iouës d'vn vermillon né sur le champ, elle prononça vne oraison Latine, auec tant d'eloquence, qu'elle rauit en admiration tous les Auditeurs, & que la memoire en est demeurée iusqu'àuiourd'huy. De plus elle soûtint des Theses en Philosophie & en Theologie, & fut attaquée par les plus sçauans hommes, & les plus consommez en ces sciences qui fussent dans cette grande ville, ausquels elle satisfit grandement, & dont elle remporta beaucoup d'honneur & de reputation; comme aussi de la seconde harangue qu'elle fit à toute cette assemblée, à la fin des disputes en langage vulgaire, qui ne fut pas moins excellente que la premiere.

Elle fit plusieurs fois leçon publique dans l'Ecole de la fameuse Vniuersité de Padouë, à l'étonnemēt des assistans qui ne pouuoient pas s'imaginer comment vne teste de femme estoit capable de tant de science. En la musique elle fut aussi parfaite, & n'eut personne qui l'égalast de son siecle: car le son du luth, de la lire, de la viole, & de l'épinete touché auec tant de delicatesse, & meslé auec la voix de Cassandre, paruenant aux oreilles des passans les faisoit arrester soudain, pour écouter & admirer auec vn contentement nompareil, cette voix capable d'animer les choses insensibles, ainsi qu'on dit de la belle & chaste Demoiselle Milanoise, Damigelle de Triuulse.

Cassandre écriuit plusieurs Epistres Latines remplies de bonne doctrine. Les plus habiles hommes qui viuoient alors en ont fait vn tres-grand estat, & la loüerent dans leurs écrits, & entre les autres Ange Politian fait mention tres-honorablement d'elle, & ne peut pas se soûler de la loüer, &

nommément quand il parle d'elle, il dit que

Sa toile ont esté ses liures, & que la plume luy a tenu lieu d'aiguille & de fuzeau, ses exercices ayant esté releuez beaucoup au dessus de l'ordinaire des femmes.

Et au commencement d'vne autre Epistre qu'il luy adresse, il ne se peut pas tenir de s'écrier : *O fille, l'honneur de l'Italie, quels remerciemens te feray-ie qui puissent égaler l'honneur que tu m'as fait de la communication & correspondance de tes belles lettres ! Ie ne pouuois sans doute esperer cette faueur, que de la courtoisie d'vne Dame ; mais que dis-ie d'vne Dame ? plustost d'vne fille, & vierge toute celeste en merite, & d'vn prix infiny. Que les siecles anciens laissent là leurs Muses & leurs Sibylles, qu'ils ne nous mettent point en auant la memoire de leurs femmes philosophantes, & de celles qui ont esté recommandées par les Poëtes, comme fut Celesilla, Corinna, Saffo, Cleobulina & autres semblables.* Ang. Polit. Epist. 17.

Ce sont là iusques icy les paroles d'Ange Politian, l'vn des grands personnages & des plus polis Escriuans qui ait esté de son temps : il fait mention de cette mesme fille, auec grand honneur, en plusieurs autres endroits de ses écrits.

Ascensius & François Syluius, ont fait des Notes sur cette Epistre XVII. d'Ange Politian, que l'on voit au liure III. des Epistres des Hommes Illustres, & dans ces Notes là, il y a plusieurs belles remarques en faueur des Dames Illustres.

Cette sçauante Heroïne est morte l'an mil cinq cens soixante-cinq, ayant vécu plus de cent ans, & a receu les honneurs de la sepulture en l'Eglise de saint Dominique de Venise.

Depuis la premiere Edition de ce Liure, les Oeuures Latines de Cassandre Fidelle, ont esté imprimées à Padoüe, l'an mil six cens trente-six, à sçauoir, des Epistres à diuers hommes & femmes, quelques vers, & trois Oraisons.

Iacques-Philippe Thomasini, Euêque d'Emonie en Istrie a écrit sa vie, qu'il a mise au deuant de ses Oeu-

I. P. Thomasini dit qu'elle a esté mariée à Iean-Marie Mapelli de Vicense, celebre Medecin, qu'elle suiuit en l'Isle de Cádie, & demeura quelques années auec luy à Rhetimo, où elle remarqua plusieurs belles raretez qui sont en cette Isle là.

ures, & a fait des Notes fur fes ouurages.

Elle a auſſi écrit de l'ordre des Sciences, & d'autres Oraiſons.

Le Reuerend Pere Louis Iacob, dit de ſaint Charles, Religieux Carme, fait mention honorable de Caſſandre Fidelle, en ſa Bibliotheque des Femmes, où il rapporte les Dames qui ont écrit à Caſſandre. François Auguſtin della Chieſa en ſon Theatre des Dames Illuſtres : & le meſme Iaques Philippe Thomaſin a fait ſon Eloge dans ſes Eloges & ſes Portraits des Hommes Doctes, où il remarque comme elle a eſté honorée pour ſon ſçauoir & pour ſes vertus par les premiers Princes de la Chreſtienté : entre autres par le Pape Leon X. Louys XII. Roy de France, & Ferdinand V. Roy d'Eſpagne. Il a fait auſſi vn Epitaphe en l'honneur de cette Heroine.

VIES
ov
ELOGES
DES REYNES,
DES PRINCESSES,

DES DAMES ET DES DEMOISELLES, illuſtres en pieté, en courage, & en doctrine, qui ont fleury de noſtre temps, & de celuy de nos Peres.

SECONDE PARTIE.

A MADAME LA PRINCESSE.

ADAME,

Quand ie ne ſerois pas nay, comme ie ſuis, voſtre tres-humble ſeruiteur, il faudroit que ie fuſſe mauuais François, pour ne me reſioüir pas des contentemens de voſtre Maiſon, puiſque ce ſont des felicitez publiques. Comme ie voulois preſenter à voſtre Alteſſe cette ſeconde Partie des Vies des Dames Illuſtres, i'ay appris les heureuſes nouuelles de la reduction de Dunkerque à l'obeïſſance du Roy, par la valeur & par la ſage conduite de Monſeigneur le Duc d'Anguyen. De ſorte, MADAME, qu'il s'en a fallu bien peu que ie n'aye quitté mon deſſein de vous preſenter cét ouurage, pour employer toutes mes paroles à la loüange de cét Heros que vous auez donné à la France. Mais comme il eſt parfaitement genereux, & que la bonté eſt inſeparable de la veritable grandeur de courage; ſans doute il ne trouuera pas mauuais que ie differe vn peu ſa loüange pour vous amener des Heroïnes, qui ſupplient tres-humblement voſtre Alteſſe de les presenter à la premiere Reyne de la Chrestienté. Ce sont les Caterines, les Charlottes, les Christines, & quantité d'autres Illustres qui demandent la protection de CHARLOTTE MARGVERITE DE MONTMORENCY PRINCESSE DE CONDE', femme du premier Prince du sang, & du premier Pair de France ; & Mere de deux ieunes Princes celebres par leur valeur, par leur sçauoir, & par leur zele pour le bien de l'Estat & de la vraye Religion. Veritablement vous auez l'honneur d'estre issuë de la tres-Illustre Maison de Montmorency, la premiere Chrestienne de ce Royaume ; Maison feconde en Heros & en Heroïnes, pieuses & vaillantes. Vous estes la fille des Matthieus, des Annes, & des Henrys de Montmorency, & la petite niéce de Simon Comte de Montfort & de Tolose, & des Princes de Bisignan de la Maison de Clermont, dont les noms sont immortels, pour auoir esté la terreur & l'effroy des Albigeois, des Caluinistes, & des autres ennemis de l'Eglise. Mais, MADAME, si vous receuez de la gloire de vos Illustres Ancestres, vous ne leur en donnez pas moins par vostre vertu. C'est ce qui m'a obligé de presenter à vostre Altesse cette Seconde Partie de ce Liure, par laquelle ie m'efforce de faire voir qu'il est impossible d'estre plus que ie suis,

MADAME,

Du Conuent des Minimes de la
Place Royale, ce 15. Octobre 1646.
Feste de S. Terese.

Vostre tres-humble, & tres-fidele seruiteur, F. HILARION DE COSTE.

VIES OV ELOGES
DES REYNES, DES PRINCESSES,
des Dames & des Demoiselles, illustres en
pieté, en courage & en doctrine, qui ont
fleury de nostre temps, & de celuy de nos
Peres.

SECONDE PARTIE.

CATERINE
DE MEDICIS
REYNE DE FRANCE.

ETTE grande & liberale Heroïne que l'vn de nos Historiens appelle fort bien, *Princesse d'vn esprit incomparable*, à laquelle son quatriéme fils le Roy Henry troisiéme le plus eloquent de nos Monarques, donna ce bel Eloge en sa harangue aux derniers Estats de Blois, *qu'elle auoit tant de fois conserué l'Estat de la France, qu'on ne deuoit pas seulement luy donner le nom de mere de Roy: mais aussi de mere de l'Estat & du Royaume*, naquit à Florence, la plus belle ville d'Ita-

Medicis, d'or à six tourteaux 1. 2. 2. & 1. dont il y en a cinq de gueules, & celuy du chef d'azur chargé de 3. fleurs de Lys d'or. Michel de Castelnau, Seigneur de Mauuissiere.

lie & la capitale de la Toscane, le treiziesme d'Auril de l'an mil cinq cens dix-neuf. Sa mere Magdelaine de la Tour Comtesse d'Auuergne & de l'Auraguez, mourut au trauail de l'enfantement pour la faire naistre, & Laurens de Medicis Duc d'Vrbin son pere ne véquit que cinq iours aprés. Caterine Sforce femme de Iean de Medicis la plus courageuse & la plus vaillante Dame que l'Italie eût encor veu, luy donna le nom de Caterine au baptesme.

Cette magnanime Heroine digne marraine de la Reyne Caterine fit voir la preuue de sa valeur & de son courage, estant assiegée par Cesar Borgia Duc de Valentinois en la Rocque de Forly : car se voyant menacée par ce cruel Tyran & monstre de nature, de la perte & de la mort de ses enfans, si elle ne se rendoit, elle se presenta hardiment dessus la muraille, & se mocqua des rodomontades de ce Capitaine, mettant la main sur sa robe, & luy disant qu'estant encore ieune elle pouuoit en auoir d'autres.

Mr le Cardinal du Perron, Iean Bertault Euesque de Saiz, & Mr de Ronsard, l'ont loüée dans leurs Poësies.

Ludouico Dominici, Henry Catharino d'Auila, & François Sardonati, ont dans leurs Eloges & dans leurs Histoires décrit les vertus, les magnificences, & les autres excellentes qualitez de cette Princesse.

La Reyne Caterine, mere de trois de nos Rois & de deux Ducs d'Orleans & d'Aniou, de deux Reynes, l'vne d'Espagne & l'autre de Nauarre, & d'vne Duchesse de Lorraine, estant la fille vnique de Laurens de Medicis Duc d'Vrbin, & de Magdelaine de la Tour ou de Boulongne, estoit tres-noble, tant de l'estoc paternel que du maternel, comme n'ignorent pas ceux qui ont leu les meilleurs & les plus fideles Historiens qui ont loüé les Heros & les Heroines, dont elle auoit l'honneur d'estre issuë. Il faudroit plusieurs volumes pour parler dignement des Cosmes, des Ieans, des Laurens, des Iuliens, des Syluestres, des Pierres, des Alexandres, des Hipolytes, des François, des Ferdinands, des Charles, & des autres Heros de la serenissime Maison de Medicis, laquelle tire son ancien & premier

mier estre du terroir de Mugello, où le braue Euerard de
Medici, Cheualier François, qui estoit à la suitte de nostre
Roy & Empereur Charlemagne, tua l'impitoyable geant
Mugel, lequel faisoit mille voleries, brigandages & cruautez és enuirons de Florence, portant ordinairement vne
masse de fer, où pendoient cinq boules, dont il assommoit
les passans. Euerard Chambellan de Charlemagne ayãt mis
à mort ce geant là, obtint la permission de sa Maiesté pour
porter ces boules en ses Armes : c'est pourquoy quelques
Blasonneurs appellent boules les cinq tourteaux de gueules de la Maison de Medicis, qui sont surmontées d'vn d'azur chargé de trois fleurs de Lys d'or ou de France, par la
concession du Roy Louis XI. Les curieux qui voudront
aprendre les actions militaires & politiques des Hommes
illustres de cette noble Maison, doiuent lire Iean Vilani,
Leonard Aretin, Nicolas Machiauel, Claude du Rubis,
Iean Nestor, & Pierre de Boissat sieur de Licieu Vibaillif
de Vienne en Daufiné, qui en ont écrit & parlé dignement
dans leurs œuures.

Cette Princesse n'estoit pas moins noble de l'estoc maternel que du paternel : car la Maison de Magdelaine Comtesse d'Auuergne & de Lauraguais ou Lauragués sa mere,
se trouue alliée d'vn Empereur, des Rois de France, d'Angleterre, & de Hierusalem, des enfans de France, de Portugal, & d'Escosse : sans parler de l'alliance qu'elle a eu auec
les Ducs de Berry & de Bourgongne, les Comtes de Flandre, les Princes de Bourbon, de Nauarre, de Lorraine, de
Neuers, d'Orenge, & d'autres grands Seigneurs. Les curieux n'ignorent pas que les Seigneurs de cette tres-illustre
Maison des Comtes de Boulongne & d'Auuergne ont tenu
rang au dessus des Connestables & des premiers Officiers
de la Couronne, & qu'ils portent vn Gonfanon en leurs armes, pour auoir esté grands Gonfaloniers de l'Eglise durant
les croisades & les guerres de la Terre sainte.

Caterine de Medicis sans pere ny mere se vit aussi sans *La Reine*
Duché : car le Pape Leon X. son grand oncle preuoyant *Caterine*
bien qu'encore qu'il l'eust fait comprendre en l'inuestitu- *portoit es-*
re de Laurens son pere, il seroit impossible de la garder sous *cartelé au 1.*
& 4. de Medicis bla-

VIES OV ELOGES

zonné cy-dessus: contre escartelé, au 1. & 4. d'azur semé de fleurs de Lys d'or, à vne Tour d'argent, qui est de la Tour. Au 2. & 3. d'or au gonfanon de gueules frangé de sinople, qui est d'Auvergne. Et sur le tout de l'escu contre-escartelé d'or à trois guses ou tourteaux de gueules, qui est de Boulongne.

le nom d'vn enfant au berceau : le peuple du Duché d'Vrbin souspirant & regrettant aprés la domination du Duc François Marie de Rouere, ce luy fut vn extréme regret de voir que des descendans de sa Maison, depuis le grand Cosme, il ne restoit que cette fille là, qu'il tenoit bien chere par la raison de la proximité de sang, & encore par la grande resemblance qu'elle auoit des traits de son visage, car Alexandre de Medicis (qui fut depuis premier Duc de Florence) n'estoit que fils naturel de Laurens.

François Serdonati remarque qu'elle fut nourrie & éleuée soigneusement dans vn Monastere (c'est celuy des Dames Murées de Florence (ce Conuent luy seruit d'asyle pour la sauuer des furieuses émotions de ceux qui auoient coiuré de ruiner la Maisō de Medicis, elle n'eust pas échapé en autre lieu leur rage qui chassa Hipolyte & Alexandre de Medicis, & se desborda sur leurs amis & seruiteurs, & brisa leurs armes & leurs effigies aussi tost que la nouuelle fut apportée à Florence que les Imperiaux tenoient le Pape Clement VII. prisonnier au Chasteau S. Ange : cette miserable captiuité n'affligea pas tant ce souuerain Pōtife, que le desplaisir qu'il receut de celle de sa parente que les Florentins luy refusoient : il fut tant trauaillé de ce refus, qu'il en tomba malade, & sa maladie augmenta quand il sceut que Bernard Castilloni auoit esté si forcené, que de dire en plein Conseil qu'on la mettroit plustost au plus infame lieu de la ville, que de la luy rendre : car tant que les Medicis auoient secondé les desseins & les desirs du peuple de Florence, il auoit aymé tous ceux de cette Maison là d'vn amour nompareil; mais depuis qu'ils firent paroistre leurs desseins de changer l'Estat de la Republique, il conuertit cette bienueillance en vne haine extréme.

Le Pape Clement VII. estant sorty de prison & retiré à Oruiete se reconcilia auec l'Empereur Charles V. qui pour complaire au Pape fit mettre le siege deuant Florence. Cette belle ville se vit aussi-tost bloquée que sommée, car Philibert le dernier des Princes d'Orenge de la riche Maison de Chalō, n'epargna rien pour satisfaire au desir du Pape & de l'Empereur, sous l'esperance qu'il auoit d'épouser la

DES DAMES ILLVSTRES. 227

Princesse Caterine pour le fruit de sa conqueste; mais il y fut tué & la Princesse y courut vn grand peril, parce que les Florentins se voyans durant le siege pressez de toutes sortes de necessitez, se resolurent à des conseils extrémes; les vns disoient que le Pape & l'Empereur leueroient le siege, ou leur accorderoient vne capitulation honorable tandis qu'ils auroient Caterine en gage: les autres plus forcenez la vouloient exposer à la breche, afin que le Pape qui ne se pouuoit pas mouuoir à la pitié de son païs par leurs larmes & leurs prieres, se laissa vaincre par l'innocence de son sang. Ce conseil sanguinaire & detestable fut reietté par Syluestre Aldobrandin Seigneur fort courtois & fort sage (qui a esté le dernier Secretaire & Chancelier de la Republique de Florence, & pere d'vn bon Pape) & par tous ceux qui estimoient inique de faire sentir à vn enfant de neuf ans l'indignation que l'on auoit porté à ses parens. Celuy qui proposa au Conseil de guerre cét auis horrible, s'appelloit Baptiste Cei, lequel peu aprés fut iustement condamné à perdre sa teste sur vn eschafaut, luy qui auoit voulu inhumainement perdre vne teste innocente.

Ce Syluestre a esté le pere des deux Cardinaux Iean & Hipolyte Aldobrandin, dont le dernier a esté le Pape Clement VIII. Il est mort refugié à Venise aprés auoir rompu la cruelle & inhumaine resolution de Baptiste Cei.

Florence aprés auoir souffert ce siege là l'an 1530. fut contrainte de se rendre à la disposition du Pape Clement VII. qui demeura aussi content & satisfait de voir Alexandre de Medicis frere naturel de Caterine declaré premier Duc de Florence, estant fiancé à Marguerite d'Austriche fille naturelle de l'Empereur Charles V. (qui fut depuis Duchesse de Parme) & par consequent la Maison de Medicis restablie en plus d'honneur & d'authorité que iamais; qu'il auoit esté attristé & indigné durant sa prison quand il sceut que cette ville auoit fait toutes sortes d'iniures à sa Maison, & n'ayant pas méme pardonné à la statuë de Leon X. ny à la sienne.

Dieu qui auoit destiné cette Princesse là pour produire des Princes bien plus releuez que des Ducs de Ferrare, d'Vrbin, & de Milan, anima le Pape Leon X. de mettre en montre Caterine sa niece, & en faire feste au Roy François I. pour Henry Duc d'Orleans, ou Charles Duc d'Angoulesme les enfans puisnez de ce Monarque. Ce Pape ayant eu

Ff ij

deux de ses parens bien mariez en France, Iulien son frere à Philiberte de Sauoye Duchesse de Nemours, tante maternelle du Roy Fráçois I. & Laurens son neueu auec Magdelaine Comtesse de Clermõt & de Lauraguais. Clemét VII. acheua ce que Leon auoit proietté, ayãt fait entendre à nostre Roy, qu'il dõneroit trois belles perles de sa Thiare en dot à sa parente, promettant (par l'entremise de Philippe Sstrozzi son parent pere du Mareschal de Strozzi) de se rendre Maistre de Genes, de Milan & de Naples. D'autre part le Roy François desirant diminuer le credit & les forces de l'Empereur Charles V. dans l'Italie, enuoya le Cardinal de Tournon grand homme d'Estat au Pape Clement, pour prier sa Sainteté de differer pour le bien du Christianisme, de donner son iugement touchant le mariage d'Henry VIII. Roy d'Angleterre, & de Caterine d'Arragon tante de l'Empereur; & aussi pour moyenner vne amitié parfaite entre le Pape & le Roy, par le mariage de Henry de France Duc d'Orleans auec Caterine Duchesse d'Vrbin, qui estoit de son chef à cause de sa mere Comtesse d'Auuergne & de Lauraguais, & Baronne de la Tour.

Le Pape qui craignoit l'Empereur pour estre trop puissant en Italie, où il estoit le maistre des deux Siciles, receut fort honorablement le Cardinal de Tournon à Boulongne la Crasse, duquel ayant oüy les raisons & aussi celles du Cardinal de Grandmont, il donna sa parole à ces deux Prelats de se trouuer à Marseille au mois d'Octobre de l'an 1533. pour arrester le mariage entre sa parente & le deuxiéme fils du Roy François, & rompit l'alliance qu'il vouloit faire auec l'Empereur par le moyen du mariage de cette Princesse là, & de François Sforce Duc de Milan. Clement renouuella encore ses promesses au Duc d'Albanie Prince de la Maison de Stuart ou d'Escosse, Ambassadeur extraordinaire de France prés de sa Sainteté, (qui estoit pour lors veuf d'Anne de Boulongne ou de la Tour, tante maternelle de Caterine Duchesse d'Vrbin) se sentant tres obligé au Roy François I. qui procedoit si franchement & si sincerement à la demãde de son alliance, nonobstant l'inégalité qui estoit entre la Maison de France & la sienne. Aussi il ne fit point de difficulté de se mettre sur la mer dans les Galeres de Frãce commandées par ce Prince Escossois, pour venir à Marseille, où il arriua au mois d'Octobre auec seize Cardinaux & plusieurs Euéques & Abbez. I'ay décrit au long dans d'autres liures les honneurs que receut le Pape Clement à son entrée dans Marseille, estant accompagné des Ducs d'Orleans & d'Angoumois enfans du Roy François, & du Duc de Vandosme premier Prince du sang; & celle de Caterine Duchesse d'Vrbin & Comtesse de Boulongne & d'Auuergne; & les ceremonies des noces de cette belle Princesse & d'Henry de France Duc d'Orleans, qui furent épousez auec des ioies & des pompes nompareilles dans la grãde Eglise de Marseille dite *La Maiour*, par le Pape Clemẽt en presence des Cours de Rome & de France, esquelles ce Souuerain Pontife aprés auoir donné la benediction à tous les assistans honora de quatre Chapeaux quatre Prelats de ce Royaume à l'instance du Roy François. Ie diray seulement en passant pour la satisfaction des curieux, qu'Henry Duc d'Orleans épousant Caterine parente des Papes Leon X. & Clement VII. prit pour symbole trois Croissans entrelacez ou la Lune en son croissant, auec ces mots, DONEC TOTVM IMPLEAT ORBEM, c'est à dire, *iusques à ce qu'il accomplisse tout le rond*. Promettant par cette deuise qu'il defendroit l'Eglise, dont nos Rois sont les fils aisnez, iusqu'à ce qu'elle eust obtenu sa plenitude sous vn Dieu, vne Loy, & vn vray Pasteur. Ie croy que c'est là le principal motif, pourquoy cét inuincible Monarque prit le Croissant pour symbole, quoy que quelques-vns tiennent auec apparence que ce fut en faueur de Diane de Poitiers Duchesse de Valentinois, laquelle eut vn grand credit durant son regne : & mon opinion me semble plus probable, d'autant que la Lune és saintes Ecritures, comme au Cantique des Cantiques & en infinis autres endroits, represente l'Eglise militante, à quoy se conforme l'Histoire, que Paul Emile écrit du Pape Calixte II. auparauant appellé Guy, fils de Guillaume Comte de Bourgongne, lequel la nuit precedente sa creatiõ eut vne vision d'vn ieune enfant, qui luy apporta & mit vne Lune sur sa poitrine. Cette Planette est aussi suiete à mutations,

Il faut voir les pages 100. 101. 102. 103. de l'Histoire ou des Eloges des Dauphins de France.

Les Cardinaux le Veneur ou de Tillieres, de Gyury, de la Chambre ou de Boulongne, & de Chastillon.

Ff iij

croissant & decroissant de temps en temps; de mesme en est-il de l'Eglise militante, laquelle ne demeure pas long-temps en vn estat, maintenant soûtenuë par les Princes Catholiques, maintenant opprimée par la rage des Heretiques.

D'autres croyent, que par cette deuise ce tres-genereux & tres-magnanime Prince vouloit rabatre le fast & l'orgueil de celle de l'Empereur Charles V. qui auoit les colónes d'Hercule auec ce mot, VLTRA, qui veut dire *outre*, & quelquesfois VLTERIVS *Plus outre*, par laquelle ce Monarque entendoit qu'il passeroit outre les anciennes bornes & limites de ses Estats & Royaumes. Car ce mot VLTRA, en la deuise de l'Empereur, estoit graué sur les colomnes d'Hercule auec vn Aigle, symbole de l'Empire, pour declarer que cét Heros, tant vāté par l'antiquité Payéne, ne passa pas outre les colomnes que luy méme auoit plātées, à l'entrée du détroit de la mer Mediterranée, appellé depuis Gilbraltar, & que Charles passeroit outre, se promettant la conqueste de la France; mais ce *plus outre* fut limité à Mets. Aussi Henry entrant dans cette bonne & grande ville (laquelle d'ancienneté est de cette Couronne, & l'vn des sieges Royaux de la Monarchie Françoise, lors qu'elle estoit diuisée entre plusieurs Monarques en la premiere & seconde lignée de nos Rois) les Habitans abatirent la deuise de Charles, son Aigle, ses Colomnes, & son *Plus outre*, & y grauerent celles de sa Maiesté, sçauoir trois Croissans entrelacez, laquelle rencherissoit sur celle de l'Empereur, & declaroit que nostre Henry II. passeroit tousiours iusques à ce qu'il eut subiugué toute la terre. Ce que le mot equiuoque d'ORBEM signifie fort bien & proprement: car il se prend pour vn rond & pour le monde.

I'ay fait cette longue digression expliquant la deuise du Roy Henry II. pour montrer qu'il la portoit pour contrecarrer celle de Charles d'Austriche, ou en faueur de nostre Reine Caterine son épouse, niece ou proche parente de deux souuerains Pontifes, plûtost qu'en consideration de la Duchesse de Valentinois qu'il aymoit.

Trois ans aprés la solemnité du mariage d'Henry & de Caterine, François de France Daufin de Viennois &

Duc de Bretagne, mourut de poison à Tournon le 12. d'Aoust 1536. Par le decez de ce fils aisné du grand Roy François, Henry succeda à la qualité de Daufin & de presomptif heritier de la Couronne, ce qui rendit plus considerable Caterine de Medicis sa femme. Mais estant estimée sterile elle receut vne affliction bien sensible estant Daufine, car on fut sur le point de changer le mariage en diuorce: Le Roy François vray pere du peuple, soigneux de sa posterité, se repentit d'auoir acheté vne piece de terre étrangere & sans fruit. Le Daufin Henry son époux ne se plaisoit plus à la cultiuer, il trouue vn climat plus agreable : le mépris, & les nouuelles amours auec Diane de Poitiers veuue du grand Seneschal de Normandie (qu'il auoit faite Duchesse de Valentinois) entamerent la proposition qu'elle deuoit estre renuoyée en Italie, ou de la laisser viure en Frâce dans ses terres les Comtez de Clermont & de Lauraguais. Odet de Colligny obligé à la memoire de Clement VII. son parent, qui l'auoit creé Cardinal, destourna ce coup là auec la Duchesse de Valentinois. Cette Dame là auoit interest qu'Henry Daufin de Viennois & Duc de Bretagne demeurast en cét estat, parce que n'aymant pas tant Caterine sa femme, elle possedoit entierement le cœur de ce Prince là. Ce qu'elle n'eût pas fait si Henry eût épousé vne plus ieune, vne plus belle & vne plus illustre. Car l'on parloit de luy donner pour femme vne Princesse de la Maison d'Austriche (dont il pouuoit tirer de grands auantages pour le repos de la Chrestienté, & le bien particulier de ce Royaume) ou vne Princesse de la Maison de Lorraine, pour laquelle Henry auoit de fortes inclinations. Le Cardinal de Chastillon & son oncle le Connestable de Montmorency, le coniuroient de ne rien precipiter en cette affaire importante du diuorce, & de sousmetre ses volontez à la Prouidence Diuine qui a soin de l'accroissement des familles Royales ; mais ce n'estoit pas tant pour l'amour de Caterine, que pour l'interest de leur fortune : le Cônestable n'ignoroit pas qu'Henry aymoit Marie de Lorraine Duchesse douairiere de Longueuille & la fille aisnée de Claude Duc de Guyse, & d'Antoinette de Bourbon, qui fut depuis mariée à Iaques V.

Roy d'Escosse, & apprehendoit que si ce mariage estoit défait il ne l'espousast, & que cette alliance esleuant la Maison de Guyse, n'abaissast la sienne. Caterine de Medicis s'estoit renduë si agreable au Roy François I. que sa faueur & son authorité ne luy manquerent pas pour destruire le cōseil de ceux qui persuadoient à sa Maiesté de la renuoyer, disant que *c'estoit vne cruauté de se défaire d'vne femme vertueuse & sage, & vne sottise d'en supporter vne vitieuse.* Mais Henry son mary Prince beau, grand & ieune (qui auoit eu vne fille naturelle d'vne sienne amie) pour le desir d'estre pere d'vn Prince, & conseruer son nom & sa Couronne à sa posterité perdoit quasi patience, l'ennuy de l'attente d'vn fils lassant son esperance. Mais comme il auoit la crainte de Dieu deuant les yeux (ainsi que remarquent mesme les Historiens estrangers) il delibera premierement de tenter tous les moyens licites, auparauant que d'en venir à ce point là. On chercha donc par son commandement & du Roy François son pere des Medecins, & à Paris principalement, où il y en auoit lors vn bon nombre de tres experts & tres doctes, afin de voir s'il y auroit moyen que la Daufine eust lignée. Ceux de Paris ne vouloient pas laisser leurs maisons, leur repos, & leurs gains ordinaires qui sont grands, & le plaisir de leurs amis, & de leurs possessions, pour estre en vne suite de Cour, qui a des mescōtentemens aussi bien que des contentemens. Finalement quelque Gentil-homme (d'autres m'ont asseuré que ce fut la Duchesse de Valentinois mesme) s'aduisa de Iean Fernel qui a esté de son temps le Galien & l'Hypocrate des François, & l'vn des plus illustres Medecins qui ait esté en nostre France, où lors la Medecine estoit en grand prix & en estime. Car tous les arts, & celuy-là particulierement, estoient remplis de gens grandement renommez: comme Du Bois dit Syluius, Hollier, Le Grand, Braillon, des Iardins, Sainte Marthe, & autres que le grand Roy François le Pere des Lettres auoit attirez à sa Cour. Or Fernel viuoit lors inconnu, auec sa femme & ses enfans, & auec quelques difficultez, & ne sçauoit-on pas qu'il fust Medecin, mesmes qu'il fust en nature. Car son beau pere homme d'honneur & de moyens, portoit les frais de son ménage

Surius.

Louis d'Orleans en la Plante humaine.

ménage, lequel, à ce qu'on dit se plaignoit qu'il ne gagnoit rien, bien que ce fust vn des plus signalez & honnestes hommes de Paris, & que sa fille n'eut pas peu rencontrer personne qui eut de meilleures mœurs & plus de sçauoir. Henry Daufin de France donc l'enuoya querir, & en la presence de Caterine de Medicis, luy demanda en riant, s'il pourroit bien faire des enfans à Madame la Daufine sa femme. Il répondit, que c'estoit à Dieu à les donner, & à son Altesse Royale à les faire, & à luy de luy donner les preceptes de l'art, par lesquels on pourroit y paruenir. Le Roy François & le Daufin son fils satisfaits de cette sage réponse, l'inuiterent ardemment de l'entreprendre, & fut bien reçeu & caressé en la maison de Monsieur le Daufin, où il receut plusieurs bien-faits. Somme que quelque temps après Caterine de Medicis se sentit grosse, dequoy elle fut si aise, qu'ayant senty le fruit qu'elle portoit, elle luy enuoya dix mille escus, & quand elle accoucha encore autant, & vn buffet d'argent. Elle luy fit le mesme present à toutes ses couches. Car deuant & après qu'elle fut Reyne elle eut dix enfans de ce grand Monarque Henry II. son mary, cinq fils & cinq filles.

L'aisné des fils fut le Roy François II. duquel elle deuint enceincte au mois d'Auril de l'an 1542. son indisposition sur le point de cette grossesse, les artifices & les drogues que l'on employa pour la conseruer, offenserent le temperament de l'enfant, qui commença aussi tost de languir que de viure: il nâquit le 20. Ianuier 1543. dix ans après le mariage d'Henry & de Caterine, & comme Henry estoit encore Daufin : il fut nommé François par le Roy son ayeul, qui eut tant de ioye pour sa naissance, que visitant la mere, il luy dit ces paroles : *Ma fille ie vous accorde tout ce que vous me demanderez. Sire dit-elle, ie ne vous demande point d'autre faueur, sinon que ie ne sois plus de la petite Cour* : en ce temps là les enfans de France ne logeoient pas auec le Roy. I'ay remarqué en d'autres écrits de mes œuures les ceremonies du baptéme de ce Prince là, qui fut appellé premierement Duc de Valois ou de Bretagne, puis Roy Daufin deuant que de succeder à Henry II. son pere. Le second fut Louis Duc d'Orleans, qui mourut en bas âge, & ne laissa aucune memoire de luy,

P. Mathieu.

Voyez les Eloges des Daufins de France aux pages 130. 131, 133, 134, & les suiuantes.

Gg

sinon que sa naissance fut sceuë à Rome le iour méme qu'il naquit, sans que iamais on ait peu sçauoir l'autheur. Le troisiéme fut Charles Maximilian, aussi Duc d'Orleans, qui ayant succedé à François II. son frere aisné, prit le nom de Charles IX. Le quatriéme fut Edoüard Alexandre, premierement Duc d'Alençon & puis d'Aniou, & Roy de Pologne, lequel après le decez de Charles IX. regna sous le nom d'Henry III. Le cinquiéme fut Hercule, depuis nommé François, il fut Duc d'Aniou, de Brabant & d'Alençon: lesquels s'ils eussent vécu, estoient suffisans, veu leur valeur, pour rendre tout le reste du monde tributaire à la France. Mais pour les pechez du peuple François, le Ciel ialoux de la grandeur mondaine de cét Empire des fleurs de Lys, nous les osta tous de trop bonne heure, & les pauures Princes ressemblerent à ces belles fleurs du Printemps, lesquelles épandent leurs fueilles aux premiers rayons du Soleil; mais aussi-tost sont atteintes de quelque pluye violente qui les fait tomber côtre terre. Ainsi a-t'il esté de ces bons Princes, qui ont esté rauis en la fleur de leur âge, & lors que les effets de leurs rares vertus commençoient encor à paroistre: toutesfois leur mort hastiue n'a pas peu empescher, qu'encor la France leur ait beaucoup d'obligation, & par consequent à cette Auguste Reyne, qui leur appartenoit par les doux liens de maternité, & de laquelle après Dieu ils tenoient la vie & les biens, ayant

Monsieur le Cardinal du Perron en l'Epitaphe de la Reyne Caterine.

Durant les tendres ans, où se veirent nos Rois,
Pris le sacré timon de l'Empire François,
Et pendant que leurs mains par l'âge estoient debiles
L'a sauué du naufrage & des ondes ciuiles.

De troupes & de fer les campagnes armé,
De zele enuers le Ciel les peuples animé,
Reprimé des mutins l'iniuste frenesie,
Et sous les pieds vainqueurs abatu l'heresie,
Portant pour imposer aux rebelles la Loy,
Dedans vn corps de Reine vn courage de Roy:
Puis enfin lors que l'âge où se borne l'enfance,
Mit dans leurs fortes mains les resnes de la France,
De ses graues conseils leurs desseins assisté,

DES DAMES ILLVSTRES. 235
L'vsage & la prudence à leur force aioûté.

François deuxiéme son fils aisné, qui fut Roy de France & d'Escosse, & auquel le Royaume d'Angleterre appartenoit, aprés son decez inopiné fut regreté de tous les bons François, à cause de la douceur de son naturel, qui n'auoit inclination qu'à la vertu. Aussi luy donna-t'on le titre de *Roy & Prince innocent & sans vice*, qui surpasse les plus excellens surnoms & Eloges, dont on a honoré plusieurs grands Rois & Empereurs. Le Roy Charles IX. son troisiéme fils, a esté l'vn des plus zelez Princes à la defense de la vraye Religion, qui iamais ait esté au monde, & ennemy capital de l'heresie: laquelle il eût extirpée de son Royaume si Dieu luy eût prolongé ses iours: mais irrité contre la France pour les enormes forfaits des peuples, il nous priua de ce magnanime & genereux Monarque, digne de ne mourir iamais. Le quatriéme dés son bas âge commença à porter les armes, & acquit la reputation d'estre l'vn des plus vaillans Capitaines du monde, estant Lieutenant general de Charles IX. son frere, comme il fit paroistre aux batailles de Iarnac & de Moncontour, au siege de la Rochelle, & plusieurs autres endroits, où sa vertu martiale & belliqueuse parut par dessus les forces humaines. Ses exploits admirables firent voler le renom de sa gloire iusques à la mer Glaciale & aux Sarmates, qui sõt les Lituaniens & les Polonois, que les anciẽs estimoient faire vn bout du monde, lesquels par la reputation de sa valeur, & par le recit qui leur en fut fait par Iean de Monluc Euéque de Valence, le ieune de Lãsac, & Gilles de Noailles, amoureux de sa vertu le prefererent à tous les autres Princes qui pretendoient à la Couronne Polaque, le rechercherent, & par leurs importunes instances & demandes, le contraignirent d'abandonner son païs natal pour regner en Pologne, où il commanda à ces nations Septemtrionales, auec vne si grande sagesse, qu'elles l'ont souuent regreté depuis, & ont reproché l'ingratitude aux mauuais François, de n'auoir pas sceu conseruer vn tel Prince, qui meritoit mieux de commander à tout ce grand monde, qu'à vne petite partie d'iceluy, comme est la France.

L'aisnée des filles de la Reyne Caterine fut Reine d'Espa-

Gg ij

gne : la puisnée Duchesse de Lorraine : la troisiéme Reine de Nauarre & Duchesse de Valois, comme nous dirons plus amplement en leurs Eloges. Les deux autres nommées Victoire & Ieanne iumelles, véquirent peu de iours apres auoir receu le baptéme. Cette fertile Princesse donna tous ces beaux enfans à la France & à tout le Christianisme, & a esté la mere de Rois & de Reines, qui ont commandé à diuers Royaumes & Empires, ainsi que luy predit ce Poëte fameux.

Ronsard.

Plus que Rhea nostre Reyne est feconde
De beaux enfans, lesquels en diuers lieux
Ayant regi la plus grand part du monde,
Iront au Ciel pour estre nouueaux Dieux.

Aussi vn autre la nomma la Iunon de son temps;

I. du Bellay.

Elle est en tout vne Iuno feconde,
D'honneur, de port, de geste & grauité:
Sinon qu'elle a moins de feuerité,
Et qu'elle est plus heureusement feconde.

De ses dix enfans elle en vit mourir huit deuant elle, contre les vœux, les souhaits & les desirs des meres, & contre l'ordre commun de la nature : il n'en resta que deux, le Roy Henry III. & la Reyne Marguerite. Cette courageuse Princesse porta toutes ses disgraces auec vne grande resolution & constance.

Elle a receu de grands honneurs durant sa vie, ayant assisté aux assemblées des Estats à Orleans & à Blois, & à celle des Notables à Moulins, au Sacre & Couronnemēt de quatre Rois, d'Henry II. sō mary, & de trois de ses enfans, & de deux Reines, d'Elizabet d'Austriche & de Louïse de Vaudemont. Elle a aussi esté couronnée Reyne de France le 10. de Iuin 1549. en l'Eglise de S. Denys, par Louïs Cardinal de Bourbon Archeuéque de Sens & Abbé de ce Royal Mo-

Voyez le liure dans lequel est décrit le Sacre & le Couronnement, auec l'entrée dans

nastere en grande pompe, où elle fut conduite par les Cardinaux de Guyse & de Vandosme, le Duc de Vandomois & le Comte d'Anguien tenans les pans de son manteau Royal, & assistée des autres Princes & des Cheualiers de l'Ordre. Anne de Montmorency, Connestable & Grand Maistre de France, auec son baston de Grand Maistre, enri-

DES DAMES ILLVSTRES. 237

chy d'or à deuifes, marchoit aprés les Princes deuant fa Maiefté. Les Ducheffes de Montpenfier l'aifnée & la ieune, & la Princeffe de la Roche-fur-Yon portoient la queuë du manteau de fa Maiefté. A ce Sacre & Couronnement affifterent auffi Marguerite de France fœur vnique du Roy Henry II. les Ducheffes doüairiere de Vandomois, & d'Eftouteuille Comteffe de S. Paùl, les Ducheffes de Guyfe & de Niuernois la ieune: les Ducheffes d'Aumale & de Valentinois: Mademoifelle la baftarde & Madame la Conneftable: Mademoifelle de Nemours & la Marquife de Mayenne. Il faifoit beau voir toutes ces Princeffes & ces Dames là auec leurs cercles de Ducheffes & de Comteffes, & leurs corfets & manteaux de velours bleu, & les furcots d'hermines enrichis de pierreries de grande valeur, excepté les Ducheffes de Vandofme d'Eftouteuille, de Montpenfier l'aifnée & de Valentinois, qui pour eftre veuues n'auoient point d'enrichiffemens fur leurs habits. Le Nonce du Pape, les Ambaffadeurs de l'Empereur, d'Angleterre, d'Efcoffe, de Venife & de Ferrare furent auffi prefens à ce Sacre.

<small>Paris de la Reyne Caterine, ou le Ceremonial de France.</small>

Elle fit fon entrée à Paris le 18. du méme mois, deux iours aprés celle du Roy fon mary auec vne grande ceremonie. Elle eftoit habillée le iour de cette entrée, de furcot d'hermines couuert de pierreries d'vn prix ineftimable, de corfet & de manteau Royal, portant fur fa tefte vne couronne, enrichie d'infinies perles & pierreries. Elle eftoit portée dans vne litiere auec Madame Marguerite vis à vis de fa Maiefté. Aux deux coftez de la litiere marchoient quatre Cardinaux reueftus de leurs rochets, & quatre de fes Efcuyers d'efcurie à pied, tous richement habillez, & les vingt quatre Archers de la garde du corps du Roy. Deuant fa Maiefté marchoient les Religieux & les parroiffes de Paris, les Cours fouueraines, les Ambaffadeurs qui auoient affifté à fon Sacre, & tous les Officiers de fa Maifon, le Marefchal de S. André, fon Cheualier d'honneur, & le Conneftable comme Grand Maiftre de France, & les deux Huiffiers de fa Chambre.

<small>Les Cardinaux d'Amboife, de Chaftillon, de Boulongne, & de Lenô</small>

Aprés fa Maiefté marchoient toutes les Princeffes & les

Gg iij

Dames que i'ay nommées cy-deſſus (excepté la Ducheſſe de Vandoſme) habillées comme le iour de ſon Couronnement, & montées ſur des haquenées blanches, harnachées de toiles d'argent, qui eſtoient toutes accompagnées de Princes & de Seigneurs : leurs Eſcuyers marchans à pied portoient la queuë de leurs manteaux. Aprés elles marchoient la Mareſchale de la Marc ſa Dame d'honneur, & la Mareſchale de S. André, qui eſtoient auſſi accompagnées par des Seigneurs & ſuiuies des filles & Demoiſelles de ſa Maieſté. A ſçauoir la baſtarde d'Eſcoſſe, les Demoiſelles de Breſſures & d'Auaugour; les Signores Siluie & Fuluie, filles du Comte de la Mirande : la Comteſſe de S. Aignan, la Dame d'Achon, les Demoiſelles de Clermont & d'Humieres.

Aprés auoir fait ſon oraiſon dans l'Egliſe de Noſtre Dame elle s'en alla loger au Palais, où le ſoir fut fait le ſouper royal. Elle fut aſſiſe à table au méme lieu qu'auoit eſté le Roy le iour de ſon entrée, & ſous vn daiz de velours bleu ſemé de fleurs de Lys d'or, ayant aſſis à ſa main droite le Cardinal de Chaſtillon, & au deſſous de luy les Ambaſſadeurs que i'ay deſia nommez, & à ſa main gauche les Princeſſes deſquelles i'ay parlé cy deſſus. Aprés auoir oüy le lendemain la Meſſe dans l'Egliſe de Noſtre Dame, elle fut conduite par le Preuoſt des Marchans & les Eſcheuins dans la ſale de la maiſon du Cardinal du Bellay, qui eſtoit enrichie de belles peintures de l'Hiſtoire des Dieux & des Deeſſes qui aſſiſterent aux noces de Pelée & de Thetis, où le diſné pour ſa Maieſté eſtoit preparé. Aprés auoir receu tous ces honneurs là, elle alla demeurer vn mois entier en la Royale & plaiſante maiſon des Tournelles, où durant ce temps là il y eut vn Tournoy ouuert dans la ruë de S. Antoine, durát lequel il n'y eut point de Prince ny de Seigneur, qui ne donnaſt des preuues de ſon adreſſe ; mais entre tous les Caualiers qui témoignerent leur dexterité au maniement des armes aux yeux de pluſieurs Dames, qui les regardoient des eſchaffaux qu'on auoit dreſſez dans cette grande ruë ; celuy qui fit mieux paroiſtre ſa valeur, fut le Roy Henry II. ſon mary, lequel allant donner ſecours aux Princes d'Ale-

C'eſt l'Archeueſché.

magne l'establit Regente en ce Royaume en son absence. Aprés le decez du Roy François II. elle fut encore declarée Regente par les Estats d'Orleans pendant le bas âge du Roy Charles IX. lequel estant malade à l'extremité au Chasteau de Vincennes, l'establit aussi Regente iusques à ce que Henry III. fut retourné de Pologne. Durant les guerres ciuiles qui suruindrent aprés le decez lamentable du Roy son mary, & durant la minorité des Rois ses enfans & successeurs, cette Auguste Princesse, qui estoit doüée d'vne grãde prudence & d'vn courage mâle, s'acquit vne merueilleuse authorité par toute la France. Aussi elle auoit vne rare dexterité au maniment des affaires d'importance, ayant souuent donné la paix & le repos à cét Estat, aprés auoir appaisé les orages & les discordes ciuiles par ses sages auis & salutaires conseils, & par son grand credit & authorité, dont elle a esté loüée par les Historiens & les Poëtes, qui florissoient de son temps, sur tous par Ronsard.

Histoire de France.

   De vostre grace vn chacun vit en paix,
   Pour le laurier l'Olinier est épaix,
   Par toute France & d'vne étroite corde,
   Auez serré les deux mains de discorde,
      Morts sont ces mots Papaux & Huguenots:
   Le Prestre vit en tranquille repos,
   Le vieil soldat se tient en son ménage,
   L'artisan chante en faisant son ouurage,
   Les marchez sont frequentez de marchans,
   Les Laboureurs sans peur sement les champs,
   Le Pasteur saute auprés d'vne fontaine,
   Le Marinier par la mer se promeine
   Sans craindre rien: car par terre & par mer
   Vous auez peu toute chose calmer.
   En trauaillant chacun fait sa iournée,
   Puis quand au Ciel la Lune est retournée,
   Le Laboureur deliuré de tout soin
   Se sied à table & prend la tasse au poing,
   Il vous inuoque, & remply d'alegresse,
   Vous sacrifie ainsi qu'à sa Deesse.

Le méme Poëte dans ses regrets ou discours des miseres de

son temps qu'il a presentez à cette tres-Auguste Reyne, fait parler ainsi la France:

> Toutefois en mon mal ie n'ay perdu le cœur,
> Pour auoir vne Reyne à propos rencontrée,
> Qui douce & gracieuse enuers moy s'est montrée:
> Elle par sa vertu quand le cruel effort
> De ces nouueaux mutins me trainoit à la mort,
> Lamentoit ma fortune, comme vne Reyne sage,
> Reconfortoit mon cœur & me donnoit courage.
> Elle abaissant pour moy sa haute Maiesté,
> Preposant mon salut à son authorité,
> Mesme estant malade est maintefois allée,
> Pour m'apointer à ceux qui m'ont ainsi volée.

Durant la paix la Reyne Caterine fit fleurir les lettres & les arts mecaniques, l'Architecture, la Peinture & la Sculpture; mais on ne sçauroit assez la loüer pour auoir à l'exemple des Princes de sa Maison (qui ont seruy de refuge aux Muses de la Grece chassées & bannies de Constantinople & de l'Orient, par la barbarie des Ottomans) fauorisé les hommes doctes & sçauans, & d'auoir auec vne Royale dépense digne de la belle fille du grand Roy François, *le Pere & le Restaurateur des lettres*, enuoyé querir en Grece & par tout le Leuant les plus rares manuscrits en toutes sortes de langues, outre ceux de la Bibliotheque de Medicis qu'elle fit venir d'Italie, qui seruent maintenant d'ornement à la Royale Librairie de nos Monarques.

Ronsard.
> Cette Reyne d'honneur des Medicis issuë,
> Ainçois que Calliope à son ventre a conceuë,
> Pour ne degenerer de ses premiers ayeux,
> Soigneuse a fait chercher les liures les plus vieux,
> Hebreux, Grecs & Latins, traduits & à traduire:
> Et par noble despense elle en a fait reluire
> Le haut Palais du Louure, afin que sans danger
> Le François fust vainqueur du sçauoir étranger.

Dans les dernieres Editions il n'y a pas *le haut Palais du Louure*, mais *son chasteau de S. Maur*: car la Reyne Caterine estant encore Daufine fit commencer de bastir ce Chasteau là en l'honneur du *Roy François le Grand le Pere des Muses & des Lettres,*

tres, pour y loger sa Maiesté, ces chastes pucelles & sa Librairie. Ceux qui ont esté visiter cette maison Royale n'ignorent pas que l'image de ce grãd Monarque est en bronze au lieu le plus eminent de ce Chasteau là, & plus bas sont representées en marbre blanc les trois Graces auprés desquelles sont les Muses, trois d'vn costé & quatre de l'autre, qui tiennent en leurs mains des instrumens de Musique, & plus bas sont écrits ces trois vers Latins en lettres d'or sur vn fond de couleur rouge & noiratre.

Hunc tibi Francisce assertas ob Palladis artes,
Secessum vitas si fortè palatia grata,
Diana & Charites & sacrant verè Camænæ.

Ces vers Latins ont esté icy mis en nostre langue en faueur des Dames, & de ceux qui n'ont pas la connoissance de la Latine.

Pour auoir les Arts rétablis
Et de richesses ennoblis,
François, les Graces & Diane,
Loin du tumulte de la Cour
Et des yeux du peuple profane
Ont à vostre repos consacré ce seiour.

& plus bas est vn hôme, au costé droit duquel il y a ce vers,

Vt viuas valeásque forum hîc vitabis & vrbem.

Loin de la ville en ce lieu écarté
Vous trouuerez la vie & la santé.

& au gauche cét autre,

Nec res à somno, nec reuocabit amor.

La guerre ny l'amour en ce lieu solitaire
D'vn paisible sommeil ne pourront vous distraire.

Elle fit paroistre la force de son esprit en plusieurs occasions. Quand le Pape Paul IV. enuoya son Legat en France le Cardinal Charles Caraffe, pour persuader au Roy Henry II. de conquerir le Royaume de Naples sur Philippe Roy d'Angleterre & de Castille qui faisoit la guerre à sa Sainteté, elle dit à ce Monarque là, *Monsieur il faut que vostre Maiesté enuoye vne armée en Italie sous la conduite d'vn grand Capitaine: car vous auez beaucoup d'enfans, & la France ne tombe pas en partage, ils n'en peuuent point estre tous Roys : c'est pourquoy vostre Ma-*

H h

iesté ne doit pas refuser les Royaumes qu'on luy offre. Après la mort du Roy son mary quittant la maison des Tournelles pour aller demeurer au Louure auec le Roy François II. son fils aisné, elle eut le iugemét si present en cette violente douleur, que voulant monter en carosse, elle se souuint qu'elle estoit descenduë d'vn degré, & pource ne voulant point retarder de faire voir qu'elle ne l'ignoroit pas, elle dit à la Reyne sa belle fille Marie femme de ce ieune Monarque, la prenant par la main, *Madame c'est à vous de marcher la premiere.*

Auila, Mauuisiere & les autres Historiens n'ont pas oublié de remarquer plusieurs autres traits de cette Princesse, par lesquels elle a témoigné la grandeur de son iugement. Le Duc d'Albe & les Grands d'Espagne qui se trouuerent à Bayonne, à l'entreueuë du Roy Charles IX. & de sa sœur Isabelle Reyne d'Espagne, rapporterent à leur Prince Philippe II. l'estime qu'ils faisoient de sa personne. L'Alemagne l'a euë en veneratiõ, quand on vid la réponse qu'elle fit à la lettre de la Reyne Elisabet d'Austriche veuue du Roy Charles, qui luy auoit enuoyé demander son auis si elle deuoit penser à de secondes noces, quand l'Empereur Rodolfe II. son frere la pressa de se marier à Philippe II. Roy d'Espagne ou à Sebastien Roy de Portugal: car elle luy répondit, *Qu'elle auoit l'Imperatrice sa mere auprés d'elle, par les sages conseils de laquelle elle ne pouuoit pas manquer de bonne resolution; que tout ce qu'elle luy pouuoit dire sur cela, estoit de se souuenir qu'elle auoit esté Reyne de France.* La Reyne Isabelle entendant ce que vouloit dire ce conseil, rompit toutes les propositions que l'on luy voulut faire de mariage.

Elle voulut auoir à sa suitte durant le voyage & à l'entreueuë de Bayonne Ronsard (que le President de Thou appelle le plus excellent Poëte qui ait esté depuis le temps de l'Empereur Auguste) afin que par ses vers il fist honneur à la France. Ceux qui ont pris la peine de lire exactement le recueil des choses notables qui furent faites à Bayonne à l'entreueuë de nostre Roy Charles IX. & d'Elisabet Reyne d'Espagne, n'ignorent pas que la Reyne Caterine de Medicis mere de leurs Maiestez Tres-Chrestienne & Catholique voulut auoir vne journée à elle seule pour les traiter, estimant qu'elles pouuoient estre lasses de toutes les grandeurs & les magnificences des iours precedens des carousels des Princes. Elle voulut donc entremesler quelque chose de son inuention. Elle s'auisa de leur faire vn festin aux champs, qui fut tout villageois, & toutesfois qui n'eut pas moins de splendeur & somptuosité que ceux de la Cour. Ce qui luy succeda selon son desir, par l'auis & le iugement de tous ceux qui le virent, selon le fidele rapport de celuy qui a recueilly tout ce qui se passa à Bayonne, & d'vne Reyne qui fut presente à toutes ces galanteries, laquelle n'a pas oublié d'en rapporter quelques telles particularitez dans ses memoires. I'ay donc apris de cette grande Princesse & de l'Autheur de ce recueil, que la Reyne Caterine de Medicis fit faire vne grande sale octogone, ayant de diamettre 12. à 13. toises, aprés auoir elle méme choisi le lieu à propos en l'Isle d'Aiguemeau, sur la riuiere de Ladour, qui sembloit que la nature eust appropriée à cet effet là : ayant cerné dans le milieu de l'Isle vn grand pré en ouale de bois de haute fustaye, où sa Maiesté disposa tout à l'entour des niches, & dans chacune vne table ronde à douze personnes; la table du Roy Charles, de la Reyne Caterine, & d'Elisabet Reyne d'Espagne, seulement s'esleuoit au bout de la sale sur vn haut dais de quatre degrez de gazons. Toutes ces tables estoient seruies par des troupes de diuerses bergeres habillées de toile d'or & de satin, diuersement selon les habits differens de toutes les prouinces de France. Les bergeres conduites par quelques bergers à la descente des magnifiques batteaux, sur lesquels venant de Bayonne à cette Isle là l'on fut tousiours accompagné de la musique de Neptune, de six Tritons, d'Arion, de trois Syrenes & d'autres dieux marins, chantans des vers autour du batteau de leurs Maiestez, entre autres ce quatrain par la troisiéme Syrone.

Comme les fleurs sont l'honneur des prez verds,
Et les ruisseaux d'eau claire & argentine,
Ainsi est tout l'honneur de l'Vniuers
Charles, Philippe, Ysabeau, Caterine.

Châque troupe de ces bergeres s'estoit trouuée à vn pré à part aux deux costez d'vne grande allée de pelouse dressée pour aller à cette sale située au milieu de plusieurs canaux, entre lesquels il y en auoit vn long grand & droict, qui partoit du lict de la riuiere de Ladour, & estoit bordé de part & d'autre d'agreables prairies diaprées de belles fleurs & de petis boccages fort plaisans à voir. Chaque troupe des bergeres dansa aussi à la façon de son païs; les Poiteuines auec la cornemuse, les Prouençales la volte auec les cimbales; les Bourguignones & les Champenoises auec le petit hautbois, le dessus de violon & le tambour de village; les Bretonnes auec les passepieds & bransles gais, & ainsi toutes les autres Prouinces.

Pour le Roy Maistre d'Hostel le Comte de Sommeriue, l'Eschanson le Comte de Charny, Panetier, Monsieur de Tournon, Tranchant, le Comte de Brissac. Pour la Reyne d'Espagne Maistre d'Hostel Madame d'Aluye. Eschanson Mademoiselle de Frauze. Panetier Roüet. Tranchant, Guyonniere. Pour la Reyne Caterine, Maistre d'Hostel Madame d'Vrfé.

Aprés que leurs Maiestez se furent arrestées à voir ces danses là, elles découurirent de loin trois Nymphes, Orphée & Linus richement vestus, qui reciterent des vers en leurs loüanges, puis elles entrerent par cette belle allée dans la grande sale enuironnée de chesnes qui l'ombrageoient de leurs feüillages, où il y en auoit vn plus grand que les autres au milieu, & au centre de l'octogone, du pied duquel sortoit vne fontaine de tel artifice qu'il sembloit qu'elle fut naturelle, & dont le bassin estoit tout fait de belles coquilles de mer de diuerses couleurs, qui estoient si bien appropriées & accommodées, qu'il n'estoit pas possible de voir rien de plus plaisant à l'œil ny de plus agreable. Leurs Maiestez s'estans assises auec le Duc d'Aniou (qui depuis a esté le Roy Henry III.) Madame (depuis Reyne Marguerite) & le Prince de Nauarre (qui a esté depuis Henry le Grand) à la table plus éleuée que les autres, le seruice fut porté par les bergers & les bergeres qu'ils auoient trouué dansans à leur arriuée en cette Isle là, & marchoient en cét ordre. Premierement entroient six excellens ioüeurs de musettes. Aprés eux marchoient cinq bergers & dix bergeres, lesquels marchoient trois à trois portans tous les plats, excepté les Maistres d'Hostel, qui tenoient en leurs mains leurs houlettes au lieu de bastons.

Aprés le seruice de la table du Roy, huict bergers & seize bergeres portoient le seruice des huict tables, à chacune desquelles estoit vn berger & deux bergeres, & marchoient trois à trois, tousiours vn berger entre deux bergeres, qui

estans entrées iusques au milieu de la sale, se retiroient aux
tables qu'ils deuoient seruir, châque berger accompagné de
deux valets bergers.

A la fin du soupper entrerent six violons richement vestus, & neuf Nymphes fort belles & bien couuertes, suiuies
d'vne grande troupe de satyres musiciens.

Les assistans furent lors rauis quād ils virent entrer vn grād
rocher lumineux, mais plus esclairé des beautez & des pierreries des Nymphes qui se faisoient voir dessus, que des artificielles lumieres; lesquelles descendātes de ce rocher là vinrent danser ce beau balet, duquel (cōme a écrit vne grande
Reyne) la fortune enuieuse ne pouuāt pas supporter la gloire, fit orager vne si estrāge pluye & tempeste, que la confusiō
de la retraite qu'il falloit faire la nuit par batteaux, apporta
le lendemain autāt de bons contes pour rire, que ce magnifique appareil de festin auoit donné de contentement.

La Reyne Caterine fut heureuse en toutes ses entreprises,
excepté en celles de Florence & de Portugal. Celle cy ne
reüssit pas selon son dessein & ses desirs, l'armée nauale,
dont elle auoit donné la conduite à Philippe Strozze son
cousin, Cheualier des deux Ordres du Roy, & Colonel de
l'Infanterie de France, ayant esté défaite par le Marquis de
sainte Croix, lequel abusant de sa victoire traita plus barba-
rement & cruellement les prisonniers François contre la
foy promise, quand ils s'estoient rendus, que si ils eussent
esté des Turcs & des Cannibales, & fit inhumainement ietter ce pauure Seigneur là tout blessé dans la mer; les ondes ayant seruy de tombeau à ce braue Capitaine qui auoit
eu son berceau sur les ondes, estant né à Venise durant
que Pierre Strozze son pere (qui a esté Mareschal de France) faisoit sa demeure en cette riche ville auec Laudamine
de Medicis sa femme. Elle commanda au President Brisson
(que Cambden appelle le plus docte homme de Frāce) d'é-
crire en sa faueur pour les droicts qu'elle pretendoit auoir,
comme heritiere de l'illustre Maison de Boulongne, sur le
Royaume de Portugal. Elle écriuit souuēt au Pape Gregoire XIII. pour luy faire voir & connoistre sa pretension par
le sieur de Plainpied son Agent.

Eschanson Madame de Villequier. Panetier, Clermont. Tranchāt Gonnor. Pour Monsieur, Eschāson. Connā-Maistre d'Hostel, Monsieur d'Vrfé Panetier, Sainte Mesine.

Paul de Foix.

Celle là ne fut pas plus heureuse, Cosme II. Duc de Florence ayant découuert à la Cour de Philippe II. Roy d'Espagne (dans le conseil duquel il auoit des seruiteurs, ceux de la Maison de Tolede pour alliez, & le Duc d'Albe pour parfait amy) les allées & les venuës de François Gorace, Iacobin de Florence, Docteur en Theologie de la Faculté de Paris & Pensionnaire de la Reine Caterine, qui alloit porter à ce Monarque là les plaintes des bannis de Florence dispersez par plusieurs villes de l'Europe après le debris de leur naufrage, & luy donner les moyens de ruiner Cosme & de remettre la Republique de Florence en sa grãdeur & liberté. La sagesse de Cosme qui fit mourir Pandolfe Pucci le chef des côiurez détourna l'orage. La Reine Caterine, après le decez du Roy Henry II. auoit tramé ce grand dessein pour faire tôber la Toscane à l'vn de ses enfans, donner de l'exercice aux esprits belliqueux, arrester les mouuemens des guerres ciuiles de France, & noüer plus estroitement la paix auec l'Espagnol durãt le bas âge de ses enfans.

Le Docteur Gorace estoit logé souuent au Conuent des Minimes de Nigeon lés Paris, auec le Docteur Iourdain Professeur du Roy en la langue Saincte.

Après la mort de Pucci, elle ne laissa pas de porter la cause des refugiez de Florence, & cela outra viuement le cœur de Cosme: car les offenses des parens sont plus sensibles que celles des Estrangers. Il disoit souuent, *la Reyne apporte en cette affaire plus de passion que de iugement, car si la Republique est vn iour restablie comme elle desire, elle changera le titre de Princesse de Florence en celuy de Citoienne.* Elle donna des Euêchez en Languedoc & en Prouence, & éleua aux grandes fortunes ceux des Maisons les plus odieuses au Duc; l'inimitié auoit plusieurs branches qui toutes sortoient comme d'vne même tige, de ce qu'il ne s'estoit pas contenté de succeder à la Principauté du Duc Alexandre frere paternel de sa Maiesté, mais il s'estoit emparé de son or, de ses bagues & de ses meubles, pour raison dequoy elle auoit vn grand procez contre luy à la Rote de Rome. Tous les exilez de Florence estoiët ses solliciteurs. Hipolyte Aldobrandin l'vn des Auditeurs de la Rote (qui fut depuis Cardinal & Pape sous le nom de Clement VIII.) la portoit contre le Duc, & quand le Sieur de Plainpied Agent de la Reyne luy recommandoit de sa part le bon droict de sa Maiesté, il luy disoit, *Monsieur, ie suis* fils de *Syluestre Aldobrandin*, c'estoit dire ouuertement qu'il ne luy seroit pas contraire, estant fils d'vn pere qui luy auoit sauué la vie comme i'ay remarqué cy-dessus. Elle eut pour le méme suiet encor vn procez à la Rote contre Marguerite Duchesse de Parme, qui auoit épousé en premieres noces Alexandre I. Duc de Florence, & les creanciers du Cardinal Hipolyte de Medicis, comme n'ignorent pas ceux qui ont leu exactement les lettres d'vn grand Prelat de la Maison de Foix, qui estoit Ambassadeur à Rome pour le Roy Henry III. prés du Pape Gregoire XIII.

Paul de Foix Archeuéqne de Tolose.

La Reyne Caterine, mere de nos Rois, mourut dans vne petite chambre au Chasteau de Blois durant la tenuë des derniers Estats de Blois le 5. de Ianuier veille de la feste des Rois de l'an 1589. estant âgée de 70. ans, aprés auoir receu les Sacremens de l'Eglise. Elle laissa (comme remarque vn excellent Historien) pour heritier de ses propres en partie Christine de Lorraine femme de Ferdinand Grand Duc de Toscane, en partie Charles Grand Prieur de France fils naturel du Roy Charles, qui pour cela fut nommé le Comte d'Auuergne (c'est à present le Duc d'Angoulesme) & laissa plusieurs legs à ses officiers & seruiteurs domestiques; mais le malheur des temps qui suiuirent son decez, & les debtes qu'elle auoit faites par sa liberalité ont dissipé vne grande partie tant de ses legs que de ses biens. Elle fut assistée à son heure derniere par Iulien de S. Germain Euéque de Cesarée & Docteur en Theologie de la Faculté de Paris, l'vn des Predicateurs du Roy son fils, lequel trois semaines aprés sa mort fit celebrer ses obseques, selon que la commodité de ses affaires le pouuoit porter. Regnaud de Beaune Archeuéque de Bourges y pronoça l'oraison funebre, en laquelle il loüa les merites & les perfectiõs de cette grãde Princesse, qui a esté (comme confessent non seulement ses partisans, mais mesme ses plus grands ennemis) vne Dame doüée de plusieurs hautes & rares qualitez, ayant esté debonnaire, facile & liberale au possible. Elle ne sçauoit pas que c'estoit d'offenser personne en particulier, & moins de s'offenser d'autruy. Quelques vns la blâment & les autres la loüent, d'auoir negligé les bruits que ses ennemis faisoient courir

Henrico Caterino d'Auila.

d'elle, & d'auoir méprisé les murmures & les médisances des gens de la lie du peuple & de nulle consideration & merite. Vn libelle diffamatoire fait contre sa Maiesté intitulé *La Catherine*, satire des plus mordantes qui ait paru de nostre siecle, estant tombé en ses mains elle le leut tout au long, & iamais ne voulut permettre qu'on fist la recherche de l'Autheur. Son corps aprés auoir reposé vingt ans en l'Eglise de S. Sauueur de Blois fut porté à S. Denys en la magnifique Chapelle qu'elle auoit fait bastir par l'espace de trente ans, pour luy seruir de sepulchre, au Roy son mary, à Messieurs ses enfans & à elle.

Pasquier en ses lettres.

Les belles deuises de cette tres-Auguste Reine se voient chez plusieurs bons Autheurs, & és superbes & Royales maisons qu'elle fit bastir & embellir en diuers endroits de ce Royaume, Monceaux en Brie, saint Maur des Fossez, Chaliot lés Paris, Chenonceau en Touraine (qu'elle eut de la Duchesse de Valentinois aprés la mort du Roy Henry II. à laquelle elle dōna pour échange le Chasteau de Chaumond sur Loire, qui appartenoit iadis à ceux de la Maison d'Amboise, qui ont sagemēt gouuerné cét Estat sous le Roy Louis XII.) & és beaux Hostels & Palais des Tuilleries, & de la Reyne, maintenant l'hostel de Soissons.

La premiere deuise de cette grande Princesse estoit l'Iris, l'arc celeste ou Arc en ciel, auec ces mots Grecs, ΦΩΣ ΦΕΡΟΙ Η ΔΕ ΓΑΛΗΝΗΝ. *Elle portera la lumiere ou la paix.*

Par cette deuise elle vouloit declarer, que tout ainsi comme quand ce beau meteore paroist au Ciel, c'est signe de serenité & de beau temps, de mesme sa Maiesté ne promettoit aux François que paix, repos, douceur, tranquilité & bonheur. L'Arc en ciel estant mis és nuées (comme dit le sacré Texte du Genese) pour signe de la nouuelle alliance contractée aprés le deluge entre Dieu, Noé & ses enfans, asseurez par ce beau signal, la volonté du Createur estre de ne punir plus à l'aduenir le monde par deluges, inondations, ou débordemens d'eaux. Ceux qui ont leu les bons liures sçauent, que quelques Docteurs enseignent ce que signifient les couleurs de l'Iris ou Arc en ciel, la couleur rouge le sang de IESVS-CHRIST, promis aux Peres en l'ancienne loy, &

au

au temps de grace épandu pour reconcilier & mettre en paix le genre humain auec Dieu son pere; la iaune sa pieté, douceur & amour enuers les hommes: la verde ou azurée le verdoiant iardin des delices, non terrestre mais celeste, auquel il les a establis, & duquel il leur donne la iouïssançe.

La Reine Caterine estant veuue changea la belle deuise de son Iris ou Arc celeste, & prit pour symbole de la chaux qui iettoit vne grande fumée à cause des eaux (hierogliphe des pleurs & des larmes) qui tomboient dessus auec ces mots, ARDOREM EXTINCTA TESTANTVR VIVERE FLAMMA.

Que la force d'amour dedans nos cœurs empreinte,
Vit d'vn brasier secret, quand la flamme est éteinte.

Par là elle declaroit que les flames du vray & sincere amour qu'elle portoit au Roy son époux, iettoient encor des étincelles, après que la vie de ce bon Prince qui les allumoit estoit éteinte. Comme elle fit paroistre par vne belle parole qu'elle dit à vn President de la Cour: lequel ayant rencontré en l'vne de ses maisons, & luy ayant demandé ce qu'il luy en sembloit. *Madame,* répondit il, *ie n'y trouue à redire, sinon qu'elle est trop sur le Midy.* Elle luy fit cette prompte repartie. *Monsieur le Président, depuis que i'ay perdu mon Midy, ie n'ay rien tant cherché que le Midy.* Par cette repartie elle vouloit dire, qu'ayant perdu la veuë du Roy son mary, qui luy seruoit de soleil, & d'vn soleil de Midy, elle n'auoit iamais rien tant desiré au monde, que de rechercher, & de reuoir ce Midy en sa chaleur, & en la feruente amour qu'elle luy portoit durant qu'il estoit en vie.

Louis d'Orleans en sa Plante humaine.

Elle prit encor selon aucuns, après le decez de ce Monarque, vne Lance brisée dont les éclats estoient posez en pal de part & d'autre d'vn écu, auec ces mots autour, LACRYMÆ HINC, HINC DOLOR: *d'icy les larmes, d'icy la douleur,* pour signifier que la memoire du funeste accident qui luy auoit enleué ce Prince, luy seroit tousiours presente pour en faire le deüil, & en auoir les resentimens de douleur, que le merite de ce grand Roy, & l'amour qu'elle auoit pour luy, demandoient en vne si funeste rencontre.

Tipotius

La plus belle des deuises de la Reyne Caterine estoit vne

Estoille au milieu d'vn serpent couroné mordant sa queuë, auec ces paroles Latines, FATO PRVDENTIA MAIOR: *Prudence plus grande que la fatalité.* Ceux qui ont expliqué ce symbole disent, que quoy que les Astres eussent éleué au commencement cette Auguste Princesse, pour estre fille de si illustres pere & mere, comme estoient le Duc d'Vrbin & Madame de Bologne, sœur paternelle d'Alexandre premier Duc de Florence, parente de si grands Papes que Leo X. & Clement VII. femme d'vn si haut, si puissant, si vertueux & inuincible Monarque, comme Henry II. la fleur des Cheualiers, l'ornement de son âge, le comble de toute perfection, & mere de tant de Rois & de Reines: toutefois par son admirable vertu, sa modestie & sa patience, elle s'est si bien comportée auec le temps, qu'elle a esté (au moins à ce qu'en peuuent iuger les hommes) & durant le cours de sa vie, & en l'article de sa mort, vne des plus heureuses Reynes de nostre France.

Iouio.
G. Simeon.

Dinet.

CATERINE D'ESPAGNE OV D'ARRAGON, REYNE D'ANGLETERRE.

Arragon, d'or à quatre pals de gueules.

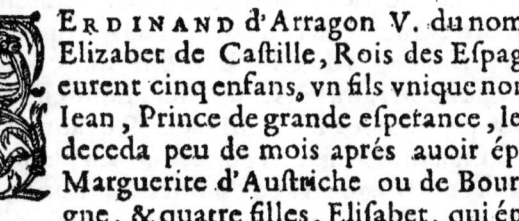

Mariana.

FERDINAND d'Arragon V. du nom, & Elizabet de Castille, Rois des Espagnes, eurent cinq enfans, vn fils vnique nommé Iean, Prince de grande esperance, lequel deceda peu de mois aprés auoir épousé Marguerite d'Austriche ou de Bourgongne, & quatre filles, Elisabet, qui épousa Emanuël Roy de Portugal & des Algarbes; Ieanne, Philippe Archiduc d'Austriche, laquelle par le decés de son frere & de sa sœur aisnée fut leur heritiere; Marie, deuxiéme femme d'Emanuël Roy de Portugal; & la quatriéme nommée Caterine est celle de qui ie veux décrire icy l'Elo-

DES DAMES ILLVSTRES.

ge, quoy que i'aye loüé amplement ses perfections & ses *Histoire Catholique.* merites és vies & Eloges des Hommes & Dames Illustres en pieté, pour auoir esté l'vne des plus pieuses & vertueuses Princesses du seiziéme siecle.

Henry VII. Roy d'Angleterre, & la Reine Elisabet d'Iorc son épouse, ayans sçeu que l'Infante Caterine estoit l'vne des plus parfaites & accomplies Princesses de l'Europe, l'enuoyerent demander en mariage au Roy Ferdinand & Izabelle pour leur fils aisné Artus Prince de Galles. Ce que leur ayans accordé, l'Infante Caterine dit adieu à l'Espagne, & fut menée en Angleterre, où ses noces furent celebrées en l'Eglise de S. Paul de Londres au mois de Nouembre de l'an 1501. auec le Prince Artus âgé de 15. ans, lequel cinq mois aprés mourut sans auoir consommé son mariage, de maniere qu'il fallut aussi-tost changer les torches nuptiales en flambeaux mortuaires, les roses & les violetes en funestes cyprés.

A ces tristes nouuelles Ferdinand & Isabelle redemanderent leur fille Caterine à l'Anglois: lequel ayant vn déplaisir & regret extreme de renuoyer en Espagne cette vertueuse & sage Princesse, il la fit demander pour Henry son autre fils. L'Arragonois Prince fin & auisé condescendit à sa demande, à la charge qu'on pût obtenir la dispense du Saint Siege. Le Pape Iule II. qui succeda à Pie III. & à Alexandre VI. (lesquels auoient esté priez d'accorder cette dispense, mais qui ne l'auoient pas peu faire estans preuenus de la mort) ayant receu l'auis & recueilly l'opinion des plus doctes personnages du Christianisme, que ce nouueau mariage se pouuoit faire sans interesser l'honneur du defunct, declara que pour le bien public des Royaumes d'Angleterre & d'Espagne, le lien du droict humain, lequel seul contrarioit à ce mariage, n'auoit point de pouuoir, & que Henry d'Angleterre & Caterine d'Arragon en seroient dispensez.

Quelques années aprés que le Vicaire de Dieu en terre eut donné puissance de parfaire ce Royal hymenée, Isabelle Reine de Castille mere de l'Infante Caterine, & Henry VII. Roy d'Angleterre pere de Henry Prince de Galles, decederent au grand dommage de l'vne & l'autre Couron-

I ij

ne. A Henry VII. succeda son fils le Prince de Galles, appellé des Anglois Henry VIII. qui de son naturel estoit porté plus au bien qu'au mal: lequel aprés auoir fait examiner la dispense du saint Pere, la fit lire deuant tous les Milords de ses Estats, qui témoignerent le contentement qu'ils auoient de son mariage, & sans y trouuer aucun empeschement ny difficulté, donnerent leur consentement. Cela fait le ieune Roy Henry estant âgé de dix-huit ans épousa dans l'Eglise d'vne Abbaye de fondation Royale, Caterine Infante d'Espagne, auec la ioye & l'allegresse de ses suiets.

Du Chesne. Sanderus.

Dieu benit ce mariage d'vn bon nombre d'enfans, lesquels decederent fort ieunes, il ne resta qu'vne seule fille nommée Marie, qui pour estre heritiere du beau & florissant Royaume d'Angleterre, estoit recherchée par les plus grands & puissans Monarques de la Chrestienté. On ne parloit par toute l'Europe que de la sainte vie de Caterine Reine d'Angleterre, laquelle parloit plus souuent à Dieu qu'aux hommes. On la proposoit par toutes les Prouinces Chrestiénes aux ieunes Dames pour vn exemplaire de perfection, pour vn miroir de pudicité, pour vn patron d'honneur & de fidelité coniugale, comme elle l'estoit. On l'estimoit la plus heureuse & la plus fortunée Princesse non seulement de son Isle, mais de l'Vniuers, à cause que le Roy son mary estoit vn des beaux, doux & agreables Princes de só âge, paisible en ses Estats & Royaumes, lequel pour auoir refuté par ses doctes écrits les erreurs de l'abominable Heresiarque Luther, auoit esté honoré du Pape Leon X. de ce beau titre de *Defenseur de la foy;* mais las!

Aprés vn temps serein l'orage se fait voir.

Car tandis qu'Henry & Caterine rendent le Ciel ialoux, & la terre enuieuse des ioyes & des faueurs qu'ils reçoiuent en leur mariage: ce demon tout noir de rage & par l'enuie duquel, dit l'Apostre, le peché est entré au monde, & par le peché la mort, ne cessa qu'il n'eût troublé la paix & le bonheur de ce chaste & Royal hymen.

Cét esprit de malignité ne pouuant souffrir que cette parfaite amitié qui vnissoit ces deux Amans, fist descendre le Paradis en terre, mit la discorde parmy eux.

DES DAMES ILLVSTRES. 253

Le Roy Henry VIII. bon Prince, mais trop facile, se laissa aller aux débauches, à la persuasion de quelques flateurs qu'il auoit auprés de luy, qui le perdirent & gasterent entierement. Car tandis que la Reyne Caterine passe les iours & les nuits en prieres & oraisons, auec les Religieuses & filles consacrées au seruice de Dieu, qu'elle garde exactement les ieusnes de l'Eglise, qu'elle frequente auec feruer les Sacremens; bref qu'elle mene vne vie digne du Ciel, ayant cette maxime pour regle de ses actions, que *l'ame estant la meilleure partie de nous, il falloit aussi l'orner plus que le corps, & s'efforcer à la rendre plus agreable à Dieu*: Henry se déborde en toutes sortes de desordres, les plus vilains & les plus honteux, vn trop lâche repos corrompant ses mœurs, & tournant sa vertu en vice, dont l'excés fut en fin si extréme qu'il seroit mal-aisé de le persuader aux plus credules. Les Dames les plus chastes seruirent de bute à sa corruption, souillant son ame & ne soûlant pas sa concupiscence d'infinis adulteres, voire d'incestes les plus detestables.

Sanderus, De Remond.

Ce pauure Prince plongé dans le vice & dans l'ordure, deuint éperdument amoureux de l'vne des Demoiselles de la Reyne Caterine sa féme, laquelle ayant esté enuoyée en France en bas âge, fut au seruice de Marie d'Angleterre troisiéme femme du Roy Louis XII. Princesse d'vne inclination amoureuse, puis de la Reyne Claude premiere femme du Roy Frãçois, & aprés sa mort de Marguerite Duchesse d'Alençon sœur vnique de ce Monarque là. Puis estant de retour en Angleterre & receuë entre les filles d'honneur de la Reyne Caterine, en l'année vingt-deux de son âge, Henry qui en auoit trente huit fut épris de cette fille perduë & débauchée, qui auoit eû mauuais bruit és Cours de France & d'Angleterre, laquelle on pouuoit croire par plusieurs soupçons & coniectures estre sa fille, ayant entretenu long-temps sa mere, & puis vne siéne sœur aisnée. Elle s'appelloit Anne de Boulen, fille de mediocre condition, laquelle estoit infectée de l'heresie de Luther. Il luy donna le Marquizat de Penbroc, & ne songeoit iour & nuict qu'aux moyens de luy faire porter la Couronne d'Angleterre, & chasser de sa Cour la Reyne Caterine son épouse legitime. Tous les hô-

Du Chesne. Surius,

Ii iiij

mes d'esprit estoient étonnez de voir ce grand Roy possedé d'vne telle manie, & ensorcelé de la laideur méme.

Car cette impudique estoit d'vne taille trop haute, auoit vn visage long, rien de riant aux yeux, les cheueux noirs & son teint iaunâtre, la bouche difforme, à cause d'vne dent qu'elle auoit auancée en la genciue d'enhaut : à la main droite elle auoit comme vne forme d'vn sixiéme doigt, & sous le menton luy croissoit vne enfleure, laquelle elle cachoit, portant des robes qui n'estoient point échancrées : elle auoit pourtant en elle quelque chose de maiestueux & qui sembloit aymable, vn doux parler, vne grace à la dance, & ioüoit bien de toute sorte d'instrumens, & au reste estoit infiniment imperieuse & altiere. L'Amour ayant plus de pouuoir sur le Roy Henry VIII. que la raison, voyant que la Reyne Caterine sa femme estoit fort adonnée aux exercices de pieté, fait prier le Pape Clement VII. de declarer nulle mariage entre luy & Caterine, qui auoit esté mariée à son frere aisné; que cela reüssiroit au grand contentement de cette deuote Princesse, qui prefereroit tousiours vn voile de Religieuse à toutes les Couronnes & les diadémes de la terre.

Sanderus.
De Remond.

Le Pape Clement, doux & facile, croyant que le bruit que l'Anglois faisoit courir que sa femme vouloit entrer dans vn Cloistre, & y finir ses iours, fust tres veritable, deputa les Cardinaux Campege & Wolsei, Iuges de cette cause là en Angleterre. Mais ayant esté depuis informé du contraire par l'Empereur Charles V. neueu de la Reyne Caterine, il fit aduertir Laurens Campege son Legat de se rédre en Angleterre le plus tard qu'il pourroit, lequel y estant arriué ne pût pas faire rompre le diuorce, & soûtenir la iuste cause de la Reyne Caterine, cause si iuste qu'il ne se trouua pas vn homme d'honneur, non seulement à Rome mais méme à Londres & au reste de l'Angleterre, qui voulût soûtenir la cause de Henry, qu'on sçauoit n'estre porté à ce diuorce que pour assouuir sa passion brutale, & par l'ambition du Cardinal d'York ou de Wolsei, qui pour n'auoir pas esté esleu Pape aprés Leon X. & Adrian VI. par les brigues de l'Empereur, vouloit se vanger de ce Prince là, faisant declarer nul le mariage de sa tante & du Roy Henry VIII. Entre les hommes d'vne eminente doctrine & pieté qui souſtindrent le differend de la Reyne Caterine, ces deux grands perſonnages le Cardinal Fiſcher Euéque de Rocheſtre, & Thomas Morus Chancelier d'Angleterre, qui eſtoient non ſeulement les plus hommes de bien de cette Iſle là, mais de toute la Chreſtienté, meritent auoir le premier rang, qui pour n'auoir point approuué les noces inceſtueuſes de Henry & d'Anne de Boulen, furent condamnez à mort, & leurs teſtes miſes au haut d'vne picque ſur le Pont de Londres.

Clement apres auoir rappellé à Rome le Cardinal Campege, & ſceu le miſerable eſtat des affaires d'Angleterre, où le Roy auoit chaſſé honteuſement la Reyne Caterine de Londres & de ſa Cour, & épouſé cette femme perduë ſans ſa diſpenſe, & que cette cauſe importante ne fut iugée ny à Rome ny à Londres par ſes Legats, demeura grandement étonné, comme auſſi tous les Princes Chreſtiens, quand ils receurent les nouuelles de ce ſale & honteux mariage. Mais le Pape receut encor vne grande affliction, quand il ſceut que ce Prince, qui auoit écrit en faueur du S. Siege contre Luther, ſecouru & aſſiſté ſa Saincteté auec noſtre grād Roy François, quand elle eſtoit detenuë en priſon au Chaſteau S. Ange par les Imperiaux, auoit non ſeulement commis cette faute, mais s'eſtoit tellement laiſſé ſurprendre à ſa paſſion, qu'il auoit mieux aymé renoncer à l'Egliſe chaſte épouſe de *Ieſus-Chriſt*, & à ſon Chef viſible (prenant la qualité de chef de l'Egliſe Anglicane, & ſe faiſant reconnoiſtre tel) qu'à cette maudite & infame femme, cauſe de tous les mal-heurs d'Angleterre.

La Reine Caterine, eſtant repudiée & ſon mariage declaré nul par ce perfide Apoſtat Thomas Cranmer, le plus méchant homme que la grand Bretagne porta iamais, ſe retira au Chaſteau de Kimbalton, maiſon mal ſaine & incommode, n'ayant pour toute compagnie que trois Demoiſelles & quatre ou cinq ſeruiteurs. Là cette vertueuſe Princeſſe paſſa quatre ou cinq années, trainant vne vie parmy tant & tāt de langueurs, vie qui eſtoit pluſtoſt vn long & cruel martyre, où elle mouroit & viuoit en méme temps, ſans pouuoir

Du Cheſne. Sand.

toutesfois ny acheuer de mourir ny commencer de viure. L'Empereur son neueu ayant sceu le mauuais traitement qu'elle receuoit à Kimbalton, la fit prier de se retirer en ses terres en Espagne ou au Païs-bas: mais cette constante & patiente Dame prefera cette triste retraite ou prison à tous les plaisirs & à toutes les delices de la terre. Ses exercices ordinaires estoient l'oraison, les ieusnes, & les mortifications & penitences. Sa plus frequente priere estoit pour le salut de deux adulteres qu'elle auoit laissez au Palais Royal. Comme elle passoit ses iours dans ce Chasteau dans la Prouince de Betfort, elle receut encor cette affliction, que le Pere Iean Forest son Confesseur Religieux de l'Ordre de S. François estoit detenu prisonnier: elle luy écriuit des lettres de consolation, par lesquelles elle l'exhortoit à endurer constamment les peines & les supplices; ce qu'il fit ayant depuis souffert & enduré le martyre, comme plusieurs autres doctes & deuots personnages qui ne voulurent pas approuuer le diuorce d'Henry & de Caterine, & reconnoistre ce Prince Chef de l'Eglise. Tous les gens de bien quand ils virent la Reyne Caterine partir de Londres & de la Cour, & sceurent les déplaisirs qu'elle auoit en ce miserable Chasteau, où elle estoit releguée, demanderent par leurs vœux & continuelles prieres, que le Ciel luy fust plus fauorable que la terre, & que tous ceux qui estoient les causes de sa disgrace & de son mal-heur, entre autres la maudite Anne de Boulen, fussent punis selon leurs crimes: les autres demandoient que le Roy Henry VIII. fust affligé de la peine de laquelle il affligeoit cette sage Reyne, digne d'vn meilleur mary, & qu'il fust payé de la méme mônoye, c'est à dire qu'Anne de Boulen sa cocubine luy iouât les mémes traits, & luy fist les affronts qu'il auoit faits à sa femme legitime. Ceux-cy pouuoient ietter cét élan d'vne Amante infortunée, en faueur de la Reine Caterine, quand Anne de Boulen prit sa place.

Gonzaga.

   Oublier vn amour si sainctement promis,
    Sans couleur de raison ny de cause apparente,
    Comme si l'inconstance estoit indifferente,
   Et que le faux serment fust vn acte permis.

Mais

DES DAMES ILLVSTRES. 257

Mais arriue le iour que quelqu'autre la venge,
Qui luy manque d'amour, & luy rende le change,
D'auoir si lâchement abusé de sa foy.
Que se voyant traité tout ainsi qu'il la traite,
Il iuge par autruy la faute qu'il a faite,
Et le mal qu'il a fait qu'il le ressente en soy.

Les vœux des vns & des autres furent exaucez : car tous ceux qui ont procuré ce diuorce là, ont esté punis, & sont morts miserables, cõme sçauent ceux qui ont leu l'histoire d'Angleterre. Le Roy Henry VIII. depuis qu'il eut chassé la Reine Caterine fut mal-heureux en ses autres femmes. Peu de mois aprés la mort de la Reine Caterine, qui deceda fort Chrestiennement le iour des Rois de l'année 1535. Anne de Boulen fut conuaincuë d'adulteres & d'incestes, auec George de Boulen son propre frere & plusieurs autres, & pour ces crimes eut la teste tranchée & fut condamnée ignominieusement à vne mort honteuse par le Conseil d'Angleterre, auquel Thomas Boulen son pere naturel ou selon les autres son pere putatif, assistoit comme l'vn de ses Iuges. La troisiéme, nommée Ieanne de Seimer, qu'il auoit prise en affection du viuant d'Anne, au grand creuecœur de cette méchãte femme, fut incisée par le costé pour auoir son enfant, dont elle mourut, & pour cette cause l'enfant fut appellé Edoüard Cesar. La quatriéme nommée Anne de Cleues Princesse Allemãde, fut repudiée bien-tost aprés qu'il l'eut épousée. Caterine de Hawart fut encor plus infortunée : car il la fit decapiter deuant que l'an fut passé. Caterine Parey, que d'autres nomment Ieanne, veuue du Baron de Latimer, sœur du Comte d'Essex, fut la sixiéme, laquelle eut ce seul bon-heur qu'elle l'enterra & se garentit du dessein qu'il auoit de la faire mourir.

L'staus Cãmbden. M. Muisiere. Du Chisne. Belcarius. Remond.

Henry deuant qu'épouser Anne de Cleues auoit esté refusé par deux sages Princesses, sçauoir Marie de Lorraine Duchesse de Longueuille, fille de Claude Duc de Guyse, laquelle il auoit recherchée sur les brisées de Iaque V. Roy d'Escosse son neueu, & Christine de Dannemarc Duchesse de Milan niece de Charles V. comme ie feray voir en leurs Eloges.

La Reyne Caterine se voyant preste d'expirer écriuit vne lettre au Roy Henry VIII. en ces termes.

MONSEIGNEVR Roy, & tres-cher Epoux, parce que déia l'heure de ma mort approche, l'amour & l'affection que ie vous porte, fait que ie vous exhorte en peu de paroles du salut eternel de vostre ame, lequel vous deuez preferer à tous les biens de ce monde, & aux choses mortelles, voire en negligeant le soin de vostre corps, pour l'amour duquel vous m'auez precipitée en maintes calamitez, & vous mesme en beaucoup de sollicitudes. Mais ie vous pardonne le tout de bon cœur, & supplie Dieu qu'il vous pardonne encore. Au reste ie vous recommande Marie vostre fille, & la mienne, à ce que vous vous montriez pere enuers elle. Ayez souuenance de mes trois Dames, & de tous mes seruiteurs, qu'à tous ceux-cy, outre ce qui leur est deu, vous leur fassiez donner leurs gages d'vn an entier, afin qu'ils soient quelque peu recompensez de ce que ie leur dois, vous iurant que mes yeux vous ayment, & vous desirent voir plus que toutes choses mortelles. A Dieu.

Polydorus Vergilius.

Par cét écrit la vertueuse Princesse Caterine a donné vn témoignage de son bon naturel, qui parmy tant de cuisantes disgraces & défaueurs, essaioit à son heure derniere de plaire à celuy, auquel elle n'auoit pleu depuis qu'il s'estoit adōné aux sales & infames plaisirs de la terre. Le Roy Henry VIII. receut cette lettre auec larmes, & pria Eustache Capuce, qui en estoit le porteur, de l'aller saluer de sa part, qui fut le dernier office, qu'il luy rendit parmy sa haine: mais deuant qu'il peût arriuer elle mourut, & peu de iours aprés elle fut enterrée dans l'Eglise de Petterbourg, auec peu de pompe & d'appareil, où depuis a esté enseuelie auprés d'elle la genereuse Reine d'Escosse Marie Stuart doüairiere de France, & presomptiue heritiere d'Angleterre, iusqu'à ce que le feu Roy de la Grand Bretagne son fils l'a fait transporter à Wesmontier, comme nous auons remarqué en la vie de cette Reine martyre.

La Reine Caterine d'Angleterre a écrit deux beaux liures, dignes d'vne Princesse ferme & constante en sa Religion, & zelée en la deuotion & pieté, sçauoir vn *de meditations sur les Pseaumes*, & l'autre *les regrets du pecheur*. Quelques Ecriuains ignorans appellent cette Princesse Caterine d'Auſtriche, au lieu de la nommer comme il faut Caterine d'Arragon ou de Caſtille ou d'Eſpagne : car elle n'eſtoit point de la Maiſon d'Auſtriche.

CATERINE D'AVSTRICHE REYNE DE PORTVGAL.

AYANT parlé des vertus de la tante il faut maintenant que ie décriue les perfections & les merites de la niece, de laquelle les Portugais ont receu pluſieurs bien-faits.

Elle nâquit l'an 1506. peu de iours aprés le decez de ſon pere Philippe Archiduc d'Auſtriche & Roy de Caſtille. Ferdinand d'Arragon Roy d'Eſpagne ſon ayeul maternel, luy fit donner le nom de Caterine au baptéme, & la fit nourrir & éleuer à la pieté & aux bonnes mœurs auec ſes autres ſœurs. Ce Prince fut contraint de prendre luy méme ce ſoin à cauſe que ſa fille Ieanne Reine de Caſtille mere de Caterine, demeura troublée de ſon eſprit eſtant en couche de cette Princeſſe là, quand elle ſceut les nouuelles de la mort de ſon mary l'Archiduc Philippe.

Caterine d'Auſtriche donna dés ſes ieunes ans des preuues & des marques qu'elle ſeroit vn iour vne ſage & vertueuſe Princeſſe, & merita pour ſes vertus d'eſtre mariée à vn Roy, ainſi que ces trois ſœurs Eleonor, Marie, & Iſabelle, deſquelles nous décrirons la vie en ce Liure. Ce fut au mois de Feurier de l'an 1525. que les ceremonies de ſes noces, auec Iean III. Roy de Portugal & des Algarbes furent celebrées en la ville de Salamanque en Eſpagne. Dieu benit ce mariage d'vn bõ nombre d'enfãs, ſix fils & trois filles, qui tous finirẽt leurs iours aux ans de leur enfãce, excepté deux, le cinquiéme fils qui mourut à l'âge de ſeize ans ſept mois, aprés auoir épouſé Ieanne d'Auſtriche, laquelle accoucha d'vn fils poſthume nommé Sebaſtien, & l'ainée des filles appellée Marie fut la premiere femme de Philippe II. Roy d'Eſpagne & mere de l'Infant Dom Carle. La Princeſſe

Portugal, d'argent à cinq eſcuſſons d'azur peris en croix, chargez de cinq beſans d'argent poſez en ſautoir auec vn point de ſable, à la bordure de gueules chargée de ſept chaſteaux d'or, trois en chef, deux en face, & deux en pointe.

Mariana.

K k ij

Caterine est loüée pour auoir porté auec vne grande constance & patience la mort de tous ses enfans, lesquels contre l'ordre ordinaire de la nature, & le souhait des meres, elle vit deceder deuant elle.

Le Roy Iean III. son mary, Prince pieux & magnanime, & qui auec Caterine auança dans le Iapon, l'Ethiopie, les Indes, & les Molucques, la gloire de Dieu & de son Eglise par le moyen du grand S. François Xauier, le second œil de la Compagnie de IESVS, & plusieurs autres signalez seruiteurs de N. Seigneur estant passé de cette vie miserable à l'eternelle & bien-heureuse mourant à Lisbonne, ville capitale de son Royaume de Portugal, d'vne apoplexie qui le saisit l'vnziéme iour de Iuin de l'an 1557. elle luy fit rendre les derniers deuoirs par toutes les terres de son obeïssance.

Turselinus in vita S. Xauerij.

Le Roy Iean fut à bon droit regreté à sa mort par les Portugais & la Reine Caterine sa femme, appellée par les Historiens Portugais, *tres Auguste & tres sainte Princesse*. Ce fameux Casuiste de nostre temps Martin Alpilquete, dit communement le Docteur Nauarre, asseure en sa Somme n'auoir point veu vn plus saint, vn plus parfait & vn plus accomply mariage que celuy du Roy Iean III. & de Caterine: & le Pere Michel Turianus Iesuite, qui a esté par plusieurs années Confesseur de Caterine, a dit que son ame estoit vne de celles, qui entre toutes les autres estoit tres pure & tres agreable à Dieu.

Vasconcellos in descriptione Lusitania.

A Iean III. succeda le Roy Sebastien son petit fils ou neueu qui n'estoit âgé que de trois ans. Sebastien estoit fils posthume de Iean Prince de Portugal, & de Ieanne d'Austriche sa femme, fille puisnée de l'Empereur Charles V. Ce petit Prince à cause de son bas âge demeura quelque temps sous la tutelle de la Reine Caterine son ayeule, au grand contentement des Portugais & des Estrangers, qui trafiquoient en ces terres là. Michel de Chastelnau Seigneur de Mauuissiere, remarque en ses memoires auoir receu des faueurs de cette bonne Princesse, l'ayant esté saluer auec François de Lorraine, de la Maison de Guyse, Grand Prieur de France & General des galeres, qui fut contraint de seiourner quelques iours en Portugal, quãd il alloit auec les galeres de France pour secourir les François, qui estoiēt en Escosse assiegez au Petit Lit par les Anglois.

Caterine d'Austriche voyant la ialousie du Cardinal Henry (qui succeda au Roy Sebastien apres qu'il fut défait en Afrique) prit ce pretexte auec discretion & prudence, qu'elle ne pouuoit pas supporter vn si pesant faix que la Regence des terres, des Estats & des Empires suiets à la Couronne de Portugal, & la fit transferer par les trois Ordres du Royaume, le Clergé, la Noblesse, & le peuple, à ce Prince Ecclesiastique. Neantmoins le Roy Sebastien son petit fils & tous les Portugais la respectoient & honoroient comme leur mere & souueraine Princesse, pour ses vertus & ses perfections. Car elle estoit douée d'vn iugement admirable, courageuse & digne sœur des Empereurs Charles V. & Ferdinand I. si elle eût vécu encor quelques années elle eût par sa sagesse, son credit & son authorité maintenu & conserué la Maison, l'Estat & la Couronne de Portugal: car estant decedée à Lisbonne en l'an 1577. l'année suiuante le Roy Sebastien dépourueu de bons & fideles Conseillers, passa en Afrique où il fut tué miserablement à la iournée d'Alcazar (en laquelle moururent trois Rois) au grād malheur & dommage, non seulement du Royaume de Portugal, mais de tout le Christianisme. Ce genereux Prince, du viuant de la Reyne Caterine son ayeule ayant souuentesfois retardé pour la reuerence qu'il luy portoit, l'impetuosité de ses temeraires desseins.

Caterine Reyne de Portugal non moins sçauante que pieuse, prit pour deuise vn Soleil, lequel estoit à moitié couuert d'vn nuage, auec ces mots Italiens, PVRCHE MI ADOMBRE: *Pourueu qu'il me mette à l'abry.* Par lesquels elle me semble exprimer vn desir semblable à celuy de l'Epouse diuine, qui s'éioüyssoit dans le grand Cantique d'estre assise à l'ombre de celuy qu'elle aymoit. Car bien que les femmes éclatent par les rayons de leurs maris, comme parlent les Iurisconsultes, & que leur gloire soit commune entre eux, c'est neantmoins vn sentiment bien seant à vne femme pour sa condition d'en deferer la gloire entiere au mary & se contenter de l'ombre, témoignant par cette de-

CATERINE D'AVSTRICHE REYNE DE POLOGNE.

Pologne blazonné és Eloges d'Anne & de Barbe Reines de Pologne.

E vous donne encor vne Reine du nom de Caterine, & de la méme Maison que la precedente, & sa niece. Cette Princesse estoit la cinquiéme fille de l'Empereur Ferdinand premier, & de la Reine Anne de Hongrie sa femme. Elle fut en ses ieunes ans esleuée sous la conduite de sa mere, Princesse de rare vertu (comme nous auons dit en son Eloge) auec ses autres sœurs, lesquelles ont toutes esté sans fiction, les vrayes images de la vertu & de la pieté Chrestienne : tant celles qui dés leur ieunesse, ainsi que iadis ces saintes Dames Romaines, les Paules, les Eustoches, les Melanies, & les Saluies, en la fleur de leur âge, ont conceu dans le milieu d'vn monde de vanitez, le mépris des vanitez de la terre, & quitté par vne genereuse resolution la Cour Imperiale, leurs biens, & leurs pretentions, pour se consacrer au seruice de la diuine Maiesté, dans le Monastere qu'elles firent bastir pour là s'enterrer toutes viues comme des Vestales ; que celles qui pour leurs merites & leurs perfections ont esté mariées à des Monarques ou aux premiers Princes de l'Italie & de l'Allemagne : car Dieu benit le mariage de l'Empereur Ferdinand I. & de sa femme Anne Iagellon d'vne si grāde fecondité, que plusieurs grandes Maisons de la Chrestienté en furent honorées. Leur fille aisnée Isabelle ou Anne Elisabet fut mariée à Sigismond Auguste Roy de Pologne : Anne à Albert V. Duc de Bauiere : Marie à Guillaume Duc de Iuliers & de Cleues : Barbe à Alfonse II. Duc de Ferrare : Leonor à Guillaume Duc de Mantouë : & Ieanne à François Duc de Toscane. Magdelene, Marguerite & Helene furent Religieuses au Conuent de Hala au Comté de Tyrol, qu'elles fonderent pour des filles nobles qui font vœu de

chasteté & d'obedience. Ce Monastere est conduit par les PP. Iesuites, chose singuliere & sans exemple en la Chrestienté; ces trois Religieuses Princesses, & leurs nieces Marie, Chrestienne & Leonor secondes Fondatrices de cette Maison là, ayans porté vne particuliere affection à cette Compagnie: Aussi S. Ignace de Loyola se seruit de la faueur de Marguerite d'Austriche fille de Ferdinand I. pour diuertir ce Prince là de donner l'Euéché de Trieste à Claude le Iay l'vn des dix premiers Iesuites.

Entre ces vertueuses Archiduchesses, Caterine ne tient pas le dernier rang. Elle nâquit à Vienne en Austriche l'an 1533. l'onziéme du mois de Nouembre feste de S. Martin Archeuéque de Tours, & l'vn des Saints protecteurs du Royaume de Hongrie. Estant paruenuë en l'âge d'estre mariée, François de Gonzague Duc de Mantouë fils aisné du Duc Federic, & de Marguerite Paleologue Marquise de Montferrat, ayant sceu qu'elle estoit vne Princesse accomplie en toutes sortes de perfections dignes d'vne fille de sa Maison & de sa qualité, l'enuoya demander pour femme à l'Empereur son pere par vne magnifique & solemnelle ambassade. Ce Prince chef de la serenissime Maison de Gonzague ayant obtenu sa demande & l'accomplissement de ses desirs l'an 1549. ne ioüit gueres de son contentement: car estant allé de bonne heure reposer au tombeau, il laissa la Duchesse Caterine sa femme quasi aussi-tost veuue que mariée au grand regret de ses suiets, d'autant qu'il ne laissa aucune lignée: de sorte que Caterine fut côtrainte de quitter les Duchez de Montferrat & de Mantouë, pour retourner en Boheme & en Austriche, laissant en Italie le renom & la memoire de sa pieté & de ses autres vertus, qui l'ont renduë recommandable en cette belle contrée, où chacun admiroit ses graces & ses merites.

Sigismond Auguste Roy de Pologne, le dernier masle de la race des Iagellons, se voyant veuf pour la seconde fois, & sans enfans de ses deux femmes Isabelle d'Austriche, & Barbe Radziuil, ietta les yeux & ses affections sur Caterine Duchesse Doüairiere de Mantouë, sœur d'Isabelle sa premiere femme, & l'épousa dans la grande Eglise de Cracouie

Octaue Strada.

vers l'an 1549. où selon les autres 1551. après auoir obtenu la dispense du souuerain Pontife qui lors estoit Vicaire de Dieu en terre. Caterine fut conduite en Pologne par son frere Ferdinand Archidue d'Austriche & Comte de Tirol, où elle fut receuë & accueillie auec toutes sortes d'honneurs & de caresses tant du Roy son mary que des Palatins.

Elogia Regum Poloniæ.

Les premieres années de ce royal Hymenée s'écoulerent auec vne grande paix, douceur, & tranquilité: mais quelque temps après il y eut du refroidissement en leur amitié. Les Polacques après auoir par plusieurs années desiré que le Ciel benit ce mariage d'vne heureuse & feconde lignée, furent frustrez de leur attente, ce qui les affligea: mais sur tous le Roy Sigismond Auguste & Caterine son épouse. Ce grand Monarque, lequel a fait paroistre son courage & sa valeur aux Russes ou Moscouites, se voyât sans lignée après auoir esté marié trois fois demeura quelques années fort triste & melancolique. Il y eut des flateurs dont les Cours des Rois & des Princes sont plus remplies que la mer de poissons & l'Afrique de monstres, qui voulurent persuader à ce bon Prince de repudier la Reine Caterine sa femme, ce qui donna beaucoup d'affliction à cette Princesse, laquelle par sa douceur, sa modestie, & sa bonté auoit gagné le cœur & les affections des Lituaniens & des Polonnois: Mais le iuste Ciel ayant pitié de la tristesse & de la douleur de cette vertueuse Reyne la consola, plusieurs personnes d'eminente doctrine & pieté, entre autres le grand Stanislas Hosius Cardinal & Euéque de Watmie l'honneur de la Pologne, & pour les lettres & pour la sainteté, firent que le Roy Sigismond II. continua tousiours son affection & sa bien-veillance à cette Princesse son épouse, sans vouloir ouïr parler de diuorce que les Heretiques tâchoient sous main de luy persuader par leurs agents secrets & confidens, afin que ce Prince d'vne douce & facile humeur se remariât à quelque Dame Polonnoise infectée de leurs erreurs.

Gabutius in vita Pij V.

Cette Reyne fonda auec le Roy Sigismond Auguste trois Colléges de la Compagnie de IESVS, pour maintenir la ieunesse Polacque en la crainte de Dieu, & en la Religion Catho-

Catholique Romaine, & s'oppofer aux Lutheriens, Trinitaires, Anabaptiftes, Adamites, Caluiniftes, & autres Sectaires, qui par le malheur de ces derniers fiecles fe font répandus en diuers endroits de la Pologne & de la Lithuanie. Cette Royale fondation eft vne bonne marque de la pieté de la Reine Caterine, de laquelle la terre n'eftant pas digne, le Ciel la retira de ce monde pour ioüir, comme nous pouuons pieufement croire, de la vie bien-heureufe & eternelle, & de la prefence du Roy des Rois, auquel durant fon feiour en cette vie paffagere & periffable, elle auoit mis toute fa confiance & fon efpoir, ainfi qu'elle l'a déclaré par l'vne de fes deuifes & fymboles. Ce fut le dernier du mois de Feurier de 1572. qu'elle deceda. Les Hiftoriens modernes de Pologne ne remarquent point le lieu où elle mourut. Octaue Strada de Rofberg Alleman & citoyen Romain, Antiquaire de l'Empereur Rodolfe II. efcrit que ce fut à Linx (ville de l'Archiduché d'Auftriche) & que là elle receut les honneurs de la fepulture dans l'Eglife Cathedrale. Le Roy Sigifmond Augufte fon mary ne la pût furuiure que quatre mois, eftant decedé le dix-huitiéme de Iuillet de la méme année. Aprés la mort de ce Prince, les Polonnois eftans affemblez és plaines de Warfouie, efleurent entre plufieurs Princes pretendans au diadéme de Pologne, Henry de France Duc d'Aniou frere du Roy Charles IX. lequel à peine eftoit entré en ce grand Royaume qu'il fallut qu'il fongeât au retour pour reuenir recueillir la Couronne de France qui luy appartenoit par le decés de Charles, au grand regret de ces peuples Septentrionaux, qui defiroient auec paffion eftre commádez par vn fi bon & fi fage Prince.

Caterine d'Auftriche Reine de Pologne eftant veuue de François de Gonzague Duc de Mantouë, auoit pour fymbole ou deuife vn arbre chargé de fruits, que le dard du foudre fend en deux auec ces mots Latins, SPOLIAT MORS MVNERA NOSTRA, c'eft à dire, *La mort nous dépoüille de nos biens:* Par laquelle la Reyne Caterine declaroit, que comme fouuent le tonnerre ou le foudre fend les arbres en deux, ou les brufle deuant qu'ils puiffent dóner leurs fruits en leurs temps & en leurs faifons, felon l'ordre de la nature:

de même la mort cruelle & inexorable oste la vie aux hommes vertueux & bien nez, deuant qu'ils puissent produire les fruits de leurs belles actions qu'on attend & espere d'eux à raison de leur bon naturel, ainsi qu'elle méme en auoit fait l'experience par la perte de ce sien premier mary, Prince de grande esperance, lequel s'il eût vécu plusieurs années, eût sans doute, tant il estoit genereux & magnanime, esté non seulemét l'vn des premiers Princes d'Italie, mais de l'Europe & de l'Vniuers, & eût osté aux Ottomans, l'Empire de Constantinople qu'ils ont vsurpé sur les Paleologues ses ancestres maternels.

Cette grande Princesse auoit encor vne autre deuise, sçauoir vn ieune oiseau, qui commençoit à regarder le Soleil & la lumiere de ce bel astre, lampe du monde, auec ces mots Latins, DEGENERES ANIMOS LVX ADIVVAT, *La lumiere ayde les courages debiles* : Par cette deuise ie croy qu'elle vouloit nous apprendre que les filles & femmelettes quoy que plus debiles & fragiles que les hommes, peuuent neantmoins par la contemplation des mysteres de nostre Foy, paruenir à la connoissance de la Diuinité, & auoir de grandes lumieres; ainsi que nous lisons és vies admirables des saintes Caterines de Sienne & de Génes, de la B. Angele de Foligny, & en nos iours de sainte Terese de IESVS & de la B. Marie Magdelene de Pazzi beatifiée par le Pape Vrbain VIII. dont la vie a esté écrite par le docte & deuot Pere Dominique de IESVS Theologien de l'Ordre des Peres Carmes Deschaussez, duquel la modestie ne me permet pas de parler de cét ouurage, & de tous ceux qu'on attend de luy, entre autres celuy des Fastes sacrez de la Royale Maison de France.

La troisiéme & la plus belle deuise de Caterine, Reine de Pologne, estoit, vne femme fort modestement vestuë, & debout, dans vne isle que la mer bordoit de toutes parts, laquelle tenoit vn ancre en sa main droite sur lequel elle s'appuyoit, & auoit ses yeux esleuez au Ciel, duquel vers elle s'élançoit vn rayon & vne lumiere, & y auoit écrit IN DEO SPES MEA, *Mon esperance est en Dieu*. Par ce symbole elle vouloit nous monstrer que battuë de tous costez des vents & des orages de la mer du monde, sa confiance & son espoir estoit seulement en Dieu, & en la Croix de Iesus-Christ, laquelle estoit son appuy & son reconfort parmy toutes ses disgraces & ses calamitez, disant veritablement:

C'est à Dieu que ie souspire:
C'est Dieu que mon cœur desire.

Nostre Reyne Elisabet femme du Roy Charles IX. & niece de Caterine Reyne de Pologne, auoit vne deuise quasi semblable à celle de sa tante, comme nous dirons à la fin de son Eloge és vies des Isabelles.

Si Caterine d'Austriche Reyne de Pologne est digne de loüange pour sa constance & ses autres vertus, Caterine Iagellon ou de Pologne, sœur du Roy Sigismond Auguste son mary, merite encor à meilleur titre trouuer place dans ces Vies ou Eloges des Dames Illustres, ayant auec vn courage plus masle que feminin tâché de remettre la vraye Religion és Royaumes de Gothie, de Liuonie, & de Suede, & instruit son fils le feu Roy de Pologne Sigismond III. en la Foy Catholique, comme vous reconnoistrez par sa vie & ses actions heroïques, que ie décriray en suitte de cette-cy, quoy que i'aye desia ailleurs publié amplement son zele & sa generosité. *En l'Histoire Catholique.*

CATERINE IAGELLON OV DE POLOGNE,
REYNE DE SVEDE, DE GOTIE, ET DE WANDALIE.

Suede d'azur à trois couronnes d'or 2. & 1.

LA genereuse & la sage Heroine Caterine Iagellon, estoit la derniere des filles de Sigismond I. Roy de Pologne, & de sa deuxiéme femme Bonne Sforce, laquelle n'ayant point esté mariée pour son ieune âge du viuant du Roy son pere, demeura auec ses sœurs Sofie & Anne, sous

Ll ij

la garde noble de son frere vnique le Roy Sigismond Auguste ; la Reyne Bonne sa mere ayant quitté la Cour de Pologne, s'estant retirée à Bar au Royaume de Naples, ne pouuant pas s'accommoder en Pologne auec le Roy Sigismond Auguste son fils, comme i'ay remarqué en sa vie.

Gotie, d'argět, à trois bandes ondées d'azur au lion de sable sur le tout.

Caterine, quoy que la plus ieune des Infantes Polonoises, fut recherchée en mariage par plusieurs grands Princes, mais sur tous par Basile ou Iean Basilides, Grand Duc de Moscouie, ou Zar & Empereur des Russes, & par Iean de Wasa ou de Suede Duc de Finland ou Finlandie, fils & frere de Gustaue, & Eric Rois de Suede & de Gothie. Elle preferera ce dernier à tous les autres, pour estre le mieux fait & le plus agréable Prince estant assis, qui fust au monde : car debout ayant les iambes courtes il perdoit beaucoup de sa grace, lequel outre cette beauté de corps auoit plusieurs grandes qualitez de l'esprit, ayant l'intelligence des langues : de sorte que tous les Estrangers pouuoient luy parler, sans recourir à vne bouche empruntée pour seruir d'interprete.

Vandalie, d'argět, à vn chat effarouché de sable.

Vuasa blazōné en l'eloge d'Anne d'Austriche Reyne de Pologne.

Finland ou Finlādie Septentrionale, d'azur à vn lion d'or selon Chifflet, auquel Mōsieur de Vulson de la Colombiere fait tenir vne espée d'argět auec ses 2. pattes.

Caterine ne fut pas si tost arriuée en Suede l'an mil cinq cens soixante deux, qu'elle se vit captiue & prisonniere : car à peine elle estoit dans son Chasteau de Wibourg, auec le duc Iean son mary, qu'ils furent assiegez en cette place par le Roy Eric, lequel les força de se rendre à discretion auec perte de plus de deux cens mil escus en argent ou en meubles. Ce cruel Prince fort adonné à la magie, ayant souuent consulté auec ses esprits & fait ses sortileges, trouua qu'il deuoit estre priué de son Etat par vn des plus grands du Royaume : il creut donc que ce ne pouuoit estre que son frere Iean Duc de Finlandie, qui estoit plus âgé que Magnus Seigneur d'Ostrogothie & Côte de Dalie, & Charles Duc de Sudermanie, de Noricie & de Vermelandie, ses autres freres : C'est pourquoy il n'eut point de bien qu'il ne l'eut enfermé dans cette masse de pierre du Fort de Wibourg. Il fit offre de liberté à Caterine Iagellon, craignant d'offenser le Roy de Pologne son frere : mais cette vertueuse & Catholique Princesse voulut suiure la fortune de son mary, & l'accompagna en sa captiuité, pendant laquelle elle eut deux filles : Isabelle née l'an mil cinq cens soixante sept, qui mourut fort ieune

Finlandie Meridionale, d'azur, à vn casque d'argět couronné d'or, & deux bāderoles d'argent passées dans la visiere du casque, bastonnées d'or, & posées en sautoir

Ostrogo-

DES DAMES ILLVSTRES.

& fut enterrée à Stregniz : & Anne née l'an 1568. qui a toûjours vécu à la Cour de son frere Sigismond III. Roy de Pologne, & mourut l'an 1625. à Strasburg en Prusse ou Prussie, sans auoir esté mariée : & vn fils nommé au baptéme Sigismond, qui nâquit dans la prison de Gripsholm l'an 1566. qu'elle instruisit en la Religion Catholique : car le Duc Iean son mary estoit Lutherien.

La bonne Duchesse Caterine durant quatre années de prison, fut reduite à telle extremité auec son mary, & ses enfans, par la barbarie & cruauté d'vn Gerich Person, grand fauory d'Eric, que bien souuent leur viure ordinaire leur estoit dénié, au grand déplaisir de tous les Grands & du Peuple de Suede, qui murmuroient publiquement, se plaignans de l'inhumanité dont on vsoit en sa personne : ce qui estant venu à la connoissance du Roy Eric, il fit perdre la vie aux principaux Seigneurs qui auoient compassion de la misere de la Duchesse sa belle-sœur.

Eric Roy de Suede, après auoir tenu quatre ans entiers prisonniers le Duc & la Duchesse de Finlandie, les fut visiter, estimant que les quatre ans de ses oracles trompeurs expirez, son destin eut changé ; il les mit dehors, & fondant en larmes les pria de luy pardonner, pour les auoir si mal traitez, sans qu'ils luy en eussent donné aucun suiet, & offrit le Gouuernement de son Estat au Duc Iean, dont il se reconnoissoit du tout incapable. Le Duc & la Duchesse de Finland, se iettans à ses pieds, le remercierent de les auoir remis en liberté, & depuis le Duc par le sage aduis de sa femme refusa la charge de Vice-Roy : mais le Roy Eric son frere ne voulut pas receuoir ses excuses. Le Duc se voyant contraint d'accepter cette charge là, Eric ayant commandé à ses suiets qu'on eût à luy obeyr comme à luy mesme, remontra à sa Maiesté, que sa longue prison luy auoit fait perdre tous ses seruiteurs, & la supplia auec instance de luy en dōner quelqu'vn de sa main, sur la fidelité duquel elle pust se reposer pour estre témoin de sa conduite. Le Roy Eric luy dōna Pontus de la Gardie ou de la Garde, François de Nation, qu'il aymoit & auoit auancé à cause de son bel esprit, & de son adresse en toutes sortes d'exercices.

Iean Duc de Finland, Regent du Royaume de Suede, & la

tie, de gueules, au dragon d'argent.

Lappie, d'argent, à vn sauuage portant vne nasselle sur ses épaules, le tout au naturel.

Liuonie, de sinople, à 4. besans d'argent.

Les curieux qui desirent sçauoir les actions genereuses & la vie de

Duchesse Caterine sa femme, se firent aymer de tous les Suedois, pour leur douceur & bonté. Chacun admiroit la vie sainte de Caterine Iagellon femme du Regent, laquelle rendoit tous les iours graces à la Diuine Maiesté de l'auoir deliurée & le Duc son mary, de la misere où ils estoient dans la prison, & encore qu'elle ne fust pas Reyne, elle ne laissoit pas de faire ouuertement l'exercice de la Religion Catholique, qui auoit esté abolie par les Edicts des Rois Gustaue & Eric. Elle auoit à sa suite des Prestres Catholiques, sa Chapelle estoit parée de riches ornemens, où plusieurs habitans alloient ouïr la Messe, & qui plus est, elle nourrissoit ses enfans en sa Religion, & sur tous son fils vnique Sigismond qui a regné en Pologne. Le Duc Iean son mary qui à l'exterieur sembloit Lutherien, estoit Catholique en son ame.

Caterine ne sçauroit estre assez loüée pour auoir éleué à la Religiō Catholique, son fils Sigismond, qui fut couronné Roy de Pologne l'an 1587. le 27. de Decembre à Cracouie (comme i'ay remarqué en l'Eloge d'Anne Iagellon Reyne de Pologne, sœur de Caterine, & tante de Sigismond) & Roy de Suede dans l'Eglise Archiepiscopale d'Vpsal le ᵃ 14. Feurier de l'an 1594. Il mourut à Varsouie l'an 1632. le 15. Auril, ayant regné 45. ou 46. ans en Pologne, auec bien de l'honneur & de la gloire par ces quatre actions; La premiere, pour auoir vaincu son Competiteur à la Couronne Polacque Maximilien d'Austriche, par Iean Zamoski de Zamosczye son Chancelier, & obligé cette Maison là de luy estre amie; La seconde, pour auoir amené à vne paix l'Empereur des Turcs, aprés l'auoir vaincu en vne bataille rangée, soustenuë d'vne si puissante armée & si redoutable, qu'ils la faisoient monter à quatre cens mille hommes, tant de pied que de cheual, & en suite chassé honteusement Michel de la Moldauie, & Aaron de la Valachie; La troisiéme, pour auoir pris Smolenski, capitale de Moscouie, auec leur Prince Suiscius, & deux de ses freres : l'vn desquels estant mort son prisonnier, il luy fit faire vn tombeau magnifique; ce qui luy acquit le titre de *Pieux*, comme le premier des Sigismonds auoit obtenu celuy de *Diuin*, & le deuxiéme celuy d'*Auguste*. Que si aprés le decés de son pere Iean Roy de Suede, Charles son oncle s'est emparé de la Liuonie, &

Pontus de la Gardie, auront recours à Mr le President de Thou & au Cōseiller de Remond, qui ont dās leurs histoires parlé dignemēt de ce Vice-roy de Liuonie, auquel Iean Roy de Suede donna l'vne de ses filles naturelles en mariage.

Voyez l'Eloge d'Anne Iagellon R. de Pologne.
ᵃ *D'autres disent le 19.*

Zamoski de gueules, à 3. lances d'or, deux desquelles sont posées en sautoir la pointe en bas, & la 3. est posée sur icelles en pal la pointe en haut.

en suite de toute la Suede qui luy appartenoit: il le faut imputer à son absence, aux Seigneurs qu'il auoit laissez en ce Royaume là pour le gouuerner, & aux effets qu'a produit la diuersité de Religion dans l'esprit de ces peuples du Nort. Et la 4. pour auoir esté tres Catholique, (quoy qu'il fust né en vn Royaume heretique & fils d'vn pere de cette secte, ou qui ne s'est iamais ouuertemēt declaré Catholique) ayant esté si zelé pour la vraye Religion, que d'auoir quitté la Couronne Suedoise & méme presenté sa teste aux principaux de Suede, plustost que de se départir de la Foy Catholique, lors qu'ils luy vinrent dōner l'option de l'vn ou de l'autre; ce qui fit dire à l'Empereur Rodolfe II. parlant de luy, qu'il auoit perdu la terre pour gagner le Ciel. Ce bon Prince Sigismond eut deux femmes qui estoient sœurs germaines, Anne & Constance d'Austriche filles de l'Archiduc Charles & de Marie de Bauiere, & sœurs de Ferdinand II. defunt Empereur, dōt il a eu 12. enfans, comme ie vous ay fait voir à la fin de l'Eloge d'Anne d'Austriche Reyne de Pologne & de Suede sa premiere femme. Reuenons à l'Heroine Caterine Iagellon mere de ce Prince.

Stanislai Lubienski Episcopi Plocensis opera posthuma.

Voyez les pages 44. 45. & 46. de ce liure.

Ponce ou Pontus de la Gardie voyant la Duchesse de Finland Caterine si Catholique, fut rauy de voir que cette bonne Princesse n'auoit point de plus grāde passion, que de pouuoir faire restablir la vraye Religion dans ces Royaumes du Nort: & que le Duc de Finlādie estoit vn Prince affable doux & courtois, autant aimé des peuples de Suede, de Gothie, & de Wandalie, comme son frere le Roy Eric estoit hay pour ses tyrannies & ses cruautez: car outre qu'il tua de sa propre main plusieurs grands Seigneurs de son Etat, mesme il osta la vie à son precepteur, qui luy vouloit remōstrer le tort qu'il se faisoit de mettre ainsi ses mains royales dans le sang de ses suiets.

Le plus illustre des Seigneurs Suedois que tua le Roy Eric, s'appelloit Nicolas Sture de la famille & du sang Royal de Suede, lequel il poignarda luy mesme en prison.

Ce Tyran voulant obliger vn autre Tyran, & non seulement de s'obliger, mais mesme ruiner ses freres, promit par de secrettes Ambassades à Basile Empereur de Russie, dit le

Tyran, pour ses inhumanitez, de luy enuoyer dans vn vaisseau sa belle sœur la Duchesse Caterine (de laquelle le Moscouite estoit passionnémét amoureux, & qu'il auoit demandée en mariage, comme nous auons remarqué cy-dessus) aprés qu'il se seroit depesché de son mary : Il s'obligea encor de donner l'vne de ses sœurs, la plus belle & la plus agreable Princesse de l'Europe aprés Marie Reyne d'Escosse & doüairiere de France (qui sans contestation estoit la plus belle des Princesses de son siecle) pour le fils de Basile agé de 20. ans.

Caterine & Iean furent aduertis des embusches qu'Eric leur dressoit ; & vn iour Pontus de la Gardie estant en colere s'adressa à la Duchesse de Finlandie Caterine Iagellon, & luy tint ce discours.

Remond.

Madame, ie m'estonne comme le Duc vostre mary & mon Seigneur ne considere pas qu'estans le Royaume de Suede lassé des cruautez & de l'insolente domination de son frere, a les yeux attachez sur son Altesse Royale, & luy tend les bras pour estre deliuré d'vne telle tyrannie, & luy mettre la Couronne sur la teste, qu'elle merite autant de porter comme ce cruel tyran en est indigne. Il est aisé (pourueu que son Altesse le veüille seulement) de se rendre Maistre de cet Etat, & se faire vn grand Prince au lieu d'vn paunre Duc, qui ne pourra en fin éuiter vne prison perpetuelle, de laquelle il est des-ia vne fois eschappé. Ie le sçay pour auoir pratiqué tous les Capitaines, que les six mille Escossois qui se trouuent à la solde du Roy Eric sont mescontens & prests à se reuolter faute de payement. Les Ducs Magnus & Charles, & les plus grands du Royaume sont indignez que le Roy ait soüillé son lict nuptial de sa concubine Caterine qu'il entretient depuis tant d'années, & ne cherchent que l'occasion de chasser cette prostituée, & perdre sa race, ces trois enfans Gustaue, Christofle & Syrie, qu'il a eu de cette fille d'vn miserable Sergent.

La Duchesse Caterine ayant ouy le discours de la Gardie luy fit cette response : *Pontus vos raisons sont tres-bonnes, mais mal aisées à estre executées : soyez sage & discret, i'en parleray au Duc Monsieur mon mary, qui sçaura bien estimer vostre zele à son seruice.*

Peu de iours aprés que la Gardie eut donné cét auertissement à la Duchesse de Finland, les Ambassadeurs du Moscouite arriuerent à Stokholm auec vne suite honorable de six cens Gentils-hommes, pour chercher cette Princesse & la sœur

sœur du Roy qu'Eric leur auoit promises. Ce Prince voyant qu'il ne pouuoit pas leur donner la Duchesse Caterine sa belle sœur, puis que le Duc Iean estoit en vie, il luy offrit la Reyne Doüairiere de Suede Caterine veuue de du Roy Gustaue son pere, qui estoit la troisiesme femme de ce Monarque là qu'il auoit espousée l'an 1553. & estoit fille de Gustaue Gouuerneur de Westre-Gothie, tres-belle Princesse qui estoit lors seulement aagée de 35. ans, & 2. de ses sœurs, Sofie qui fut depuis mariée à Magnus Duc de Saxe mere de Gustaue Duc de Saxe mort à Stokholm l'an 1587. & Elizabet mariée à Christofle Duc de Mekelburg, dõt sont venus les Ducs d'auiourdhuy, & de là la parenté de ces Princes là auec le vaillãt & dernier Gustaue Adolfe Roy de Suede; qui fut vne des principales causes pour le faire entrer en Alemagne, desirant (comme il a publié dans son Manifeste) deliurer ses parens oppressez, l'Empereur Ferdinãd II. ayant cõtre les formes ordinaires de l'Empire lors donné tout leur pays à Albert de Waldstein Duc de Friland & de Sagan, Capitaine General de sa Maiesté Imperiale.

Vvaldstein, escartelé d'azur & d'or à 4. Lyons ou Lyonceaux. affrontez deux à deux de l'vn en l'autre.

Eric Roy des Suedois au desceu de ces Princesses faisoit preparer l'embarquement: mais en ayans esté aduerties elles sortirent de Stokholm sous pretexte d'aller promener hors la ville: elles furent soudain mises en croupe & enleuées auec tel bon-heur, qu'elles ne furent suiuies qu'aprés vne longue traite, ayans eu le moyen de se ietter entre les mains de Iean de Wasa Duc de Finlandie qui les receut fort courtoisemẽt, les assista en sa maison, où elles demeurerent auec sa femme la Duchesse de Finland Caterine Iagellon. Ces quatre belles Princesses estoient aussi contentes d'estre deliurées des embusches qu'on leur auoit dressées, comme Eric estoit fasché de ne les auoir pas en sa disposition pour donner tout contentement au Zar ou Empereur de Moscouie.

Ce Prince irrité pour se venger de l'affront qu'il pretendoit auoir receu, prit la resolution de faire mourir & assassiner ses freres, les Ducs Iean, Magnus, & Charles, & les principaux Seigneurs de sa Cour, dont il estoit entré en défiance, & pour executer son mauuais dessein il les fit appeler au festin de ses noces: Mais ayans eu le vent qu'on les deuoit mener à la boucherie à ce festin nuptial, ils ne se rendirent point à Stokholm, comme ils auoient promis, mais se seruans de Pontus de la Gardie, braue Capitaine & doüé d'vn esprit incomparable, lequel s'estoit acquis l'amitié des peuples de Suede, ils firent sousleuer la pluspart des suiets d'Eric contre luy.

Ce Roy estonné de voir tout son Estat reuolté, met aux champs vne armée de douze mille hommes qu'il enuoye côtre le Duc de Finland & les autres Princes liguez : mais vne bonne partie des soldats & Capitaines quitterent le party du Roy & se rangerent sous les drapeaux & les enseignes du Duc, lequel suiui de ses troupes marcha auec vn vent fauorable iusques aux portes de Stokholm qui luy furent ouuertes du costé du Nort, & à la Gardie, & fut receu auec les ioyes & les acclamations des habitans qui faisoient retentir l'air de ces cris, *Viue le Roy Iean, viue le Roy Iean, la Reine Caterine, & le Prince Sigismond.* Eric leur estant allé au rencontre fut à la fin contraint de se sauuuer dans vne Eglise : mais le soir aprés quelque resistance, il se mit à la mercy de son frere Iean, qui l'enuoya prisonnier à Vestras, place que le Roy Gustaue auoit fortifiée des ruines des Eglises & des Monasteres, où aprés neuf ou dix ans de prison il mourut le 25. Feurier de l'an 1577. les vns disent qu'il fut empoisonné, mais les autres tiennent qu'vn soldat le tua d'vn coup d'arquebuze, par le commandement du Roy Iean qui craignoit que les Dalecarles (les plus belliqueux peuples de Suede) lors sousleuez ne le deliurassent de prison, & ne le prissent pour leur Chef. On mit sur son tombeau, qu'on void auiourd'huy à Vestras, *Translatum est regnum, & factum est fratris mei, à Domino constitutum est ei,* c'est à dire, *le Royaume a esté transferé & fait propre à mon frere, & cela luy a esté donné par le Seigneur.*

Le Duc de Finland ayant esté receu de tous les peuples de Suede comme leur Prince souuerain, fut couronné Roy de Suede, des deux Gothies, & de Liuonie l'an 1568. auec la Reine Caterine Iagellon sa femme, par vn consentement & contentement vniuersel des Suedois, qui témoignerent de la ioye au Couronnement de cette Princesse, comme ils auoient fait paroistre leur tristesse à celuy de Caterine femme d'Eric; aussi il n'y auoit point de comparaison entre vne Princesse de la Royale Maison de Pologne, & vne femme de la lie du peuple fille d'vn Sergent; condition tres odieuse aux petits & aux grands.

Caterine sage & Catholique Princesse se voiant Reine du plus grand Royaume du Septentrion, où l'heresie de Luther auoit tout credit & authorité, tascha d'y restablir la Religion Catholique qui en auoit esté bannie dés le regne du Roy Gustaue. Le Roy Iean son mary estoit Catholique en son ame, gardoit les ieusnes de l'Eglise, le Caresme & les prieres qu'elle ordonne. Durant son regne il fit remettre le corps de S. Eric par les Prestres Catholiques en l'Eglise d'Vpsal, & les reliques de sainte Brigide dans vne chasse d'argent. Mais ce bon Prince quoy qu'il desirast restablir la Foy Catholique en ses terres & seigneuries: neantmoins il y marchoit lentement & ne se découuroit qu'à peu de personnes, de crainte qu'il auoit qu'on luy ostât la Couronne. Car le Roy Gustaue son pere dit le Grand, auoit ordonné par son testament, que les Rois des Suedois, des Goths & des Wandales ses successeurs seroient obligez d'estre Lutheriens, ayans durant son regne de 40. ans fait receuoir dans le Royaume de Suede la Côfession d'Ausbourg, laquelle depuis plusieurs ont quittée, & toutes les opinions de Luther, pour embrasser celles de Caluin.

Antonius Possevinus.

Caterine Iagellon ayant vn cœur plus masle que son mary, non seulement se declara Catholique Romaine, mais tascha par tous moyens que le Roy Iean renonçast au Lutheranisme. Elle le supplia vn iour côme il estoit assisté des Seigneurs & des Grands de Suede, de vouloir restablir l'Eglise Catholique dans ses Estats en sa premiere splendeur, sous laquelle le Royaume auoit tousiours prosperé, & puis qu'il estoit paisible en son Empire, Roy non seulement du Royaume, mais du cœur de ses suiets, ayant la paix auec le Roy de Dannemarc son voisin, & appuyé du Roy de Pologne son beau frere, entreprendre ce saint œuure & restablir l'Eglise de Dieu, selon le desir & le souhait de tous les gens de bien.

Le Roy vaincu & gagné par les larmes & les prieres de la

Reine Caterine, qu'il aimoit pour sa vertu & sa pieté, communiqua cette affaire à la Gardie son meilleur amy & plus fidele seruiteur, qui de soldat François du païs de Languedoc, fut par la faueur du Roy Iean & de la Reine Caterine Viceroy du Royaume de Liuonie. Ce genereux Capitaine qui a emporté sur le Moscouite la forte ville de Nerua, ayant sceu le dessein du Roy & de la Reine, loüa fort (comme il estoit Catholique) le zele de la Reine, & conseilla au Roy de traiter auec le Pape, en donner aduis au Roy de Pologne, & aller en cette affaire si importante la sonde en la main, afin de ne faire rien mal à propos. Il alla luy mesme à Rome trouuer le Pape Gregoire XIII. Ce Saint Pere ayant receu à Rome l'Ambassadeur du Suedois, enuoya par l'entremise d'Anne Reine de Pologne femme d'Estiene Bathori & sœur de Caterine Reine de Suede, des Peres de la Compagnie de IESVS, & quelques Prestres seculiers, entre autres vn de tres-bonne vie & homme de sçauoir, pour trauailler au restablissemēt de la vraye Religion dans ce plus ample Royaume du Nort. Tous ces Ecclesiastiques firent de grands progrés, mais sur tous ce pieux & docte Prestre, que le Roy fit son professeur en Theologie au College qu'il auoit fondé à Stokholm, lequel fut suiuy d'vn grand nombre d'Auditeurs en ses sermons & en ses leçons.

Les Grands de Suede qui venoient le bien de l'Eglise, voyans que la Gardie demeuroit long temps à Rome en Ambassade, eurent apprehension que si on restablissoit la vraye Religion, ils seroient contraints de rendre les biens vsurpez sur les Ecclesiastiques. Les Euéques & les Curez Lutheriens eurent encor vne plus grande peur qu'on leur ostât leurs femmes, & que leurs enfans fussent declarez illegitimes. C'est pourquoy ils supplierent le Roy de rappeller la Gardie de Rome.

La Reine Caterine s'opposa à toutes leurs apprehensions & frayeurs, & les eût toutes surmontées, tant elle estoit courageuse & pleine d'ardeur, si les pechez des Suedois n'eussent irrité la diuine Maiesté, laquelle pour punir ce peuple là leur osta cette religieuse & Catholique Princesse, l'appellant à soy l'an 1583. Comme elle eut receu les Sacremens de l'Eglise

Pōtus estoit natif de la Gardie [en Languedoc, & non pas de Perigord, comme ont escrit quelques-vns. La Gardie estoit vn Chasteau qui donne le nom à la famille, qui est scitué entre Castres & l'Albigeois. Peyregoux est vne autre Maison en ce quartier là où demeure l'aisné de la Maison.

auec ferueur & deuotion, elle pria le Roy son mary de la venir voir, auquel elle fit cette priere. *Elle mourut le 17. Septembre 1583.*

Monsieur commandez que les vrais Chrestiens qui restent en vostre Royaume prient Dieu pour le repos de mon ame aprés ma mort: & si vous desirez que Dieu conserue la Couronne à vostre posterité, ayez le soin de restablir son Eglise dans vostre Royaume.

Ayant acheué ce discours, elle rendit doucement son ame à Dieu. Le Roy Iean estant demeuré seul fut tellement affligé qu'il rappella la Gardie de Rome, & perdit tout courage, craignant d'hazarder ses Estats, desquels son fils Sigismond Roy de Pologne a esté spolié par Charles Duc de Sudermanie, Caluiniste, son oncle, frere du Roy Iean de Suede, & pere du renommé Gustaue Adolfe Roy des Suedois, des Gots, & des Wandales, qui a par ses conquestes en vne année percé à iour les Allemagnes, & porté ses armes victorieuses de ces contrées & Royaumes du Nort au delà de ces trois grandes riuieres l'Elbe, le Mein & le Rhin.

On fit des pompes funebres à cette bonne Reyne Caterine de Iagellon par toutes les Eglises de Suede, où en celle d'Vpsal l'Archeuéque, qui n'estoit pas Catholique, mais ordonné selon les loix du Royaume sans l'authorité du saint Siege, dit ces paroles en l'Oraison funebre qu'il fit par le commandement du Roy Iean:

Cette bonne & vertueuse Reyne que le Ciel auoit ornée de tant de graces, a constamment perseueré en l'ancienne foy & Religion Catholique, de la race des Iagellons, & autres Rois Chrestiens ses ayeuls, & rendu ses derniers soûpirs en l'Eglise, hors laquelle il n'y peut auoir de salut. *Possevinus.*

Iean Roy de Suede, de Gothie & Wandalie aprés auoir fait rendre les derniers deuoirs à la Reyne Caterine sa femme, se maria en secondes noces l'an 1585. à vne Demoiselle de cette Princesse nommée Gunile Bielke, fille de Iean Bielke Gouuerneur d'Ostrogothie, de laquelle il a eu vn fils Iean de Wasa ou de Suede Duc de Finlandie & d'Ostrogothie, qui a épousé l'an 1612. sa cousine germaine Marie Elizabet, fille de Charles vsurpateur de la Couronne de Suede sur Sigismond III. Roy de Pologne & de Suede, & sœur du Roy Gustaue Adolfe. Iean Roy de Suede mourut l'an 1592. estant

Mm iij

âgé de 57. ans, & le 24. de son regne : il a voulu estre inhumé dans l'Eglise d'Vpsal prés de la Reyne Caterine Iagellon sa premiere femme. De son viuant il fit par son adresse, que les Estats de Suede designerent son fils aisné Sigismond & de la Reyne Caterine (qui estoit desia le Monarque des Polonnois) Roy des Suedois, des Gots, & des Wandales, nonobstant le testament du Roy Gustaue I. son pere, qui auoit ordonné que les Roys ses successeurs fussent obligez de suiure les opinions de Ludder, comme i'ay remarqué cy-dessus. Mais Sigismond estant allé en Suede (aprés auoir par ses demandes obtenu le congé des Polonnois) recueillir sa Couronne hereditaire, il en fut priué comme l'on voit chez plusieurs Escriuains, par Charles Duc de Sudermanie, de Nericie & de Vermelandie, qui de Regent & Gouuerneur de Suede s'est fait élire Roy des Suedois l'an 1600. en la place de son neueu Sigismond qui auoit esté couronné Roy de Suede, & des deux Gotthies, dés le 19. Feurier 1594. & aprés que Iean Duc de Finlandie, & d'Ostrogotthie, fils du Roy Iean, & de Gunile sa seconde femme, & frere de pere de Sigismond III. Roy de Pologne, luy eut cedé en pleins Estats, son droit au Royaume de Suede, ou par consideration, ou par simplicité.

F. de Remód.
Thuanus.
A. d'Ossat.
Beyerlinck.
I. Typotij Relat. Histor. de regne Suecia.
Plusieurs histoires de Suede, & les Mercures.
La Geneal. de la Maison de Vasa.

Charles se fit couronner Roy des Suedois l'an 1607. & mourut l'an 1611. estant aagé de 61. an, à Nicopin capitale de Sudermanie, auquel a succedé son fils Gustaue Adolfe, & de sa seconde femme Christine fille d'Adolfe Duc de Holstein. Il fut couronné l'an 1617. & épousa l'année 1620. le 25. Nouembre Marie Eleonor fille de Iean Sigismond Marquis de Brandebourg & Electeur de l'Empire, & sœur de l'Electeur d'à present.

Il mourut victorieux à la bataille de Lutzen le 6. Nouembre 1632. ayant vécu 38. & regné 21. an : il n'a laissé qu'vne fille, Christine auiourd'huy Reyne de Suede née l'an 1626. & designée Reyne l'année suiuante aux Estats de Stokholm. Tout se fait en son nom, elle donne audiance aux Ambassadeurs, & aux Princes, mais en presence de cinq Regens, qui sont les cinq premiers Officiers de la Couronne de Suede, le Grand Maistre, le Connestable, l'Amiral, le Chancelier, & le Sur-Intendant des Finances. Elle sçait la langue Allemande, &

entend la Latine & la Françoise : Elle a l'esprit vif & beaucoup de iugement. La Reine sa mere vit à la campagne, éloignée des affaires, particulierement depuis la mes-intelligence de son frere l'Electeur de Brandeburg auec la Couronne de Suede.

Aprés la mort de Charles Roy de Suede, Marie Elizabet sa fille qui auoit épousé son cousin germain Iean de Suede Duc de Finlandie fils du second mariage de Iean Roy des Suedois, & frere du Roy de Pologne Sigismond III. voulut susciter son mary contre son frere Gustaue Adolfe : mais voyant qu'il n'y vouloit point entédre elle dit plusieurs fois, *Ie suis bien malheureuse d'auoir esté mariée à vn homme de si peu de courage* : C'estoit vne Princesse fort genereuse, qui entendoit parfaitement bien la langue Latine, & auoit leu tous les bons liures. Elle mourut l'an 1620. & fut enterrée dans l'Eglise Cathedrale de Lyncopen auec son mary Iean Duc de Finland qui estoit decedé l'an 1619. à Vastenes où il demeuroit ordinairement.

Ainsi les enfans de Iean Roy de Suede qui n'a point restably la Religion Catholique en ce Royaume là, suiuant les prieres & les instances que luy en fit durant sa vie & à sa mort, la Reyne Caterine Iagellon sa premiere femme, ont esté priuez de la possession de ce Diadéme ; & les dernieres paroles que luy dit cette deuote & Catholique Princesse ont porté coup, & se sont trouuées veritables, *si vous voulez que Dieu conserue la Couronne à vostre posterité, ayez le soin de rétablir son Eglise.*

CATERINE D'AVSTRICHE DVCHESSE DE SAVOYE, & Princesse de Piémont.

Sauoye, de gueules, à la Croix d'argent.

ISABELLE de France dite de la Paix, 3. femme de Philippe II. Roy d'Espagne, eut de ce Prince là deux Infantes, l'aisnée Isabelle Claire Eugenie, de laquelle i'écriray la vie dans les Eloges des Elizabets.

L'autre nommée Caterine par son ayeule maternelle Caterine de Medicis Reine de France, nâquit à Madrit le 10. d'Octobre 1567. & fut mariée à l'âge de 18. ans dans Saragosse par le Roy Philippe son pere à Charles Emanuël Duc de Sauoye & Prince de Piémont en Mars 1585.

Iulius Cæsar Capacius in Elogijs illustriū mulierum.

Philippe II. a esté loüé par les Ecriuains d'Italie d'auoir marié sa fille puisnée, qui surpassoit en noblesse & en vertu la pluspart des Heroines de l'Europe (estant issue de Maisons également Augustes & Royales, du costé paternel de celle d'Austriche, Maison aussi fameuse en pieté qu'en puissance, du costé maternel de celle de France de la branche de Valois ou d'Angoulesme, dont la gloire plus éclatante que le Soleil dans la memoire des hommes, défie tous les iours le temps de deuorer son renom) au Duc Charles Emanuël le plus puissant & le plus noble des Potentats d'Italie, qui a plus commandé d'armées que tous les Princes de cette contrée là n'en ont veu, issu de la race Imperiale des vieux Saxons, qui a donné à la Sauoye tant de braues Heros, & laquelle est l'vne des anciennes Maisons qui tiennent rang de Souueraineté, aprés l'Auguste & Royale Maison de France.

Charles Duc de Sauoye alla en Espagne querir cette Princesse.

S. Charles Borromée Archeuéque de Milan, l'honneur & la gloire du sacré College des Cardinaux, fit à Turin la 2. benediction de ce mariage de Charles Emanuël Duc de Sauoye, auec Caterine d'Austriche ou d'Espagne, en presence des Cardinaux de Verceil & Laurier ou de Montdeui ; mariage que le Ciel a beni d'vn bon nombre d'enfans, 5. fils & 5. filles.

Les

Les fils sont Philippe Emanuël Prince de Piémont decedé en Espagne estant âgé de 19. ans.

Victor Amé Duc de Sauoye Prince de Piémont, qui a épousé Chrestienne de France 2. fille de Henry le Grand Roy de France & de Nauarre, & de la Reine Marie de Medicis son épouse, & sœur du Roy Louis le Iuste: de laquelle il a eu Louis Amédée dit aussi François Hyacinthe Duc de Sauoye, & Charles Emanuël à present Duc de Sauoye, & trois filles.

Emanuël Philebert Grand Prieur de Castille, Vice-roy de Sicile, & Generalissime des galeres d'Espagne, decedé.

Maurice Cardinal à present Prince d'Oneglia, qui a épousé N. Infante de Sauoye sa niéce.

Thomas Prince de Carignan, qui a épousé Marie de Bourbon fille de Charles de Bourbon Comte de Soissons, & d'Anne de Montafié sa femme, dont il a des enfans.

Les filles sont Marguerite de Sauoye, femme de François II. Duc de Mantouë, qui en a eu vne fille nommée Marie, matiée à Charles de Gonzague de Cleues Duc de Rhetel, fils de Charles Duc de Mantouë, de Montferrat & de Neuers.

Izabelle de Sauoye épouse d'Alfonse d'Est Prince de Modene.

Marie & Françoise de Sauoye qui ne sont pas mariées, & Ieanne decedée en ieunesse.

La Duchesse Caterine mere de tant de braues Princes & de chastes Princesses, a esté richement ornée des graces & des beautez de l'esprit & du corps, aiant le visage & l'action dignes de l'Empire & de la Roiauté, ainsi que nous lisons d'Anne de Bretagne Reine de France, & de Marguerite de France Duchesse de Sauoye, auec vne telle grauité qu'elle paroissoit entre les autres Dames comme le Soleil entre les planettes, & la Lune entre les estoiles, ce qui a fait chanter *Capacius.* à Charles Pinto l'vn des premiers poëtes Latins de l'Italie.

Tu vndique fulgida
Virtute ipsa tua Luna velut nites.

Voici les graces & les qualitez de l'esprit. C'estoit vne Princesse douée d'vn iugement admirable, subtile, courageuse,

& patiente, conditions requises & necessaires pour rendre vne Princesse parfaite & accomplie, & capable de manier les affaires publiques; outre cela elle estoit tres-magnanime pour la conduite & le gouuernement d'vn Estat, constante & resoluë, nonobstant la multitude des affaires; & sur tout elle est tres-digne de loüange d'auoir esté humble parmi les honneurs, modeste & retenuë en sa prosperité, heritiere des vertus & des merites des Princes & des Princesses des Maisons de France & d'Austriche, charitable enuers les paures & miserables, l'asile & le support des innocens, & auoir employé vne bonne partie des heures de sa vie à prier Dieu & à vaquer aux bonnes œuures; ce qui faisoit dire au mesme Poëte.

HEROINA TIBI DEESSE NIHIL PVTO,
Rien ne te manque grande Princesse.

Car ceux qui ont écrit des perfections & des merites de cette Duchesse des Sauoisiens ont remarqué que le mariage de Caterine Infante d'Espagne & de Charles Emanuël I. du nom Duc de Sauoye n'estoit qu'amour & concorde, le Duc y adioustoit tant de respect & d'honneur, qu'elle ne faisoit gloire que d'estre aymée parfaictement de luy, s'imaginant qu'elle estoit priuée de la vie quand elle l'estoit de sa veuë. On surprit de ses lettres, & la curiosité qui doit espargner celle d'vne femme à son mary, les ouurit & publia. Elles faisoiét voir & la force de son esprit & la gradeur de son amour. Pour le premier, elle representoit au Duc non seulement l'estat de ses Pays, dont elle auoit la Regence, mais encore de la France & de l'Espagne, & portoit ses pensées & ses coniectures bien loin dans l'aduenir. Pour le deuxiéme, elle le coniuroit de reuenir, protestant qu'elle ne pouuoit plus viure, le voyant tant éloigné d'elle, & si proche des perils, n'estimant pas qu'il fust en seureté iusques à ce qu'il fust auprés d'elle.

Caterine luy enuoyoit trois sortes d'habits de differentes couleurs: le 1. pour la bataille qu'il donneroit en Prouence ou en Daufiné contre les François: le 2. pour remercier Dieu de la victoire qu'elle esperoit qu'il en remporteroit: & le 3. pour se parer le iour qu'il la viendroit voir. Estant demeurée à Turin Gouuernante en tous les Estats du Duc son mary, & representant sa personne, elle ne trouuoit point d'autre soulagement en cette absence qu'en se plaignant de sa solitude à sa sœur aisnée l'Infante Izabelle, luy mandant *qu'elle ne la pouuoit endurer dauantage, qu'elle estoit resoluë d'aller à la guerre comme faisoit la Reyne Isabelle la Catholique.* Vn Autheur de nostre siecle asseure auoir leu ces mots écrits de sa main.

Mathieu

Elle entretenoit auec adresse le Duc de Sauoye Charles Emanuël auec son pere Philippe II. Roy d'Espagne. Ce prudent Monarque des Castillans ne trouuoit pas bon que le Sauoisien se fut si-tost ietté aux entreprises de Prouence, de Daufiné & du Marquizat de Saluces apres les barricades de Paris, & disoit qu'il faisoit voir trop clairement qu'il vouloit pescher en eau trouble. La Duchesse Caterine entreprit sa defense auec tant de persuasions, que son dessein fut non seulement excusé, mais loüé. Elle conseilloit au Duc son mary de ne se perdre point par trop d'obeyssance, approuuant tout ce qu'il entreprenoit pourueu qu'il allast aussi haut que son courage. Le regret qu'elle auoit de n'estre pas Duchesse de Milan, luy fit penser à se rendre Princesse des Pais-bas, & mit en teste au Duc de Sauoye son mary d'en demander la Lieutenance generale vers la fin de l'an 1592. & au commencement de la suiuante 1593. apres la mort d'Alexandre Farneze Duc de Parme. Philippe Roy de Castille iugea par sa prudence, que ce conseil venoit de sa fille Caterine : il luy écriuit aussi-tost pour luy donner l'aduis d'humilier ses pensées, disant *que leur fier ces Prouinces là c'estoit donner la brebis à la garde du loup.*

Philippe II. Roy d'Espagne considerant en grand Politique combien les Estats du Duc des Sauoisiens estoiēt importans pour la conseruation des Pays-bas, d'autant qu'il n'y pouuoit enuoyer ny gens ny argent qu'il ne passast par le Piémont & par la Sauoye : il vouloit que cette Princesse sa fille puisnée persuadast au Duc son mary de changer ses Estats auec l'vn de ses Royaumes. Mais cette sage Duchesse qui ne se laissoit pas emporter à la vanité d'vn titre de Reine (bien qu'elle eust pû se qualifier Reine de Cypre) conseilla à son mary de n'en rien faire, par ce bon raisonnement, *qu'vn petit* heritage *possedé paisiblement, valoit mieux qu'vn plus grand, suiet à voir renaistre plusieurs vieilles pretensions & querelles qui troubleroient le contentement de la iouïssance.* Il sembloit que ce prudent Monarque des Espagnols, mariant sa seconde fille Caterine d'Austriche se fust dépoüillé du soin qu'il auoit de cette Princesse, sa pension de six vingt mil escus ne luy estoit payée à la premiere demande, le secours que l'on luy promettoit venoit si tard qu'il estoit souuent inutile.

Comme la genereuse Caterine se vit mere de plusieurs enfans, elle voulut quitter le Piémont & la Sauoye & aller en Espagne pour representer ses necessitez : Mais Philippe son pere ne luy voulut pas permettre, & par ce refus l'obligea de retrancher ses desirs, ou supporter ses incommoditez, & les desplaisirs qu'elle receut quand elle aprit la nouuelle que Dom Oliuarés vieil & experimenté Capitaine Espagnol, lequel auoit esté honoré des premieres charges en Flandre, & employé en Afrique pour le Roy Philippe pere de son Altesse, & Dom Amedée bastard du Duc de Sauoye Emanuël Philibert furent défaits à Pontcharra le 18. Septembre 1590. par François de Bonne Seigneur de Lesdiguieres & les Daufinois, & trois ans aprés que le méme Seigneur auoit battu le Duc de Sauoye Charles Emanuël à la Iournée de Salbertrand le 7. Iuin. 1593. & les mauuais rencontres qu'auoit receu ce Prince en Prouence où il auoit esté salué & receu comme Comte par les rebelles qui portoient passionnément tous les interests de la ligue contre les Bigaras (c'est ainsi qu'ils appelloient les fideles seruiteurs du Roy) lesquels firent éuanouïr tous les desseins & fausses pretentions que ce Duc là croioit auoir sur le Côté de Prouence. Le dernier present que la Duchesse de Sauoye Caterine d'Austriche receut de Philippe II. Roy d'Espagne son pere pour tout souuenir, fut vn tableau de nostre Dame de Lorette qu'il tenoit en son cabinet, & tost aprés elle alla voir l'original au Ciel : car Caterine passa de cette vie à vne plus heureuse vers le commencemēt de Nouembre de l'année 1597 estant âgée de 30. ans, regretée du Duc son mary & de ses suiets tant les Piémontois que les Sauoisiens qui l'aimoient pour sa vertu, & principalement pour sa iustice & sa liberalité.

Bonne en Daufiné, de gueules, au lion d'or au chef cousu d'azur chargé de 3. roses d'argent.

Bonne en Poitou, d'or, au lion de gueules, à la bordure de sable chargée de besās d'or.

Charles Emanuël Duc de Sauoye épousant à Saragosse Caterine d'Austriche Infante des Espagnes, prit pour deuise durant les iours des Carousels magnifiques (que fit le Castillan aux noces de cette Princesse) vn ieune Aiglon qui regardoit le Soleil, auec ces mots, NEC DEGENERO, *Ie ne degenere point.* Par ce symbole ce Prince issu de la Maison de Saxe, qui a porté l'Aigle de l'Empire, & duquel les ancestres les premiers Comtes de Sauoye portoient en leurs armes d'or à l'Aigle de sable membré & becqué de gueules, vouloit dire que prenant à femme cette belle Princesse de la Maison d'Austriche petite fille de l'Empereur Charles V. cette alliance n'estoit pas moins noble que celle de ses peres, & qu'aiant vne telle Dame pour femme, lui & ses enfans ne degenereroient de la valeur & du courage de leurs ancestres. Les Rois, les Seigneurs souuerains, & les Princes sont entre les hommes, ce que les Aigles sont entre les oiseaux. Les Aigles pourueus d'vn cœur courageux, doüez d'vn corps agile, ne se perchent que sur le mont Taurus, ou sur les hautes montagnes de Scythie, & plus voisines du Ciel; si on les voit descendre en terre, c'est seulement pour fondre sur quelque lieure, & donner le repas & l'aliment que nature desire à eux, & à leurs petits : de mesme les Monarques & les Potentats de la Chrestienté doiuent estre d'vn noble naturel, d'vn cœur illustre, braue & genereux, mépriser les choses basses comme l'auarice & les autres vices indignes des Princes magnanimes. Ainsi que nos Annales nous apprenent de nos Rois Tres-Chrestiens, lesquels comme les fils aisnez de l'Eglise & vrais Aigles Roiales ont auec vne grande generosité & bonté fait* leurs expeditions & entreprises aux païs loingtains pour la Iustice & pour la Religion, & pour l'honneur & reputation de la Couronne, particulierement pour la restitution des Papes, & pour la conseruation du saint Siege, & n'ont iamais esté adonnez à rauir & prendre le bien d'autrui, ny à leur interest particulier.

*C'est la remarque qu'a faite le Cardinal d'Aquauiue Napolitain, lisant l'histoire de France, cõme on peut voir és letres de Mõsieur le Cardinal d'Ossat.

CATERINE DE LORRAINE
DVCHESSE DE NEVERS
ET DE RHETELOIS.

ATERINE Duchesse de Niuernois l'vne des sages & des vertueuses Princesses de l'ancienne & de la genereuse Maison de Lorraine, est la 2. des Duchesses qui doit suiure les Reines en ces Eloges des illustres Caterines. Elle estoit fille aisnée de Charles de Lorraine Duc de Mayenne, Pair, Amiral, & Grand Chambellan de Frāce, & de Henriē de Sauoye sa femme fille d'Honorat de Sauoye, Marquis de Villars, Amiral de France, & de Françoise de Foix.

Caterine de Lorraine ayant esté bien nourrie & esleuée tant pour la pieté que pour les bonnes mœurs dignes d'vne Princesse de sa Maison par la Duchesse de Mayenne sa mere, elle fut mariée dans la ville de Soissons au mois de Feurier de l'an 1599. auec Charles de Gonzague de Cleues Duc de Neuers & de Rhetelois, Pair de France, Prince souuerain d'Arches, Gouuerneur des Prouinces de Champagne & de Brie, & depuis Duc de Mantouë & de Mont-Ferrat, fils vnique de Ludouic de Gonzague Duc de Niuernois, Prince de Mātouë, Gouuerneur pour nos Rois de Piémont & de Picardie, & d'Hériette de Cleues Duchesse de Neuers & de Rhetelois, fille aisnée de François de Cleues I. Duc de Niuernois, & de Marguerite de Bourbon.

On ne sçauroit assez loüer la sage, chaste & vertueuse Caterine, sinon auoüant qu'elle surpasse toute loüange, & qu'elle a esté la vertu mesme : car elle a esté enrichie de toutes les vertus souhaitables en vne grande Princesse. Sa prudence estoit capable de gouuerner non seulement vne famille, mais vn Royaume. Elle a paru en la conduite de sa vie, en l'ordre de sa maison, en l'administration de ses biens, en la distribution de ses bien-faits, & au maniement des grandes affaires qu'elle a euës, & pour elle, & pour sa maison, & les

Mantoüe, d'argent à la croix patée de gueules, cantonée de 4. aiglettes de sable becquées & membrées de gueules; sur le tout écartelé au 1. & 4. de Lombardie, qui est de de gueules, au lion d'or, lampassé & armé de sable. Au 2. & 3. de Gonzague fascé d'or & de sable de six pieces. C'est le 1. quartier des armes de Charles de Gonzague estant Duc de Niuernois, mais depuis estant Duc

interests du Duc son mary. La constance aux executions n'estoit pas moindre que la prudence aux resolutions : ces deux vertus se firent assez cognoistre durant les troubles & esmotions des années 1616. & 1617. durant lesquelles elle fit paroistre la force de son esprit, son courage & sa generosité.

Elle estoit tellement ornée de ces masles vertus, que la nature qui manioit son courage durant ses disgraces & ses aduersitez auoit peine de la recognoistre pour femme, comme Mamurion mescognoissoit les armes qu'il auoit fait à Numa voiant qu'ils'en seruoit si dextrement. Auec quelle resolution cette genereuse Princesse, & qui ne passoit pas seulemēt le commun des autres Dames en courage, mais qui auoit vn ascendant de magnanimité par dessus celles que les histoires nous representent pour courageuses, aussi elle estoit fille & sœur de Princes grandement genereux & magnanimes, Charles & Henry Ducs de Mayene, & la petite fille de François Duc de Guyse, se retira en sa ville de Neuers assise sur cette agreable & abondante riuiere de Loire, auec intention de la defendre iusques à toute extremité contre l'armée Royale commandée par François de la Grange Seigneur de Montigny Mareschal de France. Mais comme elle estoit rudement attaquée de canonnades, & resoluë aux assauts, le siege fut leué par vn petit coup de pistolet tiré sur le pont du Louure.

La Chasteté (perle de son sexe) estoit en elle en son lustre: considerez la fille & mariée, & vous verrez que tout ainsi que le bois de ciprés n'est iamais mangé par les vers à cause de son odeur ; ainsi le cœur de cette Princesse ne pouuoit estre rongé par le ver d'amour illicite, qui estoit repoussé par la bonne senteur de sa pudicité.

Elle eut l'honneur d'estre choisie entre toutes les Princesses de France pour accompagner Elizabet de France sœur aisnée du Roy Louis XIII. sur les frontieres de France & d'Espagne, & là receuoir Anne Infante des Espagnes. Ce fut Caterine qui fit tous les honneurs aux eschanges de ces deux grandes Princesses, les deux premieres Reines du monde, puis qu'elles ont espousé ces deux grands Monarques, les deux yeux, les deux bras, les deux arcs-boutans, les deux

de Mátoue & de Mōtferrat, il a porté de Mantouo chargé en cœur d'vn escusson party & couppé de 9. pieces, 1. 1. du chef de l'Empire d'Orient, la 2. de Lombardie, la 3. de Gonzague, la 4. ou 1. de la fasce, de Ierusalm; la 5. d'Arragon, la 6. de Montserrat, la 7. ou 1. de la pointe, de Saxe moderne, la 8. de Barleduc ; la 9. de Constantinople: qui sont blazonnez en d'autres endroits des marges de ce liure.

Le Grain en la Decade de Louys le Iuste.

La Grange d'azur, à 3. tanchiers passans d'or 2. & 1.

poles de la Chrestienté; & qui bien vnis seroient capables de partager tout l'Vniuers.

La pieté (le vray ornement dés Dames & des Princesses) reluisoit & paroissoit grandement en Caterine de Lorraine, laquelle parmy les grandeurs & les honneurs de la terre a mené vne vie plustost de Religieuse que de Duchesse, sa conuersion ordinaire estoit à son oratoire, & aux Eglises, ou plûtost au Ciel auec les Anges, comme sçauent ceux qui ont eu ce bon-heur de cognoistre son interieur & la conduite en ses exercices de deuotion. Elle a rudement traité son corps portant d'ordinaire vne chaisne de fer.

Le grand nombre des Eglises & des Monasteres qu'elle a bastis & fondez en diuers endroits de ses terres, sont encor de bonnes marques de sa deuotion & de sa pieté, & de celle du Duc de Neuers son mary, qui a esté depuis Duc de Mantouë & de Montferrat.

En la seule ville de Charle-ville bastie par ce courageux & magnanime Prince Charles de Gonzague de Cleues, on voit vn College de la Compagnie de IESVS, où la ieunesse est instruite à la pieté & aux bonnes lettres. Il y a encor vn Conuent de Capucins, estably & basty de leurs aumosnes & liberalitez. L'Hospital de la mesme ville est encor vn asseuré témoignage de leur benignité & misericorde enuers les paures. Ces œuures saintes & qui ressentét la pieté de Caterine de Lorraine & du Duc son mary, sembleroient toucher seulement la moitié de leurs citoyens & bourgeois de Charle-ville, pour n'estre que des maisons & des Monasteres d'hômes, il y faut encore adiouster l'autre sexe. Ainsi l'ont-ils fait, la Duchesse donnāt place en sa ville, pour la deuotion qu'elle auoit à la tres-sainte Mere du Sauueur du monde, aux bônes & saintes filles les Religieuses de nostre Dame du Mont-Carmel, tant aux Meres Carmelites de l'obseruance, qu'à celles qui suiuent la reforme de cette grande Sainte de nos iours, la Vierge sainte Terese de IESVS, afin que les filles non seulement de leur nouuelle ville, mais aussi des lieux voisins, trouuassent le moyen dans ces deux deuots Monasteres de Carmelites de consacrer & offrir leur virginité à Iesus-Christ. En cette mesme ville on voit le deuot Monastere

re du Saint Sepulchre, où la Marquise de Mouy, Comtesse de Chaligny veuue d'vn Prince de la Maison de Lorraine, a seruy nostre Seigneur auec vne grande ferueur & pieté. Entre toutes les maisons de Religion où paroist la pieuse liberalité de Caterine de Lorraine & du Duc Charles son mary, c'est au Conuent de S. François de Paule qu'ils ont basty & fondé prés de leur ville de Neuers en faueur & reconnoissance d'auoir obtenu lignée par l'intercession de ce Thaumaturgue ou Faiseur de miracles de ces derniers siecles, 9. ans aprés leur mariage, lequel Dieu a beny de 6. enfans, 3. fils & 3. filles. *D'Aniche. Chappet. Villon.*

L'aisné des fils François Paule de Gonzague de Cleues, Duc de Rhetel, Prince de grande esperance pour ses vertus, lequel nâquit le 17. de Iuin de l'an 1607. & mourut au mois d'Octobre 1622. & fut inhumé au Conuent des Minimes de S. François de Paule lés Neuers.

Le 2. Charles de Gonzague de Cleues Duc de Rhetelois a épousé Marie de Gonzague sa cousine, fille de François Duc de Mantouë & de Mont-ferrat, & de Marguerite Infante de Sauoye: de laquelle il a eu trois enfans, 2. filles & vn fils vnique, à sçauoir Eleonor & Marie de Gonzague, & Charles II. à present Duc de Mantouë & de Mont-ferrat sous la regence de sa mere la Princesse Marie de Mantouë.

Le 3. Ferdinand de Gonzague Duc de Mayenne Prince de grande esperance, Gouuerneur general du Mont-ferrat, mort en ieunesse sans auoir esté marié, au grand regret de tous les amis & les seruiteurs de sa Maison: car il a donné de bonnes preuues de sa generosité & de son courage, s'estant dérobé accortement des mains des Espagnols au Milanés, comme n'ignorent pas ceux qui ont leu la lettre qu'il écriuit à la Duchesse de Longueuille sa tante sur ce suiet, & ayant acquis bien de l'honneur & de la gloire au memorable siege de Cazal S. Euas, où on l'a veu porter la hotte quand on trauailloit aux fortifications de cette place là, donnant luy méme l'exemple aux Seigneurs François, aux Mont-ferrains & aux habitans. Celuy qui a écrit l'histoire du Mareschal de Toiras a remarqué que ce Duc là a fait de son costé ce qu'vn Prince genereux doit en de pareilles occurrences, ayant par *M. Baudier au chap. 25. du l. 2. de l'Histoire du Mareschal de Toiras.*

son exemple animé les habitans & à souffrir, & à combatre. *Il a tousiours agi courageusement* (ce sont ses paroles) *durant le siege, & a fait toutes les nuits sa ronde, & s'il n'eust esté retenu par les siens il eust esté à toutes les sorties meslé parmy les ennemis, aussi bien que le moindre soldat de la place. Mais sa personne qui estoit fort considerable deuoit estre conseruée auec plus de soin.*

Laisnée des filles Louise Marie de Gonzague ou de Mantouë l'vne des belles & des sages Princesses non seulement de la France, mais aussi de la Chrestienté ; comme aussi sa sœur Anne de Gonzague.

Benedicte de Gonzague Abbesse d'Auenay prés de Chaalons en Champagne, où elle fit profession de Religieuse le 4. de Iuin de l'an 1633. & le lendemain receut la benediction solennelle des mains d'Henry Clausse Euéque & Comte de Chaalons Pair de France, qui dist la Messe & officia auec les ceremonies accoustumées, où assistoient les Abbesses de Fare-moustier de la Maison de la Chastre (qui luy mit le voile noir de l'Ordre de S. Benoist) de Mont-martre de la Maison de Beauuilier; & du Pont aux Dames de celle de Barradat : les Princesses Marie & Anne de Mantouë ses sœurs aisnées : le Duc & la Duchesse de Longueuille : la Mareschale de Praslin de la Maison de Cazillac : la Marquise de Ragny de la Maison de Gondy ou de Rets, & quantité d'autres personnes. Cette Religieuse Princesse est decedée fort Chrestiennement à Paris dans l'Hostel de Neuers le Dimanche 20. Decembre 1637. & a receu les honneurs de la sepulture en la deuote Chapelle de la Royale Abbaye du Val de Grace.

La Duchesse Caterine leur mere mourut à Paris en son Hostel de Neuers le 8. de Mars de l'an 1618. au grand regret de tous ceux qui l'ont honorée pour sa vertu, aprés auoir receu deuotement ses Sacremens des mains du sieur Lopé Curé de S. André des Arcs & Grand Maistre de Nauarre, en presence d'Henry Duc de Mayenne son frere, de Pierre de Berulle Superieur de la Congregation de l'Oratoire (depuis Cardinal) & des PP. Charles Franger & Simon d'Escauts Minimes, qui l'assisterent à son heure derniere. Aprés sa mort la Princesse de Conty luy fut ietter de l'eau beniste, &

Clausse, d'azur, au cheuron d'or accōpagné de trois testes de leopards de mesme, ayāt chacun vn anneau d'argent en la bouche.

Beauuillier, d'argent, à trois fasces de sinople, l'argent chargé de 8. merlettes de gueules, 3. 2. 2. 1.

Barradat d'azur, à la fasce d'or accompagnée de 3. roses d'argent, 2. en chef & 1. en pointe.

Cazillac, d'or à deux lions leopardez de gueules, à la bordure de sinople chargée de 8. besans d'argent.

luy rendre les derniers deuoirs de la part de la Reyne. Son corps fut porté à Neuers & enterré dans l'Eglise Cathedrale, au sepulchre de Ludouic de Gonzague & d'Henriette de Cleues Ducs de Niuernois. Son cœur dans le Chapitre du deuot Monastere de l'Incarnation, que l'on appelloit iadis Nostre Dame des Champs lés Paris, deuant que les R R. Meres Carmelites fussent establies en ce premier Conuent de leur Ordre en France.

Charles de Lorraine Duc de Mayenne, estant au lict de la mort fit paroistre l'estime qu'il faisoit de cette fille aisnée, de laquelle le R. P. Iean Gontery l'vn des plus celebres & renommez Predicateurs de nostre France, en l'oraison funebre qu'il prononça dans la grande Eglise de S. Geruais de Soissons, aux obseques de ce tres-genereux & tres magnanime Prince, dit ces belles & veritables paroles. *Nerueze en la vie de Charles Duc de Mayenne.*

On peut dire de cette Princesse, ce qui a esté receu par certaine & constante renommée, que tant qu'elle a esté fille, & aprés auoir esté mariée, elle s'est trouuée non seulement sans aucun reproche, mais aussi sans vne seule ombre de soupçon, accomplie au reste de toutes les plus rares parties d'vne Dame d'honneur & de vertu, l'integrité notoire de sa vie l'ayant mise au rang des plus deuotes, sages & modestes Princesses de toute la Chrestienté.

Ce grand Pape Paul V. ne parloit iamais sans eloge de cette Princesse depuis que sa Sainteté, les Cardinaux, tous les Seigneurs & Dames Romaines auoient admiré sa deuotion, sa modestie, & sa prudence à la distinction des hôneurs & des complimens à Rome l'an 1608. quand elle y fut trouuer le Duc son mary, qui y fut enuoyé Ambassadeur extraordinaire par Henry le Grand pour rendre les deuoirs à ce Vicaire de Dieu en terre, de la part de sa Maiesté en qualité de Roy tres-Chrestien & de fils aisné de l'Eglise: car la voyant aux Eglises auec vn saint zele & vne pieté sans fard, ils se representoient ces Princesses qui sont loüées dans les Histoires pour leur vie sainte & digne du Ciel.

Grande Princesse issuë des Maisons de Bourbon, de Valois, d'Orleans, de Lorraine, de Ferrare, de Sauoye, de Lascaris & de Foix, heritiere des vertus des Princes & des Princesses de ces illustres familles, & qui tous les iours de vostre

Les Princes, & Princesses de la Maison de Gonzague ont le Mont Olympe pour deuise.

vie auez eu Dieu pour obiect ; ce qui nous fait croire que vous ioüissez maintenant des delices du vray Olympe *, & de la gloire que le Roy des Rois, & le Dominateur des Dominateurs, par lequel les Rois & les Princes regnent en terre, donne à tous ceux qui l'ont seruy fidelement en cette vie; priez-le qu'il conserue le Duc vostre neueu ou petit fils en la succession & heritage des Paleologues, & des Gonzagues, & qu'il verse sur luy & sur vos enfans & leurs successeurs toutes sortes de benedictions & de prosperitez, afin qu'ils aillent vn iour chercher les palmes & des lauriers en la Grece, & dans les autres Prouinces qui gemissent sous la domination & la tyrannie des Ottomans ennemis capitaux du nom de IESVS-CHRIST, & qu'ils abbatent le Croissant Turquesque, pour y remettre les Aigles des Paleologues, & la Croix du Sauueur & celle des Gonzagues.

Cleues blazonné en l'Eloge de Charlote de Bourbon Comtesse de Neuers, & d'Henriette de Cleues Duchesse de Niuernois sœur aisnée de Caterine Duchesse de Guyse.

CATERINE DE CLEVES
DVCHESSE DE GVYSE
& Comtesse d'Eu, Pair de France.

ETTE Princesse estoit la 2. fille de François de Cleues I. Duc de Niuernois, & de sa premiere femme Marguerite de Bourbon, fille de Charles I. Duc de Vādosme, & sœur d'Antoine Roy de Nauarre. Elle eut pour marraine la Reine Caterine de Medicis qui luy donna son nom, & luy a tousiours porté vne affection particuliere.

Elle fut mariée par le Duc de Neuers son pere pour plusieurs grandes considerations à Antoine de Croy Prince de Porcean ieune Seigneur de grande esperance (comme ie feray voir) de l'illustre Maison de Croy fertile en Heros tant en France qu'en Flandre, où ils ont laissé des marques de leur pieté, & de leur generosité, comme n'ignorent pas ceux qui ont veu les Historiens François & Flamans, & particulierement l'Histoire genealogique de cette Maison issue des

Rois de Hongrie.

Antoine estoit fils vnique de Charles de Croy Comte de Porcean & de Senigan, & de Françoise d'Amboise Marquize de Renel sa femme. Charles estoit le 3. fils d'Henry Sire de Croy, Côte de Porcean, Seigneur d'Arschot & de Senigan & de Charlotte de Chasteau-briand Dame de la Baronie de Loigny au Perche. Il eut pour freres ces 4. Heros celebres & renommez dans l'Histoire, Philippe de Croy I. Duc d'Arschot, duquel sont issus les Seigneurs de la Maison de Croy qui sont au Pais-bas: Guillaume de Croy Cardinal & Archeuéque de Tolede, Euéque & Duc de Cambray: Robert de Croy, Euéque & Duc de Cambray aprés son frere le Cardinal, & Charles de Croy Euéque de Tournay.

Quand Caterine de Cleues épousa Antoine de Croy Prince de Porcean elle auoit deux freres, François de Cleues Comte d'Eu, & Iaques de Cleues Marquis d'Isle, qui depuis furent successiuement Ducs de Niuernois. Le cõtract de mariage fut passé au Chasteau de S. Germain en Laye le 4. d'Octobre 1560. en presence de François de Cleues Duc de Niuernois, Marquis d'Isle, Comte de Retelois, de Beaufort, & d'Auxerre, Seigneur Souuerain d'Arches, de Chasteau-Regnault & autres terres, de sa fille Caterine de Cleues & de feu Marguerite de Bourbon venant à l'âge de 12. ans, ainsi que ledit sieur Duc dit, & declara d'vne part: & Françoise d'Amboise veuue de Charles de Croy Côte de Senighan, de Porcean, Baron de Renel, Seigneur de Blaye & autres terres, & Antoine de Croy Côte de Porcean vnique fils desdits sieur feu Comte & Comtesse d'autre part: par le vouloir & bon plaisir du Roy, de la Reine sa mere; par le conseil & auis des Cardinaux de Bourbon, de Lorraine & de Guyse, de la Comtesse d'Anguien, de la Duchesse Doüairiere de Guyse, de la Duchesse de Touteuille & Doüairiere de S. Paul, du Duc & de la Duchesse de Guyse, du Marquis & de la Marquise d'Elbeuf, & autres Princes & grands Seigneurs proches parens & amis desdites parties; & méme en presence de ces deux Princes du sang le Duc de Montpensier & le Prince de la Roche-sur-Yon & autres.

François de Cleues Duc de Neuers pere de Caterine de

Croy d'argent à trois fasces de gueules. Les autres disent à la fasce de gueules de 3 pieces. Les Seigneurs de cette Maison là écartelent de Renty qui est d'argẽt, à 3. doloires de gueules, 2. en chef adossées, & l'autre en pointe.

Cleues, Antoine de Croy Prince de Porcean & Françoise d'Amboise sa mere desirans mettre fin aux grands procés & differends qu'ils auoient pour le Comté de Beaufort, Coulommiers & autres terres qui auoient appartenu à Germaine de Foix Reyne Doüairiere d'Arragon, & pareillement à Charles d'Amboise Seigneur de Chaumont & grand Maistre de France, & pour plusieurs autres considerations firent cette alliance & mariage de Caterine de Cleues & d'Antoine de Croy, comme l'on peut apprendre de leur contract de mariage qui fut depuis plusieurs fois ratifié en presence de François de Cleues fils aisné de François I. Duc de Niuernois au nom & soy faisant fort du Duc son pere, de Caterine de Cleues, de Pierre Seguier Conseiller du Roy & President en sa Cour de Parlement à Paris, de Charles Lamoignon Conseiller du Roy en ladite Cour, de Iean Paluau Secretaire du Roy, de Martin de Gresle sieur de la Harbaudiere Secretaire & Tresorier general des Finances du Duc de Niuernois, d'vne part; & Françoise d'Amboise Comtesse de Senighan & Antoine de Croy son fils Comte de Porcean, Marquis de Renel.

Antoine de Croy Prince de Porcean estoit l'vn des plus accomplis Seigneurs de France; mais par le mal-heur de ce temps là, il se laissa surprendre par sa trop grande curiosité aux beaux discours de ceux qui semoient fort secretement parmy les Grands durant le regne d'Henry II. l'heresie de Caluin sous le pretexte d'vne pieté apparente, & de vouloir reformer les abus qu'ils disoient estre en l'Eglise, ou par les pratiques de sa mere la Comtesse de Senighan qui ne fut pas des dernieres Dames de ce Royaume qui embrassa ces nouuelles opinions & s'y atacha auec vne grande opiniastreté: Erreur qu'elle laissa comme hereditaire à ce fils vnique, lequel s'estant rendu à ces nouueautez en fut l'vn des plus zelez Protecteurs, comme nous aprenons de nos Historiens modernes, entre autres de ces deux Religionaires la Popeliniere & Aubigné; mais particulierement de Florimond de Remond au chapitre 16. du liure 7. de la naissance de l'heresie, où ce Conseiller du Parlement de Bordeaux remarque comme ce Prince là taschoit de faire sortir les Religieux de leurs Cloiſtres, abandonner la vie Monaſtique, & rompre leurs vœux pour profeſſer le Caluiniſme, & ſe charger de femme au lieu de leur Chapelet & de leur Breuiaire. Ceux qui ont leu cét Autheur là, ſçauent que ie dis la verité. Ce Prince qui a touſiours porté les armes en faueur des Religionnaires ou Proteſtans François (deſquels il fut l'vn des principaux Chefs, comme il fit paroiſtre en pluſieurs occaſions, entre autres à la bataille de Dreux, & au ſiege d'Orleans) ne manqua pas ayant épouſé la ieune Princeſſe Caterine de Cleues ou de Niuernois, de luy perſuader de faire profeſſion de la nouuelle Religion, laquelle pour lors eſtoit en grande vogue dans la Cour, où pluſieurs Princes & Princeſſes, Seigneurs & Dames s'eſtoient rendus paſſionnez Partizans des erreurs de Caluin. Mais le Prince de Porcien eſtant decedé à Paris d'vne fiéure chaude l'an 1566. quelque temps aprés la Comteſſe de Senigan ſa mere, Caterine de Cleues Princeſſe de Porcien ſa veuue abiura l'hereſie & fit profeſſion de la Religon Catholique dans la Chapelle du Chaſteau de S. Germain en Laye, à l'inſtance de la Reyne Caterine de Medicis ſa marraine; puis l'an 1570 elle épouſa à l'Hoſtel de Guyſe à Paris Henry de Lorraine Duc de Guyſe & de Cheureuſe, en preſence du Roy Charles IX. de la Reyne ſa mere, des Ducs d'Aniou & d'Alençon freres de ſa Maieſté, qui voulurent honorer de leur preſence ces noces là, à cauſe que ce Prince & cette Princeſſe auoient l'honneur d'appartenir de ſang & de parenté à leurs Maieſtez & à leurs Alteſſes Royales.

Belleforeſt.

Myles Pighorre.
Belleforeſt.

Caterine de Cleues a eu quinze enfans, entre autres quatre fils & cinq filles de Henry Duc de Guyſe ſon deuxiéme mary, tous dignes de tirer leur naiſſance des Maiſons de Lorraine & de Cleues; toutes deux ſi renommées, qu'il n'y a lieu en la terre qui n'en connoiſſe la gloire: & toutes deux ſi grandes, que l'Europe n'a point de Rois à qui l'vne ou l'autre ne les faſſe appartenir.

L'aiſné des fils a eſté Charles de Lorraine Duc de Guyſe, Prince de Ioinuille, Comte d'Eu, Souuerain de Chaſteau-Renaud, Gouuerneur & Lieutenant General pour le Roy en Prouence & Amiral des mers de Leuant, & par pluſieurs fois Lieutenant general du Roy Louis XIII. en ſes armées:

Ce Prince a rédu de notables ſeruices à cét Eſtat, entre autres, quād l'an 1622.

gagna vne bataille nauale sur les rebelles Rochelois.

lequel est mort en Toscane le 30. de Septembre de l'an 1641. & a receu les hôneurs de la sepulture dans l'Eglise de S. Laurens de Ioinuille auec ses ancestres. Ce Prince a eu dix enfans de sa femme Henriette-Caterine Duchesse de Ioyeuse & Comtesse du Bouchage, veuue de Henry de Bourbon Duc de Montpensier, Princesse de rare vertu; sçauoir François de Lorraine, Prince de Ioinuille, Prince de grande esperance & l'vn des plus accomplis de son âge, mort à Florence le 17. de Nouembre de l'an 1639. estant âgé de 25. ans, duquel le Pere Ioseph de Morlais Predicateur de l'Ordre des Capucins a fait l'Oraisō funebre, qu'il a dediée à sa sœur Françoise Renée Abbesse de S. Pierre de Reims. Deux fils iumeaux decedez en ieunesse. Henry de Lorraine II. du nom, & V. Duc de Guyse, Prince de Ioinuille & Comte d'Eu, qui a dōné des preuues de son courage & a dignement seruy le Roy au siege de Graueline sous son Altesse Royale. Charles-Louis de Lorraine Duc de Ioyeuse, Prince aussi de grande esperance, decedé à Florence le 15. de Mars 1637. fut inhumé à Ioinuille auec le Duc de Guyse son pere, & le Prince de Ioinuille son frere aisné. Louis de Lorraine Duc de Ioyeuse, Grand Chambellan de France. Roger de Lorraine Cheualier de Guyse: ces deux ieunes Princes ont bien seruy le Roy au siege de Graueline. Marie de Lorraine, belle & sage Princesse, digne fille d'vne si digne mere; Françoise Renée de Lorraine, Abbesse de S. Pierre de Reims, à present Coadiutrice de la Royale Abbaye de Montmartre, & Caterine de Lorraine decedée en ieunesse.

Claude de Lorraine Duc de Cheureuse, Pair & Grand Chambellan de France, Gouuerneur d'Auuergne & de Picardie, second fils de Caterine de Cleues & de Henry Duc de Guyse, qui a épousé Marie de Rohan, veuue de Charles d'Albert Duc de Luynes, Pair & Connestable de France, de laquelle il a trois filles; sçauoir, Anne, Marie, & Henriette de Lorraine. Ce Prince a fait la guerre en Hongrie contre les Infidelles.

Claudius Robertus in Gallia Christiana.

Louis de Lorraine, Cardinal Archeuéque & Duc de Reims, premier Pair de France, decedé fort Chrestiennement à Xaintes le 21. de Iuin de l'an 1621. durant le siege de S. Iean d'Angely, où il auoit donné des preuues de son courage.

rage. Il a receu les honneurs de la sepulture dans l'Eglise de Reims prés de son grand oncle Charles Cardinal de Lorraine. Le P. André Chauyneau Minime a fait vn discours sur la belle mort de ce Prince là, qu'il a adressé à sa sœur Ieanne de Lorraine, Abbesse de Ioüare.

François Paris de Lorraine, posthume, Cheualier de Malte, & Lieutenant general pour le Roy Louys XIII. en Prouencę où il mourut de l'esclat d'vn canon au Chasteau de Baux le 1. de Iuin 1614. Son corps fut porté à S. Trophime d'Arles, & son cœur à S. Sauueur d'Aix: plusieurs excellens hommes, entre autres André Fremiot, Archeuéque de Bourges: Nicolas Coeffeteau de l'Ordre de S. Dominique, depuis Euéque de Dardanie & nommé par le Roy à l'Euéché de Marseille: & François de Malherbe ont écrit des lettres de consolation sur la mort déplorable de ce Prince, à feu Madame la Princesse de Conty sa sœur.

Marie de Lorraine decedée l'an 1582. à l'âge de 4. ans, fut inhumée en l'Eglise Parroissiale de S. Iean en Gréue à Paris, où l'on voit son Epitaphe.

Louise Marguerite de Lorraine, Princesse de Conty, de laquelle ie feray l'Eloge en ce liure.

Caterine de Lorraine Princesse doüée de hautes & rares qualitez, elle est morte sans auoir esté mariée, & inhumée en l'Eglise des filles Dieu à Paris.

Renée de Lorraine Abbesse de S. Pierre de Reims, & Ieanne de Lorraine Abbesse de Ioüare, & Prieure de Prouille. Ces deux Princesses s'estant faites Religieuses ont mené vne vie digne du Ciel dans leurs Cloistres, & leur memoire est en veneration dans les Abbayes qu'elles ont gouuernées, où elles ont laissé des marques de leur vertu & de leur pieté.

Caterine de Cleues amena tous ces Princes & ces Princesses à l'obeissance du Roy Henry le Grand sur la fin de l'an 1594. auec les villes de Reims, de Guyse, de Ioinuille, de Rocroy, de S. Disier, de Mont-cornet en Ardenne, & d'autres places, au grand bon-heur de la France, qui admira en ce temps là la generosité de Charles Duc de Guyse & la prudence de cette Princesse sa mere qui trauailla au traité de Paix auec Maximilien de Bethune Marquis de Rosny, & de-

P p

puis Duc de Sully; laquelle eut ce contentement aprés auoir reduit ses enfans & ces villes, en l'obeissance du Roy Henry IV. que le Duc de Guyse son aisné seruit tres fidelement & genereusement ce grand Monarque à Fontaine Françoise, où deux des plus braues de l'armée du Connestable de Castille ayant bien eu la hardiesse de l'attaquer, n'eurent pas la force de resister à sa valeur. Tost aprés cette heureuse Iournée il fut trouuer à Auxonne le Mareschal de Biron, auquel ayant dit *qu'il estoit venu le trouuer pour estre son soldat*, le Mareschal luy fit responce, *qu'il tiendroit à honneur d'estre le sien*: mais ce Prince luy ayant protesté qu'il estoit venu là pour le suiure & luy obeir, il prit ses armes & monté sur vn barbe gris se mit à la teste auprés du Mareschal qui conduisoit cinq cens maistres; mais impatient de repos s'estant desrobé pour aller chercher les ennemis, il rencontra & tailla en pieces vn regiment d'Espagnols, parmy lesquels vn de leurs Capitaines s'estant écarté de sa troupe, & ayant gagné le pied d'vn arbre, où la pique à la main il deffioit les victorieux; ce ieune Prince l'ayant aperceu, y eut la main aussi tost que les yeux, & aprés quelque resistance, le tua d'vn coup de pistolet, & luy donna le chastiment que sa presomption auoit merité.

Ceste proye ne fit qu'irriter la faim de ce lyon; lequel auec le reste de cette victorieuse troupe, s'estant auancé iusques auprés de Grey, où les forces de l'Espagnol s'estoient iettées, on vit sortir vn Caualier qui le pistolet au poing deffia le plus hardy des François, criant, *A moy armes dorées*. Il ne languit gueres en ce desir là: car quoy que le Duc de Guyse eust desia lasché son pistolet, il vint neantmoins fondre sur luy, & le mena si rudement, qu'il le poussa iusques au bord du fossé, qui estoit remply d'ennemis, où il l'acheua à quatre pas de la porte de cette ville du Comté de Bourgongne, & à la mercy d'vne gresle de mousquetades emmena le cheual, pour luy estre témoin du traictement que le maistre auoit receu.

Le Roy Henry IV. ayant sceu cette action glorieuse l'embrassa estroitement, la porta au plus haut de toutes celles que la magnanimité peut produire, & adiousta à cette loüange vne parole digne d'vn grand Monarque. *Il faut que ceux qui trouuent des vieux exemples de vertu deuant eux, les imitent &*

les renouuellent par ceux qui viennent aprés eux.

Aussi sa Maiesté luy donna peu de temps aprés le Gouuernement de Prouence, où il ne fut pas si tost arriué qu'il ruina deux colosses de rebellion, que les diuisions de la ligue auoiét fait tirans de Marseille : & quant & quant détacha cette grande & puissante ville du ioug où ils l'auoient honteusement asseruie, pour la remettre plus fidelle & plus obeissante que iamais, en la main du Roy son legitime possesseur: les Castillans & les Génois ayans esté chassez par la valeur de ce Prince là glorieusement de Marseille & de la Prouence, qui furent contraints de changer en vne honteuse fuite la victoire dont ils chantoient desia le triomphe.

Caterine de Bourbon Marquise d'Isle & Comtesse de Beaufort fille vnique d'Henry I. Prince de Condé & de Marie de Cleues sa premiere femme estant decedée sur la fin de l'an 1595. Caterine Duchesse de Guyse qui estoit sa tante maternelle luy succeda au Comté de Beaufort qu'elle vendit depuis au Roy Henry le Grand pour liquider sa maison, & la sortir de procés & des grandes debtes ausquelles elle estoit entrée durant les troubles de ce Royaume, & par les despenses excessiues du Duc son mary. *Henry IV. a erigé le Comté de Beaufort en Duché en faueur de Gabrielle d'Estrée qu'il ay‑moit.*

Durant le regne pacifique du Grand Henry & de celuy du Roy son fils elle fit bastir magnifiquemét l'Hostel de Cleues à Paris, où dans vne belle galerie elle a fait mettre à main droite, les vrais portraits des Heros & des Heroines de la Maison de Lorraine & de Guyse, & à la gauche ceux des Maisons de Niuernois & de Cleues. Elle a marié sa fille Louise à vn Prince du sang : elle n'a iamais manqué d'assister de son pouuoir & de sa faueur tous ses vassaux de son Comté d'Eu, qui l'ont aussi tousiours cherie & honorée comme leur mere & tres-bonne maistresse. Elle a fait paroistre sa liberalité enuers les Ecriuains qui luy ont dedié leurs ouurages, & éleué aux escholes de Theologie plusieurs Docteurs tant seculiers que reguliers. Sa constance a paru en la perte de ses deux maris, de deux de ses fils & de plusieurs filles, & de ses deux sœurs. Sa deuotion & sa pieté au soin qu'elle a eu de la decoration des Autels, donnát de riches chasubles & paremens à diuerses Eglises, ausquels elle mesme auoit trauaillé de sa main encore qu'elle fust fort âgée.

Elle a aussi fondé plusieurs Eglises & Oratoires, entre autres celle des Capucins à Eu, & aussi les Vrsulines de la méme ville pour instruire les ieunes filles de ce Comté là en la crainte & amour de Dieu & aux bonnes mœurs; où elles y ont heureusement reüssy selon le desir de leur Fondatrice: mais il n'y a point de Maison de Religion où Caterine de Cleues ait plus fait paroistre sa liberale pieté, qu'à l'Eglise & au College de la Compagnie de Iesus qu'elle a fondé auec le Duc son mary en sa ville & Comté d'Eu, & qu'elle a eu le soin de faire acheuer après le decés de ce Prince là. Ceux qui ont passé par cette ville de la Normandie & voisine de la Picardie, ont peu lire ces mots Latins, qui sont sur vn nom de IESVS porté par deux Anges au frontispice de l'Eglise de ce College là. *Illustrissima Domina Catharina Cleuensis, Henrici à Guisia bellicâ laude immortalitatem adepti coniux, hanc ædem suis sumptibus extructam vidit pridie Cal. August. an.* M. DC. XXIV.

Et dessus le nom de IESVS.

Hoc suæ pietatis monumentum in memoriam S. Ignatij Societatis Iesu Fundatoris, dedicari præsens curauit, anno ætatis suæ 74.

C'est à dire:

La tres-illustre Dame Caterine de Cleues femme d'Henry de Guyse, qui a acquis par sa valeur vn nom immortel, a fait bastir cette Eglise à ses despens, le dernier iour de Iuillet de l'an 1624.

Elle a eu le soin en sa presence de voir dedier & consacrer ce monument de sa pieté en l'honneur de S. Ignace Fondateur de la Compagnie de IESVS *l'an 74. de son âge.*

Il se voit encor vn marbre noir, sur lequel sont grauées en lettres d'or, les paroles qu'on a fait mettre sur la premiere pierre de l'Eglise.

Sacrum hoc marmor deuoti Sacrarij fundamentum, Iesu amore incensa & eius charæ Societatis illustrißima Catharina Cleuensis coniunx illustrißimi Principis Henrici à Lotharingiâ Ducis Guisiæ tertij, Augi Comitißa, Præfecti vrbis manu D. de Lanoy fideliss. feliciter posuit XX. *Maij* 1613. Lesquelles veulent dire en François:

La tres-illustre Princesse Caterine de Cleues femme de tres-illustre Prince Henry de Lorraine III. *Duc de Guyse & Comtesse d'Eu ensla-*

mée de l'amour de Iesus & de sa chere Compagnie, a fait heureusement poser par le sieur de Lanoy tres fidele Gouuerneur de cette ville, ce sacré marbre le fondement de ce deuot Edifice. C'est dans cette belle Eglise que cette Duchesse de Guyse a fait dresser du costé de l'Euangile vn beau mauzolée à la memoire du Duc son mary, auquel ce Prince là est representé en posture d'vn homme qui prie en haut, reuestu d'vn grand manteau, & au dessous couché tout armé, excepté la teste qui est nuë. Cette Princesse meditāt son issue de ce monde les dernieres années de sa vie, a pris le soin de faire bastir & dresser son monument & sepulchre du costé de l'Epistre, où elle est aussi representée en deux postures, en haut sur vn prie-Dieu à genoux, & dessous couchée & appuyée sur le coude du bras gauche.

Lannoy Damerau-court, eschi-queté d'or & d'azur de 25. pieces, qui est de Vermandois.

Elle a receu de grands honneurs durant sa vie, ayant assisté au Sacre & au Couronnement des Reynes Elizabet d'Austriche & Marie de Toscane, & à l'entrée d'Elizabet dans Paris: aux mariages des Rois Charles IX. auec Elizabet d'Austriche; d'Henry III. auec Louise de Lorraine; d'Henry le Grand auec Marie de Toscane, & de Louys XIII. auec Anne d'Espagne: & aussi aux ceremonies du Baptesme du Roy Louys XIII. & de ses fœurs Elizabet Reyne d'Espagne & Christine Reine de Cypre & Duchesse de Sauoye.

Caterine III. Duchesse de Guyse mourut fort Chrestiennement dans son Hostel de Cleues à Paris l'onziesme de May de l'an 1633. estant âgée de 85. ans; on remarque qu'elle estoit la plus âgée des Princesses de son siecle & la derniere de la tres-illustre & tres-ancienne Maison de Cleues. Le 23. du méme mois l'on fit ses pompes funebres en l'Eglise de l'Annonciade des Peres Prescheurs ou Iacobins, de la ruë neuue S. Honoré, d'où son corps a esté porté à Eu dans l'Eglise du College des Peres Iesuites qu'elle a fondé & mis dans le caueau fous la Chapelle de Sainte Caterine où ces paroles sōt grauées en vne plaque de cuiure sur son cercueil.

Icy est le corps de defunčte tres-haute, puissante, & tres-illustre Princesse, Madame Caterine de Cleues Duchesse douairiere de Guyse, vefue de defunt tres-haut, puissant & tres-illustre Prince Monseigneur Henry de Lorraine, Duc de Guyse & de Cheureuse, Prince de Ioinuille, Comte d'Eu, Souuerain de Chasteau Regnault, & terres

Pp iij

d'*Outre-Meuſe*, *Pair & grand Maiſtre de France*, *Gouuerneur & Lieutenant general pour le Roy en Champagne & Brie*, laquelle deceda le 11. iour de May 1633. en ſon Hoſtel de Cleues en la ville de Paris, aagée de quatre-vingts ans, Dieu mette ſon ame en repos. Et ſon cœur dans l'Egliſe de S. Laurens d'Eu, où Monſieur de S. Eſtiene Abbé d'Eu a fait dreſſer vne belle colomne de marbre noir, ſur laquelle eſt le cœur de cette Ducheſſe, & luy a fait grauer au bas cét Epitaphe Latin que i'ay mis en François en faueur des Dames, & de ceux qui n'ont pas la connoiſſance du langage Romain.

S. Laurens Eueſque de Dublin eſt mort à Eu.

Illuſtriſſima Princeps Catarina de Cleues huius nominis poſtrema Comes Augi, Franciæ Par, Henrici Ducis Guiſiæ Principis incomparabilis coniux & 45. annorum ſpatio vidua, quæ Germanici Principatus nobilitati, Gallicanam matris & aliarum celſitudinem coniungens, per Arteſiæ, Burgundiæ, Bituricenſis, Alenconiæ, biſque per Borboniæ gentis propagines ortum à ſtirpe Sancti Ludouici Francorum Regis deducebat, ſingulari erga Deum pietate, largitionibus erga pauperes captiuos & ordines mendicantium, comitate & officiis erga omnes, fundationibus & dotationibus Eccleſiarum, quantum potuit, tanti ſanguinis ſanctitatis auctorem imitata, verſicoloris periſtromatum textura, & pluſquam ducentarum planetarum, quas acu depinxit & templis affixit, donariis ornata, innumeriſque ſacerdotum & Religioſorum, quos fouit, votis & ſacrificiis innixa ad cœlos euolans anno ætatis octuageſimo quarto, hîc cum maioribus cor ſuum requieſcere, & ad quotidianam ac perpetuam corporis & ſanguinis Chriſti Domini oblationem hanc baſilicam à Guillelmo Augi primo Comite conditam, & à ſucceſſoribus auctam annuo trecentarum librarum reditu dotare voluit anno milleſimo ſexcenteſimo trigeſimo tertio.

Tres-illuſtre Princeſſe Caterine la derniere du nom & de la Maiſon de Cleues, Comteſſe d'Eu, Pair de France, femme d'Henry Duc de Guyſe Prince imcomparable, & qui a veſcu en viduité par l'eſpace de 45. ans, laquelle ayant aſſemblé en ſa perſonne la grandeur de Princeſſe d'vne illuſtre famille d'Alemagne auec l'honneur de Princeſſe de la Maiſon de France du coſté de ſa mere & de ſes ayeules, tirant ſon origine de S. Louys Roy des François par les Maiſons d'Artois, de Bourgongne, de Berry, d'Alençon, & deux fois par celle de Bourbon, a imité le Chef de cette tres Auguſte race par ſa singuliere pieté enuers Dieu, sa liberalité enuers toute sorte de pauures, tant captifs que des Ordres mendians, sa douceur & sa bonté enuers tous, fondant & dotant des Eglises autant qu'il luy a esté possible : Illustre par ses presens, ayant liberalement donné plus de deux cens paremens & chasubles de diuerses couleurs aux lieux saints, à la pluspart desquelles elle méme auoit trauaillé de l'aiguille ; & aydée par les prieres & les sacrifices des Prestres & des Religieux qu'elle nourrissoit, est allée au Ciel l'an 84. de son âge, ayant ordonné que son cœur fust icy inhumé auec ses ancestres, & que tous les iours on celebre à perpetuité la sainte Messe en cette Eglise bastie par Guillaume premier Comte d'Eu, & augmentée par ses successeurs, pour raison dequoy elle l'a dotée de trois cens liures de rente l'an 1633.

CATERINE DE GONZAGVE DE CLEVES,
DVCHESSE DE LONGVEVILLE & de Touteuille.

NEVERS a veu naistre cette Princesse le 21. de Ianuier de l'an 1568. où elle eut aussi l'honneur de receuoir le Sacrement de Baptéme dans l'Eglise Cathedrale de S. Cyre, & le nom de Caterine que luy donna la Reine Caterine de Medicis sa marraine : elle fut nourrie à la pieté & aux bonnes mœurs par son pere Ludouic de Gonzague Prince de Mantoüe, & par sa mere Henriette de Cleues Duchesse de Niuernois, desquels elle estoit la fille aisnée. Ils la marierent à l'âge de 20. ans à ce vaillant & genereux Prince Henry d'Orleans I. du nom Duc de Longueuille, & de Touteuille, Souuerain de Neuf-Chastel, fils aisné de Leonor d'Orleans Duc de Longueuille, Prince de Chastelaillon & Marquis de Rothelin, & de Marie de Bourbon Duchesse d'Estouteuille ou Touteuille & Comtesse de S. Paul. Ce fut

Elle portoit de Gōzague, Neuers, & Cleues.
Au 1. quartier de Mantoüe blazōné en l'eloge de Catherine Duchesse de Neuers.
Au 2. quartier es cartelé de Cleues : au 2. de la Marc: au 3. d'Artois: au 4. de Brabant.
Au 3. quartier du Niuernois : party de Retel : sousten nu d'Albret Orual.
Au 4. grād quar-

tiercés six escus de l'Empire d'Orient, de Hierusalem: Tiercé d'Arragon, soustenu de Saxe moderne de Bar; & de Constantinople. Sur le tout de ce grand quartier de Montferrat, & sur le tout de 4. gráds d'Alençon.

Thuanus.

au mois de Feurier de l'an 1588. que ce mariage fut accompli auec le consentement & le contentement du Roy Henry III. qui permit à Ludouic Duc de Neuers pere de cette Princesse là, de se défaire du Gouuernement de Picardie, d'Artois, de Boulonnois, & du Pays reconquis en faueur du Duc de Longueuille son gendre, que ce Monarque là cherissoit, tant pour la consideration de ses ancestres les Ducs de Longueuille, les Comtes de Dunois, & les Marquis de Rothelin de la Maison d'Orleans, que pour sa fidelité & son affection au seruice de sa Maiesté, laquelle en ce temps là n'auoit pas beaucoup de fideles seruiteurs.

Le 22. Septembre de la méme année 1588. Henry Duc de Longueuille & la Duchesse Caterine de Gonzague sa femme firent leur entrée en la ville d'Amiens estans suiuis & assistez de plusieurs Seigneurs & Gentils-hommes & méme de Louys Duc de Niuernois qui l'année precedente 1587. y auoit esté receu en qualité de Gouuerneur.

Marie de Bourbon Duchesse de Touteuille & Doüairiere de Longueuille, François d'Orleans Comte de S. Paul & Mademoiselle de Longueuille estans venus en cette ville capitale de Picardie visiter le Duc & la Duchesse de Longueuille, furent contre le droict des gens arrestez prisonniers par quelques habitans qui se declarerent ouuertement partizans de la Ligue, & receurent en suite pour leur Gouuerneur de Picardie Charles de Lorraine Duc d'Aumale.

Ce ne fut pas vn petit desplaisir à la Duchesse de Longueuille d'apprendre la mauuaise nouuelle que la Duchesse doüairiere de Longueuille sa belle mere, les Princesses ses filles & le Comte de S. Paul estoient detenus par les Ligueurs à Amiens où le Duc d'Aumale auoit fait son entrée le 2. de Feurier de l'an 1589. en qualité de Gouuerneur de Picardie: mais comme il arriue qu'aprés la pluye vient le beau temps, elle ne receut pas vne petite consolation d'apprendre que le Duc son mary vray Gouuerneur de cete Prouince là auoit obtenu le 17. de May vne signalée victoire sur ce Prince Lorrain, & Iean de Monluc Seigneur de Balagny & Gouuerneur de Cambray (qui prenoit la qualité de Lieutenant de Picardie sous le Duc d'Aumale) & les Ligueurs. Ce ieune Prince de la Maison d'Orleans ayant secouru Senlis, qui ne dansa pas au son des flutes d'Amiens comme auoient promis Mayneuille, Saisseual, Mesieres & Congy (ainsi appelloient-ils les canons de cette ville là) mais demeura tousiours Royale, la Ligue ayant par le bon ordre & la diligence d'Henry Duc de Longueuille perdu son temps deuant cette ville là, ses armes & son bagage, 10. pieces de batterie, 2. canons & vne couleurine de l'Arsenac de Paris, 6. de Peronne & vne d'Amiens : car ceux qui ont leu l'Histoire de ce temps là n'ignorent pas que le Duc de Longueuille fit iouër le canon de telle furie qu'il raualla le courage des Ligueurs, leur donna si chaudement l'épouuante qu'elle les mit en fuite, & ne fut pas possible au Duc d'Aumale, ny à Balagny (qui y furent legerement blessez) de les pouuoir rallier : Mayneuille de la maison de Roncherolles, & Chamois de celle d'Esclauolles y combatans vaillament furent tuez sur la place auec quinze cens autres, sans ceux qui furent assommez par les vilageois poursuiuans les fuyars, qui pour sauuer le corps quitterent tout, armes, cheuaux, bagage & artillerie.

Roncherolles, d'argent à deux fasces de gueules.

Aubigné au liure 5. du 3. Tome de son Histoire vniuerselle, dit que le Duc de Longueuille ayant gagné la bataille de Senlis, & pressé du Roy Henry III. de demander telle recompense qu'il voudroit, au lieu de courir à l'vtile, tourna son cœur vers l'honneur, demandant que la barre des armes de Longueuille fust changée en bande, demeurant tousiours les lambeaux d'Orleans pour difference entre les Princes du Sang. Mais cet Ecriuain Religionaire se trôpe grandement, car Messieurs les Princes de la Maison d'Orleans-Longueuille portent vne bande ou vn baston pery en bande long temps deuant le regne d'Henry III. & dés celuy de Louis XII. comme i'ay veu en l'Abbaye de Bellozane en Normandie, & en plusieurs autres Eglises & Chappelles, entre autres en celle de saint Louis du Royal College de Nauarre, où les armes de Iean d'Orleans (qui depuis fut le Cardinal de Longueuille) se voient à la belle crosse de cuiure qui soustient le saint Sacrement, sans barre; mais auec vn baston & le lambel d'Orleans. Ce Caualier qui n'alloit pas aux Eglises & aux Monasteres seroit excusable si l'on ne les voioit pas en plusieurs Chasteaux & maisons des particuliers où i'ay souuent remarqué celles de Louis d'Orleans I. du nom Duc de Longueuille, auec vn baston, & aussi en celles de sa femme Ieanne de Hochberg, Comtesse souueraine de Neuf-Chastel en Suisse.

Hochberg écartelé au 1. & 4. d'or à la bande de gueules: au 2. & 3. d'or au pal de gueules, chargé d'vn cheuron de trois pieces d'argent.

Cette victoire du Duc de Longueuille estonna tellement Paris & les Ligueurs, que leur armée qui estoit en Touraine fut contrainte de retourner vers cette grande ville, & apporta bien de la ioye au Roy Henry III. & aux bons François, & particulierement à la Princesse sa femme, qui receut encor vne seconde consolation quand ce Prince là fut sur la frontiere receuoit l'armée étrangere, qui venoit au secours de ce Monarque, laquelle il conduisit heureusement au camp de S. Clou deuant Paris, & la ioignit à l'armée Royale : mais la mort lamentable d'Henry III. estant suruenuë en cette saison là, Henry Roy de Nauarre, heritier de la Couronne luy succeda, auquel le Duc de Longueuille rendit de bons seruices, particulierement aux iournées d'Arques & d'Iury & en Picardie où il estoit Gouuerneur, & accompagna sa Maiesté quand elle fit son entrée à Amiens aprés que cette ville capitale de cette Prouince là eut secoüé le ioug de la Ligue.

Thuanus. Mathieu.

Durant ce temps là Caterine Duchesse de Longueuille eut le contentement de voir sortir des mains des Ligueurs Madame la Duchesse de Touteuille sa belle mere & mes Demoiselles de Longueuille ses belles sœurs, qui furent eschangées auec Henry de Lorraine Comte de Chaligny qui auoit esté pris prisonnier au combat d'Aumale. Depuis le grand Henry ayant fait profession de la Religion Catholique, toutes les villes de son Royaume luy ouurirent leurs portes : en la seule Prouince de Picardie, Peronne, Amiens, Beauuais, & Dourlens se mirent en moins de quinze iours en leur deuoir. Le

Feuin.

Duc & la Duchesse de Longueuille arriuerent à Paris en cette saison là pour saluer sa Maiesté, où ce grand Monarque associa ce Prince à l'Ordre des Cheualiers du S. Esprit au commencement de l'année 1595. durant laquelle il declara la guerre à l'Espagnol & enuoya ce Prince visiter &

Thuanus. Les freres de sainte Marthe.

munir les places de son Gouuernement, lequel faisant son entrée en armes le 5. d'Auril dans la ville de Dourlens, & par-

Iant au Capitaine Ramelle, par malheur vn soldat, en faisant une scopperterie auec les autres gens de guerre de la garnison, luy tira vne arquebuzade dans la teste, duquel coup il fut si griefuement blessé, qu'il en mourut le 27. du méme mois, dans la ville d'Amiens, où il auoit esté transporté: mais il eut ce bonheur en cette infortune, de se voir renaistre deux iours deuant son decés: la Princesse Caterine de Gonzague sa femme estant heureusement acouchée le 25. d'Auril 1595. de son seul & vnique fils Henry d'Orleans à present Duc de Longueuille: laquelle aprés auoir fait rendre les derniers deuoirs dans l'Eglise de nostre Dame d'Amiens au Duc son mary où son cœur fut inhumé au costé droit de celuy du Cardinal de Crequy & son corps porté dans la Sainte Chapelle de Chasteaudun, elle mit tout son soin & son amour à bien nourrir & éleuer son fils vnique, auquel le Roy Henry IV. (qui luy donna son nom au baptéme) reserua le Gouuernement de Picardie par ses Lettres patentes données à Fontainebleau le 8. les autres disent le 16. de May de la mesme année, dans lesquelles sa Maiesté declare que ce Gouuernement sera administré par François Comte de S. Paul, oncle paternel de ce ieune Prince iusques à ce qu'il eut atteint l'âge de 18. ans.

<small>P. Mathieu. A. de la Morliere en ses antiquitez d'Amiẽs.</small>

Quand Henry II. Duc de Longueuille fut plus auancé en âge, la Duchesse Caterine sa mere luy donna vn Gouuerneur & vn Precepteur: ce dernier estoit Philippe Dinet sieur de S. Romain, Gentil-homme de la Chambre du Roy, qui a mis en lumiere plusieurs bons liures & donné au public l'Histoire de François de Beaucaire de Peguillon, Euéque de Mets. Elle l'enuoya aussi auec la permission d'Henry le Grand à S. Germain en Laye pour estre nourry prés du Roy Louis XIII. (lors qu'il estoit encore Daufin) auprés duquel estoient éleuez en méme temps Alexandre de Vendosme, Grand Prieur de France, fils naturel de cet incomparable Monarque; & les trois enfans du Duc d'Espernon, Henry de Foix Duc de Candale, Bernard de Nogaret (à present Duc d'Espernon & de la Valete) & Louis Cardinal de la Valete. Elle a eu ce contentement de voir marier ce Prince à vne Princesse du Sang.

<small>Dinet, de gueules à la Croix d'or, ancrée, couppée, & retraite au cœur, & cinq roses d'argent en sautoir.</small>

Elle a fait paroistre sa magnificence en plusieurs occasions: quand les 40. Ambassadeurs des Ligues des Suisses arriuerent à Paris au mois d'Octobre de l'an 1602. pour renouueller l'alliance entre le Roy Henry IV. & Messieurs des Ligues & leurs alliez, la Duchesse de Longueuille, comme Comtesse de Neuf-chastel, ayant combourgeoisie auec plusieurs cantons, les traita splendidement.

Ceux qui ont veu en l'an 1612. les gentillesses du Carouzel, n'ignorent pas la despense qu'elle fit à cette pompe Royale pour les alliances de France & d'Espagne : Car si les Escadrilles & Compagnies des autres Princes & Seigneurs parurent dans le camp de la Place Royale les plus belles qui se soient iamais veuës en France, sans doute celle de ce Prince qui parut sous le nom du Cheualier du Phœnix, éclata par dessus toutes les autres.

Ceux qui auront la curiosité de voir la magnificence de cette Princesse, n'ont qu'à ietter les yeux sur le Chasteau de Colommiers en Brie (qui est l'vn des plus beaux bastimens de France) qu'elle a fait faire auec vne despense digne d'vne Princesse des tres-illustres & tres-liberales Maisons de Mantouë & de Cleues; auprés duquel elle a aussi edifié vne Maison au Roy des Roys, où elle l'a fait seruir par les Peres Capucins. Elle a encor fondé plusieurs Eglises & Monasteres; entre autres celuy de la Mere de Dieu, ou des Carmelites de la ruë Chapon à Paris, pour la deuotion qu'elle auoit à la Vierge, & à l'Ordre du Carmel ou de sainte Terese, qui est redeuable de son establissement en France, à la pieté de la vertueuse Princesse Caterine d'Orleans sa belle sœur.

Du Val.

A. Miraus.
Du Breuil.
C. Henriquez.

Elle a donné liberalement plusieurs ornemens, tableaux, vases & reliquaires pour la decoration des Autels, comme l'on peut voir en diuerses Eglises, tant de Paris que des autres de ce Royaume. Cette Princesse a aussi assisté de ses aumosnes & liberalitez plusieurs personnes qui ont eu recours à elle durant leurs disgraces & necessitez. Quelques Autheurs luy ont dedié leurs liures, qui est vn tèmoignage de son affection enuers les hommes sçauans. Cette Princesse estant aagée de 61. an, est decedée à Paris en l'Hostel de Gonzague qu'elle auoit fait baſtir, aprés auoir receu auec feruer & deuotion tous les Sacremens, le deuxieſme iour de Decembre de l'an 1629. Elle a éleu ſa ſepulture dans le Cloiſtre du Monaſtere des Carmelites qu'elle auoit fondé, où elle s'eſtoit auancée en la perfection, frequentant les Religieuſes de ce deuot Monaſtere, entre autres la R. Mere Magdeleine du Bois ou de Fontaines, dite de S. Ioſeph, la premiere Prieure de cette Maiſon & des Carmelites Françoiſes. L'on voit dans le Cloiſtre du Conuent l'Epitaphe qui a eſté graué ſur ſa tombe.

Elle auoit pour Confeſſeur le ſieur des Champs, Preſtre fort deuot.

Cy giſt tres-haute, tres-puiſſante Princeſſe Madame Caterine de Gonzagues & de Cleues, Ducheſſe Doüairiere de Longueuille, veufue de feu tres-haut & tres-puiſſant Prince Meſſire Henry d'Orleans, Duc de Longueuille & de Touteuille, Pair de France, Prince Souuerain de Neuf-chaſtel & Valengin en Suiſſe, Comte de Dunois & de Tancaruille, Gouuerneur & Lieutenant general pour le Roy en Picardie, Boulonnois, Arthois & pays reconquis, fondatrice de cette Maiſon, auec tres-haut & tres-puiſſant Prince Meſſire Henry d'Orleans leur fils vnique, Gouuerneur & Lieutenant general pour ſa Maieſté en ſes pays & Duché de Normandie: laquelle deceda en ſon Hoſtel à Paris, le deuxiéme iour de Decembre l'an mil ſix cens vingt neuf. Priez Dieu pour ſon ame.

CATERINE D'ORLEANS
PRINCESSE DE LONGVEVILLE,
Fondatrice de l'Ordre des Carmelites de ſainte Tereſe en France.

LA vertu de Caterine d'Orleans eſt cauſe de ma diſete, & ie ne trouue point de particulieres choſes à dire de cette vertueuſe & deuote Heroïne, parce qu'elle les auoit toutes. Il n'y a point de François qui ignore ſa nobleſſe & ſon extraction: elle eſtoit la fille aiſnée de Leonor d'Orleans Duc de Longueuille, & de Marie de Bourbon Ducheſſe de

Orleans Longueuille, d'azur à trois fleurs de lys d'or, au lambel d'argent de 3. pieces, & auſſi au baſton d'argét pery en bande. Cette Princeſſe portoit écartelé au 1. & 4. d'Orleans Longueuille, au 2. & 3. de Bourbon.

Touteuille & Comtesse de S. Paul, qui auoit épousé deux grands Princes auant le Duc de Longueuille, sçauoir Iean de Bourbon Comte d'Enguien, qui mourut à la funeste iournée de S. Laurens 1557. François de Cleues I. Duc de Neuers, & que François de Lorraine Grand-Prieur de France, desira auoir pour femme en estant passionnément amoureux pour sa beauté & ses merites. Caterine eut pour marraine la Reyne Caterine de Medicis: Elle fut nourrie à la vertu & à la pieté par sa mere Marie de Bourbon Duchesse de Longueuille: Elle eut pour freres Henry Duc de Longueuille, François Comte de saint Paul, & Leonor Prince de Chastelaillon; & pour sœurs, Antoinette Marquise de Belle-isle (de laquelle i'ay fait l'Eloge en ce Liure) Marguerite Princesse de Touteuille, & Leonor Comtesse de Matignon & de Thorigny.

Mathieu. Du Pleix.

Estant encor fort ieune, elle fut arrestée prisonniere en la ville d'Amiens au commencement de l'an 1589. auec sa mere, le Comte de S. Paul son frere, & ses autres sœurs: Quelques Historiens disent aussi auec la Duchesse de Longueuille, Caterine de Gonzague sa belle sœur; mais le President de Thou, & Adrien de la Morliere n'en parlent point, & Monsieur de Thou ne fait mention que de Mademoiselle de Longueuille. Ils sont tous d'accord que l'on admira la constance & la generosité de ces Princesses; car la solitude, l'affliction, & l'indignité du traitement ne les firent iamais changer de resolution ny de langage: & que la liberté ne leur fut pas donnée pour rien, Henry de Lorraine Comte de Chaligny frere de la Reyne Louïse, duquel ie parleray en l'Eloge de sa femme, ayant esté eschangé auec elles.

Caterine estant prisonniere à Amiens y passa prés de trois ans en des exercices de deuotion & de pieté, ainsi que nous lisons d'vn grand Prince Iean de Valois ou d'Orleans, Comte d'Angoulesme, petit fils & ayeul de nos Rois (duquel le nom est venerable pour sa pieté, qui l'a fait cherir & aymer de Dieu, qui l'a honoré de plusieurs miracles durant sa vie, & aprés sa mort) lors qu'il estoit prisonnier en Angleterre auec son frere Charles Duc d'Orleas, aprés la bataille d'Azincour. La Princesse de Longueuille estant sortie de prison receut encor de l'affliction par la mort du Duc de Longueuille son frere aifné, & de fa mere Marie de Bourbon, qui aprés auoir demeuré 28. ans en viduité, paffa de cette vie à l'autre dans la ville de Pontoife, le 7. les autres difent le 18. d'Auril de l'an 1601. eftant âgée de 62. ans, aprés auoir receu tous les Sacremens, & fait vne exacte confeffion de fa vie au R. Pere Gilles Camart, Predicateur de l'Ordre des Minimes, qui depuis eft decedé General de l'Ordre. Cette Ducheffe de Longueuille eftoit fille du genereux François de Bourbon Comte de S. Paul, Gouuerneur de Daufiné, & d'Adrienne d'Eftouteuille fa femme. Elle eftoit née à la Fere en Picardie le 30. de May de l'an 1539. Eftant deuenuë heritiere par le decés de fon frere François II. Duc de Touteuille & Comte de S. Paul, elle époufa trois Princes (comme i'ay remarqué cy-deffus) defquels le troifiéme fut Leonor d'Orleans Duc de Longueuille, auquel elle apporta le Duché de Touteuille, le Comté de S. Paul, Trie, & d'autres belles terres.

Caterine d'Orleans n'a point voulu d'autre époux que celuy qui eft l'Epoux & la Couronne des Vierges, & a vécu 74. ans fort exemplairement, employant tous fes moyens en des œuures de charité, fçauoir à nourrir de pauures honteux, à racheter des prifonniers, & à foulager les orfelins & les veuues, à faire inftruire de ieunes filles à la pieté, & à fonder des Monafteres de Religieufes. Vn iour Mademoifelle Acarie l'allant vifiter pour luy recommander de pauures honteux, fe fentit infpirée de luy recommander l'établiffement & la fondation des Carmelites de fainte Terefe en France, ce qu'elle accepta volontiers, & la trouua toute difpofée à faire ce bon œuure. C'eft pourquoy ie l'appelle la Fondatrice des Meres Carmelites de France, fans ofter cette gloire aux Venerables Meres Anne de Iefus, Anne Garcie Mancane, dite de S. Bartelemy: Magdelaine du Bois, dite de S. Iofeph: & à Barbe Aurillot, dite fœur Marie de l'Incarnation: car en effect c'eft cette Princeffe qui obtint la permiffion du Roy Henry le Grand d'eftablir cet Ordre en ce Royaume, qui enuoya à Rome le fieur de Santeüil pour obtenir les Bulles du Pape Clemét VIII. & fe rendit la premiere

Santeüil, d'azur à vne tefte d'Argus d'or de front, femée d'yeux au naturel.

Fondatrice du premier Monastere, & qui écriuit des lettres aux Peres Definiteurs des Carmes Deschauffez par Messieurs de Berule (depuis premier Superieur de la Congregation de l'Oratoire & Cardinal) & Gaultier Auocat general au Grand Conseil, par lesquelles ioignant l'authorité auec l'humilité, elle les supplioit d'enuoyer des Religieuses en France, leur proposant (comme remarque le P. Chrysostome Henriqués Espagnol, Religieux de l'Ordre de Cisteaux, en la vie de la Mere Anne de S. Barthelemy) des raisons assez pressantes, & se monstrant si pieuse en ses paroles, qu'il eust semblé y auoir de l'impieté à la refuser. Aubert le Mire Doyen d'Anuers, & Maistre de la Chapelle de la feuë Infante en son Liure de l'origine de l'Ordre du Carmel, & particulierement des Teresienes, dit ces paroles:

„ Passons en la France à l'instance de la tres-noble Prin-
„ cesse Caterine d'Orleans, fille du Duc de Longueuille six
„ Religieuses deschauffées vinrent premierement d'Espagne
„ à Paris l'an 1604. par l'approbation du Pape Clement VIII.
„ & d'Henry IV. Roy de France: Ces Religieuses estoient
„ Anne de Iesus, & Anne de S. Barthelemy qui ont esté les
„ compagnes de la B. Terese, Isabelle des Anges, Beatrix de
„ la Conception, Isabelle de S. Paul natiue d'Anuers, & Leo-
„ nor de S. Bernard. L'on leur donna l'Eglise de Nostre-Da-
„ me des Champs, & des bastimens propres & necessaires pour
„ les fonctions religieuses, par la liberalité de la méme Prin-
„ cesse de Longueuille: l'on donna la charge de Prieure à la M.
„ Anne de Iesus; plusieurs Vierges nobles d'extraction & de
„ vertus se rangerent peu aprés sous cet institut là.

Ceux qui ont leu les liures d'André du Val, Docteur & Professeur du Roy en Theologie au College de Sorbone, Chrysostome Henriqués, & les Autheurs qui ont écrit de l'establissement de l'Ordre des Carmelites en France, n'ignorent pas que le R. P. General des Carmes Deschauffez donna ces six Religieuses Carmelites, pour venir en France fonder le Carmel selon la reforme de sainte Terese de Cepede, dite de Iesus, pour satisfaire aux desirs & à la pieté de cette Princesse, fille, sœur & tante des Ducs de Longueuille; que la M. Anne de Iesus Prieure fut tirée du Conuent de Salamanmanque auec les Meres Isabelle des Anges, & Beatrix de la Conception; on prit en celuy de Luechez la M. Leonor de S. Bernard; la M. Isabelle de S. Paul en celuy de Burgos, & la M. Anne de S. Barthelemy, qui n'estoit encore que Conuerse en celuy d'Auila. L'Assemblée se tint au Monastere d'Auila le iour de S. Barthelemy 24. d'Aoust de l'an 1604. d'où elles partirent le 29. accompagnées de MM. de Berulle, de Bretigny & Gaultier, du R. P. Ioseph de Iesus Marie, Prouincial de la nouuelle Castille, & de trois femmes Françoises, & arriuerent heureusement à Paris le iour de l'octaue de S. Denys, le 16. Octobre 1604. La Princesse de Longueuille les conduisit à S. Denys, & au Mont des Martyrs, où aprés auoir rendu leurs hommages à ce grand Saint, & mis sous sa protection & sous celle de ses Compagnons cette Religion naissante dans la France; elles furent le 17. amenées de l'Abbaye de Mont-martre par cette deuote Princesse dans leur Monastere, dedié à l'honneur du mystere de l'Incarnation. Le lendemain iour de saint Luc, le tres saint Sacrement y fut solemnellement posé, non sans vne permission de la Prouidence diuine : Car ce grand Saint a décrit particulierement le mystere de l'Incarnation, il a esté le Peintre & l'Euangeliste de la Mere de Dieu. Aprés auoir tiré son visage, il a representé son Esprit, & il a esté choisi du Ciel pour nous apprendre le colloque diuin, qu'elle eut auec l'Ange Gabriel qui luy annonça l'Euangile du Pere Eternel. De sorte, comme a fort bien remarqué l'Autheur de la vie de la Mere Magdelaine du Bois, dite de S. Ioseph, nous auons suiet de croire que l'establissement des Carmelites en ce Royaume, est tombé au iour de sa Feste, pour leur recommander la pieté vers le Verbe incarné, & vers la Vierge sa Mere, qui sont les deuotions essentielles de leur Ordre. Mais comme il est aussi particulierement dedié à la Croix de IESVS-CHRIST, & que toutes les Carmelites doiuent estre crucifiées au monde, & mortes à elles mesmes pour n'estre viuantes qu'en IESVS-CHRIST; Dieu a voulu que leur establissement se soit rencontré en la feste d'vn Euangeliste, signalé par sa penitence, & duquel seul l'Eglise a dit en ses Oraisons, qu'il auoit porté continuellement la

R r

mortification de la Croix en son corps. Ainsi le Caluaire se trouue vny auec le Carmel, & les mesmes ames qui appartiennent à l'Incarnation du Verbe, sont aussi consacrées à sa Passion, & doiuent ioindre en leurs deuotions ces deux mysteres, de la mesme sorte que deuant sainte Terese, ont fait vn Prince & deux Princesses de la tres-Chrestienne & tres-auguste Maison de France; sçauoir le Roy saint Louys, qui visita auec vne grande deuotion la chambre natale de la Vierge en Nazareth, où le Verbe diuin a esté incarné, & fonda la sainte Chappelle de Paris, où sont gardées la vraye Croix, la Couronne d'espines, & les autres Reliques de la Passion : la Reyne Ieanne de France ou de Valois, Duchesse de Berry, Institutrice & premiere Fondatrice de l'Ordre de l'Annonciade, ou des dix Vertus de la Vierge, comme ie diray en l'explication de la deuise de cette Princesse, fille, sœur & femme de nos Rois : & Gabrielle de Bourbon Princesse de Talmond, & Dame de la Trimoüille, laquelle dans ses œuures a fait voir sa deuotion à ces deux mysteres adorables, dont l'vn est le commencement, & l'autre est la fin de la vie voyagere de IESVS-CHRIST nostre Seigneur, qui n'a pas fait vne petite faueur & grace à Caterine d'Orleans, aussi Princesse de la Maison de France, d'estre la premiere Fondatrice en ce Royaume tres-Chrestien, d'vne sainte Compagnie de Religieuses, qui font profession d'honorer tous les iours de leurs vies ces deux grands mysteres de l'Incarnation, & de la Passion du Sauueur du monde.

Iodoc. Clitou ser. de S. Ludouic.

Plusieurs bonnes ames auoient desia eu ce desir & cette volonté de fonder l'Ordre des Carmelites de sainte Terese en France, entre autres Marie de Batarnay, Comtesse du Bouchage, femme de Guillaume Vicomte de Ioyeuse Mareschal de France, & mere de ces grands Heros en valeur ou en pieté de la Maison de Ioyeuse. Cette deuote Dame auoit eu dessein d'establir des Carmelites à Tolose, auant les troubles de l'an 1588. & auoit enuoyé, comme ie diray en son Eloge, le sieur de Bretigny Prestre fort pieux en Espagne : mais les guerres qui diuiserent ce Royaume, la priuerent de ce contentement, & Dieu qui reseruoit ce bon œuure à cette tres-illustre Heroïne, Caterine d'Orleans de

DES DAMES ILLVSTRES. 315

Longueuille, se contenta de sa bonne volonté. Monsieur Sublet sieur de la Guichoniere, qui depuis est mort Religieux dans la Chartreuse de Paris, auoit destiné sa maison de Noyers pour en faire vn Monastere de Carmelites, afin d'y receuoir celles qui deuoient venir fonder cet Ordre en la France. Iacques Gallement Docteur en Theologie de la Maison de Sorbone, dont la pieté surpassoit encore la doctrine, & qui pour ses rares merites fut choisi depuis auec le Cardinal de Berule, & le Docteur du Val, pour estre vn des premiers Superieurs de l'Ordre en ce Royaume, auoit eu la pensée d'establir des Carmelites à Aumale, & y auoit disposé plusieurs filles deuotes qui viuoient sous sa conduite. Mais tous ces proiets n'ayant pas reüssi, Dieu voulut qu'vne Princesse de la Maison de France (la premiere & la plus noble de la Chrestienté & de l'Vniuers) & qu'vne petite fille de saint Louis, qui le premier amena de la Terre sainte en ce Royaume, les Religieux de l'Ordre de Nostre-Dame du Mont-Carmel, en fust la premiere Fondatrice en France, & que le premier Monastere fust erigé dans la ville Capitale de ce Royaume, par cette pieuse & liberale Heroïne, qui non seulement obtint la permission du Roy Henry IV. necessaire pour l'establissement ; mais elle prit la peine d'en faire verifier mesme les Lettres patentes en la Cour de Parlement, & dotta les Religieuses de deux mil quatre cens liures de rente : Aprés auoir obtenu du Cardinal de Ioyeuse, & des Religieux de Marmoutier, l'Eglise du Prieuré de nostre-Dame des Champs, où l'on tient par tradition, que S. Denys premier Euéque de Paris, l'Apostre des Gaulois, & l'vn des Patrons de nos Monarques faisoit sa demeure, & offroit le Sacrifice de IESVS-CHRIST au Pere Eternel, pour la conuersion de la Gaule encore idolatre.

Si quelqu'vn dit que la Princesse de Longueuille n'a pas esté la Fondatrice des Carmelites de France, n'ayant pas porté l'habit, ny fait profession dans cet Ordre là, ie luy répondray qu'ayant fait pour l'establissement & la fondation de cette Religion du Carmel, tous les biens spirituels & temporels que i'ay rapportez cy-dessus, elle est en effect la premiere Fondatrice ; ayant liberalement doté le Monastere

Sublet de Noiers, d'azur au pal muraillé de trois pieces à dextre, & d'autant à senestre d'or, chargé d'vne vergette de sable qui est le diminutif du pal, comme le baston l'est de la bande.

Rr ij

Du Val. Senault.

duquel tous les autres de ce Royaume sont sortis, & que le Pape Clement VIII. a declaré par sa Bulle du 13. de Nouembre de l'année 1603. qu'il establissoit ce premier Monastere, Chef de tous les autres du mesme Ordre, & de la mesme reforme, qui seroient erigez à l'aduenir en France; Si bien que tout l'Ordre fut estably en ce Monastere, & ce premier fut comme la pepiniere qui deuoit peupler tous les autres. Si elle n'a pas vescu dans vn Cloistre de Carmelites, l'on peut dire que sa Maison estoit plustost vn Monastere bien reglé, que non pas vn Palais de Princesse, son Hostel de la ville l'Euesque, estoit vn Seminaire de vertu, vne pepiniere de deuotion, & vn Oratoire de l'Oraison aussi parfaitement pratiquée, comme aux familles Religieuses les plus austeres, & les plus reformées. Elle a donné dans sa Maison & à la Cour mille & mille bons exemples de charité, d'humilité, de patience, & de toutes les vertus Chrestiennes & Religieuses.

Elle receut charitablement à la ville l'Euéque prés de son Hostel, des filles & Demoiselles Angloises Catholiques, qui desiroient y mener vne vie religieuse ; mais quelques empeschemens estans suruenus, elle acheta la place, & la donna aux Religieuses Benedictines de la deuote Abbaye de Mont-martre, ayant fait eriger ce Prieuré là sous le titre de *Nostre-Dame de Grace*, pour la deuotion qu'elle auoit à la Mere de Dieu. Ses sentimens estoient si tendres & si amoureux enuers cette Mere de tendresse & d'amour, & pour l'amour d'elle à son cher & chaste époux S. Ioseph, qu'elle ne pouuoit assez oüir parler de la grandeur de l'vne, ny de la petitesse de l'autre ; & entre autres choses elle receuoit vne singuliere consolation, meditant comme ce saint homme gagnoit à la sueur de son visage, la vie de celuy qui estoit la vraye vie.

Elle donna à sa mort son Hostel aux Religieuses de ce Monastere de Nostre-Dame de Grace, dit aussi le petit Mont-martre. Aprés la Vierge & saint Ioseph, elle auoit vne particuliere deuotion à saint Denys & à ses Compagnons S. Rustic, & S. Eleuthere : aux trois saintes Caterines, & autres fideles amantes de IESVS-CHRIST. Ie ne parleray point de celle qu'elle auoit pour sainte Terese, parce qu'ayant establi & fondé son Ordre en France, elle a fait assez paroistre l'amour & le respect qu'elle luy portoit.

Dieu l'ayant visitée sur les dernieres années de sa vie, ainsi que le Saint homme le vieil Tobie, par la perte de la veuë, elle supporta cette affliction auec vne patience toute Chrestienne, & digne du Ciel : disant souuent ces belles paroles aux Dames & aux Religieuses ses plus intimes. *Si Dieu me donnoit le choix du recouurement de la veuë, ou de demeurer tousiours en cet estat, ie trouue vn si grand repos d'esprit en cette souffrance, que ie le prefererois au recouurement de la veuë.* Cette bonne Princesse loüoit Dieu en tout temps, autant durant l'aduersité & la maladie, qu'en la prosperité & la santé, chantant veritablement auec le Roy Prophete, au Pseaume 33. ainsi que saint Charles Borromée & sainte Terese,

> *En tout temps & en toute place,*
> *Ie veux, quelque saison qu'il face,*
> *Du Seigneur chanter la bonté,*
> *Ma bouche à iamais sera plaine*
> *Du bruit de sa gloire hautaine,*
> *Et du los qu'il a merité.*

Desportes.

La veuë à la verité est l'entendement du corps, & le plus noble & le plus celeste sentiment de tous : mais aussi il est fort dangereux ; & la mort entre bien souuent en l'ame par cette fenestre. Et bien souuent vn traict d'œil, & vn mauuais regard aueugle l'ame, la priuant de la grace & de la lumiere de Dieu, & la fait criminelle de leze-Maiesté : Et partant Pierre Abbé de Clairuaux ayant perdu vn œil, disoit auoir perdu vn ennemy : & saint Mayeul, Religieux de Cluny, estant aueugle guarissoit les aueugles, & ne se guarissoit pas soy-mesme. *Il vaut mieux*, dit le Sauueur, *entrer borgne en Paradis, qu'aller auec deux yeux en enfer.*

Le temps me defaudroit plustost que la matiere, si ie voulois publier toutes les vertus & les merites de Caterine d'Orleans de Longueuille, & ceux de sa sœur puisnée Marguerite d'Orleans ou de Touteuille, auec laquelle elle a vescu auec grande vnion de cœurs : i'en laisse le soin à ceux qui voudront écrire l'Histoire de leur vie & de leur mort ; ie diray seulement en passant qu'elles ont toutes deux par leurs bons exemples edifié tout le monde, & fait voir que dans les grands honneurs & les hautes naissances on peut mener vne vie aussi pure & aussi sainte que dans les deserts & les Cloistres.

Quand M. la Marquise de Belle-isle prit l'habit de Feüillantine, elle auoit deux fils viuans, & quãd elle fit profession, Monsieur le Duc de Rets estoit demeuré vnique, quelques vns m'ont dit qu'elle auoit eu 4. enfans.

Leur sœur la Marquise de Belle-isle a mené dans les Ordres des Feüillantines, de Font-Euraud, & des Benedictines de la Congregation du Caluaire, vne vie plus admirable qu'imitable, estant entierement détachée de l'affection des creatures. Comme vn iour durant son année de probation, qu'on luy apporta la nouuelle de la mort d'vn de ses enfans qu'elle aymoit tendrement; puis qu'elle auoit de l'affection à ses propres ennemis, s'il est possible que le Chrestien puisse croire d'en auoir : cette sainte âme donna quelque petit moment au sentiment de la nature; mais s'estant apperceuë que cet accident la détachoit de cette ardeur & de cette parfaite vnion qu'elle auoit auec IESVS-CHRIST son Epoux, elle luy fit comme vne excuse; *Pourquoy mon fils ne seroit-il pas mort, puisque vous mon Dieu estes mort pour moy?* Le P. Feüillant qui l'assista durant sa derniere maladie à Poitiers, luy parlant du Duc de Rets son fils, luy dit qu'estant sa mere elle estoit obligée de luy donner sa benediction : *Ie luy desire*, dit-elle, *toutes sortes de benedictions pour son salut.* A méme temps il luy parla de Mademoiselle de Longueuille, & autres de ses proches : *Ie les affectionne*, dit-elle, *en nostre Seigneur, mais ie serois bien aise en l'estat où ie suis, de ne point oüir parler des choses qui sentent la nature.* Sa vie a esté si austere, que l'on a remarqué que depuis qu'elle estoit sortie des Feüillantines de Tolose, elle ne s'est point couchée que sur les ais tous nuds, & sa couche couuerte d'vne simple couuerture demy vsée; on eut bien de la peine de luy faire prendre sur la fin de ses iours vne paillasse. Ainsi a vescu, & ainsi a rendu son ame à Dieu Antoinette de sainte Soolastique, de laquelle i'ay desia escrit la vie en ce Liure. Il faut que ie parle encore de Caterine d'Orleans sa sœur aisnée, qui est digne de loüange pour auoir assisté les siens durant leurs maladies, & en leurs affaires spirituelles, & s'estre acquitée dignement aprés leur mort de tous les deuoirs de pieté &

d'honneur, dont elle se sentoit redeuable pour leur salut.
La Duchesse de Longueuille sa belle-sœur estant en couche à Amiens, quand le Duc son frere y mourut, elle prit le soin de le faire assister par les Minimes & les Capucins, & de faire celebrer vn grand nombre de Messes pour le repos de son ame en diuerses Eglises & Monasteres.

Elle rendit les mémes deuoirs à sa mere Marie de Bourbon, Duchesse de Longueuille, de laquelle elle fit porter le corps de Pontoise où elle estoit decedée, à l'Eglise de l'Abbaye de Vallemont, située au Duché d'Estouteuille en Normandie, où elle luy fit rendre les honneurs de sa sepulture au-Tõbeau de François de Bourbon Comte de S. Paul, & Duc d'Estouteuille, & d'Adrienne de Touteuille, le pere & la mere de cette Duchesse là.

Estouteuille, Burellé d'argent & de gueules de dix pieces, au lyon de sable armé, lampassé & couronné d'or, brochant sur le tout.

Marguerite d'Orleans Princesse de Touteuille sa sœur, auec laquelle elle auoit tousiours vescu en grande paix, & amitié (comme i'ay rapporté cy-dessus) elle l'assista durant sa maladie auec des soins nompareils, & luy rendit tous les deuoirs d'vne bonne sœur : & aprés sa mort elle la fit inhumer dans le Chapitre des Meres Carmelites du Monastere de l'Incarnation, & dresser sa sepulture auec cet epitaphe.

D. O. M.

A la memoire perpetuelle de Marguerite d'Orleans, Princesse de Longueuille & de Touteuille, seconde Fondatrice de ce Monastere, laquelle aprés auoir conserué la chasteté iusques à la fin de sa vie, & orné la noblesse de son sang d'vne tres-grande modestie, & d'vne rare pieté, accompagnée de toutes les vertus, attend icy auec les Vierges prudentes la venuë de l'Espoux, pour auec elles le suiure au festin des nopces eternelles. Elle a vescu quarante huict ans, huict mois vingt trois iours, & deceda le vingt-troisiesme iour de Septembre 1615.

Antoinette d'Orleans, Marquise de Belle-isle estant decedée à Poitiers le 25. d'Auril de l'an 1618. & ayant sceu qu'elle auoit desiré d'estre enterrée dans l'Eglise du Monastere des Feüillantines de Tolose, où elle a fait les vœux de Religion, qu'elle a tres-saintement gardez ; sa sœur, noſtre Caterine d'Orleans, qui ſe conformoit entierement aux choſes où elle faiſoit paroiſtre de l'inclination, ayant reconnu qu'elle auoit deſſein aprés ſon decés que ſon corps fuſt porté à Toloſe, elle n'en voulut pas ſeulement faire la deſpenſe, mais elle l'euſt accompagnée, ſi elle n'en euſt eſté empeſchée par vn commandement du Roy Louys XIII. à cauſe de ſes continuelles maladies. Charlote Flandrine de Naſſau, fille & ſœur des Princes d'Orenge, Abbeſſe de ſainte Croix de Poitiers, qui aprés auoir fait abiuration de l'hereſie, & profeſſé la Religion Catholique, a mené vne vie digne du Ciel dans cette Abbaye là, fit de grandes inſtances à Monſieur l'Euéque de Poitiers, à Monſieur le Duc de Rets, & à Monſieur le Maire de la ville, pour auoir le corps de cette religieuſe Princeſſe, deſirant la faire enterrer au milieu du Chœur de ſon Egliſe, & de luy dreſſer vn ſuperbe Tombeau: à quoy les Peres Feüillans s'oppoſerent pour faire accomplir le deſir de cette Dame, qui diſt en mourant à ſes Religieuſes de Poitiers: *Mes ſœurs i'ay eſté auec vous durant ma vie, ie deſire, s'il vous plaiſt, qu'aprés ma mort mon corps ſoit porté auec nos ſœurs de Toloſe.* Ie ne ſçay pas ſi on luy a dreſſé vn Epitaphe, mais ie placeray icy l'Eloge qu'en a fait en Latin Dom Chryſoſtome Henriqués, Eſpagnol, Religieux & Hiſtoriographe de l'Ordre de Ciſteaux, en ſon Menologe, le 22. d'Auril, en ces termes;

In Gallia obdormitio piæ feminæ Antoniæ de Orleans, quæ cùm eſſet nobiliſſima & potentiſſima Princeps, pulcritudine, diuitiis, multiſque naturæ & fortunæ donis dotata, cuncta pro Chriſto contemnens, inſtitutum Ciſterciense in rigidiſſima Fulienſium Congregatione amplexata eſt; in qua ſanctiſſimè perſeuerans, Congregationem Beatæ Mariæ de Caluario ſub regula ſancti

En France le treſpas de la pieuſe Dame Antoinette d'Orleans, laquelle eſtant née tres-illuſtre & puiſſante Princeſſe, doüée d'vne rare beauté, de richeſſes & de tres grands auantages de nature & de fortune, meſpriſant tout pour ſeruir Iesvs-Christ, elle embraſſa l'Ordre de Ciſteaux en la tres eſtroite Congregation des Feüillans; dans laquelle ayant perſeueré ſaintement, elle a inſtitué la Congregation de noſtre Dame du Caluaire, ſous la regle

gle de saint Benoist, & trespassa saintement en nostre Seigneur.

Benedicti instituit, & placido fine obdormiuit in Domino.

Cét Autheur rapporte en ses Notes sur le Martyrologe de Cisteaux, le témoignage du R. P. Charles de sainte Marie Prieur du Monastere des Peres Feüillans de Paris (qui depuis a esté General de l'Ordre) lequel en son Liure ou Catalogue des Feüillans illustres en sainteté, ou des Religieuses de cet Ordre là, recommandables pour leur rare pieté, a fait l'Eloge de cette religieuse Princesse Antoinette d'Orleans, où sur la fin il n'a pas oublié de remarquer qu'elle a esté par l'authorité du saint Siege, l'Institutrice & la Fondatrice des Religieuses Benedictines de la premiere regle, sous les noms du Caluaire & de sainte Scholastique. Et pour reuenir à Mademoiselle de Longueuille sa sœur, elle mourut aussi saintement le 29. de Septembre de l'an 1638. Monseigneur le Duc de Longueuille, Mademoiselle sa fille, Madame la Comtesse de saint Paul, Madame la Comtesse de la Rocheguion, & ses plus proches, luy rendirent les mesmes deuoirs & assistances qu'elle auoit fait aux autres, & receut les honneurs de la sepulture, dans le Chapitre du Monastere des grandes Carmelites, au même Tombeau auec sa sœur Mademoiselle de Touteuille, sur lequel cet epitaphe est graué.

Dom Charles de Lauzon, dit de sainte Marie.

Lauzon, d'azur, à 3. serpens qui se mordent la queuë d'argent, 2. 1.

Et à la memoire *de tres-illustre, & tres-vertueuse Princesse Madamoiselle Catherine d'Orleans, Princesse de Longueuille & de Touteuille sa sœur aisnée, premiere Fondatrice de ce Monastere, laquelle pour imiter sa sœur, & faire voir au monde ce que la grace peut en vne ame si viuement touchée de l'amour de Dieu, a voulu comme elle n'auoir pas icy autre Espoux que* IESVS-CHRIST, *& aprés auoir consommé sa vie dans vne continuelle pratique de vertu, Dieu, sur la fin de ses iours, luy voulant donner vne derniere espreuue par la priuation de la veuë, le plus cher de ses sens, elle porta cette affliction si constamment, qu'on peut dire auec verité qu'elle a laissé en la terre, & notamment à la France, vn rare exemple de patience & d'humilité: Elle deceda le 29. de Septembre 1638. aagée de 72. ans, huict mois, neuf iours.*

CATERINE CIBO, DVCHESSE DE CAMERIN.

Cibo, de gueules, à la bande eschiquetée d'or & d'azur de trois traits, au chef d'argēt, chargé d'vne Croix de gueules.

LA noble Maison de Cibo est vne des plus illustres & anciennes de l'Italie & de la Grece, laquelle a esté fertile en grands personnages renōmez par toute la Chrestienté, tant pour leur insigne pieté, que pour leur courage & leur valeur, ayant donné à l'Eglise plusieurs excellens Capitaines, qui ont employé leur vie & donné leur sang pour la defense des Autels, & des Cardinaux qui luy ont seruy de lustre & d'ornement: entre autres le Cardinal Iean Baptiste Cibo, qui estant pour ses merites esleu par les Peres Vicaire de Dieu en terre, prit le nom d'Innocent VIII. duquel la memoire est venerable, pour auoir ioint la douceur des mœurs auec vne extréme probité, s'estant rendu digne pour son innocente vie de ce beau nom.

Cette bonne race n'a pas esté seulement fertile en illustres Heros, mais aussi en genereuses Heroïnes, illustres ou en pieté, ou en doctrine, ou en valeur, ou en tous les trois ensemble, entre lesquelles sont dignes de toute loüange Caterine & Leonor Cibo. La constante Leonor sœur de Iules Cibo, Marquis de Massa & d'Alberico, lequel estant paruenu auec vne heureuse vieillesse, iusques à l'aage de cent ans, mourut en l'année 1623. honoré & regreté de toute l'Italie, & femme du braue & infortuné Iean-Louys Comte de Fiesque & de Lauagne, aux pieds duquel elle cheut toute fonduë en larmes comme suppliante, & luy dit tant de belles paroles embrassant ses genoux, pour le détourner de ne pas commencer l'entreprise contre André & Iannetin Doria, qui luy cousta la vie. Elle épousa en secondes noces ce grād Heros * Chiappin Vitelli Marquis de Cetona. Caterine Duchesse de Camerin, la perle des Dames de son téps, sur laquelle le Ciel, d'vne prodigue main, versa ses meilleures influen-

*Leonor Cibo eut plusieurs enfans de ce Capitaine renommé dans les guerres du Pays bas, comme sçauent ceux qui ont leu les Ecriuains des troubles de Flādr. entre autres Famian Strada qui en parle auec Eloge. François Zazzera a fait les eloges de Caterine & de Leonor Cibo, en sa premiere partie Della Nobilita dell'Italia. Maluezzi.

ees, estant ornée des vrayes & parfaites beautez requises & desirables & au corps & à l'ame : Car elle estoit (au rapport des Escriuains Italiens) belle comme vn Ange, ou pour parler plus Chrestiennement doüée d'vne grace angelique, & d'vn si bon esprit, qu'elle apprit en perfection en peu de tẽps ces quatre langues, l'Hebraïque, la Grecque, la Latine, & la Toscane, & les lettres que leur douceur font nommer humaines. Ayant fait vn signalé progrés aux humanitez, elle ne se contenta pas de sçauoir la poësie & la Rhetorique, mais elle apprit encor la Philosophie & la Theologie qu'elle a tousiours respectée & honorée comme la Reine & la Dame des autres sciences, qui ne sont pour ainsi dire que ses seruantes. Elle employa la meilleure & plus saine partie de ses iours en ce saint estude, n'ayant iamais laissé passer vn iour sans lire la sainte Bible en Hebreu, quelque Pere Grec ou Latin. Sa conuersation ordinaire estoit auec ses oiseaux celestes qu'elle escoutoit comme nonces & interpretes des paroles & des volontez diuines. Cette tres-docte & tres-deuote Dame ayant esté tout le cours de sa vie, le miroir & l'exemplaire de doctrine, de Religion & de pieté, le Pape Leon X. son oncle maternel, qui l'aimoit vniquement pour sa vertu, la maria (comme remarque Leandre Albert) auec Iean Marie Varan Duc de Camerin. Ce Seigneur s'estima bien heureux & fortuné d'auoir pour femme vne si belle & si sage Princesse, tres-noble pour ses vertus & pour sa race, estant issuë de l'estoc paternel de la Maison de Cibo, & du maternel de celle de Medicis : mais ce braue Duc ne iouït gueres de son bon-heur & de sa felicité, estant decedé peu d'années aprés son mariage, au grand regret de sa chaste épouse la belle Duchesse Caterine. Il n'est rien de stable en ce monde, & quelque plaisir qu'on y puisse gouster, il passe comme l'ombre d'vn songe, il fuit comme l'eau qui coule sans cesse dans la mer : Il n'y a point d'oiseau qui vole si viste, ny postillon qui coure si hastiuement :

Fran. Serdonati de le Donne illustre.

Elle estoit fille de Magdeleine de Medicis, & de François Cibo.

> *Il n'est rien icy bas d'eternelle durée,*
> *Vne chose qui plaist n'est iamais asseurée,*
> *L'espine suit la rose, & ceux qui sont contens*
> *Ne le sont pas long temps.*

Comme si la fortune eust esté ialouse de voir tant de felicité auec tant de vertu, elle vint troubler la feste & le contentement de ces ieunes mariez, lesquels ayant vécu peu d'années ensemble, n'eurent qu'vne seule fille nommée Iulie.

Caterine Cibo Duchesse de Camerin estant demeurée veuue, quoy que fort ieune, refusa courageusement tous les partis qui se presenterent, & n'eut point de plus grande passion que d'esleuer & nourrir sa fille vnique Iulie à la crainte de Dieu, & luy faire apprendre les bonnes lettres, sans lesquelles la vie de l'homme est vn tombeau, & de luy conseruer durant sa minorité, son Estat, & son Duché de Camerin. Pendant sa Regence elle gouuerna auec vne telle prudence & iustice ses suiets, que sa memoire est encor en benediction, non seulement parmy les habitans de Camerin, mais par toute la Marche d'Ancone.

Elle fit paroistre son courage & sa constance admirable en cet accident qui suruint durant qu'elle estoit Regente, quãd le Seigneur Mathias Varan entra de nuit dans Camerin auec plusieurs compagnies de voleurs & de bandis, & la mena à la forteresse de la Rocque où estoit nourrie la Princesse Iulie sa fille, sous la garde d'Aranino Cibo. Là ce barbare tyran luy tenant le poignard sous la gorge, proferant mille & mille iniures contre son merite, & la menaçant de luy oster la vie, si elle ne vouloit consentir qu'il épousast la Princesse sa fille; cette genereuse Amazone, auec vn courage plus masle que feminin, iamais ne voulut donner son consentement, aimant mieux souffrir & endurer toute sorte de peines, & la mort méme, que d'auoir vn si meschant homme pour gendre : Ce qui émeut plusieurs citoyens de Camerin qui auoient suiuy par malheur le cruel & desloyal Mathias Varano à la deliurer de ses mains. La Duchesse Caterine estant sortie de la Rocque, & estant dans les rües de Camerin, anima par son eloquence & ses graues discours, les Bourgeois de prendre les armes contre Mathias & ses bandis, pour oster sa chere fille vnique de sa puissance, & de ses partisans : elle fit monter quatre braues soldats qui escaladerent la forteresse, & ouurirent les portes aux habitans, lesquels desirans de venger l'affront qu'on auoit voulu faire à leur ieune Duchesse, & à la

Regente sa mere, entrerent les vns dans la Rocque; & les autres enuironnerent les lieux & les places voisines, de sorte que personne ne se sauua que Mathias, vn sien soldat, & vn Capitaine estranger, lequel auoit esté l'autheur de cette menée, & qui seul fut cause que le meschant Mathias Varano ne tomba és mains de la Duchesse: car tous les autres furent pris & arrestez prisonniers, dont quarante furent pendus aux creneaux des murailles de la ville. Cette sage & auisée Princesse, comme remarquent quelques Historiens Italiens, au rapport de Serdonati, ne voulut point que l'on creust que ce qu'elle faisoit faire par iustice, elle le fist executer par vengeance & colere, & pour cet effect elle escriuit au Legat de Peruse, qui estoit lors le Cardinal Grimani, auquel elle enuoya les papiers pour leur faire faire leur procés en cette ville là, qui n'estoit pas de sa iurisdiction, où ils furent condamnez à mort selon l'enormité de leur crime.

Caterine Cibo est fort loüée pour auoir esté doüée d'vn esprit admirable, & bien versée en la Royale science des affaires d'Estat; de maniere qu'elle parloit auec vne grande prudence & discretion en toutes sortes de negotiations & d'affaires, tant de la police, que de la milice. Elle fit paroistre encor sa constance & son courage, tant aux temps de prosperité que d'aduersité, estant resoluë & ferme parmy les afflictions qu'elle receut durant sa vie. Ayant marié sa chere fille vnique la Princesse Iulie à Gui-Vlbalde Duc d'Vrbin, auquel fut osté l'Estat & Duché de Camerin par le Pape Paul III. & quelque temps aprés sa fille la Duchesse d'Vrbin estát decedée, elle porta constamment toutes ses disgraces, se resignant entierement à la volonté de Dieu, & edifiant tout le monde par sa deuotion & sa pieté, menant vne vie plustost de Religieuse que de Princesse. Ses exercices ordinaires estoiét de visiter les malades aux Hospitaux, aider les paures filles de ses aumosnes & liberalitez, comme aussi les Religieux, particulierement les Peres Capucins. Cet Ordre qui est auiourd'huy si cogneu par toute la Chrestienté, est grandement redeuable & obligé à la memoire de cette bonne Duchesse là: elle fut la premiere qui protegea ceux de ce deuot Ordre, entre autres le Pere Mathieu Basci, comme nous auons remar-

Gonzaga. Tossinian. Marcus ab Olyssipone in Chronicis Minorum.

qué en la vie de ce bon Religieux, au liure premier de l'Histoire Catholique : Ce fut elle qui bastit & fonda leur premier Conuent en sa ville de Camerin, & fit approuuer leur Compagnie par le Pape Clement VII. de la Maison de Medicis son parent : S'estant retirée à Florence aprés auoir perdu son Estat & Duché de Camerin, elle auoit encor soin d'assister ceux de cet Ordre là, qui commençoient à multiplier par l'Italie, & edifier le peuple par leur vie exemplaire.

Souuent on l'a veuë en cette belle ville capitale de la Toscane passer les iours entiers à l'oraison dans les Eglises, estant bien versée aux saintes lettres, & en la science des Saints : C'est pourquoy ne faut pas s'estonner si elle fit paroistre sa patience, sa constance, & sa resignation à la volonté de celuy qui a commandement sur la vie & sur la mort, & tout pouuoir sur nos biens, à la perte de ses Estats, & à la mort de sa fille, & de ses deux freres les Cardinaux Laurens & Innocent Cibo.

Elle eut quelque sorte de consolation à la mort de sa fille Iulie Varan ou de Varennes, femme de Guy-Vbalde de la Rouere II. du nom Duc d'Vrbin, c'est qu'elle laissa vne fille nommée Virginie de la Rouere, qui épousa en premieres noces Federic Borromée Comte d'Arone, frere de S. Charles, & neueu du Pape Pie IV. Et en secondes Antoine Vrsin Duc de Grauine. Cette bonne & vertueuse Princesse, l'honneur & la gloire des Maisons de Cibo & de Medicis, mourut à Florence fort Chrestiennement le 10. de Feurier de l'an 1557.

Tous les Florentins qui faisoient profession de la pieté ou des sciences, porterent le deüil à la mort de la deuote, docte & courageuse Caterine, laquelle estant de l'illustre Maison de Cibo, prit pour symbole & deuise, ainsi que plusieurs Seigneurs de sa famille, vn Cube, sur lequel est posée vne Cigogne qui leue les yeux vers le Zodiaque, comme pour obseruer le mouuement du Soleil par ses signes, auec ces mots Grecs ΕΝ ΚΥΒΩ ΕΥΧΑΡΙΣΤΙΑ : qui contiennent vne tresbelle allusion auec le nom de leur famille en ce mot *Cybo*, qui perd toute sa grace en nostre François, bien que l'intelligence en demeure entiere : Car nous deuons dire, *au cube* (pour *en Cybo*) *recognoissance*, ce qui n'a point de rapport auec leur nom : mais peut bien toutefois faire cognoistre la vertu qu'ils professoient, sçauoir la recognoissance, dont la Cigogne a tousiours esté le plus exprés symbole qu'en ait recognû l'antiquité, & qui se puisse remarquer entre les animaux qui n'ont pour conduite de leurs mouuemens que l'instinct de la nature, laquelle en cet animal est telle qu'elle passe du soin domestique enuers ses parens au general des contrées toutes entieres, où il porte les nouuelles du printemps, duquel il découure la venuë par l'obseruation du cours du Soleil au Zodiaque : & de cette qualité les Seigneurs & les Dames de cette noble Maison font gloire, qui se monstrent magnifiques aussi bien aux estrangers qu'à leurs compatriotes, & ne restreignent leur vertu à ceux de la mesme famille, mais l'estendent au bien public en toutes sortes d'occasions. Ce qui fait paroistre cette deuise plus excellente & mieux auenante pour ceux de cette Maison, c'est que celuy d'eux qui la prit le premier estoit Grec de nation ; & passant de Grece en Italie, durant l'Empire des Paleologues en Orient, s'en vint retirer à Génes, où il establit sa fortune, sa demeure, & son nom, & auec cela cette vertu de recognoissance qu'il laissa hereditaire à ceux de sa Maison, & eternisa sa memoire parmy ses concitoyens, par le moyen de cette vertu qui est la plus recommandable entre les vertus ciuiles, & qui se doiuent pratiquer entre les hommes.

Si l'Italie a admiré en ces derniers temps le sçauoir de Caterine Cibo Duchesse de Camerin, nostre France vante & celebre entre les doctes Dames qui ont fleury de nos iours, Caterine de Clermont Duchesse de Raiz, ou de Rets, laquelle pour sa capacité a esté loüée, non seulement par les François, mais mesme par les Etrangers ; ce qui nous oblige à placer icy son Eloge entre les illustres Caterines.

Clermont, de gueules à deux clefs d'argent passées en sautoir.
Viuonne d'Hermines, au chef de gueules.

CLAVDE-CATERINE DE CLERMONT DE VIVONNE, DVCHESSE DE RAIZ.

ES tres-illustres Maisons de Clermont & de Viuonne sont des plus nobles & des plus anciennes de nostre France : celle-cy en Poitou, Maison fertile en braues Heros & parfaicts Caualiers qui ont paru à la Cour de nos Rois, comme des Astres qui sortans du sein de l'onde, se monstrent tous couuerts de flammes & de rayons : aussi ont-ils esté pour leur valeur, leur courage, leur gentillesse, & leur fidelité, cheris & aimez de nos Monarques : celle-là de Daufiné, laquelle n'est pas seulement illustre dans la France, mais aussi en Italie & en l'vne & l'autre Sicile, où on a veu deux Reines de Naples de cette Maison : Izabelle premiere femme du Roy Ferdinand d'Aragon, estoit alliée à la Maison de Clermont, & Constance la gloire & l'honneur de cette noble race, premiere femme de Ladislas Roy de Hierusalem, de Sicile, de Dalmatie, de Hongrie, & d'autres Royaumes, lequel voyant la forte guerre que luy faisoit Louis d'Aniou, eut recours à Mainfroy de Clermont Amiral de Sicile, pere de cette belle & vertueuse Princesse, par lequel il fut maintenu en son Estat ; lors que Mainfroy fut decedé, Ladislas par le mauuais conseil de sa mere Marguerite la repudia, & la maria à André de Capouë fils du Comte de Hauteuille. Constance porta cette disgrace si constammét, qu'elle monstra que veritablement elle portoit & meritoit le nom de Constance, estant la mesme vertu & la mesme constance ; aufsi est-elle loüée par tous les Historiens de Naples, entre autres par Thomas de Coste, Simonte, Mazzella, & sur tous par Iules Cesar Capacio, Secretaire de la ville de Naples, lequel pour ses perfections & ses merites, luy a consacré vn bel Eloge en ses Eloges Latins des femmes Illustres.

Ces

Ces deux illustres Maisons de Clermont & de Viuonne, furent alliées par le mariage de Claude de Clermont, Baron de Dampierre, qui épousa Ieanne de Viuonne, fille d'André de Viuonne, Seigneur de la Chasteigneraye, & de Louyse de Daillon de la Maison du Lude. Ce braue Seigneur qui fut tué en la guerre contre les Anglois, n'eut de sa femme le parangon des sages & des vertueuses Dames de son temps, qu'vne seule fille Claude-Caterine de Clermont de Viuonne, à laquelle dés sa naissance les Muses & les Graces firent vn fauorable accueil, cette Heroïne ayant esté vne des plus sçauantes Dames de la France, ainsi que la Duchesse de Camerin, de la Maison de Cibo l'a esté des Dames de l'Italie. On pouuoit dire de ces deux doctes Caterines, l'ornement & la gloire de leur sexe pour le sçauoir, qu'elles passoient les iours & les nuits en l'estude des bonnes lettres, & que la lecture des Ecriuains plus celebres, tant anciens que modernes, estoit leur entretien plus ordinaire. Car la principale occupation de Caterine Cibo en Italie, & de Caterine de Clermont en nostre France, estoit de faire leur profit de leurs lectures, & de feüilleter les bons Autheurs.

> *On les voyoit sur vn tome,*   Rapin.
> *Ou de saint Iean Chrysostome,*
> *Ou bien de saint Augustin,*
> *Passant & soir & matin*
> *Dessus la sainte Escriture,*
> *En priere ou en lecture:*
> *Puis extraire de Platon,*
> *De Plutarque & de Caton,*
> *De Tulle, & des deux Seneques*
> *Les fleurs Latines & Grecques,*
> *Meslant d'vn soin curieux*
> *Le plaisant au serieux:*
> *De là leur esprit agile*
> *S'esgayoit dans le Virgile,*
> *Dont la pure netteté*
> *Ne sent que la chasteté.*

François de la Croix du Maine écrit en sa Bibliotheque que Caterine de Clermont merite d'estre mise au rang des Dames les plus doctes & les mieux versées, tant en la poësie & art d'oratoire, qu'en la Philosophie & Mathematique, Histoire & autres sciences, desquelles elle sçauoit bien faire son profit entre tous ceux qu'elle iugeoit dignes de ces doctes discours : Louys Iacob Religieux Carme en parle dans sa Bibliotheque des Femmes Illustres par leurs écrits.

La Noblesse, la bonne grace, le sçauoir, & les autres perfections & vertus de cette Dame la firent rechercher par plusieurs Seigneurs. Ce fut le genereux Iean d'Annebaud, Baron de Raiz & de la Hunaudaie, & Seigneur de S. Pierre (digne fils de Claude, Seigneur d'Annebaud Amiral de France, lequel n'a point degeneré de la valeur & des vertus de son pere, l'amour & les delices du Roy François I. son maistre, & de Françoise de Tournemine) qui eut ce bonheur d'épouser la belle & sçauante Claude-Caterine : le choix en fut aisé, car il auoit en gros ce que tous ses Competiteurs ne possedoient qu'en detail, effaçant comme vn grād astre la lueur de ces moindres estoilles ; tout ainsi que Caterine de Clermont deuançoit ses compagnes, autant qu'vn croissant qui parfait sa rondeur, surpasse les flambeaux de la nuit. Chacun benit ce mariage, & l'enuie méme mourant dans la vertu, comme l'escargot dans la rose, sema de la ioye sur les fronts, dont les cœurs estoient trahis par les paroles : pas vn des autres Seigneurs, qui eurent le vent que cette Dame auoit de l'affection pour Monsieur d'Annebaud (qui pour lors estoit veuf d'Antoinette de la Baume Comtesse de Chasteauuillain) ne voulut contester vn tel prix auec luy, car il n'y auoit point de honte de luy ceder ; estre deuancé de luy estoit vne espece d'auantage, & estre vaincu vne sorte de victoire. Aussi ce Iean d'Annebaud a esté vn des vaillans & braues guerriers de nostre France, lequel acquit beaucoup d'honneur & de gloire à Cerizoles & à Graueline: de sorte que selon le témoignage de Ronsard,

Annebaud de gueules à la Croix de vair ou vairée d'argent & d'azur.

> *Les ennemis luy portoient reuerence,*
> *Et les François estimoient sa prudence,*
> *Ayant tousiours tout le cours de sa vie*
> *Toute vertu pour sa guide suiuie.*

Ce mariage ne dura gueres, car les Huguenots ayans trou-

DES DAMES ILLVSTRES. 331

blé la Religion & l'Eſtat, durant la minorité du Roy Charles IX. ce ieune Achille & Alexandre, fidele ſeruiteur de Dieu & de ſon Prince (qui durant les guerres étrangeres auoit oſté la terreur des Eſpagnols, des Flamans, & des Anglois) s'oppoſa aux efforts des rebelles, contre leſquels combattant genereuſement, il fut tué à la Iournée de Dreux, au grand regret du Roy & de la France, ce Seigneur genereux eſtant vn braue Capitaine, & non pas vn mol & effeminé courtizan.

Caterine de Clermont eſtant veuue de cet Achille, qui fut heureux pour auoir eu vn Homere pour chantre de ſa valeur & de ſon courage, épouſa en ſecondes noces Albert de Gondy, fils d'Antoine de Gondy, Seigneur du Peron, Maiſtre d'Hoſtel du Roy Henry II. Gentil-homme de la noble & ancienne Maiſon des Gondis de Florence, laquelle du téps que l'Eſtat de la Toſcane ſe gouuernoit en Republique, y a touſiours tenu les premieres & principales dignitez, & entre autres celle de Gonfalonnier, qui alors eſtoit la premiere & la plus auguſte de tout cet Eſtat là, & de Caterine de Pierre-viue ſa femme, de l'illuſtre & ancienne famille de Pierre-viue de Quiers en Piémont: Dame qui pour ſes merites & ſes rares & grandes vertus, eut l'honneur d'eſtre Gouuernante du Roy Charles IX. & d'Elizabet de France ſa ſœur, depuis Reine d'Eſpagne, laquelle s'acquitta ſi bien de cette grande & honorable charge, qu'aux effets elle monſtra qu'elle la meritoit, & comme il parut encores au gré que luy en ſceut ſon Royal nourriſſon Charles IX. & au cas qu'il fit de tous ceux qui luy appartenoient, ſur tous de ſon fils aiſné, Albert mary de Caterine de Clermont de Viuonne, qu'il honora de la dignité de Conſeiller d'Eſtat, de premier Gentil-hôme de la Chambre, & de celle de Capitaine de cent Gentils-hommes, puis de Mareſchal de France: & quand ſa Maieſté épouſa Elizabet d'Auſtriche fille de l'Empereur, ce fut luy qui en traita le mariage, lequel eſtãt de retour du voyage d'Alemagne, ce grand Monarque l'enuoya en ambaſſade vers la Reine d'Angleterre, & le fit Gouuerneur de Mets & du pays Meſſin. Depuis Henry III. le fit ſon Gouuerneur & Lieutenant general en Prouence, General des galeres, puis ſon

Gondy d'or à deux maſſes d'armes de ſable, poſées en ſautoir, liées de gueules par le bas.

Pierre-viue palé d'or & de gueules de 6. pieces, à trois pierreuiues ou diamans d'argent ſur la gueule vers le chef.

Tt ij

Lieutenant au Marquifat de Saluces, puis Duc & Pair, & Gouuerneur de la ville & Chafteau de Nantes.

Caterine de Clermont eut de ce Seigneur là fon fecond mary (qui a efté chery & aymé de nos Rois Charles IX. Henry III. & IV. pour les feruices qu'il leur a rendus, & pour fon zele au bien de l'Eftat, honoré de tant de belles charges par leurs Maieftez) vn bon nombre d'enfans, quatre fils, & fix filles. L'aifné des fils fut Charles Marquis de Belle-ifle, qui a eu d'Antoinette d'Orleans, fa femme Henry de Gondy Duc de Raiz & de Beaupreau. Le fecond fut Henry Cardinal de Raiz Euéque de Paris, Commandeur de l'Ordre du faint Efprit, fage & vertueux Prelat, duquel la memoire eft & fera en benediction, pour les feruices qu'il a rendus à la Religion & à l'Eftat. Les deux autres font Iean-François de Gondy premier Archeuéque de Paris, & Philippe Emanuel de Gondy Comte de Ioigny, Cheualier des deux Ordres du Roy, & General des galeres. L'aifnée des filles eft Madame la Marquife de Megnelets mere de feu Madame la Ducheffe d'Halluin, mariée à Charles de Schomberg Marefchal de France. Les autres font Mefdames de Vaffé, & d'Efcri & de Ragni, mere d'Anne de la Magdelaine, Marquife de Ragni, femme de François de Bonne de Crequi Duc de Lefdiguieres, Comte de Sault, & Gouuerneur de Daufiné, dont elle a vn fils. Et les deux autres ont pris le voile de Religieufe à la Royale Maifon de Poiffy. Si iamais mere eut fuiet de s'eftimer heureufe & fauorifée du Ciel, ç'a efté la Ducheffe de Raiz, laquelle durant fa vie fe pouuoit vanter à bonnes enfeignes, d'eftre mere de plufieurs vertueufes & fages Dames, recommandables à la pofterité pour leurs perfections, leurs merites, & leurs vertus.

Caterine de Clermont leur mere n'eft pas feulement recommandable pour la finguliere cognoiffance qu'elle a eu des bonnes lettres, & des langues, entendant & parlant tresbien la Grecque & la Latine, ny pour eftre imbuë de la bonne teinture des fciences & des arts liberaux, mais auffi comme remarquent les Ecriuains Italiens (qui dés fon viuant luy ont confacré des Eloges en leurs liures des Dames Illuftres) pour eftre née au gouuernement des Eftats & chofes ciuiles

& politiques, qu'elle manioit auec vne merueilleuse pruden- *Fran. Ser-*
ce & dexterité, dont entre autres exemples ils rapportent ce- *donati delle*
lui-cy, sçauoir que pendant les troubles & les guerres plus *Donne illu-*
que ciuiles de nostre France, le Duc Albert son mary estant *stre.*
allé en Italie aux bains de Lucques, pour quelques infirmitez qu'il auoit, Charles Marquis de Belle-isle leur fils se ran-
gea du costé des ennemis du Roy, dont ses terres coururent
grand risque, n'eust esté le bon ordre qu'elle y mit, assemblât
auec vn courage vrayement masle, vn bon nombre de soldats pour garder & defendre ses terres & Seigneuries de l'in-
iure des gens de guerre, & empescher que ceux du party contraire ne s'en saisissent, si bien qu'elle maintint ses suiets en
paix, & les garda du pillage aussi bien qu'eust peu faire son
mary s'il eust esté present, dequoy le Roy l'eut en grande estime, & se seruit de son conseil en des affaires de grande consequence.

La Duchesse de Raiz ne fut pas seulement cherie & esti-
mée pour son sçauoir, & son esprit incomparable par le Roy
Henry le Grand, mais aussi par les Rois ses predecesseurs
Henry III. & Charles IX. & la Reine Caterine leur mere.

Quand l'Euéque de Posna, & les premiers, les plus illustres & les plus excellens Palatins & Seigneurs du Royaume
de Pologne, & du Duché de Lituanie, arriuerent à Paris, &
à la Cour du Roy Charles, pour saluër ce grand Monarque,
& demander par leur legation aussi excellente, belle & honorable que nouuelle aux yeux des François, Henry de France Duc d'Aniou qu'ils auoient esleu pour leur Roy; & que
ces braues Palatins & Chastellains furent par plusieurs fois
receus dans le Louure par le Roy Charles, la Reine Mere,
Henry Roy de Pologne, auec toutes les caresses & les honneurs que l'on pouuoit receuoir de l'honneur & de la generosité mesme: Caterine de Clermont (lors seulement Comtesse de Raiz) seruit le plus souuent d'Interprete à leurs Maiestez: de sorte que ce docte Prelat, les Princes, les Seigneurs,
& tous les autres Polonois estans de retour en leur pays, ne
furent pas si satisfaits & si contens de tant de faueurs & de
caresses qu'ils auoient receuës en France (le moindre d'eux
ayant eu chacun vne chaisne de trois cens escus, & les Grands

des dons de prix inestimable) qu'estonnez du sçauoir, de la capacité & de la gentillesse d'esprit de cette tres-sçauante Heroïne, laquelle parloit auec eux les langues Grecque & Latine, auec autant de perfection, de pureté & de netteté, que les premiers & les plus eloquens Orateurs d'Athenes & de Rome.

Adam Conarski Euéque de Posna, & tous ces Ambassadeurs, & la Noblesse Polonoise admirerent autant le sçauoir de Caterine de Clermont, qu'ils furent estonnez la plus part de ce que nostre Noblesse Françoise ne parloit ny n'entendoit la langue Latine. Certes la Noblesse d'Allemagne, de Pologne, de Hongrie, de Flandre, d'Escosse, d'Angleterre, de Dannemarc, de Suede, & des autres pays que nous estimons demy Barbares, excelle pourtant sur la nostre, en ce qu'elle estudie les bonnes lettres, pour le moins iusques à la cognoissance de la langue Latine, qui leur sert pour conuerser & traiter auec les nations étrangeres. Ie n'ignore pas qu'à la Cour de France à l'arriuée des Polonois il n'y eust grand nombre de personnes qui entendissent le Latin : mais il s'en trouua peu qui en eussent vn familier vsage : entre les Prelats excelloit l'Euéque de Valence de la Maison de Monluc, entre les Caualiers Messieurs de Mauuissere & de Milau, entre les Conseillers d'Estat de robbe longue, Messieurs de Mesmes & de Pibrac.

Claude-Caterine de Clermont Duchesse de Raiz vesquit 36. ans en grande paix, concorde & amitié, auec le Duc Albert son second mary. Ils fonderent, & firent bastir à Noysi vne Eglise, & vne belle Maison de l'Ordre des Peres Cordeliers, pour marque à la posterité de leur pieuse liberalité. Ce Seigneur estant decedé l'an mil six cens deux, l'année suiuante Caterine sa veuue mourut à Paris au mois de Feurier, estant âgée de soixante ans, & fut inhumée dans vne Chappelle de l'Eglise des filles de S. Claire, dites de l'*Aue Maria*, proche de Madame de Dapierre sa mere, qui pour sa vertu fut Dame d'atour de la Reine Elizabet, & Dame d'honneur de la Reine Louyse. On a dressé vn riche monument de marbre & de bronze à cette sçauante Heroïne, sur lequel son effigie est esleuée sur quatre belles colomnes, & diuerses inscriptions

L'Autheur ne met pas icy les epitaphes de Madame de Raiz, qui sont couchez au lög dans les Antiquitez de Paris du P. du Breüil. Il a mis en ce liure ceux qui ne se trouuent chez aucun

Latines, tant en poësie qu'en prose, se lisent aux deux faces de son sepulchre.

Autheur, & qu'il a recherchez luy-méme.

CATERINE DE NOGARET DE LA VALETTE, Comtesse du Bouchage.

Cette Comtesse portoit party & coupé en chef, le premier party d'argent au noyer de sinople, qui est de Nogaret: au 2. party de gueules, à la Croix vuidée, & pommetée d'or, qui est de Tolose. Le chef de gueules à la Croix potencée d'argent.

CATERINE de Nogaret de la Valette, illustre tant pour sa noblesse que pour sa vertu, estoit fille de Iean de Nogaret, Seigneur de la Valette, & de Ieanne de S. Lary sa femme, sœur de Monsieur de Bellegarde Mareschal de France.

La tres-illustre Heroïne Caterine n'a point degeneré de la vertu de ses ancestres paternels & maternels. Ceux-cy sont renommez dans nos Annales, où souuent il est parlé du courage & de la valeur des Seigneurs des Maisons de Termes & de Belle-garde, qui ont employé leur vie, & répandu leur sang pour le seruice de nos Rois, tant contre les Etrangers que contre les rebelles. Ceux-là se sont rendus recommandables pour leur generosité: car chacun sçait que la noble & l'illustre Maison de Nogaret a esté vne pepiniere des plus vaillans, des plus auisez, & des plus heureux Caualiers de ce Royaume, issuë d'vn Nogaret de saint Felix, qui fut Lieutenant general en Italie de l'armée du Roy Philippe IV. dit le Bel, & de Guillaume de Nogaret Chancelier de France.

Dieu benit le mariage du Seigneur de la Valette, & de Ieanne de S. Lary, de la Maison de Belle-garde, de 5. enfans, deux fils, & trois filles, dignes certes de sortir de tels parens.

L'aisné des fils fut Bernard de la Valette Amiral de France, Lieutenant general pour nos Rois Henry III. & IV. en Prouence, qu'il a par sa valeur, sa prudence, & son bon-heur conseruée à la fleur de Lys, l'arrachant des mains du Duc de Sauoye qui en tenoit les meilleures villes, secondé de la reuolte de la plufpart de ceux du pays ; qui n'a point eu d'enfans de fa femme Ieanne de Batarnay, Baronne d'Anton en Daufiné, de la Maifon du Bouchage, Dame fort vertueufe & deuote.

L'autre a efté Iean-Louys de Nogaret de la Valette, Duc d'Efpernon, Pair & Colonel general de l'Infanterie de France, & Gouuerneur de Mets & de la Guyenne, qui a eu trois enfans de Marguerite de Foix, heritiere de Candale fa femme ; fçauoir Henry de Foix Duc de Candale : Bernard Duc d'Efpernon, & de la Valette, auffi Pair & Colonel de la Caualerie legere, & Gouuerneur de Guyenne, qui a efté marié deux fois, la premiere à Gabrielle legitimée de France, dont il a des enfans ; la feconde à la fœur aifnée de la Comteffe de Harcourt, de la Maifon du Cambout : Iean-Louys Cardinal de la Valette.

Les filles furent Helene de Nogaret de la Valette, Barone d'Anton, mariée à Iacques Got Marquis de Roüillac : Anne de Nogaret de la Valette, femme de Charles de Luxembourg Comte de Ligny, premier Duc de Brienne : & Caterine, à laquelle pour fa pieté ie confacre cet Eloge, ayant efté tous les iours de fa vie l'vne des plus deuotes, & des plus pieufes Dames de noftre temps.

L'Amiral de la Valette, & le Duc d'Efpernon, à l'exemple du Seigneur de la Valette leur pere, qui fe fit remarquer au rencontre de Nerac, où il tua genereufement deux Gentilshommes qui le vouloient affaffiner, & en la retraite de Houdan, qui fut l'action la plus fignalée du fiecle, firent de bonne heure profeffion des armes fous vn fi digne pere & Capitaine, lequel fut en recompenfe de fes bons feruices, Lieutenant General pour le Roy en toute la Guyenne, lors qu'elle s'eftédoit depuis les Pirenées iufques à la riuiere de la Creufe au Port de Pile, & Colonel de la Caualerie legere de France. Helene, Anne, & Caterine de Nogaret, furent inftruites à la vertu & à la pieté par la Marquife de la Valette leur mere, laquelle a efté vne des plus vertueufes Dames de fon âge, comme fçauent ceux qui ont leu l'Oraifon funebre qu'a faite fur fa mort Blaife de Saquens, Auocat au Parlement de Tolofe : de forte qu'efleuées par vne fi fage mere, elles n'ont point

de-

degeneré de sa deuotion & de sa vertu. Helene a eu du Seigneur de Roüillac son mary de la Maison de Got, l'vne des nobles & anciennes de Guyenne (de laquelle estoit le Pape Clement V.) Monsieur le Marquis de Roüillac, Ambassadeur extraordinaire en Portugal vers le Roy Iean IV. & Monsieur le Baron d'Anthon en Daufiné, & Madame Zamet. Anne ayant épousé vn Prince de la Royale & Imperiale Maison de Luxembourg, & Caterine le genereux & magnanime Henry de Ioyeuse, Comte du Bouchage en Daufiné, Cheualier des Ordres du Roy, Grand Maistre de sa garderobe, Gouuerneur pour sa Maiesté des pays d'Aniou, de Touraine, du Maine & du Perche, frere d'Anne Duc de Ioyeuse, Pair & Amiral de France, l'amour & les delices du Roy Henry III. son maistre, & fils de Guillaume Seigneur de Ioyeuse Mareschal de France, & de Marie de Batarnay ou du Bouchage.

Got d'or à trois fasces de gueules.

Ce ne fut pas sans vne speciale prouidence de Dieu que le mariage de Caterine de Nogaret de la Valette, & d'Henry Comte du Bouchage, fut fait & accomply: Car si Henry de Ioyeuse estoit vn des plus genereux, des plus beaux, & des plus honnestes Seigneurs de la Cour; Caterine estoit le lustre des Demoiselles de son temps, & la merueille de son sexe. Ie n'ay point d'assez bonne ancre pour décrire dignemét les saines affections de ces chastes amans. Que ce que le Ciel assemble est heureusement conioint! que les mariages sont bien fortunez qui se trouuent fondez sur la seule vertu, exempte de tout mélange caduque, & capable de lier vn nœud d'vne estreinte eternelle! Ie ne sçaurois mieux representer le bon-heur & la felicité de cet Hymen, que par ceux de nostre Roy Louys VIII. dit le Continent, & de la Reine Blanche de Castille; de René Duc d'Alençon, & de Marguerite de Lorraine; de Hierôme Marquis de Pallauicin & de Camille Pallauicine. Car si le Comte du Bouchage auoit de l'amour pour l'Eternité bien-heureuse; la Comtesse sa chaste épouse estoit enflammée du méme feu: si Henry estoit ennemy des plaisirs & des delices perissables de la terre, & auoit en horreur la vanité; Caterine la haïssoit comme le venin & la peste des Dames: si ce genereux Seigneur de l'illu-

V u

ſtre & ancienne Maiſon de Ioyeuſe, iſſuë du grand Gaudentius, auquel pour ſa ſainteté on a dreſſé des Autels, ſuiuant le train des hommes bien ſenſez, faiſoit peu de cas de la trompeuſe beauté; Caterine, la gloire & l'honneur de la noble Maiſon de la Valette, contre l'ordinaire de celles de ſon ſexe, deteſtoit le fard & le vermillon, qui démentant la nature, rend les viſages d'autant plus laids aux yeux de Dieu, qu'elles veulent paroiſtre belles à ceux des hommes : ſi ce braue Comte imitoit le B. Elzear de Sabran Comte d'Arian; la Comteſſe ſon épouſe ſuiuoit les loüables exercices & actiōs de la belle & chaſte Delfine. Heureuſe épouſe, d'auoir vn tel époux : mary encor plus heureux d'auoir vne ſi bonne & ſi ſainte femme. La femme ſage & prudente eſt vn ſignalé don d'en haut.

Caterine Comteſſe du Bouchage, menoit vne vie digne du Ciel, dans l'aiſe d'vn nouueau ménage, & d'vn ſaint & chaſte Hymenée, aimante & aimée par delà ce qui ſe peut penſer, ſi étroitement vnie de cœur & de volonté au Comte ſon mary, qu'vn chacun donnoit des benedictions à leur mariage.

Si auant que ſe marier ils pratiquoient les œuures de deuotion & de pieté en cachete, & aux heures dérobées, ils les firent en public aprés leurs noces. Eſtans de retour du Louure en leur Hoſtel ils s'entretenoient, non comme font la pluſpart des Courtiſans & des Dames, des manquemens de leurs prochains, & des imperfections d'autruy : mais des affaires de leur conſcience, de diuers diſcours ſpirituels, du mépris & de la vanité du monde, de la miſere & de la briefueté de cette vie tranſitoire & periſſable, de l'horreur du vice & du peché, de la beauté de la vertu, de l'heureux éſtat de la grace. Leur lecture ordinaire eſtoit les Vies des Saints, les IV. liures de l'imitation de IESVS-CHRIST, les œuures ſpirituelles de Louys de Grenade; non les chantres d'amour, les Amadis, & les autres Poëtes & Romans plaiſans, mais le plus ſouuent dangereux diuertiſſemens des ieunes Dames, & Demoiſelles innocentes, leſquelles par la lecture de ces liures qui recréent pluſtoſt les eſprits, qu'ils ne les tourmentent, apprennent trop facilement ce qu'elles ne peuuent aprés oublier qu'auec peine & difficulté.

La Comtesse du Bouchage acquit par sa douceur, sa modestie, sa pieté, son humilité, sa charité, & ses autres vertus, la bien-veillance, & l'amitié de tous ceux qui faisoient ouuertement profession de la solide vertu, & de la vraye deuotion. La Reyne Louyse femme du Roy Henry III. l'affectionnoit pour ce suiet, comme aussi toutes les autres Dames, qui à l'exemple de cette tres-pieuse Reine, menoient à la Cour vne vie plustost de saintes que de Princesses. Les lieux que la Comtesse visitoit le plus souuent, estoient les Hospitaux & les maisons de Religion qu'elle assistoit de ses aumosnes & liberalitez, sur toutes celles des Peres Cordeliers, Minimes, Capucins, & Feüillans. Elle fit élection du Pere Hierôme Absolu Minime, docte & deuot Religieux, bien versé en la science des Saints (qui refusa l'Euesché de la Vaur, lequel son oncle maternel, le grand maistre des langues Pierre Danés luy voulut donner) pour son Confesseur, & Directeur de ses deuots & pieux exercices.

Danez, d'azur, au cheuron d'or, accompagné de trois Croix nillées de mesme, deux en chef, & vne en pointe.

Ce fut vn grand bon-heur à la Comtesse du Bouchage, (comme aussi au Comte son mary) de rencontrer ce sage seruiteur de Dieu, pour remettre le gouuernement de son ame en vne si bonne main. Car comme sçauent ceux qui sont bien instruits en la vie deuote & spirituelle, éloignée de la bigoterie & de l'hypocrisie, qui souuent se couurent du specieux manteau de deuotion, c'est peu de chose que ce que peut pousser vne ame qui n'est point soulagée au train de la vertu & de la pieté; il est bien mal-aisé d'arriuer en Ragés, de vaincre les monstres qui se presentent au chemin, de surmonter les embusches des Demôs, de remporter le profit des promesses diuines faites à ceux qui auront legitimement combatu, de regarder la maison paternelle en saueté, comme fit le ieune Tobie, sans la conduite d'vn Ange. La route de la vie spirituelle est difficile à tenir sans vn bon directeur, qui l'a trouué, en doit plus remercier Dieu que de la découuerte d'vn tresor.

On ne sçauroit dire combien cette sainte Dame auança en la perfection Chrestienne, & en l'école du Caluaire sous vn si deuot Pere spirituel, duquel la memoire est en benediction parmy ceux de ma robe. On pouuoit dire auec verité que la conuersation de cette deuote Dame estoit plus auec Dieu & auec ses Anges qu'auec les hommes, approchant de la sainte Table tous les huit iours, suiuant le conseil du grand saint Augustin, & ayant vn soin particulier & tres-loüable, que ses domestiques frequentassent les Sacremens de Penitence, & de l'Eucharistie. Sa conuersation, dis-ie, estoit plustost au Ciel qu'en terre : aussi la terre n'estant pas digne de la porter, le Ciel ialoux du bon-heur de la terre l'osta de ce monde, en la plus belle fleur de ses iours, la 22. année de sa vie, le 12. iour du mois d'Aoust, que l'Eglise solemnise la Feste de sainte Claire (à laquelle elle auoit vne particuliere deuotion) l'an 1587. aprés auoir receu dignement les Sacremens. Son corps fut porté à l'Eglise des Peres Cordeliers de cette ville de Paris, & inhumé en la Chapelle de sainte Caterine derriere le grand Autel, où Henriette Caterine Duchesse de Guyse & de Ioyeuse, doüairiere de Montpésier son vnique & seule fille, heritiere de sa pieté & de sa vertu, comme de ses biens, luy a fait dresser vne magnifique sepulture de marbre blanc, auec cette inscription-Latine, plusieurs années aprés son decés, n'ayant que 18. mois quand Dieu appella à soy Madame la Comtesse sa mere.

Illustri Heroinæ Catarinæ Nogaretæ Valetæ Henrici à Ioyosa, qui tùm Buchagÿ Comes, pòst Dux Ioyosæ, Vestiarÿ Regÿ Magister, Andibúsque, Cenomanis, Perchensibus, Turonibus Præfectus erat, coniugi suauissimæ incomparabili, heu nimis acerbo fato præreptæ ætatis XXII. Pridie eid. Aug. anno CIƆ. IƆLXXXVII. Vir desolatissimus desiderium quærens insolabiliter, damnato sæculo totum se Deo in Capucinorum instituto mancipauit. Henrica Catarina Guisæ Ducissa, concordis coniugÿ vnicum pignus, monumentum hoc fieri statuámque marmoream poni curauit. Vale mater dulcissima & quiesce.

A l'illustre Heroïne Caterine de Nogaret de la Valette, l'espouse tres-chere & incomparable d'Henry de Ioyeuse, lors Comte du Bouchage, depuis Duc de Ioyeuse, grand Maistre de la Garde-robe du Roy, Gouuerneur d'Aniou, du Mayne, du Perche, & de Touraine, laquelle fut trop tost rauie par vne mort precipitée, en son âge de 22. ans, le 12.

d'Aoust de l'an 1587. Son mary tres-desolé n'ayant pû trouuer aucune consolation en son affliction, s'est entiérement donné à Dieu dans l'Ordre des Capucins, aprés auoir quitté les vanitez du monde. Henriette Caterine Duchesse de Guyse, l'vnique gage d'vn mariage si paisible, luy a fait dresser ce monument & cette statuë de marbre. Adieu ma tres-douce mere, vostre ame demeure en paix.

Henry de Ioyeuse Comte du Bouchage estant veuf d'vne si douce, si honneste, si chaste, & si sainte femme, demeura tellement touché de cette perte là, que peu de mois aprés il delaissa tous les honneurs, les richesses, & les plaisirs de la terre, & les faueurs d'vn grand Roy, pour seruir le Roy des Rois, sous l'estendart du Seraphique S. François : il quitta la pourpre, pour se reuestir d'vn sac & d'vne haire, dans l'Ordre des Peres Capucins, parmy lesquels (comme i'ay monstré en mes Eloges des Hommes Illustres en Pieté) il a mené vne vie angelique portant le nom d'Ange.

CATERINE-MARIE D'ESCOVBLEAV DE SOVRDIS, Comtesse de Tonnerre & de Clermont.

Escoubleau Sourdis party d'azur & de gueules à la bande d'or brochant sur le

'APPANAGE de la vertu, selon le Philosophe, est l'honneur & la reputation. Quoy que cette Comtesse ait témoigné, tant en sa vie qu'en sa mort, auoir à mespris les honneurs & les loüanges : neantmoins sa vertu & sa pieté m'obligent à luy consacrer vn Eloge, dans ce liure des Dames Illustres.

Cette vertueuse Dame, de laquelle le nom sera à iamais venerable parmy ceux qui ont eu ce bon-heur d'admirer ses perfections & ses merites, estoit fille de François d'Escoubleau Seigneur de Sourdis, de Ioüy en Iozas, Marquis d'Alluye, Comte de la Chapelle Bellouin, Cheualier des deux Ordres de nos Rois, & Gouuerneur de Chartres, & d'Izabel

Babou, de la Maison de la Bourdaisiere sa femme. Elle nasquit l'an 1580. & estant paruenuë en aage nubile, elle fut mariée à Charles-Henry Comte de Clermont & de Tonnerre, Vicomte de Talard, premier Baron de Daufiné, Marquis de Crusy, Baron d'Ancy le Franc, Lieutenant general du Roy en Bourgongne, & Bailly d'Auxerre, fils d'Henry de Clermont, Vicomte de Talard, & de Diane de la Marck, veuue de Iacques de Cleues Duc de Neuers. La Maison de la Marck est l'vne des plus illustres & plus anciennes Maisons d'Allemagne, laquelle a respandu ses branches en nostre France. Celle de Clermont est vne des plus nobles & anciennes de Daufiné & de Naples : car de cette Maison sont issus ceux de Besignan à Naples, & de Clermont en Sicile, comme Mainfroy & André de Clermont son fils Duc de Modica, & sa fille Constance, premiere femme de Ladislas Roy de Sicile & de Hongrie, de laquelle nous auons parlé en l'Eloge de la Duchesse de Raiz. Ceux de cette Maison là portent la qualité de premiers Barons de Daufiné, alliez par les femmes aux Maisons de France, de Guyse, & de Cleues, à celles des Comtes de Flandre, de la Marche, de Rohan, de la Trimoüille, & de la Rochefoucaud. Caterine-Marie d'Escoubleau, issuë de la Maison de Sourdis en Poictou, & de celles d'Alluye, & de la Bourdaisiere, a eu de Monsieur le Comte son mary, Cheualier des Ordres du Roy, descendu des illustres Maisons de Clermont, de Tonnerre, & de la Marck ou de Boüillon, 12. enfans, dont 4. sont decedez en ieunesse, les autres sont cinq fils & trois filles. L'aisné des fils, François Comte de Clermont, qui a épousé la veuue d'Vrbain de Crequy Seigneur de Rissé. Roger de Clermont Marquis de Crusy. Charles de Clermont cy-deuant Abbé de S. Martin, à present Duc de Luxembourg, ayant épousé Charlote-Marguerite Duchesse de Luxembourg & de Piney, veuue de Leon d'Albert, Seigneur de Brantes, Cheualier des Ordres du Roy, frere du Duc de Luynes Connestable de France, & du Duc de Chaunes premier Mareschal de France, fille aisnée d'Henry Duc de Luxembourg, Pair de France, & de Magdelaine de Montmorency, Dame de Thoré, & sœur de Liesse de Luxembourg, Duchesse de

Babou, Bourdesiere d'argent au bras de gueules sortant d'vn nuage d'azur tenant vne poignée de verge en rameau de 3. pieces de sinople: qui est de Babou, escartelé de sinople au pal d'argent: Party de gueules au pal d'argét, qui est de la Bourdaisiere.

Crequy d'or au crequier de gueules.

Vantadour, à present Religieuse Carmelite. Henry de Clermont Cheualier de Malte: Antoine de Clermont auparauant Abbé de Blazimond. L'aisnée des filles Izabelle de Clermont, mariée à Iaques de Beauuau Seigneur du Riuau, Baron de saint Gassien: les deux autres sont Religieuses, l'vne à S. Paul de Beauuais, l'autre à Auenay: tous lesquels enfans elle a esleuez en leurs tendres années aux bonnes mœurs, ayant tous les iours de sa vie chery & aimé la vertu & la pieté, de sorte qu'on peut dire sans flaterie de cette sage & vertueuse Dame,

> *Qu'elle ne fut iamais diuertie*
> *Par les plaisirs de cette vie:*
> *Mais blasmant l'impure licence*
> *Des moins honorables humeurs,*
> *Elle ayma tousiours l'innocence*
> *Et prit plaisir aux bonnes mœurs.*

Malharbe.

La probité, la pieté, la modestie, la chasteté, l'humilité, & la charité, ont esté les vertus qui l'ont renduë plus recommandable. On ne sçauroit assez la loüer pour sa charité & sa pieté, tant enuers Dieu qu'enuers le prochain. Sa deuotion au tres-auguste Sacrement de l'Autel, parut à la loüable despense qu'elle a faite de donner à plusieurs Eglises de ses terres qui ne s'estoient encor peu releuer des guerres passées, vn Ciboire ou couppe d'argent pour le reposer. Pour la deuotion qu'elle auoit à cette relique des reliques, elle a donné plusieurs paremens & ornemens à diuerses Eglises & Monasteres, pour seruir à la deuotion des Autels & des Oratoires. Entre les Eglises & les maisons de Religion qu'elle a basties & fondées auec Monsieur le Comte son mary, celle des Minimes de Tonnerre est tres-belle & tres-magnifique, comme remarque fort bien Claude Robert nostre intime amy, personnage grandement versé en l'Histoire Ecclesiastique, en son beau & docte liure de la France Chrestienne, au catalogue des Euéques de Langres, ce Conuent estant dans ce Diocese là.

Caterine-Marie Comtesse de Tonnerre, aprés auoir vacqué à l'Oraison & au seruice de la diuine Maiesté, entendant chaque iour deux Messes, s'adonnoit aux œuures de misericorde enuers le prochain; ses visites les plus frequentes & ordinaires estoient les Hospitaux ou les maisons des malades; ses plaisirs & son contentement estoient de voir tous les iours les pauures malades de l'Hostel-Dieu de Tonnerre, & les autres, leur faisoit donner non seulement ce qui leur estoit necessaire pour la santé de leurs corps, mais aussi pour la sainteté de leurs ames.

La charitable Caterine ne pouuoit pas souffrir de pauures inutiles à gagner leur vie ou par maladie ou par caducité de vieillesse dans son Marquisat de Crusy, ny dans ses Comtez de Tonnerre & de Clermont, sans les nourrir mesme & les reuestir.

Les prisonniers ont ressenty ses liberalitez, les ayant souuent deliurez de leurs miseres selon ses moyens. L'on recogneut à sa mort qu'elle donnoit reglement aux pauures honteux & autres necessiteux, tous les ans la dixiesme partie de son reuenu, sans plusieurs autres aumosnes & largesses particulieres qu'elle faisoit extraordinairement.

Les viuans n'ont pas ressenty seuls les effects de la charitable liberalité de Caterine-Marie Comtesse de Tonnerre, mais aussi les defuncts, ayant eu vn soin particulier de faire prier Dieu, & celebrer des Messes pour le repos des ames de Purgatoire: ainsi que nous lisons de plusieurs grandes Dames & Princesses, entre autres de sainte Elizabet de Hongrie, femme de Louys Landgraue de Turinge & de Hesse, mere de deux vertueuses Princesses, Sofie Duchesse de Brabant, & Gertrude Abbesse d'Aldenbourg, au Diocese de Treues, & d'vn fils vnique Herman de Turinge decedé en ieunesse; de sainte Elizabet d'Arragon Reine de Portugal; & en ces derniers temps de la Reine Ieanne de France, Fondatrice de l'Ordre de l'Annonciade ou des dix Vertus de la Vierge; & en nos iours de Marguerite d'Austriche Reine d'Espagne, mere de la Reine.

Miraus in fastis Belgicis.

Cette Comtesse deuote, non contente d'employer ses biens pour la deliurance des ames des defuncts; elle mesme, sans auoir esgard à la grandeur en laquelle sa naissance & son mariage l'auoient esleuée, enseuelissoit les morts de ses propres mains, à l'exemple de Tobie tant loüé dans les saintes

Pages pour cette charité, comme aussi nostre S. Roy Louys IX. pere de tous les Rois qui ont porté la Couronne tres-Chrestienne, S. Vsuard Roy d'Angleterre, & ces deuotes Dames les Tabites, les Eudoxies, les Pulcheries, les Moniques, les Blanches, les Izabelles, les Ieannes, & les Constances, celebres & renommées pour ce suiet dans les Histoires Ecclesiastiques, desquelles le nom est en respect & en veneration parmy les gens de bien. Car *la memoire des iustes sera en benediction; & le renom des meschans pourrira* : comme nous apprend le plus sage des Rois & de tous les mortels en ses Prouerbes. Vn iour cette Dame charitable fit vne action heroïque, en laquelle elle fit paroistre sa charité & son humilité : action veritablement digne d'estre écrite en lettres d'or & d'azur, pour estre exposée à la veuë de la posterité.

Vn homme tout vlceré reuenant de sainte Rene, mourut à Ancy le Franc : la puanteur de ses playes & de ses vlceres estoit telle, que personne n'en osoit approcher, ceux-là mesme qui font tout pour l'argent refuserent de l'ensevelir. La pieuse Caterine, quoy que foible de complexion & fort delicate luy rendit les derniers deuoirs, aprés auoir mis du coton trempé dans du vinaigre, pour mieux supporter la puanteur des vlceres & des ordures, & manier les membres pourris de ce pauure miserable qui estoient tous défigurez. Par cette genereuse action que i'ay choisie entre plusieurs autres, Caterine Comtesse de Tonnerre fit voir combien elle auoit à mépris les grandeurs & les delices perissables & passageres de la terre, & l'amour qu'elle portoit à IESVS-CHRIST & à ses membres qui sont les pauures, ausquels l'honneur qu'on leur porte, & le bien qu'on leur fait, IESVS-CHRIST le repute fait à soy-mesme, lequel a dit, *Ce que vous ferez au moindre de mes seruiteurs, vous le ferez à moy-mesme*. Il n'y a rien de si riche que ceux qui seruent ou donnent l'aumosne de bon cœur aux pauures pour l'amour de IESVS-CHRIST. Il est bien vray que cecy est vn paradoxe dans l'école du monde, mais dans celle de la verité & de Dieu, c'est vne verité plus asseurée que n'est pas qu'il fait iour à midy. Car le Ciel & la terre manqueront plustost que la parole de N. S. qui est la voye, la vie, & la verité méme. Le Pape S. Agapit écriuant à l'Empereur Iustinien, dit vn grand mot sur ce suiet, *Sire, si vous voulez estre vn grand Monarque, donnez de bon cœur l'aumosne aux pauures*, qui couure les pauures de sa robe, & qui se pare de l'escarlate de la charité enuers les pauures, sera participant de la gloire eternelle.

La charité de cette vertueuse Dame enuers les pauures, m'a contraint de faire cette digression, laquelle tous les iours de sa vie a esté l'aduocate des pauures orphelins, la protectrice des veuues, & la grande aumosniere des calamiteux, ainsi que feu le Cardinal de Sourdis Archeuéque de Bordeaux son frere, lequel a esté l'vn des plus charitables Prelats de ce siecle, & le pere des pauures de son Diocese.

Ce fut le 7. de Ianuier, le lendemain de la feste des Rois de l'an 1615. que la charitable & vertueuse Caterine d'Escoubleau de Sourdis Comtesse de Tonnerre & de Clermont, passa de cette vie à l'autre, aprés auoir donné plusieurs exemples de foy, d'humilité, de pieté, & de toutes les autres vertus Chrestiennes qui embellissoient son ame, s'estant mise dans vn si grād aneantissement d'elle-mesme, qu'elle voulut & ordonna estre enterrée sans pompe & ceremonie, & defendit expressément qu'on ne luy fist aucune Oraison funebre; ce qui fut suiuy, comme venant d'vne personne entierement resignée à Dieu, & exempte de toute vanité.

Caterine-Marie Comtesse de Clermont & de Tonnerre, n'auoit point d'autre deuise que celle de l'illustre & ancienne Maison de Clermont Tallard, à laquelle elle estoit alliée, qui est vn S. Pierre tenant deux clefs à la main, & ces mots Latins, SI OMNES, EGO NON, *bien que tous, non pas moy*. Pour laquelle expliquer il faut sçauoir que les Papes ont concedé aux Seigneurs de Clermont ou de Besignan, pour les signalez seruices rendus par ceux de cette Maison au saint siege Apostolique, de porter en leurs armes deux clefs d'argent en sautoir, en champ de gueules; depuis le Pape Boniface VIII. de la Maison des Caietans, pour honorer cette illustre famille, qui auoit tousiours continué de seruir sa Saincteté & ses predecesseurs, leur donna permission de mettre sur le timbre de leurs armes, le regne ou la thiare chargée de trois couronnes, à la forme que les Papes la portent; à condition que les aisnez, & le Chef des armes de Clermont seroit tenu quand il luy baiseroit les pieds, & à ses successeurs, de dire tout haut à sa Sainteté:

SI OMNES TE NEGAVERINT, EGO NVMQVAM TE NEGABO:
Encore bien que tous vous nient, moy iamais ie ne vous nieray.

Ceux qui ont parfaite connoissance des Maisons illustres, tiennent que ce n'a pas esté le Pape Boniface VIII. qui a donné le premier ce beau priuilege aux Seigneurs de cette Maison là: mais le Pape Calixte II. de la Maison des Comtes de Bourgongne, dés l'an 1120. De cette Maison, la premiere & la plus ancienne de Daufiné (comme i'ay remarqué aux Eloges des Daufins de France, & au traité de la valeur & de la fidelité de la Noblesse de Daufiné) sont non seulement Messieurs le Comte de Tonnerre, le Marquis de Crusy, & le Duc de Luxembourg, mais aussi le Baron de Toury, les Seigneurs de Montoyson ou Montezon, de Dampierre, de Chatte, & de Geyssans.

Les Seigneurs de Montezon (qui ont pour cry de guerre *à la recousse Montezon*, & de laquelle sont Mesdames la Connestable de Montmorency, d'Vriage, & du Bouchage) brisent leur escu d'vne pointe de diamant en chef: Ceux de Clermont Dampierre d'vne couronne ducale d'argent aussi en chef; & ceux de Clermont Chatte (de laquelle est Charles de Clermont, Baron de Chatte, du Fay, de Lapte, &c. Seneschal du Puy en Velay & Gouuerneur de la Principauté de Dombes pour son Altesse Royale) ont brisé autresfois d'vne seule clef d'argent posée en bande: & ceux de Clermont Geysans, brisent leur escu d'vn croissant montant d'argent en chef.

CATERINE DE FIESQVE D'ADORNE, DAME DE GENES.

Fiefque, Bandé d'argent & d'azur de six pieces.

Ciaconus. Robertus. Sanfouino.

Evx qui ont leu les Historiens, n'ignorent pas que la Maison de Fiesque est tres-illustre, pour auoir donné deux Papes Innocent IV. & Adrien V. & huict ou neuf Cardinaux à l'Eglise, 2. Archeuéques à Génes, vne Comtesse à la Sauoye, & de grands Capitaines & Seigneurs qui ont dedans & dehors leur païs, tenu tousiours vn haut rang. Cette race n'a pas esté seulement fertile en Heros, mais aussi en Heroïnes pieuses, desquelles la plus celebre est Caterine qui a mené vne vie plus admirable qu'imitable, tant lors qu'elle estoit fille, qu'aprés auoir esté mariée & veuue. Le pere de cette deuote Dame s'appelloit Iacques de Fiesque, lequel pour sa prudence fut fait Vice-Roy de Naples par René Roy de Sicile & de Hierusalem, Duc d'Aniou, & de Lorraine, & Comte de Prouence, dit le Bon, & estoit descendu de Robert de Fiesque, frere du Pape Innocent IV. Or combien que cette Dame là fust de tres-bonne Maison, qu'elle fust extrémement belle, & qu'elle eust vn corps tres-delicat, si ne laissa-t'elle pas dés ses plus tendres années, de fouler aux pieds l'orgueil de sa noblesse, & d'auoir les delices en horreur: Tellement qu'estant encor en l'aage de huict ans, elle fut inspirée de faire penitence, & commença deslors à mespriser le monde, & ses voluptez; elle se couchoit auec humilité sur de la paille, & au lieu de cheuet, elle mettoit sous sa teste vn dur morceau de bois. Elle auoit en sa chambre l'Image de N. Seigneur IESVS-CHRIST, nommée vulgairement Dieu de pitié, vers laquelle chaque fois qu'en y entrant elle leuoit les yeux, elle sentoit son corps tout remply de douleur, considerant la grandeur des pei-

Scipion de Fiesque, Comte de Lauagne, Cheualier d'honneur des Reines Caterine & Louyse, & des Ordres de nos Rois.

nes que ce Seigneur auoit souffertes pour l'amour de nous. Elle viuoit auec vne merueilleuse simplicité, sans parler à personne, rendant vne tres-prompte obeïssance à ses parens; & estant bien instruite en la voye des commandemens de Dieu, elle auoit vne grande soif, & vn grand desir de la vertu.

Depuis qu'elle eut atteint l'aage de douze ans, Dieu luy octroya le don de l'Oraison, auec vne extraordinaire correspondance enuers N. S. par le moyen dequoy il luy suruint plusieurs nouuelles flammes d'vn amour intime & cordial, & d'vne vraye compassion enuers sa sainte Passion, auec plusieurs bons instincts des choses diuines.

Aprés, estant arriuée iusques en l'aage de 13. ans ou enuiron, il luy vint vn desir de se mettre en Religion, & fit tout ce qu'elle pût par le moyen de son Confesseur, pour entrer en vn Monastere de la ville de Génes, nommé *Nostre Dame des Graces*, lequel estoit fort deuot & de bonne obseruance, & où elle auoit vne sœur Religieuse: mais pource qu'elle estoit trop ieune elle n'y fut point receuë, dont elle eut beaucoup de desplaisir.

Ses parens la marierent à l'aage de seize ans à vn Gentil- *Maluzzi.* homme de la mesme ville, nommé Iulien Adorne, Maison ancienne & illustre, qui a commandé à Génes, où l'on a veu chasser tour à tour les Fregoses pour les Adornes, & les Adornes pour les Fregoses; Maison fertile en Heros, entre autres d'vn Antoine, qui a reculé les limites de sa Patrie, qui s'est veu supplié du Chef méme de la Chrestienté, qu'on peut dire ne l'auoir pas prié inutilement. D'vn Antoine, de qui la vertu & le courage estant secondé de la France & de l'Angleterre, a forcé les Sarrazins de luy ceder la victoire & leurs Royaumes. D'vn Raphaël, qui aprés auoir triomphé d'vne Nation, a triomphé de luy-mesme. Mais ce ne sont pas là encore tous les Illustres que cette Maison a donnez à Génes & à l'Italie, où l'on parle de l'eloquence de Dominique Adorne, de la prudence de Gabriel, & de la valeur de Prosper. *Manzini.* Les Histoires des Génois sont remplies de leurs actions genereuses. Vn des plus polis Ecriuains de l'Italie n'a pas oublié de loüer les vertus & les merites du liberal & magnifi-

Adorno, d'or, à la bande eschiquetée d'argent & de sable de trois traits.

que Iean Baptiste Adorne, & de sa fille la belle Emilie.

Caterine de Fiesque ayant épousé le Seigneur Iulien Adorno contre son gré, neantmoins pour sa grande simplicité, l'obeyssance & la reuerence qu'elle portoit à ses parens, elle s'y comporta auec beaucoup de patience. Mais la bonté de Dieu permit (afin que cette deuote Dame ne mist point son amour ny en la chair, ny en la terre) qu'elle eust vn mary fort contraire à sa façon de viure, lequel la fit tant souffrir par l'espace de dix ans, qu'elle passa sa vie auec beaucoup de peine, & demeurerent tous deux pauures par l'imprudence du mary, lequel consumoit inutilement tout ce qu'il auoit. Cette deuote Dame se rendit admirable durant les dix années qu'elle vesquit auec Iulien Adorne son mary, homme d'vn naturel fort reuesche, edifiant tout le monde par ses vertus, particulierement par sa patience. Elle demeuroit seule en la maison pour viure en paix auec son mary, elle sortoit seulement pour ouyr vne Messe, & puis aussi tost elle retournoit en son Hostel, & pour ne donner point de peine aux autres, elle estoit accoustumée à souffrir toutes choses. Dieu voyant que de ce vaisseau il pouuoit faire tout ce que bon luy sembleroit, il la faisoit endurer & supporter tout sans murmure, & auec vne extréme patience. Les premieres 5. années il la tint si suiete, qu'elle n'auoit aucune cónoissance des affaires du monde; les autres 5. années suiuantes, pour respirer aucunement és grandes angoisses que luy donnoit son mary, elle s'adonna à conuerser auec les autres Dames de sa naissance & de sa qualité, s'employant aux affaires temporelles comme elles faisoient. Ces dix années estant écoulées, elle fut appellée de N. S. & conuertie miraculeusement en vn instant, car elle quitta tout, & ne retourna plus en arriere; Dieu luy fit encore cette grace qu'elle obtint permission de son mary de pouuoir demeurer auec luy en toute chasteté, comme frere & sœur.

Ce Seigneur là depuis se rendit Religieux du tiers Ordre de S. François d'Assize, & fut assez long temps visité par N. S. d'vne maladie fort fascheuse, laquelle le fit tomber en vne grande impatience, tellement qu'estant paruenu à la fin de sa vie auec cette impatience, cette pieuse Dame craignant la perte de son ame, se retira en vne chambre, & pria pour son mary auec larmes & souspirs aux oreilles de son doux IESVS pour le salut de ce Seigneur, disant seulement ces paroles rapportées par l'Autheur de sa vie: *Amour ie vous demande cette ame, ie vous prie de me la donner, pource que vous me la pouuez donner.* Ayant perseueré enuiron demie heure auec beaucoup de larmes en cette oraison, elle fut à la fin interieurement asseurée qu'elle estoit exaucée, & comme elle entroit en la chambre de son mary, elle le trouua tout changé & paisible, de sorte qu'en paroles & en signes il fit voir à bonnes enseignes qu'il estoit entierement resigné à la volonté de Dieu.

Aprés que ce Seigneur là fut decedé en paix, & qu'elle luy eut fait rendre les derniers deuoirs, ses amis luy disoient: Vous serez desormais deliurée de tant de peines que vous enduriez, & selon la raison humaine, on eust iugé qu'elle estoit deliurée de grande suiection: mais elle répondoit qu'elle ne s'en apperceuoit pas, & qu'elle ne se soucioit point, sinon que du vouloir de Dieu, & ne faisoit plus d'estime d'aucune chose qui luy peust arriuer, soit de bien ou de mal: Ses freres & ses sœurs, & méme la Religieuse moururent encore: mais parce qu'elle estoit du tout vnie auec le doux vouloir de Dieu, elle n'en sentoit aucune peine, non plus que s'ils n'eussent point esté de son sang, & par ce moyen on pouuoit voir comme elle estoit despoüillée de soy-mesme, & par grace infuse vnie auec son doux Amour.

La Seraphique Caterine ou Caterinete de Fiesque, dite de Génes, ayant mené vne vie extraordinaire par de grandes penitences, des rauissemens & des extases fort frequens, de continuelles oraisons, auec vn extréme mespris de soy-méme; de façon que pour son regard elle ne se soucioit plus de chose qui fust sous le Ciel, comme si elle n'eust point esté au monde (ainsi que les curieux pourront apprendre de la lecture de sa vie, & de ses œuures spirituelles, particulierement du 13. Chapitre du liure premier de ses Dialogues) elle tomba malade enuiron neuf ans deuant sa mort d'vne infirmité incogneuë, non seulement à ses compagnes & amies; mais aussi à plusieurs sçauans Medecins d'Italie, de France

& d'Angleterre, car on ne sçauoit ce que c'estoit: Son infirmité ne paroissoit point vne maladie corporelle, & si on ne voyoit point que ce fust vne operation spirituelle, & pourtant il y auoit de la peine à la gouuerner, non point de sa part, mais de ceux qui la seruoient: Les medecines ne luy profitoient de rien, moins encore receuoit-elle de soulagement des viandes. Il sembloit en vn temps qu'elle se portast bien, & puis en vn autre que bien tost elle dust mourir, auec des assauts de l'amour tres-grands, & au corps & à l'ame. Vn an auant son decés elle ne mangeoit pas en vne semaine, ce qu'vn autre eust fait en vn repas ordinaire. Les six mois derniers elle prenoit seulement vn peu de consommé de poulet, & reiettoit le reste comme superflu. Elle ne se priuoit iamais de la sacrée Communion, si ce n'estoit que la maladie fust telle qu'elle ne pust pas la receuoir, & pour lors elle enduroit dauantage, & demeuroit tout ce iour là affamée. Pour le faire court, il sembloit qu'elle ne pust pas viure sans ce tres-saint Sacrement, estant visitée en cette saison là de grandes afflictions interieures & exterieures, & à la fin elle fut 14. iours qu'elle ne mangea point, & ne receut durant ce temps-là que la tres-sainte Communion. Bref on luy lauoit la bouche d'eau pure: mais elle n'en pouuoit toutesfois aualer vne seule petite goute. Elle ne pouuoit pas dormir pour les grandes douleurs, qui luy faisoient ietter des cris qui alloient iusques au Ciel: Elle brusloit toute dedans & dehors, & estant en cet estat là, elle perdit tous ses amis, & les personnes spirituelles desquelles elle receuoit quelque soulagement. Parmy ces langueurs & ces peines, il ne luy resta autre chose sinon vne esmotion sainte, auec vn si grand desir du S. Sacrement, lequel ne luy fut iamais osté, & demeura si reserrée, qu'elle sembloit estre crucifiée auec vn si grand martyre, que l'on ne peut pas exprimer par des paroles. D'autre part elle auoit vn si grand contentement, & parloit si bien de l'Amour diuin, qu'vn chacun en estoit estonné, & quasi tous pleuroient de deuotion: Plusieurs venoient de diuerses Prouinces d'Italie pour la voir, ouyr, & parler à elle, lesquels demeurans estonnez se recommandoient à ses prieres, iugeants d'auoir veu vn Ange sous les

ha-

habillemens d'vne creature humaine; car en son ame on voyoit le Paradis, & en son corps martyrisé le Purgatoire. Sur la fin de sa vie dix medecins conclurent ensemble que sa maladie estoit surnaturelle.

Cette pieuse & patiente Dame estant en cet estat, passa de cette vie à vne plus heureuse, le 14. de Septembre de l'an 1510. vne heure ou deux aprés minuit, auec l'admiration de tous ceux qui auoient eu le bon-heur de la voir, & de la visiter durant sa longue & derniere maladie, ayant finy ses croix le iour que l'Eglise fait la solemnité de l'Exaltation de la Croix du Sauueur du monde. Son corps fut enterré le 18. d'Octobre, feste de S. Luc, en l'Eglise du grand Hospital de Génes, où elle s'estoit employée par beaucoup d'années, au seruice des malades; on le mit pour la premiere fois dans vn cercueil prés d'vn mur, au dessous duquel on ne prit pas garde qu'il y auoit vn conduit d'eau, & y demeura enuiron dix-huict mois. Depuis le cercueil se rompit, & l'on trouua que pour l'humidité de l'eau plusieurs vers s'y estoient engendrez, mais toutesfois vn seul ne s'estoit approché du corps qui se vit entier depuis la teste iusques aux pieds, sans aucune lesion, & auec la chair en partie si palpable, qu'à la toucher elle paroissoit vne chair dessechée, & non pas consumée. A l'ouuerture de la caisse beaucoup de peuple accourut pour voir ce corps ainsi entier, & fallut le tenir en public par 8. iours continuels; on le renferma en vne Chapelle, afin qu'on le pût voir, mais non pas le toucher, pource qu'il en fut dérobé vn ongle: Tout le monde admiroit les toiles qui enuironnoient le corps dans le depost, & la caisse de bois aussi estre pourrie & gastée, & le corps iadis hoste d'vne belle & d'vne sainte ame, non corrompu, & sans tache. La peau qui respondoit au cœur estoit encor rouge en signe de son ardent amour. Le reste du corps estoit iaune comme quand elle mourut. Plusieurs qui se recommanderent à elle furent exaucez.

Depuis ce saint corps fut mis dans vn sepulchre de marbre, au haut de l'Eglise de l'Hospital; mais pour l'incommodité des personnes qui le visitoient, il fut mis plus bas en vne honorable sepulture. Sa vie a esté écrite en Italien, & impri-

Les autres disent qu'elle mourut le 28. du méme mois, ayant toûiours esté extasiée.

Y y

F. Borromaus cap. 6. lib. 1. de Christiana mentis incunditate.
F. de Sales en son Traité de l'Amour de Dieu.
Cl. Robertus in Gallia Christiana.
Lud. Iacob in Bibliotheca fœminarum illustr. quæ scriptis editis claruerunt.
Poiré en la Couronne de la Vierge.

mée à Florence és années 1568. & 1580. par Iaques Giunti qui l'a dediée à Sœur Marie Magdelaine Fierauanti, Religieuse au Monastere de sainte Marguerite du Pré, auec les œuures spirituelles de cette Dame Seraphique, à sçauoir *vn discours en forme de Dialogue de l'Amour de Dieu, & de l'Amour propre, entre l'ame & le corps, l'humanité & N. Seigneur,* diuisé en trois liures, auec *vn Traité du Purgatoire,* & mise en François auec ces liures & ces traitez là, par les RR. Peres de la Royale & deuote Chartreuse de nostre Dame de Bourg-fontaine. Plusieurs bons Autheurs font mention honorable de cette Dame de la Maison de Fiesque, entre autres deux Prelats desquels la memoire est venerable. Federic Cardinal Borromée & Archeuéque de Milan, parent de S. Charles : François de Sales, Euéque & Prince de Geneue : Claude Robert Chanoine, & Grand Vicaire de Chalon : Louys Iacob, dit de S. Charles, Chalonois, Religieux de l'Ordre des Carmes : & François Poiré de la Compagnie de IESVS. Ie n'appelle point cette Dame ny sainte ny bien-heureuse, pource que l'Eglise ne l'a pas encore declarée telle.

Hollande, d'or, au lyō de gueules, armé & lāpassé d'azur, couronné de sable. A present les Estats des Prouinces vnies font tenir au lyon vn faisseau de fléches d'or en façon de gerbe de bled d'vne patte, & vne espée de l'autre.

Zelāde, d'or au lyō naissāt de gueules, sur vn coupé, ondé d'argent & d'azur.

CATERINE HERMAN,
PAYSANE DE HOLLANDE.

Ovs venons d'admirer l'amour d'vne deuote Dame de la Maison de Fiesque à Génes, enuers celuy qui est l'Epoux des Vierges & des ames chastes & saintes : Passons du Midy au Septentrion, pour voir celuy d'vne simple villageoise de Hollande enuers son mary.

Durant le siege d'Ostende, l'vn des plus renommez dont iamais les siecles ayent ouy parler pour auoir duré trois ans, trois mois, & trois iours, les Espagnols prirent vn grand nombre de matelots de Hollande, & entre eux quelques Pilotes de cōsideration qu'ils destinerēt à la chaisne, à cause du mauuais traitement que les Hollandois auoient fait auparavant à quelques-vns de leur nation. La femme de l'vn des Pilotes qui auoient esté faits prisonniers, ayant sceu l'infortune de son mary, ne se contenta pas de le plaindre, & de luy donner des larmes, mais comme elle l'aymoit extraordinairement, elle voulut luy donner des marques d'vne amour nōpareille. Elle s'appelloit Caterine Herman, elle estoit ieune, & parfaitement belle; & s'il y auoit quelque chose qu'on pût égaler à sa beauté, c'estoit sa vertu & son courage. Ayant donc appris le malheureux estat de son mary, elle fit vne genereuse resolution de le sauuer: & bien qu'elle veid de tous costez des obstacles inuincibles, elle se persuada neantmoins qu'auec beaucoup d'amour il n'y auoit rien qu'on ne pust vaincre. Ainsi elle se coupa les cheueux, quitta les habits de femme, se déguisa en hôme, & se rendit dans le camp deuant Ostende après de longues difficultez; mais pour accomplir son dessein, il luy eust esté necessaire de pouuoir cacher sa beauté, comme elle auoit caché son sexe.

Christofle de Bonours au liure 11. du siege d'Ostende.

En effet, comme on n'auoit point veu dans l'Armée de l'Archiduc Albert, de ieune homme de si bonne mine, elle attira sur elle les yeux de tout le monde, on fut curieux de luy parler; & parce que son accent estoit different de celuy des autres, elle fut prise pour vn espion du Comte Maurice. On la mena en mesme temps chez vn Preuost de l'armée, on luy mit les fers aux pieds, & aux mains, & enfin on la traita en ennemy. Certes elle se fust estimée heureuse dans vn malheur si inopiné, & eust receu cette disgrace comme on reçoit les grandes faueurs, si au moins elle eust esté mise en mesme prison que son mary. Mais il estoit retenu ailleurs, elle desespera de le reuoir, & pour comble de douleur, elle apprit que le lendemain on deuoit faire mourir sept des prisonniers, pour venger la mort de sept autres à qui les assiegez auoient fait le mesme traitement, & que le reste de ceux qui auoient esté pris deuoient estre mis à la chaisne pour seruir dans le pays, ou pour estre enuoyez en Espagne. Cette nouuelle la mit dans vne affliction qui ne se peut imaginer que par ces vertueuses femmes qui ayment cordialement leurs maris. Elle ne pût s'empescher de faire éclater sa douleur, & d'en faire voir des ressentimens plus forts

Y y ij

que ne permettoit pas son déguisement, & l'indifference qu'elle vouloit feindre. Alors s'estant apperceuë que l'excés de son amitié luy auoit fait faire vne faute, & la pouuoit faire connoistre, elle commença à craindre pour son honneur, comme elle auoit craint pour son mary : & dans l'apprehension de faire en mesme temps deux si grandes pertes, elle esleua son ame à Dieu, & luy demanda son assistance : & sa priere ne fut pas sans fruit. Elle esprouua en cette occasion que le Ciel tient le remede de tous les maux que les hommes estiment incurables, & que Dieu n'est iamais esloigné de celuy qui l'implore : car à peine eut-elle acheué sa priere qu'elle veid entrer vn Pere Iesuite qui venoit selõ sa coustume, pour visiter les prisonniers. Cela luy fit reconnoistre que l'Oraison a des aisles qui la portent en vn instant deuant le Throsne de celuy qui prend le soin de toutes choses. Comme elle estoit bonne Catholique, elle demanda aussi-tost à se confesser, & confia son secret à ce Religieux, qui luy promit tout le secours qu'il estoit capable de luy donner. Ainsi pour luy faire voir son mary, il obtint de Charles de Longueual Comte de Bucquoy (qui depuis a esté pour sa valeur & les seruices qu'il a rendus à la Maison d'Austriche, Mareschal de l'Empire) qu'on la changeroit de prison, & il reüssit dans son dessein.

Longueual, bandé de gueules & de vair de six pieces. Les autres disent de vair & de gueules.

Lors que cette femme, qu'on peut veritablement appeller l'ornement de son sexe dans vn siecle si corrompu, eust consideré son mary dans le deplorable estat de ceux qui attendent l'infamie de la mort ou de la chaisne, elle ne pût pas resister aux diuerses passions qui se saisirent de son ame. L'amour qu'elle luy portoit, la compassion de son infortune, le plaisir de le reuoir, la crainte de l'auenir ne luy laisserent pas la force de supporter la douleur & la ioye de cette entreueuë. Elle tomba pasmée entre les bras de son mary, à qui la prison & la mort eussent esté plus supportables que le spectacle malheureux d'vne femme si digne d'amour. On la crût morte quelque temps, & l'on se fust imaginé que pour se donner plus entierement à son mary, elle estoit venuë rendre l'ame dans les mesmes mains où elle auoit donné sa foy. Mais enfin elle reuint par le secours qu'on luy donna, & aussi-tost

DES DAMES ILLVSTRES. 357

qu'elle pût parler, elle fit sçauoir son dessein, elle dit qu'elle auoit vendu tout ce qu'elle auoit de plus precieux pour venir racheter son mary; qu'elle s'estoit déguisée pour traiter elle-mesme de son affaire; que si elle n'estoit pas assez heureuse pour voir le succés de son entreprise, elle estoit au moins assez forte pour accompagner par tout son mary, pour luy aider à tirer la rame, & souffrir auec luy les plus espouuentables supplices. Ce grand Heros, le vaillant & le liberal Comte de Bucquoy fut en mesme temps auerty de cette auanture, il voulut voir ces deux personnes, & fut touché si sensiblement de la generosité de cette rustique Nort-Hollandoise, que non seulement il luy donna des loüanges, mais encore sa liberté, auec celle de son mary, aprés les auoir nourris & assistez, ne pouuant assez estimer la felicité d'vn homme à qui Dieu auoit donné vne femme si genereuse & si fidelle.

La Nort-Hollande est le pays où sont les plus belles femmes de la Flandre ou des Pays-bas.

Le mary redeuable à l'amitié de sa femme, à la bonté, & à la liberalité du Comte, & à la charité des Peres Iesuites de la vie & de la liberté, renonça volontairement à l'heresie, dont il auoit esté iusque là sectateur opiniastre; & confessa que son malheur estoit vn coup de la Prouidence, qui luy auoit voulu faire connoistre la veritable Religion, par le salutaire effet de la pieté de sa femme.

Ainsi cet esprit courageux qui ne pensoit retirer son mary que de la captiuité des hommes, le retira aussi de la captiuité du diable; tant il est veritable que Dieu donne ordinairement aux vertueuses entreprises de plus grands succés que l'on n'en attend pas.

CECILE-RENEE D'AVSTRICHE, REYNE DE POLOGNE & de Suede.

Pologne, blasonné és pages 21. & 174. Suede és pages 40. & 267. Lituanie, és pages 21. & 22. Liuonie, de sinople à 4. besans d'argent: Les autres disent d'or.

E liure estant sous la presse, i'ay appris le decés de Cecile-Renée d'Austriche, Reine de Pologne & de Suede, morte trop tost, non pource que le Ciel la iugeast digne d'vne mort precipitée, mais parce qu'il l'estimoit trop, pour la laisser plus long-temps mortelle, de laquelle ie croy estre obligé de faire l'Eloge pour sa vertu & sa pieté.

Cette belle Princesse, la seconde fille de Ferdinand II. Empereur & Roy de Hongrie & de Boheme, & de sa premiere femme Marie-Anne de Bauiere, fille de Guillaume Duc de l'vne & de l'autre Bauiere, & de Renée de Lorraine, vint au monde le 16. de Iuillet de l'an 1611. Elle a eu pour freres Iean-Charles d'Austriche decedé en ieunesse: Ferdinand Ernest Roy de Hongrie & de Boheme, à present Empereur: & Leopold-Guillaume, Archiduc d'Austriche. Elle a esté nourrie & éleuée à la vertu & à la pieté auec sa sœur aisnée Marie-Anne d'Austriche, seconde femme de Maximilien, Duc de Bauiere, & Electeur de l'Empire, qui a épousé cette Princesse là, estant veuf de sa premiere femme Elizabet de Lorraine.

La ieune Archiduchesse fut heureuse d'auoir appris la deuotion & les vrais exercices d'vne Princesse Chrestienne & Catholique de ses pere & mere l'Archiduc Ferdinand Duc de Carinthie, de Carniole, & de Stirie, depuis Empereur, & de Marie-Anne de Bauiere, qui ont tousiours eu la vertu pour obiet, & ont mené vne vie sainte dans leur Cour. Aprés auoir perdu à l'âge de cinq ans sa bonne mere, qui mourut saintement le 8. de Mars de l'an 1616. comme elle auoit saintement vécu, elle en trouua vne autre qui luy fit paroistre beaucoup d'affection; elle se nommoit Eleonor de Gonzague ou de Mantoüe, la seconde femme de l'Empereur Ferdinand II.

Cette grande Imperatrice donna le démentir à cette maxime, qu'il n'y a point de gain pour les enfans du premier lit, quand ils adioustent ce mot de belle à celuy de mere, & que iamais les enfans d'vne premiere femme ne viuent en bonne paix & intelligence auec la seconde: Car cette vertueuse Princesse, seconde fille de Vincent I. Duc de Mantoüe & de Montferrat, & d'Eleonor de Medicis, & sœur de François, de Ferdinand, & de Vincent II. successiuement Ducs de Mantoüe & de Montferrat, & de Marguerite Duchesse de Lorraine, a tousiours porté vne singuliere affection, & vn amour maternel aux deux filles de l'Empereur son mary.

Marie-Anne, & Cecile-Renée estant filles à la Cour de sa Maiesté Imperiale, & auant qu'elles fussent mariées, celle là au Duc de Bauiere, & celle-cy au Roy des Sarmates ou Polonnois; lequel ayant recherché pour femme plusieurs Princesses dans les autres Royaumes de la Chrestienté, fit le choix de cette belle & sage Archiduchesse sa cousine germaine, de laquelle on peut dire que ce fut vn prodige de vertu, aussi bien que de beauté; que sa naissance fut digne de sa vie, & qu'elle a vescu comme vne personne qui deuoit respondre aux obligations qu'elle auoit au Ciel, de luy auoir donné tant de glorieux auantages.

Cecile-Renée, Reine de Pologne, estoit fille de Ferdinád II. Empereur, & Vladislas IV. Roy de Pologne est fils d'Anne d'Austriche sœur de cet Empereur là.

Elle est issuë comme nous venons de dire des Maisons d'Austriche & de Bauiere, dont les moindres ornemens, & les moindres titres sont les Royaumes & les Empires. Elle estoit pour sa beauté, ses perfections & ses bonnes graces, l'ornement & la gloire de la Cour de l'Empereur Ferdinand II. son pere. Car ceux qui ont veu ou leu les ceremonies de la Diette de Ratisbonne l'an 1630. & du Couronnement de l'Imperatrice Eleonor de Mantoüe, n'ignorent pas que tous les Assistans estoient rauis de voir la beauté de cette ieune Archiduchesse; mais elle estant en l'aage où la coustume veut que l'on marie les filles, on songea à luy choisir vn mary qui fust digne d'estre gédre d'vn Empereur. Enfin Cecile-Renée d'Austriche fut mariée, & par les vœux du public, & par les diligences de ses parens, estant aagée de 27. ans, le 13. de Septembre de l'année 1637. aprés auoir obtenu la dispense du Pape Vrbain VIII. au braue Vladiflas Sigifmond Roy des Sarmates, dont le courage est admirable dans les executions, & la magnificence incomparable, qui est regardé des Polonois comme vn Monarque de qui la gloire efface celle de ses predecesseurs. Ie n'oferois en dire dauantage, à cause que ce Prince est viuant, si toutesfois on peut viure aprés auoir veu mourir la plus chere partie de soy-mesme, & si l'on n'a quelque esperance d'épouser vne autre Heroïne aussi sage, aussi vertueuse, aussi modeste, & aussi accomplie.

Le Prince Cazimir la fut querir à Vienne, assisté de l'Euéque de Culme, à present Archeuéque de Gnesne, & du Palatin de Syradie. Elle fut conduite par Claude de Medicis, ou de Toscane Archiduchesse de Tyrol, iusques à Varsauie, ou Warzouie, où les solemnitez du mariage furent grandes & magnifiques. Ceux qui estoient à Rome l'an 1625. sçauent que ce Prince est liberal.

Vladislas Sigismond Roy de Pologne, & la Reine Cecile-Renée sa femme furent quelques années sans pouuoir auoir d'enfans, au grand regret, non seulement de leurs Maiestez, mais aussi de leurs suiets, tant les Polonois que les Lituaniens. Ils firent vœu à Dieu par l'intercession de la Vierge, & de S. Cazimir, Grand Duc de Lituanie, fils, frere & oncle des Rois de Pologne, afin qu'il obtint du Ciel des enfans pour l'affermissement de l'Estat. Leurs Maiestez furent à Vilne, la capitale du Duché de Lituanie, visiter le Tombeau de ce grand Saint Confesseur & Vierge (dont le corps fut trouué frais & entier l'an 1604. ou 1609.) & aussi la deuote Eglise de Nostre-Dame de Troki à trois lieües de Vilne, lieu frequenté en Lituanie par les deuots de la Mere de Dieu, pour la consolation & les graces que reçoiuent, par l'entremise de la Vierge, ceux qui auec foy & deuotion visitent ce saint Palais & Maison de Nostre-Dame.

Voiez la vie d'Elizabet Iagellon Reine de Hongrie.

Trois iours aprés que la Reyne de Pologne Cecile-Renée d'Austriche eut fait ses deuotions auec le Roy son mary, à l'Oratoire de Troki, & au Sepulchre de S. Cazimir, elle deuint

DES DAMES ILLVSTRES. 361

uint enceinte, & accoucha heureusement d'vn fils le Dimâ-
che des Rameaux, 1. iour d'Auril de l'an 1640. au grand contentement des Lituaniens & des Polonois, mais particulierement du Roy de Pologne Vladiſlas IV. lequel pour recónoiſ-
sance d'auoir eſté exaucez, & obtenu du Ciel ce Prince là par
l'interceſſiõ de S. Cazimir (fils de Cazimir III. ou IV. Roy de
Pologne, & d'Iſabeau d'Auſtriche, frere de Ladiſlas Roy de
Hongrie & de Boheme, & de trois Rois de Pologne, & oncle
de Louys Roy de Hongrie, & de Sigiſmond Auguſte Roy de
Pologne, tous Princes de la Race de Iagellon ou de la Maiſõ *La vie de S.*
de Lituanie) ils l'ont fait nommer au Baptéme Sigiſmond *Cazimir*
Cazimir; pour la naiſſance duquel l'Abbé Orſo Reſident de *l'Autheur,*
Pologne en Cour de Rome, fit chanter le *Te-Deum* le 17. de *& inſerée*
Iuin de la méme année dans l'Egliſe de S. Staniſlas de la Na- *des Saints.*
tion Polonnoiſe, où ſe trouuerent treize Cardinaux, à ſçauoir, Creſcentio, Bentiuole, Torrez, de la Cueua, Spada, *Panfilio, de*
Cornare, Panfile (à preſent le Pape Innocent X.) Albornoz, *gueules à*
de Sainte Croix, Palotte, Brancas, Borgheſe & Baldeſco. *vne colõbe*
Elle a eu depuis deux filles qui ſont decedées en bas âge: *tenant au*
Aprés quoy cette Princeſſe mourut le 24. de Mars de l'an *bec vn ra-*
1644. (auquel en cette année là on celebroit la feſte de l'In- *liuier au na-*
ſtitution du Corps de Noſtre Seigneur, dit le Ieudy Saint) *turel, au*
aprés eſtre munie de tous les Sacremens, qu'elle receut fort *chef couſu*
deuotement, & auoir durant ſa vie, les 9. mois de ſa groſſeſ- *chargé de*
ſe, & aux derniers iours de ſa vie donné des témoignages de *trois fleurs*
ſa vraye pieté. *de Lys d'or.*

Si le plaiſir que l'on prend de s'entretenir auec vne perſonne, ou d'oüir parler de ſes perfections & de ſes merites,
eſt vne marque de l'amour qu'on luy porte, comme diſoit
noſtre Roy S. Louys à Henry III. Roy d'Angleterre; l'on
peut aſſeurer que la Reyne de Pologne Cecile-Renée d'Auſtriche, auoit beaucoup de deuotion au Sauueur du monde,
puis qu'elle cherchoit tous les moyens de communiquer
auec luy en l'oraiſon, & n'auoit point de plus grand plaiſir
que d'en oüir parler, & que quand les affaires & les diuertiſſemens de la Cour de l'Empereur ſon pere, & de celle du
Roy de Pologne ſon mary l'en retiroient, ce n'eſtoit iamais
qu'auec violence, & auec cette eſpece de mort que l'on

Z z

souffre dans l'abfence de ce qu'on ayme.

De cet amour naiffoit vne certaine crainte de déplaire à Dieu, qui rendoit fa confcience fi delicate, qu'elle faifoit grand fcrupule des moindres chofes qui fembloient auoir quelque éloignement de la perfection. Eftant fille, & aprés eftre mariée elle oyoit tous les iours deux Meffes, fe confeffoit vne fois la femaine. Souuent elle donnoit à difner à neuf pauures filles, en l'honneur de neuf feftes de Noftre-Dame. Pieté que l'on peut dire naturelle & particuliere aux Princeffes de la Maifon d'Auftriche, ainfi que l'on peut voir dans la vie de Marie de Bauiere, ayeule paternelle de cette Reine, qui faifoit beaucoup de bonnes œuures, par lefquelles elle a donné de bons exemples de vertu dans l'Alemagne & dans la Pologne.

L'Amour de Dieu, & l'amour du prochain font fi eftroitement vnis enfemble, qu'ils ne peuuent pas eftre feparez, l'Amour de Dieu eft la fource de l'amour du prochain, & l'amour du prochain eft vne preuue infaillible de celuy que l'on a pour Dieu; c'eft pourquoy comme cette pieufe Heroïne aymoit Dieu tendrement, il ne faut pas s'eftonner qu'elle ait cherement aymé fon prochain, ny qu'eftant dans les difpofitiõs que l'Apoftre fouhaite pour tous les fideles elle n'ait eu des tendreffes pour toutes les perfonnes qui eftoiét en quelque neceffité, particulierement pour les plus miferables. Elle eftoit fi charitable vers les pauures, que fouuent elle fe priuoit des chofes neceffaires pour les en accommoder : Elle leur enuoyoit fouuent les viandes de fa table, & fe faifant adroitement changer d'affiete, elle leur donnoit toufiours la meilleure partie de fon difner, & ne mangeant la plufpart du temps que peu de chofe, elle ioignoit le merite de l'aumofne à celuy de l'abftinence. Eftant en fanté, elle employoit tout fon temps dans les exercices de charité, & n'eftoit iamais plus contente, que quand aprés auoir rendu fes deuoirs à fon Dieu, elle pouuoit affifter fon prochain par fes aumofnes & fes liberalitez. Elle auoit appris toutes ces bonnes œuures de fa mere Marie Anne de Bauiere, qui les auoit veu pratiquer par Marie Archiducheffe de Graz & Ducheffe de Carinthie, auffi Princeffe de la

Maison de Bauiere, comme ie feray voir en sa vie.

Elle portoit vn grand honneur & respect, non seulement au Roy son mary, mais aussi aux Princes Jean Cazimir, & Ferdinand-Charles, freres de ce Monarque là, & à l'Infante Anne-Caterine leur sœur, qui est maintenant mariée à Philippe-Guillaume de Bauiere, Comte Palatin de Neubourg, fils de Wolfang-Guillaume Comte Palatin du Rhin, Duc de Bauiere, de Iuliers, de Cleues, & de Neubourg, & de Magdelaine de Bauiere, de laquelle i'ay parlé en l'Eloge d'Anne d'Austriche Reyne de Pologne & de Suede. *Voyez la page 46. de ce Liure.*

Cecile-Renée Reyne de Pologne ayant mené vne vie digne du Ciel, & esté cherie en terre pour ses vertus, de Dieu & des hommes, est morte saintement le 24. de Mars 1644. estant aagée de 33. ans, aprés s'estre dignement preparée le 19. du mesme mois, feste de S. Ioseph l'vn de ses Patrons, auquel elle receut la sainte Eucharistie auec feruuer & deuotion, aprés auoir fait vne exacte confession de toute sa vie.

Ainsi a vécu, & ainsi a rendu son ame à son Createur, au grand regret des Polonois, cette belle Reine en qui la ieunesse, la santé, & la beauté sembloient ne deuoir iamais finir, & auec cette beauté qui estoit trop merueilleuse pour habiter sur la terre, est enfermée dans le tombeau toute la felicité de la Pologne, si le Monarque des Polaques ne s'allie par de secondes noces à vne Princesse aussi illustre en vertus & en merites.

Aprés sa mort Vladislas Sigismond Roy de Pologne son mary, a fait enfermer le cœur de cette sage & belle Princesse, dans vn grand cœur d'argent doré, & ses entrailles dans vne caisse d'argent, qu'il a donnez aux Iesuites de Vilne, auec des témoignages d'affection; asseurant ces Peres là que s'ils auoient perdu en cette Reine vne bonne maistresse, ils trouueroient en luy vn bon Maistre, &qu'il vouloit que celuy de leur Compagnie qui auoit esté le Confesseur de la mere, instruisist son fils le Prince Sigismond Cazimir en son bas âge. Les Iesuites, aprés auoir receu le cœur & les entrailles de cette Reine de Pologne, ont fait vn Seruice solemnel dãs leur Eglise de Vilne, en presence du Duc Ossolinsky grand Chancelier de ce Royaume là, & du Duc de Raziwil Chancelier

Z z ij

du grand Duché de Lituanie. Ce Monarque a fait conduire son corps à Cracouie auec de grandes pompes & magnificences. Les relations de Pologne disent que ce corps passa par Warsowie en cet ordre: Douze cens hommes de la Garde à pié vestus de noir, ayans les Tambours couuerts, & les Drapeaux ployez, & trainans par terre toutes leurs armes, marchoient les premiers: puis les Confrairies, les Religieux, le Clergé, & l'Euêque de Warsowie en habit pontifical: Il estoit suiuy de 40. Musiciens de la Chapelle du Roy, du Grand Chancelier de Pologne, qui portoit le Sceptre: du Grand Chancelier de Lituanie, qui portoit la pomme d'or: du Palatin de Belze Koniespolki, tenant la Couronne Royale sur des coussins de brocatel: du Comte de Donoff Palatin de Siradie: du Grand Maistre de la Cour auec le baston de commandement renuersé: Le chariot venoit après, trainé par six cheuaux, auec vne couuerture en broderie d'or, dont les bouts estoient portez par les principaux Caualiers de la Cour, tenans en main des flambeaux de cire blanche. Le Roy de Pologne terminoit la pompe auec le Prince Ferdinand-Charles son frere, plusieurs Senateurs, & les principales Dames de cette Cour là, qui accompagnerent à pié le corps depuis la riuiere de Vistule, iusques au Palais Royal, où il fut deposé pour estre conduit à Cracouie. Là il receut les honneurs de la sepulture le 21. de Iuin, dans la Royale Chapelle des Rois de Pologne en l'Eglise Cathedrale, aprés que la Messe fut dite à huit chœurs de Musique par l'Archeuéque de Gnesne, Primat de Pologne. Le Roy Vladislas IV. assista à cette pompe funebre, estant accompagné du Prince son frere: de quelques Ambassadeurs: de plusieurs Palatins & Senateurs: de neuf Euêques pontificalement vestus: d'vn grand nombre de Prestres, de Religieux, de Confrairies, & de la pluspart de la Noblesse & des Dames de sa Cour, qui assisterent auec sa Maiesté à l'Oraison funebre que prononça en Latin l'Euêque de Cameriz (ie croy qu'il faut dire l'Euêque de Camin, ou de Camienski) lesquels fondoient tous en larmes, pour le regret qu'ils auoient de la mort de cette pieuse Heroïne, prians Dieu pour le repos de son ame, & qu'il donnast à leur Roy vne seconde femme aussi bonne,

La Vistule passe par ces trois grandes villes, Cracouie, Sendomire, & Varsouie.

Ceux qui font imprimer les relatiõs mettent l'Euêque de Cameriz, il n'y a point d'Euêque de Cameriz en Pologne, mais ces 2. Euêchez Camin en Pomeranie, & Camieniek ou Camienski en Podolie.

aussi sage, & aussi vertueuse que la defunte. Car les Polonnois, & les Lituaniens souhaittent auec passion que leur Prince, le braue Vladislas-Sigismond, épouse quelque Princesse tres-vertueuse, qui luy donne encore des enfans, & affermisse par vne tres-illustre alliance la Royale Maison de Wasa, qui a dõné deux Rois à la Pologne, six Rois, & vne Reyne à la Suede, depuis Gustaue I. appellé le Grand, qui tiroit son origine par les femmes de S. Eric Roy de Suede, & selon quelques Autheurs, estoit parent du dernier Roy Charles, issu des anciens Rois des Gots, & de la Seraphique sainte Birgitte, Patrone de ce Royaume là, & Fondatrice de l'Ordre du Sauueur, de laquelle le corps repose au Monastere de Wastene du même Ordre, qui a fleury autresfois aux Royaumes du Nort.

Gustaue I. du nom, Roy de Suede, de Gotie, & de Wandalie, estoit de la Maison de Wasa, illustre en Suede dés l'an 1250. sous Ingemund de Wasa Trolle. Son bisayeul fut Christierne de Wasa de Biorno, Grand-Maistre de Suede, qui est la premiere dignité du Royaume. Il mourut l'an 1447. & estoit fils de Nicolas de Wasa de Biorno, Gouuerneur de Stokholm, ville capitale de Suede. L'ayeul de Gustaue fut Iean de Wasa de Oereby, Senateur du Royaume, decedé l'an 1477. Et son pere Eric de Wasa de Gripsholm aussi Senateur de Suede, Gouuerneur d'Alandie, que le cruel Christierne II. lors Roy de Dannemarc & de Suede fit mourir à Stokholm l'an 1520. auec plusieurs autres Seigneurs Suedois. Mais Gustaue de Wasa sorty en habit de palefrenier de la prison du Chasteau de Kalo en Iurland, où Christierne l'auoit fait mettre, & ayant appris les cruautez faites à Stokholm, poussé de vengeance, fit d'abord Ligue auec la puissante Republique de Lubec, & souleuer les Dalecarles, les plus vaillans de tous les Suedois; puis ayant entierement deliuré la Suede de la tyrannie des Danois, fut élu Roy du commun consentement des Estats. En suitte ayant assoupy toutes les dissensions ciuiles, estant venu à bout des ennemis de dehors, ayant fait alliance auec les Princes Etrangers, entre autres François I. Roy de France, l'an 1542. les Suedois, tant pour faire voir la reconnoissance des biē-faits qu'ils difoiēt auoir receu de faMaiefté, que pour obuier aux diuifions que l'Election tire ordinairement aprés foy, firent le Royaume hereditaire en faueur de fes defcendans mafles à Arofen, dit Veftras, d'où cette Ordonnance des Eftats s'appelle *l'vnion hereditaire de Veftras*. Guftaue nâquit l'an 1490. fut éleu l'an 1523. fut couronné l'an 1528. fit ordonner le Royaume hereditaire l'an 1544. regna prés de 40. ans, & mourut l'an 1560. Quelques Autheurs ont écrit que le iour du decés de ce Monarque (qui l'an 1528. ou felon les autres l'an 1537. changea la Religion en Suede, vne fi horrible tempefte s'éleua par tout ce Royaume là, qu'on penfoit que le iour que doit finir le monde fuft arriué: & que fur le poinct que l'ame abandonnoit fon corps, fon Demon ayant emprunté la figure d'vn gros dogue noir, entra dans fa châbre, fe ietta fur les pieds de fon lit, luy tirant auec les dents fa couuerture, & que méme, quelque temps auant fa mort, il fut priué de fon bon fens, de forte que bien fouuent on luy vit faire des actions d'vn infenfé, comme quand il ietta du haut du pont de Stokolm fon fils Charles lors enfant, (qui depuis a efté Roy de Suede, en ayant priué fon neueu Sigifmond III. Roy de Pologne) qui fe fuft noyé, fi l'vn de fes gardes fe iettant à la nage ne l'euft fauué.

Guftaue I. Roy de Suede eut trois femmes, il n'eut point d'enfans de la troifiéme Caterine fille d'vn Gouuerneur de Veftre-Gothie, mais il en eut des deux autres.

La premiere eftoit fille de Magnus II. Duc de Saxe Lauuemburg, laquelle mourut d'vne cheute de cheual l'an 1535. & le fit pere d'Eric, qui fut depoffedé du Royaume de Suede par Iean fon frere, comme i'ay rapporté en la vie de Caterine Iagellon Reine de Suede.

La 2. eftoit Marguerite fa parente au quatriefme degré, fille d'Eric de Loholm, Gouuerneur de Veftre-Gothie, auffi condamné à mort par Chriftierne II. Roy de Dannemarc, qu'il époufa l'an 1536. Il en eut dix enfans, entre autres Iean & Charles Rois de Suede: Iean eft le pere de Sigifmond III. Roy de Pologne, & l'ayeul d'Vladiflas IV. auiourd'huy Roy de Pologne, & veuf de la Reine Cecile-Renée d'Auftriche; & Charles eft le pere de Guftaue Adolfe Roy de Suede, & l'ayeul de Chriftine à prefent Reine de Suede.

CHARLOTE-CATERINE DE LA TREMOILLE,
Princesse de Condé.

LA premiere des Charlotes, desquelles ie fais l'Eloge en ce Liure, est Charlote-Caterine, Princesse de Condé, issuë des tres-illustres Maisons de la Tremoille, du costé paternel, & de Montmorency du maternel; dans l'Eloge de Charlote Duchesse d'Angoulesme, ie parleray de la Noblesse de celle de Montmorency; en celuy-cy ie suis obligé de faire voir celle de la Tremoille, laquelle a plusieurs marques de grandeur & d'excellence.

Henry de Bourbon, Prince de Condé, mary de Charlote de la Tremoille, portoit écartelé de Bourbon & d'Alençó. Mais Héry Prince de Condé, son fils estát le premier Prince du Sang, porte les pleines armes de Bourbon, d'azur à 3. fleurs de Lys d'or, à la bande ou au baston, ou au filet de gueules pery en bande. *Geliot* dit au baston de gueules mis en abisme.

La Tremoille ou la Trimoüille, d'or, au cheuron de gueules, accompagné de trois Aigles d'azur, becquez & membrez de gueules.

Son ancienneté est de plus de cinq cens ans. Elle a possedé dés long-temps, comme elle possede encore de grandes & de riches Seigneuries. Elle a exercé de hautes Charges & Offices de la Couronne, entre autres la dignité de Duché & Pairrie. Les alliances par mariage aux autres illustres Maisons y sont frequentes. Celles de Bourbon, d'Aniou, de Luxembourg, de Nassau, de Sully, de Thoüars, d'Amboise, de Montmorency, de Coitiuy, de Craon, de la Tour, de Laual, à laquelle derniere Maison a esté allié François de la Tremoille, Vicomte de Thoüars, Prince de Talmond, qui épousa Anne de Laual, fille de Guy XVI. Comte de Laual, & de Charlote d'Aragon, laquelle Princesse eut pour pere Federic Roy de Naples mort à Tours l'an 1540. & de cette part sont eschus aux Ducs de la Tremoille plusieurs grandes Seigneuries, & des droicts sureminents. Mais ce qui releue de plus en plus le lustre de cette Maison, c'est que plusieurs Seigneurs ont combatu glorieusement, & perdu la vie contre les Infideles, pour le soustien & la de-

Thoüars, d'or semé de fleurs de Lys d'azur, au franc quartier de gueules.

Laual, d'or à la Croix de gueules chargé de 5. coquilles d'argent, cantonnée ou accompagnée de 16. alerions d'azur.

fense de la Foy. Les autres ont suiuy le mesme chemin, en seruant nos Monarques leurs Princes, mesmement ce grand Chef de guerre Louys II. Seigneur de la Tremoille, & Charles son fils Prince de Talmond, qui finirent leurs iours aux batailles de Marignan & de Pauie (comme ie diray en l'Eloge de la deuote & sçauante Heroïne Gabrielle de Bourbon, premiere femme de Louys, & la mere de Charles) & Louys de la Tremoille Duc de Thoüars, pere de Charlote Caterine de la Tremoille Princesse de Condé, dont nous faisons icy l'Eloge, qui mourut Chef & conducteur de l'armée Royale, laquelle prit la ville de Melle en Poitou, sur les Religionnaires rebelles.

Ioseph Texera.

Vn Autheur Etranger a écrit la genealogie de cette tres-illustre Maison, mais il y a glissé plusieurs erreurs, pour n'en auoir pas vne assez exacte & parfaite connoissance ; c'est pourquoy tous les sçauans & les curieux attendent auec impatience celle que Messieurs de sainte Marthe, Historiographes du Roy vont mettre en lumiere : Heureuse Maison, d'auoir pour Ecriuains ces deux freres iumeaux, qui sont connus en toute l'Europe pour leur rare doctrine, & particulierement pour auoir l'honneur d'auoir si heureusement écrit l'Histoire de la Maison Royale.

Cette Princesse portoit cinq quartiers de la Trimoïlle, de Bourbon, d'Orleans, de France, & de Milan, soustenus d'autres cinq d'Aragon, d'Aragon-Sicile, de Thoüars, de Laual, & d'Amboise.

Mais pour reuenir à Charlote-Caterine de la Tremoille Princesse de Condé, ie diray que ce luy fut vn grand bonheur de tirer son origine par les lignes de diuerses Princesses du Sang, ses grandes ayeules, dont son estoc paternel, l'vn des plus illustres & celebres de France a esté orné. Mais ce luy fut vne felicité encore plus grande & incomparable, d'auoir merité, & estre iugée digne de la couche nuptiale d'vn Heros tres-genereux & tres-illustre du méme Sang Royal. Ce fut Henry de Bourbon Prince de Condé I. du nom, qui estoit alors veuf de Marie de Cleues, sortie de la Maison des Ducs de Niuernois sa premiere épouse. Cette deuxiéme dont nous parlons, fut en ses ieunes ans sous la garde noble de Ieanne de Montmorency, Duchesse de la Tremoille sa mere, aprés le decés aduenu de Louys Duc de la Tremoille & de Thoüars, qui finit ses iours (comme i'ay desia remarqué cy-dessus) pour la defense de la Religion Catholique,

&

DES DAMES ILLVSTRES. 369

& de l'Estat, estant Lieutenant general du Roy Henry III. dans son armée qui assiegeoit la ville de Melle en Poitou sur les Huguenots rebelles, dont les meilleurs Historiens sont d'accord, & cette circonstance notable qui iustifie l'erreur d'vn Autheur Etranger de ce temps, lequel (quoy que fort exact d'ailleurs) a écrit en l'Histoire des guerres ciuiles de France, que ce Duc Louys, qui estoit, comme il a esté toute sa vie tres-bon Catholique, auoit embrassé le party des Religionnaires contraires au Roy. *Dauila.*

Cette Princesse sa fille vnique ayant esté nourrie & éleuée sous vne si digne mere, & receu la trempe de la pieté, & toutes les autres vertus, & bonnes conditions requises en vne Dame de haute naissance, comme elle estoit, aussi-tost elle en fit paroistre les effects; de sorte que le Prince Henry iettant ses pensées sur vne autre alliance, arresta ses yeux sur cette Princesse. Le mariage fut fait le 16. iour de Mars de l'an 1586. à Taille-bourg en Xaintonge : Elle apporta en mariage à ce Prince le Comté de Taillebourg, les terres de Craon, de Bommiers, de sainte Hermine, & de la Chaise le Vicomte. L'année suiuante 1587. ce grand Prince qui auoit acquis tant de gloire par sa valeur (comme rapportent fidellement le President de Thou en diuers liures de l'Histoire de son temps, & les sieurs de sainte Marthe, dans l'Eloge de ce vaillant Prince, au liure 16. de l'Histoire de la Maison de France) alla encore assister Henry Roy de Nauarre, & depuis de France son cousin germain en ses genereux desseins, qui luy donna la conduite de l'vn des quatre escadrons de son armée, à la bataille de Coutras, où il fit paroistre son grand courage : Car d'abord ayant receu vn coup de lance au costé que luy donna le Seigneur de S. Luc, de la Maison d'Espinay, qui estoit l'vn des principaux Chefs de l'armée Royale d'Henry III. commandée par Anne Duc de Ioyeuse, en ce danger, le Prince redoublant son courage, arresta prisonnier celuy qui l'auoit porté par terre. Toutesfois par le coup, se trouuant engagé sous son cheual, comme son pere l'auoit esté à Iarnac, il se releua, son cheual ayant esté tué: mais cet effort causa vn tel preiudice à sa santé, que la douleur croissant, on estime que cela auança la fin de ses iours. *Ioseph Texeira in Elogio Carolota.*

Espinay en Normādie, d'argent au cheuron d'azur chargé de dix besans d'or.

& mourut le cinquiéme de Mars de l'an 1588. estant aagé de 35. ans.

Henry de Bourbon Prince de Condé, fit voir sa bonté & sa generosité en cette bataille, enuers ce vaillant & sçauant Heros le Seigneur de S. Luc son prisonnier, qui estoit l'vn des plus grands ennemis du Roy de Nauarre, & de ce Prince; non autrement que pour la querelle generale, car en particulier S. Luc se disoit tousiours tres humble seruiteur du Roy de Nauarre, & du Prince de Condé, comme Princes du Sang, & de la Maison de France. Et partant cette inimitié estoit d'autant plus loüable qu'elle partoit de sa fidelité à l'endroit du Roy Henry III. son Maistre. Il commandoit aux Isles de Marans & de Broüage pour le seruice de ce Monarque là. Le Nauarrois, & le Prince voulans accommoder la Rochelle, l'Angoumois, & la Xaintonge, & les autres lieux où ils estoient les bien venus, auoient vn perpetuel dessein sur ces Isles, & S. Luc vn soin nompareil de les conseruer au Roy Henry III. rompant toutes leurs entreprises & leurs intelligences. Estant donc leur prisonnier à Coutras, le Roy de Nauarre, & le Prince de Condé furent importunez de s'en dépescher, car il y auoit de grandes haines contre luy de plusieurs, ausquels il auoit fait bonne guerre. Le Roy de Nauarre, & le Prince de Condé neantmoins qui auoient tousiours preferé la vertu & la fidelité à la vengeance le sauuerent: mais ils tascherent de s'aider de sa captiuité pour occuper les Isles, & feignirent des menaces pour l'épouuanter, afin de les leur mettre entre leurs mains; il leur respondit que sa vie estoit en leur pouuoir, mais les places en celuy du Roy son bon Maistre, les ayant remises à sa Maiesté és mains de son Lieutenant, auquel il auoit commandé en partant d'icelles de ne les remettre à autre qu'à sa Maiesté, quelque mandement qu'il receust de luy, & qu'il ne fleschist iamais aux menaces que l'on luy feroit de sa mort, s'il estoit pris en bataille; tellement que ce seroit perdre le temps que de luy en parler dauantage, que le plus court chemin sera de luy oster la vie. Mais il sçauoit bien qu'il estoit entre les mains de Princes magnanimes, & du sang de Bourbon, renommé par l'Vniuers pour sa clemence & sa bonté; c'est ce qui le faisoit parler si hardiment, aussi ils le renuoyerent sans payer rançon, & aprés l'auoir bien traité: & depuis le Roy de Nauarre estant paruenu à la Couronne de France, le sceut bien choisir pour luy donner la charge de Grand-Maistre de l'Artillerie, quand il pourueut le Seigneur de la Guiche du Gouuernement de Lyonnois, qui estoit lors frontiere du Royaume.

Charlote-Caterine de la Tremoille eut deux enfans de ce Prince ; sçauoir Eleonor de Bourbon, qui vint au monde le 30. d'Auril 1587. laquelle estant aagée de dix ans receut à Paris le 10. iour de Mars 1597. la benediction d'Alexandre de Medicis, Cardinal, & Archeuéque de Florence, & Legat du S. Siege en France, qui inuoqua le S. Esprit sur sa personne, pource qu'elle auoit esté nourrie & éleuée parmy les sectaires de Caluin, & le mesme iour elle fut en la compagnie de sa mere visiter l'Eglise de Nostre-Dame. Depuis estant aagée de 19. ans, & bien instruite en la Religion Catholique, le Roy Henry le Grand la maria l'an 1606. auec Philippe-Guillaume Prince d'Orenge, Comte de Nassau, de Catzenelbogen, de Diets, Baron de Breda, & Seigneur de tant d'autres belles terres, Cheualier de l'Ordre de la Toison d'or, qui estoit fils aisné de Guillaume de Nassau Prince d'Orenge, tant celebré dans l'Histoire des Pays bas, & d'Anne d'Egmond sa premiere femme, auec lequel elle vesquit 12. ans à la Cour des Archiducs Albert & Isabelle, iusques au 20. de Feurier 1618. que ce bon Prince fort Catholique deceda à Brusselle Chrestiennement, aprés auoir receu ses Sacremens auec ferueur, entre les mains du R. Pere Iaques Bremant, Theologien de l'Ordre des Minimes. Eleonor de Bourbon sa veuue ne le suruescut qu'onze mois : car elle mourut le 20. de Ianuier 1619. au Chasteau de Muret en Picardie, estant aagée enuiron de 32. ans.

Monseigneur Henry de Bourbon II. du nom, & troisiéme Prince de Condé, Duc d'Anguien, de Chasteauroux, & de Montmorency, premier Prince du Sang, premier Pair, & Grand Maistre de France, Gouuerneur pour le Roy és Prouinces de Bourgongne & de Berry, Prince tres-necessaire à l'Estat (qui durant les guerres des Religionnaires rebelles, leur a osté Sancerre, Pamiers, & autres villes & bonnes places qui auoient soustenu des sieges contre des armées Royales) né posthume à S. Iean d'Angely, le premier de Septembre 1588. auquel le Roy Henry le Grand donna son nom quand il fut baptisé au même lieu, le 20. de Iuin 1592. qu'il fit venir en sa Cour l'an 1595. estant âgé de sept ans, l'ayant retiré accortement des mains de Iean de la Mothe Beaucourt, Seigneur de S^{te}. Mesme & des Religionnaires. Il le deputa l'année suiuãte 1596. pour receuoir au nom de sa Maiesté, le Cardinal de Medicis ou de Florence Legat *a latere* en ce Royaume, & le pourueut l'an 1598. aprés la mort du Mareschal de Matignon, du Gouuernement de Guyenne, le maria l'an 1609. auec la tres-belle Princesse Charlote-Marguerite de Montmorency, fille d'Henry Duc de Montmorency, Pair & Connestable de France, Gouuerneur & Lieutenant general pour sa Maiesté en Languedoc, & de Louïse de Budos sa seconde femme. Mariage heureux, car de cette alliance sont sortis trois enfans, vne fille, & deux fils, sçauoir,

Monseigneur Louys de Bourbon, Duc d'Anguien, Gouuerneur pour le Roy és Prouinces de Champagne & de Brie, qui a vn enfant Monseigneur Henry-Iules de Bourbon, Duc d'Albret. Il suffit de dire de ce Prince que c'est l'honneur & la gloire des François, la terreur des Alemans, des Flamans, & des Espagnols, & si l'on y veut encore adiouster vne loüange qui flatta toutes les peines de Scipion, que l'on surnomma l'Africain; on pourra dire au lieu de Louys de Bourbon, Louys de Rocroy, de Thionuille, de Philipsbourg, & en vn mot le Germanic & l'Incomparable de nostre siecle.

Monseigneur Armand de Bourbon Prince de Conty, qui promet par ses commencemens prodigieux d'esprit, d'estre aussi necessaire à l'Estat que Monseigneur son pere, & d'estendre nos frontieres.

M. Anne de Bourbon, Duchesse de Longueuille, de qui la beauté & la vertu sont à l'égal de sa naissance.

Il y a en toutes les vies des Princes & des Princesses, comme en la musique des notes blanches & noires, des iournées heureuses & malheureuses, & en celles-cy les faueurs & les trauerses paroissent à leur tour. Entre celles-là on remarque l'heureuse naissance de Monseigneur le Prince son fils vnique, le 1. de Septembre de l'an 1588. La satisfaction & le contentement qu'elle receut quand le Grand Henry fit venir ses deux enfans en sa Cour, & que sa Maiesté voulut prendre elle-mesme le soin de les faire bien instruire en la vraye & ancienne Religion, & aussi aux bonnes mœurs, auec vn zele pareil à celuy du Roy Louys XII. enuers François Comte d'Angoulesme (qui depuis a esté le Grand Roy François) & sa sœur Marguerite de Valois ou d'Angoulesme (depuis Reine de Nauarre, & Duchesse d'Alençon) les deux enfans de Charles Comte d'Angoulesme, cousin germain de ce bon Roy, comme Henry I. du nom, & 2. Prince de Condé, pere de Monseigneur le Prince, & de feuë Madame la Princesse d'Orenge, estoit le cousin germain de sa Maiesté. La ioye qu'elle receut quand ce grand Monarque maria l'an 1606. sa fille Eleonor de Bourbon, au Prince d'Orenge, & Henry de Bourbon son fils vnique l'an 1609. à Mademoiselle de Montmorency, qui paroissoit dans la Cour de ce Prince, comme vn nouuel astre de beauté, qui estoit l'admiration de tout le monde. Lors qu'elle vit reuenir le Prince de ses voyages du Pays bas & d'Italie, assister au Sacre & Couronnement du Roy Louys XIII. le 18. d'Octobre de l'an 1610. & representer en cette Royale ceremonie le Duc de Bourgongne, le Doyen des anciens Pairs de France: & le lendemain receuoir l'honneur d'estre fait le premier Cheualier de sa main Royale, comme il estoit le premier Prince du Sang. Lors qu'elle le vit sortir de prison où il auoit esté detenu trois ans & deux mois, & qu'elle luy vit naistre vne fille Mademoiselle de Bourbon, à present Madame la Duchesse de Longueuille, & vn fils Monseigneur le Duc d'Anguien.

Entre les accidens malheureux, on compte sa detention à saint Iean d'Angely par les Religionnaires. Lors que Monsieur le Prince se déroba de la Cour, & sortit de France sur la fin de l'an 1609. passa en Flandre en la Cour des Archiducs, y emmena la Princesse sa femme où il la laissa, & de là passa les monts l'an 1610. & s'arresta à Milan prés du Comte

A a a iij

de Fuentes qui en estoit Gouuerneur. Quand il fut arresté prisonnier au Louure le 1. iour de Septembre de l'an 1616. & quelques jours aprés conduit à la Bastille, & de là au Chasteau de Vincennes, où il perdit trois Princes, dont Madame la Princesse sa femme accoucha auant terme.

Mais toutes ces disgraces & infortunes n'ont point eu le pouuoir d'abattre son courage. Sa vie a esté admirable en ses auantures, & l'issuë en a esté fort Chrestienne, ce qui en doit rehausser grandement l'estime & la gloire. Elle a vécu 61. an, trois mois, & onze iours. Sur la fin de l'an 1596. elle embrassa sincerement la vraye Religion, comme rapportent nos Historiens modernes: mais Pierre Victor Palme Cahier, Docteur en Theologie de la Faculté de Paris, de la Maison de Nauarre, a écrit en Latin & en François vn beau discours sur la conuersion de cette Princesse, qui abiura le Caluinisme, fit profession de la Religion Catholique, & fut receuë au giron de l'Eglise par Alexandre Cardinal de Florence, Legat du Pape Clement VIII. & designé au Ciel pour estre aprés luy Vicaire de IESVS-CHRIST en terre.

I'ay appris de ce Docteur (que i'ay veu mourir Catholiquement au College de Nauarre, quoy que les Caluinistes ayent écrit le contraire) que cette Princesse arriua à Roüen le 19. Decembre de l'an 1596. & qu'ayant presenté sa requeste au Legat, son Eminence la receut pour faire l'abiuration de l'heresie, qu'elle prononça d'vne voix claire & intelligible en Latin & en François, le 26. de Decembre 1596. feste de saint Estienne premier Martyr, dans l'Eglise de S. Michel, en presence des Cardinaux de Gondy, & de Giury: de François de Gonzague Euéque de Mantouë, Nonce du Pape en France: d'Antoine Grimani, Euéque de Torzello, & de François Scotti Euéque de Termules: d'Alexandre Iuste, Chappelain de sa Sainteté, Auditeur de la Rote, & Regent de la Chancelerie de la Legation: de Iean-Iaques Adorno, & de Victor Ragazzoni, Referendaires de l'vne & l'autre signature du Pape : d'Attilio Amaltei Dataire de la Legation: de Lazare Maluicin, Protenotaire Apostolique: d'Henry Duc de Montmorency, Connestable de France, & de Charles Seigneur de Danuille son frere, oncles maternels de la Princeſſe : de Charles-Robert de la Marck, de la Maiſon de Boüillon, & d'Henry Comte de la Marck ſon fils aiſné, couſins de ſon Alteſſe : d'Horace Rucelay : de Pierre de Nero fils d'vne ſœur de Monſieur le Legat : du Seigneur de Boteon, de la Maiſon de Gadagne, Seneſchal de Lyon, & Cheualier des Ordres Roy : de Hierôme de Gondy, Patrice Florentin, & d'vn grand nombre d'autres Seigneurs & Prelats. Le lendemain la Princeſſe eſtant indiſpoſée ne pût pas ſortir de ſon Hoſtel, mais le 28. feſte des SS. Innocens, elle alla à l'Egliſe de Noſtre-Dame, eſtant ſuiuie de la Conneſtable de Montmorency, de l'Amirale de Damuille, & d'autres Dames de haute naiſſance, ouïr la Meſſe du P. Ioſeph Texera Portugais, Theologien de l'Ordre de S. Dominique, ſon Confeſſeur ; ce qu'elle continua de faire iuſques au 9. de Ianuier de l'an 1597. qu'elle oüit la Meſſe de Monſieur le Legat dans la meſme Egliſe Metropolitaine, où elle receut deuotement le tres-ſaint Sacrement des mains de ſon Eminence, après s'eſtre confeſſée au même Pere Texera (qui auoit eſté auſſi Confeſſeur & Aumoſnier d'Antoine Roy de Portugal, & qui a écrit les Genealogies des Maiſons de Bourbon, de Portugal, & de la Tremoille) en preſence des meſmes Prelats & Seigneurs que i'ay nommez cy-deſſus : & auſſi d'Henry de Bourbon Duc de Montpenſier, Gouuerneur de Normandie : des Ducheſſes de Nemours & de Guyſe : de la Conneſtable, & de l'Amirale : de Gilbert de la Tremoille, Marquis de Royan, & couſin de ſon Alteſſe : du Commandeur de Chates, Vice-Amiral de France : de pluſieurs autres Seigneurs & Dames de qualité, & d'vn nombre infini de peuple qui fit paroiſtre la ioye qu'il receuoit de voir cette action. Aprés la Meſſe le Legat traita ſplendidement en ſon Hoſtel la Princeſſe, & les autres Princeſſes & Dames. Les graces dites, on apporta quantité de Chaſteaux, & autres gentilleſſes faites de ſucre, que la compagnie ayant voulu rompre, il en ſortit de petits oyſeaux & lapins de diuerſes couleurs, qui auoient des ſonnetes d'argent penduës à leur col, ce qui donna vn plaiſant diuertiſſement à tout le monde.

Ce Docteur aprés auoir décrit les ceremonies qui furent

obseruées à la conuersion de la Princesse, rapporte les lettres qu'elle écriuit de Paris le 10. de Mars de l'an 1597. au Pape Clement VIII. & la réponse de sa Sainteté à cette Princesse, dattée du dernier May de la méme année, & la sixiéme de son Pontificat, à saint Pierre sous l'anneau du Pescheur, & signée par Syluio Antoniano, qui depuis a esté Cardinal.

Charlote-Caterine de la Tremoille ayant embrassé cordialement la Religion Catholique, plusieurs de ses domestiques suiuirent son exemple, estans bien instruits en la Foy par deux Seigneurs que le Roy Henry le Grand auoit donnez pour Directeurs de la ieunesse de Monseigneur le Prince; Iean Marquis de Pizany, de la Maison de Viuone son Gouuerneur, vn Heros accomply en toutes perfections, tres Catholique & tres-fidele seruiteur de nos Rois, dont il a donné de bonnes preuues, estant Ambassadeur pour leurs Maiestez en Espagne & en Italie; & Nicolas le Feure son Precepteur, personnage auquel la probité & la doctrine disputoient en luy la preeminence, selon le témoignage des plus illustres Ecriuains de ce siecle.

Thuanus. Peletus. I. A. de Baïf. Aubigné.

C. Baronius C. du Perron. I. Sirmondus. Thuanus. Balbus. Pithœus. Iean de saint François.

Ayant profité par la conference auec ces grands hommes, desquels le nom est en veneration parmy les gens de bien, elle s'adonna à plusieurs exercices dignes d'vne Princesse Catholique, à deliurer plusieurs prisonniers qui estoient detenus pour leurs debtes, à soulager les pauures honteux, qui par disgrace estoient reduits en necessité, & aussi les malades des Hospitaux, à visiter les Eglises & les Monasteres des Religieux & des Religieuses qu'elle a assisté de ses liberalitez, particulierement ceux des filles qu'elle a fort cheries & honorées, sur toutes celles de sainte Claire du deuot Monastere de l'*Aue Maria*, qu'elle a tousiours respectées pour leur sainte vie, & porté vne affection tres-particuliere; & a voulu receuoir les honneurs de la sepulture en leur Eglise, pour auoir part en leurs oraisons & prieres.

Ioseph Texera in Epitome rerum ab Henrici Protoprincipis Maiorilus gestarum.

Sa liberalité & bien-veillance n'a pas paru seulement aux Eglises & aux Conuents de la ville de Paris; mais aussi en plusieurs autres de ce Royaume, & mesme des pays étrangers, où elle a enuoyé des presens dignes de sa pieté, particulielierement à celles où l'on honore quelque Image miraculeuse de la Mere de Dieu. Le docte Iean Iaques Chifflet, Medecin de feu l'Infante, n'a pas oublié en son Histoire des saints Suaires de N. Seigneur, de remarquer comme elle a visité en personne celuy de Besançon, & y a porté ses vœux.

Le deuot Conuent de l'Annonciade des Minimes de Bommiers, fondé l'an 1507. par Iaques de la Tremoille, Seigneur de Mauleon & de Bommiers, troisiéme fils de Louïs I. Seigneur de la Tremoille, frere de Louïs II. du nom Comte de Guines & de Benon, & Auoye de Chabanes sa femme, reconnoist pour ses seconds Fondateurs Monseigneur le Prince, & cette Princesse sa mere.

Elle seiourna quelque temps à Auignon, où plusieurs Maisons de Religion se sont ressenties de ses liberalitez: Cette Princesse voyant que les Eglises & les Monasteres sont comme les colombiers où les belles ames, comme les pigeons habitent & se logent, desireuse de donner des aziles & des lieux de retraite & de refuge, a fait receuoir dans ces Maisons de pieté plusieurs filles & Demoiselles. Sœur Iuliane Morelle, Espagnole, natiue de Barcelonne, qui parle & écrit fort bien en Hebreu, en Grec, en Latin, en François, en Italien, & en Espagnol, & qui a soustenu des Theses de Philosophie à Lyon, à l'aage de douze ans, & qui à 23. a fait de doctes & de pieuses annotations & remarques sur le traité de la Vie spirituelle de saint Vincent Ferrier, qu'elle a dedié à la Reyne l'an 1617. écrit à sa Maiesté auoir esté receuë au Monastere de sainte Praxede d'Auignon, de l'Ordre de sainte Caterine de Sienne à l'âge de 14. ans, par la faueur de cette Princesse, qui se plaisoit fort en cette belle ville, & au Comtat de Venisse; c'est pourquoy le sieur de Malherbe luy adressa ce Sonnet.

Quoy donc, grande Princesse en la terre adorée,
Et que mesme le Ciel est contraint d'admirer,
Vous auez resolu de nous voir demeurer
En vne obscurité d'eternelle durée ?
La flamme de vos yeux, dont la Cour éclairée,
A vos rares vertus ne peut rien preferer;

Ne se lasse donc point de nous desesperer,
Et d'abuser les vœux dont elle est desirée?
Vous estes en des lieux où les champs tousiours vers;
Pource qu'ils n'ont iamais que de tiedes hyuers,
Semblent en apparence auoir quelque merite.
Mais si c'est pour cela que vous causez nos pleurs,
Comme faites-vous cas de chose si petite,
Vous qui de chaque pas fait naistre mille fleurs?

Elle a receu de grands honneurs à la Cour, particulierement au Baptéme du Roy Louïs XIII. & de ses sœurs, au Sacre & Couronnement de la Reyne Marie de Medicis, & en d'autres ceremonies. Plusieurs liures luy ont esté dediez par plusieurs sçauans hommes, eminens en pieté ou en doctrine, qui est vn témoignage de son affection enuers les pieux, ou vers les plus chers nourrissons des Muses. Elle a aussi éleué aux écholes de la Theologie plusieurs Docteurs, tant seculiers que reguliers, qui luy ont presenté leurs Theses.

Cette Princesse estant munie de tous les Sacremens, passa de cette vie à l'autre, le 28. d'Aoust de l'an 1629. dans le petit Hostel de Condé à Paris, au grand regret des siens, sur tous de Monseigneur le Prince son fils vnique, qui en ayant appris la nouuelle à Pougues, que luy apporta Roland Hebert Archeuéque de Bourges, il quitta l'vsage des eaux, & se retira à Bourges, où il receut les condolences du Roy Louys XIII. & des Reines femme & mere de sa Maiesté, & de tous les plus grands de la Cour, qui luy furent faites en cette occasion: en laquelle aprés auoir témoigné ses ressentimens en ce funeste accident conuenables à la bonté de son naturel, & au deuoir d'vn fils tres-affectionné enuers vne tres-bonne mere, il luy fit rendre les honneurs qu'il deuoit à sa memoire, & celebrer vn Seruice fort solemnel en la belle Eglise de S. Estiene de Bourges, auquel l'Office ayant esté fait par le méme Archeuéque, le sieur Hebert Doyen de cette Eglise Metropolitaine, & Docteur de Sorbonne, fit vne eloquente Oraison funebre en l'honneur de la Princesse. L'affection particuliere qu'auoit son Altesse de rendre tous les honneurs deus à vne si illustre Dame, ne luy permit pas d'en demeurer à ce qui s'estoit fait à Bourges ; mais encore il donna commandement en méme temps que toutes les ceremonies que l'on a de coustume de pratiquer aux funerailles des Princesses de cette condition là fussent faites à Paris en son Hostel, iusques aux obseques solemnelles, où il assisteroit en personne.

Il y a des relations imprimées aufquelles les curieux pourront auoir recours, pour apprendre toutes les particularitez des ceremonies qui furent obseruées quand son corps fut mis au lit dans lequel elle estoit decedée, estant habillée & coiffée de la mesme façon qu'elle estoit en sa maladie, les mains iointes tenant vne Croix : Sa chambre tendüe de méme ameublement qu'elle l'estoit de son viuant. Les Autels qui furent dressez dans sa chambre pour dire des Messes pour le repos de son ame. Les Princes, les Princesses, les Seigneurs, & les Dames qui luy furent donner de l'eau beniste. Les honneurs qui luy furent rendus dans la grande salle de l'Hostel de Condé, qui estoit tapissée d'vne riche tapisserie de velours rouge en broderie d'or, en laquelle le cercueil où estoit son corps, & la boëtte où estoit son cœur furent apportez la nuit du 20. de Septembre, & mis sous vn lit de bois, au dessus duquel estoit vn riche dais aussi en broderie, auquel estoient neuf escussons aux armes my-parties de feu Monsieur le Prince de Condé & de la Princesse. L'effigie de la Princesse richement reuestuë, entre autres d'vn manteau de velours violet cramoisy de cinq aulnes, fourré d'hermines, orné de deux rangs de fleurs de Lys en broderie d'or, auec des bastons de gueules de trois en trois fleurs de Lys, & vne Couronne d'or sur sa teste, n'y ayant point d'autres fleurons que des fleurs de Lys.

L'effigie ayant esté seruie selon la coustume des pompes funebres des Princes & des Princesses par l'espace de trois iours, durant lesquels plusieurs visites furent faites de Princes, de Princesses, de Cardinaux, de Prelats, de Ducs & Pairs, de Mareschaux de France, d'Officiers de la Couronne & autres ; la Princesse de Conty vint donner de l'eau beniste le Samedy au soir 22. de Septembre, de la part de la Reine mere du Roy Louïs XIII. accompagnée de plusieurs Dames de qualité, où elle fut receuë à la sortie de son carosse par le Lieutenant des ceremonies, Roy d'armes, Heraux, & Gentils-hommes, & par Mademoiselle de Bourbon (auiourd'huy Madame la Duchesse de Longueuille) à la porte de la salle, entrant dans le balustre. Vne demie heure aprés la Princesse de Conty y retourna de la part de la Reine, & fut receuë en la mesme ceremonie, reserué que la garniture du prié-Dieu de velours noir fut ostée, & vne de velours rouge mise en la place.

Sur les sept heures du soir, le peuple estant retiré, le corps fut porté à l'Eglise des Peres Cordeliers en grande pompe & magnificence, où il fut presenté par le Curé de saint Sulpice au P. Gardien du Conuent, qui estoit accompagné de 300. Religieux tenans tous en main vn cierge de cire blanche. Le 26. d'Octobre fut fait le grand Seruice en l'Eglise de ces Peres là, où Monsieur l'Archeuéque de Paris celebra la Messe, estant suiuy de sa Musique, auquel assista Monseigneur le Prince qui fut conduit par feu Monseigneur le Comte de Soissons. Philippe Cospean Euéque de Nantes, maintenant de Lizieux prononça l'Oraison funebre à ces obseques, ausquelles assisterent Messieurs de la Cour de Parlement, de la Chambre des Comptes, de la Cour des Aydes, le Preuost des Marchans, & les Escheuins de la ville de Paris, les Recteur & Supposts de l'Vniuersité.

*Son cœur aprés auoir reposé quelques iours à l'*Aue Maria*, a esté porté à Valeti prés du corps de Monsieur le Prince de Condé son mary.*

Et le méme iour 26. d'Octobre sur les sept heures du soir, fut transporté le corps de cette Princesse en l'Eglise des Religieuses de l'*Aue-Maria*, au méme ordre qu'il auoit esté porté de l'Hostel de Condé en l'Eglise des Peres Cordeliers. Là elle a esté inhumée dans la belle Chappelle que Monseigneur le Prince a fait construire à sa memoire, & dresser vn beau monument de marbre noir & de bronze, accompagné de son vrne, sur laquelle est sa figure de marbre blanc priante à genoux, auec cet epitaphe en Latin, que ie mettray icy en François, en faueur de ceux qui n'ont pas la connoissance de la langue Romaine.

Æternæ memoriæ illustrissimæ Carlotæ Catharinæ Trimolliæ Henrici Borbonij Con-	A la memoire de tres-illustre Princesse Charlote-Caterine de la Tremoille, femme d'Henry

de Bourbon Prince de Condé, & mere d'Henry 1. Prince du Sang, laquelle a surmonté la grandeur de la fortune par celle de son courage, & son inconstance par la fermeté & constance de son esprit : Et aprés auoir vertueusement vécu, elle est trespassée à Paris le 29. d'Aoust l'an 1629. Et n'ayant iamais craint la sortie de cette vie, a commencé à reuiure par sa mort. Elle a vescu 61. an, trois mois, & onze iours.

Henry de Bourbon son fils a fait dresser cet epitaphe à sa tres-bonne mere.

dæi Principis coniugi, Henrici primarij è Regio stemmate Principis matri, quæ fortunæ amplitudinem vicit animi magnitudine, varietatem constantia peræquauit: ea denique post ætatem piè ac laudabiliter exactam apud Lutetiam Parisiorum, viuere desiit anno M.DC. XXIX. *Augusti die* XXIX. *Imò cuius nullum exitum timeret viuendi initium habuit. vixit annos* LXI. *menses tres dies* XI.

Matri optimæ Henricus Borbonius filius.

CHARLOTE DE MONTMORENCY, DVCHESSE D'ANGOVLESME, & Comtesse d'Auuergne.

Valois ou Angoulesme, d'azur, à trois fleurs de Lys d'or, deux en chef, & vne en pointe, au baston raccourcy d'or, posé en bande.

ETTE Princesse estoit la fille aisnée d'Henry Duc de Montmorency Pair, Mareschal, depuis Connestable de France, & d'Antoinette de la Marc sa premiere femme; Maisons si anciennes & si illustres, qu'elles tiennēt les premiers rangs, & meritent les premiers honneurs entre celles de France & d'Alemagne, & desquelles la valeur & la pieté ne sont incogneuës qu'à ceux qui n'ont point d'oreilles, ou qui les bouchent pour n'entendre pas la verité, ou qui n'ont iamais leu, ny ouy parler des actions vertueuses & genereuses des Heros & des Heroïnes de ces tres-illustres & tres-anciennes Maisons.

Le Poëte Vandosmois a chanté veritablement de la premiere, qu'elle estoit

> Maison tres-illustre en la France,
> Qui de tout temps vertueuse florit,
> Et la premiere honora IESVS-CHRIST.
> Montmorency cette race est nommée,
> En faits de guerre & de paix renommée,
> Noble d'ayeux & bisayeux, qui ont
> Tousiours porté les lauriers sur le front.

Et plus bas,

> Cette race est sur toutes la plus belle,
> Race heroïque & antique, laquelle
> De fils en fils (guerriers victorieux)
> A son renom esleué iusqu'aux Cieux,
> Grosse d'honneurs, & de noms memorables,
> Conceuant seule Amiraux, Connestables,
> Grands Mareschaux, & mille dignitez:
> Dont les hauteurs, honneurs, authoritez,
> Comme à foison communes en leur race,
> (Ne cedant point aux plus grandes de place)
> Ont gouuerné prochaine de nos Rois,
> Heureusement l'Empire des François.

Montmorency, d'or, à la Croix de gueules, cantonnée de 16. alerions ou aigletes d'azur.

Ronsard en l'epitaphe d'Anne de Montmorency Connestable de France.

A. du Chesne le premier Historien de nostre siecle, a écrit l'Histoire Genealogique de cette tres-illustre Maison.

La Marck, d'or, à la fasce eschiquetée d'argent & de gueules de trois traits.

Iuliers, d'or, au lyon de sable, denté & armé d'argent, lampassé de gueules.

L'autre n'a pas esté moins en honneur dans l'Alemagne, où les Princes de cette Maison ont possedé les Comtez de la Marck & d'Aremberg, & ont mis leurs noms entre ceux qui pour leur valeur viuront eternellement, & aussi pour auoir pris alliance auec les plus illustres Princes de l'Empire, entre autres les Ducs de Iuliers & de Cleues; de laquelle estoit le grand Cardinal Euerard de la Marck Euéque & Prince de Liege, duquel le nom est en veneration, non seulement parmy les Liegeois, mais aussi parmy les Flámans. Elle a aussi respandu ses branches en ce Royaume, où les Seigneurs de cette Maison là ont esté Mareschaux de France, & ont porté les titres de Ducs de Bouillon, de Princes de Sedan & de Iamets, & de Comtes de Mauleurier & de Brenne.

De ces deux Maisons, Dieu composa vne belle alliance d'Henry de Montmorency (lors seulement Seigneur de Danuille) 2. fils d'Anne Connestable de France, & de Magdelaine de Sauoye, auec Antoinette de la Marck, fille aisnée de Robert IV. Duc de Boüillon, Prince de Sedan & de Iamets, & Mareschal de France, & de Françoise de Brezé, fille aisnée de Louys de Brezé, Comte de Mauleurier, Seigneur d'Anet, Gouuerneur & grand Seneschal de Normandie, & de Diane de Poitiers Duchesse de Valentinois.

Brezé, d'azur, à l'escusson d'argent bordé de 2. filets, le 1. d'or, & le 2. d'azur à l'orle de 8. croisettes d'or, 3 en chef, 2 en fasce ou en flanc, & 3. en pointe.

I'ay appris par la lecture des poësies Latines de Iean d'Aurat Professeur du Roy en la langue Grecque dans l'Vniuersité de Paris, que tous les Princes & les Princesses de la Cour d'Henry II. excepté Claude Duc d'Aumale, & Gaspar de Colligny Amiral de France, assisterent aux noces de ce Seigneur de la Maison de Montmorency, & de cette Dame de la Maison de la Marck: Car ce Poëte Royal fait chanter par vn ieune garçon & vne fille les perfections & les merites des assistans, au liure 2. de ses Eclogues.

I. Auratus Poëta, & interpres Regius in nuptias Henrici Memorantij Danuilla, & Antonilla Bullona Ducis filia.

Durant les premieres années de ce mariage là, Henry Seigneur de Danuille eut quelque refroidissement pour Antoinette de la Marck son épouse, quoy qu'elle fust fort belle & fort sage, tant il estoit charmé de la beauté, des vertus & des merites de Marie Reine d'Escosse, & doüairiere de France, laquelle il croyoit auoir de l'inclination pour luy, & qu'il esperoit épouser.

Thuanus.

Il ne manqua pas de la suiure quand elle se retira en son Royaume, où il demeura quelques mois contre le gré du Connestable son pere, & de Magdelaine de Sauoye sa mere, qui souuent luy écriuirent pour le faire reuenir en France, & quitter les amours qu'il auoit pour la Reine d'Escosse, qui estoit née sous cette malheureuse constellation, qu'elle auoit autant d'amans que de spectateurs; car elle paroissoit entre les autres Princesses & les Dames de son siecle, comme vn soleil entre les astres. Tous les Princes & les premiers Seigneurs de la Chrestienté n'auoient point vne plus grande passion que d'acquerir ce riche thresor, qui estoit l'obiet & la ialousie de mille recherchans. Innocente beauté, qui comme le Roy des planetes donnoit ce qu'elle n'auoit pas: toute de glace pour la pluspart de ces gens là, elle iettoit des feux & des flammes dans leur cœur. Enfin Henry de Montmorency se voyant auec vn sensible desplaisir, contraint d'obeïr au commandement de son pere, prit congé de la Reine d'Escosse auec François de Lorraine Grand Prieur de France, oncle maternel de cette tres-belle Princesse, & passerent tous deux par l'Angleterre, pour le desir qu'ils auoient de voir la Reine Elizabet, son Royaume & sa Cour, où ils receurent beaucoup d'honneur, comme aussi tous les Seigneurs & les Gentils-hommes François qui les accompagnoient.

Maunissere.

Le Seigneur de Danuille partant d'Escosse laissa vn Gentil-homme de bonne Maison, & petit fils d'vn grand Heros, auquel il donna charge de demeurer prés de la Reine Marie, pour le conseruer tousiours en la bonne grace de cette Princesse, de laquelle il estoit passionnément amoureux, & qu'il auoit tousiours esperance d'épouser dés qu'il auroit fait rompre son mariage auec sa femme Antoinette de la Marc : mais le Gentil-homme se comporta si mal en Escosse, comme rapporte au long le President de Thou, au liure 29. de son Histoire, que non seulement il perdit l'occasion de seruir son Maistre, mais il encourut l'indignation de cette Reine là, qui luy fit trancher la teste pour sa temerité.

Henry de Montmorency Seigneur de Danuille, ayant appris que Marie Reine d'Escosse estoit mariée à vn ieune Prince de sa Maison, & la disgrace qu'auoit receu le Gentil-homme en cette Cour là par son indiscretion & sa folie ; quitta tous les desseins qu'il auoit de retourner en Escosse, & mit toutes ses affections à Antoinette de la Marc sa femme, Dame fort discrete & sage, & qui luy rendit de notables seruices en Languedoc, quand ses ennemis le voulurent faire prendre prisonnier, à mesme temps que les Mareschaux de Montmorency, & de Cossé furent mis dans la Bastille par les ordres du Roy Charles IX. ou de la Reine Caterine sa mere ; celuy-cy estant son proche parent, & celuy-là son aisné. Elle le seruit aussi fort fidelement au commencement du regne d'Henry III. quand il prit le Chasteau du Pouzin sur le Rosne en Viuarais, & surprit Aiguemortes en Languedoc, par vne saucisse qui fut cousuë par cette Dame là, afin que le dessein fust plus secret.

André du Chesne.

Le Mareschal de Danuille eut trois enfans de cette genereuse Heroïne, sçauoir vn fils Hercule de Montmorency

Comte d'Offemont, qui mourut fans auoir efté marié, aprés auoir rendu des preuues de fon courage & de fa fidelité au feruice des Rois Henry III. & IV. & deux filles, Charlote & Marguerite de Montmorency, lefquelles furent recherchées en mariage par plufieurs Princes & Seigneurs de ce Royaume, tant pour leur beauté, que pour leur nobleffe & richeffe, leur pere eftant Duc de Montmorency & Pair de France, aprés le decés de fon frere aifné François Duc de Montmorency auffi Pair & Marefchal de France, qui n'auoit point laiffé d'enfans de fa femme Diane Ducheffe d'Angoulefme.

Le Roy Henry III. écriuit plufieurs lettres aux mois de Septembre & d'Octobre de l'an 1588. à Henry Duc de Montmorency, par lefquelles l'on voit que ce Monarque là vouloit marier fon neueu Charles de Valois (lors Grand Prieur de France) auec Charlote de Montmorency, la fille aifnée de ce Duc de Montmorency, & Antoine-Scipion Duc de Ioyeufe, auec Marguerite, la fille puifnée de ce mefme Duc (qui eft à prefent Madame la Ducheffe doüairiere de Ventadour) pour le defir qu'il auoit de faire vne eftroite alliance entre ceux de fa Maifon, auec celles de Montmorency & de Ioyeufe. Ce Prince écriuit auffi en même temps à Rome au Cardinal de Ioyeufe, Protecteur de France en cette Cour là, afin d'obtenir la difpenfe du Pape Sixte V. pour le vœu qu'auoit fait fon neueu en l'Ordre de faint Iean de Ierufalem ou de Malte : mais les troubles qui furuindrent à la fin de cette même année, & au commencement de la fuiuante, durant lefquelles moururent la Reyne Caterine, & le Roy Henry III. firent differer les ceremonies du mariage de Charles de Valois Comte d'Auuergne & de Lauraguais, auec Charlote de Montmorency, qui n'a efté celebré que deux ans aprés le decés lamentable d'Henry III. le 6. de May de l'an 1591. à Pezenas, que la difpenfe fut obtenuë, comme ont remarqué André du Chefne, & les fieurs de fainte Marthe, ceux-cy dans leur Hiftoire de la Maifon de France, & celuy-là dans celle de Montmorency ; defquels i'ay appris que Charlote de Montmorency porta en dot la Comté d'Alais, au lieu de la fomme de cent cinquante mille efcus qui luy auoit efté promife.

Henry Duc de Montmorency fit celebrer les solemnitez des noces de Charles de Valois Comte d'Auuergne, & de Charlote sa fille aisnée auec des pompes grandes & magnifiques, où plusieurs des premiers Seigneurs & Dames de Languedoc assisterent, tant pour obliger le Gouuerneur de cette Prouince là qui y auoit vn grand pouuoir & authorité, que pour auoir le contentement de voir & d'admirer les beautez de ces ieunes mariez. Car Charles Comte d'Auuergne, de Clermont, & de Lauraguais (à present Duc d'Angoulesme) auquel nos Historiens ont donné ces veritables Eloges de Prince genereux, d'esprit sublime & d'excellent Capitaine, estoit l'vn des plus beaux & des plus vaillans Princes de son temps, ayant rendu de signalez seruices au Roy Henry le Grand, aux batailles d'Arques & d'Iury. En celle là il défit auec ces Cheuaux legers cent hommes d'armes, & mit en déroute trois mille hommes de pié qui venoient loger à Martinglise : il en demeura quatre ou cinq cens sur la place, & 17. Capitaines furent faits prisonniers. Le President de Thou remarque le zele qu'il auoit de venger la mort du Roy Henry III. son oncle quand il tua Sagonne. Car ce Seigneur de la Maison de la Bourdaisiere, l'vn des plus accomplis de son temps, & Maistre de Camp de la Caualerie legere de Charles Duc de Mayenne ou de la Ligue, l'ayant attaqué auec cinq cens cheuaux, il fut viuement repoussé par ce genereux Prince, & tué d'vn coup de pistolet. Vn Caualier qui estoit present à ce combat a remarqué que ce Gentil-homme de valeur, & agreable en tout ce qu'il faisoit, receut ce coup de pistolet dans le haut de la cuisse, de la main du Comte, & tombant de ce coup là dans vn fossé, se cassa la nuque du col, & mourut. En cette-cy il n'acquit pas moins de gloire ; car ceux qui se sont trouuez à cette bataille donnée prés d'Iury, le 14. de Mars 1590. sçauent que Charles Duc de Mayenne ayant mis son armée en bataille sur vne ligne, & le Roy Henry IV. ayant fait de méme, sa Maiesté gagna la victoire, parce que son canon tira trois volées auant que l'ennemy fist aucune descharge. Le Mareschal d'Aumont qui fermoit la bataille à costé gauche, chargea tout ce qu'il rencontroit deuant luy, & l'emporta sans qu'il y trouuast resistance. Le

I. A. Thuanus.
S. & L. de sainte Marthe.
P. Mathieu.
Du Plaix.

Aubigné.

I. de Serres.
Du Haillan.
Thuanus.
I. B. le Grain.

braue Seigneur de Giuryde la Maison d'Anglure chargea les Reiſtres par le flanc, & le Grand Prieur (qui eſt à preſent le Duc d'Angouleſme) les chargea par la teſte, & leur fit tourner le dos; le Comte d'Egmont auecque toute la gendarmerie de Flandre, enfonça le Grand Prieur & le Baron de Biron qui le ſouſtenoit, il perça toute l'armée iuſques au canon, où le Grand Prieur ayant rallié la caualerie legere, charge le Comte d'Egmont, le défait, & luy prend ſept eſtendars, & vn Gentil-homme nommé Sailly tue le Comte d'Egmont, duquel pour rauoir le corps les ennemis donnerent deux cens eſcus.

Charlote Comteſſe d'Alais eſtoit doüée de tant de perfections & de merites, qu'on ne ſçauoit à qui donner la preeminence, ou à la douceur de ſes mœurs, ou à la beauté de ſon viſage, ou à la grace, ou à la maieſté de ſon port, car elle auoit la taille riche, les cheueux blonds, le teint blanc & net, & le viſage accomply de toutes les parties qui forment vne parfaite beauté.

Charlote de Montmorency a eu de ce Prince Charles de Valois, fils naturel du Roy Charles IX. Comte d'Auuergne, Colonel general de la Caualerie legere de France, & Duc d'Angouleſme & Comte de Ponthieu, aprés le decés de ſa tante Diane legitimée de France, trois enfans, ſçauoir;

Henry de Valois Comte de Lauraguais, Prince qui eut pour parrain le Roy Henry le Grand, & a rendu les derniers deuoirs au Roy Henry III. ayant accompagné depuis Compiegne iuſques à S. Denys le corps de ce liberal Monarque, eſtant ſuiuy du Duc d'Eſpernon, du grand Eſcuyer de Bellegarde, (à preſent Duc & Pair) du Seigneur de Liancour premier Eſcuyer, & de pluſieurs Seigneurs & Gentils-hommes, qui tous aſſiſterent le 23. de Iuin de l'an 1610. aux obſeques, auſquelles le Cardinal de Ioyeuſe dit la grande Meſſe, où ſe trouuerent Diane Ducheſſe d'Angouleſme, le premier Preſident de Harlay, pluſieurs Conſeillers d'Eſtat, & grand nombre de Seigneurs de la Cour qui auoient receu des bienfaits de ce bon Prince, digne d'vn meilleur ſiecle.

Bellegarde, blazonné en l'Eloge de la Reine Marguerite.

Pleſſeys-Liancour, d'argent, à la Croix engreſlée de gueules, chargée de cinq coquilles d'or.

Louys Emmanuel de Valois, premierement Euéque & Comte d'Agde, puis Comte d'Alais, & Colonel general de la Caualerie legere de France après son frere puisné. Henry Duc de Montmorency Pair & Connestable de France son ayeul maternel a esté son parrain, la Reine Louyse veuue du Roy Henry III. de laquelle il porte les noms tres-augustes, sa marraine: François Euéque de Clermont, depuis Cardinal de la Rochefoucaud, Prelat de sainte vie, fit les ceremonies du Baptéme. Ce Prince vaillant & sçauant, qui a en recommendation la gloire des armes, & le lustre des lettres, qualitez qu'il a heritées des Princes de la Royale Maison d'Angoulesme ou de Valois, a esté honoré du Gouuernemét de Prouence par le feu Roy Louys XIII. pour recompense des seruices qu'il auoit rendus à sa Maiesté en Piémont, à la Rochelle & en Lorraine, qu'il a continuez de rendre à ce iuste Monarque, & au Roy Louys XIV. son fils, en cette belle Prouince, frontiere des plus puissans ennemis de cet Estat, où il a acquis bien de la gloire d'auoir fait parler François à Monaco, dit vulgairement Mourgues, place si importante sur la mer Mediterranée, ayant gagné au seruice du Roy, & fait quitter le party d'Espagne, & l'Ordre de la Toison d'or au Prince Honorat Grimaldi, Prince & Seigneur de Monaco, & Marquis de Campagna, que le Roy Louïs XIII. a non seulement associé à ses Ordres; mais aussi honoré de la dignité de Duc & Pair de France. Mais parce que ce Prince est viuant, sa modestie ne me permet pas de m'estendre dauantage sur ses merites qui le font honorer, non seulement des Champions de Mars, mais aussi des nourrissons d'Apollon & de Minerue; pource qu'il ne fait pas seulement profession de la valeur, mais aussi du sçauoir, estant tres-profond dans la connoissance des sciences, tirant l'exemple de ces excellens Genies qui en ont esté les restaurateurs & les peres, entre autres du grand Roy François, & du Roy Charles IX. son ayeul, ausquels les Muses seront à iamais redeuables, pour auoir par vne infinité de bien-faits caressé & obligé les hommes de lettres. Ie puis dire sans flaterie qu'il a fait voir vne constance inuincible en la mort de trois enfans, Louïs, Armand & François de Valois Comtes d'Auuergne, ieunes Princes de grande esperance, decedez tous trois à l'aage de cinq ou six ans, & qui le deuoient faire renaistre à la poste-

Il a pour femme Hériette de la Guiche, Princesse fort pieuse, de laquelle i'ay parlé en l'Eloge de Madame la Comtesse de la Guiche sa mere.

rité, & continuer à la veuë des hommes l'immortelle memoire de ces grands Monarques, qui tiroient leur nom de tant de signalez effets d'vne incomparable valeur qui les rendoit recommandables. Il ne luy reste qu'vne seule fille Mademoiselle d'Angoulesme Marie-Françoise de Valois, dont l'esprit penetre dans les sciences, iusques à se rendre capable dans la connoissance des plus sublimes, comme digne heritiere de la vertu des Princes & des Princesses ses ancestres, que l'on sçait auoir aymé auec passion les belles lettres, & chassé l'ignorance de la France, où deuant leur regne c'estoit vn crime d'appeller vn homme sçauant.

François de Valois Comte d'Alais, Colonel general de la Caualerie legere de France, ieune Prince, beau & vaillant, que Diane legitimée de France, Duchesse d'Angoulesme sa grand tante & sa marraine auoit institué son heritier, qui auoit donné des preuues de son courage au siege de Soissons, és guerres de Piémont l'an 1617. & au voyage d'Alemagne, quand Monseigneur le Duc d'Angoulesme y fut enuoyé par le Roy Louïs XIII. Ambassadeur extraordinaire. Il est mort à Pezenas en Languedoc, où il seruoit ce grand Monarque contre les Religionnaires rebelles, le 19. de Septembre de l'an 1622. d'vne maladie causée de la fatigue au siege de Montpellier, au grand regret de sa Maiesté, & des François, 4. mois aprés auoir épousé Louyse-Henriette de la Chastre, fille vnique & heritiere de Louys de la Chastre, Baron de la Maison-Fort, premier Mareschal de France, & d'Isabelle d'Estampes, sœur d'Eleonor d'Estampes, Archeuéque & Duc de Reims, premier Pair de France, & d'Achilles Cardinal de Valençay. Il a receu les honneurs de la sepulture dans l'Eglise Cathedrale de Nostre-Dame d'Agde, & son cœur dans la Chapelle d'Angoulesme, en l'Eglise des Minimes de la Place Royale.

Le Roy Henry le Grand fit l'honneur à cette Princesse Charlote de Montmorency, de la prier d'aller à Marseille receuoir la Reine Marie de Florence sa femme, & assista aux entrées que fit sa Maiesté dans Auignon, & les villes de Prouence & de Daufiné. Elle a eu le contentement de voir le Duc son mary employé au seruice de ce grand Monarque,

Louyse-Henriette C. d'Alais portoit écartelé de la Chastre, & de saint Amadour, blazonné aux Eloges des Heroines de cette Maison là.

Estampes Valençay, d'azur à 2. girons d'or mis en cheuron, au chef d'argent chargé de trois Couronnes de gueules.

& du Roy Louys XIII. son fils & successeur qui l'enuoya l'an 1620. en Allemagne son Ambassadeur extraordinaire vers l'Empereur Ferdinand II. & les Princes du S. Empire, auec Philippe de Bethune Comte de Selles, & Charles de Laubespine, Seigneur de Preaux; d'où estant de retour il seruit sa Maiesté durant les sieges de Montauban & de la Rochelle, & en Lorraine, comme il auoit seruy le Roy son pere durant les guerres de la Ligue: mais il tire sa plus grande gloire des seruices qu'il rendit au grand Henry à la bataille de Fontaine Françoise, le 30. de Iuin de l'an 1595.

Le Roy partant de Diion vint disner à Lus, d'où il sortit auec telle precipitation, que la Caualerie legere, en nombre de quatre cens cheuaux armez, & autant d'arquebuziers à cheual, estant logée au village de Pratolin, sa Maiesté passa le bourg de Fontaine Françoise auant que ladite Caualerie y fust arriuée: De sorte que le Mareschal de Biron estant passé auec deux escadrons de Caualerie, l'vn commandé par le Baron de Lus, & l'autre par le Mareschal, il rencontre l'armée entiere d'Espagne, commandée par le Connestable de Castille, & les troupes Françoises de la Ligue par le Duc de Mayenne en nombre de dix mille hommes de pié, & deux mil cinq cens cheuaux, conduits par le sieur de Villers Houdan, & qui chargent le Mareschal de Biron, & le contraignent de ceder à la force, le blessent à la teste, & renuersent deux escadrons, dont l'vn estoit commandé par le Roy, & l'autre par le Comte de Thorigny. Sa Maiesté soustient la charge de la Caualerie ennemie auec vne valeur nompareille, & vn extréme hazard de sa personne, & repousse les ennemis: mais à la seconde charge, quoy qu'il fust abandonné de quelques vns, toutesfois il demeure ferme deuant les ennemis, qui voyans arriuer le Comte d'Auuergne (à present Duc d'Angoulesme) auec les quatre cens cheuaux, croyent que toute l'armée venoit, ce qui les obligea à se retirer, & le Roy fut secouru si à propos qu'il dit au Comte qu'il l'auoit sauué, & luy commandant de se mettre à la teste de son bataillon, il charge si adroitemēt l'escadron des ennemis le plus auancé, qu'il oblige le reste à quitter l'eminence qui est entre Fontaine-Françoise & saint Seine, proche d'vn petit

Chasteau. Le Comte d'Auuergne y eut vn cheual tué sous luy que le Roy luy auoit donné : la nuit sepata le combat, le Roy se retira à Diion, & le Comte d'Auuergne logea à Fontaine-Françoise.

La valeur de ce Prince, mary de Charlote de Montmorency, m'a obligé à cette longue digression dans l'Eloge de cette Princesse, en laquelle la nature & la grace s'estoient donné le deffi à qui se monstreroit plus liberale enuers elle. La nature luy auoit donné vne rare beauté, comme i'ay rapporté cy-dessus : elle estoit accompagnée d'vn si heureux temperament, que depuis les dernieres années de sa vie, & la perte du Duc de Montmorency son frere, elle n'auoit iamais eu qu'vne santé tres-parfaite. Elle estoit d'vne complexion sanguine, & si doucement graue, qu'elle gagnoit le cœur de tous ceux qui auoient l'honneur de sa conuersation, & les maintenoit dans vn certain respect, accompagné d'vne douce affection : il n'y auoit rien d'austere en son naturel, mais vne tendresse à faire du bien à tous ceux qui auoient recours à sa bonté, qu'il est à naistre personne qui soit sortie d'auprés d'elle auec mescontentement. Ces perfections de nature sont de purs dons de Dieu, qui prouiennent de la liberalité de sa diuine Prouidence, & d'vn certain temperament d'humeurs ; mais elles sont d'autant plus rares qu'elles sont releuées par celles, lesquelles outre la grace & la liberalité de Dieu, demandent nostre cooperation, autrement elles sont comme vn estuy couuert de perles, mais qui garde vne meschante lame toute mangée de roüille. Cette bonne Princesse a sceu tellement releuer ces traits de nature, qu'elle a bien fait paroistre que la beauté & la bonne grace de son corps n'estoient que de petits rayons fort obscurs de celle de son ame.

Sa deuotion estoit sans fard. Elle n'eust pas laissé passer vn iour sans oüir la Messe. Elle communioit tous les premiers Dimanches des mois, & toutes les Festes solemnelles. Elle redoubloit ses ferueurs les iours de la Mere de Dieu, à laquelle elle auoit vne particuliere deuotion. L'amour vers la Vierge est vn des plus grands dons de Dieu. Chacun doit estre soigneux de s'en rendre digne, & doit desirer d'estre à la sainte Vierge, pour appartenir à IESVS-CHRIST. Cette vertueuse Princesse (issuë de la premiere Maison Chrestienne de l'ancienne Gaule, conuertie à la Foy par S. Denys nostre premier Euéque, ou selon les autres du plus noble Gentil-homme François qui fut baptisé aprés le Roy Clouis, par S. Remy Archeuéque de Reims, & l'Apostre des François) taschoit de bien s'acquiter de ce deuoir là. Ses plus intimes entre tous les Saints aprés Nostre-Dame, estoient son Ange Gardien, S. Denys, S. Martin, S. Remy, S. Louys Roy de France, S. Charles le Grand, S. Charles Borromée, S. François de Paule, S. Isidore, Ste Terese, sainte Claire, & ces deux Princes Iean de Valois Comte d'Angoulesme, & Pierre Cardinal de Luxembourg; Celuy-là petit fils du Roy Charles V. l'ayeul du Roy François I. & le Chef de la Royale Maison d'Angoulesme, qui a donné cinq Rois à la France, vn à l'Angleterre, à l'Escosse & à l'Irlande, & vn à la Pologne; vne Reine à la Castille ou à l'Espagne, & deux à la Nauarre; celui-cy le Patron de la ville d'Auignon: desquels la memoire est venerable pour la sainteté de leur vie, & les miracles que Dieu a fait à leurs tombeaux qui leur ont acquis le nom de *Bien-heureux* par la voix publique. Et aussi cette fidelle seruante de Dieu la tres-deuote Princesse Ieanne de France de Valois, Fondatrice de l'Ordre des dix Vertus de la Vierge, de laquelle elle honoroit singulierement la memoire.

Les Rois François I. Henry II. François II. aussi d'Escosse, Charles IX. Henry III. aussi de Pologne.

Elle a fait paroistre sa pieté & son zele à la vraye Religion, donnant des places dans sa ville & Comté d'Alais aux Capucins, & aux Vrselines, qu'elle y auoit mis pour seruir de bouleuars contre l'heresie & l'impieté, qui y auoient causé de grands maux tandis que les Religionnaires en estoient les maistres durant la reuolte & les guerres des Huguenots de Languedoc & des Seuenes: les Peres Capucins ayant assisté & consolé les Catholiques par leurs predications, & ramené au giron de l'Eglise plusieurs deuoyez: & les filles de S. Vrsule ayant instruit à la pieté, & aux bonnes mœurs les ieunes filles de ce pays là.

Comme elle aimoit & honoroit les filles qui ont pour l'amour du Sauueur quitté les grandeurs de la terre, & les plaisirs du monde pour se renfermer dans les Cloistres, elle procura proche de son Hostel d'Angoulesme à Paris, l'establissement de ces deux Monasteres, le premier celuy des Annonciades celestes que fonda la Marquise de Verneüil, sœur vterine de Monseigneur le Duc d'Angoulesme son mary, & l'autre des Cordelieres, auquel elle a laissé des marques de sa pieuse liberalité.

L'on dit pour l'ordinaire qu'il faut estre grand pour s'abaisser, & que l'humilité est la vertu des grands, car il semble que l'exercice en est interdit aux petits, qui estans bas d'euxmesmes ne peuuent pas s'abaisser dauantage; c'est aussi d'autant que ces grands cœurs apprehendans viuement la beauté de la vertu, s'y adonnent puissamment. Ie ne croy pas auoir iamais cogneu personne plus humble que cette vertueuse Princesse, ny qui traitast plus familierement auec toute sorte de personnes: Elle auoit vne douceur qui charmoit les cœurs de tous, & la faisoit honorer par ceux qui approchoient de sa personne.

Entre plusieurs vertus qui ont orné la vie de cette Princesse, il n'y en a point qui ait plus éclaté que sa patience: celle-cy l'a renduë recommandable. Bien que toutes les vertus soient necessaires aux Chrestiens, & que comme autant de pierres precieuses, elles composent la Couronne de gloire qu'ils doiuent porter dans le Ciel; neantmoins il semble que la patience leur soit plus vtile que les autres, qu'elle acheue l'ouurage de leur sanctification, & que les détachant de toutes choses (entre autres des honneurs de la Cour, & des plaisirs du monde) elle les vnisse plus estroitement à I. CHRIST. Ceux qui ont leu l'Histoire sainte, n'ignorent pas que toute la vie des Chrestiens, s'ils viuent selon l'Euangile, n'est qu'vne perpetuelle souffrance, durant laquelle N. S. exerce leur patience. Tous les plus saints ont desiré de souffrir, ils ont étably leur felicité dans les afflictions, & sçachant bien que la Croix a merité pour nous la gloire, ils n'ont pas voulu aller à la gloire que par la Croix. Celle dont ie fais l'Eloge a tousiours marché dans cette voye, & ie puis dire que sa vie n'a esté qu'vne longue & penible souffrance. Elle a veu deux fois Monsieur son mary prisonnier à la Bastille, l'vne quel-

D dd

ques mois, & l'autre douze années entieres, auquel durant cette detention elle a rendu des assistances continuelles & des seruices assidus, fideles témoins de son affection cordiale, & qui ne se peuuent pas imaginer que par ces vertueuses femmes qui ayment veritablement leurs maris. Elle a perdu deux enfans qui estoient de grande esperance, & fort accomplis. Elle a veu mourir son frere le braue mais infortuné Henry II. du nom, Duc de Montmorency, les delices de la Cour, & le foudre de la guerre, dont les generositez & les courtoisies charmoient les hommes dans les armées qu'il commanda glorieusement & sur mer & sur terre.

Charlote Duchesse d'Angoulesme tomba malade en sa maison de Grosbois durant les chaleurs de l'Esté de l'an 1636. mais estant reuenuë en santé, elle retomba tost après à Paris dans son Hostel au mois d'Aoust, où elle passa de cette vie à l'autre, le 12. du mesme mois iour de sainte Claire, à deux heures après minuit, en presence de Messieurs de Ventadour ses neueux, l'aisné à present Chanoine de Nostre-Dame, & le plus ieune auiourd'huy Religieux de la Compagnie de Iesvs: du Vicaire de S. Paul: de deux Religieux Minimes, dont l'vn estoit le feu P. Claude le Iuge; de ses Demoiselles, & de tous ses domestiques, après auoir receu tous les Sacremens, & celuy de Penitence par le R. P. Oliuier Chaillou Minime, en presence de Madame la Princesse sa sœur, de Mademoiselle de Bourbon (qui est maintenant Madame la Duchesse de Longueuille) sa niece: de Madame la Comtesse d'Alais, sa belle-fille: de Madame la Duchesse doüairiere de Ventadour, sa sœur: de Madame la Comtesse de Brienne; de plusieurs autres Dames & Seigneurs de la Cour, qui après son decés luy rendirent les derniers deuoirs; comme aussi firent Mesdames la Comtesse de Soissons, la Duchesse de Longueuille, la Comtesse de S. Paul, & autres Princesses qui assisterent à ses obseques, quand elle receut les honneurs de la sepulture en l'Eglise des Minimes de la Place Royale où repose son corps dans la Chapelle de la Vierge & de S. Louys, dite de Valois ou d'Angoulesme, où ces paroles sont grauées en vne plaque de cuiure sur son cercueil.

Cy gist tres-haute Princesse, Madame Charlote de Montmorency, Duchesse d'Angoulesme, épouse de tres-haut & puissant Prince Monseigneur Charles de Valois, Duc d'Angoulesme, Pair de France, decedée le 12. d'Aoust 1636. Dieu mette son ame en Paradis.

CHARLOTE DE BOVRBON,
COMTESSE DE NEVERS, D'EV, & de Rethel, Religieuse de l'Ordre de Font-Euraud.

LA vertu de cette grande Princesse de la Royale Maison de Bourbon, n'a pas esté cogneuë seulement par nos François, mais aussi par les Etrangers, particulierement des Italiens : entre lesquels Ioseph Betussi luy a consacré vn Eloge dans son liure des Dames Illustres. S'ils ont loüé les perfections de Charlote de Bourbon, de la Maison de Vendosme, Comtesse de Niuernois, moy à qui Dieu a fait cette grace de naistre François, ie suis obligé par toutes sortes de deuoirs, de publier ses actions genereuses, puis qu'elle a esté en son temps l'vne des sages & des vertueuses Princesses de la Chrestienté, & la quatriesme fille d'vn Prince du sang Royal de France, Iean de Bourbon II. du nom, Comte de Vendosme, & d'Isabelle de Beauuau sa femme.

Cette belle & sage Princesse estant en âge d'estre mariée, le Roy Charles VIII. luy fit épouser Engilbert de Cleues, Comte de Neuers, d'Eu & de Rethel, fils puisné de Iean I. du nom, second Duc de Cleues, & Comte de la Marck, & d'Isabelle de Bourgongne, fille aisnée de Iean de Bourgongne Comte de Neuers, d'Estampes & de Rethel, qui apporta en la Maison de Cleues les Comtez de Niuernois & de Rethelois. Ce fut és villes de S. Poursain & de Gannat en Bourbonnois, les 21. & 22. iours de Feurier, de l'an 1489. que les conuentions du mariage de Charlote de Bourbon, & d'Engilbert de Cleues furent arrestées en presence du Roy Charles VIII. où se trouuerent les Duc & Duchesse de Bourbon,

Bourbon-Vendosme, d'azur, à 3. fleurs de lys d'or, au basté de gueules pery en bande, chargé de trois lyonceaux d'argent.

Beauuau, d'argent à quatre lyós cantonnez de gueules, armez, lampassez, & couronnez d'or.

Cleues de gueules au rais pômeté & fleuronné d'or de huict pieces, percé d'argent. Les autres disent de gueules à vn escusson, en cœur ou en abisme d'argent, au rais d'escarboucle, pômeté, fleuronné ou fleurdelisé d'or, allumé de sinople brochant sur le tout.

François Comte de Vendofme frere de Charlote, le Marquis de Rotelin Marefchal de Bourgongne, Guillaume de Rochefort Chancelier de France, les Seigneurs de Candale, d'Efcars, de Curton, & autres.

Sainte-Marthe.

Engilbert de Cleues fut heureux d'auoir pour époufe vne si pieufe & si religieufe Princeffe, iffuë du fang Royal & adorable de S. Louys : & Charlote, d'auoir pour mary le Comte Engilbert, que l'Hiftoire de fon temps appelle pour fon courage & fa generofité, preux & vaillant, qui fuiuit le Roy Charles VIII. en fon voyage d'Italie, où felon le rapport des Ecriuains, tant François, qu'Italiens, ce magnanime Engilbert fit des merueilles pour le feruice de fa Maiefté, contre tous les partifans de la Maifon d'Arragon, & les ennemis du nom François. Il reuint en France auec le Roy : & à la memorable iournée de Fornouë, proche le fleuue Taro, ce braue Comte fut Capitaine general des Suiffes pour Charles, où il acquit beaucoup d'honneur & de gloire, pour auoir rendu à ce furieux combat de bonnes preuues, & des marques affeurées d'vne loüable fidelité enuers cette Couronne.

I. Betuffi.

Si nous voulons donner creance à quelques Ecriuains Italiens, ils nous diront que fans la magnanimité de ce Prince qui conduifoit l'auant-garde de noftre armée, les troupes Françoifes euffent efté défaites, & que tous les ennemis de la gloire de ce ieune & incomparable Roy euffent emporté la victoire fur fa Maiefté, laquelle n'euft pas peu fi facilement reuenir en ce Royaume comme elle fit, ayant paffé par la victoire qu'elle gagna à Fornouë fur le ventre de fes ennemis.

Si le Comte de Neuers fut chery & aimé de Charles VIII. aprés fon voyage d'Italie, il eut auffi bonne part à la faueur de fon fucceffeur le Roy Louys XII. auffi eftoit-il fon coufin germain : car Louys eut pour mere Marie de Cleues, fille d'Adolfe I. Duc de Cleues, & fœur de Iean II. Duc de Cleues, pere d'Engilbert, auquel le Comté de Niuernois eftant querelé par Iean d'Albret Sire d'Orual, qui auoit époufé Charlote de Bourgongne fa tante maternelle, obiectant à Engilbert qu'il eftoit étranger ; il luy fit refponfe qu'il auoit l'honneur d'eftre coufin germain de fa Maiefté, laquelle l'an 1504. appaifa leur differend par le mariage de leurs enfans, comme nous dirons en l'Eloge de Marie d'Albret Comteſſe de Neuers.

Pour reuenir à la pieuſe & deuote Princeſſe Charlote de Bourbon, digne épouſe du genereux & magnanime Engilbert de Cleues, duquel la valeur nous a contraint de faire cette digreſſion contre les loix des Eloges: ma faute eſt exēplaire, puiſque Ioſeph Betuſſi Italien, & Iean Textor François en l'Eloge Latin de cette Comteſſe ont fait le meſme: & ce dernier ſe plaint qu'on n'ait point écrit les faits de ce vaillant Prince, duquel Charlote eut 7. enfans, dont 4. ſont morts en ieuneſſe: les 3. qui ſurueſquirent furent 3.fils, Charles de Cleues, Comte de Neuers, Louys de Cleues Comte d'Auxerre, & François de Cleues Abbé de Treſport ſur la mer en Normandie, qu'elle nourrit & eſleua auec vn grand ſoin, tant du viuant du Comte ſon mary, qu'aprés ſon decés, qui aduint vers l'an 1506. au grand regret de ſa chere & chaſte épouſe, qui paſſa 14. ans entiers en viduité, 10. en ſa maiſon, & 4. dans vn Monaſtere, où elle ſe retira pour mieux vaquer à la contemplation, aprés auoir donné ordre aux affaires de ſa maiſon, & de ſes enfans. Ayant toute ſa vie dōné des exemples de vertu & de ſolide pieté,tant eſtant fille qu'eſtant mariée, veuue que Religieuſe; & on peut dire auec verité d'elle,ainſi qu'vn Ecriuain moderne a écrit de Marguerite de Lorraine Ducheſſe d'Alençon, qu'elle a eſté *la gloire de ſon ſexe, l'honneur des Princeſſes, le miroir des veuues, & l'exemple des Religieuſes: & que Dieu la donna au monde, pour nous apprendre qu'vn ſeul cœur eſt capable de poſſeder toutes les vertus, quand il ſe rend obeiſſant à ſes ſaintes volontez.*

La renommée luy fut ſi equitable, qu'elle publia non ſeulement dans le Niuernois, & ſes autres terres & Seigneuries, & dans la France: mais dans l'Italie & les autres Prouinces & Royaumes de la Chreſtienté,ſes vertus & ſes merites. Ioſeph Betuſſi dit qu'elle ſe comporta ſi ſagement, qu'elle n'a point cedé à aucune autre Dame de ſon temps, en perfections; la modeſtie, la douceur, la candeur des mœurs, la bonté, la charité, & l'humilité ont embelly & orné ſon ame. Elle fit vne vie digne du Ciel, parmy les grandeurs & les honneurs de la terre, ainſi que ſon grand ayeul, & le ſacré tige de ſa

D d d iij

Maison Louys IX. qui pour sa sainte vie, & ses miracles, a esté canonisé par le Pape Boniface VIII.

Entre les vertus qui rendent Charlote de Bourbon recommandable à la posterité, c'est sa grande charité qu'elle fit paroistre, par le desir qu'elle eut d'estre vtile à son prochain : s'il eust esté au pouuoir de la deuote Comtesse de faire autant de bien au prochain qu'elle luy en souhaitoit, il est certain que de son temps on n'eust point veu d'incommodez ny d'affligez au monde. Elle auoit soin non seulement des pauures & des malades qui estoient en ses terres, & aux lieux voisins où elle faisoit sa demeure: mais aussi de tous ceux qui estoient en affliction & en necessité és prouinces les plus esloignées. Les veuues & les orfelins ont sur tous ressenty l'assistance de la pieuse & liberale Comtesse Charlote, car elle épousa aussi puissamment leurs interests, que si c'eussent esté les siens propres. Et quoy que la condition de telles personnes semble à la pluspart du monde estre fort peu considerable, si est-ce que sa pieté la releua autant que la malice des hommes tasche de l'abaisser. Les pauures filles experimenterent aussi les effets de sa liberalité. Elle en marioit chaque année vn assez bon nombre. Pieté que ses neueux ou petits enfans, & successeurs au Comté de Niuernois, maintenant erigé en Duché, ont pratiquée iusque là que de faire de belles & de riches fondations pour marier les pauures filles de leurs terres nées en legitime mariage, & qui ont vescu honnestement.

Charlote de Bourbon fit encor ces œuures de charité, plusieurs belles fondations en diuerses Eglises & Monasteres de ce Royaume, particulierement au deuot Monastere des Religieuses de l'Annonciade de Bourges, qu'elle affectionnoit grandement, tant pour leur grande pieté, & leur sainte Regle, dressée en l'honneur des dix Vertus de la Vierge; que pour l'amitié qu'elle auoit euë auec leur Institutrice & Fondatrice la Reine Ieanne de France Duchesse de Berry. Elle voulut prendre l'habit de cet Ordre sacré, mais à cause qu'on ne reçoit des veuues que rarement en cette deuote Congregation, suiuant les constitutions & conseils de la B. Ieanne, dont elle honoroit grandement la memoire, elle prit l'habit de S. Benoiſt, & receut le voile de Religieuſe Benedictine en l'Abbaye de Malnoüe au Dioceſe de Paris, & de là elle ſe retira en celle de Font-Euraud, où Renée de Bourbon ſa ſœur eſtoit Abbeſſe, qui ſucceda à Anne d'Orleans ſœur du Roy Louys XII.

Celuy qui a écrit en Latin l'Eloge de cette Religieuſe & pieuſe Princeſſe, fait cette remarque, & dit qu'elle prit le voile contre le gré de tous ſes parens, & que depuis elle fut à Font-Euraud où elle fit profeſſion, le iour de la feſte de la Pentecoſte l'an 1516. que là cette tres-excellente Heroïne meſpriſant toutes les grandeurs de la terre, & la nobleſſe de ſon ſang, s'occupoit aux plus vils & abiects offices de la Maiſon, comme ſi elle euſt eſté vne femme de bas lieu, aſſiſtoit à tout le ſeruice, tant de iour que de nuit, & eſtoit plus exacte que les autres Sœurs à ſe trouuer à l'Office, à garder le ſilence, à vaquer à l'oraiſon, & à obeïr à la Superieure, qu'elle a laiſſé des marques & des témoignages de ſes vertus, tant durant ſa vie qu'à l'heure de ſon decés.

Ioannes Rauiſius Textor in Elogio Carolotæ de Borbonio.

Aprés ſa mort on luy trouua vn tres-rude & tres-aſpre cilice, qu'elle portoit le plus ſouuent pour macerer ſon corps auec cinq clous d'argent fort pointus qu'elle mettoit ſur ſa poitrine. C'eſtoient là les meubles plus precieux de la pieuſe & deuote Charlote de Bourbon, laquelle eſtant retirée en ſa cellule, enuoyoit querir vne des Sœurs pour receuoir la diſcipline qu'elle faiſoit en ſa preſence, iuſqu'à reſpandre ſon ſang: ce qu'eſtant venu à la connoiſſance de la Superieure, elle luy fit defenſe de ſi mal-traiter ſon corps, à cauſe de ſes foibleſſes & debilitez qui enfin la menerent au tombeau, le 11. iour de Nouembre de l'an 1520. que l'Egliſe ſolénise la feſte de S. Martin, auquel elle auoit vne particuliere deuotion.

Charlote de Bourbon, lors qu'elle eſtoit doüairiere de Niuernois, elle fit baſtir vn Dortoir au Conuent des Annonciades, & dix chambres pour dix Religieuſes, ayant fait vne fondation pour leur nourriture & entretien, & c'eſt la ſeconde Fondatrice de cette Maiſon (car Madame Anne de France Ducheſſe de Bourbon, ſœur aiſnée de la B. Ieanne, n'y a fait que quelques legs pieux) Charlote de Bourbon alloit ſouuent de ſa ville de Neuers à Bourges paſſer les bonnes festes auec les filles de l'Annonciade; & pour ce suiet elle fit bastir encor deux autres chambres, l'vne au mesme Dortoir où elle se retiroit, & vne en bas pour ses Demoiselles. Là elle assistoit au Seruice diuin, tant de iour que de nuit, & passoit ainsi les grandes solemnitez en silence & en solitude. C'est la coustume de ceux qui ont vogué long-temps sur la mer, de prendre terre, faire aigade, se charger de biscuit, empoisser, & gradaner leurs vaisseaux, puis démarer vne autre fois, & combattre auec plus de force les orages: ainsi les belles ames, les bons & les beaux esprits qui s'employent és affaires du monde, (& sur tous, ceux qui sont dans les honneurs) ont besoin de se recueillir en quelque havre de deuotion, pour y reprendre leurs saines, & leurs saintes affections, fortifier leurs resolutions, & se munir des dons du S. Esprit contre les tempestes du siecle, qui ne sont pas moindres que celles d'vn Ocean courroucé, s'il est vray (comme dit S. Bernard, l'honneur de la Bourgongne, & de toute nostre France,) *qu'en la mer de Marseille, de dix nauires à peine s'en perd-il vne; mais en la mer de ce monde, de dix ames à peine vne se sauue.* Charlote de Bourbon edifioit grandement durant ses retraites ces bonnes Religieuses, lesquelles tous les ans, l'onziéme de Nouembre disent en son honneur & en sa memoire cet Eloge Latin, que nous mettrons icy en nostre langue.

Obiit inclita Carola de Bourbon, domina generosa, quæ dotibus naturæ insignis & virtutibus ornata, amore amplissimo semper Dominum diligens, se ipsam totam sanctissimæ Matri & purissimæ Virgini dedicans, decem Virgines professas in ordine intus perpetuo Domino Deo seruientes diu noctuque deuouit atque fundauit, anno Domini millesimo quingentesimo tertio decimo, quibus priùs intus constructo dormitorio, & annuali atque opulenta funda-

La tres-illustre & tres-genereuse Charlote de Bourbon, est decedée à ce iour, laquelle a esté vne Princesse doüée & ornée d'insignes vertus, des graces, & des perfections de la nature. Ayant tousiours chery & aimé d'vn tres-grand & tres-ardent amour nostre Seigneur, elle se donna & dedia entierement au seruice de la tres-pure & immaculée Vierge, & tressainte Mere de Dieu. Elle fit l'an 1513. vne fondation pour dix filles Religieuses, qui deuoient

uoient iour & nuit vaquer au seruice de la diuine Maiesté, ausquelles elle fit bastir vn dortoir, & assigna quelques honnestes reuenus: elle fit les vœux de Religion au Monastere de Font-Euraud, & y vesquit auec vn incroyable mespris de soy-méme, vne humilité exéplaire, & vne austerité admirable : là elle mourut, & fut inhumée honorablement l'an de N.S. 1521.

tione assignata, votis essentialibus Religionis in Conuentu Fontis Ebraldi emissis, cum sui abiectione, & exemplari humilitate atque admirabili austeritate semper viuens. Tandem in pace obdormiuit in Domino, ibidem honorificè sepulta iacet, defuncta anno Domini millesimo quingentesimo vigesimo prima.

CHARLOTE D'ALBRET, DVCHESSE DE VALENTINOIS.

CETTE Princesse que nos Historiens remarquent auoir esté richement ornée des graces d'esprit & de corps, doit auoir son Eloge auec les autres Heroïnes de ces derniers temps. Elle estoit la seconde fille d'Alain sire d'Albret, Comte de Dreux, de Gaure, de Pentheure, & de Perigord, Vicomte de Limoges, & de Tartas, Captal de Buch, & de Françoise de Brosse, de la Maison de Bretagne sa femme. Elle eut pour freres Iean d'Albret Roy de Nauarre, Prince de Bearn, à cause de Caterine de Foix sa femme, (de laquelle il eut entre autres enfans Henry d'Albret Roy de Nauarre, ayeul maternel du Roy Henry le Grand) Amanieu d'Albret Cardinal, Euéque de Pampelonne, Pierre & Gabriel d'Albret decedez en ieunesse, & pour sœurs Anne d'Albret, espouse de Charles de Croy Comte de Cimay, & Isabelle mariée à Iean de Foix Comte de Candale.

Le Roy Louys XII. estant paruenu à la Couronne, desirant de plaire au Pape Alexâdre VI. maria la tres belle & tres sage Princesse Charlote d'Albret sa cousine à Cesar Borgia,

Albret, escartelé au 1. & 4. d'azur à trois fleurs de lys d'or, qui est de France, au 2. & 3. de gueules, qui est d'Albret.

Sainte-Marthe.

Borgia, d'or, à vn bœuf : Les autres disent à vne vache

Ece

fils naturel d'Alexandre, lequel il auoit eu deuant qu'estre Cardinal. Car le Pape Alexandre auoit grandement obligé Louys XII. luy donnant pour la separation de son premier mariage auec Ieanne de France, des Commissaires fauorables, Philippe Cardinal de Luxembourg, Louys d'Amboise Euéque d'Alby, & Fernand Ferard Euéque de Septe, lesquels aprés auoir ouy les parties, & fait de grandes inquisitions en faueur de Louys, donnerent sentence à Amboise, par laquelle il fut separé de Ieanne.

passante de gueules, accornée de mesme, posée sur vne terrasse de sinople en pointe, à la bordure d'azur, chargée de six ou sept flames d'or: quelques-vns de cette Maison là ont pris des fleurs de lys au lieu de flammes. Alexandre VI. & autres ont porté party de Borgia, & de Lenzolia, qui est fascé d'or & de sable de six pieces.

Depuis ce temps-là Alexandre & Louys furent de bonne intelligence: & lors Cesar Borgia, qui nagueres auoit quitté le Chapeau de Cardinal, & l'Archeuéché de Valence en Espagne, pour faire profession des armes, vint à la Cour de France, où Louys le receut auec beaucoup d'honneur, tant à cause qu'il apporta le Chapeau à George d'Amboise Archeuéque de Roüen, premier Ministre de sa Maiesté, qu'à raison qu'il fit luy-mesme la recherche de Charlote d'Albret sa parente, qu'il epousa au grand contentement du Roy, lequel outre la dot constituée par Alain d'Albret pere de Charlote, en faueur de ce mariage, donna à Borgia la ville de Valence en Daufiné, erigée en Duché à vie seulement: & deslors Borgia prit le titre de Duc de Valentinois, auec cette deuise, AVT CÆSAR, AVT NIHIL, c'est à dire, *ou Cesar, ou rien*, marque de l'ambition dereglée de ce Prince là, qui merite plustost d'estre estimé vn monstre, qu'vn homme, pour ses vices & ses qualitez brutales: aussi fut-il l'obiet de la haine de Dieu & des hommes, & fut tué miserablement dans la Nauarre, aprés auoir commis vne infinité de maux en Espagne & en Italie, principalement au sac de Capouë. On luy dressa cet epitaphe sur le suiet de sa deuise;

Borgia Cæsar eram, fastis & nomine Cæsar,
Aut nihil, aut Cæsar dixit: vtrumque fuit.

Le voicy en nostre langue;

Cesar de Borgia i'estois viuant sur terre,
Et non content du nom de ce foudre de guerre,
Qui fit trembler sous soy ce globe terrien,
Ie pris audacieux ta superbe deuise,
Et le Ciel se riant de ma vaine entreprise,

Fit que ie fus Cesar, & que ie ne fus rien.

Encor cet infortuné Prince est loüable de ce qu'il quitta l'Espagne pour venir secourir le Roy Henry son beaufrere, & l'ayder à recouurer son Royaume de Nauarre.

La sage & vertueuse Princesse Charlote d'Albret n'eut pas peu à souffrir auec Cesar Borgia son mary, pour ses mauuaises mœurs & deportemens, lequel ne pût (estant en France) auoir que le seul titre de Duc de Valentinois, à raison dequoy le Roy luy donna vne pension de vingt mille francs, auec vne Compagnie de cent hommes d'armes entretenuë, & les terres & Seigneuries d'Issoudun, & de la Motte Feüilly.

Elle eut de luy vne seule fille nommée Louyse Borgia, laquelle Cesar Duc de Valentinois estant allé auec nos François aux guerres d'Italie, elle nourrit & esleua auec vn grand soin, digne d'vne bonne & prudente mere : aussi Louyse fut en son temps vne Dame fort honneste & vertueuse, heritiere des perfections, comme des biens, de Charlote d'Albret sa mere. Que si le dire du Poëte est veritable,

La fille volontiers suit le train de sa mere.

Ie n'ignore pas que la pluspart par ce commun Prouerbe entendēt que les filles issuës d'vne mere perduë & desbauchée, se prostituent plus facilement ; car de trouuer des filles chastes sorties d'vne mere impudique, c'est vn spectacle quasi aussi rare, comme si les chardons portoient des lys : & ie le tiens encore plus veritable, que les filles d'vne sage & chaste mere, suiuent la trace des vertus de leurs meres, & ne se laissent non seulement seduire, mais mesme caioler, estans trop amoureuses de l'honneur & de la gloire, pour l'estre d'vn infame plaisir. Louyse Borgia retint des mœurs & des humeurs de sa mere, Dame aussi chaste, honneste & debonnaire, que le Duc de Valentinois son pere estoit perdu, meschant ; & cruel. Et pour ses vertus, Louys Seigneur de la Tremoille, Prince de Talmont, Vicomte de Thoüars, tres-fidelle seruiteur de nos Monarques, dit *le Cheualier sans reproche*, estant veuf de Gabriele de Bourbon, de la premiere Maison de Montpensier, la prit pour sa 2. femme, lequel estant decedé à la funeste iournée de Pauie, sans laisser des enfans de Louïse, elle se remaria auec Philippe de Bourbon, duquel elle eut trois fils & vne fille; de l'aiſné ſont iſſus les Comtes de Buſſet, & Barons de Chaſlus. C'eſt aſſez parlé de la fille, il faut que ie louë les perfections & les merites de la mere, puiſque cet Eloge eſt conſacré à ſa memoire.

Charlote d'Albret Ducheſſe de Valentinois a eſté ſans flaterie vne des plus deuotes, des plus pieuſes, & plus vertueuſes Princeſſes de ſon temps : Ses delices eſtoient de viure & conferer auec les Dames qui faiſoient profeſſion de la ſolide vertu, & de la vraye pieté. Ce fut pour ſa deuotion que Ieanne de France, cette ſainte Princeſſe, fille & ſœur de nos Rois, laquelle aprés auoir eſté repudiée par le Roy Louys XII. (qui luy bailla le Duché de Berry, Chaſtillon ſur Indre en Touraine, & Chaſteauneuf ſur Loire, pour ſon entretenement durant ſa vie) quitta auec la Royauté toutes les vanitez du monde, pour embraſſer l'humilité Chreſtienne, vaquer à la contemplation, & inſtituer vn Ordre de filles en l'honneur de la ſainte Vierge Mere de Dieu, aima Charlote Ducheſſe de Valentinois, qui faiſant ſon ſeiour ordinaire à la Mothe Feüilly prés la Chaſtre en Berry, ou à Iſſouldun, alloit ſouuent à Bourges voir & viſiter la Reine Ieanne, pour apprendre & receuoir quelque bonne inſtruction & conſolation ſpirituelle de cette ſainte Princeſſe, Fondatrice de l'Ordre & Conuent de l'Annonciade ou des dix Vertus de N. Dame, qui pour ſa vie ſainte, & les continuels miracles que Dieu a faits par ſon interceſſion, eſt appellée Bien-heureuſe par l'acclamation publique des peuples, tant François qu'Etrangers.

Cette pieuſe Dame eut pour Confeſſeur, & Directeur de ſes exercices ſpirituels, le R. P. Gilbert Nicolas, dit Gabriel Marie, Religieux de l'Ordre de S. François, perſonnage bien verſé en la ſcience des Saints, qui fut auſsi Confeſſeur de ces deux deuotes Princeſſes, la Reine Ieanne de France Ducheſſe de Berry, & Marguerite de Lorraine Ducheſſe d'Alençon, deſquelles la memoire eſt en benediction. Le plus grand plaiſir qu'elle receuoit, c'eſtoit quand quelqu'vne de ſes Demoiſelles ou filles ſuiuantes embraſſoit la vie religieuſe, & vouloit ſeruir Dieu dans vn Monaſtere. Elle aſsiſtoit à leur veſture & à leur profeſsion, leur ſeruant de mere & de mar-

raine, s'éioüiſſant d'auoir donné vne nouuelle épouſe à IE-
SVS-CHRIST. Es regiſtres ou archiues du Conuent des
Annonciades de Bourges, on lit que la Ducheſſe de Valentinois aſſiſta à la reception d'vne de ſes filles d'honneur,
nommée Anne d'Orual, fille de noble homme Iean d'Orual,
& d'Iſabeau de Moliter, & qu'elle eſtoit grandement affectionnée à l'auancement de l'Ordre de la ſainte Vierge, eſtant
parfaite imitatrice de la B. Ieanne.

Charlote d'Albret ayant vécu fort Chreſtiennement, tomba malade en ſa maiſon de la Mothe-Feüilly, où elle mourut
l'onziéme du mois de Mars de l'an 1514. aprés auoir receu
deuotement les Sacremens neceſſaires aux malades. Par ſon
teſtament elle éleut ſa ſepulture dans l'Egliſe de l'Annonciade de Bourges, où elle fut inhumée deuant le grand Autel, &
ſur ſa tombe on lit cet epitaphe.

*Cy giſt le corps de tres-haute & puiſſante Dame Madame Char-
lote d'Albret, en ſon viuant veuue de tres-haut, & puiſſant Prince
Dom Ceſar de Borge Duc de Valentinois, Comte .... ſieur d'Iſ-
ſoudun, & de la Mothe-Feüilly, laquelle trépaſſa à ladite Mothe, le
onziéme de Mars 1514.*

Les Religieuſes de ce deuot Monaſtere diſent tous les ans
le iour qu'elles celebrent l'Obit & l'Anniuerſaire de cette
Princeſſe, cet Eloge Latin en ſon honneur & en ſa memoire.

L'illuſtre & genereuſe Dame Madame Charlote d'Albret, en ſon viuant Ducheſſe de Valentinois, paſſa de cette vie à l'autre, laquelle doüée de pluſieurs graces, montra par ſon humilité & ſa grande deuotion, qu'elle auoit vne confiance aux prieres de cette Communauté. Elle y laiſſa à ſa mort pluſieurs biens, y éleut ſa ſepulture, & a merité que tous les Samedis on prie Dieu pour le repos de ſon ame, és aſſemblées capitulaires. Elle deceda l'an de N. S. 1513.	*Obiit illuſtris & generoſa Domina Carola d'Albret, quondam inclita Duciſſa de Valentinois, quæ multis dotata gratiis ſua humilitate & deuotione ingenti fiduciam habens precibus ſanctæ Communitatis huius, in ſua morte plura bona relinquens, intus ſepulturam eligens recommandari in capitulo diebus ſabbatinis perpetuò promeruit. Defuncta anno Domini milleſimo quingenteſimo tertio decimo.*

CHRISTINE OV CHRESTIENNE DE DANNEMARC, DVCHESSE DE LORRAINE & de Milan.

Dánemarc, à trois lyōs leopardez de sinople: Les autres disent, d'or à 3. lyons leopardez d'azur, l'escu semé de cœurs de gueules. Les autres, d'or semé de cœurs de gueules, à trois lyons leopardez, passans l'vn sur l'autre d'azur, armez, lampassez, & couronnez de gueules.

Les Curieux qui ont leu l'Histoire des Royaumes du Nort, sçauét que le cruel Christierne II. du nom Roy de Dannemarc & de Suede, eut 3. enfans de sa femme la sage & la constante Isabelle d'Austriche, sçauoir Iean Duc d'Holsace: Dorothée femme de Federic II. Comte Palatin du Rhin, & Electeur: & la vertueuse & courageuse Heroïne Chrestienne ou Christine, ou selon les autres Christierne, que l'Empereur Charles V. son oncle maternel affectionna grandement, à cause qu'elle ressembloit de mœurs & de visage à sa mere Elizabet Reine de Dannemarc, sœur de sa Maiesté Imperiale, laquelle (comme ie diray en son Eloge) porta auec vn grand cœur la perte des Royaumes de Dannemarc, de Noruege, de Suede, de Gothie, & de Wandalie. Et de fait il la maria à François Sforze Duc de Milan, auquel il auoit octroyé l'inuestiture de ce Duché là, & fit celebrer les noces auec vne magnificence Royale l'an 1531. Mais Francisque Sforze deceda 4. ans aprés auoir épousé Christine de Dannemarc, sans auoir laissé aucun enfant de cette Princesse, laquelle auoit acquis par sa vertu beaucoup d'honneur en Italie, & par sa bonne conduite s'estoit monstrée heritiere des belles qualitez de sa mere Izabelle Reine de Dannemarc, & non pas des defauts du Roy Christierne son pere, qui pour ses vices & ses cruautez fut priué de ses Royaumes par son oncle Federic, & par Gustaue de Wasa; C'est pourquoy Henry V.III. Roy d'Angleterre estant veuf de Ieanne de Seimer sa 3. femme, la demanda en mariage à l'Empereur Charles

son oncle : mais cette prudente Heroïne refufa courageufe-
ment l'alliance de ce Monarque, qui s'eftoit declaré Chef
de l'Eglife Anglicane, & qui auoit fi mal traité fes deux
premieres femmes Caterine d'Efpagne, la grande tante maternelle de Chriftine, & Anne de Boulen.

   Antoine Duc de Lorraine, & la Duchefle fa femme Renée de Bourbon, fœur du Duc Charles qui fut tué deuant
Rome, defirans de marier leur fils aifné François Prince de
Lorraine, & Marquis du Pont ïetterent leurs yeux fur cette
Duchefle doüairiere de Milan, ce qui reüffit felon leur intention. Car Chriftine de Dannemarc époufa François de Lorraine l'an 1541. à méme temps qu'Anne de Lorraine leur fille
vnique fut mariée à René de Naflau & de Chalon Prince
d'Orenge. Ces deux mariages ne furent pas fort agreables
au Roy François I. voyant que le Duc de Lorraine Antoine
donnoit fon fils aifné à la niece de l'Empereur, & fa fille
à vn Prince Alleman paffionné partifan du méme Monarque.

   François & Chriftine véquirent feulement cinq ans enfemble, car le Marquis du Pont ayant fuccedé au Duché de
Lorraine par la mort du Duc Antoine fon pere furnommé le
Bon l'an 1544. ne fut pas plus d'vn an Duc de Lorraine, eftant
decedé l'an 1546. au grand regret de Chriftine fon époufe, à
laquelle il laiffa pour gage de fon amitié trois enfans, vn fils
& deux filles, fçauoir Charles III. Duc de Lorraine, & les
Princeffes Renée & Dorothée qui eftoient fort ieunes. Elle
prit le foin de faire rendre à ce Duc (qui auoit acquis par fa
prudence le titre de Sage) les derniers deuoirs dans la belle
Eglife de S. François, ou des Cordeliers de Nancy, & gouuerna la Lorraine auec vne fage conduite & beaucoup de
douceur, eftant Regente de ce Duché là auec fon beau-frere
Nicolas Comte de Vaudemont, s'eftant par fa prudence
maintenuë quelque temps en l'amitié du Roy Henry II. &
de l'Empereur Charles V. Car elle auoit pour oncles cet Empereur là, & Ferdinand Roy de Hongrie, & pour coufin germain Philippe Prince de Caftille. François Duc de Guyfe,
& Charles Cardinal de Lorraine, coufins germains du Duc
François fon mary, auoient tout le credit en la Cour de

France, estans fauoris du Roy Henry II. C'est pourquoy elle viuoit en bonne intelligence auec tous, & les Lorrains iouïssoient d'vne profonde paix sous sa regence, & celle de Nicolas de Lorraine, oncle paternel du Duc Charles son fils. Aussi Nicolas Clement Poëte Latin a mis les portraits de cette Duchesse doüairiere, & de Nicolas Comte de Mercueur & de Vaudemont parmy ceux des Ducs de Lorraine, & chantoit en leur faueur ces vers mis en nostre langue par François Guibaudet Diionnois.

> *Reine de Dannemarc vertueuse Princesse,*
> *Qui ton Duc as perdu en sa verte ieunesse,*
> *Et toy Prince royal oncle du Duc enfant,*
> *Heureux d'auoir pour gendre vn Prince triomphant,*
> *Vn Henry de Valois Roy naturel de France,*
> *Et de Pologne esleu pour sa grande vaillance;*
> *Qui d'vn égal pouuoir commandez aux Lorrains,*
> *Et auez du Pays toute la charge és mains,*
> *Ie marqueray vos noms és fastes de Leucie,*
> *Et aux pourtraits Ducaux apprendray l'effigie,*
> *Qui vous donne ame icy; car il est bien raison,*
> *Veu que Charles enfant, ensemble sa Maison,*
> *Auez si bien regi & toute la patrie,*
> *Qui pource vous souhaite vne immortelle vie :*
> *Vous auez defendu les peuples, & gardé*
> *De prophaner les lieux qu'auoient aux Saints fondé*
> *Les Princes de Lorraine, & par grand vigilance*
> *Renouuelé les Tours, & Maisons de defense.*
> *En vn temps bien fascheux, ainsi que de besoin*
> *Il estoit, vous auez pris la charge & le soin*
> *De regir les pays & les riches Prouinces*
> *Du ieune Duc issu de tant de vaillans Princes;*
> *Viuez çà bas égaux en vertueux honneur,*
> *Iusqu'à tant que soyez appellez du Seigneur.*

Philippe Prince de Castille, & depuis Roy d'Espagne l'honoroit grandement, comme s'il eust esté beaucoup inferieur à sa personne, & la desira auoir pour femme, estant veuf de la Princesse Marie de Portugal, & auant que d'épouser Marie Reine d'Angleterre.

Quand Christine alla à Ausbourg l'an 1550. visiter son on- *Belcarius*
cle Ferdinand Roy de Hongrie & de Boheme, & le Prince *lib.25.n.29.*
de Castille, elle y fut receuë auec des honneurs & des pompes plus magnifiques que Marie Reine de Hongrie ; car Ferdinand & Philippe furent la receuoir à deux mille de cette
ville là, ce qu'ils n'auoient pas fait à la Reine de Hongrie. Le
Prince de Castille qui en estoit lors passionnémét amoureux,
& qui sans doute l'eust épousée, si l'Empereur son pere luy
eust permis, ne manqua pas de courre la bague, & de faire
ouurir vn Tournoy, durant lequel il fit paroistre sa valeur &
son adresse en faueur de cette belle Princesse.

Henry II. Roy de France voyant que Christine Regente
de Lorraine sembloit auoir plus de passion pour le party Imperial que pour le François, luy osta le gouuernement de son
fils Charles Duc de Lorraine, & de son Estat, quand il passa
par Nancy l'an 1552. pour aller en Allemagne secourir les
Princes de l'Empire contre Charles V. & enuoya ce ieune
Prince aagé de neuf ans à S. Germain en Laye pour le faire
nourrir auec ses enfans, & luy donna pour Gouuerneur le
sage Seigneur de la Brosse Moilly, qui auoit esté Gouuer- *Myles Pis-*
neur de François d'Orleans Duc de Longueuille, petit fils *guerre.*
de Claude I. Duc de Guyse, & establit Regent en Lorraine
Nicolas Comte de Mercueur & de Vaudemont, oncle du
ieune Duc, qu'il sçauoit estre affectionné à la France.

Christine voyant Henry II. resolu de faire conduire en
France le Duc Charles III. son fils vnique par le Seigneur
de Bourdillon, de la Maison de la Platiere (qui depuis a esté *La Platiere*
Mareschal de France) fit vne harangue à sa Maiesté dans la *en Niuer-*
grande Gallerie du Palais de Nancy, pour le diuertir de ce *gent, au*
dessein, luy remonstrant auec de belles paroles accompa- *gueules à*
gnées de larmes, qu'elle ne deuoit pas estre traitée de la sorte. *trois anilles*
Le Roy luy repartit auec vne grande douceur, Ma cousine, *écartelé de*
ie m'estonne que vostre Altesse, qui a l'honneur d'estre fille *gueules à*
de Roy, se laisse vaincre par la melancholie & la tristesse, *trois molet-*
vous n'auez point de suiet de craindre pour le Duc vostre *tes d'or.*
fils, que ie cheris comme s'il estoit mon propre fils, il ne sera
pas mal traité en France, où ie le feray nourrir auec mon
Daufin & mes autres enfans : Vous n'ignorez pas les puis-

F ff

santes assistances que les Ducs de Lorraine, & les Princes de leur Maison ont receu des Rois mes predecesseurs; qui a secouru René Duc de Lorraine bisayeul de vostre fils, contre vn si puissant ennemy, que Charles Duc de Bourgongne, ayeul maternel de l'Empereur qui mourut en bataille prés de cette ville; qui a plus obligé les Princes de cette Maison, que moy qui en ay cinq à ma Cour, & dont deux sont Ministres d'Estat de mon Royaume, le plus noble qui soit sous le Ciel? C'est pourquoy ie vous prie de ne me faire pas ce tort que de penser que ie veüille opprimer l'orfelin ny la veuue. Car iamais personne n'a éprouué mes forces, sinon pour l'assister contre ceux qui les vouloient perdre. Demandez au ieune Roy d'Angleterre qui a mis la paix en son Royaume, qu'il trouua plein de troubles quand il succeda à son pere? Sçachez de l'Infante Reine d'Escosse, qui a banny les broüilleries de son Estat? & du ieune Octaue Farnese, qui luy a conserué le Parmesan? Et cela estant, ie vous laisse à penser si i'ay eu le pouuoir de les conseruer tous, s'il n'estoit pas en ma puissance de les ruiner, estant bien plus facile de nuire que d'ayder. Vostre Altesse doit considerer comme les autres ruinent leurs parens & leurs alliez, & moy ie defens les Etrangers. Les autres despoüillent les leurs, & ie prens les armes pour fauoriser les oppressez, comme ie fais en ce voyage, où ie feray voir à toute la Chrestienté que ie n'entreprens pas cette guerre pour agrandir mes frontieres aux despens de mes voisins, comme publient les ennemis de ma Couronne: mais pour faire du bien à tous ceux qui ont mis leur esperance en moy, aymant beaucoup mieux les mettre en asseurance à mes despens, & auec le danger de ma personne, que demeurant en repos & dans l'oisiueté, voir qu'on les opprime iniustement. Si les affaires de France, si celles d'Allemagne, si les vostres, si celles de vostre fils, & méme celles de toute la Chrestienté m'obligent & me forcent de m'asseurer de ce pays, pour le bien & la conduite de mon armée, ie vous prie de croire que tout reüssira non pas à vostre dommage, mais à vostre honneur & à vostre auantage. Ie vous coniure derechef, ma chere cousine, de ne vous point affliger, car pour la personne du Duc vostre fils, il ne peut

Le Cardinal de Lorraine: le Duc de Guyse: le Duc d'Aumale; l'Euéque d'Alby; & le Grand Prieur.

pas estre mieux qu'auec mes enfans, & vous verrez comme i'y procede auec sincerité & franchise, & l'affection cordiale que i'ay pour luy & toute sa Maison.

Christine ayant veu que la Noblesse de Lorraine auoit en leur assemblée mis leur ieune Duc en la protection du Roy Henry II. & qu'il auoit esté conduit en ce Royaume par le commandement de ce Monarque, & par l'auis de cinq Princes de la Maison de Lorraine, elle se retira auec ses filles en Flandre, & demeura le plus souuent à Malines, iusques en l'an 1557. qu'elle vint à la Cour du Roy Henry II. pour assister aux noces de son fils Charles III. Duc de Lorraine, auec Claude de France, seconde fille de sa Maiesté, qui furent mariez au mois de Feurier de l'an 1558. & aussi pour tascher de moyenner vne bonne & longue paix entre les Maisons de France & d'Austriche: Car cette genereuse Heroïne a trauaillé à mettre ces deux grandes Couronnes en bonne intelligence, ou du moins en repos. La Paix entre Henry II. Roy de France, & Philippe II. Roy d'Espagne, fut accordée au Chasteau Cambresis, le 3. d'Auril de l'an 1559. où elle se trouua auec le Duc Charles son fils, comme Mediateurs agreables à tous les deux partis.

Elle acquit beaucoup d'honneur & de reputation, & fit voir la bonté de son esprit en ces conferences & traitez de Paix où elle se trouua, & se fit admirer par les Deputez de l'vn & de l'autre party. Ceux de France estoient le Cardinal de Lorraine: le Connestable de Montmorency: le Mareschal de S. André; Iean de Moruilliers, Euéque d'Orleans, qui depuis fut Garde des Sceaux de France: Claude de Laubespine sieur de Hauteriue Secretaire d'Estat. Et du costé d'Espagne, le Prince d'Orenge, le Duc d'Albe, l'Euéque d'Arras, depuis Cardinal de Granuelle: Ruygomez de Silua Comte de Melito; & Viglius de Zubicher, President au Conseil Priué du Roy d'Espagne, tous grands hommes d'Estat.

Ce n'est pas vne petite loüange à cette Princesse, d'auoir esté en l'estime de ces habiles hommes, par les mains de qui ont passé les principales affaires de l'Europe. Aussi nostre Poëte admirant les perfections de cette sage Duchesse, confesse ne les pouuoir pas loüer dignement.

Fff ij

Pour celebrer l'honneur de vostre race,
Noble de sang d'Empereurs & de Rois,
Qui nostre Europe ont mis dessous leurs lois,
Puis dans le Ciel demy-Dieux ont pris place.
Pour celebrer vostre port, vostre grace,
Et vostre Altesse, il faudroit que ma voix
Deuinst Erain, & faudroit que mes doigts
Deuinssent fer, & ma plume vn Parnasse.
Voulant descrire, ou vostre honnesteté,
Vostre Prudence, ou vostre Maiesté
Que le Lorrain & le Flaman admire:
Ie suis muet, & la voix me defaut:
Car pour loüer tant de graces, il faut
Ou bien chanter, ou du tout ne rien dire.

Voila en quelle opinion ce sçauant homme que le Chancelier de l'Hospital appelloit *le Genie de la France & de la poësie Françoise*, auoit Christine de Dannemarc, qu'on peut nommer *Christine de la paix*, ainsi que furent surnommées Isabelle de France Reine d'Espagne, & Marguerite de France Duchesse de Sauoye, qui furent les gages precieux de la paix tant desirée, dont Christine fut la principale mediatrice, & celle qui arresta les discordes & les furies de Mars & de Bellonne, estant la paix & la concorde mesme, ainsi que chantoit le mesme Poëte Vendosmois.

La belle paix abandonna les Cieux
Pour accorder l'Europe qui t'honore,
Et se venant loger dedans tes yeux,
Elle pensoit dans le Ciel estre encore.

Et le Poëte Angeuin,
Pour assembler d'vn lien non vulgaire
Vn tres-Chrestien, & Catholique Roy,
Vne Chrestienne & de nom & de foy,
Seule pouuoit tel ouurage parfaire.
Pour dechasser la fureur Thracienne,
La Paix du Ciel en terre descendit,
Et à nos yeux visible se rendit
En la benigne & sage Austrasienne.

Le mesme en l'Epithalame d'Emanuel Philebert Duc de Sauoye, & de Marguerite de France.

La gloire Austrasienne,
 De nom & foy Chrestienne,
 Sur toutes reluira,
 Tant qu'à l'entour du monde
 Sa coche vagabonde
 Neptune conduira:
Pour du miel de sa bouche,
 Qui les oreilles touche,
 Auoir parmy l'horreur,
 Le feu, le sang, les armes,
 Adoucy des gendarmes
 La cruelle fureur.

C'est aussi vne merueille, qu'vne femme ait pû mettre la paix entre les genereux François, & les Espagnols altiers.

L'antique honneur des plus braues guerriers,
 Cede au renom de celle qui a fait
 Iurer ensemble vn accord si parfait,
 Les nations du monde les plus fieres.

On dit que la Charité bien ordonnée commence par soy-mesme. Cette Heroïne mit ce dire en pratique, car procurant par la paix le bien vniuersel de l'Europe, elle procura aussi le bien & l'auancement de sa Maison, & de ses enfans. Elle maria, comme i'ay rapporté cy-dessus, son fils vnique Charles III. du nom Duc de Lorraine à Claude de France, fille du Roy Henry II. Princesse tres-sage, comme ie diray en son Eloge; & Renée de Lorraine sa fille aisnée à Guillaume Duc des deux Bauieres. Cette tres vertueuse Princesse, digne fille de Christine de Dannemarc, a mené vne vie digne du Ciel, auec le sage Duc de Bauiere son mary. Dorothée la puisnée fut mariée par Christine à Eric, dit le Ieune, Duc de Brunswic & de Lunebourg, fils vnique d'Eric, dit le Vieil, Duc de Brunswic & de Lunebourg, & de sa seconde femme Isabelle, fille de Ioachim I. Marquis de Brandebourg Electeur: qui estoit lors veuf de Sidoine fille d'Henry Duc de Saxe, lequel estant decedé sans enfans, ny de sa

Voyez l'Eloge de Renée Duchesse de Bauiere.

Brunsuuic, de gueules à deux Leopards d'or armez d'azur.

Lunebourg d'or au lyō

d'azur, armé & lampassé de gueules, l'escu semé de cœurs de mesme.

Card. Bentiuoglio libro primo della guerra di Flandra.

Famianus Strada lib. I. de bello Belgico.

G. Chappuys

premiere femme, elle se retira en Lorraine, & accompagna Christine de Lorraine Grand' Duchesse de Toscane, quand elle alla l'an 1589. en Italie, où estant à Génes elle visita Christine de Dannemarc sa mere, comme ie feray voir plus bas.

Philippe II. Roy d'Espagne auoit en telle estime cette Princesse sa cousine germaine, qu'il eut quelque temps la volonté de l'establir Gouuernante des Pays bas, mais il en fut diuerty par le Duc d'Albe, & l'Euéque d'Arras, comme i'ay appris de tous les Escriuains de l'Histoire des guerres de Flandre.

Ce Prince prudent auant que de s'en retourner en Espagne, proposa à son Conseil deux Princesses ses proches parentes, pour voir laquelle des deux estoit la plus capable pour gouuerner en son absence ces belles Prouinces. L'vne estoit Christine Duchesse de Lorraine, laquelle (comme i'ay remarqué au commencement de cet Eloge) estoit fille d'vne sœur de l'Empereur son pere; & l'autre estoit Marguerite Duchesse de Parme, fille naturelle du mesme Empereur. La contestation fut grande, auant que l'on eust resolu laquelle des deux deuoit estre preferée : Christine estoit plus aagée, assez connuë en Flandre pour le voisinage de la Lorraine, tenuë pour habile femme, pour la grande prudence auec laquelle elle auoit gouuerné cet Estat là, estant demeurée ieune veuue. La Paix de Cambray, que l'on pouuoit appeller l'ouurage de ses mains, qui auoit esté maniée par son moyen, & concluë heureusement en sa presence, luy auoit grandement augmenté sa reputation, & luy auoit gagné l'amitié de tous les Flamans, ayant banny la guerre de leur pays, & ramené la paix tant desirée, qui estoit plus auantageuse à l'Espagnol qu'au François. Les principaux Seigneurs de Flandre la desiroient, sur tous l'Amoral Comte d'Egmont, & Guillaume de Nassau Prince d'Orenge; celuy-là honoroit Christine pour ses vertus; celuy-cy procuroit le Gouuernement pour elle; car il recherchoit lors auec bien de l'ardeur Renée sa fille aisnée, estant veuf d'Anne d'Egmont sa premiere femme, fille & heritiere de Maximilien Comte de Bure, & sur l'esperance qu'il auoit d'auoir bonne part en la conduite des affaires, si le Gouuernement tomboit entre les mains de cette Princesse, ayant l'honneur d'estre son gendre.

Mais la Duchesse de Parme fut preferée à celle de Lorraine, pour les raisons que ie diray en la Vie de Marguerite d'Austriche, que les Ministres d'Espagne, ausquels se ioignit l'Euéque d'Arras, natif du Comté de Bourgongne, l'vn des plus subtils & adroits Ministres de la Cour de Philippe, disoiét estre plus affectionnée à son seruice que Christine, qui auoit marié son fils vnique à vne fille de France ; que les Princes de la Maison de Lorraine estoient liez tres-estroitement aux interests de la France, & ne sembloient dépendre que de cette Courône là. L'affection que les peuples de Flandre & le Prince d'Orenge témoignerent pour Christine, luy fit plus de tort que de bien; car l'Espagnol craignoit l'esprit de l'Orangeois, & Perrenot qui estoit Comtois, luy persuada facilement que si cette Princesse auoit le commandement en Flandre, les Lorrains anciens ennemis des Bourguignons, & amis des François, y auroient trop de credit.

La Duchesse Doüairiere de Lorraine estant plus agreable aux Flamans que la Duchesse de Parme, comme auoüent méme les Historiens du Païs, l'on croit que si elle eût gouuerné la Flandre, elle eust esté plus heureuse que l'autre n'a pas esté, & que les troubles n'eussent point apporté tant de miseres parmy ces 17. Prouinces : car l'Espagnol ayant empesché le Prince d'Orenge de s'allier de Christine de Lorraine, il épousa vne Princesse de la Maison de Saxe, qui faisoit profession du Lutheranisme, laquelle ayant beaucoup de pouuoir les premieres années de son mariage sur ce Prince genereux, qui auoit tousiours esté soupçonné de fauoriser les sectaires de Luther & de Caluin, luy fit faire profession publique de l'heresie, au grand malheur des Pays-Bas.

E. Meteren.

L'on tient que Guillaume de Nassau estoit né heretique en Allemagne, mais estant venu en Flandre fort ieune pour iouyr d'vne grande succession, il s'étoit fait Catholique, & fut fort aymé & chery par l'Empereur Charles V.

Tandis que la Flandre estoit en guerre (qui apporta bien du déplaisir à la Duchesse de Parme Regente des Pays-Bas, qui fut contrainte de se retirer en Italie dans ses Duchez) la Lorraine iouyssoit d'vne profonde Paix, qui la faisoit estimer lors aussi florissante, qu'elle est à present malheureuse.

Mais comme il n'est point de contentement parfait en cette Quelques-vns disent qu'elle eut des differends auec son fils Charles III. Duc de Lorraine, qui étoit affectionné autant pour la France, qu'elle pour la Maison d'Austriche.

vie, la Princesse Christine tomba en vne grande paralysie, dont elle fut miraculeusement guerie à la sainte Chambre de Lorette, où elle se fit porter en litiere par la Suisse, la Lombardie & la Marche d'Ancone. Estant arriuée à cette tres deuote Eglise, honorée de la Chambre de la Vierge, & ayant en vn instant recouuré vne parfaite santé, elle se prosterna deuant l'Image de la Reyne du Ciel, pour remercier Dieu de ce signalé bien-fait qu'elle auoit receu par l'intercessiō de sa glorieuse Mere; & aprés auoir fait des presens dignes de sa pieté, elle fit prier Dieu pour le repos de l'ame de Sebastien Roy de Portugal, ayāt receu en ce lieu là les nouuelles de la mort de ce ieune Monarque, fils de Ieanne d'Austriche sa cousine germaine.

Turselinus.

Thuanus.

Christine aprés auoir visité Lorette ne retourna pas en Lorraine, mais au Milanez, en la ville de Tortone, dont elle iouyssoit en qualité de Duchesse doüairiere de Milan, où elle passa doucement les dernieres années de sa vie en des exercices dignes d'vne Princesse Chrestienne, & de sa naissance. Peu de temps auant sa mort elle vint à Génes pour voir sa petite fille Christine de Lorraine, quand cette Princesse passa par cette ville, la plus superbe de l'Italie, pour aller à Florence trouuer son mary Ferdinand I. Grand Duc de Toscane. Ie ne puis pas exprimer la ioye que receut Christine de Lorraine, de voir & de saluër sa marraine, & sa grande mere paternelle, ny aussi la satisfaction & le contentement que receut Christine de Dannemarc son ayeule, voyant sa petite fille mariée à vn Prince qui estoit estimé le plus sage & le plus riche d'Italie. Christine de Dannemarc eut encor vne consolation en cette entreueuë, de voir sa seconde fille Dorothée Duchesse doüairiere de Brunswic, qui conduisoit Christine sa niece en Toscane. Aprés auoir receu cette consolation elle se retira à Milan, où elle mourut le 10. de Septembre de l'an 1590. estant aagée de soixante-sept ans.

Christine de Dannemarc auoit pour symbole vne tour, où plusieurs oyseaux qui voltigeoient de tous costez, sembloient chercher leur retraite; mais ils en estoient congediez par les paroles qui seruoient de deuise à cette figure. La tour comme parlante disoit: ACCIPIO NVLLAS SORDIDA TVRRIS AVES, *Ie suis vne sale tour, ie ne reçois point d'oyseaux.* Les dis-

discours de médisance qui sont ordinaires dans les Cours des Princes, auoient fait prendre cette qualité à cette Princesse, qui se comparoit à vne tour sale & immonde, & pour brauer la médisance, elle en auoit dressé vn trophée à sa vertu, fermant l'entrée de son Palais à ces bouches infames, par la porte mesme qu'ils pensoient s'ouurir. Ainsi la vertu sçait prendre ses auantages pour triompher du vice, & luy couper la gorge de son couteau mesme. C'est assez parlé de cette Princesse il faut faire l'Eloge de sa petite fille, qui a esté meilleure Françoise qu'elle, comme elle l'a fait paroistre en plusieurs occasions & principalement par la lettre qu'elle a écrite à M^r le Cardinal du Perron, sur la mort du Roy Henry le Grand. *Voyez les lettres du Card. du Perron aux pages 681. & 682.*

CHRISTINE DE LORRAINE, GRANDE DVCHESSE de Toscane.

Lorraine, blazonné en l'Eloge de Claude Duchesse de Lorraine, mere de Christine.
Medicis, ou Toscane, blazonné à la pag. 224.

VI ne donne des honneurs & des Eloges à Christine de Lorraine Gräde Duchesse de Toscane, les refuse à la Vertu. Ie serois blasmable, si en loüant tant de Princesses, ie ne parlois de cette tres-illustre Heroïne, de laquelle la memoire est en benediction parmy les Florentins & les Toscans. Elle estoit la fille aisnée de Charles III. Duc de Lorraine, & de Claude de France, deuxiéme fille du Roy Henry II. & de la Reyne Caterine de Medicis. Elle vint au monde l'an 1565. le 9. d'Aoust à onze heures & demie du matin à Nancy, & receut au Baptesme le nom de Christine, ou Chrestienne, ou Christierne de sõ ayeule paternelle, la Duchesse doüairiere de Lorraine & de Milan, de laquelle ie viens de faire l'Eloge. Elle fut nourrie premierement à la pieté & aux bonnes mœurs par sa mere tres-sage Princesse, laquelle estant decedée l'an 1575. elle fut cõduite en France pour demeurer en la premiere Cour de la Chrestienté, prés de la Reyne Caterine son ayeule maternelle: Là Christine de Lorraine se gouuerna si sagemẽt, que le Roy Henry III. son oncle maternel l'ayma, & la cherit comme si elle eût esté sa propre fille. I'ay veu vne lettre de ce

A. du Chesne en son Hist. de la Maison des Chasteigners.

Ggg

bon Roy, datée de Tours le 30. de May de l'an 1589. qu'il écrit à Mr d'Abain par Isaie Brochard sieur de la Clielle, dans laquelle il appelle cette Princesse, *Ma fille la Grand' Duchesse*.

Il n'eut point de plus grande passion que de la marier à quelque grand Prince, & ayant sceu que le Cardinal Ferdinand de Medicis (qui auoit succedé au Duché de Toscane, par la mort du grand Duc François son frere aisné, decedé le 8. ou 9. d'Octobre 1587.) vouloit renuoyer son Chapeau au Pape Sixte V. & demander à sa Sainteté, & au sacré College des Cardinaux, la permissió de se marier, pour le desir qu'il auoit de laisser des enfans qui fussent capables de succeder à cét Estat là :

Il enuoya aussi-tost à Florence Louis de Chasteigner Seigneur d'Abain, & de la Rochepozay, & Cheualier de ses Ordres (qui l'auoit tres-fidellemét seruy à Rome, estant son Ambassadeur prés de Gregoire XIII.) vers ce nouueau Grand Duc pour traiter le mariage de son Altesse auec la sage & la belle Princesse Christine de Lorraine niece de sa Maiesté, & petite fille de la Reyne sa mere, qui desireuse de la grandeur de sa Maisó, estoit grandement portée à ce mariage là. Ferdinand fit bien des caresses & des grands honneurs à l'Ambassadeur de France, auquel il fit voir à bonnes enseignes, qu'il n'auoit point de plus grande passion que d'auoir l'honneur d'estre allié du Roy Tres-Chrestien par vne seconde alliance; aussi il enuoya en ce Royaume Horace Ruscelay Gentil-homme Florentin, & Grand-Maistre de sa Maison, pour demander en mariage la Princesse Christine de Lorraine, qui salüa le Roy & les Reynes à Blois, où lors les Estats de ce Royaume estoient aséblez.

Durant que le Seigneur Ruscelay estoit en la Cour de France, Ferdinand Grand-Duc de Toscane receut la nouuelle que le Pape Sixte V. auoit receu au mois de Nouembre 1588. ses deux Ambassadeurs Nicolas Tornaboni Euéque de saint Sepulcre, & Iean Nicolini, celuy-cy ordinaire, & celuy-là extraordinaire, ausquels il auoit accordé leur demande, comme iuste & equitable, en vn Consistoire, où il fit entrer seulement les Cardinaux, aprés auoir oüy la lecture de ses lettres, & les raisons pour lesquelles il renuoyoit son Chapeau à sa Sainteté, qui furent bien deduites par Cesar Marsille Aduocat Consistorial, qui luy auoit fait voir clairement qu'il ne deuoit point faire difficulté d'accorder au grand Duc la permission de renoncer au Cardinalat, & de se pouuoir marier, pour conseruer l'Estat de Toscane à la Maison de Medicis, son Altesse n'ayant point receu aucun Ordre sacré.

Ferdinand ayant receu cette nouuelle, quitta aussi-tost l'habit de Cardinal, & prit celuy de l'Ordre de S. Estiene Pape & Martyr, comme Grand-Maistre de cette Milice. Son Altesse enuoya en méme temps le pouuoir à Ruscelay d'épouser la Princesse de Lorraine, lequel en ayant donné auis au Roy Henry III. sa Maiesté fit celebrer la benediction nuptiale dans sa Chapelle du Chasteau de Blois, en sa presence, de la Reine sa mere, de tous les Princes, & des Seigneurs qui estoient lors à la Cour; où elle voulut que Charles d'Angoulesme fils naturel du Roy Charles IX. & Grand Prieur de France épousa Christine de Lorraine, comme Procureur en cette ceremonie de Ferdinand Grand Duc de Toscane, l'ayant choisi entre tous les Princes & les Grands qui auoiēt desiré cet honneur auec beaucoup d'ardeur. La ceremonie acheuée, tous les canons du Chasteau, & de la ville de Blois firent retentir leurs tonnerres, & les feux de ioye & d'artifice n'y furent pas oubliez, tandis que le Roy traita splendidement tous les Ambassadeurs des Princes qui furent conuiez.

I. A. Thua-nus.

Les iours s'entresuiuent, mais ils ne sont pas semblables. En cette saison là suruint la mort de deux Princes de la Maison de Christine, qui apporta du trouble en France; leur decés fut suiuy de celuy de la Reine Caterine, grande-mere maternelle de la ieune Princesse, qui mourut douze iours aprés la mort du Duc & du Cardinal de Guyse, son grand courage demeurant accablé sous le regret qu'elle eut de voir les affaires du Roy son fils en si grand desordre. Caterine mourant laissa Christine son heritiere, auec Charles de Valois ou d'Angoulesme Grand Prieur de France, à present Duc d'Angoulesme, comme i'ay rapporté en sa vie. La mort de cette Reine (qui la priua du contentement de cette alliance, & des consolations que sa vieillesse en esperoit) fit changer les flambeaux de l'Hymenée en des torces funebres : de forte que le contract de mariage ne fut signé que cinq semaines aprés le decés de cette Princesse là.

Ce fut le 20. de Feurier de l'an 1589. que le Contract de mariage de Ferdinand grand Duc de Toscane, & de Christine de Lorraine, fut passé à Blois en presence du Roy Henry III. de la Reine Louyse sa femme : de Christine Princesse de Lorraine, niece de leurs Maiestez : de Iean de Lenoncourt Seigneur de Serres, Baillif de S. Michel, Procureur de Charles Duc de Calabre, de Lorraine, & de Bar, fondé de procuration speciale d'vne part ; Et Horace Ruscelay, Grand Maistre de la Maison de Ferdinand de Medicis Duc de Toscane, & son Procureur fondé aussi de procuration speciale de l'autre, en presence du Cardinal de Gondy, & de François de Montholon Garde des Sceaux de France, comme n'ignorent pas ceux qui ont leu ce Contract là.

La procuration du Sr Ruscelay est datée du 28. de Septembre 1588. Celle de Mr de Lenoncourt est datée de Nancy le 4. de Feurier 1589.

Le contract est signé par le Roy Henry III. la Reine sa femme, la grand' Duchesse Christine, les Seigneurs de Lenoncourt & de Ruscelay, & Pierre Cardinal de Gondy, & le sieur de Beaulieu Ruzé Secretaire d'Estat.

Henry III. aprés auoir signé le Contract de mariage de la Princesse Christine de Lorraine sa niece auec le grand Duc de Toscane, donna la charge au Seigneur d'Abain (que sa Maiesté auoit desia enuoyé en Italie pour traiter cette alliance) de l'accompagner & conduire à Florence : Charles Duc de Lorraine nomma aussi le Seigneur de Lenoncourt, pour rendre les mémes deuoirs à cette Princesse sa fille. Mais le Seigneur d'Abain ne voulut point partir sans prendre vn passe-port de Charles Duc de Mayenne, Chef de ceux de la Ligue : qui le luy octroya le 19. de Feurier 1589. lequel ayant receu il se mit en chemin, & rédit de bons & signalez seruices à cette grãde Duchesse durant le voyage, tant en Frãce qu'en Italie : C'est pourquoy elle a tousiours honoré la memoire de ce Seigneur de l'illustre Maison de Rochepozay, duquel ayant appris la mort, elle fit paroistre l'estime qu'elle faisoit de ses merites, & l'obligation qu'elle luy auoit ; ce qui donna suiet au grand Sceuole de Sainte-Marthe de luy adresser ce Sonnet ;

Lenõcourt, d'argent, à la Croix engreslée de gueules.

Rochepozay, d'or, au lyon de sinople passant. Les autres disent posé de sinople.

Princesse, l'ornement de ta belle Florence,
Fleur du sang de Lorraine, & du sang de Valois,

Que le saint Hymené range dessous les lois
D'vn Duc qui sur les Ducs obtient la preference.

S'il te souuient du lieu de ta chere naissance,
Tu pleures comme nous vn Cheualier François,
Aimé du Roy ton oncle, & qui fit quelquesfois
Seruice à ta grandeur en chose d'importance.

Ce fut luy qui traita ton mariage heureux,
Ce fut luy qui suiuit ton depart douloureux,
Et parmy le troupeau des chastes Demoiselles,
Dont l'honneste deuoir si loin t'accompagna,
Pour honorer tes pas à ta suitte emmena
Les Nymphes d'Helicon ses compagnes fidelles.

La Grand' Duchesse Christine fut bien receuë par toutes les villes où elle passa. Elle arriua à Lyon le 18. de Mars, où elle trouua sa tante paternelle Dorothée de Lorraine, veuue d'Eric, dit le Ieune, Duc de Brunswic, qui estoit decedé il y auoit quatre ans, auec laquelle elle se mit sur le Rosne iusques en Auignon. Elle arriua à Aix le 8. d'Auril, où elle receut tous les honneurs qu'on doit à la reception de semblables personnes. De là elle prit le chemin de Marseille, où Pierre de Medicis, frere de son mary, l'attendoit, & estoit arriué il y auoit quelques iours, non seulement auec les quatre Galeres de Florence; mais aussi auec douze autres : quatre du Pape, quatre de Malte, & quatre de Génes. *Thuanus.*

En cette saison là, Marseille auoit quitté le seruice du Roy Henry III. & s'estoit declarée ouuertement pour la Ligue : neātmoins les Consuls & les cinq Quartiers de cette ville là ne laisserent pas d'aller receuoir bien loin hors de leurs portes cette grand' Duchesse (qui estoit accompagnée de la Duchesse de Brunswic, de l'Archeuéque d'Aix, des Euéques de Mascon & de Marseille, du Duc de Luxembourg, des Seigneurs d'Abain & de Lenoncourt, & d'vne florissante Noblesse toute affectionnée & fidelle à son Prince) tandis que les canons faisoient retentir leurs tonnerres en signe de ioye: Les Marseillez firent ces honneurs à la Princesse Christine, à cause qu'elle estoit de la Maison de Lorraine, & parente du Duc de Mayenne le Chef du party de l'Vnion : mais quand elle fut entrée, ils redoublerent leurs corps de garde *Cesar de Nôtre Dame en son Histoire de Prouence.*

par tous les carrefours qui eſtoient fermez d'artillerie, pour la crainte qu'ils auoient d'eſtre ſurpris par cette Heroïne qui auoit le cœur tout François, & par les Seigneurs de ſa ſuite, qui eſtoient tous ſeruiteurs affidez d'Henry III. Ces habitans ne voulurent iamais laiſſer entrer leur Euéque Federic Ragueneau (Prelat auquel nul defaut ny nul excés ne ſe trouuoit qu'en ſa liberalité, & en ſa bonté) qui fut contraint de s'aller rendre dans l'vne des galeres, ancrées au Chaſteau d'Yf, qui n'attendoient que l'embarquement de la ieune Princeſſe, qui s'embarqua l'onziéme d'Auril ſur la Ducale de Florence, l'vne des plus excellentes fabriques que la mer Mediterranée euſt ſouſtenu & porté depuis cent ans, tant pour ſa grandeur extraordinaire, que pour ſa riche façon, ſon or, ſon eſtoffe, ſes brocas, ſes ſatins, ſes ornemens, ſes panonceaux flotans, ſes cordages de ſoye, & ſes brillantes, & tres-exquiſes pierreries: De maniere que l'on pouuoit dire que celuy qui auoit entrepris vne ſi belle & vne ſi prodigieuſe machine, fit marcher ſur Neptune vn edifice épouuentable en deſpit des vents & des ondes.

Dans ce beau & riche Vaiſſeau, accompagné de 16. galeres, elle ſortit de Marſeille, & fut bien receuë par tous les Ports, tant de France que d'Italie. A Génes elle ſalüa ſa marraine, & ſon ayeule paternelle Chriſtine, fille de Chriſtierne II. Roy de Dannemarc, comme i'ay rapporté en l'Eloge precedent. De là elle pourſuiuit ſon chemin iuſques à Piſe, où elle fut honorablement receuë. Là le Duc ſon mary luy mit la Couronne ſur la teſte à la porte du Pré, le dernier iour d'Auril, où elle quitta l'habit de deüil, qu'elle portoit depuis le decés de ſon ayeule maternelle la Reine Caterine, mere d'Henry III. De là elle fit ſon entrée à Florence auec vne pompe & magnificence Royale, tout le peuple faiſant paroiſtre ſa ioye, & témoignant par les cris d'allegreſſe, qu'il eſperoit d'eſtre doucement gouuerné par cette Heroïne, ce qui eſt arriué ſelon ſon deſir & ſon attente.

I. A. Thuanus.

Le Preſident de Thou nõme le Cardinal Môtalte, & les memoires.

Les noces furent celebrées le méme iour, auſquelles aſſiſterent les Cardinaux de Ioyeuſe, Iean Vincent de Gonzague, Aſcane Colomne, & Montalte; Vincent Duc de Mantouë, qui auoit receu cette année là l'Ordre de la Toiſon de

Philippe II. Roy d'Espagne; Virginio Vrsin, Duc de Bracciane; & Cesar d'Est, qui auoit épousé Virginie de Medicis, sœur de Ferdinand, & a esté depuis Duc de Modene & de Rege, lesquels aprés auoir esté tous regalez splendidement quelques iours, & veu les courses des bagues, les balets, les comedies, & les autres agreables diuertissemens en la Cour de Ferdinand & de Christine, se retirerent auec vne grande satisfaction & contentement pour les honneurs qu'ils auoiét receus de leurs Altesses, & admiré tant de grandes & somptueuses singularitez, que toute l'Europe ne trouuoit qu'en leur Cour, qui a tousiours esté le theatre de la magnificence. Le Pape Sixte enuoya au Grand Duc vne Espée en échange de son Chapeau, & à la Grand' Duchesse la Rose d'or, present ordinaire des Papes aux Princesses, par lequel les Vicaires de IESVS-CHRIST en terre, donnent auis à celles qui les reçoiuent, que comme il n'y a rien qui se passe & flétrisse plustost que la rose, ny rien de plus durable, ny moins corruptible que l'or; il faut croire qu'aprés cette vie perissable, caduque & mortelle, on arriue à l'immortelle sans mort ny corruption.

que i'ay receus de Florence, disent le Cardinal Alexandrin: i'ay suiuy Monsieur de Thou.

Tous les Florentins & les Toscans s'estimerét heureux, que leur nouueau Grand Duc Ferdinand eust épousé vne si belle & si sage Princesse, qui pour ses perfections & ses vertus, auoit merité d'estre la femme d'vn Prince si accomply, lequel estát Cardinal, auoit acquis la reputation d'estre l'vn des plus auisez Princes de la Cour de Rome, & estoit pour sa grande prudence appellé communément *le Seneque de l'Italie*. Christine fut honorée par tous ces peuples là, non comme vne Duchesse, mais comme vne Reine; aussi sans flaterie estoit-elle la Reine des Vertus, les ayant toutes à tel poinct, qu'on ne sçauoit à qui donner la preseance: La pudeur & la modestie, vertus qui rendét les Dames plus considerables éclatoiét tellement en elle, qu'elle fut l'exemple à toutes sortes de personnes, tant grandes que petites. Elle a esté la premiere qui introduit la mode, & par son exemple obligé les Princesses, & les grandes Dames de porter vn voile sur le visage, coustume qui depuis a esté inuiolablement obseruée.

Non seulement la Toscane, mais aussi toute l'Italie auoüe

que comme le Grand Duc Ferdinand surpassa de beaucoup le Duc Cosme I. son pere, de mesme Christine a excellé sur la Duchesse Eleonor de Tolede la mere de son mary, quoy que sage & vertueuse Princesse, comme ie diray en son Eloge. Pour combler de felicité son mary, elle n'a pas esté moins feconde en enfans qu'en bonnes mœurs. Elle accoucha heureusement de l'aisné nommé Cosme l'an 1590. la premiere année de son mariage, qui depuis a succedé au Duché de Toscane.

François Prince de Capistrano le 2. a vécu peu d'années. Charles le 3. Cardinal de Toscane encor viuant : Laurens de Medicis encor plein de vie : Cosme & Philippe morts en ieunesse.

Elle a eu cinq filles, Caterine mariée à Ferdinand de Gonzague Duc de Mantouë & de Montferrat, qui n'en eut point d'enfans, de laquelle ie parleray plus bas.

Claude femme de Federic-Vbalde de la Roüere, Prince d'Vrbin, fils de François-Marie de la Roüere Duc d'Vrbin; duquel mariage sortit vne seule fille Victoire de la Roüere Montfeltre Princesse d'Vrbin, femme de Ferdinand de Medicis II. du nom & 5. Grand Duc de Toscane qu'elle a épousé l'an 1634. ou mil six cens trente cinq aprés auoir obtenu la dispense du Pape Vrbain VIII. Les pompes du mariage furent magnifiques, ausquelles assisterent plusieurs grands Seigneurs, & Madame la Duchesse de Guyse & de Ioyeuse. Claude de Medicis épousa en secondes noces Leopold, Archiduc d'Austriche, Landgraue d'Alsace, frere de l'Empereur Ferdinand II. duquel elle a eu pour enfans Ferdinand-Charles Archiduc d'Austriche, Landgraue d'Alsace: Sigismond Archiduc d'Austriche, & Claire-Isabelle d'Austriche.

Elizabet, & Marie de Medicis sont decedées en bas aage.

Eleonor de Medicis, Princesse de rare vertu, qui fut rauie par la mort en l'âge nubile, si on peut dire celle là mourir qui monte au Ciel pour viure dans la bien-heureuse eternité, emportant auec soy la Couronne de Vierge.

Christine de Lorraine eut grand soin de faire prendre à ses enfans le chemin de la vertu, & de les esloigner de celuy
du

du vice. Le grand Duc Cofme fon aifné fut appellé *le Pere des pauures*; auſſi on luy a dreſſé vne ſtatuë en la Place dite del Grano, auec cette inſcription, *Egenorum Patri*. Il a eu de Marie Magdelaine d'Auſtriche, fille de Charles Archiduc d'Auſtriche, & de Marie de Bauiere fon épouſe, & ſœur de l'Empereur Ferdinand II. & des Reynes d'Eſpagne & de Pologne ſept enfans, quatre fils, & trois filles : ſçauoir Ferdinand de Medicis II. du nom, à preſent grand Duc de Toſcane marié (comme i'ay dit cy-deſſus) à Victoire de la Roüere Montfeltre, heritiere du Prince Federic Vbalde, & en a vn fils né l'an 1642. qui n'eſt point encore nommé : Iean-Charles Cardinal de Medicis, qui a eſté le premier honoré de l'eminente dignité des Princes de l'Egliſe par le Pape Innocent X. le 14. de Nouembre de l'an 1644. François de Medicis mort au ſiege de Ratiſbonne l'an 1634. & Leopold de Medicis : Marguerite de Medicis conjointe par mariage auec Edoüard Farneſe Duc de Parme & de Plaiſance, qui en a eu pluſieurs enfans : Marie Chreſtienne de Medicis ; & Anne de Medicis.

Mais qui ne ſera touché de pieté de l'action que fit ſa fille Caterine Ducheſſe de Mantoüe, qui aprés la mort de Ferdinand de Gonzague Duc de Montferrat & de Mantoüe ſon mary, eſtant établie Gouuernante de l'Eſtat de Sienne, ſe voyant ſur la fin de ſa vie, enuoya à Chriſtine de Lorraine ſa mere, vne petite caſſette fermée, la priant de ne l'ouurir qu'en particulier : dans cette boëte elle n'y trouua ny or, ny perles, ny diamans, ny aucunes pierres precieuſes ; mais vne diſcipline toute remplie de ſang : & de verité il ne faut point s'eſtonner d'vne action de vertu pareille à celle là ; puis qu'il eſt impoſſible qu'vn bon arbre manque jamais à donner de bons fruits. Ce traict de Caterine de Medicis Ducheſſe doüairiere de Mantoüe, me remet en memoire celuy d'vn de nos Rois (c'eſt S. Louys) qui enuoya dans trois boëtes d'yuoire des haires & des diſciplines à ſa ſeconde fille Iſabelle de France, Reine de Nauarre, qu'il affectionnoit tres-cordialement pour ſa deuotion & pour ſa pieté.

Elle n'a pas ſeulement affectionné ſes enfans, mais encore les parens du Grand Duc ſon mary, entre autres la Prin-

Hhh

cesse de Florence Marie, fille de François Grand Duc de Toscane, & de Ieanne d'Austriche, qui ayant esté mariée au Roy Henry le Grand, elle accompagna sa Maiesté depuis Florence iusques à Liuorne, où la Reine Marie s'estant embarquée, elle ne l'abandonna pas, mais elle monta aussi dans la méme Galere iusques à Marseille, comme ie rapporteray en l'Eloge de la Reine Marie de Toscane. Ce fut à Marseille que la Duchesse Christine prit congé de sa Maiesté, auec vne grande abondance de larmes, & vn témoignage de regret de leur separation, qui n'estoit soulagé que par la satisfaction qu'elle receuoit de la voir si hautement & si heureusement mariée à cet inuincible Monarque, la merueille des Rois, l'honneur & la gloire des François, & l'amour & les delices du monde, qui venoit de dompter la Sauoye & la Bresse par les armes, à méme temps qu'il auoit subiugué la Florence & la Toscane par l'amour. Dés que la grande Duchesse Christine eut appris la nouuelle que la Reine Marie estoit enceinte, elle fit éclater la ioye qu'elle en auoit: mais n'ayant pû se trouuer aux couches de sa Maiesté, comme elle eust bien desiré, elle enuoya vn berceau à la Reine par vn Gentil-homme, qu'elle auoit fait faire à Florence d'vne façon exquise & riche, sur la ferme esperance qu'elle auoit qu'il seruiroit à vn Daufin, comme i'ay rapporté en l'Histoire des Daufins de France.

Elle n'a pas moins témoigné d'affection aux Seigneurs & Gentils-hommes François qui passoient par Florence, & par la Toscane, que sa grande tante maternelle Marguerite de France Duchesse de Sauoye, à ceux qui voyageoient par l'Italie.

Sa magnificence paroissoit en tout, & quand ses proches venoient à Florence, elle déployoit ce que le pays auoit de plus rare, & faisoit venir de toutes parts l'abondance, afin d'honorer la Cour des Ducs de Toscane: du nombre desquels ont esté Charles Cardinal de Lorraine, Euéque de Mets & de Strasbourg, frere de son Altesse: Le Prince Nicolas François de Lorraine, son neueu, & sa femme la Princesse Claude qui est aussi sa niece: Charles Duc de Guyse, & Madame sa femme auec toute leur maison. Caterine Duchesse de Niuernois y a encor esté receuë auec splendeur, & aussi le Comte de Sommeriue son frere.

Tous les Rois & les Princes de la Chrestienté luy ont porté vn singulier respect, sur tous nostre Grand *Henry*, qui luy fit l'honneur l'an 1606. de la choisir pour marraine de sa seconde fille Madame Royale Chrestienne de France, Duchesse de Sauoye, Princesse de Piémont, & Reine de Cypre (à present Regente en ces Estats là, pour son fils Charles Emanuel II. ieune Prince de grande esperance) qui porte le nom de Christine ou Chrestienne que luy donna cette vertueuse Heroïne, ayant enuoyé Dom Iean de Medicis aux ceremonies du Baptéme, où Charles III. Duc de Lorraine son pere estoit le parrain.

Ce grand Monarque auoit suiet d'honorer Christine de Lorraine, laquelle auec le grand Duc Ferdinand I. son mary n'a iamais desiré la ruine de l'Empire des Lys, ny conspiré auec ceux qui auoient troublé son repos, & les affaires des Roys Henry III. & IV. qu'elle a fait assister d'argent, d'hommes, & de bons auis contre leurs suiets rebelles, pendant les plus grands troubles, dont la France fut agitée durant les guerres de la Ligue. Car cette tres-genereuse Heroïne, & le Duc son mary enuoyerent vn secours de caualerie au Roy Henry III. se sentans, non seulement comme parens & alliez, mais aussi comme Souuerains interessez auec tous les Princes Chrestiens à releuer l'authorité de sa Maiesté offensée, par la reuolte des mauuais François. Aprés sa mort, aussi douloureuse à la France, qu'espouuentable à tout le reste du monde, leurs Altesses accommoderent les raisons de la Iustice à celles de la Prudence, & ne voulurent pas, comme plusieurs autres Princes, mettre la main aux playes, que la precipitation & l'imprudence eussent renduës incurables. Mais voyant que Rome qui les deuoit guerir par le baume souuerain de la douceur, y apportoit & le fer & le feu, ils trauaillerent à desabuser les esprits, firent que le Medecin connût la maladie, & le malade la santé. Ils firent voir clairement au Pape Sixte V. que l'ambition estoit la cause de la guerre, à laquelle la Religion seruoit de pretexte, & que la Chrestienté ne pouuoit estre bien, tandis que ce premier

Royaume de la Religion seroit mal. Acte de grand courage d'oser dire la verité en vn temps si difficile, qui auoit plus d'ennemis pour l'accuser, que d'Auocats pour la defendre. Considerans aussi que l'Espagne esleuée sur les ruines de la France, dompteroit aisément l'Italie, ils tournerent toutes leurs pensées pour sapper les fondemens de ses desseins, & penetrans les conseils les plus secrets de l'Escurial, par des moyens qu'il faut plustost admirer que descouurir, ils en destournerent heureusement les executions, opposans la prudence aux artifices, le zele à l'hypocrisie, & la verité aux mensonges. Ils n'approuuerent pas les desseins de Gregoire XIV. qui enuoya vne puissante armée en France au secours des Liguez, sous la conduite du Duc de Montmarcian son neueu. Ils disposerent Clement VIII. à ne point mespriser les plus humbles deuoirs d'vn grand & victorieux Monarque qui rentroit en sa bergerie, & le reconnoissoit pour Pasteur. Ils refuserent à Charles III. Duc de Lorraine le secours qu'il desiroit d'eux, en luy donnant auis que c'estoit sa ruine, & que s'il passoit plus outre, il rencontreroit le renuersement de sa Maison Ils firent depuis sa paix, & moyennerent vne tréue particuliere, qui fut suiuie de la Paix generale entre les deux partis. Ils fauoriserent la Legation du Cardinal de Florence, pour faire celle entre les deux Rois. A mesme temps, sçauoir l'an 1596. leurs Altesses donnerent auis à Rome à Arnauld d'Ossat Euéque de Rennes, depuis Cardinal, d'vne entreprise des Espagnols sur le Port & les Isles d'Yeres en Prouence, qui ne manqua pas de le faire sçauoir au Roy Henry IV. & à Charles Duc de Guyse, Gouuerneur de cette Prouince là; & deux ans apres ils restituerent à sa Maiesté le Chasteau, & l'Isle d'Yf, & les forts & l'Isle de Pomegues au mois de May de l'an 1598. que le Capitaine Bosset Chastellain du Chasteau d'Yf, estant destitué apres la mort du Roy Henry III. de munitions & de solde necessaire pour la conseruation de ces forteresses, se voyāt en peril eminent par necessité forcé de la remettre au pouuoir des ennemis de la France, auec dommage euident de la ville de Marseille, & de la Comté de Prouence, eut recours à la protection de la grande Duchesse qui auoit esté éleuée en France, ayant demandé vne garnison au Duc son mary. Ceux qui ont leu exactement les Lettres du Cardinal d'Ossat, & autres traitez, sçauent que Christine & Ferdinand s'estoient saisis de ces places là pour preuenir des desseins qui les pouuoient rendre plus difficiles.

Elle a fait aussi auec les Grands Ducs de Toscane Ferdinand I. & Cosme II. du nom son fils, ietter en bronze la belle statuë qui represente ce grand Roy armé & monté sur vn Cheual, que l'on voit éleuée au milieu du Pont-neuf de la ville de Paris, & posée sur vn piedestal, autour duquel sont representées ses plus illustres Victoires.

Ferdinand I. du nom grand Duc de Toscane son mary, mourut au mois de Feurier de l'an 1609. peu aprés que Christine eut marié le Prince Cosme son fils aisné à Marie Magdelaine Archiduchesse d'Austriche. Ce qui fait voir que les contentemens de cette vie sont de peu de durée, & qu'vn méme iour paroist & serain & trouble: car à peine les festins & les resioüissances des noces de Cosme & de Magdelaine estoient finies, qu'il fallut songer aux pompes funebres de Ferdinand. Ie diray en passant que les Florentins firent paroistre l'affection qu'ils portoient à la grande Duchesse Christine de Lorraine, à l'entrée que fit à Florence la Princesse d'Austriche sa belle fille, ayant dressé prés du Palais de Pitti plusieurs arcs, theatres, obelisques, titres & eloges, où la prise de Hierusalem par Godefroy de Boüillon, & les victoires qu'il eut contre Saladin, y estoient representées en l'honneur de la Maison de Lorraine, dont Cosme Prince, depuis Duc de Toscane II. du nom, estoit descendu par cette tres-sage Heroïne sa mere, lequel tandis qu'il a esté Duc de Toscane a fait voir à ses suiets qu'il auoit la prudence & la sagesse de la Maison de Florence, & la generosité de celle de Lorraine.

Aussi il est mort l'an 1621. auec vn extréme regret non seulement des Florentins mais aussi de tous les Toscans.

Aprés le decés de ce Prince là, Christine demeura Regente pour son petit fils Ferdinand II. estant établie Gouuernante de l'Estat de Toscane, elle conduisit heureusement ses peuples au port de la felicité, asistât à tous les conseils, &

dans les plus grandes difficultez, son auis estoit le filet d'A-
riadne. Durant qu'elle eut la conduite des affaires, le calme
de la Paix fut vniuersel, les vices furent bannis, & on vit
clairement que Christine de Lorraine auoit fait renaistre le
siecle d'or en la Toscane. On ne se souuenoit point que iamais cet Estat là eust ioüy d'vne plus parfaite iustice, on n'y
trouuoit point de distinction de personnes, puis qu'elle pro-
tegeoit vniuersellement vn chacun. Elle se declara la protectrice des Vierges & des veuues: En effect il sembloit à
ce grand courage qu'elle deuoit départir auec plus d'abondance ses faueurs, où les necessitez estoient plus pressantes.
C'est pourquoy elle apportoit vn soin tres-particulier à marier les pauures filles, commandant expressément à ses plus
intimes, qu'ils presentassent promptement les memoriaux,
touchant cette œuure de Charité, & qu'ils cherchassent les
occasions de luy faire pratiquer vn si grand bien que celuy
là; ie ne puis pas dire le nombre des filles qu'elle a mariées;
mais ie puis bien asseurer qu'aucune dans ses Estats, dont
elle ayt sceu la necessité, n'est demeurée sans consolation
& sans assistance. Son visage estoit digne de l'Empire, donnant de la crainte aux meschans, & de l'amour aux bons,
comme ie feray voir, expliquant la deuise du Grand Duc
son mary.

La pieté possedoit entierement son cœur, & ne manquoit
iamais nuit & iour à mediter la Loy du Seigneur. Les Religieux n'estoient pas moins fauorisez de son Altesse, que
nourris par ses liberalitez. Elle auoit vne si grande deuotion
au Conuent des Minimes de S. François de Paule (qu'a fait
bastir l'an 1605. hors la ville de Florence, le Cheualier Alexandre Strozzi) que souuent elle y enuoyoit promener ses
enfans pour se diuertir dans ce Conuent là; auquel elle
donnoit six-vingts escus par an, sans les autres aumosnes
extraordinaires, à la charge de dire le *De profundis* aprés
Vespres pour le repos de l'ame du Duc Ferdinand I. son
mary.

Elle nourrissoit liberalement les filles Repenties de Florence & de Pise, ayant basti entierement la Maison de celles de Pise. Ie parleray en l'Eloge de la Duchesse de Flo-

*Il y a deux Conuents de Minimes à Florence, l'vn dans la ville, dit S. Ioseph, & l'autre hors des portes, dit S. François.
Lanouius in Chronico Minimorum.*

rence Eleonor de Tolede mere du Grand Duc Ferdinand I. son époux, de sa charité enuers le Monastere de S. Estiene Pape & Martyr, fondé par Eleonor.

Elle a introduit à Florence les Carmes & les Augustins Deschaussez, & a fait faire vn beau Conuent aux derniers, proche de la ville de Batignane, dans les marais de Sienne. De plus, proche de son iardin hors des murs de Florence, elle y mit les Peres Feüillans, où elle a voulu qu'ils fussent tous François, & les y nourrissoit en bon nombre. Ce deuot Monastere est non seulement vn asseuré témoignage de sa pieté, mais aussi de son affection vers les François.

Elle donna de belles places dans Florence aux Peres Theatins, & aux Peres Barnabites, & à ceux qu'on appelle *Delle scuole pie*, c'est à dire des escholes pieuses, desquels l'exercice est d'enseigner gratuitement les pauures enfans, n'ayant pas moins d'affection de procurer l'auancement spirituel des ames de ses suiets, que pour leur bien temporel.

Elle fut tellement affectionnée à ses Estats, qu'au temps de la peste, dont ils furent affligez, elle fit largesse de grandes sommes de deniers aux communautez pour leur entretien, & ne voulut iamais fuir le peril se retirant de la ville; aussi est-ce vne bonté non commune aux Princes, de vouloir courir la mesme fortune que leurs suiets. Son cœur veritablement François & genereux, ne pouuoit pas demeurer sans remedier aux necessitez de son prochain.

Elle estoit si magnanime, qu'elle n'a iamais mis son affection aux biés de la terre, faisant voir par ses actions & sa conduite, qu'elle n'estoit point possedée des richesses: Car estant Dame de Pietra Santa, & iouïssant de beaucoup de grands reuenus, aprés sa mort on ne trouua point d'argent en ses coffres; au contraire elle demeura notablement endebtée, ayant deposé ses tresors entre les mains de celuy qui se moque du temps, & se rit des accidens de la fortune.

Enfin elle mourut non moins chargée de merites, que d'vne haute estime le 20. ou 21. de Decembre feste de saint Thomas Apostre l'an 1636. en vne de ses maisons de Plaisance, dite Castello hors de Florence, estant assistée en ce dernier passage d'vn grand nombre de Prestres, de Religieux,

& d'autres personnes de singuliere pieté. Elle ne voulut point aucune pompe funebre, ny aucune despense superfluë, ny de ces honneurs pleins de vanité, ayant seulement son esperance dans le Ciel.

Elle fut pleurée vniuersellement de tous, estant digne des soûpirs & des larmes d'vn chacun, puis qu'elle estoit la mere de tous. Elle fut regretée des peuples, comme estant le support & l'azile des innocens, & le refuge de ses suiets, desquels elle a tousiours preferé le bien à tous ses interests particuliers.

Sa modestie fut cause que l'on ne luy fit aucun Eloge, ny imprimer des Oraisons funebres apres son decés, pour satisfaire au desir & à la derniere volonté de cette Grand' Duchesse, l'amour & les delices de la Toscane, qui auoit durant sa vie mieux aymé faire des actions dignes de recommandation, que de les publier, & qu'elles fussent plustost écrites au Liure de vie, que dans ceux des mortels: Mais sa rare vertu sera tousiours admirée de la posterité, & le temps qui consomme toutes choses, ne l'effacera iamais de la memoire des hommes.

Ferdinand I. Grand Duc de Toscane, mary de cette vertueuse Heroïne, auoit pour deuise vn essain de mouches à miel, qui enuironnoient leur Roy auec respect, & luy rendoient le deuoir de leur seruice, ayant pour ame de la deuise ce mot, MAIESTATE TANTVM, c'est à dire, *par la seule Maiesté*. Cela conuenoit beaucoup mieux à la Grand' Duchesse Christine de Lorraine, puisque ses suiets l'adoroient auec respect, l'entendant seulement nommer; & quant aux méchans il suffisoit de dire pour leur donner de la terreur, *Madame le sçaura*. Car son visage estoit si plein de maiesté, qu'il iettoit également dans le cœur & l'amour & la crainte, celuy-cy dans les bons, & celle-là aux meschans.

CLAI-

CLAIRE CERVENTE,
DEMOISELLE DE BRVGES.

E croy qu'il importe extrémement que le nom & la vie de cette vertueuse Dame ne soit point mis en oubly, afin que la posterité admire les effets & la force de l'amour coniugal en vne honneste femme, sur l'exemple de celle-cy.

Claire Ceruente estant encore toute ieune, & belle à merueilles, fut menée à Bruges ville de Flandre, & là mariée à vn homme aagé de 40. ou 50. ans, nommé Bernard Valdaura, lequel estant atteint outre cela d'vne fascheuse & honteuse maladie, Claire s'en estant apperceuë dés la premiere nuit des noces, auant la consommation du mariage, ne s'en troubla point pour cela, ny ne se dédit de sa foy & parole donnée : au contraire ne pouuant pas souffrir qu'il fust dit qu'autre que son mary eust veu son corps à découuert, elle le tint pour tel, & commença à l'aymer & cherir comme son vray mary.

Peu de temps aprés il tomba dans vne grande maladie, & telle que les Medecins l'auoient abandonné, pendant laquelle Claire auec sa mere en eurent tant de soin, que durant six semaines entieres, iamais elles ne se deshabillerent, ny ne reposerent toutes deux ensemble, mais seulement l'vne aprés l'autre, chacune d'elles faisant la garde à son tour : mesme ce genre de maladie estant contagieux, & les Medecins luy conseillans & tous ses parens, de n'en pas approcher de si prés, elle neantmoins, auec vn courage tres fort & genereux, se confiant en la bonté de Dieu, qui ne permettroit point qu'il luy arriuast aucun accident, quand elle rendroit à son mary les deuoirs & les seruices qu'elle croyoit estre obligée de luy rendre, le touchoit & le seruoit non point comme vne femme, mais comme vne seruante, tant qu'elle luy sauua la vie pour cette fois, quoy qu'il eust esté condamné par le iugement des Medecins.

Mais tost aprés il retomba malade, & pis qu'auparauant, & demeura en cet estat prés de 7. ans, qu'il faisoit pitié & horreur tout ensemble au monde, & sentoit si mauuais, que personne n'en osoit approcher de dix pas, & eust esté ainsi delaissé si Claire, qui estoit continuellement autour de luy, ne l'eust assisté & seruy, ayant asseuré à tous ceux qui s'estonnoient, & l'interrogeoient comme elle auoit pû supporter l'intolerable puanteur qui sortoit de son corps, que iamais elle ne l'auoit sentie, mais qu'au contraire elle l'auoit trouué de bonne & agreable odeur.

Outre la peine, le trauail & la patience qu'elle eut pendant tout ce temps, il faut remarquer qu'elle n'espargna rien pour le traittement de son mary, iusqu'à engager ou vendre, quand elle ne pouuoit autrement les habits, les pierreries & les autres choses plus precieuses qu'elle auoit. Enfin Bernard Valdaura mourut au grand déplaisir de Claire Ceruente sa femme.

O grande marque de pudicité, ô entier & parfait amour d'vne femme enuers son mary, qu'elle auoit épousé d'esprit plustost que de corps. Certainement nous lisons & admirons la vertu de la femme de Themistocles Roy d'Athenes, ou plustost Seigneur de la Grece, qui seruit elle seule son mary pendant sa maladie, & de Stratonice femme du Roy Deiotarus, qui n'eut point d'autres Medecins, cuisiniers, ny seruantes en sa vieillesse qu'elle. On parlera à iamais de cette Reine de Bretagne, qui suçoit les playes à son mary, blessé à la guerre. Mais cette courageuse Dame a surpassé tout cela, & doit estre proposée à la posterité, pour seruir d'exemple & de miroir aux femmes, de l'amour & fidelité qu'elles doiuent à leurs maris. Plusieurs illustres Escriuains ont aussi loüé Claire pour sa fidelité & son amour coniugal; sur tous Ioseph Betussi en ses Eloges des Dames Illustres, duquel i'ay appris le surnom de cette vertueuse Dame, & celuy de son mary; Louys Viuez au liure 2. de la femme Chrestienne, & recentement le R. P. Nicolas Caussin de la Compagnie de IESVS, en la section 10. de son traité de la Dame, au 2 tome de la Cour sainte, lequel admirant la vertu de cette chaste & honneste Demoiselle, fait dire à vne vieille Dame ces belles paroles en l'honneur de Claire.

O quelle merueille *de voir vne fille aagée de seize ans, foible de complexion, bien faite de corps, & doüée d'vne beauté, que les plus fleurissans maris eussent desirée, s'attacher à ce corps mort, le mouuoir, le toucher, le nettoyer, luy apprester des boüillons, luy souffler des herbes puluerisées dans les narines, qui distilloient vne humeur insupportable à tout le monde, luy faire la barbe & les cheueux, lors que personne ne vouloit prendre ce hazard ? N'est-ce pas vn miracle de nostre sexe, digne du rauissement des hommes, de la loüange des histoires, & de l'amour de toute la posterité.*

VIES
OV
ELOGES
DES REYNES,
DES PRINCESSES,

DES DAMES ET DES DEMOISELLES, illuſtres en pieté, en courage, & en doctrine, qui ont fleury de noſtre temps, & de celuy de nos Peres.

TROISIEME PARTIE.

A MADAME
LA DVCHESSE
DE LONGVEVILLE
ET DE TOVTEVILLE.

ADAME,

Auant que voſtre Alteſſe parte pour aller en Alemagne, ie prens la hardieſſe de luy offrir cette Troiſiéme Partie des Vies des Dames Illuſtres de ce ſiecle, pour la preſenter à la Reyne. Sa Maieſté l'aura ſans doute tres-agreable, à cauſe des Reynes Claude & Eleonor, & des autres Heroïnes, dont les Eloges ſont écrits en cette Partie; & parce qu'elle luy ſera preſentée par vne Princeſſe de la Royale Maiſon de Bourbon, qui a pour Chef le grand Saint Louis, la ſacrée Tige de cette Race feconde, non ſeulement en grands Princes, mais auſſi en Princeſſes

EPISTRE.

renommées par leurs vertus. On parlera tant que le monde sera monde, du sçauoir eminent ioint à vne vraye pieté de Gabrielle de Bourbon Princesse de Talemond & Dame de la Tremoille, vostre grande ayeule ; de la deuotion solide, & du saint zele pour la vraye Religion contre les Sectaires d'Antoinette de Bourbon Duchesse de Guyse ; de l'honnesteté de Renée de Bourbon Duchesse de Lorraine ; de la charité & de l'humilité de Charlote de Bourbon Comtesse de Niuernois ; de la modestie & de la magnificence de Marguerite de Bourbon Comtesse de Baugey ; de la sagesse d'Anne de Bourbon Duchesse de Neuers ; de la constance de Caterine de Bourbon Duchesse de Gueldres ; de la bonté de Bonne de Bourbon Comtesse de Sauoye ; de la liberalité * d'Isabelle de Bourbon Comtesse de Charolois ; de la beauté & des bonnes mœurs de Charlote de Bourbon Reyne de Cypre & d'Armenie ; de la douceur de Beatrix de Bourbon Reyne de Pologne & de Boheme ; du bon-heur de Marie de Bourbon Reyne de Cypre, & Imperatrice de Constantinople : mais particulierement des vertus eminentes de Ieanne de Bourbon Reyne de France, femme du Roy Charles V. de la patience & de la pudicité de sa sœur Blanche de Bourbon, Reyne de Castille ; à laquelle Froissard Historien Estranger & grand partizan des Anglois, donne ces veritables Eloges de TRES-BONNE, & de SAINTE, ayant courageusement enduré le martyre pour la Iustice & la Verité. C'est pourquoy, non seulement les Ducs de Bourgongne, de Calabre, de Bauiere, de Lorraine, de Sauoye, de Gueldres, & les autres Princes de la Chrestienté ; mais aussi les Rois d'Espagne, d'Angleterre, de Boheme, de Pologne, de Cypre, d'Armenie, & les Empereurs

* C'estoit la seconde femme de Charles dernier Duc de Bourgongne, & la mere de Marie heritiere de Bourgongne, premiere féme de l'Empereur Maximilien I. dont sont yssus tous les Princes & les Princesses de la Maison d'Austriche qui viuent auiourd'huy.

EPISTRE.

de Constantinople ont recherché en mariage des Princesses de cette Maison, & nostre Roy Charles V. surnommé le Sage, ne voulut iamais s'allier qu'à vne Princesse de ce sang Auguste. Enfin les Heroïnes, dont les Vies sont décrites en cette Partie, s'estimeront bien-heureuses d'estre presentées à la plus grande de toutes les Reynes, par ANNE GENEVIEVE DE BOVRBON DVCHESSE DE LONGVEVILLE, Princesse qui a toutes les vertus de ces illustres Princesses. C'est ce qui me donne la hardiesse de vous presenter cette Partie, que ie vous supplie de receuoir comme vn témoignage des respects, & de l'honneur que rendra tousiours à vostre vertu,

MADAME,

Dv Conuent des Minimes
de Paris ce 3. Iuin 1646. Feste
de S. Clotilde Reyne de France.

Vostre tres-humble, & tres-
affectionné seruiteur,
F. HILARION DE COSTE.

VIES OV ELOGES
DES REYNES, DES PRINCESSES, des Dames & des Demoiselles, illustres en pieté, en courage & en doctrine, qui ont fleury de nostre temps, & de celuy de nos Peres.

TROISIEME PARTIE.

CLAVDE DE FRANCE, REYNE DE FRANCE.

La Reyne Claude de France, Duchesse de Bretagne, écarteloit au 1. & 4. de France, d'azur à trois fleurs de lys d'or, au 2. & 3. de Bretagne, qui est d'hermines.

ENTRE les Illustres & les pieuses Princesses, qui se sont par leur vertu & leur bonne vie renduës recommandables du temps de nos Peres, la Reyne CLAVDE doit auoir ce me semble le premier rang, pour auoir esté la perle des Dames de son siecle, fille, femme, & mere de nos Rois, la gloire de l'Auguste & Royale Maison de France, la ioye & la gloire des François, & l'ornement de la Chrestienté.

Elle estoit fille aisnée du Roy Louis XII. appellé pour sa debonnaireté le Pere du peuple, & d'Anne de Bretagne sa 2. femme. Le 13. d'Octobre de l'an 1499. doit estre marqué en lettres d'or dans nos Fastes, pour auoir esté le iour natal de cette bonne Reyne, qui a autant apporté de bon-heur, non

Iii iij

seulement à nostre Estat, mais aussi à tout le Christianisme, qu'elle a donné de Princes & de Princesses à la France.

Elle a eu ce bon-heur d'estre nourrie & instruite par vne tres-vertueuse & tres-sage mere. Les deux premiers Princes de l'Europe & du Monde, François de Valois ou d'Orleans Comte d'Angoulesme, qui depuis a esté nostre Roy François I. & premier en beaucoup de sortes, & Charles d'Austriche fils aisné de l'Archiduc Philippe, & de Ieanne d'Espagne, depuis Empereur & Roy de plusieurs Royaumes, la demanderent en mariage, tant pour ses vertus & pour sa beauté, que pour ses grands biens, car elle estoit Duchesse heritiere de Bretagne & de Milan, Comtesse de Blois, d'Ast, de Coucy, de Montfort, de Richemont, d'Estampes & de Vertus. Le Roy Louis X I I. son pere la vouloit donner à Monsieur d'Angoulesme, qui estoit le premier Prince du Sang, & l'heritier apparent de la Couronne. Anne de Bretagne sa mere desiroit auoir pour gendre Charles d'Austriche, à cause qu'elle auoit esté promise à l'Empereur Maximilien I. ayeul paternel de ce ieune Prince, ou bien pour le peu d'affection qu'elle portoit à Louise de Sauoye Comtesse d'Angoulesme mere de François, quoy qu'il fust le plus beau & le plus agreable Prince du Monde.

François & Charles, presomptifs heritiers des deux premiers Royaumes de la Chrestienté, se veirent à la veille de perdre leur maistresse, laquelle sur la fin du mois d'Auril de l'an 1507. tomba malade d'vne fieure continuë, que les plus experts Medecins croyoient la deuoir mettre au tombeau, dont elle fut guerie miraculeusement, ayant esté vouée par la Reyne Anne sa mere à S. François de Paule, trois semaines après le decez de ce Bien-heureux Homme, suiuant le conseil & l'aduis que luy en donna Laurens l'Allemand Euésque & Prince de Grenoble, Prelat de sainte vie, oncle maternel du Cheualier Bayard, lequel allant visiter la Reyne, qui estoit lors au Chasteau de Montbano prés de Grenoble, la trouua extrémement affligée, pour la crainte qu'elle auoit de perdre Madame Claude de France. Car lors la Reyne Anne de Bretagne n'auoit que cette fille, & n'accoucha que deux ans après de Renée de France sa puisnée, laquelle

Ex Epistola Episcopi Gratianopolitani ad Leonem X. pro canonisatione S. Francisci Paulani. In Processibus canonisationis.

Allemand, de gueules, semé de fleurs de lys d'or, à la bande d'argent.

DES DAMES ILLVSTRES. 439

nasquit le 25. d'Octobre 1509. & fut mariée à Hercule d'Est Duc de Ferrare.

La Reine Anne aymoit vniquement Claude sa fille aisnée, mais estant decedée au Chasteau de Blois, le 9. de Ianuier 1513. au grand regret de tous les François & des Bretons, mais particulierement de la Noblesse, le Roy Louys XII. au mois de May ensuiuant, fit celebrer à S. Germain en Laye les noces de Claude auec François Duc de Valois & Comte d'Angoulesme : lesquelles Anne auoit tousiours retardées durant sa vie, pour les raisons que nous auons deduites cy-dessus, & remarquées ailleurs, quoy qu'elle eust donné son consentement aux fiançailles, qui auoient esté faites à Tours, huict ans auparauant, auec le contentement general des François, qui en firent des feux de ioye par toutes les villes du Royaume. Le contract de mariage de François & de Claude fut passé au Montils lés Tours le 22. de May de l'an 1506. auec le consentement du Roy Louys XII. de la Reine Anne, & de Louyse Comtesse d'Angoulesme, qui le signerent en presence du Cardinal d'Amboise Legat en France : des Euéques de Paris & de Nantes : des Seigneurs de Rohan, de Rieux & de Sens Chancelier de Bretagne : de Iean de Gannay, premier President au Parlement de Paris : de Iean François General des Finances, & de plusieurs autres Seigneurs.

En l'Hist. Catholique.

Le Cōtract est signé de Robertet & Gedoin, & scellé de double queuë de soye iaune & rouge.

Louys ayant marié Claude sa fille aisnée, il se remaria pour la troisiéme fois auec Marie d'Iorc ou d'Angleterre, sœur puisnée du Roy Henry VIII. qui estoit vne Princesse ieune & belle par excellence : Mais le mariage estoit si mal assorty pour l'aage, & la partie si mal faite, qu'en moins de trois mois elle l'enuoya en l'autre monde. Ce bon Roy estant decedé en sa Royale Maison des Tournelles à Paris, le 1. de Ianuier de l'an 1515. François d'Orleans son gendre mary de Claude de France (surnommé de Valois, comme aussi ses successeurs par ceux qui n'ont pas la vraye & parfaite cognoissance de nostre Histoire) recueille la Couronne France, non comme gendre, mais comme Chef de la tres-illustre Maison d'Orleans ou d'Angoulesme, puisnée de celle-là, & par consequent premier Prince du sang Royal, & se fit sacrer à Reims,

& couronner auec les ceremonies & les magnificences accoustumées. Claude de Duchesse qu'elle estoit se vit Reine à l'aage de 16. ans, mais pour estre esleuée à la dignité Royale, & auoir receu les honneurs du Couronnement & du Sacre à 18. ans, elle ne changea ny de mœurs, ny d'humeurs, & demeura tousiours dans sa premiere innocence, douceur & modestie, comme ie vous feray voir plus bas.

Elle fut sacrée & couronnée Reine de France à S. Denys, le Dimanche 10. de May de l'an 1517. Le 9. elle fut oüir Vespres à cette Royale Eglise, où elle fut receuë auec beaucoup d'honneur à l'entrée du Chœur par le Roy son mary, & Louyse de Sauoye Duchesse d'Angoulesme, de Valois, d'Aniou & du Maine, mere de sa Maiesté, & plusieurs autres Princes & Princesses. Elle retourna sur le soir faire ses prieres, & donner des larmes sur le tombeau du Roy Louys XII. son pere, & de la Reine sa mere, & là elle se confessa pour se preparer dignement à receuoir le Corps de Nostre Seigneur.

L'Euéque de Laon estoit Louys de Bourbō, qui depuis a esté Cardinal.

L'Archeuéque de Tolose estoit Iean d'Orleans, depuis Cardinal de Longueuille.

Le lendemain la ville de S. Denys fut pleine d'vne innombrable quantité de peuples venus de diuers endroits de la France, pour voir aller cette belle & bonne Reine à l'Eglise, où elle fut conduite par l'Archeuéque de Tolose, & l'Euéque de Laon issus du sang Royal : celuy-cy estoit de la Maison de Vendosme, & celuy-là de la Maison de Longueuille & de Dunois.

Tout le monde estoit rauy de voir marcher cette belle Princesse, non tant pour estre vestuë d'vn manteau Royal de velous bleu fourré d'hermines, la queuë trainant fort long, dont les deux costez estoient portez par les Duchesses d'Alençon & de Vendosme, & le bout par la Dame de Raüestain de la Maison de S. Paul, que pour sa beauté & sa bonne grace, ayant (comme rapportent ceux qui ont écrit la ceremonie de son Sacre) le visage digne de la Royauté & de l'Empire.

Les Cheualiers de l'Ordre, & les Princes du Sang marchoient deuant sa Maiesté, & aprés elle Louyse Duchesse d'Angoumois mere du Roy : puis Madame sa fille, Duchesse d'Alençon, sœur du Roy & femme de Monsieur : la Duchesse doüairiere d'Alençon de la Maison de Lorraine : la Du-

Duchesse de Nemours de la Maison de Sauoye, & sœur de Madame mere du Roy: Puis les Duchesses de Vendosme, de la Maison d'Alençon, & sœur de Monsieur: & la douairiere de Vendosme, qui estoit fille & heritiere principale de la Maison de S. Paul ou de Luxembourg. Elles estoient suiuies de cinq Comtesses, & d'vn grand nombre de Seigneurs & de Dames. Les Duchesses & Princesses du Sang portoient vn cercle d'or ou chappeau Ducal sur leurs testes, pour les distinguer d'auec les Comtesses.

Mesdames de Martigues, de la Tremoille, de Chasteaubriat, de Boulongne, & du Pont en Bretagne.

Le Cardinal de Luxembourg Euéque du Mans, & Legat en France, la fut receuoir à la porte de l'Eglise, estant accompagné des Cardinaux de Boisy & de Bourges, & de 14. Euéques, & d'autres Prelats & Abbez, qui chanterent le Cantique que l'Eglise chante dans ses resiouïssances publiques, menant la Reine au grand Autel, où s'estant prosternée en terre auec vn grand respect, & donné le Sceptre & la main de Iustice aux deux Prelats qui l'auoient conduite, elle fut sacrée & couronnée par le Cardinal Legat. Durant les ceremonies du Sacre, les Duchesses d'Angoulesme, & d'Alençon faisoient l'ouuerture de ses habillemens, le Duc d'Alençon (que l'on appelloit lors Monsieur, estant le premier Prince du Sang) le Duc de Bourbon Connestable de France, & le Duc de Vendomois soustenoient sa Couronne, qui la menerent de l'Autel à son siege Royal. Aprés eux venoient pour aydes Louys Prince de la Roche-sur-Yon, les Comtes de Geneue & de Guyse; celuy-là de la Maison de Sauoye, & celuy-cy de celle de Lorraine. Estant assise dans son Trosne, elle donna le Sceptre au Prince de la Roche-sur-Yon, & au Comte de Guyse la main de Iustice, qui demeurerent à genoux les testes nuës, aux pieds de sa Maiesté.

Le Cardinal de Boisy de la Maison de Gouffier: Celuy de Bourges, de celle de Bohier, & neueu du Chancelier du Prat.

Les Duchesses furent assises à sa main droite, & les Comtesses à sa gauche auec leurs Couronnes & leurs cercles: Celles qui estoient mariées auoient des robes de drap d'or enrichies de pierreries, & les veuues de velous noir: & la Vicomtesse d'Assigné, Vicomtesse de Couatmen, & Dame d'honneur de sa Maiesté aussi vettuë de drap d'or, fut assise vis à vis de la Reine.

Les Duchesses & les Comtesses ayans pris leur seance, le Legat commença la Messe qui fut respondüe par les Chantres de la Chapelle du Roy. Aprés l'Euangile le Cardinal de Boisy porta le Liure à baiser à la Reine, qui fut conduite à l'offrande par les Princes, & suiuie des Princesses. La Duchesse d'Alençon luy presenta le pain d'or & d'argent: la doüairiere d'Alençon, le vin dans vn pot d'or: & la doüairiere de Vendosme les treize pieces d'or monnoyé; aprés que la Dame d'honneur eut receu le pain d'or de Mademoiselle de Porcien; le vin de Madame de la Châbre de Sauoye; & l'or de Mademoiselle de Lestrac. La Reyne ayant esté à l'offrande s'en retourna en son siege Royal, duquel elle descendit quand la Messe fut dite, pour aller receuoir le Corps de IESVS-CHRIST auec vn grand respect & humilité au méme lieu où elle auoit esté sacrée.

 Plusieurs grands Seigneurs de ce Royaume, & des pays Etrangers, entre autres le Prince d'Orenge: Maximilien (qui depuis fut Duc de Milan) le Marquis de Saluces: le Nonce du Pape: les Ambasseurs des Rois d'Espagne & de Portugal, des Seigneuries de Venise & de Florence, assisterent à ce Sacre & Couronnement auec beaucoup de satisfaction & de contentement: aussi René legitimé de Sauoye Grand Maistre de France; l'Amiral de Bonniuet; les Mareschaux de Chabannes & de Chastillon, y seruirent de Maistres de Ceremonies.

 Le Mardy 12. du méme mois la Reine Claude fit son entrée à Paris, qui fut fort belle & magnifique. Sa Maiesté estant à la Chapelle S. Denys, fut saluëe par tous les Ecclesiastiques & toutes les Compagnies Souueraines, & autres qui marcherent selon leur rang, & estoient suiuies des premiers Seigneurs de la Cour, & des Rois d'armes & Herauts. Aprés venoient le Cheual de crouppe, harnassé fort richement, sur lequel estoit monté l'vn des enfans d'honneur de sa Maiesté, vestu d'vne robbe de drap d'argent, & le grand bord d'or à cordelieres d'argent, ayant la teste nuë. Et la haquenée Royale couuerte de caparassons pendans iusques à terre suiuoit.

 Puis marchoient les Cheualiers de l'Ordre deuant la li-

Le Ceremonial de France.

tiere de la Reine, & les Princes du Sang auprés de sa Maiesté, qui estoit au milieu de sa litiere, sur vn carreau de drap d'or frizé. Elle estoit vestuë d'vne robbe d'argent traict fort riche, & auoit vn surcot d'hermines sur son corset, qui estoit tout chargé de pierreries & de grosses perles. Autour de son col vn rang de pierreries, & son manteau Royal de velous cramoisy semé d'hermines, & la Couronne couuerte de diamans d'vn prix inestimable. Au deuant de la Reine assise dans la litiere Royale, qui estoit couuerte de drap d'argent traict, enrichy de cordelieres d'or enleuées par dehors & par dedans, marchoit Louys de Iehanliz sieur de Montmor, & grand Escuyer de Bretagne, vestu d'vne robbe de satin violet brochée d'or, & monté sur vne belle haquenée: & autour de sa Maiesté estoient 4. Escuyers de l'Escurie de sa Maison à pié, testes nuës, vestus comme le Grand Maistre de Bretagne. Raoul de Tournemines, sieur de la Guierche: Iean de Miraumont Sr de Harmabile, Gouuerneur de Montfort: Pierre de S. Gille, Sr de Beton: & Bernard de la Viéuille, sieur de Boubiers.

Les Mareschaux de Chastillon & de Chabannes, le Grand Maistre, & l'Amiral, le Grand Escuyer, & autres grands Seigneurs n'estoient pas fort esloignez de la litiere de la Reine. Le Duc d'Alençon estoit à la main droite: le Duc de Bourbon Connestable, à la gauche: & le Duc de Vendosme vn peu au deuant de sa Maiesté auec le Prince d'Orenge. Ils estoient precedez par les Cardinaux de Boisy & de Bourges, & le Legat qui alloit le dernier le plus proche de la Reine. Le Chancelier du Prat estoit à la main droite de la Reine, derriere le Duc d'Alençon. La litiere de sa Maiesté, pour parler au terme du Ceremonial de ce temps là, estoit portée par deux beaux & gros roussins bayars, couuerts de riches estoffes, comme le cheual de crouppe, & la haquenée Royale, & montez par deux enfans d'honneur ayans les testes nuës, & vestus comme les autres.

Aprés venoit & marchoit la Duchesse d'Angoulesme, mere du Roy François I. estant en vne litiere couuerte de velous noir, les cheuaux couuerts de mesme, & y auoit deux enfans d'honneur qui estoient sur les cheuaux de la litiere.

Puis venoient toutes les Duchesses & les Comtesses qui auoient assisté au Sacre & Couronnement de sa Maiesté, &

K kk ij

aprés ces Princeſſes, la Vicomteſſe d'Aſſigné ſa Dame d'honneur, qui eſtoit ſuiuie de trois chariots dorez & ornez des armes de ſa Maieſté comme Reine, femme de Roy, fille de Roy, & Ducheſſe heritiere de Bretagne, eſquels eſtoient pluſieurs grandes Dames & Demoiſelles de haute naiſſance. Pluſieurs Capitaines & leurs Lieutenans, auec les Archers de la Garde, veſtus de hoquetons d'orfeuerie, portans la Salemandre, terminoient la ceremonie, qui paſſa en cet ordre là depuis la Chapelle iuſqu'à l'Egliſe de Noſtre-Dame, où François de Poncher, Euéque de Paris, accompagné de pluſieurs autres Prelats receut ſa Maieſté, qui fit ſa priere deuant le grand Autel, tandis que l'on chantoit en muſique le Te Deum, lequel acheué, la Reine fut releuée par l'Euéque de Paris aſſiſté d'vn autre Prelat, qui donna la benediction à ſa Maieſté, & à toute la Nobleſſe qui la ſuiuoit. La Reine eſtant remontée dans ſa litiere, alla depuis Noſtre-Dame iuſques au Palais où eſtoit preparé le ſouper au méme ordre ; tout le peuple criant de ioye à haute voix, Noël, Noël, ſoyez la bien venuë.

Poncher, d'or, au cheuron de gueules, accompagné de trois coquilles de ſable, 2. en chef, & 1. en pointe.

Noël eſtoit l'ancien cry des François aux reſioüiſſances publiques.

L'on admira les magnificences du feſtin royal, où la Reine fut aſſiſe à la table de marbre en ſon ſiege Royal, ayant la Couronne ſur ſa teſte, ſur laquelle eſtoient écrites ces paroles Latines, *Claudia Britanniæ & Mediolani Duciſſa, Ludouici XII. Regis Franciæ, & Annæ bis Reginæ, Duciſſæ Britanniæ primogenita, ac Francisco huius nominis primo Franciæ Regi matrimonio iuncta*; c'eſt à dire, Claude Ducheſſe de Bretagne & de Milan, fille aiſnée de Louys XII. Roy de France, & d'Anne deux fois Reine, & Ducheſſe de Bretagne, mariée à François I. du nom Roy de France.

Quelques iours aprés cette entrée Royale, ſe fit vn Tournoy de Princes & de Seigneurs, faiſans armes à pié & à cheual en lice, qui eſtoient diuiſez en deux bandes, ſçauoir la blanche & la noire, ſymbole du iour & de la nuit, ou des armes de Bretagne. Le Roy François eſtoit le Chef de la bande blanche, & François de Bourbon Comte de S. Paul, frere de Charles I. Duc de Vendoſme, eſtoit le Chef de la bande noire. Les Cheualiers de l'Eſcadrille du Roy eſtoient veſtus de velous, & de damas blanc : Ceux de la

Compagnie du Comte de S. Paul de velous noir. Ces deux bandes rompirent en lice par compte fait six cens lances. Puis combatirent à la barriere aux armes, à coups de piques & combats d'espées. Ce qui donna bien du plaisir & du diuertissement à tout le monde.

La Reine Claude à l'exemple de la Reine Anne de Bretagne sa mere, s'occupoit auec ses Dames & Demoiselles à trauailler à l'éguille, & à faire diuers ouurages pour la decoration des Autels de celuy qui donne les Sceptres & les Couronnes aux Rois & aux Princes de la terre. Nostre grande Princesse enrichie de toutes les vertus, & perfections dignes d'vne Reine tres-Chrestienne & tres-Catholique, employoit vne partie de chaque iour à filer ou à trauailler en tapisserie, & nous voyons maintenant vn nombre infiny de ieunes Demoiselles & Bourgeoises, passer les iours entiers dans la faineantise & l'oisiueté, comme si le trauail estoit chose indigne d'vne Dame d'honneur & de consideration, & qu'auoir en main vne esguille ou vne quenoüille cela fust indecent & de mauuaise grace, puisque les plus sages & les plus grandes Reines n'ont point eu de honte de vaquer à ces exercices manuels qu'ils ont estimé bien-seans à leur profession, & que les plus puissans Monarques (entre autres l'Empereur Auguste Roy de la plus grande partie de la terre) ont iugé ces emplois dignes de leurs femmes & de leurs filles. Ce que ie dis icy en passant, & fais cette digression en l'Eloge de cette grande Reine, laquelle durant sa vie a esté aussi bien que sa mere ennemie de la paresse & de l'oisiueté la nourrice de tous les vices, pour monstrer l'impertinence d'vne infinité de coquettes qui viuent dans le monde comme creatures superfluës qui ne sçauent pas, mais qui deuroient sçauoir, que viure & trauailler c'est vne mesme chose, & que ce que la nourriture qu'on prend fait pour le viure, le trauail le fait pour la bien-seance de la vie. Aussi on a veu, & on voit encore tous les iours que la passion qu'ont les Dames pour vn bon ouurage, diuertit toutes les autres passions qui peuuent broüiller l'esprit, & que celles qui ne se veulent occuper, si elles ne sont perduës, au moins elles sont inutiles, & ennuyeuſes à la vie ciuile: ce qui leur arriue de cette oiſiueté.

Pour reuenir à noſtre Reine Claude. Cette deuote & Religieuſe Princeſſe, que le Ciel auoit ornée de toutes ſortes de graces, d'eſprit & de corps, quoy que tant ſoit peu boiteuſe, receut ces faueurs de Dieu d'eſtre mere d'vn bon nombre d'enfans, ſçauoir de trois fils, & de quatre filles. Elle eut premierement deux filles, qui furent nommées au Baptéme Louyſe & Charlote, qui decederent en bas aage, aprés auoir eſté accordées à l'Empereur Charles V.

La Reine Claude deſiroit pour le bien de la France vn Daufin. C'eſt pourquoy ayant ſceu que Louyſe de Sauoye Ducheſſe d'Angouleſme ſa belle mere, auoit obtenu le Roy François I. ſon mary, par les prieres de S. François de Paule, lors qu'il eſtoit encore viuant ſur terre; elle fit vn vœu à ſon imitation, & promit en preſence du R. P. François Binet, General de l'Ordre des Minimes, & de pluſieurs autres perſonnes de qualité, que s'il plaiſoit à Dieu luy donner vn fils, qu'elle luy feroit donner le nom de François, & feroit canonizer ce Bien-heureux homme par le Vicaire & Lieutenant de Dieu en terre, qui auoit deſia eſté Beatifié par le Pape Leon X. dés le 7. de Iuillet de l'an 1513. à l'inſtance du Roy Louys XII. & de la Reine Anne de Bretagne.

Binet Montiſſſay, de gueules, au chef d'or, chargé de trois Croix recroiſettées au pié fiché d'azur.

Cela luy fut octroyé comme elle le deſiroit, eſtant quelques années aprés accouchée d'vn beau fils au Chaſteau d'Amboiſe, le dernier de Feurier de l'an 1517. qui fut baptiſé le 27. Auril de la meſme année, & nommé François par ſes Parrains, le Pape Leon X. Antoine Duc de Lorraine, & Marguerite d'Angouleſme ou de Valois, Ducheſſe d'Alençon ſa Marraine. Il fut Daufin de Viennois, & Duc de Bretagne. Cette heureuſe naiſſance du Daufin fut ſuiuie de celles de deux autres fils, Henry Duc d'Orleans, depuis Daufin & Roy de France II. du nom, & de Charles Duc d'Angouleſme, & de Chaſtelleraud, depuis d'Orleans; & deux filles, Magdelaine Reine d'Eſcoſſe, & l'incomparable Marguerite Ducheſſe de Sauoye, deſquelles nous décrirons les Eloges en ce liure des Illuſtres Heroïnes.

Voyez ſon Eloge en l'Hiſtoire des Daufins de France.

Le grand Roy François, & la Reine ſon épouſe, pour ne

paroistre pas ingrats de tant de faueurs du Ciel, écriuirent plusieurs fois au Pape Leon, & au sacré College des Cardinaux, pour la canonisation de l'Instituteur & premier Fondateur de l'Ordre des Minimes. Ils enuoyerent à Rome Denys Brissonnet Euéque de S. Malo : Iaques Luc ou Lucas, Doyen d'Orleans : & Antoine Raffin, dit Poton, Seigneur de Pecaluary, Seneschal d'Agenois (qui depuis a esté Capitaine des Gardes du corps du Roy) pour en faire les poursuites : laquelle fut mise à sa perfection le 1. iour de May de l'an 1519. au grand contentement de leurs Maiestez, qui firent tous les frais & les despenses, auec vne magnificence vraiment Royale, digne de la pieuse liberalité de nos Rois.

La deuote & vertueuse Reine Claude mourut à l'aage de 24. ans, au Chasteau de Blois, le 26. de Iuillet 1524. au grand regret du Roy son mary, & de tous les François. Son corps ayant reposé quelque temps en la Chapelle de cette maison Royale, deuant qu'estre porté à S. Denys, plusieurs personnes malades, pour l'opinion qu'ils auoient de sa sainteté (car ses Confesseurs ont asseuré qu'elle n'auoit iamais commis aucune offense ou peché mortel, ainsi que son grand ayeul nostre S. Louys IX.) furent visiter son tombeau, & ont depuis asseuré auoir esté par l'intercession de leur bonne Reine & Princesse, gueris de leurs maladies & de leurs infirmitez.

Il ne faut pas s'estonner si Dieu a honoré cette sainte Reine aprés sa mort, qui auoit vécu si sainctement. I'ay rapporté ailleurs les authoritez de Nicole Gilles, & de I. Bouchet qui ont fait les Eloges de cette Heroïne, dans lesquels ils ont remarqué, sur le fidele rapport de témoins dignes de creance pour leur eminente probité, quelques miracles que Dieu a faits par l'intercession de cette sainte Princesse, qui n'a iamais mortellement offensé la Diuine Maiesté. La plus part de ses domestiques ont fait vne vie sainte & digne du Ciel, entre autres F. Yues Mahieuc Euéque de Rennes son Confesseur, & Michel Boudet Euéque & Duc de Langres son Aumosnier.

de trois roses d'argent en chef, & d'vn porc espic d'or en pointe.

Brissonnet, d'azur à la bande componée d'or & de gueules de cinq pieces, brisée d'vne estoille d'or sur le 1. compon de gueules, accompagnée d'vne autre estoille d'or en chef. Leo X. in bulla Canonizat.

Raffin, d'azur, à la fasce d'argent, accompagnée de trois estoilles d'or en chef. Nicole Gilles en ses Annales de France. I. Bouchet és Annales d'Aquitaine.

En l'Histoire Catholique.

Mahieuc, d'hermines au chef cousu d'or, chargé de 3. courónes d'espines de sinople. Boudet, d'azur, à vne fasce d'or, ac compagnée

La Reine Claude auoit pour deuise vne Lune en son plein, qui estoit le symbole de sa grandeur Royale, laquelle n'estoit seconde qu'au Soleil des Rois & des Grands, & ces mots qui estoient autour, CANDIDA CANDIDIS, signifioient que l'influence de ce benin Astre suiuoit la qualité de sa nature, & ne se communiquoit qu'aux suiets qui se trouuoient en pareille disposition.

D'autres disent que par ces beaux mots Latins CANDIDA CANDIDIS, *Candide aux Candides*, elle vouloit faire connoistre son doux & Royal naturel, & la candeur ou la sincerité de ses actions pour laquelle elle a esté cherie, aimée, & honorée de tous les François, ayant acquis & merité le titre & le beau surnom de *Bonne Reine*, aussi les bons Princes font les bons suiets, & les peuples doux & traitables les bons & iustes Rois.

Lorraine, d'or, à la bande de gueules, chargé de 3. alerions d'argent.

Bar, d'azur à deux bars adossez d'or dentez & allumez d'argent, l'escu semé de Croix recroisetées au pié fiché d'or.

CLAVDE DE FRANCE, DVCHESSE DE LORRAINE & de Bar.

CLAVDE de France, Duchesse de Lorraine & de Bar, estoit la 2. fille du Roy Henry II. & de Caterine de Medicis sa femme. Elle nâquit à Fontaine-bleau au mois de Nouembre l'an 1547. & fut leuée sur les fonts de Baptême, par les Suisses la fille du Roy Henry de Nauarre, & Antoinette de Bourbon Duchesse de Guyse. Elle passa les premieres années de sa vie au Chasteau de S. Germain en Laye, qu'on appelloit lors la petite Cour, auec ses freres & ses sœurs, Henry de Bourbon Prince de Viane, la ieune Reine d'Escosse Marie Stuart, Charles Duc de Lorraine, qui depuis fut son mary. Cette petite Cour estoit vne pepiniere de Rois & de Reines; trois freres de Claude ont tenu le Sceptre François & porté la Couronne Tres-Chrestienne, & ses deux sœurs ont esté Reines; le Prince de Viane a esté
Roy

Roy de Nauarre, & finalement de France, & le restaurateur de la Monarchie Françoise.

Chrestienne de Dannemarc Duchesse, doüairiere de Lorraine & de Milan, niece de l'Empereur Charles V. fille & petite fille des Rois de Suede & de Dannemarc, ayant oüy parler des perfectiōs & des merites de cette ieune Princesse, heritiere des vertus & de la pieté de la Reine Claude son ayeule paternelle, la desira auoir pour belle-fille, & en fit faire la recherche par François Duc de Guyse, & Charles Cardinal de Lorraine, parens du Duc Charles de Lorraine son fils, qui auoient beaucoup de credit & de pouuoir prés du Roy Henry II. & par leur adresse moyennerent le mariage de nostre Princesse Claude de France, auec Charles Duc de Lorraine & de Bar.

Ce fut le 5. de Feurier 1558. que les noces furent celebrées à Paris auec vne Royale magnificence. Tous les plus chers nourrissons des Muses, entre autres Dorat, Ronsard, & du Bellay par leurs vers excellens, loüerent l'excellence des vertus de ces deux nouueaux mariez Claude de France, & Charles Duc de Lorraine, & Chef de toute la Maison d'Austrasie, qui a planté les palmes de sa valeur dans la pluspart des Prouinces de la Chrestienté. Les vns admiroient la bonne grace, la maiesté, & la bonté d'esprit de la Duchesse Claude; l'Homere François chanta en sa faueur;

  Ainsi qu'on voit dedans la poussiniere
  Sur tout vn astre apparoistre plus beau,
  Ainsi paroist sur toute la lumiere
  De ton esprit qui luit comme vn flambeau.

Et pour son mary que l'on estimoit pour sa beauté & pour sa valeur, il fit cet autre quatrain.

  Achille estoit ainsi que toy formé,
  Dedans tes yeux est Venus & Bellonne:
  Tu semble Mars quand tu es tout armé,
  Et desarmé vne belle Amazonne.

Ce Duc Lorrain, que le feu Roy Henry le Grand, doüé d'vn iugement admirable, appelloit auec le feu Duc Guillaume de Bauiere, le plus sage Prince de l'Europe, estant à la Cour du Roy Henry II. quand il épousa sa fille Claude de France, estoit admiré par nos François pour plusieurs belles qualitez assemblées, qui se trouuent separées rarement en d'autres ; la beauté, la bonne grace, l'agilité, la santé l'auoient partagé liberalement : mais ces biens que l'inconstante & aueugle fortune distribuë ordinairement à ceux qui ont moins de merite, estoient peu de chose au prix des vrais ornemens dont l'ame de ce ieune Duc estoit enrichie. Car la prudence, la sagesse, la conduite, le iugement accompagnoient de modestie & de retenuë, tant de valeur qui boüilloit en son courage, que ces extremitez également balancées faisoient voir en luy cette mediocrité que l'on appelle dorée, c'est à dire accomplie, & où consiste le poinct de la perfection. De plus ce Prince genereux aymoit la solide vertu, & auoit esté esleué par Chrestienne de Dannemarc sa mere en la vraye pieté, se monstrant ainsi que les Ducs d'Austrasie, François son pere, & le bon Antoine son ayeul, non seulement affectionné à sa Religion, mais zelé en la deuotion. Qui ne diroit que la Fortune & la Vertu qu'vn diuorce ordinaire separe d'vn mesme suiet, se fussent accordées en ce Prince Lorrain, pour le rendre aussi plein de bonheur que de merite ?

Mais entre les felicitez de sa vie, il faut aduoüer qu'il n'en eut point d'égale à celle de son mariage, qui luy acquit en la fleur de ses plus beaux iours, les iours de la plus belle fleur qui fust dans le parterre de nostre France. Car Mad. Claude de France estoit selon le témoignage du Poëte Angeuin la plus belle & la plus accomplie Princesse, non seulement de la France, mais de l'Europe & de l'Vniuers, & qui ne cedoit en beauté, ny à Helene, ny à Venus : celle-cy estimée par les anciens Payens la Deesse & la Dame de la beauté, & celle-là la plus belle creature que virent iamais l'Asie & l'Europe.

I. du Bellay.

    Dedans ses yeux la douceur paternelle,
    En son esprit diuinement instruit,
    L'esprit diuin de sa tante reluit,
    Et sur son front la grace maternelle.
    Celle qui mit entre Europe & Asie

Si grand discord, par sa seule beauté,
Cede à la chaste & ferme loyauté,
Qui ioint la France auecque l'Austrasie.
  Telle qu'estoit la nouuelle Cyprine
Venant à bord dans sa conque de mer,
Telle se doit la LORRAINE *estimer,*
Tant sa ieunesse a la grace diuine.

Claude estoit ieune, & neantmoins prudente, sage deuant le terme de l'experience: si le feu estoit en ses yeux, c'estoit vn feu innocent corrigé par la glace de son front. La grace estoit respanduë en ses leures, la pudeur de son cœur reiallissoit sur son visage, & la modestie se faisoit paroistre en ses actions & en ses paroles. Le Ciel où les mariages se font, à ce qu'on dit en theorie, & en terre en pratique, reserua le tresor de tant de vertus feminines aux masles perfections de Charles de Lorraine. Chacun benit ce mariage, tant nos François, que les Austrasiens.

Charles ayant mis sa chere Claude en la possession de sa Maison, ie veux dire des Duchez de Bar & de Lorraine, comme de son corps, & plus encore de son cœur, passa la plus heureuse & contente vie qui se puisse souhaiter dans vn chaste & pudique Hymenée. Le Printemps est moins fertile en fleurs, que leurs ames en sinceres affections, qui nourries de l'honneur & de la vertu, auoient vn aliment tout autre que celuy des sentimens terrestres. Si les sœurs de Claude ont porté sur leurs testes vn Royal diadéme: Elle se contenta d'vne Couronne Ducale: mais pour sa douceur, sa grace, sa bonté, sa liberalité, & sa pudicité, le Ciel la couronna Reine des Vertus.

Sa memoire & son nom seront à iamais en bonne odeur dans la Lorraine, tant pour ses merites & ses perfections, que pour le nombre des sages Princes, & des vertueuses Princesses qu'elle a donné au Christianisme. L'Italie & l'Alemagne ont admiré les vertus Royales de Chrestienne Grand' Duchesse de Toscane, & d'Elizabet Duchesse Electrice de Bauiere, dignes filles d'vne si digne mere. La Lorraine regrete auec larmes, & porte le deüil de la perte de François Duc de Vaudemont, pere de Madame la Duchess-

Il n'y a plus que Madame Caterine de Lorraine, Abbesse de Remiremont.

se d'Orleans: d'Antoinette Duchesse de Cleues, & du feu Duc Henry II. surnommé le Debonnaire, pour auoir esté la douceur & la bonté de son temps, duquel le R. Pere Iean Sauuage, Predicateur de mon Ordre, a loüé les vertus & les merites en trois diuerses Oraisons funebres. C'est pourquoy ie ne veux point m'estendre sur les loüanges de ces Princes là, & de leur sœur Antoinette Duchesse de Cleues: & ie diray que Charles Cardinal de Lorraine, du titre de sainte Agathe, Euéque de Mets & de Strasbourg leur frere, fils puisné de Claude, a esté en sa vie vn miroir de patience durant sa maladie. Quelles gesnes, ie ne dy pas des communes, mais de celles qui font fremir les bourreaux mesmes, ne seroient preferables à ce qu'il souffrit depuis le 29. an de son aage, que ses douleurs commencerent, iusques au 40. que leur continuation le porta au tombeau? Cette maladie fut durant onze ans l'exercice de tous les Medecins, non pas de l'Europe, mais du monde. Des remedes ordinaires on vint aux extraordinaires. L'Eglise pria pour luy, & comme pour vn grand Prelat, & comme pour vn grand Prince. Enfin aprés n'auoir rien oublié de ce qui se peut essayer, ce que l'on auança fut que trois ans deuant qu'il mourust, ses tourmens, auec quelque diminution bien legere, aboutirent à vne debilité de toutes les parties de son corps, si grande, & si vniuerselle, que des fonctions de la vie, il ne luy demeura que celle de voir & de parler.

Claude de France, Duchesse de Lorraine, mere de tous ces Princes & de ces Princesses, mourut l'an 1575. estant aagée seulement de 27. ans. Henry III. Roy de France & de Pologne son frere, luy fit faire vn Seruice solemnel dans l'Eglise Nostre-Dame de Paris, où Arnaud Sorbin, dit de Sainte Foy, Docteur en Theologie, Predicateur de sa Maiesté, & depuis Euéque de Neuers, fit l'Oraison funebre.

Iaques Tipot, Raphaël Sadeler, Paul Ioue, Hierôme Ruscelli, Gabriel Simeon, Claude Paradin, Pierre Dinet, & les autres Ecriuains des deuises, symboles, hieroglyphes & emblémes, ne remarquent point quelle deuise a prise Claude de France, Duchesse de Lorraine; Guillaume Paradin Doyen de Beauieu, dit que le Roy Henry II. ayant desiré que tous les Cantons des Suisses fussent ses Parrains, ils s'en sentirent grandement honorez, de sorte qu'ils deputerent des principaux de leur Nation pour la tenir sur les Fonts de Baptéme, & presenterent à sa Maiesté vne grande medaille d'or pesant deux mille escus, en laquelle estoit grauée vne main celeste tenant trois cordons liez ensemble d'vn nœud, vn Ange au dessus tenant vne Croix, & cette deuise à l'entour, SI DEVS PRO NOBIS QVIS CONTRA NOS? *Si Dieu est pour nous, qui sera contre nous?*

Par la main celeste qui tient ces trois cordons liez ensemble, ces peuples ont voulu declarer l'vnion & l'amitié qu'ils vouloient contracter auec la Frāce, la main ayant tousiours esté symbole de paix, & de concorde; comme aussi les cordons & les liens. L'Ange auec la Croix au dessus represente S. Michel Protecteur de l'Eglise Catholique, & de la France sa fille aisnée, comme autrefois de la Synagogue & des Iuifs ; ce glorieux Archange ayant executé les plus remarquables exploits en l'ancienne Loy. C'est luy, comme sçauent les doctes, qui retint le glaiue d'Abraham, à ce qu'il ne mist à mort son fils Isaac, qui prononça l'Arrest de benediction sur luy & sur sa semence: qui corrigea Balaam faux Prophete, voulant maudire les Hebrieux: qui terrassa en vne nuit l'armée de Sennacherib, composée de cent & quatre-vingts mille Assyriens, pressans par vn puissant siege la Cité de Hierusalem: qui ferma en Babylone la gueule des lyons hurlans dans le parc, pour empescher qu'ils ne deuorassent le Prophete Daniel. C'est luy qui s'est trouué aprés la venuë du Sauueur aux plus grandes affaires, aux plus grandes guerres & persecutions de son Eglise (ainsi que nous apprenons des Ecriuains de l'Histoire Ecclesiastique) cōbatant contre ses ennemis visibles & inuisibles;c'est luy (selon nos Annalistes) qui a apporté l'escu d'azur semé de fleurs de Lys d'or à nos Rois, par le secours & l'assistance duquel ils ont chassé les Anglois de ce Royaume: ce qui fit prendre pour deuise ce mesme Archange à Charles VII. auec ces mots, FVGAT ANGELVS ANGLOS, *l'Ange chasse les Anglois.* Aussi en recognoissance que les Leopards d'Angleterre n'auoient deuoré nos Lys par la protection & assistance de ce bien-heureux Esprit, nostre Roy Louys XI. fils, & successeur de Charles VII. institua l'Ordre & Cheualerie de S. Michel à Amboise, le premier iour d'Aoust l'an mil quatre cens soixante & neuf ; & pour la deuotion que nos Rois ont eu à ce Saint, ils ont souuent porté son Image en leurs banieres, comme estant l'Ange tutelaire de la France. Les François bien vnis ensemble, & les peuples alliez de cette Couronne ne doiuent rien craindre ayant ce saint Archange pour Protecteur, particulierement lors qu'ils combatent pour la Croix & les Lys, pour Dieu, pour son Eglise, & pour le Roy, tant contre les Infideles, que contre les rebelles, soit contre les ennemis de l'Estat, de la Maison, & de la Couronne de France. Et bien que son Ordre semble décheu par la roüille des siecles, ou par la trop grande facilité & bonté de nos Monarques, particulierement du Roy François II. si est-ce qu'il a esté releué si dignement par nos Rois derniers, ces deux grands HENRYS, & LOVYS LE IVSTE d'eternelle memoire, estant annexé à celuy du saint Esprit, que cette noble creature s'est encore ennoblie, cedant humblement à son Createur ; SOLEM-QVE SVVM SVA SYDERA NORVNT. *Les Astres recognoissent leur Soleil.*

Bien-heureux Archange, Prince glorieux de la Milice celeste, Intelligence motrice du grand Corps de cette Monarchie, qui auez apporté l'Oriflamme, & les fleurs de Lys à nos Rois, nous apprenant que Dieu *a choisi le Lys entre toutes les fleurs*, & qui leur auez aussi apporté la sainte Ampoulle pour leur Sacre, aidez-nous à terrasser les vices, sur tout les heresies qui affligent ce beau Royaume, autresfois exempt de tels mostres, auec les armes spirituelles de la milice Ecclesiastique, afin de destruire quelque iour la tyrannie Turquesque, ainsi qu'ont fait nos peres, qui ont tant de fois sous vostre escorte arboré la Croix en la Palestine, & fait trembler l'Idumée, lors que l'on vous voyoit souuent combatre auec eux & pour eux.

Cette belle & riche medaille d'or presentée à nostre Roy Henry II. par les Suisses au Baptéme de Claude de France Duchesse de Lorraine, sa fille puisnée, m'a fait faire cette longue digreſsion pour expliquer toutes les particularitez qui y eſtoient grauées, particulierement de cet Ange qui tenoit vne Croix, par leſquels ces peuples Heluetiens entendoient S. Michel Protecteur de la Couronne de France.

CLAVDE MARQVISE DE MOY, COMTESSE DE CHALIGNY,

RELIGIEVSE DE L'ORDRE DV SAINT Sepulchre, & Fondatrice du Monaſtere de cet Ordre à Charleuille, & nommée Sœur Marie de S. François.

Moy, de gueules, fretté d'or de ſix pieces.

Les Seigneurs de la Mailleraye en Normādie, de la Maiſon de Moy, ont porté écartelé au 1. & 4. de Moy, au 2. & 3. d'Eſtouteuille, blaſonnée en la page 319. ſur le tout eſchiqueté d'or & d'azur à la bordure de gueules, qui eſt de Dreux. De cette Maiſon sōt auſsi les Seigneurs de Ruberpré, Marquis de Batues.

AYANT rendu les deuoirs à la memoire de Claude de France Ducheſſe de Lorraine, ie croy eſtre obligé de m'aquiter des mémes hōneurs enuers la veuue d'vn Prince de cette tres-illuſtre & tres-genereuſe Maiſon, la deuote & pieuſe Claude de Moy, Comteſſe de Chaligny, fille & heritiere de Charles Marquis de Moy ou Moüy ; Maiſon illuſtre és Prouinces de Picardie & de Normandie. Charles Marquis de Moy ſon pere eſtoit fils d'Antoine auſſi Marquis de Moy, Cheualier de l'Ordre du Roy, Capitaine & Gouuerneur des villes de S. Quentin & de Ribemont, & de Charlote de Chabannes, fille du Mareſchal de la Paliſſe. Antoine eut pour pere Nicolas Marquis de Moy, Baron de Bellancombre & d'Enfreuille, & pour mere Françoiſe de Tarde. Nicolas eſtoit iſſu de Iaques de Moy, Cheualier de l'Ordre du Roy, & Grand Maiſtre des Arbaleſtriers de France, & de Iaqueline de Toutouille, fille du Seigneur d'Eſtouteuille Lieutenant pour le Roy en Normandie. Iaques eſtoit fils de Collart de Moy, Gouuerneur

& Lieutenant pour le Roy Louys XI. de Tournay, & du pays de Tournesis, & de Marguerite d'Ailly, fille de Iean d'Ailly Vidame d'Amiens.

Elle n'estoit pas moins noble du costé maternel, estant issuë de la Maison de Serny ou Cerny. La memoire du Comte de Cerny, ayeul maternel de Claude Comtesse de Chaligny, & le Chef de la Maison de Susannes est assez recommandée ; il a esté reconnu pour vn Seigneur tres-vaillant & tres affectionné au seruice de cette Couronne, dont il a donné de bonnes preuues au rauitaillement de la ville d'Orleans, & contre les Religionnaires rebelles en Champagne. Le Roy Henry III. l'associa à l'Ordre du S. Esprit, tant pour sa noblesse que pour ses merites.

Susannes, de sable à trois annelets d'argent, 2. 1.

A peine estoit née cette petite fille, que tous les plus grands Seigneurs de France ietterent les yeux sur elle, attirez par la noblesse de sa Maison, & la grandeur de ses moyens, mais sur tout par les rayons de sa beauté & de ses vertus qui commençoient à poindre au leuer de cet astre. Le Roy Henry III. la demanda pour ses Fauoris, auec des offres à ses parens de tout ce qu'ils desireroient, mais ils ne voulurent iamais engager la liberté de leur fille, ny la leur.

Estant fort ieune elle fut promise & fiancée à feu Monsieur le Duc d'Espernon ; la chose toutesfois ne reüssit pas, car elle fut mariée à l'aage d'onze ans à George de Ioyeuse, Baron de S. Didier, le 5. fils de Guillaume Vicomte de Ioyeuse Mareschal de France ; & de Marie de Batarnay Comtesse du Bouchage, le frere de François Cardinal de Ioyeuse, & des Ducs Anne, Henry & Antoine Scipion, desquels ie parleray en l'Eloge de leur mere la Mareschale de Ioyeuse. Ie ne dy rien des faits de George Seigneur de S. Didier, d'autant que la mort l'ayant rauy dés l'aage de 18. ans, 15. mois aprés son mariage, sans toutesfois l'auoir consommé, à cause de la ieunesse de sa femme ; estouffa tant de merueilles, desquelles son courage donnoit de tres grandes esperances à toute la France.

Claude de Moy aprés le decés de ce Seigneur de l'illustre & genereuse Maison de Ioyeuse, épousa l'an 1585. en secondes noces vn Prince de la Maison de Lorraine, Henry ry Comte de Chaligny, le 4. fils de Nicolas de Lorraine, Duc de Mercueur, & Comte de Vaudemont, & de sa 3. femme Caterine de Lorraine, fille de Claude Duc d'Aumale, Gouuerneur de Bourgongne, & de Louyse de Brezé. Henry de Lorraine Comte de Chaligny, estoit frere du costé paternel de la Reine Louyse, femme d'Henry III. de Philippe Emanuel Duc de Mercueur: de Charles Cardinal de Vaudemont: de François Marquis de Chaussin: de Marguerite Duchesse de Ioyeuse & de Pinay. Il eut pour frere germain Eric de Lorraine Euéque de Verdun, qui depuis quitta céte Prelature pour entrer dãs l'Ordre des Capucins.

Le Comte de Chaligny estoit vn Prince vaillant, liberal, sçauant, faisant assez bien en vers François, doux, courtois, & fort magnanime: vn iour le Duc de Parme le voyant, dit que s'il viuoit il seroit vn des premiers Capitaines du monde. Son courage s'esleuoit parmy les dangers, & aimoit grandement la iustice, ayant l'ame droite aux actions du Ciel. Le Roy Henry le Grand l'aymoit pour sa modestie releuée de vaillance, pour sa valeur adoucie dans l'humilité, estant doux aux vaincus, & terrible aux superbes. Ceux qui ont leu exactement les Historiens François & Etrangers, n'ignorent pas que ce Prince Lorrain a donné de bonnes preuues de son courage prés d'Aumale, durant le siege de Roüen, où il blessa à mort Langleraye, dit Chicot, determiné soldat qui le prit prisonnier. Depuis il employa saintement ses armes en Hongrie contre les Turcs & les Infidelles auec le Duc de Mercueur son frere, & mourut fort Chrestiennement à Vienne en Austriche.

Montreux du Mont-sacré.

Henry Cõte de Chaligny conduisant l'arriere-garde de l'armée de la Ligue durant le siege de Roüé, auec le Duc d'Aumale son oncle & son cousin, sur l'auis que les Ducs de Parme & de Mayenne eurent que le Roy Henry le Grand venoit auec ses forces prendre son champ de bataille en la plaine de Cuilly & de Bellencombe, il alla au deuant auec la Cõpagnie de Rantigny, & enuiron 25. Gentils-hommes des siens; il fut chargé par les coureurs du Roy, & blessé presque à mort, s'estant attaché à Engleraye, homme vaillant & hardy, plus connû sous le nom de Chicot, fameux bouffon d'Henry III. qui luy perça la cuisse, lequel ayant ouïy dire que c'estoit le Comte de Chaligny, s'escria aux Royaux, *Ne le tuez pas, il est encor des parens du feu Roy mon Maistre.* Le souuenir de ce liberal Monarque luy auoit osté le sentiment d'vn grand coup d'espée que ce Prince Lorrain luy auoit donné sur la teste, dont il mourut au Pont de l'Arche, au grand regret de l'armée Royale.

Claude de Moy eut 4. enfans de ce genereux Prince, trois fils, & vne fille, sçauoir:

M m m

Charles de Lorraine Euéque de Verdun aprés son oncle Eric, qui s'est rendu admirable à toute la France par sa doctrine, son eloquence & sa prudence: par son zele en l'acquit de sa charge Pastorale: par l'integrité de ses mœurs aux occasions que son aage & la Cour luy presentoient: mais plus encor à tout le monde en le mesprisant, sans auoir esgard à toutes les esperances que sa Maison, que ses vertus & ses merites luy donnoient, pour s'enrooller sous les Enseignes de Iesvs dans la Compagnie de S. Ignace de Loyole. Le Pape Gregoire XV. ayant appris sa resolution, luy adressa vn Bref, que l'on peut voir en la Gaule Chrestienne de Claude Robert, dans le Catalogue des Euéques de Verdun. Ce Prince tres pieux est passé de cette vie à l'autre le 28. d'Auril 1631. dans la Maison Professe des PP. Iesuites de Tolose, de laquelle il estoit Superieur.

Le 2. est Henry de Lorraine, Marquis de Moy, & Comte de Chaligny, Prince doüé de plusieurs perfections & merites; comme aussi le 3. François de Lorraine Euéque de Verdun, Abbé de Moy en Monstier, grand Doyen de Cologne, & Chanoine de Liege.

La fille est Louyse de Lorraine, mariée à Florent Prince de Ligne, & Marquis de Roubais, tres-sage Princesse, qui a esté fort honorée en la Cour d'Isabelle Infante d'Espagne, & Princesse des Pays bas, pour ses vertus, entre autres sa prudence, sa douceur, sa generosité, sa liberalité & sa pieté. Elle a aussi quitté les Principautez & ses enfans, à l'exemple de sa mere pour suiure Iesvs-Christ pauure & crucifié dans l'Ordre de la Penitence de S. François, au Conuent de Doüay, où elle a pris le gros habit, la corde & la haire de Religieuse, & vit saintement dans le nouueau Monastere de Mons en Hainaut.

Ligne, d'or, à la bande de gueules.

Ceux qui n'ont iamais eu l'honneur de cognoistre Claude Comtesse de Chaligny, & Marquise de Moy, la peuuent contempler en ses enfans; car d'ordinaire ils sont des témoins irreprochables de la grandeur & de la bonté des peres & des meres. Mais cette pieuse Heroïne a esté si richement ornée des dons de la nature & de la grace, qu'elle n'a pas besoin d'emprunter aucun auantage de la grandeur

& de la noblesse de ses ancestres, ny des vertus de son mary & de ses enfans pour paroistre illustre.

Ceux qui ont eu le bon-heur de voir cette Dame, sçauent bien que la nature luy auoit esté fauorable: Car elle estoit tres-belle & tres-agreable. Ie sçay bien qu'il y a des mouches si malignes, qu'elles tirēt le poison des plus rares beautez, & de si impudentes, qu'elles n'espargnent pas le visage des plus grands Princes, pour tascher d'en ternir le lustre. Ie sçay bien qu'il est mal-aisé qu'vne ieune Princesse, demeurée veuue à l'aage de 27. ans, belle, liberale, magnifique, desireuse d'entretenir les cognoissances que sa Maison, ses vertus, & le Comte son mary luy auoient acquis, euite l'impudence & la malice de semblables mouches, qui tirent le venin des œillets & des roses; mais enfin les mouches ne sont que mouches, ny les médisances que murmures qui peuuent bien s'attaquer à la vertu, mais non pas ternir sa beauté qui est tousiours plus éclatante.

La pieté est la premiere des vertus qui ont paru en cette deuote Heroïne, laquelle n'a iamais laissé passer vn iour sās entendre la Messe, & les Dimanches (autant que la commodité luy pouuoit permettre) à la Parroisse, afin de seruir d'exemple au peuple, qui ne pouuoit rien faire de plus agreable à cette Princesse que de frequenter les Sacremens de Penitence & de l'Eucharistie, & son soin estoit de s'informer du Curé de ceux qui les pratiquoient le plus. Lors qu'elle estoit en sa maison de Moy, elle assistoit à toutes les Heures, mesme à Matines, qui s'y chantent par six Chanoines fondez par ses ancestres. Elle communioit tous les premiers Dimanches des mois, & toutes les Festes solemnelles, aprés auoir dressé sa confession sur la pratique de Marie de Portugal Princesse de Parme: Quatre ans auant que quitter les Marquisats & les Comtez, elle communioit tous les huict iours, & a tousiours eu la conscience si tendre, que son soin estoit de se garder des moindres offenses: que s'il arriuoit quelquesfois qu'il luy suruinst quelque pensée ou imagination qu'elle soupçonnast estre contre la volonté de Dieu, on la voyoit secoüer la teste, comme par vn desaueu de ce que son imagination luy representoit contre son gré.

Mmm ij

Elle portoit vne grande deuotion à la Mere de Dieu, & ne manquoit pas d'en faire celebrer les Festes par ses domestiques auec vne grande ferueur, & particulierement celle de son immaculée Conception : Souuent elle faisoit sa meditation sur la vie de Nostre-Dame, recitant auec vne grande ferueur son Chapelet, & y appliquant sur chaque grain quelque vertu ou quelque action de la Vierge : On disoit tous les soirs en son Hostel les Litanies en son honneur, au son de la cloche, que si quelqu'vn de ses domestiques manquoit de s'y rendre de bonne heure, elle faisoit attendre qu'il fust venu, ou qu'elle eust appris la cause de son retardement; le méme ordre s'obseruoit aussi pour la Messe.

Ses plus intimes entre tous les Saints aprés la Mere de Dieu, estoient son Ange Gardien S. Ioseph, S. Iean Baptiste, S. Iean l'Euangeliste, S. François, S. Charles Borromée, sainte Barbe & sainte Apolline : elle prenoit vn singulier contentemét d'oüir parler des prerogatiues de S. Iean Baptiste, & de S. Iean l'Euangeliste, prenant tantost le party de l'vn, & tantost celuy de l'autre, & en discouroit aussi pertinemment qu'eust peu faire vn tres-habile Theologien : elle portoit vn tres-grand respect aux Reliques & aux Images des Saints, les faisant richement enchasser : de cette deuotion ont procedé tant de saints pelerinages à Rome, à Lorette, à Venise, à S. Claude, au S. Suaire de Bezançon, à Nostre-Dame de Montaigu, de Foy, des Ardilliers & de Liesse; à Cologne pour y honorer les Reliques des trois Rois, qu'elle aymoit d'vne affection fort particuliere : & durant ses voyages elle ne sortoit iamais de la maison que son Aumosnier n'eust dit la Messe.

Elle ieusnoit exactement le Caresme, & les autres iours qui sont commandez par l'Eglise, outre toutes les veilles des festes de la Vierge (ausquelles elle faisoit abstinence; pieté qui se pratique chez les Princes & les Princesses de la Maison de Lorraine) se contentant d'vne rostie seiche, ou de quelques pruneaux & raisins, sans iamais auoir voulu prendre aucune dispense, méme durant ses longs & penibles voyages, quoy qu'elle se leuast deux ou trois heures auant le iour pour faire Oraison, ou pour disposer de ses affaires spirituelles & temporelles.

Souuent elle portoit la haire, ou faisoit la discipline parmy ses ieusnes, & quand on luy remonstroit que ses mortifications luy auanceroient ses iours, elle respondoit doucement, *il faut mourir pour Dieu*. Ses Demoiselles l'ont quelquefois trouuée sur son lit comme pasmée, pour la violence des disciplines qu'elle venoit de prendre : Et pour monstrer que cette deuotion n'estoit pas de la qualité de celles qu'on voit souuent parmy les Cours, où sous le beau voile de confessions, de communions, de ieusnes, de penitences, & d'autres œuures (qui sont de soy tres-saintes) on couure des monstres infames de haine, de vengeance, & de médisance. Le plus authentique témoignage de la sincerité & solidité de cette Comtesse, c'est sa charité enuers le prochain, vraye marque des enfans de Dieu, & sœur germaine de la Charité : ces deux vertus se sont tenuë vne si fidelle compagnie en l'ame & aux actions de Claude de Moy, que l'on a de la peine de sçauoir à laquelle on doit donner le premier lieu, si le droit d'aisnesse n'ostoit tout le differend, & ne donnoit asseurãce que la puisnée n'operoit que par le commandement de son aisnée : c'estoit vne vraye Thabite, vne femme de misericorde & d'aumosne, elle faisoit la charité à tous, mais elle auoit vn soin plus particulier des malades, non seulemẽt de ses domestiques, ausquels elle donnoit des gardes, se priuant volontiers des seruices qu'elle en pouuoit tirer pour sa personne, les faisant soigneusement penser, & cherchant leurs appetits pour les soulager : mais aussi des autres, & principalement de ceux de ses terres qu'elle visitoit en personne, pour les exhorter à la patience, & leur remonstrer auec douceur leur deuoir ; entre autres elle visitoit souuent auec vne grande charité vn pauure homme de Tugny, qui auoit la bouche & le gosier tellement gastez d'vn cancer, qu'il faisoit horreur à tous ceux qui le voyoiẽt. Au commencement elle y eut de la repugnance, mais son courage passa par dessus toute consideration, de sorte que par après elle le seruoit comme si elle luy eust esté beaucoup inferieure, dont tout le monde estoit bien edifié ; car elle y menoit ses Demoiselles, & prenoit elle-méme la peine de le seruir, & de luy donner des boüillons & des medecines, aprés l'auoir exhorté à supporter son mal auec vne patience digne du Ciel.

On la pouuoit appeller la mere des pauures, car sa maison estoit plustost vn Hospital qu'vn Palais ou vn Hostel de Princesse. Sa charité enuers les pauures estoit discrette, faisant l'aumosne plus volontiers à ceux qui estoient reduits en quelque grande necessité & misere, à ses vassaux de Moy & de Tugni, plustost qu'aux autres. Elle auoit vn soin particulier de ceux qui s'estoient consacrez au seruice de Dieu dans des Cloistres, les honorant comme plus vtiles à l'Eglise, & pour auoir le bien d'approcher de la diuine Maiesté par leur profession & leur sainte vie: Les filles de Sainte Claire de Roüen, & les pauures Sœurs grises à S. Quentin en peuuent rendre d'asseurez témoignages, les ayant souuent assistées en leur necessité qui estoit extréme: on dira qu'elle y auoit quelque obligation particuliere, comme à des maisons basties par ses ancestres; mais quelle obligation auoit-elle aux Minimes de Rethel? aux Capucins de Reims? à ceux de Charleuille auant que de ietter les heureux fondemens de son Monastere du S. Sepulchre dans cette nouuelle ville?

C'est bien fait d'assister les pauures qui sont les membres de Iesvs-Christ, mais c'est encor mieux fait d'auoir vn soin particulier du salut de ses domestiques; c'est en quoy Claude Comtesse de Chaligny a excellé, car outre qu'elle veilloit auec prudence, afin que le vice n'eust point d'accés en sa maison, elle auoit vn grand soin que ses domestiques fussent bien instruits en la crainte de Dieu. Tous les iours elle faisoit lire en la presence de ses seruiteurs & de ses seruantes la vie du Saint, duquel on celebroit la feste, ou quelque Liure spirituel qui leur peust faire aimer la vie deuote. Elle auoit vne grande auersion de l'oisiueté, sçachant que c'est la pepiniere des vices, à raison dequoy elle trauailloit ordinairement, & faisoit trauailler ses filles, mais tout ce qui sortoit de leurs mains estoit pour la decoration des Eglises, pour l'ornement des Images, & sur tout du saint Sacrement qu'elle honoroit de tout son cœur, auec vn tres grand amour & respect; aussi elle a fait des fondations pour entretenir continuellement des lampes deuant les Tabernacles des Eglises de ses terres. Bref elle auoit vn grand zele que ses seruiteurs s'adonnassent aux œuures de pieté & de misericorde.

Elle ne pouuoit souffrir aucun iurement en la bouche de ses domestiques, ce qui arriuoit rarement, car elle leur monstroit l'exemple d'vne grãde retenuë, ne leur parlant iamais qu'auec douceur & modestie : Elle ne pouuoit souffrir parmy ses Demoiselles ces petites coqueteries, ces vaines complaisances, & ces affeteries qui seruent souuent d'allumettes & de flãmes pour embraser les cœurs d'vn amour indiscret, qui estant allumé donne bien de la peine à éteindre : aussi ceux qui auoiẽt l'honneur de la visiter, auoiẽt la satisfaction de voir reluire l'honnesteté en tous ses domestiques, & fleurir le beau lys de la pudicité dãs la maison de cette vertueuse Princesse : qui ne donnoit pas aussi chez elle aucun accés à l'enuie, (laquelle est le venin des Cours & des Palais des Grands) car dés aussi-tost qu'elle sçauoit qu'il y auoit quelque froideur, quelque ialousie, ou quelque mauuaise intelligence entre ses domestiques, elle les faisoit venir en son cabinet, où elle appaisoit leurs differens auec vne prudence & vne charité nompareille; elle rendoit aussi le méme office à ses vassaux quand ils auoient quelque procés.

Tout cela procedoit non seulemẽt d'vn desir qu'elle auoit que sa maison fust bien reglée, mais aussi d'vn tres-grand zele du salut de son prochain qui embrasoit son cœur, & sur tout le rendoit si ardent contre les heretiques, que ses plus grands souhaits estoient qu'elle fust aussi sçauante que le plus grand Docteur du monde, pour pouuoir leur monstrer leurs erreurs, & s'employer à leur conuersion. Ce zele luy donnoit vne grande auersion des Ministres, & vne grande affection vers la vraye Religion, pour laquelle elle eust donné volontiers son sang & sa vie. Ce méme zele passoit iusques aux ames de Purgatoire, pour lesquelles elle faisoit dire plusieurs Messes. Ayant fait de notables fondations à Tugny pour le Comte de Cerny son ayeul maternel : à Moy pour ses pere & mere : & quatre Seruices folemnels pour le Comte de Chaligny son mary : elle ne s'oublia pas quand elle voulut mourir au monde, pour faire sa retraite dans le Monastere du Saint Sepulchre de Charleuille, où elle a vécu auec vne telle obseruance de ses vœux, vne humilité si profonde, vne patience si entiere, vne pauureté si parfaite, & vne pureté si angelique, qu'elle pouuoit dire auec verité, *Ie suis crucifiée en la Croix auec* IESVSCHRIST.

Si la Comtesse de Chaligny auoit bien edifié ses enfans, tous ses domestiques & ses vassaux, menant vne vie si exemplaire parmy eux ; elle ne les surprit pas beaucoup, quand elle prit la resolution de passer le reste de ses iours dans vn Cloistre ; toutesfois plusieurs luy remonstrerent que quand elle auroit quitté les Marquisats & les Comtez pour viure dans vn Monastere, elle ne feroit rien qu'vne simple fille ne pust faire, mais que dans le monde elle exerceroit ses charitez ordinaires, continuant à soulager les pauures, à assister les malades, & qu'elle seroit comme vne lampe ardente sur la montagne pour éclairer tout le monde, qui demeureroit eclipsée ou cachée sous le muid de l'humilité religieuse. La deuote Princesse respondit à tous que la charité bien ordonnée doit commencer par nous-même, qu'elle a trauaillé pour les autres, qu'il est temps qu'elle se retire en vne Religion pour mediter en repos dans la solitude, son depart de cette vie, qu'on ne meurt qu'vne fois, & qu'elle veut se disposer à bien mourir, qu'elle ne trouue que ce seul remede aux apprehensions continuelles des iugemens de Dieu, & de l'horreur de la mort qui la tourmentoit tous les iours demeurant dans le monde. Elle dit à ses plus proches, & à ses plus confidens que leurs raisons estoient bonnes, mais qu'il y a vne chose plus forte que tout cela, c'est que Dieu l'y appelle, & qu'il le veut, & la crainte de la mort l'y pousse.

Aprés auoir, par la grace de Dieu, surmonté toutes les considerations humaines de la nature, de la foiblesse, de ses infirmitez, de l'amour des siens, & de la beauté de ses maisons, & des delices de ses iardinages, ausquels elle prenoit vn singulier plaisir & diuertissement, elle
dit

DES DAMES ILLVSTRES.

dit adieu au Marquis de Moy son fils, & à la Princesse de Ligne sa fille qui estoient lors à sa belle & delicieuse maison de Tugny en Champagne, où ses vassaux firent toutes sortes d'efforts pour la retenir, non seulement par leurs larmes, mais par des violences, comme de cacher les clefs de la porte du Chasteau, à se ietter par terre au lieu où le carosse deuoit passer, ou pour empescher sa sortie, ou au cas qu'il passast, preferans cette mort à vne vie qu'ils estimoiét plus cruelle que la mort, estant priuez de celle par qui ils viuoient aprés Dieu. Quelques-vns voulurent frapper & mal traiter ceux qu'ils croyoient auoir contribué à cette resolution; mais elle ne laissa pas de passer outre, auec vne fermeté & vne constance admirable, faisant voir à bonnes enseignes que *l'amour est plus fort que la mort, & que la parfaite charité chasse la crainte.*

Dés la veille de son depart de sa maison de Tugny, pour aller s'enterrer toute en vie au Sepulchre de Charleuille, comme il fut question de signer son contract, & la renonciation qu'elle faisoit dés lors de toutes ses possessions, se doutant bien que le monde & le diable feroient tous leurs efforts pour l'en destourner, elle fit preparer vn Crucifix, & ayant la plume à la main elle se sentit toute attendrie, sa main trembler, ses yeux fondre en larmes, son visage pâlir, son cœur palpiter, tout son sang se geler: aussi-tost elle ietta vne œillade amoureuse sur ce Crucifix qu'elle auoit preparé, & dit ces belles paroles:

Mon Seigneur & mon Dieu, c'est à ce coup que ie vous demande vos graces, pour fortifier mon cœur & ma main: Pere de misericorde, & Dieu de toute consolation, qui auez daigné ietter les yeux de vostre bonté sur moy, pour me faire vne faueur que ie n'ay iamais meritée, me choisissant entre tant d'autres pour vne vocation si sainte, ne m'abandonnez pas: le commencement de ce dessein est vn effet de vostre misericorde, protegez le de vostre bonté: mais l'accomplissement dépend des forces que i'espere de vostre grace. I'entends le bruit du monde qui s'oppose à vos saintes inspirations, & la loy de mes membres qui contredit à celle de l'esprit: vos graces sont plus fortes que tout cela, ô grand Dieu, il m'est auis que ie quitte quelque chose abandonnant tout, mais ce n'est rien en compa-

raison de ce que vous auez quitté pour moy, & ce tout n'eſt qu'vn petit atome auprés de vous que ie pretens trouuer. Ce que i'ay poſſedé eſt vn pur effet de voſtre liberalité, ie vous en remercie, & ie reconnois vos miſericordes plus grandes enuers moy, me donnant la grace de le quitter, qu'elles n'ont pas eſté m'en donnant la poſſeſſion, à condition mon Dieu, qu'il plaiſe à voſtre D. M. auoir agreable cet abandonnement que i'en fais, duquel voſtre cher Fils m'a donné l'exemple, ſe conſacrant tout nud à voſtre diuine Iuſtice, ſur le ſanctuaire de noſtre ſalut.

Ayant dit ces paroles elle ſigna ſon contract de renonciation auec vne reſolution nompareille, & vne ioye de ſa perſonne qu'on ne peut pas bien expliquer; mais auec vne telle deſolation de toute la maiſon, que c'eſtoit vne grande pitié d'entendre les ſanglots, & de voir les ruiſſeaux de larmes qui couloient des yeux de ſes domeſtiques.

Elle choiſit Charleuille pour y faire ſa retraite & ſon Sepulchre, comme vne ville qui ne faiſoit quaſi que de naiſtre, pour l'eſperance qu'elle auoit qu'elle y ſeroit plus incogneuë qu'à Reims, qu'à Verdun & à Nancy, où elle auoit eſté plus adorée que mortifiée : Elle fit élection de l'Ordre Canonial regulier du S. Sepulchre de Hieruſalem de N. S. IESVS-CHRIST, ſelon la regle de S. Auguſtin : lequel, quoy que tres-ancien, & qui s'eſt reſpandu és ſiecles paſſez, non ſeulement en Hieruſalem & en la Terre ſainte, mais auſſi en la Hongrie, en l'Allemagne, en Flandre, en Hainaut, à Tournay, à Cambray, & au pays de Liege, eſtoit pourtant incogneu en France.

Elle auoit eu quelque temps la volonté de prendre l'habit de ſainte Claire à Roüen, pour l'affection qu'elle portoit au Seraphique S. François : ou celuy des Sœurs griſes à S. Quentin, à cauſe de leur grande pauureté ; mais aprés auoir bien examiné ſon eſprit, elle fit le choix de l'Ordre du S. Sepulchre, pluſtoſt que de ces deux Familles religieuſes, & des autres Congregations plus floriſſantes, pour le deſir qu'elle auoit de voir reſtablir cet Ordre qui eſtoit quaſi éteint, excepté en quelques petites maiſons & Monaſteres, à Aix la Chappelle, à S. Leonard prés de Ruremonde, à ſainte Croix proche de Lymborch, à la Chauée au pays de Liege, aux Bons enfans de Liege, & depuis quelque temps à Viseit au méme Diocese; ou plustost pour demeurer morte au monde, & ensevelie dans ce Sepulchre, comme dans le tombeau de l'oubly.

A méme temps que la vertueuse Comtesse de Chaligny, veuue & mere de plusieurs Princes de la Maison de Lorraine, fut inspirée de Dieu de le seruir dans l'Ordre du S. Sepulchre; Charles Duc de Neuers, depuis Duc de Mantouë, Prince des Maisons de Gonzague & de Cleues, pour le zele qu'il auoit enuers la Religion, écriuit à son cousin Ferdinand Archeuéque & Electeur de Cologne, & Euéque & Prince de Liege, pour le prier de bailler la permission à des Religieuses du S. Sepulchre de Viseit dans son Diocese de Liege de venir s'establir à Charleuille, où il desiroit leur donner vne place, & les fonder, comme il auoit fait plusieurs autres Maisons Religieuses de Iesuites, de Capucins, & de Carmelites, (ainsi que i'ay rapporté en l'Eloge de Caterine de Lorraine son épouse) pour y seruir de bouleuards contre l'heresie & l'impieté; ce que i'ay appris par les patentes de ce Prince de la Maison de Bauiere, Archi-Chancelier de l'Empire Romain par l'Italie.

Les lettres du Duc de Neuers sõt datées de Mezieres le 28. Iuillet 1622. & les Patentes de l'Electeur de Cologne, de Liege, du 6. Aoust de la mesme année.

Ce fut donc dans ce nouueau Monastere de l'Ordre du S. Sepulchre établyà Charleuille, que la Comtesse de Chaligny prit l'habit de Religieuse en presence d'vn grand nõbre de Noblesse qui y estoit venuë de toutes parts: La Princesse de Ligne sa fille vnique s'y trouua, & elle-mesme luy fit vne couronne de pierreries d'vn tres-grand prix. Elle passa son année de probation dans cette Maison de pieté, auec vne grande feruer au seruice de Dieu, qui augmenta encore aprés sa profession.

Ceux qui alloient visiter cette Princesse au Monastere du S. Sepulchre de Charleuille, auoient le contentement de voir en cette nouuelle Cité trois notables Sepulchres: vn qui representoit celuy de N. S. suiuant les ordonnances de cet Ordre là: & les deux autres mystiques; sçauoir pour le 2. le Conuent dans lequel la Comtesse de Chaligny estoit morte au monde, & le 3. elle-méme où le Crucifié estoit enseuely. Car toute sa vie en la Religion a esté vne perpetuelle mortification, & pouuoit dire en verité, *ie meurs tous les iours*. Elle estoit continuellement crucifiée, sentant sans cesse les pointes de ce crucifiement en son cœur, qui la faisoit mourir tous les iours. Dieu a beny les saintes intentions de cette Princesse qui a fait refleurir l'Ordre Canonial du Sepulchre, comme sainte Terese, & la B. Colete, lesquelles, quoy que femmes, ont restably les Ordres du Carmel & de sainte Claire: car elle a attiré des filles de bonne Maison à cet Ordre là par l'odeur de ses vertus, & par le saint desir qu'elle a eu de l'obseruance reguliere. Ses delices estoient de se trouuer au Chœur, ce qu'elle faisoit auec tant d'allegresse, qu'elle taschoit d'y deuancer les autres, afin, disoit-elle, d'auoir la benediction de l'Ange: d'assister à Matines, à la Communauté, visiter auec feruer les Stations du S. Sepulchre, du Mont de Caluaire, du Iardin des Oliues, de la Montagne de Sion, de la vallée de Iosaphat, & se trouuer aux deuotes Processions qui se font tous les Dimanches & aux Festes principales: & faire tous les autres exercices spirituels de cet Ordre là, duquel les anciennes Constitutions veulent que les Eglises & les Monasteres soient bastis selon le modele du saint Sepulchre, afin de pouuoir faire les Processions, & qu'aux Cloistres soient representez la Créche de Bethleem, Bethanie, le Mont de Sion, celuy de Caluaire, la vallée de Iosaphat, & autres lieux sanctifiez par IESVS-CHRIST, afin que les Religieuses de l'Ordre Canonial regulier se remettent en memoire la naissance, la vie, la passion, la mort, & la resurrection du Sauueur. Sur tout elle estoit tres-exacte à faire sa meditation, qu'elle n'eust pas voulu obmettre pour tous les biens du monde, & la faisoit auec vne tres-grande abondance de larmes: toute son affliction estoit quand sa santé ne luy pouuoit pas permettre de vaquer à ces exercices; mais sa consolation estoit aussi de dire, *Dieu le veut, il desire que ie le serue en cette sorte, que son saint Nom soit beny: au moins sçay-ie bien, que moyennant sa grace, mes infirmitez ne m'empescheront iamais la pratique ny de l'obeyssance ny de l'humilité.* La bonne odeur des vertus de cette religieuse Princesse qui auoit quitté de grands biens pour entrer en cet Ordre là,

Lambert Iegher en son liure intitulé, La Gloire de l'Ordre Canonial Regulier du S. Sepulchre Hierosolymitain de N. Seigneur IESVS-CHRIST, tirée du Tombeau d'oubliance.

non seulement comme Fondatrice, mais comme vne simple Religieuse, a donné la sainte curiosité à plusieurs Dames de haute naissance, de vouloir cognoistre cette Congregation de Chanoinesses Regulieres, & admirer la resolution & l'exemple de cette Princesse, & a attiré quantité de Demoiselles & d'autres filles à la suiure & imiter : & fait croire à plusieurs Seigneurs & Gentils-hommes qu'ils ne pouuoient pas mettre leurs filles en aucun lieu du monde, où elles peussent estre mieux & plus Chrestiennement instruites qu'en la Maison, où elles verroient continuellemét deuant leurs yeux vn si rare exemple : cela a esté cause que l'Ordre & la Fondatrice ont esté en aussi grande reputation que iamais, & que plusieurs Dames ont quitté leurs biens pour mourir au monde dans vn Sepulchre, où elles portent tous les iours de leur vie vne double Croix rouge sur leur surplis blanc, par ces sept considerations.

La premiere, pour se remettre en memoire les deux bras de la Croix de I. C. & l'ais de l'écriteau où estoit écrit en Hebreu, en Grec & en Latin, *Iesus de Nazaret Roy des Iuifs*. La seconde, qu'il a enduré & au corps & en l'ame interieurement & exterieurement, estant delaissé des siens, & priué de toute consolation. La troisiéme, qu'il estoit & le Sacrificateur & la victime. La quatriéme, Prestre selon l'Ordre d'Aaron & de Melchisedech. La cinquiéme, que premier que d'offrir le sacrifice sanglant en la Croix, il s'estoit desia offert sans effusion de sang en son dernier souper. La 6. qu'il estoit Roy & Prestre tout ensemble. La septiéme & derniere consideration, pour monstrer que le Sauueur est derechef crucifié par les pecheurs ; que ce dernier tourment luy est beaucoup plus sensible que l'autre, puis qu'au Caluaire il choisit & accepta volontairement la Croix, mais que celle dont le chargent les pecheurs est contre son gré.

Les Religieuses de l'Ordre du S. Sepulchre portent aussi la double Croix en memoire non seulement de celle de IESVS-CHRIST ; mais aussi de celle de la Vierge, pour faire paroistre à tout le monde, qu'elles ne doutent point que la Mere du Sauueur a esté spirituellement clouée & attachée à la Croix de son Fils estant au Caluaire, où comme

Nnn iij

luy auoit predit le saint vieillard Simeon, *le glaiue de douleur perça son ame*, & où cette grande Reine estant au pied de la Ste Croix, acquit à bonnes enseignes la Couronne du Martyre d'amour par dessus tous les Anges & tous les hommes.

Elles portent encore la Croix rouge sur leur surplis blanc, pour representer la mort sanglante de l'Agneau immaculé qui estoit *blanc & vermeil*, blanc pour la pureté de son ame & de son corps, & toutesfois couuert de sang comme vn criminel. Leur manteau est attaché par deux cordons rouges, en memoire des cordes dont fut lié le Sauueur en sa flagellation, & allant au Caluaire pour y souffrir la mort. Elles ont cinq nœuds qui sont comme cinq boutons aux cordes de leur manteau, pour se remettre en memoire les cinq playes du Redempteur.

Et pour reuenir à la religieuse Princesse, qui a embrassé auec tant d'ardeur cet institut là pour y viure comme morte au monde, & inconneuë aux yeux des hommes, elle quitta le iour de sa vesture le nom de *Claude de Moy*, & les titres de Comtesse, de Marquise, & de Princesse, pour prendre celuy de *Sœur Marie de S. François*, tant par humilité, que pour la deuotion qu'elle auoit à la Vierge & au Seraphique S. François. Mais comme Dieu détrempe pour l'ordinaire le miel de ses consolations dans le fiel de quelque affliction, & que tous les bons desseins & grandes entreprises sont suietes aux contradictions, pour estre par après affermies auec plus de solidité; Dieu permit durant son année de probation que son dessein fut viuement agité & combatu auec rudesse, pour esprouuer d'autant plus sa constance, & asseurer inuiolablement sa resolution, & pour obuier dés le commencement à ce qui auec le temps eust pû luy apporter de l'inquietude & troubler son repos, & renuerser en vn instant ce qui auroit esté concerté auec beaucoup de peine.

Elle demanda auec instance de faire sa profession: quelques-vns furent d'auis qu'il falloit accorder cela à sa deuotion, & qu'il sembloit que Dieu l'eust tirée du monde à cette fin, & pour la faire monter à ce haut poinct de perfection; d'autres furent de contraire opinion, opposans ses habitudes & ses maladies, qui ne pouuoient pas supporter les obseruances regulieres ; qu'il n'y auoit point d'apparence qu'elle fist le vœu de pauureté, qu'elle ne pourroit pas garder qu'auec certaines dispenses ; qu'il estoit plus expedient qu'elle véquist en qualité de Fondatrice ; & que pour s'vnir dauantage à Dieu, & mourir au monde comme elle auoit tant desiré, elle feroit certains vœux modifiez ; ainsi qu'il ne seroit pas necessaire de recourir aux dispenses, ny aux particularitez qui apportent vn notable preiudice à la discipline Religieuse.

Ces oppositions ont affermy son courage, & estably les choses en sorte qu'elles ont seruy d'edification à la posterité, & que sa profession a esté fondée non point sur le sable mouuant de l'inconstance, mais sur la fermeté d'vne meure & solide deliberation. Car enfin sa constance, sa ferueur, son zele, & son desir excessif de la perfection l'emporta sur toutes les considerations, & s'abandonna entre les bras de la diuine Prouidence. On prit le iour de la profession le 25. de Mars de l'an 1625. feste de l'Annonciation de la Vierge, il sembloit que son indisposition deust apporter quelque retardement, mais N. S. qui auoit conduit toute cette affaire là, luy enuoya la santé en vn instant, qui osta tous les obstacles ; elle se donna entierement à Dieu. Tous les habitans de Charleuille sçauent auec quelle tendresse, quelle resignation & humilité, quel mespris des grandeurs du monde, & des vanitez de la Cour ; mais non pas auec quelle ioye de son ame, & auec quelle abondance de graces & de consolations du Ciel, elle fit les vœux essentiels solemnellement en ces termes.

O Seigneur ie m'offre moy-mesme, & tout ce qui est à moy, à vostre diuine Maiesté, & promets de demeurer en cet Ordre Canonial du S. Sepulchre de mon Seigneur IESVS-CHRIST *de Hierusalem, sous la regle de S. Augustin, & garder la pauureté, chasteté, obedience, & la closture perpetuelle tous les iours de ma vie.*

Dieu a fait voir que cette action luy estoit bien agreable, car elle a tres-saintement gardé ses vœux sans aucune dispense, & tous ceux qui l'ont veuë depuis sa profession disoient que *c'estoit le doigt de Dieu.* Elle reputoit à vne tres grande faueur de la diuine Maiesté, de ce que sa profession s'eſtoit faite ſans pompe, & auec vne grande humilité, Dieu ayant diſpoſé les affaires en ſorte qu'il ſembloit que tout le monde s'eſtoit oublié d'elle, dequoy elle le remercioit auec vn grand cœur. I'ay remarqué cy-deſſus, que quãd elle prit l'habit, que ſa fille la Princeſſe de Ligne s'y trouua auec vn grand concours de Nobleſſe, parce que le iour de ſa veſture auoit eſté preueu, mais celuy de ſa profeſſion ne l'ayant pas eſté, pas vn de Meſſieurs ſes enfans n'y aſſiſta : le ſermon qui ſe fit fut du myſtere de l'Incarnation, ſans qu'on parlaſt ny de ſa reſolution, ny de ſa qualité, ainſi il ſembloit qu'elle fuſt miſe en oubly de tout le monde, ce qu'elle a touſiours tenu à tres-grande faueur de Noſtre Seigneur.

Cette religieuſe Princeſſe Sœur Marie de S. François, a chery la pauureté autant que le Patriarche duquel elle auoit pris le nom (qui appelloit cette vertu ſa Dame) pour le deſir qu'elle auoit d'imiter le Sauueur, lequel eſtant Maiſtre de tout, auoit tout quitté pour nous, & pour mourir tout nud en vne Croix. Vn iour comme on conſultoit ſur l'adminiſtration de la penſion que Meſſieurs ſes enfans luy donnoient, vn homme de merite ſembloit pencher à ce qu'elle en retinſt l'adminiſtration auec la permiſſion du Pape, elle ſe ietta de genoux à ſes pieds, la larme à l'œil, & luy dit ces paroles, *Quoy donc, Monſieur, ie ne ſeray iamais pauure ? vous auez touſiours eſté pour moy, & vous m'eſtes contraire ?* Depuis ſa profeſſion elle n'a iamais voulu rien de particulier, & a bien edifié, non ſeulement ſes Religieuſes, mais auſſi les ſeculiers qui l'ont veuë porter de pauures habits qu'elle cheriſſoit plus que tous ſes habillemens, & ſes beaux ameublemens qu'elle auoit dans le monde. Ce luy eſtoit vne conſolation ſenſible lors qu'elle pouuoit exercer quelque acte de pauureté en ſon viure, & quoy qu'elle euſt vn naturel fort delicat, elle ne ſe ſoucioit non plus de ce qu'on luy appreſtoit que ſi elle euſt eſté morte.

L'amour vers la chaſteté, vertu Angelique qui purifie nos ames, & leur fait regarder Dieu, les détachant par le moyen de la mortification de toute ſenſualité, a encor fait admirer cette religieuſe Princeſſe dans ſon Monaſtere, laquelle fut tres-obeïſſante. C'eſtoit vne merueille de voir

vne

vne Dame de ſi haute naiſſance, de ſa qualité & de ſon âge, qui n'auoit iamais eſté commandée, ſe ſouſmettre à la volonté d'autruy auſſi exactement qu'vne petite fille de neuf ou dix ans.

Sœur Marie de S. François menant vne vie digne du Ciel dans le deuot Monaſtere du S. Sepulchre à Charleuille, paſſa de cette vie à l'autre, vn an & 9. mois aprés auoir fait les vœux de Religion, eſtant aagée de 55. ans. Ce fut le 26. d'Octobre de l'an 1627. qu'elle tomba malade d'vne hereſipelle qui la mit au tombeau le 3. de Nouembre ſur les ſix heures du matin, eſtant munie de tous les Sacremens qu'elle auoit demandez auec vne grande inſtance. Ceux qui l'ont aſſiſtée à ſon heure derniere, aſſeurent qu'elle ne perdit pas durant ſa maladie la preſence de Dieu d'vn ſeul moment, eſtant ſi calme, nonobſtant ſes douleurs tres-aiguës, ſi preſente à ſoy, ſi vnie auec Dieu, qu'il ſembloit que cela charmoit tout le ſentiment de ſes maux: tout ſon entretien eſtoit auec Dieu, car elle ne prit plaiſir que d'oüir parler du Paradis, ou de la vie des Saints, du bien de la vie Religieuſe, des miſeres de ce monde, de la recompenſe des ſouffrances pour Dieu, de l'aſſiſtance que les Anges font aux gens de bien en mourant, & ſur tous la Reine des Anges. Ainſi a vécu, ainſi eſt morte cette religieuſe Princeſſe qui ſur les dernieres heures de ſa vie edifia grandement ſes filles & les aſſiſtans, pour n'auoir point durant ſes plus grandes douleurs obmis aucune action d'vne ame vrayement religieuſe, adorant la Croix, inuoquant les Saints, particulierement la Mere du Saint des Saints, baiſant leurs Reliques, ſe iettant aux pieds de la miſericorde de Dieu, par vn tres-grand reſſentiment de ſes fautes, demandant pardon à tous ceux qui eſtoient preſens, & aux abſens; battant ſa poitrine, bref n'ayant iamais paſſé vne minute ſans eſtre vnie auec Dieu.

Le 27. du meſme mois elle receut les honneurs de la ſepulture, auſquels aſſiſta Charles Duc de Neuers, Prince Souuerain d'Arches & de Charleuille, depuis Duc de Mãtouë & de Montferrat, où le Pere Claude Maillard, de la Cmopagnie de IESVS, prononça l'Oraiſon funebre, qu'il a mise en lumiere, dans laquelle il a décrit les perfections de cette religieuse Princesse, dont la memoire est en benediction pour ses vertus, & pour auoir trauaillé à restablir l'Ordre Canonial du S. Sepulchre, qui s'est multiplié depuis que cette Princesse y a fait profession ; car l'on voit huit nouuelles Maisons où Dieu est seruy par les Religieuses de cette Congregation de Chanoinesses regulieres, à Mastric, à Mariembourg, à Malmedy, à sainte Agathe & à sainte Valpurge aux fauxbourgs de Liege, à Hasque, à Tongre, à Paris au fauxbourg S. Germain, & à Vierzon en Berry.

La deuote Comtesse de Cháligny n'auoit point d'autre deuise que *le S. Sepulchre de* IESVS-CHRIST, qui est la deuise des Religieuses de l'Ordre Canonial Regulier du S. Sepulchre de Hierusalem.

Les Religieuses de l'Annonciade, tant celles de la Reine Ieanne de France, que de la R. M. Marie Victoire Fornere, meditent souuent l'adorable mystere de l'Incarnation du Fils de Dieu, comme ie feray voir aux Eloges de ces deux pieuses Heroïnes. Les Filles de la Visitation ou de sainte Marie, accompagnent la Mere de Dieu en Hebron & Cariatarbé, chez sa cousine Elizabet mere de saint Iean Baptiste, & portent vne Croix d'argent, comme filles de François de Sales Euéque de Geneue de bien-heureuse memoire. Les Benedictines de la Congregation de Nostre Dame du Caluaire, qui se vantent d'auoir pour Fondatrice vne Princesse de la Maison de France, tiennent fidelle compagnie sur cette sainte Montagne, à la douloureuse & amoureuse Vierge. Les Religieuses de Font-Euraud accompagnent aussi la Mere de Dieu auec le Disciple bien aymé sur ce Mont là. Mais les Chanoinesses regulieres du S. Sepulchre dont la Comtesse de Chaligny a embrassé l'institut, portent la Croix double & escarlate, pour dire auec S. Paul, *qu'il ne nous arriue iamais de nous glorifier qu'en la Croix de* IESVS-CHRIST. Elles ne veulent point d'autre demeure que le Sepulchre du Sauueur ; là sont leurs plaisirs & leurs delices, leurs Louures & leurs maisons Royales, là est tout leur gloire, là aboutissent toures leurs meditations & leurs contemplations : C'est pourquoy elles chantent tous les Samedis vne Antienne lugubre au Sepulchre de N. S. & les Dimanches vn Cantique d'allegresse. Elles n'oublient pas pourtant la sainte Mere du Redempteur, car chaque Samedy aprés la Station de sa Croix elles vont chanter les Graces au Chœur de Nostre-Dame.

CLAVDE DE LA TOVR,
COMTESSE DE ROVSSILLON
& de Tournon.

CEvx qui ont leu nos Annales, sçauent que la France a donné plusieurs Dames illustres, non seulement en pieté, mais aussi en valeur, entre lesquelles a éclaté en ce dernier siecle la pieuse & la vaillante Claude de la Tour ou de Turenne, Comtesse de Roussillon, femme de Iust II. du nom Seigneur de Tournon.

Cette Dame magnanime estoit fille aisnée de François de la Tour premier du nom, Vicomte de Turenne, Baron d'Oliergues & de Murat; & d'Anne de la Tour ou de Boulongne sa seconde femme, qui estoit sa cousine, estant fille aisnée de Geoffroy de la Tour, Baron de Mongascon, & d'Antoinette de Polignac. Claude de la Tour fut heritiere du courage & de la valeur de ses ayeux, dont le nom est celebre en l'Histoire, tant pour la noblesse de leur Maison, que pour leur vertu. Vne si illustre Heroïne ne pouuoit auoir que des Heros & des Heroïnes pour ses ancestres : Car Claude Dame de Tournon est issuë des anciens Comtes d'Auuergne, des Ducs de la premiere Aquitaine, des Comtes de Clermont, des Daufins d'Auuergne, des Seigneurs de la Tour, des Comtes de Boulogne, des Seigneurs d'Oliergues, des Vicomtes de Turenne, des Comtes de Beaufort, & des Comtes de Comminges : Il faudroit plu-

Tournon, d'azur, semé de fleurs de lys d'or, party de gueules au lyon d'or.

Roussillon, eschiqueté d'argent & d'azur à la bordure de gueules: ou selon les autres de gueules à l'Aigle éployé d'argent.

La Tour, d'azur, semé de fleurs de lys d'or, à la Tour d'argent, massonnée de sable sur le tout

Turenne, bandé d'or & de gueules.

Boulongne, blazonné en la page 126.

sieurs volumes pour parler dignement de la noblesse de la Maison de la Tour (qui a aussi donné quatre Daufins aux Viennois, entre autres Humbert, qui a fait le transport du Daufiné au Roy Philippe de Valois, comme i'ay rapporté dans l'Histoire des Daufins de France) & les autres prerogatiues de cette tres-illustre Maison, dont les curieux & les doctes attendent auec impatience l'Histoire genealogique que Monsieur Iustel doit donner au public au premier iour. l'auoüe que c'est beaucoup d'estre sortie d'vne Maison si ancienne & si illustre qui luy donne des Princes, des Daufins, des Comtes pour ses ayeux, des Ducs, & des Mareschaux de France pour ses neueux, des Papes & des Cardinaux pour ses grands oncles, des Rois & des Reines pour ses alliez & pour ses parens : mais c'est bien plus d'auoir acquis tant de merite par sa vertu & sa generosité, qu'il n'y auroit pas vn de ces Heros & de ces Heroïnes, qui ne s'estimast honoré qu'elle leur appartienne.

Claude eut pour frere François II. du nom, Vicomte de Turenne, Comte de Beaufort, Baron de Mongascon & d'Oliergues, pere du feu Duc de Boüillon Mareschal de France, & ayeul du Duc de Boüillon, & du Mareschal de Turenne. Ses sœurs furent Antoinette de la Tour, premiere femme de François le Roy Comte de Clinchamp, & Seigneur de Chauigny ; Renée de la Tour, Abbesse du Paraclet en Champagne.

Claude de la Tour épousa l'an 1535. Iust de Tournon, Baron de Tournon, & Comte de Roussillon, qui estoit fils de Iust premier du nom, & de Ieanne de Vissac. Ce Iust premier du nom eut plusieurs freres, entre lesquels sera à iamais renommé pour sa probité, son affection, & sa liberalité enuers les sçauans, & son zele à la defense de la Religion Catholique, François Cardinal de Tournon, Archeuéque de Bourges, puis de Lyon, & Primat des Gaules, Euéque d'Ostie, & Doyen des Cardinaux, l'amour & les delices du Roy François I. son bon Maistre.

Claude de la Tour ou de Turenne eut deux fils de son mary, sçauoir :

Iust de Tournon troisiéme du nom, Seigneur de Tour-

Vissac, de gueules, à trois paux d'hermines.

non, fut marié à Leonor de Chabannes, fille du Seigneur de la Palisse, dont il a eu deux filles; Françoise de Tournon, qui a épousé Timoleon, Seigneur de Maugiron, & Anne de Tournon, premiere femme de Iean-François de la Guiche, Comte de saint Geran Mareschal de France, dont elle a eu vn fils vnique Claude Maximilien de la Guiche Comte de S. Geran & de la Palisse, Gouuerneur de Bourbonnois, marié à Susanne de Longaunay; & six filles, dont deux sont decedées en bas âge, deux ont esté Religieuses, & deux ont esté mariées, Gabrielle en premieres noces au Seigneur de Chazeron, & en secondes à Timoleon d'Espinay de saint Luc, Comte d'Estelan, & Mareschal de France, & Iaqueline à Monsieur le Marquis de Bouillé.

Maugiron, goné d'argét & de sable de six pieces.

La Guiche, pag. 164.

Iust Louis Seigneur de Tournon, & Comte de Roussillon, Baron de Chalençon, Seneschal d'Auuergne, & Bailly de Viuaraiz aprés son frere aisné, qui de Magdelaine de la Rochefoucaud, fille aisnée de François Comte de la Rochefoucaud, & de sa seconde femme Charlote de Roye Comtesse de Roucy, sœur puisnée d'Eleonor de Roye Princesse de Condé, a eu Iust Henry de Tournon, Comte de Roussillon, Grand Seneschal d'Auuergne, Bailly du haut & bas Viuaraiz, & Cheualier des Ordres du Roy, qui a esté marié deux fois: La premiere auec Caterine de Leuis-Ventadour, dont il a eu Iust Louis de Tournon, Comte de Roussillon, Lieutenant general pour le Roy en Daufiné & en Viuaraiz, vn ieune Heros tué pour le seruice du Roy deuant Philipsbourg, l'an 1644. au grand regret de toute la France. Et la seconde auec Louise de Montmorency-Bouteuille.

Iust Louis Seigneur de Tournon, a marié ses quatre filles à quatre Seigneurs qui portent le nom des trois Rois, sçauoir l'aisnée Claude-Françoise de Tournon, à Gaspar Armand Vicomte de Polignac, Marquis de Chalençon, Gouuerneur du Puy, & Cheualier des Ordres du Roy, qui en a deux fils, dont l'aisné porte le titre de Marquis de Polignac. La seconde Isabeau de Tournon, à Melchior Mitte de Cheurieres, Marquis de S. Chamont. La III. Françoise de Tournon, à Baltasar de Gadagne d'Autun Comte de Verdun. Et la IV. Magdelaine de Tournon a épousé Gaspar d'Alegre Seigneur de Beauuoir.

L'on dit que Monsieur de Tournon a marié ses filles aux 3. Rois.

Polignac, d'argét à 3. fasces de gueules.

O o o iij

Claude de la Tour eut trois filles, sçauoir Claude de Tournon l'aisnée, femme de Philebert de Rye Baron de Balançon, Comte de Varas, Gouuerneur pour le Roy d'Espagne du Comté de Bourgongne. La seconde Magdelaine de Tournon, qui épousa Rostain Cadart d'Ancezune Seigneur de Caderousse : & la III. nommée Helene mourut à Liege, ayant esté pour sa sagesse, sa beauté, & ses merites, recherchée en mariage par le Marquis de Varambon, & le ieune Balançon, freres de Monsieur de Balançon ; & de laquelle vne grande Reyne a écrit l'Eloge, que plusieurs de mes amis m'ont prié d'inserer dans celuy de sa mere Madame de Tournon. Cette Princesse, fille & sœur de nos Rois, & parente de la genereuse Heroïne Claude de la Tour, aprés auoir rapporté que cette Demoiselle tres-vertueuse, & accompagnée des graces qu'elle aymoit, auoit au sortir de Namur pris vn mal si estrange, que tout soudain il la mit aux hauts cris, pour la violente douleur qu'elle ressentoit, qui prouenoit d'vn serrement de cœur, qui fut tel, que les Medecins n'eurent iamais le moyen d'empescher que peu de iours aprés qu'elle fut arriuée à Liege la mort ne la rauist. Elle décrit en ces beaux termes l'Histoire de cette genereuse fille :

La Reyne Marguerite en ses Memoires.

Madame de Tournon, qui estoit lors ma Dame d'honneur, auoit lors plusieurs filles, desquelles l'aisnée auoit épousé Monsieur de Balançon Gouuerneur pour le Roy d'Espagne du Comté de Bourgongne, & s'en allant à son ménage, pria sa mere Madame de Tournon de luy bailler sa sœur Mademoiselle de Tournon pour la nourrir auec elle, & luy tenir compagnie en ce pays où elle estoit esloignée de tous ses parens. Sa mere la luy accorde ; & y ayant demeuré quelques années en se faisant agreable & belle, (car sa principale beauté estoit sa vertu & sa grace) Monsieur le Marquis de Varambon, lequel estoit destiné à estre d'Eglise, demeurant auec son frere Monsieur de Balançon en mesme maison, deuint pour l'ordinaire frequentation qu'il auoit auec Mademoiselle de Tournon fort amoureux d'elle, & n'estant point obligé à l'Eglise, il desire l'épouser. Il en parle aux parens d'elle & de luy. Ceux du costé d'elle le trouuerent bon ; mais son frere Monsieur de Balançon, estimant plus vtile qu'il fust d'Eglise, fait tant qu'il empesche cela, s'opiniastrant à luy faire prendre la robbe longue. Madame de Tournon tres-sage & tres-prudente fem-

Marc de Rye, Marquis de Varambon, portoit de Neuf-Chastel, qui est de gueules, à la bande d'argent ; écartelé de Montaigu, qui est de gueules à l'aigle d'argent : sur le tout de Rye, qui est d'azur à l'aigle d'or.

me, s'offenſant de cela oſta ſa fille Mademoiſelle de Tournon d'auec
ſa ſœur Madame de Balançon, & la prit auec elle. Et comme elle
eſtoit femme vn peu terrible & rude, ſans auoir eſgard que cette
fille eſtoit grande, & meritoit vn plus doux traitement, elle la gour-
mande & crie ſans ceſſe, ne luy laiſſant iamais l'œil ſec, bien qu'elle ne fiſt nulle action qui ne fuſt tres-loüable. Mais c'eſtoit la
ſeuerité naturelle de ſa mere. Elle ne ſouhaittant que de ſe voir
hors de cette tyrannie, receut vne certaine ioye quand elle veit
que i'allois en Flandre, penſant bien que le Marquis de Varambon s'y trouueroit comme il fit, & qu'eſtant lors en eſtat de ſe marier, ayant du tout quitté la robbe longue, il la demanderoit à ſa
mere, & que par le moyen de ce mariage elle ſe trouueroit deliurée
des rigueurs de ſa mere. A Namur le Marquis de Varambon, & le
ieune Balançon, qui n'eſtoit pas de beaucoup ſi agreable que l'autre,
accoſte cette fille, la recherche, & le Marquis de Varambon, tant que
nous fuſmes à Namur, ne fit pas ſemblant de la cognoiſtre. Le
deſpit, le regret, & l'ennuy luy ſerrent tellement le cœur, elle s'eſtant
contrainte de faire bonne mine tant qu'il fut preſent, ſans monſtrer
de s'en ſoucier, que ſoudain qu'ils furent hors du batteau où ils nous
dirent adieu, elle ſe trouue tellement ſaiſie, qu'elle ne peut plus reſpi-
rer qu'en criant, & auec des douleurs mortelles. N'ayant nulle
autre cauſe de ſon mal, la ieuneſſe combat huit ou dix iours la mort,
qui armée de deſpit ſe rend enfin victorieuſe, la rauiſſant à ſa mere
& à moy, qui n'en fiſmes moins de deüil l'vne que l'autre : Car ſa
mere, bien qu'elle luy fuſt fort rude, l'aymoit vniquement. Ses funerailles eſtants commandées les plus honorables qu'il ſe pouuoit
faire, pour eſtre de grande Maiſon comme elle eſtoit, meſme appartenant à la Reyne ma mere, le iour venue de ſon enterrement, l'on
ordonne quatre Gentils-hommes des miens pour porter le corps;
l'vn deſquels eſtoit la Boëſſiere (qui l'auoit pendant ſa vie paſſion-
nément adorée ſans luy auoir oſé deſcouurir, pour la vertu qu'il
cognoiſſoit en elle, & pour l'inégalité) qui lors alloit portant ce mortel
faix, & qui mouroit autant de fois de ſa mort, qu'il eſtoit mort de
ſon amour. Ce funeſte conuoy eſtant au milieu de la ruë qui alloit à
la grande Egliſe, le Marquis de Varanbon coupable de ce triſte accident, quelques iours après mon partement de Namur, s'eſtant re-
penty de ſa cruauté, & ſon ancienne flamme s'eſtant de nouueau
rallumée (ô eſtrange fait !) par l'abſence, qui par la preſence ne

pouuoit estre esmeuë, se resout de la venir demander à sa mere, se confiant peut-estre en la bonne fortune qui l'accompagne d'estre aimé de toutes celles qu'il recherche, comme il a paru depuis peu en vne Grande qu'il a espousée contre la volonté de ses parens, & se promettant que sa faute luy seroit ayséement pardonnée de sa maistresse, repetant souuent ces mots Italiens, Che la forza d'amore non risguarda al delitto, prie Dom Iean de luy donner vne commission vers moy, & venant en diligence arriue iustement sur le poinct que ce corps aussi malheureux qu'innocent, & glorieux en sa virginité, estoit au milieu de cette ruë. La presse de cette pompe l'empesche de passer; il regarde que c'est : il aduise de loin au milieu d'vne grande & triste troupe des personnes en deüil, & vn drap blanc couuert de chappeaux de fleurs. Il demande que c'est. Quelqu'vn de la ville luy respond que c'estoit vn enterrement. Luy trop curieux s'auance iusques aux premiers du conuoy, & importunément pressé de luy dire que c'est. O mortelle response! L'amour ainsi vengeur de l'ingrate inconstance, veut faire esprouuer à son ame, ce que par son desdaigneux oubly il a fait souffrir au corps de sa maistresse, les traits de la mort. Cet ignorant qu'il pressoit, luy respond que c'est le corps de Mademoiselle de Tournon. A ce mot il se pasme, & tombe de cheual. Il le faut emporter en vn logis comme mort; voulant plus iustement en cette extremité luy rendre l'vnion en la mort, que trop tard en la vie il luy auoit accordée. Son ame, que ie crois, allant dans le tombeau requerir pardon à celle que son dédaigneux oubly y auoit mise, le laissa quelque temps sans aucune apparence de vie; & estant reuenu l'anima de nouueau pour luy faire esprouuer la mort qui vne seule fois n'eust assez puny son ingratitude.

 Claude de la Tour esleua tous ses enfans en la crainte de Dieu & en la vraye Religion, de laquelle ils ont esté tres-zelez defenseurs. Ses deux fils à l'exemple de Monsieur le Cardinal de Tournon leur oncle, ont obligé par plusieurs bien-faits les Peres Iesuites de leur beau College de Tournon, par le moyen desquels l'heresie qui s'estoit nichée tant és confins des riues du Rosne, qu'és montagnes de Viuaraiz en a esté bannie & chassée, & la ieunesse des Prouinces voisines esleuée aux lettres & à la pieté. Cette docte Compagnie a vne grande obligation à la memoire de Messieurs les Barons de Tournon & Comtes de Roussillon,

qui

qui ont efté auec Monfieur le Cardinal leur oncle les premiers qui leur ont bafty & fondé des Colleges en ce Royaume aprés Guillaume du Prat Euéque de Clairmont.

Ces braues Seigneurs de l'illuftre & ancienne Maifon de Tournon font dignes d'eftre loüez, pour auoir fidelement feruy nos Rois contre les rebelles, fuiuant les traces de noftre genereufe & courageufe Claude de la Tour leur mere, laquelle auec vn courage mafté, fouftint leurs efforts l'an 1567. quand aux feconds troubles qu'ils fufciterent fous le regne du Roy Charles IX. ils mirent le fiege deuant la ville & le Chafteau de Tournon, qu'elle leur fit leuer honteufement, où (comme i'ay appris eftant fur les lieux depuis la premiere edition de ces Eloges des Dames Illuftres) elle les chaffa quand ils voulurent s'en rendre les maiftres, & en fit ietter plufieurs dans le Rofne.

Leur rage les pouffa d'y mettre vn autre fiege l'an 1570. fous le plus zelé de tous leurs Chefs ; mais ils y receurent vn fecond affront par cette inuincible Heroïne, comme ie diray plus bas.

Elle eftoit fi genereufe, qu'elle fuft pluftoft morte mille fois, que de voir les ennemis de l'Eglife & du Roy abbatre les Croix, les autres marques de noftre falut, & les Lys de France, de Tournon, & de la Tour, pour y planter leurs enfeignes, leurs drapeaux & leurs armes. Elle euft pluftoft enduré mille & mille morts, que de voir prefcher dãs Tournon vne autre Religion que celle qui a efté prefchée en l'Eglife de Dieu, dans le 4. fiecle par faint Iuft 13. Euéque de Lyon, duquel ceux de la tres-illuftre & tres anciene Maifon de Tournon fe vantent à bon droit & iufte titre de tirer leur origine. Elle fuft morte pluftoft que de permettre que les mauuais & les dénaturez François euffent en fa prefence, ou durant fa vie demoly & ruiné la Chapelle du mefme Saint & fon Chafteau, & ofté les belles & les nobles armes des Maifons de Tournon & de la Tour ; qui portent pour marque de leur nobleffe & de leur fidelité enuers nos Rois les Lys d'or en champ d'azur, ainfi que nos Monarques.

Si les Chefs des Huguenots des Prouinces de Daufiné,

de Prouence & de Viuaraiz, attaquerent rudement cette place, ils furent repoussez, ou pour mieux dire chassez l'an 1570. encore plus courageusement par nostre vaillante & magnanime Heroïne. La resistance que Claude de la Tour Dame de Tournon, & Comtesse de Roussillon, fit aux rebelles de la Religion pretenduë reformée a esté bien décrite en vers Latins par Iean de Villemin, & depuis mise en vers François, par François de Belle-forest, Gentilhomme Commingeois, celebre & renommé pour les liures qu'il a mis en lumiere, particulierement les Annales de France, l'Histoire des neuf Charles, & sa Cosmographie. Le mémé Autheur (dont tous les sçauans en l'Histoire honorent la memoire) a dedié à cette vertueuse & vaillante Heroïne l'vn de ses liures, dans lequel il a fait son Eloge, en ces termes ;

Possevinus in appar. sacro. F. de la Croix du Maine en sa Bibliotheque.

Ie vous asseure de ma deuotion à vous faire seruice, conceuë en mon esprit dés le temps que i'ay cet honneur que de cognoistre Monsieur vostre fils le Comte de Roussillon, les traits de la vertu naissante duquel me donnent vn grand espoir de le voir vn iour le fils digne du Seigneur de Tournon, & de cette Claude de Turaine, qui en corps feminin porte vne vertu si remarquable, que peu d'hommes la surpassent en magnanimité, & nul en desir de seruir Dieu, l'Eglise, le Roy & la patrie. Et plus bas il rapporte fidelement comme elle a fait leuer le siege à vn grand Capitaine ; voicy ses paroles :

Belle-forest en son epistre dedicatoire de son Histoire vniuerselle du monde.

Qui se souuiendra iamais des deux derniers troubles auenus en France sans larmoyer, d'oüir ramenteuoir vn peruertissement de la gentillesse & courtoisie de tout le peuple iadis suiet à la vertu, & fidelité deuë à ses Princes ? mais nul ne le reduira en memoire sans souuenir (s'il a rien de bon en soy) que vne Dame seule, sans grand appuy des siens (absens de sa maison) aye tenu teste, voire chassé l'ennemy du Roy, & de l'Eglise, de la ville & finages de Tournon, iaçoit qu'il semblast y auoir quelque intelligence : mais à la seconde fois, & cette année 1570. qui ne loüera cette illustre Dame d'auoir si bien preueu à ses affaires, armé sa ville, fortifié sa maison, aguerry les siens, estonné l'aduersaire, que ce rusé Chef & conducteur des rebelles aye aussi bien perdu son temps deuant Tournon, defendu sous la conduite d'vne Dame, que lors qu'il assiegea Poitiers, où estoit enclose vne compagnie des mieux aguerris, & gentils com-

pagnons de la France, & des troupes Italiennes, & ce sous la charge d'vn grand Prince?

Madame la Comtesse de Roussillon, après auoir chassé les Caluinistes de son Chasteau & de sa ville de Tournon ne deuint pas plus superbe & plus glorieuse pour cet acte genereux & heroïque ; elle en donna toute la gloire au Dieu des armées. En recognoissance de cette grace, & du secours qu'elle auoit receu du Ciel, par la faueur de la sainte Mere de Dieu, cette vaillante guerriere, qui seule a toûjours vaincu & terrassé les Heretiques, & les autres ennemis de l'Eglise, chaste épouse de son Fils, laquelle a brisé la teste du vieux Serpent, elle enuoya au deuot Temple de Lorette, honoré de la Chambre de la Vierge, & où *le Verbe diuin a esté fait chair*, pour gage de son vœu, & pour monument eternel de sa recognoissance & de sa pieuse liberalité, vne effigie d'argent du Chasteau de Tournon auec cette inscription, HOC ARCIS TVRNONIÆ.

Turselinus in Histor. Lauret.

Cette vertueuse Dame ne se contenta pas seulement de chasser les Heretiques de Tournon, & de faire ietter dans le Rosne ceux qui s'estoient emparez de son Chasteau; mais aussi elle fit rebastir les Hospitaux, les Monasteres, & les Eglises que leur rage auoit ruinées, & entre les autres celle des Peres Carmes qui estoit hors de la ville de Tournon, & est maintenant rebastie dans la ville.

Cette Eglise est bastie entre le College des Peres Iesuites, & la Maison du sieur de Caseneuue, Medecin de Messieurs les Comtes de Tournõ, l'vn des plus sçauans & des plus curieux, non seulement de ces pays là, mais aussi de la France.

L'on voit au haut du premier portail de cette Eglise là ces deux vers Latins qui sont grauez en lettres d'or,

Hanc ædem Domino iustis tumulisque suorum,
Claudia ritè sacrat pectore grata pio.

Les voicy en François en faueur des Dames,

Claude d'vn cœur deuot consacra ce saint lieu,
Pour Mauzolée aux siens, & pour Eglise à Dieu.

Au bas l'on y lit encor ces deux autres vers Latins aussi écrits en lettres d'or,

Relligio bona sic per te dat Claudia templa
Splendida, vastauit quæ mala Relligio.

Ainsi Claude éleua d'vn veritable zele,
Les Temples qu'abatit vne main infidele.

Les armes des illustres Maisons de Tournon & de la Tour

sont posées entre ces quatre vers Latins, & il y a encor vne autre inscription Latine derriere le Maistre-Autel dans la ruë voisine du Rosne. Elle a encor laissé des marques de sa pieuse liberalité à S. Iulien de Tournon, & à la Chapelle de S. Iust qui est dans ce Chasteau, & à plusieurs autres Eglises, Hospitaux, & Monasteres du Viuaraiz, de Daufiné, du Limousin, & d'Auuergne.

Le Roy Charles IX. & la Reine Caterine sa mere choisirent Madame de Tournon entre les autres Dames de la Cour, pour estre Dame d'honneur de Marguerite de France Reine de Nauarre, Duchesse de Valois, tant pour sa vertu, que pource qu'elle auoit l'honneur de leur appartenir, estant proche parente de la Reine-Mere, à cause des Maisons de la Tour, d'Auuergne & de Bolongne. Elle suiuit & accompagna la Reine Marguerite en son voyage de Flandre, l'assista de son conseil en diuerses occurrences qui suruindrent, tant au Cambresis qu'aux Comtez de Hainaut, de Flandre, de Namur, & au pays de Liege, où elle vit & visita auec la Reine l'Archeuéque de Cambray: le Comte de Lalain Seigneur fort courtois, Gouuerneur de Hainaut, qui fut auec deux ou trois cens Gentils-hommes au deuant de cette grande Princesse, fille & sœur de nos Rois: Dom Iean d'Austriche, Gouuerneur du Pays-bas pour le Roy d'Espagne: l'Euéque & Prince de Liege: comme nous dirons & remarquerons plus amplement en la vie de la Reine Marguerite.

Auuergne, blazonné en l'Eloge de la Reine Caterine de Medicis.

Madame de Tournon mit par sa prudence vn si bel ordre en la Compagnie de la Reine de Nauarre, qu'elle pleut aux Etrangers qui la virent & la trouuerent si leste, qu'ils en eurent la France en beaucoup plus d'admiration. Lors qu'il fallut partir de Liege elle l'assista de son conseil auec l'Euéque de Liege & Madame la Princesse de la Roche-sur-Yon, sur l'auis que receut sa Maiesté que les ennemis de la Maison de France taschoient à son retour de la faire prendre, ou par les Espagnols, ou par les Huguenots. Claude de la Tour Dame de Tournon à l'heure du partement, quoy qu'incommodée pour sa vieillesse, pria la Reine auec Madame de la Roche-sur-Yon de faire de longues traittes, &

DES DAMES ILLVSTRES. 485

qu'elle s'accommoderoit à tout pour la tirer de peril. Durant son retour en France elle luy rendit plusieurs bons seruices depuis le Liege iusques à la Fere, en diuerses occasions qui se presenterent.

Cette sage & Catholique Heroïne se voyant aagée se retira en ses Maisons pour mediter doucement son depart de ce monde estant éloignée de la Cour & du bruit des villes. Elle mourut fort Chrestiennement le sixiéme du mois de Feurier de l'an 1591. à Satilieu sur les 6. ou 7. heures du matin, & receut les honneurs de la sepulture dans la belle & la deuote Chapelle tenant à l'Eglise des Carmes de Tournon, qu'elle a fait magnifiquement bastir, où i'ay veu vn tres-excellent tableau sur l'Autel, & cette inscription Latine sur le portail de la Chapelle.

Optima coniux Claudia à Turre & Turrenio optimi cöiugis Iusti à Turnone piè memoriam prosecuta sacellum hoc piis votis D. O. M. in honorem Virginis matris dedicauit.

Claude de la Tour & de Turenne, épouse tres-affectionnée honorāt la memoire de Iust de Tournon son tres-bon mary, a dedié à Dieu par ses vœux tres-pieux cette Chapelle en l'honneur de la Vierge Mere.

Dans cette Chapelle fondée par Claude de la Tour & de Turenne Comtesse de Tournon, sont inhumez plusieurs Seigneurs & Dames de la tres-illustre & tres-ancienne Maison de Tournon, entre autres feu Mʳ le Côte de Roussillon & de Tournō, Mareschal de Camp dans les armées du Roy, & Lieutenant pour sa Maiesté aux Gouuernemens de Daufiné & de Viuaraiz, le dernier des armes & du nom de cette tres-ancienne Maison qui portoit en ces quartiers là le titre de *premiere Chrestienne*, & dont les aisnez auoient l'honneur d'estre les premiers Chanoines de S. Iust à Lyon. Ieune Seigneur qui auoit tousiours biē fait en toutes les occasiōs, & donné des preuues signalées de sa valeur & de son courage, iusqu'à ce qu'il a esté tué deuant Philipsbourg, au grand malheur de sa Maison & de toute la France qui le regretera tousiours, & publiera ses vertus & ses merites, & aussi ceux de tous les Heros de sa Maison. Car encor qu'elle soit éteinte, & ne se trouue plus parmy les hommes, on chan-

Ppp iij

tera tousiours ses loüanges estant hors de l'enuie du monde. Les fideles Historiens ne manqueront pas de parler de luy & de ses ancestres, sur tout de ce grand Cardinal; (auquel la France sera eternellement obligée) car leur vertu doit estre admirée de la posterité aux siecles à venir, & le temps qui consomme toutes choses, ne la pourra iamais effacer de la memoire des hommes.

Le cœur de ce ieune Heros repose dans l'Eglise de Nostre-Dame du Conuent des Minimes de Roussillon en Daufiné, l'vn des plus beaux & des plus agreables de nostre Ordre, fondé par Iust Louys Comte de Tournon son ayeul, & second fils de nostre Heroïne Claude de la Tour.

CONSTANCE DE CARETTO, ET CONSTANCE D'AVALOS, Dames Napolitaines.

Caretto, d'or à cinq baudes de gueules.

LA noble & illustre Maison de Caretto a esté l'vne des plus renommées familles de l'Italie, fertile en Heros recommandables pour leur valeur, leur sçauoir, & leurs charges & dignitez, dont ils ont esté honorez pour leurs merites par les premiers Monarques du Christianisme. Le Montferrat, Larissa, Sauonne, Boschi, Incise, Final, & Gennes la superbe se vantent d'auoir ressenty les effets de la bien-veillance, & de la douce domination des Seigneurs de cette Maison. La Religion de S. Iean de Hierusalem ou de Rhodes, entre ses Grands Commandeurs recognoist le vaillant Fabrice de Caretto, predecesseur de Philippe de Villiers de l'Isle-Adam. L'Eglise Romaine a eu aussi des Cardinaux de cette illustre famille; entre autres Charles de Caretto de Final, qui a esté Archeuéque de Tours & de Rheims, & premier Pair de France, frere du Grand Commandeur de Rhodes. L'Eueché de Cahors a eu entre ses Prelats quatre Eueques de cette Maison; Charles Domi-

I. Cæsar Capacius.

Bosio.

C. Robertus in Gallia Christiana.

nique de Caretto Cardinal, Louys de Caretto qui a fondé à Final le Conuent des Religieux de l'Ordre S. Dominique; vn autre Louys, & Paul de Caretto, en faueur duquel le Roy François I. écriuit au Pape Clement VII. afin qu'il fust creé Cardinal, lequel entre autres Eloges l'appelle son parent, tres-fidele à cette Couronne & à ce Royaume, ainsi que ses ancestres.

Guillelmus de la Croix, in Catalog. Episcoporum Cadurcensium.

Tous ces Heros n'ont encor rendu cette Maison si celebre que cette Heroïne, l'honneur & la gloire des Dames de son temps pour ses vertus, particulierement pour sa deuotion & sa pieté. Cette Constance estoit selon le témoignage de Iules Cesar Capacio, Secretaire de la ville de Naples, l'vne des sages & vertueuses Dames de son aage, d'vne humeur contraire à la pluspart de celles de son sexe, qui mettent leur souuerain bien & leur contentement aux plaisirs, aux delices, & aux voluptez. Son principal soin estoit de subuenir aux paures, bastir des Monasteres, & distribuer ses biens à toutes sortes d'œuures pieuses & charitables. Elle a retiré vn grand nombre de filles par ses aumosnes & ses liberalitez des lieux infames & perdus, & les a depuis mariées honnestement, leur ayant assigné vn dot & reuenu suffisant pour les nourrir & entretenir. Elle fit bastir à Naples la pieuse Maison de Secours, où les filles pecheresses & penitentes qui s'estoient laissé seduire par les suppostz de Satan, & perdu la belle fleur de leur virginité, font là vne sainte retraite, où ces paures creatures retirées de l'iniquité pleurent aux pieds de IESVS-CHRIST, n'ayant point d'autres armes que leurs larmes, pour surmonter les rigueurs de sa Iustice, & pour faire surabonder la grace où l'offense & la coulpe ont abondé. Belle & sainte Maison, où toute la ville de Naples accourt pour faire dépit à l'enfer, lors que quelque Courtisane donne du pied au monde, & se retire en ce lieu de penitence.

Constance de Caretto a nourry les Peres Theatins, augmenté & orné leur Eglise & leur Maison auec vne despense digne d'vne Dame si liberale. L'ambition n'a iamais erigé ses trophées dans le cœur de cette genereuse Dame, elle l'auoit trop en horreur : ce qu'elle fit paroistre lors que Laurens Ananie, de Tauerne en Calabre, homme de grand esprit, & de rare erudition, luy presenta & dedia son liure des Esprits: car non seulement contre son naturel, elle se monstra ingrate enuers luy, & ne le remercia pas de cet honneur, mais mesme en sa presence elle déchira l'Epistre dedicatoire, par laquelle il l'auoit loüée pour ses merites & ses perfections, donnant le démentir au Prouerbe, & au dire d'Alexandre le Grand, que toute musique plaist, mais sur tout celle qui chante nos loüanges. Par tout le Royaume de Naples on parle du courage & de la generosité de cette constante Heroïne, laquelle ayant intenté vn procés au Prince de Sulmone, duquel elle auoit épousé le frere, le gagna auec despens; & aprés auoir obtenu ce qu'elle desiroit, elle rendit auec vne prodigieuse liberalité tout ce que la Iustice luy auoit donné iustement, & renonça à pur & à plein à tous ses droits. Estant paruenuë à l'aage de 60. ans, pleine d'honneur & de merites, elle mourut fort Chrestiennement, ayant tous les iours de sa vie porté vne tres-particuliere deuotion à la tres-sainte Mere de Dieu. On voit au Thresor de Lorette vne Couronne d'or enrichie de riches perles & de pierreries, que Constance de Caretto, Princesse de Sulmone a presentée à la Reine des Anges & des hommes.

Tursellinus.

L'autre Constance qui a honoré par son courage & sa valeur le Royaume de Naples, estoit de l'ancienne & riche Maison d'Aualos ou d'Aualon, Maison de laquelle sont sortis deux foudres de guerre; Ferrand François d'Aualos Marquis de Pesquaire, duquel nous parlerons en l'Eloge de sa femme Victoire Colomne, vne des vertueuses & sçauantes Dames de son siecle; & son cousin germain Alfonse d'Aualos, Marquis du Guast, Gouuerneur de Milan, Capitaine general en Italie de l'Empereur Charles V. lequel a remporté plusieurs signalées victoires sur les ennemis de son maistre, excepté à la memorable iournée de Cerisoles, où ce vieil Capitaine fut défait & batu par vn ieune Prince qui à peine auoit la barbe au menton, le tres-genereux François de Bourbon Duc d'Anguien. Cette Heroïne n'a cedé en courage à ces Heros, car (nos François ayans esté chassez

Aualos, d'azur au Chasteau d'or, à la bordure componée d'argent & de gueules.

sez de la citadelle de Naples par l'industrie de Pierre de Nauarre, qui depuis quitta le party de l'Espagnol pour seruir la France) elle soustint genereusement l'effort des François, & leur armée nauale, qui vint trop tard pour chasser celle d'Espagne qui occupoit l'Isle d'Ischia.

Les vns blasment nos François d'auoir vsé de trop de retardement, & que cela fut la cause qu'ils ne se rendirent pas les maistres de cette Isle; mais les autres en donnent toute la gloire à cette Dame magnanime, que Federic d'Arragon Roy de Naples informé de son cœur & de sa fidelité auoit laissée dans la forteresse de l'Isle, laquelle elle defendit & conserua l'armée Espagnole, & esleua les estendars & les armes de la Royale Maison d'Arragon, qui sont d'or à quatre pals de gueules, pour marque & trophée de sa generosité, & de sa foy enuers le Prince & la Maison qu'elle seruoit, & dont elle suiuoit le party.

Cette Dame pouuoit dire en verité, & sans vanité à ceux qui taschoient de la diuertir de l'obeissance des Princes en faueur desquels elle combatoit,

On perd temps d'essayer à forcer mon vouloir,
Tous les assauts des vents contre vn roc n'ont pouuoir: *Desportes.*
Ma foy c'est vn rocher qui iamais ne chancelle,
I'ay iuré saintement d'estre tousiours fidelle.

Ces deux Constances; Celle-cy vaillante & guerriere; celle-là pieuse & deuote; quoy qu'elles ayent mené vne vie bien differente: l'vne dans les exercices de la deuotion ciuile, & l'autre parmy les armes, ont eu neantmoins vne méme deuise: sçauoir vne Nymphe enuironnée d'vne lumiere plus lumineuse que celle de ce bel Astre, la lampe de l'vniuers, qui resioüit à son leuer toutes les creatures, auec ces mots Latins, VIRTVS CLARIOR SOLE. *La vertu est plus claire & plus brillante que le Soleil.* La vertu seule est exempte du trespas, rien ne nous rend plus aimables que la vertu. C'est la vertu que les Dames qui veulent faire profession de la vraye gloire & de l'honneur doiuent s'estudier d'acquerir tous les iours de leur vie, pour estre cheries & aimées de Dieu & des hommes, non pas pour vn iour, mais pour iamais. La vertu est la plus precieuse bague, la plus riche perle, le vray Soleil & l'ornement des Dames, non la beauté dont elles font tant de cas, & que les Poëtes & Ecriuains prophanes comparent au Soleil. Car la beauté eſt vaine & trompeuſe : elle n'eſt qu'vne qualité paſſagere, qui ne peut ſubſiſter, que dans ſon changement continuel; elle s'enfuit auec elles dans le tombeau, elle y va encor plus viſte. Mais helas ! la pluſpart quittent le chemin de la vertu, & employent toutes leurs heures, tous leurs iours, & toutes leurs années à parer le fumier de leur corps, & conſeruer leur beauté imaginaire, aimans mieux pour vn petit nombre de iours plaire aux hommes, & déplaire à Dieu pour vne eternité. Car les delices & les voluptez ne durent qu'vn moment, mais les peines qui les ſuiuent ſont eternelles.

Conſtance de Carette, Princeſſe de Sulmone, faiſant profeſſion de la ſolide vertu plus que Conſtance d'Aualos (car c'eſt la vraye pieté qui rend les Dames plus recommandables & illuſtres, d'autant que ſans elle, comme a fort bien dit vn Ecriuain moderne, quand elles auroient vn monde de grandeurs & de beautez, & que toutes les richeſſes de l'vniuers ſe ſeroient renduës tributaires à leur luxe, elles ne ſeront pas plus eſtimées deuant Dieu que la fleur du foin, & l'eſcume de la terre) choiſit encor pour deuiſe ou ſymbole deux bornes ſemblables à celles du Cirque Romain, & telles que les a décrites le docte Onufre Panuinius en ſes Ieux, auec ces mots Latins, Nec citra nec vltra : Ny deçà ny delà : Pour ſeruir de memorial eternel aux Dames de merite, que la ſeule vertu eſt ſolide & veritable, laquelle eſt poſée entre les extrémes, & ne tenant de l'vn ny de l'autre, demeure au milieu, comme au centre de ſa perfection : & agit autour de la mediocrité, comme ſa borne, ſans ſe licentier au plus ou au moins, à l'excés ou au defaut, non plus qu'au delà & au deçà de ſes termes.

R. P. Nicolas Cauſſin.

Tipotius.

D'autres luy donnent encore pour deuiſe vne Venus, la Deeſſe d'impudicité, ayant les fers aux pieds, pour declarer que par ſa pudicité & ſa chaſteté elle auoit lié & reſſerré les plaiſirs, les delices, & les voluptez deſordonnées, comme declaroient fort bien ces mots Latins, Compedibvs Venerem constringo, *Ie lie Venus auec les fers*, tirez de Virgile, en son discours qu'il a fait de la Conference qui est entre Bacchus & Venus: car de verité, les charmes, les appas, & les mignardises des Dames, & le seruice des Princes & des Grands sont des liens où volontiers on s'enuelope aisément, d'où l'on ne se desengage iamais, ou fort tard, & ce auec grandes peines & difficultez: comme dit fort bien François Petrarque, le Prince des Poëtes Italiens, en vn de ses Sonnets.

> *Charità di Segnor: amor di Donna*
> *Son le cathene: oue con molti affanni*
> *Ligato son, per chè io stesso me strinsi.*

Ny cet excellent Prouerbe Italien que la pluspart des ieunes hommes deuroient auoir incessamment deuant les yeux, qui les rendroit plus retenus & plus sages, sçauoir que *Donna bella, paradyso del occhio, purgatorio del bursa, inferno del anima;* c'est à dire en nostre langue, *vne belle Dame est le paradis de l'œil, le purgatoire de la bourse, & l'enfer de l'ame.*

C'est pourquoy les sages & les bien auisées, ainsi que la chaste & la prudente Constance de Caretto, Princesse de Sulmone, alliée à la noble Maison de Lannoy, au Royaume de Naples, ne s'attachent ny mettent leurs esperances aux faueurs des Princes & des Grands, ny à l'affection & amitié des hommes & des femmes, suiuant le bon aduis que nous donne vn saint Monarque esleu selon le cœur de Dieu,

La Principauté de Sulmone a esté long temps possedée par la Maison de Lannoy, elle appartient maintenant à celle de Borghese.

> *N'establissez point vos desseins*
> *Sur la Foy des Grands de ce monde,*
> *Et dessus les fils des humains*
> *Vostre espoir iamais ne se fonde;*
> *Secours n'en sçauroit arriuer,*
> *Ny support qui puisse sauuer.*

DAMIGELLA TRIVVLZIA, DEMOISELLE MILANOISE.

Triuulse, pallé d'or & de sinople de six pieces.

Le Cardinal de Birague Chancelier de France, estoit fils d'vne Dame de la Maison de Triuulse.

EN la Lombardie, & au Duché de Milanois, il y a plusieurs Maisons de Noblesse, illustres & renommées pour leur ancienneté & leur valeur: entre lesquelles celle de Triuulse est digne de loüange, pour auoir donné à l'Eglise cinq Cardinaux, & à l'Empire des fleurs de Lys deux Mareschaux, tres-fideles seruiteurs de nos Rois. Ceux qui ont leu nos Annales admirent la valeur & le courage de Iean Iaques Triuulse, lequel, quoy qu'étranger, fut honoré pour ses merites du baston de Mareschal par le Roy Louys XII. & Theodore Triuulse pour auoir seruy cette Couronne auec beaucoup de fidelité, receut le mesme honneur du Roy François I. qui s'est acquis dans les plus hauts emplois de la guerre le nom de braue & de prudent Capitaine.

Si la France & l'Italie vantent & celebrent le courage & la generosité des Cardinaux & des Mareschaux de la Maison de Triuulse; l'Italie, la France, & toutes les autres Prouinces Chrestiennes sont rauies d'admiration pour la pieté, le sçauoir, & la gentillesse d'esprit d'vne fille de cette noble & honorable race, nommée Damigelle Triuulse, de laquelle on ne sçauroit assez loüer les merites & les perfections.

Cet esprit sans pareil, digne Image des Anges,
Ayant par sa vertu surmonté les loüanges
Qu'on luy sçauroit donner.

Cette sçauante & vertueuse Demoiselle, issuë de l'ancienne & tres-illustre famille de Triuulse, estoit sœur d'Augustin Triuulse Cardinal & Protecteur de France, & fille de Iean Triuulzio Senateur de Milan, & d'Angele Martinengue d'vne Maison tres-puissante de Brefce, femme extrémement versée en la cognoissance des bonnes lettres. En quoy cette fille luy ressembla fort, & la surpassa mesme: car dés l'aage de 7. ans qu'elle fut mise par le soin de ses pere & mere à apprendre les premiers principes de la Grammaire, il sembla que les Muses l'eussent choisie pour estre leur disciple, veu qu'à peine luy auoit-on monstré vn liure, & chaque charactere, qu'elle lisoit d'elle-mesme parfaitement: puis estudiant à la Grammaire, elle remarquoit incontinent le moindre barbarisme qu'on pouuoit faire. Elle se rendit la langue Latine si familiere, que chacun l'admiroit, pour le beau style qu'elle auoit à dire, ou à coucher les choses par écrit auec vn si grand auantage, que cela sembloit luy estre infus du Ciel, & non point acquis par trauail: comme aussi n'auoit-elle pas beaucoup de peine à l'acquerir, à cause de la viuacité prodigieuse de son esprit, qui comprenoit toutes choses en vn moment, & s'en rendoit la cognoissance & l'vsage comme naturel.

Elle fit & prononça plusieurs harangues deuant les Papes, les Euéques, & les grands Princes de son temps auec tant de bonne grace & de maiesté, que toutes les parties d'vn parfait Orateur se retrouuoient plus auantageusemét en cette ieune Demoiselle, qu'elles n'ont esté décrites & desirées par Ciceron. Elle fut admirée pour ce suiet par ces doctes Prelats, l'Euéque de Lauzane Ambassadeur du Duc de Sauoye: par l'Euéque de Come son oncle: par les Peres Marian de Geniza, excellent Theologien & Predicateur de l'Ordre de S. Augustin: François Triuulse son oncle, de l'Ordre de S. François, l'vn des plus eloquens personnages de l'Italie. *I. Betuzki.* *I. Philippus Bergomas.* *Le Continuateur de Monstrelet.*

Non contente de la langue Latine, elle voulut encore apprendre la Grecque, & s'y rendit excellente en fort peu de temps, & auec bien peu de trauail. Aprés elle s'adonna entierement à la Philosophie, où elle reüssit en perfection. Elle n'auoit pas plus de 12. ans que son nom commença à voler par la bouche des gens doctes, & d'estre en grande estime parmy eux, non pas simplement pour raison du sexe (en qui pour peu de science qu'on ayt, c'est vn suiet d'admiration:) mais parce que sans autre respect ou consideration elle estoit comparable à qui que ce fust qui fist profession de sçauoir.

Elle eut vne tres-heureuse memoire, & en fit d'admirables experiences dés son bas aage, repetant par cœur des Oraisons entieres & tres-longues, sans manquer d'vne seule lettre ou syllabe, aprés les auoir oüy reciter seulemēt vne fois. Si elle eust pris en main quelque liure que ce fust, & qu'elle l'eust leu deux fois, elle le repetoit sans faute tout entier d'vn bout à l'autre: & ce qui est plus merueilleux, c'est qu'au lieu que pour l'ordinaire ceux qui ont cette facilité d'apprendre, laissent aussi aisément échapper les choses de leur memoire qu'ils les y ont fait entrer; celle cy conseruoit auec vne nompareille tenacité ce qu'elle y auoit vne fois imprimé, & le repetoit auec la mesme facilité long temps aprés, que la premiere fois.

Ioseph Betuzzi en l'Eloge qu'il en a fait, dit auoir veu & admiré de ses œuures Grecques & Latines, principalement des Epistres. Mais l'ornement de cette science fut la vertu & pureté qui estoit en elle. L'on tient qu'elle ne fut iamais mariée, & qu'elle demeura toute sa vie dans vne parfaite integrité & virginité, pleine d'vne sagesse & science infuse pour recompense de sa pureté virginale, ainsi que S. Hierôme dit des Sibylles, qui furent ornées de Dieu du don de Prophetie, à cause qu'elles furent Vierges. Elle estoit patiente, & souffroit tout ce qu'on luy disoit sans repartir. Elle receuoit les conseils de qui que ce fust, & luy sçauoit gré, l'en remerciant humblement. Enfin c'estoit vne image & vne idée accōplie de toute vertu, qu'elle herita de beaucoup de ses predecesseurs, qui en furent tous remplis, & nommément d'vne sienne grand-mere appellée Damigella comme elle, dont elle herita des vertus auec son nom, qu'elle-mesme luy donna au Sacrement de Baptéme.

A l'exemple de son ayeule maternelle, elle recitoit tous les iours l'Office diuin selon l'vsage de l'Eglise Romaine, outre vn grand nombre d'Oraisons & de prieres particulieres: sur tout elle s'adonnoit à ce genre d'Oraisons, qu'on appelle iaculatoires, autrement aspirations: car ce sont de briefues & courtes éleuations d'esprit en Dieu, de brusques saillies qui naissent de l'abondance & dilatation du cœur, & de l'excés d'vne sainte ferueur: Oraisons qui sont pratiquées par toutes les bonnes ames qui ont en mespris les delices & les plaisirs de la terre, & qui ne respirent qu'aprés les vrayes ioyes du Ciel & du Paradis; exercice qui iadis estoit tres-familier aux anciens Moines de la Palestine, de l'Egypte, & de la Thebaïde, au rapport de S. Augustin & de Cassian, qui, soit en priant, soit en estudiant, soit en mangeant, soit en trauaillant de leurs mains, rouloient toûiours au cœur ou en la bouche quelque oraison iaculatoire.

La pieuse & sage Damigelle Triuulse, qu'vn Autheur Italien nomme aussi Domitille, de laquelle il fait vn brief Eloge Latin, & de Caterine Câtona aussi Demoiselle Milanoise, les loüant toutes deux pour leur chasteté, leur retenuë, leur religion, leur pieté, leur modestie, & la noblesse de leurs Maisons. Cet Autheur remarque que Caterine excelloit à peindre sur la toîle, & nostre Domitille ou Damigelle, à bien chanter ou composer en Vers, ayant esté instruite dés ses plus ieunes ans, non seulement aux bonnes lettres, mais aussi en toutes sortes d'honnestes exercices, où elle profita si bien, qu'elle surpassa le dessein de ceux qui estoient destinez pour l'instruire : mais sur tout elle chantoit auec vne telle douceur & maiesté, soit les poësies qu'elle auoit composées, soit les Hymnes de l'Eglise en l'honneur de la Vierge & des Saints, ou des mysteres de nostre Redéption, qu'elle rauissoit tous les escoutans de ses doux accens, capables d'animer les choses inanimées: elle ioüoit si parfaitement bien du luth, que mariant la diuine voix que la Nature luy auoit donnée au son de cet instrument, il falloit que ceux qui l'oyoient auoüassent qu'vn des grands contentemens de l'homme consistoit en la musique.

Capacités in Elogiis illust. mul.

Ayant esté tout le cours de sa vie la merueille de son temps, tant pour sa deuotion & sa pureté, que pour la connoissance parfaite qu'elle auoit de toutes les sciences & de tous les arts, il ne faut pas s'estonner si les doctes qui florissoient non seulement en Italie, mais aussi en nostre France, l'ont loüée par leurs écrits ; entre autres Iean Textor, qui estoit l'vn des plus sçauans & des plus celebres Professeurs de la fameuse Vniuersité de Paris, & qui demeuroit en la Royale maison de Nauarre, le premier College de cette

Paolo Morigia di Gesuati di san Girolamo lib. terzo della Nobilita di Milano.

Academie, luy dedia vn de ses liures, & en parle honorablement en diuers endroits de ses œuures : comme ont fait aussi le Continuateur de l'Histoire de Monstrelet : Louïs Ariofte : Iaques Philippe de Bergame, Augustin : Iules Cesar Capace, Secretaire de la ville de Naples : & F. Paul Morige, de l'Ordre des Iesuates de S. Hierôme ; ce dernier l'appelle *la tres-illustre Damigelle Triuulse, le miroir de la vertu, & l'archiue de la sagesse.* Et depuis la premiere edition de ces vies des Dames Illustres, Iaques Philippe Thomasin, & Louys Iacob Carme, dans sa Bibliotheque des Femmes illustres par leurs écrits.

D'autant qu'en cet Eloge nous auons parlé de Damigelle de Saint Ange, Dame fort honneste & vertueuse, ayeule maternelle de Damigelle Triuulse, nous placerons le sien aprés celuy-cy, quoy qu'elle soit vn peu plus ancienne que les autres Dames, desquelles nous auons écrit les actions plus remarquables en ce liure.

DAMIGELLA DE SAINT ANGE,
DAME DE BRESCE.

OVR satisfaire à la loüable curiosité des Lecteurs qui ont admiré les vertus, le sçauoir & la gentillesse d'esprit de la belle, sage, & docte Damigelle de Triuulse, l'honneur & la gloire des filles Milanoises : ie parleray des perfectiós & des merites de sa marraine & ayeule maternelle Damigelle de saint Ange ou de Martinengue, l'ornement des Dames de la ville de Brefce, cité de Lombardie, dont l'Empereur Henry VI. difoit qu'elle meritoit d'estre appellée plustost vn Royaume qu'vne ville.

Le Pere Iaques Philippe de Bergame Religieux de l'Ordre des Hermites de saint Augustin, en son œuure des vies des

DES DAMES ILLVSTRES. 497

des Dames Illustres, la louë en l'Eloge de sa petite fille, & finit son liure, aprés auoir protesté d'estre obligé d'honorer la memoire de cette vertueuse Dame de Brescé pour sa vraye deuotion, sa solide pieté, sa sainteté, son innocence, sa candeur de mœurs, son integrité de vie, sa pureté & ses autres vertus. Vertus dont il ne parle point par oüy dire, & par le recit des autres ; mais comme tesmoin oculaire, & pour auoir esté par plusieurs années son Confesseur & son directeur en ses pieux & deuots exercices.

Damigelle estoit fille de Mathieu de saint Ange tres-excellent Capitaine, qui pour sa valeur fut Colonel de l'Infanterie de la Seigneurie de Venise. Estant en aage d'estre mariée, elle fut recherchée par plusieurs Seigneurs de la Prouince de Lombardie, le plus accomply desquels estoit Augustin Martinengue, enrichy & doüé de toutes les graces & de toutes les perfections requises à vn ieune Gentilhomme. *Martinengue, d'or à l'Aigle de gueules.* Le Ciel & la nature l'ayant pourueu de leurs plus rares dons, ayant vne belle & vne bonne ame dans vn beau corps, la crainte de Dieu, qui est le commencement de la sagesse, la pieté, la candeur des mœurs estoient les vertus qui embellissoient son ame; sa beauté, son adresse, sa bonne grace, sa valeur, son courage, & la noblesse de sa race le rendoient plus recommandable que tous les autres poursuiuans. C'est pourquoy Damigelle de saint Ange le choisit pour son mary. Dieu benit leur mariage d'vn assez bon nõbre d'enfans, d'vn fils vnique nommé Cesar, & de trois filles qui estoient trois belles Charites. Car les Graces contribuerent à leur naissance toutes leurs plus cheres faueurs. Mais comme les lys & les roses, qui sont les plus belles & les plus riches fleurs que la nature produise, se cueillent parmy les ronces & les espines, & ne sont pas de longue durée: de mesme ce saint Hymen sur lequel l'enuie ne trouuoit riẽ à redire fut fort court, & suiuy de beaucoup de douleur, Augustin de Martinengue ayant esté rauy à son épouse, en l'Auril de ses ans, laquelle demeura veuue chargée de ses 4. enfans, estant encor fort ieune, & sur la vingtiéme année de son aage. Elle fut tellement saisie & affligée de cette perte par l'espace de trois années entieres, & sa douleur fut

Rrr

si grande, qu'elle ne se peut exprimer par des paroles. Elle ne voulut receuoir aucune consolation. Ses pleurs, ses soûpirs, & ses sanglots continuels furent les fideles tesmoins de l'affection, de la foy & de la pieté qu'elle luy portoit. Tous ceux qui la virent en cet estat pitoyable, se sont souuent estonnez qu'elle ne mourut point de regret. Tous ses parens & ses plus intimes amies & confidentes tascherent de la consoler par toutes les plus belles raisons qu'ils purent alleguer: mais la playe estoit encor trop fraische, de sorte que tous les remedes qu'on y vouloit appliquer, ne faisoient que l'enuenimer. Le temps enfin operant en elle mieux que n'auoiët sceu faire tous les autres remedes, & la mort d'vne ieune Demoiselle sa parente & bonne amie nommée Vrsine, fille de Barthelemy Colleoni, Lieutenant general de l'armée des Venitiens, qui deceda assez subitement, la toucha tellement qu'elle reprit ses esprits, rappella sa raison perduë, & éleua son cœur à la consideration du Createur, disant: *Mes yeux, c'est assez pleuré la mort d'vn homme mortel. Damigelle réueille toy, & prens courage, tes larmes & tes soûspirs ne le feront pas reuiure: il faut te corriger de tes manquemens & de tes imperfections, demander pardon à Dieu d'auoir esté si lasche à son seruice: peut-estre que tu mourras demain ainsi que ta cousine, & auras ce regret à ton depart de ce monde, d'auoir plus seruy & mieux aimé la creature que le Createur, l'homme que Dieu, & vn ver de terre que le Roy des Rois, par lequel les Rois & les Princes regnent & commandent à leurs peuples.*

Aprés cette sainte & genereuse resolution, elle fut à l'Eglise des Peres Augustins du Conuent de Bresce, où elle fit vne confession generale de toute sa vie au Pere Iaques Philippe de Bergame, auec vne profonde humilité, versant vne grande quantité de larmes. Si nostre Damigelle de Martinengue deuant que de s'aller ietter aux pieds de ce docte & deuot Religieux, auoit mené vne vie honneste & Chrestiéne, excepté que les trois premiers ans de sa viduité elle s'estoit laissée par trop posseder à la tristesse & à la melancholie, sans mettre sa confiance & son esperance à celuy qui est le pere & le support des veuues, & des orphelins. Depuis sa confession generale elle s'adonna encor plus aux exercices de la vraye deuotion & de la solide pieté, sa vie estant vne vie spirituelle, deuote, extatique & sur-humaine, c'est à dire vne vie qui est en toute façon hors & au dessus de nostre condition naturelle. Ne point dérober, ne point mentir, ne point commettre de luxure, prier Dieu, ne point iurer en vain, aymer & honorer ses parens, ne point tuer ny offenser personne, c'est viure selon la raison naturelle de l'hõme : mais quitter l'affection des richesses & des plaisirs honnestes ; tenir les opprobres, les mépris, les abiections, les pertes des enfans, pour des beatitudes & des felicitez ; se contenir dans les termes d'vne tres-haute chasteté, & enfin viure parmy le monde, & en cette vie mortelle, contre toutes les opinions & toutes les maximes du monde, & contre le courant du fleuue de cette vie, par des ordinaires resignations, renoncemens, & abnegations de nous-mesmes ; ce n'est pas viure humainemẽt, mais surhumainement ; ce n'est pas viure en nous, mais hors de nous, & au dessus de nous.

A l'imitation de Blesille Dame Romaine, fille spirituelle de saint Hierôme, elle se dedia entierement au seruice de IESVS & de sa Croix, ce qui donna de la ioye & de la consolation à toutes les Dames de Bresce ; lesquelles à son exẽple quitterent la vanité des riches habits, & s'adonnerent aux exercices de pieté. On ne sçauroit assez la loüer pour sa deuotion, son humilité, sa foy, sa charité, & ses autres vertus : car elle alloit tous les iours

Montant en la vie eternelle
De vertu en vertu nouuelle.

Son Confesseur par modestie, par discretion, & par humilité, n'en a pas voulu décrire les particularitez, de peur d'estre estimé vn flateur & vn menteur : Il a remarqué seulement les actions qui ont le plus paru aux yeux des hommes. Entre autres il nous apprend auec quelques autres Autheurs, qu'elle se retiroit dans son cabinet, dans son Oratoire, ou dans quelque Eglise, tandis que les autres s'oc- *I. Betuzzi.* cupoient à diuerses recreations & entretiens ; durant qu'ils vaquoient à leurs plaisirs & passe-temps, elle s'adonnoit à la priere : tous les iours elle ne manquoit de reciter l'Office diuin, ainſi que font les Preſtres & les Religieux, outre le reſte du temps qu'elle donnoit à l'Oraiſon, tant mentale que vocale. Aprés l'Oraiſon, & auoir oüy la ſainte Meſſe, elle s'occupoit auec ſes filles & ſes ſeruantes à quelque ouurage. Elle frequentoit ſouuent les Sacremens de la Confeſſion, & de la Communion : & toutes les difficultez qui luy ſuruenoient en ſes exercices, elle les communiquoit au Pere de Bergame, auquel (eſtant abſent de Breſce) elle écriuoit ſouuent pour ce ſuiet.

Tous les habitans, & toutes les Dames de Breſce admirerent ſa force & ſa conſtance à ſupporter les iniures, les trauerſes, & les aduerſitez, mais principalement la perte qu'elle fit de ſon fils vnique Ceſar de Martinengue, ieune Gentil-homme bien né & bien inſtruit, qui deceda à l'aage de 15. ans, au grand regret de toute la ville de Breſce, qui aſſiſta à ſes pompes funebres, auec ſouſpirs & ſanglots : car il eſtoit aymé de tous ſes compatriotes, pour ſa douceur, ſa courtoiſie, ſa bonté, ſon ſçauoir, & ſes autres vertus. En ce triſte conuoy noſtre conſtante & magnanime Damigelle de S. Ange ne perdit iamais de veuë le corps de ſon fils vnique & bien-aymé, ſans verſer aucune larme; & en preſence d'vn nombre infiny de peuple, leuant les yeux vers le Ciel, & ſes bras en Croix, elle dit ces belles paroles : *Mon Seigneur & mon Dieu, qui m'auez creé du rien, & du neant à voſtre image & ſemblance, & gardé ſous voſtre aiſle & voſtre protection, & qui m'auez ſeuré de l'amour du ſiecle, voſtre ſaint Nom ſoit beny à iamais. Donnez-moy, Seigneur, la vertu de patience; ie vous la demande en toute humilité auec la conſolation neceſſaire pour mon bien & mon profit ſpirituel, & que mon fils viue en l'eternité bien-heureuſe, & iouïſſe du repos & de la gloire que vous auez promiſe à vos eſleus, & que dans la belle & ſainte Sion, la celeſte Hieruſalem, il chante le Cantique d'admiration auec tous ceux qui vous ont ſeruy fidelement en ce monde.*

Se voyant priuée de la preſence de ſon cher fils, qu'elle aymoit plus que ſa vie & que ſes yeux, & qu'elle croyoit vn iour deuoir eſtre le ſouſtien & le ſupport de ſa vieilleſſe, elle s'adonna encor plus que iamais à l'oraiſon & à l'eſtude des bonnes lettres, auec ſes trois filles qui ont eſté les plus ſages & les plus sçauantes Dames de leur temps. Car si Veronne vante ses Nogarolles, Padouë sa Blanche Borromée & sa Lucè du Soleil & autres, Naples sa Brienne d'Aquauiue d'Arragon, Rome ses trois doctes Dames Victoire Colomne, Argentine & Camille Pallauicin, la riche ville de Bresce, iadis la capitale des Cenomanes, honorée de la vie exemplaire de 30. Saints Euéques, se glorifie de nostre Damigelle de saint Ange, & de ses filles les trois Martinengues, & sur tout d'Angele ou Angelique, qui épousa le Seigneur Iean de Triuulse Gentil-homme & Senateur Milanois, laquelle estoit de mesmes mœurs & humeurs, que sa mere, & luy ressembloit en perfection. Estans toutes deux doüées d'vne belle grace, d'vne taille auantageuse & aisée, la cheuelure blonde, auec des ioües delicates semées de roses & de lys meslez ensemble, leurs yeux beaux & vifs à merueille; mais elles sont plus loüables en ce que la pieté les auoit renduës si chastes & si honnestes, qu'elles estoient l'honneur & la gloire de leur sexe, & qu'on tient qu'elles eussent mieux aymé endurer tous les supplices & toutes les peines du monde, que de commettre la moindre offense. Damigelle Martinengue ou de saint Ange mourut fort Chrestiennement au mois de Iuillet de l'an 1469. âgée de 34. ans, ayant esté malade seulement huit iours : elle est renommée par toute l'Italie, pour son insigne chasteté & sa pudicité, & pour n'auoir iamais voulu penser à vn second mariage : C'est pourquoy il ne faut pas s'estonner si ses filles & sa petite fille Damigelle Triuulse, ont esté si sages, si vertueuses, si deuotes & si doctes.

DIANE
LEGITIMEE DE FRANCE,
Duchesse d'Angoulesme, de Castres & de Montmorency.

Cette Princesse portoit de Fráce, d'azur à 3. fleurs de lys d'or, 2. & 1. brisé d'vn filet d'argent en barre.

YANT loüé les Dames Illustres qui se sont renduës recommandables sous les noms de Camille, de Cassandre, de Caterine, de Charlote, de Chrestienne, de Claude, de Constance, & de Damigelle ou Domitille : Voicy vne Diane qui se presente, & demande d'auoir pour ses perfections & ses merites son rang & sa place entre les autres Heroïnes de ces derniers temps. Princesse illustre & recommandable, tant pour la noblesse de son sang, que pour sa vertu, & les seruices qu'elle a rendus à la Couronne de France. Elle estoit fille naturelle du Roy Henry II. sœur des Rois François II. Charles IX. & Henry III. & alliée à plusieurs Princes & Potentats de la Chrestienté.

Diane a esté le premier enfant d'Henry II. qui eut estant Daufin cette fille naturelle (qui luy ressembloit de visage & de mœurs) d'vne simple bourgeoise de Langeais petite ville en Touraine, assise sur la riuiere de Loire, celebre par le mariage du Roy Charles VIII. & d'Anne de Bretagne ; toutesfois les plus exacts Ecriuains de nostre Histoire, entre autres Monsieur de Thou, asseurét que sa mere estoit vne Dame de bonne Maison de Piémont, qui se rendit Religieuse dés qu'elle en fut accouchée selon le rapport de P. Mathieu. Elle receut le nom de Diane au Sacrement de Baptéme que luy fit donner son pere Henry, lors Daufin de Viennois & Duc de Bretagne, par Diane de Poitiers Duchesse de Valentinois qu'il aimoit. En ce temps là Marguerite de France Duchesse de Berry, la fille du Roy François I. & la sœur vnique du Roy Henry II. qui estoit l'hon-

neur & les delices de la Cour, la voulut auoir auprés d'elle.
Vn Autheur de ce temps là fait defendre par ces deux Prin- *François de*
cesses le bastion de la chasteté & de l'honnesteté des Fem- *Billon en son*
mes. Ce ne fut pas peu de bon-heur à Diane de France- *gnable du*
d'Angoulesme d'auoir esté nourrie prés de la personne de *sexe femi-*
cette tres-vertueuse Princesse (qui fut depuis Duchesse de *nin.*
Sauoye) dont elle s'estudia tellement à imiter les mœurs,
qu'elle n'eut pas seulement les vertus qui la rendoient recommandable en particulier & en public; mais aussi ses
sentimens & ses inclinations, & sur tout son affection vers
les sçauans, & les belles lettres. C'est pourquoy le Roy
François I. son ayeul l'aima & la cherit, la voyant ornée de
plusieurs belles qualitez dignes d'vne Princesse de sa Maison & de son sang. Le Roy Henry II. son pere estãt paruenu
à la Couronne, il la fit assister au Couronnement & à l'entrée
de la Reine sa femme: il la maria à Horace Farnese Duc de
Castres, fils puisné de Pierre Louys Duc de Parme & de
Plaisance, frere d'Octaue Farnese Duc de Parme, & oncle
d'Alexandre Prince & Duc de Parme, Gouuerneur des
Pays bas pour Philippe II. Roy d'Espagne, qui a acquis par
sa valeur la reputation d'estre l'vn des premiers & des plus
excellens Capitaines du monde. Ce fut le Cardinal de saint
George Legat en France du Pape Paul III. qui selon les
ordres de sa Sainteté, traita le mariage du Duc Horace de
Farnese, neueu ou petit fils de Paul, & de Diane de France, fille naturelle du Roy Henry II. aprés auoir témoigné
à sa Maiesté le desir qu'auoit ce Pape là de se lier plus étroitement à ses volontez, & aux interests de sa Couronne.
Horace Duc de Castres (lequel s'il eust vécu, n'eust pas
receu moins d'honneur & de gloire, que le renommé Prince de Parme son neueu) fut tué au siege de Hesdin, au mois
de Iuillet 1553. six mois aprés auoir épousé Diane legitimée
de France, au grand regret de tous les François, mais particulierement du Roy son beau-pere, qui fit porter son
corps auec éclat, & luy rendre les derniers deuoirs dans
l'Eglise de l'Assomption des Minimes d'Abbeuille, capitale du Comté de Ponthieu.
 Voila cette ieune, belle & chaste Princesse aussi-tost veu-

ue que mariée. Le decés inopiné de ce beau & vaillant Prince, qu'elle aymoit comme il le meritoit, pour sa generosité, sa noblesse, & l'affection qu'il auoit au bien de l'Estat & de l'Empire François, voulant vnir estroitement les lys de Parme ou des Farneses aux fleurs de lys Royales, (car la Maison de Farnese porte d'or semé de lys d'azur) l'affligea grandement, comme le Poëte Angeuin chantoit en sa complainte ;

<small>Farnese, d'or à six fleurs de lys d'azur 3. 2. 1.</small>

Horace, qui pour ton Prince,
Le plus grand de ton soucy,
Parens, amis & Prouince
Auois delaissez icy.
Las ! ton espouse dolente,
La fille d'vn si grand Roy
Par vne mort violente
Bien-tost est venue de toy.

Le peu de temps qu'elle fut auec ce Prince Parmesan, ne luy fit point souhaiter de secondes noces : mais le commandement du Roy son pere, après trois ans de viduité, luy fit épouser François de Montmorency Duc, Pair & Mareschal de France, fils aisné d'Anne Connestable de France, & de Magdelaine de Sauoye son épouse, qui fut Gouuerneur & Lieutenant General de Paris & de l'Isle de France, Cheualier des Ordres de S. Michel & de S. George, qui sont les milices de France & d'Angleterre. Elle eut de ce braue Seigneur, Chef de la tres-illustre & tres-ancienne Maison de Montmorency (qui a fourny & donné tant de Mareschaux, d'Amiraux & de Connestables à la Monarchie Françoise, tres-fideles à nos Rois, & qui se vantent à bon droit d'estre issus du premier Gentil-homme conuerty à la foy Chrestienne par S. Denys l'Apostre de nos Gaules) vn seul fils nommé Anne, en memoire de son ayeul paternel, qui ne véquit qu'vn iour. François Duc de Montmorency son 2. mary mourut au Chasteau d'Escoüen, le 5. iour de May 1579. & fut inhumé en l'Eglise Collegiale de S. Martin de Montmorency.

Cette illustre Heroïne est digne de loüange pour auoir rendu de grands deuoirs au Duc de Montmorency son mary, ry durant sa derniere maladie, quoy que ce Seigneur là eut aux premiers ans de son mariage eu de l'inclination plustost pour Mademoiselle de Piene (tres-belle fille & de bonne Maison, dont il estoit passionnément amoureux) que pour la sage Diane d'Angoulesme, que le Roy Henry II. & le Connestable Anne de Montmorency son favory avoient vnis par mariage, & fait rompre les promesses que François de Montmorency auoit faites à la belle de Piene, de laquelle on a tant chanté les complaintes qu'elle faisoit pour l'absence de ce Seigneur là:

Bolcarius.

En ce tẽps là le Roy Henry II. fit les ordonnances contre les mariages cládestins.

> Mon bel amy, vous souuiene
> De Piene,
> Quand vous serez par delà.

La Duchesse Diane estant demeurée veuue pour la seconde fois de cet illustre Heros, que le President de Thou appelle *le dernier des François*, auec lequel elle demeura en mariage 22. ans entiers, passa le reste de ses iours en viduité; & a esté fort estimée pour les vertus & les belles qualitez qui reluisoient en elle.

Sa constance à supporter les pertes de ses deux maris, & la prison du dernier; & la mort prematurée des Rois ses freres, & d'Henry d'Angoulesme Grand Prieur de France aussi son frere paternel, l'a renduë recommandable à la posterité. Iamais cette constante Diane parmy les disgraces des siens, & de sa famille n'a manqué de courage & d'adresse; car auec vn masle courage elle a assisté le Roy Henry Troisiéme, lors que la pluspart de ses suiets s'estoient reuoltez contre luy. Elle seule voyant le miserable estat des affaires du Roy son bon frere, moyenna l'accord entre sa Maiesté, & Henry de Bourbon Roy de Nauarre premier Prince du Sang, accord & reünion d'où dépendoit le salut de la France; de sorte que sans cette alliance, les affaires de ce Royaume estoient en vn estat pitoyable. Elle seule pratiqua cette conionction d'ames, & armes Royales: elle seule fit tous les voyages de Tours à Chinon; & par la creance qu'elle auoit acquise en l'esprit & bon naturel du Roy de Nauarre (qui peu aprés monta sur le trosne Royal des fleurs de Lys, sous le nom d'Henry IV.) fit

Le sieur de Morgues en l'Or. funebde cette Princesse.

en forte que ce Prince tres-clement, oubliant tous les iustes suiets de défiance qu'on luy auoit donné par le passé, à la premiere ouuerture de reconciliation, il luy protesta qu'il ne desiroit point oüir parler de conditions aprés sa parole.

Durant tous les troubles & nos guerres ciuiles, mesme aprés la mort deplorable de son bon frere Henry III. Roy de France & de Pologne, elle suiuit & seruit fidelement le Grand Henry son successeur à cette premiere Couronne du Christianisme, lequel ayant recogneu son bon iugement, sa ferme & inuiolable fidelité, l'honora tousiours du titre de sa sœur, & luy confia ses affaires plus importantes. Aussi cette genereuse Amazone auoit foulé aux pieds la consideration de son repos, son interest particulier, ses honnestes plaisirs pour suiure la fortune de ce Cesar: elle auoit preferé la retraite du petit Chasteau de Chinon en Touraine à la grandeur de Paris, & mieux aymé subir les incommoditez de sa personne, & voir sa famille qu'elle aymoit plus que soy-mesme toute dispersée, que d'encourir le blasme, d'auoir iamais adheré à autre party qu'à celuy de ses Rois. Le zele au seruice de nos Monarques, l'honneur à leur dignité, & l'affection enuers leurs sacrées personnes ont tellement accompagné Diane Duchesse d'Angoulesme, qu'elle ne pouuoit oüir parler du feu Roy *Louys le Iuste*, qu'on ne la vist saisie d'vne ioye extraordinaire, au recit de ses belles actions son cœur tressailloit d'aise, & témoignoit son extréme contentement par les larmes qu'elle faisoit couler de ses yeux.

Le sieur de S. Germain n'a pas esté seul qui a loüé cette Princesse (dans l'Oraison funebre qu'il a publiée à son honneur) pour auoir rendu de notables seruices à nos Rois: mais aussi tous nos Historiens modernes, entre autres les sieurs de Sainte-Marthe, qui ont fait son Eloge au liure 10. de l'Histoire genealogique de la Maison de France. Aubigné remarque au liure 2. de son Histoire vniuerselle, comme aprés s'estre auancée iusques à Chastelleraud (où elle auoit quelque authorité & quelques droits sur ce Duché, & cette contrée là) pour traiter l'vnion des deux Rois, elle disposa pour le seruice de sa Maiesté les principaux de

P. Mathieu.
I. B. le Grain
I. de Serres.
Du Pleix.
I. Charron.

la ville qui la visiterent, fit venir à Pigareau en Poitou où elle estoit pour lors, vn Gentil-homme nommé Preau qu'elle auoit nourry, & dreſſa vne intelligence par le moyen de laquelle Chaſtelleraud demeura royale, & Argenton fut oſtée à la Ligue. Et de tous les Hiſtoriens le Preſident de Thou n'en parle iamais ſans eloge. Il l'appelle au liure 5. de ſa vie, *Heroïne d'vne vertu royale*: au liure 95. de ſon Hiſtoire, *Femme genereuſe & ſincere, & d'vn eſprit ennemy de la broüillerie;* & au 115. *femme d'vn courage maſle*, rapportant vne action genereuſe que fit cette Heroïne, quand le Roy Henry IV. Prince incomparable en clemence, receut à ſon ſeruice quelques Princes & Seigneurs qui auoient eſté les principaux Chefs de la Ligue : & fit defenſe à Guillaume de Laubeſpine Seigneur de Chaſteau-neuf, & Chancelier de la Reine Louyſe, & à Louys Buiſſon ſon Procureur general, de s'oppoſer à la verification de l'Edit, par lequel il pardonnoit tous les crimes commis durant les fureurs de la guerre ciuile. Ce grand Monarque qui ſçauoit l'affection que cette Princeſſe portoit à la memoire du Roy Henry III. la fit prier par Monſieur de Bellieure (qui depuis a eſté Chancelier de France) de ne ſe point meſler de cette affaire là : mais iamais il ne pût fleſchir ſon courage, ny changer ſon deſſein. Car elle alla elle-meſme preſenter vne requeſte à Meſſieurs de la Cour de Parlement qu'elle auoit écrite & ſignée de ſa main au nom de la Reine Louyſe, pour auoir iuſtice des autheurs du parricide commis en la ſacrée perſonne du Roy Henry III. & comme on luy eut propoſé de faire voir l'ordre qu'elle auoit de la Reine, elle demanda vn peu de temps, & enuoya l'vn de ſes Gentils-hommes à Chenonceau en Touraine où eſtoit Louyſe qui luy donna à l'inſtant. Et trois iours aprés elle reuint au Parlement, où elle preſenta la requeſte de la Reine, comme l'on peut voir dans l'Hiſtoire de ce Preſident qui en a remarqué toutes les particularitez. Au liure 101. il rapporte comme elle fit donner auis au Roy Henry IV. par Philippe Cardinal de Lenoncourt, de quelques pratiques qui ſe faiſoient à Tours contre le ſeruice de ſa Maieſté. Vn Caualier écriuant à ce grand Monarque peu de iours aprés qu'il eut ſuccedé

Le ſieur du Pleſſis Mornay en ſes memoires.

au Roy Henry III. luy mande le zele qu'elle auoit pour l'auancement de ses affaires contre ses ennemis couuerts & découuerts.

Cette magnanime & genereuse Diane a esté grandement enrichie & ornée des dons de l'esprit & du corps. Le nom de Diane ne luy conuenoit point mal, ayant souuent témoigné qu'elle aymoit l'exercice laborieux, & le plaisir innocent de la chaste Chasseresse, comme

Ronsard.
A forcer par les bois vn cerf au front ramé,
Enferrer vn sanglier de defenses armé,
Voir leureter vn liéure à la iambe peluë,
Voir pendre le faucon au trauers d'vne nuë.

Que si Diane est chaste, les personnes qui se plaisent à la chasse & à ses exercices, ne sont pas estimez incontinens; au contraire on sçait qu'ils ont en horreur les sales deportemens de Cupidon & de Bacchus : Diane Duchesse d'Angoulesme a fait paroistre sa chasteté & l'amour qu'elle portoit à cette belle vertu, car sa premiere viduité a esté aussi continente en sa ieunesse, que la seconde sur son vieil aage. Son Hostel estoit la maison de Diane. Plusieurs ieunes Dames ont esté nourries & esleuées par cette Heroïne, qui se sont renduës recommandables pour leurs merites & leurs perfections : sur toutes Madame Charlote Marguerite de Montmorency sa niece (estant fille de Henry Duc de Montmorency Connestable de France son beau-frere) Princesse tres-sage & tres-vertueuse, laquelle pendant les aduersitez de Monseigneur Henry de Bourbon Prince de Condé son mary, prit vne genereuse resolution d'y participer, & luy rendit des preuues signalées d'vne si extraordinaire & si constante fidelité, que la posterité l'admirera : Et Marguerite de Foix Comtesse & heritiere de l'illustre Maison de Candale, qui a aussi fait paroistre son affection au Duc d'Espernon son mary, & son courage contre les mutins de la ville d'Angoulesme. Diane legitimée de France, auoit aussi toutes les vertus, qui sont ou meres ou filles de la pudicité, le mépris des delices, & la modestie. On pouuoit dire d'elle auec verité, ce que disoit auec vanité d'vne autre Diane Ioachim du Bellay touchant les flateurs, les medisans, & les bouffons, car toutes ces sortes de gens estoient bannis de l'Hostel de Diane de France, laquelle affectionnoit les gens de lettres, leur portoit vn singulier respect, & leur faisoit plustost du bien qu'aux ignorans.

Aussi elle estoit de la Royale Maison d'*Angoulesme*, dite communément la Race de *Valois*. Race dont la memoire est en benediction parmy tous ceux qui ont en recommandation la gloire des armes, & le lustre des lettres & des sciences; qualitez que tous les Rois & les Reines, les Princes & les Princesses de cette tres auguste Maison, qui aprés d'vn siecle entier regenté l'Empire François, ont possedées en eminence singuliere.

Diane à l'exemple des Princes & des Princesses de son sang, qui ont esté les excellens Genies des bonnes lettres & en ont à iuste titre esté appellez *les Peres*, affectionnoit les sçauans, & faisoit profession des lettres: Car elle parloit les langues Italienne, Espagnole, & quelque peu la Latine; ayant dés ses plus ieunes ans esté portée à apprendre toutes choses bien-seantes à son sexe, & à sa condition, & rencontré de bons Precepteurs, ausquels elle procura de grands biens auprés du Roy son pere.

Elle estoit douée d'vn iugement ferme & posé, & d'vne heureuse memoire, mesme sur ses derniers ans. Peu de mois auant son decés elle dit vn bon nombre de vers qu'elle auoit recitez estant encore fille, en vne Comedie qui fut representée deuant le Roy Henry II. Vne autrefois elle dit vn Sonnet qu'elle auoit donné au grand Roy François son ayeul en l'aage de 7. ou 8. ans.

Elle sçauoit tous les noms & surnoms de ses domestiques, & le temps qu'ils auoient demeuré à son seruice, bien qu'ils fussent en grand nombre, beaucoup y estans retenus plustost par charité que par necessité; bref elle n'oublioit rien que ses bien-faits.

Sa volonté n'estoit pas moins constante à aymer, que sa memoire fidelle à se souuenir; elle estoit portée d'vn ardent amour & affection tendre enuers ceux de son sang, leurs afflictions & leurs prosperitez luy estoient fort sensibles, elle les assistoit en leurs affaires auec grand soin, viuoit en tres-grande inquietude lors qu'ils estoient en peine, ne se lassoit point de leur bien-faire, iamais ne les abandonnoit, prenoit vn singulier contentement de les voir, & du plus loin qu'elle les apperceuoit, mesmes en sa maladie derniere, son visage leur témoignoit le contentement de son cœur, ses dernieres volontez leur ont donné vne grande preuue que cette affection estoit bien exprimée dans son ame.

Son affection estoit fort portée à ses domestiques, & ne faut pas craindre qu'elle ayt iamais encouru la malediction de S. Paul qui écrit à S. Timothée, *que celuy qui n'a pas soin de ses domestiques, est pire qu'vn infidele*: Elle procuroit le bien de leur ame, donnant ordre à l'instruction des plus rudes, & prenant garde à la façon de viure de tous. Sa maison estoit interdite aux vicieux; deuenir libertin & déreglé en ses paroles, ou en ses actions, estoit poursuiure son congé, rien ne pouuoit retenir à son seruice, ny les hommes, ny les filles que la vertu: ceux qui se sont arrestez sur ce cube y sont demeurez de pere en fils, & iusques à la troisiéme generation: il s'en est trouué à sa mort qui l'auoient seruie, qui 50. qui 60. ans auec vne grande fidelité. On peut dire à la loüange de sa famille, que si on la considere depuis ceux qui auoient les premieres charges, ou de ses affaires, ou de sa personne, iusques à ceux qui estoient employez aux offices plus bas, il ne s'en assemblera de long-temps vne si paisible & si vertueuse. Ce qui la maintenoit estoit la grace que Dieu donnoit à toute la Maison en faueur de la maistresse, le bon exemple qu'elle leur donnoit, & les bien-faits que receuoient tous ceux qui estoient quelque temps à son seruice.

La pieté a aussi rendu cette Princesse recommandable; elle oyoit tous les iours la sainte Messe, prioit le matin vne heure, & le soir autant. Elle prenoit, & comme sçauante & pieuse, vn singulier plaisir à entendre la parole de Dieu, & lors que l'infirmité de son aage ne luy a peu permettre d'aller aux Predications publiques, les iours des Festes solemnelles, les premiers Dimanches des mois, en Caresme, & aux Aduents, elle enuoyoit querir vn Pere Minime, pour luy faire & à ses domestiques qui ne pouuoiét s'absenter de

DES DAMES ILLVSTRES. 511

ſa chambre, à cauſe de ſes indiſpoſitions & de ſes maladies, vne exhortation qu'elle écoutoit auec deuotion ; & frequentoit ſouuent ſur la fin de ſes iours les Sacremens de Penitence & de l'Euchariſtie.

Elle honoroit les Prelats & les Preſtres comme les Anges de Dieu. Ses bien-faits eſtoient communs à tous les Ordres des Religieux anciens & nouueaux: mais elle affectionnoit par deſſus tous celuy des Minimes qu'elle a rendu depoſitaire de ſa conſcience, viuante & mourante, & qu'elle a obligée à Tours, à Abbeuille, à Vincennes, & à Paris.

Elle prit durant les troubles la protection de la Royale Abbaye de Fleury ou de S. Benoiſt ſur Loire, & fit faire dés l'an 1583. vne fort belle chaſſe pour y mettre la layette dans laquelle repoſent les os de ce Patriarche des Moines de l'Occident, que le Cardinal de Chaſtillon auoit conſeruez & mis entre les mains du Prieur, & des Religieux de Fleury, quand les Huguenots bruſlerent ce Royal Monaſtere dont il eſtoit Abbé. *Guillaume Morin en ſon Hiſt. de Gaſtinois.*

Diane Ducheſſe d'Angouleſme a fait deux actes de pieté enuers la memoire des defuncts, pour raiſon de quoy elle merite d'eſtre loüée par tous ceux qui ſuiuans les ſaints Conſeils du Prince des Apoſtres, *craignent Dieu & honorent les Rois*, qui ſont ſes Oincts. Car non contente d'auoir ſuiuy la bonne & la mauuaiſe fortune du Roy Henry III. ſon frere & ſon maiſtre iuſques à ſa mort; elle eut ſoin 20. ans aprés ſon decés que ſon corps fuſt apporté de l'Abbaye de S. Corneille de Compiegne, où il eſtoit en depoſt, en celle de S. Denys au tombeau de ſon pere & de ſes freres, & voulut l'y voir mettre en ſa preſence. Ce qu'elle obtint par ſa pourſuite, du Roy Louys le Iuſte & de la Reine Marie de Medicis ſa mere lors Regente, peu de iours aprés la mort lamentable du grand Henry. Dés l'année precedente elle auoit demandé à ce Monarque que le corps de la Reine Caterine de Medicis fuſt apporté de l'Egliſe de S. Sauueur de Blois à S. Denys, où il fut inhumé le 5. du mois d'Auril de l'an 1609. dans la belle Chappelle qu'elle auoit fait baſtir pour luy ſeruir de Sepulchre, au Roy ſon mary, & aux Princes & aux Princeſſes de ſa Maiſon. *I. Doublet en ſes Antiquitez de S. Denys.*

C'estoit vne chose deplorable de voir le corps de ce grand Roy & de cette auguste Reine, femme & mere de nos Rois, qui auoient fait tant de biens durant leurs vies, & obligé par leur liberalité la plufpart de leurs fujets & feruiteurs, priuez du bien de la fepulture, qui n'est pas desnié aux plus miserables. Ils ne demandoient pas de repofer fous vn fi lourd fardeau que Mauzole, mais feulement vn peu de terre, afin que ce peu fuft leger à leurs os. Sans la pieté & la pourfuite de Diane Duchesse d'Angoulesme, le corps de ce grand Monarque, le dernier Roy de la liberale Maifon d'Angoulesme, dite de Valois, ne repoferoit pas encor dans vne terre Royale auec ses predecesseurs, & de deux grands Royaumes n'auroit rien de reste que la couuerture du Ciel, fans vn monument qui recueillit fes cendres.

Ce n'est pas fans raifon que l'on dit que l'amour est plus fort que la mort, parce qu'il furuit le trespas, & dompte les dures loix du cercueil, ne s'abreuuant iamais des eaux infortunées de ce fleuue qui fait perdre la memoire. L'esprit de cette Princesse qui auoit toufiours aymé & honoré le Roy Henry III. & qui n'auoit iamais banny le souuenir de fes bien-faits, (car ce Prince luy auoit laiffé le Duché d'Angoulesme, l'ancien heritage de fes peres, auant qu'ils fuffent paruenus à la Couronne, auec le Comté de Ponthieu) ne fut iamais content qu'elle ne luy vift rendre les derniers deuoirs en ce Temple facré, honoré des reliques de l'Apostre Gaulois, & Patron de nos Rois.

Sa pieté & charité enuers Dieu ne pouuoit estre fans celle que nous deuons au prochain, qui confiste à ne faire mal à perfonne, & faire bien à tous, à pardonner, & à donner volontiers, qui est tout ce qu'elle pratiquoit. Elle auoit vn roolle de ceux qui receuoient fes aumofnes ordinaires, & fa bourfe estoit toufiours ouuerte aux neceffitez extraordinaires, toutes les autres defpenfes estoient reglées chez elle, excepté celles de la charité, laquelle difmoit fes reuenus, & auoit les clefs de fes coffres pour deliurer les prifonniers, affifter les enfermez, foulager les paffans, & fecourir les honteux, aufquels elle enuoyoit fes aumofnes dans des rouleaux qu'elle prenoit plaifir d'agencer, & pour plus

gran-

grande feureté, les cachetoit de fon fceau. Ses liberalitez ne s'arreftoient pas aux neceffiteux ; mais s'eftendoient iufques aux perfonnes, qui meritoient bien du public, & fur tout à ceux qui luy rendoient quelque feruice. Dieu luy auoit donné vn cœur large comme à Salomon : aufsi eftoit-elle iffuë de Princes de la Maifon de France de la branche d'Angoulefme, dite de Valois, aufquels la liberalité a efté de tout temps naturelle. Tous les Princes & les Princeffes de cette Royale Maifon, entre autres les Rois François I. Henry II. Charles IX. Henry III. & Elizabet de la Paix Reine d'Efpagne ont creu que toutes les vertus font obfcurcies en vne belle ame, fi la liberalité ne les éclaire, & que les Grands ne peuuent mieux imiter la diuine Maiefté qu'en faifant du bien. Ses dons eftoient (comme ceux de Dieu) fans repentance, auec choix, prudence, promptitude, affection & ioye : qualitez qui les rendoient plus recommandables, & plus grands.

La iuftice regloit les definitions de fon confeil, & l'examen de fon trebuchet donnoit la refolution de toutes les affaires qui s'y prefentoient, & qui n'eftoient pas en petit nombre, à caufe des belles terres dont elle ioüiffoit. Pour les parties cafuelles, la Iuftice en ordonnoit, & la liberalité executoit, tant pour fes domeftiques que pour les Etrangers.

Elle a fait cognoiftre les vertus de prudence & de conftance en plufieurs aduerfitez : mais particulierement lors qu'elle receut à Tours la nouuelle de la mort de fon bon frere le Roy Henry III. elle eut tant de courage que de diffimuler fa douleur deux iours, & tant de fageffe, que de retenir fes larmes, de peur qu'elles n'ébranflaffent les cœurs de plufieurs citoyens qu'elle fçauoit eftre pratiquez par le party contraire. La nature appella au Confeil la prudence deuant que lafcher la bonde de fes yeux, la prudence commanda à la conftance de les retenir pour quelque temps, & la conftance laiffa à la nature fes iuftes regrets, lors que la prudence le permit. Cette fageffe a paru fur la fin de fes iours en l'élection qu'elle a fait des executeurs de fon teftament, ayant choifi pour cet effet deux perfonnes que la ca-

Ttt

De Mesme, au 1. d'or, au croissant montant de gueules: au 2. & 3. d'argent à deux lyons leopardez de gueules: au 4. d'or, à vne estoile de sable, au chef de gueules, & à la pointe ondée d'azur.

Bouchet, d'argent, à vne merlete de sable, au chef de gueules, chargé de trois besans d'or.

pacité, la probité, & l'integrité rendoient recómandables; fçauoir, Iean Iaques de Mesme, Seigneur de Roissy, Conseiller du Roy en ses Conseils : & Antoine Bouchet sieur de Bouille aussi Conseiller d'Estat, qui a dignement par plusieurs années exercé l'Office de Conseiller en la Cour de Parlement, aussi est-il decedé estant paruenu en son ordre en la place de Doyen des Conseillers. Mais cette Princesse a fait éclater sa sagesse par les dispositions qu'elle a apporté de longue main pour se preparer à la mort, ayant couronné sa bonne vie par vne fin tres-pieuse & tres-heureuse. Quelques années auant son decés elle écriuit son testament, dans lequel elle ordonna de sa sepulture & de ses funerailles. On vit sa deuotion & ses aumosnes croistre tous les iours, l'affection aux choses de la terre diminuer, & son ame se détachant peu à peu du corps paroistre plus diuine, ainsi qu'il arriue aux ames des sages, comme dit Platon: lors qu'elle se sentit saisie de la fiéure, causée par vne espece de pleuresie & inflammation de poulmon, elle cogneut que Dieu frappoit à sa porte pour l'appeller à soy: son premier soin fut de recourir aux armes auec lesquelles les Chrestiens combattent Satan au dernier passage.

Elle se confessa le second iour au R. P. Oliuier Chaillou, Religieux Minime, & petit neueu de Sainct François de Paule, (qui auant qu'entrer en l'Ordre estoit Chanoine de Nostre-Dame de Paris, & auoit refusé l'Euéché de Laon.) Le méme iour elle receut le Sainct Sacrement pour viatique des mains d'Antoine Fayet Curé de S. Paul, & Docteur en Theologie de la Faculté de Paris, & de la Maison de Nauarre : & le troisiéme elle receut l'Extréme-Onction du méme Docteur, ayant l'esprit aussi libre qu'en pleine santé, & vn ressentiment de deuotion si grand, que tous les assistans iettans des larmes de tristesse, les siennes estoient de pieté & de ioye: on n'eust pas dit qu'elle se disposoit pour mourir; mais qu'aprés auoir épousé vn grand Prince, elle se preparoit pour faire son entrée dans la meilleure de ses villes.

Ayant muny son ame des Sacremens, elle donna ordre à quelques affaires domestiques, auec vn iugement fort sain,

DES DAMES ILLVSTRES.

& vne memoire admirable, remplit ce qui estoit vuide en son testament, & interpreta ce qui pouuoit estre obscur. Le 4. & 5. iour se passèrent aux recommandations de ses seruiteurs, & en prieres continuelles qu'elle faisoit à Dieu, regardant sans cesse vn Crucifix qui estoit sur son buffet, vers lequel elle auoit accoustumé de tourner ses yeux lors qu'elle faisoit ses Oraisons dans sa chambre ou dans son lit: que s'il arriuoit que quelqu'vn se mist deuant ce tableau, elle luy faisoit signe auec la main de se retirer; action qu'elle fit deux ou trois fois vne heure auant que mourir. Elle continua deux iours & deux nuits en cet exercice de priere, faisant de temps en temps le signe de la Croix sur sa bouche auec le poulce: ce qui luy estoit assez ordinaire lors qu'elle estoit en santé, & que S. Hierôme remarque auoir esté pratiqué par sainte Paule, lors qu'elle estoit sur le poinct de rendre l'esprit.

Elle fit de belles remonstrances à tous ses seruiteurs d'aymer & de craindre Dieu, se garder de l'offenser, & faire paroistre aprés son depart, que ce n'estoit pas sa presence, & la crainte de luy déplaire qui les empeschoit de mal faire; mais celle de Dieu, lequel estant par tout, & ne pouuant mourir employera sa cognoissance pour nous accuser deuant sa Iustice. Aprés le seruice de Dieu, elle leur recommanda soigneusement celuy du Roy, & de ne se departir iamais de son obeïssance. Ainsi cette bonne Princesse, comme vn Cigne mourant sur le Mince ou sur le Meandre, ne chanta iamais mieux, que lors que d'vn méme gosier, elle poussa sa vie & sa voix toute ensemble, le Vendredy onziéme iour de Ianuier 1619. à l'heure de midy, ayant ses yeux, ses mains, son cœur vers le Ciel, & sa bouche prononçant les noms de IESVS & de MARIE, estant aagée de 80. ans & quelques mois: son depart fut si doux qu'on eut peine à le recognoistre, la mort ne luy donna aucune secousse violente, & ne changea rien à la serenité de son visage. Vne heure deuant que mourir elle auoit donné pour la seconde fois la benediction à tous ses domestiques, non seulement comme tres-bonne maistresse: mais comme mere tres-affectueuse.

Ainsi a vécu, ainsi est morte cette incomparable Princesse Diane de France Duchesse d'Angoulesme. Son corps estoit d'assez petite taille, son port graue, son visage riant, son nez vn peu aquilin; mais bien tiré, le front ouuert, l'œil gay & vif, la bouche vermeille, le teint fort blanc; l'aage luy auoit vn peu courbé la teste. Son habit estoit fort simple, ce qui témoignoit (selon le precepte de S. Hierôme) qu'elle n'aimoit ny la vanité ny l'ordure, & n'affectoit non plus de paroistre humble que grande. Qui eust veu la beauté de l'ame, eust mesprisé celle du corps: Car elle a tousiours esté veritable en ses paroles, elle haïssoit par dessus toutes choses le mensonge, & son ame sincere ne pouuoit pas supporter ceux qui ont vn double cœur, comme les perdrix de Thrace. La médisance, la raillerie, les discours trop libres, & la tromperie n'ont iamais logé en sa bouche, ny en ses oreilles: la courtoisie, la douceur & l'affabilité habitoient en son visage, & paroissoient en tous ses propos. La gardienne de toutes ces belles qualitez estoit l'humilité. Cette Princesse estoit grande au Ciel deuant les yeux de Dieu & des Anges, & dans le monde deuant les yeux des hommes; mais fort petite deuant les siens, iamais sa langue n'a lasché parole de mépris d'autruy, ny aduancé discours à sa loüange; sa conuersation, & toutes ses actions n'estoient que témoignage d'humilité, laquelle faisoit que la pauureté, qui est vn empeschement pour entrer aux chambres des orgueilleux, qui viennent bien souuent de bas lieu, estoit la clef pour ouurir celle de cette Princesse, fille & sœur de Rois, & que le Grand Henry, cet incomparable Monarque appelloit sa sœur; & la vertueuse Isabelle-Claire Eugenie, Infante d'Espagne & Princesse des Pays-bas, sa bonne tante.

Elle a esté enterrée dans sa Chapelle qu'elle auoit fait bastir en l'Eglise des Minimes de la Place Royale, où on luy a erigé vne riche sepulture de marbre, sur laquelle son effigie est éleuée par cet excellent Sculpteur Thomas Boudin, auec cette inscription Latine, que ie mettray en nostre langue en faueur des Dames.

PIIS MANIBVS memoriæque sacrum

Dianæ Franciæ Ducissæ Engolismensis, Christianissimi Regis Hērici II. naturali filiæ, & in iura legitimorum naturalium adscriptæ, quæ primùm Horatij Farnesij Ducis Castrensis in obsidione Hedina cæsi paucis diebus vxor, postmodum Francisco Momorātio Illustrissimæ familiæ Principi elocata, susceptóque ex eo vnius diei & longi mæroris filio vidua relicta, diu superstes fuit, cùm aliarum virtutum concursu, tum integra pudicitiæ fama insignis cultúque in Deum Regémque incomparabili: cuius vel maximum documentum dedit cùm sub initia ciuilis belli deposito apud illam fidei pignore inter duos potentissimos Reges Henricum III. Francorum, & eius mox successorem Henricum Nauarrorum Regem mutua concordia atque amicitia stabilita est; tandem vt quod acerbo prolis occasu perdiderat adoptione resarciret, moriens Franciscum Valesium ex Regia stirpe pronepotem sibi heredem ex asse instituit, eíque, incertæ mortalium vitæ memor, Lu-

A LA MEMOIRE

de Diane de France Duchesse d'Angoulesme, fille naturelle du Roy Tres-Chrestien Henry II. & honorée du titre des enfans legitimez, laquelle premieremēt fut femme durant peu de iours d'Horace Farnese Duc de Castres, tué au siege de Hesdin; puis apres mariée à François de Mōtmorency Chef d'vne tres-illustre Maison, duquel ayant eu vn fils d'vn iour, mais d'vne longue douleur & tristesse, est demeurée veuue, & a vécu plusieurs années, recommandable pour ses vertus, comme aussi pour sa pudicité, sa pieté enuers Dieu, & sa fidelité enuers le Roy, de laquelle elle donna vn asseuré témoignage, quand au commencemēt de la guerre ciuile elle établit vne ferme paix & vnion entre deux puissans Rois Henry III. Roy de France, & Henry IV. Roy de Nauarre, qui fut apres son successeur, lesquels auoient deposé leur foy entre ses mains. Enfin pour recouurer par l'adoption ce qu'elle auoit perdu par la mort tres-amere de son seul fils, mourant elle institua heritier vniuersel François de Valois, Prince de la Maison Royale son petit neueu, & memoratiue de l'incertitude de la vie des mortels, luy substitua Louys son frere germain, non moins par sa vertu que par la noblesse de son sang. Elle est morte aagée de plus de quatre-vingts ans, l'onziéme de Ianuier de l'an mil six cens dix-neuf.

douicum Fratrem non minus virtutis quàm sanguinis cō-iunctione germanū substituit. Obiit octogenaria maior anno salutis supra mille sexcentos vndenigesimo 3. Idus Ian.

Ces paroles sont grauées en vne plaque de cuiure sur son cercueil.

Diane L. de France, fille & sœur legitimée des Rois, Duchesse d'Angoulesme, doüairiere de Montmorency, decedée à Paris l'onziéme de Ianuier 1619.

Le 5. de Feurier de la mesme année on fit ses pompes funebres en l'Eglise des Minimes de la Place-Royale, ausquelles Christofle de l'Estang Euéque de Carcassone celebra la grand' Messe, où assisterent les Euéques d'Angers, de Sées, de Grenoble, & autres en grand nombre : son neueu Charles de Valois Duc d'Angoulesme & Comte d'Auuergne, ses deux enfans l'Euéque d'Agde & le Comte d'Alais, la Duchesse d'Angoulesme, la Connestable de Montmorency, & plusieurs Princesses & Dames. La Musique du Roy chanta le *De profundis*, & Mathieu Morgues sieur de S. Germain, Docteur en Theologie, Predicateur ordinaire du Roy, & nommé par sa Maiesté à l'Abbaye de Gondon, prononça l'Oraison funebre qu'il a donnée au public.

L'onziéme de Ianuier de l'an 1620. on celebra l'anniuersaire, où se trouuerent Mesdames les Princesses de Condé : le Duc d'Angoulesme, ses deux enfans l'Euéque d'Agde, & le Comte d'Alais : le Duc & la Duchesse de Montmorency : la Connestable de Montmorency : l'Amirale & Duchesse d'Anuille : le Comte de Coligny, & plusieurs autres Cheualiers de l'Ordre.

Quelques Ecriuains appellent cette Princesse Diane de Poitiers ou de Valentinois, Duchesse d'Angoulesme; d'autres l'ont creu (peut-estre pour auoir leu ces Autheurs là) fille de Diane de Poitiers Duchesse de Valentinois, ce qui n'est pas; sa mere estoit vne Dame Piémontoise (comme i'ay remarqué cy-dessus) & il y a bien de la difference entre Diane legitimée de France, Duchesse d'Angoulesme,

De l'Estang en Limosin, d'azur, à deux carpes d'argent posées en fasce. Ce Prelat écarteloit de sable au rocher d'or, qui est de Iouyé, & sur le tout, d'or à la fasce de gueules accompagnée de 3. trefles de sinople, 2. en chef, & 1. en pointe.

DES DAMES ILLVSTRES.

doüairiere de Castres & de Montmorency, & Diane de Poitiers Duchesse de Valentinois, Comtesse de Mauleurier, Dame d'Anet, & de S. Valier.

Poitiers, d'azur, à six besans d'argent, 3. 2. 1. au chef d'or.

Diane de Poitiers estoit fille de Iean de Poitiers, Seigneur de S. Valier, & de Ieanne de Batarnay, sa premiere femme: elle fut mariée à Louys de Brezé, Comte de Mauleurier, Seigneur d'Anet, Gouuerneur & grand Seneschal de Normandie, duquel elle eut deux filles Françoise de Brezé Duchesse de Boüillon, & Louyse de Brezé Duchesse d'Aumale. Aprés la mort de Louys de Brezé son mary, le Roy Henry II. qui l'aymoit grandement, & qu'elle possedoit entierement, luy donna le titre de Duchesse de Valentinois, dont elle iöuit iusques au iour de son decés, qui fut le 26. Auril de l'an 1566. & fut inhumée dans la belle Chapelle qu'elle auoit fait bastir en son Chasteau d'Anet (que les Poëtes de son temps appelloient Dianet) aprés auoir partagé ses biens entre sa 2. fille Louyse Duchesse d'Aumale, & les enfans de l'aisnée. Par son testament elle a ordonné que si elle decedoit à Paris son corps fust premierement porté à l'Eglise des Filles Penitentes, & delà à Anet; & fait voir l'auersion qu'elle auoit de la R. P. R.

A. du Chesne en son Hist. genealog. des Seigneurs de saint Valier.

Testament de la Duchesse de Valentinois.

Les deuises de Diane Duchesse de Valentinois, estoient plus propres à Diane Duchesse d'Angoulesme. La premiere estoit vn dard ou vne fléche, (symbole des armes de la chaste Diane, Deesse de la Chasse) auec ces mots Latins, sur vn ruban qui entouroit le dard, CONSEQVITVR QVODCVMQVE PETIT, *Elle obtient tout ce qu'elle demande*. Elle témoignoit par cette deuise la faueur qu'elle auoit prés du Roy Henry II. & le pouuoir qu'elle auoit sur l'esprit de ce Prince, qui ne luy pouuoit rien refuser; comme aussi sur tous les Grands de ce Royaume, & vers le Roy François I. ayant obtenu de ce Monarque la grace pour son pere le Seigneur de S. Valier, qui pour auoir fauorisé la retraite de Charles Duc de Bourbon hors de la France, fut arresté prisonnier par le commandement du mesme Roy, & condamné à auoir la teste trenchée. Ce qui toutesfois ne fut pas executé, sa Maiesté luy ayant enuoyé sa grace à l'instance de cette Dame, de laquelle ce Seigneur Daufinois, de la

Louys d'Orleans en ses Ouuertures de Parlemēt. Est. Pasquier en ses Recherches.

noble & ancienne Maison de Poitiers (qui a possedé les Comtez de Valentinois, & de Diois, & issuë des anciens Comtes de Poitiers, & Ducs de Guyenne) eust ioüy pleinement, si l'apprehension qu'il auoit conceuë de sa mort ne l'eust desia reduit en telle figure, que peu de mois aprés il deceda, d'où est venu le Prouerbe, *De la figure de S. Valier.*

Diane Duchesse d'Angoulesme, non par ses appas, ses attraits, ses charmes, & ses artifices; mais bien par sa vertu, & son merite, a obtenu plusieurs graces & faueurs signalées de ces trois Henrys, II. III. & IV. pour plusieurs Princes & Seigneurs ses parens & alliez, particulierement pour François Duc de Montmorency son second mary, & a esté pour ses perfections en estime & en honneur par tous les Princes & les Princesses, non seulement de ce Royaume, mais aussi des pays étrangers. L'Infante Elizabet Archiduchesse sa niece (estant la fille aisnée de sa sœur Elizabet de France, Reine d'Espagne) la choisit entre les autres Princesses de France, pour la representer aux ceremonies du Baptême des Enfans de France faites l'an 1606. au mois de Septembre à Fontaine-bleau, où elle nomma pour cette Princesse Duchesse de Brabant, Madame Elizabet de France, fille aisnée du Roy Henry le Grand, & de la Reine Marie de Toscane, qui depuis a esté Reine d'Espagne.

Diane de Poitiers auoit encore cette autre deuise, de laquelle le corps estoit vn tombeau, d'où sortoit vne fléche entourée de quelques branches & surgeons d'vn arbre verdoyant, auec ces mots : SOLA VIVIT IN ILLO, *En iceluy elle vit seule,* comme voulant dire que la seule esperance de la resurrection nous fait viure au plus profond des sepulchres. Cette belle deuise, ny la troisiéme, qui estoit vne Diane victorieuse de Cupidon, qu'elle auoit terrassé & mis sous ses pieds, auec cette inscription Latine, OMNIVM VICTOREM VICI, *I'ay vaincu le vainqueur de tous,* ne furent pas pratiquées en effet par Diane Duchesse de Valentinois; mais bien par Diane Duchesse d'Angoulesme.

Au cabinet des Medailles de la Bibliotheque des Minimes de la Place Royale.

DO-

DOROTHEE BVCCA,
ET DEVX AVTRES DEMOISELLES Boulonnoises.

L'Vne des plus iustes & plus belles loüanges qu'on puisse donner à la ville de Boulogne en Lombardie, se peut prendre non seulement de son antiquité, mais principalement d'vne chose qui luy est singuliere, d'auoir produit de temps en temps des hommes, & ce qui est de plus rare, des femmes tres-illustres, & tres-recommandables en toutes sortes de sciences. Nous en rapporterons icy quelques-vnes, & commencerons par

Dorothée Bucca, fille d'vn grand Philosophe, & Medecin de la mesme ville, laquelle dés son bas aage ayant esté nourrie aux estudes des bonnes lettres, y fit tel profit qu'elle merita, & s'acquit les marques & les enseignes du Doctorat, qui luy furent données en l'escole publique de l'Vniuersité de ladite ville. Et peu aprés, qui fut l'an de grace 1436. elle eut vne chaire en la mesme Vniuersité, où elle enseigna plusieurs années auec beaucoup d'honneur & de reputation à la ville de Boulogne, où l'on accouroit de tous les costez, & des pays estrangers, pour oüir & admirer tout ensemble vne femme faire leçon à quantité d'hommes, & leur enseigner la Philosophie.

Nous lisons quelque chose presque semblable de Bettina Calderina, & Betthisia Gozzadina, qui ont honoré la mesme ville de Boulogne de leur naissance, & fleury és siecles precedens : la premiere desquelles, à sçauoir Bettina Calderina, fut fille de Iean André, ce fameux Iurisconsulte, qui pour sa grande cognoissance du Droict Canon, & les beaux liures qu'il a escrits en cette matiere, cogneus à tous ceux qui se meslent de cette science, fut appellé Vaisseau des Canons. Et comme il estoit de fort basse naissance,

Gozzadin, party de gueules & d'argent, à la bordure de sable bezantée d'or.

Vuu

Iean Calderini Gentil-homme Boulonnois, grand amateur des hommes lettrez, l'adopta pour son fils, d'où de là en auant il porta le nom & les armes de la Maison des Calderins, illustre & celebre dans l'Estat de Boulogne la Grasse, qui passa à ses enfans, qui furent deux, vn fils vnique, lequel fut Docteur és Loix, & composa le Traité *De appellationibus*: & vne fille nommée Bettina, dont nous faisons icy mention, laquelle s'adonna aussi à l'estude des bonnes lettres, & à la profession des Loix, & y reüssit si bien, qu'estant mariée à vn Docteur tres-renommé de la mesme Vniuersité de Boulogne, nommé Iean de S. George, lequel fut gagé pour lire à Padouë ; quand ou par maladie, ou par quelque autre empeschement legitime il ne pouuoit faire les leçons, elle montoit en chaire, & suppleoit au defaut de son mary, lisant publiquement auec vn grand concours d'escholiers. On voit encore auiourd'huy son epitaphe en l'Eglise de saint Antoine.

Quant à Bettizia Gozzadina, elle fut fille d'vn braue Gentil-homme Boulonnois, nommé Amateur Gozzadin, de l'Illustre & ancienne Famille des Gozzadins, de laquelle nous auons encore veu vn Cardinal sous Gregoire XV. creé par luy, & allié à la Maison des Ludouises. Cette Demoiselle sortie de si bon lieu monstra dés sa ieunesse des marques & des preuues d'vn grand esprit & courage : car dédaignant de se seruir de la quenoüille, ou de l'aiguille, & de tous les exercices communs à son sexe, elle s'adonna à l'estude de la langue Latine, & des Loix, où elle reüssit si excellemment, que l'an 1232. estant seulement aagée de vingt-trois ans, elle prononça vne Oraison funebre en Latin dans le Dôme ou grande Eglise de Boulogne, és obseques & funerailles de Messire Louys Fratta Euesque de Boulogne, qui fut admirée de tous les assistans. Trois ans aprés elle prit les degrez de Docteur en cette fameuse Vniuersité : puis elle se mit à lire les Institutes en sa maison, où elle acquit tant de reputation, qu'elle eut vne chaire publique l'an 1239. où elle enseignoit auec merueille, applaudissement & concours infiny d'escholiers de toutes les nations & costez du monde. Elle écriuit & composa plusieurs

DES DAMES ILLVSTRES. 523

liures sur le Droict, qui furent depuis imprimez sous vn nom feint & emprunté. Toutes ces rares qualitez d'esprit & de sçauoir qui furent en elle, la firent honorer & estimer des plus grands Princes de la terre, & des souuerains Pontifes mesmes: & le comble de ses loüanges fut, que pour estre plus libre à vaquer aux sciences & à l'estude des bonnes lettres, elle ne se voulut iamais marier. Enfin elle mourut pleine d'honneur l'an 1261. le troisiéme iour de Nouembre, estant née au commencement du mesme siecle, l'an 1209. Serdonati, & autres Autheurs qui ont écrit des Femmes Illustres d'Italie, ont fait mention honorable de ces trois icy.

ELEONOR D'AVSTRICHE, REYNE DE FRANCE & de Portugal.

Austriche, de gueules à la fasce d'argent.

LEONOR ou Leonor d'Austriche, nommée par les autres Alienor, estoit la fille aisnée de Philippe Archiduc d'Austriche, Roy de Castille, & de Ieanne d'Arragon ou d'Espagne sa femme. La ville de Louuain au Duché de Brabant, le seiour & la demeure des Muses Flamandes ou Belgiques, vit naistre cette grande Princesse, seconde femme de nostre Apollon François, le 24. iour de Nouembre de l'an 1498.

Le Roy Emanuel, l'vn des plus puissans & des plus heureux Monarques qui ayent manié le Sceptre de Portugal, ayant ouy parler des vertus & des perfections d'Eleonor, se voyant veuf de Marie de Castille sa seconde femme, la desira auoir pour sa troisiéme épouse. Le mariage fut celebré l'an 1519. & ne dura que deux ans: Emanuel estant decedé à Lisbonne le 13. Decembre 1521. *Vasconcollos.*

Eleonor eut du Roy Emanuel son premier mary deux enfans, vn fils, & vne fille; la fille fut nommée Marie de Por- *Sainte-Marthe.*

Vuu ij

tugal, Princeſſe de rare vertu : elle aura ſon Eloge dans ce liure parmy les illuſtres Maries. Le fils fut Charles de Portugal, dont elle accoucha à Euora le 18. Feurier de l'an 1520. & mourut le 15. Auril de l'année ſuiuante à Liſbonne.

    Leonor d'Auſtriche Reine de Portugal, eſtant veuue d'Emanuel, fut promiſe par ſon frere aiſné Charles Empereur, & Roy d'Eſpagne, à Charles dernier Duc de Bourbon, Conneſtable de France, qui auoit quitté le party du Roy de France ſon Prince legitime, & naturel Seigneur, dépité d'auoir perdu ce grand procés au Parlement de Paris, auquel il s'agiſſoit de trois Duchez, de quatre Comtez, de 2. Vicomtez, & de pluſieurs belles Baronnies, contre Madame d'Angouleſme mere de ſa Maieſté, & pour d'autres mécontentemens, & que l'Empereur Charles V. auoit fait ſon Lieutenant general en l'armée qu'il mit ſur pied pour enuahir la Prouence. Mais quelque temps aprés s'eſtant donnée vne ſanglante bataille proche de Pauie, où l'ardeur de courage pouſſa trop auant noſtre grand Roy François, le plus genereux & le plus magnanime Prince du monde, il fut pris priſonnier en cette funeſte iournée, & mené en Eſpagne, où il fit la recherche d'Eleonor Reine doüairiere de Portugal, & ſœur aiſnée de l'Empereur, quoy que promiſe au Conneſtable, qui lors que le Roy eſtoit à Madrid, vint baiſer les mains à l'Empereur, & vid la ſolemnité des fiançailles du Roy ſon Maiſtre auec Leonor, qui eſtoit plus contente d'épouſer le premier Roy du Chriſtianiſme, qu'vn Prince diſgracié & meſpriſé, non ſeulement des François, mais meſme des Eſpagnols, qui l'appelloient d'ordinaire infame, deſloyal, & traiſtre à ſon Roy & à ſa patrie : témoin ce braue Seigneur, qui preſſé par l'Empereur Charles de loger dans ſon Palais à Madrit ce Duc là, luy fit vne reſponſe par laquelle il demandoit la permiſſion à ſa Maieſté de mettre le feu en ſa maiſon, auant que l'on y logeaſt le Conneſtable de Bourbon, *Iuro à Dios ſacra Maieſtad, que antez pongo el fuego en mi caſa.*

    La Reine Eleonor, qui par le traité de Madrit auoit eſté fiancée au Roy François I. ayant ſceu que les deux enfans aifnez de ce Monarque là; fçauoir François Daufin de Viennois, & Henry Duc d'Orleans (qui depuis fut Daufin & Roy de France fecond du nom) eftoient mal traitez à Victoria, & autres villes d'Efpagne par Pierre Hernandez Velafco Duc de Frias, & Conneftable de Caftille, & par les Efpagnols: elle en fit de grandes plaintes à l'Empereur fon frere, & écriuit aux Ducheffes d'Angoulefme & de Sauoye pour auancer le traité de paix entre le Roy & l'Empereur, pour le defir qu'elle auoit d'époufer ce grand Monarque, & de voir les deux enfans de ce Prince en liberté.

La Paix ayant efté concluë à Cambray à l'inftance d'Eleonor entre ces deux Ducheffes là, & publiée dans l'Eglife de Noftre-Dame de la mefme ville le 5. d'Aouft 1529. la Reine Eleonor, & les deux enfans de France furent efchangez (comme i'ay remarqué ailleurs) fur la riuiere de Bidaffe auec la rançon du Roy leur pere, le 1. de Iuillet 1530. Le Roy ayant receu cette nouuelle alla au deuant de fes enfans & de cette Princeffe, qu'il époufa en l'Abbaye de Captieux en Guyenne, fituée entre Bayonne & Bordeaux au mefme mois de Iuillet. Le Cardinal de Tournon (qui auoit rendu de bons feruices au Roy durant fa captiuité, & qui fut depuis toufiours employé en fes plus grandes affaires) fit la ceremonie du mariage. Ce grand Monarque fit faire des entrées, & des grands honneurs par toutes les villes de ce Royaume à la Reine Eleonor fa 2. femme, comme on peut voir chez nos Hiftoriens, & dans les poëfies de ce temps là. Mais le plus grand honneur qu'a receu en France cette Princeffe, c'eft d'auoir efté facrée & couronnée Reine à S. Denys le 5. iour de Mars de l'an 1530. ou felon le nouueau ftile 1531. par Louys Cardinal de Bourbon Prince du Sang, Euéque de Laon & Pair de France, & Abbé de ce Royal Monaftere, qui a efté Archeuéque de Sens après le decés du Legat & Cardinal du Prat.

Dés le 3. de Mars Eleonor arriua à S. Denys, accompagnée d'vn grand nombre de Princeffes, où Monfieur de Montmorency Grand Maiftre de France (depuis Conneftable) auoit fait preparer tout ce qui eftoit neceffaire pour le Sacre & le Couronnement.

Le Dimanche 5. la Reine alla à l'Eglise en bel ordre & ceremonie. Les Chambellans & les Capitaines marcherent les premiers. Aprés les Cheualiers de l'Ordre, & les Princes du Sang. La Reine estoit menée par les Cardinaux de Grandmont & de Triuulse, reuestus de leurs grandes Chappes. Sa Maiesté estoit habillée très-richement, car son corset estoit tout couuert de perles, & brodé d'or, son surcot d'hermines, garny & enrichy de gros diamans, & son ornement de teste d'vne infinité de pierreries, le tout estoit estimé plus d'vn million d'or. Messieurs le Daufin & le Duc d'Orleans tenoient les pans de son manteau royal de velous violet. Les Duchesses de Vendosme, de Lorraine & de Nemours portoient la queuë. Le Grand Maistre marchoit deuant sa Maiesté auec son baston à lettres & à deuises.

Aprés la Reine marcha Madame mere du Roy, Mesdames Magdelaine & Marguerite de France filles du Roy. La Reyne de Nauarre sœur du Roy. La Princesse Isabel de Nauarre. La Doüairiere de Vendosme: la Duchesse de Guyse: Mademoiselle de Vendosme, & la Comtesse de Neuers. La Dame d'honneur marcha aprés ces Princesses qui auoient toutes leurs chapeaux & leurs cercles de Duchesses & de Comtesses, leurs corsets & leurs manteaux de velous violet, & leurs surcots d'hermines, enrichis de pierreries d'vn si grand prix, que le moindre estoit estimé plus de cinquante mille escus; excepté Madame mere du Roy, la Doüairiere de Vendosme, & la Comtesse de Neuers, qui estans veuues auoient leur corset de velous noir, & le manteau de violet plus brun que les autres.

La Reine estant arriuée deuant le grand Autel se mit à genoux. Le Cardinal de Bourbon qui estoit au costé gauche de l'Autel, accompagné de trois Archeuéques, & de 28. Euéques, luy bailla à baiser vn reliquaire. Le Cardinal du Prat demeura au costé droit en qualité de Legat: Puis sa Maiesté fut menée de l'Autel sur son theatre esleué de 13. marches par les Cardinaux de Grandmont & de Triuulse; Messieurs le Daufin & le Duc d'Orleans tenans tousiours les pans de son manteau.

Aprés qu'elle fut assise, la Duchesse d'Angoulesme mere

du Roy, & les Dames luy firent vne grande reuerence, puis prirent place selon leur rang. Les deux Cardinaux descendirent du theatre, & allerent s'asseoir prés du Legat: puis s'estans reposez ils se leuerent pour aller querir la Reine, & la mener deuant le grand Autel où elle fut sacrée. Le Daufin & le Duc d'Orleans qui auoient porté les pans du manteau de la Reine depuis le theatre iusques à l'Autel, demeurerẽt tousiours prés de sa Maiesté: mais le Grand Maistre de Montmorency qui auoit marché deuant la Reine, alla querir Madame mere du Roy, & aprés elle Madame Magdelaine, & la Reine de Nauarre pour seruir au Sacre, tandis que le Cardinal de Bourbon dit l'Oraison sur la Reine qui estoit à genoux deuant le grand Autel, & auoit la teste baissée.

Aprés que le Cardinal de Bourbon eut dit l'Oraison, & que les trois Princesses furent arriuées, il prit la sainte Onction qui luy fut presentée par les Archeuéques de Tolose & de Lyon; celuy-là de la Maison de Longueuille; & celuy cy de celle de Rohan : il en versa sur la platine que tenoit l'Archeuéque de Tolose, & en oignit la Reine sur le chef, qui fut découuert par Madame mere du Roy, & aprés vers l'estomac qui fut découuert par Madame Magdelaine & la Reyne de Nauarre. Disant l'oraison ordinaire de la ceremonie, laquelle estant finie il en dit encor vne mettant l'anneau au doigt de sa Maiesté, qui luy fut presenté par l'Euéque d'Eureux. Le Cardinal aprés donna à la Reine le Sceptre qui luy fut presenté par l'Euéque de Beauuais, & la Main de Iustice par l'Archeuéque de Vienne, & dit les oraisons. Aprés le Cardinal prit des mains de l'Euéque de Lizieux grand Aumosnier du Roy, la grande Couronne qu'il mit seul sur la teste de la Reine, tenant tousiours la main dessous, & aprés luy auoir presentée il la bailla à Mõsieur le Daufin, qui s'en deschargea és mains du Duc de Longueuille. Et lors l'Euéque de Bayonne donna vne autre petite Couronne à Monsieur le Duc d'Orleans, qui auec Monsieur le Daufin la mit sur la teste de la Reine.

Le Sacre acheué, & toutes les oraisons dites par le Cardinal de Bourbon; la Reine tenant en ses mains le Sceptre

& la Main de Iustice, fut conduite en sa chaire par Messieurs le Daufin & le Duc d'Orleans. Le Duc de Longueuille tenant esleuée la grande Couronne marchant deuant sa Maiesté, qui estant assise pour oüir la Messe, l'on mit deuant elle vn escabeau couuert de velous bleu semé de fleurs de lys d'or, sur lequel ce Duc là mit la grande Couronne, & demeura tousiours à genoux prés de l'escabeau. La Reine donna le Sceptre au Comte de S. Paul Prince du Sang, & la Main de Iustice au Duc de Guyse qui demeurerent à genoux prés de sa Maiesté, le Comte à la main droite, & le Duc à la gauche; le Daufin & le Duc d'Orleans estoient debout aux costez de sa Maiesté pour soustenir la Couronne qu'elle auoit sur la teste.

Lors le Cardinal de Bourbon celebra la sainte Messe, & la Dame d'honneur donna les heures de la Reine à Mademoiselle de Vendosme, & vn liure d'oraisons à la Comtesse de Neuers qui les presenterent ensemble à sa Maiesté, puis s'en retournerent en leurs places, aprés auoir fait trois reuerences. Le Legat donna la benediction à l'Euéque de Chartres pour dire l'Euangile; durant laquelle la Reine se leua: le Comte de S. Paul, le Duc de Guyse auec le Sceptre & la Main de Iustice: & le Duc de Longueuille tenant en ses mains éleuée la grande Couronne: toutes les Princesses se leuerent aussi aprés auoir fait la reuerence à sa Maiesté, à laquelle la petite Couronne fut ostée de dessus la teste par Messieurs le Daufin & le Duc d'Orleans, & remise aprés l'Euangile que le Cardinal de Grandmont luy porta à baiser.

La Reine baisant le liure des Euãgiles se mit à genoux sur l'oreiller de drap d'or qui luy fut preseté par le Côte de Neuers. La féme du Grand Maistre, de l'Amiral, & la grande Seneschale, porterent aprés l'Euangile le pain, le vin & l'argent à la Dame d'honneur de sa Maiesté, qui les presenta, sçauoir le pain doré à Madame Marguerite: le pain argenté à Isabeau de Nauarre: le vin à la doüairiere de Vendosme: & le cierge auec l'argent à la Duchesse de Guyse. La Reine descendit de son theatre pour aller à l'offrande, le Grand Maistre marchant deuant sa Maiesté; le Daufin & le Duc d'Ord'Orleans portans toufiours les pans de fon manteau. Le Comte de S. Paul, les Ducs de Guyfe & de Longueuille, & le Comte de Neuers portans le Sceptre, la main de Iuftice, la grande Couronne, & l'oreiller. La Reine eftant à l'Autel, les quatre Princeffes luy baillerent les offertes, & puis elle s'en retourna en fa chaire au mefme ordre.

A l'éleuation du Corps de N. S. elle fe leua de fa chaire, & s'agenoüilla deffus l'oreiller, toutes les Dames firent le mefme, aprés luy auoir fait la reuerence, & les Princes tenans le Sceptre & la Main, la grande Couronne & l'oreiller. Le Cardinal de Grandmont luy apporta la Paix à baifer durant que l'on chanta l'*Agnus Dei*, & aprés elle defcendit auec les Princes & les Princeffes au mefme ordre que i'ay rapporté cy-deffus pour aller au grand Autel, où elle receut auec grande deuotion & refpect le Corps de N. S. des mains du Cardinal de Bourbon, & aprés auoir fait fa priere elle s'en retourna fur fa chaire, où elle acheua d'oüir la Meffe; à la fin de laquelle le Legat donna la derniere benediction folemnelle, auec abfolution & pleniere remiffion à tous ceux qui auoient efté prefens au Sacre & Couronnement, où affifterent le Nonce du Pape, & les Ambaffadeurs de l'Empereur, d'Angleterre, de Venife & de Ferrare. La Meffe dite, la Reine Eleonor defcendit au mefme ordre: Meffieurs de S. Paul, de Guyfe, & de Longueuille portans le Sceptre, la Main de Iuftice, & la Couronne deuant fa Maiefté: lors Monfieur le Daufin prit la Reine par deffous le bras droit, & Monfieur d'Orleans par deffous le gauche, & les Ducs de Vendofme & de Lorraine prirent les pans de fon manteau, que tenoient auparauant Meffieurs les Enfans de France, les deux fils aifnez du Roy François I. Monfieur Charles de France Duc d'Angoulefme fon 3. fils, qui depuis fut Duc d'Orleans n'y ayant pas affifté, ou par indifpofition, ou pour fa ieuneffe.

La Reine Eleonor ayant receu les honneurs du Couronnement à S. Denys le 5. de Mars 1531. receut ceux de l'Entrée Royale à Paris, le 16. du mefme mois, où fa Maiefté eftant accompagnée de Meffieurs le Daufin & le Duc d'Orleans, & de plufieurs autres Princes, Princeffes, Seigneurs & Dames oüit à faint Lazare les harangues des Deputez de l'Eglife, de l'Vniuerfité, des Corps de la ville, & des Cours Souueraines: aufquelles le Legat en qualité de Chancelier ayant fait les refponfes, le Grand Maiftre de Montmorency ayant fon bafton en main, donna l'ordre à la ceremonie de l'Entrée qui fut tres-belle & magnifique (comme i'ay appris d'vn Secretaire d'Eftat auquel le Roy François fit commandement de mettre par écrit l'ordre qui fut obferué au Couronnement & à l'entrée de cette Princeffe, auquel les curieux pourront auoir recours pour en fçauoir toutes les particularitez) ie diray feulement que les Étrangers qui fe trouuerent à Paris admirerent la quantité de monde, & les Compagnies qui marcherent en cette ceremonie là : car les Religieux mendians, les Parroiffes, les autres Religieux, & les Eglifes Collegiales, enuiron quatre mille qui eftoient fuiuis de l'Vniuerfité, laquelle fans compter le Recteur, les Procureurs de nations, les Docteurs & les Bacheliers de quatre Facultez, les Confeillers & Officiers, il y auoit trois mille Efcoliers marchans deux à deux. Aprés l'Vniuerfité marchoient plufieurs autres Corps: les Enfans de la ville bien montez, veftus des couleurs de la Reine, noir, blanc & iaune : & les Cours Souueraines : le Preuoft de l'Hoftel : les Gentils-hommes des Princes & des Princeffes : les Gentils-hommes & Officiers de la Reine richement veftus : les hauts-bois, les trompettes, les Herauts & les Rois d'armes, les Cheualiers de Saint Michel auec le colier de l'Ordre : les Ambaffadeurs (que i'ay nommez à la ceremonie du Sacre) conduits par des premiers Seigneurs de la Cour : deux Cardinaux, & le Legat reueftus de leurs Chappes : le premier Efcuyer de l'Efcurie de la Reine, fuiuy du cheual de croupe, fur lequel eftoit monté vn page veftu de drap d'or : la haquenée de parade auec vne grande houffe de drap d'or. Aprés marchoient les cent Suiffes de la garde du Roy, conduits par le Comte de Brienne fils du Marefchal de la Marche : les deux cens Gentils-hommes de la Maifon du Roy marchans à pied, leur hache d'armes fur le col. Aprés venoit la Reine dans fa litiere de drap d'or frifé, deuant laquelle marchoit Monfieur de Mont-

Guillaume Bauchetel Secretaire d'Eftat, fon écrit a efté publié par le fieur Godefroy, dans le Ceremonial de France.

morency auec son baston de Grand Maistre : la litiere estoit découuerte, afin que sa Maiesté fust veuë d'vn chacun auec son manteau Royal de pourpre diapré d'or, son corset tout couuert de perles, son surcot fourré d'hermines enrichy de pierreries, & la Couronne en teste remplie de diamans d'vn prix inestimable : Monsieur le Daufin suiuy du Roy de Nauarre estoit à sa main droite, & le Duc d'Orleans à la gauche : à l'entour de la litiere Royale estoient les Pages & les Escuyers de l'Escurie de la Reine, & les 24. Archers Escossois de la garde du Roy. Aprés la litiere de la Reine venoit Madame mere du Roy, en vne autre litiere couuerte de velous noir, auec laquelle estoient MM. Magdelaine, & Marguerite filles du Roy, & à ses costez les Ducs de Vendosme & de Lorraine : dans la troisiéme litiere couuerte de velous cramoisy richement brodée estoit la Reine de Nauarre sœur du Roy, & à ses costez le Comte de Saint Paul, & le Duc de Guyse. Aprés marchoient sept Princesses montées sur des haquenées, auec des housses de drap d'or frizé. La 1. estoit M. Isabeau sœur du Roy de Nauarre, qui auoit à son costé le Comte de Meille. La 2. la Duchesse de Vendosme, & à son costé le Marquis du Pont, fils du Duc de Lorraine. La 3. la Duchesse de Lorraine, auec elle Monsieur d'Anguien, fils aisné du Duc de Vendosme, qui depuis fut Roy de Nauarre. La 4. la Duchesse de Nemours, & auec elle le Comte de Neuers. La 5. Mademoiselle de Vendosme, & auec elle Louys Monsieur de Neuers Comte d'Auxerre. La 6. la Comtesse de Neuers, & auec elle le Mareschal de la Marche. La 7. Mademoiselle de Guyse, qui depuis fut Duchesse de Longueuille & Reyne d'Escosse, & auec elle le Comte de Brienne : Mesdames mere du Roy, Magdelaine & Marguerite filles de sa Maiesté, & la Reine de Nauarre, & toutes ces Princesses auoient toutes leurs chapeaux & leurs cercles de Duchesses & de Comtesses, leurs manteaux de velous violet, les surcots d'hermines enrichis de pierreries, excepté Madame mere du Roy, & la Comtesse de Neuers qui auoient leur manteau plus brun que les autres, leur corset de velous noir, & leur surcot d'hermines sans aucun enrichissement.

Renée de Bourbon Duchesse de Lorraine.

Louyse de Montmorency.

Aprés les Princesses venoit la Mareschale de Chastillon de la Maison de Montmorency, Dame d'honneur de la Reine, vestuë d'vne robbe de velous noir fourrée d'hermines, suiuie de sa belle-sœur la femme du Grand Maistre: de l'Amirale Chabot de la Maison de Giury: de la grande Seneschale, depuis Duchesse de Valentinois: de la Mareschale de la Marche: des Dames d'Aubigny & de Roye, qui estoient toutes richement habillées, & montées aussi sur des haquenées, auec des housses de drap d'or frizé. Aprés ces Dames là venoient les filles de la Reine montées sur des haquenées auec des housses de drap d'or: Les douze premieres estoient vestuës de satin cramoisy à l'Espagnole, que sa Maiesté auoit amenées de Castille; & les autres vestues à la Françoise, & trois chariots de drap d'or, dans lesquels estoient le reste des Dames & des Demoiselles de sa Maiesté. Les 4. Capitaines des Gardes, auec tous les Archers à cheual en troupe terminoient cette pompe Royale. La Reine ayant fait ses prieres en l'Eglise de Nostre-Dame, oüit le *Te-Deum* en musique, & receut la benediction du Cardinal Legat, qui estoit accompagné des Cardinaux de Grandmont & de Triuulse, alla au mesme ordre au Palais, où estoit preparé le souper, ayant à sa main droite les trois Cardinaux que ie viens de nommer, & les Ambassadeurs qui auoient assisté à son Couronnement, excepté celuy de Ferrare: & à sa main gauche toutes les Princesses qui auoiēt paru à son entrée. Au festin le Grand Maistre de Montmorency seruit de Maistre d'Hostel: le Comte de S. Paul, de Pannetier: le Duc de Guyse, d'Eschanson: & le Comte de Neuers d'Escuyer tranchant.

Le 19. du mesme mois les Preuost des Marchans, & les Escheuins traiterent la Reine à l'Hostel de Ville, & luy firent leurs presens.

Elle n'eut aucuns enfans de nostre Roy son second mary, auec lequel elle véquit enuiron 18. ans, iusques au dernier iour de Mars de l'an 1547. que ce Prince, *le Pere & le Restaurateur des lettres*, deceda au Chasteau de Ramboüillet en Heurtpois.

Durant que cette Princesse porta la Couronne Tres-

Chreſtienne elle ſe fit aimer des François pour les vertus & les bonnes qualitez dont Dieu & la nature l'auoient doüée. Aprés auoir vaqué aux exercices de deuotion & de pieté, dont on voit encore les marques és edifices de pluſieurs Egliſes & maiſons ſacrées de ce Royaume, qu'elle a embellies & enrichies par ſa liberalité. On voyoit cette maſle Princeſſe comme vne autre Atalante, ou comme ſa ſœur Marie Reine de Hongrie, laiſſer la quenoüille & le fuſeau, & s'adonner à des occupations genereuſes, mais non ſi violentes comme ſa ſœur, laquelle manioit mieux vne picque & vne eſpée, qu'vne eſguille ou des ciſeaux, & qui eſtoit le plus ſouuent dans les armées auec des Capitaines & des ſoldats, que dans ſes Palais de Malines & de Bruſſelle auec ſes Dames.

Les ordinaires demeures d'Eleonor n'eſtoient non dans les tentes & dans les armées, mais bien dans les bois, les foreſts, & les eaux, à cauſe de la chaſſe, & de la peſche, où elle accompagnoit le Roy ſon mary; Ce qui ne ſeruoit pas de peu d'ornement, ny de peu de conſeruation à ſon honneur, & à ſa vertu : car on ſçait que ſi Diane eſt chaſte, ceux qui ayment ſes innocens eſbats ſont fort eſloignez des atteintes de l'amour.

Le Roy François decedé, Eleonor ſe retira au Pays bas, prés de l'Empereur ſon frere, puis le ſuiuit en Eſpagne en l'an 1556. & mourut à Valladolit, ou ſelon les autres, à Badaios (où elle giſt) au mois de Mars l'an 1558. eſtant aagée de 60. ans. Le Roy Henry II. ſon beau fils luy fit rendre les derniers deuoirs dans Noſtre-Dame de Paris, auec les honneurs deus à vne Reine de France. *Marianx.*

Elle auoit pour ſymbole & deuiſe vn Phœnix qui ſe brûle ſur vn buſcher qu'il allume de ſes aiſles, auec ces mots, VNICA SEMPER AVIS; *Touſiours vnique oiſeau.* Les François la luy auoient dreſſée pour marque de ſa vertu, laquelle eſtant incomparable, eſtoit en cela ſemblable à cet oiſeau qui n'a rien en la nature qui luy puiſſe eſtre comparé.

Elle en eut auſſi vne autre, & peut-eſtre de ſon inuention. C'eſtoit vn arbre beau à merueille planté en vne peninſule découuerte de tous coſtez au Soleil, & arrouſée fauorablement du fleuue dans lequel elle s'auançoit. Ces mots en donnoient l'intelligence: HIS SVFFVLTA. *A l'aide de ceux-cy.* Car c'eſtoit autrement dire, qu'à l'aide de Dieu qui eſt noſtre Soleil, & des alliances auec les Rois, qui ſont les plus grandes faueurs de la fortune, dont les eaux ſont le ſymbole, dans la grandeur & bonté de ſon extraction, qui luy eſtoit comme ſon terrain, elle auoit pris vn accroiſſement qui s'eſleuoit au faiſte des plus grandes proſperitez.

ELEONOR DE TOLEDE,
DVCHESSE DE TOSCANE.

Tolede, eſchiqueté d'argent & d'azur, de quinze pieces. Paleologue de gueules à l'Aigle eſploié d'or à 2. teſtes couronnées de meſme, & comme Empereurs de Conſtantinople, de gueules à la Croix d'or, accompagnée de 4. lettres Grecques de B. ou fuſils addoſſez d'or.

LA Maiſon de Tolede eſt en Eſpagne vne des plus nobles & des plus illuſtres, & laquelle, comme quelques-vns diſent, tire ſon origine de la famille Imperiale des Paleologues, qui a tenu long temps l'Empire de Conſtantinople, & de toute la Grece. Quelques Ecriuains Italiens font cette remarque, mais ie ne ſçay pas ſur quel fondement, car les armes des Maiſons de Paleologue & de Tolede ſont differentes.

De cette grande famille ſortit Pierre de Tolede, Seigneur autant vaillant que ſage, & qui fut fort aymé & employé par Charles V. prudent Empereur, & par luy enfin enuoyé Vice-Roy au Royaume de Naples; charge qu'il exerça 21. an: pendant lequel temps il fit de tres-bonnes Ordonnances à l'Eſtat, & fit publier des Loix tres-iuſtes, & a ſeruy de modele à ceux qui luy ont ſuccedé à ce Gouuernement là; ayant de plus nettoyé le païs de bannis & de voleurs de chemins.

Pierre de Tolede Marquis de Ville-Franche, & Vice-Roy de Naples épouſa Marie Oſorio Pimentel, fille de Louys Pimentel Marquis de VilleFranche, & de Beatrix Oſorio. De ce mariage nâquirent 7. enfans, 4. filles, & 3.

fils. Sçauoir Eleonor Duchesse de Toscane l'aisnée des filles: Ieanne de Tolede, mariée à Ferdinand Ximenez de Vtrea, fils aisné du Comte d'Aranda : Anne de Tolede, femme d'Aluara de Moscoso Comte d'Altamire: La 4. fut Duchesse de Castrouille. Les 3. fils Federic de Tolede, Marquis de Ville-Franche: Louys de Tolede Cheualier de S. Iaques: & Garcie de Tolede Vice-Roy de Sicile, Cheualier, qui auec tant d'honneur & de courage secourut & defendit l'Isle de Malte, assiegée & battuë par l'armée de Soliman, grand Seigneur des Turcs, & qui depuis fut General des mers d'Espagne, bien que quelques Historiens le taxent de paresse au secours de Malte.

Eleonor en la fleur de son aage, fut par l'entremise de l'Empereur Charles mariée à Cosme de Medicis, alors Duc de Florence & de Sienne, & depuis Grand Duc de Toscane; la prudence & la beauté partagerent son esprit & son corps pour les embellir par excellence: ce qui la rendit parfaitement aimable, & aimée de son mary, Prince que peu d'Historiens ont blasmé pour quelques actions de seuerité, mais qui est grandement loüé par tous les autres pour sa iustice, sa prudence, sa pieté, & ses autres vertus. Pour auoir institué l'Ordre des Cheualiers de S. Estienne Pape & Martyr (dont il voulut estre le Grand Maistre) ausquels il fit bastir vne Eglise & vn Hauberge, & assigna des rentes pour leur entretenement necessaire, aprés leur auoir donné de beaux statuts & priuileges, & vne regle dont la principale est de s'armer & combatre contre les Turcs, & asseurer la mer de Toscane contre les Corsaires. Aussi le Pape Pie IV. la 2. année de son Pontificat, tant en consideration du nom de Medicis, que pour les merites de ce Prince là, luy enuoya l'espée & la barette benits par sa Sainteté, celebrant la Messe le iour de Noël sur le grand Autel de S. Pierre. Et Pie V. son successeur ayant fait reflexion sur la bonté, la prudence incomparable, & les genereuses actions de ce Duc là, le voulut honorer l'an 1569. de quelque nouueau titre, par dessus le commun des Princes d'Italie, & luy enuoya par son neueu Michel Bonelli, dit le Cardinal Alexandrin, son Bref, par lequel il estoit appellé Grand

Duc de Toscane, & la permission de porter en ses armes & sur sa teste vne Couronne Royale, auec deux fleurs de Lys espanoüies, & à l'entour ces paroles en Latin:

Pius Quintus Pont. Max. ob eximiam dilectionem & Catholicæ Religionis zelum præcipuúmque iustitiæ studium donauit; C'est à dire, *Pie V. Souuerain Pontife me l'a donné en recognoissance de la grande affection, & du zele à la Religion Catholique, & de l'amour singulier à la Iustice.*

Monsieur Vulson de la Colombiere décrit en ces termes la Couronne des Grands Ducs de Toscane au chap. 38. de la Science Heroïque; Elle est releuée sur son cercle de plusieurs pointes & rayons aigus à la façon des anciens Roys, excepté qu'ils sont vn peu courbez, la plus part se terminans en petites fleurs de lys, à cause de celles qu'ils portent en leurs armes par concession de nos Roys. Cette Couronne est aussi rehaussée de deux fleurs de lys espanoüies, telles qu'on represente celle qui sert d'armoiries à leur ville de Florence.

La Reyne mere Caterine fauorisa le Duc de Toscane contre le Duc de Ferrare.

Et quelque temps aprés, le Duc Cosme fut couronné Grand Duc de Toscane à Rome dans la Chapelle de Sixte, en presence de sa Sainteté, du sacré College des Cardinaux, & de la Noblesse Romaine: non sans le mescontentement & les plaintes d'Alfonse II. Duc de Ferrare son gendre.

Eleonor de Tolede ne manqua pas de son costé de correspondance d'affection, ayant aimé le Duc au delà de toute creance humaine: car ce temps là estant tout troublé de guerres & de factions, & elle craignant que par trahison l'on attentast sur la personne & la vie de son mary, elle voulut comme vne autre Issicratée l'accompagner en tous les voyages & les chasses qu'il fit, & en tous les lieux où il alla, démarant & demeurant au clin des démarches & des altes de son mary: Elle le suiuit en son voyage de Rome, sous le Pontificat de Pie IV. & ce qui est plus remarquable, c'est que bien souuent pendant qu'il prenoit son repos elle veilloit, son affection ne souffrant pas de se fier de ce qu'elle aimoit si fort, à la fidelité de ses gardes. De façon que l'on peut veritablement dire d'eux, ce que l'on a autrefois dit
de

DES DAMES ILLVSTRES. 537

de certains rares & parfaits amans, que ce n'estoit qu'vne ame en deux corps, à cause de la ressemblance & de l'vnion de leurs volontez.

Elle soulagea fort aussi le Duc son mary en la disposition & resolution de ses plus penibles & perilleuses affaires: luy communiquant tous ses secrets, elle luy donnoit les moyens de conduire heureusement plusieurs grandes entreprises de paix & de guerre, & se tirer de tres-grands dangers.

Elle ioignit à sa sagesse la douceur, & la pieté qu'elle fit paroistre enuers plusieurs personnes de merite, faisant donner la grace, & sauuant la vie à quantité de pauures miserables condamnez par la Iustice à la mort: adoucissant la rigueur des Loix par la grandeur de sa misericorde, iudicieusement és crimes qui n'auoient point esté commis par vne malice affectée.

Elle prenoit vn grand soin à assister les personnes necessiteuses, specialement les filles Religieuses: de façon que plusieurs fois durant la cherté des viures elle leur distribua de tres-grands deniers, & leur fit de notables aumosnes, non seulement à Florence, mais encore par tout le reste de l'Estat: & auoit quelques personnes notables en sainteté, qui par toutes les terres de son Domaine distribuoient en son nom quantité d'argent aux pauures Religieuses, & aux autres filles deuotes pressées de la necessité.

La grandeur de sa charité procura que ses faueurs enuers les pauures continuassent aprés sa mort: car en mourant elle laissa vne grande somme de deniers pour fonder & bastir vn Monastere de filles en l'honneur, & sous le nom de S. Estiene Pape, qui chanteroient l'Office Canonial, & vaqueroient à prieres & oraisons en faueur de l'Estat, & qu'en iceluy seroient receuës les pauures & les riches, les nobles & les roturieres, sans y apporter de dot, ayant pourueu suffisamment par sa fondation à toutes les choses necessaires à l'entretenement du Conuent.

Et a esté son testament depuis son decés pleinement accomply, & cette Maison bastie & dotée par ses enfans, & nommément par le Grand Duc Ferdinand I. & Christine

Yyy

de Lorraine sa femme, qui l'ont d'abondant (par vn sur-croist d'honneur & de charité) garny de precieux ornemens, & remply de saintes Vierges, lesquelles aprés auoir produit des fleurs tres-douces de pieté, ont donné de tres bons fruits de Religion & de sainteté. Tout ce bien releuant de la grandeur & de la deuotion d'Eleonor, comme premiere Fondatrice de la Maison.

Cette Duchesse des Florentins & des Siennois (ie la nomme ainsi, car son mary Cosme de Medicis n'a esté nommé Grand Duc de Toscane qu'aprés le decés de cette Princesse) est loüable pour auoir fondé cette Maison & Monastere de S. Estiene à Florence, pour y receuoir gratuitement les filles, afin que les pauures, tant Demoiselles que de basse naissance y fussent facilement admises. Pleust à Dieu que les Reines, les Princesses, & les autres Grandes fissent de telles fondations, en faueur des pauures filles deuotes. Combien y en a-t'il de cette condition qui tiendroient pour le dernier poinct de leur mortelle felicité, si elles pouuoient estre Religieuses, & entrer dans les Cloistres en qualité de Sœurs Conuerses ou de pauures seruantes, élisant plustost auec le Diuin Chantre, d'estre abiectes dans les Maisons consacrées à Dieu, que de faire leur residence dans les Palais du monde, qui sont pour l'ordinaire des tabernacles de pecheurs. L'on ne verroit point reietter des filles d'or en vertu & en perfection de l'entrée des Abbayes & des Monasteres, parce qu'elles n'ont point d'argent pour leur doüaire, comme si leur Epoux qui est le Dieu des Vertus, demandoit d'elles autres dots que des bonnes habitudes. Il vaut beaucoup mieux pour les Maisons Religieuses de receuoir des personnes pauures, & de bon esprit, & de sainte vie, que des riches sans iugement & sans deuotion. Cependant vous diriez que nous sommes reuenus au temps de la decadence de l'Empire Romain, où ce Satyrique disoit d'vn ton mordant: ô mes amis il faut premierement auoir du bien, & puis s'adonner à la vertu tant que l'on voudra, les richesses doiuent aller deuant, & porter le flambeau. Comme aux mariages du monde on demande plustost d'vne fille combien elle a d'escus que de bonnes qualitez ; auſſi quelquefois aux ſpirituels qui ſe font par la priſe du voile, on meſure pluſtoſt la reception à la ſomme que l'on preſente, qu'à celle de la pieté. S. Pierre eſtoit bien éloigné de cette penſée quand il renuoya celuy qui par de l'argent penſoit acquerir les graces du ſaint Eſprit. Il eſt vray que les Maiſons qui ne ſont pas ſuffiſamment fondées, & qui n'ont pas dequoy entretenir celles qui ſe preſentent, ne ſont pas tenuës à leur reception, nul n'eſtant obligé à l'impoſſible : mais en celles qui ont dequoy, ce refus n'eſt pas agreable à celuy qui eſt l'Epoux, le Roy & la Couronne des Vierges.

Entre les choſes dont la nature fauoriſa Eleonor de Tolede Ducheſſe de Florence, fut vn bon temperament & vne ſaine complexion de ſes humeurs, de façon que parmy toutes ſes penibles actions elle auoit touſiours le viſage gay, le teint frais, & l'œil ſerain : & n'eſtoit point ſuiette à mille ſortes d'incommoditez & petites maladies, que la delicateſſe de la chair & du viure traine d'ordinaire quant & ſoy, & laiſſé aux Dames de ſa qualité.

Elle fut encore ſi forte de corps, & ſi puiſſante en courage, qu'elle accouchoit facilement, & ſupportoit les dures peines de ſon trauail fort patiemment ; leſquelles neantmoins par la violence de leurs douleurs, ont accouſtumé d'affoiblir toutes les femmes, & leur oſter toutes leurs forces : & ſembloit en ſes trauaux pluſtoſt receuoir les enfans d'autruy, que ſe deliurer des ſiens. Car cette Princeſſe eut 8. enfans, cinq maſles, & trois filles : ſçauoir François de Medicis, Grand Duc de Toſcane : Iean de Medicis, creé Cardinal auec S. Charles : Garcie de Medicis (ces deux freres Iean & Garcie ſont decedez en ieuneſſe, comme n'ignorent pas ceux qui ont leu l'Hiſtoire du Preſident de Thou au liure 32. & le 3. Tome d'Henry de Sponde Euéque de Pamiers, de ſes Annales de l'Egliſe :) Ferdinand de Medicis, premierement Cardinal, puis Grand Duc de Toſcane : Pierre de Medicis Cheualier de la Toiſon. Les filles, Iſabelle de Medicis, mariée à Paul Iourdain Vrſin Duc de Bracciano : Marie de Medicis promiſe à Alfonſe II. Duc de Ferrare : & Lucrece premiere femme de ce Duc là.

Serdonati.

C'est pourquoy non seulement toute la ville de Florence, mais encore toute la Toscane, a de tres-grandes obligations à cette vertueuse Dame & Princesse, tant pour vne infinité de faueurs & de caresses qu'elle a receuës d'elle, que pour le soin particulier qu'elle a pris de la personne & de l'Estat du Duc son mary, Prince qui ne sera iamais autant honoré & estimé qu'il le merite.

Comme aussi pour auoir donné à la Maison de Medicis de tres-beaux enfans, & tres-braues Princes, & pour les auoir nourris & instruits en toutes les sciences & les exercices qui sont requis à Princes Souuerains, & qui sont appellez de Dieu pour le regime & le gouuernement des peuples. Princes qui ayans succedé aussi bien à la vertu qu'aux biens de leurs ancestres, ont tenu l'Estat de Toscane en paix & bonheur, rendans la Iustice également à tous, & à chacun ce qui luy pouuoit legitimement appartenir. Entre autres François de Medicis son fils aisné, pere de la tres-Chrestienne & tres-auguste Marie de Medicis, Reine-mere du Roy Louys le Iuste, & ayeule du Roy Louys Dieu donné.

La sage & vertueuse Eleonor de Tolede Duchesse de Florence & de Sienne, mourut l'an 1562. de la debilité d'estomac, dont elle fut fort incommodée les dernieres années de sa vie : ou selon les autres, auec plus d'apparence, estant saisie d'affliction & de tristesse pour la mort de ses deux fils le Cardinal Iean de Medicis, Prince d'vn fort doux naturel, qui n'estoit aagé que de 16. ans, & de Garcie de Medicis d'vne humeur plus rude & reuesche, aagé de 15. ans, que l'on faisoit courre le bruit estre morts de maladies contagieuses qui infectoient pour lors l'air de la Toscane. Eleonor, peu d'heures auant sa mort, donnant le bras au Duc Cosme son mary, pour luy faire recognoistre son poux. Ce que le Prince ayant fait, luy dit ces paroles : *Madame, ie vous prie d'oublier le monde, & les enfans, & moy aussi, & vous remettez franchement à la volonté de Dieu, c'est luy qui vous rendra le poux & la santé, & tout ce qu'il sçait vous estre vtile pour vostre bien & vostre salut.*

La deuise de Leonor ou Eleonor de Tolede, Grande Du-

DES DAMES ILLVSTRES.

cheſſe de Toſcane, eſtoit vne Lucrece le poignard en main, auec lequel elle ſe perce la poitrine d'vn coup mortel pour conſeruer ſon honneur au prix de ſa vie, auec ce mot d'aduis, FAMAM SERVARE MEMENTO, *Qu'il te ſouuienne garder ta renommée*, qui vouloit dire, que l'honneur ayant eſté plus cher que la vie à cette femme Payenne, il n'y a rien qu'vne Dame Chreſtienne doiue eſpargner pour ſa conſeruation, ayant meſme cet exemple deuant les yeux pour honte perpetuelle à celles qui feroient moins d'eſtat que cette Dame d'vn bien ſi excellent & ſi precieux.

ELEONOR D'AVSTRICHE,
DVCHESSE DE MANTOVE
& de Montferrat.

Mantouë, blazonné page 186.

LA ſage & vertueuſe Princeſſe Leonor ou Eleonor d'Auſtriche eſtoit la 6. fille de l'Empereur Ferdinand I. & d'Anne de Hongrie ſa femme, & ſœur de l'Empereur Maximilien II. Elle vid la lumiere du iour le 2. de Nouembre de l'an 1534. à Vienne en Auſtriche. Dés ſes plus ieunes ans elle ſe rendit digne fille d'vne ſi bonne mere, ayant ſuiuy le chemin de la vertu, & fuy les vices & les imperfections de ſon ſexe; auſſi fut-elle douée des meſmes merites & vertus que ſes ſœurs, toutes Princeſſes de rare vertu; comme i'ay fait voir en l'Eloge de ſa ſœur Caterine Reyne de Pologne.

Guillaume de Gonzague Duc de Mantouë & de Montferrat la deſira auoir pour femme, & l'ayant fait demander il l'obtint l'an 1561. pour ſon bon-heur & ſon contentement: car cette Dame auoit de grandes & de rares qualitez pour eſtre l'épouſe d'vn Prince Souuerain; auſſi ſa memoire eſt en bonne odeur parmy les peuples de Mantouë & de Montferrat, & elle eſt renommée pour ſes vertus, particulierement pour ſa tres-profonde humilité, & tres-ardenYyy iij te charité ; dont elle a donné de bonnes preuues durant tout le cours de sa vie. Ses visites plus frequentes & ordinaires estoient chez les pauures malades & honteux de ses Estats, qu'elle aydoit & assistoit de ses aumosnes & liberalitez. Cette pieuse & liberale Princesse s'informoit elle-méme de ce qu'ils auoient besoin, & puis estant de retour en son Palais elle leur enuoyoit ce qui leur estoit necessaire, faisant seruir son argent à ses volontez, & non pas ses volontez à son argent. Car comme sçauante en l'Academie & en l'eschole du Caluaire, elle n'ignoroit pas que l'vsage en appartenoit autant au pauure comme à elle-mesme: Seulement son Altesse s'en reseruoit la dépense & l'employ selon sa discretion. Iamais le pauure ne s'en alla vuide deuant elle: il n'y auoit maison de Religion ou d'Hospital dans ses terres, où elle sçeust y auoir de la necessité, qui ne fust secouruë par son moyen.

Eleonor d'Austriche n'est pas seulement digne de loüange pour auoir aidé corporellement les pauures malades qui estoient à Mantouë & aux autres villes de son obeïssance : mais qui plus est, on ne sçauroit assez priser sa charité, d'auoir secouru & assisté spirituellement toutes les personnes de basse condition, ayant par vn rare trait de son iugement fait seruir son argent à l'entretien particulier des pauures: car elle prenoit le soin de leur enuoyer des personnes Ecclesiastiques, qui fussent capables d'instruire & de catechiser, & repaistre de la parole de Dieu, consoler & guerir, soit aux Hospitaux, soit aux maisons particulieres, ces pauures ames souffreteuses, mille fois plus affamées & malades que les corps. C'est pourquoy elle ne se contentoit pas seulement de leur enuoyer des Medecins pour penser leurs corps, mais aussi ceux qui pouuoient guerir leurs ames, leur redonnant par les Sacremens de Confession & de la Communion la vraye santé & sainteté.

Si cette pieuse Duchesse a esté en reputation de sage & de vertueuse pour sa charité & son humilité, sa prudence admirable auec laquelle elle a gouuerné sa famille & sa maison ne l'a pas renduë moins recommandable : sur tout elle est loüée pour la peine qu'elle a prise à nourrir & esleuer ses

DES DAMES ILLVSTRES. 543

enfans en la crainte de Dieu, & en toutes fortes d'honnestes exercices dignes de Princes Chrestiens, au grand contentement du Duc Guillaume son mary. Ses filles furent
Marguerite de Gonzague 3. femme d'Alfonse dernier Duc
de Ferrare, & Anne-Caterine mariée à Ferdinand Archiduc d'Austriche. Son fils vnique a esté Vincent de Gonzague, Duc de Mantouë & de Montferrat, qui aprés auoir
repudié Marguerite Farnese, fille d'Alexandre Duc de Parme, épousa Leonor de Medicis, fille aisnée de François
Grand Duc de Toscane, & de Ieanne d'Austriche. Ce Prince Vincent véquit en grande paix, concorde & amitié auec
Leonor de Medicis sa femme (niece & filleule de Leonor
d'Austriche sa mere) dont il eut trois fils, François, Ferdinand, & Vincent, succesiuement Ducs de Mantouë, (au
dernier desquels a succedé Charles de Gonzague de Cleues
Duc de Neuers & de Rethelois, Pair de France) & deux
filles, Marguerite de Gonzague Duchesse de Lorraine, &
Eleonor de Gonzague, seconde femme de l'Empereur Ferdinand II.

Les Ducs Guillaume son mary, & Vincent I. son fils *Serdonati.*
l'eurent en telle estime, qu'allans dehors leur Estat ils luy
en laisserent la charge & la conduite, dont elle s'aquita tres
dignement: de sorte que tous les vassaux & les suiets de
Montferrat & de Mantouë, admirerent son iugement, son
courage, & sa resolution en ses aduis, & en ses ordonnances. Durant qu'elle eut la Regence de ses Duchez elle fit
paroistre sa pieté & son affection vers les bonnes lettres,
ayant fait bastir & fondé la belle Eglise & le College de la
tres-sainte Trinité, qu'elle donna aux Peres Iesuites, les iugeant capables d'empescher que la ieunesse de ses terres &
Seigneuries voisines des Grisons ne fust gastée, & infectée
du venin contagieux des nouuelles erreurs.

Telle que fut sa vie, telle a esté son issuë de ce monde,
estant morte fort Chrestiennement, comme on peut voir
en l'Oraison funebre que prononça dans la grande Eglise
de Mantouë le P. Antoine Posseuin (personnage renommé par tout l'vniuers pour ses écrits, & les seruices qu'il a
rendus à l'Eglise, tant en Italie qu'en France, Allemagne,

Suede, Pologne, & Moscouie) laquelle il a depuis publiée en Italien.

Eleonor d'Austriche auoit pour deuise vn arbre verdoyant, du pied duquel s'esleuoit vn lierre qui le serroit estroitement, & montoit ainsi au plus haut de ses branches, & quatre mots Italiens seruoient pour intelligence à la figure. COSI MORIR MI PLACE. *Ainsi mourir me plaist.* Et pour témoignage à cette genereuse Princesse de la sincerité de son affection enuers son mary, qu'elle se representoit comme vn arbre puissant & vigoureux qui seruoit d'appuy à l'infirmité de son sexe, mais qu'elle recompensoit par vne affection aussi entiere que sont estroits les embrassemens qui tiennent le lierre attaché à son tronc; & comme la vie de cette debile plante dépend du soustien qu'elle reçoit, ainsi cette Princesse tenoit tellement sa vie attachée à celle de son mary, que ne pouuant viure sans luy, elle desiroit mourir auec luy, & n'en estre iamais separée. Ainsi mourir me plaist, disoit Leonor, & ainsi doit la mort estre agreable à ceux qu'vne parfaite charité a conioint, puis que la mort doit ceder à l'amour.

ELEONOR DE GONZAGVE, DVCHESSE D'VRBIN.

Montfeltré, d'or, à vn Aigle de sable, couronné, becqué & mébré d'or.

Vrbin, bandé d'or & d'azur de six pieces.

Roüeré, d'azur à vn chéne fourchu, d'or, aux racines de mesme.

Gonzague, blazonné pag. 286.

IE viens de loüer les vertus & les merites de Leonor d'Austriche Duchesse de Mantouë: Il faut maintenant que ie parle des perfections d'vne sage Princesse de cette illustre Maison de Mantouë ou de Gonzague: Maison qui a donné de tout temps des Princes & des Princesses recommandables à la posterité, ou pour leur valeur, ou pour leur pieté: mais n'ayant pas dessein en ce petit œuure de décrire les faits & les actions remarquables des hommes Illustres, ie raconteray icy les actes memorables des femmes de cette tres-illustre & tres-ancienne Maison, qui a commandé & commande auec tant d'honneur & de gloire aux Estats & Prin-

Principautez de Montferrat & de Mantoüe, & entre vn grand nombre d'autres, comme Susanne & Camille de Gonzague, Comtesses de Collisan, ie choisis Eleonor de Gonzague, fille de François II. Marquis de Mantoüe, & d'Isabel d'Est, qui espousa François-Marie de la Roüere I. du nom, & 3. Duc d'Vrbin. Il estoit fils de Iean de la Roüere, Duc de Sore, & de Senegalle (frere du Pape Iules II.) & de Ieanne fille aisnée de Federic Vbalde, premier Duc d'Vrbin, laquelle Ieanne eut pour frere le Duc Guy-Vbalde, dont le successeur fut ce François-Marie son neueu.

Leonor de Gonzague a eu du Duc son mary, illustre brillant de la Maison de Roüere (qui a donné 5. Ducs à Vrbin, 10. Cardinaux, & 2. Papes à l'Eglise, Sixte IV. & Iules II.) 5. enfans, 2. fils, & 3. filles. L'aisné des fils Guy-Vbalde de la Roüere, 4. Duc d'Vrbin. Le puisné Iules de la Roüere Duc de Sore creé Cardinal. L'aisnée des filles Hippolyte fut femme d'Antoine d'Arragon Duc de Montalte. Iulie la puisnée espousa Alfonse d'Est Marquis de Montecchio: & Isabel la 3. fut mariée auec Alberic Cibo, Prince de Malespine & Marquis de Massa.

Eleonor de Gonzague Duchesse d'Vrbin, mere de ces braues Princes, & belles Princesses, fut vn exemple parfait & accomply de la vraye Foy, de la Religion, & de la bonté; vne lumiere de la courtoisie, de la magnanimité, & de la liberalité; vn exemple d'honneur & de pudicité, laissant à part qu'elle eut pour mary ce grand François-Marie, vray ornement de la milice; non seulement dans les Duchez de Mantoüe & d'Vrbin, mais aussi par toute l'Italie, on parle encore de la grace, de la douceur, & de la clemence de cette Princesse là: car iamais on n'a recogneu que la colere eust sur elle plus de pouuoir que la raison, ayant tous les iours de sa vie eu vne telle puissance sur ses appetits & mouuements naturels, qu'elle en estoit la Dame & la maistresse.

Eleonor monstra vne grande constance aux aduersitez, & aux coups iniurieux de la Fortune que receut son mary, quand il fut priué pour quelque temps de son Estat: ce qui ne la fit iamais démordre de sa generosité ordinaire; ny de garder à son mary vne entiere fidelité, luy faire bonne compagnie, & le consoler en ses disgraces, ausquelles comme vne femme d'honneur elle voulut tousiours auoir part.

Si les malheurs & les aduersitez n'abatirent pas son courage, aussi les grandeurs & les prosperitez ne l'éleuerent point, ne fondant, & ne mettant son espoir & sa confiance dans les dispositions bigearres de la folle & iniuste fortune, qui distribuë auec fort peu de iugement les honneurs à ceux qui ne les meritent pas, & les refuse à ceux qui les meritent le plus, se contentant pour remede vnique durant le temps de ces défaueurs, d'implorer l'ayde & l'assistance de celuy qui est le Pere & le Protecteur des innocens, & l'vnique refuge des affligez. Aussi aprés auoir recommandé à ce grand Dieu les affaires de sa maison, elle rentra auec honneur en tous ses biens, & en toutes ses terres, aprés auoir esté espurée comme l'or dans la fournaise, auec l'estonnement de toute l'Italie; le peu de bonne fortune qu'eut le Duc son mary, quoy que sage & genereux Prince, ayda grandement à rehausser sa vertu, & à faire recognoistre la beauté & la bonté de son esprit, lequel estoit capable de gouuerner non seulement des Duchez, mais des Royaumes & des Empires.

Sur toutes les vertus elle cherit la chasteté, laquelle iusques à la froide pasleur de la mort elle eut en singuliere recommandation & pratique, & vne grande auersion du vice contraire à cette vertu angelique & celeste. Car la chaste Eleonor ne voulut iamais voir chez elle, ny auoir aucune familiarité auec les Dames de Maison & de qualité, qui auoient eu le moindre bruit & soupçon d'auoir soüillé l'honneur de leur sexe par le desordre de leur conduite, & fut mortelle ennemie de toutes celles qui s'estoient laissées aller aux infames plaisirs de l'impudicité, en ayant banny & fait chasser plusieurs de ses terres, & fait punir auec seuerité ces vieilles miserables, qui aprés auoir perdu en leur ieunesse, la honte, l'honneur, la conscience, & la reputation, ne pensent iour & nuit, estans sur la fin de leurs iours, qu'aux moyens de ruiner & de perdre les ieunes filles, simples, & peu auisées. Aussi elle est encore digne d'vne eternelle memoire, pour n'auoir iamais espargné ses biens pour enleuer toutes les innocentes colombes abusées, des griffes des Esperuiers, & les consacrer aux Autels, où depuis elles ont fait des merueilles en matiere de vertu.

Eleonor de Gonzague Duchesse d'Vrbin, le miracle de son temps, pour sa beauté & sa pudicité, afin qu'on conneust l'estime qu'elle faisoit de la vertu de chasteté par dessus toutes les autres, prit pour deuise vn petit plat de laictuë & de chicorée, symbole de pureté, auec ces mots du Poëte Tibulle, CASTA PLACENT SVPERIS, c'est à dire que *la chasteté est agreable à Dieu*. C'est cette vertu qui rend les hommes semblables aux Anges, & les fait cherir & aymer de la diuine Maiesté: aussi le fils de Dieu en ce beau sermon qu'il fit en la montagne, nous asseure que *Bien-heureux sont les purs d'esprit, car ils verront Dieu*.

VIES
OV
ELOGES
DES REYNES,
DES PRINCESSES,

DES DAMES ET DES DEMOISELLES, illuſtres en pieté, en courage, & en doctrine, qui ont fleury de noſtre temps, & de celuy de nos Peres.

QVATRIEME PARTIE.

A MADAME
LA DVCHESSE
DE NEMOVRS
ET DE GENEVOIS.

ADAME,

Ie ne puis mieux adresser cette Quatriéme Partie, qui contient les Vies des illustres Isabelles, & de plusieurs autres Dames pieuses, & celebres par la valeur & par la science, pour estre presentées à la Reyne, qu'à une Princesse qui seule porte en France le nom d'Elizabet, luy ayant esté donné par la feuë Reyne d'Espagne, Elizabet de France, incomparable Heroïne en vertu & en pieté. Ie croy obliger ces grandes Princesses de les presenter à sa Maiesté par Elizabet de VENDOSME DVCHESSE DE NEMOVRS, ET DE GENEVOIS, *vertueuse Princesse, issuë des Maisons de*

EPISTRE

Bourbon, de Vendosme, de Bretagne, de Lorraine & de Luxembourg; qui a l'honneur d'auoir pour ayeul paternel Henry le Grand, l'exemple & l'estonnement des autres Rois, & pour ayeul maternel Philippe Emanuel Duc de Mercueur, la terreur des Turcs & des Infideles; & qui est alliée par le plus ancien des Sacrements à la Maison de Sauoye, dont les Princes ont possedé tant de belles Terres en Asie & en Europe, & entre autres celle que la Legion foudroyante des Thebains a fait rougir de son sang & consacrée par son martyre: aussi sont-ils les gardiens de l'anneau de leur Chef Saint Maurice, & ont acquis par leur vertu les Titres DE CONSERVATEVRS DES DROITS DE L'EGLISE, ET D'ARBITRES DES PAPES ET DES EMPEREVRS. Toutes ces considerations, MADAME, m'ont obligé de vous offrir ce present, par lequel ie tasche à faire voir que ie suis veritablement,

MADAME,

Du Conuent des Minimes du Parc Royal, ce 4. Iuillet 1646. Feste de S. Elizabet d'Aragon Reyne de Portugal.

Vostre tres-humble, & tres-obeïssant seruiteur,
F. HILARION DE COSTE.

VIES OV ELOGES

DES REYNES, DES PRINCESSES, des Dames & des Demoiselles, illustres en pieté, en courage & en doctrine, qui ont fleury de nostre temps, & de celuy de nos Peres.

QVATRIEME PARTIE.

ELIZABET D'AVSTRICHE, REYNE DE FRANCE.

Austriche moderne, blazonné en la p. 525.

IE commenceray les Vies & les Eloges des Elizabets ou Isabelles par cette Reyne Tres-Chrestienne & Tres-Catholique, femme du Roy Charles IX. de glorieuse memoire, fille de l'Empereur Maximilien II. sœur des Empereurs Rodolfe II. & Mathias, & tante de Philippe III. Roy d'Espagne pere de nostre Reyne, qui a mené vne vie digne du Ciel, sans offenser la diuine Maiesté, ainsi que nous auons remarqué de la Reyne Claude; car la main de Dieu n'est point racourcie, & la saison des Saints n'est pas passée, & les grands exemples ne se voyent pas seulement dans les vieilles Histoires. Le Cardinal Bellarmin auoit suiet d'appeller le 16. siecle, le siecle des Saints. Il nous a appris qu'il s'en trouue de toutes conditions, qu'ils ne sont pas tous au desert, qu'il s'en peut trouuer à la Cour & dans le Louure; & que les grandes, & les nobles parties du

Austriche ancien ou Haspurg, d'azur à six cailles ou aloüettes d'argent, 1. 2. & 1. Les autres disent à 5. aloüettes d'or, posées en sautoir.

Cette Princesse portoit écartelé au 1. & 4. de Hongrie, au 2. & 3. de Boheme, blazonné en l'Eloge *d'Anne Iagellon R. de Hongrie & de Boheme, & sur le tout d'Austriche moderne party de Bourgogne ancien, blazonné en l'Eloge de Marguerite de Bourgongne ou d'Austriche Duchesse de Sauoye.*

Monde, sont aussi capables de vertu & de sainteté, que les petites & les basses : Pourquoy en seroient-elles incapables? Dieu n'est-il pas le Dieu des montagnes, aussi bien que le Dieu des vallées? n'y auoit-il pas de l'or autour du Sanctuaire? n'y auoit-il pas de la pourpre & des pierreries? IESVSCHRIST n'a-t'il point souffert à la teste, & pour la iustification des testes couronnées? Les Roys & les Reynes doiuent estre vertueux, & se sanctifier aussi bien que les plus petits de leurs Royaumes. Elizabet d'Austriche Reine de France leur en a donné vn exemple qui ne reçoit point de contredit. Celuy qui mit les fondemens de Sion sur les montagnes, voulut que la maiesté & la noblesse seruissent de baze à l'ourage qu'il auoit à faire en elle. Il voulut qu'elle nâquist tres-hautement, & d'vne Maison qui a donné treize Empereurs à l'Allemagne, vn Roy à l'Angleterre, cinq Roys à l'Espagne, des Roys à la Hongrie & à la Boheme, & qu'elle entrast en vne autre plus éleuée, plus ancienne, & plus auguste, & qu'elle portast le diadéme des Lys, & le titre de Reyne du premier Royaume du monde, afin que sa lumiere fust regardée de plus loin; que ses bien-faits s'estendissent à plus de personnes; & que ses vertus éclatassent dauantage.

La pieté, la douceur, la pureté, & les autres vertus d'Elizabet d'Austriche Reyne de France, m'obligent aussi de commencer les Eloges des Elizabets ou Isabelles illustres de ces derniers temps par cette Princesse que nostre Roy Charles IX. son mary appelloit *sa Sainte*, pour ses perfections & ses merites, & loüoit Dieu & le remercioit tous les iours, pour luy auoir fait la faueur de luy donner pour femme la plus vertueuse, & la plus sage Princesse de l'Europe; sa vie a esté digne du Ciel. L'enuie & la médisance ont beau regarder cette tres-vertueuse Reyne; de quelque costé qu'elles la regardēt, dans les Cours de France & de l'Empire, dans les Cabinets, dans les Hospitaux, & dans les Monasteres, soit en la condition de fille, soit en celle de femme, soit en celle de veuue, elles ne trouueront que de la pieté : sa vie toute sainte n'a point laissé de tache à sa memoire.

Cette lumiere de nos iours vid la lumiere du iour le 5. de Iuin 1554. à Vienne en Austriche, au grand contentement

ment de l'Empereur Maximilien II. son pere, qui témoigna bien de la ioye à la naissance de cette tres-vertueuse Heroïne, qui fut soigneusement éleuée à la vertu & à la pieté par sa mere l'Imperatrice Marie tres-sage Princesse, auec ses autres sœurs, entre autres Anne Reyne d'Espagne, 4. femme de Philippe II. (de laquelle i'ay écrit l'Eloge dans les Annes illustres) & Marguerite Religieuse au Monastere des Deschauffées de Madrid. L'on ne parloit non seulement dans la Cour de l'Empereur son pere, mais aussi par la Boheme, l'Austriche, la Hongrie, & l'Allemagne, que des vertus de cette Princesse, digne fille d'vn si bon Prince (qui a esté appellé pour sa douceur & sa bonté comme Tite, les delices du monde) le Ciel l'ayant coutonnée Reyne des Vertus auant qu'elle portast la Couronne de Reyne de France.

La renommée ayant publié ses vertus par toutes les Cours de l'Europe, le Roy Charles IX. Prince prudent & auisé pour son ieune aage, ayant oüy parler des perfections & des vertus de cette Princesse, 2. fille de l'Empereur Maximilié, l'enuoya demander en mariage à son pere, par deux Seigneurs qui estoient ses plus confidens, & dignes d'vne Ambassade si celebre & si honorable. L'vn estoit Albert de Gondy lors Comte de Raiz (qu'il honora l'an 1573. d'vn baston de Mareschal de France) l'vn des plus accomplis & des plus prudens Courtisans de son temps, qui gagna les bonnes graces de ce ieune Monarque son maistre, sans encourir la haine du peuple, qui possedasa personne sans l'assieger, & que la fidelité de ses seruices rendoit si asseuré de l'affection de son Prince, qu'il n'empescha iamais personne de l'aborder: Ceux qui ont veu la vieille Cour sçauent qu'il laissoit à tous les Princes, & à tous les Grands la liberté de l'entretenir, & sçachant bien qu'il possedoit son cœur, il ne craignoit point de leur abandonner son oreille: Aussi sa faueur fut sans enuie, parce qu'elle estoit sans violence, & elle dura non seulement pendant le regne de son Maistre, mais aussi de son frere & successeur, qui le crea Duc & Pair de France. Il a esté sans flaterie l'image d'vn parfait Ministre, pour s'estre conduit auec tant de prudence en vn temps

Le Roy Charles IX. enuoia premierement Monsieur de Villeroy, puis Mr le Duc de Raiz pour faire la demande de la Reyne Isabelle.

où l'heresie auoit diuisé toute la France, qu'il n'eut point d'autres ennemis que ceux de l'Estat, duquel la puissance ne fut iamais fatale à aucun, & iamais ne voulut nuire à personne, quoy qu'il pust beaucoup dans cet Empire des Lys sous le regne de Charles, duquel ayant aimé la personne & l'Estat, on peut dire qu'il occupa seul auprés de sa Maiesté les deux places que Craterus & qu'Ephestion occupoient auprés d'Alexandre. L'autre estoit Nicolas de Neufuille Seigneur de Villeroy, dont le nom est celebre par tout le monde, pour auoir exercé fidelement la charge de Secretaire d'Estat, non seulement sous le Roy Charles son Maistre; mais aussi sous Henry III. & IV. & Louys XIII. Ces Seigneurs ayant obtenu ce qu'ils desiroient du bon Maximilien en faueur du Roy leur Maistre, ils firent sçauoir à sa Maiesté la volonté de l'Empereur.

Charles à ces nouuelles donna le pouuoir à Ferdinand Archiduc d'Austriche & Comte de Tirol d'épouser en son nom sa niece la Princesse Elizabet. Les ceremonies de ces Royales fiançailles furent celebrées le 22. d'Octobre de l'an
I. A. Thua- 1570. dans la grande Eglise de Spire, par Daniel Brendell
nus. Archeuéque de Mayence, Prince Electeur & Chancelier de
M. Piguerre. l'Empire par l'Alemagne, en presence de l'Empereur Ma-
Belle-forest. ximilien II. de l'Imperatrice Marie, de plusieurs Princes & Seigneurs assemblez pour la Diete Imperiale : lesquelles estant acheuées, Maximilien donna la charge à Iaques d'Eltz Archeuéque de Treues, aussi Prince Electeur de la conduire en France, & l'assister durant son voyage auec Iean de Manderscheird, Euéque de Strasbourg : Charles Marquis de Bade : Philippe Duc d'Arschot : les Comtes de Hohenlo ou de Holach & de Zollern : Marguerite Comtesse d'Arenberg, veuue de Iean de Ligne de Barbançon, Dame de haute naissance & de rare vertu, qui l'accompagnerent iusques à Mezieres, ville frontiere de la Champagne, où le Roy Charles IX. la vint receuoir en presence de la Reine Caterine sa mere : des Ducs d'Aniou & d'Alençon freres : du Duc de Lorraine, beau-frere de sa Maiesté : des Cardinaux de Bourbon, de Lorraine, & de Guyse : des Ducs de Guyse, d'Aumale, de Longueuille,

de Montmorency & de Boüillon: de Iean de Moruilliers Garde des Sceaux de France, qui approuuerent & ratifierent le contract de mariage passé à Madrit le Samedy 14. de Ianuier de la mesme année 1570. en la maison de Didac ou Diego Cardinal de Spinosa, Euéque de Siguença, President du Conseil de Philippe II. Roy de Castille, & Inquisiteur general dans les Royaumes d'Espagne, entre Adam de Dietrestein Ambassadeur de l'Empereur Maximilien, suiuant le pouuoir de sa Maiesté Imperiale d'vne part: & de l'autre de Raymond de Fourqueuaulx Cheualier de l'Ordre de S. Michel, Ambassadeur de Charles IX. Roy de France, Gentil-homme de sa Chambre, & Gouuerneur de Narbonne, en vertu du pouuoir que luy auoit donné sa Maiesté Tres-Chrestienne, en presence de ce Cardinal là député par sa Maiesté Catholique pour interuenir en son nom, & d'autres Prelats & Seigneurs Espagnols, entre autres Pierre Fernand de Cordoua Duc de Feria, & Ruy Gomez de Silua Comte de Melito. *Il s'appelloit Raymond de Pauie, & estoit Barõ de Fourqueuaulx.*

Ce ieune Monarque des François auoit vne grande passion d'auoir pour femme cette vertueuse Princesse Elizabet d'Austriche: Aussi i'ay appris de plusieurs de nos Historiens, qu'il enuoya le 23. Nouembre 1570. les Ducs d'Aniou, d'Alençon, & de Lorraine, & le Grand Prieur de France son frere naturel, pour la receuoir sur les frontieres de France & de Luxembourg, qui furent suiuis de ceux de Guyse; à sçauoir les trois Maisons de Guyse, d'Aumale, & d'Elbœuf, & d'vn nombre infiny de Seigneurs. Ils ont aussi remarqué que Charles se trouua en habit déguisé, & le visage couuert de son manteau, dans la cour du Chasteau de Sedan où il estoit venu en poste, & passa par vne cazemate quand la Reyne Elizabet descendit de son carosse pour monter les degrez de ce Chasteau là, & que le Duc d'Aniou s'en estant apperçeu, il fit voir à la Reyne le costé du Chasteau, pour la faire tourner le visage, afin que le Roy la regardast plus facilement. Charles retourna à l'instant à Mezieres, où il dist à la Reyne sa mere que cette Princesse estoit selon son desir. *Thuanus. Belle-forest. M. Piguerre. La Popeliniere.*

Elizabet ayant esté bien receuë à Sedan par les ordres du

L'ordre obserué aux ceremonies du mariage du Roy Charles IX. auec Elzabet, fille de l'Empereur, par Monsieur Pinart secretaire d'Estat.

Duc de Boüillon, elle le fut encore auec plus d'honneur à Mezieres (comme rapportent les mêmes Historiens, & vn Secretaire d'Estat qui a dressé l'ordre qui fut obserué aux ceremonies de ce mariage là) où aprés auoir fait son entrée dans cette ville là, le 25. de Nouembre, elle fut conduite en vne salle richement tapissée & parée, à l'entrée de laquelle sa Maiesté fut receuë par la Reine mere du Roy Charles, accompagnée de Mad. la Duchesse de Lorraine, & de Mad. Marguerite, ses filles: de la Duchesse de Montpensier: des Princesses Daufin, & de la Roche-sur-Yon: de la Doüairiere de Guyse: des Duchesses de Nemours, de Guyse, de Neuers, de la Connestable & de la Duchesse de Montmorency, & vne infinité d'autres grandes Dames, qui estoient en cette salle là; d'où elle fut conduite par la Reine Caterine en vne autre grande salle haute, encore plus richement parée, & de là en la chambre qui luy estoit preparée, où on la laissa vn peu reposer.

La Reyne mere y amena le Roy Charles auec Messieurs ses freres, le Duc & la Duchesse de Lorraine, & Madame Marguerite seulement. L'on ne peut pas exprimer par des paroles, les honneurs que receut cette Princesse du Roy Charles son mary, quand il la salüa, & la mena en son antichambre, & depuis à la salle où le souper estoit preparé, auquel le Roy inuita l'Electeur de Treues, l'Euéque de Strasbourg, le Marquis de Bade, & le Comte de Zolern, qui s'en excuserent, estant lassez du trauail qu'ils auoient eu ce iour là pour la pluye, & le mauuais temps qu'il auoit fait.

Le lendemain matin le Dimanche 26. de Nouembre la Reyne Elizabet richement vestuë & habillée à l'Espagnole d'vne robe de satin blanc, en broderie d'or, qu'elle auoit apportée d'Allemagne, fut conduite dans l'Antichambre du Roy par l'Electeur, & les autres Seigneurs que ie viens de nommer, & plusieurs autres Comtes & Seigneurs Allemans, où estoient le Roy Charles, la Reyne sa mere, Messieurs ses freres, le Duc & la Duchesse de Lorraine, Mad. Marguerite ses sœurs, les Princes du Sang, les autres Princes & Seigneurs, & ceux du Conseil de sa Maiesté:

L'Ar-

L'Archeuéque Electeur de Treues, & les autres Deputez
de l'Empereur presenterent la Reyne Elizabet, & la mirent
entre les mains du Roy Charles, suiuant le pouuoir qu'ils
en auoient par écrit de sa Maiesté Imperiale, aprés que
l'Orateur de l'Empereur eut fait vne harangue Latine : le
Roy & la Reyne sa mere receurent auec vne tres-grande &
cordiale affection la Reyne Elizabet qu'ils mirent entre
leurs Maiestez. Quelques Historiens remarquent que le *M. Piguerre.*
Secretaire Bruslard (qui auoit le departement d'Allema- *Belle-forest.*
gne) fit la lecture de la Commission du pouuoir de l'Electeur, & des autres Deputez, & qu'aprés le Garde des
Seaux de Moruilier ayant receu la response du Roy, dit en
Latin que sa Maiesté auoit veu & entendu le contract de
mariage qu'il approuuoit, & receuoit auec grand contentement Isabelle pour femme, laquelle il promettoit aymer
& traiter comme son épouse.

Le Secretaire Pinart ne fait point mention que le pouuoir de l'Empereur fut leu par le Secretaire Bruslard : mais
que le Roy & la Reyne sa mere, aprés auoir oüy le pouuoir
des Deputez de l'Empereur, leurs Maiestez commanderent au Garde des Seaux de Moruilier, de respondre en
Latin à la Harangue de l'Orateur de l'Empereur, comme
il fit tres-eloquemment, à la grande satisfaction, non seulement des Deputez de sa Maiesté Imperiale, mais aussi de
toute l'assistance.

Iean de Moruilier ayant au nom du Roy remercié l'Ele- *Moruilier*
cteur de Treues, & les autres Deputez de l'Empereur, la *ou Morui-*
Reyne Elizabet fut ramenée dans sa chambre par la Reine *liers, d'ar-*
Mere, où elle fut vestuë à la Royale, portant vn grand *gent, au*
manteau de velous violet, semé de fleurs de lys d'or, bordé *ou à la laye*
d'hermines moucheté, dont la queuë tenoit plus de vingts *de sable.*
aulnes de long, & couronnée d'vne tres-riche Couronne
à l'Imperiale, enrichie de pierreries d'vn prix inestimable.

Le Maistre des Ceremonies aprés auoir fait ordonner
tout ce qui estoit necessaire, on alla à la gráde Eglise en cet
ordre : Premierement marchoient les cinquante Tudes-
ques que la Reine auoit amenez d'Allemagne portans les
couleurs de sa Maiesté; puis les Gardes des Suisses du Roy,

Aaaa

les Trompettes, les Hauts-bois, les Violons, les Gentils-hommes seruans, les Gentils-hommes de la Chambre, & les Cheualiers de l'Ordre, les Ambassadeurs conduits & accompagnez par les plus anciens Conseillers du Conseil Priué : Sçauoir celuy de Venise par Sebastien de Laubespine Euéque de Limoges : celuy d'Escosse par le sieur de Lansac : celuy d'Espagne par le sieur de Tauanes : le Nonce du Pape par le sieur de Moruilier. Aprés suiuoient les Ducs d'Aumale & de Montmorency, & entre eux deux le Grand Maistre de l'Empereur. Le Prince Daufin & le Duc de Longueuille, & entre eux deux l'Euéque de Strasbourg. Les Cardinaux de Lorraine, & de Guyse : les Ducs de Lorraine & de Montpensier : Aprés eux estoient les Herauts, auec leurs cottes d'armes : les Huissiers de la Chambre portans leurs masses : le Duc de Guyse auec son baston de Grand Maistre : & quelque espace aprés marchoit le Roy, ayant à sa main gauche l'Electeur de Treues; & auprés de sa Maiesté le Marquis de Mayenne grand Chambellan, & le sieur de Nancey Capitaine des Gardes à costé : & aprés la Reyne Elizabet estoit menée & soustenuë par les Ducs d'Aniou & d'Alençon freres du Roy. La Duchesse de Montpensier, les Princesses Daufin, & de la Roche-sur-Yon portoient la queuë de son manteau Royal. La Reine mere estoit conduite par le Duc d'Vzez, & la queuë de son habillement portée par Madame de Bressuyre. Aprés marchoient la Duchesse de Lorraine sœur du Roy, menée par le sieur de Bryon, le sieur de la Rocheguyon portant la queuë de sa robbe. Mad. Marguerite aussi sœur du Roy, conduite par le sieur d'Aserat l'aisné, le Comte de Rochefort portant aussi la queuë de sa robbe. Et suiuirent aprés la Doüairiere de Guyse, les Duchesses de Nemours, de Guyse, de Neuers, la Connestable, la Duchesse de Montmorency, auec lesquelles estoient les Comtesses d'Aremberg, & de Chalant, qui estoient venuës d'Allemagne, & toutes les Dames & Demoiselles de la Maison de la Reyne, & de la Reyne mere.

Le Cardinal de Bourbon se trouua à la principale porte de l'Eglise, reuestu & accompagné fort honorablement, qui fous le portail à l'entrée de cette Eglife là, en confirmant le mariage, & ce qui auoit efté paffé à Spire, époufa le Roy Charles & la Reyne Elizabet; & puis s'acheminerent tous au Chœur de l'Eglife qui eftoit richement tapiffée, où le Cardinal de Bourbon celebra la Meffe, laquelle le Roy & la Reyne oüirent eftant à genoux à cofté l'vn de l'autre, fous vn haut dais à cofté droit. Et derriere leurs Maieftez plus bas, auffi fous le mefme dais eftoient les Ducs d'Aniou, d'Alençon, & de Lorraine, & vn peu derriere les autres Princes, Cheualiers & Seigneurs. A la main gauche il y auoit aufsi vn haut dais, fous lequel eftoit la Reyne mere, & Mefdames, fœurs du Roy, & affez prés derriere, les autres Princeffes, & grand nombre de Ducheffes, de Comteffes & de Dames: Et au cofté droit de l'Autel l'Electeur de Treues, l'Euéque de Strafbourg, & le Comte de Zolern fur des bancs couuerts de drap d'or; & derriere eux les Comtes & les Seigneurs Allemans qu'ils auoient amenez. A main gauche eftoient afsis les Cardinaux de Lorraine & de Guyfe; le Nonce du Pape, & les autres Ambaffadeurs auec ceux du Confeil qui les accompagnoient.

La Meffe dite, & le refte des ceremonies des époufailles fait, l'on retourna au mefme ordre que l'on eftoit venu, droit à la falle du feftin Royal, où furent afsis fous vn grand dais le Roy Charles, & à fa main droite la Reyne Elizabet fon époufe, à cofté d'elle à main droite les Ducs d'Aniou & d'Alençon, Mad. de Montpenfier, le Cardinal de Bourbon, la Princeffe de la Roche-fur-Yon, le Cardinal de Lorraine, la Ducheffe de Nemours, le Cardinal de Guyfe, la Ducheffe de Neuers, l'Euéque de Strafbourg, la Ducheffe de Montmorency, le Grand Maiftre de l'Empereur, les Comteffes d'Aremberg & de Chalant.

Et à la main gauche à cofté du Roy, la Reyne fa mere; prés d'elle l'Electeur de Treues, au deffous Madame de Lorraine, le Duc de Lorraine, la Princeffe Daufin, le Duc de Montpenfier, la Doüairiere de Guyfe, & la Ducheffe de Guyfe. Vis à vis de Mefdames de Lorraine & Marguerite, eftoient afsis le Nonce, & les autres Ambaffadeurs.

Le feftin Royal fut feruy auec vn grand ordre, les clai-

rons & les trompettes sonnoient à chaque seruice, marchans deuant lesdits seruices.

Suiuoient après les Herauts auec leurs cottes d'armes,
les Maistres d'Hostel ordinaires du Roy & des deux Reynes. Et après le Duc de Guyse portant son baston haut,
& seruant de son estat de Grand Maistre: le Marquis de
Mayenne son frere seruant aussi de son estat de Grand
Chambellan. Le Prince Daufin seruoit le Roy de Pannetier: le Duc de Longueuille d'Eschanson: le Duc d'Aumale d'Escuyer tranchant: le Duc de Montmorency seruoit
la Reyne de Pannetier: le Duc de Roüennois d'Eschanson:
Monsieur de Brion d'Escuyer tranchant. Le Duc d'Vzez
seruoit la Reyne mere du Roy de Pannetier: Mr de Meru
d'Eschanson: Monsieur de Thoré d'Escuyer tranchant. La
viande estoit portée par les Cheualiers de l'Ordre, & Gentils-hommes de la Chambre, & marchoient tousiours les
trois Panetiers de front: & peu après les graces, que pro-

Amyot a-
uoit esté le nonça Iaques Amyot Euéque d'Auxerre grand Aumosnier
Precepteur du Roy, le grand Bal commença: le Roy mena la Reyne
du Roy son épouse. Le semblable fut fait à souper. Les deux iours
Charles IX.
Il portoit suiuans l'Electeur de Treues, & tous les Deputez & Sei-
d'azur, au gneurs Allemans furent traitez splendidement, & receu-
cheuron
d'or, ac- rent des presens du Roy Charles dignes de sa Maiesté, dont
compagné ils furent fort contens, & si satisfaits qu'ils en eurent la
de 2.tresles
en chef, & France en beaucoup plus d'admiration.
d'vne étoil-
le en pointe Le Roy Charles auant que partir de Mezieres, donna
de mesme. pour Dame d'honneur à la Reyne, Magdelaine de Sauoye,
veuue d'Anne de Montmorency, de laquelle ie feray l'E-
loge dans les illustres Magdelaines, & à son absence la
Dame de Dampierre, mere de la Comtesse de Raiz; & pour
Cheualier d'honneur le Comte de Fiesque. Elizabet fut
receuë auec ioye par tous les habitans des villes où elle passa, & principalement des Parisiens.

Elle eut le contentement de voir l'Entrée triomphante
dans Paris du Roy Charles son mary, le 6. de Mars de l'an
1571. Et le 25. du mesme mois elle fut sacrée & couronnée
en la Royale Eglise de S. Denys, auec tous les honneurs
deus à sa Maiesté (comme a remarqué exactement celuy

qui en a écrit toutes les particularitez) duquel i'ay appris qu'il faisoit beau voir aller la Reyne Elizabet à ce Temple-là.

S. Bouquet Eſcheuin de la ville de Paris, fut choiſi pour auoir ſoin des arcs de triomphe, & de toutes les autres gentilleſſes des entrées du Roy Charles IX. & de la Reine Elizabet.

Car premierement marchoient les Suiſſes de la garde des Ducs d'Alençon & d'Aniou freres du Roy, & ceux de ſa Maieſté: les deux cens Gentils-hommes de la Maiſon du Roy: les Gentils-hommes de la Chambre: les Chambellans, & parmy eux vn grand nombre de Seigneurs & de Capitaines qui aſſiſterent au Couronnement. Ils eſtoient ſuiuis des Cheualiers de l'Ordre, ayant le grand Ordre au col. Des Trompettes & des Herauts reueſtus de leurs cottes d'armes: de Nambur Huiſſier de l'Ordre & de la Chambre du Roy: & Boiſrigault, auſſi Huiſſier de la meſme Chambre portans leurs maſſes: le Marquis d'Elbœuf, le Duc de Nemours, & le Prince Daufin ſuiuoient les Huiſſiers: le Duc de Guyſe marchoit aprés à main droite, portant haut le baſton de Grand Maiſtre, & le Marquis de Mayenne ſon frere comme grand Chambellan de France.

Puis la Reyne menée & ſouſtenuë par les Ducs d'Aniou & d'Alençon, eſtans auſſi à coſté d'elle plus derriere les Cardinaux de Bourbon & de Guyſe, qui luy aidoient à ſouſtenir les pans de ſon manteau Royal de velous bleu, ſemé de fleurs de lys d'or en broderie, fourré d'hermines, ayant la queuë de ce manteau ſept aulnes de long. Son ornement de teſte eſtoit tout garny de pierreries, ſon corſet auſſi de velous bleu, couuert de fleurs de lys d'or traict, & ſon ſurcot garny & enrichy de gros diamans, de rubis, & d'emeraudes d'vn prix ineſtimable. Les Princeſſes Daufin & de la Roche-ſur-Yon, & la Ducheſſe de Nemours portoient la queuë du manteau Royal, & trois Seigneurs portoient celles de ces trois Princeſſes.

Aprés marchoient Madame la Ducheſſe de Lorraine, & Madame Marguerite ſœurs du Roy, les queuës de leurs manteaux portées; à ſçauoir celle de Madame de Lorraine par Meſſieurs de Meru & de Thoré, & celle de Mad. Marguerite par Meſſieurs de Candale & de Turenne.

Elles eſtoient ſuiuies de trois Ducheſſes, celle de Guyſe, au milieu, de Neuers à main droite, & de la Conneſtable

Aaaa iij

Duchesse de Montmoreucy à main gauche, les queuës de leurs manteaux portées par des Seigneurs.

La Reyne Elizabet estant en cet ordre là arriuée à l'Eglise de S. Denys, sa Maiesté s'agenoüilla deuant le grand Autel sur vn oreiller qui luy fut presenté par le Marquis de Mayenne, où elle trouua le Cardinal de Lorraine reuestu de ses habits pontificaux, accompagné des Cardinaux de Pelleué & d'Est, & d'vn grand nombre d'Euéques, d'Abbez, & d'autres Prelats. Le Cardinal de Lorraine Abbé de S. Denys bailla à baiser le reliquaire à la Reyne, ce que sa Maiesté fit auec vn grand respect. L'oraison acheuée en cette ceremonie là par le Cardinal de Lorraine, la Reyne fut menée sur le grand Theatre esleué deuant le grand Autel par les Ducs d'Aniou & d'Alençon qui la soustenoient, & les Cardinaux de Bourbon & de Guyse à ses costez.

Aprés que la Reyne fut assise, la Duchesse de Lorraine, & Madame Marguerite sœurs du Roy luy firent vne grande reuerence, & aussi toutes les autres Princesses, puis elles s'assirent; la Duchesse de Lorraine dans vne chaire à main droite du dais de la Reyne, & Madame Marguerite dans vne chaire à main gauche. La Princesse Daufin, & les Duchesses de Nemours & de Neuers sur vn banc couuert de drap d'or frizé, qui estoit à vn pied prés de la chaire de Madame de Lorraine. Et la Princesse de la Roche-sur-Yon, & de la Duchesse de Guyse sur vn autre à main gauche, éloigné de pareille distance de la chaire de Madame Marguerite.

Tandis que les Dames s'assirent, les Cardinaux de Bourbon & de Guyse descendirent & allerent à leur banc ordonné pour eux. Les Ducs d'Aniou & d'Alençon s'assirent en deux chaires garnies de toile d'or, mises derriere celle de la Reyne, & hors de son haut dais, se tenant prests quád sa Maiesté se leuoit ou agenoüilloit pour luy ayder à soustenir son grand manteau, & la Couronne qui luy fut mise sur la teste. Le Duc de Guyse, & le Marquis de Mayenne se mirent tout debout aux deux costez de l'entrée de l'escalier, l'vn à la main droite, & l'autre à la gauche. Le sieur de Chemaux Maistre des ceremonies, estoit auprés du Duc de

DES DAMES ILLVSTRES. 559

Guyse pour receuoir ses commandemens durant la ceremonie.

Peu de temps aprés les Cardinaux de Bourbon & de Guyse se leuerent, & furent querir la Reine, laquelle accompagnée des Ducs d'Aniou & d'Alençon alla au grand Autel, où elle fut sacrée & couronnée auec les mesmes ceremonies que nous auons remarqué au Sacre & Couronnement des Reines Claude, Eleonor & Caterine. L'Euéque de Bayeux presenta l'Ampoule au Cardinal de Lorraine : celuy de S. Papoul la Platine : Mesdames de Lorraine & Marguerite seruirent au Sacre. L'Euéque de Digne presenta l'anneau au Cardinal qu'il mit au doigt de la Reine : l'Euéque d'Auxerre Amyot Grand Aumosnier de France le Sceptre & la Main de Iustice : l'Euéque de Paris la grande Couronne, que le Cardinal mit sur la teste de la Reyne y tenant la main. Estant cependant soustenuë par les Ducs d'Aniou & d'Alençon, & depuis fut mise és mains du Prince Daufin. Les Ducs d'Aniou & d'Alençon en mirent depuis vne plus petite toute couuerte de pierreries sur la teste de sa Maiesté, qui lors se deschargea du Sceptre és mains du Duc de Nemours, & de la Main de Iustice en celles du Marquis d'Elbœuf.

La Reine estant assise en sa chaire, le Cardinal de Lorraine officia, & dit la Messe. La Connestable de Montmorency Dame d'honneur de sa Maiesté luy presenta ses heures, & son liure d'oraisons. L'Euéque d'Auranche chanta l'Epistre : celuy de Meaux l'Euangile : le Cardinal de Bourbon porta le Liure à baiser à la Reyne.

Les Duchesses de Guyse & de Neuers ayant receu des mains de la Dame d'honneur, l'vne les deux pains, & l'autre le vin, & le cierge où estoient les 13. pieces d'or, les presenterent à la Reyne, quand sa Maiesté alla à l'offrande. La Mareschale d'Anuille, les Comtesses de Gandale & de Fiesque auoient porté ces presens là à la Dame d'honneur.

La Reyne aprés la Messe (où elle communia auec vne grande deuotion & ferueur) s'en retourna en sa chambre, marchans deuant sa Maiesté le Duc de Nemours auec le

Sceptre, le Marquis d'Elbœuf auec la Main de Iustice, le Prince Daufin auec la grande Couronne, le Marquis de Mayenne portant l'oreiller, & le Duc de Guyse marchant deuant elle auec le baston de Grand Maistre, Monsieur le Duc d'Aniou la tenant par dessus le bras droit, & celuy d'Alençon par dessous le gauche.

Le Nonce du Pape, les Ambassadeurs d'Espagne, d'Escosse & de Venise assisterent à cette Royale ceremonie, où sur la fin de la Messe fut criée dans l'Eglise, *largesse de par la Reyne*, & l'vn des Herauts ietta par plusieurs fois vne bonne somme d'or & d'argent au peuple.

Le Ieudy suiuant 29. du mesme mois la Reine Elizabet fit son entrée Royale dans Paris, où aprés auoir oüy à saint Lazare les Harangues des Deputez de la part de ceux de l'Vniuersité, de la Ville, & des Cours Souueraines, ausquelles le President de Birague, qui auoit la garde des Seaux, fit les responses pour sa Maiesté.

Le sieur Bouquet.

Le mesme qui a écrit les particularitez du Sacre de la Reyne Elizabet, a aussi publié celles de l'entrée, & l'ordre auquel marcherent deuant sa Maiesté les Religieux, & les Parroisses de Paris, l'Vniuersité, toutes les Cours Souueraines, & la Cour de Parlement la derniere, les Presidens ayans les Mortiers en teste, & Christofle de Thou, premier President, ayant pour difference des autres, trois petites bandes de toile d'or sur l'espaule gauche : Les Gentilshommes des Princes & des Princesses qui assistoient à l'entrée. Les Gardes & les Officiers des Maisons des Ducs d'Alençon & d'Aniou, & de celle du Roy, & parmy eux plusieurs Capitaines & grands Seigneurs tres-richement vestus, iusques au nombre de mille, qui estoient suiuis des Huissiers de la Chancellerie, des Secretaires, & des Maistres des Requestes, habillez de robbe longue de satin. Le Garde des Seaux de Birague marchant aprés vestu d'vne robbe de velous rouge cramoisy, monté sur vne mule harnachée de velous, & couuerte d'vne housse de mesme couleur à franges d'or. Tous les Ambassadeurs qui auoient assisté au Sacre estans conduits par des Seigneurs suiuoient aprés. Le Comte de Mauleurier frere du Duc de

De Thou, d'argent, au cheuron de sable, accompagné de 3. taons ou mouches à miel de mesme, 2. en chef, & 1. en pointe.

Boüil-

DES DAMES ILLVSTRES.   561

Boüillon menoit les Suisses de la garde du Roy, des Ducs d'Aniou, & d'Alençon : aprés eux marchoient les trompettes & les clairons, qui estoient suiuis des Herauts & Rois d'armes, tous reuestus de leurs cottes.

Les Herauts estoient suiuis de deux Pages de la Reine nuës testes, vestus, & leurs cheuaux harnachez & couuerts de toile d'argent iusques en terre. Le 1. ayant deuant luy à l'arçon de la selle de son cheual le Porte-Manteau de sa Maiesté, & le 2. la boëtte aux bagues derriere luy, sur la crouppe de son cheual : ioignant eux l'vn des Escuyers de sa Maiesté, vestu de velous blanc, monté sur vn beau cheual couuert de toile d'argent comme ceux des deux Pages. Le cheual de croupe & la haquenée de parade toute blanche, & couuerte de toile d'argent frisée.

Aprés marchoit le sieur de Quelus Lieutenant des deux cens Gentils-hommes de la Maison du Roy, qui le suiuoient à pied, ayans tous des robbes de drap de soye enrichies de passemens d'or & d'argent, & la pluspart d'eux de grosses chaisnes d'or au col ; & ioignant eux le Comte de Raiz, & le Seigneur de Lansac leurs Capitaines, aussi tres-richemēt vestus & parez, portans le grand Ordre de Saint Michel : ils estoient suiuis des valets de pied de la Reine, teste nuë ; habillez de toile d'argent, & aprés eux le Preuost de Paris bien vestu & bien monté.

Aprés venoient les Cardinaux d'Est, de Pelleué, de Guyse, de Lorraine & de Bourbon, reuestus de leurs rochets, & portans les Chapeaux de Cardinaux sur leurs testes. Le Comte de Fiesque Cheualier d'honneur de la Reine, estoit deuant la litiere de sa Maiesté sur la main gauche fort bien vestu & monté. Le Duc de Guyse Grand Maistre de France tres-richement vestu, portant en sa main le baston de Grand Maistre estoit sur la main droite, plus prés de la litiere de la Reine, monté sur vn beau cheual d'Espagne. Les deux Huissiers de la Chambre du Roy vestus de velous blanc estoient à pied portans leurs masses.

La Reine venoit aprés seule dans sa litiere découuerte, dont le fond estoit couuert de toile d'argent trainant en terre : les mulets qui la portoient tous couuerts de toile

Bbbb

d'argent frisée, aussi traisnant en terre, & les Pages qui montoient les mulets & menoient la litiere habillez de toile d'argent, les testes nuës. Sa Majesté estoit habillée de surcot d'hermines, couuert de pierreries d'vn prix inestimable, de corset & mâteau Royal, portant sur la teste vne Courône d'or enrichie d'vne infinité de perles & de diamans tres-exquis curieusement appliquez. Les Ducs d'Aniou & d'Alençon freres du Roy, marchoient aux deux costez de la litiere Royale, celuy-là aussi Lieutenant du Roy à la main droite, & celuy-cy à la gauche, tous deux tres-richement vestus, & leurs habits semez d'vne infinité de pierreries, & montez sur de grands cheuaux d'Espagne. Les 4. Escuyers d'escurie de la Reine, tous habillez de velous blanc, & de soye d'argent marchoient à pied ioignant sa litiere : les 24. Archers de la garde du corps du Roy aussi à pied, reuestus de leurs hoquetons tous blancs, faits d'orfeuerie.

Au dessus de la Reine estoit vn poisle de drap d'or fort riche, qui fut porté par les 4. Escheuins de Paris, depuis la porte saint Denys, iusques deuât l'Eglise de la Trinité; & aprés par d'autres Bourgeois, comme l'on peut voir chez Bouquet, & au Ceremonial de France, à l'Entrée du Roy Charles IX.

Madame de Lorraine, & Madame Marguerite sœurs du Roy suiuoient aprés dans vne litiere couuerte & parée comme celle de la Reine, leurs Altesses vestuës de surcot & de manteau Ducal, enrichis d'vn nombre infini de pierreries, estans accompagnées du Duc de Lorraine à main droite, & du Prince Daufin à main gauche.

Aprés marchoient la Princesse de Condé, la Duchesse de Montpensier, la Princesse Daufin, la Princesse de la Roche-sur-Yon, les Duchesses de Nemours & de Guyse, & la Connestable Dame d'honneur de la Reine, habillées de surcots d'hermines, corsets, manteaux, & cercles de Duchesses, montées sur des haquenées blanches, accompagnées d'vn Prince ou d'vn Seigneur : leurs Escuyers marchans à pied aprés elles tous reuestus de velous blanc, & chacune d'elles suiuies de deux laquais de mesme parure. Celles qui estoient veuues n'auoient point d'enrichissemens sur leurs manteaux & habits.

Ces Princesses estoient suiuies des Mareschales de Danuille, de Cossé, de Tauanes; des Comtesses de Fiesque, & de Raiz; des Dames de Villequier, de Biron, de Froze, & de la Tour : elles estoient vestuës & parées de toile d'argent, enrichies d'vne infinité de perles, & montées sur des ha-

DES DAMES ILLVSTRES.

quenées blanches couuertes de houſſes de meſme parure. Aprés ces Dames là ſuiuoient quatre chariots, dans leſquels eſtoient ſix Demoiſelles de la Reine, toutes veſtuës de robes de toile d'argent, enrichies d'vne infinité de boutons d'or, de perles, & de pierreries: ces chariots eſtoient attelez & tirez chacun de 4. cheuaux hongres, harnachez de toile d'argent, conduits par des cochers Hongres de nation, veſtus de meſme façon à la Hongroiſe. Les Capitaines des Gardes du Roy auec leurs Lieutenans, Enſeignes & Guidons: les Exempts & tous leurs Archers, montez à cheual, & reueſtus de leurs hoquetons d'orfeuerie, auec la deuiſe du Roy Charles IX. terminoient cette pompe Royale.

La Reine eſtant arriuée à Noſtre-Dame deſcendit de ſa litiere pour faire ſon oraiſon dans l'Egliſe, où ſa Maieſté fut receuë auec les meſmes honneurs que l'on a rendu aux autres Reynes. De là elle alla au Palais, où ſe fit le ſouper Royal, au meſme endroit qu'auoit eſté le Roy Charles le iour de ſon entrée, & ſous le meſme dais de velous bleu, ſemé de fleurs de lys d'or. Les Princeſſes de Condé, & Daufin, la Ducheſſe de Nemours, & la Conneſtable eſtoiét aſſiſes à ſa main droite: la Ducheſſe de Montpenſier, la Princeſſe de la Roche-ſur-Yon, & la Ducheſſe de Guyſe à ſa gauche. Le lendemain ſa Maieſté alla oüir la Meſſe à Noſtre-Dame, accompagnée de la Ducheſſe de Lorraine, & de Madame Marguerite, & des autres Princeſſes & Dames, & d'vn nombre infiny de Seigneurs & de Gentils-hommes, où le Preuoſt des Marchans, & les Eſcheuins l'ayant prié de leur vouloir faire l'honneur de prendre ſon diſner en la ſalle de l'Hoſtel Epiſcopal, qui eſtoit enrichie de belles peintures de l'Hiſtoire de Cadmus, & de ſa fēme Harmonie, expliquée en pluſieurs diſtiques par Iean Dorat Poëte du Roy: ce que leur ayant accordé ſa Maieſté, elle y fut cōduite par vne gallerie faite exprés, regnant depuis la porte de l'Egliſe iuſques au grand eſcalier où eſtoit le feſtin preparé, auquel le Roy voulut aſſiſter auec les Ducs d'Anjou & d'Alençon, où aprés le bal les Preuoſt des Marchans & les Eſcheuins firent vne excellente collation, à la fin de

Bbbb ij

laquelle ils presenterent six Histoires faites de sucre de la deesse Minerue, & luy firent present d'vn buffet d'argent vermeil doré, bien cizelé & enrichy de diuerses Histoires, digne d'estre presenté à vne si sage & si vertueuse Princesse, qu'ils appelloient *la Minerue Pacifique, & le bon-heur de la France*. Les Muses de Ronsard, de Dorat, de Bouquet, & d'autres, celebrerent par leurs vers, les merueilles de cette entrée Royale, & de celle du Roy Charles IX. comme celles de François Baudoüin, & de Sceuole de Sainte Marthe auoient chanté les honneurs de l'Epithalame de leurs Maiestez.

Cette bonne Reyne accoucha à Paris le 27. d'Octobre l'an 1572. d'vne fille qui fut baptisée le 2. de Feurier de l'année suiuante en l'Eglise de S. Germain de l'Auxerrois. Le Parrain fut Emanuel Philebert Duc de Sauoye: & les deux Marraines Marie d'Espagne ou d'Austriche, Imperatrice, mere de cette bonne Reyne, & Elizabet Reine d'Angleterre, qui luy donnerent leurs noms de *Marie-Elizabet* par leurs Deputez. Celuy de la Reine d'Angleterre estoit le Milord de Vincestre Catholique; & celuy de l'Imperatrice porta l'enfant au Sacre, auquel seruirent François de Bourbon Prince de Conty, & Charles de Bourbon Comte de Soissons, qui estoient lors fort ieunes.

Madame Marie Elizabet de France aprés auoir esté baptisée, fut conduite au Chasteau d'Amboise pour y estre nourrie & esleuée. La Reine Elizabet auant que partir de France, pour se retirer en Allemagne, alla voir sa fille en ce Chasteau là, où elle arresta quelque peu de temps. Vn iour sa Maiesté dit que l'on apportast sa fille, ce que l'on vouloit faire incontinent, & le Gentil-homme qui la portoit ordinairement la voulant prendre, luy dit que la Reine sa mere la demandoit; l'enfant se prit à crier bien fort, disant, Non Madame n'ira pas, Madame n'y veut pas aller, donnant de ses pieds contre l'estomac du Gentil-homme, & de ses mains luy frappant sur la teste: cela dura si long-temps, que la Reine commença à s'ennuyer, & dit à ceux qui estoient presens, D'où vient que ma fille ne vient point; on fut contraint de luy dire qu'elle estoit vn peu opinia-

DES DAMES ILLVSTRES. 565

stre : sa Maiesté repliqua, N'y a-t'il point moyen de luy oster cela? on luy dit, Oüy, Madame, mais on n'ose pas vser auec les enfans des Rois comme on feroit auec d'autres : lors la Reine se tournant, & regardant Mademoiselle Carbonniere qui estoit gouuernante de Madame, luy dit ces paroles, *A cause qu'elle est fille du Roy de France, il luy faut souffrir quelque chose de mauuaise grace, ie n'entens pas cela. Ie veux qu'on luy donne de la crainte ; ne sçauez-vous pas bien que c'est la vertu & les bonnes mœurs qui rendent les Grands excellens. Il y a bien moyen de luy faire peur sans luy faire du mal.* Aprés le partement de la Reine Isabelle, cette ieune Princesse fut amenée à Paris, où elle mourut à l'Hostel d'Aniou l'an 1578. n'estant aagée que de cinq ans & demy.

Elle rendit de grands deuoirs au Roy son mary durant qu'il fut malade à S. Germain en Laye, à l'Hostel de Raiz, & à Vincennes, où aprés auoir receu deuotement ses Sacremens comme Roy Tres-Chrestien & Tres-Catholique, il passa de ce Royaume terrestre au celeste sur les trois heures aprés midy, le 30. de May 1574. *Le Roy Charles mourut le iour de la Pentecoste.*

Aprés le decés de ce Monarque, elle ne manqua pas de luy rendre les derniers deuoirs à sa memoire aux Eglises de Nostre-Dame de Paris, de S. Denys, & des Celestins ; & quand le Roy Henry III. fut de retour de Pologne, & qu'il fut sacré à Reims, & marié à la Reine Loüise de Vaudemont, elle demanda congé à sa Maiesté de se retirer à Vienne prés de l'Empereur son pere ; mais elle ne voulut point partir de France qu'elle n'eust esté à Amboise visiter (comme i'ay rapporté cy-dessus) Madame Marie Elizabet de France sa fille vnique, qui estoit lors aagée de trois ans : elle donna charge à sa Gouuernante de veiller soigneusement sur les actions de cette Princesse, & principalement quand elle seroit vn peu plus aagée. *Le cœur du Roy Charles IX. est inhumé aux PP. Celest. de Paris, dans la Royale Chapelle d'Orleans.*

Plusieurs Demoiselles de la Reine Elizabet prirent congé de sa Maiesté, durant le voyage qu'elle fit de Paris à Amboise, pour se renfermer dans des Cloistres, & seruir Dieu en des maisons Monastiques. Cette tres-Religieuse Princesse leur fit voir le contentement que sa Maiesté receuoit de ce qu'elles prenoient cette resolution, leur disant, *Ie*

Bbbb iij

loüé Dieu qu'il vous a donné cette bonne inspiration, si ie sors de France, ie vous recommanderay à Madame ma fille, & à mes Officiers. Ces filles-là ont ressenty les effets des paroles de leur bonne Maistresse ; car ses Officiers ont tousiours eu vn soin tres-particulier de ces Religieuses, qui auoient eu l'honneur d'estre au seruice de cette bonne Reine, lesquelles durant les troubles de ce Royaume, elle a voulu retirer en Allemagne dans les Monasteres qu'elle y a fondez, & la Reine Louyse en sa consideration leur a témoigné beaucoup d'affection. Il ne faut pas s'estonner si la plus grande partie des Dames & des Demoiselles de la Reine Elizabet, ne sont sorties de sa maison que pour entrer dans des Monasteres, comme si elles n'auoient seruy cette Princesse qu'aux gages de sa pieté pour s'enrichir eternellement, puis qu'elle leur auoit si bien appris à sa suitte & en son Palais l'art de mépriser les honneurs & les vanitez du monde; ce que sa Maiesté fit genereusement, menant vne vie de Religieuse, plustost que de Reine dans le beau & le deuot Conuent de sainte Claire, qu'elle a basti & fondé à Vienne en Austriche.

Elizabet d'Austriche Reine doüairiere de France, estant de retour d'Amboise à Paris, elle sortit le Lundy 6. de Decembre 1575. par la porte S. Antoine, & fut conduite par le Roy Henry III. tous les Princes, les Cardinaux, & les Seigneurs iusques à S. Maur des Fossez, maison de la Reyne mere Caterine, où elle fut traitée fort splendidement : & le lendemain elle prit congé du Roy, des Reynes Caterine & Louyse, & de tous les Princes & Seigneurs, laissant vn regret de si tost abandonner la France, & les François, & les Parisiens particulierement, témoignans le desplaisir qu'ils auoient de l'absence de cette tres-vertueuse Princesse qu'ils appelloient *le bon-heur de la France.*

Corroset en ses Antiquitez de Paris.

Et de vray elle pouuoit estre ainsi nommée, ayant esté tout le cours de sa vie vn miroir & vn parfait exemplaire de douceur, d'humilité, de pudicité, de modestie, de charité, & de toutes les vertus Chrestiennes, ayant vécu auec vne grande integrité estant fille, mariée & veuue. Le President de Thou au liure 60. de son Histoire l'appelle *femme de pro-*

bité antique, encore qu'elle fust tres-ieune: il veut dire que cette *Antiqui*
Reine estoit recommandable pour sa haute vertu, & de ce *morie.*
bon temps auquel les Vertus encore Vierges, estoient sans
fard & sans tache. Et au 104. il fait son Eloge en ces termes; *Sur la fin de Ianuier (de l'an 1592.) mourut doucement au Seigneur Elizabet fille de Maximilien II. sœur de Rodolfe II. & veuue de Charles IX. Roy de France, femme vrayement pieuse & genereuse, recommandable pour sa grauité, & la saincteté de ses mœurs. Elle a esté iustement comparée à Elizabet de Thuringe, pour auoir employé la troisiéme partie de ses reuenus en aumosnes & en autres œuures pieuses.* Il la louë aussi pour n'auoir point voulu penser à de secondes noces, ny iamais permis la vente des offices. On la pouuoit nommer sans flaterie, *la Reyne des Vertus*, car elle les auoit toutes.

La douceur est vne des vertus qui s'apprend dans l'escole de Nostre Seigneur: il s'en est luy-mesme proposé comme l'exemple, & de tant de vertus qu'il a pratiquées, il n'y a que celle-cy de laquelle il a dit: *Apprenez de moy que ie suis doux & humble de cœur*; il a voulu que les Saints, qui dans l'ancien Testament ont eu l'honneur d'estre ses figures, fussent eminens en cette vertu; & l'Escriture sainte remarque que Moyse estoit le plus doux de tous les hommes, & Dauid le plus clement de tous les Rois. Aussi faut-il aduoüer que ç'a esté la vertu particuliere de nostre Reine Elizabet, que c'estoit le caractere qui la discernoit des autres, & qui seruoit de lustre à toutes les vertus dont le Ciel l'auoit honorée. Les occupations & les affaires fascheuses, qui font perdre aux ames plus tranquilles, quelque chose de leur douceur, ne seruoient qu'à augmenter celles de nostre Reine; son visage (comme i'ay appris de ses domestiques) respiroit mesme cette vertu, & toutes ses actions & ses paroles en estoient tellement remplies, qu'il y auoit du plaisir à la regarder & l'entendre. Elle recommandoit la mesme vertu à ses Dames & à ses Demoiselles, elle vouloit que la tranquillité de leur esprit parut sur leur visage. Elle defendoit à ses gardes de n'vser point de violence, ny de ne frapper iamais les pauures qui approchoient de sa Maiesté. Il aduint durant son voyage d'Allemagne pour venir en

France, qu'vn pauure vieillard se presenta à sa Maiesté auec vne belle ieune fille, dont la mere estoit decedée. Cette debonnaire Princesse fut touchée de si grande compassion, qu'à l'heure mesme elle prit la fille, & la recommanda à ses Dames, & la fit esleuer auec soin, & à sa suitte bien instruire à la pieté; puis luy ayant demandé si elle desiroit estre mariée ou Religieuse, & ayant choisi cette derniere vocation, elle la fit receuoir & donner l'habit au Royal Monastere de Poissi, où la Signora Basque & les Demoiselles de sa Maiesté assisterent à la ceremonie de sa vesture.

Cette fille s'appelloit Lasquadelle.

Si la Reyne Elizabet a esté si bonne, il ne faut pas s'estonner si elle la esté humble; car la douceur & l'humilité sont iumelles, ces deux sœurs naissent en vn mesme temps dans les ames, il est bien difficile d'en posseder l'vne quand on ne possede pas l'autre, & d'estre doux quand on n'est pas humble. Le Sauueur les a iointes ensemble, quand il nous les a proposées, & il semble qu'il nous a voulu faire voir par là, qu'elles estoient inseparables. En effect, c'est la raison qui m'oblige de faire voir l'humilité de cette grande Princesse en ces trois conditions de fille, de femme, & de veuue, aprés auoir parlé de sa douceur.

On ne sçauroit décrire combien elle estoit obeïssante à l'Empereur son pere, & à l'Imperatrice sa mere auant qu'elle épousast le Roy Charles IX. & les respects & les deuoirs qu'elle a rendus aprés estre mariée à ce Monarque, qui se vantoit (comme i'ay dit) d'auoir pour épouse la plus douce, la plus sage, & la plus humble femme du monde. Ces deux vertus la douceur & l'humilité de la Reine Elizabet, eurent tant de pouuoir sur Charles IX. qu'il quitta toutes les amours qu'il auoit pour les autres Dames, dont quelques-vnes se voyent chez le Poëte Vandosmois sous les noms d'Eurimedon & de la belle Calirée. Il n'ayma plus que la Dame de Belle-ville, dont il a eu deux enfans, dont l'vn est Charles de Valois Duc d'Angoulesme & Comte d'Auuergne, encor pour obliger la Reyne sa femme, il enuoya cette Dame là en Daufiné au Chasteau de Fayet où elle accoucha le 28. d'Auril 1573. de ce Prince-là. Il quitta aussi les violens exercices de la chasse, ausquels il

Le Fayet Chasteau du sieur de Maniquet prés du fort de Barrault, & du Chasteau de Bayard.

se

DES DAMES ILLVSTRES. 569

se plaisoit grandement, comme a fort bien remarqué le sieur Pasquier en l'vn de ses Sonnets.

> En tous climats ie suis le Roy des Rois,
> Disoit Amour d'vne braue hautesse :
> Tu ments (luy dit la Dame Chasseresse)
> I'ay tout pouuoir dessus toy dans mes bois.
> Lors eux picquez, iettent arcs & carquois,
> Et se harpants, or de force, or d'adresse,
> A qui mieux mieux, chacun d'eux s'entrepresse,
> Et ià ces Dieux estoient presque aux abois :
> Quand Isabel se met de la partie,
> Et des carquois & traits s'est assortie,
> Puis de deux traits sur Charles decocha :
> De ces deux coups dedans luy elle enchasse,
> Ensemblement & l'Amour & la Chasse,
> Et dans son cœur l'Amour chaste ficha.

Aussi cette Princesse auoit de belles qualitez au rapport du grand Sceuole de Sainte Marthe en sa poësie Royale, *S. de sainte Marthe en l'Epithalame du Roy Charles IX. & de la Reine Elizabet.*

> Dame qui ioint à la beauté
> La grandeur & la Royauté,
> Et qui porte peinte en sa face
> La maiesté de ses ayeux,
> Et qui loge en ses chastes yeux
> L'amour, l'honneur & la grace.

Elle fut fort obeïssante à ses Confesseurs & à ses Directeurs ; sur tous elle honoroit le docte Pere Iean Maldonat de la Compagnie de IESVS, l'vn des premiers Theologiens de ce siecle là : toute la plus grande peine qu'auoit ce Pere là en la conduite de cette ame, c'estoit de luy faire relascher de ses ieusnes & de ses austeritez. Estant de retour en Boheme & en Austriche, elle seruoit auec vne grande humilité les malades aux Hospitaux, & les captifs aux prisons, vestuë comme vne femme de basse condition. Cette humilité luy fit fidelle compagnie iusques à la mort, car elle desira que l'on ne luy mist aucun eloge sur sa tombe au Chœur de l'Eglise de sainte Claire de Vienne, sinon ces paroles ; *Cy gist Sœur Isabelle Reine de France.*

Sa cõuersation ordinaire estoit auec Dieu, & ses seruiteurs :

demeurât en France elle côuerſoit auec les Religieuſes, particulierement auec les Cordelieres de S. Marceau, les Filles de S. Claire, dites de l'*Aue Maria*, celles de Long-champ, & les Filles Penitentes, auſquelles elle fit de grandes aumoſnes, quand la Reyne mere les fit changer de maiſon. Elle diſoit à ſes Dames que iamais elle n'eſtoit plus contente que quand elle pouuoit aller viſiter les maiſons de Religion, & pour ce ſuiet les viſites des Princeſſes luy eſtoient importunes, d'autant qu'elles l'empeſchoient d'aller s'entretenir auec ces ſeruantes de IESVS-CHRIST. Entre tous les Religieux elle honoroit les Peres Ieſuites, les Cordeliers, les Minimes, & les Capucins. Elle donna aux Ieſuites du College de Clermont ſes robes de noces pour en faire des chaſubles & paremens pour la decoration des Autels. Leur College de la ville de Bourges eſt auſſi vne marque de la pieuſe & royale liberalité de cette tres-deuote & tres-charitable Reyne. Aprés auoir quitté la France, elle ne ſe contenta pas de baſtir à Vienne en Auſtriche l'Egliſe & le Monaſtere de ſainte Claire, mais elle baſtit & fonda encore l'Egliſe de Touſſaints à Prague, ville capitale du Royaume de Boheme. Eſtant à Paris elle enuoyoit tous les Vendredis viſiter les priſonniers par ſes Dames, & employoit ſes liberalitez à deliurer ceux qui eſtoient detenus pour debtes. Elle ſe ſeruoit en ces œuures de pieté & de charité de la Sennora Baſque, ou bien de la Sennora de Carence, Dames Caſtillanes, par le moyen deſquelles ſa Maieſté aſſiſtoit ſecretement de pauures filles, afin qu'elles peuſſent eſtre honneſtement mariées, ou que celles qui auoient fait quelque faute n'en fiſſent point vne ſeconde. La Reyne Iſabelle qui honoroit la vertu de la Sennora Baſque ſa Gouuernante, luy communiquoit toutes les actions de charité que ſa Maieſté vouloit faire en faueur des pauures honteux, ou des pauures Demoiſelles qui deſiroient auoir quelque argent pour eſtre receuës dãs les maiſons de Religion. Aprés le decés de la Sennora Baſque, qui mourut auãt le Roy Charles, elle ſe ſeruit de la Sennora de Carence pour faire ſes aumoſnes & ſes liberalitez plus ſecrettes; car i'ay appris des Dames qui ont eu l'honneur de ſeruir cette tres-charitable Princesse, qu'elle auoit à sa suitte cinq Dames Espagnoles. La premiere estoit la Sennora Basque, qui estoit sa Gouuernante, Dame fort sage & fort pieuse. La seconde, la Sennora de Carence, qui n'estoit pas de si grande authorité, neantmoins qui faisoit auec sa Maiesté comme la Sennora Basque. La 3. la Sennora Sidoyne: La 4. la Sennora Constance: Et la cinquiéme la Sennora Madelenie.

Si cette deuote Heroïne a vécu si saintement dans la Cour de France, elle a continué de rendre les mesmes deuoirs en celle de l'Empereur, & d'exercer sa charité enuers les pauures par l'espace de 18. ans qu'elle a esté veuue: car ceux qui ont pratiqué la Cour de Rodolfe II. ou qui ont leu les plus celebres Ecriuains de l'Histoire de nostre temps, sçauent bien qu'Elizabet d'Austriche, veuue du Roy Charles IX. s'est entierement addonnée aux exercices de deuotion & de pieté, mariant honnestement les filles de maison qui n'auoient pas assez de moyens, & faisant distribuer le tiers de son reuenu aux pauures. Elle ne voulut iamais permettre la vente des offices de Iudicature qui estoient en sa disposition aux Duchez de Berry & de Bourbonnois, aux Comtez de Forests, de la Marche, & autres Seigneuries, sur lesquelles son douaire estoit assigné, & les fit donner gratuitement aux personnes d'honneur & de merite, qui estoient recommandables, tant pour leur suffisance, que pour leur probité. Sa Maiesté partant de France pria instamment Pierre de Gondy Euéque de Paris (qui depuis a esté Cardinal) auquel elle auoit donné l'intendance de sa Maison, en memoire du Roy Charles son mary qui auoit affectionné cette Maison là, de tenir la main à ce que ses ordonnances fussent exactement gardées, & nulles charges & offices vendus ou donnez aux incapables. Elle laissa en France pour son Agent & Procureur Auger de Ghislin, Seigneur de Boesbecq, natif de Commines en Artois, dont il s'est acquité dignement durant les 18. ans qu'il a demeuré en France, tandis qu'a vescu cette Princesse; aussi sa Maiesté fit voir la bonté de son iugement au choix qu'elle fit de ce grand homme si renommé

Nicolaus Isthuanfus.

Cccc ij

J. A. Thuanus.
Aub. Miraus.
Iustus Lipsius.
Fr. Suuertius.
Valerius Andreas.
Ioannes Buzelinus in sua Gallo-Flandria.

Il faut voir les belles lettres de Busbequius.

pour son sçauoir & sa probité, & duquel les plus illustres Escriuains ont fait les Eloges : mais cet Agent de la Reyne Elizabet est si recommandable par luy-mesme, que leurs loüanges ne peuuent rien adiouster à l'auantage de ses merites qu'il a fait paroistre estant Agent en France de cette Reyne & de l'Empereur Rodolfe, Conseiller des Empereurs Ferdinand I. & Maximilien II. Gouuerneur des Archiducs Mathias (depuis Empereur) Maximilien, Albert, & Vinceslas, & estant Ambassadeur ou Agent de leurs Maiestez Imperiales à la Porte des Ottomans à Constantinople & à Amasie : Mais quittons les eloges du seruiteur pour parler de ceux de la Maistresse que l'on ne peut assez loüer, qu'auoüant qu'elle surpasse toute loüange, pour auoir fait donner les charges, sur tout celles de Iustice, aux vertueux & aux capables ; car le plus grand defaut qui puisse arriuer en vn Estat, c'est quand les Magistrats se font par argent, & non par le merite & la capacité. Pline a remarqué que l'Empire Romain alla tousiours florissant & s'estendant, tant que les charges furent gratuitement données à la vertu & aux merites : & tousiours en ruine & en decadence, quand les Offices furent venaux. L'Empereur Alexandre Seuere fut extrémement exact à prendre garde que personne n'entrast aux Offices par la porte dorée, disant estre necessaire que celuy qui achete en gros la Iustice, la reuende puis aprés en détail. Iules Cesar à son aduenement à l'Empire, ou pour couurir son ambition à la Dictature perpetuelle, commença sa police par cette reformation, faisant punir auec seuerité ceux qui pour paruenir à quelque grade mandioient les suffrages du peuple par argent ou par prieres. Le mesme Cesar estant ieune auant sa fortune, comme Sylla le voulut reprendre de quelque chose, le menaçant de luy faire sentir l'authorité de sa charge : *Tu as raison*, luy respondit-il, *de l'appeller tienne, l'ayant payée de ton argent*, comme luy faisant le plus grand reproche qui se peut lors faire à vn homme d'honneur. Du temps de nos ayeux auant que cette miserable & pernicieuse coustume de vendre publiquement les Estats fust receuë en France, c'estoit non seulement vne vergongne, mais comme ils auoient les ames entieres, & les consciences tendres, ils eussent estimé vn grand peché de penser seulement à vendre ou acheter vn Office, & lors les Rois (cóme remarque fort bien le Mareschal de Monluc sur la fin de ses Commentaires, parlant du Roy Louys XII.) estoient bien mieux seruis : car la distribution leur appartenant, tous ceux qui y aspiroient, outre qu'ils taschoient de se signaler par les sciences, par la valeur, & par les merites, ils se rendoient souples, complaisans & fideles, & les Princes obligeoient aussi leurs suiets.

Elizabet, Reine doüairiere de France, estant retirée à Vienne, fut recherchée en mariage par plusieurs grands Princes, & mesme par deux puissans Monarques, Philippe II. Roy d'Espagne, veuf d'Anne sa 4. femme, & sœur aisnée d'Elizabet: Sebastien Roy de Portugal, & des Algarbes, ieune Prince bien nay : elle ne voulut iamais entendre à tous ces partis là, & persista en viduité, quoy quelle fust demeurée veuue à l'aage de 19. à 20. ans, gardant constamment sa fidelité à son premier & vnique époux; la perte duquel elle regrettoit tous les iours auec larmes, faisant continuellement prier Dieu pour le repos de son ame. Son frere l'Empereur Rodolfe tascha par plusieurs fois de la persuader d'épouser ces Monarques qui la desiroient pour femme : mais cette bonne Princesse fut si constante, qu'elle demeura tousiours en sa resolution, d'estre veuue de Charles Roy de France, dans le tombeau duquel elle auoit enfermé toutes ses affections, ses plaisirs, & ses amours, disant plus veritablement que cette autre,

  Tant que la rosé en l'espine naistra,
  Tant que dans l'eau la Baleine paistra,
  Tant que les Cerfs aimeront les ramées,
  Et tant qu'Amour se nourrira de pleurs,
  Tousiours au cœur ton nom & tes valeurs,
  Et tes vertus me seront imprimées.

Pour se deliurer des importunitez de l'Empereur Rodolfe qui la pressoit fort de choisir pour mary Philippe Roy d'Espagne qui l'en prioit instamment, & auquel le Pape en auoit accordé la dispense : elle enuoya vn homme exprés à

Voyez la page 242. de ces Eloges.

la Reyne Caterine sa belle mere pour sçauoir sa volonté, (comme i'ay rapporté en la vie de Caterine) laquelle ayant apprise par Sancerre qui luy rapporta la response. Elle dit à l'Empereur, *Mon frere ie vous prie de ne me plus parler de mariage; car ie ne veux plus de mary*: Et dit adieu au monde, à l'exemple des saintes Isabelles de Portugal & de Hongrie, ausquelles elle se conformoit, non seulement de nom, mais par ses mœurs & ses aumosnes: Elle fit bastir à Vienne en Austriche vn beau Monastere pour les Filles de sainte Claire, auec lesquelles elle se retira, & passa le reste de ses iours en grande integrité, voire mesme sainteté de vie, auec l'estonnement & l'admiration de la Cour Imperiale: Car Elizabet pour l'ordinaire menoit vne vie solitaire & retirée auec les bonnes Religieuses de ce Conuent là, assistoit à toutes les fonctions Monastiques auec ces bonnes Dames bien nées, dont elle auoit remply la Maison qu'elle auoit bastie, son Palais n'en estant separé que par vne galerie. La ieunesse renuoye souuent les pensées de la mort, & elle qui estoit en vn aage florissant de 20. ans, ne voulut plus penser qu'à cela, estimant que l'on ne pouuoit apporter trop de soin & de consideration à ce qui ne se fait qu'vne fois, il faut tousiours viure au mesme estat, où l'on voudroit estre à l'heure de la mort: Dieu ne voulut pas qu'elle languist en vne si grande carriere, il en retrancha plus de la moitié.

La memoire de cette Reyne Tres-Chrestienne est & sera à iamais dans l'Austriche, la Hongrie, & la Boheme en veneration parmy les Catholiques de ces Royaumes là, qui l'estiment vne sainte.

Ayant tousiours bien vécu, elle deceda aussi fort Chrestiennement, sa mort fut de celles qu'on appelle, *Precieuse deuant Dieu*. Ce fut le 22. de Ianuier de l'an 1592. estant aagée de 38. ans, qu'elle laissa les despoüilles de cette mortalité, pour s'en aller ioüir de son tres-aymé Iesvs, lequel elle auoit aymé seul, aprés le decés du Roy son tres-cher époux, cherché toute sa vie, & desiré en sa mort; mort regrettée de tous les gens de bien, & principalement des paures & des necessiteux: Toute la Cour de l'Empereur Rodolfe II. son frere en fit vn grand deüil, & pleura la perte d'vne si sainte Reine, & l'Empereur mesme ne sortit long temps aprés de son cabinet, tant il estoit triste & affligé; son corps fut porté en l'Eglise de sainte Claire qu'elle auoit bastie, où durant qu'elle estoit en santé elle ne manqua pas vn seul iour d'aller de son Palais pour assister à tous les Offices diuins, & au Seruice qui se faisoit tant de iour que de nuit, affligeant son corps tres-tendre & tres-delicat par ieusnes, disciplines, & austeritez qu'elle pratiquoit estant nostre Reine, ainsi que i'ay appris de quelques Dames qui ont eu l'honneur de la seruir, lesquelles m'ont dit qu'elle n'a iamais voulu porter de masque, ayant à mespris la conseruation de son visage: & que mesme du viuant du Roy Charles à vne feste de la Chandeleur, Madame de Frose qui estoit sa Dame d'atour, vint dire à la Sennore Basque dans sa chambre, que la Reine par deuotion vouloit prendre le cierge, & aller à la Procession les mains nuës sans prendre de gans. Cette Dame Espagnole fut trouuer sa Maiesté, & luy dit ces paroles; *Madame, l'on ne peut pas approuuer ces deuotions là, vous deuez plustost regarder aux Princesses & à tous ceux qui sont dans le Louure qu'à vostre mouuement. Il fait vn froid extréme, vostre Maiesté qui est foible & délicate tombera sans doute malade, & elle est obligée de conseruer sa santé, & de ne la point alterer par tant de veilles, de ieusnes, & d'autres austeritez qu'elle fait tous les iours:* Depuis la Sennore Basque dit aux Demoiselles, & filles de la Reine, Mes amies i'ay esté bien aise de trouuer l'occasion de faire cette remonstrance à la Reine; afin qu'elle quitte les penitences qui sans doute luy auanceront ses iours.

François Serdonati en ses Vies des Dames Illustres, remarque en l'Eloge de nostre bonne & vertueuse Reyne Elizabet, qu'estant à Vienne elle a souuent quitté ses riches vestemens, & esté en pauure habit (sans estre cogneuë) à pied, & auec peu de gens visiter les malades aux Hospitaux, & les prisonniers és prisons, & auoit vn soin particulier des affligez, & que de tout son pouuoir elle s'employoit pour obtenir des graces & des faueurs de l'Empereur son frere, pour tous ceux qui luy sembloient dignes de compassion & de pitié. En ces saints & loüables exercices (comme dit le mesme Autheur) elle finit faintement ses jours, & mourant laissa par son testament de grandes recompenses à tous ceux qui l'auoient seruie. Elle voulut estre enseuelie au Monastere qu'elle fit bastir, & ordonna qu'on mist ces paroles prés de son tombeau.

Peccantem me quotidie, & non me pænitentem timor mortis conturbat me, quia in inferno nulla est redemptio, miserere mei Deus, & salua me.

Voyant que ie peche tous les iours, & que ie n'en fais point penitence, la crainte de la mort me trouble, & m'inquiete, pource que dans l'enfer il n'y a nulle redemption. O Dieu ayez pitié de moy, & me sauuez.

La Reyne Elizabet auoit pour deuise ou symbole vn temple rond, couuert en dome, deuant lequel estoit debout vne Dame vestuë de long, qui la representoit auec vne Colombe toute entourée de rayons, qui sembloit luy parler auec ces mots Latins: IN DEO SPES MEA, *Mon esperance est en Dieu*, pour témoigner à tout le monde les ressentimens de son ame, les affections de son cœur, les resolutions de son esprit; & qu'estant par la mort du Roy son mary reduite en l'estat de veuuage, elle renonçoit aux choses de la terre pour viure toute en Dieu.

D'autres donnent pour deuise à cette tres-pieuse Princesse, vne Fortune, telle à peu prés que l'antiquité nous l'a peinte: sçauoir vne femme toute nuë & décheuelée, à genoux toutesfois sur vn globe (mais vn globe celeste auec ses cinq cercles, ses zones, & ses meridiens) tenant son voile auec ses mains au dessus, & comme d'vne nuée sortoit & souffloit vn vent qu'elle receuoit dans son voile, & qu'elle mesnageoit en faueur de sa conduite. C'estoit vn enigme & embleme mysterieux de ses actions, tant libres que naturelles, & necessaires, lesquelles estans desengagées de la terre elle vouloit estre toutes diuines & celestes: elle voulut encore qu'elles fussent simples & humbles, comme témoignent sa nudité & son maintien, & animées des inspirations fauorables de l'Esprit diuin, conduites par la prudence Chrestienne, & par les regles d'vne sainte iustice, ce que de-

declaroit le mot Latin, VOLENTE, *le voulant*, qui faisoit sa deuise : par laquelle elle declaroit qu'elle s'assuiettissoit à tous les euenemens qu'il plairoit à Dieu de luy enuoyer.

ELIZABET DE FRANCE, DITE DE LA PAIX, REYNE D'ESPAGNE.

Castille, blazonné en l'Eloge d'Elizabet de Castille.

SI la Maison d'Austriche a donné vne vertueuse & vne sage Reyne à la Monarchie des Lys, nommée Elizabet ou Isabelle, la Tres-Chrestienne Maison de France a donné aussi de vertueuses & de sages Elizabets pour Reynes à l'Espagne, dont la premiere est Elizabet, fille aisnée du Roy Henry II. & de la Reyne Caterine de Medicis, qui vint au monde à Fontaine-bleau le 2. d'Auril 1545. Henry son pere estant encor Daufin de Viennois Duc de Bretagne, Comte de Valentinois & de Diois. Peu de iours aprés la naissance de cette Princesse, la Paix fut concluë entre son ayeul le Roy François I. & Henry VIII. Roy d'Angleterre. C'est pourquoy Henry de France Daufin de Viennois pria le Monarque Anglois d'estre le Parrain de sa fille aisnée, ce qu'il accepta volontiers, enuoyant des lettres & des facultez à ses Ambassadeurs extraordinaires en France, le Seigneur Dudlay Amiral d'Angleterre, & le Mylord Chenay Maistre des Ports & Grand Tresorier de ce Royaume là, afin de le presenter pour Parrain aux ceremonies, & faire tous les complimens selon la dignité de la Maiesté Royale. Le Daufin de France ayant choisi pour Marraine Eleonor Reyne de France sa belle mere, seconde femme du Roy François I. & l'Infante Ieanne de Nauarre ou d'Albret, fille vnique de Henry II. Roy de Nauarre, & mere du Roy Henry le Grand, qui la nommerent *Elizabet*. Louïs Cardinal de Bourbon Prince du Sang, faisant la ceremo-

Dddd

nie du Baptéme en qualité d'Archeuéque de Sens (cette Maison Royale estant dans ce Diocese là) ne'ût pas si tost prononcé le nõ d'*Elizabet*, qu'il fut à l'instant proclamé par les Herauts d'armes de France & d'Angleterre, qui estoiēt couuerts de leurs cottes d'armes. I'ay décrit ailleurs les pompes, les Tournois & les resioüissances qui se firent à la naissance de cette Princesse, & remarqué comme son pere Henry Daufin de France acquit bien de l'honneur & de la gloire en ce Tournoy là, où il donna des preuues de sa valeur & de son adresse.

Aux pages 120. & 121. des Eloges des Daufins de France.

Elizabet de France, dite de la Paix, pour auoir donné à sa naissance la paix à la France auec l'Angleterre, & par son mariage la paix à la France auec l'Espagne, aprés auoir receu le Sacrement de Baptéme des mains du Cardinal de Bourbon, dans la Chapelle des Religieux de l'Ordre de la Trinité, dits Mathurins, en la Maison Royale de Fontainebleau, fut conduite en celle de S. Germain en Laye, où elle eut pour Gouuernante Caterine de Pierreuiue Dame fort sage & habile, mere du Duc de Raiz, du Cardinal de Gondy, & du Seigneur de la Tour. Là elle fut instruite & esleuée en toutes sortes d'honnestes exercices auec ses freres & ses sœurs. La Reine d'Escosse : Henry Prince de Viane, qui a esté depuis Henry le Grand : Charles III. Duc de Lorraine : les Princesses de la Mirande : & Anne de Bourbon-Montpensier, qu'elle a tousiours honorée de ses bonnes graces. Depuis estant plus aagée, le Roy son pere, & la Reine sa mere la firent venir en leur Cour, où elle fut en admiration pour les graces & les dons dont son ame & son corps estoient ornées & embellies.

Edoüard VI. Roy d'Angleterre ayant sceu ses perfections, la desira pour femme, & l'enuoya demander par vne solemnelle Ambassade au Roy Henry II. qui luy accorda : mais peu de temps aprés que la Princesse Elizabet luy fut promise, il mourut de poison, par les pratiques du Duc de Nortumberland son Gouuerneur, qui vouloit faire tomber la Couronne d'Angleterre en sa Maison.

Aprés le decés d'Edoüard, Charles Prince de Castille, ou Infant d'Espagne, fils de Philippe II. Roy d'Espagne, &

de Marie de Portugal sa premiere femme, n'eut point de plus grande passion que d'épouser cette sage & belle Elizabet, de laquelle il estoit pour ses vertus & ses merites éperduëment amoureux, & en fit faire la recherche : De sorte qu'aux traitez de Paix entre les Deputez des Rois Tres-Chrestien & Catholique, la proposition du mariage d'Elizabet de France, & de Charles d'Austriche fut faite, & eust eu lieu, si le Roy Philippe pere du Prince de Castille, aprés la mort de sa seconde femme Marie Reyne d'Angleterre ne l'eust desirée pour luy mesme, au grand desplaisir de Dom Carles, qui depuis eut tousiours vne auersion contre son pere, auec lequel il véquit en tres-mauuaise intelligence.

Elizabet estant accordée par le traité du Chasteau de Cambresis à Philippe Roy d'Espagne, il enuoya à Paris le Duc de Sauoye, le Prince d'Orenge, le Comte d'Egmont, & le Duc d'Albe, pour se trouuer, & assister de sa part à la solemnité des épousailles qui furent celebrées dans l'Eglise de Nostre-Dame de Paris le 22. Iuin l'an 1559. par Charles Cardinal de Bourbon. Le Roy Henry son pere la conduisit iusques à l'Eglise, où Ferdinand Aluarez de Tolede Duc d'Albe, comme Ambassadeur & special Procureur du Roy Catholique, l'épousa au nom de son Maistre deuant vn grand nombre de Noblesse & de peuple, qui vint de toutes parts, pour auoir le contentement d'assister au Royal hymen de cette belle & vertueuse Reyne, par lequel la Paix tant desirée, aprés plusieurs longues & difficiles guerres, estoit confirmée & establie entre les deux Couronnes de France & d'Espagne. Aussi la Princesse fut par le consentement & l'acclamation publique des peuples de l'vne & l'autre nation appellée ELIZABET DE LA PAIX.

Par elle en paix sont la France & l'Espagne,
Par elle vnis sont les deux plus grands Rois   I. du Bellay.
Du sang d'Austriche & du sang des Valois,
Fille de l'vn & de l'autre compagne.

Durant ces pompes & ces resioüissances le Roy Henry II. fut blessé au Tournoy de la ruë saint Antoine le 30. de Iuin 1559. & mourut de ce coup là le 10. de Iuillet, au grand regret des François, & de cette Princesse sa fille aisnée, qui l'année suiuante 1560. fut conduite en Espagne. Le Roy François II. son frere, & la Reine Caterine sa mere l'accompagnerent iusques à Poitiers, où ils la remirent à Charles Cardinal de Bourbon, & à Charles de Bourbon Prince de la Roche-sur-Yon, auec tout ce qu'il y auoit de plus galand & de plus braue à la Cour pour la conduire à Bordeaux, où Antoine Roy de Nauarre, Chef de la Maison de Bourbon, & Gouuerneur de Guyenne la receut splendidement. Ce Monarque des Nauarrois, bisayeul de nostre Roy Louys XIV. Dieu-Donné, eut ordre de la conduire iusques à la frontiere d'Espagne, & la remettre aux Ambassadeurs de Philippe II. Roy d'Espagne qui estoient François de Mandoçe Cardinal de Burgos, & Ignace Lopez de Mandoçe Duc de l'Infantadgo son frere. Ils la receurent à Ronceuaux auec les honneurs deus à leur Reine & Princesse Souueraine. Quelques-vns disent que Dom Carles y fut present; & d'autres ont remarqué que le Cardinal de Burgos fit la harangue, pendant laquelle la Reyne Elizabet tomba en foiblesse. Le Prince de la Roche-sur-Yon, & sa niece Anne de Bourbon, seconde fille de Louys Duc de Montpensier, depuis mariée à François de Cleues II. Duc de Neuers la menerent iusques à Madrid, & à Tolede où le Prince de la Roche-sur-Yon, & François Duc de Neuers presterent le colet à toute la Noblesse d'Espagne. Antoine Roy de Nauarre aprés auoir remis Elizabet Reine d'Espagne aux Deputez du Roy son mary, s'en reuint en Bearn, & conserua son rang & sa dignité de Souuerain Monarque des Nauarrois auec adresse; on s'arresta à l'Abbaye de Ronceuaux dans son Royaume de Nauarre, où pour la rigueur du froid & l'abondance des neiges, on fut contraint de s'arrester, comme ont remarqué plusieurs de nos Historiens, ausquels le Lecteur curieux pourra auoir recours pour en apprendre toutes les circonstances, & admirera la courtoisie de nos Princes & des François, & la rudesse des Espagnols, qui ne voulurent rien donner au temps ny aux Dames, au preiudice de la grandeur de leur Prince, ny entrer si auant dans le Royaume pour luy donner vne femme.

A. Fauin en son Histoire de Nauarre.

Les freres de Sainte Marthe. Du Pleix. Et P. Mathieu qui en a remarqué au long les particularitez.

DES DAMES ILLVSTRES.

Les Espagnols voyans la Reyne Elizabet loüoient Dieu de la grace qu'il auoit faite à leur Roy & à son Royaume en luy donnant vne Princesse de telle perfection & de si grand merite. Ce ne fut pas vn petit bon-heur à ce prudent Monarque des Castillans d'auoir cette Heroïne pour sa troisiéme femme, qui ne cedoit point en beauté aux autres Dames de son temps, car elle estoit l'vne des belles creatures que l'œil pouuoit voir, au rapport de l'Homere François.

Comme vn beau Lys, est en fleur la ieunesse
D'Elizabet: & si en corps mortel
Vouloit çà bas descendre vne Deesse,
Pour estre belle, elle en prendroit vn tel.

La beauté de son ame n'estoit pas moindre que celle du corps: car la Reyne Elizabet de Valois estoit la Reyne des Vertus, mesme auant que d'estre mariée au Roy Philippe II. Et durant tout le cours de sa vie elle a esté le parangon des Dames vertueuses, estant ornée d'vn monde de vertus Chrestiennes & morales; la liberalité, la patience, la douceur, la modestie, la pudicité, l'humilité, & la charité furent ses plus fidelles & ses ordinaires compagnes.

La liberalité hereditaire aux Princes & aux Princesses de la Maison de France, de la branche de Valois ou d'Angoulesme, estoit la vertu qui éclatoit le plus en cette Heroïne, laquelle disoit *que toutes les vertus estoient obscurcies en vne grande ame, si la liberalité ne les esclairoit, & que les Rois & les Reines ne pouuoient mieux imiter Dieu qu'en faisant du bien:* Cette vertu la faisoit aimer de tous ses domestiques; car les moyés de donner luy defaillans plustost que la volonté, quand elle n'auoit point d'argent pour donner à ses filles, elle en demandoit pour iouër, & quand elle auoit ioüé deux ou trois coups, elle leur donnoit ce qui luy restoit. Tout son soin estoit de secourir les filles qui n'auoient pas assez de biens pour se marier; car par sa liberalité elle estoit le refuge de tous les oppressez, & le secours des miserables. Elle fit plusieurs belles fondations à diuerses Maisons de Religion: Sa deuotion particuliere estoit enuers la famille de nostre Pere & grand oncle S. François de Paule, qu'elle a obligée de ses bien-faits en toutes les occasions qui s'en sont rencontrées, à l'exemple des Princes de la Royale Maison de France. Elle prit le cordon de la troisiéme Regle de ce saint Patriarche, fit construire en la ville de Tolede, capitale de Castille, vn Conuent pour les filles du tiers Ordre, appellées les Beates de *Iesus-Maria*. Le P. Diego de Ayala, qui pour lors estoit Collegue Espagnol du R. Pere Simon Bachelier, General de nostre Ordre, m'a dit que nostre Conuent des Minimes de Madrid, appellé *Nostre-Dame de la Victoire*, la recognoist pour vne de ses principales Fondatrices. On voit encore en cette Maison plusieurs beaux & riches reliquaires qu'elle a donnez. Gille Gonzales d'Auila en son Theatre des Antiquitez de Madrid, & Barthelemy de Quintana en son 3. liure de la grandeur de la mesme ville, remarquent l'affection qu'elle portoit aux Minimes de Madrid; celuy-là dit qu'elle leur a donné le Chef de S. Firmin, premier Euéque de Pampelune, qu'elle fut oüir la premiere Messe le 7. d'Aoust de l'an 1561. quand ils y furent establis par son instance, & qu'elle eut fait leuer les oppositions des Peres Augustins: qu'elle auoit pour Confesseur le P. Diego de Valbuena, & qu'elle leur a donné l'image de Nostre-Dame de la Solitude, faite par cet excellent Sculpteur Bezerra: Celuy-cy la loüe pour auoir donné cette Image miraculeuse, & l'appelle *la serenissime Isabel de Valois, grande Patrone de cette sacrée Religion, & tres deuote à son sainct Fondateur, pieté qu'elle auoit heritée des Rois Tres-Chrestiens ses ancestres*. Ces Autheurs aussi font mention de l'affection qu'elle a porté aux Peres Iesuites du College de la mesme ville. Cette liberale Princesse, digne niece ou petite fille du Roy François, *le Pere des lettres*, faisoit plustost du bien aux doctes qu'aux ignorans (marque des Princes & des Princesses de sa Maison) sçachant bien que les incommoditez de la vie sont plus griefues à ceux *qui auec la science* (comme dit le Sage) *adioustent indignation & douleur*. Car elle a tousiours porté de l'affection & du respect enuers les gens de lettres, elle les voyoit de bon œil, & prenoit vn singulier contentement à les escouter. Aussi elle estoit doüée d'vn bon esprit. Si tost qu'elle fut asseurée d'aller en Espagne, elle apprit fort facilement la langue Castillane, & y prit tel plaisir, qu'elle composoit des Rithmes elegamment en cette langue là, & fit iouër deuant le Roy le triomphe de Niquée. Sa prudence fut si grande, qu'elle dissimula accortement les desplaisirs qui donnent de l'affliction, & des ialousies aux femmes mariées, & ses autres vertus ne furent pas moindres, ce qui fit chanter à Ronsard,

> *O l'heritier des vertus de Iason,*
> *O de Iunon Race recommandée,*
> *Tu as au col la Cholchide Toison,*
> *Mais en ton lit tu n'as point de Medée.*

Cette grande Reine ayant esté aussi chaste & aussi zelée pour la gloire & le seruice de Dieu que les Clotildes, les Ingondes, les Clodosindes, & les Blanches de Bourbon, filles ou Princesses de la Tres-Chrestienne & Tres-Auguste Maison de France, desquelles le nom est encor en bonne odeur, & la memoire en benediction, non seulement dans les Espagnes, mais aussi dans les autres Royaumes. *Monsieur de Longueterre a écrit la vie de Blanche de Bourbon Reyne de Castille.* En effet la terre ne portoit rien de plus doux ny de plus honneste, ny de plus chaste que cette tres-vertueuse & tres sage Princesse Elizabet de France ou de Valois, qui a esté comme sa belle sœur Elizabet d'Austriche la bonté & la pureté mesme. Ie n'ignore pas que quelques personnes qui ne viuent que de la mesdisance & de la calomnie, ne l'ont pas ouuertement blasmée (car ils n'ont pas eu assez d'effronterie pour cela) ils se sont efforcez de laisser quelque petit soupçon d'elle : enfin ils ont esté contraints de reconnoistre que le dire d'vn bon Pape est veritable ; *Que la calomnie est tousiours boiteuse, & fait plus de tort à ses autheurs, que de mal à ceux contre lesquels elle s'adresse.* *Pie V.* Aussi il n'y a rien de plus fabuleux ny de plus ridicule que ce quelques extrauagans ou médisans, ignorans les secrets du cabinet, ont écrit que Philippe II. Roy d'Espagne fut offensé des priuautez qui estoient entre cette sage Reyne sa femme, & Dom Carles son fils. Cela n'a iamais pû entrer en l'opinion de ceux qui ont reconneu comme ce Monarque prudent & auisé l'aimoit vniquement, qu'il n'auoit que 33. ans quand il l'espousa, qu'elle luy auoit esté remise à l'aage de 15. ans, & l'auoit formée à ses humeurs ; ce qui parut visiblement par l'extréme douleur qu'il receut en la perdant, faisant voir combien cette possession luy estoit agreable, & tres-chere. Charles Infant de Castille auoit 15. ans quand cette vertueuse Reine vint en Espagne, & estoit vn Prince fort grossier & stupide, qui non seulement estoit en peu de consideration & d'estime auprés des Dames d'honneur; mais aussi mesprisé par les impudiques pour ses defauts de corps & d'esprit. L'honnesteté & la profession de la vie Religieuse ne me permettent pas de parler des manquemens naturels de ce Prince malheureux & infortuné ; & ceux de l'esprit ont esté connus à tous ceux qui ont frequenté la Cour de Philippe II. Il auoit des façons niaises, brutales, & sauuages ; il n'auoit rien veu & sçauoit encor moins : quand la Reine Elizabet le menoit promener en carosse par la campagne, il luy faisoit des demandes de pure ignorance, des noms plus communs des animaux, des fruits & des arbres. La legereté de son cerueau ne receuoit autre impression que d'estre Roy : comme il vit que cette Reine fut grosse l'an 1566. il luy dit, que si elle faisoit vn fils il n'aimeroit iamais ny la mere ny l'enfant, & quand vne de ses filles luy vint dire qu'elle estoit accouchée de l'Infante Isabelle (qui a esté Archiduchesse & Princesse des Païs bas) il luy donna tout son argent. Il haïssoit tout ce que son pere aymoit, & s'il sçauoit qu'il y eust quelque chose dans les iardins qui luy donnast du contentement, il la faisoit arracher ou brusler : Il disoit qu'il creueroit l'œil qui restoit à la Princesse d'Eboli pour la faire aueugle. L'auersion qu'il auoit de son pere luy fit écouter les plaintes des peuples de Flandre, prendre la protection des rebelles, & fauoriser les desseins de Guillaume de Nassau Prince d'Orenge, sans considerer la consequence & le mal qu'il luy pourroit arriuer.

Louys de Mayerne Turquet Religionnaire a écrit en son Hi-

Tous ceux qui ont quelque cognoissance des Cours des Princes de l'Europe, sçauent qu'vne Reyne d'Espagne ne peut pas tout ce qui luy plaist, & si elle a de l'amour, il faut qu'il demeure & meure en sa pensée. Plusieurs yeux éclairent

DES DAMES ILLVSTRES. 585

rent & veillent sur ces actions, la Dame d'honneur qui se choisit auec beaucoup de mysteres, ne la perd iamais de veuë, ny de iour, ny de nuit, iamais les Grands ne la voyent qu'aux actions publiques, homme viuant n'entre en sa chambre: quand le Roy y vient il est en chemise, couuert seulement de sa robe de chambre, & celuy qui porte le flambeau demeure à la porte.

Iamais Reine en Espagne n'a tant chery & honoré son mary que cette vertueuse Princesse, qui non seulement aymoit le Roy Philippe II. mais tout ce qu'il aimoit, voire ses maistresses.

Marie Infante de Portugal, & Marie Reine d'Angleterre, les deux premieres femmes de ce Monarque là (qui n'estoient pas si belles & si agreables que la Reine Elizabet) auoient des ialousies de toutes les Dames qu'il visitoit. Marie de Portugal mere de Dom Carles ne pouuoit voir ny souffrir la belle Sennora Eufrasie que Philippe n'aimoit pas moins que la Princesse d'Eboli, la Reyne Isabelle, la caressoit, luy permettoit l'entrée en sa chambre, mesme auant qu'elle fust mariée; car aprés son mariage elle ne fut plus que pour son mary: La Reine Elizabet ayant par sa prudence & sa bonté remis cette Dame là dans le chemin de la vertu & de l'honneur, que l'imprudence de Marie de Portugal auoit perduë.

La Reine Elizabet eut du Roy Philippe son mary deux Infantes: l'aisnée Elizabet-Claire-Eugenie Duchesse de Brabant, & Comtesse de Flandre, Princesse de rare vertu; & la puisnée Caterine Duchesse de Sauoye: qui à l'exemple de leur mere, ont grandement aimé & honoré leurs maris: celle-là l'Archiduc Albert; & celle-cy Charles I. du nom Duc de Sauoye, comme i'ay rapporté en leurs vies.

L'amour, l'honneur & le respect que cette sage & belle Princesse portoit au Roy Catholique son mary, n'altera point en elle (comme en Germaine de Foix, & autres Princesses) l'affection qu'elle auoit pour la France qu'elle aimoit vniquement, & la prosperité de ses affaires. Quand on receut la nouuelle en la Cour d'Espagne que le Pape Pie IV. (quoy que Milanois) fauorisoit le bon droit d'Hen-

stoire d'Espagne, qu'vne Demoiselle Françoise, indignée de ce que sa Maiesté auoit donné la place de Dame d'atour à vne autre de ses compagnes, sema le bruit par vne perfidie & vengeance diabolique, que cette Princesse auoit vne trop grande priuauté auec le Marquis de Poza de la Maison de Roias.

Eeee

ry Clutin Seigneur d'Oisel, Ambassadeur du Roy Charles
IX. pour la preseance sur Louïs de Requesens Grand
Commandeur de Castille, & Ambassadeur de Philippe II.
Les Espagnols en faisoient fort les faschez, ce prudent
Monarque mesme qui faisoit gloire de ne s'esmouuoir
point pour aucune aduersité, en eut beaucoup de regret.
La Reine Elizabet au contraire ne pût ny ne voulut pas ce-
ler la ioye qu'elle en auoit, & on la vit danser ce iour là. Et
comme la Camariere Maior luy dit ces paroles : *Madame,
vostre Maiesté doit penser à ce qu'elle fait, le Roy est affligé, &
cette resiouïssance ne luy sera pas agreable, puisque la cause diminuë
la gloire d'Espagne*: Elle luy repartit doucement, *Pour mon
regard ie n'ay point suiet de me fascher, ie suis bien aise que chacun connoisse que ie suis sortie d'vne meilleure Maison que celle où
ie suis entrée.* Ce fut cette affection & cet amour à sa patrie,
qui fit qu'elle vint l'an 1565. sur les frontieres de France &
d'Espagne, pour voir son frere le Roy Charles IX. & sa mere la Reine Catorine.

Elizabet receut de grands honneurs du Roy Charles, &
de ses autres freres les Ducs d'Aniou & d'Alençon, & de
tous les autres Princes & Seigneurs François, comme ont
remarqué tous les Historiens qui ont décrit les particularitez de l'entreueuë de Bayonne; entre autres celuy qui a
pris plaisir de faire le recueil des choses notables qui s'y
passerent, duquel i'ay appris que les Demoiselles de la Reine Elizabet furent aussi honorées par nos Princes & Seigneurs François le 19. de Iuin 1565. que l'on fit ce beau carousel des Cheualiers de la Vertu ou de la grand' Bretagne, qui auoient pour leur Parrain & leur Chef le Roy
Charles : & des Cheualiers de l'Amour celeste où des Hir-
landois qui auoient pour leur Parrain & leur Chef Henry
Duc d'Aniou : où la vertu Heroïque s'estant arrestée en
son Char dans le camp deuant leurs Maiestez, & publié
des vers en faueur du Roy Charles IX. les neuf Muses allerent offrir les presens des Cheualiers aux Dames, qui la
plufpart estoient Espagnoles & les filles de la Reine Elizabet, à laquelle la premiere des Muses offrit le present
du Roy Charles en qualité de Parrain, & de Chef des Che-

ualiers de *la Vertu*. La Sennora Ribera receut le prefent de la 3. Mufe de la part de *Fronon de Synaette*, qui eftoit le Comte de Charny. La Sennora Vineuf, celuy de la 4. de la part de *Sofron de Metrie*, qui eftoit Monfieur de Tournon. La Sennora Madalena Gyron, celuy de la 5. de la part d'*Elenter d'Eufrate*, qui eftoit Monfieur de Danuille. La Sennora Arne, celuy de la 6. de la part de *Megalin de Lambre*, qui eftoit le Duc de Guyfe. L'Amour celefte en fon char s'eftant arrefté dans le Camp deuant leurs Maieftez, & ayant recité des vers, les neuf Amours allerent offrir aux Dames les prefens des Cheualiers Amoureux. La Sennora Phonifba receut le prefent du 3. Amour de la part de *Panurgin de Strophée*, qui eftoit le Ringraf. La Sennora Santanac celuy du 5. de la part de *Danapauin d'Afote*, qui eftoit le Seigneur de Carnaualet. La Sennora Liuia, celuy du 7. de la part de *Meliffe d'Arefce*, qui eftoit le Duc de Nemours.

M.r le Duc d'Aniou, le Prince Dauphin, le Duc de Longueuille, & les autres Seigneurs François firent offrir leurs prefens aux Dames de la Cour de France.

 Trois ans aprés eftant enceinte, elle tomba malade à Madrid d'vne fiéure qui la confommoit lentement: le Roy fon mary la vifitoit fouuent & la confoloit, l'exhortant à croire aux Medecins qui la vouloient purger, ce qu'elle ne vouloit pas, pour la crainte qu'elle auoit de faire tort à fa groffeffe, d'autant qu'elle auoit opinion de porter vn fils. Philippe II. luy dit, qu'il aimoit mieux perdre le fruit que l'arbre, & qu'ils eftoient affez ieunes pour en auoir d'autres. Aprés vne grande violence qu'elle fit à fa volonté pour fe conformer à celle du Roy fon mary, elle confentit à ce que les Medecins ordonnerent, & prit la medecine qui la fit accoucher d'vne fille, elle creut alors d'eftre fauuée; mais ne fentant point d'allegement, elle demanda à la Ducheffe d'Albe qui eftoit auprés de fa Maiefté, quelle opinion auoient les Medecins de fa maladie: elle luy refpondit qu'elle feroit acte de Princeffe Chreftienne & fage, de penfer plus à fon ame qu'à fon corps. Sur cette parole la bonne Reine fut incontinent refoluë à tout ce que Dieu voudroit ordonner d'elle, & mit fon ame en tel eftat qu'elle ne fouspiroit plus qu'aprés le Ciel.

Durant cette entreueuë, la Reyne Elifabet eftát affiftée du Duc d'Albe eut quelques conferences auec le Roy Charles & la Reyne Caterine, ce qui rendit ce voyage fufpect aux Proteftans François & Flamans.

 Philippe II, la vifita fouuent, & comme on luy vint dire qu'elle n'en pouuoit plus, il fe leua en hafte de fon lit, la vint voir monstrant sur son visage que son affliction estoit extréme : elle le consola, le suppliãt de ne s'affliger point de sa mort qui la conduisoit à vne meilleure vie : il la pria de luy demander tout ce qu'elle voudroit, & que rien ne luy seroit refusé; elle luy dit ces paroles, *Monsieur, ie ne vous demande point pardon, car Dieu mercy iamais ie n'ay eu la volonté de vous offenser, ny de vous déplaire. Ie ne vous recommande point mes enfans, ils sont vostres, & n'ont pas besoin de recommandation estans filles d'vn tel pere; mais ie vous supplie d'aymer le Roy mon frere, & ie vous recommande mes seruiteurs, ausquels faute de moyens ie n'ay pas pû faire du bien.*

Peu aprés elle fut vestuë d'vn habit de Religieuse de sainte Claire, pour satisfaire à sa deuotion, & rendit l'ame le 3. d'Octobre, d'autres disent le 4. feste de S. François qui arriua vn Dimanche en l'année 1568. estant aagée seulement de 23. ans.

Son corps fut enseuely au Royal Monastere des Deschaussées de sainte Claire, fondé par sa belle sœur la pieuse & la sçauante Ieanne d'Austriche ou d'Espagne, mere de Sebastien Roy de Portugal, où cette bonne & sage Princesse Elizabet de France Reine d'Espagne, est tenuë & reputée pour Sainte.

Elle fut grandement regrettée du peuple d'Espagne, ses grandes qualitez & ses vertus (entre autres sa liberalité qui la faisoit aimer d'vn chacun) entretenoient ce regret. Le Roy Philippe son mary se retira dans vn Monastere de Hieronymites pour la pleurer, ne voulant voir ny estre veu de personne, & y demeura long temps, n'entretenant ses larmes que de larmes : La solitude & la melancholie sont les nourrices de la vraye douleur; (comme sçauent ceux qui ont fait la perte de leurs plus proches) celle de ce Prince qui en 2. mois auoit perdu vn fils vnique, & vne femme digne d'estre aimée ne peut estre qu'extréme : on ne sçauroit trop regreter vne honneste femme. Il depescha promptement vn courrier en Frãce auec ses lettres au Roy Charles IX. toutes remplies du veritable excés de sa douleur pour cette mort : mais la Reine Caterine mere d'Elizabet en eut le premier auis, & au moment qu'elle mourut (comme la Reine Marguerite l'a écrit dans ses Memoires, & encore quelques Historiens) par vn gros rayon de feu qui passa & repassa deuant ses yeux, & ne fut veu d'autre que d'elle qui le prit pour vn presage d'vne grande affliction, & portant incontinent sa pensée du costé qu'elle auoit plus d'apprehension & de crainte, elle proposa d'enuoyer vn courrier en Espagne pour auoir des nouuelles de sa fille. Depuis quand le Courrier de Philippe arriua dans la chambre de sa Maiesté, elle demanda à Lansac en presence du Cardinal de Lorraine, & de Moruilier, si sa fille la Reine d'Espagne estoit morte, & ne faisant point de response à cela, son silence luy osta la parole, & la fit remettre sur le lit, d'où elle ne faisoit que de sortir. Elle dissimula auec vne inuincible constance le sentiment de ce coup là, n'en donnant point de connoissance ny au Roy Charles, ny aux Princes qui vindrent là pour la consoler, elle fit lire les lettres du Roy d'Espagne, alla à la Messe, disna, & aprés le disner s'enferma en son cabinet, où elle donna à la douleur les larmes qu'elle luy auoit refusé en public. Le Roy Charles IX. en fut aussi fort affligé, & luy fit rendre les derniers deuoirs dans l'Eglise de Nostre-Dame de Paris le 25. Octobre 1568. auec les honneurs deus à vne fille & sœur de nos Rois, & à vne Reine d'Espagne : où Simon Vigor, Chanoine de la mesme Eglise, & Docteur en Theologie de la Faculté de Paris de la Maison de Nauarre (qui depuis a esté pour sa vertu & ses merites Archeuêque & Primat de Narbonne) prononça l'Oraison funebre qu'il a fait depuis imprimer. Iean Dorat, & Estiene Pasquier, l'vn Poëte Royal, & l'autre Auocat general en la Chambre des Comptes, ont fait des vers sur la mort de cette incomparable Heroïne, par lesquels ils ont publié ses merites. I'ay veu à Aix en Prouence au cabinet du sieur Borrilly, vn liure en velin où sont décrits & depeints les vertus de Philippe II. Roy d'Espagne, & d'Elizabet de France sa 3. femme qui prenoit le Soleil & la Lune enuironnez d'Estoilles pour symbole, auec cette inscription Latine pour ame de sa deuise, IAM FELICITER OMNIA, c'est à dire, *heureusement toutes choses.*

Borrilly coupé de France au pendant de baudrier d'argét embelli d'or, accompagné de la ceinture d'argent, couronné d'vne couronne de Fráce d'or: sur or, au cheuron d'azur, accompagné d'vne estoile de gueule en pointe.

Elle auoit de grandes raisons de prendre le Soleil & la Lune pour exprimer la felicité, car le monde ne peut fournir de symboles plus illustres de la felicité, puisque ces deux Astres sont les causes & les sources de l'abondance, de la ioye, & de tout ce qui arriue aux mortels. D'ailleurs ces deux grands luminaires peuuent representer les deux principales Monarchies de l'Europe ausquelles elle appartenoit: dont l'vne peut estre comparée au Soleil, & l'autre à la Lune. Mais elle pouuoit esleuer son esprit à des contemplations beaucoup plus releuées: car comme la Lune n'a point de lumiere que du Soleil, & qu'elle reçoit plus de lumiere quand elle nous paroist moins illuminée; de méme elle s'occupoit à penser que tout l'esclat qu'elle auoit receu de ses parens, & de ses propres vertus, venoit de Dieu, qui est le vray Soleil de iustice, & apperceuoit que son ame estoit remplie d'vne plus grande lumiere & consolation diuine, lors qu'elle se trouuoit plus esloignée de la faueur de la Cour, & du monde.

Enfin elle imitoit le cours rapide de ces deux Astres, cheminant à grands pas dans les voyes de Dieu, & esclairoit ceux qui auoient l'honneur de sa conuersation, comme le Soleil éclaire les Estoilles. Par où l'on void auec quel iugement elle choisit cette deuise, sur laquelle nous pourrions faire des discours qui rempliroient plusieurs volumes.

ELIZABET II. DE FRANCE, REYNE D'ESPAGNE.

France, blasonné és pages 1. & 437.

Espagne & Castille en l'Eloge d'Elizabet de Castille Reine d'Espagne.

SI i'ay loüé dans ces Vies des Dames Illustres Cecile-Renée d'Austriche Reine de Pologne, ie dois donner des larmes & des eloges à cette Reine d'Espagne Elizabet de France, qui est decedée depuis que ce liure est sous la presse, y estant obligé par toutes sortes de deuoirs, tant pour estre fille de France, que pour ses vertus & ses merites qui l'ont

DES DAMES ILLVSTRES. 591

fait estimer par tout le monde : Car comme sa vertu a esté toute pure & sans defaut, sa reputation est aussi sans ombre, & iette de la lumiere non seulement dans nostre France, & dans les Royaumes suiets au Roy son mary; mais aussi dans tous les autres.

La vie sainte d'Elizabet de France Reine d'Espagne, n'a point laissé de tache en sa memoire; & l'on peut défier les plus seueres censeurs de remarquer en ses 42. ans, ie ne dis pas vne iournée obscure, & qui luy fasse honte; mais mesme vne heure qui ait besoin qu'on la supprime, ou qu'on la iustifie.

Cette Heroïne estoit la fille aisnée d'Henry le Grand Roy de France & de Nauarre, & de la Reine Marie de Toscane sa femme, qui accoucha heureusement de cette Princesse le 22. de Nouembre de l'an 1602.

Fontaine-bleau ayant eu la faueur de la naissance de cette Reine, Saint Germain en Laye situé en vn tres-bon air, eut celle de sa premiere nourriture. Là elle fut éleuée auec son frere aisné le feu Roy Louis XIII. sous la conduite de la Dame de Montglas de la Maison de Longue-ioye.

A quatre ans elle fut menée à Fontaine-bleau auec le Daufin son frere, & sa sœur puisnée pour receuoir les honneurs du Baptéme le 14. de Septembre, feste de l'Exaltation de sainte Croix de l'an 1606. en grande pompe & ceremonie, où vne infinité de Seigneurs & de Dames de France, & des païs Etrangers se trouuerent, pour voir ces magnificences dans la cour du donion; car ny la Chapelle, ny la plus grande salle de ce Chasteau là n'estoient pas capables de tenir tant de personnes.

Longue-ioye, de gueules, à 3. pommes de pin d'or, 2. & 1.

Au leuer de cette premiere fille de France, la Duchesse de Guyse & Mademoiselle de Mayenne découurirent le lit : Mademoiselle de Vandosme (à present Duchesse d'Elbœuf) la leua, la Duchesse de Rohan la deshabilla, & la Duchesse de Sully departit les honneurs, ausquels l'aiguiere fut portée par le Mareschal de Lauerdin, le bassin par le Mareschal de la Chastre, le coussin par le Duc de Sully, le cierge par le Duc de Montbazon, le cresmeau par le Duc d'Espernon, & la saliere par le Duc d'Aiguillon depuis

Duc de Mayenne : le Prince de Ioinuille auiourd'huy Duc de Cheureuſe portoit Madame, & Mademoiſelle de Rohan luy ſouſtenoit la queuë du manteau d'hermines. Diane legitimée de France Ducheſſe d'Angouleſme (de laquelle nous auons cy-deſſus écrit la vie) marchoit pour marraine toute ſeule ſans parrain, repreſentant l'Infante d'Eſpagne Elizabet Claire Eugenie Princeſſe des Païs bas, & ſuiuoit Madame, ayant derriere elle Mademoiſelle de Montmorency (qui eſt maintenant Madame la Princeſſe de Condé) qui luy portoit la queuë. Les Princeſſes & les Dames qui auoient aſſiſté au leuer marchoient en ſuite. Monſieur le Daufin ayant eſté baptiſé par le Cardinal de Gondy : Madame fut auſſi apportée ſur la table du quarré où ce meſme Prelat fit les ceremonies du Baptéme : Elle fut nommée *Elizabet* par la Ducheſſe d'Angouleſme, repreſentant l'Archiducheſſe ſa marraine ſans parrain.

Le Roy Henry IV. qui aimoit tendrement ſes enfans, les alla voir à ſaint Germain, lors que la riuiere de Seine fut libre, après le degel du grand hiuer, & y reprendre le plaiſir de la chaſſe, que l'extréme & terrible rigueur du froid auoit diſcontinué : Sa Maieſté y paſſa tout le iour du premier Ieudy de Careſme, & le ſoir vit le ballet des 12. Nymphes, dont la moitié eſtoit ſes proches ; qui fut danſé auec tant d'ordre, de grace & d'adreſſe, que les Etrangers qui eurent le plaiſir d'y aſſiſter, furent contraints d'auoüer que les Lys ſe deſnouënt & font ſentir leur odeur premier que les autres fleurs. Tous les Princes & les Seigneurs diſoient que les grands n'oſeroient entreprendre d'imiter ces enfans là. Le Roy le fit voir à deux Ieſuites, vn Italien & vn Eſpagnol qui eſtoient là, & pour oſter le ſcrupule du temps dit, *que c'eſtoit le ballet des Innocens, qui ſe pouuoit voir en Careſme* : Quand le ballet, qui dura plus de demie heure fut finy, le Roy le fit danſer ſans maſque, & lors on vit aſſemblé en cette belle troupe tout ce qui pouuoit eſtre admiré de rare & d'excellent en vne plus grande. I'ay remarqué ailleurs que le feu Roy Louïs XIII. (eſtant encor Daufin) y paroiſſoit comme Achille, déguiſé parmy les filles. I'adiouſte en cet Eloge, qu'il ſembloit que tous les eſprits fuſſent arreſtez dans les yeux de Madame Elizabet de Frāce, & comme en doute ſi en cet aage de cinq ans & trois mois, ſa bonne façon tenoit plus de la douceur que de la maieſté. Deux vertus qui ont fait aimer cette Heroïne de ſes ſuiets, qu'elle a remporté d'eux cet eloge d'auoir ioint la grauité Eſpagnole auec la courtoiſie Françoiſe. Le Ieſuite Eſpagnol l'ayant bien conſiderée, dit au Grand Eſcuyer, Monſieur le Duc de Belle-garde, qu'il pouuoit dire auoir veu danſer la Reine d'Eſpagne.

Elle aſſiſta au Sacre & Couronnement de la Reine ſa mere le 13. de May de l'an 1610. à ſaint Denys en France, où les aſſiſtans virent cette ieune Princeſſe M. Elizabet qui n'eſtoit aagée que de ſept ans & cinq mois, aller à l'Egliſe aprés la Reine ſa mere, & deuant la Reine Marguerite. Cette Princeſſe & la Reine Marguerite auoient des Couronnes ſur leurs teſtes ; elles eſtoient habillées d'vn corſet de toile d'argent, & d'vn ſurcot d'hermines enrichy d'vne infinité de pierreries, & d'vn manteau Royal de velous violet cramoiſi fourré d'hermines, & bordé de deux rangs de fleurs de lys d'or en broderie. La queuë du manteau de Madame eſtoit portée par les Ducs de Longueuille & de Montmorency. Le Comte de S. Paul repreſentant le Grād Maiſtre, & le ſieur de Roddes Grand Maiſtre des ceremonies vindrent querir Madame auec la Reine Marguerite pour ſeruir au Sacre.

Le Prouerbe eſt bien commun, mais il eſt bien veritable que les iours s'entreſuiuent, mais qu'ils ne ſont pas ſemblables. Si le 13. de May de l'an 1610. fut vne iournée de ioye pour les François, le lendemain fut tres-funeſte par la mort inopinée du grand Henry, qui nous fut raui prés du Cimetiere ſaint Innocent, dans vne ruë qui tire à bon droit ſon nom du fer, mais qui deuroit l'auoir tiré de l'enfer, puis que ce fut vn diable incarné qui oſa tremper ſes mains parricides dans le ſang ſacré & inuiolable de ce Roy Tres-Chreſtien & tres-clement. Cette nouuelle eſtant apportée au Louure, on ne peut pas exprimer la douleur dont fut ſaiſie cette ieune Princeſſe ſa fille aiſnée. Vn Prelat tres-pieux & tres-docte qui prononça l'Oraiſon funebre dans

l'Eglife de Noftre-Dame de Paris, aux pompes funebres de ce grand Monarque, en prefence des Princes du Sang, des autres Princes, des Cardinaux, des Euéques, des Ducs & Pairs, & de toutes les Cours Souueraines, rapporte dans fon difcours l'affliction dont furent faifis la Reine *Philippe Co-* fa veuuë, le Roy fon fils, & noftre Princeffe Madame Eli- *fpeā Euêque* zabet de France fa fille aifnée, en ces termes :
d'Aire, à prefent de Lizieux.

Dieu quel fpectacle ! dites-moy, Meffieurs, l'amour qui eft, felon Platon, le plus excellent de tous les Peintres, vous le reprefente-t'il pas comme on le defcendoit en fon Louure tout mort ? & comme la plus affligée des femmes fa chere époufe, fondant en larmes, & faifant vne dure guerre à fes cheueux & à fa poitrine, mouroit auffi dequoy on l'empefchoit d'aller où eftoit le corps de fon Seigneur & de fon amour, & de mourir auec luy ? Voyez vous pas l'vnique efperance de ce Royaume leur fils aifné, à qui le nom de Roy fembloit ofter la vie, pour ce qu'il l'affeuroit du treffas de fon pere ? Mais cette petite efplorée, qui d'vne naifueté enfantine demandoit en fanglotant fi IESVS-CHRIST *ne pourroit pas reffufciter fon pere ainfi que le Lazare, vous tranfit-elle point le cœur par vne fi extréme affliction en vn aage fi innocent, & par la confideration des doux noms du Roy de France & de fon aifnée ?*

La France ayant perdu l'an 1610. fon incomparable Henry, l'Efpagne l'année fuiuante fit la perte de fa precieufe Marguerite. Philippe III. ayant fait rendre les honneurs funebres à Lerme à la memoire d'Henry le Grand. La Reine Marie de Tofcane eftant Regente fit auffi celebrer dans l'Eglife de Paris les obfeques de Marguerite Reine d'Efpagne. Cofme II. Grand Duc de Tofcane, & fa mere l'incomparable Chriftine, voyans la bonne intelligence qui eftoit entre ces deux premieres Couronnes de la Chreftienté, firent par leurs Ambaffadeurs qu'ils auoient refidens près de leurs Maieftez, & en France & en Efpagne les traitez des mariages & des doubles alliances du Roy Tres-Chreftien Louys XIII. auec Anne Infante d'Efpagne, & de Philippe Prince de Caftille, fils aifné du Roy Catholique Philippe III. auec Madame Elizabet de France, au contentement non feulement du Pape Paul V. & de leurs Maieftez, mais auffi de toute la Chreftienté: car ces maria-

DES DAMES ILLVSTRES. 595

ges, outre la grandeur des alliances, estoient fort aduantageux aux deux Couronnes, parce qu'ils se pouuoient faire par l'eschange reciproque des deux Princesses, & estoient les aages proportionnez ; il est vray que le Prince d'Espagne auoit trois ans moins que Madame Elizabet sœur du Roy Louys XIII.

La feuë Reine Marie qui estoit lors Regente en France, voulant par vne resioüissance publique monstrer le contentement que tous les François en deuoient auoir, troua bon que les Ducs de Guyse & de Neuers (qui depuis a esté Duc de Mantouë & de Montferrat) le Prince de Ioinuille (à present Duc de Cheureuse) & MM. de Bassompierre & de la Chastaigneraye fussent les Tenans de quelque combat. *Barthelemy Grammōt, le Grain, & du Pleix se sont mépris faisans venir les Ambassadeurs pour les mariages deuant le Carouzel.*

Soudain aprés la publication du Cartel des Tenans, plusieurs Princes & Seigneurs se prepererent à faire des parties à l'enuy des Cheualiers de la Gloire, & firent dix Compagnies ou Escadrilles d'Assaillans sous diuers noms, qui firent leurs entrées dans la Place-Royale, les 5. 6. & 7. d'Auril 1612.

Ie ne m'arresteray pas à décrire en vn eloge les particularitez du Carouzel que plusieurs ont veu, ou qui est décrit par plusieurs de nos Historiens : Mais ceux qui en desirent sçauoir toutes les pompes & les magnificences doiuent auoir recours à la relation qu'en a faite le sieur de Porcheres, Gentil-homme Prouençal, par le commandement du feu Roy Louys XIII. & de la Reine Marie sa mere. *I. B. le Grain au li. 1. de la Decade de Louys le Iuste. C. Bernard en son Hist. du Roy Louys XIII. L'Autheur du Mercure François en son 2. Tome.*

Ceux qui ont esté presens à ces pompes Royales, sçauent qu'aprés que les Cheualiers du Lys qui auoient pour Chef Monsieur le Duc de Vandosme, eurent dansé vn ballet à cheual si iustement, que les hommes & mesmes les cheuaux n'y firent pas ny vne fausse démarche, ny vne cadence hors de son temps, que le sieur de Pluuinel de Daufiné, l'vn des plus excellens Escuyers de son temps leur auoit appris, que Monsieur de Sourdiac de la Maison de Rieux, Cheualier des Ordres du Roy, & Mareschal de cette seconde Escadrille des Assaillans, accompagné de ses Escuyers, de ses Pages, & de ses Estaffiers, alla vers le *Le Continuateur de Iean de Serres. Honoré Laugier de Porcheres en son liu. intitulé le Camp de la Place Royale. Chastillon, & du Val.*

Ffff ij

Theatre du Roy, où estant arriué il mit pied à terre & presenta pour les Cheualiers du Lys des vers à sa Maiesté. Aprés il ouurit vn coffret de velous incarnat, doublé de satin, d'où il tira trois presens faits d'or, & enrichis de diamans, dont les 2. premiers estoient pour le Roy & la Reine; & le 3. pour Madame qui estoit vn Caducée enuironné de branches d'oliuier, auec la feüille & le fruit; & dessus vne Couronne Imperiale, auec ces mots: *Concordia rerum*.

Le 7. d'Auril 3. iour du Carouzel, l'on vid cinquante deux Cheualiers armez pour courre la bague, que Madame Elizabet de France donna par le commandement de la Reine sa mere.

Monsieur le Prince de Conty Chef des Cheualiers du Soleil, la premiere troupe des Assaillans courut la premiere lance, & puis ceux de son Escadrille chacun vne à son rang: les autres firent de mesme, & tous recommencerent aprés en mesme suitte, iusques à trois fois chacun. A la fin la bague fut disputée entre cinq Cheualiers, le Duc de Vandosme, les Comtes de S. Agnan & de Monrauel, les Barons de la Chastaigneraye & de Fontaines Chalandray, tous lesquels eurent chacun de trois courses deux dedans, qui fut cause qu'ils recoururent trois fois, & se trouuans encore égaux, comme par leur auantage ils auoient fait perdre aux autres la pretention sur la bague, par leur égalité propre ils la perdirent eux mesmes, selon les loix de ces courses, qui en pareille rencontre en remettent tout le droit à la Dame qui l'a donnée.

La nuit venuë les courses furent remises au 30. d'Auril, auquel Madame redonna la bague par le commandement de la Reine. Les Cheualiers estans entrez ce iour là comme au 7. du mesme mois, le Prince de Conty courut le premier & mit dedans, le Cheualier de Guyse courut aprés luy, & les autres en suitte selon l'ordre qu'ils entrerent. Iamais Cheualiers courans armez, & la visiere baissée n'ont si souuent emporté la bague. On le put iuger en ce que sur la fin elle fut en dispute entre le Cheualier de Guyse, le Marquis de la Valette, & le Marquis de Roüillac, lequel l'emporta sur les autres par la derniere lance qu'il courut, ayant eu de fix courfes cinq dedans. Pource qu'il eftoit de l'Efcadrille du Prince de Conty, il fut prefenté par luy à leurs Maieftez & à Madame, dont il receut le prix de fa victoire, à fçauoir vne bague de fort grande valeur.

Les nouuelles des magnificences du Carouzel que les François auoient fait à Paris pour ces Royales Alliances, donna le defir au Comte de Lemos Viceroy de Naples, aux Ducs & aux Grands de ce Royaume là de faire vn Tournoy ou combat à la barriere, tant pour monftrer la ioye qu'ils auoient de ces mariages, que pour faire paroiftre qu'en l'adreffe des combats, & aux inuentions des chariots & des machines qui fe reprefentent en telles galanteries, ils ne vouloient pas ceder à aucune nation : ce fut le 13. de May de la mefme année, que les Princes & les Seigneurs Napolitains firent voir leur valeur & leur adreffe.

Aprés les pompes du Carouzel la Reine Marie Regente en France enuoya Henry de Lorraine Duc de Mayenne & d'Aiguillon en Efpagne pour paffer le contract de mariage du Roy Louys XIII. fon fils, auec l'Infante Anne-Marie Mauricette d'Efpagne à prefent noftre Reine. Et Philippe III. Roy d'Efpagne enuoya en France Roderic ou Ruy-Gomez Duc de Paftrane, & Prince de Melito de la Maifon de Silua, fils du renommé Ruy-Gomez de Silua, qui auoit efté fi fort en credit prés de fon ayeul l'Empereur Charles V. & encor plus prés de fon pere le Roy Philippe II. & de la belle Anne de Mendoffe, de la Cerde, Princeffe d'Eboli, pour demander Madame Elizabet de France pour le Prince d'Efpagne. Il arriua à Paris le 13. iour d'Aouft 1612. Les Ducs de Neuers & de Piney Luxembourg, accompagnez de plus de trois cens Gentils-hommes montez à l'auantage, le furent receuoir de la part de leurs Maieftez Tres-Chreftiennes hors le faux-bourg S. Iaques, & le conduifirent iufques à l'Hoftel de S. Paul. Le Duc de Paftrane eftoit monté fur vn cheual que le Roy Louys XIII. luy enuoya, qui eftoit de couleur Ifabelle. Le 16. il fut conduit à l'Audience depuis cet Hoftel là iufques au Louure par le Duc de Guyfe, qui eftoit accompagné de fes freres, & d'vne infinité de genereufe Nobleffe : Monfieur le Com-

Silua blazonné page 181. en fa vie de Beatrix de Silua.

Mendoça de l'Infantago, écartelé en fautoir, le chef & la pointe de finople, à la bande d'or furchargée d'vne autre bande ou cottice de gueules. Les flancs d'or aux paroles de l'Ange Gabriel, mifes en or- le en lettres d'azur, Aue Maria à dextre, & gratia plena à feneftre.

La Cerda, écartelé au 1. & 4. de Caftille, party de Leon, au 2. & 3. de France.

..te de Soiſſons le receut au Louure, à la porte de la ſalle d'en haut de la part du Roy, & le conduiſit iuſques à la Galerie où la Maieſté l'attendoit.

Aprés auoir ſalüé le Roy & la Reine ſa mere, il fut conduit à la chambre de Madame pour luy baiſer les mains comme à ſa Princeſſe. Eſtant arriué à l'antichambre, Monſieur le Premier, & quatre Maiſtres d'Hoſtel qui aſſiſtoient Madame le receurent. Elle eſtoit en ſa chambre aſſiſe ſur vne chaire baſſe, qui eſtoit ſur vn tapis de velous cramoiſy, de la grandeur du dais qui eſtoit au deſſus, tout le reſte de l'emmeublemēt eſtoit pareil. Elle eſtoit veſtuë d'vne robe de ſatin incarnat brodée d'or à double manche: les manches pendantes couppées à ondes, les manches veſtues, & les hauts de manches garnis de pierreries. Elle auoit vne croix au deuant de ſa robe, de la valeur de ſix vingts mille eſcus; & au col vne chaiſne de groſſes perles de mille eſcus la piece. Les Princeſſes du Sang, & les autres Princeſſes eſtoient prés de la Reine mere. La Dame de la Boiſſiere Comteſſe de Lannoy ſa Gouuernante eſtoit derriere ſa chaire. Mademoiſelle de Vandoſme, la Comteſſe de la Rochefoucaud, la Marquiſe de Courtenuaux, & Mademoiſelle de Ventadour, eſtoient à ſa main droite: & à ſa gauche Madame de Chaſteauneuf, la Marquiſe de Breſſieux, la Vidame d'Amiens, les Comteſſes de Randan, de Chaſteau-villain, & de la Chapelle: les Dames du Maſſé, & de Blerancourt, & quelques autres.

A l'entrée de la chambre de Madame, le Duc de Paſtrane fit vne grande reuerence; & vne autre quand il entra ſous le dais: & lors Madame ſe leua de ſa chaire. Eſtant prés de Madame il fit vne troiſieſme reuerence, & mit le genoüil en terre, & Madame luy donna ſa main, qu'il baiſa à genoux.

L'Ambaſſadeur ordinaire d'Eſpagne eſtant touſiours à genoux, ſupplia Madame de commander au Duc de Paſtrane de ſe leuer, & lors Madame luy dit, *Monſieur l'Ambaſſadeur leuez-vous*. Et aprés à la priere du meſme Ambaſſadeur, Madame luy dit; *Monſieur l'Ambaſſadeur couurez-vous*, ce qu'il fit: lors il commença à parler. Aprés qu'il eut acheué ce qu'il auoit à luy dire de la part du Roy & du Prince d'Espagne, Madame luy dit:

Monsieur l'Ambassadeur, ie remercie le Roy vostre Maistre, de l'honneur qu'il me fait de m'asseurer par vous de son amitié: & Monsieur le Prince de son affection. I'espere me rendre digne de l'vn & de l'autre comme ie dois. Si tost que Madame eut acheué sa response, le Duc luy parla de la part de l'Infante, à present nostre Reine: & lors Madame luy dit, *Ie suis fort contente de sçauoir des nouuelles de l'Infante, desirant ses bonnes graces comme sa bonne sœur.*

Aprés le Duc de Pastrane luy presenta tous les Seigneurs Espagnols qui l'accompagnoient, qui furent l'vn aprés l'autre luy baiser les mains: L'Ambassadeur ordinaire luy disoit leurs noms & leurs qualitez : les principaux estoient François & Diego de Sylua, freres du Duc: le Comte de Galue, les Marquis de Ladrada, & de Monte-maior: Antoine & Pierre Felix de Sylua parens du Duc; Sanche de Leue, Iean Maldonad, Antoine de l'Aguila l'Adelentade del Rio de Plata, Manuël de Menesés, Roderic de Herrera, Alonse de Luna, Gabriel de Chaues, & Ferrand de Leue.

Le Duc ayant fait ses compliments aux Dames qui assistoient Madame, il s'en alla saluër Monsieur frere du Roy à present Duc d'Orleans, & Mesdames qui sont maintenant la Duchesse de Sauoye, & la Reine de la Grand' Bretagne.

Le Duc de Pastrane ayant eu sa premiere Audience le 16. du mois d'Aoust 1612. il eut la seconde le 25. du mesme mois feste de S. Louys. Le Prince de Conty eut ordre de le conduire au Louure, où estant arriué, & rendu les honneurs accoustumez au Roy Louys XIII. dans la chābre de sa Maiesté, qui estoit accompagnée de la Reine sa mere, de la Reine Marguerite, de Robert Vbaldin Nonce du Pape, & Euéque de Montpulciandu depuis Cardinal Marquis de Botti, Ambassadeur du Grand Duc de Toscane: des Princes & des Princesses du Sang: des autres Princes & Princesses: des Officiers de la Couronne: des Seigneurs & des Dames de la Cour : la Reine Marie Regente en France commanda à Monsieur de Villeroy de lire les articles du mariage de Ma.' me Elizabet de France, auec Philippe Dominique Victor Prince d'Espagne: ce qu'ayant fait ils furent signez par le Roy, par le Duc de Pastrane Ambassadeur extraordinaire d'Espagne, & par la Reyne; & contre-signez par Antoine Potier sieur de Seaux Secretaire d'Estat, & remis entre les mains du sieur de Villeroy.

Le lendemain la Reine Marguerite donna le bal, la Musique & la collation au Roy, à la Reine sa mere, à Madame, au Duc de Pastrane, & aux Seigneurs de sa suite. Ceux qui eurent l'honneur d'y assister virent quand l'on dansa, que l'Ambassadeur ordinaire d'Espagne ayant supplié la Reyne mere, que Madame Elizabet prit le Duc de Pastrane, & sa Maiesté luy ayant accordé, l'vn & l'autre l'accompagnerent iusques au bout de la salle, & puis l'ordinaire se retira, aprés que le Duc eut fait en mesme temps que Madame vne profonde reuerence au Roy & à la Reine, il se tourna vers Madame, & luy fit vne si basse reuerence, qu'il mit presque le genoüil en terre, il ne se bougea point de sa place, iusqu'à ce que Madame eut commencé à danser, puis il la suiuit en dansant tousiours teste nuë.

Les gaillardes acheuées, la Reine commanda à Madame de recōmencer vn bransle auec le Duc de Pastrane, qui dança auec l'espée & la cappe couuert: mais il ne prit iamais Madame que par le bout de sa manche pendante. Aprés que le bransle fut acheué, il conduisit Madame en sa place, & luy dit, *Que c'estoit la derniere fois qu'il esperoit d'auoir l'honneur de danser auec la Princesse d'Espagne sa Maistresse.*

Le dernier iour du mesme mois il eut l'Audience de congé, & alla baiser pour la derniere fois les mains à Madame, & sortit de Paris & de la France auec cette satisfaction, d'auoir esté receu du Roy Louïs XIII. & de toute sa Cour auec l'honneur qui appartenoit au Roy son Maistre, & au merite particulier de sa personne.

Elizabet de France auant que d'aller en Espagne eut l'honneur d'estre la marraine de sa plus ieune sœur, maintenant Reine d'Angleterre, qui fut baptisée dans le Louure

DES DAMES ILLVSTRES. 601

ure le 15. de Iuin de l'an 1614. par Iean Cardinal de Bonzi Euéque de Beziers, & grand Aumosnier de la Reine Marie de Toscane, laquelle eut pour parrain François Cardinal de la Rochefoucaud. Ils la nommerent Henriette-Marie, luy desirant que comme elle portoit le nom du pere & de la mere, elle leur ressemblast en vertu & en sagesse. Quatre mois aprés les ceremonies du Baptême de la Reine de la Grand' Bretagne, Elizabet de France sa sœur aisnée assista à l'assemblée des Estats dans la salle de Bourbon. *Mr le Duc d'Orleans fut baptisé le mesme iour.*

Parmy ces honneurs, & la confusion de tant de diuerses choses qui sont inseparables de la Grandeur, elle n'oublioit point les exercices de pieté, & dés aussi tost qu'elle pouuoit desrober quelques heures, elle les employoit dans la conference des Religieuses les plus remarquables en pieté; & son inclination particuliere estoit aux Carmelites, qu'elle a cheries & honorées de son amitié; entre autres la R. M. Magdelaine de saint Ioseph, à laquelle elle enuoya par Madame de Fargis vn doigt de sainte Terese, au mois de Septembre de l'an 1625. pour mettre dans leur Eglise & premier Monastere, & accompagna ce beau present d'vne lettre. *La lettre d'Elizabet Reyne d'Espagne se voit au Ch. 18. du liure 2. de la vie de la Mere Magdelaine de saint Ioseph.*

Le Roy Louys XIII. & la Reine sa mere partirent le 17. d'Aoust 1615. pour le voyage de Guyenne, & Madame Elizabet le lendemain. Le Preuost des Marchans, & les Escheuins de la ville de Paris ayans seuls l'honneur d'accompagner les Filles de France quand elles sortent de Paris pour aller accomplir les promesses de leurs mariages, l'accompagnerent iusques à Mont-rouge, où ils luy dirent le dernier adieu, & luy firent rendre dans la ville les honneurs qui luy estoient deus. Là elle descendit de sa litiere, & entra dans son carosse; puis auec ses Dames, & ceux de sa Maison, elle continua son chemin, pour aller ioindre leurs Maiestez à Orleans, où s'estans tous reioints ils marcherent ensemble iusques à Poitiers: là Madame fut malade de la petite verolle iusques à l'extremité; de sorte que l'on douta long temps de sa santé: mais aprés auoir demeuré plus de cinq semaines à Poitiers elle fut parfaitement guerie, de sorte qu'elle en partit auec leurs Maiestez *Mr le President Miron estoit lors Preuost des Marchans.*

Gggg

sur la fin de Septembre, & prirent le chemin de la poste droit à Bordeaux, où elles arriuerent heureusement le 7. d'Octobre.

Le 17. du mesme mois Ignace de Cardenas Ambassadeur d'Espagne, conduit par le Duc de Cheureuse alla demāder cette Princesse au Roy & à la Reine sa mere, pour le Prince iuré d'Espagne, fils aisné du Roy son Maistre, suiuant le traité de leur mariage. Leurs Maiestez ayans desia ordonné de tout l'appareil, voulurent satisfaire à cette demande dés le lendemain, dans l'Eglise Cathedrale de S. André, où Madame fut conduite estant vestuë à la Royale, comme le iour d'vn Couronnement, la Couronne sur la teste, le manteau Royal de velous cramoisy violet semé de fleurs de lys d'or sans nombre, doublé d'hermines, & vne queuë de sept aulnes de long, portée par la Princesse de Conty, la Duchesse doüairiere de Guyse, & Mademoiselle de Vandosme, à present Duchesse d'Elbœuf.

Deuant elle marcherent premierement les cent Suisses du Roy, tous habillez de velous, de satin, & de taffetas blanc, rouge & bleu: les violons vestus de mesme liurée: les cent Gentils-hommes vestus de noir, tenans leur bec de corbin. Douze Herauts ou Rois d'armes vestus de leurs cottes. Les Cheualiers du S. Esprit, les Mareschaux de France: huit Trompettes, & les quatre Tambours du Roy auec leurs fifres: les Ducs de Raiz & d'Vzez: les Ducs d'Elbœuf & de Cheureuse, l'Ambassadeur d'Espagne & le Duc de Guyse. Le Roy marchoit aprés tout seul, ayant aux deux costez ses gardes Escossoises. La Reine sa mere, à laquelle la Duchesse de Neuers portoit le bout de son grand voile noir, ayant ses gardes prés d'elle.

Plusieurs Dames de la Cour suiuoient Madame, la pluspart vestuës fort superbement: Et aprés les Officiers de la Maison, & les Gentils-hommes de la Chambre de leurs Maiestez, sans toutesfois tenir rang.

Le Cardinal de Sourdis Archeuéque de Bordeaux fit la ceremonie, & celebra en Pontificat, ayant pour Diacre l'Euéque de Rieux, & pour Sousdiacre celuy de Bazas. Le Duc de Guyse estant habillé à l'antique auec la cape &

la toque, semées de pierreries de grand prix, eut l'honneur de fiancer & épouser Madame Elizabet de France au nom du Prince d'Espagne, suiuant le pouuoir qu'il en auoit eu, datté du 4. Octobre, & accompagné de lettres de cachet de sa Maiesté Catholique du 5. de Septembre.

Aprés la celebration de ce mariage, Madame fut en parade le 20. dans la salle de son logis, où elle receut les adieux de ceux qui y voulurent aller. Le Chancelier de Sillery y vint sur les onze heures du matin, accompagné de 8. Conseillers d'Estat qui auoient assisté à la ceremonie de ses épousailles; elle le remercia de fort bonne grace, & leur dit qu'elle n'emportoit de France que le corps, & y laissoit encor son esprit, pour les grandes obligations qu'elle y auoit, & qu'elle ne les oublieroit iamais. Les Princes & les Officiers de la Couronne, & les principaux de la Noblesse en firent de mesme.

L'aprés-disnée elle alla chez la Reine sa mere, où le Roy se rendit, & demeurerent ensemble plus de deux heures. Sur les 8. heures du soir la Reine remena Madame en son logis, & luy dit adieu, où commencerent les pleurs de part & d'autre.

Le 21. elle partit de Bordeaux sous la conduite du Duc de Guyse qui commandoit l'armée du Roy en qualité de Lieutenant General de sa Maiesté, laquelle accompagna Madame iusques à vne lieuë de la ville, où ils prirent congé l'vn de l'autre, s'embrassans deux ou trois fois non sans larmes, en presence de la Princesse de Conty, de la doüairiere de Guyse, de Mademoiselle de Vandosme, de la Duchesse de Montmorency, des Princes & des Officiers de la Couronne, des Iurats de Bordeaux, & d'vne infinité de Noblesse.

Elle arriua à Bayonne le 31. du mesme mois, où elle demeura iusques au 5. de Nouembre, qu'elle alla coucher à S. Iean de Luz, & s'y reposa iusques au 9. qu'elle fut échangée à la serenissime Infante d'Espagne, à present nostre Reine Regente en France.

Les eschanges de ces deux Princesses se firent sur la riuiere de Margueri ou de Bidasse prés d'Andaie, aprés que le Duc de Guyse eut fait oster auec generosité aux Espagnols la figure d'vn monde & d'vne Couronne sur leur pauillon, celuy de France n'ayant pas ce vain ornement. Elizabet de France partit de son logis sur les six heures du soir en litiere, estant vestuë d'vne robe de toile d'argent en broderie, les Ducs de Guyse, d'Elbœuf, & d'Vsez, & le Mareschal de Brissac (qui depuis a esté aussi Duc & Pair) marchoient deuant, & aprés elle la Duchesse de Neuers, qui portoit la queuë de son manteau, & estoit suiuie des Comtesses de Lozun & de Charlus. La Reine s'estoit desia acheminée à l'autre bord, où le Duc d'Eusseda, fils du Duc de Lerme la conduisit, & la Duchesse de Seea portoit la queuë de son manteau. Elles entrerent en mesme temps en leurs logis, où elles receurent les bien-venuës des Seigneurs Etrangers de part & d'autre. Les premiers des François estoient les trois Ducs & le Mareschal, que i'ay desia nommez, le Marquis de la Valette, le Comte de Grandmont, les Comtes de S. Geran, de Tresmes, & le Marquis de Bocard. Les plus grands d'Espagne y estoient, sçauoir les Ducs de Sesse, de Maqueda, de l'Infantade, de Pastrane & de Feria, le Comte d'Oliuarez, les Marquis de Pannafiel, de Mirabel & de Gusman. Aprés elles descendirent en leurs basteaux, & se rendirent en mesme temps dans le grand pauillon au milieu de la riuiere, où les Ducs de Guyse & d'Vsseda, les Duchesses de Neuers & de Seea qui auoient la conduite des Princesses, ayant fait les complimés de part & d'autre, elles s'embrasserent auec des témoignages d'vne affection cordiale, & finirét par des paroles de complimens & de recōmandations de l'vne enuers l'autre, pour estre par leurs moyens conseruées, la Reine en l'amitié de son pere le Roy Catholique, & Madame Elizabet de France en la bonne grace du Roy Tres-Chrestien son frere.

A peine les deux Princesses s'estoient elles dit adieu l'vne à l'autre, qu'elles se virent en vn instant conduites à terre, où Apollon & les Muses voulans fauoriser ces deux Graces (pendant qu'elles prenoient vn peu de repos dans les pauillons) commencerent leur ieu, & l'on entendit aussi tost resonner les riuages du fleuue de Margueri d'vne

Le Duc de Lerme auoit esté destiné à cette action, mais estant indisposé il n'y pût pas assister. L'on tient que son indisposition n'estoit pas si grande, que le desir qu'il auoit de faire paroistre son fils en vne charge si honorable.

infinité d'inſtruments, de haut-bois, de violõs & de la plus delicieuſe muſique que l'on euſt pû deſirer. Puis Mars & Vulcan ne voulans point ceder aux Muſes, firent reſonner leurs trompettes, & retentir les collines voiſines du bruit des tonnerres de l'artillerie qui s'eſtendit tout du long de cette riuiere là, qui ne vit iamais vne plus glorieuſe flotte ſur ſes riues, donnant à la France ſa Reine, & à l'Eſpagne ſa Princeſſe, & faiſant mentir ſon deſtin par l'vnion des deux Peuples, à la diuiſion deſquels elle ſemble eſtre ordonnée ſuiuant cette rencontre qui fut faite lors par ce Diſtique qui courut par les mains des curieux.

Qui putat Heſperios amnem ſeiungere Gallis,
  Fallitur, & Gallos iungit & Heſperios.
Ie le mets en François en faueur des Dames.

  On ſe trompe, ſi l'on penſe
  Qu'elle aille ſeparant & l'Eſpagne & la France;
  C'eſt vn lien precieux
  Qui les vnit toutes deux.

Apollon, les Muſes, Mars & Vulcan, ayans témoigné leurs allegreſſes aux échanges de ces deux grandes Reines: leurs Maieſtez entrerent dans leurs litieres, la Reine pour venir à S. Iean de Luz, & Elizabet Princeſſe, depuis Reine d'Eſpagne pour aller à Fontarabie. Le Roy Catholique Philippe III. & ſon fils le Prince d'Eſpagne, attendoient auec impatience Elizabet de France à S. Sebaſtien, où ils la receurent auec les honneurs deus à vne Princeſſe de ſa naiſſance & de ſa beauté.

Le feu Roy d'Eſpagne eſtoit party dés le Lundy matin de Fontarabie, & eſtoit retourné à S. Sebaſtien ſans dire adieu à noſtre Reine l'Infante Anne d'Eſpagne ſa fille aiſnée, l'amour paternel n'ayant pû ſupporter ce dernier effort. Ce Monarque fut conſolé voyant arriuer la vertueuſe Elizabet de France ſa belle fille, qu'il a touſiours honorée pour ſa vertu iuſques au dernier iour de ſa vie. Il deceda fort Chreſtiennement à Madrid le 31. de Mars de l'an 1621. Quand ce pieux Monarque donna la benediction à ſes enfans, il demanda où eſtoit cette Princeſſe, l'on diſt à ſa Maieſté qu'elle s'eſtoit eſuanoüie deux fois en venant iuſques à la porte de sa chambre, comme il estoit vray, & que les Medecins luy auoient defendu d'y entrer; & au contraire ordonné de s'en retourner, de peur de faire tort à sa grossesse de 4. mois. Lors le Roy Philippe III. respondit qu'il auoit bien creu qu'elle l'aimoit autant qu'aucun de ses enfans, & qu'il s'asseuroit qu'elle feroit bien prier Dieu pour luy.

Philippe IV. ayant succedé au Royaume d'Espagne par le decés de son pere Philippe III. Elizabet de France sa femme quitta la qualité de Princesse, pour prendre celle de Reine : mais auant que porter la Couronne de tant de Royaumes, le Ciel l'auoit couronnée Reyne des Vertus qu'elle fit encor plus éclater sur le Throsne Royal, d'où mesme elle les a encore fait paroistre plus loin. Elle a fait honneur aux Peres Coton, Iean Suffren, & Margueftaud de la Compagnie de IESVS, qui ont esté ses Directeurs en sa ieunesse, & à Iean Planteuit de la Pause (à present Euéque de Lodeue) qui a esté son grand Aumosnier, ayant pratiqué exactement toutes les vertus Chrestiennes, entre autres la charité enuers Dieu & le prochain. Elle auoit tant de compassion pour les personnes affligées, qu'elle ne les pouuoit voir sans qu'elle compatist à leurs peines : sa charité estoit si ingenieuse, qu'elle trouuoit des occasions d'assister ceux là mesme qui ne l'en sollicitoient pas ; car elle a pris le soin de plusieurs miserables qui demeuroient non seulement à Madrid, à Tolede, & aux autres villes d'Espagne, mais aussi dans les autres Royaumes du Roy son mary, & dans l'vne & l'autre Inde. Elle a assisté de ses faueurs & de ses liberalitez les Predicateurs qui alloient porter la lumiere de l'Euangile à ces peuples barbares.

Ceux qui ont voyagé en Espagne & en Italie, sçauent les riches presens qu'elle a faits aux Eglises de Nostre-Dame de Lorette, de Montserrat, de Gadaluppe, de Nostre-Dame du Pilier à Saragosse, & aux autres lieux où la tres-sainte Vierge est honorée, dignes de la pieté de sa Maiesté Catholique, & de la petite fille de tant de Rois & de Princes de la Maison de France, dont nous voyons en ce Royaume les marques de leur deuotion enuers la Mere de Dieu.

Planteuit la Pause, écartelé au 1. & 4. d'azur à l'Arche de Noé d'or: au 2. & 3. de gueules à trois fleurs de lys d'argent.

B. Quintana en son liure des grandeurs de Madrid, & Gonzales d'Auila aux Antiquitez de la méme ville, loüët cette Reine, & ce dernier met sõ portrait dans vne medaille auec le Roy Philippe IV.

DES DAMES ILLVSTRES. 607

Tout ce qui touchoit à la Vierge luy estoit precieux, & tous les endroits où elle auoit fait paroistre sa puissance luy sembloient dignes d'vne grande veneration.

Les SS. sont si estroitement vnis à N. S. leur Chef, qu'ils n'en peuuent pas estre separez; il veut que nous l'honorions en eux, comme nous les honorons en luy, & il inspire dans l'ame de tous les fideles, vn soin particulier de les aymer & de les seruir. Elizabet de France Reyne d'Espagne estoit si portée à leur rendre ses deuoirs, qu'il n'y en auoit presque point à qui elle n'eust quelque deuotion particuliere. Sa pieté enuers les plus feruens & les plus fideles seruiteurs de Dieu, luy a fait demander & obtenir du Pape Gregoire XV. la Canonization de S. Isidore, Patron de la ville de Madrid : des SS. Ignace, & François Xauier de la Compagnie de IESVS : & de sainte Terese, l'honneur & la gloire d'Espagne, & la Fondatrice des Carmelites, & des Carmes deschaussez (à laquelle elle auoit vne deuotion tres-particuliere) que ce Vicaire de IESVS-CHRIST en terre, canoniza le 12. de Mars de l'an 1622. auec S. Philippe Neri Fondateur de la Vallicelle ou Congregation de l'Oratoire. Thomas de Villeneuue Archeuêque de Valence, & Religieux de l'Ordre de S. Augustin : Pierre d'Alcantara Religieux de l'Ordre de S. François, & Confesseur de sainte Terese : & François de Borgia Duc de Gandie, & 3. General de la Compagnie de IESVS, ont receu les honneurs de la Beatification à l'instance de cette Reyne Catholique, qui a aussi demandé & obtenu du Pape Vrbain VIII. la canonization de sainte Elizabet d'Arragon Reine de Portugal, que sa Sainteté canoniza le 25. de May de l'an du Iubilé 1625. comme i'ay remarqué aux Chapitres 31. & 33. de la Vie de cette sainte Reine, qui a pour paranymphes plusieurs illustres Ecriuains de ce siecle, entre autres ces 5. doctes Peres de la Compagnie de IESVS, Antoine de Vasconcel, Blaise Freyre de Pinna, Iaques Fuligati, Iean Pierre Perpinian, & Louys de Mendosse, & les Religieux de l'Ordre de S. François, Luc Wading & Artus du Monstier, & autres en grand nombre.

Roderic ou Ruy-Gomez Prince de Melito, & Duc de

Le P. Fuligati a dedié la vie de S. Isabelle de Portugal à la Reyne Elizabet.

Paſtrane Ambaſſadeur de leurs Maieſtez Catholiques (duquel i'ay parlé en cette Vie) Antoine Barberin neueu du Pape Vrbain VIII. Cheualier de Malte, & Prieur de Rome, maintenant Cardinal, & Michel Suarez Pereira Agent des Portugais porterent la belle banniere où eſtoit l'Image de ſainte Elizabet, depuis l'Egliſe de S. Pierre au Vatican, iuſques en celle de S. Antoine de Lisbone, dit de Pade, de la nation Portugaiſe le troiſiéme de Iuillet de la meſme année, veille de la feſte de cette ſainte Reine de Portugal, & des Algarbes.

La conſtance de cette ſage & vertueuſe Heroïne ne pourroit eſtre aſſez loüée pour auoir porté auec vne patience toute Chreſtienne & digne du Ciel, la perte de quatre Infantes, qui ſont mortes ieunes, ſçauoir Marguerite-Marie: Marguerite-Marie-Chreſtienne: Marie-Eugenie: & Marie-Anne-Antoinette; quatre belles Princeſſes toutes de grãde eſperance, entre autres Marie-Eugenie qui nâquit au mois de Nouembre de l'an 1625. & fut baptiſée auec de grandes pompes & ceremonies par le Cardinal Zapata, le 7. de Iuin feſte de la Trinité de l'an 1626. Elle eut pour parrain le Pape Vrbain VIII. repreſenté par François Cardinal Barberin ſon neueu, Legat de ſa Sainteté en Eſpagne, & pour marraine l'Infante Marie, declarée Reine de Hongrie, maintenant Imperatrice: Car lors elle fut promiſe à Ferdinand Erneſt d'Auſtriche Roy de Hongrie & de Boheme, fils aiſné de l'Empereur Ferdinand II. Les pompes du Baptéme de cette Infante, où aſſiſterent le Cardinal Zacheti Nonce du Pape, les Ambaſſadeurs de l'Empereur, de France & de Veniſe, & pluſieurs Grands d'Eſpagne, ſe peuuent voir chez pluſieurs Hiſtoriens, & quelques vns ont rapporté le Bref qu'Vrbain VIII. adreſſa à cette Reine, dans lequel il l'appelle Princeſſe tres-heureuſe, & tres-Chreſtienne.

Zapata, de gueules à 5. brodequins à l'antique eſchiquetez de ſable & d'argent, & poſez en ſautoir.

Elle a fait auſſi paroiſtre ſa conſtance aux grandes pertes que le Roy ſon mary a faites en Flandre, & aux autres Prouinces depuis quelques années: Et meſmes on l'a ſouuent veuë aſſembler des forces au Roy ſon mary en ces dernieres guerres: où voyant la reputation de ce Monarque fort ébran-

ébranlée par ses disgraces, elle regagna si bien le cœur de ses suiets, qu'elle remporta d'eux cet eloge (comme i'ay remarqué dés le commencement de cette Vie) d'auoir ioint la courtoisie Françoise à la maiesté Espagnole.

Elle a éleué soigneusement ses enfans, Philippe Prince iuré d'Espagne, son fils vnique, & l'Infante Marie Terese. Elle accoucha à Madrid heureusement du Prince le 17. d'Octobre à 7. heures du matin, de l'an 1629. au grand contentement de tous les Espagnols, qui ne pouuoient par aucun autre remede estre consolez des pertes arriuées aux Pays bas en cette année là : Il a esté baptisé en grande pompe & ceremonie le 4. de Nouembre dans l'Eglise Parochiale de S. Iean de Madrid, par le Cardinal Zapata, sur les fonts baptismaux esquels auoit esté baptisé S. Dominique de Gusman, Fondateur de l'Ordre des Prescheurs. Il eut pour parrain son oncle l'Infant D. Carles, & pour marraine sa tante l'Infante Marie Reine de Hongrie (maintenant Imperatrice) qui le nommerent Baltazar-Charles-Dominique-Luc-Philippe, en presence du Nonce du Pape, des Ambassadeurs de France, de Dannemarc, & de Venise, & de plusieurs Grands d'Espagne, comme sçauent ceux qui ont leu les relations qui ont esté imprimées, & que les curieux pourront voir en diuers endroits de nos Histoires.

Elizabet de France Reyne d'Espagne tomba malade à Madrid sur la fin du mois de Septembre de l'an 1644. Durant son indisposition elle fit paroistre que telle a esté nostre vie, telle est nostre issuë de ce monde, ayant tousiours bien vécu, aussi est-elle morte fort Chrestiennement. On luy demanda le 4. Octobre si elle desiroit communier, estant la feste de S. François, sa Maiesté fit cette responce, Si estant en santé i'ay accoustumé de receuoir mon Sauueur, à plus forte raison maintenant que ie suis malade, & ayant sceu qu'elle estoit en danger, elle demanda l'Extréme-Onction, & mourut fort doucement le 6. Octobre en sa 42. année, n'ayant laissé que deux enfans viuans. Elle receut les honneurs de la sepulture à la Royale Eglise de l'Escurial. Ainsi est passée de cette vie à l'immortelle la tres-belle Reyne des Castillans; en qui la santé, la bonté, & la beauté ne deuoient iamais finir, & auec cette beauté est enfermée dans l'Escurial tout le bon heur des Royaumes d'Espagne. Elle estoit trop vertueuse, trop sage, trop iuste, trop modeste, & trop accomplie pour s'arrester dauantage dans vn siecle, où la vertu est en si peu d'estime. Quatre heures aprés cette mort le Roy d'Espagne y arriua, bien qu'il eust pris la poste à Sarragosse, ville capitale du Royaume d'Arragon, sur le premier auis qu'il receut de sa maladie: Sa Maiesté Catholique témoignant que le desplaisir qu'il auoit de cette mort estoit encor accreu par celuy d'en auoir esté aduerty si tard; de sorte qu'il ne pût pas luy rendre les derniers deuoirs. Aussi l'Espagne peut dire qu'il y a long temps qu'elle n'a fait vne plus grande perte ; cette Princesse n'ayant iamais rien eu que de genereux, & digne de son cœur Royal. Ce qu'elle a fait voir en plusieurs actions de sa vie, & en sa belle fin digne d'vne Princesse du Sang adorable de S. Louys, le plus Saint de tous les Monarques du monde. Car cette Fille de France & Reyne d'Espagne, comme vn roc immobile regardoit la mort sans frayeur, ainsi que le feu Roy Louys XIII. dit le Iuste son frere aisné, qui deceda le 14. de May 1643. en sa Royale Maison de S. Germain en Laye.

Elle receut deuotement auec vne demonstration de foy viue le tres-saint Viatique, & demanda auec humilité, & par plusieurs fois l'Extréme-Onction, laquelle aussi elle receut auec vne grande tranquillité d'esprit.

Ie ne me puis empescher, qu'en cet endroit ie ne blasme ceux qui ne peuuent pas endurer qu'on les aduertisse en leurs maladies de se munir de ces Saints Sacremens. Est-il possible que des esprits bien faits, des ames Chrestiennes, des gens que l'on estime & d'honneur & de bien entrent en ces resueries ? Qu'est-ce que tu crains, ô pauure creature? est-ce la mort, ou le rigoureux iugement de ton Dieu? c'est pour cela, pauure homme, que tu te dois munir du moyen de paroistre deuant celuy-cy auec vne grande confiance, & devenir aux prises auec celle-là en bon Chrestien. Tu crains, & cependant tu ne te veux pas armer. Tu refuse ton secours, & tu te mets en danger de te donner en proye aux Demons. Mais tu diras, ie n'y suis pas preparé. Helas! toute ta vie t'a esté donnée pour te preparer à cela. Quoy? quand il faut combattre l'ennemy, vas-tu chercher tes armes? Employe bien ce peu d'heures qui te restent, ie te prie, puisque la mort est le moment duquel depend l'Eternité. Au nom de Dieu, ô Chrestien, fais de toy sans te flater vn iuste iugement. Tes douleurs s'accroistront, tes forces se debiliteront, tes apprehensions t'assassineront, les diables te tenteront, tes pechez te desespereront, tout ce que tu aymes te delaissera, ta veuë se troublera, ton oüye s'endurcira, ta langue begayera, & ton cerueau se renuersera, durant que tu dis que tu te veux preparer à la confession. Au bout que sera-ce de toy? Confesse ie te prie, confesse-toy hardiment; car le delay de la Confession met en compromis ton salut, en danger la vie de ton ame, & en confusion tout ce qui est de toy. Mais crains-tu de mourir pour estre confessé? cela auancera-t'il ton heure? vn moment de ta vie en sera-t'il pour cela diminué? On se moquera, dit l'autre, de moy, & l'on dira que i'ay peur de la mort. Et bien, tu serois bien stupide & bien brutal de n'auoir point de peur, puisque c'est le terrible des terribles. Mais si tu ne crains la mort, es-tu pas obligé à craindre ce qui la suit? Tu dois donc auoir autant de raison de ne t'armer point quand tu vas au combat, de peur qu'on ne die que tu crains l'ennemy? Ce sera donc poltronnerie de se retrancher & se couurir de terre, & on n'osera pas se garantir des coups? Certes c'est vn aueuglement nompareil. Voy comme tu te trompes. Tu perds, ne te confessant pas, la reputation d'estre bon & deuot Chrestien; tu fais croire que tu n'as pas la Foy, tu fais douter de ta probité : car on iuge qu'en tes confessions passées tu ne t'es pas acquité de ton deuoir, & que tu as quelque peché enorme que tu garde à dessein dans ton ame. Tu fais iuger enfin ou que tu resue desia, ou que tu n'as pas bonne conscience. En effet tu cours fortune de perdre ton honneur, & ton ame, & d'acquerir pour iamais l'enfer. Ostons cet abus, ouurons les yeux pour le moins comme font les taupes à l'heure de la mort, & que les Medecins, selon que leur deuoir les oblige, doiuent aduertir le malade de bonne heure. Mais au nom de Dieu ne nous faisons plus piquer en ce passage icy comme les cheuaux retifs. Imitons nostre Roy Louys le Iuste, & Elizabet Reyne d'Espagne sa sœur, qui s'y sont portez si courageusement & si Chrestiennement, & pouruoyons de bonne heure à nostre salut.

L'on n'a pas seulement rendu aux Eglises de Madrid, & en celle de l'Escurial, & és autres Eglises d'Espagne les derniers honneurs à la memoire de cette tres-vertueuse Reyne; mais aussi en France, où la Reyne Regente a fait celebrer des pompes funebres dans l'Eglise de Nostre-Dame de Paris le 5. de Decembre 1644. où son Oraison funebre fut prononcée par Iean Cohon Euéque de Nismes, & maintenant de Dol en Bretagne, en presence des Cours Souueraines.

Les Napolitains n'ont celebré ses obseques que le 20. de Mars 1645. dans sainte Claire, où l'Amirant de Castille Viceroy de ce Royaume là se rendit auec vne belle Caualcade: en laquelle le Marquis de Cassano portoit sur la teste la Couronne, & le Regent Capece Galeotto tenoit en main le globe: le sieur Altieri Nonce du Pape, assisté de 24. Euêques celebra la Messe, & l'Archeuéque de Brindisi y fit l'Oraison funebre, en presence du Cardinal de sainte Cecile, & du Connestable Colomne. Depuis on luy a rendu les derniers honneurs à Rome, en l'Eglise de S. Iaques des Espagnols, où on luy erigea vn monument accompagné de 16. statuës qui representoient les vertus de cette Reyne, & vn Pere Iesuite prononça l'Oraison funebre en sa memoire.

ELIZABET DE PORTVGAL, IMPERATRICE, ET REYNE D'ESPAGNE.

ELIZABET de Portugal, Imperatrice & Reyne d'Espagne, estoit fille aisnée d'Emanuel Roy de Portugal & des Algarbes, & de Marie de Castille sa 2. femme. Elle nâquit à Lisbonne l'an 1503. le 4. iour d'Octobre. Puis estant paruenuë à l'aage de 23. ans, elle fut en l'an 1526. coniointe par mariage dans la ville de Seuille à Charles d'Austriche, Empereur V. du nom, & Roy d'Espagne, fils aisné de Philippe Archiduc d'Austriche, & de Ieanne sa femme, Reyne de Castille & d'Arragon; Prince qui tient l'vn des premiers rangs entre tous ceux qui ont iamais manié les armes, en connoissance de l'art militaire, felicité, grandeur de courage, prudence és dangers, & promptitude à executer de grandes choses. Le Cardinal Saluiati Legat du Pape Clement VII. fit les ceremonies de ce Royal Hymen, & eut l'honneur de marier ce grand Monarque, & cette belle Princesse, laquelle apporta en dot à son mary la somme de neuf cens mille ducats.

Saincte-Marthe.

Mariana.

L'Empereur Charles V. victorieux & plein de gloire pour ses heureux succés és guerres d'Italie, desira cette Princesse pour femme, laquelle auoit la reputation d'estre la plus sage, la plus belle, & la plus vertueuse Dame de son temps, à qui les Graces auoient seruy de marraines, & dont la beauté de l'exterieur marquoit en lettres d'or sur le front la bonté de l'interieur, & que le Ciel auoit couronnée Reine des Vertus, auant qu'elle portast la Couronne de l'Empire. La prudence, la probité, la douceur, & la maiesté estoient les vertus qui la rendoient plus recommandable.

Si l'Empereur son mary a esté estimé heureux pour auoir défait, luy ou ses Lieutenans, les Protestans rebelles en

Hhhh iij

Allemagne, les Mahometans Africains à Tunes, les Castillans & les Aragonois reuoltez en Espagne, les premiers & les plus vaillants Princes du monde en Italie, & appaisé la sedition des Gandois en Flandre : il a esté encore plus heureux d'auoir pour femme cette tres belle & tres-honneste Princesse, digne fille du Roy Emanuel, de laquelle il a eu vne heureuse & feconde lignée, sçauoir 3. fils, & 2. filles ; les fils furent Philippe, Iean, & Ferdinand : ces deux derniers sont decedez en ieunesse ; l'aisné qui luy a suruécu a esté Philippe son fils vnique, & son successeur à la Couronne d'Espagne, lequel à cause d'Isabelle sa mere, aprés le decés de Henry Roy de Portugal, pretendit ce Royaume luy appartenir, & l'emporta sur les autres. L'aisnée des filles a esté Marie femme de l'Empereur Maximilien II. & la puisnée Ieanne, mariée à Iean Prince de Portugal, fils du Roy Iean III. Tous les suiets de l'Empereur son mary, tant les Allemans que les Espagnols, l'aymoient grandement pour sa bonté, & son courage Royal & Heroïque. Car l'on raconte de cette belle & vertueuse Princesse, digne femme de l'Empereur Charles V. qu'estant en mal d'enfant de Philippe II. Roy d'Espagne (dit le Prudent & le Sage par les Castillans) elle fit oster la lumiere, de peur que si la force de la douleur luy faisoit changer de contenance, elle ne fust apperceuë & remarquée endurant les tranchées, comme si elle n'eust rien senty. La sage-femme luy dit, Vostre Maiesté deuroit se plaindre, & ietter quelque haut cry, cela vous ayderoit à accoucher ; elle luy respondit en Portu-

Gusman in vita Marg. Austriaca Hispaniarū Regina.

gais : *Ie ne feray iamais cette grimace là, ie peux bien mourir, mais non pas crier.* C'estoit vn courage de Reyne, d'Imperatrice, & de femme resoluë, ainsi que nous lisons de Ieanne d'Albret Reyne de Nauarre, qui voyant entrer dans sa chambre le Roy Henry de Nauarre son pere, comme les douleurs d'enfanter la prirent entre la minuit & vne heure du iour de S. Luce l'an 1553. elle fut si courageuse que de

A. Fauin en son Histoire de Nauarre.

chanter en musique ces paroles en Bearnois ; *Nostre Donne deou cap deou pon adiouda mi en à queste houre :* c'est à dire en François, *Nostre-Dame du bout du pont, aydez-moy à cette heure ;* & à l'instant elle accoucha fort heureusement du trois fois grand Henry, qui a commandé auec tant de gloire à la France, & dont la mémoire tres-heureuse, ainsi que dit le sage fils de Syrach de Iosias Roy de Iuda, est comme vn parfum composé de toutes sortes de bonnes odeurs.

Elizabet de Portugal Reyne d'Espagne & Imperatrice, n'a pas esté seulement honorée par les Allemans & les Castillans pour son courage & sa bonté, mais aussi pour sa charité & liberalité. Car elle estoit fort charitable aux pauures, sur tous les vices elle auoit en horreur la faineantise & l'oisiueté, comme la source & l'origine de tous les maux & de toutes les miseres qui accablent la plusspart des personnes en cette vie. A l'exemple de nos Reynes Anne de Bretagne, & Claude de France, elle employoit la meilleure partie de chaque iour à trauailler à l'aiguille, & à filer à la quenoüille. Iaques de Gusman Patriarche des Indes, & Grand Aumosnier de Marguerite Reyne d'Espagne, mere de nostre Reyne, remarque que cette Imperatrice, & Reyne de tant de Royaumes, fille des Rois de Portugal, & petite fille de nos Rois Tres-Chrestiens (car la Maison de *Godefrey.* Portugal est vne des branches de la Maison de France) faisoit des toiles de ce qu'elle & ses femmes auoient filé pour enuoyer aux pauures pelerins de Hierusalem. Ce qui deuroit faire rougir de honte ces coquettes, qui croyent que c'est vne chose indecente & peu honneste aux Dames de qualité de s'occuper au trauail, comme i'ay dit en l'Eloge de nostre Reyne Claude.

L'Imperatrice Elizabet de Portugal mourut en couche en la ville de Tolede, au Royaume de Castille, le 1. iour de May l'an 1539. estant aagée de 36. ans seulement, au grand regret de l'Empereur son mary, qui porta la mort de cette vertueuse Princesse, qu'il aimoit vniquement, auec larmes & sanglots par l'espace de plusieurs mois, fideles témoins de son affection. Quand nostre grand Roy François receut les nouuelles de sa mort, il luy fit faire des pompes funebres dans la grande Eglise de Paris.

Cette Princesse, comme elle estoit fort chaste & honneste, defendit vn peu deuant que mourir, que son corps ne fust embaumé aprés sa mort, afin que personne ne le vist nud. François Borgia Marquis de Lombay, depuis Duc de Gandie, eut charge de l'Empereur de mener le corps de l'Imperatrice Isabelle depuis Tolede iusques à Grenade, & quand il le fallut mettre dans la Chapelle Royale, on découurit le cercueil & la caisse de plomb où il estoit, pour iurer & asseurer aux Chanoines que c'estoit le vray corps de l'Imperatrice, de laquelle le visage estoit tellement changé, qu'elle n'estoit plus reconnoissable : ce qui ne fust pas peut-estre arriué si son corps eust esté embaumé. Le Marquis demeura tellement touché de ce spectacle, que deslors il prit la resolution de quitter le monde, recognoissant la vanité des honneurs & des grandeurs de la terre, voyant le corps de l'Imperatrice l'incomparable Elizabet, sa bonne Maistresse, qui auoit esté vn miracle de beauté en son teps, si horriblement changé, & si diuers de ce qu'il estoit quand il rauissoit durant sa vie les yeux de ceux qui le consideroient ; ce qui fut cause que peu après le decés de Leonor de Castres sa femme, il quitta ses Duchez & ses Marquizats, & entra dans la Compagnie de Iesvs, de laquelle il a esté le 3. General ; & y a vécu si saintement, qu'il a esté beatifié par le Pape Vrbain VIII..

Portugal, d'argent, à cinq escussons d'azur, chacun chargé de cinq besans d'argent peris en Croix, ou passez en sautoir, chacun ayant vn point de sable, à la bordure de gueules, chargée de sept Chasteaux d'or.

L'Imperatrice Isabelle de la Royale Maison de Portugal, auoit pour deuise les trois Graces, toutes trois auec les guirlandes ou couronnes en teste pour marque de sa Royauté, & en main, celle du milieu, des roses, en signe de son aage florissant ; celle qui estoit à droite, vne branche de myrthe, symbole de sa bonne grace ; & celle qui tenoit la gauche, vne branche de chesne chargée de glans, figure de sa fecondité : à leurs pieds vn vase d'eau tousiours coulante, pour presage à sa posterité de ne defaillir iamais ; de part & d'autre deux Genies accourans vers elles, & leur tendans les mains, pour representer & l'admiration presente, & l'esperance de l'auenir que les hommes prennent des grandeurs qui accompagnent la Royauté, & sur le tout ces quatre mots Latins : HAS HABET ET SVPERAT, *Elle a celles-cy, & les surmonte,* comme gages de l'affection de ce grand Monarque son mary, qui luy auoit dressé cette deuise : car c'estoit auoüer que ce que les fables auoient attribué

bué aux plus rares beautez qui s'estoient sceu imaginer, & qui estoient tenuës pour Diuinitez dans le Paganisme, se trouuoit en verité, & auec vn incomparable auantage en cette Princesse son épouse.

ELIZABET DE CASTILLE, REYNE D'ESPAGNE.

APres Elizabet de Portugal l'Imperatrice, cette Catholique Princesse Isabelle de Castille, premiere Reyne d'Espagne, doit auoir son rang en ces Eloges des Illustres Isabelles, pour auoir esté l'vne des plus magnanimes Dames de ces derniers siecles; & quoy que ie luy aye desia dressé vn Eloge dans mon Histoire Catholique, & en la Vie de sainte Elizabet d'Arragon Reyne de Portugal, (que i'ay publiée en Latin) comme aussi à toutes les Princesses qui ont porté ce nom: ie croy neantmoins estre obligé de parler en ces Vies des Dames Illustres en pieté, en courage, & en doctrine, ou en toutes les trois ensemble, des merites & des perfections de cette pieuse, vaillante, & sçauante Heroïne: c'est pourquoy ie décriray icy sommairement son extraction, ses vertus, ses faits heroïques, & sa mort.

Iean II. du nom Roy de Castille, & de Leon, fils du Roy Henry III. & de Caterine de Lancastre sa femme, épousa l'an 1447. Isabelle de Portugal, fille de Iean de Portugal, Grand Maistre de l'Ordre de S. Iaques, & Connestable du Royaume de Portugal, de laquelle il eut Alfonse, qui mourut ieune, & Elizabet. Iean II. auoit eu de Marie d'Arragon sa premiere, ou selon les autres, sa 2. femme, Henry IV. Roy de Leon & de Castille, qui estoit estimé impuissant, auquel aprés son decés Isabelle de Castille succeda, encore que Henry eust laissé vne fille nommée Ieanne de sa seconde femme, Ieanne fille d'Edoüard Roy de Portugal.

Elizabet pretendant qu'elle estoit la vraye & legitime heritiere du Roy Henry son frere paternel, prit le gouuer-

Castille, de gueules, au Chasteau d'or, sommé de trois tours ou donions, chacun de trois creneaux aussi d'or, massonné de sable, fermé d'azur.

Leon, d'argent, au Lyon de pourpre, couronné, lampassé, & armé d'or.

Tolede, de gueules, à vne Couronne Royale d'or.

Galice, d'azur semé de Croix tresflées, & vn calice ou ciboire couuert d'or sur le tout.

Andalousie, d'azur, à vn Roy au naturel vestu d'or, assis sur vn trosne d'argent.

Murcie, d'azur à six Couronnes d'or, 3. 2. & 1.

nement des Royaumes de Castille & de Leon, soustenant que Ieanne n'estoit fille du Roy Henry, mais qu'elle auoit esté supposée, bien que Henry par son testament l'eust aduoüée & recogneuë pour sa fille, & son heritiere. Le Duc d'Areual & le Marquis de Villena, partisans de Ieanne de Castille, qui s'estoit mariée à son oncle maternel, Alfonse V. Roy de Portugal, firent sommer au nom du Portugais Elizabet de Castille, & Ferdinand Roy d'Arragon son mary, de rendre à Ieanne les Royaumes de Castille & de Leon. Mais cette sommation fut de peu d'effet, & Isabelle & Ferdinand ne laisserent pas sous l'appuy de leurs grandes forces, & de celles de leurs partisans, de se maintenir en leur titre, & en leur possession actuelle.

Le Marquis de Villena, & les autres partisans de Ieanne & du Portugais son mary, receuans du secours des François, s'esleuerent contre Elizabet, & se mirent en deuoir de prendre quelques places. Sur ce trouble Isabelle & Ferdinand se mettent aussi tost en campagne, assiegent le Chasteau de Taure. Le Roy de Portugal vint en personne au secours auec ses alliez; & les armées estans venuës aux mains combatirent de si grand courage, que Ferdinand & Elizabet eurent du pire, & furent défaits par Alfonse, si nous croyons les Historiens Portugais, car les Castillans n'en demeurent pas d'accord: & de fait on ne pût empes- *Mariana lib. 24, cap. 10.* cher de continuer le siege. Le Roy de Portugal ayant fortifié son armée de bon nombre de gens, & estant venu la seconde fois combatre l'armée d'Isabelle & de son mary Ferdinand, l'issuë de cette bataille fut bien contraire à la premiere, car à son tour il fut vaincu & défait; infortune qui arresta tout à fait le cours de ses desseins & de ses esperances de paruenir aux Couronnes de Leon & de Castille, dont Isabelle & Ferdinand demeurerent paisibles possesseurs, le Marquis de Villene, & tous les partisans du Portugais ayans quitté & abandonné la cause de Ieanne, & recogneu Isabelle pour leur Reyne & legitime Princesse.

Isabelle se voyant de son chef Reyne de Castille & de Leon, & le Roy son mary Ferdinand V. du nom Roy d'Arragon, de Valence, & de l'Isle de Sicile, dite autrement la

DES DAMES ILLVSTRES. 619

Sicile au delà du Far, & que par son mariage les Royaumes de Castille & d'Arragon estoient vnis, prit le titre auec son mary de Roy & de Reyne d'Espagne: mais voyant que ce titre ne leur pouuoit encore legitimement appartenir à cause que les Mores occupoient le Royaume de Grenade, comme elle estoit genereuse & magnanime, elle prit la resolution d'oster ce beau Royaume à cette maudite engeance Sarrasine de Marannes, qu'ils occupoient depuis huit cens, ou selon les autres, sept cens soixante & dix-sept ans. Elle les chassa premierement de la forte ville de Malaga, puis dix ans aprés de celle de Grenade. Elle acquit vne grande gloire pour auoir osté cette forte ville & ce Royaume là aux Infidelles le 2. de Ianuier 1492. où elle fit son entrée Royale, aprés y auoir mis le siege dés le mois d'Auril de l'an 1491. Il faudroit des volumes entiers pour décrire toutes les particularitez de ce siege memorable. Le bon ordre & la police qu'elle mit en son armée, aprés auoir fait bastir par le Roy Ferdinand son mary la ville de Sainte-Foy. Les vertus qu'elle y fit paroistre sur toutes les autres, furent la generosité & la constance. Aprés estre arriuée au siege auec ses enfans, elle y fut splendidement receuë par le Grand Maistre de S. Iaques, & le Marquis de Calis, & logée dans le Camp, où on la vid souuent se promener par les quartiers, & les logements de l'armée, & prendre son principal diuertissement à voir tous les combats, & particulierement celuy auquel les Mores estans sortis en grand nombre auec deux pieces d'artillerie, ils perdirent tout leur attirail, & plus de six cens de ces Marannes furent tuez sur la place, & quatre mille blessez, sous la conduite du Marquis de Calis, auquel cette genereuse Princesse donnoit l'honneur de la victoire, & luy le rapportoit au bon-heur de cette Heroïne, qui merita le titre & l'eloge *de la mere des armées*, comme parmy les anciens la vaillante Victorine. Et d'autant qu'aprés la prise de Grenade ceux qui voulurent receuoir le Baptesme, & embrasser la Religion Chrestienne, furent reseruez & retenus, cette sage & aduisée Princesse doutant de leur foy, establit sous l'adueu & l'authorité du Pape Sixte IV. l'Inquisition,

Grenade, d'argent, à la grenade de gueules, feüillée & soustenuë de sinople: ou selon les autres, d'argent, à vne grenade de sinople, tigée & feüillée de mesme, ouuerte & grenée au naturel ou de gueules.

dont la charge fut donnée aux Religieux de l'Ordre de S. Dominique pour veiller sur eux : laquelle a esté depuis vn tres-vtile moyen pour empescher que les heresies de Luther & de Caluin ne se soient introduites en Espagne, comme i'ay remarqué en la vie de cette courageuse Princesse, au 1. liure de l'Histoire Catholique.

Les Papes Sixte IV. & Alexandre VI. donnerent à Isabelle & à Ferdinand l'auguste nom de *Catholiques*. Celuy-là pour leur zele & leur saint dessein ; Celuy-cy pour leurs victoires signalées remportées sur ces Marannes. Isabelle aprés auoir défait & vaincu les Mores, assista par sa Royale liberalité Christofle Colomb Gennois à découurir les Indes Occidentales ou le nouueau Monde, lequel en faueur de cette auguste & liberale Heroïne nomma du nom d'*Isabelle* la premiere ville des Terres-neuues, & luy amena des Indiens, qu'elle fit baptiser & instruire à la Religion Chrestienne. Dés le second voyage de Colomb, elle enuoya des Religieux de l'Ordre de S. François auec luy, lesquels catechiserent ces pauures Idolatres, & les reduisirent heureusement à l'obeïssance de l'Eglise Catholique, leur faisant quitter par leurs predications le culte abominable des Demons, & adorer le vray Dieu.

Cette pieuse Princesse receut & admit aussi dans ses terres & Royaumes deux Familles & Congregations Religieuses, sçauoir celle de la Conception de la tres-sainte Vierge, dont Beatrix de Silua sa cousine estoit Fondatrice, sainte & courageuse fille de la tres-illustre Maison de Silua ou de Portalegre, de laquelle nous auons fait l'Eloge en ce liure : & celle des Minimes, ausquels elle donna auec le Roy Ferdinand vne Eglise & vn Conuent dans Malaga, qu'elle fit nommer le Conuent de *Nostre-Dame de la Victoire*, à cause que deux Religieux arriuerent au camp deuant cette ville, lesquels donnerent asseurance au Roy Ferdinand son mary, de la part de S. François de Paule, qu'il y entreroit victorieux, contre l'opinion de la plusparts de ses Capitaines qui vouloient leuer le siege : & encore auiourd'huy les Minimes sont appellez en Espagne *les Freres de la Victoria*.

Villon. Montoia. D'Astichi. Lanouius in Hist. Minimorum.

Si cette Amazone est loüable pour sa bonne conduite au gouuernement des Royaumes de Castille, de Leon, & de Grenade, elle ne merite pas vn moindre Eloge pour auoir gouuerné sa Maison & sa Royale Famille auec vne admirable sagesse. Elle est loüée pour auoir porté auec vne grande constance la mort de Iean son fils vnique, l'esperance & les delices de toute l'Espagne, peu de mois après qu'elle luy eut fait épouser Marguerite d'Austriche; fille de l'Empereur Maximilien I. Elle esleua ses quatre filles si soigneusement, qu'elles ont esté dignes d'vne si digne mere, & ont fait paroistre par leur sage conduite, qu'elles auoient esté nourries par vne si braue Princesse. Isabelle l'aisnée fut la premiere femme d'Emanuel Roy de Portugal; la seconde, sçauoir Ieanne Reyne de Castille, épousa Philippe Archiduc d'Austriche; Marie la troisiéme, fut la seconde femme du Roy Emanuel; & Caterine la derniere fut mariée à Henry VIII. Roy d'Angleterre; desquelles pour leur vertu nous placerons les Eloges dans ce liure. Isabelle de Castille ne les perdoit iamais de veuë. Quand les affaires de *Guſman.* la paix ou de la guerre (ausquelles elle assistoit comme vne autre Bellone ou Pallas Chrestienne) luy permettoient, elle filoit du lin & de la soye auec elles & ses Dames & Demoiselles.

Après auoir regné 30. ans, elle deceda le 26. de Nouembre l'an 1504. au grand regret de tous ses suiets, qui perdirent vne Reyne doüée de si eminentes vertus, dont la moindre estoit d'auoir surpassé toutes les Reynes qui a- *Mariana.* uoient regné deuant elle en Espagne. Après son decés elle fut reuestuë de l'habit de Religieuse de sainte Claire, & enterrée à Grenade, en la Chapelle Royale qu'elle auoit bastie & fondée, où depuis le Roy Ferdinand son mary a esté aussi inhumé.

Elizabet de Castille Reyne d'Espagne, fit paroistre son bon iugement au choix qu'elle fit du Cardinal Ximenés, grand homme d'Estat, pour l'opposer aux Grands d'Espagne, qui lors n'estoient pas si obeïssants qu'ils sont à present, & lors qu'il estoit Religieux Cordelier, elle l'auoit esleu pour son Confesseur; & depuis par l'aduis du Cardinal de Mandoſſe fait Archeuêque de Tolede aprés luy, & quelque temps aprés Inquiſiteur de la Foy, afin de luy donner plus d'authorité. Dans tous ces emplois il s'eſt ſi bien gouuerné, que non ſeulement ſous Iſabelle, mais depuis ſous Ferdinand d'Arragon, & aprés ſa mort iuſques à l'arriuée de Charles d'Auſtriche, il a eſté comme ſeul Arbitre & Moderateur des affaires d'Eſpagne : ayant touſiours, comme ſage & aduiſé Courtiſan, & grand homme d'Eſtat, mis de ſon coſté le Prince & le peuple és querelles & differends qu'il a eu à demeſler auec les Grands.

Pologne, blazonné aux pages 174. 175.

Lituanie, blazonné és pages 21. & 22. en l'Eloge d'Anne Iagellon Reyne de Pologne, ſœur d'Iſabelle.

Hongrie, blazonné en la p. 13.

Tranſyluanie, d'or, à vn Aigle naiſſant, de ſable ; la teſte coſtoyée, à droite d'vn croiſſant tourné d'or, à gauche d'vne eſtoile à 6. pointes de meſme ; ſouſtenu de gueules, à ſept montagnes d'argent, ſommées d'autant de Chaſteaux de meſme.

ELIZABET IAGELLON OV DE POLOGNE,
REYNE DE HONGRIE & de Tranſyluanie.

I i'ay deſia écrit en ces Vies des Dames Illuſtres les Eloges de trois Heroïnes de la Royale Maiſon des Iagellons, ie croy eſtre encore plus obligé de faire la vie de cette courageuſe & infortunée Princeſſe Elizabet Reyne de Hongrie & de Tranſyluanie, iſſuë de cette bonne race, qui a commandé non ſeulement pluſieurs ſiecles au Duché de Lituanie, mais auſſi deux au Royaume de Pologne.

Elle eſtoit la fille aiſnée de Sigiſmond I. Roy de Pologne, & de Bonne Sforce ſa ſeconde femme, de laquelle i'ay auſſi fait l'Eloge en cet œuure : & la ſœur de Sigiſmond Auguſte Roy de Pologne : d'Anne femme d'Eſtiene Bathory auſſi Roy des Sarmates ou Polonnois, & Prince des Tranſyluains : de Sofie Ducheſſe de Brunſwic : & de Caterine Reyne de Suede. Son pere le Roy Sigiſmond le Grand la maria à Iean Zapoly Vaiuode de Tranſyluanie, & Comte de Sepuſe ou Sepſi, ou Zepſi en Hongrie, qui auoit eſté éleu Roy de Pannonie ou de Hongrie, aprés la mort du Roy Louys défait par Solyman au Marests de Mohacs ou Mugas.

Iean Zapoly Comte de Sepuse, aprés son élection s'estoit retiré en Pologne vers Sigismond, croyant que l'estat de ses affaires estoit sans resource, d'autant que Ferdinand d'Austriche Infant d'Espagne, frere vnique de l'Empereur Charles V. auoit esté appellé par les principaux Seïgneurs de la Hongrie, pour venir prendre possession de ce Royaume là, & auoit épousé la Princesse Anne Iagellon, heritiere des Royaumes de Hongrie & de Boheme, aprés le decés de Louys son frere qui n'auoit point laissé d'enfans de sa femme Marie d'Austriche, sœur de l'Empereur Charles V. comme n'ignorent pas ceux qui ont leu exactement les Historiens du Royaume de Hongrie, qui iadis a esté le rempart asseuré de la Chrestienté, & est maintenant possedé par les capitaux ennemis du nom Chrestien (excepté quelques villes & places fortes) qui s'en sont rendus les maistres par la diuision des Hongres partagez entre eux; les vns soustenans le party de Ferdinand d'Austriche, & les autres celuy de Iean Zapoly Vaiuode de Transyluanie. Mais pour donner plus facilement au Lecteur la connoissance de cette Histoire, il faut aller iusques à la source & l'origine de ce differend.

Solyman aprés la prise de Rhodes auoit eu dessein d'attaquer la Hongrie, mais la reuolte d'Achmet Bassa, qu'il auoit enuoyé Gouuerneur en Egypte, fit qu'il ne tourna pas ses armes contre les Chrestiens qu'en l'an 1526. aprés que le Bascha Hibraim luy eut enuoyé la teste d'Achmet. Voyant donc tous ses grands Estats paisibles en Asie & en Afrique par la mort de cet homme là; & que l'oisiueté auoit rendu les Ianissaires seditieux, qui auoient pillé les maisons de plusieus Baschas à Constantinople, & estoient encore prests de continuer, s'ils n'estoient employez en quelque guerre étrangere. Il prit la resolution d'enuahir le Royaume de Hongrie sur le Roy Louys II. ieune Prince aagé de 21. an, qui sans doute eust esté vn tres-excellent Monarque, s'il eust pû paruenir à vne plus longue vie, ayāt herité du courage & des vertus des Princes des Maisons de

Iagellon & de Foix ses ancestres.

Par malheur toute la Chrestienté estoit lors diuisée pour les guerres du Roy François I. & de l'Empereur Charles V. & la Hongrie où les Seigneurs viuoient en plaisirs & en delices sous le regne de leur ieune Roy Louys II. estoit aussi grandement diuisée par les factions des Seigneurs des Maisons de Bathory & de Zapoly, les plus puissantes & les plus riches de la Hongrie. Les vns auoient pour Chef Estiene Bathori, Comte Palatin de Hongrie, qui est la premiere dignité entre les Seculiers aprés la dignité Royale, il estoit fils d'André Bathori, & neueu d'Estiene Bathori, qui auoit immediatement possedé la mesme dignité, & gouuerné auec grand honneur la Transylvanie, sous le Roy Mathias Coruin, digne fils de Iean Hunniade, la terreur des Turcs & des Infidelles ; Et les autres reconnoissoient Iean Zapoly Comte de Sepuse ou de Zepsi, & Vaiuode de la Transylvanie (qui depuis se fit élire Roy de Hongrie) lequel possedoit de grandes richesses par la succession de son pere le braue Estiene Zapoly, Comte de Sepsi, le fleau des Mahometans, duquel il auoit herité auec son frere le vaillant George Zapoly, qui depuis mourut à la funeste iournée de Mohacs. Ce Iean Zapoly Vaiuode de Transylvanie, s'estoit tellement acquis la faueur de toute la Noblesse Hongroise, que chacun iettoit l'œil sur luy, comme sur celuy qui estoit digne de porter la Couronne de Hongrie, si le Roy Louys de la Maison des Iagellons ou de Pologne & de Lituanie decedoit sans enfans masles. Nicolas Isthuansfi dit qu'il aspiroit dés long temps à la Royauté, & auoit attiré plusieurs Hongres à son party.

Il ne fut pas fort difficile à Solyman, Prince tres-puissant, d'enuahir la Hongrie, les Seigneurs de la Cour de ce Royaume là estans diuisez (comme i'ay remarqué cy-dessus) & leur ieune Roy Louys II. estans dépourueu de sages Conseillers, qui luy firent mépriser les bons auis de Sigismond I. Roy de Pologne son oncle paternel, lequel luy fit remonstrer par ses Ambassadeurs qu'il deuoit à force de presens appaiser Solyman, ou gagner les principaux Officiers

Coruin, d'or, à vn corbeau contourné, de sable, la teste retournée à dextre ; tenant au bec vne double Croix de gueules, au pied long, mis en bande.

ciers de la Porte qui auoient du credit prés de sa Hautesse.

Les Hongres donc ayant esté défaits à la iournée de Mohacs le 29. d'Aoust de l'an 1526. & leur Roy noyé dans vn bourbier aprés le combat (comme ie diray en l'Eloge de sa femme Marie d'Austriche Reyne de Hongrie) duquel le corps fut trouué deux mois aprés cette funeste Iournée : le Vaiuode Iean Zapoly, qui ne s'estoit pas trouué au combat, & qui venoit à petites iournées auec les troupes qu'il auoit leuées en Transyluanie, au secours du Roy Louys, prit l'occasion aux cheueux pour se faire élire Roy de Hongrie, selon le dessein qu'il en auoit proietté l'an 1516. dés le decés du Roy de Hongrie Vladislas Iagellon ou de Pologne, & durant la minorité du Roy Louys son fils : car il estoit fort aymé des Nobles de Hongrie & de Transyluanie, depuis qu'il auoit défait l'an 1514. ceux qui s'estoient esleuez contre les Nobles sous George Docha Siculien. Tout rioit au Vaiuode, il auoit à sa deuotion vne puissante armée de Transyluains, & de ses amis de Hongrie sur pied, & Ferdinand Archiduc d'Austriche son aduersaire qui pretendoit de succeder à la Couronne de Hongrie au Roy Louys Iagellon, ayant épousé l'Infante Anne sa sœur, qui se disoit heritiere de Hongrie & de Boheme, estoit lors sur les bords du Rhin Lieutenant pour l'Empereur son frere, à la Iournée Imperiale de Spire, où il trauailloit à pacifier les mouuemens de desobeïssance, que l'on voyoit naistre dans l'Allemagne par l'heresie de Luther, & non pas dans le milieu de la Hongrie sur les riues du Danube auec ses partisans.

Iean Zapoly donc estant le plus fort fit assembler les Estats de Hongrie à Tokay, pour proceder à l'élection d'vn Roy. Là il fit tant par ses pratiques, & par ses belles paroles, que les Prelats & les Seigneurs Hongres qui s'y trouuerent luy donnerent leurs vœux en leurs Rakos ou Conseil de guerre, ayans esté si bien persuadez par ces deux fortes raisons qu'il leur dit : La 1. Qu'ils ne deuoient iamais endurer que la dignité Royale de Hongrie, maintenuë si long temps par la seule valeur des Hongres, vint en la puissance d'vn Etranger & d'vn Prince Espagnol: La 2. Qu'ils ne deuoient point obeïr qu'à celuy qui seroit éleu par leur propre nation.

Le Comte de Sepuse ayant esté proclamé Roy de Hongrie aux Estats de Tokai, où il fut ordonné qu'il seroit sacré & couronné à Albe Royale, auec l'ancienne Couronne d'or, laquelle il tira accortement des mains de Pierre Peren. Ce fut l'an 1526. le iour de la feste de S. Martin Archeuéque de Tours, l'vn des Patrons de la Hongrie, que Iean Zapoly fut couronné Roy de Hongrie par Paul Vardan, qu'il auoit nommé à l'Archeuéché de Strigonie: Estiene Broderic Euéque de Vacia, & Iean Statile qu'il auoit nommé à l'Euéché de Weysenbourg en Transyluanie, estant auparauant Gouuerneur de la vieille Bude, auec les ceremonies ordinaires, & aprés auoir rendu les derniers deuoirs au Roy Louys dans la mesme Eglise de Nostre-Dame d'Albe Royale, en presence d'vn grand nombre de Seigneurs Hongrois, & mesme de ceux qui fauorisoient en cachete Ferdinand & Anne sa femme, & s'estre rendu le maistre de Bude, ville capitale du Royaume, où il auoit mis vne bonne garnison. Mais comme le Roy Iean donnoit encore les charges de son Royaume aux Seigneurs qui auoient assisté à son élection & à son Couronnement, où il n'auoit trouué aucune opposition par l'absence d'Estiene Bathory Palatin du Royaume, & qu'il faisoit ses efforts pour restablir les grands degasts des Turcs. Ferdinand d'Austriche, beau-frere du Roy defunt Louys Iagellon, qui auoit esté couronné Roy de Boheme à Prague, animé par quelques Seigneurs Hongres qui s'estimoient plus nobles, & aussi dignes de la Couronne que Iean Zapoly: sur tous le Palatin Bathory, qui estoit venu le trouuer en Allemagne quand ce Vaiuode là fut éleu, leua vne puissante armée, entra dans la Hongrie, lors que le Roy Iean estoit encor si foible, & reduit en telle extremité de toutes choses, qu'il luy estoit impossible de s'opposer à ses ennemis Ferdinand d'Austriche & Estiene Bathory. Celuy-là qui auoit épousé l'heritiere de Hongrie, & celuy-cy auquel s'il y eust eu droit d'élection, meritoit mieux la Souueraineté

Voyez l'Eloge d'Anne Iagellon ou

de ce Royaume là que le Vaiuode, pour eſtre le plus noble *de Pologne* & le plus illuſtre Seigneur de toute la Hongrie ; car la Mai- *Reyne de* ſon de Zapoly n'eſt pas ſi ancienne, ſi noble, & ſi illuſtre *Hongrie.* que celle des Bathors de Bathory, & des Bathoris de Somlio.

Cela fit quitter à ce nouueau Roy de Hongrie la ville de Bude, & paſſer le Danube à Peſth, auec ce qu'il pouuoit auoir de gens auec luy, leſquels il exhortoit de ne le point abandonner en ce rencontre : & de là fuyant touſiours, il paſſa la riuiere de Tibiſque, & s'alla loger au Chaſteau de Tocay ou Tocray. Eſtant dans cette place, il fut attaqué par les partiſans de Ferdinand, qui donnerent bataille prés de la riuiere de la Chiſſe, en laquelle il fut vaincu, & ſes troupes défaites : de maniere qu'il fut contraint de ſortir de la Hongrie, & ſe retirer en Tranſyluanie, & de là ſur les frontieres de Pologne, en la maiſon de Hierôme Laski ou Lasko, homme fort riche en ce païs là, qui le receut treshumainement. D'autres ont eſcrit que Mathieu Tarlo le retira chez luy : les autres Iean Tarnou ou Tarnouie Chaſtelain de Cracouie, & grand Capitaine de Pologne, homme genereux, & qui eſtoit en haute reputation parmy les Polonnois pour ſa vertu, & que ce fut luy qui le logea en ſon Chaſteau de Tarnou : & les autres diſent qu'il ſe retira au Monaſtere de Ceſtacority, où Laski, Tarnou & Tarlo luy ſeruirent de ſupport & de conſeil. Tous ſont d'accord que les premiers Seigneurs de Pologne le furent viſiter pour le conſoler en ſon affliction, tandis que Ferdinand & Anne ſa femme eſtoient les maiſtres de Bude, & furent couronnez à Albe-Royale par le meſme Archeuéque de Strigonie, auſquels Pierre Peren ou Perenni auoit auſſi liuré l'ancienne Couronne d'or, que les Hongres ont en grande veneration, comme ie diray plus bas.

Le Roy Sigiſmond n'empeſcha point les Polonnois de rendre ce deuoir au Vaiuode éleu Roy de Hongrie, duquel il auoit épouſé la ſœur en premieres noces, qui eſtoit vne vertueuſe & ſainte Princeſſe, comme i'ay rapporté en ſon Eloge.

Le Monaſtere de Ceſtacority ou le Chaſteau de Tarnou

sembloit vne Cour, pour le grand nombre de Seigneurs qui y alloient visiter Iean éleu Roy de Hongrie, comme s'il eust esté dans Bude ou Albe-Royale, entre lesquels le plus apparent estoit Hierôme Laski ou Lasko, personnage qui auoit la reputation d'estre fort adroit, & capable de bien conduire vne affaire, non seulement durant la paix, mais aussi durant la guerre. Ce braue Polonois, homme puissant & riche, ayant pitié de l'infortune d'vn si grand Seigneur, luy fit toutes les caresses & les courtoisies dont il se pût auiser. Il s'offrit d'aller luy-mesme à Constantinople, pour representer la misere du Roy Iean à la Porte de Solyman. Ce qu'il executa accortement, ayant par ses remonstrances & ses presens gagné la faueur des Baschas, qui estoient en credit prés de Solyman, lequel luy accorda le secours qu'il desiroit.

Quelques Autheurs écriuent que George estoit Abbé de Cesta-cority en Pologne où Iean Zapoly se retira.

Iean se voyant appuyé du Turc (qui le vint restablir dans son Royaume) & reconnoissant qu'il n'estoit pas hay du Roy de Pologne (qui aussi n'estoit point fasché que la Maison d'Austriche ne fust pas si puissante en la Hongrie) reprit courage, & par l'auis de Hierôme Lasko & de George Martinuse Religieux de l'Ordre de S. Paul premier Hermite, ou selon les autres, de l'Ordre de S. Benoist de la Congregation des Humiliez, qui le vint trouuer en Pologne, aprés auoir quitté son Monastere, il resista courageusement aux desseins, & s'opposa au Roy Ferdinand si heureusement, qu'il le contraignit de luy accorder, que ce que les armes luy auoient acquis luy demeureroit. Ce Prince peu aprés cet accord, voulut auoir en mariage pour plusieurs bonnes considerations, la fille aisnée de Sigismond Roy de Pologne & de Bonne Sforce, la sage & vertueuse Elizabet Iagellon qu'il enuoya demander au Polonois par Estiene Broderic Euéque de Vacia, & Estiene Verbeci ses Ambassadeurs, qui obtindrent ce qu'ils desiroient : Isabelle Infante de Pologne, ny le Roy son pere, n'ayant point de contradiction à cette alliance. Le Roy content de cette nouuelle, enuoya le Broderic auec Pierre Perenni, & Estiene Homonnay, dit Druget, pour conduire cette Princesse de la Pologne à Cassouie, & de Cassouie à Bude auec tous les honneurs, & toutes les pompes conuenables à vne telle solemnité.

Elizabet ayant demeuré trois iours à Bude pour se reposer, fut conduite par les mesmes Seigneurs à Albe-Royale, où elle fut mariée au Roy Iean le Dimanche de la Quinquagesime de l'an 1539. & couronée Reine de Hongrie dans l'Eglise de Nostre-Dame d'Albe-Royale le 2. Dimanche de Caresme. Cette belle ceremonie qui fut accompagnée de festins, de balets, de ioustes & de carouzels estant finie, la Reyne Elizabet fut conduite à Bude par le Roy son mary, duquel elle eut vn seul fils, dont elle accoucha quinze iours seulement auant le decés de ce Monarque là, en la mesme ville capitale de Hongrie, le 7. de Iuillet de l'an 1540. dont il eut tant de contentement, que la ioye le porta non seulement à vne ioye incroyable ; mais aussi à des festins où (estant desia indisposé) il s'emporta de telle sorte qu'il en mourut le 21. du mesme mois à Zaazsebes, que nous appellons Sasabesse, & le vulgaire Milenbach, aprés auoir regné 14. ans, & quasi tousiours en de continuelles guerres auec Ferdinand, & auoir vécu 53. ans : Prince que les Historiens partisans & suiets de ses ennemis blasment pour sa grande ambition qu'il a fait paroistre tant auant, qu'aprés auoir esté éleu Roy de Hongrie, & pour auoir fait alliance auec l'ennemy du Nom Chrestien ; mais ils le loüent pour sa douceur, sa clemence, sa liberalité, & ses bonnes mœurs. *Nicolaus Isthuanfius lib. 13. Hist. de rebus Vngaricis.*

Le Roy Iean Zapoly se voyant au lit de la mort declara (selon quelques Historiens) la Reine Isabelle sa femme, Regente de Hongrie & de Transyluanie, pendant le bas aage de son fils, le petit Prince Estiene ou Iean Sigismond, que les Turcs appellerent Iean, à laquelle il donna pour Adioint George Martinuse, que tous les Historiens de Hongrie, & plusieurs autres appellent *le Moine George*, qu'il auoit pendant son regne fait des premiers de son Conseil, son grand Tresorier, & Euéque de Varadin, pour la prudence auec laquelle il auoit assisté à la conqueste d'vne partie de son Estat.

Les autres disent qu'aprés la mort de ce Monarque là,

son testament (qu'il auoit fait quelques iours auant que tomber malade) fut ouuert, dans lequel il commandoit que George Euéque de Varadin, & Pierre Vichi ou Petrowits; celui-cy son proche parent, & homme d'aage, qui n'estoit point marié, & auquel il auoit confié le Gouuernement de Temesuar auec ses reuenus & dépendances; & celuy-là sa creature qu'il auoit establi le Chef de son Conseil, & donné l'intendance sur les thresors ou mines d'or, les peages, & les salines du Royaume, & confié le Gouuernement des peuples & des Citez libres des Saxons & des Sicules, fussent les Tuteurs de la Reyne Isabelle, & de son enfant le Prince *Iean-Sigismond* (auquel cette Princesse fit donner ces deux noms en memoire de son pere Iean Roy de Hongrie, & de son ayeul maternel Sigismond I. Roy de Pologne) iusques à ce que son fils fust maieur, & capable de gouuerner luy-mesme ses Estats.

La Reyne Isabelle, ou selõ les autres, les Tuteurs du ieune Prince, après quelques iours de la mort du Roy Iean firent porter son corps de Sasabesse à Bude, & de là à Albe-Royale, où il receut les honneurs de la sepulture auec les Rois de Hongrie, & firent vne tréue auec Estiene Maillat, & enuoyerent Iean Essechi Euéque de Cinq-Eglises, & Estiene Verbeci le premier des Secretaires à la Porte du Grand Seigneur auec de riches presens à Solyman & à ses Baschas, pour donner auis à sa Hautesse de la mort de Iean Roy de Hongrie, & le prier de prendre sous sa protection la veuue, & le pupille auec le Royaume, cõme l'auoit declaré le feu Roy son vassal en mourant, & les defendre contre Ferdinand, que l'on disoit vouloir recouurer Bude & la Hongrie, pour en chasser vne pauure veuue.

Ferdinand d'Austriche ayant sceu les nouuelles du decés du Roy Iean, qui luy auoit comme promis que tout ce qu'il auoit reconquis luy retourneroit après sa mort, enuoya demander à la Reine Elizabet d'estre mis en possession du Royaume de Seuenberghe ou Transyluanie, suiuant les traitez faits du viuant de Iean, & luy promit de donner des recompenses : à quoy la Reyne desireuse de

Annales Pannoniæ.

paix se portoit au commencement, mais ayant depuis pris conseil de George Euéque de Varadin, qui naturellement aspiroit à des choses grandes, elle reietta les demandes de Ferdinand.

Cependant George se ietta dans Bude, & enuoya demander du secours à Solyman pour son pupille le ieune Iean-Sigismond Roy de Hongrie, qu'on vouloit despoüiller de son Estat. Ferdinand l'assiege auec quarante mille hommes, & auec quarante gros canons bat Bude. Mais George Martinuse plein de cœur soustint brauement le siege, iusques à ce que le Bascha Mahomet se fust auancé, lequel ioint auec George fit leuer le siege, & mit en pieces l'armée de Ferdinand d'Austriche, commandée par Roccandolph, qui voulant entrer dans Bude reduite aux extremitez, perdit la bataille prés de Pesth, & se retira auec la perte de vingt-cinq mille hommes qui furent tuez, outre vn bon nombre de prisonniers, 36. pieces de canon, & 150. petites ou moyennes.

Sur ces entrefaites Solyman part d'Andrinople, & sous pretexte d'amitié se saisit de Bude par vne perfidie Mahometane, & renuoye la Reyne Elizabet auec l'Euéque de Varadin George, & son enfant en la Transylvanie, où le Bascha Mustafa estoit passé, pour oster cette grande Prouince à Ferdinand, dont il vint à bout, la remettant entre les mains de la Reyne Isabelle ou Elizabet Iagellon, qui éprouua l'iniustice, la cruauté & la perfidie de ce barbare, duquel elle auoit recherché la protection par les importunitez du Moine George. Voicy auec quelle déloyauté Solyman se rendit maistre des places que tenoit la Reyne Isabelle de Hongrie, comme tutrice du Roy Iean-Sigismond son fils. Ce puissant Monarque des Turcs estant arriué deuant Bude, enuoya incontinent ces presens au ieune Roy, trois cheuaux d'vne extraordinaire beauté, auecque leurs harnois garnis d'or, de perles & de pierreries, & aussi de tres-riches pennaches, & des vestemens de drap d'or. Il enuoya aussi pour les principaux Seigneurs & Barons des chaisnes d'or, & des robes precieuses à la Turque. Ces Ambassadeurs arriuez vers la Reyne Isabelle, presenterent au nom du Grand Seigneur, les presens à ceux aufquels fa Hauteffe les donnoit, auec de tres-grandes prieres à cette Princeffe d'enuoyer le Roy fon fils auec les premiers Seigneurs de fa Cour à Solyman, qui auoit vne extréme paffion de le voir, luy remonftrans qu'elle ne fe deuoit pas défier d'aucune fupercherie, l'affeurans qu'elle ne receuroit que du contentement de l'incomparable Monarque Ottoman, qui auoit non feulement accouftumé de maintenir & d'accroiftre les Eftats de fes amis & de fes alliez, mais auffi de les defendre & conferuer, que c'eftoit le fuiet qui luy faifoit defirer de voir & d'embraffer le fils de celuy qu'il auoit tant aymé. Ils dirent auffi à cette Princeffe que Solyman ne luy portoit pas moins de refpect & d'honneur qu'au Roy fon fils, tant pour fes merites, que pour eftre la fille de *Sigifmond* Roy de Pologne qu'il appelloit fon pere, & que s'il luy euft efté permis par fa loy de la venir vifiter, il n'y euft pas manqué; c'eft pourquoy il ne pouuoit point permettre qu'elle vinft en fes tentes, & la prioit d'enuoyer feulement fon fils auec fa nourrice.

Solyman par ces belles paroles auoit vn double deffein; l'vn pour découurir fi cet enfant eftoit fils ou fille; car on faifoit courre le bruit dans l'armée Turquefque, que c'eftoit vne fille, & que cela eftoit caufe qu'Ifabelle Iagellon le faifoit nourrir fecretement ; l'autre eftoit pour trouuer le moyen de s'emparer de Bude auec plus de facilité, quand ceux qui y auoient plus de credit & d'authorité en feroient dehors, ioint qu'ils luy feruiroient d'oftage pour ce qu'il auoit entrepris.

La Reine Ifabelle eftant faifie d'vne iufte douleur, entendant la demande des Ambaffadeurs de Solyman, non feulement fit de grandes difficultez pour ne point luy enuoyer fon fils, preuoyant prudemment ce qui arriueroit: mais elle prit la refolution de ne le laiffer pas fortir de Bude. George Martinufe la voyant ferme en fon opinion luy remonftra par plufieurs raifons qu'elle donneroit des ombrages aux efprits foupçonneux des Turcs, qui prendroient de là quelque occafion de luy faire vn mauuais party. Il ne pût du commencement rien gagner fur l'efprit de la Reine,

DES DAMES ILLVSTRES. 633

qui n'eût iamais suiuy les auis de ce Prelat, s'il ne se fust offert d'accompagner le Roy Iean-Sigismond luy-mesme, & le ramener sain & sauf.

George Euéque de Varadin ayant par ses offres appaisé la Reine Isabelle, sa Maiesté fit mettre son fils dans vn carosse doré & fort riche auec sa nourrice, & quelques Dames qui auoient paré ce petit Prince pour luy estre plus agreable : elle voulut qu'il fust accompagné de ceux qui auoient receu des presens de Solyman.

Comme le Roy Iean-Sigismond approcha du camp des Turcs, le Prince Ottoman enuoya quelques troupes de cheuaux en fort bel equipage, & des bandes de Ianissaires au deuant, pour luy faire vn accueil & vne reception honorable. Aussi tost que ces troupes eurent salüé le Roy de Hongrie, ils le mirent au milieu d'eux pour le mener en cette pompe à leur Empereur, lequel d'abord qu'il vid ce petit Prince, luy témoigna beaucoup d'affection, & le receut fort amiablement, tant comme vassal de la Maison Ottomane, qu'en qualité de fils de Iean Roy de Pannonie, qu'il auoit grandement chery & honoré ; l'ayant protegé contre les efforts de Ferdinand Roy de Boheme, & de l'Empereur Charles V. Il commanda à ses enfans Baiazet & Selim, qui estoient lors en son camp de faire le semblable. Ceux-cy estoient fils de la belle Rose ou Roxelane, que cette fine & ambitieuse Sultane faisoit suiure Solyman par tout, pour tousiours éloigner le genereux & braue Mustafa son fils aisné d'vne autre femme, que cette marastre haïssoit à mort : aussi elle fit tant par ses artifices, que Solyman estant entré en ialousie de son fils aisné, il le fit estrangler dans son pauillon, & peu aprés il fit aussi mourir (pour assouuir la rage de cette cruelle belle-mere) Mahomet fils vnique de Mustafa, ieune Prince de quinze ans, qui faisoit desia paroistre qu'il ne seroit pas moins vertueux ny vaillant que son pere.

Si Solyman fut si cruel enuers les siens & son propre sang, il ne faut pas s'estonner s'il a vsé de perfidie enuers ce petit Prince Iean-Sigismond Roy de Hongrie, fils du Roy Iean son amy & vassal. Car aprés auoir fait beaucoup de caresses à cet enfant, & aux Dames Hongroises qui estoient auec sa nourrice, & donné de bonnes paroles aux Seigneurs de Hongrie qui l'accompagnoient, qu'il fit traiter splendidement par ses Baschas; il commanda sous main à ses Capitaines plus affidez d'aller visiter la ville de Bude, & de s'en rendre les maistres, tandis que les Hongres faisoient bonne chere dans ses pauillons auec ses Baschas, & qu'il auoit entre ses mains & en son pouuoir leur Roy. L'entreprise de Solyman reüssit comme il l'auoit proietté : car les Turcs voyans les principaux Seigneurs de Hongrie dans les tentes de leur Sultan boire & faire bonne chere auec les Baschas, ils surprirent cette ville capitale de la Pannonie, faisans mine d'y aller se promener, pour y contempler les singularitez : mais aussi tost que ces perfides virent qu'ils estoient en assez bon nombre dans les ruës, & que les habitans ne se doutoient point de leur mauuais dessein, ils forcerent les gardes de la porte de Sabbatie : de sorte qu'estans les maistres, ils donnerent aisément l'entrée à vn grand nombre de soldats, qui estoient là auprés en embuscade, qui se saisirent incontinêt des principales places sans bruit, sans pillerie, ny sans massacre, au grand estonnement des Bourgeois, ausquels l'Aga fit commandement de receuoir chacun vn Turc en son logis, & defense aux Mahometans de faire le moindre desplaisir aux Chrestiens sur peine de la vie.

Lors que Solyman sceut que cette belle ville estoit si dextrement & si paisiblement reduite en son obeïssance, il renuoya à la Reine Elizabet le Roy Iean son fils, encore qu'il fust desia nuit, & retint prés de soy tous les Princes & les Seigneurs qui l'auoient accompagné, desquels les principaux estoient George Euéque de Varadin, Vrbain Bacian Gouuerneur de Bude, Pierre Vichy (que les Transyluains appelloient Petrowithz, & le vulgaire Petrouit) proche parent du Roy de Hongrie, & que la Reine Isabeau respectoit & honoroit pour sa vertu apparente (car il estoit heretique en son ame) Estiene Verberts Chancelier de Hongrie, & Valentin Iarki (d'autres l'appellent Turki) lequel fut enuoyé à Constantinople auec le braue & magnifique

Eſtiene Mayladt, qui en cette meſme année 1541. fut durant le traité d'vne tréue, trahy & pris priſonnier par deux Vaiuodes ſes voiſins, & mené captif en Turquie, où il mourut à Pera ou Galata proche de Conſtantinople l'an 1551.

Ie ne ſçaurois écrire ſans larmes, la douleur dont fut ſaiſie cette vertueuſe Princeſſe Elizabet, quand elle ſe vid ainſi trompée, & ſa ville priſe par ceux qu'elle eſperoit luy deuoir donner du ſecours & de l'aide: mais ce qui augmenta ſon affliction, fut quand elle apprit que les plus grands Seigneurs que ſa Maieſté auoit enuoyez pour accompagner le Roy ſon fils, auoient eſté arreſtez.

On ne peut exprimer d'aſſez viues couleurs,
Les violens effets des extrémes douleurs,
Qui vindrent tout d'vn coup aſſaillir ſon courage.

Ie m'eſtonne qu'elle ne mourut pas, au moment qu'on luy apporta la nouuelle que Mahomet Sangiac ou Gouuerneur de Belgrade, auoit donné ce cruel auis, & ſanguinaire conſeil à Solyman, de faire trancher la teſte à tous ces Seigneurs, de laiſſer vne bonne garniſon dans Bude, auec vn homme de qualité pour la gouuerner, & d'enuoyer ſa Maieſté auec le Roy de Hongrie & de Tranſyluanie ſon fils à Conſtantinople. Cette genereuſe & magnanime Princeſſe fit voir lors qu'elle eſtoit la fille du grand Sigiſmond Roy des Sarmates ou Polacques, & l'heritiere des vertus des Rois & des Princes de la Maiſon des Iagellons ſes anceſtres: car elle ne perdit pas l'eſprit ny le courage, mais elle demeura touſiours ferme & conſtante, quoy qu'elle fuſt dépourueuë de conſeil & d'aſſiſtance en cette grande calamité, & battuë de toutes parts de mille ſortes d'afflictions durant ſon malheur & ſa diſgrace. La conſtante Iſabelle n'auoit qu'vne ſeule conſolation quand elle fut attaquée en ces accidens funeſtes, que ſon fils auoit eſté enuoyé à Solyman contre ſon auis & ſa volonté, auquel elle écriuit cette lettre, qui euſt ſans doute fléchy le cœur du plus barbare des hommes, s'il euſt fait profeſſion d'vne autre Religion que de la Mahometane.

J'auois touſiours eſperé de la magnanime benignité de la Hau-

teſſe du tres-puiſſant & tres-inuincible Monarque des Turcs, que non seulement elle donneroit du secours à vne pauure veuue, & la deliureroit de la suietion de tous ses ennemis, mais encore qu'elle prendroit en sa protection la tendre ieunesse de son fils, en memoire des fidelles seruices & obeyſſance que le pere luy auoit rendus en pluſieurs occaſions & rencontres. La courtoiſie & fauorable reception que ſa Hautesse luy a faite, m'en donne vn tres-asseuré témoignage, & à la verité, il me seroit bien difficile d'exprimer le contentement extréme que i'en ay receu. Mais comme i'ay veu d'ailleurs le procedé de ses gens de guerre en la ville de Bude, ie n'ay peu croire autrement, ſinon que ſa Hauteſſe eſtoit offenſée de ma conduite, pluſtoſt par calomnie que par la verité, ayant fait tout ce qui m'a eſté poſſible pour ne contreuenir à mon eſcient aux loix que ſa Hauteſſe auoit preſcrites au feu Roy Iean mon tres-honoré Seigneur & mary, lequel elle auoit daigné honorer de ſa protection & de ſon amitié. Et neantmoins mon innocence ne m'a ſceu guarantir de ſa diſgrace, tellement que ie ſuis maintenant reduite à quitter ma ville & mes ſuiets, & tous les biens que ie pouuois auoir pour la conſeruation de ma vie & de mes Royaumes, & ceux de mon ieune pupille, duquel le bas aage ne demande que la protection de voſtre Hauteſſe. Ce n'eſt pas que ie veüille nier que Bude & les autres villes & places que mon fils & moy poſſedons en la Hongrie, ne ſoient à voſtre Hauteſſe, comme les tenans par ſa bonté & ſa liberalité, & par conſequent elle n'y puiſſe entrer quand il luy plaira. Mais tres clement & tres auguſte Empereur; que voſtre Hauteſſe me permette de luy dire en toute humilité, que ſi elle nous priue de ce qu'elle nous a donné, maintenant que pour reſiſter aux communs ennemis, nous auons imploré ſon ſecours, ils prendront ſuiet de blaſphemer contre ſa Hauteſſe, & de l'accuſer d'infidelité, tandis que nous leur ſeruirons de iouët & de riſée pour auoir courageuſement embraſſé la grandeur & la gloire de ſon tres-illuſtre Empire: où au contraire ſa Hauteſſe receura mille loüanges ſi elle continuë au fils (qui eſt encore à la mammelle) les faueurs qu'elle auoit departies au pere en la fleur de ſon aage, & le retient pour l'vn de ſes tres-humbles vaſſaux. C'eſt ce que cette pauure veuue & deſolée Princeſſe (qui a l'honneur d'appartenir & d'eſtre iſſuë de tant de Rois de Hongrie, de Pologne, de Boheme, & de Sicile & autres Royaumes) prend la hardieſſe de repreſenter aux pieds de ſon Throſne redoutable, afin *qu'infiniment obligée par sa bonté & clemence ordinaire, mon fils & moy seruirions de trompettes à tout l'Vniuers, que son incomparable felicité ne l'accompagne pas seulement à la conqueste de si grands Empires, & à oster & donner des Royaumes à qui bon luy semble, pour luy donner le nom d'inuincible par son incroyable valeur: mais encore pour luy acquerir celuy de tres-puissant Protecteur des orfelins & des veuues, par l'inimitable bonté de naturel de sa Hautesse. Titre non moins digne d'honneur & de loüange, & qui fera autant fleurir son Imperial diadéme que celuy de Conquerant, qui ne peut acquerir à sa Hautesse que de la reputation sur la terre, où au contraire l'autre la rendra pleine de gloire dans l'eternité.*

Cette sage & auisée Princesse ne se contenta pas seulement d'écrire cette lettre à Solyman: mais connoissant l'humeur & le naturel des Turcs, qui font tout pour l'argent, elle enuoya de riches presens à ceux qui estoient en credit & en faueur prés de ce Sultan, afin qu'ils procurassent prés du Monarque Ottoman la liberté des Seigneurs qu'il auoit arrestez. Elle ne voulut rien épargner pour auancer leur deliurance: c'est pourquoy elle s'adressa à Rustan Pacha ou Bascha, lequel pour lors auoit beaucoup de pouuoir sur l'esprit de son Maistre, qui luy auoit fait épouser vne sienne fille & de Roxelane. Rustan ayant esté gagné par les dons que luy fit la Reyne Isabelle (entre lesquels il y auoit vne chaisne de fort grand prix pour la Princesse sa femme) il fit tout son possible pour persuader à Solyman de ne point chasser cette Reine & son fils de Bude & de la Hongrie, mais de les y laisser viure en paix, & leur augmenter seulement leur tribut, luy remonstrant que s'il faisoit sortir de ce Royaume là vne Princesse veuue & vn orfelin, il perdroit sa reputation, pour s'estre emparé des biens & des terres de ceux qui auoient recherché son secours, & auoient mis leur esperance en sa force, au lieu de les maintenir & conseruer contre leurs aduersaires. Ce fier & superbe Monarque refusa d'écouter les raisons de son gendre, mais il suiuit l'auis de ceux qui luy conseillerent de se rendre maistre absolu de la Hongrie, pour empescher le progrés de Ferdinand, frere de l'Empereur Charles V.

lequel n'attaqueroit pas si aisement les Hongres quand ils seroient ses vassaux, comme quand ils obeïroient aux commandemens d'vne femme Polonoise durant la minorité d'vn enfant.

Solyman ayant gousté les raisons de ceux qui luy persuaderent de s'emparer de la Pannonie, commanda à ses Talismans de consacrer la grãde Eglise de Bude le 30. du mois d'Aoust de l'an 1541. selon les superstitions Mahometanes, ce qu'ils firent apres auoir renuersé tous les Autels, & mis par terre les images. Puis il fit son entrée dans cette belle ville (qui auoit esté le seiour & la demeure ordinaire des Rois de Hongrie) & commanda à la Reyne Isabelle de sortir du Chasteau auec son fils, & de se retirer à Lippe delà le Tibisque, pour gouuerner le Royaume de Transyluanie, où elle pourroit viure auec plus de repos & de seureté qu'à Bude, estant voisine de son pere Sigismond I. Roy de Pologne.

Cette nouuelle ne fut pas fort agreable à cette pauure & infortunée Princesse, à laquelle le iour precedent Solyman auoit donné esperance qu'on luy laisseroit la Prouince qui est au delà du Tibisque, auec la Dace ou Transyluanie, mais depuis il changea de dessein & luy enuoya ce commandement. Isabelle ne pût faire autre chose que d'obeïr à la volonté de ce cruel Sultan, qui luy tenoit le pied sur la gorge, & de sortir promptement du Chasteau & de la ville de Bude, au grand regret de tous les Chrestiens.

Solyman pour adoucir l'esprit de cette Princesse desolée, mais fort genereuse & constante en son desastre, luy fit dire quand elle partit, qu'il seroit le Protecteur du Roy Iean son fils, auquel il promettoit de le remettre dãs le Royaume de Hongrie quand il seroit maieur. La suitte de cette vie nous fera voir comme il s'est acquitté de sa promesse à la Mahometane & à la Turque, c'est à dire mocqué de la Reyne Isabelle & de son fils, que Solyman & les Turcs n'appellerẽt plus Estiene ou Iean Sigismond, mais luy donnerent le nom de Iean, qui depuis luy est demeuré; mais Isabelle l'appelloit Iean-Sigismond, & aussi tous ceux qui luy portoient de l'affection, & luy vouloient rendre de l'honneur. Quelques-vns ont remarqué que les Turcs donnerent à ce ieune Roy le nom de Iean, non pour luy changer de nom, mais pour faire paroiſtre qu'ils ne le reconnoiſſoient pas en qualité de Roy, les Seigneuries n'eſtans pas hereditaires en Turquie, & ainſi ils diſoiët le Roy Iean, parlans du defunt, qui n'eſtoit Roy que par la nomination & la grace de leur Grand Seigneur, mais afin de ne pas effaroucher les Hongres & les Tranſyluains qu'ils vouloient ſubiuguer, ils leur perſuaderent que c'eſtoit de celuy-cy qu'ils parloient.

Solyman deſirant pallier ſon vſurpation de quelque iuſtice apparente, declara (quand cette magnanime Heroïne partit de Bude le 5. de Septembre) qu'elle ſeroit tutrice & Regente de la Tranſyluanie pour ſon fils qu'il eſtabliſſoit ſon Vaiuode en ce Royaume là, à laquelle il donna, ſuiuant la derniere volonté du feu Roy Iean Zapoly, le Moine George pour ſon coadiuteur & grand Treſorier. Mais cet vſurpateur ne voyoit pas, ou ne faiſoit pas ſemblant de voir, qu'il commettoit vne iniuſtice manifeſte, faiſant preſent à cet enfant d'vne qualité & d'vn Païs qui luy appartenoit legitimement, & ſur lequel il n'auoit aucun pouuoir. Il fit bailler auſſi à cette Princeſſe des cheuaux & des chariots pour ſe retirer & conduire ſon bagage & ſes meubles, mais il ne luy permit pas d'emporter vne ſeule piece d'artillerie.

C'eſtoit vn ſpectacle digne de compaſſion de voir chaſſer vne Reyne veuue de ſa maiſon auec le Roy ſon fils, qui n'eſtoit aagé que de treize mois & quelques iours, ſuiuie de ſes Dames & Demoiſelles, & des principaux Seigneurs de Hongrie, deſquels elle auoit par ſes larmes & ſes remonſtrances obtenu la liberté, & eſcortée de Ianiſſaires, qui par les chemins ſe logeoient aſſez loin de ſes tentes, car elle eſtoit ſouuent contrainte de s'arreſter tant de iour que de nuit en plaine campagne, non pour empeſcher que l'on ne luy fiſt aucun deſplaiſir, mais pour eſpier toutes ſes actions, & l'empeſcher de faire aucune entrepriſe durant ſon voyage.

Cette magnanime Heroïne receut deux ſenſibles afflictions durant le chemin. La premiere fut, qu'elle receut vn commandement de ce Tyran (car ie ne le puis nommer autrement pour cette action) de luy liurer la forteresse de la ville de Cinq-Eglises, l'vne des plus fortes places de la Hongrie, à quoy elle fut forcée de satisfaire contre son gré. L'autre non moins deplorable, fut que la peste se mit dans son train, & parmy les troupes qui l'escortoient, ce qui luy apporta de grandes incommoditez parmy ces chemins fort fascheux & difficiles, iusques là que manquant de cheuaux pour atteller à son chariot, elle fut contrainte de le faire tirer par des bœufs.

Tous ceux qui estoient prés de cette Heroïne, n'auoient qu'vne seule consolation en leurs déplaisirs & dans leur bannissement, qui estoit de la voir supporter toutes ces trauerses (qui eussent sans doute abbatu le courage d'vn homme constant) auec vne patience vrayment Chrestienne: car iamais elle ne profera ny aucune mauuaise parole contre la diuine bonté, ny ne dit aucun mot de cholere contre ses domestiques, & ne fit aucune action qui dérogeast à la grandeur de la Maiesté Royale: au contraire elle se monstra toûiours si genereuse & si magnanime, que les aduersitez & les infortunes n'eurent pas le pouuoir de la vaincre & de la surmonter; aussi en fut-elle admirée, non seulement de ceux qui l'accompagnoient en ce voyage, mais aussi de toutes les nations & des peuples qui l'oüirent raconter à ceux qui auoient esté presens à ce triste spectacle: de maniere qu'elle ne laissa pas d'estre tousiours fort honorée & estimée de ses suiets, mesme au plus fort des grandes affaires qu'elle eut encore à demesler auec George Vtissenouich ou Martinuse, André Bathor ou Bathori, Iean Baptiste Castalde, Ferdinand Roy des Romains, & Solyman Roy des Turcs.

Le Moine George Gétil-homme Esclauon, ou de Croatie, selon les autres d'Hongrie, estoit issu de la Maison d'Vtissenouich par son pere, & de celle de *Martinuse* par sa mere. Il fut Religieux de l'Ordre de S. Paul premier Hermite, & Abbé ou Superieur du Monastere de Cestacority en Pologne, où Iean élеu Roy de Hongrie se retira durant sa disgrace. Il portoit d'azur, à la Licorne naissante d'argent, au chef cousu de gueules à vne colombe volante d'or.

Si les Hongres témoignerent de la tristesse, & verserent des larmes quand cette Heroïne leur Reyne & leur Dame Souueraine fut cõtrainte par la barbarie & la cruauté de Solyman de les abandonner; les Transyluains firent

pa-

paroistre de la ioye quand elle arriua dans leurs terres, où elle a gouuerné huit ans auec le Roy son fils.

La Reyne Isabelle estant arriuée en Transylvanie, n'auoit que le nom & le titre de Reyne & de Regente: car tout le pouuoir & les finances estoient entre les mains de George Martinuse Euêque de Varadin, qui par ce moyen se rendoit redoutable à tout le monde. Cette courageuse Princesse faschée d'estre méprisée par celuy que feu son mary auoit esleué aux premieres charges & dignitez de l'Estat, fait ses plaintes à Solyman de la tyrannie de George, de ses pratiques auec l'Empereur & son frere le Roy Ferdinand au preiudice de son fils.

Elle écriuit aussi à sa mere Bonne Reyne de Pologne, & à son frere le Roy Sigismond-Auguste, les priant de la vouloir receuoir en Pologne, pour ne pouuoir plus supporter les ingratitudes du Moine & de Petrouuithz. Antoine Lessonsi, François Paraci, & Ambroise Petit qui estoient lors ses plus affidez seruiteurs, luy auoient donné ce conseil. Les deux Tuteurs, quoy que diuisez entre eux, estoient neantmoins d'accord pour l'empescher de sortir de son Royaume de Transylvanie, quand elle quitta Albe-Iule pour aller à Lippe, & par leurs menaces la firent demeurer. La Reyne Bonne ayant appris ces nouuelles là, enuoya des Ambassadeurs à sa fille Isabelle, & aux deux Tuteurs George & Petrouuithz, & appaisa leurs differends pour quelques iours: car ils recommencerent peu aprés; George ayant fait fermer les portes de la ville de Seben à Isabelle. Ce qui fit armer contre cet ingrat Tresorier les Seigneurs de Transylvanie en faueur de la Reyne, qui fit assembler vne Diette à Clausenbourg ou Colosuar, où elle maria ses filles qui estoient de belles Demoiselles Polonnoises, & fit de grandes plaintes contre le Moine George: les autres disent que ce fut en celle d'Egneth.

N. Isthuanfius lib. 16. Historiarum Hungaricarum.

Solyman ayant sceu par les lettres de la Reyne Isabelle, que le Moine George qui auoit le gouuernement du Royaume de Transylvanie, & le maniement des finances, la traitoit si mal, & la gourmandoit de sorte qu'il ne luy vouloit pas donner aucune connoissance des affaires, luy fermoit les portes de ses villes, & luy bailloit si peu d'argent, qu'elle n'en auoit pas mesme pour la despense de sa maison. Il luy écriuit de bonne ancre, luy mandant qu'il eust à traiter mieux la Reine, ou qu'il luy apprendroit comme il falloit viure auec ses Superieurs, il luy fit aussi sçauoir qu'il n'ignoroit pas les secrettes intelligences qu'il auoit auec Ferdinand, auquel il auoit fait dire par Nicolas Comte de Salin ou de Salme que la Reyne estoit en resolution de remettre son Estat entre les mains des Turcs, & que les Gouuerneurs de Temesuar & de Lippe trauailloiët à cette affaire là.

Salme, de gueules, à 2. saulmons adossez d'argent; l'escu semé de croix recroisetées, au pied long, d'or.

Solyman n'écriuit pas seulement au Moine George pour le retenir en son deuoir vers la Reine Isabelle, mais se doutant qu'il n'en demeureroit pas là, il enuoya vne Patente aux Transyluains pour les coniurer de demeurer fermes & constans au seruice de cette Princesse, & commanda au Bascha de Bude, au Transalpin ou Valaque, & au Moldaue, de prendre les armes contre ce Moine, à la premiere instance que leur en feroit la Reyne Elizabet.

George informé que l'on luy dressoit vn mauuais party, traite dans le Chasteau de Toccay auec le Comte de Salme Lieutenant de Ferdinand, & se iette dans la forte place de Sasabesse, laquelle comme sage & auisé Capitaine il pourueut de toutes choses necessaires pour soustenir vn long siege, n'ignorant pas que Solyman desiroit auoir sa teste: car il auoit sceu de bonne part que sur les plaintes de la Reyne Isabelle, ce puissant Prince des Ottomans auoit depesché vn Chiansi au Bascha de Bude, auec exprés commandement de le prendre vif ou mort.

George prit Albe sur la Reyne Isabelle, & luy rendit tous ses meubles & ses pierreries.

La Reyne se voyant appuyée du Grand Seigneur resista à la puissance de George, & ne perdit pas courage, quoy que les Rhetians ses partisans eussent esté defaits par ceux de ce fin & rusé Prelat: mais se voyant reduite au desespoir assiegée dans Albe-Iule, elle fut contrainte enfin de s'accorder auec luy; ayant recogneu les mauuais desseins & pratiques des Turcs (qui l'auoient indignement chassée de Bude & de la Hongrie) auec quelques-vns de ses suiets qui vouloient troubler la Religion & l'Estat en Transyluanie.

George ayant fait la Paix auec cette bonne & vertueuse

Reyne, & chaſſé de la Tranſyluanie par ſa valeur & l'heureux ſuccés de ſes armes le Vaiuode de Moldauie, & le Baſcha de Bude, deuint plus ſuperbe & inſolent qu'il n'auoit pas encore eſté contre cette Princeſſe, & les principaux Seigneurs du Païs, qui ne voulans plus obeïr à vn Eccleſiaſtique, & deſirans ſe conſeruer en la bonne grace & amitié de leur ieune Prince Iean-Sigiſmond, ſe banderent contre luy à la ſollicitation d'Iſabelle, qui fit conuoquer vne grande Diette à Egneth, dit auſſi Engetin, place commode, mais foible en Tranſyluanie, où tous les Seigneurs ſe trouuerent, deſireux d'oſter le pouuoir & l'authorité à cet Euéque, & l'enuoyer reſider en ſon Euéché, ou en quelque Abbaye & Monaſtere de ſon Ordre dont il eſtoit General.

Mais cet homme courageux part de Varadin, & arriue contre l'eſperance de tous en ces Eſtats d'Egneth, il les eſtonne de ſa preſence, appelle le ſecours de Ferdinand d'Auſtriche, & ioint à luy il range la Reyne à des conditions bien dures, comme nous allons voir. *F. de Reſmond.*

Ferdinand encores qu'il cogneuſt la legereté de George (qui pour ſe maintenir, les Ecriuains partiſans de ce Miniſtre diſent que c'eſtoit pour conſeruer la Tranſyluanie à ſon pupille le petit Roy Iean, à cauſe de l'obligation qu'il auoit à feu ſon pere, & que pour ce ſuiet il panchoit tantoſt d'vn coſté, tantoſt de l'autre) écoute les propoſitions que ce Moine luy enuoya faire par vn Gentil homme affidé, qui eſtoient ſemblables à celles qu'il auoit faites autresfois au Comte de Salme; ſçauoir que ſi ſa Maieſté luy enuoyoit du ſecours ſuffiſant pour reſiſter à la puiſſance de la Reyne Elizabet & de ſes partiſans, auec vn bon Chef qui le ſecondaſt en ſes entrepriſes, & ſe ſeruiſt à propos des moyens qu'il luy donneroit, il luy promettoit dans peu de temps de le rendre paiſible poſſeſſeur de toutes les places de la Tranſyluanie, qui eſt comme la porte par laquelle le Turc pouuoit plus endommager l'Auſtriche & l'Allemagne, & forceroit la Reyne de luy remettre la Couronne de Hongrie entre les mains, pourueu qu'il vouluſt donner au Roy Iean Sigiſmond, ce qu'il auoit promis par le traité fait auec le feu Roy Iean ſon pere, peu de mois auant ſon decés.
I. Tomeus. Marnauitius in vita Georgij. Natalis Comes. I. B. Adriani. A. Vuion. Manbrinus Roſeus. Andreas Viɕtorellus. Ferdinandus Vghell. Ciro Spontone.

Ferdinand Roy des Romains écouta auec grande satisfaction les propositions de George, ayant consideré de quelle importance luy estoit la Transyluanie : C'est pourquoy il y enuoya vne bonne armée commandée par Iean Baptiste Castalde, Marquis de Cassano (qui auoit esté nourry en la Maison de ce grand Capitaine Ferdinand François d'Aualos Marquis de Pesquaire:) lequel fin & rusé, sçachant l'auersion extréme que la Reyne Isabeau auoit de George, & qu'elle n'auoit point vne plus grande passion que de secoüer le ioug & la domination de cet homme altier & superbe qui la méprisoit & la mal traitoit continuellement, il mania cette affaire auec tant d'adresse, que la Reyne lassée de tant de trauerses, sur les offres que l'on luy fit de donner à Iean-Sigismond son fils Ieanne d'Austriche fille de Ferdinand, qui depuis a esté mariée à François Grand Duc de Toscane, & la mere de la Reyne mere du feu Roy Louys XIII. auec cent mille, les autres disent cent cinquante mil escus de dot, & les Principautez d'Oppelen & de Ratibor en la Silesie, qui valoient vingt-cinq mil escus de rente, se laissa facilement persuader par ce Capitaine (que l'Empereur Charles V. auoit enuoyé à son frere Ferdinand) de faire vne donation de la Transyluanie au Roy des Romains, & pour ce suiet elle fit tenir les Estats du Royaume à Clausenbourg (dite aussi Colosuar) pour se démettre de son authorité.

Isabelle estant à Colosuar, alla à cheual auec son fils, accompagnée de George Martinuse & de Iean Baptiste Castalde, qui la firent marcher au milieu d'eux le 30. du mois d'Aoust de l'an 1551. depuis cette ville là, iusques à vne Abbaye qui estoit éloignée de huit mille. Sa Maiesté estant arriuée dans l'Eglise de ce Monastere, fit vne harangue en Italien en presence de George & de Castalde, & des principaux Seigneurs de la Transyluanie, pour faire quitter à son fils la qualité de Roy de ce Royaume là, auec des paroles & des discours assez forts pour amolir des cœurs de marbre; aussi ils tirerent des ruisseaux de larmes de tous ceux qui estoient presens, voire méme de George : ie la mettray icy en nostre langue pour la satisfaction & le contentement des curieux.

DES DAMES ILLVSTRES. 645

Encore que l'inconstante Fortune, suiuant ses cruelles mutations, retranchant & brouillant à son plaisir les choses de ce monde, ait tourné tellement les miennes, que maintenant mon fils & moy soyons contraints de quitter ce Royaume, cette Couronne, & tous ces autres ornemens Royaux qui furent autrefois au Roy Iean mon Seigneur & époux de tres-heureuse memoire, (mais maintenant pour nous tres-malheureuse) & de les mettre en d'autres mains: si est-ce qu'elle n'empeschera point pour cela que ie ne prenne au moins en mes trauaux ce seul contentement, les voyant tomber en la main d'vn Prince non seulement Chrestien, mais si puissant & si bon comme est le Roy des Romains, que i'honore comme mon Seigneur & mon pere, qui cognoistra auec quelle affection & quel zele on les luy donne, & lequel de bon cœur & de franche volonté nous restablissons en cet Estat, priant Dieu qu'il en puisse iouïr auec vn plus grand repos & plus long temps que nous n'auons pas fait. Ainsi ie les consigne entre vos mains, Seigneur Iean Baptiste Castalde, afin que de ma part vous en asseuriez sa Maiesté, luy faisant entendre comme nous ne luy donnons ce Royaume, & cette Couronne sous aucune condition que ce soit, mais librement; & nous iettans moy & mon fils entre ses bras auec toute nostre fortune, le supplions qu'il veüille considerer seulement nostre miserable fortune, qui outre que nous sommes Chrestiens, nous auons aussi l'honneur d'estre de sang Royal; & qu'il luy plaise suiuant sa bonté, laquelle le fait aymer de tout le monde, nous receuoir pour ses enfans, & ne nous dénier le secours, la faueur & la protection que nous esperons de luy, & que tant de fois vous nous auez promise de la part de sa Maiesté.

La Reyne ayant prononcé ces paroles, tous les assistans ne peurent retenir leurs larmes, & interrompirent le discours de cette sçauante Princesse par leurs souspirs & leurs sanglots. Le Roy son fils encor qu'il fust en bas aage, fit paroistre que ce discours ne luy plaisoit point du tout, témoignant par ses pleurs & par sa contenance, qu'il ne pouuoit consentir à cette action, par laquelle l'on le vouloit priuer de son Estat, & luy oster le Diadéme, duquel le feu Roy son pere auoit esté couronné. Mais la Reyne Elizabet apres auoir aussi respandu plusieurs larmes se retourna vers ce petit Prince, auquel elle fit ce discours:

Puisque ie connois, ô Iean-Sigismond mon tres-cher fils, ta fortune & la mienne n'estre pas capable de defendre ce Royaume sans le secours d'autres que de nous, à cause du grand nombre de ceux qui par enuie, ou par vne certaine malice, ou par leur mauuais naturel taschent de se rendre maistres des biens qui ne leur appartiennent point, & cherchent continuellement les moyens de nous ruiner, auec la perte de nos terres & de nos Seigneuries, vous ne deuez pas trouuer mauuais si ayant esgard plustost au bien public, qu'à nostre profit particulier (lequel nous ne pouuons maintenir contre la puissance du Turc, qui iournellement nous trouble à l'instigation de nos ennemis, & nous priue quasi de toutes nos possessions & de nos Seigneuries) i'ay esleu cette voye parmy tant de diuers assauts que la fortune nous liure, pour la meilleure, qui est de donner ce Royaume au Roy des Romains, lequel le defendra de la main des Turcs, & vous remettra les Estats & les Principautez qu'il m'a promis pour la renonciation que ie luy ay faite de la Transyluanie, afin que vous puissiez viure, mon fils, comme vn grand Prince, si vous ne pouuez viure comme vn Roy. Et ie me suis laissée aller à cela, ne voulant auec la perte commune estre obstinée à la guerre, & quitter le certain pour l'incertain en la disposition de la bigearre fortune. Considerant aussi son inconstance & sa varieté, laquelle a de coustume d'attaquer auec precipitation les Maisons des Rois qui sont tombez en la disgrace du monde, & laquelle le plus souuent auec imprudence & sans y penser les priue de leurs Royaumes, & les enuoye en vn perpetuel exil: pour ne voir de ma part vn tel malheur, & pour ne tomber en vne telle indignité & misere (estant abandonnée de tout secours & assistance) auec la perte du Royaume, i'ay pris la resolution de vous faire passer vostre vie dans vn repos agreable & vne paix perpetuelle, & vous deliurer des ennuis & des peines, auec lesquelles nous viuons depuis la mort du feu Roy vostre pere, mon tres-honoré Seigneur & mary. I'ay aussi vne ferme confiance en Dieu (mon fils) que pour ce Royaume que vous quittez maintenant, vous en pourrez possible auoir vn autre plus grand & plus riche, par la faueur de celuy à qui vous donnez le vostre. Qu'il ne vous semble donc pas estrange de laisser cet Estat auquel vous auez esté nourry & éleué, cela estant desia arriué à plusieurs autres Princes & Monarques: mais ie tiens pour certain & asseuré que par le moyen de la vertu, vn cœur illustre ne sera iamais tant abandonné de la mauuaise fortune, qu'il puisse manquer de commander

DES DAMES ILLVSTRES. 647

à des Eſtats & à des Royaumes. Enfin puis qu'il s'agit de la deliurance du pauure peuple affligé, & ruiné par nos guerres, & que c'eſt pour le commun repos, & pour la conſeruation de noſtre Foy & de noſtre Religion, vous ne deuez point faire de difficulté de quitter cet Eſtat, & de confirmer tout ce que i'ay cy deuant accordé au Lieutenant de Ferdinand Roy des Romains, ſçauoir que les habits & les ornemens Royaux ſeront enuoyez à ce puiſſant Monarque frere de l'Empereur. Et i'auouë librement qu'encore que i'aye vn iuſte ſuiet & tout droit de me plaindre en donnant ce Manteau, ce Sceptre, & cette Royale Couronne ſi auguſte, laquelle a orné le chef du Roy voſtre pere, & qui deuoit enuironner le voſtre, ie ne laiſſeray pas pour cela de me conſoler, puis qu'ils tombent entre les mains d'vn Prince qui vous aimera & cherira comme ſon propre fils, & vous maintiendra contre nos ennemis, qui maintenant dans leurs ames ſont contens & ſatisfaits de vous voir priué de vos Royaumes & Eſtats, mais leur ioye ne ſera pas peut-eſtre de longue durée : car il faut croire que ſi la toute-puiſſante main de Dieu ne les punit, & ne les chaſtie en cette vie comme ils meritent pour leurs fourbes & méchancetez, ils ne pourront pas éuiter ſa rigoureuſe iuſtice en l'autre. C'eſt à vous & à moy, mon tres-cher fils, de voyager auec patience dans cette mer orageuſe, ſelon que la fortune ordonnera du vent, & nous conformer à la volonté de Dieu, puis qu'il n'eſt point de bon-heur & de felicité d'eternelle durée parmy les mortels, ny aucun Royaume ou Principauté eternelle.

La Reyne ayant finy ſon diſcours, ſe tourna vers Caſtalde, entre les mains duquel ſa Maieſté conſigna les ornemens & les habits Royaux des Monarques de la Pannonie (dite maintenant Hongrie) le manteau, la tunique, les ſouliers ou ſandales (tous ces ornemens ſont couuerts & ſemez de perles & de pierreries) auec le monde ou globe d'or, le Sceptre d'iuoire doré, ou pour mieux dire garny d'or, & meſme la Couronne Royale de Hongrie, que ces peuples ont en grande veneration & eſtime, non pour eſtre toute d'or, mais pour la pieuſe creance qu'ils ont qu'vn Ange l'a apportée du Ciel au Roy ſaint Ladiſlas.

Cette ceremonie acheuée, la Reine Iſabelle retourna à Clauſenbourg auec Caſtalde, qui à l'aſſemblée des Eſtats fit preſter le ſerment de fidelité à tous les Seigneurs de

Transyluanie au nom de Ferdinand Roy des Romains. Peu de iours aprés il fit celebrer aussi à Colosuar les fiançailles de l'Infante Ieanne, & du Roy ou Prince Iean-Sigismond, par procureur, toutesfois selon le pouuoir qu'il en auoit de Ferdinand. Tous les Transyluains témoignerent autant de ioye & d'allegresse à la solemnité des fiançailles d'Estiene-Iean ou Iean-Sigismond Zapoly & de Ieanne d'Austriche, comme ils auoient fait paroistre de deüil & de tristesse quãd la Reyne Isabelle prononça la triste harangue que i'ay rapportée cy-dessus.

Elizabet Iagellon ou de Pologne auoit le cœur trop haut pour faire vn plus long seiour à Clausenbourg, & mener la vie d'vne Dame priuée dans la Transyluanie, où elle auoit commandé & regenté en qualité de Reine : Et de fait, ayant acheué de traiter auec Castalde pour ses pensions & ses reuenus, elle quitta & abandonna ce Royaume là auec son fils, pour se retirer en diligence à Cassouie. Elle demeura pourtant quelques iours à Clausenbourg plus qu'elle ne pensoit pas, le Prince son fils y estant tombé malade ; mais aussi tost qu'il fut guery elle en sortit au plustost pour aller à Cassouie, où elle fut accompagnée par Melchior Balassa & François Patoci auec leurs compagnies. George la conduisit iusques à Silah, où fondant en larmes il embrassa tendrement le petit Prince Iean-Sigismond. Comme cette vertueuse, mais infortunée Princesse (digne d'vn plus heureux sort & d'vne meilleure fortune) alloit à Cassouie par les fascheux & difficiles chemins de ces contrées là, elle fut contrainte dans vn mauuais passage de descendre de son carosse, & de mettre pied à terre. Tandis que le cocher estoit empesché de retirer le carosse de ce mauuais pas voisin d'vne forest, cette Heroïne non moins sçauante que magnanime tourna les yeux deuers la Transyluanie qu'elle quittoit, & se souuenant des honneurs qu'elle y auoit receus, & de sa condition qu'elle auoit changée, ne pût s'abstenir de ietter vn profond souspir, & de laisser sur l'escorce d'vn arbre ces trois mots, pour marque de sa iuste douleur, & de la connoissance qu'elle auoit de la langue Latine, SIC FATA VOLVNT. *Ainsi veulent les Destins :* c'est

Natalis Comes.
I. A. Thuanus.
P. Mathieu.
Artus Thomas.

c'est ainsi que Monsieur le President de Thou, & plusieurs autres Historiens le rapportent. Martin Fumée sieur de Genille l'a décrit en cette façon, disant que la Reyne Isabelle passant la montagne qui separe la Transyluanie de la Hongrie, & descendant par vne coste fort rude & fascheuse, par laquelle son carosse ne pouuoit pas passer, pour la grande difficulté du chemin, de sorte qu'elle fut contrainte de marcher à pied pour descendre cette coste auec ses Dames, non sans endurer bien de la peine & de l'incommodité, tant pour la rudesse des chemins, qu'à cause d'vne grosse pluye qui suruint comme elle passoit la montagne, dont elle fut toute trempée. La pauure Reyne de Hongrie faisoit durant ce chemin des plaintes contre sa mauuaise fortune, laquelle ne se contentant pas de luy estre contraire és grandes choses, vouloit encor l'affliger dans les petites, & attribuant cette disgrace qui luy aduint durant qu'elle passoit cette haute & difficile montagne à l'opiniastre malice de son destin, prit vn cousteau, & auec la pointe, pour soulager vn peu son affliction & sa douleur extréme, écriuit en l'escorce d'vn grand arbre, sous lequel elle s'estoit retirée pour vn peu se reposer, & éuiter la pluye qui tomboit en grande abondance, ces mots Latins: *Sic fata volunt*, puis dessous *Isabella Regina*: Ainsi veulent les destinées, Isabelle Reyne.

Cette sçauante Princesse ayant graué ces mots sur cet arbre, remonta dans son carosse pour poursuiure son chemin en plus grand haste, ayant sceu qu'Achmet Gouuerneur de Bude pour le Grand Seigneur, suiuy de trois mille cheuaux auoit dessein de la surprendre & de l'attraper, sur le bruit qui couroit que cette Princesse emportoit la Couronne de Hongrie, & les autres ornemens Royaux, auec des thresors & des richesses inestimables: mais il fut contraint de retourner auec honte les mains vuides à Bude, la Reyne Isabelle estant par sa vigilance arriuée heureusement à Cassouie, & eschapée (s'il le faut dire) comme par miracle les embusches que ce Sangiac & les autres Turcs luy auoient dressez de toutes parts. Ie n'ignore point que cette Princesse, comme sage, prudente, & sçauante, éuita par son bon & solide iugement le malheur de tomber és mains de l'auare & du perfide Achmet, ayant pris expressément vne route détournée presque inconneuë, & toute differente des grands chemins ordinaires, où il auoit opinion que cette Princesse deust passer: mais ce fut vne merueille que la Reyne Elizabet ne fut pas surprise par d'autres Capitaines Mahometans, non moins auares que le Gouuerneur de Bude, qui amorcez de son argent luy auoient aussi dressé des pieges de tous costez pour la prendre.

En cette saison la elle perdit vn bon seruiteur Leonard Ceceï Gouuerneur de Cassouie, qui auoit toūiours suiuy son party, & conseruè cette place 15. ans entiers en son obeyssance.

Isabelle s'estant retirée à Cassouie n'y fit pas vn long seiour, car elle alla en Silesie, & de là en Pologne auec son fils en cette méme année 1551. pour voir son frere le Roy Sigismond Auguste, & sa mere la Reine Bonne Sforce veuue de Sigismond I. qui estoit decedé il y auoit deux ans. Le Polonois & sa mere furent fort attristez de voir Isabelle en cette miserable condition de pauure & infortunée Princesse, elle qui auoit esté vne grande & puissante Reyne.

Sigismond-Auguste & la Reyne Bonne sa mere ayans receu plusieurs plaintes d'Isabelle (qui faisoit entendre à tous ceux qu'elle voyoit, ou auec lesquels elle auoit de la correspondance, que l'on ne luy payoit pas les vingt-cinq mil escus de rente, assignez sur les terres d'Oppelen, de Monsterberg, & de Ratibor, ny qu'elle n'auoit point receu les cent cinquante mil escus pour son dot) enuoyerent Mathias Loboski ou Lobeski en Ambassade vers Ferdinād Roy des Romains (comme i'ay desia remarqué en la vie de Bonne Sforce Reyne de Pologne) pour le prier de s'acquiter de ses promesses, & de satisfaire au plustost aux demandes d'Elizabet: laquelle reconnoissant que Ferdinand n'ysoit que de remises & ne procedoit pas franchement, elle pratiqua sous main les principaux Seigneurs de Transyluanie, lassez de la domination de Castalde Italien & des Allemans, pour remettre & restablir son fils dans le Royaume, estant animée par les lettres de Mirces Vaiuode de Valachie, qui luy promit sa faueur & son assistance en cette affaire, & enuoya secretement demander du secours à Solyman au nom de la Reyne Elizabet, laquelle aussi se seruoit pour cette entreprise du conseil de ces deux Seigneurs

Petrowithz & François Quendi ou Chendi, celuy-là eſtoit (comme i'ay dit cy-deſſus) le proche parent du feu Roy Iean de Hongrie, & celuy-cy amy intime de George Martinuſe, qui auoient vn grand credit & authorité parmy les principaux Seigneurs & les peuples de la Dace ou Tranſyluanie, & qui auoient attiré à leur party Eſtiene Vaiuode de Moldauie, lequel ayant eſté ſpolié & chaſſé de ſon Eſtat par les Turcs, s'eſtoit par ſa valeur & ſes richeſſes rendu fort & puiſſant dans ces Prouinces là.

La Reyne Iſabeau ſe trouuant aſſiſtée du conſeil de ces deux Seigneurs ne ceſſoit de ſolliciter les Tranſyluains de chaſſer Caſtalde & les Etrangers qui s'eſtoient rendus les maiſtres des plus fortes places du pays, quand ſon fils & elle auoient quitté le Royaume par le mauuais conſeil de ce Capitaine Imperial, & les artifices du Moine George que Caſtalde auoit fait aſſaſſiner, ou Ferdinand par les ſoldats Italiens de ce Capitaine. Les Tranſyluains ne pouuans plus obeïr aux commandemens des Allemans, ny ſupporter l'inſolence des Eſpagnols, preſterent l'oreille aux plaintes de la Reyne Iſabelle, qui ſe voyant appuyée du ſecours du Roy de Pologne ſon frere, & de la faueur des Grands du Pays, auoit la reſolution de reprendre la Tranſyluanie auec la peau du lyon & par la force, que Ferdinand auoit ſurpriſe auec celle du renard, c'eſt à dire par ſes ruſes & ſes fineſſes.

Caſtalde eſtonné de voir que la Reyne Iſabelle luy tailloit bien de la beſogne, enuoya ſon neueu Alfonſe Caſtalde en Pologne à la Reyne Bonne mere d'Iſabelle, pour l'aſſeurer que Ferdinand eſtoit preſt de s'acquiter de ſes promeſſes enuers la Princeſſe Iſabelle ſa fille, & méme de luy donner plus de contentement qu'elle n'en eſperoit, pourueu que l'affaire fuſt traitée à l'amiable. Cependant il écrit à ce Roy des Romains pour luy faire ſçauoir en quelle diſpoſition eſtoit cette affaire tres-importante. Il taſche auſſi par de nouuelles promeſſes de gagner la Reyne Iſabeau, & employe toute ſon induſtrie par le moyen de François Quendi & Thomas Varkhoz ſes domeſtiques, (auſquels il écriuit auſſi de bon ancre) pour la faire renoncer à l'alliance des Turcs. Ces deux Seigneurs quand ils estoient en public faisoient semblant de porter la Reyne à viure en paix auec Ferdinand : mais lors qu'ils estoient dans le cabinet de sa Maiesté, ils animoient cette Princesse courageuse à se resentir des affronts qu'elle auoit receus, quittant le Royaume de Transyluanie au Roy des Romains. Cette Reine les escoutoit fort agreablement, pource qu'elle auoit vn grand cœur naturellement porté à rentrer dans ses terres, qu'elle croyoit à bon droit qu'on luy auoit rauies. Aussi quand Quenti & Varkhoz luy eussent conseillé de s'accommoder à l'amiable auec Ferdinand, elle n'eust pas suiuy cet auis ; car iamais on ne luy pût persuader de se desister de la poursuite de son dessein, quoy qu'elle feignit accortement de faire état de la bienueillance que Ferdinand Roy des Romains luy portoit, & des conditions qu'il luy offroit, preferant le secours & l'asseurance certaine & asseurée des Ottomans, aux belles paroles & aux fausses promesses de ce Prince de la Maison d'Austriche, frere de l'Empereur Charles V.

Elizabet Iagellon Reyne de Hongrie demeurant en Pologne prés de son frere le Roy Sigismond-Auguste, & de sa mere la Reyne Bonne, receut vn extréme desplaisir de voir la diuision & le trouble qui estoit en ce Royaume là pour des querelles domestiques, comme i'ay remarqué dans les vies d'Anne Iagellon, & de Bonne Sforce, Reynes de Pologne. Mais depuis l'impression de l'Eloge de Bonne, i'ay leu Salomon Neugebauer, qui a écrit en dix liures l'Histoire de Pologne, duquel i'ay appris les particularitez de ce differend.

Salomon Neugebauerus à Cadano. li. 8. Hist. Polonica.

Il dit que l'an 1556. toute la Pologne estoit en trouble, à cause que la Reyne Bonne qui auoit demeuré en ce Royaume là prés de 40. ans vouloit retourner en Italie, sous pretexte de recouurer sa santé ; ce qui n'estoit pas agreable au Roy ny aux Palatins, non seulement pource qu'elle vouloit transporter hors du Royaume de grandes richesses & des tresors qui aprés son decés deuoient appartenir au Roy Sigismond, & à ses sœurs les filles de cette Reyne là ; mais pource qu'ils preuoyoient qu'elle ne pouuoit pas viure en vn petit coin d'Italie auec la dignité de Reyne, & y conseruer les prerogatiues & les eminences deuës à cette auguste qualité, la plus grande & la plus releuée entre les mortels; ce qui apporteroit du deshonneur au Roy & à la Couronne de Pologne. Laurens Papacoda & Camille de Brancas, Seigneurs Napolitains, & les premiers de la Maison de la Reyne Bonne, estoient les autheurs de ce dessein là, & se fondoient sur l'asseurance qu'ils donnoient à cette Princesse, qu'estant en Italie elle seroit Vicereyne du Royaume de Naples, & y receuroit de grands honneurs. Le Roy n'y fut pas contraire au commencement, mais ayant entendu leur proposition, il voulut par toutes sortes de moyens empescher leurs desseins. Et premierement il pria sa sœur Isabelle Reyne de Hongrie qu'elle fist tout son possible pour destourner la Reyne Bonne leur mere de cette resolution. Mais cela n'ayant pas succedé selon son desir, il fit dresser vn gibet dans le marché, & fit publier par vn trompette qu'il feroit mourir tous ceux qui accompagneroient la Reyne sa mere. Mais comme les hommes sont portez à faire ce qui leur est defendu, & ne desirent rien tant que ce qui leur est refusé; Bonne Sforse Reyne des Polaques indignée enuoya vers le Roy, Antoine Terci son Conseiller, pour sçauoir de sa Maiesté pour quel suiet il vouloit empescher sa sortie de Pologne: mais le Roy crût qu'il estoit plus honorable qu'il fist sa responce luy-mesme à la Reine sa mere, que de la luy faire sçauoir par des entremetteurs; elle ne laissa pas pourtant de faire tous les preparatifs de son voyage d'Italie, contre la volonté du Roy & du Senat. N'ayant pû obtenir son congé du Roy son fils par prieres, elle s'auisa de gagner par presens sa Maiesté, & les principaux Seigneurs de sa Cour. Stanislas de Tenezin Palatin de Cracouie, & Iean Ociëssi Chancelier du Royaume, qui auoient plus de credit & de faueur prés de ce Prince prirent sa defense. Sa fille Isabelle veuue du Roy de Hongrie la seruit & assista grandement (car elle auoit tousiours esté partisane de sa mere) se meslant bien auant en cette affaire là. Elle presenta au Roy son frere de la part de Bonne vn anneau, dans lequel il y auoit vne bague tres-riche, qui pour sa beauté & son éclat estoit appellée l'estoille. Les autres Seigneurs qui ne sçauoient rien de ces liberalitez, empeschoient en vain prés du Roy la sortie de Bonne, mais Iean Tarnouius Chastelain de Cracouie, qui auoit auparauant receu dix mille escus de cette Princesse, luy renuoya cet argent sans iamais vouloir changer d'auis, & se relascher de la liberté digne d'vn Senateur. Iusques icy sont les paroles de l'Historien Neugebauer.

Isabelle Reyne de Hongrie ayant assisté aux noces de sa sœur Sofie, que Sigismond Auguste Roy de Pologne maria à Henry le Ieune Duc de Brunswic, & qu'il fit conduire honorablement à Wulfenbutel, & rendu vn signalé seruice à la Reyne sa mere prés du mesme Monarque des Polonnois, sortit de Pologne pour l'extréme passion qu'elle auoit de retourner auec son fils Iean Sigismond en son Royaume de Transyluanie, où elle estoit autant aymée pour ses vertus, comme ses ennemis s'estoient fait hair par leur mauuaise conduite. Car Castalde Marquis de Cassano, qui s'estoit emparé pour Ferdinand des meilleures places, quand Isabelle fut contrainte de luy quitter la place, & abandonner cet Estat là, s'estoit retiré accortement à Vienne en Austriche pour éuiter la rage des Transyluains, qui auoient conspiré de le mettre à mort auec tous les Espagnols, & de rappeller la Reyne Isabelle, qui ne fut pas si tost arriuée en Transyluanie qu'elle rentra dans Albe-Iule dite aussi Weyssenbourg. Quant à George Martinuse Archeuéque de Strigonie & Euéque de Varadin, qui auoit témoigné vn extréme contentement au depart d'Isabelle, croyant pouuoir gouuerner la Transyluanie sans compagnon, & que le Pape Iule III. auoit creé Cardinal à la recommandation du méme Ferdinand Roy des Romains, (qui a esté depuis Empereur I. du nom) il auoit esté assassiné cruellement dés le 17. de Decembre de l'an 1551. dans son beau Chasteau de Binse (les Transyluains l'appellent Wintz) comme il disoit ses heures en se leuant, par des soldats Italiens de Castalde, conduits par le Marquis Sforce Pallauicin, qui depuis ont tous pery miserablement, comme n'ignorent pas ceux qui ont leu les Ecriuains de l'Hi-

George auoit fait bastir ce beau Chasteau sur les fondemens d'vn Monastere de son Ordre qu'il auoit ruiné.

stoire de Hongrie & de Turquie, ou celle de nostre temps. Ferdinand ayant esté contraint de se défaire de cet homme artificieux & rusé, dont il craignoit l'esprit, pour les secrettes intelligences qu'il auoit, tant dans le conseil de l'Empereur, que dans celuy du Grand Seigneur. Iule III. ietta vne excommunication contre Ferdinand & les assassins; mais cela depuis fut appaisé à l'instance de quelques Cardinaux, comme l'on peut voir chez Monsieur de Thou, au liure 10. de son Histoire.

M. Fumée. Monsieur le Cardinal d'Ossat. Artus Thomas. F. de Raimond. And. Victorellus. A. Vvion.

De morte Cardinalis Martinusij indicium apud Thuanum.

George auoit esté tousiours contraire à la Reyne Elizabet, & ne s'estoit point accordé auec elle, sinon pour la conseruation de la Religion Catholique & l'extirpation des heresies de Luther & d'Arius, qui se glissoient en Transyluanie: Elle fut assistée contre les Seigneurs du Royaume, partisans de Ferdinand, par Pierre Vichi, dit Petrowithz, Gentil-homme Esclauon, Lutherien couuert, qui depuis se declara Arrien, & gasta le Prince son fils, & donna entrée en la Cour de Iean-Sigismond aux Arriens, aux Caluinistes & aux Lutheriens. La Reyne Isabelle ayant découuert que les heretiques se fourroient en la Cour du Roy son fils, à l'exemple du Roy de Pologne son pere, le prudent Sigismond (qui chassa par ses Ordonnances les Heretiques des terres suiettes à la Couronne Polonnoise,) prit cette affaire à cœur, & commanda aux Ministres de vuider de la Transyluanie : Et à son instance fut fait vn Edit de bannissement, auec defenses tres expresses de faire autre exercice que de la Religion Catholique Apostolique & Romaine, se monstrant heritiere non seulement du nom, mais qui plus est du courage, du zele & des vertus de son ayeule paternelle Elizabet d'Austriche Reyne de Pologne, femme du Roy Cazimir IV. du nom, fille de l'Empereur Albert II. & d'Isabelle de Luxembourg sa femme, & petite fille de l'Empereur Sigismond, & de Barbe de Cilie.

Cette Elizabet d'Austriche Reyne de Pologne, que l'Historien des Polaques appelle Princesse tres chaste, tres honneste & tres religieuse, eut du Roy Cazimir son mary, vn grand nombre d'enfans, sçauoir six fils, & cinq filles. Ladislas, ou selon les autres Vladislas son fils aisné fut Roy

Martinus Cromerus.

de Hongrie & de Boheme, (aprés Mathias Coruin) qui épousa Anne de Foix de la tres-illustre Maison de Candale. Le second Cazimir, fut Duc de Lituanie. Iean Albert, Alexandre & Sigismond I. (pere d'Isabelle Iagellon Reyne de Transyluanie) furent successiuement Rois de Pologne. Le 6. nommé Federic a esté Archeuéque de Gnesne, Euéque de Cracouie, & creé Cardinal Diacre par le Pape Alexandre VI. lesquels elle a nourris & éleuez auec vn si grand soin en l'amour & en la crainte de Dieu, que Cazimir qui estoit le second, est mort vierge aprés auoir vécu fort saintement; il fut enterré à l'Eglise de Vilne, la ville capitale de son Duché de Lituanie, où plusieurs malades ont esté miraculeusement gueris à son sepulchre, qui fut ouuert l'an 1604. prés de deux siecles aprés son decés. Son corps fut trouué frais & entier, tenant en sa main vne deuote oraison faite en prose Latine rimée, qu'il disoit tous les iours en l'honneur de la Vierge des Vierges. Zacharie Ferrier, de Vicence, Nonce du Saint Siege en Pologne, a écrit sa vie & ses vertus, & l'Eglise celebre sa feste de l'Office semidouble le 4. iour de Mars, ayant esté declaré B. par le Pape Leon X.

Elizabet Iagellon, heritiere de la pieté & des bonnes mœurs d'Elizabet d'Austriche son ayeule, véquit fort pieusement, & nourrit le Roy Iean-Sigismond son fils à la Religion Catholique: mais Dieu voulant punir les Transyluains pour leurs pechez, leur osta cette bonne Princesse, lors que son fils n'auoit encor que 19. ans, ainsi qu'il est exprimé à la fin de cette Vie. Mais auparauant il est à propos de rapporter comme elle fut receuë des Transyluains auec le Roy son fils à son retour de Pologne, d'où elle amena douze cens Polonnois, six cens de Caualerie, & six cens d'Infanterie.

La Reyne Isabelle arriuant en la Dace, fut receuë auec vne ioye nompareille des Transyluains qui luy rendirent de grands honneurs, comme aussi au Roy son fils, qui estoit lors aagé de 16. ans, & luy témoignerent l'affection qu'ils auoient pour son seruice, & l'auersion qu'ils auoient de ses ennemis, & de tous les partisans de Ferdinand d'Austriche.

che. André Bathori de Somlio ayant eu commandement de cette Princesse d'aller mettre le siege deuant Hust (que les Hongres appellent Samosuiwar) se rendit maistre de cette bonne place, les Capitaines Michel Corlat & Zalai qui la defendoient n'ayans point receu de secours de Ferdinand. Varadin encore plus forte, dans laquelle commandoient Forgats & Dobo, fut aussi contrainte de se rendre à Thomas Varcoci & George Bathori, fideles seruiteurs de cette Reyne, qui en peu de temps se vid maistresse de la partie du Royaume de Hongrie, qui est au delà & au deçà de la riuiere de Tibisque. Mais comme les armes sont iournalieres, Christofle Hagmasij & Benoist Bornemissa Capitaines d'Isabelle & creatures de Petrowitz ayans assemblé des troupes pour se rendre maistres de quelques autres villes, furent battus & défaits par Emery Telequessi Capitaine de Ferdinand, qui les trouua faisant le degast des vignes. Neantmoins les affaires de Transyluanie estoient en assez bon ordre, & la Reyne Isabelle viuoit en grande estime dans tous les Royaumes de l'Europe. Elle receut en ce temps là fort splendidement Iean Iaques de Cabray Ambassadeur d'Henry II. Roy de France, qui luy promit allant à Constantinople toute assistance de la part du Roy son Maistre. Ce qui l'obligea d'enuoyer en France en Ambassade Christofle Bathori de Somlio (pere du braue & infortuné Sigismond Bathori Prince de Transyluanie) pour remercier le Roy Tres-Chrestien de sa faueur & de sa bonne affection. *Il estoit Doyen de Bourges, & portoit de gueules à 3. ecrots d'or.*

Bathori fut receu par nostre Roy Henry II. auec toutes les ciuilitez que l'on pouuoit receuoir de l'honneur méme, & renuoyé auec Pierre François Martinez en Transyluanie, où ils donnerent asseurance à la Reyne Isabelle de la part de sa Maiesté Tres-Chrestienne, de l'alliance qu'il vouloit faire auec elle par le mariage de l'vne de ses filles auec son fils vnique le Roy Iean Sigismond, qui estoit aagé de 17. ans, à condition qu'elle le fist nourrir & éleuer auec éclat, & ne fist point approcher de sa personne tant de femmes, & des hommes de basse naissance, qui ne sont pas propres pour estre nourris prés des ieunes Princes, & qu'elle luy donnaſt la connoiſſance de ſes affaires. Petrouuitz, & la pluſpart des Seigneurs du Conſeil de la Reyne Iſabel, le approuuerent les raiſons du Roy Tres-Chreſtien en preſence de ſa Maieſté, & dirent hautement à l'Ambaſſadeur de France qu'ils auoient deſia remonſtré cela à la Reyne leur Maiſtreſſe, qui commença lors à auoir cette Ambaſſade pour ſuſpecte, & crût que ces Seigneurs là auoient donné cet auis au Roy de France. Elle en écriuit à ſa mere au meſme temps qu'elle quitta la Pologne pour ſe retirer en ſon Duché de Bary en Italie.

La Reyne Bonne ayant receu les lettres de ſa fille la Reine Iſabelle luy fit réponſe, ou de ſon propre mouuement, ou ſelon que le bruit commun eſtoit lors, ayant eſté gagnée par Philippe II. Roy d'Eſpagne, ou bien par Ferdinand Roy des Romains. Voicy la lettre : *Ma fille, tenez touſiours la puiſſance deuers vous, & ne donnez point tant d'authorité à voſtre fils, laquelle vous perdrez, auſſi-toſt que vous luy donnerez pour femme la fille d'vn ſi puiſſant Monarque que celuy de France.*

Iſabelle ayant ſuiuy le malheureux conſeil de la Reyne Bonne ſa mere, ne fit point alliance auec le Roy des François, & depuis eut touſiours en auerſion ceux qui luy perſuadoient de faire voir les armées au Roy ſon fils, de luy donner la connoiſſance des affaires du Royaume, & de l'enuoyer à Varadin. Elle donna la charge de toutes ſes armées à Michel Balaſſa, homme haut à la main. Ce qui ne fut pas fort agreable à ſes ſuiets, qui euſſent bien deſiré qu'elle euſt fait le choix d'vn Chef plus traitable & plus humain que celuy-là. Les Autheurs qui ont écrit en faueur de cette vertueuſe Princeſſe, diſent qu'elle ne voyoit pas de bon œil les grands Seigneurs de Hongrie & de Tranſyluanie, particulierement Petrouuitz luy eſtoit odieux, à cauſe qu'il faiſoit profeſſion de l'hereſie de Luther, & que ſous pretexte de luy donner connoiſſance des affaires de ſon Eſtat, ils le vouloient éloigner de la Reyne ſa mere, pour luy faire plus facilement quitter là vraye & ancienne Religion, pour embraſſer la nouuelle & la fauſſe. Ce qu'il a fait aprés le decés de la Reyne ſa mere, qui fut contrain-

F. de Rémond.

te durant les troubles des Transylvains d'entretenir l'alliance auec Ferdinand Roy des Romains, aux mesmes conditions qui auoient esté faires par Castalde & le Moine George, dont la plus honorable estoit que Iean-Sigismond Roy de Hongrie seroit marié au pluftost à Ieanne d'Auftriche, la derniere fille de Ferdinand, qui depuis fut Grand'Duchesse de Toscane.

N. Iftuanfus.

En cette saison là Isabelle Reyne de Hongrie receut les tristes nouuelles du decés de sa mere Bonne Sforse Reyne de Pologne. Cette mort l'affligea grandement, car le bruit estoit tout commun qu'elle auoit esté empoisonnée par Papacoda, pour la crainte qu'il auoit qu'elle retournast en Pologne prés de son fils le Roy Sigismond-Augufte, comme elle le desiroit auec passion. Ce scelerat adiousta vn parricide à vn crime; car non content d'auoir auancé les iours à sa Princesse & à sa femme, il supposa vn faux testament, par lequel elle ne laissa rien à son fils le Roy de Pologne, ny à ses filles Isabelle Reyne de Hongrie; Anne Infante de Pologne; Sofie Duchesse de Brunswic; & Caterine, qui depuis fut Reyne de Suede; & donnoit tous ses biens à Philippe II. Roy d'Espagne.

La Reyne Isabelle accablée de douleur, passa fort Chrestiennement de cette vie à vne plus heureuse, & mourut à Albe-Iule, que les Allemans appellent Weysenbourg le 15. du mois de Septembre de l'an 1558. comme remarquent la plufpart des Autheurs qui ont parlé d'elle, & non pas l'an 1556. comme écrit Genebrard, qui la louë pour auoir eu l'honneur d'eftre fille, femme, sœur & mere de Roy, laissant pour son heritier son fils Iean-Sigismond Roy de Transylvanie, ieune Prince de 19. ans, qui aprés la mort de sa mere, estant dépourueu de bons & de fideles seruiteurs, quitta par le mauuais conseil de son Medecin George Blandrate, Piémontois, la Religion de ses ancestres, & se declara ouuertement Lutherien; puis il changea encore de Religion, renonçant au Lutheranisme, pour suiure l'heresie des Arriens. Ce fut vn grand malheur à la Chrestienté. Il mourut aagé de 32. ans l'an 1571. ayant fait vne vie digne d'vn Prince heretique, & capital ennemy de la vertu. Aprés sa mort les Transyluains éleurent pour leur Prince le vaillant & genereux Estiene Bathory de Somlio, que les Polonnois ont aussi éleu pour leur Roy, aprés la retraite de nostre Henry III. comme i'ay rapporté en la vie d'Anne Iagellon Reyne de Pologne, sœur puisnée d'Isabelle Iagellon Reyne de Hongrie & de Transyluanie.

ELIZABET D'AVSTRICHE, REYNE DE DANNEMARC & de Suede.

Dánemarc, blazonné en la page 406.

Nortuege, de gueules à vn lyon d'or, la passé & couronné de mesme, tenát en ses pates vne hache d'argent, emmanchée d'or.

Suede, blazonné és pages 40. & 467.

Gothie, d'or au lyõ d'azur en chef, & 9. cœurs de gueules en pointe, 5. & 4. ou selon les autres, d'argent, à trois bádes ondées d'azur, au lyon de sable sur le tout.

ELIZABET d'Austriche estoit la seconde fille de l'Archiduc Philippe Roy de Castille, & de Ieanne d'Espagne ou d'Arragon, qui nâquit à Brusselle l'an 1501. Elle fut mariée à Christierne Roy de Dannemarc, de Nortuege, de Suede, & de Gothie; auec lequel elle n'eut pas peu à souffrir, car ce Prince estoit d'vn naturel cruel & farouche: aussi il fut pour sa tyránie & ses excés de cruauté chassé de ses Royaumes, & priué de ses Estats par ses suiets. Federic son oncle luy osta les Royaumes de Nortuege & de Dannemarc, auec ces grandes Prouinces & Duchez d'Holsace, d'Islandie, de Sclauie, de Sleuic, d'Holstein, de Stormarie, de Fuynen, de Delm-Horst, & d'Oldembourg, & Gustaue de la Maison de Wasa, Gentil-homme ou Prince Suedois, issu des anciens Rois de Suede, le despouilla des Royaumes de Gothie, de Wandalie, & de Suede.

Islandie, d'azur, à vn poisson sans teste d'argent, couronné d'or, posé en pal.
Sclauie, de gueules, au dragon couronné d'or.
Sleuic, d'or à 2. lyons leopardez d'azur.
Holstein, de gueules, à trois œillets & trois feüilles d'ortie mises en triangle, & mouuans du cœur de l'escu, qui est chargé d'vn petit escusson d'argent.
Stormarie, d'azur, à vn cygne d'argent, colletté d'vne couronne d'or.
Fuynen, d'azur au poisson d'or en pal.
Delm Horst, d'or, à 2. fasces de gueules.
Oldenbourg, d'or, à la Croix de gueules, chargée ou remplie d'vne autre Croix d'argent.

La constante & genereuse Isabelle sa femme, durant ces disgraces du Roy Christierne ou Chrestien II. son mary, lors que Federic & Gustaue se disposoient de luy arracher ses Sceptres des mains, fit voir qu'elle estoit vne tres-sage & vertueuse Princesse: car elle parut auec tant de resolution & de magnanimité, que la fortune fut hôteuse d'estre vaincuë du courage d'vne femme. Elle ne souffroit pas les maux seulement, mais les receuoit auec patience. Vne autre de moindre condition qu'elle, eust eu honte de se voir en petit estat aprés tant de grandeurs: mais son bon esprit luy di-stoit qu'il n'y auoit que ceux-là qui meritoient les miseres & les malheurs, qui auoient honte d'estre hommes, c'est à dire suiets aux changemens.

On ne sçauroit décrire auec quelle constance l'inuincible & courageuse Reyne de Dannemarc supporta les affronts qu'elle receut de ses suiets, infectez de l'heresie de Luther: (car les Heretiques modernes & nouueaux sectateurs ont esté tousiours contraires aux Rois, & ennemis de l'Estat Monarchique; ce sont eux aussi qui ont chassé Christierne son mary de Dannemarc; Sigismond, de Suede; & Marie, d'Escosse; & troublé le repos des Royaumes & Empires) de se voir chassée de ses Estats & Seigneuries, par ceux qui lûy deuoient tout respect & toute obeïssance, & porter courageusement cette défaueur & rebellion, cela surpasse toute loüange.

On vid durant quelques années cette grande Reyne, petite fille d'Empereurs & de Rois, & sœur de l'Empereur Charles V. aller auec son mary & ses enfans mendier la faueur des Princes estrangers. Aprés que le Roy Christierne eut ainsi roulé dix ans entiers, voulant à main armée rentrer dans ses Royaumes, il fut défait, & pris prisonnier en Holsace par son oncle Federic, qui l'enferma dans le Chasteau de Smidébourg, où il mourut.

Ce miserable Roy eut d'Elizabet d'Austriche trois enfans, deux filles, & vn fils vnique Iean Duc d'Holsace Prince d'vn bon naturel, qui se retira prés l'Empereur son oncle, sans pouuoir auoir neantmoins aucun secours de luy, pour les grandes guerres où il estoit engagé. Ce qui fascha tellement ce ieune Prince, qu'il en mourut de regret.

Les peines qu'elle receut pour la cruauté de Chrestien, ne firent perdre la patience à la sage & constante Isabelle d'Austriche, qui loüoit Dieu & benissoit son saint Nom, aussi bien en temps d'aduersité, qu'en celuy de la prosperité, chantant de bouche & de cœur auec vn grand Monarque esleu selon le cœur de Dieu: *Ie loüeray Dieu en tout temps, sa loüange sera tousiours en ma bouche.* La statuë de Diane pouuoit bien estre exposée à l'air sans estre iamais frapée de la pluye, ny couuerte de neiges, parce qu'elle representoit vne Diuinité, qui est hors de toutes les iniures du temps: mais estre homme, & ne sentir pas les orages & les tempestes, c'est ce qui n'arriue point. Cette magnanime constance d'Isabelle Reyne de Dannemarc, fit que l'Empereur Charles son frere cherit & affectionna grandement ses deux filles. L'aisnée nommée Dorothée, épousa le Comte Palatin, Duc de Bauiere, qui tascha de se rendre maistre des Estats & des Royaumes de son beau-pere: mais les Lutheriens qui auoiët esleu pour leur Roy Christierne, fils de Federic l'vsurpateur, s'y opposerent auec leurs armes & leurs forces. Christine la puisnée fut mariée par Charles à François Sforce, Duc de Milan, & après sa mort à François Duc de Calabre & de Lorraine, comme nous auons dit en l'Eloge de cette prudente Duchesse. Elizabet mourut à Gand le 19. Ianuier 1525. aagée de 24. ans. Elle gist en l'Eglise de S. Pierre.

Depuis la premiere edition de ces Vies des Dames Illustres, i'ay leu la genealogie des Rois, des Electeurs, des Ducs, des Princes & des Comtes qui tirent leur origine du tres belliqueux Witichind Roy des Saxons, écrite en Latin par Elie Reusner, où cet Autheur, quoy qu'Heretique, loüe autant cette Reyne de Dannemarc pour ses vertus, & sur toutes pour sa pieté enuers Dieu, qu'il blasme son mary pour sa cruauté, & pour le pouuoir qu'il donnoit à vne miserable concubine, qui a causé bien des maux par tous les Royaumes du Nort, & affligé la vertueuse Isabelle d'Austriche, qui eut (comme remarque cet Autheur) cinq enfans, sçauoir deux filles, & trois fils, Philippe & Maximilien decedez en ieunesse, & Iean Prince fort docte, eloquêt & d'esprit, qui mourut à la suite de l'Empereur Charles V. allant à la guerre de Hongrie l'an 1532. à Steinbruch, le mesme iour que son pere le Roy Christierne fut pris sur la mer, & mis prisonnier à Callinbourg, où il demeura enfermé 27. ans, iusques au 25. de Ianuier 1559. qu'il mourut. Ce Christierne est le premier des Rois qui a embrassé la Religion de Luther, & le premier qui a esté depossedé par ses suiets, qui faisoient profession de ces nouuelles erreurs.

ELIZABET-CLAIRE-EVGENIE INFANTE D'ESPAGNE, DVCHESSE DE BRABANT, & Comtesse de Flandre.

Brabant, de sable, au lyon d'or, lampassé & armé de gueules.

Fládre, d'or au lyon de sable, lampassé & armé de gueules.

Limbourg, d'argent, au Lyon de gueules, couronné & armé d'or, lampassé d'azur; à la queuë fourchuë, passée en sautoir.

Hainaut moderne, d'or, au lyó de sable.

I'AY donné cy-deuant vne Elizabet ou Isabelle d'Austriche malheureuse, mais en recompense i'en donne vne plus heureuse & plus illustre, à sçauoir Elizabet-Claire-Eugenie Infante d'Espagne, Archiduchesse d'Austriche, Duchesse de Brabant, Comtesse de Flandre, & Princesse des Païs bas: de laquelle ceux qui font profession de la deuotion solide & de la vraye pieté, ne doiuent iamais parler sans eloge, & que les Dames qui gouuernent des Prouinces & des Royaumes doiuent suiure & imiter, pour auoir si genereusement maintenu en paix les humeurs differentes des peuples qui se trouuoient en ses terres, que les François l'estimoient Françoise de courtoisie; aussi estoit-elle fille d'vne fille de France: les Espagnols la croyoient toute Castillane, & les Flamans l'aymoient & honoroient comme ayans esté gouuernez par elle plus de 30. ans auec vne insigne clemence & bonté.

Cette tres-sage & tres-vertueuse Heroïne estoit la fille aisnée de Philippe II. Roy d'Espagne, & de sa 3. femme Elizabet de France, de laquelle i'ay fait l'Eloge cy-dessus, ce qui rendoit cette Princesse tres-noble, estant la fille de tant de Rois & d'Empereurs de la Maison d'Austriche par son pere, & de nos Rois Tres-Chrestiens par sa mere.

Ce fut le 12. d'Aoust de l'an 1566. à 2. heures aprés minuit que Isabelle-Claire-Eugenie nâquit à Balsain ou Valsain, maison de plaisance des Rois Catholiques, en la forest de Segouie. Ie laisse plusieurs remarques que les Astrologues firent sur sa natiuité qu'ils iugerent tres-heureuse par le rencontre des astres. Si le 12. d'Aoust, feste de la Vierge sainte Claire de l'année 1566. doit estre marqué en lettre rouge, auquel le Ciel fit ce magnifique present à la terre, pour seruir d'ornement à deux siecles, & de memoire à tous ensemble; le 13. ou selon les autres le 15. de Nouembre de la mesme année feste de S. Eugene 1. Euéque de Tolede disciple de nostre S. Denys, 1. Euéque de Paris, doit estre aussi écrit en lettres d'or & d'azur, à cause que cette pieuse Princesse receut le Baptéme par le Nonce de Pie V. le Seigneur Iean Baptiste Castane Archeuéque de Rossane, auquel Gregoire XIII. donna le Chapeau, & fut éleu Pape aprés le decés de Sixte V. sous le nom d'Vrbain VII. ayāt pour parrain Charles Infant d'Espagne ou Prince de Castille son frere paternel, & pour marraine sa tante Ieanne d'Austriche ou d'Espagne, mere de Sebastien Roy de Portugal, qui la nommerent *Elizabet* ou *Isabelle* pour la Reyne sa mere: Aussi elle a eu tousiours vne particuliere deuotion aux Saintes Elizabets, tant à la mere du Precurseur du Messie, qu'aux Isabelles de Hongrie ou de Thuringe, & d'Arragon ou de Portugal; celle-cy aprés qu'elle a esté canonisée le 25. May de l'an 1625. par Vrbain VIII. celle-là dont elle fit apporter d'Holande le bras, pour le mettre & placer auec honneur & respect en son deuot & riche Oratoire. Elle honoroit aussi grandement la memoire de la B. Isabelle de France, ce, fille de noſtre Roy Louys VIII. & de Blanche de Caſtille, & sœur de S. Louys IX. Fondatrice du Monaſtere de l'Humilité de Noſtre-Dame, dit de Long-champ lés Paris, & toutes les autres ſaintes Princeſſes & Religieuſes, qui ont rendu le nom d'*Elizabet* tres-illuſtre par leur vertu & par leur pieté, comme les curieux pourront apprendre du Maiſtre de la Chapelle de cette Infante, dans ſes ſaintes Iſabelles. *Miræus in Iſabellis ſanctis.*

Puis ils luy donnerent encor le nom de *Claire*, pour eſtre née le iour de la feſte de cette Vierge là, à laquelle cette Infante n'a pas eu vne moindre deuotion qu'aux ſaintes Iſabelles, dont elle a porté non ſeulement les couleurs & la liurée griſe, mais auſſi l'habit tout le temps de ſa viduité, & auoit touſiours ſur ſoy vne medaille d'or de cette Sainte là, que le Pape luy auoit enuoyée, & tous les ans au iour de ſainte Claire ſa tres-chere Patrone, elle offroit à la Meſſe autant de pieces d'or qu'elle auoit d'années, ſe mettant touſiours ſous la protection & la conduite de cette grande Sainte, mere de tant de Vierges & de Religieuſes.

Finalement ils la nommerent *Eugenie*, en memoire de S. Eugen ou Eugene, dont le nom eſt venerable & celebre dans les Dioceſes & Archeuéchez de Paris & de Tolede, ayant eſté le premier Euéque de la ville capitale des Carpetans ou de la Caſtille, & enduré le martyre dans la vallée de Montmorency, prés des villages de Duel & de Grolay, quand il vint viſiter és Gaules ſon Maiſtre S. Denys le premier Euéque des Pariſiens, & le Patron de nos Monarques Tres-Chreſtiens, & duquel le Roy d'Eſpagne Philippe II. pere de cette Princeſſe auoit receu la chaſſe & la fierte l'année precedente 1565. par la liberalité de noſtre Roy Charles IX. comme l'on peut voir chez pluſieurs Autheurs; mais particulierement dans l'Hiſtoire de la Tranſlation du corps de S. Eugene Martyr, depuis l'Egliſe de l'Abbaye de S. Denys en France, iuſques en l'Egliſe Cathedrale de Tolede, écrite en Caſtillan, par Pierre Manrique de Padile, Chanoine de l'Egliſe de Tolede, dans laquelle ſont rapportées au long les Lettres Patentes du Roy Charles, données à Toloſe le 6. de Feurier 1565. ſignées, Par le Roy, DE

A. Miræus in faſtis Belgicis & Burgundicis.
I. Mariana.
I. du Breüil.
I. Doublet.

LAVBESPINE : vne lettre de cachet de sa Maiesté, adressante à René Baillet Seigneur de Seaux, President en sa Cour de Parlement de Paris, qui estant accompagné d'Adrien du Drac, & de Philibert de Diou Conseillers en la mesme Cour, le deposerent à ce Seigneur Espagnol, en presence de Louys de Gonzague Duc de Neuers.

L'Infante Elizabet-Claire-Eugenie ayant perdu à l'aage de deux ans, & de deux mois la Reyne Elizabet sa mere, le Roy d'Espagne Philippe II. son pere prit vn soin particulier de la faire bien instruire aux exercices de deuotion par Alfonse Orosco, Religieux de l'Ordre de S. Augustin, & Predicateur de sa Maiesté, & nourrir à la façon des Spartiates & des Amazones parmy les bois & les forests de Segouie, où elle se rendit si adroite en tous ses exercices, & deuint si vigilante, que depuis elle a souuent reüssi en ses affaires.

D'ordinaire l'agilité du corps est vne marque de la subtilité de l'esprit, & il ne sera pas hors de propos de rapporter vne action de la seule galanterie qu'elle a peut-estre faite en sa vie, où l'Archiduc son mary se trouua. Il y a dans Brusselle des compagnies des plus notables Bourgeois de la ville, qui s'exercent en vn certain temps à tirer au Papegay, & proposent des prix entre eux à ceux qui par le plus d'adresse l'abattent auec l'arc ou à l'arquebuse : L'Infante n'auoit point d'auersion à cet innocent exercice, & la ville l'ayant priée de leur faire l'honneur d'y assister, elle vint auec l'Archiduc, & sans premeditation ny pensée de tirer à l'oyseau, qui estoit esleué fort haut, elle prit vne arquebuse & l'abattit. Iamais acclamation de peuple ne fut pareille à celle là, l'Archiduc fut rauy de voir cette addresse, & tout Brusselle en corps luy presenta le prix, comme Reyne de la ceremonie. Le present fut considerable, & plus encore en ce qu'elle le destina sur le champ à l'employ d'vne œuure de pieté pour le Ciel & pour elle. Car elle en fit vn fonds pour marier toutes les années six pauures orfelines.

A. Mireus in laud. funeb.

Philippe II. ce prudent Monarque des Castillans, ayant sceu par l'approbation publique des Grands de ses Estats, l'estime qu'ils faisoient de cette fille aisnée, & reconneu luy-mefme fa pieté & fa generofité, luy fit quitter Balfain pour venir demeurer prés de fa Maiefté à l'Efcurial. Ce fut là qu'admirant fon efprit, fa vertu & fon folide iugement és affaires les plus difficiles, il prit le plaifir de l'inftruire luy mefme en la Royale fcience de l'Eftat, en laquelle il eftoit tres-excellent, & dont cette Princeffe auoit defia donné de bonnes marques, fe faifant admirer en fes opinions fur les affaires les plus importantes & les plus fecretes qui luy eftoient communiquées.

Philippe dont la prudence a efté tant loüée par les Efpagnols, du premier iour qu'il fe vid malade ne voulut mourir qu'en paix. Il defira que Philippe Infant d'Efpagne ou Prince de Caftille fon fils vnique, fucceffeur à fes Royaumes regnaft en paix, & que fa fille aifnée Ifabelle-Claire-Eugenie qu'il aymoit tant (auffi l'appelloit-il ordinairement, comme remarque Monfieur de Thou, *le miroir & la lumiere de fes yeux*) & à laquelle il vouloit donner les Prouinces du Pays bas, les Comtez de Bourgongne & de Charolois, fuft mariée en paix auec l'Archiduc Albert fon neueu, & coufin germain de l'Infante fa fille : c'eft pourquoy il fit voir par fes lettres & par fes auis qu'il defiroit de l'auoir à quelque prix que ce fuft, & témoigna le contentement qu'il reffentoit en fon ame, du bien que la Chréftienté receuroit en la concorde des deux Couronnes de France & d'Efpagne, qui fut heureufement concluë par le traité de Veruins au mois de May 1598.

L'Archiduc Albert mouroit d'enuie de fe marier à l'Infante Ifabelle fa coufine, & craignant que la promeffe qu'il en auoit, ne s'effectuant pas durant la vie de Philippe II. Roy d'Efpagne, les conditions du marché ne fuffent empirées, preffa les deux premiers Deputez d'Efpagne Richardot & Taxis, de n'aller pas tant Efpagnolement en cette negociation, & de fe fouuenir qu'il ne falloit point confulter ny differer vne action dont l'auantage dependoit de l'acheuement ; c'eft pourquoy aprés que l'on eut mis aux balances du Traité, ce qu'il falloit pour le faire venir au iufte poids de la raifon, tous les differends entre les deux Rois furent refolus & accordez.

Pppp ij

A mesme temps qu'Alexandre Cardinal de Florence, Legat du Pape Clement VIII. trauaille auec l'Euéque de Mantouë de la Maison de Gonzague, & le R. P. Calatagirone General des Cordeliers, Pompone de Bellieure, & Nicolas Bruslard Seigneur de Sillery Deputez de France: Le President Richardot, Iean Baptiste Taxis, & Louys Verreyken, Deputez d'Espagne & de l'Archiduc ou du Cardinal Albert, pour établir la paix entre les deux Couronnes ; Philippe II. Roy d'Espagne se sent de iour à autre diminuer en force & en santé, il veut neantmoins deuant que quitter ses Diadémes faire vne fin de la resolution qu'il a prise de marier Elizabet sa fille aisnée auec son neueu Albert Archiduc d'Austriche qui estoit encore Cardinal & Archeuéque de Tolede (duquel il auoit reconneu l'affection & la fidelité en Portugal & en Flandre) ausquels il veut donner les Païs bas & le Comté de Bourgongne en souueraineté, à la charge & condition qu'ils seront mariez, & non pas autrement.

Le Roy d'Espagne Philippe II. estant en cette volonté, fit venir en sa presence à Madrid le 6. May 1598. son fils vnique Philippe Prince de Castille aagé de 20. ans, accompagné de ses principaux Conseillers, où la resolution de la transaction, & de la cession des Païs bas faite par sa Maiesté Catholique à l'Infante Isabelle sa fille aisnée, fut leuë, sous-signée, passée & sellée, estant écrite en langue Françoise, & les Patentes expediées le mesme iour.

Philippe Infant d'Espagne ratifia cette donation le dernier iour du mesme mois, & donna son consentement en d'autres Patentes, declarant que tel estoit le bon plaisir du Roy Philippe II. son pere, qu'il esperoit que cela retourneroit au bien de toute la Chrestienté, & au contentement de sa bonne sœur Isabelle-Claire-Eugenie, & pour plus grande approbation & seureté, il fit le serment sur les saintes Euangiles: comme fit aussi de sa part l'Infante Elizabet, aprés auoir declaré par ses Lettres Patentes son acceptation de la donation des Pays bas, des Comtez de Bourgongne, & de Charolois, ce dernier Comté sous la Souueraineté de la Couronne de France, reconnoissant la bien-veillance du

Roy son pere, & la bonne amitié de l'Infant son frere. Puis l'Infant Philippe Hermenigilde & l'Infante Elizabet-Claire-Eugenie baiserent les mains du Roy d'Espagne Philippe II. leur pere, dont toute la Cour de sa Maiesté Catholique fit paroistre le contentement & la ioye qu'elle en receuoit, laquelle eust esté encore plus grande sans l'indisposition de ce Prince là. L'Imperatrice Marie veuue de l'Empereur Maximilien II. mere du Cardinal Archiduc, aprés cette ceremonie baisa aussi l'Infante sa niece, la reconnoissant pour sa belle-fille, & receut la promesse de mariage pour son fils Albert, & sa Maiesté Imperiale bailla aussi la promesse pour & au nom de son fils. L'Infante Isabelle enuoya sa procuration auec les Patentes du Roy Catholique son pere, & celles de son frere vnique le Prince de Castille, & ensemble les siennes d'acceptation à son futur époux.

Ces actes & depesches de la donation des Païs bas faite par le Roy d'Espagne Philippe le Prudent à l'Infante Elizabet sa fille, en faueur du mariage auec Albert Archiduc d'Austriche (lors encore Cardinal) estant apportées à Brusselle au mois de Iuillet 1598. tous les Conseils de ces Prouinces obeïssantes au Roy Catholique l'approuuerent, les peuples y consentirent, chacun en benit Dieu par la Flandre; (comme remarquent les Ecriuains Flamans) les Estats generaux assemblez à Brusselle les 15. & 16. d'Aoust de la mesme année, les reconneurent & les receurent pour leurs Princes Souuerains, selon l'intention de sa Maiesté Catholique.

Tandis que l'Archiduc Albert nouueau Duc de Brabant & Comte de Flandre se fait reconnoistre pour Souuerain des Pays bas, suiuant les promesses de mariage auec luy & l'Infante Elizabet d'Espagne ; qu'il se dispose de l'aller querir en Castille, laisse pour Gouuerneur, auec vn tres-ample pouuoir de ces Prouinces là en son absence le Cardinal André d'Austriche son cousin germain ; qu'il visite auāt que de faire son voyage d'Alemagne, d'Italie & d'Espagne deuotement *Nostre-Dame de Hault* (lieu de pelerinage fort celebre & frequenté par les seruiteurs de la Mere de Dieu, & renommé par les écrits du docte Lipse) pour remettre

Il estoit fils de Ferdinād Archiduc d'Austriche, & Côte de Tyrol, frere puisné de l'Empereur Maximilien II. & de Philippine Velser sa premiere femme.

son Chapeau de Cardinal sur le grand Autel de la Vierge, lequel il renuoya par l'Archeuéque de Besançon au Pape Clement VIII. à Ferrare le 29. Iuillet 1598. L'Infante Elizabet sa maistresse, rend les derniers deuoirs au Roy d'Espagne Philippe II. son pere qui mourut à l'Escurial où il s'estoit fait porter de Madrid, le Dimanche 13. iour de Septembre 1598. estant aagé de 72. ans, après auoir receu tous ses Sacremens, & celuy de l'Extréme-Onction, en presence de son fils Philippe Prince de Castille, & de l'Infante Isabelle-Claire-Eugenie, Princesse des Pays bas, ausquels il fit voir en mourant fort Chrestiennement que les Couronnes & les Empires ne garantissent pas les Rois de la mort, ny les voluptez des vers, ny les honneurs des puanteurs. Aprés qu'il eut pleu à Dieu d'appeller ce Monarque, l'Infante s'enferma dans le Monastere des Filles de sainte Claire, pour prier nostre Seigneur auec ces bonnes Religieuses pour le repos de son ame, & n'estre pas incommodée des visites des Grandes, & des Dames d'Espagne.

 Les curieux ont remarqué que le mesme iour que l'Archiduc Albert partit de Brusselle, & qu'estant à Haut petite ville de Brabant, il quitta la pourpre Cardinale, Philippe II. mourut en Espagne : Les nouuelles de sa mort n'empescherēt point Albert de poursuiure son chemin pour l'Espagne par l'Allemagne. Il arriua heureusement à Grats, les autres disent à Trente, où il saliia la Princesse Marguerite, fille de Charles Archiduc d'Austriche, Duc de Stirie & de Carinthie, & de Marie de Bauiere, laquelle estoit promise à Philippe III. nouueau Roy d'Espagne, fils & successeur de Philippe II. qui deuant que mourir auoit voulu que son fils fust marié à cette ieune Archiduchesse Marguerite, Princesse fort sage & vertueuse, après le decés de ses sœurs Caterine-Renée, & Gregoire Maximiliene.

 Les Lecteurs qui auront la loüable curiosité de sçauoir les pompes & les magnificences qui furent faites à Albert Archiduc d'Austriche, à la Princesse Marguerite, & à Marie de Bauiere sa mere dans la Stirie, & les terres des Venitiens, & des autres Princes où ils passerent, pourront auoir recours aux Historiens de ce temps là qui les ont décrites.

Le President de Thou. Cayen.

au long, & n'ont pas oublié plusieurs belles particularitez *Iaques de* qui se passerent en ce voyage là, auquel l'Archiduc Albert *Gusman.* mena vne rare & precieuse Marguerite au Roy d'Espagne *F. Hâraut.* Philippe III. pour estre son épouse, & par eschange prit *G. Chapuys.* l'Infante Elizabet-Claire-Eugenie que le Ciel luy auoit reserué. Ce voyage se fit auec vne grandeur & vne ioye nompareille. L'Allemagne y eut part, l'Italie le sçeut, & tout le voisinage le veit en son passage. Les noces s'en firent par procureur à Ferrare, entre les mains du Pape Clemẽt VIII. car ce Souuerain Pontife lors seant en la Chaire de S. Pierre, aprés auoir le 15. de Nouembre celebré la Messe dans la grande Eglise de Ferrare, le mariage fut iuré en la presence de sa Sainteté. La Reyne Marguerite d'Austriche épousée à Philippe III. Roy d'Espagne absent, l'Archiduc Albert le representant, au mesme temps il fut marié auec l'Infante d'Espagne Isabelle absente, le Duc de Sesse Ambassadeur de Philippe en Cour de Rome la representant.

Durant que l'Archiduc Albert menoit en Espagne la Reyne Marguerite d'Austriche, le Roy Philippe III. & l'Infante sa sœur, promise à cet Archiduc, quittent Madrid pour venir à Valence la grande les receuoir. L'Archiduc Albert ayant rendu la Reyne d'Espagne Marguerite au Port de Viuatoz ou Viuarets, s'en alla en poste à Valence pour saluër le Roy Catholique & l'Infante sa Maistresse, sœur de ce Monarque. Ce fut là que la vertueuse Isabelle eut le bon-heur & le contentement de saluër celuy que le Ciel luy auoit donné pour mary, lequel ayant obtenu congé de cette vertueuse Infante, alla à Madrid saluër & passer les festes de Pasques auec l'Imperatrice sa mere, qui auoit quitté toutes les grandeurs des Cours Imperiales, aprés le decés de l'Empereur Maximilien II. son mary, pour viure en simple Religieuse aux Cordelieres deschaussées, comme nous dirons en son Eloge.

L'Archiduc ayant visité à Madrid sa mere Marie d'Espagne, & sa sœur Marguerite d'Austriche, dite de sainte Croix, ne mãqua pas de se trouuer à Valence à la solemnité des noces des deux mariages. Il y parut vestu de blanc & de bleu, comme couleurs fauorisées de l'Infante sa maistresse, & le symbole de la courtoisie & de la sagesse, vertus qui ont éclaté eminemment en cette grande Heroïne. Camille Caëtan Nonce du Pape, & Patriarche d'Alexandrie, reuestu d'ornemens conuenables à cette sainte ceremonie, fit approuuer & ratifier à l'Archiduc & à l'Archiduchesse le mariage qui auoit esté solemnellement celebré à Ferrare, comme il auoit fait au Roy Catholique, & à la Reyne Marguerite sa femme, au grand contentement de tous ceux qui assisterent aux deux Messes qui furent celebrées & chantées en musique, aprés l'approbation & ratification des mariages de leurs Maiestez Catholiques, & de leurs Altesses, & aux festes des resioüissances qui durerent huit iours entiers, au bout desquels l'Infante ou Archiduchesse Elizabet-Claire Eugenie eut le contentement & la satisfaction de voir donner l'Ordre de la Toison d'or à l'Archiduc Albert son mary, par son frere le Roy d'Espagne Philippe III. & le 7. Chef de cette milice, instituée par vn Prince de la Maison de France Philippe le Bon Duc de Bourgongne. Les Ducs de Medina & de Guastalle furent receus en cet ordre là en mesme temps, pour faire honneur à l'Archiduc & à l'Archiduchesse sa femme, lesquels ayans dit le dernier adieu à l'Imperatrice Marie, au Roy Philippe III. & à la Reyne Marguerite, partirent d'Espagne pour venir tous deux prendre la possession des Pays bas.

Louys Henriquez de Cabrera, Duc de Medina de Rioseco, Comte de Modica Amiral de Castille, & Ferrand de Gonzague Duc d'Ariane, Prince de Molfette, & Seigneur de Guastalle.

Leurs Altesses auec l'Archiduchesse de Gras, prirent le chemin de la mer Mediterranée, qui leur fut si fauorable, qu'estans partis de Barcelone, ils arriuerent en dix iours à Génes: de là ils passerent à Pauie, où Ranuce Farneze Duc de Parme les vint voir, puis à Milan où le Pape Clement VIII. les enuoya visiter par François Cardinal Dietrestein, qui donna de la part de sa Sainteté vne espée à l'Archiduc, & vne rose d'or à l'Archiduchesse ou Infante. De Milan ils enuoyerent le Comte de Berlaymont saluër le Pape & les Princes d'Italie, & aprés auoir dit adieu à Marie de Bauiere Archiduchesse de Gras, ils prindrent la route des Grisons, & du Mont S. Godard, passerent à Lucerne, & le long d'vne partie des fossez de Mets, sans vouloir entrer dans la ville, encore que le Roy Henry IV. leur eut fait of-

offrir pat le Gouuerneur l'entrée, le seiour & le passage dans Mets, auec toutes sortes de rafraichissemens & de commoditez dont ils pourroient auoir besoin. Leur intention estoit de passer en la Haute Bourgongne ou Franche Comté, & par Besançon; mais les affaires de Flandre les presserent de passer par Basle, l'Alsace, & la Lorraine, où le Duc Charles III. veuf de Claude de France, tante maternelle de l'Infante, les receut & les traita splendidement. Les Estats de Brabant & des autres Prouinces enuoyerent leurs Deputez à Niuelles, pour offrir à leurs Altesses leurs vœux & leurs seruices.

Isabelle-Claire-Eugenie & Albert son mary arriuans en Brabant par le Luxembourg, furent faire leurs deuotions à Nostre-Dame de Hault (les Flamans disent de Halle) pour rendre graces à Dieu de l'accomplissement de leur heureux voyage, & offrir leurs vœux à N. Seigneur, & à sa sainte mere, au mesme lieu, & à cette deuote Chapelle où l'Archiduc auoit commencé son voyage pour aller querir cette Heroïne en Espagne.

Il faudroit sans hyperbole faire plusieurs volumes pour décrire les honneurs que receurent Isabelle & l'Archiduc son mary à Brusselle, à Malines, à Gand, à Bruges, à l'Isle en Flandre, à Valenciennes, à Monts en Hainaut, & par toutes les autres villes des Pays bas, entre autres à Anuers, où ils furent declarez Marquis du S. Empire, & à Louuain tres-ancienne ville de Brabant, & l'vne des celebres Vniuersitez de la Chrestienté, où ils firent leur entrée auec vn appareil Royal, & les acclamations du peuple, le 24. de Nouembre; & le lendemain feste de sainte Caterine, ils furent sacrez, ou comme ils disent inaugurez. Ie renuoye les Lecteurs à ce qu'en a écrit Iean Boche Secretaire du Senat & du Peuple d'Anuers, dans le liure qu'il en a mis en lumiere, où il a rapporté toutes les circonstances des honneurs qu'Albert & Isabelle receurent de leurs suiets.

Ie remarqueray seulement en passant, que le lendemain de leur inauguration dans Louuain, l'Infante alla auec son mary & toute sa Cour aux escholes de Theologie, assister à la dispute de Pierre Richardot, Religieux de saint Wast

Historica narratio profectionis, & inaugurationis serenissimorum Belgij Principū Alberti & Isabella Austria Archiducum. Et eorum optatissimi in Belgium aduentus, rerúmq; gestarum & mirabilium. Gratulationum, Apparatuum, & Spectaculorū in ipsorum susceptione & inauguratione hactenus editorum accurata descriptio. Auctore Ioanne Bochio S. P. Q. A. à secretis.

d'Arras, fils du President Richardot, & fut entendre Iuste Lipse dans son Auditoire, où il lisoit le Traité de la Clemence, écrit par Seneque le Philosophe, acte illustre & rare à vne Princesse, & qui ne se lit point d'aucune autre, & digne d'vne Heroïne qui auoit pour bisayeul maternel, François I. Roy de France.

Bochius & Mirans.

Castor & Pollux paroissans appaisent les tempestes. Isabelle & Albert arriuans aux Prouinces des Païs bas en eussent fait autant : sans doute, ils eussent donné la paix dés leur arriuée au Brabant, quand le Cardinal André d'Austriche leur rendit compte de sa charge, sans la reuolte des peuples qui ont embrassé les nouuelles erreurs. Comme l'aymant attire le fer, mais estant frotté d'ail il perd toute sa force : ainsi sans difficulté les Estats de Hollande, de Zelande, & des autres Prouinces vnies eussent plié le genoüil deuant Isabelle-Claire-Eugenie, & l'Archiduc son mary, & leur eussent fait le serment de fidelité comme celles de Brabant, de Flandre, de Limbourg, de Hainaut, de Luxembourg, & d'Artois, & les autres, si l'air de l'auersion de la nation Espagnole, par son acrimonie, ne les en eut point détournez.

A peine Isabelle & Albert eurent pris possession de leurs Estats, qu'ils furent bien empeschez à conduire la barque, le gouuernail de laquelle leur estoit mis en main. Ils n'en peurent quasi destourner le bris & le naufrage. Ce grand Capitaine Maurice de Nassau, fils & frere des Princes d'Orenge (qui depuis a succedé à cette Principauté) estant le Chef & Capitaine des Hollandois ou des Estats des Prouinces vnies, commença dés leur aduenement à faire rage par tout le plat pays, & par les courses de ses troupes il troubla la ioye que les Flamans receuoient, d'estre commandez par ces bons Princes. Car iamais Brusselle n'auoit veu luire dans les ruës tant de feux de ioye, ny esclater plus de magnificence qu'au iour de l'entrée de ces Altesses serenissimes. Le bruit de l'allegresse du peuple (comme i'ay appris du Secretaire du Senat & du peuple d'Anuers) resonnoit aussi haut que celuy des canons, & les plus malheureux cessoient de se plaindre de la fortune, esperant de

Ioannes Bochius.

gouſter ſous leur domination toutes les douceurs que la iuſtice & la paix peuuent produire enſemble. Ie publieray dans les Eloges des Heros en valeur, comme l'Archiduc Albert s'oppoſa genereuſement aux Hollandois, la priſe d'Oſtende, aprés vn long & obſtiné ſiege, celle de Rinberg, de Vactendonc, de Cracau, de Grolle, d'Oldenſel, de Linghen, de Loochom, le dangereux ſecours de Boisle-Duc, que l'on croyoit impoſſible. Mais ce ſeroit faire tort à la verité, que de donner toute la gloire à ce Prince là: car ceux qui ont eſté à ces guerres, ſoit au ſeruice des Archiducs, ſoit pour les Hollandois, ſçauent fort bien que l'Infante y doit auoir la plus grande part: car ils ont veu cette Heroïne la genereuſe Iſabelle-Claire-Eugenie, ſuiure ſon mary aux guerres & aux ſieges des villes, particulierement en celuy d'Oſtende, où elle l'accompagna dans le fort d'Iſabelle. Meteren, Hiſtorien Religionnaire, partiſan des Hollandois écrit *qu'elle meſme mit le feu à quelques pieces, ce que les ſoldats eſtimerent à grand honneur.* Le ſieur de Bonours aſſeure au liure 4. de l'Hiſtoire du ſiege d'Oſtende, que le Roy Henry le Grand dit à Calais au Comte de Solre grand Eſcuyer de cette Princeſſe & de l'Archiduc, & leur Ambaſſadeur extraordinaire prés de ſa Maieſté Tres-Chreſtienne: *Que l'Infante s'acquerreroit aux Hiſtoires la loüange d'vne autre Zenobie, pour ayder & aſſiſter à la guerre l'Archiduc ſon mary.* Henry IV. eſtant à Calais enuoya viſiter l'Infante & l'Archiduc par le Duc d'Aiguillon.

L'on vid en ce ſiege là cette genereuſe & liberale Heroïne y exercer de grandes vertus, les ſoldats malades éprouuerent ſa pieté, les morts ſa charité, les viuans ſa liberalité. Elizabet Claire-Eugenie combattoit par les armes de ſes larmes, & il ſe peut dire que ſes vœux & ſes prieres arrachoient la victoire du Ciel. Elle fit toutes ſortes de pelerinage pour cela. Il y auoit vne ſi grande police en ſon armée, que celle d'Elizabet la Catholique n'eſtoit pas mieux ordonnée au ſiege de Grenade, bien que l'obſeruation en ſoit difficile en vn camp compoſé de tant de differentes nations, comme eſtoit celuy de cette Heroïne & de l'Archiduc Albert. Elle ne laiſſa iamais paſſer aucune action de valeur & de courage en ſon armée, ſans reconnoiſſance. Auſſi eſtoit-elle fille d'vne mere qui eſtoit la liberalité meſme. Non ſeulement les Autheurs Flamans qui ont eſcrit l'Hiſtoire des Pays bas, ou celle du ſiege d'Oſtende, mais auſſi nos François, entre autres Iaques Auguſte de Thou au liure 124. de ſon Hiſtoire, ont remarqué comme l'Infante anima l'armée de l'Archiduc pour ſecourir Nieuport aſſiegé par les Hollandois, & détourna par ſes harangues les troupes mutinées qui vouloient quitter l'armée faute de payement : car cette Heroïne eſtant arriuée à Gand la veille de S. Pierre de l'an 1600. elle alla incontinent voir l'armée pour donner le courage aux ſoldats par ſa preſence & par ſes diſcours, eſtant montée ſur vn cheual d'Eſpagne richement harnaché, exhortant auec vn viſage gay & plein d'aſſeurance, les Capitaines qu'elle appelloit par leurs noms, à faire leur deuoir, & de combattre auec valeur pour la querelle de Dieu, de la Religion, & du Pays. Elle leur promit que l'Archiduc & elle n'oublieroient iamais le ſeruice qu'ils leur rendroient en cette occaſion là, & qu'en foy de Princeſſe, elle leur donnoit aſſeurance qu'ils ſeroient bien toſt payez de tout ce qu'il leur eſtoit deu, comme il leur auoit eſté promis, quand elle deuroit engager toutes ſes bagues & ſes pierreries, iuſques aux pendans de ſes aureilles qu'elle leur monſtra de la main, les prians & coniurans comme leur Souueraine, que s'ils auoient eſté fideles en l'abſence de leurs Princes, ils le fuſſent encore dauantage en leur preſence. Si toſt qu'Iſabelle-Claire-Eugenie eut dit ces paroles auec vne douce maieſté, on entendit par toutes les troupes de l'armée les cris de ioye, *Viue l'Infante.* Les Capitaines & les ſoldats luy promirent de ſeruir fidelement, par ces paroles : *Madame, voſtre Alteſſe n'a qu'à dire le mot, nous irons & la ſuiurons par tout où elle nous commandera : ce n'eſt pas l'argent que nous cherchons, mais les ennemis. La vie nous manquera pluſtoſt que le courage pour emporter la victoire, & reprimer l'inſolence des ennemis.*

Quand Federic V. Comte Palatin du Rhin fut éleu Roy de Boheme par les rebelles Bohemiens, qui faiſoient profeſſion des hereſies de Hus & de Caluin, aprés auoir chaſſé

A. Mireus.
Fr. Haraus.
L. Boyerlinck.
Em. de Meteren.
M. Baudier.
Chriſtofle de Bonours.
H. Haeſtens.
G. Chappuys.

les seruiteurs de l'Empereur Ferdinand II. & mal traité ceux de l'Empereur Mathias, l'Infante Elizabet & l'Archiduc Albert enuoyerent du secours d'argent & d'hommes à Ferdinand, sous la conduite de ces deux grands Capitaines Charles de Longueual Comte de Bucquoy, & Ambroise Spinola Duc de S. Seuerin, Prince de Saraualle, Marquis de Ceste & de Benafre. Celuy-cy, comme chacun sçait, conquit le Palatinat du Rhin; & celuy-là, auec Maximilien Duc de Bauiere, gagna cette memorable bataille du Parc de l'estoille prés de Prague, le 8. de Nouembre 1620. en laquelle il y eut cinq mille hommes de tuez, deux mille prisonniers, cinq cens noyez dans la riuiere de Mulda, les principaux Chefs & le Roy de Boheme Federic, prirent la fuite vers la Silesie, & la ville de Prague ouurit les portes aux victorieux.

Longueual, blazonné en la page 356.

Spinola, d'or, à la fasce eschiquetée d'argent & de gueules, de trois traits; à vne espine de gueules en chef, plantée sur le milieu de la fasce.

Les 12. ans de la tréue estant finis le 9. d'Auril 1621. auec les Hollandois, la guerre recommença plus fortement qu'auparauant; mais l'Archiduc estant decedé trois mois aprés ce renouuellement de guerre, l'Infante ne perdit pas le cœur par la mort de ce sage Prince : car elle prit la resolution d'attaquer & de resister à ses ennemis, qui auoient pour Chef & Capitaine ce grand Heros en valeur Maurice de Nassau Prince d'Orenge, fils de Guillaume Prince d'Orenge, & d'Anne de Saxe, sa seconde femme.

La constance de cette Heroïne se fit reconnoistre durant ces dernieres guerres auec les Estats des Prouinces vnies, ayant eu tantost du bon-heur, & tantost du malheur, & plus souuent de mauuaises rencontres que de bonnes.

Le bon-heur fut quand on découurit l'entreprise qu'auoit faite le Prince Maurice, pour surprendre de nuit la Citadelle d'Anuers, laquelle si elle eust reüssi selon le dessein & le proiet de ce grand Capitaine, eust apporté vn notable eschec aux affaires de cette Princesse des Païs bas, ou plûtost Gouuernante de ces Prouinces là pour Philippe IV. Roy d'Espagne son neueu, auquel elle auoit resigné tous ces pays là, depuis la mort de l'Archiduc son mary.

Voicy comment le Prince d'Orenge proceda à cette entreprise qu'il auoit tenuë fort secrette, comme en effet elle

Qqqq iij

le meritoit. On tient que ce Prince vigilant eſtoit auerty, qu'on auoit laiſſé dans la Citadelle d'Anuers peu de ſoldats effectifs; outre ceux qui pour leur aage ou leurs incommoditez ne pouuoient pas rendre aucun ſeruice. Il mit donc ſi bon ordre à Berghe ſur la riuiere de Zoom, & à Rooſendaël, (places & villes voiſines de Breda, que le Marquis de Spinola tenoit lors aſſiegée, auec la permiſſion & le conſentement de l'Infante Elizabet) que les Flamans n'eurent pas le moindre vent de ſon deſſein, quelque grand & important qu'il fuſt, ny dans le camp de ce Marquis ou des Eſpagnols, ny dans la belle ville d'Anuers que le Prince d'Orenge muguetoit, & eſperoit de ſurprendre. Brouchen Droſſard natif de Berghe ſur le Zoom, Capitaine d'vne Compagnie de Caualerie, ayant eſté mandé par le Prince Maurice à Mede, il luy fia l'execution de cette importante entrepriſe. En ſuite dequoy il conduiſit mille hommes de pied, deux cens cheuaux, ſelon la plus commune opinion, & pluſieurs chariots chargez de diuers inſtrumens à Rooſendaël & à Berghe ſur le Zoom. L'on faiſoit croire aux ſoldats que l'on tiroit de Berghe, que c'eſtoit pour aller au camp; & à ceux que l'on faiſoit ſortir des quartiers de Rooſendaël, qu'on les menoit à Berghe. L'ordre eſtoit qu'on leur fiſt quitter les eſcharpes orangées & bleuës, quand ils ſeroient vn peu éloignez de Rooſendaël & de Berghe pour en prendre de rouges, afin que les payſans les voyans porter les couleurs & les liurées d'Eſpagne, & non pas celles du Prince d'Orenge & des Eſtats, ne les peuſſent pas découurir ny reconnoiſtre. Que ſi on leur demandoit où ils alloient, ils fiſſent reſponſe, qu'ils accompagnoient le conuoy à Anuers: car le bruit eſtoit que les Eſpagnols & les Flamans y deuoient aller. Leurs chariots couuerts du Sautoir de Bourgongne ou Croix de S. André, comme ceux des Flamans & des Bourguignons, les faiſoient paſſer pour tels. Ils tromperent facilement tous les payſans Flamans auec cet equipage, & arriuerent enfin à la Citadelle d'Anuers à la faueur de la nuit qui eſtoit fort obſcure le 12. d'Octobre 1624. Ils arracherent d'abord trois ou 4. eſtaques de la paliſſade; quelques-vns meſme monterent

Hermanus Hugo in obſid. Bredana.

DES DAMES ILLVSTRES. 679

sur le pont. Le vent qui venoit contre eux, estoit cause que dans la Citadelle on ne pouuoit oüir le bruit des chariots, ny le hannissement des cheuaux. Toutes choses semblant fauoriser leur entreprise, ils ietterent hardiment leurs pontons dans l'eau, dresserent leurs échelles contre le rampart, & desployerent leurs tenailles, les estauds, & autres ferrailles artificielles qu'ils auoient apporté. Comme tout cela se faisoit au pied du rampart, André Cea, vieux soldat, qui faisoit la sentinelle cette nuit là, commença de prester l'oreille auec attention, & se doutant incontinent de quelque surprise, tira son mousquet pour auertir. Iean Brauo Chastelain d'Anuers, & ceux qui estoient en sentinelle accoururent incontinent au secours. Le vent qui au commencemēt fauorisoit les Hollandois, estoit deuenu si impetueux, qu'ils ne pouuoient ny arrester leurs pontons, ny poser leurs eschelles, ny auancer leur dessein : si bien que la peur leur ayant fait abandonner leurs pontons, auec vne partie de leurs eschelles & de leurs instrumens, comme ils virent qu'ils estoient descouuerts, ils se retirerent en haste extréme, estans repoussez sans doute par l'assistance diuine, comme l'on peut voir au Chap. 17. du liure 4. de l'Histoire de la vie de la Venerable Mere Anne de S. Barhelemy, où l'Autheur de la vie de cette Religieuse Carmelite, & compagne inseparable de sainte Terese, rapporte comme dés l'an 1622. ce Prince là n'auoit pû surprendre Anuers auec l'Euéque d'Halberstat, qui auoient des intelligences auec les Heretiques de la ville. Mais ce bon-heur ne doit pas estre seulement attribué aux prieres de cette Religieuse, dont la memoire est en benediction ; mais aussi à la pieté de l'Infante, comme a remarqué le Chapellain de l'Oratoire de cette Princesse, qui rapporte en son Oraison funebre comme la ville d'Anuers a esté sauuée trois fois miraculeusement de la surprise des Hollandois, au mois de May de l'an 1607. le 2. de Decembre 1622. & l'an 1624. durant le siege de Breda, par les prieres de cette pieuse Heroïne, laquelle ne demeura pas ingrate enuers André Cea, qui par sa vigilance auoit si heureusement empesché la prise de la Citadelle d'Anuers. Son Altesse l'ayant auantagé de 15.

Chrysostome Henriquez Religieux de l'Ordre de Cisteaux, a écrit en Espagnol la vie de cette Carmelite, qui a esté traduite en François par Monsieur Gaultier Conseiller d'Estat.

A. Miræus in laudat. funeb. Isabella Hisp. Infantis.

escus par mois, & le Magiſtrat de cette belle ville luy fit preſent d'vn bel habit, & d'vn riche baudrier.

Maurice Prince d'Orenge eſtant tombé malade de faſcherie, pour n'auoir pû ſurprendre Anuers, & auoir perdu ſa peine deuant Breda, durant 22. iours qu'il demeura à Mede; ne ſe défit pas encor de l'eſperance de ſe rendre maiſtre de la Citadelle d'Anuers. Il proietta par de nouueaux deſſeins, pendāt la derniere maladie qui le porta au tōbeau, vne nouuelle entrepriſe ſur cette place là, & voulut tenter la fortune encore vne fois. Il en donna la conduite à Staken Broeck Gouuerneur de Graue: mais cette autre entrepriſe fut auſſi malheureuſe que la premiere; car les pluyes continuelles les incommoderent de telle ſorte, que leurs baſtons à feu demeurerent inutiles, à cauſe de la poudre qui fut toute moüillée: auſſi les Hollandois ayant la nuit apperçeu de loin quelques feux ſur les ramparts de la ville d'Anuers, s'imaginerent qu'ils eſtoient découuerts, & ſur cette apprehenſion ſe retirerēt auec vn tel deſordre, que laiſſans leurs machines de coſté & d'autre, ils firent vne retraitte ſemblable à vne fuite. Quelques-vns ont écrit qu'il y auoit intelligence dans la ville auec des Bourgeois amateurs de nouueauté: on en bannit 30. qui furent ſoupçonnez, pour auoir parlé trop librement: mais auſſi toſt aprés l'Infante Elizabet par ſa bonté leur pardonna, & meſme permit à quelques-vns de demeurer en la ville.

Le bon-heur de l'Infante Iſabelle parut au ſiege de Breda, qu'elle permit au Marquis de Spinola d'aſſieger és années 1624. & 1625. Durant ce ſiege là cette Gouuernante des Pays bas ſurueilloit à tout auec ſa prudence, paſſant ſouuent le iour & la nuit à écrire & à conſulter auec vn trauail & vne peine incroyable. Il euſt eſté impoſſible à vn autre qu'à cette Heroïne d'acheuer ce qu'elle auoit entrepris, par le moyen de deux auantages principaux dont elle eſtoit doüée, le merite du rang qu'elle tenoit auprés de pluſieurs Princes d'Allemagne, & les preeminences de ſa vertu enuers les peuples ſes ſuiets. Iſabelle obtint donc de l'Empereur Ferdinand II. par lettres le ſecours que Spinola demandoit. Elle enuoya auſſi le Comte Octaue Sforſe se à Maximilien Duc de Bauiere. L'Empereur promit trois mille hommes de pied, & deux mil cinq cens cheuaux : Le Duc de Bauiere, trois mille hommes de pied, & mille cheuaux : le reste de la Cauallerie & de l'Infanterie que cette Princesse demanda aux Prouinces des Pays bas ; elles le fournirent dans le temps que l'on leur assigna. Tandis que Spinola, dans les rigueurs de l'hyuer, prit le soin des conuois, desquels il donna la conduite au Comte Henry de Berghe, dont il s'acquitta dignement, & enuoya le Comte de Henin demander aux Estats de Brabant des chariots, ce qu'il obtint des Deputez de cette Prouince là. Ce que firent aussi ceux de Flandre, d'Artois, de Hainaut, & des autres Prouinces obeyssantes à l'Espagnol. L'Infante fit donner à ceux qui estoient obligez de faire le guet à découuert, six cens casaques fourrées ; & enuiron huit mille paires de chausses & de souliers pour tout le reste, afin que ses soldats ne fussent pas tant incommodez par les grandes pluyes de l'hyuer, les vents impetueux, & la rigueur de la saison. Elle fit munir ses frontieres contre les inuasions & les courses de Charles bastard de Mansfeld; & à cet effet elle fit loger des garnisons en Hainaut & en Artois, pour garder ces deux Prouinces & Comtez : Elle donna ordre au Comte d'Hoochstrate Gouuerneur d'Artois de defendre son Gouuernement ; & elle enuoya le Comte d'Embden pour commander en Hainaut : Elle dépescha le Comte Sforce au deuant des troupes du Bauarois, & celles de l'Empereur que Charles Marquis de Spinelli conduisoit, & que le Baron d'Ainsi faisoit auancer pour les faire haster : Elle donna le commandement general de la milice du Pays bas à Charles Colomne, qui a esté Viceroy des Isles de Maiorque & de Minorque ; & le gouuernement des bandes d'Ordonnance à Albert d'Aremberghe Prince de Barbançon, pour lors Maistre de Camp. Enfin par les ordres de cette sage & magnanime Infante, & la bonne conduite d'Ambroise de Spinola, Breda fut contrainte sur la fin du mois de May de l'an 1625. de parlementer, & Iustin de Nassau qui commandoit dans la place d'en sortir auec les autres Capitaines, les habitās & toute la garnison, aprés qu'il eut signé le 2. Iuin de la mesme année, toutes les conditions, & les articles de la capitulation auec les Deputez de Breda que Spinola promit de faire ratifier par les Lettres Patentes de cette Princesse, sous son grand seel, & dedans le terme de 15. iours.

Iean de Medicis Maistre de Camp fut deputé par le Marquis de Spinola pour porter l'agreable nouuelle de la sortie de la garnison à l'Infante Elizabet, qui l'honora en recompense d'vne rose de diamans, digne de son Altesse. L'Infante ayant receu cette bonne nouuelle, prit la resolution de venir voir en personne la ville de Breda. Spinola donc, ayant fait repurger la ville, & nettoyer l'Eglise & les ruës, preparer le Chasteau, & laissé seulement autant de soldats qu'il en falloit pour la garde & l'asseurance des portes; alla au deuant de l'Infante à trois lieuës des quartiers. Presque toute la caualerie fut enuoyée, partie à Anuers pour luy faire escorte, partie rangée pour la receuoir, comme elle fit auec trois salues reales, qui témoignerent assez le contentement des soldats. L'infanterie aussi partagée en plusieurs bataillons, s'aquita du mesme deuoir, & fit paroistre les mesmes allegresses. L'Infante Elizabet faisant son entrée dans Breda par la porte du quartier de Terhaghen, toute l'artillerie de la ville & des quartiers la saluerent par trois fois : mais son Altesse, comme Princesse tres-pieuse, commanda que les feux de ioye & les autres témoignages de resiouïssance fussent differez après l'Office diuin, & qu'on auroit rendu dans la grande Eglise de Breda les graces au Dieu des armées, comme celuy seul qui tient les victoires en sa main. Le lendemain Alfonse Cardinal de la Cueua, Ambassadeur du Roy d'Espagne, celebra le premier la Messe en la presence de son Altesse, de sa Cour, & de tout le peuple. Les Offices diuins acheuez, sur la nuit la tour de de l'Eglise parut toute en feu, par le moyen des flambeaux & des lanternes dont elle estoit couuerte, en sorte qu'elle pouuoit estre veuë mesme de la Hollande. Toute la ville fut pleine de feux & de tonneaux de poix allumés; & derechef on tira toute l'artillerie. Ce qui fut de plus beau & de plus admirable à voir, c'estoit vn grād cercle de feu continu, qui comprenoit en sa circonference les cinq lieuës & demie de tour de l'enceinte interieure des quartiers; ainsi qu'il fut ordonné par le Marquis de Spinola, qui à cet effet auoit donné commandement aux soldats, de border tout ce grand rampart de bottes de paille allumées au bout de leurs picques, parmy lesquelles les mousquetaires entremeslez, & rangez d'vn mesme ordre, deschargeants leurs coups, resembloient proprement de loin à ces fausses estoilles qu'on void briller & disparoistre en vn instant.

La liberalité de l'Infante ne parut pas auec moins d'esclat à l'endroit de l'Eglise de Breda, des Iesuites, & des Capucins, que sa pieté auoit esté assiduë pour appaiser l'ire de Dieu, & impetrer de sa bonté supréme la victoire de cette place. Tout le monde disoit, que ce n'estoit pas par la force des armes, que la ville de Breda auoit esté ostée aux Hollandois, mais par les prieres & la pieté de cette Princesse, par les deuotions & les oraisons qu'elle auoit ordonnées par toutes les Eglises, & par les grandes aumosnes qu'elle auoit fait distribuer aux pauures. Elle fit aussi de pieuses liberalitez aux Capucins & aux Iesuites, & pour la restauration d'vn ancien Conuent de Religieuses. Elle fonda vne Messe annuelle le iour de la feste du tres-auguste Sacrement de l'Autel, à cause que ce fut la veille de ce iour là, qu'on commença à parlementer, la garnison estant sortie huit iours aprés.

L'Infante Elizabet ayant donné ordre à ce qui touchoit la Religion, elle pensa aux soldats, & leur fit ordonner vne paye entiere, & vne largesse de dix mille casaques faites à dessein: elle fut aprés visiter tous les trauaux & les fortifications, & les retranchemens des deux grandes enceintes interieures & exterieures, obligeant la milice comme elle auoit fait la Religion. Cette Princesse donna le Gouuernement de Breda au Baron de Balançon, Seigneur de la noble & ancienne Maison de Rye.

Rye, blazonné en la page 478.

Son Altesse ayant mis vn bon ordre dans la ville reuint à Brusselle, aprés auoir seiourné quelque temps à Anuers, où Pierre Paul Rubens Peintre tres-excellent & tres-renommé la peignit; & fit depuis grauer la mesme image sur vne lame de cuiure: elle se vid ornée d'vne couronne ciuique dans vn tableau sortable à sa Royale grandeur, digne vrayement d'estre representée de la sorte après vn si signalé triomphe. Le Pape Vrbain VIII. luy écriuit de Rome le 9. du mois d'Aoust l'an 1625. & le 2. de son Pontificat, vne lettre dans laquelle il y a ces paroles:

Nous vous felicitons d'vne victoire également desirée par les vœux de l'Eglise vniuerselle, dont la ville de Rome, mere de toutes les nations, s'esiouit, & de laquelle l'Histoire recommandable parlera à iamais aux siecles à venir; & en celle qu'il écriuit du méme iour au Cardinal de la Cueua, il fait cet eloge de l'Infante Isabelle. *C'est donc maintenant que la Princesse d'Austriche recueille les doux fruits d'vne victoire si memorable; s'estudiant, comme elle fait voir de tout son pouuoir, d'affermir la Religion, & d'oster le glaiue à l'heresie.*

Ces bon-heurs & ces prosperitez ne rendirent pas cette Princesse plus altiere. Elle demeura aussi humble parmy les ioyes & les victoires, comme elle a esté constante durant les aduersitez & les pertes. Quand les Hollandois, sous la faueur & l'ayde de Charles bastard de Mansfeld, & de Christian de Brunswic Euéque d'Halberstad, firent leuer le siege que Spinola auoit mis l'an 1622. deuant Berghe sur le Zoom, & prirent sur elle la ville de Bois-le-duc au mois de Septembre de l'an 1629. & celle de Mastrich sur la Meuse au mesme mois l'an 1632.

Durant toutes ces guerres, & aussi durant la paix, cette Heroïne a fait paroistre & esclater sa magnificence, ayant receu en sa Cour auec splendeur plusieurs Princes & Princesses. La Reyne Marie de Toscane, mere du Roy Tres-Chrestien Louys XIII. Gaston fils de France Duc d'Orleans, frere vnique de ce Monarque, & oncle de nostre Roy Louys XIV. auec sa femme Marguerite de Lorraine: Vladislas-Sigismond, Prince, & à present Roy de Pologne: Henry de Bourbon Prince de Condé, & Charlote-Marguerite de Montmorency son épouse: Guillaume Wolfang de Bauiere Duc de Neubourg. Les enfans d'Edoüard le Fortuné, Marquis de Bade: Emanuel Prince de Portugal, fils du Roy Antoine: Anne de Lorraine, fille du Duc

A. Mireus in laud. fun.

DES DAMES ILLVSTRES. 685

d'Aumale, depuis Duchesse de Nemours: Iean Comte de Nassau: Iean & Christofle d'Ostfrize, Philippe de Mansfeld Comtes Allemans: Onelli, les Tirconnelles & les Argilles Comtes des Isles Britanniques: Charlote d'Ailly, heritiere des Maisons de Piqueny & de Chaunes, fille vnique de Philibert Emanuel d'Ailly Vidame d'Amiens, & Seigneur de Piqueny, & de Louyse d'Ognies Comtesse de Chaunes, à present Duchesse de Chaunes, & autres.

Il faudroit faire des iustes volumes pour raconter tous les deuoirs & tous les honneurs qu'elle a rendus à son Albert durât sa vie, en sa derniere maladie, & aprés sa mort, les curieux qui en voudront apprēdre toutes les particularitez, auront recours à ces Autheurs, Dom Bernard de Montgaillard Abbé d'Orual, en son Soleil Eclipsé, ou discours sur la vie & sur la mort de l'Archiduc Albert: Guillaume de Rebreuiettes, en son Panegyrique de ce Prince là: à Aubert le Mire, Maistre de la Chapelle de cette Infāte là, & Doyen de Nostre-Dame d'Anuers, en l'Oraison funebre Latine qu'il a prononcée dans cette belle Eglise Cathedrale qu'il a fait imprimer: à Iean Van Wactendonck Chanoine de S. Rombout à Malines en son Discours funebre: à Monsieur Tristan Gentil-homme François: au P. Iean-Iaques Couruoisier, Predicateur de l'Ordre des Minimes, en son sacré Mauzolée; mais particulierement au sieur Puget de la Serre Historiographe de France, dans le Mauzolée qu'il a erigé à la memoire immortelle de l'Infante Isabelle, par le commandement de la Reyne mere du Roy Louys XIII. à Messieurs Chifflet Medecin de Philippe IV. Roy d'Espagne, & de cette Princesse, & le Prieur de Belle-fontaine dans leurs œuures.

Dés que l'Archiduc Albert fut passé de cette vie à l'autre le 13. de Iuillet 1621. veille de S. Henry Empereur, l'Infante Isabelle prit l'habit de Religieuse Cordeliere des mains de son Confesseur le R. P. André Soto, & se fit couper les cheueux par vne de ses Dames, & n'estant pas contente de porter seulement l'habit de cette Religion là; aprés auoir veu rendre le dernier soufpir à son mary (pour la vie duquel elle eust volontiers donné la sienne) elle voulut

A. Miræus in laudat. funeb.

Rrrr iij

aussi faire profession du troisiéme Ordre de saint François d'Assize au mois d'Octobre de l'an 1622. La mesme année elle fit transporter son corps auec vne magnificence Royale, depuis la Chapelle de son Palais à la grande Eglise de Brusselle qui a pour Patrone & titulaire la Vierge sainte Gudule, noble Dame de Brabant. A ces pompes funebres assistérent le Nonce du Pape, depuis Nonce en France Iean François de Bagni, 2. Archeuéques de Malines & de Cambray : huit Euéques, à sçauoir ceux d'Arras, de Ruremonde, d'Anuers, d'Ypre, de Namur, de Tournay, de S. Omer, & de Gand, trente Abbez mitrez, onze Cheualiers de la Toison d'or, outre Charles de Lorraine Duc d'Aumale, Guillaume Marquis de Bade, & autres Seigneurs de marque, comme l'on peut voir au liure qu'elle fit imprimer, dans lequel la pompe funebre est décrite & grauée en de belles tailles douces. Durant les quarante iours qui suiuirent celuy du decés de son époux, elle fit celebrer pour S. A. quarante mille Messes, & durant le trentein elle mesme assista tous les iours à dix Messes.

B. de Montgaillard en son Discours funebre de l'Archidus Albert.

Mais entre les vertus qui ont rendu recommandable cette Heroïne, la iustice & la pieté sont celles qui l'ont plus fait aymer de ses suiets, & de tous ses peuples.

Ie sçay bien qu'on a dit il y a long temps, que la Iustice & la Pieté s'estoient enuolées au Ciel : mais ce n'est que de la Iustice des Poëtes qu'on l'a dit ; ce n'est que d'vne Pieté feinte & en masque. La vraye Iustice & la vraye Pieté demeureront sur la terre, tant que IESVS-CHRIST sera parmy les siens, & il a promis aux siens d'estre auec eux iusques à la consommation des siécles.

Le Palais de cette Heroine Chrestienne estoit le vray Temple de la Iustice, & sa Cour vne Nouuelle de Parlement, puis qu'à toutes les heures du iour elle donnoit audience particuliere à ceux qui estoient contraints de la demader, selon l'occurrence des affaires, & deux fois la semaine, comme nos Rois Louys IX. & Charles VIII. elle la rendoit publique, sans conter les heures qu'elle y employoit, afin qu'en donnât la liberté aux paures de se plaindre, elle eust le contentement de les soulager : & de la sorte en prestant l'oreille à vn chacun, elle faisoit iustice à tout le monde. Ce qui estoit de plus remarquable dans cette action, c'estoit de la voir tousiours debout, durant le temps de ses audiences, imitant la Iustice en la rendant, qu'on nous represente de mesme; comme si elle n'eust voulu témoigner sa grandeur que par celle de son attention, ny son pouuoir absolu que par la force de son courage. Ceux qui ont definy la Iustice, ont dit que c'estoit *vne ferme & continuelle volonté de rendre à vn chacun ce qui luy appartient*, à quoy l'Archiduchesse Isabelle s'estudioit si fort, que iamais personne ne se plaignoit deux fois à son Altesse d'vne mesme chose, estant si soigneuse de luy faire raison, qu'elle souffroit toute l'impatience de l'atentte.

L'on dit d'Agesilaus Prince de Lacedemone, qu'il ne cognoissoit ny pere ny mere, & moins encor ses amis lors qu'il estoit sur son Throsne de Iustice, se dépoüillant de toute sorte de passion & d'interest, pour la rendre à vn chacun, auec la mesme pureté qui luy estoit deuë. Mais sans flaterie, & auec beaucoup plus de verité, on peut donner la mesme loüange à cette Infante, puisque dans son exercice ordinaire de faire iustice à tout le monde, tant à ses suiets qu'aux étrangers, elle ne cognoissoit iamais que la raison, & toute la lumiere de son esprit estoit employée à cette action, pour la iustifier à force d'estre éclairée.

L'Infante Isabelle n'a pas seulement esté honorée par les Flamans, les François, les Espagnols, & les Allemans pour sa iustice, mais aussi pour sa pieté qu'elle a fait paroistre estant fille, & mariée à l'Archiduc Albert, & aprés le decés de ce Prince pacifique.

Durant le calme de la tréue qui a duré 12. ans, cette bonne Princesse & l'Archiduc son mary s'appliquerent grandement au bien de leur Estat, vnissant la Religion auec la police, iugeant que c'estoit folie que de ne les ioindre pas.

Pour le premier, elle a tousiours durant la vie, & aprés le decés d'Albert son mary, dit le Pieux, maintenu la Religion & la Foy de ses ancestres, ne donnant aucune entrée & accés dans les terres de son obeïssance à ceux qui ne faisoient point profession de la Religion Catholique. Et pour faire voir le soin que l'Infante Isabelle a eu de la Religion pour elle & pour ses suiets : Ie diray que comme ceux qui veulent nourrir de bonnes bergeries, disent qu'il faut sur tout auoir de bons chiens, & hardis. I'ose dire qu'en la primitiue Eglise, sauf l'honneur de l'antiquité, on n'estoit pas plus curieux de rechercher de bons Archeuéques, des Euéques, des Abbez, & des Doyens qu'elle a esté de son temps. Aussi on a veu qu'à toutes ces charges Elizabet-Claire-Eugenie y a mis tant auec l'Archiduc, que depuis la mort de ce Prince plusieurs qui n'y auoient iamais pensé. Et ceux qui estoient en dignité Ecclesiastique, elle les a honorez, reuerez, & respectez tousiours, chacun selon sa condition & son merite, ayant souuent repris ses Ministres & ses Officiers qui ne les respectoient pas, & qui tâchoient quelquesfois de diminuer leurs droits, ou empieter sur leur preeminence. Outre cela elle a tousiours recommandé aux Vniuersitez de se pouruoir de bons Docteurs, aux Eglises, de n'auoir point faute de bons Predicateurs, aux Euéques, d'auoir de bons Curez, & aux Curez d'estre fort soigneux d'enseigner à tous le Catechisme. De là sont sorties tant d'Escoles & de bons Colleges qui se sont faits & dressez, tant par les P.P. Augustins que par les autres, outre les anciens qu'elle a dotez & rentez, ou fait fonder royalement és Vniuersitez de Louuain, & de Doüay par l'Archiduc son mary, sans parler de la belle & vtile multiplication des Colleges des Peres Iesuites, vrayes Academies de doctes Ecclesiastiques, & de bons Religieux en ces Prouinces là.

Elizabet-Claire-Eugenie voulant donner elle-mesme le bon exemple à tous ses suiets, regla sa Maison & son Palais durant son mariage auec l'Archiduc, comme nostre Reyne Anne de Bretagne auoit reglé son Louure : mais après le decés de son Albert elle fit vn Monastere de son Palais, & ses actions toutes dignes de memoire, en furent bien tost les regles austeres, dont elle ne se dispensa iamais : de sorte qu'elle viuoit en Religieuse dans sa Cour, où le seul exemple de sa vertu seruoit de Loy pour y condamner le vice, & faire suiure la vertu : car cette tres-pieuse & tres-Religieuse Princesse n'ayant pû prendre le voile & professer la vie

Mo-

DES DAMES ILLVSTRES. 689

Monaſtique dans vn Cloiſtre aprés la mort de ſon mary, ſelon ſon deſir & ſon ſouhait (pour ſatisfaire aux inſtantes prieres de ſon neueu Philippe IV. Roy d'Eſpagne, & aux cris & aux larmes des peuples du Païs bas, leſquels croyoiẽt qu'il n'y auoit plus de ſalut pour eux, ſi cette ſage Archiducheſſe abandonnoit le timon du vaiſſeau) elle prit reſolution de porter l'habit, de viure comme les filles de ſainte Claire, & de faire profeſſion de cet Ordre là. Ceux qui ont eſté à Bruſſelle durant les années de la viduité de l'Infante Iſabelle, ont veu que ſon Palais eſtoit vne pepiniere de deuotion, & vn ſeminaire de vertu, ou comme écrit vn grand Cardinal, *pluſtoſt vn Monaſtere qu'vne Cour*, en vn mot vne Cour ſainte, de laquelle pluſieurs ieunes Seigneurs & Dames des plus illuſtres Maiſons de Flandre, & du Comté de Bourgongne (comme ie remarqueray plus bas) ſont ſortis pour s'enfermer dans des familles Religieuſes, ayant appris à ſa ſuite & en ſa Maiſon l'art de meſpriſer les honneurs & les vanitez du monde. Elle eſtoit fort ſoigneuſe de faire inſtruire ſes Menins & ſes Menines, ſes Pages & ſes Demoiſelles, & tous ſes domeſtiques, aux exercices de la deuotion ſolide & de la vraye pieté, ne ſe contentant pas de faire enſeigner à ſes Pages ce qui eſtoit de la profeſſion d'vn Cheualier, comme les langues & les Mathematiques, monter à cheual, voltiger, faire & tirer des armes, & telles autres choſes: mais principalement ce qui eſtoit de leur ſalut & de leur Religion, ayant donné ordre que l'on puſt reconnoiſtre ſi quelqu'vn manquoit à ſon deuoir aux feſtes ſolemnelles, & ſur tout pour la Confeſſion & la Communion.

Le C. Bentiuole en ſes relations & memoires.

Les Menins ſont de ieunes Seigneurs, & les Menines de ieunes Demoiſelles de haute naiſſance, qui eſtoient nourris prés des Archiducs, cõme à la Cour des Rois d'Eſpagne.

Cette deuote Infante qui ſçauoit que les Egliſes & les Monaſteres ſont comme les colombiers où les belles & les bonnes ames habitent & logent, reſtaura les Egliſes, dota les Autels, baſtit & fonda des Conuents, pour donner à ſes ſuiets des Aziles, & des lieux de refuge. L'on void à Bruſſelle ſon nom graué, & ſes armes poſées quaſi par toutes les Egliſes & les Monaſteres de cette ville là.

Particulierement en l'Egliſe & au Monaſtere de l'Annonciade, où viuent fort exemplairement & ſaintement

Sſſſ

les deuotes Religieuses du premier Ordre de l'Annonciation ou des dix Vertus de la Vierge, eſtably & fondé en l'Eglise par la tres-pieuse Princeſſe Ieanne de France, fille, sœur, & femme de nos Rois, à laquelle cette bonne Princeſſe auoit vne particuliere deuotion, ayant demandé souuent & auec inſtance, sa beatification au Pape Vrbain VIII.

Ce n'eſt pas le seul Cloiſtre de l'Annonciade qui eſt remarquable, l'Eglise des Religieuses de Noſtre-Dame du Mont-Carmel, selon la reforme de sainte Terese, eſt si magnifique & si somptueuse, que les curieux des saintes beautez sont obligez de croire que cette Maison d'oraison n'a point d'autre Fondatrice que l'incomparable Iſabelle-Claire-Eugenie, auec son mary l'Archiduc Albert. Auſſi son Alteſſe y posa la premiere pierre auec ce Prince pacifique, aſſiſta à la consecration de l'Egliſe, à la benediction de la cloche, à laquelle elle donna son nom. Elle l'a enrichie d'vn emmeublement d'Eglise, où le seruice de l'Autel eſt tout d'argent, auec quantité de beaux reliquaires, & paremens de drap d'or. Elle ne manquoit iamais d'y aller faire ses deuotions aux Feſtes solemnelles de l'Ordre, & de saint Albert & de sainte Elizabet. C'eſt dans ce tres-deuot Monaſtere qu'elle a fait baſtir l'Hermitage de Noſtre-Dame de Lorette, semblable à la Chambre de la sainte Vierge, où elle faisoit de grandes deuotions quand elle visitoit cette Maison du Carmel, où elle conferoit souuent auec l'vne des compagnes de sainte Terese, la V. M. Anne de IESVS, à laquelle elle portoit vn grand respect, & auſſi à la V. M. Anne de S. Barthelemy, que son Alteſſe visita allant voir la ville de Breda.

A. Mirans in elogio S. Tereſiæ.

La nouuelle Eglise des Carmes Deschauſſez eſt encor vn nouueau témoignage de sa pieté & de son affection cordiale enuers le deuot Ordre du Carmel, & les enfans spirituels de cette Vierge de la Maison des Cepedes, qui a remis en son premier eſtat l'ancienne perfection de viure des Elies & des Elizées.

Le Monaſtere & la Chapelle des Capucins dans sa pauureté ordinaire, eſtalle au iour les riches marques de cette main Royale, ie veux dire de cette liberale & pieuse Duchesse de Brabant, qui aprés l'auoir bastie & appuyée, fondoit des secretes rentes dans son esprit pour la resolution qu'elle en faisoit, afin d'en nourrir les Religieux.

Cette fameuse Eglise des Iesuites, éleuée iusques aux nuës, à la gloire immortelle de celuy qui tient son Throsne au dessus, en faisant éclatter ses magnificences (qui ne cede point à celle d'Anuers, quoy que bastie de marbre blanc, tiré des costes de Génes, & enrichie d'excellentes peintures) aux yeux des Etrangers, les attire à l'admiration des liberalitez de la deuote Infante Isabelle.

L'on ne peut voir l'Eglise & le Conuent des Cordeliers, sans se remettre en memoire les obligations que luy ont les Religieux de tout cet Ordre là qu'elle a honoré de sa bienveillance sur tous les autres, ayant durant sa vie, & en sa derniere maladie deposé les secrets de sa conscience entre les mains des Peres de S. François d'Assize, & porté l'habit de cette Religion.

Les Augustins de la mesme ville font paroistre par le magnifique bastiment de leur Eglise, qu'ils ont receu plusieurs bien-faits de cette Archiduchesse.

La charité de l'Infante Isabelle éclate aussi au Conuent des Minimes, voisin de la place du Sablon, fondé sous le nom de la Vierge, & de S. Estiene premier Martyr, où elle a mis la premiere pierre de l'Eglise le 6. d'Auril 1621. auec l'Archiduc (aprés la benediction faite par Luce de Saint Seuerin Archeuéque de Salerne, & Nonce du saint Siege prés de leurs Altesses, & depuis creé Cardinal par le Pape Gregoire XV.) auec vne magnificence digne d'vne si charitable Princesse. *La Nouius in Chronico generali Ordinis Minimorum.*

Brusselle n'est pas la seule ville de Brabant, & des Prouinces du Pays bas, où l'on void & où l'on admire de si bonnes & de si belles marques de la pieuse liberalité de l'Infante: car ie ne puis pas dire le nombre des Hospitaux qu'elle a fondez & rentez, & moins encore les beaux presens dont elle a orné beaucoup de Chapelles. Elle a fauorisé particulierement la propagation des Peres Iesuites, comme seruans au bien public, tant pour l'enseignement de la ieunesse, comme pour l'administration de la parole de Dieu. Les Echos de l'Hermitage solitaire qu'elle fit bastir dans le bois de Marlaigne, proche de Namur pour les Carmes deschaussez, ne parlent iamais d'autre chose que de sa pieté. Et la despense du bastiment de Botendal, qui est vn beau & deuot Conuent de Religieux de S. François, fait voir à tous les passans comme cette Princesse ne s'occupoit qu'à bastir de la sorte sur la terre, pour tâcher à se bien loger dans le Ciel.

Bernard de Mont-gaillard, Abbé d'Orual, en son discours sur la vie & sur la mort de l'Archiduc Albert. A. Miraus.

L'vn des plus celebres Predicateurs de cette pieuse Heroine & de l'Archiduc son époux, a tres-bien remarqué que depuis l'heureuse venuë de leurs Altesses aux Païs bas, il s'est plus fait de nouuelles fondations & reformations en ces Prouinces là, qu'en deux cens ans auparauant il ne s'en estoit fait. D'où est venu que les Monasteres ont esté remplis (non sans estonnement selon Monsieur le Mire) de Seigneurs & de Dames, issus des meilleures & des plus riches, & plus illustres Maisons de tout le Païs bas, entre autres de celles de Montmorency, de Croy, de Ligne, d'Aremberg, de Gaure, de Trazegnies, de Villain ou de Gand, de Rubempré & d'autres, dont plusieurs auoient esté nourris & éleuez à la Cour de cette tres-Religieuse Princesse, qui auec l'Archiduc son mary a heureusement trauaillé à la reformation de plusieurs Ordres anciens, & à l'establissement & à la fondation des nouueaux. Les Ordres de sainte Birgitte & des Annonciades de la Reine Ieanne de France, assez anciens dans la Flandre & le Brabant, sont redeuables de leur accroissement dans les Païs bas à la pieté de l'Infante Isabelle. L'Ordre de sainte Birgitte a étably & fondé de nouuelles Colonies par la permission du Pape Clement VIII. à l'instance de cette Princesse à Arras (où mourut le mary de sainte Birgitte) à l'Isle, à Brusselle, à Armentieres, & en d'autres lieux. Le premier Ordre des Annonciades a pris des Conuents à Anuers, à Brusselle, à Niuelle, à Namur, à Mastrich, & en d'autres villes. Les Peres Iesuites, Cordeliers & Capucins, ont accreu le nombre de leurs Prouinces: les Peres Augustins, Dominicains, Premonstré, & de sainte Croix doiuent leurs Colleges: les Be-

Gaure, d'or, au lyon de gueules, couronné, lampassé, & armé d'azur, à la bordure canelée & endentée de onze pointes de sable.
Gand, de sable au chef d'argent.
Trazegnies bandé d'or & d'azur de 6. pieces; à l'ombre d'vn lyon, brochant sur le tout, la bordure de l'escu engreslée de gueules.
Rubempré, d'argent, à 3. iumelles de gueules.

nedictins leurs escholes de Philosophie & de Theologie en l'Vniuersité de Doüay: & tous les autres Ordres vne nouuelle vie à la faueur de l'Infante Isabelle. Elle a fait venir de France au Pays bas l'an 1608. la R. M. Anne de Iesvs, qui est morte Prieure des Carmelites de Brusselle, & l'an 1611. la R. M. Anne de S. Barthelemy, qui est decedée Prieure des mesmes Religieuses à Anuers, deux dignes compagnes de sainte Terese: & d'Italie le R. P. Thomas de Iesvs Carmé deschaussé, pour fonder les Monasteres des Peres Carmes & des Meres Carmelites que l'on voit maintenant dans la Flandre. Elle a aussi receu auec l'Archiduc Albert, tant au Pays bas qu'au Comté de Bourgongne diuers Ordres de Religieux & de Religieuses: les Recolets de S. François: les Annonciades de la Mere Marie Victoire ou Celestes: les Prestres de la Congregation de l'Oratoire de Nostre Seigneur Iesvs-Christ: & nos Minimes de S. François de Paule. Leurs Altesses ayant fauorisé l'an 1607. l'establissement de nostre Ordre en la Haute Bourgongne ou Franche Comté, & depuis en Flandre és années 1614. & 1615. où elles receurent courtoisement le feu R. P. Iean Sauuage, Predicateur du mesme Ordre.

L'Eglise de Nostre-Dame de Montaigu, digne ouurage de la pieté d'Isabelle-Claire-Eugenie, qu'on admiroit tousiours en elle auec estonnement, publie par la voye des miracles qui s'y font tous les iours; Que le Ciel cherit particulierement la memoire de cette grande Heroïne, comme Fondatrice d'vn Temple si fameux & si celebre en sainteté, auquel elle faisoit souuent des neufaines y allant de Diste à pied, où elle se fit vne playe au talon, laquelle elle ne voulut point declarer, & faire voir qu'à vne de ses Dames d'honneur.

Les liberalitez de cette pieuse Infante ont orné & enrichy les Eglises de Nostre-Dame de Hault ou de Halle, de Foy, de Bon succés, de Secours, d'Orual, du petit Montaigu proche de Marimont, de Laken ou du Lac prés de Brusselle, & il n'y a presque Chapelle en toutes les Prouinces des Pays bas & du Comté de Bourgongne, où l'on honore quelque image miraculeuse de la Mere de Dieu, à laquelle cette pieuse Heroïne n'ait fait quelque riche present, soit du viuant de l'Archiduc, soit depuis son decés: sans parler de la robe toute de pierreries qu'elle donna à Nostre-Dame de Lorette, quoy que ce soit l'vn des plus beaux & des plus riches ornemens qui se puisse iamais faire; d'autant que cette verité reluit plus viuement dans la memoire des hommes que ces pierres precieuses estimées plus de cent mille francs, n'esclatent à leurs yeux. Non plus que la triple Couronne de diamans, donnée auec de tres-riches paremens pour le S. Sacrement de Miracle en l'Eglise de S. Gule ou Gudule à Brusselle; ny ceux qu'elle a enuoyez en la grande Eglise de Besançon pour la Chapelle du S. Suaire.

Ie n'aurois iamais fait si ie voulois rapporter toutes les actions de pieté de cette deuote Isabelle qui se sentit indisposée le 26. de Nouëmbre 1633. Elle ne laissa pas le lendemain d'oüir la Messe dans son Palais auec toutes les Dames de sa suitte. Sur le soir sa maladie augmentant, elle fut contrainte de se mettre au lit, & voyant que son heure derniere approchoit, elle fit appeller le R. P. Pierre de Castro, Religieux de l'Ordre de S. François, auquel elle se confessa, & par luy-mesme demanda pardon à tous ses domestiques si elle les auoit offensez. Elle se fit lire son testament qu'elle auoit écrit il y auoit plus de 17. ans, auquel elle adiousta vn codicille plein de iugement, de pieté & de liberalité. Elle defendit que l'on fist des Oraisons funebres à ses obseques, quoy que ce soit l'ancienne coustume de rendre ces honneurs aux Princes & aux Princesses. Le iour de la feste de S. André, Patron de la Maison de Bourgongne, elle voulut receuoir le Corps de IESVS-CHRIST à genoux, ainsi que nous lisons de sainte Isabelle Reyne de Portugal, & de plusieurs autres Princes & Princesses de sainte memoire. Depuis se sentant affoiblir, elle demanda l'Extréme-Onction, qu'on luy apporta à mesme temps. La feuë Reyne mere du Roy Louys XIII. qui l'auoit visitée tous les iours durant sa maladie, estoit à cette heure là dans sa chambre, mais si triste & si affligée, qu'on auoit de la peine, en considerant le visage de sa Maiesté, & celuy de

A. Miraeus in laudat. funeb.

DES DAMES ILLVSTRES. 695

son Altesse, à iuger laquelle des deux estoit la plus malade. Monseigneur Gaston de France Duc, & Madame Marguerite de Lorraine Duchesse d'Orleans son épouse, s'y firent voir à genoux, tenant vne bougie à la main, durant que l'on donnoit ce dernier des Sacremens à cette pieuse Heroïne, laquelle aprés auoir dit le dernier adieu à sa Maiesté, & à leurs Altesses Royales (ausquelles elle donna sa benediction à leur instance) elle abandonna tous les soins de la terre pour vaquer seulement à Dieu, & ietta continuellement les yeux sur le Crucifix, prononçant le Nom de *Iesus*, celuy de *Marie*, elle mourut fort doucement le premier iour de Decembre, vn peu aprés quatre heures du matin, estant aagée de 67. ans.

Elle fit son heritier Philippe IV. Roy d'Espagne son neueu; commanda que les reliques de son Oratoire ou Chapelle domestique fussent gardées à l'Eglise de sainte Gudule de Brusselle, & fit vne belle fondation pour 9. Prestres qui feroient le Seruice diuin, sçauoir vn Chapelain Maieur auec huit Chapelains, qui doiuent celebrer tous les iours à perpetuité vne haute Messe, & quatre basses : dire aussi chaque iour l'Office de la Vierge; le Mardy les heures du S. Esprit; le Vendredy l'Office de la Croix; le Ieudy les Litanies du S. Sacrement, & le Samedy celles de Nostre-Dame. Elle ordonna de celebrer huit mille Messes, à sçauoir trois mille pour les ames de Purgatoire, mille pour celles de ses pere & mere, & de son mary, & quatre mille pour la sienne. Elle fonda six Messes à perpetuité aux Eglises de Nostre-Dame de Lorette, de Montserrat, de Guadalupe, de Haut, de Montaigu, & des Saints de Bains qui se doiuent dire à basse voix tous les iours, excepté aux 9. festes de la Vierge, qu'elle veut estre chantées à voix haute. Elle a ordonné aussi que trois cens pauures fussent reuestus à son enterrement des couleurs & liurées de *Iesus*, de *Marie*, de *S. Ioseph*, sçauoir cent habillez de robes de pourpre, cent de bleu celeste, & cent de Minime ou couleur enfumée : Elle a ordonné aussi qu'on mariast ou qu'on donnast le voile à quarante ieunes Demoiselles orfelines. Elle a fondé vne Chapelle de deux mille ducats en principal, en l'honneur de Nostre-Dame Romaine dans Sagonte ville de Castille. Elle a aussi fait paroistre sa deuotion enuers le tres saint Sacrement, par le desir qu'elle a eu de procurer d'auoir des dais par toutes les Parroisses pour porter le Viatique aux malades auec plus de respect. Comme elle a toûjours aymé la pudicité, elle defendit que son corps fust embaumé, & le lendemain de son trespas il fut vestu en habit de Religieuse de sainte Claire, & mis en vne litiere dorée, comme elle auoit ordonné. Son corps fut gardé trois iours entiers, accompagné des larmes de tous ses suiets qui l'estiment vne Sainte, portent ses reliques, l'honorent comme vne vierge, vne femme & vne veuue, & l'appellent *la Mere du Pays*; & vne vraye Heroïne, qui a surpassé les Plotines, les Victorines, les Zenobies renommées par leurs belles actions dans le Paganisme, mesme ces Heroïnes Chrestiennes les Pulcheries, les Cunigondes, & les Elizabets ou Isabelles.

ELIZABET DE GONZAGVE, DVCHESSE D'VRBIN.

Vrbin, blazonné pag. 544.

IAQVES Sadolet, & Pierre Bembe, Secretaires du Pape Leon X. qui pour leur sçauoir, & leurs merites ont esté honorez de la pourpre Cardinale par le Pape Paul III. Federic Fregose, auquel le mesme Pape a donné le Chapeau pour sa Noblesse & sa capacité. Les doctes & sçauants Sigismond de Foligny, Philippe Beroald, Ioseph Betussi, le Comte Baltazar de Chastillon, & autres celebres Ecriuains de l'Italie, ont loüé dans leurs œuures cette grande Heroïne, qu'ils ont creu auoir esté pour sa constäce, sa modestie, sa pudicité, & ses autres vertus, la plus parfaite & la plus accomplie Princesse de son aage. Ie croirois aussi commettre vn crime de ne la placer pas entre les Dames Illustres de son temps, & si ie ne faisois cognoistre ses perfections à nos François, puis qu'elle a esté tant loüée par ces grands

grands personnages qui ont fait fleurir les bonnes lettres dans l'Italie du temps de nos peres.

Elizabet ou Isabelle de Gonzague estoit fille de Federic Marquis de Mantouë, & de Marguerite de Bauiere sa femme. Elle fut sœur de François de Gonzague, aussi Marquis de Mantouë, & de Claire de Gonzague, mariée à Gilbert de Bourbon, Comte de Montpensier, Vice-Roy de Naples, sage & vertueuse Princesse, mere de trois genereux & magnanimes Princes; Louys Comte de Montpensier, qui mourut de douleur à Pozzol en Italie, sur la tombe de son pere; Charles Duc de Bourbon Connestable de France, qui eust esté le plus heureux Prince, & le plus grãd Capitaine du monde, si la haine d'vne femme auaricieuse ne l'eust contraint à se perdre; & François Duc de Chastelleraud, qui fut tué combatant genereusement à la Iournée de Marignan, pour le seruice du Roy François premier : & de deux belles filles, Louyse Princesse de la Roche-sur-Yon, & Renée Duchesse de Lorraine. Claire aprés sept ans de viduité mourut le 2. Iuin 1503. & receut les honneurs de la sepulture à Aigueperse en Auuergne, en la Chapelle de saint Louys, prés le corps du Comte Gilbert son mary, qui y fut porté de Pozzol auec celuy de Louys leur fils aisné. *G. de Marillac en l'Hist. de la Maison de Bourbon.*

Isabelle de Gonzague, digne sœur de Claire Comtesse de Montpensier, & de François Marquis de Mantouë, épousa Guy-Vbalde premier du nom, Duc d'Vrbin, de la Maison de la Roüere. Cette Princesse fut tout le cours de sa vie vn miroir de chasteté, le Temple des vertus, & la Vertu mesme, si nous croyons celuy qui a escrit son Eloge en son liure des Dames Illustres, qui l'appelle *Femme pour sa bonté, son integrité, son courage, & sa noblesse plus diuine qu'humaine.* *Betussi della Donne Illustre.*

Entre les vertus qui l'ont renduë plus recommandable, c'est la chasteté, qu'elle a conseruée tous les iours de sa vie, & a merité d'estre en la compagnie de celles qui suiuent l'Agneau par tout où il va. Elle fut du nombre de celles dont parle l'Apostre, qui sont mariées comme ne l'estans point; car ou par la foiblesse de son aage, ou par la simplicité de son naturel, elle fut les deux premieres années de son mariage dans vne si profonde ignorance du Sacrement où elle estoit engagée, qu'elle estimoit qu'il en fust des autres mariées comme d'elle-mesme : semblable en cela à la femme de l'ancien Hieron, qui ne se plaignoit point de la mauuaise haleine de son mary, estimant que tous les autres hommes l'eussent ainsi forte : mais l'aage par vne secrette & non insensible leçon, luy ayant enseigné ce qui n'est pas ignoré des nations les plus barbares, ny des complexions les plus endormies, nostre nature corrompuë n'estant que trop encline aux plaisirs sensuels, soit que la libre frequentation qu'elle auoit comme mariée auec les-Dames qui l'estoient, luy aprist des choses qu'elle ne sçauoit pas, les tayes de son ignorance tomberent de ses yeux. Le Duc son mary ayant apperçeu que la Duchesse Isabelle auoit recogneu son infirmité, fut contraint luy-mesme de luy declarer en termes & paroles fort honnestes son impuissance, témoignant par ses discours l'affliction qu'il auoit de se voir en estat de ne pouuoir laisser des enfans pour succeder à son Estat, & que si cela estoit recogneu de ses suiets, qu'il en seroit moins aymé.

A ces tristes paroles, la sage & vertueuse Isabelle auec vn visage ioyeux & serein commença à le consoler, l'exhortant de vouloir supporter cette disgrace auec vne resignation parfaite à la volonté de Dieu ; que beaucoup de Rois & de grands Princes auoient esté, & estoient encore en cette affliction, & que souuent il est meilleur de n'auoir point d'enfans que d'en auoir de méchans & de vicieux, d'autant que pour l'ordinaire, comme dit le vieil Prouerbe Latin, *Filij Heroum noxæ*, c'est à dire que les Heros n'engendrent que des monstres, enfans ingrats & dénaturez, les funestes flambeaux, & les ruines de leurs Maisons, des Estats, & des Republiques, & des peres qui les ont engendrez. Que pour son regard il ne s'en mist point en peine, & que cela ne diminueroit en rien son affection & son amour, qu'elle garderoit sa virginité iusques au tombeau, afin que luy ne pouuant pas par defaut de nature iouïr de ce qui luy estoit destiné, vn autre ne vinst à la posseder, & que personne n'en sçauroit iamais rien.

DES DAMES ILLVSTRES. 699

Que ceux qui difent que les femmes ne font pas capables de fecret, oftent de ce nombre les Dames d'honneur qui ont vefcu chaftement, & entre les autres Elizabet de Gonzague Ducheffe d'Vrbin, laquelle fit voir par fa difcretion que quelquefois les femmes (quoy que plus legeres & inconftantes que les hommes) fe monftrent plus fermes & plus conftantes qu'eux pour ne reueler des fecrets. Elle pouuoit prendre pluftoft que fon mary pour deuife le chefne, dit *Robur* par les Latins, qui eft le fymbole de fermeté & de dureté, ayant plus fidelement gardé fon fecret & fa promeffe à fon mary que ce Prince ne l'a gardée, ayant vefcu plus de 14. ans auec luy en forte que par aucune plainte elle n'a fait paroiftre le defaut de fon mariage; aux premieres années elle le cela par ieuneffe & par ignorance, depuis par honneur, par la force de fa vertu, & par l'obligation du fecret.

La Maifon de la Roüere porte d'azur au chefne d'or.

Non feulement les peuples du Duché d'Vrbin, les habitans de la belle ville de Pefaro, mais encore les plus fecrets & familiers domeftiques, & principaux Seigneurs de leur Cour, ne fceurent que ce defaut & cette fterilité procedoit du Duc, au contraire ils l'attribuerent pluftoft à la Ducheffe. Iamais on n'en euft rien fceu fi le Duc mefme ne l'euft dit, lors que chaffé de fon Eftat par Cefar Borgia Duc de Valentinois, il vint faluer noftre Roy Louys XII. qui eftoit lors en fa ville de Milan, & dans fon Duché de Milanois, auquel il eut recours pour eftre remis & reftably dans fes terres, duquel n'ayant pû obtenir ce qu'il demandoit, à caufe que le Roy eftoit ligué auec le Pape Alexandre VI. pere du Duc de Valentinois, & craignoit la haine de ceux de la Maifon de Borgia contre luy & fa Maifon, il leur donna efperance de fe feparer d'auec fa femme, & de fe faire d'Eglife, affeurant que iamais il n'auoit confommé le mariage au fuiet de fon impuiffance; & eftant interrogé par le Roy, il afferma qu'il eftoit veritable. Ainfi ce fecret ayant efté reuelé par le mary, il fut diuulgué par tout l'Eftat d'Vrbin, & par l'Italie, où les moindres du peuple fceurent que Guy-Vbalde de la Roüere, Duc d'Vrbin, n'eftoit homme que par le vifage, ou s'il eftoit homme, il ne

Tttt ij

l'eſtoit pas pour prendre rang au nombre des maris; & tout le monde admira la conſtance & la pudicité de la ſage & chaſte Princeſſe Iſabelle de Gonzague. Sa conſtance, puis que pouuant faire declarer ce mariage nul par vne declaration qu'elle euſt peu obtenir facilement, elle ne le voulut pas, aymant mieux ſe taire que de polluer ſes leures. Sa pudicité, par cet acte heroïque de pudeur, ayant veſcu plus de vingt ans ſans auoir aſſez de front pour rougir de la honte de celuy que le monde reputoit pour ſon époux.

O chaſteté merueilleuſe d'vne femme! ô conſtance incroyable! ô vertu parfaite, & ſans exemple! viure ainſi vingt ans auec vn mary en vne meſme maiſon, & dans vn meſme Palais: C'eſt vrayement vn parangon de pudicité, & vne vraye preuue que l'eſprit & la vertu ont plus de pouuoir que la chair & la ſenſualité, & que la foy & l'amour coniugal ſont plus puiſſans que l'appetit inferieur, & la deshonneſteté. Combien y en auroit-il eu d'autres qui euſſent voulu demeurer ſans publier vn ſecret? ie ne dis pas quatorze ans, mais quatorze mois, que celle-cy garda, non pas vingt mois, mais vingt ans, & iuſques à la mort de ſon mary, ſans défaire le mariage; puiſque priée, importunée, & preſque forcée par toute ſorte de perſonnes puiſſantes, & qui luy eſtoient parens, de ſe vouloir ſeparer de ſon mary, pour mille conſiderations tres-fortes qu'ils luy mettoient en auant, iamais elle n'y voulut entendre; au contraire elle ſouſtint touſiours que ce defaut ne venoit point de luy, ains trouua mauuais qu'on en parlaſt au contraire, & ſe faſcha fort quand la verité de l'Hiſtoire vint en euidence.

O tres-fidelle & tres-chaſte Princeſſe! que celles-là iettent les yeux ſur toy, qui pouſſées de l'eſprit de ſenſualité ſans ſuiet, ou ſur le moindre pretexte & raiſon friuole, défont des mariages concertez par auis de parens, & faits en face d'Egliſe, procurant des diſpenſes ie ne ſçay quelles ſous des faux-entendre, qui ne leur ſeruiront que de lien pour les traiſner à la damnation: puiſque vous eſtant encores ieune, belle, & noble, qui pouuiez legitimement procurer vne ſeparation, auez voulu monſtrer que vous eſtiez mariée plus de l'eſprit que du corps.

DES DAMES ILLVSTRES. 701

Et certes en cette victoire que remporta sur soy cette braue & genereuse Princesse, il y a plusieurs choses à admirer, dont chacune merite vne particuliere loüange.

Premierement de ce que comme nous venons de dire, par abondance de courage & de vertu, elle ne se separa point de son mary, quoy qu'elle le peust legitimement faire.

En second lieu, l'amour qu'elle portoit à son mary luy fit deposer le desir commun & raisonnable qu'ont tous ceux qui se marient, encore mesme qu'ils soient de mediocre condition, de laisser des enfans heritiers & successeurs de leurs biens, afin que les familles ne viennent point à s'éteindre : ce qui doit estre plus admiré en cette grande Princesse, née d'vne tres-illustre Maison, & alliée semblablement à vne autre Souueraine de l'Estat d'Vrbin, qu'elle voyoit finir en elle & en son mary en ligne directe.

Troisiémement, sa prudence merite d'estre grandement estimée, en ce que pour ne point manifester le defaut de ce Prince, & ne le faire paroistre à ses suiets, elle ne le quittoit iamais, & luy faisoit vne tres-fidelle, tres-assiduë, & tres-agreable compagnie, tant aux champs qu'à la ville.

La quatriéme merueille que ie remarque icy, est quand ie considere que parmy la liberté de sa condition, parmy la quantité d'hommes qui traitoient auec elle, elle ait conserué entiere sa virginité. Et qui pourroit representer toutes les particularitez de sa pieté enuers Dieu, de sa charité au prochain, sa bonté enuers ses domestiques, le soin qu'elle auoit generalement de tous ses suiets, la modestie qu'elle témoigna & monstra en sa personne, & comme elle estoit courageuse & magnanime de paroistre aux occasions publiques ; feroit voir sur ce papier l'idée & le pourtrait d'vne Princesse parfaite & accomplie.

Au temps du bannissement du Duc son mary, lors qu'il fut trouuer le Roy, & se mettre sous sa protection, la fidelle Isabelle voulut tousiours estre participante de ses desplaisirs, esquels elle le consoloit & soulageoit merueilleusemét, l'encourageant par ses discours, & luy donnant des conseils fort vtiles qui luy seruirent grandement parmy sa mauuaise

Tttt iij

fortune. Aussi depuis estant remis en son Estat, quoy qu'il eust tousiours fait cas de la Duchesse sa femme, si est-ce qu'il la cherit & honora plus particulierement que iamais il n'auoit fait, & auec beaucoup de raisons, puisque outre les assistances qu'il en auoit receuës, & l'experience qu'il auoit faite de sa vertu, il est asseuré qu'elle n'eut personne qui la surpassast en merite.

Enfin ce mariage si bien fait par l'assemblage de deux cœurs parfaitement vnis par le nœud indissoluble d'vn saint amour, vint à se rompre par la mort du Duc, qui après auoir esté fort long temps trauaillé des gouttes, tomba en vne telle langueur que les forces vindrent à luy manquer tout à coup, dont il mourut, laissant Elizabet sa femme extrémement affligée de cette separation. Ie croy deuoir dire icy quelque chose du regret veritable qu'elle témoigna de la perte de son mary, qui se sentant proche de la mort, voyant que sa compagne qui le tenoit par les mains, & le regardoit d'vne telle affection & attention, qu'elle sembloit vouloir receuoir son ame par la bouche, luy parla de la sorte :

Me voicy comme vous voyez à la fin de ma vie, ie m'en vais là où ie suis appellé par celuy qui m'a laissé viure iusques à present, & le benis à iamais qu'il m'ait fait cette grace de mourir en vostre presence, & dans l'esperance certaine que i'ay que vous ne m'oublierez pas, & que ie seray tousiours present & viuant en vostre memoire.

Et se tournant vers le ieune François-Marie de la Roüere qui luy succeda depuis :

C'est vous principalement (dit-il) *mon fils que i'ay voulu choisir entre tous les enfans de mes sœurs pour estre mon heritier, esperant que vous ressemblerez à ceux à qui vous auez l'honneur d'appartenir : il faut que desormais vous viuiez faisant toutes choses, comme si i'estois present, & en sorte que vous ne soyez point indigne d'estre estimé & appellé mon fils, & que vous succediez aux vertus & à la reputation de vostre oncle le Pape Iule II. du Duc Federic de bonne memoire mon pere, & de vos autres parens, de qui les exemples vous obligeront à deuenir vn grand Prince : mais ie vous recommande sur tout d'estre bien obeissant à la Duchesse vostre mere, & que vous luy rendiez toutes sortes d'honneurs & de deuoirs comme* vous estes obligé : car vous ne pouuez faire chose qui me soit plus agreable, ny à vous plus vtile, que de vous conduire en tout par ses sages conseils ; & il est raisonnable qu'ayant herité de moy de toutes les autres choses, vous heritiez encore de l'affection que ie luy ay portée.

Enfin se tournant vers la Princesse ; *Et pour vous ma chere compagne, que vous comanderay-ie maintenant que ie meurs, qui ne m'auez point donné suiet tant que vous ayez vécu de vous rien recommander, ayant preuenu mes desirs & mes pensées par vostre soin & vostre industrie ? C'est donc assez que ie vous die que la plus grande passion que i'aye, est que celuy que ie laisse aprés moy pour gouuerner cet Estat, s'en acquitte comme il doit, & se rende digne de succeder à ceux qui l'ont eu en maniment deuant luy, à quoy ie vous prie de veiller, luy seruant de mere & de regente ; & aprés que vous aurez donné ordre à toutes choses selon que bon vous semblera, ie vous coniure de ne point pleurer ou vous affliger de ma mort, & de ne pas troubler ou interrompre le repos dont i'espere iouïr auec Dieu, si ce n'est que vos larmes m'inquietent dés à present.*

Aprés auoir dit ces paroles, & autres semblables à tous ceux qui estoient là presens, ausquels il fit de fort belles remonstrances, il mourut incontinent aprés. Ie me trouue fort empesché à donner des preuues de l'amour & de la prudence qu'elle eut dans le deüil de la mort de son mary : car elle eut le pouuoir & le commandement sur ses passions, que tant qu'il fut en vie, iamais elle ne se laissa aller aux pleurs, l'enuisagea constamment, & continuellement, afin que son affliction exprimée exterieurement par les larmes ne luy en causast vne autre ; mais si tost qu'il eut rendu l'esprit, à l'heure mesme elle lascha la bonde à la douleur qui la fit tomber sur luy, criant à haute voix :

Ah mon cher mary, pourquoy me laissez-vous ainsi, & où allez vous ? Ces paroles dites elle tomba en foiblesse, sans pouuoir iamais dire autre chose, & demeura comme demy-morte. Il y en eut qui la creurent vrayement morte, se voyāt empeschez à luy faire reuenir les esprits, si bien qu'ils pleuroient tout ensemble la mort de l'vn & de l'autre. Mais Dieu ne les voulant pas tant affliger tout à la fois, permit qu'elle reuinst peu à peu, ouurant les yeux, & les tournant vers le Ciel : puis elle se mit à les ietter sur ceux qui estoient autour d'elle, & les regardant leur dit comme par plainte & reproche : *Quelle importunité est-ce que vous me faites ? Pourquoy vsez-vous auec moy de cette cruauté, que de m'empescher de suiure mon tres-honoré Seigneur & mary ? Pourquoy ne voulez-vous pas que i'accompagne en la mort celuy auec qui i'ay passé le meilleur de ma vie ? O moy miserable, qu'il s'en soit allé, & qu'il faille que ie demeure ! non, non, ie ne m'y puis resoudre, & faut que i'aille aprés luy.* Si tost qu'elle eut ainsi formé ses plaintes, ses yeux commencerét à ruisseler comme deux sources de larmes, & il ne fut iamais possible pendant deux iours d'auoir autre raison d'elle, ne voulant prendre ny repos ny repas, disant tousiours qu'elle ne pouuoit suruiure à son mary. Enfin aprés vne infinité de prieres & consolations qu'elle receut de toutes parts, se souuenant des affaires publiques, elle se leua pour y mettre ordre, & aprés auoir fait reconnoistre pour Duc le Prince François-Marie, que le feu Duc son mary auoit destiné, elle mit toutes choses en estat & tranquillité, & luy fit épouser Leonor de Gonzague sa niece, qui estoit fille de François Marquis de Mantouë son frere, de laquelle nous auons aussi écrit l'Eloge en ce liure, & qui fut imitatrice des vertus de sa tante Elizabet, comme elle fit paroistre par l'affection qu'elle porta aux Dames chastes & honnestes, & par l'auersion qu'elle eut des femmes perduës & débauchées qu'elle fit punir auec seuerité, & chasser de ses terres.

Elizabet de Gonzague eut plus de soin de l'Estat que d'elle-mesme, qui eut deuant ses yeux continuellement, & tant qu'elle vesquit l'idée du defunt Prince, & fut long temps sans se laisser voir à personne.

S'il falloit raconter les particularitez de la vie qu'elle a fait pendant son veuuage, il faudroit écrire vne Histoire entiere, & non pas vn Eloge. Nous remettrons donc ce trauail à ceux qui en écriront, ou en veulent écrire exprés, pour parler de sa belle-sœur.

ELIZABET D'EST,
MARQVISE DE MANTOVE.

Est, blazonné en la page 69.

Ferrare, là mesme.

SABELLE fille d'Hercule 2. Duc de Ferrate, & I. de ce nom, & d'Eleonor d'Arragon, épousa au mois de Feurier de l'an 1490. François de Gonzague Marquis de Mantouë, fils aisné du Marquis Federic, & de Marguerite de Bauiere, Prince tres-heureux, duquel on peut dire qu'il estoit digne d'vne telle femme, comme elle meritoit vn tel mary; aussi toute l'Italie témoigna vn contentement, & vne ioye incroyable, quand on celebra à Ferrare & à Mantouë la solemnité du mariage de ce beau & vaillant Prince de la Maison de Gonzague, & d'Isabelle, l'honneur & la gloire des Princesses de l'ancienne & genereuse Maison d'Est ou des Atestins.

François Marquis de Mantouë n'épargna rien pour faire patoistre qu'il estoit vn Prince poly, liberal, & magnifique. On ne voyoit que festins, balets, carouzels, & courses de bagues. Il sortit de Mantouë suiuy du Senat, des Citoyens, & de ses domestiques pour aller receuoir loing de la ville, sur les belles riues du Po la Princesse Isabelle, qui auoit esté conduite depuis Ferrare iusques à Mantouë par son pere & son frere (qui fut le Duc Alfonse I.) & les plus apparens Seigneurs du Ferrarois sur ce Roy des fleuues de l'Italie. Les Ambassadeurs du Duc de Milan, des Génois, des Florentins, des Pisans, & des Seigneurs qui estoient lors en quelque consideration pour leur richesse & leur noblesse dans cette belle contrée là, ne furent pas seuls qui honorerent de leur presence la ceremonie des noces de François Marquis de Mantouë, & de sa femme Isabelle de Ferrare: mais aussi le Nonce du Pape Innocent VIII. l'Euéque de Prague, Ambassadeur de l'Empereur Federic III. & ceux de Charles VIII. Roy de France, & de Ferdinand I. Roy de Naples, qui témoignerent tous la satisfaction qu'ils a-uoient d'auoir assisté aux pompes d'vne si belle alliance. Les habitans de Mantouë, & les Etrangers qui eurent le bon-heur de voir & d'assister à ces noces, n'admirerent pas tant les appareils & les magnificences, comme la beauté du Prince & de la Princesse: Car François de Gonzague rauissoit ceux qui le regardoient; son visage, sa grande stature, ses yeux ardans pleins de maiesté, sa candeur & sa ieunesse estoient les charmes qui luy gagnoient les cœurs;& Isabelle surpassoit en beauté & en bonne grace toutes les filles de son temps.

Dieu benit ce mariage; Elizabet eut trois enfans masles. Elle accoucha de l'aisné le 17. de Ianuier de l'an 1500. qui fut nommé au Baptéme Federic, & succeda depuis à son pere, & fut le premier Duc de Mantouë. Iamais les peuples suiets des Seigneurs de la Maison de Gonzague (qui possede Mantouë aprés ceux de la Maison de Bonacolsi) n'auoient témoigné tant de ioye, cõme ils firent à la naissance de ce Prince. Tous les Potentats d'Italie enuoyerent des Ambassadeurs visiter la Marquise Isabelle, pour se resioüir auec elle de son heureux accouchement. Le Pape Alexandre VI. ne pût cacher le contentement qu'il en receut; car ayant appris la nouuelle, il deputa incontinent Emile de Fabiis son Chambrier, pour voir la Marquise de Mantouë de la part de sa Sainteté, & luy témoigner la ioye qu'elle auoit receuë à la naissance de son fils aisné.

Hercule fut le 2. qui a esté éleué à la dignité de Cardinal par le Pape Clement VII. à l'instance de cette magnanime Heroïne sa mere, qui presida depuis en qualité de Legat du S. Siege Apostolique au Concile de Trente, où il mourut entre les mains de Iaques Lainez, 2. General des Iesuites l'an 1563. sous le Pontificat de Pie IV. au grand regret de tous les Peres qui assistoient à cette sçauante & sainte assemblée. La memoire de ce pieux & docte Cardinal n'est pas seulement en benediction en Italie, mais aussi par tous les Royaumes de la Chrestienté, & ses vertus ont esté publiées par ces grands & celebres Cardinaux en doctrine, Sadolet, Bembe, & Hosius. Il eut aussi plusieurs voix

DES DAMES ILLVSTRES. 707
pour succeder au Pape Paul IV.

Le 3. a esté Ferdinand ou Ferrand de Gonzague, Duc d'Arriane & de Molfette, l'vn des plus renommez Capitaines de son temps, Viceroy de Sicile, & Gouuerneur de Milan pour l'Empereur Charles V. duquel Iulien Goselini a écrit la vie en trois liures.

Tous ces trois Heros de la Maison de Mantouë ne degenererẽt point de la vertu & du courage de leur mere, de laquelle Dieu a beny la race : Car de son aisné le Duc Federic sont issus les Ducs de Mantouë & de Montferrat, & de Neuers : Et de son troisiéme Ferdinand Duc de Molferre, les Ducs d'Arriane, les Princes de Molferte ou Molfette, & de Guastale, les Marquis de Mantouë, & les Comtes de Gonzague, alliez à plusieurs illustres Maisons d'Italie, entre autres à celles de Capouë, de Colomne, de Borromée, & de Doria.

Capouë, d'or à la bande de sable, chargée d'vne cotice d'argent.

Borromée, d'azur, à vne bride d'or posée en bande.

Doria, coupé d'or & d'argent, à vn aigle de sable couronné de mesme, becqué, langué & membré de gueules.

Elizabet d'Est Marquise de Mantouë eut cinq filles, sçauoir Marguerite & Theodore qui moururent ieunes. Paule & Hipolyte quitterent les delices du monde, & les honneurs des Cours des Rois & des Princes, pour suiure IESVS-CHRIST pauure & crucifié dans vn Monastere, l'vne dans celuy de S. Vincent Martyr, & l'autre dans celuy de S. Paul. Il est vray que Goselin les fait Religieuses au Conuent de S. Vincent, & Antoine Posseuin le ieune en celuy de Sainte Paule. C'est à eux à s'accorder, & ce n'est pas mon dessein de m'arrester à examiner ces circonstances, mais seulement de remarquer en passant qu'il faudroit vn esprit Angelique pour loüer ces deux deuotes Princesses, leur vie ayant esté si sainte, particulierement celle de Paule, qu'elle a receu de Dieu le don des miracles : Et de fait, souuent les Euéques & les habitans de Mantouë, ont auec la permission & l'authorité du S. Siege, fait des procés verbaux des merueilles que Nostre Seigneur a operées par cette fidelle seruante, pour proceder vn iour à sa beatification, & à sa canonization. Il n'y a eu qu'vne des filles d'Isabelle d'Est qui a esté mariée, sçauoir la vertueuse Eleonor de Gonzague, Duchesse d'Vrbin, dont nous auons écrit l'eloge entre les illustres Eleonors,

Vuuu ij

& loüée en celuy d'Elizabet de Gonzague sa bonne tante. Ce n'est pas vne petite gloire à cette Marquise d'auoir si bien nourry & éleué ses filles à la vertu & à la pieté, qu'elles ont esté les merueilles de leur sexe & de leur siecle.

Ce fut sur la fin du mois de Mars de l'an 1519. qu'elle demeura veuue de François Marquis de Mantouë son mary. Tous ceux qui ont leu l'Histoire de la tres-illustre Maison de Gonzague, n'ignorent pas que la Marquise Isabelle, qui surpassoit toutes les Dames de son temps en beauté & en bonne grace, que la pluspart tiennēt estre ennemie de la vertu & de l'honneur, l'a neantmoins conseruée auec éclat & gloire tous les iours de sa vie dās ces trois cōditions de fille, de mariée, & de veuue, donnant par sa bonne & sa sage conduite des témoignages asseurez de la force, de son courage, & de sa pieté, particulierement en l'absence, & durant les souffrances de la maladie de son mary. Elle prit vn tel soin de sa Maison apres la mort de ce Prince là, & soustint presque miraculeusement la charge de sa famille mieux qu'il n'eust pas peu faire, quoy qu'il eust la reputation d'estre, comme il estoit le plus vaillant, le plus genereux, & le plus liberal Prince d'Italie.

A. Posseuinus iunior.

Cette magnanime Heroïne cognoissant que son fils aisné François de Gonzague estoit capable de gouuerner son Estat & sa Maison, elle luy en laissa le soin & le gouuernement: puis se voyant encore ieune, & auec beaucoup de force & de santé, elle prit resolution d'aller à Rome, afin d'apprendre les differentes mœurs & humeurs des nations, & des peuples qui visitent cette ville capitale du monde, tant pour le grand contentement qu'il y a en ce loisir agreable, que pour se faire connoistre d'vn chacun, & procurer quelque auantage à l'vn de ses enfans. Ceux qui eurent le bon-heur de la voir, l'estimerent digne femme d'vn genereux mary, la mere d'vn fils incomparable, & la sœur d'vn excellent frere. Car les peines & les souffrances qu'elle auoit prises durant les maladies de son mary, & de l'education de son fils aisné, estoit plustost vne pure seruitude, qu'vne vie, à raison de l'accablement d'affaires qui l'assuietissoient à la volonté de celuy auquel elle deuoit tout honneur & respect, & à la satisfaction & contentement de ses vassaux & suiets. Isabelle alla premierement à Rauenne par le Po, tant pour éuiter les perils & la difficulté des chemins que pour y visiter son fils Hercule, pour lequel elle auoit des tendresses particulieres, ayant eu tousiours vne extréme passion que ce fils là (qu'elle aymoit plus que les autres, & auquel la bonne grace, la vertu & l'Euéché de Mantouë donnoient de l'éclat) fut honoré par le Pape Clement VII. de la pourpre sacrée, afin qu'il ne parust pas moins que les autres Princes de sa Maison, qui a donné plusieurs grands Cardinaux à l'Eglise.

Isabelle d'Est ayant laissé son fils Hercule à Rauenne, elle se mit en chemin pour aller à Rome auec vn beau train & vne suite honorable, & estant heureusement arriuée en cette sainte Cité, elle fut logée dans le Palais du Duc d'Vrbin son gendre, où ce Prince magnifique fit paroistre le contentement qu'il auoit que la Marquise de Mantouë sa belle mere auoit choisi sa Maison de Rome pour y faire sa demeure; car il fit commandement à ses Officiers, & à ses domestiques qui estoient à Rome, de ne rien épargner, afin qu'elle y receust tous les plaisirs & les satisfactions que l'on eust peu desirer.

Aussi tost que cette Heroïne fut arriuée à Rome, elle témoigna au Saint Pere le suiet pourquoy elle auoit entrepris son voyage, ne l'ayant découuert à personne deuant que d'arriuer en cette ville là. Clement fut estonné du sçauoir & de l'esprit prodigieux de cette belle & sage Princesse, qui auoit sous l'habit & le visage d'vne femme vn cœur d'homme genereux & magnanime : de maniere que vaincu par son eloquence, & par les raisons qu'elle luy allegua, il fut contraint de luy accorder sa demande, quoy que du commencement il ne fust pas porté à donner le contentement à cette Marquise qu'elle desiroit : car il luy promit vn Chapeau pour son fils Hercule de Gonzague, il leua les pensions que sa Sainteté auoit sur l'Euéché de Mantouë, & receut en sa bonne grace, & rentra en bonne intelligence auec Alfonse I. Duc de Ferrare, frere de la Marquise de Mantouë.

Durant qu'Isabelle d'Est ou de Ferrare seiourna à Rome, cette ville là fut enuironnée de soldats Allemans & Espagnols de l'armée Imperiale, commandée par ce grand Capitaine Charles dernier Duc de Bourbon, ce qui donna vn terrible effroy à tous les Romains. Le Pape Clement VII. se voyant surpris, se retira en diligence dans le Chasteau de S. Ange, sans auoir le loisir d'en donner l'auis à Isabelle Marquise de Mantoüe. Ce qui estonna fort cette Princesse, qui estant en cette apprehension, écriuit sous main au Duc de Bourbon, qui luy fit responce qu'elle ne deuoit auoir aucune crainte ny frayeur, qu'il alloit à la verité droit à Rome, où il traiteroit doucement tous ceux qui viuroient bien auec luy ; qu'il n'estoit pas si barbare & dénaturé que de permettre que l'on fist aucun tort ny desplaisir aux Dames Romaines ; & qu'elle ne pouuoit pas ignorer les obligations qu'il auoit à la Maison de Mantoüe, sa mere estant Claire de Gonzague, fille du Marquis Federic, & sœur de feu son mary le Marquis François, duquel il honoroit la memoire ; que son Altesse pouuoit viure en repos, & demeurer librement dans le Palais d'Vrbin, ou quelque autre qu'elle choisiroit, sans auoir aucune frayeur, & ne prendre autre garde que ses domestiques ; car il l'asseuroit que les soldats la respecteroient & l'honoreroient tous, tant pour son extraction tres-illustre, & le rang qu'elle tenoit parmy les Princesses d'Italie, que pour ses vertus & ses perfections eminentes.

La Marquise de Mantoüe ayant receu cette lettre fauorable du Duc de Bourbon (par laquelle l'on peut croire que si ce braue Prince n'eust point esté tué comme il montoit à la bréche du bourg de S. Pierre, il n'eust pas permis les desordres & les barbaries qui furent commises au sac & au pillage de cette premiere ville de l'Vniuers) se retira dans le Palais de Colomnes, où elle fit boucher la principale porte, & les auenuës de cet Hostel là pour se mieux conseruer, & éuiter les violences & les insolences des soldats Imperiaux. Le Seigneur Veniero Ambassadeur de la Republique de Venise, se confiant en la bonté de cette Princesse, (qui n'auoit point de plus grand contentement que d'obliger & faire plaisir à tous ceux qui auoient recours à elle) prit la hardiesse de luy demander la permission de pouuoir se retirer dans ce Palais-là, ce qu'elle luy accorda de fort bonne grace, & aussi à plusieurs Dames Romaines, qui par son moyen, & sous sa sauuegarde furent preseruées des violences que les Imperiaux exercerent enuers les autres Dames & Demoiselles; voire mesme en la personne des Religieuses, & des filles consacrées au seruice de Dieu, que l'honnesteté ne permet pas de dire ny de raconter.

Ces pauures Dames furent plus heureuses que les autres, n'ayans esté contraintes que d'ouurir leurs bourses, & payer vne somme notable d'argent pour recouurer leur liberté, & contenter l'insatiable auarice de Hugues de Moncade, de Charles de Lannoy, & des autres Capitaines Imperiaux, parmy lesquels il n'y en eut qu'vn d'humain & courtois, le vaillant Louys de Gonzague, dit Rodomont, qui n'approuua iamais, mais detesta de tout son cœur la cruauté des autres Capitaines, & les excés de barbarie que les soldats commirent, rien de saint & de sacré n'ayant esté épargné. Ce fut ce braue Capitaine de la Maison de Gonzague, qui vrayement Chrestien & pieux, fit sortir secretement le Vicaire de Dieu en terre de captiuité, l'ayant retiré du Chasteau S. Ange, & conduit heureusement dans la forte place d'Oruiete: aussi Clement pour ne paroistre pas ingrat d'vn si bon office, donna le Chapeau de Cardinal à Pyrrhe de Gonzague, frere de Ludouic, qui le meritoit bien pour sa vertu & pour sa probité.

Isabelle aprés auoir obtenu du Pape ce qu'elle desiroit, (sa Sainteté ayant témoigné luy auoir de l'obligation pour les seruices & les assistances qu'il auoit receus en sa misere du genereux Ludouic de Gonzague) voulut aller à Génes auec toute sa famille, pour voir les raretez de cette superbe ville. Elle s'embarqua sur le Tybre iusques à Ostie, où elle se mit sur la mer: mais vne furieuse tempeste estant suruenuë, & ses meubles qui estoient dans les autres vaisseaux ayans esté pris par les pirates, elle fut contrainte de prendre terre pour aller à Vrbin voir sa fille Eleonor, & son frere le Duc Alfonse, qui estoit à Ferrare. Aprés les auoir visitez auec des caresses & des complimens dignes d'vne si sage & si bonne Princesse, elle s'embarqua à Ferrare sur les bateaux que le Duc son frere auoit fait preparer pour la conduire sur le Pò iusques à Mantouë. Passant à Gouernola, son fils Hercule la vint salüer, qui n'estoit ny ioyeux ny triste, car ce Prince sçauoit bien que la Marquise sa mere auoit receu vn bon accueil du Pape Clement VII. mais aussi il auoit appris la disgrace qu'elle auoit euë sur la mer, & il craignoit qu'elle n'eust receu quelque notable desplaisir au sac de Rome, lequel elle ne vouloit pas luy dire pour ne l'attrister pas. Cette Princesse doüée d'vn iugement admirable, reconnoissant la peine d'esprit de son fils, luy parla auec vne grande douceur, puis poussée d'vn amour maternel qu'elle ne pouuoit plus cacher, se ietta à son col pour luy donner la barette que sa Sainteté luy enuoyoit, laquelle il n'attendoit pas, quoy qu'il la meritast aussi bien qu'aucun autre que le Pape eust rangé dans le College des Cardinaux en la premiere creation qu'il fit le 3. de May de l'an 1527.

A. Possevinus iunior.

La Marquise Isabelle estant arriuée à Mantouë, resioüit les habitans par son retour, qui l'aymoient comme leur mere, tant pour sa pieté que pour sa iustice, & tous ceux qui passoient par Mantouë n'estoient pas contens & satisfaits s'ils ne luy alloient faire la reuerence: car l'on parloit par toute l'Italie des perfections de cette Princesse, qui soulageoit par ses aumosnes les pauures & les miserables, honoroit les hommes de lettres, & enuoyoit de beaux presens à tous les lieux de deuotion, qui sont non seulement en Italie, mais aussi en France & en Espagne. L'on voit encor à S. Maximin en Prouence les riches chasubles & dalmatiques de drap d'or, desquelles l'on se sert aux festes solemnelles, où sont les armes de cette Princesse parties de Mantouë & de Ferrare, auec cette inscription Latine, *Isabella Estensis March. Mantuæ.* Isabelle d'Est Marquise de Mantouë.

Les Escriuains des Eloges des Dames Illustres, disent que cette Heroïne fut vne femme doüée d'vn grand courage, & d'vn merueilleux esprit, qu'elle estoit liberale, sçauante,
&

& curieuse des choses les plus rares, ayant pour cet effet veu plusieurs païs, & par tout recherché ce qui estoit plus remarquable. Elle laissa vne telle memoire de cette loüable curiosité & estude dans Mantoüe au Palais *de la Rocca*, en vne chambre sousterraine creusée dans la pierre, qu'elle appella la grotte ou caue, & iusques auiourd'huy porte le nom de *la grotte de Madame*, où comme dans vn beau cabinet elle ramassa auec vn grand soin les plus belles medailles & anticailles, & autres pieces plus rares & precieuses de l'antiquité qui se peurent trouuer de son temps, y prenant vn singulier plaisir. Vn Ecriuain moderne a remarqué que la riche Emeraude que Ciceron mit au doigt de sa fille Tulliola quand il la fit inhumer, qui estoit la plus belle qui fut deslors, ny qui ait peut-estre iamais esté veuë depuis, ayant esté trouuée du viuant de cette curieuse Princesse, elle tomba heureusement entre ses mains. Il y a en ce lieu des pierreries d'vne valeur inestimable (dit Betussi en l'eloge de cette sçauante Princesse) & entre autres choses rares & exquises, l'on void la figure d'vn Cupidon taillé par ce fameux Sculpteur Praxiteles, auquel la nature est surmontée par l'art & l'industrie de l'ouurier. Mais ie croy que cette statuë ny ces autres raretez ne se voyent plus à Mantoüe, & qu'elles ont esté emportées par les soldats Allemans, conduits par Iean Baron d'Aldringhen, & Mathias Gallasse Maistres de Camp de l'armée de l'Empereur Ferdinand II. quand ils pillerent cette ville là le mois de Iuillet de l'an 1630. Le President de Thou remarque au liure 1. des Cōmentaires de sa vie auoir veu ce beau cabinet auec Paul de Foix Archeuéque de Tolose, que le Roy Henry III. enuoyoit Ambassadeur à Rome vers Gregoire XIII. qui leur fut monstré par Guillaume Duc de Mantoüe & de Monferrat petit fils d'Isabelle. Il raconte assez au long comme ils admirerent vn Cupidon dormant, de marbre frais de Luna en la coste de Gènes, taillé par Michel Ange Bonarota, qui à auec vne gloire immortelle remis en credit en ces derniers temps l'Achitecture, la Sculpture, & la Peinture, lequel ils trouuerent encor plus beau & mieux elabouré que l'on ne leur auoit dit, & estimerent

L'Autheur du Tableau de l'inconstance & instabilité de toutes choses.

grandement cet ouurage, mais peu aprés on leur fit voir cet autre Cupidon qui n'eſtoit que de terre, qui a iadis rauy la Grece & l'antiquité en admiration : lors ils ne firent plus d'eſtat du premier qu'ils auoient tant loüé, & furent honteux de l'eſtime qu'ils en venoient de faire. Quelques-vns de ceux qui eſtoient en cette compagnie là, & auoient ſeruy la Marquiſe Iſabelle, leur dirent, que Michel Ange, le plus ingenu des ouuriers de ſon temps, auoit prié Iſabelle d'Eſt que l'on monſtraſt en cet ordre là ces deux Cupidons, pour faire voir combien noſtre aage cede à l'antiquité pour ces merueilles & raretez.

Ce Preſident appelle cette Princeſſe, Heroïne d'vn excellent eſprit. Iulien Goſelini en la vie de Ferdinand de Gonzague, dit qu'elle eſtoit doüée d'vn haut courage & magnifique. Antoine Poſſeuin le Ieune la loüé au liure 7. de l'Hiſtoire des Gonzagues, pour auoir par ſes ſoins & ſes actions maſles & viriles, ſurpaſſé les mœurs de toutes les femmes. Voila les eloges que ces illuſtres Ecriuains donnent à cette ſçauante & ſage Princeſſe Iſabelle d'Eſt ou de Ferrare Marquiſe de Mantoüe : auſſi le iugement que fit d'elle le grand Empereur Charles V. fut ſi auantageux, qu'il ne feignit point de luy donner la preference au deſſus de toutes les Dames & des Princeſſes de ſon temps.

Iſabelle mourut enfin l'an 1539. pleine d'honneur & de reputation, & laiſſant aprés elle vn regret immortel à tous ceux qui eurent l'honneur de la connoiſtre, & admirer ſes vertus, ſes perfections & ſes merites ; ſur tous aux habitans des terres de Mantoüe & de Montferrat, qui la regreterent grandement, & auec raiſon : car elle les a gouuernez auec vne incroyable douceur, iuſtice & bonté ; tandis que ſon fils aiſné Federic (qui fut Marquis de Montferrat, & premier Duc de Mantoüe) alla à la guerre, on luy donna le pouuoir de gouuerner ſes Eſtats, & quand il quitta ſes amourettes & ne vid plus la belle Iſabelle ſa maiſtreſſe (dont il eut deux enfans, vn fils nommé Alexandre, & vne fille appellée Emilie) à laquelle il auoit (comme nous dirons plus bas en l'explication de la deuiſe de cette Marquiſe ſa mere) donné vn trop grand empire & ſur luy & ſur ſon peuple. L'on tient aussi que si cette genereuse Princesse eust vécu dauantage, elle eust remis les villes des Principautez de Mantouë & de Montferrat en leur ancien honneur & gloire, & restably le commerce par ces contrées là, qui estoient incommodées pour les guerres de nostre Roy François I. & de l'Empereur Charles V. Si la Marquise Isabelle d'Est fut regretée de ses suiets, elle le fut plus encor de ses enfans, & petits enfans, sur tous de son fils Federic Duc de Mantouë, & Marquis de Montferrat, qui mourut l'année suiuante le 28. de Iuin 1540.

Isabelle d'Est, femme de François Marquis de Mantouë prit pour deuise le triangle dont on se sert aux Tenebres qui se chantent en l'Eglise sur le soir du Mercredy, Ieudy, & Vendredy de la Semaine Sainte. Ce triangle mystique porte 15. cierges allumez, 9. desquels s'esteignent à la fin des 9. Pseaumes qui se chantent durant cet Office: le reste, auec les flambeaux de l'Autel, les lampes, & les autres luminaires de l'Eglise, s'esteint durant le Cantique de Zacharie, à la reserue d'vne seule chandelle qui est au haut du triangle, qui se porte & pose sous l'Autel, & là se tient cachée à l'angle de l'Epistre iusques à la fin des Laudes, & sert à rallumer par son feu, & redonner la vie par sa lumiere à tout ce qui auoit esté esteint. L'Eglise pleine de mysteres en ses ceremonies oblige par cela nostre memoire à se souuenir de la trahison de Iudas, de la fuite des Apostres, lors de la prise de leur Maistre, de l'abandonnement des Disciples, de l'infidelité de S. Pierre, de la tristesse mourante de la Vierge, de la Passion & de la mort de IESVS-CHRIST, de la Diuinité mesme (representée par l'vnité de la lumiere reseruée) comme eclipsée & renfermée sous l'horreur du sepulchre, ou descenduë dans l'abysme des enfers: laquelle trois iours aprés reünissant ce qui auoit esté separé par la mort, redonna la vie & la lumiere à la sacrée humanité de IESVS, l'Ame à sa sainte Mere, la Foy à ses Apostres, le courage à ses disciples, la consolation & le salut à tout le monde.

Isabelle par la mort de son mary demeura veuue auec son fils Federic, aussi Marquis de Mantouë. Ce nouueau Seigneur touché de la maladie des ieunes Princes, c'est à dire de l'amour, se trouua si puissamment vaincu des beautez d'vne maistresse, qu'aussi-tost il captiua sa raison sous la puissance de ses affections illicites, & asseruit la grandeur de son pouuoir aux commandemens de cette Dame, deuenant en vn instant de souuerain Marquis, volontaire suiet, & de Prince libre, esclaue amoureux. Le pouuoir que prit cette nouuelle Poppée sur son bien-aymé, luy acquit vn tel credit, que sa suitte estoit vne Cour, sa maison vn Palais, & son cabinet vn Conseil: Elle estoit l'oracle de l'Estat, parce qu'elle estoit l'ame du Prince, ses paroles estoient des Arrests, ses volontez des loix. Elle peut tout, elle fait tout, elle commande tout. La pauure veuue Isabelle demeura durāt cet orage sans Cour, sans credit, sans honneur, sans pouuoir, aussi seule que desolée à la veuë d'vne Messaline, qui seruoit de suiet à sa ruine, & d'obiet à son malheur. Vn seul Seigneur que l'aage auoit rendu sage, & la longueur de son seruice fidele, demeura auprés d'elle sans changer, ny mesme diminuer ses affections, & luy rendit tout le respect que sa qualité meritoit, & toute l'assistance que sa disgrace requeroit.

Cette Dame durant les fascheuses iournées de ses desplaisirs, entretenant son esprit dans les tristes idées de sa misere, & conferant la qualité de ses disgraces auec celles de Nostre Seigneur, & la retraite de ses officiers auec la fuite des Apostres: ensemble l'obligation qu'elle auoit par les termes de sa Religion à la souffrance de ses malheurs, elle prit pour deuise ce triangle, auec cette inscription Latine, VNVM SVFFICIT IN TENEBRIS, *Vn seul suffit dans les tenebres*, pour marque de sa consolation durant sa desolation, & pour témoigner que durant l'excés de ses disgraces, elle s'estoit nourrie dans l'esperance du secours de Dieu; & que ce petit reste de contentement (à sçauoir la fidelité d'vn seul domestique) auoit serui à adoucir l'aigreur de ses ressentimens; & qu'vn peu de respit és afflictions & abandonnemens de Dieu, deuoit seruir de lenitif aux esprits bien faits, & de fondement à nos esperances.

ELIZABET CARACIOL, DAME NAPOLITAINE.

Vne Maison des Caraciols porte de gueules à la bande d'or de trois pieces, au chef d'azur. Cette Maison est dite Carraciolo Rosso. L'autre, d'or au lyon d'azur, armé, lampassé & couronné de gueules, dite Carraciolo del Leone, ou Carracioli Suizzeri.

LE Royaume de Naples, le iardin & les delices de l'Italie, l'Italie le iardin du monde, est vne terre fertile en rares & excellents esprits, en Maisons illustres, pour leur noblesse & leur vertu : ceux qui ont voyagé en cette belle Campagne & contrée, sçauent les merites des Maisons de Castriot, de Pignatelle, d'Aquauiue, de Brancas, de Carafse, de Clermont, & de celle des Caraciols, qui a iadis possedé la Principauté de Melfe, & donné des Heros & des Mareschaux à nostre France, Vice-Rois de Piémont pour nos Monarques, & des Heroïnes, entre lesquelles tient le premier rang Elizabet ou Isabelle Caraciol, fille de Philippe Caraciol, & d'Antoinette de Cardenas, qui épousa Charles Caraciol, fils de Marcel Caraciol, Marquis de Casadalbori, Seigneur de mesmes mœurs & humeurs, de mesme nom, ie ne sçay pas si de mesme Maison, & de mesme Sang : car il y a au Royaume de Naples deux familles du nom de Caraciol, desquelles les armes sont fort differentes. Mais qu'Elizabet & Charles de Caraciol soient ou ne soient pas de mesme race & famille, il faut que ie confesse que ie suis incapable d'écrire dignement les saines & saintes affections de ces chastes creatures, qui dans leur Hymenée menoient vne vie semblable à celle de Henry de Ioyeuse & de Caterine de Nogaret de la Valette, pour ne dire approchante de celle de S. Elzear de Sabran, & de la chaste Delfine. Que ce qu'assemble le Ciel est heureusement conioint ! que les mariages sont miserables qui se fondent sur des considerations de la terre, plus fresles que les rozeaux agitez des vents ! toutes ces societez où l'interest des richesses, où la trompeuse beauté, où la vanité de la grandeur, donnent le motif, sont bien tost dissipées : la seule vertu exempte de tout mes-

L'on tient que les Caraciols sont tous de mesme Maison, quoy qu'ils ayent les armes differentes.

Xxxx iij

lange caduque est capable de lier vn nœud plus fort que le Gordien. Ce fut aussi sur la seule vertu que le mariage d'Elizabet Caraciol & du Marquis son mary fut fondé, chacun donna mille & mille benedictiõs sur ce saint hymen, duquel sont sortis plusieurs enfans, qui peu de iours aprés leur naissance allerent iouïr de la gloire eternelle dans le Ciel, & preparer les logis à leurs parens, qui porterent auec vne grande constance la perte de leurs enfans, particulierement d'vne de leurs filles, qui estoit desia grandelette, & promettoit d'estre vn iour heritiere des vertus, comme des biens de ses pere & mere.

L'on ne sçauroit assez loüer la Marquise Isabelle ny son mary, pour leur modestie, leur douceur, leur bonté, & la candeur de leurs mœurs; la paix & la concorde leur fut fidelle compagne durant leur mariage, sans que iamais on ait apperçeu aucune riotte, ny querelle entre eux: voyans qu'ils ne pouuoient esleuer d'enfans, ils benirent leur desastre, reconnoissant que Dieu les appelloit à son seruice, par les croix, les afflictions & les aduersitez; Croix qui est le chemin Royal par lequel tous les esleus sont paruenus à la gloire.

Charles Caraciol & Elizabet sa femme prirent la resolution de viure chastement comme freres & sœurs, & de mépriser les pompes, les grandeurs, & les delices de la terre, & se bannirent volontairement de toutes les assemblées: les conuersations ostées, adieu la vanité des habits, puis qu'on ne s'habille pompeusemét que pour paroistre dans les compagnies, & ce diuertissement osté, ces bonnes ames commencerent à faire de profondes reflexions sur les miseres de la vie humaine: on voyoit la Marquise habillée d'vne simple robe, ayant plus de soin de plaire aux Anges, aux bien-heureux, & à Dieu immortel, qu'aux hommes mortels; le Marquis de son costé auoit à desdain la vanité de tous les autres Seigneurs & Gentils-hommes: De leur Palais ils faisoient vn Monastere, de leur chambre vne cellule, de leur cabinet vn Oratoire, vacans à l'Oraison vocale & mentale, particulierement à l'Office diuin & heures Canoniales qu'ils recitoient ensemble.

DES DAMES ILLVSTRES. 719

L'amour diuin est bien different de celuy du monde, car celuy du monde rend les hommes poltrons, & abbat leur courage; & l'amour diuin donne tant de force & de valeur à ceux qui le possedent, qu'il n'y a rien qu'ils ne souffrent pour celuy qu'ils ayment. La charité, qui est la fin de toutes les vertus, & de tout ce que Dieu a commandé, est vne flame & vn feu sacré, qui veut sortir, & ne veut pas estre enfermé. Nos mariez croissants de iour en iour en perfection, quitterent leurs maisons, leurs biens, & leurs Seigneuries, pour s'enrooller dans de saintes familles Religieuses, aprés auoir donné soixante mille escus à diuers Monasteres, aux pauures honteux, & fait beaucoup d'autres legs pieux. Le Marquis entra en la Congregation des Theatins en l'Eglise & Maison de S. Paul à Naples; & Elizabet de Caraciol au deuot Monastere de l'Apostre S. André, en la mesme ville, en la compagnie de plusieurs saintes Religieuses, viuans tous deux en apparence parmy les obscuritez entre les morts du siecle, mais pour viure vn iour comme de belles estoilles au firmament de l'Eternité. Ils sembloient morts, & neantmoins ils estoient viuants, parce que leur vie estoit cachée en IESVS-CHRIST, auec Dieu. *Capacius.*

Que les ames sont heureuses qui meurent volontairement au monde pour mener vne vie si contente! plus heureuse cette vie retirée, qui mene à vne si douce mort, & tres heureuse la mort des iustes si precieuse deuant Dieu, & qui les met dans le port de la vie eternelle, car les ames des iustes sont en la main de Dieu, le tourment de la mort ne les touchera pas, bien qu'ils semblent à ceux qui ayment les plaisirs de la terre, & aux sectateurs de la vanité, morts aux delices du siecle; ils sont neantmoins en vne paix qui vaut mieux que tous les contentemens du monde, pour excessifs qu'ils puissent estre: car les iustes viuront eternellement, & leur salaire est en la main de Dieu; que dis-ie en la main de Dieu? mais en Dieu mesme, qui est leur recompense trop plus grande.

Ce Seigneur & Isabelle sa femme, aprés auoir quitté les plaisirs de la Cour des Vice-Rois de Naples, pouuoient porter ainſi que Iean Caraciol, Prince de Melſe, & Mareſ-chal de France, l'ancienne deuiſe de cette illuſtre Maiſon, qui a donné cinq Cardinaux à l'Egliſe, & retenir enco-re les armes qui ſont d'or au Lyon d'azur, armé, lam-paſſé, & couronné de gueules; & ces mots Latins pour ame de leur deuiſe & blazon, SOLATVR CONSCIENTIA ET FI-NIS, voulans declarer (ainſi que ce braue Seigneur ſpolié de ſa Principauté par les Imperiaux) que combien qu'ils fuſſent pauures, & euſſent quitté leur Maiſon, ils viuoient contens, & dans la ſatisfaction de leur conſcience, & qu'a-prés leur mort ils auoient bonne eſperance en la miſericor-de de Dieu, ayans touſiours bien veſcu : puiſque en effet la ſincerité de la conſcience donne la vraye & la ſolide ioye, & le parfait contentement.

Onufrius Ciaconius.
C. Robertus in Gallia Chriſtiana.

G. Simeon.

ELIZABET ROZEAL, DAME ANGLOISE.

L faudroit non vn, mais pluſieurs volumes, ſi ie voulois loüer toutes les Dames Angloiſes qui en ces derniers temps ſe ſont renduës re-commandables par leur pieté, leur zele, & leur courage à la defenſe de la vraye Religion, tant contre les ſectaires de Luther, que contre ceux de Cal-uin, ſous les regnes de Henry VIII. d'Edoüard VI. & d'E-lizabet : pendant leſquels on a veu pluſieurs Dames & De-moiſelles ſouffrir & endurer auec vn grand courage plu-ſieurs peines & ſupplices pour la Foy Catholique, Apoſto-lique & Romaine.

Les Ecriuains des choſes naturelles nous apprennent que les Lyons pardonnent aux femmes, & ont à meſpris, tant ils ſont magnanimes, de combatre contre elles; mais les Lyons leopardez Anglois, ou pour mieux dire les Heretiques Pu-ritains, & autres ſectaires de ce Royaume là, plus cruels que les Tygres, n'ayans rien de genereux ny d'humain, ne les ont point

point épargnées. Quand la pieté Chrestienne florissoit en Angleterre sous les regnes de Henry VII. d'Edoüard IV. de Henry V. d'Edoüard III. & d'autres Rois Catholiques de cette Isle là, les prisons de Briduel estoiét remplies de ces vieilles miserables, qui n'ont & ne veulent auoir autre occupation que de perdre & corrompre les filles simples & innocentes, ou de celles qui par leurs deshonnestes deportemens soüillent l'honneur de leur sexe, & ne gardent pas la foy promise à leurs maris : Mais depuis que le schisme & l'heresie ont esté en credit en ce beau Royaume, si deuot auparauant à la vraye & seule Religion, hors de laquelle il n'y a point de salut, elles ont seruy pour y mettre les Dames d'honneur.

Entre les Dames Angloises, il ne s'en trouue point qui soient plus dignes d'vne eternelle loüange qu'Elizabet Rozeal, belle-sœur du docte Guillaume Alan, dit Alanus, laquelle eut trois filles, sçauoir Helene, Caterine, & Marie Alan ; dignes nieces de ce grand defenseur de la Religion Catholique, & du saint Siege, qui fut premierement Chanoine d'Iorc en Angleterre, puis de Reims ; Professeur en Theologie en l'Vniuersité de Doüay, & Maistre des Seminaires Anglois, tant en France qu'en Flandre ; finalement creé Cardinal par le Pape Sixte V. & Archeuéque de Malines.

Petramellarius.
Cl. Robertus.

Ces trois genereuses filles, dont l'aisnée n'estoit âgée que de 15. à 16. ans, firent teste auec Elizabet Rozeal leur mere, au Commissaire Emond Traford grand Caluiniste, qui auoit esté enuoyé par le Conseil ou Parlement d'Angleterre, pour affliger & mal-traiter les Catholiques des pays de Lancastre, d'Iorc, & autres Prouinces. Elizabet & ses filles n'eurent pas si tost le vent que ce capital ennemy des Catholiques Romains se hastoit de venir en leur Prouince, à dessein de faire du mal à tous les fideles, & principalement à leur Maison, tant parce qu'elle estoit la plus noble & la plus illustre du païs, que pource qu'ils auoient l'honneur d'appartenir au Docteur Alan, que tous les Heretiques haïssoient de mort, à cause qu'il estoit le Recteur & le Maistre des Seminaires, & à raison de ses liures & beaux écrits,

Sanderus.
F. de Remond.

par lesquels il a refuté leurs erreurs, qu'elles se preparerent de bonne heure pour receuoir les ennemis de nostre sainte Religion.

Elizabet Rozeal, pour soustenir auec plus de resolution & de courage les efforts de cet ennemy de Dieu & de son Eglise, se munit & s'arma des armes spirituelles, elle oüit la sainte Messe, & approche auec ferueur & deuotion des Sacremens de la Confession & de la Communion, craignant n'en trouuer pas puis aprés l'occasion. Elle se retire en vn lieu qu'elle pensoit asseuré, & laissa ses trois filles en sa maison, laquelle fut peu aprés son partement saisie & pillée par les heretiques, & leurs biens & leurs moyens saccagez.

Petramellarius.

Ces satellites ayans trouué entre les meubles de cette bonne Dame le portrait d'Alanus, ils le rompirent en plus de cent pieces qu'ils ietterent dans les flames, faisans voir par cette action pleine de rage & de barbarie, l'auersion qu'ils auoient de ce grand homme, qui a si doctement écrit pour la defense de l'Eglise Catholique, seule & vnique Epouse du Fils vnique de Dieu, principalement en sa réponse au liure intitulé, *La Iustice Britannique*, dans lequel il monstre

Henricus Ludouicus Castaneus Rupipoſeus. A. Posseuinus. Lud. Iacob.

clairement l'intention qui a meu le Pape Gregoire XIII. à establir & fonder des Seminaires, sans le grand nombre des autres qu'il a mis en lumiere, dont les doctes & les sçauans font vn grand estat, sur tous ceux qui ont écrit le Catalogue des liures composez par les Cardinaux, eminents en sçauoir, & illustres pour leur doctrine, & leurs écrits, ou ceux qui ont écrit des Bibliotheques, ou les Catalogues des Ecriuains illustres.

Le Cardinal Alanus portoit d'argēt à 3. Ellans de sable, couchez & posez l'vn sur l'autre.

Aprés que ces trois ieunes Demoiselles de la noble Maison des Alans ou Ellans eurent veu brûler le tableau de leur oncle paternel, elles furent interrogées du lieu où estoit leur mere: ayans tousiours bonne bouche elles ne le voulurent iamais découurir, & garderent inuiolablement la promesse qu'elles luy auoient faite à son partement, & firent paroistre qu'elles estoient capables d'vn secret. Quatre iours aprés, voyant que Traford & ses soldats ne sortoient point de leur logis, & craignant d'auoir la gehenne pour declarer où estoit leur bonne mere, aprés s'estre recommandées à Nostre Seigneur, elles prirent la resolution de se dérober de nuit: ce qu'elles firent, car peu aprés auoir pris leur resolution, elles partirent sans estre reconneuës, passerent vne petite riuiere, & cheminerent l'espace de 14. iours iusques à ce qu'elles arriuerent heureusemēt au logis où estoit leur mere, qui estoit grandement en peine de leur santé & de leur salut. Leur fuite fut vn bon titre au Commissaire Traford, pour s'impatroniser dans leurs biens : ce qui ne fut pas à contre-cœur à la genereuse & constante Elizabet Rozeal, voyant que perdant la terre elle acqueroit le Ciel.

Et aprés mille & mille peines & fatigues qu'elle eut à se conduire au bord de la mer, elle s'embarqua, & se rendit à Reims, vers le Docteur Alan son beau-frere, qui estoit lors Recteur du Seminaire. Là elles rendirent plusieurs actions de graces à Dieu, qui leur auoit fait cette faueur d'estre sorties de si grands & de si extrémes dangers, & estre heureusement arriuées en France, où elles pouuoient non seulement faire sans crainte toutes les fonctions de la vraye Religion, mais auec tout le contentement qu'elles pouuoient souhaiter.

ESTER LEGGVES,
IEVNE FILLE DE BRETAGNE.

Ovs venons de parler du courage, & de la constance de trois ieunes Demoiselles Angloises; voicy vne Françoise encore plus ieune qui a verifié le dire du Roy Prophete, que Dieu se sert des enfans pour instruments de sa plus grande gloire.

Tu prens pour accomplir ta loüange eternelle,
La bouche des enfans qui succent la mammelle,

Afin que les meschants combatans tes hauts faits
Soient confus & défaits.

Il se sert de Dauid petit bergerot, pour vaincre & surmonter le Geant Goliath, & couper la teste de ses propres armes à ce Philistin qui brauoit son peuple. Daniel encore ieune découure la fourbe & la calomnie de deux vieillards abominables qui vouloient perdre la chaste & l'innocente Susanne. Les Bethuliens furent deliurez d'vn siege par vne femme, à laquelle ils donnerent ce bel Eloge : *Vous estes la gloire de Hierusalem, la ioye d'Israel, & l'ornement de nostre peuple.* Les sept petits freres Machabées & leur mere, ont fait creuer de dépit, par leur courage & par leur constance le tyran Antiochus.

Les Histoires & Annales Ecclesiastiques loüent la magnanime constance de nos ieunes Vierges & Demoiselles Chrestiennes, tres-tendres & tres-delicates, qui rioient parmy les flames, chantoient sur les cheualets, pleuroient d'aise parmy les cruautez du monde les plus grandes, voloient & couroient au martyre comme aprés les œillets & les roses.

En ces derniers temps, *car la main de Dieu n'est point racourcie*, combien a-t'on veu de filles & de femmes en Flandre, en Angleterre, en Allemagne, en Hongrie, & és autres Prouinces & Royaumes, brauer les ennemis de Dieu & de son Eglise ?

De nos iours, en nostre France, au Duché de Bretagne, vne fille Catholique aagée seulement de neuf ans & neuf mois, nommée Ester Leggues, qui a fait paroistre dans la ville de S. Malo sa constance en la vraye Religion, malgré les diaboliques efforts de son pere nommé Richard Leggues, Anglois, & de sa mere Rachel le Moine, natiue de Vitré, tous deux grands sectateurs de Caluin, & opiniastres defenseurs de ses heresies.

Cette Amazone Chrestienne & seconde Basilisse nâquit (comme dit S. Hierôme de S. Hilarion, la rose des espines) le 15. iour d'Octobre de l'an 1610. à S. Malo. Ses parens, quoy que grands Caluinistes, luy donnerent vne nourrice

Catholique qui l'éleua auec beaucoup de soin, ce qui ne seruit pas peu à faire embrasser la vraye Religion à cet enfant que Dieu d'ailleurs preuint de sa grace, inclinant sa volonté de telle sorte, que dés l'âge de trois ans elle fit connoistre vn ardent desir à la Foy Catholique, & voyant la deuotion des autres petites filles qui alloient à l'Eglise, son bel esprit éclairé de la lumiere du Ciel, fut au méme instant épris d'vn saint mouuement d'y aller auec elles, de les frequenter, & se faire conduire en leurs maisons pour les visiter.

A peine auoit-elle quatre ans, qu'elle prioit auec vne douceur & vne adresse merueilleuse les filles Catholiques qui luy parloient de l'instruire, & de luy apprendre la methode de prier Dieu : son enfance receuant & retenant auec vne grande facilité les impressions qui luy en estoient données. Il sembloit que dés le ventre de sa mere, comme S. Pierre Martyr, Religieux de l'Ordre de S. Dominique, né de parens Manicheens, elle auoit empraint en son ame l'amour de la Foy Catholique, & l'horreur des Heretiques; de sorte qu'encore que ses pere & mere taschassent de luy faire succer leur poison auec le lait, ils ne la peurent iamais fléchir, ny par promesses, ny par menaces à faire aucune action contraire à nostre sainte Religion.

Elle croissoit auec vne telle pieté & vne telle ferueur, qu'elle donnoit de l'admiration à tous les habitans Catholiques de S. Malo qui voyoient comme elle se portoit d'elle-mesme à faire toutes les fonctions d'vne vraye Catholique, & la grande auersion qu'elle auoit de Caluin & de sa secte. Tout son plaisir estoit d'aller receuoir quelque instruction des Catholiques, de prier Dieu, & d'assister au Seruice diuin en l'Eglise Cathedrale, ou en celles de saint Sauueur, & de Nostre-Dame de la Victoire.

Ayant oüy parler des Religieuses Benedictines & Vrsulines, que feu Monsieur Guillaume le Gouuerneur Euéque de S. Malo auoit establies en cette ville là, elle eut vn grand desir de les imiter, & iamais elle n'estoit plus contente que quand elle pouuoit se dérober auec adresse de la maison de ses parens, pour aller visiter les Monasteres des Religieuses, auec lesquelles elle communiquoit & s'instruisoit dans tous les mysteres de nostre Religion.

Dés ses plus ieunes ans elle n'eust pas voulu manger sans premierement auoir fait ses prieres à Dieu & à la Vierge, comme si elle eust sceu ce passage de S. Hierôme en la vie de S. Hilarion; *Que celuy-là est maudit qui a plus de soin de la nourriture du corps que de celle de l'ame.*

Elle portoit vn grand honneur & respect à son pere & à sa mere, & obeïssoit exactemét à tous leurs commandemens, excepté quand ils la vouloient contraindre d'aller aux presches de leurs Ministres. Car dés l'aage de 6. ans elle prit vne ferme resolution de professer la Religion Catholique, Apostolique & Romaine, & d'en faire toutes les fonctiós malgré la violence de ses parens, au grand estonnement de toute la ville de S. Malo, qui admira vne infinité de fois cette ieune fille, mais tres-genereuse & tres-constante Ester, qui n'a iamais voulu quitter l'ancienne & la vraye Religion, pour la nouuelle & la fausse, croyant estre plus obligée à obeïr à Dieu qu'aux hommes : Aussi les parens doiuent estre postposez au seruice que l'on doit par preference à la diuine Maiesté, il ne faut leur obeïr que iusques aux Autels. Quiconque n'ayme IESVS-CHRIST plus que ses parens, il perd son ame.

Elle estoit fort deuote à la Mere de Dieu, & recitoit auec vne grande ferueur son Chapelet & son Rosaire. Elle faisoit souuent le signe de la Croix, pratiquant l'auis que donne S. Hierôme à la vierge Demetriade : *Armez-vous souuent du signe de la Croix, afin que l'exterminateur de l'Egypte ne trouue point en vous de place.*

Tous ses plaisirs & ses delices estoient d'aller à l'Eglise Cathedrale oüir la sainte Messe, & les Offices diuins, & prier Catholiquement le soir & le matin, tant és Chapelles & aux Oratoires que dans sa maison : car estant au lit, son pauillon tiré, elle se mettoit en prieres, tantost à genoux, tantost couchée. Ses parens, selon l'humeur des Heretiques, ennemis de mortification & d'abstinence, vouloient aussi au mépris des loix de l'Eglise luy faire manger de la viande le Caresme, les Vendredis & les Samedis, les Vigiles & les

1. *Doremet.*

DES DAMES ILLVSTRES. 727

Quatre-temps. Mais elle imitoit les trois Enfans, qui aymerent mieux manger des legumes, & boire de l'eau, que viure du plat de la table de Nabuchodonosor : & ainsi elle iettoit la chair aux chiens, comme ont asseuré plusieurs témoins dignes de foy, qui ont aussi attesté en presence de l'Official de ce Diocese là, & de plusieurs Chanoines, comme cette ieune fille supportoit auec vne admirable patience, non seulement les iniures, mais aussi les mauuais traitemens que luy faisoient ses parens, quand ils sçauoient qu'elle auoit esté à la Messe, ou qu'elle auoit visité les Maisons des Religieuses, ou estoit allée oüir les Predications & le Catechisme. Elle se resioüissoit quand elle auoit esté battuë pour auoir esté à l'Eglise, preferant les peines & les tourmens aux delices du libertinage des Religionaires. Durant les persecutions elle monstroit auoir l'esprit content & consolé de plaisirs spirituels. Elle disoit à son pere & à sa mere comme la Vierge sainte Eulalie, l'honneur de la ville de Barcelone, disoit aux siens : Ie ne sens point vos tourmens, parce que mon Dieu est auec moy : & comme sainte Reine, la gloire des filles de la ville d'Alise, & de la Bourgongne, qui respondit franchement à son pere qui la vouloit diuertir de croire au Sauueur du monde, & luy faire donner de l'encens aux idoles : Ie ne suis point obligée à suiure vos sentimens, il faut seruir Dieu, & non pas les Demons.

Le procés verbal dressé par Alain le Mere Chanoize & Promoteur de saint Malo.

Plusieurs Catholiques la voyās prier auec tant de ferueur dans les Eglises, luy demanderent souuent si elle seroit toûiours Catholique, à quoy elle respondit sans hesiter: *Ouy, s'il plaist à Dieu.* Aprés, luy ayant encore demandé si son pere & sa mere le vouloient bien, elle leur repliqua, *Non ? mais, s'il plaist à Dieu, i'auray tousiours bon courage, & ie persisteray resolument à viure dans la Religion Catholique, pratiquant les bonnes instructions que ie reçois des predications de tant de bons Ecclesiastiques & de saints Religieux.* Ses compagnes, pour éprouuer sa resolution & sa constance, refuserent vn iour de la mener à la Messe & chez les Religieuses ; mais elle versa tant de larmes, qu'elles ne voulurēt pas la laisser en cette affliction là; & enfin furent rauies de voir sa ferme resolution, quand elle leur dit auec vn grand zele ; *Si vous ne me menez pas à la*

Messe, le peché vous en demeurera; car ie desire viure & mourir en la Religion Catholique, Apostolique & Romaine, quoy que mon pere & ma mere me menacent de me tuer si ie persiste en cette creance: mais i'ayme mieux endurer mille martyres, que d'estre de leur pretenduë Religion. Vne autre fois elles feignirent de ne vouloir plus qu'elle vinst en leur compagnie, & l'appellerent Huguenotte; mais à l'instant elle se mit à pleurer, & leur dit les larmes aux yeux: *Si tout le monde me laisse, ie tascheray toute seule de faire mon salut le mieux que ie pourray, auec l'aide de Dieu, & la faueur de la Vierge Marie.*

Ses compagnes admirerent plusieurs fois sa constance, & de fait cette ieune fille auoit vne ame forte dans vn corps infirme & delicat; car elle fut affligée quelque temps de 4. ou cinq vlceres, & les personnes plus aagées n'estoient pas moins rauies de la voir : car sa deuotion se faisoit connoistre par ses discours accompagnez d'vne grande modestie. Son front, ses yeux, & tous les traits de son visage, donnoient le portrait d'vn Ange, reuestu d'vn petit corps humain. Elle disoit à ceux qui la consoloient quand elle auoit esté cruellement battuë par son pere ou par sa mere pour auoir assisté à la Messe ou à la predication, Nostre Seigneur en a bien enduré d'autres pour moy. Aussi elle auoit vn grand desir en l'ame de souffrir encor plus pour l'honneur & l'amour de IESVS-CHRIST, qu'elle ne faisoit. Son courage magnanime surpassoit auec merueille la condition de son aage & de sa nature: souuent elle alloit demander la benediction à Monsieur l'Euéque de S. Malo, écoutoit ses exhortations auec vne attention admirable, & le prioit qu'il luy pleust de prendre sa protection contre la tyrannie de ses parens. Elle le supplia vn iour de son propre mouuement de luy donner le Sacrement de Confirmation. Et comme ce bon Prelat luy eut dit que ce Sacrement entre autres effets confere vne grace particuliere aux baptisez pour les ayder contre les tentations, & leur donne vne plus grande force pour confesser la Foy Catholique, & endurer auec plus de constance toutes les afflictions & les aduersitez pour le Nom de IESVS-CHRIST. Elle répondit soudain, *Ha, Monseigneur, tout ce que ie puis souffrir n'est rien, en comparai-*

raison des tourmens que Nostre Seigneur a endurez pour moy. Ie suis bien resoluë de viure & de mourir Catholique, & aller tousiours à la Messe, quand mesme mon pere & ma mere me deuroient tuer, comme ils me menacent tous les iours.

Ces paroles touchérent tellement Monsieur l'Euéque de S. Malo, qu'il luy donna le Sacrement de Confirmation, où Mademoiselle de S. Estiene mere de ce Prelat fut sa matraine. Dés le lendemain qu'elle eut receu ce Sacrement, elle alla prier les Vrsulines de luy enchasser vn *Agnus Dei* qu'elle auoit receu de cette Dame.

O Dieu que vous estes admirable en vos Saints, & en ces ames que vous possedez dés le commencement de leurs voyes, & que vous preuenez de vos benedictions de douceur! A raison dequoy vn de vos seruiteurs s'escrie, *Bien-heureux celuy que vous élisez & que vous tirez à vous: car il demeurera dans vos Tabernacles*, c'est à dire, dans le sein de vostre Eglise militante en terre, où quiconque ne passe sa vie, ne peut entrer après sa mort en la triomphante qui est au Ciel; car comme le Fils de Dieu n'a vie que dans le sein de son Pere, nous ne pouuons auoir la vie des enfans de Dieu que dans le sein de cette Mere qui est la vraye Eglise: *O Seigneur*, s'écrie le mesme S. Monarque, *que bien-heureux est l'homme que vous enseignez, & à qui vous monstrez vostre Loy, vous le preseruerez au iour mauuais, tandis que le pecheur & l'errant se creuse vne fosse!* La petite Ester soustenuë de Dieu en vn aage si foible que celuy de neuf ans, témoigna beaucoup de repugnance aux persuasions de ses parens; son Ange gardien, comme il est à croire, combattant en elle contre l'esprit de tenebres, de peur qu'elle ne fust accueillie dans les palpables obscuritez de l'Egypte de l'erreur où ses parens la vouloient conduire. On ne sçauroit se persuader auec combien de force en vn aage si enfantin, elle s'opposa aux volontez & aux violences de son pere & de sa mere qui la vouloient traisner à Ploüer. O Seigneur IESVS! combien il est vray qu'vn roseau en vostre main sacrée deuient vne colomne du Temple! La pauure petite Ester ayāt recogneu que la rage de ses parens contre elle croissoit tous les iours, craignant d'estre forcée & violentée iusques à

Zzzz

l'extremité, & estre releguée en Angleterre, demanda à Dieu qu'il luy fist la grace d'auancer sa mort, ce qu'elle obtint le Mercredy 20. de Iuillet de l'an 1620. estant par vne particuliere prouidence de la diuine Maiesté tombée malade le propre iour qu'ils auoient resolu & coniuré de la traisner à leur presche. Le Dimanche deuant ce Mercredy elle pria plusieurs filles deuotes qui furent la visiter, de prier Dieu, & la Vierge Marie pour elle, & leur dit que son pere & sa mere luy auoient osté son Chapelet, & qu'elle le disoit par ses doigts lors qu'ils estoient hors de sa chambre.

Durant sa maladie ses parens ne voulurent iamais permettre qu'elle fust visitée par les PP. Benedictins Anglois, ny les autres Ecclesiastiques; quoy qu'ils en fussent priez par plusieurs Catholiques leurs voisins: Mais Dieu voyant sa fidelle épouse abandonnée des hommes, la fit assister par ses Anges; car lors qu'elle rendit doucement son ame à Dieu, on entendit sortir de son lit vne melodie angelique, ces bien-heureux esprits solemnisans les obseques de cette sainte fille qui auoit vécu angeliquement, rendans graces à Dieu, & suppleans à l'absence des Prestres que ses pere & mere n'auoient pas voulu receuoir en leur maison.

Richard Leggues & Rachel le Moine qui n'auoient iamais voulu permettre à leur fille de viure en la vraye Religion, firent aussi porter son corps de grand matin, le lendemain de son decés sans aucune ceremonie Ecclesiastique à Plouer, distant de trois lieuës de S. Malo, & le firent inhumer en vne terre prophane, qui n'est destinée que pour ceux qui meurent dans les erreurs de Caluin: nonobstant que plusieurs deuotes Bourgeoises de cette ville là leur remonstrassent le tort qu'ils faisoient à la memoire de leur enfant, & les priassent de leur laisser ce corps pour le faire dignement enterrer dans l'Eglise Cathedrale auec les autres Catholiques.

Lors qu'Ester Leggues passa de cette vie à la celeste, Monsieur l'Euéque de S. Malo faisoit sa visite en la ville de Ploërmel, éloignée de 16. grandes lieuës de S. Malo: ce qui donna plus d'audace à ses parens, & à plusieurs de la R. P. R. habitans de cette ville là de porter ce chaste corps, hoste d'vne si belle ame, au cimetiere des Huguenots de Plouer. Mais ce tres-digne Prelat, aprés auoir visité les Eglises de la ville de Dinan le 7. Septembre de la mesme année, visita le lendemain, qui estoit la feste de la Natiuité de la tres-sainte Vierge, l'Eglise parroissiale de Plouer, où aprés auoir celebré la Messe, il ne pût pas souffrir que ce tresor que le Ciel auoit laissé à la terre, demeurast dans vn fumier, & que cette dragme sacrée fust cachée dans les ordures; il resolut auec cognoissance de cause, & bien informé de la verité de l'en tirer, & de rendre cet arbre au territoire où il auoit pris racine, & poussé tant de belles fleurs d'honneur & d'honnesteté.

Ce Prelat donc estant accompagné des Recteurs, des Curez, des Prestres, & des Paroissiens de Plouer, de Trigauon, de Tremerreuc, de Plelin & de Langrolay, & aussi de Iaques Doremet son grand Vicaire, & d'autres Ecclesiastiques, alla processionnellement auec pompe & solemnité iusques au cimetiere de ceux de la R.P.R. voisin de leur nouueau Temple: Aussi-tost qu'il y fut arriué il se fit monstrer la fosse dans laquelle auoit esté mis le corps d'Estor, (qu'il auoit fait exactement & curieusement remarquer par ses Officiers:) il fit incontinent ouurir la terre, & creuser si profondement que l'on trouua le petit cercueil dans lequel estoit le corps, qui rendit vne odeur tres-douce & tres-agreable.

Comme feu Monsieur l'Euéque de S. Malo vouloit rendre la terre Sainte à la terre sainte, ie veux dire à ce corps innocent (dont l'ame est bien-heureuse dans le Ciel) l'honneur de la sepulture Ecclesiastique qui luy estoit deuë; vn Religionnaire se presenta auec du papier & de l'ancre pour écrire les noms de ceux qui l'assistoient en cette action, auquel ce Prelat dit ces paroles: *Ecriuez tant que vous voudrez, ie vous declare, & à toute l'assistance, que c'est moy qui de mon authorité Episcopale fais ouurir cette fosse, pour en tirer & leuer le corps d'vne fille Catholique, que trop insolemment & temerairement vous & quelques autres Caluinistes, violans les Edits du Roy, auez osé y faire enterrer: Et ne doutez point que ie n'en fasse dresser vn procés verbal pour monstrer au Conseil de sa Maiesté, sans qu'il vous* soit besoin d'en chercher des témoins.

Aprés que ce Prelat eut reprimé l'audace de cet Huguenot, il commanda à son Clergé de leuer & de transporter le corps dans l'Eglise Paroissiale de Ploüer pour luy rendre les derniers deuoirs. Quelques Prestres luy demanderét quels Pseaumes il luy plaisoit qu'ils chantassent, il leur respondit promptement auec l'esprit de Dauid : *Quomodo cantabimus canticum Domini in terra aliena ?* Helas ! comment pourrions nous chanter les Cantiques du Seigneur en vne terre étrange ? C'est pourquoy l'on differa de commencer à chanter, iusques à tant que le corps d'Ester & Monsieur l'Euéque auec tout le Clergé fussent sortis de l'enclos des Religionnaires ; ce qu'estant accomply, les Prestres commencerent & continuerent la psalmodie ordinaire ; & en mesme temps cette senteur odoriferante exhalée de ce corps se respandoit & ressentoit tout le long du chemin iusques en l'Eglise en laquelle fut posé ce cercueil, que ce Prelat fit ouurir, afin que chacun pust aisément sentir cette odeur si agreable. Le sieur Doremet Vicaire general de saint Malo l'experimenta plusieurs fois entre les autres, & s'en sentit tout embaumé iusques à la minuit du mesme iour. Il en écriuit l'Histoire, qu'il fit imprimer au mesme temps, & comme il apparoist par le fidele témoignage de plus de six-vingts personnes qui ont affermé cette verité, & donné des témoignages authentiques de la pieté & des vertus de cette vierge, que le R. P. Iaques Gautier de la Compagnie de IESVS a mis entre les saintes & les illustres personnes en pieté du 17. siecle, en son liure de la Table Chronographique de l'Estat du Christianisme.

La petite Ester Leggues n'a pas esté seule en France qui a fait paroistre durant ses dernieres années son courage & sa constance pour la Religion Catholique ; il y en a eu plusieurs, entre autres vne Parisienne, nommée Anne, qui estant aagée de 17. ans, ioignit au lys de la virginité la rose du martyre que son pere & sa mere (qui ayans laschement abandonné Dieu, faisans banqueroute à la vraye Foy, comme vn abysme en appelle vn autre, allerent tousiours de pis & en pis, descendans de vice en vice) luy firent souffrir au commencement du mois de Nouembre de l'an 1626. aprés l'auoir tourmentée vne infinité de fois pour luy faire quitter la vraye Religion, & aller auec eux à Charenton.

Ils l'enterrerent dans le cimetiere de ceux de la R.P.R. auprés du Pré aux Clercs, où eſt l'ordinaire ſepulture des aſnes. Mais Monſieur de Monſtreüil Docteur de Sorbonne, & pour lors Curé de S. Sulpice, vnique Parroiſſe de ce grand faux-bourg de S. Germain des Prez, ayant ſceu que l'on auoit mis le corps de cette fille, non ſeulement tres-Catholique, mais qui auoit fait vne vie digne du Ciel, dans ce lieu prophane deſtiné à ſa ſepulture des Religionnaires, animé du zele Paſtoral, alla querir ce corps auecque tous ſes Preſtres, pour luy rendre les honneurs de la ſepulture dans le cimetiere de ſa Parroiſſe; aprés que le Iuge du lieu, ſuffiſamment informé de la verité, & ayant appris par les témoignages de pluſieurs perſonnes ſans reproche, la vie, les mœurs, & la Religion Catholique de cette pieuſe fille, eut ordonné qu'elle ſeroit déterrée pour eſtre inhumée en terre ſainte. Ceux qui auront la curioſité d'apprendre les vertus de cette fille, liront l'Hiſtoire de ſa vie écrite par M. Iean-Pierre Camus ancien Euéque de Belley, ſous le titre de *Marie-Anne, ou l'Innocente Victime*, & de laquelle auſſi la Muſe Latine de Iaques Goutiere fameux Auocat au Parlement de Paris, Patrice & Citoyen Romain, a chanté le martyre, en ce beau Poëme intitulé *Anna Pariſienſis Puellæ Martyrium*.

Camus S. Bonet, d'azur à trois croiſſans d'argent, 2. en chef, & vn en pointe, & vne eſtoile d'or miſe en cœur.

FELICE DE SAINT SEVERIN, DVCHESSE DE GRAVINE, ET MANDELLE CAETAN, PRINCESSE DE BISIGNAN.

Saint Seuerin, d'argent, à la fasce de gueules, à la bordure d'azur.

IE croy estre obligé en cette nouuelle edition des Vies des Dames illustres, de ne faire qu'vn Eloge de ces deux Dames Napolitaines, qui estoient proches parentes, dont l'vne est illustre pour l'affection qu'elle a porté à son mary, & l'autre pour l'amour qu'elle a témoigné à ses enfans.

La 1. estoit Felice de Saint Seuerin, Duchesse de Grauine, fille du Duc de Bisignan, qui perdit son cher époux, estant encor en la fleur de ses ans. Elle fut dés ses plus tendres années vn chef-d'œuure de nature, qui augmentoit tousiours en perfections à mesure que ses ans croissoient: de sorte que deuant qu'épouser le Duc de Grauine, elle estoit les delices des yeux, & la merueille des ames. Ayant vécu peu d'années auec ce Seigneur le mieux fait que l'on peust voir, elle demeura quasi aussi-tost veuue que mariée, la mort impitoyable luy ayant rauy ce qu'elle auoit de plus cher au monde. Tous les Princes & les Seigneurs de l'vne & de l'autre Sicile, & de l'Italie, attirez tant de sa beauté, de sa bonne grace, de ses richesses, que de sa vertu, la desirerent auoir pour femme : mais auec vne constante & genereuse resolution elle les refusa tous. Elle fit paroistre qu'elle vouloit estre du nombre des vrayes veuues : car aprés auoir les premiers iours de sa viduité accusé les astres comme complices de son mal & de sa disgrace, & proferé des plaintes si lamentables, qu'elles eussent touché de pitié les choses mesmes insensibles : elle se laissa tellement emporter à sa douleur, qu'on vit plusieurs fois l'heure que son ame alloit se separer de son corps.

Aprés s'estre laissée posseder par l'extréme affliction, reuenant vn peu à soy, elle ne laissa neantmoins tout le reste de ses iours de mettre en oubly les exercices qui auoient accoustumé de luy plaire auparauant. Elle ne se trouua iamais en aucune compagnie ou assemblée d'hommes, tout son plaisir & son contentement estoit de rechercher quelque desert & quelque solitude, & là conter aux rochers & aux arbres sa perte & son malheur, & les perfections de celuy que le Ciel luy auoit donné pour mary, ou bien se renfermer dans vn Cabinet, où aprés auoir vacqué à la priere, elle souspiroit comme vne autre Philomele dans cette cage, ou plustost dans ce sepulchre, où elle enfermoit tant de viuantes graces, les rigueurs & les douleurs de la perte de son époux:

> *Dedans son cabinet aux tristesses ouuert*
> *Seulette, sans tesmoins, comme dans vn desert,*
> *Elle alloit souspirant sa fiere destinée.*

Car cette belle & sage Dame ne sortit plus de ses Palais & de ses maisons, & là elle passoit le temps auec ses Demoiselles à l'estude des lettres diuines & humaines, menant vne vie fort austere, se priuant du vin, & des viandes les plus exquises & delicates, auec vn continuel mespris des plaisirs, des grandeurs, & des vanitez du monde. La soye & la broderie ne couurirent plus son corps, les perles tomberent de son col, encore qu'elles demeurerent tousiours en sa bouche. Elle negligea sa beauté, vne grande escharpe noire au lieu de voile, cachant comme sous la cendre le feu de ses yeux, & la neige de son teint: on la voyoit seulement reuétuë d'vne simple robe. Bref elle se mit tout à fait à la deuotion, & s'adonna à la recherche des vertus Chrestiennes & morales, sur toutes à la misericorde & à la iustice: Ce furent ces deux belles vertus qui l'ont renduë plus recommandable durant les tristes iours de son veuuage.

1. Typotius vel Sadeler in symbolis diuinis & humanis.

La charité & la misericorde enuers le prochain, qui sont les vrayes marques des enfans de Dieu, parurent en cette tres-chaste Heroïne, au soin qu'elle prit des pauures honteux, & des filles necessiteuses qui n'auoient pas dequoy se marier. Elle soulageoit de ses aumosnes & de ses pieuses liberalitez tous les miserables & affligez, employant le plus clair de ses biens & de son reuenu à assister plusieurs pauures Demoiselles de bonne Maison, qui ont trouué par son secours & son assistance de bons partis.

Cette Princesse Calabroise ne fut pas seulement la mere des filles & des pauures de ses terres, mais aussi de tous ses suiets, ayant trauaillé auec beaucoup de peine à procurer la paix parmy eux ; & d'autant que leur repos dépendoit du choix des Magistrats, & de l'integrité des Officiers de la Iustice, ce fut le premier de ses soins touchant le gouuernement des personnes que Dieu soufmettoit à son pouuoir, que de leur donner de bons Iuges : car faute de Iuges entiers & équitables, la splendeur de la Iustice est offusquée, les bonnes coustumes peruerties, la vertu bannie & exilée, le vice en authorité ; les concussions marchent auec audace, & tout cela excite l'ire de Dieu. Camille grand Capitaine sçauoit bien dire en son Paganisme, que quand la Iustice estoit mal recogneuë, & la Vertu ingratement traitée, les Dieux en estoient courroucez, & ne souffroient iamais cela sans vengeance.

La deuise de Felice Duchesse de Grauine conuenoit fort bien auec sa sage conduite en sa viduité. C'estoit vn arbre qui auoit des branches seiches & mortes, sur lesquelles se reposoit vne triste Tourterelle gemissante aprés sa compagne, auec les deux premiers mots de ces vers de la complainte de Didon Reyne de Carthage, regrettant son mary Sichée, tirez de l'œuure parfaitement imparfait du Prince des Poëtes Latins.

Virgilius.

ILLE MEOS, *primus qui me sibi iunxit amores*
Abstulit, ille habeat secum, seruétque sepulcra.

Du Perron.

Celuy qui le premier ma franchise dompta,
Mes pudiques amours en mourant remporta,
Celuy là pour iamais au tombeau qui l'enserre,
Les ait & les conserue auec luy sous la terre.

Deuise digne d'vne veuue tres-chaste & tres-pudique, comme elle estoit, dont la Tourterelle est le symbole, à
cau-

cause qu'on tient qu'aprés s'estre vne fois appariée, la mort suruenant de l'vn ou de l'autre, elle n'entre plus en nouuelle alliance, mais lamente continuellement, & euite tout ce qui luy pourroit donner du contentement, car on ne la void plus poser le pied pour se reposer sur vn rameau & branche verdoyante, mais elle recherche curieusement celles qui sont seiches & mortes: qui fait que S. Basile renuoye les veuues à cet oyseau.

L'autre est Mandelle Princesse de Bisignan, de la noble & ancienne Maison des Caietans (qui a donné plusieurs Cardinaux & vn Pape à l'Eglise, & des Ducs à Sermonete, des Marquis à la Cisterna, & des Seigneurs à Bassiano, & qui est alliée à l'illustre Maison d'Aquila) pour auoir fait paroistre à bonnes enseignes son affection & son amour enuers ses enfans.

Caietan, d'or, à vne iumelle ondée, d'azur, perie en bande.

Aquila, d'azur, à l'aigle d'argēt, langué de gueules, becqué & membré d'or.

Ceux qui ont leu exactement l'Histoire du Royaume de Naples ou de la Sicile de deçà le Far, n'ignorent pas que cette genereuse Heroïne, non moins Romaine de courage que d'origine, est digne d'estre mise entre les plus illustres du monde, pour auoir caché sous l'habit de femme vne valeur plusque virile. Ce qui parut quand on luy apporta la mauuaise nouuelle que son mary auoit esté arresté prisonnier par le commandement de Ferdinand d'Arragon, premier du nõ, Roy de Naples, dit le Beau par les Italiens, & le Bastard par les autres, pour estre fils naturel du Roy Alfonse qui chassa nos Princes Angeuins du Royaume de Naples.

Ferdinand I. Roy de Naples, & Alfonse Duc de Calabre, dit le Bigle, eurent plusieurs differens auec les premiers Barons de Naples, dont les plus apparens estoient Pyrrhe de Balzo Prince d'Almature, grand Connestable de ce Royaume là: Antoinel de S. Seuerin, Prince de Salerne (qui vint trouuer en France nostre Roy Charles VIII. pour luy persuader d'aller conquerir son Royaume de Naples, vsurpé par les Arragonnois) & Hierôme de S. Seuerin Prince de Bisignan; qui ne pouuoient pas supporter les cruautez du Duc de Calabre, premier fils de ce Monarque des Napolitains, & estoient appuyez du Pape Innocent VIII. Génois de nation de la Maison de Cibo, personnage doux

Calabre, d'argent, à la Croix potencée de sable.

Cibo, blazonné en la page 322.

AAaaa

& humain : mais qui auoit tousiours hay dés le temps qu'il estoit en moindre fortune Alfonse Duc de Calabre, & son pere le Roy Ferdinand, tant pour estre né d'vn pere partisan de la Maison d'Aniou, nommé Aaron Cibo, qui auoit sous le bon Roy René gouuerné plusieurs années la ville de Naples; & pour le peu de respect que Ferdinand & Alfonse auoient porté à l'Eglise qui les auoit conseruez contre les armes des François ou des Angeuins, & contre la mauuaise volonté des peuples du Royaume de Naples.

Il n'y eut que Mandelle Princesse de Bisignan qui se sauua par vne fuite à Rome auec ses enfans, quand les Barons du Royaume de Naples furent mis en prison par les ordres du Roy Ferdinand & du Duc de Calabre Alfonse son fils aisné. Cette Heroïne auoit iudicieusement conseillé plusieurs fois au Prince Hierôme son mary de se sauuer, & pour luy rendre plus facile l'execution de cette retraite, elle se feignit indisposée, & fit courre le bruit de vouloir aller aux eaux de Pozzuole, qui est vn lieu situé sur le bord de la mer, d'où ils se pouuoient conduire aisément à Rome vers le Pape Innocent VIII. qui estoit obligé par plusieurs considerations d'assister les Seigneurs ou Barons de Naples mécontens du Roy Ferdinand I. Mais soit que l'irresolution de Hierôme de S. Seuerin Prince de Bisignan, mary de cette Heroïne, ou que le Roy de Naples Ferdinand le Bastard en eust quelque vent, le Prince de Bisignan fut arresté prisonnier auant que ce dessein fust executé. Toutesfois la fortune par cette trauerse ne pût en façon quelconque emousser la pointe de l'esprit de Mandelle Caëtan, ny abaisser la grandeur de son courage : au contraire cette Princesse se roidit d'autant plus que la necessité luy parut plus grande, & que l'honneur de son salut & de ses six enfans dépendoit d'elle seule, sans que nul autre y participast. Mais luy estant defendu par le Roy de Naples Ferdinand I. de s'éloigner de la ville capitale de ce Royaume là, & y ayant des personnes qui d'ordinaire l'espioient, elle se trouua en grande peine, & ne sçauoit que faire. Neantmoins à la fin s'estant resoluë en son esprit, elle s'auisa que Naples du costé de l'Occident à vn quartier nommé Chiaia, situé tout le

Saint Seuerin, blazonné cy-dessus.

long du bord de la mer, au milieu duquel & dans l'eau y a vne petite Chapelle dediée à saint Leonard, disciple de S. Remy Archeuéque de Reims, Apostre des François, & le Catechiste de nos Rois, où l'on passe par vn pont, estant ce Saint en grande veneration parmy les Chrestiens, pour estre estimé le protecteur des prisonniers. Sur cette consideration elle se mit à frequenter cette Eglise, comme si elle fust venuë inuoquer le Saint pour la liberté de son mary; & s'estant apperçeuë qu'encore qu'elle y vinst souuent, elle auoit osté tout soupçon, cette prudente & auisée Princesse, par le moyen d'vn des siens fort secret, fit prouision d'vn brigantin, qui sous vn nom supposé l'enleuast pour la porter à Rome. Ce brigantin mis en ordre, Mandelle Caietan commença à penser en elle-mesme, que si cette fuite ne luy succedoit pas, sa condition & celle de ses six petits enfans empireroit grandement : Outre cela elle craignoit le mauuais temps, les corsaires, & la foy des mariniers: mais aprés vn long combat, le desir de sauuer ses enfans eut le dessus en cette ame genereuse, estimant que tant plus le peril estoit grand, d'autant plus grande en seroit la gloire; & que iamais, non seulement les femmes, mais aussi les hommes, n'ont fait aucune action extraordinaire sans de grandes difficultez.

S'estant donc resoluë à partir de Naples, & chassant toute crainte, elle se leua vn iour de bonne heure, & fit venir dans son cabinet le peu de femmes qu'elle auoit resolu de mener, plustost pour auoir soin de ses petits enfans, que pour son seruice; & s'estant retirée à part, leur dit d'vne voix basse, les appellant ses sœurs; Qu'elles voyoient bien à quels termes la fortune auoit reduit la Maison de S. Seuerin, que de ses enfans, excepté ceux-cy, tous les autres n'estoient plus tenus du nombre des viuans, & qu'ils luy auoient esté laissez plustost par hazard, pource qu'ils n'estoient pas nez ou connus du Roy de Naples, que par aucune bonne volonté de sa Maiesté; qu'eux ayans perdu les amis, les parens, & mesmes leur pere, estendoient maintenant leurs tendres bras vers elles seules, implorans leur secours : Et que leur sexe ne leur en pouuoit offrir d'autre plus propre qu'en les menant en des lieux plus asseurez pour les garantir de la cruauté de leurs Maistres. Qu'il pourroit arriuer que les conseruant, il y auoit esperance de leur faire recouurer leurs Estats. Elle adiousta encore, qu'elle auoit le Pape Innocent VIII. pour amy & interessé en sa conseruation, & qu'enfin il y auoit vn vaisseau bien garny qui presentemēt les deuoit prendre pour les porter à Rome: & qu'elle n'auoit à desirer autre chose que de la franchise, & leur courage, qu'elle auoit long-temps auparauant recogneu en elles. Que pour son regard elle croyoit qu'elles ne succomberoient pas : mais que si le fait ne succedoit point selon leur dessein, elle leur mettoit deuant les yeux qu'elles auoient esté nourries & esleuées en sa maison, & qu'ainsi elles deuoient auoir plus de peur de la vie que de la mort, puis que l'vne termine, & l'autre continuë les miseres de ce monde. Tandis que la Princesse de Bisignan parloit, ces pauures femmes ietterent grande abondance de larmes, & luy promirent de la suiure par tout.

Alors elle leur ordonna que sans se découurir à personne elles la suiuissent, menans par la main les enfans; & elle auec quelques-vns de sa maison s'en vint comme de coustume à l'Eglise de S. Leonard, où s'estant mise à faire ses prieres, elle enuoya ses gens en diuers endroits : Et s'estant fait mener le Brigantin par son seruiteur affidé, & afin que les mariniers ne la peussent pas cognoistre, elle couurit son visage d'vn voile selon la coustume des Dames Napolitaines : & se tournant vers l'Image de S. Leonard, luy parla en ces termes : *Tu vois Saint tres-deuotieux, la pureté de mon intention, & comme l'amour de ces pauures enfans me fait exposer à la mercy des vagues de la mer. Ie te prie qu'il te plaise de les garder de toute aduersité, & me reseruer auec eux à vne meilleure fortune.*

Estant montée dans la barque, il sembla dés aussi-tost que ce vaisseau estoit poussé de quelque force surnaturelle : parce que non seulement il laissa bien loin derriere ceux de Ferdinand I. Roy de Naples, qui peu aprés le suiuirent auec grande diligence, mais encores en fort peu de temps porta la Princesse à Terracine place de l'Eglise, & de là sur les terres des Colomnes, proches parens des Saint-Seuerins.

CetteDame extraordinairement ioyeuse de se voir auec ses chers enfans en lieu de seureté, ne se pût tenir de reprocher à Hierôme de Saint Seuerin Prince de Bisignan son mary, & aux autres Barons de Naples ses associez en la ligue contre Ferdinand I. Roy de Naples, & son fils aisné Alfonse Duc de Calabre, veu la grandeur de son courage, leur grossiere lascheté.

FRANÇOISE D'ALENÇON,
DVCHESSE DE VENDOSME,
de Beaumont, & de Longueuille,
grande ayeule du Roy.

Alençon de France, d'azur, à trois fleurs de lys d'or, à la bordure de gueules, chargée de huit besans d'argent.

NTRE les illustres Princesses desquelles le nom est celebre en nostre France, Françoise d'Alençon ou de Valois, doit auoir le premier rang, pour auoir esté l'vne des sages & des vertueuses Dames de ce siecle, & auoir eu pour second mary Charles de Bourbon premier Duc de Vendosme, & Chef de la Royale Maison de Bourbon, aprés la mort de Charles dernier Duc de Bourbonnois tué deuant Rome: duquel elle eut plusieurs grands & genereux Princes, entre autres Antoine de Bourbon Roy de Nauarre, pere de Henry IV. Roy de France & de Nauarre, qui a par sa valeur acquis le surnom de GRAND, ayeul du feu Roy Louis XIII. dit le IVSTE, & bisayeul de nostre Roy Louys XIV. auquel le souuerain Roy du Ciel & de la terre donne vn long & vn heureux regne, & luy fasse la grace d'acquerir par ses vertus les noms d'*Autheur de la Concorde, de Prince de Paix, & du Pere du peuple.*

Françoise d'Alençon, 4. ayeule de nostre Monarque, estoit la fille aisnée de René Duc d'Alençon, & de Marguerite de Lorraine sa femme. Elle receut les premieres instructions dignes d'vne Princesse de sa Maison & de son Sang,

AAaaa iij

de la Duchesse Marguerite sa mere, Dame de rare vertu & sainteté, qui la nourrit fort soigneusement en la crainte & en l'amour de Dieu auec ses autres enfans; Charles dernier Duc d'Alençon, & Anne d'Alençon Marquise de Montferrat, de laquelle nous auons écrit l'Eloge dans les vies des Annes illustres.

Françoise d'Alençon fut accordée à Louys d'Armagnac Duc de Nemours au mois de Mars de l'an 1505. mais ce dessein n'eut point de suite, car elle épousa en la ville de Blois au mois de May de la mesme année François d'Orleans II. du nom, Comte de Dunois, & premier Duc de Longueuille, duquel elle eut vne seule fille nommée Renée d'Orleans, Comtesse de Dunois, de Tancaruille, & de Montgommery, qui deceda l'an 1515. estant aagée de sept ans, trois ans aprés François Duc de Longueuille son pere, qui mourut l'an 1512.

Françoise d'Alençon Duchesse doüairiere de Longueuille, vn an aprés le decés de son premier mary, se remaria auec Charles de Bourbon Comte, & depuis 1. Duc de Vendomois. Ce fut en la ville de Chasteaudun que les ceremonies & solemnitez de cet heureux hymen furent celebrées, vers la Pentecoste, le 18. iour de May de l'an 1513; I'ay appellé cet hymen heureux, à cause que Dieu a beny ce mariage d'vn grand nombre d'enfans, sçauoir de sept fils & de six filles. Tous les François pouuoient se resioüir és iours de la solemnité de ces noces, car le mariage de ce Prince & de cette Princesse de la Royale Maison de France, Charles de Bourbon & Françoise d'Alençon, a esté l'image des plus accomplis & des plus heureux. Si ce genereux Prince, digne neueu & petit fils de S. Louys, a acquis vn eternel renom pour sa valeur, sa bonté, & sa fidelité, Françoise sa femme s'est renduë recommandable par sa douceur, sa modestie, & sa pieté.

Phœbus, soit qu'il esclare
Dessus nostre hemisphere,
Ou soit que de son feu
L'autre monde il réueille,
Vne couple pareille
N'auoit encore veu.

Qu'opposer on ne vienne
La Reyne Carienne,
A celle que l'on sçait
En amour coniugale
Poroie, & plus loyale
Alceste auoir passé.
Vne amour mutuelle
A ioint perpetuelle
L'espouse auec l'espoux,
Et la chaste Cyprine
A bruslé leur poitrine
De son feu le plus doux.
Les fils dés leur bas aage
Ont porté au visage
Le portrait paternel:
Les filles sur leur face
Ont rapporté la grace,
Et l'honneur maternel.

I. du Bellay.

Le second des fils (car l'aisné nommé Louys deceda en ieunesse) fut Antoine de Bourbon Roy de Nauarre & Duc de Vendomois, qui aprés auoir rendu plusieurs signalez seruices à la Couronne de France, mourut glorieusement au siege de Roüen, ayant esté tué l'an 1562. defendant la cause de Dieu & de son Eglise, & celle de nos Rois. Ce tres-magnanime Prince a eu de Ieanne d'Albret sa femme le feu Roy Henry le Grand, d'immortelle memoire, pere du Roy Louys le Iuste, & de Monseigneur Gaston Iean Baptiste de France, Duc d'Orleans & de Chartres: les Reynes d'Espagne, & de la Grand' Bretagne, & la Duchesse de Sauoye.

Le 3. François de Bourbon Comte d'Anguien, duquel on ne sçauroit assez loüer la valeur, ayant l'an 1554. à la bataille de Cerizoles défait l'armée Imperiale, commandée par le Marquis de Guast, Lieutenant de l'Empereur, l'vn des plus excellents Capitaines du monde.

Le 4. mourut peu de iours aprés sa naissance.

Le 5. fut Charles Cardinal de Bourbon, qui a laissé plusieurs beaux monuments de sa pieté & de son saint zele enuers la vraye Religion contre les Sectaires.

Le 6. fut Iean de Bourbon Comte d'Anguien, qui eſtant encore ieune, finit ſes iours au lict d'honneur, combatant genereuſement pour la defenſe de ce Royaume contre les Eſpagnols, à la funeſte iournée de S. Laurens 1557.

Louys de Bourbon Prince de Condé, fut le 7. Prince orné des vertus requiſes à vn grand Capitaine, qui eut de ſa premiere femme, de la Maiſon de Roye pour fils aiſné Henry de Bourbon Prince de Condé, pere de Monſeigneur Henry de Bourbon, II. du nom, Prince de Condé, & Duc de Chaſteauroux : & de ſa 2. de la Maiſon de Longueuille, Charles de Bourbon Comte de Soiſſons, pere de Louys de Bourbon Comte de Soiſſons.

Roye, noble Maiſon en Picardie, porte de gueules à la bande d'argent.

Des ſix filles il n'y eut que Marguerite qui eſtoit la ſeconde, qui fut mariée, & fut la premiere femme de François de Cleues, premier Duc de Niuernois, dont elle eut des enfans.

Françoiſe d'Alençon Ducheſſe de Vendome, mere de tous ces genereux Princes & belles Princeſſes, les nourrit auec la diligence requiſe à l'education des enfans de leur Maiſon & de leur naiſſance. Quatre de ſes filles ayant fait leur profit de ſes bonnes inſtructions, ont quitté les pompes & les delices de la Cour & du monde, pour ſe donner entierement au ſeruice de la diuine Maieſté dans diuerſes Abbayes, où elles ſont decedées en qualité d'Abbeſſes.

Magdelaine fut Abbeſſe de ſainte Croix de Poitiers, & Prieure de Prouille prés de Toloſe : Caterine Abbeſſe de Noſtre-Dame de Soiſſons, mourut en l'Hoſtel de Guyſe à Paris au mois de May 1594. eſtant aagée de 69. ans, ayant eu le bon-heur auant ſon decés de voir ſon neueu le Roy Henry le Grand faire profeſſion de la Religion Catholique, & entrer triomphant en ſa ville capitale : Iean Bertault Euéque de Sées a fait dans ſes poëſies ſon epitaphe, dans lequel il a publié les vertus de cette Princeſſe. Renée eſt morte ſaintement à Chelles au mois de Feurier de l'an 1583. eſtant aagée de 56. ans, aprés auoir eſté 40. ans Abbeſſe de ce Royal & deuot Monaſtere. Eleonor a eſté Abbeſſe & Chef de l'Ordre de Font-Euraud, qu'elle a gouuerné & conſerué dans l'obſeruance reguliere durant les guer-

DES DAMES ILLVSTRES. 745

guerres ciuiles & les plus grands troubles de la France: cette tres-pieuse Princesse (de laquelle plusieurs Autheurs ont publié les vertus) est morte le 26. Mars 1611. estant aagée de 79. ans. Elle desiroit que ceux qui l'assisteroient à son heure derniere, luy dissent souuent ces belles paroles: *On n'offencera plus Dieu: Tant qu'on est en ce monde on est en continuel peril de tomber en peché; le peché meurt auec la mort.* Marie l'aisnée des filles de Françoise d'Alençon auoit esté pour sa vertu, sa beauté & sa noblesse promise en mariage à Iaques V. Roy d'Escosse. *R. Gautier. Richeome. H. Nicquet.*

A l'exemple de Marguerite de Lorraine Duchesse d'Alençon sa mere, la vraye mere des pauures & des orfelins, elle assista & secourut par ses aumosnes les veuues, les orfelins, & tous ceux qui estoient en affliction & en misere. Elle acquit la reputation pour ses vertus d'estre digne fille d'vne si bonne & si sainte mere, & on luy donna ces beaux eloges d'estre *vne Princesse pieuse, liberale, humble & constante en ses aduersitez.* *Charles de Sainte-Marthe.*

Comme elle auoit herité de la Vicomté de Beaumont, & de plusieurs autres belles terres de la Maison d'Alençon, esquelles la Duchesse sa mere a fondé plusieurs deuots Monasteres de Religieux & de Religieuses: elle conserua aussi tousiours la mesme affection qu'auoit sa mere pour ces seruiteurs & seruantes de IESVS-CHRIST, particulierement enuers les bons Peres de l'Ordre de S. François du Conuent de la Flesche, petite ville en Aniou, où elle faisoit sa plus ordinaire demeure (ainsi que les Comtes & les Ducs d'Alençon ses ancestres) pour y gouster les plaisirs innocens qui se cueillent en la douceur d'vn bon air, & en la fructueuse beauté d'vn des plus agreables vignobles de France.

Elle bastit en ce lieu la belle Maison, & rebastit le Royal Chasteau, que depuis nostre grand Roy, l'inuincible & le clement Henry IV. son petit fils a donné aux Peres Iesuites, auec vne Royale magnificence, digne de la generosité de cet incomparable Monarque, qui fut comme l'on tient conceu en ce lieu là, & où son cœur Royal repose suiuant sa volonté qu'il auoit témoignée en sa vie.

BBbbb

VIES OV ELOGES

Le Roy François I. auoit en telle estime Françoise Duchesse de Vendosme, qu'il erigea en sa faueur l'an 1543. la Vicomté de Beaumont au Maine (dont la ville de la Flesche estoit lors vne dépendance) en Duché & Pairie. Françoise d'Alençon Duchesse de Vendosme, de Beaumont, & doüairiere de Longueuille, qui par sa douceur, sa bonté, & ses vertus fut aymée & cherie des grands & des petits, deceda dans son beau Chasteau de la Flesche le 14. du mois de Septembre l'an 1550. aprés auoir durant sa maladie donné plusieurs exemples de patience, estant aagée de 60. ans, treize années aprés estre demeurée veuue de ce magnanime Prince Charles de Bourbon, premier Duc de Vendosme son second mary, qui mourut à Amiens le iour de Pasques fleuries 1538. ou selon la supputation des autres 1537. Son corps fut porté de la Flesche à Vendosme, en l'Eglise Collegiale de S. George, prés celuy du Duc son mary, au sepulchre des Princes de la Royale Maison de Bourbon, de la branche des Comtes de Vendomois.

Les Comtes de Vendosme de la Maison de Bourbon, puisnez des Ducs de Bourbonnois, portoient d'azur à trois fleurs de lys d'or, au baston de gueules pery en bande, chargé de 3. lyons d'argent.

Charles de Sainte-Marthe, Lieutenant d'Alençon, oncle du grand Sceuole (qui a écrit en Latin d'vn stile tres elegant les Eloges de nos François illustres en doctrine qui ont fleury de nostre temps, & du temps de nos peres) publia vne Oraison funebre en la loüange de cette tres-haute & tres-illustre Princesse Françoise d'Alençon Duchesse de Vendosme, de glorieuse memoire.

Cette tres-pieuse Princesse a esté heritiere des merites, des perfections, & des vertus des Princes & des Princesses des tres-illustrés & tres-genereuses Maisons d'Alençon & de Lorraine, Maisons fertiles en Heros & Heroïnes, recommandables à la posterité pour leur courage, leur valeur, leur pieté, & leur sainteté. Dans Rome on honore encore la memoire de ce grand Cardinal Philippe d'Alençon, duquel les os reposent en l'Eglise de sainte Marie la Ronde, (dont il estoit titulaire) en estime d'vn Saint. Aussi plusieurs malades, au rapport de quelques Historiens, ont esté gueris à son tombeau.

FRANÇOISE DE BATARNAY, VIDAME D'AMIENS.

Batarnay, écartelé d'or & d'azur.

L faut n'eſtre pas du monde, pour ignorer combien la Nobleſſe de Daufiné eſt connuë, & qu'il n'eſt endroit de la terre où elle n'ait laiſſé des marques de ſa valeur. Auſſi le fidele Ecriuain de l'Hiſtoire du Cheualier Bayard, remarque au commencement de la vie de ce grand Heros, que de ſon temps *la Nobleſſe de Daufiné eſtoit appellée l'eſcarlate de la Nobleſſe de France.* De tout temps il y a eu non ſeulement des Heros, mais auſſi des Heroïnes illuſtres des premieres Maiſons de cette Prouince qui a eſté donnée à nos Rois par Humbert II. le dernier des anciens Daufins, en faueur de leurs enfans aiſnez. Il y en a encore en vie qui ont veu des Heros & des Heroïnes de la Maiſon de Batarnay ou du Bouchage en Daufiné, alliée à cette ancienne Maiſon de Montchenu (des plus illuſtres du meſme païs) qui pour témoignage de ſa bonté, de ſa generoſité, & de ſa franchiſe, auoit pour deuiſe ce beau mot, *la droite voye.*

Mōtchenu, de gueules, à la bande engreſlée d'argent, que quelques-vns ont chargée d'vn Aigle d'azur, au lieu du 1. quartier.

René de Batarnay Comte du Bouchage, fils de François de Batarnay Seigneur du Bouchage & d'Anthon, & de Françoiſe de Maillé ſa femme, épouſa Iſabelle de Sauoye, (fille de René Comte de Villars, & d'Anne de Laſcaris Comteſſe de Tende) de laquelle il procrea ſix enfans, ſçauoir vn fils vnique, & cinq filles.

Le fils fut Claude de Batarnay Seigneur d'Anthon en Daufiné, l'vnique eſperance des Comtes du Bouchage, qui ſeruit fidelement Dieu & ſon Prince le Roy Charles IX. à la bataille de S. Denys, où prés de ſon oncle le Conneſtable de Montmorency, il receut vne playe mortelle qui ſe porta au tombeau en la fleur de ſon aage, ſans laiſſer des enfans de ſa femme Iaqueline de Montbel, fille du Comte d'Entremont ſur les frontieres de Daufiné & de Sauoye, qui ſe

Montbel d'Entremont, d'or,

Bbbbb ij

au lyon de sable, à la bande componée d'hermines & de gueules de six pieces, brochant sur le tout.

remaria depuis auec Gaspar de Coligny, Seigneur de Chastillon Amiral de France, l'vn des vaillans Capitaines de son siecle, qui eust acquis beaucoup de gloire s'il n'eust point porté les armes contre nos Rois, pour la defense des rebelles, & d'vne nouuelle Religion contraire à la vraye & ancienne de ses ayeuls. Monsieur l'Abbé de Thiron, & Monsieur le President de Thou ont pleuré dans leurs Histoires & leurs poësies la mort de ce ieune Heros de la Maison du Bouchage.

Les filles furent Françoise, Marie, Ieanne, Gabrielle, & Anne de Batarnay.

Anne de Batarnay fut mariée l'an 1582. à Bernard de Nogaret de la Valette Amiral de France, Gouuerneur de Prouence, & frere aisné de feu Monsieur le Duc d'Espernon, qui apres auoir donné des marques de sa valeur & de sa pieté deceda sans lignée, & a receu les honneurs de la sepulture dans l'Eglise du Conuent des Minimes, prés de sa Maison de Caumont en Guyenne qu'elle auoit desiré fonder auec Monsieur de la Valette son mary, lequel a esté depuis basty par Monsieur d'Espernon. Anne de Batarnay & Monsieur l'Amiral de la Valette ont aussi fondé vn Hospital pour les pauures, & laissé vne belle fondation de Capucins à Saluces.

Monsieur de Mauroy en son discours de la vie & faits de Monsieur de la Valette Amiral de France.

La Chastre, de gueules, à la Croix ancrée d'argent, chargée de six pots de vair.

Gabrielle épousa Gaspar de la Chastre Comte de Nancey, Capitaine de l'ancienne & premiere garde Françoise du corps du Roy: qui mourut au grand regret des gens de bien, estant l'vne des plus deuotes & des plus vertueuses Dames de France, laissant 4. enfans, sçauoir vn fils vnique Henry de la Chastre Comte de Nancey & du Bouchage en partie, qui a eu de Marie de la Guesle sa premiere femme vn seul fils Edme Comte de la Chastre & de Nancey, Seigneur qui a donné des preuues de son courage & de sa valeur en plusieurs occasions pour le seruice du Roy. Il a de Madame sa femme de la Maison de Cugnac vn fils nommé Louys Comte de la Chastre, ieune Seigneur de grande esperance, & plusieurs filles.

Messieurs les Mareschaux de la Chastre, puisnez de cette Maison portoient écartelé au 1. & 4. de gueules, à 3. testes de loup arrachées d'argent, qui est de saint Amadour.

Les trois filles de Gabrielle de Batarnay & de Gaspar de la Chastre, estoient feües Mesdames de Bourdeille, du Bellay, & la Presidente de Thou, dignes filles d'vne si digne mere.

Ieanne de Batarnay n'eut point d'autre Epoux que Iesvs-Christ, & vequit fort saintement.

Marie fut femme de Guillaume de Ioyeuse Mareschal de France, mere de tant de braues Heros, desquels le nom est celebre en nostre France. Ie suis obligé pour sa vertu & sa probité d'écrire sa vie auec celles des autres Dames illustres qui ont porté ce beau nom.

Françoise de Batarnay, l'aisnée de toutes, trouuera icy son Eloge entre les illustres Françoises; aussi elle le merite, pour auoir esté l'vne des plus sages, des plus honnestes, & des plus deuotes femmes de ces derniers temps, de laquelle pour ses perfections, ses vertus, & ses bonnes œuures le nom est en bonne odeur parmy tous ceux qui font profession de la vie deuote. Elle fut mariée à François d'Ailly, Vidame d'Amiens, l'vn des premiers Seigneurs de Picardie: Prouince en laquelle il y a vn grand nombre de nobles & illustres Maisons alliées à celle d'Ailly, entre autres les Maisons de Chaune ou d'Ognies, de Pecquini, & autres.

Ce mariage d'vn si noble Seigneur, & d'vne si vertueuse Dame selon le train des belles choses, qui comme les fleurs trouuent leur fin en leur naissance, ne dura gueres, la mort cruelle & inexorable ayant rauy le Vidame à Françoise de Batarnay sa chere épouse, comme elle estoit encore en l'Auril, & au plus beau de sa vie: car quand elle demeura veuue elle n'estoit aagée que de vingt-deux ans. Ce Seigneur mourut au mois de Ianuier l'an 1560. en Angleterre, où il auoit esté enuoyé pour le seruice du Roy François II. Les Alpes n'ont point tant de fontaines, ny la Libye tant d'areines, vn bel arbre tant de feüilles, & vne verdoyāte prairie tant de fleurs, que cette ieune veuue versa de vrayes larmes pour la perte de son mary. Elle ne fut pas du nombre de ces veuues, qui aprés auoir laué le corps de leurs maris de leurs feintes larmes, l'auoir essuyé de leurs tresses, & quasi vsé de continuels baisers, & témoigné par mille & mille sanglots & soûpirs de vouloir mourir auec eux, & estre enterrées toutes viues dans vn mesme sepulchre, neāt-

D'Ailly, de gueules, à 2. branches d'Aliers, passées en double sautoir de pourpre, au chef echiqueté de 3. traits d'argent & d'azur.

Ognies, de sinople, à vne fasce d'hermines.

Pecquini, fasce d'argent & d'azur de six pieces, à la bordure de gueules.

A. du Chesne en son Histoire de Chastillon.

moins incontinent aprés ces regrets & ces protestations plus legeres que les vents, elles font paroistre par leurs parfums, leurs bagues, leurs perles & le redressemēt de leurs cheueux, qu'elles n'aspirēt & ne respirent qu'aprés vn secōd mariage.

Françoise de Batarnay passa 60. années en vne sainte & loüable viduité, pendant lesquelles elle mena vne vie plus admirable qu'imitable. Elle traita son corps tendre & delicat aussi rudement que ces anciens Hermites & Anachoretes, les Antoines, les Hilarions, & les Machaires; que ces saintes Dames les Paules, les Melanies, & les Eustochies: car outre les iesnes presque continuels, elle demeura 20. années sans se coucher. Les trois dernieres années de sa vie elle se coucha l'espace de deux ou trois heures pour le plus, & ce par l'exprés commandement de ses Confesseurs & Directeurs de ses exercices de deuotion & de pieté.

Elle estoit fort exacte à faire son oraison tous les matins, aprés auoir digeré auec attention le soir precedent le suiet de sa meditation auant que de faire son examen de conscience. Ie ne puis pas exprimer auec quelle deuotion elle oyoit tous les iours la Messe, recitoit l'Office de la Vierge, & disoit le Chapelet ou le Rosaire: tous les soirs elle faisoit venir tous ses domestiques deuant elle, pour assister aux Litanies des Saints ou de Nostre-Dame, qu'elle faisoit chanter dans la Chapelle de sa maison de Monthresor. Elle auoit vn soin tres-particulier, que ses domestiques employassent fidelement leur temps au seruice de Dieu, & ne frequentassent point les personnes faineantes & oysiues. Elle auoit vne extréme auersion de toutes les paroles oiseuses. Quand elle estoit obligée de faire quelque visite, ou pour les deuoirs de la charité, ou par les regles de la bien-seance, elle se recommandoit à Nostre Seigneur, & luy faisoit vne priere sortant de sa maison, afin que rien ne se fist durant sa visite ny dans le chemin qui pust déplaire à Dieu; dés qu'elle estoit de retour, elle faisoit vne forte exacte recherche de tout ce qui s'estoit passé en sa conuersation, pour en tirer des cognoissances qui luy peussent seruir pour vne autre visite. Elle disoit souuent aux Dames qui estoient ses meilleures amies & ses plus familieres, & à ses domestiques,

Mes amis, nous rendrons compte à Dieu d'auoir perdu le temps qu'il nous auoit donné pour l'employer vtilement. Ces belles paroles me font reſſouuenir de ce que l'on chante tous les iours à l'Office de l'Egliſe, que le temps eſt du domaine de Dieu, & qu'il eſt le Roy des ſiecles : mais il nous a donné ce temps à condition ſeulement de l'appliquer à ſon ſeruice, & d'eſtre punis à iamais ſi nous abuſons d'vne partie de l'eternité que Dieu a touſiours deſtinée à ſa gloire, & dont tous les momens ont eſté chers à IESVS-CHRIST, puis qu'il nous a acquis le pouuoir d'en bien vſer par le prix de ſon Sang. C'eſt ce qui nous impoſe vne eſtroite obligation d'eſtre bons ménagers du temps, car ſi nous le prodiguons, nous ſerons condamnez non ſeulement ſelon la rigueur de la Loy, mais auſſi ſelon la dignité du prix par lequel il a eſté payé pour nous.

Aprés que cette tres-pieuſe Dame auoit fait ſon oraiſon, elle n'auoit point de plus grand plaiſir que de faire du bien aux pauures, de les aſſiſter en leurs neceſſitez, & de les ſoulager en leurs miſeres. Quand elle apprit la nouuelle de la mort de François Cardinal & Duc de Ioyeuſe ſon neueu, elle dit à Madame de Bourdeille, Helas! ma niece, ie n'auray plus le moyen de faire du bien aux neceſſiteux. Car ce grand Prelat qui honoroit fort Madame la Vidame ſa bonne tante, & la reſpectoit comme ſa mere, luy enuoyoit ſouuent des ſommes notables pour faire l'aumoſne aux pauures honteux. Non ſeulemét les habitans de Monthreſor, mais auſſi de Raineual (dont elle iouiſſoit pour ſon doüaire) & de ſes autres terres, ſçauent les grandes charitez qu'elle a faites à tous ſes pauures vaſſaux, & à ſes voiſins. Iamais le pauure ne s'en alla vuide de deuant elle: Il n'y auoit Maiſon de Religion ou Hoſpital proche de ſes maiſons où elle ſçeuſt qu'il y auoit de la neceſſité, qui ne fuſt ſecouruë par ſon moyen.

Elle n'eſt pas ſeulement digne de loüange pour auoir aidé corporellement les pauures de ſes terres & de ſon voiſinage : mais qui plus eſt, on ne ſçauroit aſſez priſer ſa charité d'auoir aſſiſté ſpirituellement tous ſes vaſſaux, ayant vn grand ſoin de procurer l'auancement de la gloire de Dieu,

& le salut de leurs ames. Pour ce suiet elle enuoyoit de temps en temps, principalement au Caresme, des Minimes des Conuents de Tours & d'Amboise, qu'elle entretenoit à ses despens, parmy les bourgs & les villages de ses terres, pour y confesser & prescher ses vassaux, & leur enseigner le Catechisme, disant; *Qu'il estoit bien raisonnable que receuant du bien temporel d'eux, elle s'estudiast à procurer leur profit spirituel.* Elle honoroit les Predicateurs comme des Anges & des hommes Apostoliques. Elle prenoit aussi vn grand soin à assister en leurs necessitez les filles consacrées à Dieu; aussi elle menoit vne vie Religieuse dans son Chasteau de Monthresor.

Plusieurs fois elle voulut quitter ses biens, ses maisons, & la compagnie de ses plus proches, pour se renfermer dans vn Monastere, pour là iouïr du repos, de la tranquillité, & des plaisirs que Dieu donne à celles qui ont l'ame bonne, & le cœur droit: mais ce grand Prelat de la France le Cardinal de Ioyeuse son neueu, à qui elle rendoit vne obeïssance filiale, l'honorant comme son pere, l'en dissuada & diuertit. La voyant resoluë de quitter le monde pour viure dans vn Cloistre, il s'y opposa entierement pour de si legitimes & de si saintes occasions, iugeant que demeurant dans le monde (où elle menoit vne vie retirée & sainte) cette pieuse Dame pouuoit autant ou plus profiter, tant par son bon exemple & ordinaire conuersation, que par la multiplicité de ses aumosnes, dont elle aidoit les pauures honteux, les Maisons de Religion, & les Hospitaux, estant la mere des veuues, des orfelins, & des necessiteux.

P. Brousso en la vie du P. Ange de Ioyeuse.

Françoise de Batarnay pleine de merites & d'années, mourut saintemēt l'an 1617. estant aagée de 83. ans, laissant par son testamēt plusieurs legs pieux, fideles & asseurez témoins de sa bonté & de sa charité, ayant durant sa vie & à sa mort assisté les membres de Iesvs-Christ, duquel elle prit la Croix pour son symbole. Ce saint signal de nostre redemption fut l'vnique souhait de son ame, le plus doux obiet de ses yeux: En ce signe seul elle mit son esperance, sur luy seul elle établit le fondement de sa felicité, s'estant désachée de tous les sentimens des plaisirs du monde, sçachant,

chant, comme bien instruite en l'eschole du Caluaire, que les lys & les roses des vrais contentemens se trouuent parmy les espines & les ronces de la Croix du Sauueur.

GABRIELLE DE BOVRBON, VICOMTESSE DE THOVARS, PRINCESSE DE TALMOND, Dame de la Trimoüille.

Bourbon Montpensier, d'azur, à 3. fleurs de lys d'or, au baston de gueules pery en bande, brisé en chef d'vn quartier d'or au Daufin pasmé d'azur.

Saincte-Marthe.

LOvys de Bourbon I. du nom, Comte de Montpensier, de Clermont, & de Sancerre, eut de Gabrielle de la Tour sa 2. femme trois enfans; sçauoir vn fils vnique Gilbert de Bourbon Comte de Montpensier, Viceroy de Naples; & deux filles, Gabrielle & Charlotte. Celle-cy fut mariée auec Wolfart de Borsselle, Comte de Boucan en Escosse, & Seigneur de la Vere en Hollande: celle-là eut pour mary ce grand & fidele seruiteur de nos Monarques Louys de la Trimoüille ou Tremoille, Comte de Guines & de Benon, Vicomte de Thoüars, Prince de Talmond, (qui a esté honoré par les Rois ses maistres, des premieres & des plus belles charges de la Couronne) à laquelle ie suis obligé de consacrer vn Eloge pour sa pieté, sa sagesse, son sçauoir, & ses vertus, qui l'ont renduë l'vne des plus accomplies Princesses de son temps.

Anne de France Dame de Beau-ieu (qui depuis fut Duchesse de Bourbon) estant aprés la mort du Roy Louis XI. son pere, Gouuernante de la personne du Roy Charles VIII. elle preueut comme sage Princesse, que Louys Duc d'Orleans, premier Prince du Sang, & les autres Princes & Seigneurs mescontens luy ioüeroient vn mauuais party, & pour les preuenir, & se maintenir en credit & en authorité contre eux, elle tascha de s'acquerir tous les Seigneurs de la Cour qui estoient en consideration & en estime pour leur valeur, leur bon iugement, & leur integrité; entre lesquels

L'Histoire de Charles VIII.

La Tremoille, blazonné en la Pag. 367.

Louys de la Tremoille Vicomte de Thoüars paroissoit grandement.

Madame de Beau-ieu voulant donc entierement obliger ce Seigneur genereux & magnanime, elle luy fit épouser Gabrielle de Bourbon, ieune Princesse autant illustre de vertus, de perfections & de merites comme de sang : car toutes les graces des plus belles & des plus sages n'estoient qu'vne partie de celles qu'elle auoit. Aussi le Seigneur de la Tremoille se ressentit tellement redeuable à la Dame de Beau-ieu, que pour ne paroistre point ingrat du bien qu'elle luy auoit procuré, luy donnant vne si noble, si honneste, & si vertueuse femme, il fut l'vn de ses plus zelez partisans, & conduisit auec vne telle prudence & dexterité l'armée Royale, qu'il défit les rebelles & les liguez à la Iournée de S. Aubin du Cormier en Bretagne, en laquelle le Duc d'Orleans & le Prince d'Orenge, Chefs de leur armée furent pris prisonniers.

Ce fut au païs d'Auuergne que les noces de Gabrielle de Bourbon, & de Louys de la Tremoille furent celebrées : & vn an aprés l'accomplissement de leur mariage, la Vicomtesse de Thoüars ou de la Tremoille accoucha d'vn fils, qui fut nommé Charles au Baptême, ayant eu pour parrain le Roy Charles VIII. Elle esleua ce fils auec toutes les caresses que l'on peut faire, tous les soins que l'on peut prendre pour vn enfant que l'on ayme bien ; il fut seul & vnique, & le fut en toute sorte, & en perfections & en naissance. Estant encor en la fleur de ses ans, elle le maria à Louïse de Coitiuy,

Coitiuy, fascé d'or & de sable de six pieces.

fille & heritiere de Charles de Coitiuy Côte de Taillebourg, & Baron de Royan, & de Ieanne d'Orleans sa femme, dont il eut vn seul fils Louys Seigneur de la Tremoille, Prince de Talmond, duquel sont issus tous les Seigneurs de cette Maison, des plus nobles & des plus illustres, non seulement de Poitou, mais de la France. Maison qui a donné tant de braues Heros, dont le nom est celebre en la Chrestienté, dans laquelle il y a encore plusieurs Seigneurs pleins de vie, Messieurs le Duc de la Tremoille, & le Comte de Laual, les Marquis de Royan & de Noirmonstier.

Charles de la Tremoille Prince de Talmond, fils de Ga-

brielle de Bourbon, quelques années aprés auoir esté marié,
& estant encore ieune suiuit nostre grand Roy François,
marchant à la conqueste de son Duché de Milan, & s'estant
trouué auec sa Maiesté à la memorable Iournée de Marignan, où aprés auoir combatu vaillamment pour son Prince contre les Suisses, il y perdit la vie, s'estant meslé trop auant parmy les ennemis de cette Couronne, & mit son nom entre ceux qui pour leur courage & leur valeur seront estimez eternellement.

La nouuelle de la mort de ce fils autant aymé de sa mere comme il estoit aymable, l'affligea tellement qu'elle ne le pût pas suruiure, & mourut de regret peu aprés au Chasteau de Thoüars en Poitou, le dernier de Nouembre de l'an 1516. au grand deüil de tous ceux qui l'auoient admirée pour sa vertu & sa pieté. Elle receut les honneurs de la sepulture dans la belle Eglise Collegiale du mesme Chasteau, qu'elle auoit fondée & fait bastir fort somptueusement auec son mary.

Cette Eglise est vne des marques de la pieuse liberalité de Gabrielle, digne Princesse du sacré Sang de France, & petite fille du plus Saint de nos Rois, qui n'a pas seulement fait paroistre sa deuotion par cette Maison d'oraison qu'elle a fait bastir: mais aussi par les liures qu'elle a composez en prose Françoise, qui sont les fidels & asseurez tesmoins de son sçauoir, de sa sagesse, & de sa vraye pieté. Le titre de ses œuures sont au rapport de plusieurs graues Autheurs & dignes de foy ; *L'Instruction des ieunes pucelles : Le Temple du saint Esprit : Le Voyage du penitent : Les Contemplations de l'ame deuote sur les mysteres de l'Incarnation & de la Passion de* IESVS-CHRIST. Ce dernier est vne bonne preuue de sa solide pieté enuers les deux principaux mysteres de nostre salut, & que cette docte & deuote Princesse ne prenoit point de plus grand plaisir qu'à mediter les faits & les actions de la vie du Fils de Dieu, le plus delicieux entretien des ames saintes & Religieuses, & que son esprit, ainsi que celuy de saint Augustin, balançoit entre les sacrez contentemens qu'il y a à considerer d'vn costé le mystere de la naissance du Redempteur ; & de l'autre part, le mystere de sa Passion &

*I. Bouchet.
La Croix du Maine.
A. Possevinus.
Sainte-Marthe.
Lud. Iacob.*

de sa Mort douloureuse; & qu'elle pouuoit veritablement dire auec ce grand Pere de l'Eglise, le fleau de tous les errans de son temps:

> Entre l'vn & l'autre mystere,
> Auquel dois-ie mon cœur ranger,
> D'vn costé le sein de la mere
> M'offre son laict pour en manger,
> De l'autre la playe salutaire
> Iette son sang pour m'abbreuuer.

GABRIELLE DE GADAGNE, COMTESSE D'ANIOV, & de Cheurieres.

Gadagne, de gueules, à la Croix engreslée d'or.

GABRIELLE de Gadagne Comtesse d'Aniou & de Cheurieres, estoit fille de Guillaume de Gadagne Seigneur de Boteon, de Meys, & de Miribel en Forests, Comte de Verdun en Bourgongne, Baron de Balmont en Lyonnois, Cheualier des Ordres du Roy, Seneschal de Lyon, & Lieutenant general pour nos Monarques au Gouuernement de Lyonnois, de Forests & de Beauiolois, & de Ieanne de Sugni, Dame tres-vertueuse & tres-noble: car la Maison de Sugni est l'vne des plus considerables du pays de Forests, & la mere de cette pieuse Heroïne a esté l'exemple des Dames de son temps dans l'exercice de toutes les vertus Chrestiennes.

Sugni, d'azur, à la Croix engreslée dor.

Gabrielle de Gadagne, digne fille d'vn pere & d'vne mere si riches & si nobles, fut nourrie & esleuée à la vertu & à la pieté dans ces deux Monasteres des Religieuses de Iourscay en Forests, & de S. Pierre de Lyon, ayant pour Directeurs de sa conscience les Religieux Minimes de S. François de Paule du Conuent de Nostre-Dame de l'Assomption, prés l'Eglise de S. Iust à Lyon, que cette Dame a tousiours aymez & honorez comme ses premiers Peres spirituels, & ses

DES DAMES ILLVSTRES. 757

Directeurs en ses exercices de deuotion, par lesquels elle s'est renduë admirable tous les iours de sa vie en ces trois diuerses conditions de fille, de mariée & de veuue, comme la suite de sa vie nous le fera voir.

Ayāt donc adiousté aux auantages de sa naissance & de son bon esprit, ceux de la nourriture & de la vertu, elle ne pouuoit pas manquer d'estre recherchée en mariage par les plus illustres Seigneurs de ces pays là. Ce fut Iaques Mite, Seigneur & Baron de Miolans, de Cheurieres, & de S. Chamond, Comte d'Aniou en Dausiné, Cheualier des Ordres du Roy, & Lieutenant pour sa Maiesté en ces trois Prouinces, le Lyonnois, le Forests, & le Beauiolois, qui eut ce bon heur d'épouser l'an 1600. la vertueuse & sage Gabrielle de Gadagne, qui lors estoit veuf de Gasparde de S. Chamond, Dame fort sage & pieuse, issuë des illustres Maisons de saint Chamond & des Prez, de laquelle il auoit vne fille & vn fils Melchior Mite de Cheurieres, Marquis de S. Chamōd, Baron, Comte & Seigneur des mesmes places, aussi Cheualier des Ordres du Roy, & Lieutenant au Gouuernement des 3. Prouinces susnommées, & en celuy de Prouence, qui a esté Maistre de Camp, puis General dans les armées de sa Maiesté, Ministre d'Estat & Ambassadeur extraordinaire vers les Ducs de Mantouë & les Princes du saint Empire, & depuis à Rome. Gabrielle ayant eu l'honneur d'estre la fille, la femme & la belle mere de Cheualiers de l'Ordre, d'Ambassadeurs & de Lieutenans generaux de nos Rois, son pere & son mary ayant esté aussi souuent employez en de glorieuses Ambassades pour le seruice de nos Monarques. I'ay dit que le Seigneur de Cheurieres eut le bon-heur d'épouser cette vertueuse Heroïne; car vn mary est tres-heureux qui rencontre vne bonne femme. C'est vn don de Dieu, le partage de ceux qui le craignent, & vne partie de la felicité de la vie.

De cet illustre & fortuné mariage qui ne dura que six ans, il en sortit 4. enfans, 2. fils & deux filles. De ces 4. enfans, trois moururent en bas aage, ne luy restant pour toute consolation aprés la mort de feu Monsieur de Cheurieres son mary (qui deceda l'an 1606.) que Iean-François Baron de

Mite, d'argent, au sautoir de gueules, à la bordure de sable, chargée de huit fleurs de lys d'or.

Miolans, bandé d'argent & de gueules de six pieces.

Roussillon, blazonné en la page 475.

S. Chamōd, d'argent, à la fasce de gueules, party d'azur.

Des Prez, blazonné en l'Eloge d'Henriette Duchesse de Mayenne.

La fille de Iaques Mirte & de Gasparde de S. Chamond, estoit Gasparde de Miolans, mariée au Marquis de Canillac, au Marquis de Chasteauneuf, & au Comte de Nancey.

GCccc iij

Miolans, Comte d'Aniou en Daufiné, son tres-cher & tres vniquement aymé fils, à qui elle attacha si fortement son cœur, ses pensées, ses desirs, & ses desseins après la mort de son mary, que ce fut vne espece de petit miracle à tous ceux qui eurent la connoissance de l'extréme passion qu'elle auoit pour luy, de voir qu'elle n'expira point à la funeste nouuelle de sa mort.

Gabrielle de Gadagne Comtesse d'Aniou & de Cheurieres, ayant perdu son mary six ans apres auoir épousé ce Seigneur, demeura en viduité par l'espace de 29. ans, edifiant les Prouinces de Bourgongne, de Lyonnois, de Forests, & de Daufiné par ses vertus & ses merites ; c'estoit vn Ange deuant ses noces, la continence & la chasteté mesme dans le mariage, & dans la condition de veuue elle se surmonta soy mesme, ayant fait vne vie tres-pure & tres-sainte ; aussi portoit-elle souuent vne rude ceinture, & des brasselets de rosettes d'argent extrémement picquans à ce dessein : car il est tres-certain qu'elle a vécu angeliquement deuant son mariage, tres-chastement dans le mariage, & tres-saintement en son veuuage. Ie n'exhorteray pas les ieunes veuues à pratiquer vne vie si austere & si rigoureuse que cette Dame là, mais bien à l'imiter en sa loüable viduité de 29. années ; lesquelles la pluspart mettent du fard sur les larmes forcées dés le lendemain du trépas de leurs maris, & qui dés le retour de leurs funerailles, forment des pensées en leur esprit, & des desseins pour en recouurer bien-tost vn autre ; six ans mariée, 29. ans veuue ! c'est vn excellent témoignage de sa pureté & de sa continence, comme aussi de l'amour inuiolable qu'elle auoit pour Monsieur de Cheurieres son mary : Par cette vertu elle leur a donné vne excellente leçon de ne point tenter de secondes noces, pour ne point replonger leur liberté dans vn second naufrage : c'est ce qu'elle auoit bien compris par sa propre experience, comme elles deuroient auoir fait par la leur, que le mariage a ie ne sçay quoy d'empeschant & d'embarrassant ; principalement pour les vertus heroïques, où Gabrielle de Gadagne auoit de fortes inclinations.

Son humilité n'a pas esté moindre que sa pureté, aussi

DES DAMES ILLVSTRES. 759

cette vertu est le fondement de toutes les autres, & sans laquelle les vertus degenerent en vices? Cette vertu l'a fait aymer & cherir de Dieu & des hommes. Et sans vanité, ie puis dire que cette deuote Heroïne en a tiré les premieres instructions de nos Minimes ses premiers Peres spirituels, comme n'ignorent pas ceux qui ont eu l'honneur de la frequenter, & comme remarque le Pere Ioseph Besson de la Compagnie de Iesvs, en l'epitaphe ou eloge funebre qu'il a dressé à sa memoire: qui ayant voulu faire vn signalé progrés en la vie deuote & spirituelle, a fort bien commencé par cette vertu, qui est la base de toutes les autres.

Ceux qui l'ont pratiquée long temps dans la suite d'vne infinité d'actions, n'ont iamais remarqué le moindre mouuement de faste, qui ait pû offenser leurs yeux, ou choquer leurs pensées; elle estoit modeste en ses regards, reseruée en ses paroles, moderée en ses actions, simple en ses habits, familiere aux siens, & affable aux petits & aux pauures, aux pieds desquels on l'a veuë souuent prosternée pour leur lauer plustost de ses larmes que d'autre eau, puis les baiser humblement, & les enuoyer comblez de ses bien-faits; c'estoit ce qu'elle faisoit tous les Ieudis de la Semaine Sainte. Combien de fois dans l'Hospital l'a-t'on trouuée faisant les lits des malades, leur portant le morceau à la bouche, les seruant de ses mains, les consolant de sa voix, & les estonnant tous de sa profonde humilité, & de son ardente charité? C'estoit son exercice presque tout le temps de l'hyuer, mais principalement durant la sainte saison du Caresme; combien de fois nos Minimes de Lyon ont-ils receu cette deuote Comtesse-là comme Fondatrice du Conuent de S. Chamond, accompagnée seulement d'vne Demoiselle & d'vn Gentil-homme, afin de ne point interrompre les exercices des Religieux auec vne suite de femmes qui sont curieuses de voir les Monasteres, & veulent y entrer par la faueur des Fondatrices, afin d'aller plus librement visiter les malades à l'Infirmerie? Combien de fois ses filles les Religieuses de l'Annonciade (dites communément les Celestes) de Lyon ont-elles admiré cette Dame aussi leur Fondatrice, la voyans se retirer auprés d'elles, pour y pratiquer les plus humbles offices de leur Monastere, ainsi que nous lisons de plusieurs Dames vertueuses, & mesme de quelques Princesses, dont i'ay écrit les vies & les eloges dés la premiere edition ; & entre les autres Marie de Bauiere, Archiduchesse de Grats: Marguerite de Lorraine, Duchesse d'Alençon: Antoinette de Bourbon, Duchesse de Guyse: Marie de Luxembourg, Duchesse de Mercueur. Ces bonnes Religieuses ont donné des témoignages, que iamais elles n'ont ouy de sa bouche vne seule parole qui ressentist l'air de la vanité, ou de sa propre loüange, dont elle auoit vne auersion extréme ; mais bien plustost, qu'elle embrassoit toute sorte d'occasions pour se confondre & pour s'humilier, iusques à leur faire bien de la honte: & que dans leur petite communauté, quand elle leur faisoit l'honneur d'y vouloir estre, iamais il ne leur fut possible de la porter, non seulement à prendre la premiere place, qui luy estoit deuë deuant toutes, mais de l'obliger mesme à prendre le pas, ou la main deuant la moindre Nouice ou Sœur laye, faisant tous les plus vils & les plus abiects ministeres de leur Maison auec des sentimens de ioye, de deuotion & d'humilité, qui charmoient leurs cœurs, rauissoient leurs esprits, & tiroient de leurs yeux les larmes d'vne consolation bien sensible.

En suite de son humilité, on peut dire que sa douceur estoit incomparable ; ce sont deux sœurs qui se tiennent par la main, & les deux plus rauissantes vertus du Sauueur du monde. Ceux qui ont estudié de plus prés la complexion naturelle de cette deuote Dame, ont estimé qu'elle fut sanguine & bilieuse, & par consequent cholerique, prompte, & suiette à de soudains humeurs: Et ceux qui se meslent de la Morale nous veulent faire croire, que quoy qu'on fasse, on ne remporte iamais vne parfaite victoire sur ses inclinations naturelles; que de vouloir vaincre son naturel, c'est vouloir sauter au dessus de son ombre, ou s'esloigner de soy mesme; que l'on peut bien mortifier ses passions, non pas les faire mourir; les empescher d'estre maistresses, non d'estre rebelles: Ce sont de beaux discours, ausquels l'on peut donner passeport pour quantité de personnes, qui sont dans

le

le monde, mais celle dont ie fais l'Eloge fut si au dessus du commun, & acquit vn si haut empire sur ses mouuemens, qu'elle sembloit estre insensible dans les plus pressantes occasions & rencontres: & iamais Gabrielle de Gadagne ne fit mieux paroistre cette vertu que quand on luy apporta inopinément la nouuelle de la mort de son fils vnique. Ce fut (comme i'ay dit cy-deuant) vn miracle que cette bonne mere n'expira quand on luy donna cette funeste nouuelle. Ce fils, l'idole de cette mere, l'honneur des pays de Forests & de Daufiné, vne des esperances du Royaume, en la fleur, & aux plus beaux iours de sa vie, en l'aage de 20. ou 21. an, au retour d'Italie, où il estoit allé faire ses exercices, & où il auoit si glorieusement reüssi, qu'il passoit pour vn Seigneur des mieux faits & des plus accomplis de la France, aprés auoir receu du Roy Louys XIII. au siege de Montauban, vn glorieux témoignage de l'estime que sa Maiesté faisoit de son courage & de son merite, dans la commission qu'elle luy donna d'aller en Lyonnois & en Forests leuer vn regiment de gens de pied pour son seruice, estre emporté malheureusement par la violence d'vne mine, qui ioüa la veille de son depart, estre enueloppé là dedans, faire naufrage dans le port, & mourir sous les yeux du feu Roy, qui le regreta extrémement? & cette mere dans les ardeurs de sa passion, dans les impatiences de l'attente de son fils vnique, dans les desirs inexplicables de le voir & de l'embrasser, au lieu de ses pretenduës satisfactions, apprendre en mesme temps les tristes nouuelles de sa mort, & ne point mourir? & viure aprés ce coup là? & viure dans les termes de resignation, de sainteté, & de perfection que toute la ville de Lyon & les Prouinces voisines ont veu & sceu depuis l'an 1621. qu'elle le perdit, iusques en 1635. que Dieu l'a retirée de cette vie à vne meilleure? Si ce n'est vn miracle, nous pouuons croire, que c'est du moins vn prodige de la grace de Dieu en nos iours, pareil à celuy qui arriua l'année suiuante 1622. à la tres-vertueuse & tres-sage Princesse Anne de Caumont Comtesse de Saint Paul, quand on luy apprit la funeste nouuelle de la mort de son fils vnique Leonor d'Orleans Duc de Fronsac. Ces deux

DDddd

prodiges de constance en ces deux bonnes meres Anne de Caumont Comtesse de S. Paul, & Gabriëlle de Gadagne Comtesse de Cheurieres, doiuent rauir ceux qui les considerent.

La Comtesse de Cheurieres ayant receu la nouuelle de la mort de son fils vnique, fut assistée en son affliction de plusieurs Religieux de diuers Ordres, particulierement des Minimes qui auoient esté les Directeurs de sa conscience, tant lors qu'elle estoit mariée à Monsieur de Cheurieres, Lieutenant de Roy à Lyon, que depuis le decés de ce Seigneur là qu'elle fit son seiour & sa demeure à Aniou en Daufiné, se seruant des Minimes du Conuent de Nostre-Dame de Roussillon, fondé par MM. de Tournon, qu'elle enuoyoit querir toutes les festes: & le Comte d'Aniou & de Cheurieres son fils allant au siege de Montauban fut à Roussillon faire ses deuotions, & recommanda à sa mere les Minimes qu'il auoit conneus & pratiquez tant en France qu'en Italie au Conuent de la Trinité du Mont à Rome; ce qui a donné suiet à la fondation du Conuent de Saint Chamont en Forests.

Cette deuote Dame s'estant entierement resignée à la volonté de Dieu, quand elle fit la perte d'vn fils (qui par la vertu de son courage promettoit d'égaler, voire de surpasser la reputation de ses ancestres, desquels le nom est celebre en l'Histoire) fut visiter le saint Suaire de Besançon, menant en sa compagnie le P. Antoine l'Hoste Religieux de l'Ordre des Minimes, qui l'assista non seulement en ce voyage (durant lequel elle pratiqua de tres-grandes deuotions) mais aussi par l'espace de trois années, iusques à ce qu'il pleust à Dieu de retirer ce bon Pere de cette vie à vne meilleure. La Comtesse de Cheurieres auoit honoré ce Religieux, d'autant qu'il l'auoit grandement assistée en son affliction auec le P. Antoine Luc Religieux du mesme Ordre: elle les appella depuis ses bons enfans, & Dieu se seruit de ces Peres pour la consoler en sa perte tres-sensible, en laquelle par leur moyen, elle prit la resolution de faire plus que iamais vne vie sainte & digne du Ciel, & practiquer les vertus qui l'ont renduë depuis si admirable. Aussi elle fut assistée en ses exercices de dɩuotion par les Reuerends Peres Iesuites, en faueur desquels elle a fondé vn second College à Lyon, comme ie diray à la fin de cét Eloge.

Entre les actions que ie trouue plus admirables en la vie de cette Comtesse, c'est vn trait excellent qu'elle fit enuers vn de ses domestiques, par lequel l'on peut voir sa douceur & sa bonté, & comme elle pardonnoit les iniures. Nous venons de voir la passion inconceuable qu'elle auoit pour son fils vnique, & la douleur extréme qu'elle conceut en sa mort: elle fut si constante à se vouloir affliger là dessus, & à conseruer vn souuenir si desauátageux & si funeste dans son esprit, qu'elle ne pouuoit pas souffrir l'abord de ceux qu'elle soupçonnoit auoir apporté moins de soin pour la conseruation de ce cher fils: vn sur tous malgré qu'elle en eust, effrayoit son imagination à la rencontre; & comme vn Religieux qui auoit vn grand ascendant sur son esprit, fut vn iour la trouuer dans vn Monastere de Religieuses à Lyon, où elle estoit, pour la supplier de se laisser persuader à le voir, elle s'euanoüit à ce mot dans le parloir; puis estant remise par les soudains remedes qu'on y employa; *ie vous supplie mon Pere* (dit-elle) *de pardonner à la foiblesse de la nature; ce n'est pas que ie n'aye pour luy toutes les resolutions que vous pourriez desirer de moy, bien qu'asseurément il soit la cause de mes déplaisirs; mais c'est que ie ne sçaurois voir cet homme, que ie ne me represente mon pauure fils; c'est ce qui me renuerse l'esprit & le cœur: & pour vous faire voir que ie ne luy veux point de mal, c'est que dans mon testament ie me suis souuenuë de luy aussi honorablement, que si i'auois tous les suiets du monde d'estre satisfaite de sa conduite: que si aprés cela vostre Reuerence desire de moy quelque chose de plus, me voila preste à obeyr:* Le discours de cette Dame est digne d'admiration, mais elle n'en demeura pas là; car peu de iours aprés elle fit voir comme elle viuoit saintement, imitant le Sauueur de nos ames en l'oubly des offenses. Gabrielle de Gadagne fit en mesme temps les exercices spirituels, dont estant sortie aprés les auoir continuez huit ou dix iours entiers, elle enuoya querir cet homme là, luy fit mille complimens, le pria de manger à sa table, le seruit de sa propre main, le rauit de sa bonté, le traita auec la meilleure chere, & auec toutes les careſſes du monde.

Par cette action genereuſe & vrayement Chreſtienne, la Comteſſe de Cheurieres fit voir que ſi elle eſtoit cholerique, elle auoit bien adoucy ſon humeur, & en eſtoit maiſtreſſe parfaitement.

Voicy vn autre exemple, par lequel cette deuote Heroïne a auſſi fait éclater cette vertu. Elle fut à ſaint Niſier la plus grande Parroiſſe de Lyon pour oüir le Sermon d'vn excellent Predicateur aſſez conneu pour ſa doctrine & ſa pieté, qui preſcha auec vn zele d'vn vray Orateur Chreſtien, contre les ſentimens de la vengeance: la Comteſſe de Cheurieres mit vne épingle ſur ſa manche pour faire impreſſion à ſa memoire; puis la predication eſtant finie, elle fit chercher par ſes gens vne perſonne qu'elle auoit remarquée dans l'Egliſe, pour qui elle auoit vne auerſion bien grãde, & l'ayant trouuée & approchée, elle l'embraſſa, auparauant que de ſortir, auec toutes les tendreſſes de ſon cœur & de ſa charité.

Il ne faut pas s'eſtonner ſi cette Dame a eſté ſi humble, ſi douce & ſi debonnaire; ſi l'on conſidere le bon ordre qu'elle tenoit pour ſe gouuerner en ſes exercices de pieté, & comme elle poſſedoit en ſouuerain degré les trois Vertus Theologales, la Foy, l'Eſperance, & la Charité.

Pour parler premierement de ſa deuotion & de ſon oraiſon, ceux qui ont eu l'honneur de la frequenter ſçauent qu'elle faiſoit tous les iours ſans y manquer, vne grande heure de meditation le matin, dont elle auoit digeré le ſuiet dés le ſoir, deuant que faire ſon dernier examen de conſcience : en ſuite elle oyoit la Meſſe, recitoit l'Office de Noſtre-Dame, diſoit ſon Chapelet ou le Roſaire, liſoit ou faiſoit lire vn liure de deuotion, recitoit les Litanies des Saints, où ſe trouuoient tous ſes domeſtiques, auant que de ſe retirer, puis elle terminoit ſa iournée par les ſaintes reflexions de ſes examens, où pour mieux reüſſir, elle portoit d'ordinaire à deſſein vn petit chapelet à la ceinture, pour remarquer le nombre des manquemens qu'elle pouuoit commettre, ou touchant le defaut qu'elle combattoit, ou contre la vertu qu'elle pourſuiuoit : toutes les ſemaines elle frequentoit reglément & conftamment les faints Sacremens de la Confeffion & de la Communion trois ou quatre fois, mais toufiours auec des refpects tres-grands, & des fentimens extraordinaires. Tous les mois elle fe retiroit vn iour entier, pour penfer & fe difpofer à bien mourir, & Dieu l'a prife en cet eftat là (comme nous verrons à la fin de cette Vie;) mais cette difpofition fe faifoit par vne confeffion generale, depuis le mois paffé, auec vn deluge de larmes, par vne Communion toute de feu, & par vne fuite de trois grandes meditations d'vne heure chacune, & bien fouuent fans aucune diftraction, pleines d'ardeurs & de foufpirs, demeurant ce iour là dans vne parfaite recollection.

Elle ne pouuoit pas viure autrement, poffedant, comme i'ay écrit cy-deuant, ces trois vertus, la Foy, l'Efperance & la Charité, qui regardent Dieu immediatement.

Sa Foy eftoit incomparable; auffi vn grand homme bien verfé en la fcience des Saints, a dit fouuent, & laiffé par écrit, que iamais depuis qu'il cognoift le monde, & qu'il traite les confciences, il n'a rencontré vne plus haute, ny plus eminente Foy que celle de la Comteffe de Cheurieres. Il prouue fon dire par fes fentimens, par fes difcours, & par fes actions; par fes fentimens, car quand elle penfoit au Paradis, à l'eternité, au tres-faint Sacrement, & à tout le refte de nos myfteres, elle fondoit en larmes; par fes difcours, car quand elle en parloit, elle fembloit vn Serafin bruflant, fon vifage eftoit en ardeur, fes yeux en eau, fon cœur en feu & en flame, & tout fon efprit dans fes plus gayes penfées. Souuent les Religieufes de l'Annonciation qu'elle a fondées à Lyon, ont rendu ce fidele témoignage à la verité, (auffi bien que fes Confeffeurs & Peres fpirituels) qu'elles eftoient plus excitées à feruir Dieu auec feruer & zele quand ils l'auoient ouy difcourir des myfteres de noftre Religion, que quand elles fortoient de leurs meditations. Par fes actions, car il ne falloit que la voir, ou dans quelque affliction, les yeux leuez au Ciel, l'efprit rauy en Dieu, & le cœur refigné parfaitement à fes faintes & diuines volontez, ou bien dans l'exercice de l'Oraifon, ou dans l'vsage des Sacremens, pour cōprendre la grandeur de sa Foy.

Celle de son Esperance a esté telle, qu'elle auoit logée toute sa confiance en Dieu: il ne falloit que voir la Comtesse de Cheurieres dans des difficultez, ou dans de grandes affaires, ou dans les bons desseins qu'elle conceuoit à la gloire de Dieu, pour reconnoistre cette verité; car c'est là où l'on eust dit la voyant, qu'elle n'auoit ny biens, ny pouuoir, ny credit, ny authorité en ce monde pour les faire reüssir, parce qu'elle auoit mis seulement toute sa confiance & son esperance en Dieu.

Sa Charité n'a pas esté moindre que sa Foy & son Esperance. Iamais la vertueuse Gabrielle de Gadagne ne desira rien plus que d'estre vtile à tout le monde, & de secourir de ses biens les miserables & les pauures, qui sont les membres de Iesvs-Christ. Aussi l'on ne peut auoir vne vraye & parfaite Charité enuers Dieu, si on n'a la Charité enuers le prochain: car comment, dit S. Iean, peut-on dire si effrontément que l'on ayme Dieu, que l'on ne voit point, si l'on n'ayme pas le prochain, que l'on a deuant ses yeux? Sa maison estoit la retraite des pauures, sur tout des honteux, enuers lesquels elle estoit fort liberale. Estant mariée à M. de Cheurieres elle fit chasser de S. Chamont quelques femmes de mauuaise vie, tant pour n'attirer l'ire de Dieu sur elle & sur sa Maison, que pour mieux conseruer l'honneur des ieunes filles. Tandis qu'elle a esté en la condition de mariée, mais encore en celle de veuue, elle n'a iamais oublié de faire leuer de sa table les meilleurs morceaux, & les enuoyoit à de pauures malades. Tout son soin estoit d'auoir chez elle vne quantité de chemises & d'habillemens pour donner aux necessiteux és diuerses occasions qui se presentoient, ou de s'employer auec ses Demoiselles & ses seruantes à faire de la gelée & des confitures pour les malades qui n'auoient pas les moyens pour estre assistez en leurs infirmitez. Si quelqu'vn écrit vn iour amplement la vie de cette Dame charitable, il racontera au long ses aumosnes; car ie ne puis pas en cet Eloge faire vne liste des pauures qu'elle a reuestus, des affamez qu'elle a nourris, des honteux qu'elle a assistez, des pestiferez qu'elle a secourus, des abandonnez qu'elle a receus, des orfelins & des orfelines qu'elle a retirez, (elle auoit encore deux petites filles Lorraines de cette condition là auprés d'elle quãd Dieu l'a retirée de ce monde) les pauures filles perduës qu'elle a reduites & mariées; aussi les orfelins l'appelloient leur mere, les Religieuses leur nourrissiere, & les pauures leur thresoriere. Le iour de son decés l'on vid vn bon vieillard se traisner iusques à la porte de son Hostel, où estant arriué il cria hautement, ayant le visage baigné de larmes, Ne me permettra-t'on point d'aller rendre les derniers deuoirs à ma bonne Dame & maistresse, & de ietter de l'eau beniste à celle qui m'a donné le pain & la vie par l'espace de vingt-six ans.

Quand on ayme bien quelqu'vn (disoit nostre Roy saint Louys) on est bien aise de sçauoir de ses nouuelles, ou d'en oüir parler: le plus grand contentement que receuoit cette charitable Comtesse lors qu'elle faisoit son seiour à Saint Chamont, ou à Aniou en Daufiné, & en ses autres terres & maisons champestres, c'estoit d'entendre la parole de Dieu, honorant les Predicateurs comme des Anges & des hommes Apostoliques. Toute sa passion estoit de procurer l'auancement de la gloire de Dieu, & le salut des ames. Pour ce suiet elle enuoyoit de temps en temps, principalement au Caresme, des Peres Iesuites, qu'elle entretenoit à ses propres frais, parmy les bourgs & les villages de ses terres pour y prescher, catechiser, & confesser ses vassaux; & lors qu'elle voyoit les bons succés qu'il plaisoit à Dieu de donner aux trauaux de ces Peres, par les changemens de mœurs, qu'elle remarquoit en ces bons villageois, & par l'instruction des petits enfans qui venoient à elle, chantans des hymnes spirituels, & recitans les leçons de la doctrine Chrestienne, c'est à l'heure qu'elle estoit toute rauie d'aise, & saisie d'vn contentement nompareil : mais voicy qui resent parfaitement son Apostre, ou qui tient extrémement de l'esprit Apostolique des SS. Augustin Apostre des Anglois, Suibert des Frisons, Boniface des Allemans, Dominique, François Xauier, Martin de Valence, Gaspar Barsée; & c'est qu'elle mesme prenoit la peine d'enseigner la doctrine Chrestienne aux petites filles, sur le paruis de l'Eglise, n'osant par respect entreprendre de le faire au dedans, se ressouuenant que l'Apostre defend aux femmes d'y parler; & bien souuent se tenant à la porte, à l'issuë de la predication, elle remettoit en memoire au peuple qui en sortoit, les principaux points du sermon. *Mes amis* (disoit cette bonne Comtesse) *auez-vous bien compris ce poinct de l'enormité du peché mortel ? de l'importance d'vne bonne confession ? de l'espouuentable rigueur du iugement de Dieu? de l'eternité des peines de l'enfer, & des ioyes inconceuables du Paradis ? Ie vous prie qu'il vous en souuienne, & ne l'oubliez iamais*. Souuent cette vraye Heroïne Chrestienne faisoit venir dans son Chasteau tous les petits enfans du voisinage, & ayant separé les garçons dans vne salle, pour les faire instruire par des Peres Iesuites, ou d'autres Religieux, elle attiroit dans vne chambre toutes les petites filles, où elle leur faisoit reciter leur creance, les apprenoit à se confesser, & leur enseignoit mille deuotes chansons spirituelles, pour supprimer le detestable vsage des profanes & des lasciues, & les renuoyoit aprés cela tous comblez de ses bien-faits spirituels & temporels, à leurs parens, qui ne se peuuent resouuenir de ce temps-là, qu'auec des regrets infinis, d'auoir perdu leur bône & incomparable maistresse. Mais l'aduantage cependant qui leur en est demeuré, c'est qu'il ne se void gueres de peuple plus Chrestien ny mieux instruit que celuy de tous les lieux voisins des terres de cette charitable Comtesse, laquelle quand il estoit question, par obligation de charité, d'auertir quelques personnes de condition, dont la liberté alloit au preiudice du public, elle en conferoit premierement auec ses Confesseurs, puis recommandoit soigneusement l'affaire à Nostre Seigneur, & se portoit en suite dans l'execution, auec tant de douceur, d'accortise, & de prudence, que l'amendement en estoit infaillible: & quand quelques-vns de ses domestiques ou de ses seruātes l'auoiēt faschée extraordinairement, ou qu'ils auoient commis quelque grande faute, elle leur payoit les gages entiers d'vne année, quand ils n'y eussent esté que deux mois, puis les renuoyoit doucement, sans leur dire le moindre mot du monde, qui tinst de la passion, ou qui fust capable de les affliger, ayant vn soin tres-particulier de leur salut, & qu'ils n'offensassent point la diuine Maiesté.

Ceux qui ont eu le bon-heur de voir & de hanter la charitable Gabrielle de Gadagne, sçauent qu'elle n'eut point d'autre intention que de procurer le salut des ames, & de l'auancement de la gloire de Dieu, quand elle fonda liberalement ces trois Maisons de Religion & de pieté : La premiere est la belle Eglise & le Conuent des Minimes de saint Chamont, qui a pour Patrone la tres-sainte Vierge Mere du Sauueur, à laquelle après Dieu cette deuote Comtesse auoit vne particuliere confiance. Le P. François de la Nouë en la Chronique de nostre Ordre, qu'il a écrite en Latin d'vn tres-bon stile, n'obmet pas de loüer Gabrielle de Gadagne pour sa pieté & sa charité, qui paroist en tous les lieux de cette Maison reguliere, qu'elle a donnée aux Religieux de l'Ordre de S. François de Paule, & fondée, dotée, meublée, & embellie tres-liberalement, *s'estant tousiours promise* (ce sont les mots d'vn Pere Iesuite qui a fait son Oraison funebre) *de leur probité, sainteté de vie & sage conduite, tous ces auantages que par effet elle en a receus depuis, & pour le bien de son seruice en particulier, & pour le general de ce pays là : aussi les tenoit-elle pour les aisnez de ses enfans adoptifs, les aymant, les estimant, & les honorant tres-parfaitement en cette qualité.* Cette Dame donna à ce Conuent là le Chef de S. Anastase Pape, & le consigna entre les mains du P. François Luguet, Theologien & Predicateur de l'Ordre des Minimes, qu'elle auoit eu de Messieurs de S. Iean de Lyon, & Messieurs les Comtes de S. Iean l'auoient eu de feu Mr Denys Simon de Marquemont leur Archeuéque, & depuis Cardinal. La deuote Comtesse donnant ce Chef precieux de ce saint Souuerain Pontife, le fit enchasser dans vn beau reliquaire d'argent. Auant que fonder le Conuent de S. Chamont, elle auoit grandement contribué à l'establissement de celuy de Mascon, qui a pour titulaire & Patrone sainte Anne mere de la Vierge (ayant depuis esté fondé par Anne de Chandon, femme de Monsieur de Boyer, Dame fort deuote & vertueuse) non seulement pour y auoir donné de grandes aumosnes, & procuré des biens notables, mais pour auoir par

Baltazar Flotte.

Simon de Marquemont, d'azur, au cheuron d'argent, chargé de trois croissans de gueules, accompagné de trois roses d'argent, 2. en chef, & vne en pointe.

sa presence (estant venuë là exprés) vaincu & surmonté par son zele & son courage plusieurs difficultez & trauerses qu'eurent nos Religieux Minimes de la Prouince du Duché de Bourgongne à l'establissement de cette deuote Maison.

La seconde Fondation qu'a faite la Comtesse de Cheurieres pour la gloire de Dieu, c'est le tres-deuot Monastere des Religieuses du second Ordre de l'Annonciade, étably en l'Eglise par vne Dame Génoise, de laquelle i'ay fait l'Éloge dans ce liure des Dames illustres, où l'on peut voir comme les Filles de cet Ordre là sont dediées tres-particulierement au seruice de IESVS & de MARIE, les principaux points de leurs regles estans dressez sur la vie de Nostre Seigneur & de Nostre Dame, en quoy ces bonnes Religieuses reüssissent en perfection. Cette charitable Dame fonda & bastit ce Monastere dans Lyon, où ceux qui passent par cette ville là peuuent voir combien elle estoit liberale & magnifique. La Comtesse de Cheurieres ayma ces Religieuses de l'Annonciation auec des tendresses de cœur nompareilles, ayant deposé dans le silence de leurs Cloistres, & confié dans leur propre sein les plus douces ardeurs de ses secretes deuotions, comme nous auons dit cy-dessus, & nous verrons encor à la fin de cette vie.

La troisiéme & derniere Maison de pieté qu'a fondée auec vne liberalité nompareille la tres-charitable Gabrielle de Gadagne, c'est le second College qu'ont auiourd'huy dans Lyon les Peres Iesuites, sous le beau titre de *Nostre-Dame de bon Secours*, beaucoup plus commode que leur grand College (dit *de la Tres-sainte Trinité*) pour ceux qui veulent frequenter les Sacremens de la Penitence & de l'Eucharistie dans les Eglises de ces Peres là; (que la Comtesse de Cheurieres a grandement cheris & honorez pour leurs merites, à l'exemple de la tres-pieuse Dame de S. Chamont Louyse d'Ancezune, qui a fondé la Maison de saint Louys ou de Probation & Nouiciat de la Compagnie de IESVS dans Auignon, & à laquelle le P. Louys Richeome a dedié son beau liure de l'*Adieu de l'Ame*. Aussi l'on void plusieurs personnes de qualité dans Lyon, faire leurs de-

Ancezune, de gueules, au dragon mostrueux, & aislé d'or, ayant le visage d'hom-

uotions en l'Eglise de ce College (dit le petit) où cette tres-liberale & tres-magnifique Fondatrice a receu les honneurs de la sepulture.

I'ay appellé veritablement la Comtesse de Cheurieres tres-liberale, d'autant qu'elle déployoit toutes ses liberalitez, quand il estoit question d'ayder les familles Religieuses, croyant que leur donner des logis en terre, c'estoit bastir pour soy dans le Ciel, & que c'estoit vn témoignage qu'on aymoit le Maistre, lors que l'on auoit de l'affection pour les domestiques. Aussi l'amour qu'elle portoit à Dieu estoit tout extraordinaire : elle le témoignoit par des sentimens hauts & éleuez qu'elle en auoit, par des ardeurs embrasées, qui luy mettoient le cœur, la parole, & le visage par fois tout en feu; par vne grande liberté d'esprit, & par vn parfait détachement de toutes les creatures ; (ayant asseuré vn peu auant sa mort, à quelque personne affidée, qu'elle n'estoit, & ne pouuoit estre attachée à chose du monde) par des intentions toutes pures & toutes nettes; en toutes ses affaires spirituelles & temporelles, n'ayāt en 21. an (ce disoit-elle vn iour à vne de ses domestiques) fait vn seul pas pour son contentement particulier; par vn plaisir incroyable qu'elle receuoit à parler, ou à oüir parler de Dieu, tous les autres discours, ou luy estans indifferens, ou extrémement importuns, & c'est là où iustement elle sembloit vn Serafin incarné (comme les Religieuses de son Conuent de l'Annonciade, qui l'ont oüye & entretenuë cent & cent fois là dessus ont rapporté) paroissant si extrémemēt enflamée, qu'elle ne pouuoit pas retenir les efforts de ses ardeurs interieures. Ah! mes cheres filles, leur disoit-elle en cet estat : *Tout par amour, & rien par force*. Les Peres Iean Sauuage, Antoine Luc, & Antoine l'Hoste, Religieux de nostre Ordre, qui sont decedez, ont souuent rendu le mesme témoignage en faueur de cette vertueuse & deuote Dame; ce qui m'a aussi esté confirmé par le P. François Luguet qui l'a souuent oüy de confession.

Ce mot rauissant de cette deuote Dame; *Tout par amour, & rien par force*, ne sçauroit estre assez pesé, & c'est vn asseuré témoignage de la vraye dilection qu'elle portoit à

me, & tenant de sa patte dextre sa longue barbe, qui se termine en testes de serpēteaux de mesme.

EEeee ij

Noſtre Seigneur, particulierement depuis qu'elle auoit perdu le Comte d'Aniou.

 Nous pouuons & deuons croire que cette charitable Heroïne du viuant du Comte ſon fils, auoit de bons deſſeins pour le Paradis, ſon bon naturel les faiſoit naiſtre dans ſon eſprit, mais elle auoit de grandes paſſions pour la terre, y ayant ce fils : elle aymoit ſon Dieu cõme Chreſtienne, mais comme mere, elle aymoit auſſi ſon fils auec excés ; ces deux amours ne pouuoient pas ſubſiſter dans vn méme cœur, il falloit par neceſſité, puiſque Dieu en vouloit eſtre le maiſtre, que la mere mouruſt, ou que ce fuſt le fils, Dieu a trouué bon que ce fuſt celuy-cy, pour poſſeder abſolument celle-là. Elle eſtoit perduë, ſi elle n'euſt perdu ce fils, auſſi le recognceut-elle toute ſa vie auec des reſſentimés que ie ne puis pas exprimer, ayant aſſeuré à vn P. Ieſuite, qui l'entretenoit vn iour en particulier là deſſus, que ſi elle euſt pû preuoir les grands biens ſpirituels, & les contentemens interieurs qu'elle auoit receu de cette perte, & qu'il luy euſt eſté permis de deſirer la mort de ſon fils, elle l'euſt aſſeurément deſirée, & ſacrifié ſa paſſion, au méme temps qu'elle eſtoit plus extréme, pour ſe rendre capable de ces grands auantages qui luy en eſtoient arriuez; rendant graces à Dieu tous les iours, dequoy il luy auoit plû la guerir de ce mal de cœur, & d'en arracher cette eſpine fatale, qui la tenoit dans des langueurs mortelles en ſon ſeruice. Auſſi ſans le conſeil que luy donnerent des perſonnes eminentes en la deuotion ſolide, elle euſt fait profeſſion de la vie Religieuſe quelque temps aprés la mort de ſon fils ; mais elle quitta cette reſolution & ce deſſein, aprés auoir bien conſideré, & ſagemẽt digeré leurs raiſons & leur auis, qu'il eſtoit plus expedient pour elle qu'elle demeuraſt dans le monde en la qualité, & dans les biens qu'elle y poſſedoit, pour y mener vne vie exemplaire, (comme elle a fait auec l'edification, non ſeulement de toutes les Dames de la ville de Lyon, mais auſſi des Prouinces voiſines le Foreſt, le Beauiolois, le Maſconnois, la Bourgongne, la Breſſe, & le Daufiné) que non point ſe retrancher dans la vie ſombre d'vn Cloiſtre ou d'vn Hoſpital, à ſeruir les pauures & les malades, comme

DES DAMES ILLVSTRES. 773

elle le desiroit auec passion, où elle n'eust profité qu'à peu de personnes. Le Cardinal de Ioyeuse & plusieurs grands personnages auoient donné vn semblable conseil à la tresdeuote Françoise de Batarnay Vidame d'Amiens, comme i'ay remarqué en l'Eloge de cette vertueuse Dame.

Gabrielle de Gadagne Comtesse de Cheurieres, ayant fait vne vie si sainte, ne pouuoit finir ses iours que par vne belle & bonne mort: car encor que sa mort semble auoir esté soudaine, elle n'a pas esté inopinée. Il y a bien de la difference entre la mort soudaine & l'inopinée, disent nos Theologiens; l'inopinée surprend ceux qui ne pensent iamais à la fin derniere, lesquels resentent ayant leur vie sur leurs leures, combien la mort est terrible & espouuentable; mais la soudaine ne peut pas troubler ny espouuanter ceux qui l'attendent de pied ferme, comme faisoit cette bonne Comtesse: cette soudaineté n'esbranle & n'estonne que ceux qui ne pensent à Dieu qu'à l'extremité, & c'est à l'heure qu'elle vient pour eux inopinément: mais la Comtesse de Cheurieres qui s'endormoit, qui s'esueilloit, qui mangeoit, & qui se promenoit, roulant tousiours cette pensée dans son esprit, qui deux ou trois iours auant que mourir auoit fait vne confession generale de quelques mois, toute trempée dans ses larmes, suiuie d'vne Communion extraordinaire toute embrasée d'ardeur, & euentée de souspirs, mourir vn Mercredy 7. de Nouembre de l'an 1635. le lendemain de sa sainte retraite, où aprés sa Confession & sa Communion, elle employa trois grandes heures en trois puissantes meditations, dont la derniere fut de l'amour de Dieu, qui la mit toute en feu, dans la forte & tres-ardente resolution qu'elle venoit de prendre & d'écrire de sa propre main sur le papier, vouloit faire & pâtir pour la gloire de Dieu tout ce qui luy pourroit arriuer ce mois là, rendre l'ame à son Createur, disant ces dernieres paroles, *pâtir encore plus, pâtir pour vous, ô mon Dieu*; c'est pouuoir bien estre prise, mais non iamais surprise de la mort qu'elle braua par ces belles & Chrestiennes paroles. Le dernier souspir d'vne telle mort n'a point de douleur, c'est plustost le premier mo-

EEee iij

ment d'vne felicité, qui n'en aura iamais de dernier.

Ainſi a vécu, & ainſi eſt morte la pieuſe, la charitable, & la vertueuſe Gabrielle de Gadagne, Comteſſe de Cheurieres, qui fut regretée vniuerſellement de tous les Lyonnois, les Foreſiens, les Breſſans, & de tous les peuples voiſins de Lyon.

Son corps fut porté aprés ſon decés dans la Chapelle du petit College de la Compagnie de IESVS, où il a eſté inhumé. L'on ne ſçauroit pas décrire combien les pauures verſerent de larmes, quand ils ſceurent la mort de cette deuote Dame, & auec raiſon, car la perdans, ils firent la perte de leur bonne mere & protectrice; en la memoire de laquelle on celebra dans cette Chapelle de ſon College vn anniuerſaire le 10. du mois de Nouembre de l'an 1636. Durant cette pompe le R. P. Baltazar Flote Ieſuite prononça vne excellente Oraiſon ou Diſcours funebre en l'honneur de cette pieuſe Heroïne, qu'il a depuis miſe en lumiere, & dediée à Madame Elizabet de Tournon, Marquiſe de Saint Chamont, femme de M. le Marquis de Saint Chamont, que Madame la Comteſſe de Cheurieres ſa belle-mere a inſtitué ſon heritier vniuerſel. Pluſieurs Peres Ieſuites & Minimes ont fait des Eloges Latins en l'honneur de cette deuote & vertueuſe Dame.

GALIOTE DE GORDON
GENOILLAC ET VAILLAC,
DITE DE SAINTE ANNE,
RELIGIEVSE DE L'ORDRE DE S. IEAN de Hierusalem, Prieure du Monastere de Beaulieu, & Reformatrice de son Ordre en France.

Galliot-Vaillac, d'azur, à trois Estoilles d'or mises en pal, escartelé d'or à 3. bandes de gueules.

OVS venons de décrire la vie d'vne Dame de bonne & ancienne Maison, feruente au seruice de Dieu dans les honneurs & les grandeurs du monde, & maintenant voicy l'Eloge d'vne Demoiselle des plus remarquables Maisons de France, qui a fidelement seruy Nostre Seigneur auec vn grand zele en l'Ordre sacré de S. Iean de Hierusalem, dit aussi de Rhodes, & à present de Malte, fondé en l'Eglise par vn nommé Gerard, François, & qui reconnoist pour premier Grand Maistre le Venerable Raymond du Puy, Gentil-homme Daufinois, de bien-heureuse memoire, de l'illustre Maison du Puy, dont sont descendus ceux de la Maison de Montbrun, & de Rochefort.

Du Puy, d'or, au Lyon de gueules, armé & lampassé d'azur.

Cet Ordre si celebre & si renommé pour auoir donné tant de vaillans Heros à la Chrestienté, a aussi donné à l'Eglise, non seulemét des Religieux, mais aussi des Religieuses illustres en pieté & en sainteté, entre autres Ste Vbaldesque, Demoiselle de Pise: sainte Toscane, Demoiselle de Verone: & sainte Flore illustre en miracles, qui mourut l'an 1299. aagée de 38. ans au Monastere appellé l'Hospital, au territoire de Beaulieu, situé en Quercy, au Diocese de Cahors, dependant du Prieuré de S. Gilles de la Langue de Prouence. En ce mesme Monastere est decedée de nos iours la deuote Religieuse Sœur Galiote de Gordon Genoillac & Vaillac, dite de sainte Anne, dont la memoire est en benediction.

Besso. Boissat.

Cette pieuse ame qui a mené en ce temps vne vie digne du Ciel dans cet Ordre (qui fait vne continuelle guerre aux capitaux ennemis de IESVS-CHRIST) estoit fille de Louys de Gordon de Genoillac, Comte de Vaillac, & de sa premiere femme Anne de Montberon, fille de Louys de Montberon Seigneur de Fonteine & Chaladré, & de Claude de Blosset, appellée la belle Torcy de la Maison de Touteuille. Ie n'ay pas dessein de parler icy de l'ancienneté & de la noblesse des Maisons de Gordon, de Genoillac, de Vaillac, dont elle estoit issuë par son pere, ny de celle de Montberon par sa mere, ny des auantages qu'elles ont euës en diuerses rencontres; car il faudroit pour ce suiet là des volumes, & dans le grand nombre des particularitez qui s'offriroient en cette matiere, ie serois plus en peine de choisir que de chercher. Ie ne puis toutesfois m'empescher de dire que la Mere Galiote de sainte Anne auoit l'honneur d'appartenir à plusieurs illustres Maisons, entre autres à celles de Crussol, de Leuis, d'Vzez, & aussi d'estre issuë de celles de la Tour, de Rassiols, de S. Sulpice, de Daubusson, de Segur de Pardaillan, de Foix, de Traul, de Lusignan, de Craon, de Clermont, de Perigord, & autres; comme les curieux pourront voir au 2. liure de sa vie écrite par le Pere Thomas d'Aquin de S. Ioseph, Religieux de l'Ordre des Carmes deschauffez, & dans le Martyrologe de Malte du P. Mathieu de Goussancourt, Religieux de l'Ordre des Celestins.

Montberō, burellé d'argent & d'azur de dix pieces.

Crussol, fascé d'or & de sinople.

Vzez, de gueules, à la bande de trois pieces d'or.

Goussancourt, d'hermines, au chef de gueules.

Auant sa naissance, sa mere estant enceinte d'elle, la dedia à Dieu, & aussi-tost qu'elle vint au monde, qui fut le 5. de Nouembre de l'an 1589. elle ratifia cette donation. Au Sacrement de Baptême on luy donna le nom de Galiote, en memoire de ce grand Heros Iaques Galiot de Gordon, & de Genoillac, tres-fidele seruiteur de nos Rois (& entre autres du bon Louys XII.) qui l'ont honoré des charges de grand Escuyer de France, duquel vn autre Heros, & digne Mareschal de France parle si auantageusement dans ses Commentaires.

Blaise de Monluc.

Estant aagée de cinq mois, elle fut portée le iour de la feste de l'Incarnation du Verbe diuin dans le Monastere
de

de l'Hospital de Beaulieu pour y estre nourrie, Nostre Seigneur ayant voulu qu'elle luy fust donnée, & qu'elle entrast en sa Maison le mesme iour qu'il s'est donné à nous, & qu'il a logé sa Diuinité immense dans la maison racourcie de nostre chair. Aussi-tost qu'elle eut l'aage de raison, elle monstra dans ce Monastere de belles inclinations au bien, & vn desir extréme de pratiquer les vertus les plus excellentes & les plus releuées, entre autres l'humilité, rendant des seruices & des respects aux Religieuses plus anciennes, comme si elle eust esté leur seruante, & elles des Soueueraines.

A sept ans elle prit l'habit de Nouice de l'Ordre de saint Iean de Hierusalem, & auec l'habit elle s'addonna à la pratique des vertus conuenables à la profession Religieuse, sur tout elle pratiqua la charité & l'humilité, & le mépris des vanitez du monde, ayant en vn aage si tendre quitté toutes les recreations & les legeretez qui semblent estre inseparables des inclinations de la ieunesse.

Et quoy qu'elle iugeast la profession Religieuse vn ouurage trop releué pour son aage, si est-ce neantmoins que pour fermer la bouche à ceux qui publioient que le desir qu'elle auoit de retourner au monde afin de se marier l'en dégoustoit, elle fit ses trois vœux à douze ans ou enuiron, non pas à la legere, & par maniere d'acquit, mais auec solidité, & beaucoup de consideration de la grandeur d'vne action si eminente: aussi deslors elle monstra en sa conuersation vn notable changement, & se seura de tous les passe-temps, & des recreations les plus innocentes pour mieux vaquer à IESVS-CHRIST, que cette profession auoit rendu son Epoux. Le Monastere de l'Hospital de Beaulieu n'estant pas reformé, comme il a esté depuis, quand cette Demoiselle prit l'habit & fit profession, on n'auoit pas voulu luy laisser couper ses cheueux à cause de leur beauté; mais Dieu ayant defillé les yeux à cette vraye Religieuse, pour cognoistre dés ce bas aage la vanité du monde, quoy que ses beaux cheueux n'eussent iamais seruy au Demon de liens pour attacher les ames insensées, & les attirer à soy, comme sont les cheueux de celles qui employent ou plûtost perdent leur temps à orner & attifer ces excremens,

FFfff

pour les faire seruir de parade à leur vanité ; elle les coupa elle-mesme, & les ayant coupez elle en fit de belles guirlandes, resoluë de les offrir à Nostre-Dame de Rocmadour (lieu de pieté qui est visité par les seruiteurs de la Vierge) à laquelle elle auoit vne particuliere deuotion : mais les ayant faites elle pensa, non sans inspiration diuine, que donner ces guirlandes tissuës de ses cheueux, seroit faire parade d'vne chose qui deuoit estre cachée & tenuë secrette, & chasser vne vanité par vne autre plus fine ; elle quitta cette premiere resolution, & s'estant enfermée vn iour dans sa chambre auec deux Religieuses, ausquelles elle auoit de la confiance, elle ietta ses cheueux dans le feu pour faire vn sacrifice à Dieu.

Ie ne m'esloigneray pas de mon suiet si ie rapporte vn exemple semblable à celuy de Sœur Galliote de Gordon de Vaillac, dont ie suis témoin. Lors que i'estois en Prouence, il y eut vn grand bruit dans Auignon pour empescher que Mademoiselle de Villars ne prist l'habit de sainte Vrsule. Elle auoit vne tante nommée Mad. de Breyon, sœur de Monsieur le Duc de Villars, qui faisoit dessein de la marier à vn de ses neueux, & mettre tout son bien dans ce mariage. Cette fille qui auoit le cœur & l'esprit grand & magnanime, ne vouloit qu'vn Roy pour époux, & ne pouuât souffrir qu'on luy proposast d'autre Alliance qu'auec IESVS-CHRIST, elle supplia Mad. la Duchesse de Villars sa mere de faire vne fin à cette affaire, & de ne la laisser pas dans la terre des mourans, puis qu'elle l'auoit mise au monde : Et qu'en vn mot rien d'humain ne l'empescheroit d'estre Religieuse. Les puissances de ce pays-là luy estoient contraires, & comme elle s'apperceut qu'on cherchoit vn pretexte pour differer ce qu'on taschoit de rompre, elle prit des cizeaux, & les passant auec vne ardeur de courage incroyable, elle se raza elle-mesme, & l'on vid ses cheueux, les plus beaux du monde, & qui estoient de sa hauteur, & traisnoient à terre, plustost en ses mains qu'on ne s'estoit apperceu qu'elle les auoit coupez dessus sa teste. Ce fut alors que Nostre Seigneur luy pouuoit dire, Tu m'as blessé, ma sœur, dans vn cheueu de ton col. Cette action admirée des Anges & des hommes, luy facilita l'entrée en sa Religion: car ses cheueux ayans esté portez de sa part au Vice-Legat d'Auignon pour témoigner à Rome aux Cardinaux Antoine & de Brancas, que sa vocation estoit vn pur effet du Ciel, & que c'estoit vne affaire faite, où il n'y auoit plus rien à se promettre du costé des considerations humaines; elle racheta sa liberté par le prix des esclaues: & par ce moyen s'est acquis vn repos, dont elle iouït depuis cinq ans qu'elle a fait profession dans les Vrsulines d'Auignon, auec vne haute estime de vertu, de pieté, & d'excellent esprit, sous le nom de Sœur Marie de sainte Magdelaine.

Pour reuenir à la Sœur Galiote de sainte Anne, cette bonne fille voyant que les belles & les saintes Constitutions de l'Ordre de S. Iean de Hierusalem n'estoient pas exactement gardées en la Maison où elle auoit fait profession de la vie Religieuse, elle prit resolution de quitter le Monastere de l'Hospital de Beaulieu, & l'Ordre de S. Iean ou de Malte, pour entrer dans celuy de Cisteaux, & prendre l'habit dans le deuot Monastere des Feüillantines de Tolose, fondé par la V. M. Marguerite de Polastron, pour y mener vne vie digne du Ciel. Ce qu'elle n'eust pas manqué de mettre en execution, si son pere Monsieur le Comte de Vaillac n'y eust apporté des obstacles & des empeschemens inuincibles.

Ce Monastere estant dégarny des meilleurs meubles d'vne Maison de Religion, qui sont les liures spirituels, elle n'auoit aucun liure que de vieilles heures; la lecture desquelles luy donna le desir de voir la Terre sainte, & vn liure de la vie de sainte Anne, écrit assez simplement.

Dans ses Heures elle trouua que ceux qui ieusnoient 12. Vendredis en l'honneur des douze Apostres, gagnoient de grandes indulgences; elle y trouua aussi que la Vierge seroit fauorable à l'heure de la mort à ceux qui en son honneur, durant sept années ieusneroient tous les Samedis au pain & à l'eau, & deslors elle se proposa de faire l'vn & l'autre, & s'en acquitoit auec tant d'austerité, que le plus souuent elle ne mangeoit rien que du pain bis, & auec vne telle perseuerance, que iamais elle ne quittoit cette façon de viure, en quelque compagnie qu'elle se trouuast. L'autre liure

FFfff ij

qui traitoit de la vie de sainte Anne, enseignoit à dire quelque chapelet en l'honneur de cette mere de Nostre-Dame; elle en fit vn sur l'heure pour le dire, & conceut deslors vne grande deuotion vers sainte Anne, qu'elle conserua tout le reste de ses iours.

Iamais elle n'obmettoit de dire ce chapelet, se plaisant mesme d'en dire plusieurs, ausquels elle adioustoit le Rosaire, qu'elle recitoit tous les iours auec beaucoup d'attention & de goust en l'honneur des 15. mysteres de la Mere de Dieu, ensemble sa Couronne. Elle auoit appris toutes ces deuotions vocales dans ce second liuret.

En tout cela on peut voir vne grande auidité à mettre en pratique ce qu'elle lisoit de bon, & ce qu'elle croyoit estre agreable à Dieu: auidité, pour dire ainsi, qui monstre assez combien elle se fust auancée & perfectionnée au seruice de Dieu, si elle eust fait rencontre de meilleurs liures que ceux là; car elle eut sans doute mis en œuure ce qu'ils luy eussent enseigné. On y doit remarquer en 2. lieu vn grand amour & inclination à la penitence, puis qu'elle ieusnoit de si bonne heure si estroitement, & vne deuotion fort particuliere à la Mere du Sauueur, qui est vn des plus grands dons de Dieu. Aussi chacun doit estre soigneux de s'en rendre digne, & doit desirer d'estre à *Marie*, pour appartenir à *Iesus*. Deslors cette ieune Religieuse n'auoit point de plus grande passion que de rendre quelque notable seruice à cette Reyne des Anges & des hommes. Elle alloit auec deuotion visiter, le plus souuent ayant les pieds nuds, l'Eglise de Nostre-Dame de Rocmadour, qui est éloignée de deux grandes lieuës du Monastere de l'Hospital de Beaulieu, auec vn extréme silence, & disant son chapelet. Sa deuotion estoit telle enuers la tres-sainte Vierge, que tout ce qu'elle pouuoit faire pour son honneur, luy sembloit peu de chose au regard de l'amour qu'elle luy portoit. C'est pourquoy il ne faut pas s'estonner que cette fidelle seruante de *Iesus* & de *Marie* ait vécu angeliquement dans vne pureté de corps & d'ame: car cette pureté transforme les hommes par vn heureux changement de terrestres en celestes, d'hommes en Anges, ou plustost les releue au dessus de ces Esprits; car il est bien plus glorieux de conseruer l'integrité à la pointe de l'espée dans des combats continuels, & portant vne nature qui panche à la corruption, que de l'auoir par nature, & sans trauail. C'est en cecy que la Mere Galiote de sainte Anne est digne d'admiration, qui comme vn beau Lys au milieu des espines a conserué sa candeur & sa pureté virginale, viuant dés son aage plus tendre (qui prend facilement les impressions de ce qu'il void faire, soit bon ou mauuais) dans vn Monastere, qui n'auoit ny regle, ny closture, ny retenuë, duquel la porte estoit ouuerte aussi bien aux hommes qu'aux femmes, dans lequel les recreations du monde auoient entrée, les visites des hommes estoient frequentes, les exemples de retenuë & de pieté fort rares; bref dans lequel les occasions de faire quelque bréche à la pureté ne manquoient pas, quoy que par vne speciale grace de Dieu ce Monastere là n'ayt iamais tombé dans aucune mauuaise rencontre.

Auant la reformation de cet Hospital, il y auoit cette coustume transplantée du monde en iceluy, que les hommes qui visitoient les Religieuses les baisoient en les saluant: cette coustume peu conuenable à des ames consacrées à IESVS-CHRIST n'eut point de lieu pour son regard; car iamais elle ne souffrit qu'aucun homme la saluast de la sorte. Et comme la premiere année de sa reformation, feuë Mad. la Duchesse d'Vzéz sa parente, qui auoit grande enuie de la voir, estant venuë au Monastere, & l'ayant saluée, le Gentil-homme qui estoit en sa compagnie se fut approché pour la saluer & la baiser, elle le rebutta, & luy dist qu'elle ne permettoit point que les hommes la baisassent: & le Gentil-homme qui sçauoit la coustume de ce Monastere, luy disant que c'estoit l'vsage de saluer de la sorte les Religieuses de ce Monastere, elle luy respondit en ces mots: *Ie vous donne asseurance que cela ne sera plus, & que cette coustume sera bannie pour les autres auec la grace de Dieu.*

Aprés que la reforme fut mise en cette Maison, la plus grande de ses peines estoit quand elle se voyoit obligée d'entretenir les hommes au parloir, & quand elle estoit sortie de cet entretien, elle disoit à ses Religieuses; *Helas, mes filles, que i'ay paty! y a-t'il Purgatoire plus grand que celuy-là?* Qui peut douter qu'elle ne fust soigneuse de s'abstenir tout à fait de leur entretien, lors qu'elle n'y estoit point obligée, puis qu'elle y ressentoit vne peine comparable à celle de Purgatoire, lors qu'elle y auoit de l'obligation. Non seulement les Religieuses de son Ordre, mais aussi plusieurs autres personnes d'vne eminente vertu ont donné des authentiques témoignages de la pureté angelique de cette Dame, qui auoit eu aussi dés sa plus tendre ieunesse, & auant la reformation de son Monastere, vne grande deuotion à la Passion de Nostre Seigneur, tellement qu'en la semaine qui est dediée par l'Eglise à la memoire des souffrances du Saueur, elle passoit les nuits du Ieudy & du Vendredy Saints dans l'Eglise, où elle chantoit auec ses compagnes tout le Psautier. Deslors elle fit penitence, & méprisa les plaisirs & les voluptez, car outre les ieusnes que i'ay dit, elle ieusnoit tous les Caresmes, quoy que son aage l'en dispensast encor pour vn assez long-temps: elle y adioustoit aussi les ieusnes de tous les Vendredis & les Samedis de l'année: Ce qu'elle obseruoit auec tant d'abstinence & d'austerité, qu'on ne sçauoit comme elle pouuoit viure. Si auant que pouuoir mettre la Reforme en son Monastere, elle traitoit si rudement son corps, il faut croire qu'elle l'a encore beaucoup plus affligé aprés y auoir mis vne parfaite regularité.

Aagée de 15. à 16. ans, elle fut faite contre son gré Coadiutrice de la Prieure du Monastere de l'Hospital, où elle auoit fait profession, & prit à cette occasion la grãde Croix de cet Ordre, auec tant de confusion de se voir Superieure, qu'elle ne voulut iamais prendre aucun auantage ou eminence sur les autres, & abhorra tout le temps de sa vie ce nom là, n'ayant aucune occupation plus agreable que de seruir celles à qui elle pouuoit commander.

Vn an aprés elle fut faite Prieure du Monastere de Fieux du méme Ordre de S. Iean de Hierusalem ou de Malte, chargé qu'elle accepta pour viure en solitude, (car il estoit fort retiré, & peu frequenté) afin de faire plus aisément ses grandes penitences, & pour trouuer quelqu'vn qui conduisist son ame dans le chemin de la spiritualité. Elle s'y retira l'ayant acceptée, & y demeura quatre ou cinq années menant vne vie eminente, & pratiquant les vertus auec vne grande perfection.

Les ennemis de la vertu & de la pieté n'approuuerent pas cette retraite & cette conuersation admirable, ils murmurerent si cruellement contre cette seruante de Dieu, blasmant ouuertement sa deuote & sainte intention, sur le beau & le specieux pretexte de la solitude de cette Maison là, qui estoit à l'escart dans les bois, & de sa grande beauté & de sa ieunesse, & de celle des Religieuses qui demeuroient auec elle, que Galiote fut contrainte de quitter auec des regrets & des larmes sa chere solitude, & retourner au Monastere de Beaulieu pour arrester ce cours des langues, & fermer la bouche aux libertez qu'on prenoit de parler.

Estant de retour en son 1. Monastere à l'aage de 21. an, elle commença à s'addonner serieusemét à l'Oraison mentale. Premierement, par le moyen de la lecture d'vn liure traitant de la Passion de IESVS-CHRIST, & apprenant l'art de la mediter, & peu aprés par la communication qu'elle commença d'auoir auec des Religieux: Le 1. fut son frere le R. P. Ioseph de S. Bernard, Religieux de l'Ordre des Carmes deschaussez, l'vn des plus remarquables de ce saint Ordre, qui l'instruisoit par ses lettres, lesquelles luy estoient tres-cheres, & qui luy conseilla de s'adresser aux Peres Iesuites, & mettre son ame sous leur direction & conduite; ce qu'elle fit, commençant en ce temps-là à communier tous les huit iours, & à faire les exercices spirituels auec vn profit admirable; ce qu'elle continua tous les ans vne fois, iusques à la derniere année de sa vie, que sa maladie ne luy permettant pas de les pouuoir acheuer, elle eut soin que ses Religieuses s'en acquittassent, & les instruisoit durant leur retraite comme elle auoit fait tous les ans iusques à ce temps-là.

Cette nouuelle conduite & ces exercices, auec vne oraison presque continuelle, firent vn tel changement en son ame, que sa conuersation estoit plus celeste que terrestre, plus angelique qu'humaine, & rauissoit en admiration ceux qui la consideroient sans passion & sans enuie. Aussi souspira-t'elle aussi-tost à vne vie plus releuée, plus retirée & plus parfaite, & ayant ietté les yeux sur toutes les Religions reformées, la pauureté & l'austerité incomparable de celle de sainte Claire, eut dauantage de proportion auec les desirs de son ame; elle les arresta là dessus, & procura de tout son pouuoir d'y estre admise dans le Monastere de cette Religion, qui est à Tolose; ce qu'estant sur le point de s'accomplir à son contentement, par le consentement qu'y donnerent toutes les Religieuses de cette Maison-là, ses Directeurs, son Superieur, & son cher frere l'en destournerent, Dieu les y poussant, qui l'auoit choisie pour remettre & reformer le Monastere de l'Hospital de Beaulieu.

L'entreprise de cette reformation estoit extrémement épineuse & difficile, & ne promettoit que des trauaux, des contradictions, & peu de profit, ce Monastere là estant par la negligence des Superieurs, par le malheur du temps, par le poids de la nature corrompuë qui tend tousiours en bas, & par la fausse douceur de la liberté, reduit à vn estat si pitoyable, que quelques-vns ont écrit qu'il n'y auoit aucun vestige de Religion & de Regularité. Elle s'y resolut neantmoins, aagée de 24. à 25. ans, malgré tous les efforts contraires, & les grandes contradictions & du dedans & du dehors, & ayant attiré des Religieuses à fauoriser son saint dessein, & donné par ce moyen commencement à ce bon œuure, elle alla au Monastere de sainte Claire de Tulles, Maison sainte (où viuent en tres-grande austerité & perfection plusieurs Religieuses, & de laquelle sont sorties la R. M. Seraphique de S. François, & autres Religieuses qui ont estably & fondé à Paris le deuot Monastere des Recolectes) pour y apprendre les exercices de la vie reguliere, où elle seiourna quelques iours, les autres disent quelques mois, donnant des exemples merueilleux de vertu : car elle y fit paroistre tant de perfection en sa conuersation, qu'y estant entrée pour apprendre la perfection, on la regardoit comme maistresse capable d'en faire leçon.

Reuenuë de ce deuot Monastere, elle établit dans le sien de beaux reglemens, & des exercices d'vne vraye & d'vne

par-

parfaite regularité, instruisit excellemment les Religieuses qui s'estoient iettées vn peu trop dans la liberté, & par sa conduite s'efforça d'attirer à ce méme changement celles qui s'y monstroient reuesches, auec les fortes chaisnes de ses bons exemples, & de sa charité. Bref, elle auança fort ce que Dieu luy auoit fait la grace de commencer, & eut le contentement auant son decés de voir en sa Maison garder exactement la regle, qui auoit esté donnée par F. Guillaume de Villaret, 23. Grand Maistre de cette sacrée Religion, & de cette milice tres illustre, qui fut éleu pour sa sainte vie & sa valeur à cette dignité, estant Prieur de S. Gilles ou de la Langue de Prouence, & qui gouuerna 18. ans la Religion. Car les curieux n'ignorent pas qu'il y a des Monasteres de Demoiselles de l'Ordre de S. Iean de Hierusalem, dont le plus celebre est la Royale Maison de Sixenna en Arragon, fondée par la Reyne Sanca, femme d'Alfonse II. Roy d'Arragon, surnommé le Chaste, & fille d'Alfonse Roy de Castille, qui se disoit Empereur des Espagnes; où Raymond Berenger, non le Grand Maistre, qui fut confirmé l'an 1365. mais le Pouruoyeur qui viuoit l'an 1188. y établit vn excellent ordre: Et auant la fondation du Monastere de Beaulieu, F. Hugue de Reuel, Daufinois, le 19 Grand Maistre, auoit (comme l'on void aux statuts de l'Hospital de S. Iean de Hierusalem) donné la permission aux Prieurs & au Chastelain d'Emposte en Arragon, de receuoir des Dames de vie exemplaire (le texte Latin dit des femmes d'honneste vie) nées en legitime mariage, & de parens nobles. Depuis F. Claude de la Sangle 47. Grand Maistre a sagement ordonné, pourueu qu'elles fissent leur demeure dans des Monasteres.

Statuta Hospitalis Hierusalem.

F. Hugo Reuel: Concedimus facultatem Prioribus, & Castellano Empostæ admittendi ad professionem Ordinis nostri mulieres honestæ vitæ ex legitimo matrimonio & nobilibus parentibus natas.

F. Claudius de la Sangle: Dummodo in Monasteriis habitent.

Mais pour reuenir à la Sœur Galiote de sainte Anne, ie diray que comme ses ieusnes dés son plus ieune aage, auoiẽt esté tres-grands, ses penitences comme excessiues, & ses mortifications continuelles sans iamais s'y relascher, son corps fort delicat de sa complexion, ayãt presque tousiours trempé dans ses indispositions, comme elle eut atteint le 29. de son aage, se trouuant chargée de plusieurs grandes maladies, succomba enfin à la charge, au grãd contentemẽt de son ame, qui n'ayant aucune affection ny attache à la terre, ne respiroit plus que de se voir separée d'auec ce qui l'empeschoit de s'vnir intimement à son Dieu, l'amour duquel auoit tousiours possedé son cœur: Tellement qu'après dix mois de maladie, dans laquelle elle fit vne vie qui n'auoit plus rien de la terre, exhalant par ses actions & par ses paroles vne odeur de sainteté plus agreable qu'elle n'auoit pas fait iusques alors, elle mourut l'année, le mois, le iour & l'heure qu'elle auoit predit, qui fut le 24. Iuin 1618. la feste de S. Iean Baptiste Patron de son Ordre. Dans lequel il y a 7. (ou comme les autres disent) 16. Monasteres de Demoiselles de bonne Maison qui gardent la regle & les statuts, & portent l'habit de l'Ordre & Milice de S. Iean de Hierusalem, qui est vne soutane ou robe auec vn manteau noir, conforme à l'habit de peau de chameau que S. Iean portoit au desert: & sur le deuant de ce manteau, du costé gauche, à l'endroit du cœur, vne Croix de toile blanche, pour signifier la pureté de leurs cœurs, & pour monstrer qu'elles doiuent employer leurs vies pour la Foy du Saueur qui a enduré la mort sur cette Croix pour les sauuer; cette Croix a huit pointes qui representent les huit beatitudes: & le manteau fait comme vne demy tunique, se ferme au col auec deux cordons de soye blanche & noire, en memoire des liens dont Nostre Seigneur fut attaché à sa Passion, parmy lesquels il y a vne forme de petits paniers faits de mesme soye qu'on presente à celles qui prennent l'habit, pour leur apprendre le soin qu'elles doiuent auoir des pauures, comme Hospitalieres de leur premiere institution: au lieu de manches, ce manteau a des pointes longues chacune quasi d'vne aune, larges au haut enuiron d'vn demy pied, & toutes pointuës à l'autre extremité, qui se reiettent sur l'espaule & s'vnissent sur les reins; (c'est pourquoy on l'appelle le manteau à pointe & à bec) on leur met la ceinture sur la soutane, pour marque qu'elles doiuent viure en chasteté; & sur leur robe ou soutane, elles portent vn demy Scapulaire, qui prend depuis le col iusques au bas de la robe, large enuiron d'vne palme, sur lequel est cousuë vne petite Croix de toile, comme est celle du manteau, &

Bosio.

Boissat.

vn voile noir comme l'habit. Auant que Solyman eut pris Rhodes le 24. Decembre 1522. sur la Religion de S. Iean, leur robe ou soutane estoit rouge, & le voile blanc, mais depuis cette perte deplorable, pour marque de deüil & de tristesse d'vn si funeste accident, elles ont quitté la robe rouge & le voile blanc pour en porter de noirs.

 Plusieurs personnes tres-vertueuses & d'authorité ont loüé les merites, & admiré la vie sainte de la M. Galiote de sainte Anne, entre autres le R. P. Parra de la Compagnie de IESVS. F. Anne de Naberat Religieux de l'Ordre de S. Iean de Hierusalem, Commandeur du Temple d'Ayen, Prieur de S. Iean d'Aix, Vicaire & Visiteur General des grands Prieurez de S. Gilles & d'Auuergne, qui a esté son Superieur l'espace de 5. ou 6. ans. La R. M. Françoise de sainte Claire, Abbesse du Monastere de sainte Claire de Tulles : La R. M. Françoise de Beaune, Abbesse du Conuent de sainte Claire du mesme Ordre à S. Cyprien de Tolose : La R. M. Beatrix de S. Iean Baptiste, Religieuse Vrsuline, & Maistresse des Nouices du Monastere de sainte Vrsule de Limoges. Le P. Mathieu de Goussancourt en fait mention honorable en son Martyrologe de l'Ordre de S. Iean de Hierusalem ou de Malte : & plusieurs autres Ecriuains modernes ; mais plus particulierement que tous le R. P. Thomas d'Aquin de S. Ioseph, Theologien de l'Ordre des Carmes deschaussez, y a heureusement trauaillé, ayant écrit en deux liures l'Histoire de sa vie & de ses vertus, par laquelle il fait voir que sa naissance fut tres-noble, son enfance tres-encline au bien, & fort éloignée des puerilitez, sa ieunesse addonnée à la vertu, son adolescence tres desireuse d'auancer la gloire de Dieu, & le salut des ames : Toute sa vie tres-humble & tres-religieuse, sa mort tres-precieuse deuant les hommes, deuant les Anges, & deuant Dieu, dont elle ioüira eternellement.

GENEVIE'VE MALATESTE, DAME ITALIENNE.

Malateste, de sinople, à trois testes de femme, d'argent, 2. & 1.

A puissance & l'antiquité de la Maison des Malatestes se peut tirer de ce qu'ils ont esté Seigneurs de la ville de Rimini, depuis longues années, & quasi iusques à nos iours; & ont eu encore en leur pouuoir Pesaro, Fossumbrun, Bresce, Bergame, Cesene, Cernia, Brettinore, Fano, Senegalle, & autres villes, terres & Seigneuries. L'origine de sa grandeur commença d'vn de cette Maison, qui estant fauory de l'Empereur Otton IV. par son credit & authorité se fit grand Seigneur en Italie, & eut trois enfans, Mastin, Pandolfe, & Galeotte. Ce dernier surnommé le Hongrois, homme tres-vaillant, ayant genereusement combattu l'an 1334. sous le Pape Clement VI. contre Nicolas d'Est, & s'estant monstré courageux, fut fait par sa Sainteté Seigneur de Rimini, qu'ils ont fort long-temps possedée, & ses enfans après luy, qui furent Charles, Pandolfe, & Galeazze, qui se rendirent aussi maistres de plusieurs autres villes, que nous auons nommées cy-dessus.

Betussi.

Pour venir donc à Geneuiéue, elle fut fille de Pandolfe, & femme de Louys de Gli Obyzzi, & eut beaucoup de qualitez qui la rendirent illustre outre son extraction; car sa vertu porta les plus grands hommes de son temps à l'auoir en grande estime & respect. Ce fut vn miroir d'honnesteté, sa conuersation estoit meslée de douceur & de grauité: si bien que personne ne la vit iamais qu'il n'en sortist auec plus d'opinion qu'il n'en auoit conceu par la reputation & l'oüir dire. Enfin elle eut toutes les perfections qui se peuuent desirer en vne sage & honneste femme.

Cette sage Dame, comme elle faisoit profession de la vertu, aimoit non seulement les vertus, mais aussi les vertueux, auoit en auersion les vicieux: sur tous elle haïssoit les

DES DAMES ILLVSTRES.

flateurs & les médifans, & eft digne de loüange pour ce fuiet là : car ces deux fortes de gens ne feruent qu'à nuire & à mal faire, gens miferables, indignes de la compagnie des hommes. Ceux-là aiment mieux que tout fe perde, que fi difant la verité aux Princes & aux Grands, ils auoient perdu quelque chofe.

Les peftes des grands Rois font les langues flateufes, *Ronfard.*
Eponges & Corbeaux des terres souffreteufes.

Ils pallient & feruent à couuert leurs maiftres ; flateurs auffi dangereux que les traiftres. Socrate difoit que la verité & la vertu eftoient vne mefme chofe, & que ceux qui haïffoient l'vne eftoient ennemis de l'autre. Ceux-cy, dont les grandes & les delicieufes villes font pleines, où on void vn affez bon nombre de ces faineants, qui n'ont point d'autre foin & d'autre occupation que de fuiure les feftins, & fe rendre agreables par leurs difcours & propos fatyriques, hommes dépourueus du fens commun, qui aiment mieux perdre vn bon amy qu'vn bon mot. Auffi tous ceux qui font profeffion de la vertu & de la pieté, principalement les Dames d'honneur & de qualité, les doiuent non feulement fuyr & euiter, mais les chaffer de leurs Hoftels, ainfi que la fage Geneuiéue Malatefte, qui véquit toufiours fort honneftement, & méprifa les médifans, & ne tint pas grand conte de leurs médifances, prenant pour fymbole la deuife de l'Imperatrice Sabina Augufta, fçauoir vne Aigle paifible, accompagnée d'vne Corneille gromelante, auec ce mot Latin, CALOMNIA, *Calomnie.* Car par cette deuife, ces deux Dames ont voulu declarer que comme l'Aigle genereufe, quoy que la Corneille fafcheufe la prouoque, neantmoins elle n'en tient conte, & ne s'en formalife aucunement : de mefme les ames nobles & genereufes méprifent les detractions, les calomnies, les faux rapports des ames baffes qui ne ceffent de mal penfer, & mal parler des perfonnes d'honneur & de merite. Ie fuis marry de n'auoir peu apprendre des Ecriuains Italiens l'année du decés de Geneuiéue Malatefte.

HENRIETTE DE CLEVES,
DVCHESSE DE NIVERNOIS,
& de Retelois, Princesse de Mantouë.

Cleues, de gueules, au rais pommeté & fleuronné d'or de 8. pieces percé d'argent.
La Colombiere, dit de gueules, à 8. Sceptres d'or fleurdelisez, mouuans d'vn escarboucle qui est au milieu de l'escu, le tout d'or. Et Chifflet, de gueules, à vn escusson d'argent en cœur, au rais d'escarboucle, pommeté & fleuronné d'or, allumé de sinople, brochant sur le tout.
Neuers, de France à 3. fleurs de lys d'or, à la bordure componée d'argent & de gueules. Ce sont les armes de Niuernois & de Bourgongne moderne. Les anciennes armes des Comtes de Neuers estoient d'azur à vn Lyon d'or semé de billetes de mesme, sans nombre, lesquelles armes la ville de Neuers a retenu iusques à present, comme aussi la ville & Comté d'Auxerre, & la Comté de Bourgongne, qui appartenoient autrefois à mesme Seigneur.

Rançois de Cleues I. Duc de Neuers, eut de Marguerite de Bourbon sa premiere femme, sœur d'Antoine Roy de Nauarre, de Charles Cardinal de Bourbon, de François & de Iean Comtes d'Anguien, & de Louys Prince de Condé; cinq enfans, sçauoir deux fils & trois filles. Les fils furent François & Iaques successiuement Ducs de Niuernois, & les filles Henriette, Caterine & Marie.

Henriette l'aisnée vint au monde le 31. iour d'Octobre de l'an 1542. & receut au Baptéme le nom d'Henriette de son parrain Henry de France Daufin de Viennois, & Duc de Bretagne, qui depuis a esté le Roy Henry II. sur lequel Henry IV. tout seul a pû emporter le titre de Henry le Grand.

François & Iaques de Cleues estant decedez, Henriette de Cleues leur sœur aisnée fut Duchesse de Neuers, laquelle le Roy Charles IX. au retour de son voyage de Bayonne maria à Louys de Gonzague Prince de Mantouë, troisiéme fils de Federic Duc de Mantouë, & de Marguerite Paleologue Marquise de Montferrat sa femme, qui estoit fille de Guillaume Paleologue Marquis de Montferrat, descendu des Empereurs de Constantinople, & d'Anne de Valois ou d'Alençon, sœur puisnée de Charles dernier Duc d'Alençon, & Comte du Perche. Ce Prince de la Maison de Gonzague ou de Mantouë (auquel le Roy François I. son parrain fit donner le nom de Louys par l'Amiral d'Annebaud) estoit venu demeurer en France dés l'an 1549. où il auoit de grands biens, comme heritier d'Anne d'Alençon son ayeule, sçauoir la Baronnie de la Guerche en Aniou, Pouencé, Chasteaugontier, Senonches, Brezolles, & autres belles terres que l'on appelloit la Principauté de Mantouë.

Ce fut le 1. iour de Mars de l'an 1566. que les noces de Henriette de Cleues auec Ludouic de Gonzague furent celebrées à Moulins en Bourbonnois, en presence du Roy Charles, de la Reyne Caterine sa mere, & de toute la Cour: Entre autres choses il fut conuenu & stipulé par leur contract de mariage, que leurs enfans porteroient le surnom de Gonzague de Cleues, pour vnir plus estroitement ces deux tres-illustres Maisons de l'Italie & de l'Allemagne.

Henriette prefera Ludouic de Gonzague à tous les Princes qui la demandoient en mariage, à cause qu'il l'auoit affectionnée & recherchée du viuant de ses freres, lors qu'elle auoit moins de biens. Elle eut de cet Heros (qui a esté honoré par nos Rois pour sa valeur & sa fidelité des Gouuernemens de Piémont, de Génes, & de Saluces en Italie; & en France de ceux de Picardie, de Champagne & de Brie) cinq enfans, sçauoir trois fils, & deux filles.

L'aisnée des filles a esté Caterine de Gonzague & de Cleues, Duchesse de Longueuille, qui eut pour parrain le Roy Charles IX. & pour marraines la Reyne Caterine, & Marguerite de France Duchesse de Sauoye. *Voyez son Eloge aux illustres Caterines, page 505.*

La 2. fut Henriette de Gonzague de Cleues, qui nasquit à Paris le 23. de Septembre 1571. fort sage & vertueuse Princesse, & eut pour parrain Henry de France Duc d'Aniou, & pour marraines Marguerite de France Reine de Nauarre, & Philippe de Môtespedon, Princesse de la Roche-sur-Yon. Estant en aage d'estre mariée, elle épousa l'an 1599. Henry de Lorraine Duc d'Aiguillon (depuis 2. Duc de Mayenne) à mesme temps que Charles Duc de Niuernois son frere épousa Caterine de Lorraine sœur du Duc d'Aiguillon. Elle deceda à Paris dans l'Hostel de Mayenne en couche d'vn fils l'an 1601. au grand regret du Duc son mary.

L'aisné des masles nâquit à Paris l'onziéme de Mars de l'an 1573. & fut baptisé à S. Germain des Prez par Monsieur le Cardinal de Bourbon, & eut pour parrain Henry Duc d'Aniou, lors élu Roy de Pologne, qui luy donna le nom de Federic en memoire de son ayeul paternel Federic de Gonzague Duc de Mantouë: il mourut le 22. d'Auril de l'an 1574. & fut enterré en l'Eglise Cathedrale de S. Cyr de Neuers.

Le 2. vint au monde le 16. de Septembre de l'an 1576. à Paris, & fut nommé François par François de France Duc d'Aniou & d'Alençon, frere vnique du Roy Henry III. & par la Reyne Louyse femme de ce Monarque là. Il ne véquit que quatre ans, estant decedé le 15. de Iuin 1580. & fut inhumé à Neuers auec son frere aisné.

Le 3. nâquit à l'Hostel de Neuers à Paris le 6. de May de l'an 1580. & fut nommé Charles par ses parrains Charles Cardinal de Bourbon, Henry Duc de Guyse, & Anne d'Est Duchesse de Nemours sa marraine. Dés l'aage de 13. ans, estāt Duc de Retelois, il voyagea en Italie, & vid les Cours de Rome, de Mantouë & de Florence, quand Louys Duc de Neuers son pere fut enuoyé Ambassadeur extraordinaire par Henry le Grand, vers le Pape Clement VIII. Estant de retour en France il donna des preuues de son courage, s'estant renfermé dans Cambray à l'aage de 15. ans, où le Seigneur de Balagny, Prince & Gouuerneur de cette place, (qui depuis fut Mareschal de France) se voyant assiegé par le Comte de Fuentes, fit prier Louys Duc de Neuers de luy donner du secours, qui trouua le moyen, attaquant l'ennemy d'vn costé, de faire entrer quelques compagnies conduites par Charles Duc de Retel son fils par l'autre costé, qui força les gardes & les retranchemens auec perte de quelques-vns des siens. Chacun s'estonnoit de voir que Ludouic Duc de Neuers, & la Duchesse Henriette sa femme exposoient à vn si grand & si euident peril leur fils vnique, témoignans par là l'affection cordiale & sincere qu'ils auoient au seruice du Roy & de la France. Charles Duc de Retelois ayant passé à la teste de toute l'armée, sur le ventre à tout ce qui se presenta deuant luy pour entrer dans Cambray rasseura le peuple, dont l'estonnement eust precipité la constance des assiegez: il prit vn quartier pour faire trauailler & ordonner, afin que son aage & sa qualité authorisassent le commandement par l'exemple: il fut tant loüé de

Retel, de gueules, à 3. rasteaux de 6. dents, sans manches d'or. 2. 1.

de cette action, que Françoise d'Amboise Dame de Balagny, vaillante & genereuse Heroïne en écriuit vne lettre pleine de ressentiment & d'admiration à Henriette de Cleues, laquelle ie rapporterois en ce lieu, si elle n'estoit point couchée au long dans vn Autheur moderne au liure 1. de l'Histoire du Roy Henry IV. à laquelle ie renuoye le Lecteur curieux.

Amboise, pallé d'or & de gueules, de six pieces.

P. Mathieu.

Peu de iours après la prise de Cambray, Louys Duc de Niuernois mourut à Nesle le 23. Octobre 1595. auquel succeda son fils Charles, qui par le conseil de sa mere Henriette de Cleues épousa à l'aage de 17. ans Caterine, fille aisnée de Charles Duc de Mayenne, comme i'ay desia remarqué en l'Eloge de cette pieuse & genereuse Heroïne. Deux ans après son mariage il perdit la Duchesse de Neuers sa mere, à laquelle ayant rendu les derniers deuoirs, & voyant la France paisible, il alla en Hongrie sous le bon plaisir du Roy Henry IV. pour acquerir de la gloire en cette guerre sainte contre les Infideles, où après s'estre trouué à plusieurs furieux combats, ausquels il se porta vaillamment iusques à ce qu'il fust blessé au siege de Bude d'vne mousquetade au trauers du corps; laquelle luy laissa autant de gloire que de miracle de sa conseruation; car par merueille, n'ayant point offensé aucune des parties nobles, il en guerit, & retourna en France, laissant vne tres-bonne odeur de sa vertu & de sa generosité en l'armée Chrestienne. Auant que d'arriuer en Hongrie, il auoit visité plusieurs Royaumes de l'Europe (comme ont décrit au long plusieurs de nos Historiens) où il acquit beaucoup de gloire, & receut de grands honneurs par tout où il passoit. Il alla premierement voir le fameux siege d'Ostende, pour se rendre plus capable de la milice, après auoir consideré l'Ordre & la discipline des armées de l'Archiduc Albert, & du Prince Maurice de Nassau. Il fut bien receu de l'Archiduc & de l'Infante à Nieuport, & après auoir salüé leurs Altesses, il fut voir les villes de leur obeïssance. Estant de retour à Calais il passa en Angleterre, où la Reyne Elizabet luy fit voir en 15. iours les raretez de sa Cour & de ses maisons Royales, & baptisa sa troupe du nom de Caualiers: d'Angleterre il arriua en Ze-

I. A. Thuanus.
P. Cayer.
Mathieu.

HHhhh

lande, où ayant veu Flezingué, Mildebourg, & le reste de l'Isle, il passa en Hollande, & ayant trauersé à loisir les belles villes de cette Prouince là, il arriua à la Haye, où le Comte Maurice luy rendit beaucoup de témoignages d'honneur & de respect: de là il passa à Leyden, à Harlen, à Amstredam, & à Vtrecht, d'où il enuoya son train à Vienne en Austriche pour l'y attendre, & fit le choix seulement de cinq ou six Gentils-hommes, auec lesquels il rebroussa vn peu pour voir la Nort-Hollande, où il se trouue de grandes raretez; puis il visita Groeningue, la plus forte ville de la Frize: de là il alla voir les Isles Anseatiques, Bremen, Hambourg, & Lubec, où trouuant vn vent fauorable pour aller en Dannemarc, il s'embarqua, & aborda à Copehague, où le Roy Chrestien IV. aprés luy auoir fait voir sa mere, sa femme, sa sœur, & ses freres, donné toute sorte d'honnestes plaisirs, le fit entrer dans ses superbes vaisseaux qui luy maintenoient pour lors les tributs de la mer Baltique, puis le laissa partir auec de tres-grandes protestations d'amitié, & luy donna vne escorte tres-honorable. De là il vint en Pomeranie, aprés auoir costoyé vn peu la Suede, & arriua au Marquisat de Brandebourg, où il vid le Marquis Ioachim Federic Electeur de l'Empire: puis il continua son chemin par la Saxe, où il s'arresta à Dresde pour visiter à son aise le magnifique arsenac de canons & d'armes si belles & si polies, qu'il sert d'admiration à tout le monde. De la Saxe il passa en Boheme où il salüa l'Empereur Rodolfe II. à Prague, duquel il receut de grands honneurs, & des caresses extraordinaires. Mais auant que d'aller à Vienne en Austriche, il voulut voir la Pologne en memoire du Roy Henry III. & du Duc de Neuers son pere qui l'y auoit accompagné. Tellement que prenant son chemin par Breslau, ville capitale de Silesie, il arriua à Cracouie, où il fut visité & traité par l'Euéque de cette capitale, & des Palatins de ce Royaume là, du Vice-Chancelier, en l'absence du Chancelier, du Pan Cracoski, que l'on dit posseder deux mille villes, & quatorze mille villages: Sigismond III. Roy de Pologne ne manqua pas à témoigner le contentement qu'il receuoit de le voir en sa Cour: & luy ayant dit adieu, s'en

Zamoski Chancelier de Pologne estoit lors à la guerre en Liuonie.

alla à Vienne paſſant par les terres du Marquis de Miroüe, qui ne voulut pas ceder en magnificence ny en preſens aux Seigneurs Polonnois.

L'Archiduc Mathias, frere de l'Empereur Rodolfe (& qui depuis a eſté Empereur) le receut ſplendidement à Vienne, le fit loger à l'Hoſtel du Duc de Mercueur, & luy témoigna les obligations que luy auoit ſa Maieſté Imperiale de ce qu'il alloit en Hongrie.

Ruſſewormb Mareſchal general de Camp, qui commandoit l'armée Chreſtienne, le receut auec bien de l'honneur, & l'appella en tous les conſeils de guerre.

Charles Duc de Neuers fut bien receu & careſſé de tous ces Princes & de ces Monarques, tant pour ſes merites, que pour eſtre Prince des Maiſons de Gonzague & de Cleues, toutes deux ſi grandes, & toutes deux ſi renommées, qu'il n'y a lieu de la terre qui n'en cognoiſſe la gloire. Ce qui le faiſoit eſtre parent de tous les Princes de l'Europe: ces deux Maiſons eſtans alliées à celle de France par les femmes; & auſſi à celles d'Auſtriche, de Bauiere, de Brandebourg, de Saxe, & de Conſtantinople.

Depuis que Sigiſmond III. Roy de Pologne & de Suede eut veu ce Prince, il luy porta vne amitié particuliere, & l'honora ſouuent de ſes lettres. Cette affection eſt paſſée des peres aux enfans: car le Roy Vladiſlas IV. fils aiſné de Sigiſmond ayant perdu ſa premiere femme Cecile-Renée d'Auſtriche (dont i'ay fait l'Eloge dans la premiere partie de cet ouurage) n'en a point voulu d'autre que la fille aiſnée de ce Prince, la ſage & vertueuſe Princeſſe de Mantouë & de Neuers, Madame Louyſe-Marie, que ſa Maieſté Polonoiſe a fait proclamer & declarer Reyne de Pologne dans Warſouie par le Seigneur Oſſolinski grand Chancelier du Royaume, le 12. de Iuillet de cette année 1645. & en ſuite a enuoyé le Comte d'Enhofft Palatin de Pomeranie, pour ſigner les articles de ſon mariage, & l'Euéque de Warmie, & le Palatin de Pouzeuanie pour en faire les ceremonies, & conduire cette Princeſſe en Pologne.

Charles Duc de Niuernois & de Retelois eſtant de retour en France, le Roy Henry IV. l'enuoya ſur la fin de l'an

1608. Ambaſſadeur extraordinaire à Rome, pour preſter au nom de ſa Maieſté l'obeïſſance filiale au Pape Paul V. où il fit éclater ſa magnificence ; mais ie ne m'arreſteray pas à décrire dans l'Eloge de la mere tous les honneurs que receut ſon fils à Rome & par toute l'Italie, que pluſieurs ont veu, ou qui ſont rapportez dans pluſieurs relations & par nos Hiſtoriens. En cette ſaiſon-là il fit baſtir prés de Mezieres la ville de Charles-ville dans ſa Principauté d'Arches.

Aprés la mort de cet incomparable Monarque, il continua de rendre les meſmes ſeruices au Roy Louys XIII. ſon fils. Il appaiſa les troubles des guerres ciuiles à la Conference de Loudun ; mais eſtant recommencez aprés que Mr le Prince fut arreſté au Louure le premier iour de Septembre 1616. il y eut quelques troubles en France qui furent appaiſez par la fin funeſte de celuy que l'on croyoit l'autheur de ces broüilleries ; auſſi aprés ſa mort ce Prince vint ſaluer auec les Ducs de Vendoſme & de Mayenne le feu Roy au Chaſteau du bois de Vincennes, qui les receut auec des témoignages d'affectiõ, & leur fit beaucoup de careſſes.

L'an 1622. il fit auec adreſſe retirer des frontieres de Chápagne Erneſt ou Charles Erneſt, Baſtard de Charles Comte de Mansfeld, & Chriſtian Duc de Brunſwic, dit l'Euéque d'Halberſtat, qui eſtoient venus du Palatinat par la Lorraine auec neuf mille hommes d'Infanterie, & ſept à huit mille de Caualerie au ſecours des Religionnaires rebelles.

Ce genereux Prince des Maiſons de Mantouë & de Cleues eſt decedé au mois de Septembre de l'an 1637. eſtant le Chef du nom & des armes de la tres-illuſtre Maiſon de Gonzague, ayant ſuccedé vers la fin du mois de Decembre 1627. à ſon couſin Vincent II. du nom aux Duchez Souuerains de Mantouë & de Montferrat, & a receu les honneurs de la ſepulture dans l'Egliſe d'vn Monaſtere de Religieux de Camaldoli, ayant voulu par deuotion eſtre enterré auec l'habit de l'Ordre de S. Romuald.

Charles II. du nom ſon petit fils, ieune Prince de grande eſperance, luy a ſuccedé aux Duchez de Mantouë & de Montferrat, eſtant le fils vnique de Charles de Gonzague de Cleues Duc de Retel, & de la Princesse Marie de Mantouë (fille de François Duc de Mantouë & de Montferrat, & de Marguerite Infante de Sauoye) laquelle est Regente de ces deux Estats là pour ce ieune Duc son fils, lequel promet non seulement d'imiter, mais de surpasser ses illustres ancestres les Princes des Maisons de Gonzague & de Paleologue, qui ont laissé des marques de leur valeur & de leur pieté en Hongrie, en Grece, & en plusieurs autres Royaumes de l'Europe & de l'Asie.

Henriette de Cleues Duchesse de Niuernois, mere de Charles I. Duc de Mantouë, & bisayeule de Charles II. à present Duc de Mantouë & de Montferrat, a receu de grands honneurs durant sa vie: car elle assista aux noces des Rois Charles IX. & Elizabet d'Austriche, & de Henry III. & de Louyse de Lorraine ; & au Sacre & Couronnement de la Reyne Elizabet. Elle accompagna la Reyne Louyse quand elle alla dans l'Eglise de Mante trouuer le Roy Henry IV. pour luy demander iustice du detestable parricide cōmis en la sacrée personne du Roy Henry III. son époux.

La pieté, la liberalité, la douceur, la modestie, & l'estude des bonnes lettres, ont esté les vertus qui ont rendu plus recommandable cette grande Princesse: sa pieté a paru en la fondation de plusieurs Eglises & Monasteres en ses terres, qu'elle a basties & fondées auec le Duc son mary. Ils establirent vn College de Peres Iesuites en leur ville de Neuers, qui est vn des premiers Colleges qu'a eu cette Cōpagnie en France, & où l'on void vne fort belle Eglise, qui a pour Patron le bien-heureux Louys de Gonzague, qui a quitté les honneurs de la terre, & le Marquisat de Chastillon, pour s'enrooller sous l'Estendart de IESVS en cette Compagnie,là, & duquel le feu Cardinal Bellarmin ne parloit iamais sans eloge. Ils ont aussi fondé & basty vn beau Conuent de Cordeliers à la Cassine-le-Duc en Retelois: Ils receurent l'an 1573. fort courtoisement & charitablement les Minimes du Conuent de Brancancourt (quand cette Maison là fut bruslée par les Religionnaires durant les guerres ciuiles) & leur donnerent aux faux-bourgs de leur ville de Retel vn Conuent qui a pour Patron S. Louïs Roy de France, & ont toufiours depuis témoigné en toutes occafions leur affection vers noftre Ordre. Le Duc Charles leur fils les a furpaffé en cette affection, ayant fondé le Conuent de Neuers, où il a fait paroiftre fa grande pieté & deuotion; auffi il a efté receu Fondateur auec la Princeffe Caterine de Lorraine fa femme, au 1. Chapitre general de Marfeille l'an 1611. auec le contentement vniuerfel de tous les Peres. Ils prirent enfemble vn grand foin que tous leurs vaffaux fuffent inftruits en la Foy Catholique, Apoftolique & Romaine: & pour leur en monftrer l'exemple, ils n'ont voulu iamais fe feruir d'aucun domeftique ny officier qui ne fift profeffion de la vraye Religion.

Sa pieufe liberalité & charité enuers les pauures parut par ces deux belles fondations; l'vne pour marier chaque année à perpetuité dans leurs terres & Seigneuries 60. pauures filles, nées en legitime mariage : l'autre par laquelle on nourrit & entretient à Neuers douze pauures femmes vieilles qui ont toufiours bien vécu, & fans reproche.

Aprés auoir vacqué aux actions de la Religion & de la pieté, elle s'addonnoit à l'eftude des bonnes lettres, fans lefquelles, comme a fort bien remarqué vn des grands hommes de l'antiquité; *la vie de l'homme eft vn tombeau*. Elle a, felon le rapport de quelques Ecriuains, traduit en noftre langue Françoife, *L'Aminta* de *Torquato Taffo*, Gentil-homme Italien, le plus excellét & le plus renommé de tous les Poëtes modernes de l'Italie, & qui ne cede à l'Ариофе, à Petrarque ny à Dante. Elle n'a pas feulement fait profeffion des lettres & du fçauoir, mais auffi elle a fecouru par fa liberalité les doctes & les fçauants, entre autres Iaques Marius d'Amboife, Docteur en Theologie de la Faculté de Paris, & Profeffeur du Roy en Philofophie, qui eft decedé eftant Doyen des Lecteurs de fa Maiefté en l'Vniuerfité de Paris, & qui a laiffé fa belle Librairie à la Maifon de Sorbonne.

Elle eftoit auffi l'vne des plus riches Princeffes de France, ayant herité de fes freres François & Iaques de Cleues, qui auec leurs grands biens eftoient Princes courageux & genereux, fur tous François II. du nom, & 2. Duc de Ne-

Seneque.

uers, qui fut aprés son pere Gouuerneur de Champagne, de Brie, & de Luxembourg. Ce Prince épris des perfections & des merites d'Anne de Bourbon fille puisnée de Louys Duc de Montpensier, & de Iaqueline de Longuic de la Maison de Giury sa premiere femme (laquelle ayant esté nourrie auec Elizabet de France, fille aisnée du Roy Henry II. & femme de Philippe II. Roy d'Espagne, l'accompagna en Espagne) qu'il recherchoit en mariage, l'alla visiter à Madrid en poste, estant accompagné de 12. Gentils-hommes François qu'il choisit des plus galans & des plus accōplis en tous les exercices dignes de leur naissance & qualitez. Auec ces braues Caualiers il presta le colet à toute la Noblesse d'Espagne, entre autres le Baron de Saint Remy fort & puissant de sa personne, autant que nul autre de tout son siecle, luicta de gayeté de cœur contre vn Geant à Valence la Grande, & le terrassa en presence de tout le peuple, qui auec de grands cris & acclamations de ioye, mesmement les Dames l'ayans couronné de bouquets & de chapeaux de fleurs, le menerent en triomphe par toute la ville, & luy firent des presens & beaucoup d'honneur.

Longuic, d'azur, à la bande d'or.

P. Dinet.

Iaques de Cleues fut 3. Duc de Neuers, qui mourut au voyage de Bayonne à Montagny prés de Lyon, au mois de Septembre 1564. Ces deux Princes estans morts, sans laisser des enfans de leurs femmes Anne de Bourbon & Diane de la Mark, fille du Duc de Boüillon & de Françoise de Brezé, Henriette de Cleues leur sœur succeda au Duché de Neuers, & au Comté de Retel, & autres belles terres & Seigneuries. Elle herita encor du Marquisat d'Isle, par le moyen de sa niece Caterine de Bourbon, fille de Henry de Bourbon Prince de Condé, & de Marie de Cleues sa premiere femme sœur d'Henriette, de laquelle ie feray l'Eloge dans les illustres Maries.

Henriette estant veuue de Louys de Gonzague Duc de Neuers son mary, qui mourut à la Fere le 22. d'Octobre 1595. elle luy rendit les derniers deuoirs dans l'Eglise de S. Cyre de Neuers, où elle fit dresser vn eloge à sa memoire: & six ans aprés le decés de ce sage Prince, elle passa de cette vie à l'autre dans son Hostel de Neuers à Paris, le iour de

S. Iean 24. Iuin de l'an 1601. estant aagée de soixante & vn
an. Elle receut les honneurs de la sepulture auprés du Duc
son mary, dans le magnifique Mauzolée qu'ils auoient fait
dresser de leur viuant dans le Chœur de la Cathedrale de
Neuers, au costé de l'Euangile.

Henriette de Cleues Duchesse de Niuernois épousant
Ludouic de Gonzague Prince de Mantouë, prirent l'vn &
l'autre les mesmes armes des illustres Maisons dont ils a-
uoient l'honneur de descendre. Et ce Prince & cette Princesse prirent aussi la deuise de la Maison de Mantouë & de
Gonzague; le Mont Olympe, l'vn des plus hauts de toute
la Grece, sur le sommet duquel il y a vn Mausolée entouré
d'arbres verdoyants, & chargé de l'Autel sacré de la *Foy*,
auec la Couronne, au lieu de dais, & le mot, *Olympe*.

Cette deuise est sainte, & l'image de nostre ame & de ses
actions. La montagne excessiuement haute & esleuée iusques dans les nuës, monstre quelle doit estre la sublimité
de nos pensées, quelle l'eleuation de nostre esprit, sans
nous amuser à la Philosophie Payenne. Les Princes & les
Princesses de cette Maison là ont declaré que par leur Foy,
leur Religion, & leur pieté, ils esperoient paruenir au vray
Olympe de la gloire, la Hierusalem celeste, la montagne
des Bien-heureux, & le seiour des Saints.

Louys & Charles de Gonzague de Cleues, Ducs de Neuers, n'ont pas seulement pris ce mont pour deuise, mais
aussi l'ont mis pour Cimier sur leur Couronne Ducale en
leurs armes, esquelles on void vn mont, sur la croupe duquel
est esleué vn Autel, auec ce mot, FIDES, & au pied de la
montagne cet autre mot en caracteres Grecs, ΟΛΥΜΠΟΣ.
Et pour tenants & supports vn Aigle de sable, & vn Cigne
d'argent colleté d'vne couronne d'or. L'aigle de sable est le
support de la Maison de Mantouë, & le Cigne celuy de la
Maison de Cleues, qui a tousiours eu cet oiseau là pour symbole, à cause, comme chante nostre Poëte;

Ronsard.
  Que leurs ayeuls conduits d'vn Cigne blanc,
  Par longs combats, & par guerres sans tréues,
  Ont mis au Ciel l'illustre nom de Cleues.

HEN-

HENRYE DE SAVOYE,
DVCHESSE DE MAYENNE.

Sauoye, blazonné pag. 280.

ONORAT de Sauoye Comte, puis Marquis de Villars, Mareschal & Amiral de France, second fils de René legitimé de Sauoye, Comte de Villars, Grand Maistre de France, Gouuerneur & Lieutenant general pour le Roy en Prouence, & d'Anne Comtesse de Tende, qui estoit issuë de l'Imperiale Maison de Lascaris, laquelle a possedé l'Empire d'Orient ou de Constantinople, épousa Françoise de Foix, fille vnique & seule heritiere d'Alain de Foix Vicomte de Chastillon, & de Françoise de Montpesat, dont il a eu aussi vne seule fille vnique & heritiere. Henrye de Sauoye Dame fort chaste & honneste, qui a esté recherchée en mariage par plusieurs Princes & Seigneurs, tant pour ses vertus & ses merites, que pour ses grands biens & ses richesses.

Tende, de gueules, à l'Aigle employée d'or, qui est de l'Empire de Constantinople ou de Lascaris party de gueules, au chef d'or qui est de Tende.

Elle auoit esté soigneusement nourrie & éleuée à la vertu & à la pieté par son pere l'Amiral de Villars, fidele seruiteur de nos Rois, & grand defenseur de la Religion Catholique, duquel le nom est celebre en l'Histoire pour sa valeur & sa generosité, auquel le Roy Charles IX. donna la charge d'Amiral de France, vaquante par la mort de l'Amiral de Chastillon, tué aux Matines de Paris l'an 1572.

Henrye de Sauoye estant en l'aage où la coustume veut que l'on marie les filles, on songea à luy choisir vn mary qui fut digne d'estre gendre d'vn Mareschal de Frãce. Enfin elle fut mariée, & par les vœux du public, & par les diligences de son pere & de ses tantes paternelles Magdelaine Duchesse de Montmorency, Marguerite Comtesse de Ligny & de Brienne, & Isabelle Comtesse du Bouchage, auec Melchior des Prez, Seigneur de Montpezat, & du Fou en Poitou, Lieutenant general du Roy au Gouuernement de Guyen-

IIiii

Des Prez Môtpezat d'or, à trois bandes de gueules, au chef d'azur chargé de 3. molettes d'argent: Les autres disent de gueules à trois estoiles d'or.

ne, & Seneschal de Poitou, fils d'Antoine des Prez, Seigneur de Montpezat Mareschal de France, duquel elle eût cinq enfans, deux fils, & trois filles, sçauoir

Emanuel des Prez, dit de Sauoye, Marquis de Villars, mort pour le seruice de Dieu & du Roy Louys XIII. au siege de Montauban l'an 1621. sans laisser des enfans de sa femme Leonor de Thomasin, fille de René de Thomasin, dit de S. Barthelemy, Seigneur de Montmartin, & de Ieanne de Vaudetar sa femme. Cette Dame de la Maison de Thomasin en Lyonnois, & qui possedoit plusieurs belles terres en Daufiné, auoit épousé en premieres noces Claude de Vergy Gouuerneur du Comté de Bourgongne pour le Roy d'Espagne.

Henry des Prez Marquis de Montpezat n'a point eu aussi de lignée de Susanne de Grandmont, fille d'Antoine Comte de Guische. Les grandes charges ausquelles ces deux Seigneurs là ont esté appellez, sont des veritables preuues de l'estime que le monde a fait de leur courage & de leur fidelité.

La Baume, d'or, à trois cheurons de sable, au chef d'azur chargé d'vn lyon naissāt d'argent, couronné d'or, & lampassé de gueules.

L'aisnée des filles s'appelloit Magdelaine des Prez, mariée à Rostan de la Baume Comte de Suze en Daufiné, dont elle a eu plusieurs enfans, entre autres Messieurs le Comte de Suze, & l'Euéque de Viuiers.

Ponteuez, de gueules, à vn pont d'or de deux arcades.

Leonor des Prez la 2. est encor viuante, veuue de Gaspar de Ponteuez, Comte de Carces en Prouence, duquel elle a eu deux enfans Iean de Ponteuez aussi Comte de Carces, & Lieutenant pour le Roy au Gouuernement de Prouence, & Marguerite de Ponteuez veuue de Guillaume de Simiane Marquis de Gordes, Cheualier des Ordres du Roy, & premier Capitaine des gardes du corps de sa Maiesté.

Saulx, d'azur, au lyon d'or, armé de gueules; & pour deuise, Vicit leo de tribu Iuda.

Gabrielle des Prez, 2. femme de Iean de Saulx, Vicomte de Tauanes & de Ligny, fils puisné de cet Heros Gaspar de Saulx Seigneur de Tauanes, Mareschal de France, & Gouuerneur de Prouence, dont elle a eu plusieurs enfans, 4. fils & 3. filles, sçauoir Henry Marquis de Mirebel: Iaques Vicomte de Ligny, mort deuant Montauban, neuf iours aprés le Duc de Mayenne son oncle maternel: Melchior de Saulx: Lazare-Gaspar de Saulx. Claude de Saulx mariée au Comte de Barrault: Anne de Saulx mariée au Comte de Bueil; & Ieanne de Saulx Religieuse.

Melchior Marquis de Montpezat, premier mary de Henriette de Sauoye estant decedée cette Dame, quoy que mere de cinq enfans fut recherchée en secondes noces pour sa haute vertu, & pour les belles terres dont elle ioüissoit, par plusieurs Princes & Grands de ce Royaume; car elle estoit Comtesse de Montpezat, Vicomtesse de Chastillon, Baronne d'Aiguillon, de Magdailan, de S. Liarade, Captale de Buch, & Dame de plusieurs autres riches Seigneuries en Agenois, en Gascogne, en Bourdelois, & en d'autres Prouinces.

Ce fut Charles de Lorraine Duc de Mayenne, Pair, & Grand Chambellan de France (digne fils de François Duc de Guyse, & d'Anne de Ferrare) qui eut le bon-heur d'épouser cette tres-sage & tres-riche Dame, qu'elle prefera à tous ceux qui la demãdoient en mariage: le choix en fut aisé; car il auoit en gros ce que tous ses competiteurs ne possedoiẽt qu'en détail, effaçant comme vn grand astre la lueur de ces moindres estoilles. Tous les autres Seigneurs ayant sceu que cette Dame auoit de l'affection pour ce genereux Prince, frere puisné de Henry Duc de Guyse, & qui auoit beaucoup acquis de gloire aux sieges de Poitiers contre les Huguenots, & de Nauarrin en Grece contre les Infideles, ne voulurẽt contester vn tel prix auec luy, car il n'y auoit point de honte de luy ceder; estre deuancé de ce Prince, estoit vne espece d'auantage, & estre vaincu, vne maniere de victoire.

Le contract de mariage fut passé à Paris le 23. de Iuillet 1576. en presence du Roy Henry III. des Reynes Caterine & Louise, des Cardinaux de Bourbon & de Guyse, de Iacques de Sauoye Duc de Nemours, & de sa femme Anne d'Est mere du Duc de Mayenne, de Henry de Lorraine Duc de Guyse son frere, & de Charles de Lorraine Duc d'Aumale son cousin, & de plusieurs Seigneurs & Dames de la Cour. Elle eut de ce Prince quatre enfans, deux fils, & deux filles, sçauoir

Le contract fut passé par deuant Fauquelin & Croizer, Notaires au Chastelet de Paris.

Henry de Lorraine Duc d'Aiguillon & 2. Duc de Mayenne aussi Pair & Grand Chambellan de France, qui vint au monde le 20. Decembre de l'an 1578. à Diion, & fut baptisé

IIiii ij

en la sainte Chappelle de la mesme ville, au mois de Feurier de l'année suiuante. Ce Prince qui porta le nom de Henry que luy donna le Roy Henry III. son parrain, a esté l'vn des plus hardis & des plus genereux Princes de ce siecle, comme il a fait paroistre en plusieurs occasions, au siege de Laon, & depuis en celuy de Soissons, où estant assisté d'vne florissante Compagnie de Noblesse, il s'enferma pour soûtenir le siege contre vne armée Royale, commandée par le Comte d'Auuergne, à present Duc d'Angoulesme: Mais comme il estoit resolu de se defendre, & de mourir à la bresche, la pique ou la pertuisane à la main, plustost que de souffrir la honte d'estre exposé en triomphe à la risée de ses ennemis: Ce siege fut leué par la mort de celuy que l'on disoit estre l'autheur de cette guerre, qui fut tué à Paris sur le pont du Chasteau du Louure le 24. d'Auril 1617. Cinq iours auparauant que le siege fust leué, ce Prince acquit bien de la gloire estant sorty tambour battant, traisnant deux canons aprés luy, ayant battu & forcé à vn quart de licuë de Soissons le braue Bussi Lamet dans son quartier, défait son Regiment, pris le Mestre de Camp & les Capitaines auec leurs drapeaux qu'il auoit arborez sur les murailles de cette ville là. Le Grain & quelques autres Historiens ont écrit que ce Prince Lorrain en ayant receu le premier la nouuelle par vne lettre que le feu Roy mesme luy en écriuit, l'enuoya au Comte d'Auuergne: mais ils en parlent à veuë de pays; car Monsieur le Duc d'Angoulesme, (lors Comte d'Auuergne) eut cette nouuelle par vn commis du President de Cheury sur les neuf heures du soir, puis sur les quatre heures du matin le sieur de Tauanes arriua de la part du Roy, & le Comte l'enuoya dire au Duc de Mayenne, qui estoit bien aduerty dés le soir auparauant de la mort du Mareschal d'Ancre, par vn nommé Saint Martin que Mr. le Cardinal de Guyse luy enuoya; mais il n'en eut nouuelles du Roy que le lendemain à midy.

Le Seigneur de Bussi Lamet a rédu depuis par sa valeur de signalez seruices au feu Roy Louys XIII

Ils en furēt tous deux aduertis en mesme temps.

Le Roy Louys XIII ayant declaré la guerre aux Rebelles de la R. P. R. ce Prince rendit de notables seruices à sa Maiesté aux Prouinces d'Agenois & de Gascongne, où les villes de Layrac, de Mas de Verdun, de Mauuezin, de l'Isle Iourdain, de Corbeiaux, d'Albias, de Realuille, de Negrepelisse, de Cauſſade, de Bourniquet, & autres eſprouuerent ce que peut vn courage animé du zele de ſa Religion; ce qu'il continua iuſques à ce qu'il fuſt tué pour le ſeruice de Dieu & du Roy le 17. Septembre 1621. deuant Montauban, au grand malheur de la France; auſſi ſon nom eſt en benediction parmy les François, qui témoignerent l'affection qu'ils luy portoiét par les regrets qu'ils firent à ſon decés, eſtant pour ſon courage, ſa candeur, ſa franchiſe digne d'vne plus longue vie. Les honneurs funebres que l'on rendit à ſa memoire en pluſieurs Egliſes & Chapelles font voir le regret de ſa perte. Cét Heros eſtoit auſſi iuſtement regretté pour n'auoir point laiſſé d'enfans de ſa femme Henriette de Gonzague de Cleues, tres-vertueuſe Princeſſe, qui mourut en couche l'an 1601. comme i'ay dit en l'Eloge precedent. Il auoit eu pluſieurs honneurs durant ſa vie: Le Roy Henry le Grand erigea Aiguillon en Duché & Pairie en ſa faueur, & l'enuoya ſon Ambaſſadeur extraordinaire vers les Archiducs Albert & Iſabelle; & le Roy Louys XIII. & la Reyne ſa mere l'enuoyerent auſſi Ambaſſadeur extraordinaire en Eſpagne vers le Roy Philippe III. pour demander à ſa Maieſté Catholique Anne Infante d'Eſpagne ſa fille aiſnée pour femme de ce Monarque, où il receut encore de plus grands honneurs. Il a eſté grand Chambellan de France, Gouuerneur de l'Iſle de France, & depuis de Guyenne. Le P. Bourdon Religieux Auguſtin & Docteur de la Faculté de Paris a fait vne Oraiſon funebre en la Chapelle des Penitens bleus de Toloſe, dans laquelle il a publié les vertus de ce Prince.

Le 2. des fils d'Henriette de Sauoye & de Charles de Lorraine Duc de Mayenne, eſtoit Charles Emanuel de Lorraine Côte de Sommeriue, qui eut pour parrain Charles Emanuel I. Duc de Sauoye; il nâquit à Grenoble l'an 1581. au grand contentement des Daufinois, qui par les courſes de bagues, les feſtins, les balets & les carouzels firent voir la ioye qu'ils auoient pour la naiſſance de ce Prince, 2. maſle du Duc & de la Ducheſſe de Mayenne, qui ſe firent aymer en cette Prouince là, non ſeulement des Catholiques, mais auſſi de ceux de la Relig. P. R. qui appelloient le Duc de

Mayenne *le Prince de la Foy*, tant il faisoit estat de maintenir sa parole. Le Comte de Sommeriue fit paroistre son adresse deuant Henry le Grand, au beau balet à cheual qui se fit en la court du Chasteau du Louure au mois de Feurier de l'an 1606. où il estoit le Chef des Cheualiers de l'air. Il mourut l'an 1609. à Naples d'vne fiéure qui l'emporta en peu de iours, reuenant de Malte, où il estoit allé chercher quelque occasion pour exercer son courage, au grand regret des siens, qui perdirent ce Prince bien nay en la fleur de ses ans, & au fort d'vne ambition martiale, qui l'auoit honorablement éloigné des douceurs de son pays, pour luy faire chercher de la gloire dans les terres étrangeres : car si ce Prince eust vécu il n'eust pas acquis moins d'honneur par sa valeur & son courage, que son parent l'incomparable Henry de Lorraine Comte d'Harcourt Grand Escuyer de France, & Viceroy de Catalogne, la terreur & l'effroy des ennemis de cet Estat, qu'il a battus glorieusement aux Isles de saint Honorat, & de sainte Marguerite, à Cazal, à Turin, & à Rose.

L'aisnée des filles estoit Caterine de Lorraine Duchesse de Niuernois (femme de Charles I. Duc de Mantouë, & mere de Louyse-Marie Reyne de Pologne) de laquelle l'Eloge se trouue dans les vies des illustres Caterines.

La 2. des filles s'appelloit Renée de Lorraine, que feu Monsieur de Laual (qui mourut en Hongrie sur la fin de l'an 1605.) deuoit épouser; mais après le decés de cet Heros, elle a esté mariée à Marie Sforce Duc d'Onano, dont elle a eu vn fils. Cette Princesse qui aymoit les belles lettres, & les plus chers nourrissons des Muses, est decedée à Rome l'an 1638. où elle a receu les honneurs de la sepulture dans l'Eglise de la Maison Professe des Peres Iesuites, dite le IESVS.

Henriette Duchesse de Mayenne éleua auec ses filles cette tres-pieuse Heroïne Anne de Caumont Duchesse de Fronsac, & Comtesse de S. Paul (dont la vie est écrite dans les Eloges des Annes illustres) depuis qu'elle fut liurée par sa mere au Duc de Mayenne : car Marguerite de Lustrac Dame de Caumont, après la mort de son gendre le Prince de Carency de la Maison de la Vauguion, supplia Charles Duc de Mayenne qui estoit en Guyenne (où il faisoit la guerre pour le Roy Henry III. aux Religionnaires rebelles) de luy accorder en mariage son fils aisné pour sa fille, elle luy presenta la carte blanche pour en vser comme il voudroit. Les affaires de la guerre ne permirent pas au Duc de Mayenne de s'y resoudre, ny de faire autre réponse, sinon que son fils estoit ieune, & desiroit qu'il apprist à seruir les femmes premier que de leur commander; mais comme elle vid qu'il estoit sur le poinct de retourner à la Cour, elle renouuella auec plus d'ardeur cette poursuite, adioustant que dés à present elle luy remettoit le Chasteau de Caumont, & de considerer qu'il seroit mal-aisé de rencontrer vne plus grande commodité, leurs biens estans enclauez les vns dans les autres, il sembloit qu'ils deussent estre reünis en vne mesme Maison, comme ils en estoient sortis. Il ne voulut pas negliger cette occasion, & y alla d'autant plus vertement qu'on luy donnoit auis que le Vicomte de Turene, nouueau Religionnaire (depuis Duc de Boüillon & Mareschal de France) le vouloit preuenir: Il se presenta au Chasteau où estoit la Princesse de Carency, fille de la Dame de Caumont, dit à celuy qui en auoit la garde qu'il estoit là pour la receuoir côme la promise de son fils: elle fut amenée à la porte, montée dans le carosse de la Duchesse de Mayenne, & conduite à Luzignan; & tout cela se fit si doucement, qu'il n'y eut ny coup ny parole donnée mal à propos. Le President de Thou (comme i'ay remarqué en la vie de la Comtesse de S. Paul) en parle en faueur de Monsieur de Mayenne.

Ie n'ignore point que cette action depleut au Roy Henry III. & que les interessez dirent que c'estoit vn pur rauissement: il s'en offensoit par cette raison qui ne permet pas aux Princes de marier leurs enfans sans son consentement: le Duc & la Duchesse de Mayenne disoient que leur intention n'auoit point esté de l'offenser, mais d'empescher & preuenir les desseins qui pouuoient fortifier & authoriser les ennemis de sa Maiesté, & ne defaillir à eux-mesmes. Ils enuoyerent au Roy pour le supplier de ne le trouuer pas mauuais, d'autant que les confiderations generales de fon feruice y auoient eu autant ou plus de part que les leur particulieres: il ne fe contenta point de cela, & commanda que la Princeffe de Carency ou Marquife de Fronfac fuft mife en liberté: le Duc & la Duchesse de Mayenne remonstrerent que ce qu'ils auoient fait eftoit fur le confentement de la mere, & des plus proches parens, que c'eftoit la femme de leur fils, & ne pouuoit eftre en meilleure main qu'aux leurs, que le Roy s'offenfoit du feruice qu'on luy auoit rendu, parce que ce mariage ramenoit en fon obeïffance plufieurs bonnes places de Guyenne qui appartenoient à cette heritiere. Il fut arresté que la Marquife feroit remife entre les mains de la Reyne Louyfe, & que la Reyne la remettroit en celles de la Duchesse de Nemours, mere du Duc de Mayenne: ainfi cela fut accommodé. Depuis la Duchesse de Mayenne eut toufiours auprés de fa perfonne la Marquife de Fronfac, qu'elle éleua auec fes filles, & prit le foin de la faire inftruire en la Religion Catholique, aprés luy auoir ofté fa Gouuernante & fes Demoifelles qui faifoient profeffion de la R. P. R. Ce n'eft pas vne petite gloire à Henrye de Sauoye Duchesse de Mayenne d'auoir fait embraffer la vraye Religion à Anne de Caumont Comteffe de S. Paul, qui a tant fait de bonnes œuures aprés fa conuerfion à la foy Catholique.

Cette Princeffe de la Maifon de Sauoye eftoit fort fage & fort deuote. La pieté luy a toufiours fait vne fidelle compagnie; fon Hoftel eftoit vn feminaire de vertu, vne pepiniere de deuotion, & comme l'Academie de la gloire. Il y a encore plufieurs perfonnes en vie qui ont eu le bon-heur de voir cette vertueufe Princeffe, & qui fçauent le bel ordre qui eftoit en fa Maifon. La probité, la modeftie, la chafteté, l'humilité, la prudence, la charité & la temperance ont efté les vertus qui l'ont renduë plus recommandable. Pour preuue de cela, ie rapporteray deux exemples fort notables de fa temperance, d'où nous pouuons recueillir la difpofition de fon efprit és autres parties de cette vertu là. Cette Princeffe fe trouuant en Gafcongne, où elle poffedoit de grandes & de riches Seigneuries voifines d'vn

DES DAMES ILLVSTRES. 809

celebre Monastere de filles, dit le Paradis, Religion digne de ce beau nom, (tant à cause du Fondateur nommé Herman de Paradis, comme aussi parce que cette Maison là ne respire que le Ciel) cette Duchesse ayant la permission du Pape d'entrer aux Maisons des Religieuses, ne voulut iamais vser de son pouuoir, afin que son exemple seruist de barriere à tout le pays, faisant entendre que les vierges voilées ne deuoient pas estre veuës des hommes, puis qu'elles se sont consacrées à la diuinité comme épouses de IESVS-CHRIST.

L'autre a esté à Soissons y ayant fauorisé d'vn grand zele l'Euéque Hierôme Hennequin en la iuste seuerité, qui le porta à l'entiere closture des Religieuses de tout son Diocese, sçachant que la femme peut d'ordinaire plus exceder en malfaisant, qu'exceller aux bonnes œuures. Ce bon Prelat donc veillant sur son Troupeau, iugeoit tresbien que la fragilité de ce sexe là, mesmement en la ieunesse, & singulierement en ce temps corrompu a besoin pour sa tutelle d'vn mary, ou d'vn mur: c'est pourquoy il renouuella l'ancienne discipline de la closture: surquoy il receuoit plusieurs empeschemens que cette Duchesse auec le Duc son mary retrancherent de tout leur pouuoir, arrestant par authorité & par de belles remonstrances quelques ieunes Seigneurs, qui ne consideroient pas assez l'importance de cette profanation des Temples viuans de Dieu, en presence duquel on s'essaye de commettre ces execrables sacrileges, qui crient vengeance contre nous, & attirent l'indignation du Ciel.

Cette Princesse & le Duc son mary, ont laissé des marques de leur pieté & de leur liberalité en plusieurs Eglises de Soissons, entre autres à celles de sainte Caterine Vierge & Martyre, ou des Minimes: aussi en reconnoissance de leurs biens-faits, il ont esté declarez Fondateurs du Conuent de Soissons, auec le commun consentement des Religieux qui assistoient au Chapitre General tenu l'an 1605. au Conuent de IESVS MARIA, prés de Génes, auquel presidoit le R. Pere Pierre Hebert, François, XXXII. General de l'Ordre, dont le nom est en benediction parmy nous.

La Nouius in Chronico Minimorum Generali.

KKkkk

810 VIES OV ELOGES DES DAMES ILLVSTRES.

Le Conuét des Minimes de Soiſſons reconnoiſt pour premier Fondateur le V. P. Pierre Moreau, de bien-heureuſe memoire.

Elle aſſiſta tres-charitablement les pauures honteux qui eſtoient en cette ville là, où non ſeulement ſa memoire eſt venerable pour ſes vertus, mais auſſi à Diion, à Grenoble, & aux autres, où elle a fait ſon ſejour auec le Duc ſon mary, que pluſieurs ont loüé pour auoir eſté homme de bonne foy, Prince tres-auiſé, & tres-grand Capitaine, & qui n'a iamais hay le Roy Henry IV. & le-Royaume. Elle véquit en grande paix & amitié auec ce ſage Prince, qui mourut au commencement d'Octobre de l'année 1611. eſtant de retour d'vn pelerinage qu'il venoit de faire à Noſtre-Dame de Lieſſe. Cette bonne Princeſſe voyant ſon mary ſi malade tomba auſſi en indiſpoſition pour la crainte qu'elle auoit de le perdre : mais depuis ſon decez,

Le cœur de Charles Duc de Mayenne, fut porté en l'Egliſe des Minimes de Soiſſons.

elle fut ſi touchée de la perte de ce bon Prince, (de qui on dit qu'elle ne s'eſtoit iamais non plus éloignée que Mercure de ſon Soleil) que peu de iours aprés ſa mort elle rendit ſon ame à Dieu, ayant receu les Sacremens auec feruuer: tellement que leurs corps n'eurent qu'vne méme ceremonie, & pompe funebre à ſaint Geruais de Soiſſons, où Monſieur l'Euéque de Soiſſons, Hierôme Hennequin fit les obſeques, & le R. Pere Iean Gontery de la Compagnie de IESVS prononça l'Oraiſon funebre, qu'il a depuis fait imprimer. L'Abbé de Cornar, le ſieur de Neruese, & les autres qui ont écrit des Diſcours funebres, ou la vie de Charles Duc de Mayenne, parlent touſiours auec Eloge de cette vertueuſe Princeſſe ſa femme qui eſtoit couſine iſſuë de germaine du Roy Henry le Grand. Anne de Caumont Comteſſe de ſaint Paul, ayant appris à Amiens la nouuelle du decez de cette Princeſſe, & du Duc Mayenne ſon mary, leur fit rendre les derniers deuoirs par des pompes funebres, en l'Egliſe de Noſtre-Dame, par reconnoiſſance d'auoir eſté conuertie par leurs ſoins, à la Religion Catholique.

TABLE FORT AMPLE DE TOVTES LES CHOSES
plus remarquables contenuës en ce premier Tome des Vies & Eloges des Dames Illulustres.

A

BBAYE de saint Denis, Mauzole de nos Roys, 11, 440.

Action charitable d'Anne Comtesse de saint Paul enuers vne petite fille, 103. vne pauure femme, 114, 115. de la Comtesse de Tonnerre enuers vn mort, 385. de la Dame de la Guiche enuers les paures, 167. d'vne rustique Hollandoise enuers son mary, 355, 356, 357. de la Reyne Elizabet femme du Roy Charles IX. enuers vne pauure fille, 568.

Action de pieté de Caterine de Medicis Duchesse de Mantoüe, 425.

Action genereuse de Caterine Sforce, assiegée dans la Rocca par Cesar Borgia, 224. de Mandelle Caietan pour sauuer ses enfans, 738, 739. de Marie de Barbançon, assiegée dans Behegon par Montaré, 212, 213. de Camille Macedonia, 218, 219. de Constance d'Aualos, 488, 489.

Voyez generosité.

Adresse de l'Infante Isabelle, admirée des habitans de Bruxelle, 666.

Aduersité & calomnies supportées, declarées par vn Aigle qui méprise la Corneille, 789.

Aduersitez constamment supportées par Isabelle Reyne de Hongrie, 631, 632, 633, 634, 635, 639, 640, 649. par Isabelle Reyne de Danemarc, 661. par Beatrix Duchesse de Sauoye, 179. par Anne de Caumont, 102, 103. par Anne de France Duchesse de Bourbon, 51.

Aigles se plaisent en l'air, & aux lieux hauts, 285. sont les symboles des Roys, & des Souuerains genereux, *là mesme.*

Aiguemeau, Isle prés de Bayonne, sa description, 243, 244, 245

Aiguillon, *Voyez* Mayenne.

Albert Archiduc d'Austriche, quitte son Chapeau à Nostre-Dame de Hault, & le renuoye au

KKkkk ij

Pape, 669, 670. va en Alemagne, 670. son desir d'épouser l'Infante sa cousine, 667. l'épouse à Ferrare & à Valence, 671, 672. retourne en Flandre par l'Italie, 672. 673. admire l'adresse de sa femme 666. Prince pacifique va saluer l'Imperatrice sa mere, 671. mene la Reyne Marguerite d'Austriche en Espagne, *là mesme*. sa mort, 685. ses obseques, 686. *Voyez la Table du II. Tome.*

Albert de Gondy Duc de Raiz, fauory du Roy Charles IX. loüé, 331, 549, 550. est enuoyé Ambassadeur en Alemagne, *là mesme. Voyez la Table du II. Tome.*

Alerions ou Aiglettes se mettent és Armoiries de plusieurs illustres Familles, 382.

Alexandre I. Duc de Florence, frere paternel de la Reyne Caterine, 226. procés qu'a eu cette Réyne, contre sa veuve Marguerite Duchesse de Parme, 246, 247. *Voyez la Table du II. Tome.*

Alexandre Cardinal de Florence Legat en France, receu à Paris, 372. donne la Benediction à feuë Mademoiselle de Bourbon, depuis Princesse d'Orange, 371. l'absolution à la Princesse de Condé, 374. la communion, 375. fait la paix entre les Roys de France, & d'Espagne, 668. traite magnifiquement les Princesses de France à Roüen, 375.

Alfonse II. Duc de Ferrare, 62, 536.

Ambassadeurs de diuers Princes qui briguent la Couronne de Pologne, 23, 24, 25, 35, 36.

Ambassadeurs de Pologne bien receus du Roy Charles IX. 333. admirent le sçauoir de la Comtesse de Raiz, 334.

Ambassadeur de Suede à Rome, 276. du Moscouite, qui demande en mariage Caterine Reyne de Suede, 272.

Ambassade du Duc de Raiz, & de Monsieur de Villeroy pour le mariage du Roy Charles IX. 549, 550.

Ambassade du Duc de Mayenne en Espagne, pour le mariage du Roy Louis XIII. & de la Reyne, 597. du Duc de Pastrane en France, pour le mariage de Madame Elizabet de France, & de Philippe IV. Roy d'Espagne, 597. 598. de Charles Duc de Neuers, à Paul V. pour le Roy Henry le Grand, 795, 796. *Voyez la Table du II. Tome.*

Ambassade du Duc d'Aiguillon, pour Henry IV. vers les Archiducs de Flandre, 675.

Amboise Maison Royale où ont esté éleuez plusieurs enfans de France, 446, 447. la fille du Roy Charles, 564, 565.

Amour de Dieu & l'amour du prochain vnis estroitement, 362.

Amour de Dieu, a fait quitter les honneurs & les plaisirs du monde à la Marquise de Belle-Isle, 150, 151, 152. son détachement des creatures, 318. à la Comtesse de Chaligny, 464, 465, 466. à Charlote de Bourbon, Comtesse de Neuers, 399. aux Comtesses de saint Paul, & de Cheurieres, 108, 771.

Amour de Dieu, different de celuy du monde, 719.

DES CHOSES PLVS REMARQVABLES.

Amour coniugal signifié par la main droite, 16, 173. *Voyez le II. Tome.*

Amour de Caterine Herman pour son mary, 355, 356, 357. de Claire Ceruente, 433, 434. de Bonne Reyne de Pologne, 197, 198. d'Elizabet d'Austriche Reyne de France, 573, 574. d'Elizabet de Gonzague, 700, 701. de Caterine d'Austriche Duchesse de Sauoye, 282, 283. de Charlote Duchesse d'Angoulesme, 394, de Bonne Lombarde paysane, 210, 211. de Caterine Reyne de Suede, 268. de Christine Duchesse de Toscane, 430. d'Eleonor de Tolede Duchesse de Florence, 536, 537. d'Argentine Pallauicin, 172. de Camille Pallauicin, 215. de Felice de saint Seuerin, 734, 735, 736, 737. de Mandelle Caietan, enuers ses enfans, 737, 738, 739, 740.

André d'Austriche, Cardinal Gouuerneur, des Pays-bas, 669.

André Bathory, *Voyez* Bathory.

André Dudith, brigue le Royaume de Pologne pour les Princes de la Maison d'Austriche, 24, 25. quitte ses Euéchez pour épouser vne belle Polonoise, 25, 26. fait profession de l'heresie, voyant que l'on n'auoit pas permis à Trente aux Euéques de se marier, 25.

Angelique Dame de Zerigo, prisonniere des Turcs, sort de leurs mains, & son histoire admirable, 124, 125, 126, 127, 128, 129, 130, 131, 132, 133, 134, 135.

Ange de Ioyeuse Capucin, aprés la mort de sa femme Caterine de Nogaret, 340, 341. sa bonne conduite auec cette vertueuse Dame, 338, 339.

Angoulesme, Maison d'Angoulesme loüée, *Voyez* Charles de Valois, Diane I. de France, François I. *Voyez la Table du II. Tome.*

Anne de Bretagne Reyne de France, sa naissance, & ses loüables qualitez, 4. a épousé deux de nos Roys, 5, 6. a eu huit enfans, *là mesme.* Auoit vn grand soin de ses demoiselles, 8. sa liberalité enuers les Heros, 6. sa pudicité, & son amour vers cette vertu, 9, 12, ennemie de l'oisiueté, 9. & de l'impudicité, 54, 55. les Roys de Hongrie & d'Espagne recherchent ses Demoiselles en mariage, & les épousent, 8. sa mort, & sa deuise, 12. le regret du Roy Louis XII. à sa mort, 10. honoroit le saint Siege, 7. voüé sa fille aisnée à saint François de Paule, 438, le fait beatifier, 446. n'aimoit point la mere du Roy François I. *Voyez au II. Tome.* le Mareschal de Gié, 7.

Anne Iagellon ou de Pologne, Reyne de Hongrie, sa naissance, veut estre couronnée Reyne, *au II. Tome*, ses enfans, 15, 16, 262, 263, 541. meurt en couche, 16. sa deuise, 17.

Anne d'Austriche Reyne d'Espagne, sa naissance, 17. est demandée en mariage par Philippe II. 17, 18. arriue au Pays-Bas, 18. est mariée, *là mesme.* a esté fort vertueuse, 19, 20. ses enfans, 18, 19. sa mort & sa deuise, 20, 21. loüée par saint Charles, 21.

KKkkk iij

Anne Iagellon, Reyne de Pologne, sa noblesse, 21, 196, 267, 622. pert le Roy son pere, 22. ses déplaisirs durāt le Regne de son frere, 22, 23. brigue le Royaume de Pologne pour le Roy Henry III. 25, 26. estoit passionnément amoureuse de ce Prince, 28. rend les derniers deuoirs au Roy son frere. 39. brigue le Royaume de Pologne pour Estienne Bathory, 30. l'espouse, 31. s'oppose à l'Empereur Maximilien II. là mesme, enuoye Paul Vcanasky Ambassadeur à Rome, 32, 418. vit en bonne intelligence auec l'Empereur Rodolfe, 32. reçoit le Pere Posseuin en Pologne, & l'enuoye en Moscouie, & en Suede, 33, 276. son zele pour la Religion Catholique, 33, 34, 276. demeure veuue, 35. fait élire son neueu le Prince de Suede, Roy de Pologne, 36. sa ioye le voyant Catholique, & victorieux de ses ennemis, 38. sa mort & ses obseques, 39.

Anne d'Austriche, premiere femme de Sigismond Auguste, loüée pour sa vertu & sa beauté, 200.

Anne d'Austriche Reyne de Pologne, sa naissance, 40. sa vertu & sa pieté, 40. 41. premiere femme de Sigismond III. 41, 42. sa prudence épousant ce Monarque, 42. sa mort & son Eloge par Clement VIII. 43. ses enfans, 44. son mary épouse sa sœur, 44. 45.

Anne de France Duchesse de Bourbon, sa naissance, 46. épouse Pierre Seigneur de Beauieu, 47. Regente en France, 47, 48. fait la guerre aux mécontens heu-reusement, 48. son mary succede au Duché de Bourbon, 48, 49. adresse de cette Princesse, 49. ses enfans, là mesme, rend les derniers deuoirs à son mary, 50, 51, 52. ses pieuses fondations, 54. son amour pour l'honnesteté, & son auersion contre l'impudicité, 54, 55. son Palais estoit l'Academie de la vertu, 55, 56. ses déplaisirs & sa mort, 53. sa deuise & celle de la Maison de Bourbon, 56, 57.

Anne Geneuieue de Bourbon, Duchesse de Longueuille, loüée, 372. Voyez le II. Tome.

Anne de Montafié Comtesse de Soissons, sa naissance, 59. recherchée par plusieurs Seigneurs, est mariée à Charles de Bourbon, Comte de Soissons, 59, 60, 61. perd sa mere le iour de ses noces, 61, 62. vit paisiblement auec ce Prince, 62, 63. ses enfans, 63, 64. sa constance en ses afflictions, 64, 65. sa mort, 66. honneurs rendus à sa memoire, 67, 68.

Anne d'Est Duchesse de Guise, & de Nemours, 69. fille d'Hercule Duc de Ferrare, & de Renée de France, 69, 85. vient en France où elle épouse le Duc de Guise, 70, 71, 72. son pere la voulut marier à Sigismond Auguste Roy de Pologne, 70. assiste le Duc de Guise à sa mort, 73. 74. demande iustice de l'assassinat commis en la personne de ce Prince, 74, 75. épouse en secondes noces le Duc de Nemours, 76. ses enfans du Duc de Guise son premier mary, 72, 73. les enfans qu'elle a eus du Duc de Nemours, 79. fait bastir le Chasteau de Vernueil, 77, 76. est veuue du

Duc de Nemours, 79. ſa conſtance, & ſes autres vertus, 81, 82. honorée par le Clergé de France, 78, 79. eſtoit ſçauante, 70. obtint le Duché de Chartre ſur le Duc de Modene, 82, 83. ne querelle Ferrare auec Clement VIII. 82. aſſiſte au mariage de Charles IX. 555. au Couronnement & à l'Entrée de la Reyne Eliſabet, 558. va receuoir la Reyne Marie à Marſeille, 83. ſa mort, 84. ſon Epitaphe, 85, 86.

Anne de Valois, ou d'Alençon, épouſe le Marquis de Mont-Ferrar, 86, 87. ſes enfans, 87. ſes vertus, 88. ſa belle deuiſe, 89.

Anne de Lorraine, Ducheſſe d'Aumale, nourrie prés de l'Infante, 684, 685. femme de Henry de Sauoye, Duc de Nemours, 80. ſes enfans,   là meſme.

Anne de Caumont, ſon pere & ſa mere, 90. ſa naiſſance, là meſme. herite de ſa sœur vterine, 91. de ſon frere Iean de Caumont, 92. recherchée en mariage par pluſieurs Grands Seigneurs, 92, 93. eſt enleuée par Mr de la Vauguion, 94. épouſe le Prince de Carency, 95. aprés la mort de ce Seigneur, elle eſt enleuée par Charles Duc de Mayenne, 95, 96, 807, 808. ce Duc luy oſte toutes les Dames huguenotes qu'elle auoit auprés de ſa perſonne, 96. fait profeſſion de la Religion Catholique, 97. ne veut pas épouſer le Marquis de Vilars, 98. eſt découuerte voulant ſe dérober de Soiſſons, 99. épouſe le Comte de Saint Paul, 100. ſes afflictions durant les guerres, 101. à la priſe d'Amiens, 102, 103. elle accouche d'vn fils par vn accident funeſte, 104. accouche heureuſemét du Duc de Fronſac, 105. ſa conſtance à la mort de ce genereux Prince, 107. ſe détache entierement du monde, 108. rend les deuoirs à la memoire de ce Prince, 118. au Comte ſon mary, 109. ſes vertus, & ſes ſaints exercices, 109, 110, 111, 115, 116, 117. ſa charité enuers vne pauure petite orfeline, de laquelle les parens eſtoient morts de peſte, 103. enuers vne pauure femme tres-puante, & tres-miſerable à Orleans, 114, 115. ſa deuotion au bon Larron, 120, 121. rend les honneurs à la memoire du Duc, & de la Ducheſſe de Mayenne, 810. à Mademoiſelle de Longueuille, 321. fonde les Minimes à Chaſteauthierry, 118. ſes liberalitez & ſes biens-faits, enuers les Peres Ieſuites, 119, 120. Fonde vn Conuent de Religieuſes de ſaint Dominique à Paris, 118, 119. y a eſté enterrée, 121. ſon zele pour la Religion Catholique, 120. ſa deuotion au ſaint Sacrement, 97. ſa modeſtie à ne loüer ny ne blaſmer les perſonnes extraordinaires, 116, 117. eſtablit les Capucins à Chaſteauthierry, 118. & des Religieuſes à Amiens, & à Abbeuille, 119. aymoit les ſenteurs, 115. tombe malade, & ſa belle fin, 111, 112, 113. les paroles qu'elle dit receuant la nouuelle de la mort de ſon fils, 107. à ſes filles qui luy vouloient faire parler à vne Dame d'vne deuotion extraordinaire, 117. en faueur du bon Larron, 120, 121. quãd elle receut le viatique 112. l'Extreme Onction, 113.

Anne fille d'Anuers, Voyez Binse.

Anne de saint Bartelemy, vient en France, 312, 313. honorée de l'Archiduchesse, 690. Voyez son Eloge au II. Tome.

Anne de Paris, Martyre, son Eloge, 732, 733.

Anne Marquise de Pembroc, dite de Boulen, description de sa beauté & laideur, 254. a esté nourrie en France, 253. mere d'Elisabet Reyne d'Angleterre, se réiouït de la mort de la Reyne Caterine, & à la teste coupée, 257.

Anne Dame Grecque de Zerigo, Voyez Angelique.

Anne Duc de Ioyeuse, Voyez Ioyeuse.

Anne Duc de Montmorency, Voyez Montmorency.

Annonciades de France ou de Bourges, establies à Brusselle par l'Infante Isabelle, 689, 690. Voyez la table du II. Tome.

Annonciade d'Italie ou de Génes, fondées à Lyon par Madame de Cheurieres, 770. Voyez la Table du II. Tome.

Antoine Roy de Nauarre conduit Elisabeth de France en Espagne, 580.

Antoinette de Bourbon, sa naissance, 136. ses Eloges, 137. épouse Claude Duc de Guise, 136, 137. sa constance en la mort de son mary, & son amour à sa memoire, 137, 138. ses enfans & le soin qu'elle a pris de les faire bien instruire, 138, 139. sa modestie, & sa bonté, 140, 141. sa pieuse liberalité, 142, 144, 145. son zele pour la vraye Religion, 143. la haine que luy portoient les Ministres qui l'ont iniuriée en leurs Presches, 142. les honneurs qu'elle a receu durant sa vie, 139, 140. sa charité pour les pauures, 144. sa belle mort, 146. sa deuise, 147. sa prudence en la distribution de ses aumosnes, 145. sa deuotion à la sainte Hostie de Diion, là mesme.

Antoinette d'Orleans, Marquise de Belle-Isle, sa noblesse, 148. épouse ce Marquis, & ses enfans, 148, 149, 318. estant veuue quitte les Duchez & les honneurs, pour estre Fueillantine, 149, 150. se retire au desceu de ses parens, de Bretagne à Tolose, 150, 151. sa constance auec ses parens, & l'Euéque de Bayonne, 151. est receuë Fueillantine, 152. & estant Prieure, Clement VIII. luy commanda de prendre l'Administration de Font Euraud, là mesme. arriue à Font-Euraud, 153. elle prend l'habit de cét Ordre là, 154. obtient de Paul V. sa demission d'Abbesse de Font-Euraud, 155. sa renonciation, 156. se retire à l'Encloistre, là mesme. son amour à la solitude, & à la retraite, 157, 158. son humilité, 162. sa deuotion à la montagne de Caluaire, & à la grotte de saint Benoist, 159, 160, 161, 162. fonde la Congregation des Benedictines du Caluaire, 161, 318, 320. sa mort, 162, 319, 320. sa constáce en la mort d'vn de ses enfans, 318. ses dernieres paroles, 318, 320. est enterrée aux Fueillantines de Tolose, 320. les Conuents de son Ordre, 163. loüée par les PP. Richeo-

Richeome, & Louis Iacob, 163, 321. *Voyez la Table du II. Tome.*

Antoinette de Daillon, sa noblesse, 164. est donnée à la Reyne Louise, 165. épouse Monsieur de la Guiche, 165, 166. ses enfans, 166, 167. sa deuotion, 167. fonde vn Conuent de Minimes à la Guiche, 168. sa prudence en ses visites, 168, 169. son zele au salut des ames, 169. sa mort, 170.

Antoinette de Lorraine, Abbesse de Ioüare, *Voyez* Ant. de Bourbon.

Antoinette de la Marc premiere femme d'Henry Duc de Montmorency, Connestable de France, 383. Dorat a chanté les loüanges de son mariage, *la mesme*. peu aymée de son mary quelques années, 384. sa generosité pour son époux le seruant à la prise du Pouzin, & d'Aiguemortes, *là mesme*. ses enfans, 384, 385.

Arbres plantez dans l'Isle d'Aiguemeau par artifice, agreables à voir, à l'entreueuë du Roy Charles, & de sa sœur Elizabet Reyne d'Espagne, à Bayonne, 244.

Arbre battu des vents, pris pour deuise par Alfonse III. Roy de Portugal, 179.

Arbre fendu par le tonnerre, pris pour deuise par Catherine Reyne de Pologne, & Duchesse de Mantouë, 292, 296. *Voyez la Table du II. Tome.*

Arbre verdoyant qui sort d'vn tombeau, pris pour deuise par la Duchesse de Valentinois, 50.

Arc en Ciel, symbole de paix & de sereuité, pris pour deuise par la Reyne Caterine de Medicis, 248, 249.

Archidue Albert, *Voyez* Albert.

Archiduchesse, *Voyez* Elizabet Claire Eugenie, *& la Table du II. Tome.*

Argentine Pallauicin, de noble Maison, 171. aymoit la vertu & les vertueux, 172. son affection pour son mary, *là mesme*. son courage, son sçauoir, & sa prudence, 173. sa deuise, 173, 174.

Aubigné repris en faueur de Messieurs les Princes de la Maison d'Orleans-Longueuille, 305, 306.

Auger de Ghilin, sieur de Boesbecq, Agent de la Reyne Elizabet, veuue de Charles IX loüé pour son sçauoir & sa vertu, 171, 172.

Austriche, Maison tres illustre, loüée, 359, 362, 548. Princesses de cette Maison qui ont des Eloges dans ce premier Tome des Vies des Dames Illustres, 17, 40, 259, 262, 280, 358, 523, 547, 660, 663.

B

BAGVE donnée par Madame Elizabet de France, au Carouzel, 597.

Ballet à cheual, fait dans la cour du Louure, l'année 1606. 806.

Ballet des douze Nymphes dansé à Saint Germain, deuant le Roy Henry le Grand, par ses enfans, 592. loüé & admiré des Estrangers, *là mesme.*

LLlll

TABLE FORT AMPLE

Ballet Comique de la Reyne Louise, *Voyez le II. Tome.*

Baptême de la fille du Roy Charles IX. 564. de l'Infante Isabelle Claire Eugenie, 664, 665.

Barbe Zapoly Reyne de Pologne, obtient la victoire par prieres sur les Moscouites, pour le Roy son mary, 176. sa belle deuise, 177.

Barbe Razziuil Reyne de Pologne, aymée du Roy Sigismond Auguste, 200. riotes pour son mariage, 201. sa mort, *là mesme.*

Barbe Aurillot, dite sœur Marie de l'Incarnation, recommande à Mademoiselle de Longueuille, l'establissement des Carmelites en France, 311. *Voyez le II. Tome.*

Baron de saint Remy François, terrasse vn Geant en Espagne, & est couronné de fleurs par les Dames, 799.

Batailles de Coutras, 369, 370. d'Arques, 386. d'Iury, 386, 387. de Fontaine-Françoise, 298, 390, 391. d'Orso, 176. de Lepanthe, 125, 126. d'Alcasar, 265.

Bathory, Maison de Hongrie, loüée, 30, 31.

Bathory, Maison de Hongrie, Heros de cette Maison, 30, 34.

Les Bathors de Bathory, les Bathorys de Somlio, 30, 31.

André Bathory assiege vne place, pour la Reyne Isabelle, 657.

Christofle Bathory, Ambassadeur de la Reyne de Hongrie Isabelle, vers le Roy Henry II. *là mesme.* est Prince de Transyluanie, 34.

Estienne Bathory, éleu Prince de Transyluanie, 660. Roy de Pologne, 30, 660. épouse Anne Infante de Pologne, 31. enuoye vn Ambassadeur au Pape Gregoire XIII. 32, 418. s'oppose aux desseins de l'Empereur, & du Moscouite, 31, 32. sa valeur, & sa pieté, 33, 34. sa mort, 35.

Sigismond Bathory, 657. *Voyez la Table du II. Tome.*

La diuision des Bathorys & des Zapolis, dommageable à la Hongrie, 624.

Bauiere, Maison d'Alemagne, loüée, 359.

Bayonne ville frontiere, voyages de Bayône, 242, 603. gentillesses & galanteries qui se sont faites à l'entreueuë du Roy Charles IX. & d'Elizabet Reyne d'Espagne, 242, 243, 244, 245, 586, 587. *Voyez la Table du II. Tome.* à l'échange d'Anne Reyne de France, & d'Elizabet Princesse d'Espagne, 603, 604, 605.

Beates de IESVS MARIA, 582.

Beatrix de Portugal Duchesse Sauoye, 178. sa constance & ses autres vertus, 179, 181. auoit trois flambeaux pour sa deuise, 180, 181.

Beatrix de Sylua, Demoiselle fort chaste, sa noblesse, 181. sa beauté extreme cause de grands malheurs, 182. mal traittée comme vne fille perduë, 183, 184. est visitée par la tres-sainte Vierge, 184. fonde vn Ordre en l'honneur de la Conception de Nostre-Dame, 184, 185. sa mort, 185. a esté quarante ans sans voir ny estre veuë de personne, 184,

189, 190. son Ordre a subsisté malgré les efforts des Demons, 186, 187, 188. Autheurs qui l'ont loüés, 188. distique en son honneur, 189. honorée par Elizabet de Castille, Reyne d'Espagne, 184, 185. 601. *Voyez* Ordre de la Conception.

Beatrix Pie, Dame fort docte & sçauante, cherie pour son sçauoir des Padoüans, & des Ferrarois, 192, 193. ennemie des flateurs, 171. fort humble, 193.

Beauté vaine, passagere & dangereuse, 168, 217, 218, 490.

Benedicte, Princesse de Mantoüe, Abbesse d'Auenay, son Eloge, 190.

Bethisia Gozzadina, fille Bolognoise, fort docte & sçauante, 522, 523.

Bettina Calderina, Dame de la mesme ville, lisoit à Padoüe durant la maladie de son mary, 521, 522.

Bidasse ou Marguery, riuiere qui diuise la France de l'Espagne, *Voyez* Echange.

Binse fille d'Anuers, fort pieuse & sçauante, 122, 123.

Binse, Chasteau en Transylunie, où a esté assassiné le Moyne George, 654.

Blanche Borromée, la gloire des Dames de Padoüe, & de Ferrare, 194, 195.

Boesbecque, *Voyez* Auger de Ghilin.

Bonne Sforce épouse Sigismond I. Roy de Pologne, 196, 197. ses enfans, 21, 197, 267, 652. son amour enuers son mary, 198, 199. son differend auec Sigismond Auguste Roy de Pologne son fils, 200, 201, 652, 653. se retire en Italie au Royaume de Naples, aprés la mort de son mary, 652, 653. assiste Isabelle Reyne de Hongrie sa fille 202, 650, 656. enuoye Labosky en Ambassade, à Ferdinand Roy des Romains en faueur de cette Princesse, 202, 650. bien receuë des Venitiens, & son entrée à Venise, 206, 207. épouse Laurent Papacoda Seigneur Neapolitain, 207. reçoit en Pologne sa fille Isabelle Reyne de Hongrie, 202, 650. le suiet de son differend auec son fils Sigismond Auguste, 200, 201, 202, 205, 652, 653, 654. sa mort, 207, 659. a esté empoisonnée par Papacoda, 659. son testament, par lequel elle desherite ses enfans, & institüe Philippe second Roy d'Espagne, a esté supposé, 207. 659. détourne par ses lettres sa fille la Reyne de Hongrie, de faire alliance auec le Roy Henry II. 658. estoit honorée au Royaume de Naples, selon le rapport d'vn Seigneur Polonois, de la Maison de Radziuil, 208, 209. s'estoit reconciliée auec le Roy de Pologne son fils, lors qu'elle mourut, 207, 208, 659. auoit dessein de retourner en Pologne, *là mesme.*

Bonne Lombarde Paysane, a aymé son mary, & a procuré sa liberté, 210. ses faits d'armes, 210, 211. meurt en Calcide, 212.

Bonté du Roy Henry IV. & de Louis XII. 373.

Bourbon Maison Royale loüée, & le iugement qu'en a fait Bal-

de, 56.
Princesses de la Maison de France, de la Branche de Bourbon, qui ont des Eloges en ce premier Tome, 136, 395, 753.
Bude, ville capitale de Hongrie, surprise par Solyman, auec perfidie, sur Isabelle Reyne de Hongrie, & son fils, 634, 635, 637, 638. assiegée par Ferdinand Roy des Romains, & defenduë par le Moyne George, 631. Charles Duc de Neuers, blessé deuant cette place, 793.

C

CAMILLE Pallauicin a esté mariée deux fois, 213, 214. son amour vers son second mary, 215, 216. sa belle Deuise, 217, 218.

Camille Macedonia, Dame vaillante & courageuse, 218, 219.

Camille Piscicella, Dame pieuse, 219, 220. sa deuise, 220, 221.

Camille, grand Capitaine Romain, 736.

Capucins, assistent des esclaues Chrestiens en Alger, 129. fondez par la Duchesse de Camerin, Voyez Ordre.

Carousel celebré à Paris, l'an 1612. 595, 596, 597. Voyez la Table du II. Tome.

Cassandre, fidelle Dame Venitienne, très sçauante, 221. soûtient des Theses publiquement, 222. loüée par Ange Politian, & autres doctes hommes, 222, 223.

Casimir Duc de Lituanie saint, 361, 656. son corps trouué frais & entier, 656. Voyez la Table du II. Tome.

Caterine née en Alger, vient à Rome auec sa mere, 135.

Caterine de Medicis Duchesse de Mantouë, enuoye vne boëte pleine de disciplines & de haires, à sa mere Christine de Lorraine, 425.

Caterine de Medicis Reyne de France, sa naissance 224. ses parens paternels & maternels, 424, 435. éleuée dans vn monastere, 226. court vn grand danger de l'honneur & de la vie, durant le siege de Florence, 227. épouse Henry Duc d'Orleans, depuis Roy de France, 228, 229. est Daufine, 230, 231. est sur le terme d'estre repudiée, 231, 232. Voyez Fernel. est grosse du Roy François II. & mere de dix enfans, 233, 234, 235, 236. son sacre & son couronnement, 236, 237. son entrée Royale à Paris, 237, 238. est Regente plusieurs fois, 239. fait fleurir les Lettres & les Arts mecaniques, 240. bâtit le Chasteau de saint Maur en l'honneur du Roy François & des Muses, 240, 241. son esprit, 241, 242. elle le fit paroistre aux galanteries de l'entreueuë de Bayonne, 242, 243, 244, 245. enuoye vne armée en Portugal, 245. ses desseins sur l'Estat de Florence, 246. Protectrice des bannis de cét Estat là, 246, 247. meurt à Blois, 247. sa patience à supporter les iniures, 247, 248. maisons qu'elle a basties 248. ses deuises, 248, 249, 250. ce qu'elle répondit à vn President, là mesme.

Catherine d'Arragon Reyne d'Angleterre, 250. épouse Henry Prince de Galles, 251. puis Henry frere d'Artus, 252. ce mariage heureux, puis malheureux, 252, 253. ses afflictions pour les débauches de son mary, 253, 254. est repudiée, 255. les regrets des gens de bien pour ce suiet là, 256, 257. écrit au Roy son mary, 258. sa mort, *là mesme.*

Caterine d'Austriche épouse Iean III. Roy de Portugal, 259. est Regente, & reçoit bien les François, 260. pourquoy quitte la Regence, 261. sa deuise, *là mesme.*

Caterine d'Austriche fille de l'Empereur Ferdinand I. 262. est éleuée à la pieté par sa mere auec ses sœurs, 262, 263. sa naissance, 263. mariée à vn Duc de Mantouë, *là mesme.* puis à Sigismond II. Roy de Pologne, 263, 264. ce mariage heureux puis malheureux, 264, 265. fonde trois Colleges de Iesuites, *là mesme.* sa mort, *là mesme.* ses deuises, 265, 266, 267.

Caterine Iagellon Reyne de Suede, ses parens, 267. 268. recherchée en mariage par plusieurs Princes, 268. épouse Iean Prince de Suede, & est prisonniere auec son mary, 268, 269. ses enfans, *là mesme.* sort de prison, 269. éleue son fils à la Religion Catholique, 270, 271. euite les embusches du Suedois son beau-frere, & du Moscouite, 271, 273. est couronnée Reyne de Suede, 274, 275. tasche de remettre la vraye Religion en Suede, 276. les dernieres paroles qu'elle dit au Roy son mary, 277. loüange de l'Archeuéque d'Vpsal en faueur de cette Princesse, *là mesme. Voyez* Iean Roy de Suede, Sigismond III. Pontus de la Gardie, *&* Harangue.

Caterine de la Trimoüille, *Voyez* Charlote.

Caterine d'Espagne Duchesse de Sauoye, sa naissance, 280. épouse le Duc Charles Emanuel I. *là mesme.* ses enfans, 281. son amour pour son mary, 282, 283. son courage & sa mort, 284.

Caterine de Lorraine Duchesse de Neuers, femme de Charles I. Duc de Mantoüe, 286. sa generosité, 287. sa chasteté l'a renduë recommandable, 287. fait les honneurs aux échanges des Reynes de France & d'Espagne, 287, 288, 604. Maisons de Pieté qu'elle a basties & fondées, 288, 289. ses enfans, 289, 290. mere de la Reyne de Pologne, 806. sa mort, 290. honorée par le Pape Paul V. & les Romains, 291. loüée par le Pere Gontery, *là mesme.*

Caterine de Cleues épouse en premieres noces le Prince de Porcien de la Maison de Croy, 292, 293, 294. fait profession de l'heresie, comme ce Prince, 294, 295. abiure les erreurs de Caluin, & épouse Henry Duc de Guyse, 295. ses enfans, 295, 296, 297. les ramene auec quelques villes à l'obeissance du Roy Henry IV. 297, 298. vend le Comté de Beaufort à ce Monarque, 299. Bastit l'Hostel de Cleues à Paris, & exerce sa liberalité vers diuerses Maisons Religieuses à Eu,

LLlll iij

299, 300. fait faire vn magnifique sepulcre au Duc son mary, 301. sa mort, *là mesme*. ses Epitaphes, 301, 302, 303.

Caterine de Gonzague Duchesse de Longueuille, sa naissance, 303. épouse Henry premier Duc de Longueuille, *là mesme*. fait son entrée à Amiens, 304. y reçoit vn déplaisir pour la prison de sa belle-mere, & vne ioye pour la victoire de Senlis, obtenuë par le Duc son mary, 304, 305. & pour la prosperité des affaires des Rois Henry III. & IV. 305, 306. son mary est blessé à mort à Dourlans, & elle accouche de Monsieur de Longueuille son fils, 306. 307. le fait éleuer soigneusement prés du Roy Louis XIII 307. ses magnificences, & ses liberalitez, 308. sa mort & sa sepulture aux Carmelites de la ville de Paris, 308, 309.

Caterine d'Orleans Princesse de Longueuille, ses parens, 309, 310. est arrestée prisonniere, & puis échangée à Amiens 310. ses exercices de pieté, *là mesme*. pert son frere & sa mere, 311. ne veut point d'autre époux que I. C. *là mesme*. establit & fonde les Carmelites en France, 311, 312, 313, 314, 315. les obligations que luy a cét Ordre, *là mesme*. ses charitez & autres œuures pieuses & saintes, 316. sa patience estant aueugle 317. sa charité pour ses proches, 318, 319, 320. inhumée dans le Chapitre du grand Conuent des Carmelites, 221.

Caterine de Lorraine Duchesse de Montpensier, 72.

Caterine de Lorraine de Guyse Princesse pieuse, 297.

Caterine d'Albon fille du Mareschal de Saint André, Demoiselle fort vertueuse & Catholique, meurt à la Rochelle, 91.

Caterine Cibo Duchesse de Camerin tres-sçauante, aux langues, & en Theologie, 323. mariée à Iean-Marie de Varennes, 323. sa constance contre Mathias de Varennes qui vouloit rauir sa fille, 324. a esté la premiere Fondatrice des Capucins, 325. regrettée à sa mort, des pieux, & des sçauans, 326. la deuise de sa Maison, 326, 327.

Caterine de Clermont Duchesse de Raiz, 328. son sçauoir & ses estudes, 329, 330. épouse Monsieur d'Annebaud, 330. le Mareschal de Raiz, 331. ses enfans, 332. habile femme aux affaires d'Estat, 332, 333. admirée pour son sçauoir, par les Polonnois, 333, 334. gist à l'Ané-Maria à Paris, 334.

Caterine de Nogaret épouse le Comte du Bouchage, 337. ses parens, 335, 336. la sainte affection qu'elle auoit pour son mary, 338. leurs belles actions, 338, 339. meurt fort pieusement, 340. Madame de Guyse sa fille luy a fait dresser vn sepulcre aux Cordeliers de Paris, 340, 341. Monsieur le Comte son mary, estant veuf se rend Capucin, 341.

Caterine d'Escoubleau Comtesse de Tonnerre, ses parens & sa naissance, 341, 342. épouse le Comte de Tonnerre, & ses enfans, 342, 343. ses vertus, 343, 344. sa charité pour les pauures,

& les malades 344, 345. action remarquable pour vn mort, 345. son decez, 346.

Caterine de Fiesque, sa noblesse, 348. est inspirée dés l'âge de huit ans à faire penitence, 348, 349. a le don d'Oraison dés l'aage de douze ans, 349. mariée à vn Seigneur de la Maison d'Adorne, 349, 350. sa patience, & ses autres vertus admirables auec ses rauissemens, 350, 351, 352. sa mort & son corps s'est conserué entier, 353.

Caterine Herman Matelote Nort-Hollandoise, se déguise en homme pour oster son mary des mains des Espagnols, 354, 355, 356. le conuertit à la Religion Catholique, 357. loüée pour sa beauté & son courage, là mesme.

Caterine Sforce, Voyez constance & generosité.

Cecile Renée d'Austriche, ses parens & sa naissance, 358, 359. est mariée à Wladislas IV. Roy de Pologne, 359, 360. accouche du Prince Sigismond Cazimir, 361. ses vertus, 361, 362. sa mort & ses obseques, 363, 364.

Cesar Borgia, Voyez Charlote d'Albret.

S. Charles fait l'oraison funebre d'Anne Reyne d'Espagne, 21.

Charles IX. Roy de France, grand zelateur de la Religion Catholique, ne veut pas que la Dame de Neuuy sur l'Alier, paye rançon, 212. promet iustice à Anne d'Est Duchesse de Guyse, au temps & occasion commode, 74. ses qualitez, 235. 349. son voyage par la France, & de Bayonne, 242, 586. enuoye demander pour femme Elizabet d'Austriche, 549. l'espouse à Mézieres, 552, 553, 554, 555. 556. la fut voir à Sedan, sans se faire connoistre, 551. l'estime qu'il en faisoit, 548, 568. quitte la chasse & ses amours pour l'amour de cette Princesse, 568, 569. son entrée Royale à Paris, 556. sa fille, 564. ses enfans naturels, 568. sa mort, 565. Voyez la Table du II. Tome.

Charles VIII. 4, 5, 47. fils du Roy Louis XI. 47. épouse Anne de Bretagne, 2. ses enfans, 5. renuoye en Flandre Marguerite d'Austriche, au II. Tome. 2. gagne la bataille de saint Aubin, & aussi celle de Fornoüe, 754. meurt à Amboise, 5. est nommé Empereur de Leuant, 4. Voyez la Table du II. Tome.

Charles de Bourbon Connestable de France, Prince vaillant, mais mal-heureux, 52. pert vn grand proces, 53. s'il eust vécu Rome n'eust pas esté pillée & saccagée, 710. écriuit à Isabelle Marquise de Mantoüe, là mesme. Voyez la Table du II. Tome.

Charles de Bourbon Duc de Vendosme Prince genereux, 742. ses enfans, 743, 744.

Charles de Bourbon Comte de Soissons, son Eloge, 60. épouse Anne de Montafié, 60, 61. aymé de Madame la Duchesse de Bar, 60. ses enfans, 63, 64. a vécu paisiblement auec sa femme, 61. sa mort, 64. Voyez la Table du II. Tome.

Charles Cardinal de Bourbon Fondateur de la Chartreuse de Gaillon, 64. ennemy des Sectaires de Caluin, 743. marie le Roy Charles & Elizabet d'Austriche, 554, 555. assiste au Couronnement de cette Reyne 558. conduit Elizabet de France en Espagne, 580.

Charles Cardinal de Bourbon le ieune, chef du Conseil des Roys Henry III. & IV. 65.

Charles de Gontaud Duc de Biron, 94. *Voyez Duel.* ce qu'il dit à Auxonne, à Charles Duc de Guyse, 298. est blessé à Fontaine-Françoise, 390. ce qu'il fit à Iury, 387.

Charles de Lorraine Cardinal, sacre trois Roys, 139. Elizabet d'Austriche Reyne de France, 559. *Voyez la Table du II. Tome.*

Charles Cardinal de Lorraine, du titre de sainte Agathe, fort patient en sa maladie, 452.

Charles de Lorraine Duc de Guyse, *Voyez* Guyse.

Charles de Lorraine Duc de Mayenne, *Voyez* Mayenne.

Charles Emanuel de Lorraine, Comte de Sommeriue, son Eloge, 805, 806.

Charles Emanuel Duc de Sauoye épouse Caterine d'Espagne, fille de Philippe II. 280. quelle deuise il prit épousant cette Princesse, 285. ses enfans, 281. heureux en son mariage, 282. *Voyez la Table du II. Tome.*

Charles Duc de Neuers, & puis de Mátoüe épouse Caterine de Lorraine 286. ses enfans, 289, 290. fonde plusieurs Maisons de Pieté, 288, 289. fait venir à Charleuille les Religieuses du S. Sepulchre, 467. assiste aux obseques de la Côtesse de Chaligny, 473. s'enferme dans Cambray, 792, 793. ses voyages en diuers Royaumes, 793, 794, 795. blessé deuant Bude, 793. Ambassadeur extraordinaire à Rome, s'oppose à l'armée du Bastard de Mansfeld, *là mesme.* est vn des Tenans du Carousel, 595. succede au Mantoüan & au Montferrat à Vincent II. 796. *Voyez la Table du II. Tome.*

Charles Duc de Mantoüe son petit fils, 796. 797.

Charles de Valois Duc d'Angoulesme, marié à Charlote de Mont-morency, 385. ses enfans, 387, 388, 389 rend de notables seruices au Roy Henry le Grand à Arques & à Iury, 386, 387. à Fontaine-Françoise, 390, 391. Ambassadeur extraordinaire en Alemagne, 389, 390. fiancé pour le Grand Duc Christine de Lorraine, 419.

Charles V. Empereur recherche en mariage Claude de France, 438. épouse Isabeau de Portugal, 613. ses enfans legitimes, 614. l'estime qu'il faisoit d'Isabelle Marquise de Mantoüe, 714. les filles de sa sœur Isabelle Reyne de Dannemarc, 406, 662. fait persuader à Bonne Reyne de Pologne de se retirer en Italie, 205. *Voyez la Table du II. Tome.*

Charles Emanuel de Sauoye Duc de Nemours, soustient le Siege de Paris, 79.

Charles de la Vauguion premier mary de la Comtesse de S. Paul, *Voyez Duel.*

Char-

Charles ou Dom Carles, fils de Philippes II. Roy d'Espagne, Parrain de l'Infante, sa sœur paternelle, 664. ses mœurs & ses humeurs, 584.

Charlote d'Albret belle Princesse, épouse Cesar Borgia Duc de Valentinois, 401, 402. éleue auec soin sa fille, 403. vit fort pieusement, 404, 405. est enterrée à l'Annonciade de Bourges, 405. son mary auoit quitté le Chapeau de Cardinal, 402. la deuise & la mort de ce Prince miserable, 402, 403.

Charlote de Bourbon épouse Engilbert Comte de Neuers, 395. son pere & sa mere, *la mésme*. sa pieté & ses autres vertus, 397, 398. seconde Fondatrice de l'Annonciade de Bourges, 398, 400. meurt Religieuse à Font-Euraud après y auoir vécu saintement, 399, 401. les Annonciades ont fait son Eloge, 400, 401.

Charlote Caterine de la Trimoüille Princesse de Condé, ses parens & sa noblesse, 367, 368. mariée à Henry Prince de Condé, 368, 369. ses enfans & petits enfans, 371, 372. Les bons & mauuais accidens de sa vie, 373, 374. est receuë au giron de l'Eglise, par le Cardinal de Florence, 374. sa premiere communion après auoir abiuré l'heresie, 375. écrit au Pape Clement VIII. & reçoit réponse de sa Sainteté, 376. plusieurs de ses domestiques ont à son exemple quitté l'heresie, *la mesme*. ses pieuses liberalitez & ses voyages, 376, 377. sa mort & ses pompes funebres, 378, 379, 380. Monsieur le Prince son fils luy a fait dresser vn monument dans l'Eglise de *l'Aue-Maria*, 380, 381.

Charlote de Montmorency Duchesse d'Angoulésme, la noblesse de ses ancestres paternels & maternels, 381, 382, 383. son pere & sa mere, 381. son frere & sa sœur germaine, 384, 385. épouse Charles de Valois Comte d'Auuergne, 385, 386. ses perfections, & qualitez, 387. ses enfans, 387, 388, 389. sa deuotion & pieté, 391, 392. son humilité & sa patience, 393, 394. sa mort & ses obseques au Minimes de Paris, 394, 395.

Chasteté d'Isabelle Duchesse d'Vrbin, 700. d'Isabelle Reyne de France, 573, 574. de Gabrielle de Gadagne Comtesse de Cheurieres, 758. de S. Cazimir, 656. de Claire Ceruente, 434. de Françoise de Bastarnay, 749, 750. de Galiote de Gordon, 780, 781. d'Anne de France Duchesse de Bourbon, 54, 55, 56. d'Anne de Bretagne Reyne de France, 9, 54, 55. de Caterine Duchesse de Neuers, 287. d'Eleonor Duchesse d'Vrbin, 546, 547. de Henrie Duchesse de Mayenne, 809.

Christine de Dannemarc, mariée à François Sforce Duc de Milan, 406. à Antoine Duc de Lorraine, 407. demeure veuue, *la mesme*. a demeuré quelque temps en bonne intelligence auec les deux Couronnes, 408. Philippe Roy de Castille la desire pour femme, 408, 409. Henry II. Roy de France, luy osta le Gouuernement de Lorraine, & pourquoy, 409, 410. elle se retire en Flandre, 411. trauaille à la paix entre les deux Couronnes, 411, 412, 413. est honorée pour son esprit par plusieurs grands hommes, *là mesme.* elle marie hautement ses enfans, 413, 414. est desirée Gouuernante des Pays-Bas, par les Seigneurs Flamans, 414, 415. va à Lorette, & se retire en Italie, 416. voit sa petite fille à Génes, *là mesme.* sa mort, *là mesme. Voyez le II. Tome.*

Christine de Lorraine, ses parens & sa naissance, 417. vient en France, & est honorée par le Roy Henry III. & la Reyne Caterine, 417, 418. est promise & fiancée à Ferdinand, grand Duc de Toscane, 418, 419. l'épouse 420. est conduite en Italie, 420, 421. bien receuë à Lyon, à Aix, & à Marseille, 421, 422. les Marseillois la craignent, & sa suitte, *là mesme.* arriue en Toscane, ses noces, elle reçoit la rose d'or du Pape Sixte V. 422, 423. ses enfans, 424. sa pieté, 425. son affection pour la niece de son mary Marie de Medicis, 426. est marraine de Madame de Sauoye, 427. son affection pour la France, 422, 428, 429 honorée des Florentins & des Toscans, 423, 429, 432. a bien gouuerné la Toscane, 430. ses fondations pieuses, ses vertus & ses belles qualitez, 423, 430, 431. sa mort, 431. les regrets de ses peuples, 432.

Christine Duchesse de Sauoye, 281. *Voyez la Table du II. Tome.*

S. Claire Patrone de l'Infante, 665. les pieces d'or que cette Princesse offroit à la messe le iour de sainte Claire, *là mesme.*

Claire Ceruente tres-charitable vers son mary, 434, 435.

Claire de Gonzague Comtesse de Montpensier, mere de Charles de Bourbon, 697.

Claude d'Annebaud, fidele seruiteur du Roy François I. 330.

Claude de Clermont Baron de Dampierre, 329.

Claude de Clermont, *Voyez* Caterine de Clermont Duchesse de Raiz.

Claude Reyne de France, sa naissance & ses parens, 437. promise au Roy François I. & à l'Empereur Charles V. 438. guerie miraculeusement par vn vœu fait à saint François de Paule, *là mesme.* épouse le Roy François, 439. ennemie de l'oisiueté, 445. est sacrée & couronnée à saint Denis 440, 441, 442. son entrée à Paris, 442, 443. *Voyez* festin, Tournoy. obtient vn Daufin par vn vœu fait à S. François de Paule, 446. ses enfans, *là mesme.* meurt saintement, & miracles faits à son tombeau, 447. ses domestiques pieux, *là mesme. Voyez S. François de Paule, & la Table du II. Tome.*

Claude de France nourrie à S. Germain en Laye, 448. épouse Charles Duc de Lorraine, 449. ses belles qualitez, 450, 451. ses enfans, 451, 452. sa mort, 452. *Voyez Medaille, & la Table du II. Tome.*

Claude Marquise de Moy, sa noblesse & ses parens, 455, 456. épouse George de Ioyeuse, 456. puis Henry Comte de Chaligny, 456, 457. ses enfans, 457, 458. sa piété, ses austeritez, & sa charité, 459, 460, 461, 462. ennemie des iuremens, 465. ses fondations, 463. 464. prend resolution d'estre Religieuse, 464, 465. apostrophe le Crucifix, signant la renonciation de toutes ses possessions, 465, 466. Elle se retire au Monastere du saint Sepulchre à Charleuille, 466, 467. y prend l'habit, 467, 470. fait profession malgré quelques oppositions, 471, 472. son amour à la pauureté, & à la chasteté, 472, 473. sa mort, & ses obseques, 473, 474. *Voyez* Ordre du S. Sepulchre.

Claude de la Tour, sa noblesse & ses parens, 475, 476. épouse Monsieur de Tournon, 476. ses enfans, 476, 477, 478. ennemie des Religionnaires, 480. soustient deux fois le siege de Tournon contre eux, 481, 482. loüée par Belleforest, 482, 483. enuoye vn present à Lorette en action de graces, 485. fait rebastir l'Eglise des Carmes, que les Huguenots auoient ruinée, 483, 484. accompagne la Reyne Marguerite allant en Flandre, 484, 485. sa mort, 485.

Claude I. Duc de Guyse, *Voyez* Guyse.

Claude Duc de Cheureuse, 396. l'vn des Tenans du Carouzel, 595.

Colleges aux Pays-Bas remis par les Archiducs, 688.

Constance d'Aualos, Dame fort courageuse, 488, 489.

Constance de Caretto Dame deuote & pieuse, 487, 488. *Voyez* Deuises.

Constance de Clermont Reyne de Sicile Princesse tres-constante, 328.

Constance de Claire Ceruenre, 434, 435. de Gabrielle de Gadagne à la mort de son fils, 761. d'Anne de Caumont, pour le même suiet, 107. d'Isabelle de Gonzague, 699, 700. d'Anne d'Est, 81. d'Elizabet d'Est à Rome, 710. de Mandelle Caietan, 739, 740. d'Anne de Paris, 732. d'Esther Legguesieune fille, 727. de Caterine Cibo, 324. de Sigismond III. Roy de Pologne, 271. d'Antoinette d'Orleans à la mort de ses enfans, 318. de sa sœur Mademoiselle de Longueuille estant prisonniere, & de leur mere, 310. de Caterine Sforce, 224. de Caterine Duchesse de Neuers, 287. de Beatrix de Silua, 183, 184. de Caterine Iagellon Reyne de Suede, 268, 269, 272, 275. de sa sœur aisnée Isabelle Iagellon Reyne de Hongrie, 648, 649. d'Isabelle de Portugal, Imperatrice estant en trauail, 614. de Ieanne Reyne de Nauarre, *la mes.* d'Isabelle d'Austriche Reyne de Dannemarc, pour la perte de ses Estats, & la cruauté de son mary, 406, 660, 661, 662. de l'Infante Archiduchesse, 684. de Beatrix de Portugal Duchesse de Sauoye, 179. de sainte Caterine de Gênes, 350. d'Anne de France, 51. d'Eleonor de Gonzague Duchesse d'Vrbin, 545, 546.

Cosme I. du nom Duc de Toscane, épouse Eleonor de Tolede, & institué l'Ordre de saint Estienne Pape & Martyr, 525. est appellé & couronné grand Duc,

535, 536. paroles qu'il dit à la Duchesse sa femme quand elle mourut, 540. amy du Duc d'Alue, 246. fait mourir Pandolfe Pucci, *la mesme*. la Reyne Caterine assiste & donne des benefices aux ennemis de ce Prince, *la mesme*. le fauorise contre le Duc de Ferrare, 536. ses enfans, 539.

Cosme II. Duc de Toscane le pere des Pauures, 425. sa naissance, 424. espouse Marie Magdelaine d'Austriche, 424. ses enfans, 425. *Voyez* Christine de Lorraine & Ferdinand.

Couronnement, *Voyez* Sacre.

Couronne de la Reyne Claude tres-riche, 444.

Couronne des grands Ducs de Toscane, 536.

Cupidons admirables de Praxiteles, & de Michel Ange à Mantouë, 713, 714.

D

DAme de Neuuy sur l'Allier, defend le Chasteau de Benegon contre Montaré, 212, 213.

Dames de Valence en Espagne couronnent de fleurs le Baron de S. Remy pour auoir terrassé vn geant, 799.

Dames Romaines sous la faueur d'Isabelle Marquise de Mantouë, conseruent leur honneur au sac de Rome, 711.

Dames Hongroises affligées, 639, 649.

Dames Espagnoles à la suite, d'Elizabet Reyne de France, 571.

Dames Espagnoles, honorées par les François, à l'entreueuë de Bayonne, 587.

Damigelle Martinengue, de bonne maison de Bresse, 497. ses regrets à la mort de son mary, 498. sa vie pieuse & deuote, 498, 499, 500. sa mort, 501.

Damigelle Triuulse, Demoiselle sage & sçauante, 492. harangue en presence des Prelats, & des Princes, 493. son rare esprit 494, 495. sa deuotion & sa pieté, *la mesme*. sa voix, & sa perfection, à bien iouër du luth, 495. Autheurs qui en parlent auec eloge dans leurs œuures, 495, 496.

Dausinois Religionnaires honorent Charles Duc de Mayenne, 805, 806.

Deuise ou symbole d'Anne de Bretagne, 12. d'Anne Iagellon Reyne de Hongrie, 16, 17. d'Anne d'Austriche, Reyne d'Espagne, 20, 21. d'Anne Marquise de Mont-ferrat, 89. de la Maison de Bourbon, & d'Anne Duchesse de Bourbonnois, 56. de la Maison d'Est, 82. d'Antoinette Duchesse de Guyse, 147. d'Antoinette Marquise de Belle-Isle, & des Benedictines du Caluaire, 158, 159, 160, 161. d'Argentine Pallauicin, 173, 174. de Barbe Reyne de Pologne, 177. de Beatrix Duchesse de Sauoye, 180, 181. d'Alfonse III. Roy de Portugal, 179. de Camille Pallauicin, 217, 218. de la Reyne Caterine de Medicis, 248, 249, 250. du Roy Henry II. 229, 230. de l'Empereur Charles V. *la mesme*. de Caterine Reyne de Portugal, 261, de Caterine Reyne de Pologne, 265, 266, 267. de Charles Emanuel I. Duc de Sauoye, 285. de Caterine Duchesse de Camerin, 326, 327. de la Maison de Clermont Talard, 346, 347. de Cesar Borgia, 402. de Christine Duchesse de Lorraine, 416, 417. de Christine & de Ferdinand I. Duc de Toscane 432. de la Reyne Claude, 448, de Claude, Duchesse de Lorraine, 453, 454. de Claude de Moy Comtesse Chaligny, & de ses Religieuses de l'Ordre du S. Sepulcre, 473, 474. de Constāce de Caretto, 489, 490. de la Duchesse de Valētinois, 519, 520. d'Eleonor Reyne de France, 533, 534. d'Eleonor Duchesse de Florence, 540, 541. d'Eleonor Duchesse de Mantouë, 544. d'Eleonor Duchesse d'Vrbin, 547. d'Elizabet Reyne de France, 576, 577. d'Elizabet Reyne d'Espagne, 589, 590. d'Elizabet Imperatrice femme de Charles V. 616, 617. d'Elizabet d'Est Marquise de Mantouë, 715, 716. d'Isabelle Reyne de Hongrie, 648, 649. de Gabrielle de Bourbon Dame de la Trimouïlle, 755, 756. de Felice de saint Seuerin, Princesse Calabroise, 736, 737. de Iean Carraciol Mareschal de France, 720. de Henriette de Cleues Duchesse de Neuers, & de la Maison de Mantouë, 800. de la Maison de Chaponay à la marge, 192.

Deuotion au S. Sacrement de Pierre Duc de Bourbon, 50. de Marguerite d'Austriche Reyne d'Espagne, *Voyez la Table du II. Tome.*

Deuotion à la Vierge de l'Infante Isabelle, 693, 694.

Deuotion de la Comtesse de S. Paul au bon Larron, 120, 121.

Deuotion de Mandelle Caietan à S. Leonard, 740. de l'Infante Isabelle aux Saintes Isabelles & Claire, 664, 665.

Diane legitimée de France, fille de Henry II. 502. nourrie par sa tante Marguerite Duchesse de Sauoye, 503. épouse Horace Farnese Duc de Castres, *là mesme.* demeure veuue six mois aprés auoir épousé ce Prince, 503, 504. est mariée en secondes noces à François Duc de Montmorency, 504. sa constance en la mort de ses maris, & des Roys ses freres, 505, 506. son zele au seruice des Roys Henry III. IV. & Louis XIII. *là mesme.* notable seruice qu'elle a rendu à la France durant la Ligue, 506, 507. aymoit la chasse, 508. les hommes de Lettres, 509. le soin qu'elle auoit de ses domestiques, 510. ses aumosnes, 512, 513. les honneurs qu'elle a rendus à la memoire de Henry III. & de la Reyne Caterine, 511, 512. sa prudence pour conseruer Tours, au seruice du Roy Henry IV. 513. ses belles qualitez, 508, 509, 510, 516. sa preparation à la mort deuant & estant malade, 514, 515. son Epitaphe & ses pompes funebres, 517, 518. a tenu sur les fonts la feuë Reyne d'Espagne, pour l'Archiduchesse de Flandre, 520, 592. son amour pour ses proches, 509, 510, 520.

Diane Duchesse de Valentinois, & ses deuises. 519, 520.

Difference entre vne bonne & vne mauuaise femme, 215, 216.

Different des Maisons de Biron, & de la Vauguion, 94, 95. entre celles de Borgia & de la

Roucie, 699, 700. entre Ferdinand I. Roy de Naples, & les Barons de ce Royame là, 737, 738, 739. de Clement VIII. & de Cesar d'Est, 82. d'Anne Duchesse de Nemours & le Duc de Modene, 83. Voyez Diuision.

le Diuorce de Henry VIII. & de la Reyne Caterine sa premiere femme, a causé la perte de l'Angleterre, 252, 253, 254, 255.

Diuision des Polonnois à l'élection d'Estienne Bathory, & des Princes d'Austriche, 30, 31, 32, de Sigismond III. & de l'Archiduc Maximilien, 36, 37, 38, 41. des Hongres par les factions des Bathorys, & des Zapolis, 624, Voyez la Table du II. Tome. pour Ferdinand d'Austriche & Iean Comte de Sepuse, 625, 626, 627, 628. des Maisons de Guyse & de Chastillon, 74, 75, 76, 231. de Sigismond Auguste Roy de Pologne, & de sa mere Bonno Sforce, 201, 202, 204, 205, 206, 652, 653, 654.

Domestiques de la Reyne Claude pieux & saints, 447.

Dorothée Bucca Dame fort sçauante, 521.

Duel de Charles Prince de Carency & de Charles de Gontaud de Biron, pour l'heritiere de Caumont depuis Comtesse de S. Paul, 94, 95.

Duels entre les Gentils-hommes de Castille, pour la beauté de Beatrix de Silue, 183.

E

Eleonor d'Austriche, sa naissance, 523. épouse Emanuel Roy de Portugal, là mesme. ses enfans, 523, 524. promise en mariage au Duc de Bourbon, 514. épouse le Roy François premier, 525. reprend le Connestable de Castille qui traitoit mal les enfans de France, là mesme. est couronnée Reyne, Voyez Sacre. son entrée Royale à Paris, Voyez Entrée. se plaisoit à la chasse, 533. se retire en Espagne, là mesme. sa mort, là mes. Voyez Deuises, & la Table du II. Tome.

Eleonor d'Austriche, ses parens, & sa naissance, 541. épouse Guillaume Duc de Mantouë, là mesme. ses enfans, 543. sa charité pour les pauures, 542. a fondé vn College de Iesuites, 543. sa mort, là mesme. Voyez Deuises.

Eleonor de Bourbon Abbesse Font-Eurauld, meurt saintement, 155, 745.

Eleonor de Bourbon quitte le Caluinisme, & reçoit la Benediction du Cardinal de Florence, 371. épouse le Prince d'Orange, là mesme. sa mort, là mesme.

Eleonor de Gonzague, mariée à François-Marie Duc d'Vrbin, 545. ses enfans, là mesme. ses vertus & sa constance, 545, 546. ennemie des impudiques, 546. Voyez Deuise.

Eleonor de Medicis, ou de Toscane Duchesse de Mantouë, 543. ses enfans, là mesme. Voyez la Table du II. Tome.

Eleonor de Tolede Duchesse de Florence, sa noblesse & ses parens, 534, 535. son amour pour le Duc Cosme I. son mary, 536, 537. ses enfans, 539. sa pieté & sa charité, 537, 538. fonde vn Monastere pour les pauures filles, 537. loüée pour cette fondation, 538. le suiet de sa mort, 540. *Voyez* Deuises.

Eleonor d'Orleans Duc de Fronsac, sa naissance, 105. ses bonnes qualitez, 105, 106. tué deuant Montpellier, 106. la nouuelle de sa mort, donnée à sa mere la Comtesse de saint Paul, 107.

Eleonor d'Orleans Duc de Longueuille, ses enfans, 148.

Elizabet d'Austriche Reyne de France, sa noblesse, 548. sa naissance, 548, 549. est mariée au Roy Charles IX. à Mezieres, 551, 552, 553, 554. le contract de mariage passé à Madrid, 551. voit l'entrée Royale à Paris, de Charles IX. 556. est couronnée Reyne à S. Denis, *Voyez* Sacre. son entrée à Paris, *Voyez* entrée. accouche d'vne fille, 564. assiste durant la maladie, & à la mort, le Roy Charles son mary, 565. se retire en Alemagne, 566, 567. loüée par Monsieur de Thou, 567. sa douceur, 567, 568. son humilité, 568. ses vertus obligent le Roy Charles à quitter la chasse & l'amour des autres Dames, 568, 569. son obeissance à ses Confesseurs, 569. ses pieuses liberalitez 570. sa sainte vie dans la Cour de l'Empereur Rodolfe, 571, 572. donnoit gratuitement les charges de iudicature, aux terres sur lesquelles son doüaire estoit assigné, 571, 572. a refusé tous les partis des Roys qui se sont presentez, 573, 574. sa belle mort, 574. sa pieté, 575. sa sepulture & ses dernieres paroles, 575, 576. *Voyez* Deuises.

Elizabet de la Paix, Reyne d'Espagne, sa naissance, 577, 578. son Baptesme, 577. accordée à Edoüard VI. Roy d'Angleterre, 578. promise à Dom Carles, 578, 579. épouse Philippes II. Roy d'Espagne, 579. est conduite en Espagne par le Roy de Nauarre, & les Princes de Bourbon, 580. sa beauté, 581. sa liberalité, 581, 582. la bonté de son esprit, 583. sa pudicité, 584. sa prudéce pour les amies du Roy son mary, 585. ses enfans, *là mesme*. son affection pour la France, 586. honneurs qu'elle a receus du Roy Charles à Bayonne, 586. de la Reyne Caterine sa mere, 243, 244, 245. tombe malade, 587. est visitée de son mary, 587, 588. sa mort, *là mesme*. est regrettée des Cours de France & d'Espagne, 588, 589. *Voyez* Deuise, *& la Table du II. Tome.*

Elizabet de France, Reyne d'Espagne, sa naissance, 591. éleuée à saint Germain, *là mesme*. son Baptesme, 591, 592. admirée des Estrangers, assiste au Sacre de la Reyne Marie sa mere, 593. ses regrets à la mort du Roy Henry le Grand son pere, 594. presens qu'elle receut au Carouzel, 596. donne la bague au Marquis de Roüillac, 597. reçoit le Duc de Pastrane, Ambassadeur extraordinaire d'Espagne, 598. *Voyez* Paroles. est saluée des Seigneurs Espagnols, 599. est marraine de la Reyne d'Angleterre sa sœur, 601. part de Paris, *là mesme*. est mariée au Prince à present Roy d'Espagne, 602, 603. part de Bordeaux, & est échangée auec l'Infante d'Espagne, *Voyez* Eschange. est Reyne d'Espagne, 606. sa deuotion & pieté, 601, 606, 607. fait canoniser sainte Elizabet Reyne de Portugal, & beatifier François Borgia & autres, 607, 608. sa patience & sa constance, 608, 609. tombe malade & meurt fort Chrestiennement, 609, 610. ses obseques, 612.

Elizabet Imperatrice & Reyne d'Espagne, sa naissance, 613. mariée à l'Empereur Charles V. *là mesme*. sa constance & ses enfans, 614. ennemie de l'oisiueté, & meurt en couche, 615. defend que son corps soit embausmé, 616. *Voyez* Deuises.

Elizabet de Castille, *Voyez* Isabelle.

Elizabet Iagellon Reyne de Hongrie, *Voyez* Isabelle.

Elizabet Reyne de Dannemarc, *Voyez* Isabelle.

Elizabet Claire Eugenie, *Voyez* Isabelle.

Elizabet de Gonzague, garde le secret à son mary, 699. sa chasteté, & son amour pour ce Prince là, 697, 698, 700. ses belles qualitez, 701. le suit en sa disgrace, 701, 702. l'assiste à sa mort, 702, 703, 704.

Elizabet d'Est, ou de Ferrare, épouse François Marquis de Mantouë, 705. est bien receuë de son mary, 705, 706. ses enfans tous Heros & Heroines, 706, 707, 708. sa beauté, 708. gouuerne l'Estat de Mantouë, pour son fils, *là mesme*. estant maieur va visiter Rome, & plusieurs Prouinces d'Italie, 708, 709. estoit à Rome quand elle fut surprise, par les Alemans & les Espagnols, 710, 711. écrit à Monsieur de Bourbon, & reçoit ses lettres, 710. sauue dans son Palais l'Ambassadeur de Venise, & des Dames Romaines, 711. obtient vn Chapeau pour son fils Hercule, du Pape Clement VII. 711, 712. caresse qu'elle fit à son fils, 712. retourne à Mantouë auec la ioye des habitans, *là mesme*. sa loüable curiosité pour les medailles, & les Antiquitez, 713, 714. regrettée à sa mort, 714, 715. *Voyez* Deuises.

Elizabet Carraciol, se rend Religieuse du consentement de son mary, 719. constante en la perte de ses enfans, 718.

Elizabet Rozeal, belle-sœur du Cardinal Alanus ou Elan, contraire auec ses filles aux heretiques Anglois, 721. le courage de ses filles, 722. quitte l'Angleterre auec elles, 723.

Eloges du Roy Louis XIII. 506. de Henry le Grand, 592, 593, 594 615. de Monsieur le Duc d'Anguien, 372. d'Wladislas Sigismond Roy de Pologne, 44, 360. de Sigismond III. 270, 271. de Nicolas Comte de Vaudemont, 408, 409. *Voyez la Table du II. Tome*. du Marquis de Pisany & de Monsieur le Feure, 376. d'Auger de Boesbecq, dit Busbequius, 571, 572. de Henry de Lorraine Duc de Mayenne, 803, 804, 805. de Louis de Valois Comte d'Alais, 387. de Charles Duc de Guyse, 298, 299. de Charles Duc d'Angougoulesme 386. de Henry I. Duc de Longueuille, 304, 305. du Comte de Sommeriue, 805. de Henry de Lorraine Comte de Harcourt, 806.

Eloges & loüanges des Maisons illustres, *Voyez* Maisons illustres & remarquables loüées.

Emeraude de Tulliola fille de Ciceron, tombée és mains d'Elizabet d'Est Marquise de Mantouë, 713.

Entrée Royale à Paris de la Reyne Claude, 442, 443, 444. de la Reyne Eleonor, 529, 530, 531, 532. de la Reyne Caterine, 237, 238. de la Reyne Elizabet d'Austriche, 560, 561, 562, 563.

Entrées de Christine de Lorraine Duchesse de Toscane à Aix & à Marseille, 421, 422. à Génes, 416, 422. à Florence, 422. d'Elizabet de France en Espagne, 580, 581. de la seconde Elizabet de France au mesme Royaume, 605. de Caterine Iagellon Reyne de Suede à Stokolm, 274.

Epitaphes d'Anne Duchesse de Nemours, 85, 86. d'Elizabet d'Austriche Reyne de France, 569, 576. de Caterine Duchesse de Guyse, 302, 303. de Diane Duchesse d'Angoulesme, 517, 518. de Caterine Duchesse de Longueuille, 309. de Mademoiselle de Touteuille, 319. de Mademoiselle de Longueuille, 321. de Charlote Duchesse de Valentinois, 405. de Charlote Princesse de Condé, 380, 381. de Charlote Duchesse d'Angoulesme, 395. d'Antoinette Marquise de Belle-Isle, 320, 321. de Caterine Comtesse du Bouchage, 340, 341.

Eschanges de la Reyne Regente, & de la feuë Reyne d'Espagne, 287, 603, 604, 605.

Esclaues Chrestiens, se sauuent d'Alger en Barbarie, & arriuent à Rome, auec Anne & Angelique, Dames Grecques de Zerigo, 133, 134, 135.

Ester Leggues, ieune fille de saint Malo en Bretagne, tres-Catholique, sa naissance, 724. dés l'aage de quatre ans se fait instruire à la Foy Catolique, 725. visite les Benedictines & les Vrsulines, 725, 726. & aussi les Eglises, 726, 727. endure auec vne patience admirable les persecutions de ses parens Caluinistes, 727, 728. sa constance en la Religion Catholique, *là mesme*. demande le Sacrement de Confirmation à Monsieur l'Euesque de saint Malo, 729. écoute ses exhortations, 718. tombe malade le iour que son pere & sa mere la vouloient mener au Presche, 730. on l'enterre au Cimetiere des Huguenots de Plouët, 730, 731. plaintes des Catholiques sur cét attentat, 730. Monsieur l'Euesque de S. Malo la fait deterrer, & inhumer à l'Eglise Parochiale de Plouët, 732. les Prestres, & les Catholiques sentent vne odeur ágreable sortir du corps de cette vierge, *là mesme.*

F

FELICE de S. Seuerin, a esté vne vraye veuue, 734, 735. sa

belle deuise, 736.

La Femme vertueuſe bien éloignée des humeurs de la mauuaiſe, 215, 216.

Femmes de Henry VIII. Roy d'Angleterre, 257.

Femmes doiuent eſtre mariées ou renfermées, 809.

Federic I. Duc de Mantouë, ſa naiſſance, 706. donne vne grande authorité à l'vne de ſes amies, 715, 716. *Voyez la Table du II. Tome.*

Ferdinand d'Auſtriche Archiduc, épouſe Anne Iagellon heritiere de Hongrie, & de Boheme, 13. ſes enfans, 15, 16, 262. 263. querelle le Royaume de Hongrie, auec Iean Zapoly, 14, 625, 626, 627. puis auec le fils de Iean, 630, 631. perſuade à Bonne Reyne de Pologne, de ſe retirer en Italie, 205. enleue la Tranſyluanie à la Reyne Iſabelle & à ſon fils, 643, 644. ſes differens auec cette Reyne, pour ce ſuiet là, 202, 203, 204, 650, 651, 652.

Ferdinand de Gonzague Duc de Mayenne, loüé, 289, 290.

Ferdinand de Gonzague, grand Capitaine, 707.

Feſtin magnifique du Cardinal de Florence aux Princeſſes de la Cour de France, 375. de la Reyne Caterine à l'entreueuë de Bayonne, 244, 245. du Roy Henry III. aux noces de la Ducheſſe de Toſcane, 419. du Roy Charles IX. à la ceremonie de ſes noces, 555, 556. de Ferdinand premier Duc de Toſcane à ſon mariage, 422, 423. à l'entrée à Paris de la Reyne Claude, 444.

de la Reyne Eleonor, 532. de la Reyne Caterine, 238. de la Reyne Elizabet, 563, 564.

Flateurs haïs de Beatrix Pic, 192. de Geneuieue Malateſte, 788, 789. d'Antoinette de Daillon, 169.

Saint François de Paule, veu en extaſe par Louis XI. 54. deuotion des Roys & des Princeſſes enuers ce ſaint Homme, 54, 446. a obtenu lignée à la Reyne Claude 446. à la Ducheſſe de Bourbon, 54. à la Ducheſſe de Neuers, 289. Canonizé à la demande de François I. & autres Princes, 446, 447. *Voyez la Table du II. Tome.*

S. François Xauier Apoſtre des Indes, 260.

Le Roy François I. épouſe la Reyne Claude & ſuccede au Roy Louis XII. 439, 440. ſes enfans, 446, fait ſacrer la Reyne Claude, 440. épouſe Eleonor d'Auſtriche, ſœur de l'Empereur, 525. la fait auſſi ſacrer & couronner, 526. n'a pas agreable l'alliance de François de Lorraine auec Chriſtine de Dannemarc, 407. enuoye le Cardinal de Tournon en Italie, pour faire alliance auec le Pape Clement VIII. 228. aſſiſte aux noces de Henry Duc d'Orleans auec Caterine de Medicis, *la meſme*. n'approuue pas le diuorce que l'on vouloit faire auec cette Princeſſe, 232. ſa ioye à la naiſſance du fils aiſné de Henry & de Caterine, 233. meurt à Ramboüillet, 532. Chaſteau de S. Maur, baſty à l'honneur de ſa memoire, par la Reyne Caterine, 240, 241. *Voyez la Table*

DES CHOSES PLVS REMARQVABLES.

du II. Tome.

François II. Roy de France, bon Prince, & ses qualitez, 233, 235. sa naissance, 233. *Voyez la Table du II. Tome.*

François de Bourbon, Duc d'Anguien, gagne la iournée de Cerizoles, 488, 743. *Voyez la Table du II. Tome.*

François Duc de Guyse, loüé, 72, 139. blessé à mort par Poltrot, 139, 142. sa harangue à sa femme, 73, 74. sa veuue, & ses parens demandent iustice de son assassinat, 74, 75.

François Grand Prieur de France de la Maison de Guyse, bien receu en Portugal, 260.

François de Lorraine Prince de Iainuille, loüé, 296.

François Paris de Lorraine, 297.

François Paule de Gonzague, Duc de Rethel, 289.

François Duc de Montmorency, loüé, 504, 505. épouse Diane legitimée de France, *la mesme.* son affection pour Mademoiselle de Piene, *la mesme.* appellé le dernier des François, par Monsieur de Thou, 505.

François Marquis de Mantoüe, épouse Isabelle d'Est, 705. ses enfans, 706, 707. sa mort, 708.

Françoise d'Alençon bien instruite à la vertu, 741, 742. épouse le Duc de Longueuille, 742. puis le Duc de Vendosme, 742, 743. enfans qu'elle a eus de ce Prince, 743, 744. ses vertus, 745, 746. sa mort, 746.

Françoise de Bastarnay, mariée au Vidame d'Amiens, 749. sa longue & sa sainte viduité, 750. sa charité, ses vertus, & sa mort, 750, 751, 752. son symbole, 752, 753.

G

Gabrielle de Bastarnay, Dame de la Chastre, 748.

Gabrielle de Bourbon, Dame de la Tremoille, ses vertus & ses qualitez, 753, 754. aymoit grandement son fils, 754, 755. les liures de deuotion qu'elle a composez, 755.

Gabrielle de Gadagne, ses parens, 756. bien instruite à la vertu, 756, 757. épouse Monsieur de Cheurieres, 757. ses enfans, 757, 758. passe plusieurs années en viduité, 758. son humilité, 758, 759, 760. sa douceur, 760, 761, 762, 763. actions genereuses de cette Dame pour les personnes qui l'auoient offensée, 762, 763. sa deuotion, 764, 765. sa Foy, 765. son Esperance, 766. sa Charité, 766, 767, 768. procure l'honneur de Dieu, & le salut des ames, auec vn grand zele, 767, 768, 769. maisons de Pieté qu'elle a fondées, 769, 770. sa constance à la mort de son fils, 761, 762, 771. se prepare à bien mourir, 772, 773. ses obseques, 774. ses belles paroles, 771, 773.

Galliotte de sainte Anne, ses parens & sa naissance, 776. prend l'habit de Religieuse de l'Ordre de Malte, 777. fait profession au Monastere de Beaulieu, *la mesme.* coupe ses cheueux auec generosité, & les brusle, 777, 778. desire d'estre Feuillantine, en est empeschée, 779. visite Nostre-Dame de Roquemadour nuds pieds, & son amour à la penitence, 780. fait vne vie digne du Ciel dans vn Monastere qui n'estoit pas reformé, 781. est Coadiutrice de Beaulieu, & Prieure de Fieux, 782. se retire en solitude à Fieux, 783. en sort & pourquoy, *là mes.* sa sage conduite, & reforme les Monasteres de Beaulieu, & de Fieux, 784, 785. sa mort, 786. plusieurs Autheurs & autres l'ont loüée pour sa pieté, 787.

Gaspard de Coligny grand Capitaine, épouse en secondes noces la veuue du Comte du Bouchage, 748.

Gaston Iean-Baptiste de France, 64, 743. *Voyez la Table du II. Tome.*

Geneuieue Malateste, son Eloge, & ses belles qualitez, 788, 789.

Generosité de Constance d'Aualos, 488, 489. de Caterine Herman rustique Hollandoise, 355, 356. de Camille Macedonia Napolitaine, 218, 219. de la Dame de Benegon, 212, 213. de Christine Duchesse de Toscane, 422, 427, 428. de Bonne Lombarde paysane de la Valteline, 211, 212. de Caterine Sforce, 224. d'Isabelle Reyne de Hongrie, 635, 638, 639, 648, 649. de Claude Comtesse de Tournon, 481, 482, d'Isabelle Infante d'Espagne & Archiduchesse, 666, 675. de Caterine Duchesse de Neuers, 287. de Diane Duchesse d'Angoulesme, 506, 507. d'Antoinette de la Marc, Duchesse de Montmorency, 384. de Caterine Cibo Duchesse de Camerin, 324, 325. de Caterine d'Espagne Duchesse de Sauoye, 283, 284. d'Elizabet de Castille Reyne d'Espagne, 619. d'Elizabet de France, Reyne d'Espagne, 608, 609. de Mandelle Caietan, 738, 739, 740, 741. de Galliote de sainte Anne, 777, 778, 781. de Sœur Marie de sainte Magdelaine, 778, 779. de la petite Ester Leggues, 727, 728, 729, 730. d'Elizabet Roseal, & de ses filles, 721, 722, 723.

Generosité de Henry le Grand, 370, 371, de Sigismond III. Roy de Pologne, 270. de Charles Duc d'Angoulesme, 386, 387, 390. de Louis Duc de Neuers, 791, de Henry premier Prince de Condé, vers Monsieur de saint Luc, 370. de Charles Duc de Guyse, 298, 299. de Henry Duc de Longueuille, 304, 305. de Henry Comte de Harcourt, 806.

George d'Amboise Cardinal, fiance le Comte de Montpensier, & Susanne Duchesse de Bourbon, 52.

George Martinuse Cardinal, estant Moyne, quitte son Cloistre pour assister Iean Zapoli, éleu Roy de Hongrie, 628. ses parens, & son pays, 640. est Regent de la Hongrie, 629, 630. fait reietter les demandes de Ferdinand d'Austriche, à la Reyne Isabelle, 631. soustient le siege de Bude, *là mesme.* conseille la Reyne d'enuoyer son fils à Solyman, 633. son grand credit,

& fait fermer la porte d'vne ville à la Reyne, 641, se maintient contre Solyman, 642. fait sa paix auec la Reyne, & resiste à tous ses ennemis, 643. assiste à la renonciation que fit de la Transylvanie la Reyne Isabelle à Ferdinand, 644. est creé Cardinal, & tué miserablement, 654, 655.

Gilbert Nicolas, dit Gabriel Marie, Religieux illustre en sainteté, 404. *Voyez la Table du II. Tome.*

Gonfanonier de Rome va au deuant des esclaues fugitifs d'Alger, 134.

Gonzague, illustre Maison, *Voyez* Maisons.

Grenade, Royaume osté aux Sarrazins par Isabelle de Castille, 619, 620.

Grotte de Mantouë, où estoient de belles Medailles & raretez, 713, 714.

Guillaume Alanus Cardinal, grand defenseur de la Religion Catholique, 721. son portrait déchiré par les Heretiques, 722.

Guillaume le Gouuerneur Euéque de saint Malo, establit des Maisons de Religieuses en cette ville là, 725. assiste la petite Esther Leggues, 728, 729. fait oster son corps du Cimetiere des Huguenots, 731. le porte en terre sainte, 732. paroles qu'il dit à vn Huguenot, pour ce suiet là, 731, 732.

Gustaue le Grand, Roy de Suede, son extraction, 365. s'empare de la Suede, & de la Gothie, *là mesme.* & 660. sa mort, ses femmes & ses enfans, 366.

Gustaue Adolfe son petit fils, aussi Roy de Suede, 278, 279.

Guyse, Claude premier Duc de Guyse, épouse Antoinette de Bourbon, 136, 137. ses enfans, 138. 139. meurt à Iainuille, 137, ses pompes funebres, 138. son tombeau à S. Laurent de Iainuille, 138, 146. François Duc de Guise, épouse Anne de Ferrare, 71. ses merites, 72. ses enfans, 72, 73. blessé à mort deuant Orleans, 73, 142. ses dernieres paroles à sa femme, 73, 74. ses parens demandent iustice contre les autheurs de son assassinat, 74, 75. ses pompes funebres, 76. Henry Duc de Guyse, ses qualitez, 71, 73. épouse Caterine de Cleues, 295. ses enfans, 295, 296, 297. fonde vn College de Iesuites à Eu, 300. sa veuue luy fait dresser là vn Mauzolée, 301. Charles Duc de Guyse, épouse Henriette Caterine de Ioyeuse, 296. ses enfans, *là mesme. Voyez* Generosité *&* Valeur.

H

HARANGVE de l'Archiduchesse Isabelle aux troupes mutinées, 676.

Harangue d'Isabelle Reyne de Hongrie quand elle fit quitter la couronne de ce Royaume là à son fils en faueur de Ferdinand d'Austriche, 645, 646, 647.

Henry II. Roy de France est Daufin à prés la mort de son frere aisné, 231. ayme Marie Duchesse de Lógueuille, *là mes.* épouse Caterine de Medicis, 228, 229.

ses enfans, 233, 234, 236. sa deuise, 229, 230. marie sa fille Isabelle au Roy d'Espagne, 579. Claude, au Duc de Lorraine, 449, 450. desire marier l'vne de ses filles à Iean Sigismond Zapoly Roy de Hongrie, 657. fait mener à saint Germain Charles III. Duc de Lorraine, 409, 410.

Henry III. estant Duc d'Aniou, gagne les batailles de Iarnac & de Moncontour, 235. est éleu Roy de Pologne, 235, 265. aymé des Polonnois, 235. reçoit les Ambassadeurs de Pologne à Paris, 333, 334. succede au Roy Charles IX. à la Couronne de France, 30. sort de Cracouie & de Pologne, là mesme. l'Infante de Pologne auoit vne grande passion pour luy, 29. veut marier son neueu Charles de Valois auec la fille aisnée du feu Connestable de Mont-morency, 385. marie sa niece Christine de Lorraine, à Ferdinand I. Duc de Toscane, 418, 419, 420. fait rendre les derniers deuoirs à sa sœur Claude, 452. bien seruy par sa sœur naturelle Diane d'Angoulesme, 505, 506. renuoye en Alemagne la Reyne Elizabet, 566. Prince liberal, est inhumé à saint Denis, à l'instance de la Duchesse d'Angoulesme, 511, 512. Voyez la Table du II. Tome.

Henry le Grand, fils d'Antoine de Bourbon Roy de Nauarre, & de Ieanne d'Albret, 741, 743. fait instruire à la Religion Catholique Môsieur le Prince de Condé, & la Princesse d'Orange, 371, 373. enuoye Charles Duc de Neuers en Ambassade à Rome, 795, 796. gagne les batailles d'Arques, d'Iury, & de Fontaine-Françoise, 386, 387, 390. honoroit Christine Duchesse de Toscane, & estoit honoré par cette Heroïne, 427. sa statuë éleuée au milieu du Pont-neuf, faite à Florence, 419.

Henry de Bourbon Prince de Condé II. 744. Henry le Grand luy donne Monsieur de Pisani pour Gouuerneur, 376. Monsieur le Feure pour Precepteur, là mesme. son mariage & ses enfans, 372. va en Flandre & renient en France, 373. fait rendre les derniers honneurs à Madame la Princesse sa mere, 378, 379, 380, 381.

Henry de Ioyeuse Comte du Bouchage, épouse Caterine de la Valette, 337. son heureux mariage auec cette Dame, 337, 338. se rend Capucin, 340, 341.

Henry de Lorraine Comte de Chaligny, loüé pour ses belles qualitez, 456, 457. ses enfans, 457, 458.

Henry de Lorraine Duc de Guyse, Voyez Guyse.

Henry de Lorraine Duc de Mayenne, Voyez Mayenne.

Henry VII. Roy d'Angleterre, marie son fils Artus à Caterine d'Espagne, 251. Voyez la Table du II. Tome.

Henry VIII. Roy d'Angleterre épouse Caterine d'Espagne, 252. ses enfans & son mariage heureux au commencement, là mesme. depuis repudie cette Princesse, 254, 255. ses amours auec Anne de Boulen, 253, 254. renonce à l'Eglise Romaine, 255, 256. malheureux en femmes, 257. *Voyez la Table du II. Tome.*

Henriette de Cleues Duchesse d'Aiguillon, louée, 791, 805.

Henriette de Cleues Duchesse de Neuers, succede à ses freres, & épouse Louis Prince de Mantouë, 790, 791. ses enfans, 791, 792. son affection pour la France, 792, 793. fonde plusieurs Maisons de pieté, 797, 798. a traduit l'Aminte du Tasse, 798. sa mort, 799, 800.

Henriette de Sauoye Duchesse de Mayenne, épouse Monsieur de Montpezat, 801. ses enfans, du premier lit, 802. épouse Monsieur de Mayenne, 803. ses enfans du second lit, 804, 805, 806. ses vertus, 808, 809. sa mort, 810. *Voyez* Anne de Caumont.

Hercule Duc de Ferrare, fait instruire les enfans à la Religion Catholique, 69.

Hercule de Gonzague, Cardinal de Mantouë, loué, 706, 707. sa mere Isabelle d'Est, demande vn Chapeau pour luy à Clement VII. 709. reçoit la barette des mains de cette Princesse, 712.

Hierôme Absolu Minime, 339.

Hongrie Royaume diuisé, & ruiné, 624, 625, 626. *& suiuantes.*

Horace Farnese marié à Diane Duchesse d'Angoulesme, 503. tué à Hedin, 504.

Humilité d'Anne Reyne de Pologne, 43. d'Elizabet d'Austriche Reyne de France, 569. de Gabrielle de Gadagne, 759, 760. de Galiote de sainte Anne, 781. d'Antoinette de Bourbon Duchesse de Guyse, 141, 142, 144, 146. de la Reyne Ieanne Duchesse de Berry, 54. de Charlote Duchesse d'Angoulesme, 393. de Diane aussi Duchesse d'Angoulesme, 516.

I

IEAN III. Roy de Portugal, mary de Catherine d'Austriche, 259, 260.

Iean Roy de Suede Lutherien, veut rentrer en l'Eglise, & remettre la vraye Religion en son Royaume, 274, 275, 276.

Iean Zapoly Vaiuode de Transyluanie, éleu Roy de Hongrie, 625, 626. se retire en Pologne, 627, 628. est restably par Solyman, 628, 629. meurt, & establit sa femme Regente, pour son fils auec le moine George, 629, 630.

Iean Sigismond Zapoly le fils, est enuoyé à Solyman par l'auis de George, 632, 633, 634, 635. est chassé de Bude auec sa mere, par ce Seigneur des Turcs, 637, 638, 639. est bien receu des Transyluains, 641, ses larmes quand sa mere quitta la couronne de Hongrie, 645. meurt Arrien, 659. *Voyez* Isabelle Iagellon.

Ieanne d'Albret Reyne de Nauarre, 743. son courage quand elle accoucha du Roy Henry le Grand, 614.

Ieanne la Boiteuse, fait la guerre à Ieanne de Flandre, pour la Duché de Bretagne, *en la Preface de ce Liure.*

Ieanne de Castille fille du Roy Henry IV. perd les Royaumes de Castille, & de Leon, *Voyez* Isabelle Reyne de Castille.

Ieanne de Coesme Princesse de Conty, loüée, 57, 58, 59.
Ieanne de France institüe l'Ordre de l'Annonciade, 54, 404. respectée par les Dames sages & vertueuses, 398, 404. Duchesse de Berry, 54. procure la liberté du Duc d'Orleans, 48, *Voyez la Table du II. Tome.*

Isabelle d'Austriche, Reyne de Pologne, sainte Princesse & mere de S. Cazimir, 361, 655, 656.

Isabelle d'Austriche Reyne de Dannemarc, sa patience & ses vertus, 406, 660, 661, 662.

Isabelle d'Austriche, Infante d'Espagne, & Archiduchesse, 663. sa naissance, & son baptesme, 664, 665. pert sa mere, 666. son education, 666, 667. *Voyez la Table du II. Tome.* épouse l'Archiduc Albert, & son pere Philippe II. Roy d'Espagne, luy donne les Pays-Bas, & le Comté de Charolois, 668, 669, 670, 671, 672. fait son entrée en Flandre, 673, 674. son adresse aux exercices militaires, 666, 675, 676. va entendre Lipse, 674. envoye du secours à l'Empereur Ferdinand II. 676, 677. reçoit depuis du secours de ce Prince, & du Bauarois, durant le siege de Breda, 680, 681. oste cette ville là aux Hollandois, y fait son entrée, 681, 682, 683. loüée par Vrbain VIII. 684. reçoit à sa Cour plusieurs Princes & Princesses, 684, 685. rend les deuoirs à la memoire de son mary, 685, 686. prend l'habit de Religieuse, & fait profession de la troisiéme Regle de S. François, *là mesme.* appaise les troupes mutinées, 676. sa iustice, 686, 687. sa pieté, 664, 665, 675, 683, 688, 689, 692, 695, 696. sa liberalité vers les Maisons de pieté, les soldats, & les pauures, 666, 676, 679, 680, 681, 683, 689, 690, 691, 692, 694, 695. l'offrande qu'elle a fait les iours de sa naissance, 665. sa belle mort, 694, 695. honorée des Flamans aprés son decez, 696.

Isabelle Reyne de Castille, 617. pretend Leon & Castille luy appartenir, 617, 618. gagne ces Royaumes là sur Ieanne & Alfonse V. Roy de Portugal, *là mesme.* oste celuy de Grenade, aux Sarrazins, 419. establit l'Inquisition, & enuoye Colomb aux Indes, 619, 620. appellée Catholique, 620. fait paroistre son bon iugement au choix qu'elle fit du Cardinal Ximenes, 621, 622. admet deux familles Religieuses en Espagne, 610. sa bonne conduite, & sa mort, 621. *Voyez la Table du II. Tome.*

Isabelle Iagellon, 622. épouse Iean Zapoly, 628, 629. est Regente de la Hongrie, 629, 630, 631. mal traitée par Solyman, 632, 633, 634, 635, 636, 637. est chassée de Bude auec son fils, 638, 639, 640. quitte la Hongrie, & demeure en Transyluanie, 640, 641. ses differens auec le Moyne George, 641, 642, 643. veut secoüer le ioug de cét homme là, & est contrainte de quitter les ornemens Royaux à Ferdinand d'Austriche, 644, 645, 646, 647. fiance so fils à Ieanne d'Austriche, 648. ses disgraces, 649. se retire en Pologne, 202, 203, 204, 650, 651, 654. tasche d'appaiser les diuisions qui estoient en Polo-

Pologne entre son frere & sa mere, 652. ennemie des Heretiques, 654, 655. est bien receuë des Transylvains, 656, 657. defere trop aux auis de sa mere, 658. meurt à Albe Iule, 659. estoit fort sçauante, 649.

Iulie de Varennes, 324, 325, 326.

L

LAVRENS Cibo Cardinal, 326.

Lettre de Catherine Reyne d'Angleterre au Roy Henry VIII. 258. d'Isabelle Reyne de Hongrie à Solyman, 635, 636, 637.

Leonor Cibo, loüée, 322.

Louise Borgia ou de Valentinois, 403. ses qualitez, 403.

Louise de Bourbon, Abbesse de Font-Euraud, 136.

Louise de Bourbon, Duchesse de Longueuille, 63. *Voyez la Table du II. Tome.*

Louise de Savoye, mere du Roy François, 438, 440. *Voyez la Table du II. Tome.*

Louis XI. Roy de France, institué l'Ordre de S. Michel, 453.

Louis XII. épouse Anne de Bretagne, 5. repudie Ieanne de France, *là mesme*. a eu trois femmes, 439. porte le deüil noir de la Reyne Anne, 10, 11. la fait enterrer auec de belles pompes, 11, 12. son decez, 439. *Voyez la Table du II. Tome.*

Louis XIII. envoye le Duc d'Angoulesme Ambassadeur en Alemagne pour appaiser les differens de l'Empereur & des Princes Alemans, 390.

Louis de Bourbon, Duc d'Anguien, loüé, *Voyez* Eloges.

Louis de Bourbon Cardinal, 136. sacre & couronne la Reyne Eleonor, 525, 526, 527, 529.

Louis de Bourbon Comte de Montpensier, 753.

Louis de Bourbon Prince de Condé, épouse Leonor d'Orleans aprés avoir refusé Marguerite de Lustrac, 91, 92. loüé, 744. ses deux femmes, *là mesme.*

Louis de Bourbon Comte de Soissons, 744.

Louis de Bourbon Duc de Montpensier, grand Catholique, 72, 142, 143. *Voy. la T. du II. Tom.*

Louis de Gonzague Duc de Neuers, fait son entrée à Amiens, 304. *Voyez* Neuers.

Louis de Gonzague, dit Rodomont, loüé pour sa valeur, & sa courtoisie, 711. Clement VII. donne vn Chapeau à son frere, *là mesme.*

Louis de la Trimoille, dit le Cheualier sans reproche, 403. prend le Duc d'Orleans prisonnier à S. Aubin, 454. meurt à celle de Pauie, 403. son fils, 754, 755. ses deux femmes, 403, 754.

Louis de la Trimoille, pere de feuë Madame la Princesse de Condé, meurt faisant la guerre aux Religionnaires, 368, 369.

Louis de Valois Comte d'Alais, gagne au seruice du Roy le Prince de Mourgues, 388. est Gouuerneur de Prouence, 388, 389. ses vertus & qualitez, *là mesme.* est heritier de Diane Duchesse d'Angoulesme, 518.

Lucresse Dame Romaine, prise pour deuise par Eleonor Duchesse de Florence, *Voyez* Deuises.

Lune prise pour deuise, par

Henry II. la Reyne Claude & Elizabeth de la Paix, *Voyez* Denises.

M

MAISON de France, loüée en sa tige & en ses branches, 5, 6, 47, 48, 314, 437, 438, 448, 449, 577, 583, 586, 590, 601, 606, 610. d'Alençon, 87, 741, 742. d'Aniou, 5, 26, 46. d'Angoulesme, 392, 512, 513, 581. de Bourbon, 56, 57, 60, 136, 140, 368, 370, 371, 372, 395, 743, 744. de Bourbon-Montpensier, 314, 353, 355. de Bretagne, 3, 4. d'Orleans, 5, 149, 438, 439. d'Orleans-Longueuille, 100, 101, 106, 107, 121, 148, 304, 305, 306, 309, 315, 319, 320, 321. de Portugal, 178, 179, 180, 260, 261, 613, 616. de Valois, 5, 50, 387, 388, 389, 390, 420, 503, 512, 513, 581, 582.

Autres Maisons illustres & remarquables, loüées: Maisons des Adornes, 349, 350. d'Albon, 91. d'Albret, 401, 402. d'Arragon, 250. d'Aualos, 486, 487. d'Austriche, 359, d'Auuergne, 225. de Bastarnay, ou du Bouchage, 747, 748, 749. de Bathory, 30, 31, 34, 35, 614, 626, 627. de Bauiere, 359. de Borgia, 401, 402. de Borromée, 194, 707. de Boulogne, 225, 475. de Cactan, 737. de Carraciol, 717, 720. de Caretto, 488, 489. de Castille, 617, 618. de Caumont, 90, 91. de Chastenier de la Rochepozay, ou d'Abin, 420. de Chaponay, 192. de Cibò, 322, 326, 327. de Clermont-Talart, ou de Daufiné, 328, 329, 342, 346, 347. de Cleues, 292, 393, 880. de Coesme, 57. de Coruin, 614. de Croy, 292, 293, 294, 295. de Daillon, 164. de Dannemarc, 406, 662, 663. d'Escars la Vauguion, 93. d'Est ou de Ferrare, 72, 81, 82, 705. de Farnese, 503, 504. de Fiesque, 756. de Gadagne, 756. de Gondy, 148, 331, 332, 549, 571. de Gontaud Biron, 94. de Gonzaga ou de Mantouë, 263, 304, 543, 544, 697, 706, 707, 708, 790, 791, 792, 800. de Gordon-Genoillac Vaillac, 775, 776. de Gozzadin, 522. de Iagellon, ou de Lituanie, 13, 21, 22, 26, 197, 263, 277, 622, 624, 625. de Ioyeuse, 296, 314, 337. de la Baume, 802. de la Chastre, 389, 748. de la Guiche, 165, 166. de Lascaris, 801. de la Marc-Boüillon, 381, 382, 383. de la Tour, 475, 476. de la Tremoille, 367, 368, 754. de Lenzolia, 402. de Lorraine, 449 de Lorraine-Guyse, 71, 72, 73, 74, 75, 137, 138, 140, 145, 295, 296, 297, 298, 299. de Lustrac, 90, 91. de Macedonia, 218. de Mantouë, *cy-dessus*. de Martinengue, 497. de Medicis ou de Toscane, 224, 225, 424, 425, 535, 536. de Montberon, 776. de Montchenu, 747. de Montmorency, 381, 382, 504. de Moy en Picardie, 455, 456. de Nogaret de la Valette, 335. des Obizzes, ou d'Albisi, 191, 192. de Pallauicin, 171, 213, 214. 215. 216, 217. de Pio, 191. du Puy en Daufiné, 775. de Rangona, 171. de Radziuil, 201. de Rouere, 545, 699. de saint Ange, 497. de saint Seuerin, 734,

DES CHOSES PLVS REMARQVABLES.

737. de Sauoye, 180. de Sauoye-Nemours, 76, 77, 78, 79. de Sforce, 196. de Syluc, 181, 188. de Sugny, 756. de Susannes ou de Cerny, 456. de Triuulse, 492. de Tournon, 476, 477, 485, 486. de Tolede, 534, 535. de Turenne, 475, 476. de Viuone, 328, 329, 376. de Wasa, ou de Suede, 42, 43, 44, 45, 46, 268, 270, 271, 365, 366.

Mariage heureux de Ferdinand Empereur, & d'Anne de Hongrie, 14, 15, 16, 17, 262, 263, 541. de Camille & de Cesar Pallauicin, 214, 215, 216. de Henry de Ioyeuse & de Caterine de Nogaret, 337, 338. de Charles Duc de Sauoye & de Caterine d'Espagne, 281, 282, 283. de Christine de Lorraine & du grand Duc Ferdinand I. 423. de Charles Duc de Mayenne & de Henrie de Sauoye, 803, 810. de Charles Duc de Mantouë & de Caterine de Lorraine, 286.

Marie Elizabet de France, fille du Roy Charles XI. 564, 565.

Mayenne, Charles Duc de Mayenne, sa naissance, & ses qualitez, 73. fait abiurer l'heresie à la Comtesse de S. Paul, 96, 808. l'enleue du consentement de sa mere pour la marier à son fils aisné, 95, 96, 807. ses enfans, 804, 805, 806. est aymé des Daufinois Religionnaires pour sa foy, 805, 806. Chef de la Ligue aux iournées de Dieppe, aux batailles d'Iury, & de Fontaine-Françoise, 386, 390. meurt fort chrestiennement, 810. Henry, Duc de Mayenne, son fils aisné enuoyé Ambassadeur vers les Archiducs, 675, 805. au Roy d'Espagne, 597, 805. soustient le siege de Soissons, 804. meurt deuant Montauban, 805. son Eloge, 803, 804, 805. Ferdinand Duc de Mayenne à Cazal, 289, 290.

Medailles de la Duchesse de Valentinois, 519, 520.

S. Michel Protecteur de l'Eglise, de la France, & de nos Roys, 453, 454.

Monasteres, & Maisons de pieté bastis & fondez par Anne de France Duchesse de Bourbon, 54. par Antoinette de Bourbon Duchesse de Guyse, 144, 145. par Caterine de Lorraine Duchesse de Neuers, 288, 289. par Caterine Duchesse de Guyse, 300. par Caterine Duchesse de Longueuille, 308. par Elizabet Reyne de Castille, 620. par l'Infante Isabelle Claire Eugenie, 689, 690, 691. par Henriette Duchesse de Neuers, 797, 798. par Christine grande Duchesse de Toscane, 430, 431.

Monastere de l'Ordre du Caluaire, 163. de celuy du S. Sepulcre, 466, 467, 474. des Religieuses de saint Iean de Hierusalem, 786.

N

NEMOVRS, Ducs de Nemours vaillans, & courageux, 77, 78. Iacques de Sauoye rend vn notable seruice à la France, 77. épouse Anne d'Est, 76.

Ducs de Neuers, de la Maison de Cleues, 790, 798, 799. de celle de Gonzague, 286. Louis de Gonzague épouse Henriette de Cleues, 87, 790, 791. marie sa fille aisnée au Duc de Longueuil.

le, 304. donne à son gendre le Gouuernement de Picardie, 304. ses enfans, 791, 792. Ambassadeur extraordinaire, à Rome, 792. son zele pour le seruice du Roy, 792, 793. meurt à Nesle, 793. son fils Charles Duc de Neuers voyage en plusieurs Royaumes, 793, 794, 795. Ambassadeur aussi extraordinaire à Rome, 796. est Duc de Mantouë, & de Montferrat, 286, 796, 797. sa mort 796. Maisons de pieté & de charité basties par ces deux Ducs de Neuers, 288, 289, 797, 798.

Dame de Neuuy renuoyée sans rançon à cause de sa valeur, 212.

Nudité des seins, blasmée, 189, 190.

O

Oeuvres ou Liures composez par Caterine Reyne d'Angleterre, 258. *Voyez la Table du II. Tome.*

Oeillet rongé par vne Tortuë au pied, pris pour deuise par Camille Pallauicin, 217, 218.

Olympe cimier & deuise des Princes de la Maison de Mantouë, 800.

Ordonnance d'Anne de France Duchesse de Bourbon, en faueur des Dames & Demoiselles de sa Maison, 55, 56.

Ordre de S. Michel, institué par le Roy Louis XI.

Ordre du Caluaire Congregation de Benedictines reformées, éleué dans celuy de Font Euraud, 156. deuot au mont de Caluaire, & à la grotte de S. Benoist, 158,

160, 161. fondé & eftably par vne Princesse de la Maison de France, 156, 162, 320, 321. Maisons & Monasteres de cét Ordre, 163. *Voyez* Antoinette d'Orleans, & *la Table du II. Tome.*

Ordre des Capucins approué par le Pape à la recommandation de la Duchesse de Camerin, 325, 326.

Ordre des Carmelites de Sainte Terese estably en France, 291, 311, 312, 313. *Voyez la Table du II. Tome.*

Ordre de la Conception de la Vierge, fondé par Beatrix de Sylue, 184, 185. l'habit des filles de cét Ordre là, semblable à celuy des Celestes, & Regle de cette Congregation, perduë & trouuée miraculeusement, 185. establi à Rome, 187. a receu plusieurs contradictions & persecutions, après la mort de Beatrix, 186, 187, 188. la Regle que gardent ces Religieuses, dressée par François des Anges, 188. a multiplié en Espagne, *là mesme.*

Ordre de Font Euraud, loüé, 156, 157. Charlote de Bourbon Comtesse de Neuers, quitte les siens pour estre Religieuse de cét Ordre là, 399.

Ordre de saint Iean de Ierusalem, ou de Malte, celebre en saintes filles, 775. Monasteres des Demoiselles de cét Ordre là, 785, 786. habit des Religieuses du mesme Ordre, 786, 787.

Ordre du Sauueur, ou de S. Brigitte en Suede, & en Flandre, 692.

Ordre du Saint Sepulchre, ou de Chanoinesses regulieres en A-

le mag... & en Flādre, 466, 467.
eſtably à Charleuille, 467. deuotions de cét Ordre là, 468, 469, 474, 475. habit des Religieuſes du meſme Ordre, 469, 490. eſtably & multiplié en Frāce, 474.

P

PAroles du Roy François Premier à Caterine de Medicis quand elle fut accouchée du petit Roy François, 233. d'Elizabet Reyne de France, à ſon frere l'Empereur Rodolfe, qui la vouloit marier en Eſpagne, 574. d'Elizabet de France, eſtant proche de ſa fin, à Philippe II. Roy d'Eſpagne, ſon mary, 588. à la Camariere Maior ſur la preſeance des Ambaſſadeurs de Frāce & d'Eſpagne, 586. d'Elizabet de France Reyne d'Eſpagne au Duc de Paſtrane, 599. de Pontus de la Gardie à Caterine Reyne de Suede, 271. de la meſme Reyne au Roy Iean ſon mary, 277. de Guy Vbalde Duc d'Vrbin, à ſa femme, & à ſon neueu, 702, 703. d'Elizabet de Gonzague au meſme Prince, 703, 704. de la R. Caterine, au Roy Henry II. 241. & à vn Preſident de la Cour de Parlement, 249. d'Eleonor de Bourbō Abbeſſe de Font-Euraud, 745. d'Eſter Leggues aux Catholiques qui luy demandoient ſi elle perſeuereroit touſiours en noſtre Religion, 727. à ſes compagnes qui vouloient eſprouuer ſa reſolution, 727, 728. de Monſieur l'Euéque de ſaint Malo à vn Religionnaire, 731. à ſes Preſtres eſtans dans le Cimetiere des Huguenots, à Plouër, 732.

de Coſme Duc de Toſcane à ſa femme Eleonor de Tolede, 540. du meſme contre la Reyne Caterine de Medicis, 246.

Patience d'Anne de Caumont Comteſſe de ſaint Paul, 102, 104, 107, 108. de Caterine Reyne d'Angleterre, 255, 256. de Caterine de Fieſque, 350. d'Elizabet Reyne de Dannemarc, 661. de Beatrix de Sylua, 184. d'Eſter Leggue, 727, 728. d'Iſabelle Reyne de Hongrie, 635, 639, 648. de Gabrielle de Gadagne, 761, 763. d'Iſabelle Duchesse d'Vrbin, 698, 699.

Payſane courageuſe, de la Valteline, 110, 111. de Hollande, 355, 356.

Philippe Cardinal d'Alençon, de ſainte vie, 746.

Philippe II. Roy d'Eſpagne, ſes enfans de ſa quatriéme féme, 18, 19. épouſe Elizabet de France, 579. les enfans qu'il a eu de cette troiſiéme femme, 585. honoroit l'Infante ſa fille aiſnée, 666, 667. la marie à l'Archiduc Albert, 667, 668. marie la ſeconde au Duc de Sauoye Charles Emanuel, 280. n'approuue pas les deſſeins du Sauoyard, aprés les barricades, 283. conſeils qu'il donna à ſa fille Caterine, là meſ. ſa mort, 670. *Voyez la Table du II. Tome.*

Pieté d'Anne de Bretagne Reyne de France, 6. de Pierre Duc de Bourbon, & de ſa femme, 50, 51. d'Anne Comteſſe de ſaint Paul, 97, 109, 110. d'Antoinette Ducheſſe de Guyſe, 143, 144. d'Antoinette d'Orleans, Fondatrice du Caluaire, 160,

161, 318. de Christine Duchesse de Toscane, 430. 431. de Diane Duchesse d'Angoulesme, 510, 511, 515. de sainte Caterine de Genes, 350, 351. & de Marguerite d'Orleans Longueuille, 316, 319. de Caterine Duchesse de Neuers, 288, 291. de Charlote Duchesse d'Angoulesme, 391, 392. de Charlote Comtesse de Neuers, 397, 398. de Caterine Reyne d'Angleterre, 253. de Caterine Reyne de Suede, 270. de Claude Reyne de France, 445, 447. de Claude de Moy, 459, 460, 461. d'Anne Reyne de Pologne, 41. de Cecile Renée Reyne aussi de Pologne, 361, 362. d'Elizabet Reyne de France, 570, 571, 572, 575, 576, 577. d'Elizabet de France, Reyne d'Espagne, 582. d'vne autre Elizabet de France Reyne d'Espagne, 606, 607, 610, 612. de l'Imperatrice Isabelle, 615. de Fraçoise de Bastarnay, 750, 751. de Gabrielle de Bourbon, 755, 756. de Gabrielle de Gadagne, 764, 765, 766, 767, 768. de Henriette Duchesse de Mayenne, 808, 809.

Pieté d'vne femme pour son mary prisonnier, 354, 356, 357. d'vn autre pour son mary malade, 433, 434, 435. d'vne mere pour ses enfans, 339, 740.

Ponce ou Pontus de la Gardie Gentil-homme François, s'auance à la Cour des Roys de Suede, 269. épouse vne fille naturelle du Roy Iean, 270. fait sousleuer les peuples Suedois contre le Roy Eric, 274. son discours à la Reyne Caterine, 272. tasche de remettre en Suede la Religion Catholique, 276. assiste le Roy Iean & la Reyne Caterine, là mesme. est leur Ambassadeur à Rome, là mesme.

Presens faits au Roy Louis XIII. à la Reyne sa mere, & à Madame, de la part des Cheualiers du Lys au Carouzel, 596. des Princes & Seigneurs François aux Dames de la suite d'Elizabet Reyne d'Espagne à Bayonne, 587.

Prudence de Diane Duchesse d'Angoulémé, vtile au Roy Henry IV. & à la France, 513.

Prudence de Christine Duchesse de Toscane, 427, 428. d'Anne de Iagellon Reyne de Pologne, 30, 32, 36.

R

RAKOS des Hongres, 625.

Reconnoissance declarée par vne Cicogne en la deuise de ceux de la Maison de Cibo, 326, 327.

Reynes veuues pourquoy appellées Reynes Blanches, 11.

deux Reynes de la Maison de Clermont, 328.

Renée de Bourbon Abbesse de Chelles, 744.

Renée de Bourbon Abbesse de Font-Euraud, 399.

Renée de France Duchesse de Ferrare, a fait profession du Caluinisme, 69, 70.

Rome pillée par les Alemans, & les Espagnols, 710, 711.

Roses loüées par Anacreon, & par Sapho, 174. consacrées aux Graces, là mesme. symbole de beauté & de bonne grace, là mesme. prises pour deuise par Anne Reyne de Hongrie, 16, 17.

S

SAcre & couronnement de la Reyne Caterine, 236, 237. de la Reyne Claude, 440, 441, 442. de la Reyne Eleonor, 525, 526, 527, 528, 529. de la Reyne Elizabet d'Austriche, 556, 559, 560.

Secret gardé par Diane Duchesse d'Angoulesme, 513. par Isabelle Duchesse d'Vrbin, 698, 699.

Senlis secouru & osté à la Ligue par le Duc de Longueuille, 305.

Sepulchre est le symbole de la resurrection, 520. pris pour deuise par Diane Duchesse de Valentinois, là mesme.

Sibyles loüées par saint Hierôme, pour leur virginité, 494.

Silence gardé par les femmes chastes & honnestes, 699.

Soleil pris pour deuise par Caterine Reyne de Portugal, 261. par Elizabet de France Reyne d'Espagne, 589, 590.

Solyman s'empare de Bude par vne grande perfidie, 631, 632, 633, 634. sa rigueur vers Isabelle Reyne de Hongrie, 635, 636, 637, 638.

Susanne de Bourbon, fiancée à Charles Comte de Montpensier, 49, 52. meurt de fascherie, 53.

Symbole, *Voyez* Deuise.

T

TOvrnon, Cardinal de Tournô, grand homme d'Estat, 228. aymé du Roy François premier, 228, 476. loüé, 486. Tournon ville de Viuarests, assiegée deux fois par les Religionnaires rebelles, 481, 482, 483.

Tourterelle est le symbole d'vne veuue chaste, 736, 737.

Triangle funebre, pris pour deuise par Isabelle Marquise de Mantoüe, 715, 716.

V

VAlevr de Henry III. 235. de Henry IV. 390, 614. 741. de Louis XIII. 592. de Charles Duc de Bourbon, 53, 710. de Charles V. Empereur, 613, 614. de Sigismond III. Roy de Pologne, 270. de François Duc de Guyse, 71, 72, 142. de Louis de Bourbon Duc d'Anguien, 372. de Iacques & de Charles Ducs de Nemours, 77, 78, 79. de Charles Duc de Mayenne, 73, 805. de Charles Comte de Suissons, 59, 60. du Baron de S. Remy, 799. de Charles Duc d'Angoulesme, 386, 387, 390. de Charles Duc de Guise, 298, 299. de Henry Duc de Mayenne, 804, 805. de Henry Duc de Longueuille, 305, 306. de Henry Comte de Harcourt, 806.

Vanité de la beauté, 217, 218.

Venalité des offices, la ruine des Estats, 572, 573, 736.

Vertu plus brillante que le Soleil, 489, 490.

Villageoises courageuses de la Valteline, 209. de Hollande, 354.

Violettes, sont le symbole d'amour, & iadis on en iettoit aux lieux où on deuoit reconcilier les amis, 173, 174.

Volupté ou Venus auec les

TABL. FORT AMPLE DES CHOSES PLVS REMARQ.

fers aux pieds, prise pour deuisé par Constance de Caretto, 490, 491.

Voyages du Roy Charles à Bayonne, 142, 243, 244. 586, 587. de Charles Duc de Neuers en plusieurs Royaumes, 793, 794, 795, 796.

X

XIMENE Cardinal Espagnol, grand homme d'Estat, 621, 622. Voyez la Table du II. Tome.

Z

ZELE d'Anne Comtesse de Saint Paul, 118, 119. d'Antoinette Duchesse de Guyse, 142, 143. d'Antoinette Marquise de Belle-Isle, 159, 161. de Claude Comtesse de Chaligny, 465, 466, 472. de Caterine de Génes, 351, 352, 353. de Claude Dame de Tournon, 481, 482, 483. de Constance de Caretto, 487. de Charlote Comtesse de Neuers, 398. de Françoise de Bastarnay, 750, 751. de Gabrielle Comtesse de Cheurieres, 767, 768, 769. de Sigismond III. Roy de Pologne, 270, 271. d'Ester Leggues, 727, 728, 729. d'Elizabet Roseal, & de ses filles, 721, 722.

ADDI-

ADDITIONS, ET LES FAVTES
ausquelles le Lecteur a besoin d'estre aydé.

PAGE 40. ligne 3. eu, *lisez* eut. page 64. ligne 3. fils France, *lisez* fils de France. pag. 65. ligne 6. *aprés* & *rayez* de. page 69. ligne 14. nommé, *lisez* nommée. pag. 75. ligne 35. ce grand Conseil, *lis.* le grand Conseil. pag. 84. lig. 22. *aprés* Augustins de Paris, *aioustez* où l'on voit cette inscription en lettres d'or, sur vn marbre noir :

Cy-dessous reposent les entrailles de feuë tres-haute & tres-puissante Princesse Madame Anne d'Est, Duchesse de Geneuois, de Nemours, & de Chartres, Doüairiere de Guyse, Comtesse de Gisors, Dame de Montargis, laquelle deceda le 17. de May 1607.

Page 101. lig. 34. *aprés* Normandie, *rayez* & de. pag. 124. à la 2. ligne *aprés* lauuez en la gloire, *mettez* cét Eloge.

ANNE DE MARQVETS,
RELIGIEVSE DE L'ORDRE
DE SAINT DOMINIQVE.

SI Anuers & la Flandre loüent leur Anne de Bins, Paris & la France peuuent bien luy opposer Anne de Marquets, Demoiselle de bonne Maison du Comté d'Eu en Normandie, & Religieuse de l'Ordre de saint Dominique, au Royal Monastere de Poissy, fondé à six lieuës de cette ville par saint Louis, ou selon les autres par son petit fils le Roy Philippe IV. dit le Bel.

Elle n'a pas fait moins d'honneur à cette Religieuse Maison, que Laurence de Strozzi à celle de saint Nicolas du Pré en Toscane, dans le mesme Ordre, estably par ce saint Patriarche de l'illustre & de l'ancienne Maison des Gusmans. Car ayant quitté ses parens & ses biens, pour prendre le voile & l'habit de l'Ordre de saint Dominique, & fait profession en ce deuot & celebre Conuent, elle y mena vne vie digne du Ciel, & s'adonna entiere-

ADDITIONS

ment aprés auoir vaqué aux exercices de pieté & de Religion à l'estude des belles lettres, & à la connoissance des langues Grecque & Latine où elle reüssit heureusement, ayant appris en perfection, & en peu de temps ces deux langues.

Elle a fait voir par ses œuures qui ont esté imprimées plusieurs fois, l'intelligence qu'elle auoit en ces langues là. Car elle a traduit de Latin en François les Poëmes sacrez du Poëte Flaminius. Elle a aussi fait quantité de Sonnets, de Prieres & de Deuises de son inuention; entre autres des Prieres pour les Prelats assemblez au Colloque de Poissy, qui ont esté imprimées l'an 1562. auec vne Preface de Sœur Marie de Fortia, Religieuse du mesme Ordre, & du mesme Monastere. Ses autres œuures ont esté imprimées pendant sa vie l'an 1569. & aprés son decez la Mere Marie de Fortia a pris le soin de faire imprimer l'an 1605. par Claude Morel, les Sonnets spirituels de cette tres-vertueuse & tres-docte Religieuse, sur les Dimanches & principales solennitez de l'année, qu'elle auoit composez les dernieres années de sa vie, comme l'a remarqué vn Poëte.

Bref sur tes derniers iours estant toute enflammée,
Des plus saintes fureurs dont vne ame allumée,
Peut sentir icy bas vn vif embrasement,
En cent fastes nouueaux tu marquas les iournées
Des festes dont le nom fait rougir les années,
D'vn suiet si diuin parlant diuinement.

Ce Liure est tombé entre les mains de l'Autheur, depuis l'impression de ce I. Tome des Vies des Dames Illustres.

Ces Sonnets ont tous esté admirez par ceux qui sont les plus admirables dans les lettres. En effet elle a eu pour Panegeristes de son sçauoir plusieurs illustres Escriuains, entre autres François Grudé de la Croix du Maine, en sa Bibliotheque : Louis Iacob Carme, en sa Librairie des Dames Illustres, recommandables par leurs écrits: & François Augustin della Chiesa, Euéque de Salusses, en son Theatre des Dames Sçauantes.

De son viuant Ronsard, Dorat, N. Sanguin, P. Cointrel, Monsigot, A. du Mont, & S. A. & S. C. D. P. Religieuses de Poissy, ont chanté les loüanges & publié les belles qualitez de cette Dame. Ie rapporteray icy les Poëſies Latine & Françoiſe que Meſſieurs Dorat, & de Ronſard ont fait en ſa faueur, & pour témoigner l'eſtime qu'ils faiſoient de ſes œuures. On reconnoiſtra par là en quelle reputation eſtoit cette ſçauante Religieuſe, parmy les plus celebres nourriſſons des Muſes.

Quelle nouuelle fleur apparoiſt à nos yeux,
D'où vient cette couleur ſi plaiſante & ſi belle,
Et d'où vient cette odeur paſſant la naturelle
Qui parfume la terre & va iuſques aux Cieux?
La roſe ny l'œillet ny le lys gratieux,
D'odeur ny de couleur ne ſont rien auprés d'elle,
Au Iardin de Poiſſy croiſt cette fleur nouuelle;
Laquelle ne ſe peut trouuer en autres lieux.
Le Printemps & les fleurs ont peur de la froideur,
Cette diuine fleur eſt touſiours en verdure,
Ne craignant point l'hyuer, qui les herbes deſtruit:
Auſſi Dieu pour miracle en ce monde l'a miſe:
Son Printemps eſt le Ciel, ſa racine eſt l'Egliſe,
Ses œuures & ſa foy, ſes feuilles & ſon fruit.

Mentibus Angelicis ſi fas patris ora videre,
Aſpectuque Dei liberiore frui,
Atque ita de rebus prædicere multa futuris,
Quas velut in ſpeculo patris in ore vident:
Fas quoque virginibus, quæ dum tellure morantur,
Angelica vitam ſimplicitate colunt,
Arcanis oculis cæleſtia viſa videre,
Et ventura ſono vaticinante loqui.
Qualis vaticino quæ carmina fundit ab ore
Anna Monaſteri gloria Piſſiaci.
Anna Prophetiſſa, cui nomen & omen ab Anna,
Hæc niſi caſta diu quòd fuit, illa ſemel.

Ceux qui ont leu les Sonnets ſpirituels, ou qui ont frequenté au Monaſtere de Poiſſy, du viuant de cette tres-vertueuſe & tres-docte Religieuſe, ne s'eſtonneront pas ſi ces grands hommes ont loüé ſi hautement cette Vierge, qui ne s'eſt pas renduë ſeulement conſiderable par ſes

ADDITIONS

Poësies; mais aussi par sa vie exemplaire & par les vertus d'humilité, de douceur & de patience. Elle fit paroistre cette vertu quand les dernieres années de sa vie, elle perdit la veuë, & supporta cette affliction auec vne patience toute Chrestienne & Religieuse.

Ie ne puis mieux parler des loüanges de cette Dame, que par les vers d'vne Religieuse du méme Monastere, qui fait des plaintes sur le decez de cette sçauante Heroïne.

Mortels si vous auez des ames genereuses,
Qui soient de la vertu viuement amoureuses,
Donnez-vous le loisir d'entendre ses effets,
En vn suiet qui fut au rang des plus parfaits,
Pendant que l'ame au corps heureusement vnie,
Faisoit viure icy bas nostre chaste Vranie,
Dont les rares vertus passant l'humanité,
Meriterent ce nom plein de diuinité.
Aussi le Saint Esprit auoit infus en elle,
Les diuines ardeurs d'vne flamme immortelle,
Qui dés ses ieunes ans vers le Ciel l'esleuant
Luy fit abandonner le monde deceuant,
Pour suiure les rigueurs de cette vie estroite,
Qui nous mene là haut par la sente plus droite.
Elle accomplit ses veux en ce Royal seiour,
Où ses graces luisoient comme fait vn beau iour,
Lors que le Cinthien tout brillant de lumiere,
Approche le milieu de sa viste carriere.
L'Esperance & la Foy son ame embellissoient,
L'amour & l'ardent zele à son Dieu l'vnissoient,
De ses biens elle estoit aux pauures charitable,
Et vers les desolez humaine & pitoyable.
Ayant du mal d'autruy telle compassion,
Que, bonne, elle en faisoit sa propre affliction,
Bien qu'elle supportast en grande patience,
Quand Dieu la visitoit d'vne amere souffrance,
Témoin l'aueuglement, qui la venant saisir
A ses yeux déroba de lire le plaisir:
Sans que pour la douleur d'vne si dure atteinte,
L'on peust ouyr iamais de sa voix vne plainte:

ET CORRECTIONS.

D'autant que son esprit tousiours au Ciel dressé,
Des accidens humains ne se sentoit blessé.
Mais qui pourroit (bon Dieu) representer en veuë,
La douce & belle humeur dont elle estoit pourueuë,
Ou son humilité, qui la fit admirer
Autant que son sçauoir la faisoit honorer?
Sçauoir qui de l'oubly retirant sa memoire,
De mille beaux esprits peut dérober la gloire,
Et qui n'estant touché d'vn desir curieux,
Son penser doucement portoit dedans les cieux.
 Aussi les liures saints estoient ses exercices,
Et la Muse sacrée elle auoit pour delices ;
On le void par ses vers dont l'aymable douceur,
L'oreille nous flatant nous dérobe le cœur.
Et quoy? ce grand Ronsard l'Apollon de nostre aage,
En a-t'il pas rendu suffisant témoignage,
Admirant cette fleur des neuf Sœurs le soucy,
Et le diuin thresor des Vierges de Poissy?

Vne autre Muse publia aussi ces vers en son honneur :

 Vous hommes qui scillez du bandeau d'ignorence,
Dédaignez la vertu, le sçauoir, la prudence,
Rougissez de vergogne en voyant ce tombeau,
Le tombeau d'vne vierge en renom pur & beau,
Dont la virginité au grand Dieu consacrée,
Vit maintenant au Ciel dans la trouppe sacrée :
C'est Anne de Marquets, de laquelle le corps,
Et non le bel esprit tient rang entre les morts.
Vne qui méprisant dés son aage plus tendre,
Le monde & ses appasts, à Poissy se vint rendre,
Voüant sa liberté dans l'enclos de ce lieu,
Où l'on fait de son cœur vn sacrifice à Dieu.
Son amour qu'elle auoit graué en sa pensée,
Monstra bien qu'en ses vœux elle ne fut forcée,
Car lors qu'elle asseruit sa douce volonté
A la denotion, ioignant l'humilité,
Elle conduit ses pas vers la vertu loüable,
Et en tous ses effets se rendit admirable.
Vn naturel benin naissant elle recent,

ADDITIONS

La douce charité dans son ame conceut :
L'exerça mille fois dés ses ieunes années,
Qu'à peine elle peut veoir de dix estez bornées,
Que desia son esprit aux sciences s'aymoit,
Et la Muse Françoise en ses vers animoit,
Voire afin d'exercer la race feminine,
Capable elle se fit de la langue Latine,
Où d'vn stile coulant en maints suiets diuers,
Sçauante composa mille & milles beaux vers,
Que le grand Vendosmois pour qui la mort i'accuse,
Aduoüa pour enfans d'vne dixiéme Muse.
Et ne se contenta cette Vierge d'auoir,
Pour elle seule acquis l'heur d'vn docte sçauoir,
Mais pleine de bonté d'vne ame liberale,
Enseignoit doctement la trouppe virginale :
Non aux vaines amours, ny aux plaisirs mondains,
Mais au langage beau des antiques Romains.
Ainsi elle vescut pleine d'honneur & d'aage,
Portant le titre au front de vertueuse & sage,
Aymante, aymée aussi de celles qui viuoient,
En pratiquant le vœu qu'ensemble elles suiuoient.
Enfin le Ciel amy d'vne si digne Dame,
Pour rendre plus serains les pensers de son ame,
Et garder qu'aux obiets du monde deceptif,
Son desir enchanté ne se rendist captif,
Pour la garder encore de voir interrompuë,
Sa contemplation par les sens de la veuë,
Et faire que les yeux en l'intellect fichez,
Par les yeux corporels ne fussent empeschez,
Permit qu'auant sa mort fut sa prunelle esteinte,
Et qu'elle supportant vne si dure atteinte,
Souffrit patiemment d'vn courage prudent,
Deux ans entiers le mal d'vn si triste accident:
Puis apprise à mourir, & à perdre du monde
Les obiets dangereux, en la tombe profonde,
Morte elle deuala, laissant les yeux en pleurs,
Et le cœur plein d'ennuy de ses compagnes Sœurs,
Ce fut l'onziéme du mois de May de l'an 1588. veil-

ET CORRECTIONS.

lée de la funeste iournée des Barricades, que cette digne fille de saint Dominique passa de cette vie à l'eternelle, allant chercher la paix au Ciel qui estoit bannie de ce Royaume, laissant vn regret extreme de soy aux Religieuses de Poissy.

    Ausquelles elle estoit comme vn celeste Phare,
Les conuiant au port d'vne science rare :
Car les dons precieux dont riche elle estoit,
A toutes sans enuie elle communiquoit :
Chassant du troupeau Saint, l'ignorance aueuglée,
Et luy seruant d'exemple en sa vie reglée,
Où les signes certains de sa pudicité,
Estoient la modestie & la simplicité.
    Chacune elle obligeoit par biens-faits & seruices :
Exerçant dextrement les charges & offices,
Qui luy estoient enioints de sa Religion,
Dont elle eut le deuoir en telle affection,
Que nulle vanité n'ébranlant sa constance,
Elle gagna le prix de la perseuerance,
Ayant payé la dette aux loix de son destin,
Par le sort glorieux d'vne Chrestienne fin.

Ce Sonnet-cy courut par la France, & est imprimé à la fin de ses œuures.

    Aussi tost qu'on a veu * Desmarquets retirée,
Pour ses rares vertus au beau seiour des Cieux,
Les Muses auec elle ont quitté ces beaux lieux,
Et nous auons perdu la venerable Astrée.
    La vertu fut aussi auec elle enterrée,
Et depuis les Sçauans ont esté odieux,
Rien ne s'est presenté qu'iniustice à nos yeux,
Et n'auons plus iouy de la paix desirée.
    On a veu sans Pilote en perilleuse mer,
Le Nauire François estre prés d'abismer.
Quoy ne dirons-nous pas que pour sa sainte vie,
    Et pour auoir de Dieu le Saint nom reueré,
Elle fut mise au Ciel comme au port asseuré,
Afin qu'elle ne fust de cét orage atteinte ?

*Elle deceda le xi. de May 1588. iour de deuant les Barricades.

ADDITIONS ET CORRECTIONS.

Page 150. *ligne* 1. & 2. son fils vnique, *lisez* ses enfans. *page* 188. *lig.* 34. de saints, *lisez* des saints. *page* 202. *ligne* 19. fait Clausembourg, *lisez* fait à Clausembourg. *page* 243. *lig.* 11. telles *lisez* belles. *page* 270. *lig.* 23. aprés actions, *adioustez* la 1. *pag.* 277. *lig.* 12. *si vous trouuez* fils, *lis.* frere. *pag.* 288. *l.* 7. conuersion, *lis.* conuersation. *page* 296. *lig.* 5. Caterine de Ioyeuse, *lis.* Caterine Duchesse de Ioyeuse. *l.* 22. Cheualier de Guyse, *lis.* Duc de Ioyeuse. *l.* 23. Cheualier de Ioinuille, *lis.* Cheualier de Guyse. *l.* 34. aprés filles, *adioustez*, Ce Prince a porté les armes en Hongrie contre les Infideles. *pag.* 322. *l.* 3. vne *lis.* l'vne. *l.* 24. vn fils, *lis.* deux fils.

[marginal note: Cette Dame est accouchée d'vn second fils, depuis l'impression de ce I. Tome.]

pag. 340. *mettez à la marge*, Papire Masson remarque que cette Dame eut aussi vn fils qui mourut en mesme temps que sa mere. *pag.* 361. *l.* 5. exausez, *lis.* exaucé. *p.* 367. *l.* 28. au lieu de 1540. *lis.* 1504. *p.* 428. *l.* 35. le, *lis.* les. *pag.* 558. *l.* 25. *rayez* de. *pag.* 587. *l.* 16. aprés Duc de Nemours, *adioustez*, Mademoiselle de Chassincourt Françoise, mais Dame de cette Reyne d'Espagne, receut le present du huitiéme amour, de la part d'*Alason de Mathée*, qui estoit Monsieur de Taillades. *p.* 591. *l.* 7. en, *lis.* à. *p.* 599. *l.* 34. Montpulcian du depuis Cardinal, Marquis de Botti, *lis.* Montpulcian depuis Cardinal : du Marquis de Botti. *page* 640. *à la derniere ligne aprés* de la Victoria, *adioustez*, Pierre Paul de Ribera Chanoine de saint Iean de Latran, remarque qu'elle a fondé dix-huit Monasteres ou Hospitaux, sans plusieurs autres Maisons de pieté, & la belle Chapelle Royale dans l'Eglise Cathedrale de Grenade. *page*

[marginal note: Il faut voir l'Eloge de l'Imperatrice Marie au II. Tome où il est parlé de cette Demoiselle de Chassincourt.]

653. *l.* 31. Tenezin, *lis.* Tenczin. *p.* 666. *l.* 12. aprés sa Maiesté, *adioustez*, & pour Gouuernante Mademoiselle de Chassincourt Françoise, qui auoit esté l'vne des Dames de la Reyne d'Espagne Elizabet de la Paix mere de cette Infante. *pag.* 741. *l.* 12. desquelles, *lis.* dont. *p.* 748. *l.* 15. valeur, *lis.* vertu. *pag.* 778. *l.* 19. Breyon, *lis.* Brezon. *pag.* 789. *l.* 34. *rayez* ie suis marry, *& tout ce qui suit*, *& mettez*, François Augustin della Chiesa en son Theatre des Dames Illustres, dit qu'elle mourut l'an 1540. *page* 795. *l.* 35. Pouzuanie, *lisez* de Posnanie. *page* 803. *ligne* 14. France, *lisez* Ferrare.

FIN.